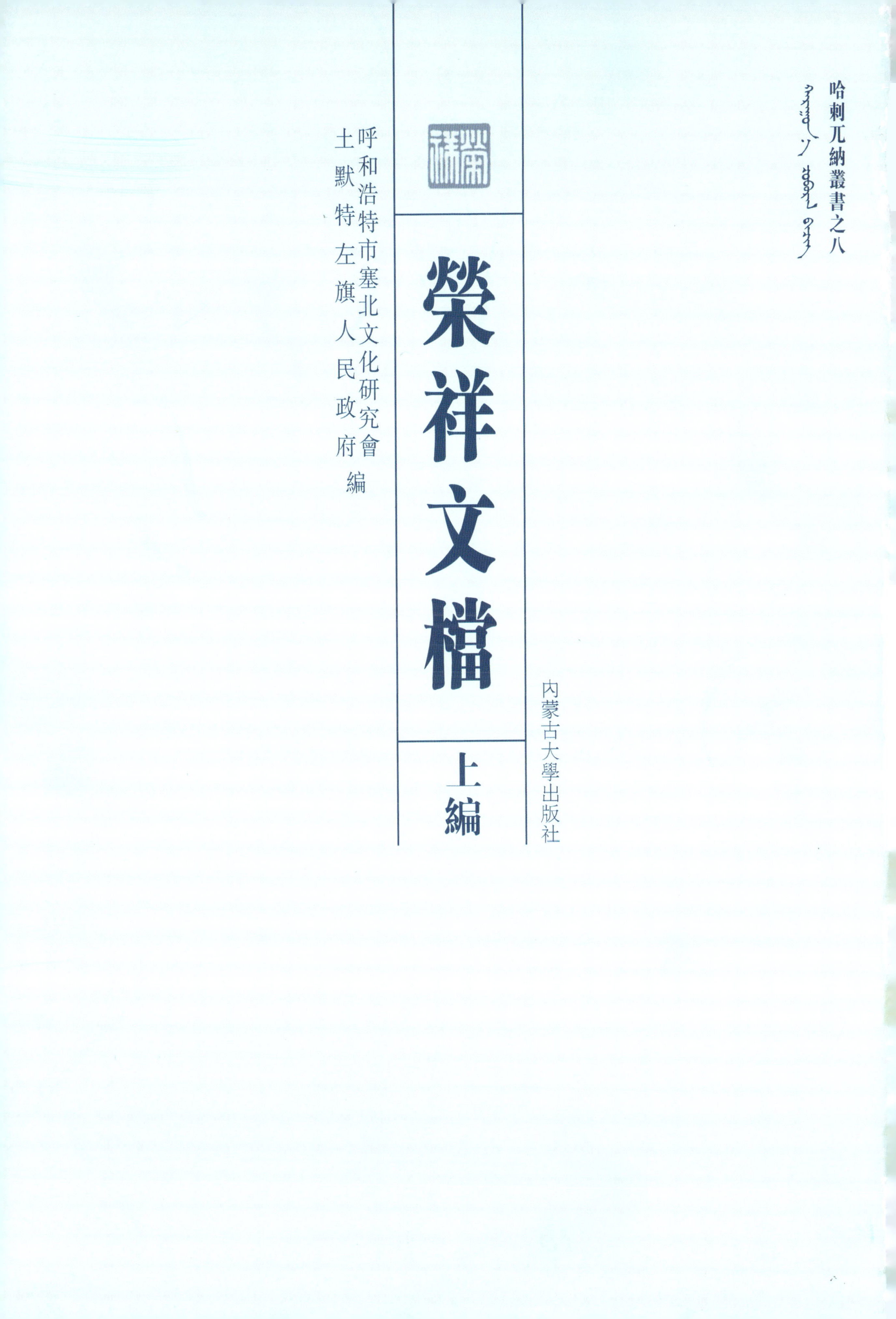

哈剌兀納叢書之八

榮祥文檔

上編

呼和浩特市塞北文化研究會
土默特左旗人民政府 編

内蒙古大學出版社

《榮祥文檔》編委會

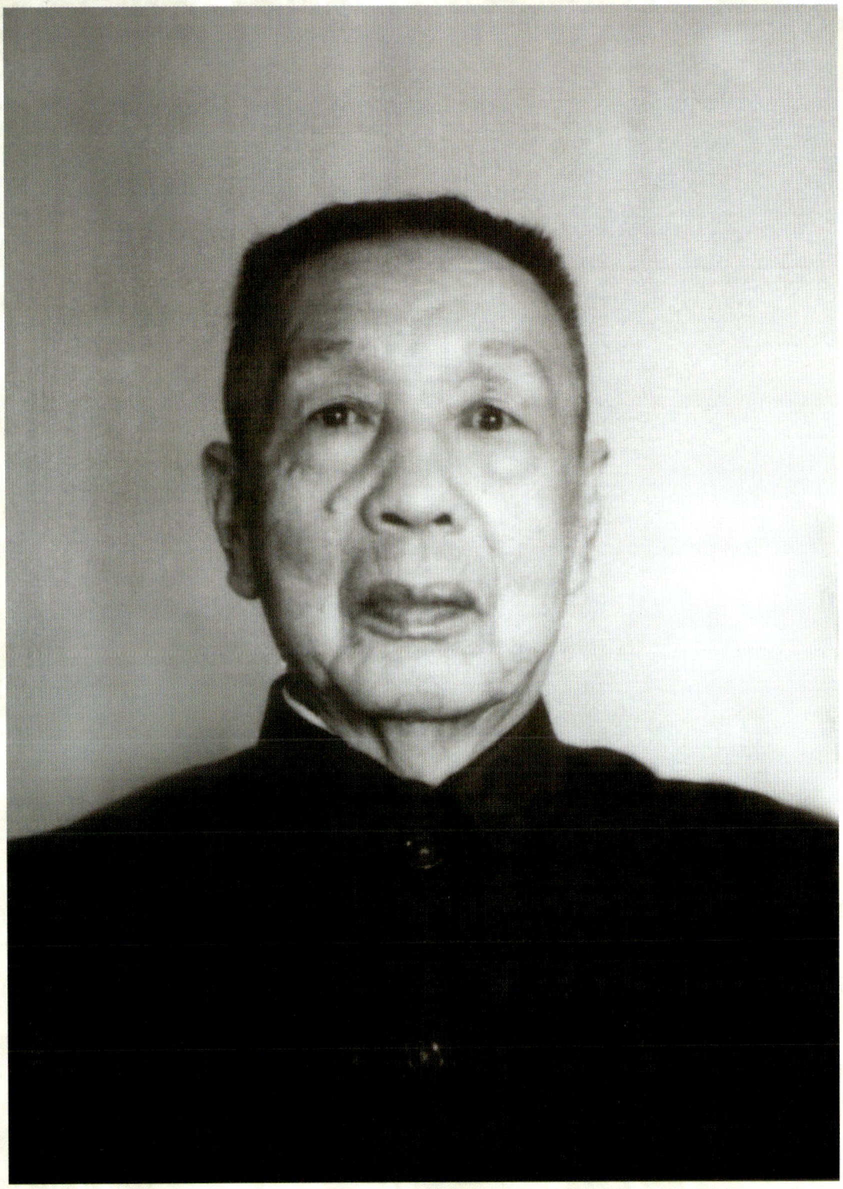

榮祥先生（一八九四年——一九七八年）

谨以此书纪念荣祥先生诞辰一百二十周年

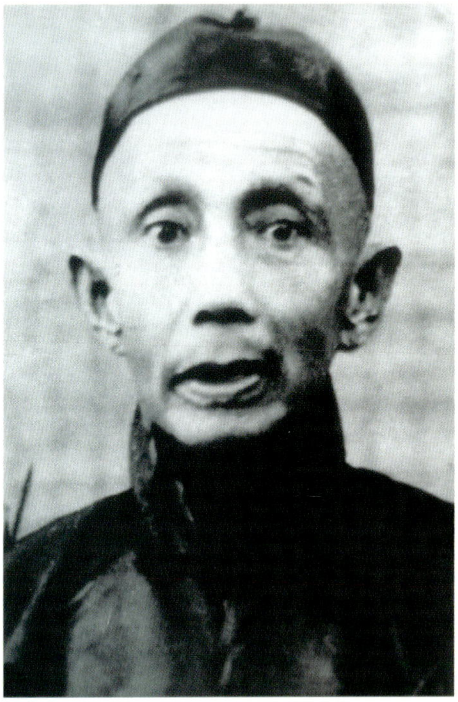

榮祥之父都格爾扎布
（一八五五年——一九二七年）

榮祥之繼母李氏，一九○六年農曆七月病故

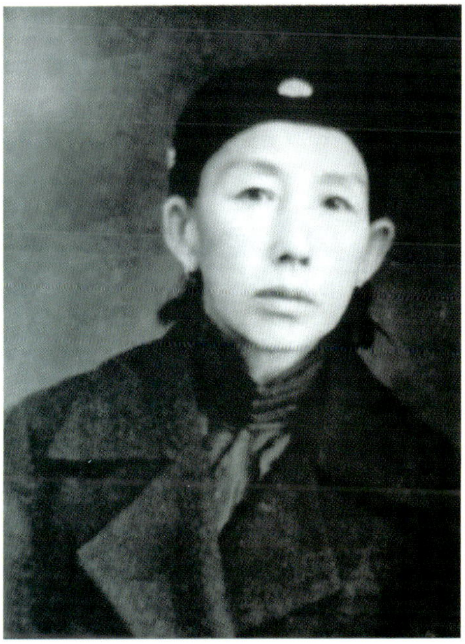

榮祥原配夫人丁佩蘭，民國時期病故

榮祥繼妻齊惠喬

榮祥先生（民國時期所攝）

榮祥先生（據《綏遠省政府鄉村建設委員會會刊》第二期載，一九三六年四月聘榮祥爲該會委員）

榮祥先生（一九三六年以前所攝）

都格爾札布之墓(位於土默特右旗美岱召村)

榮祥之墓。旁立者爲榮祥嫡孫榮松如

榮祥全家照片。前排右起爲榮祥、三子榮賡麟、榮祥夫人；後排右起爲次子榮鐘麟、長子榮寶麟，次女榮仲嫺，長女榮令嫺。拍攝時間約爲一九三五年前后

榮賡麟與姐姐榮令嫺、榮仲嫺

榮賡麟與姐姐榮仲嫺

榮祥故居（位於現呼和浩特市第一中學院内）正門。榮祥《大青山人自序》云：“先考已買宅於城西北慶凱大石橋西扎達亥河北岸，有定居矣。”

榮祥故居正房

榮祥故居西厢房

土默特旗衙署正門，位於玉泉區議事廳巷北側，通道街東側

土默特旗衙署俯瞰圖，院内兩排平房爲一九四九年後所蓋

土默特旗衙署之議事廳

土默特旗衙署議事廳東北角處之便門

一九三七年一月，綏遠省境內蒙古各盟旗地方自治政務委員會（簡稱綏境蒙政會）成立一周年大會宣傳圖片，載上海禮拜六報館編《禮拜六》一九三七年第六八四期，第二十二頁。原説明文字爲“綏蒙委員會成立周年記念大會在歸綏公共會堂舉行，□會各盟旗王公對於擁護中央及保守邊疆頗多發揮□示。綏蒙會委員長沙王報告。當時情形：旁坐而穿戎裝者爲綏省政府主席傅作義，到會各要人，左起榮祥，阿王，姓名不詳，達密凌蘇〔龍〕，額王等”

《綏遠與蒙古》宣傳專版，載商務印書館香港分館編《東方書刊》第三卷第六期第八頁，一九四〇年

主持綏蒙大政的要員，前排右起爲圖王、榮祥委員、指導長官朱綏光、白海風師長、鄂王，一九四〇年

民國刊物所載榮祥肖像

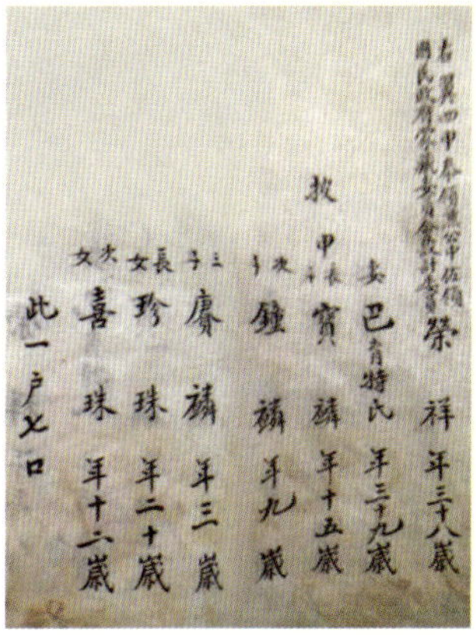

土默特户口調查表中榮祥户口，一九四二年

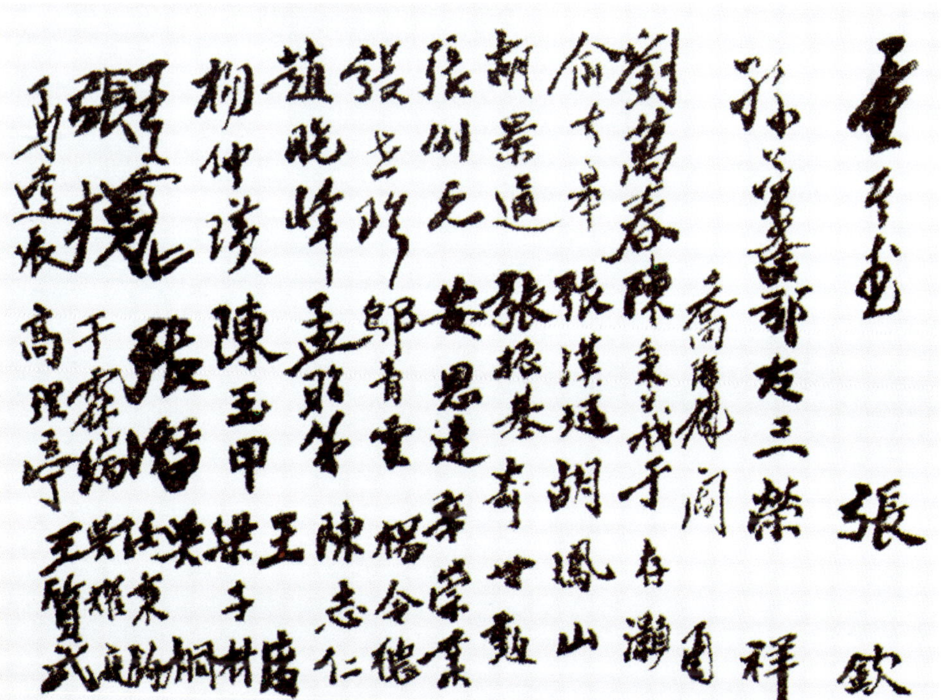

一九四九年九月十九日，參加綏遠和平起義人員簽名，榮祥名列其中

中央人民政府任命通知書 府字第1708號

茲經中央人民政府委員會第四次會議通過任命榮祥為綏遠軍政委員會委員

特此通知

主席

一九四九年十二月二日

中華人民共和國中央人民政府之印

榮祥爲綏遠軍政委員會委員任命通知書（一九四九年十二月二日）

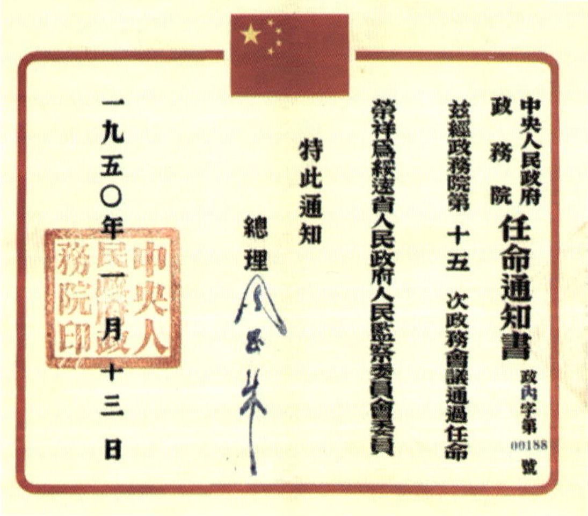

中央人民政府政務院任命通知書 政內字第00188號

茲經政務院第十五次政務會議通過任命榮祥爲綏遠省人民政府人民監察委員會委員

特此通知

總理

一九五〇年一月十三日

中央人民政府政務院印

榮祥爲綏遠省人民政府人民監察委員會委員任命通知書（一九五〇年一月十三日）

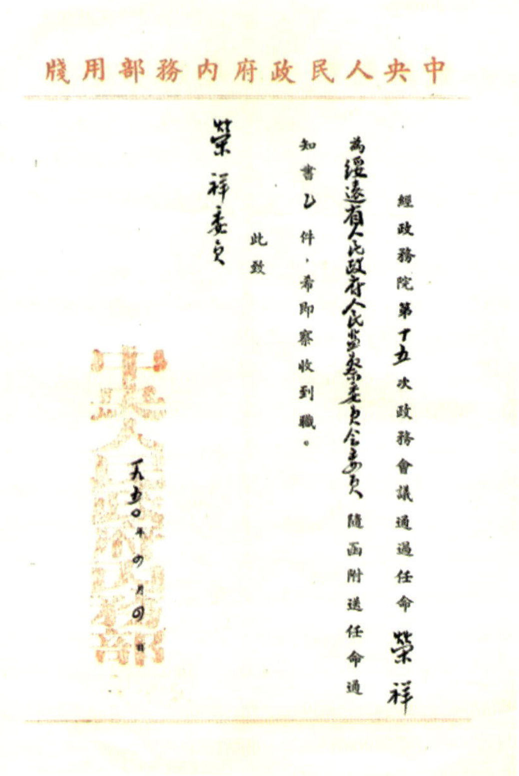

中央人民政府內務部用牋

經政務院第十五次政務會議通過任命榮祥爲綏遠省人民政府人民監察委員會委員，隨函附送任命通知書乙件，希即察收到職。

此致

榮祥委員

五〇年四月四日

榮祥爲綏遠省人民政府人民監察委員會委員任命通知函（一九五〇年四月四日）

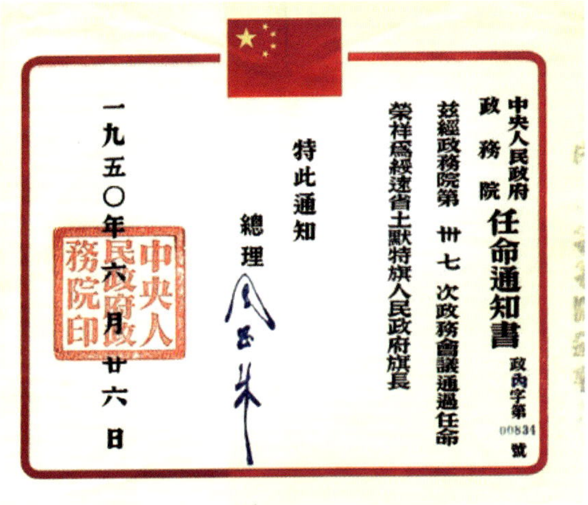
中央人民政府
政務院
任命通知書
政內字第00834號
茲經政務院第卅七次政務會議通過任命
榮祥爲綏遠省土默特旗人民政府旗長
特此通知
總理
一九五〇年六月廿六日
中央人民政府政務院印

榮祥爲綏遠省土默特旗人民政府旗長任命通知書（一九五〇年六月二十六日）

中央人民政府
政務院
任命通知書
政字第[illegible]號
茲經政務院第一百零五次政務會議通過任命
榮祥為綏遠省歸綏市人民政府委員
特此通知
總理
一九五一年十月五日
中央人民政府政務院印

榮祥爲綏遠省歸綏市人民政府委員任命通知書（一九五一年十月五日）

中央人民政府任命通知書
府字第[illegible]號
茲經中央人民政府委員會第二十一次會議通過任命榮祥爲綏遠省人民政府委員
特此通知
主席
一九五三年一月十四日
中華人民共和國中央人民政府之印

榮祥爲綏遠省人民政府委員任命通知書（一九五三年一月十四日）

中央人民政府
政務院
任命通知書
政字第[illegible]號
茲經政務院第一百七十八次政務會議通過任命
榮祥爲綏遠省人民政府政治法律委員會委員
特此通知
總理
一九五三年五月十五日
中央人民政府政務院印

榮祥爲綏遠省人民政府政治法律委員會委員任命通知書（一九五三年五月十五日）

中央人民政府
政務院任命通知書 政字第11045號
茲經政務院第二百二十四次政務會議通過任命
榮祥爲內蒙古自治區呼和浩特
市人民政府副市長
特此通知
總理 周恩來
一九五四年四月二十二日
中央人民政府政務院印

榮祥爲内蒙古自治區呼和浩特市人民政府副市長任命通知書（一九五四年四月二十二日）

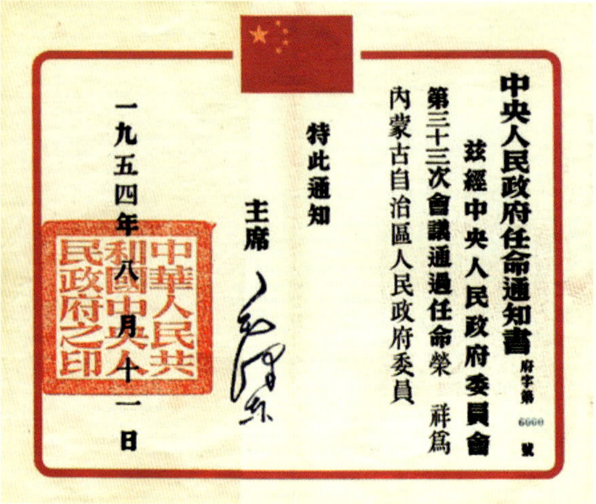
中央人民政府任命通知書 府字第6060號
茲經中央人民政府委員會
第三十三次會議通過任命榮祥爲
內蒙古自治區人民政府委員
特此通知
主席 毛澤東
一九五四年八月十一日
中華人民共和國中央人民政府之印

榮祥爲内蒙古自治區人民政府委員任命通知書（一九五四年八月十一日）

包頭市土默特右旗美岱召博物館中之榮祥浮雕塑像

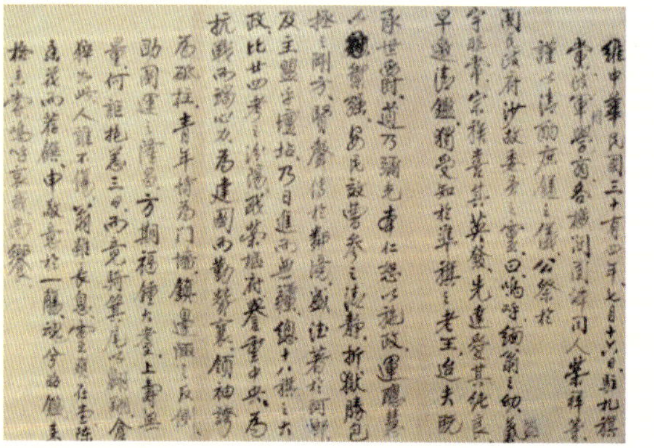

一九四五年七月，榮祥所撰沙王悼詞手稿

瑞芝堂詩鈔

榮祥《瑞芝堂詩鈔》一九三〇年版書影，現藏内蒙古圖書館

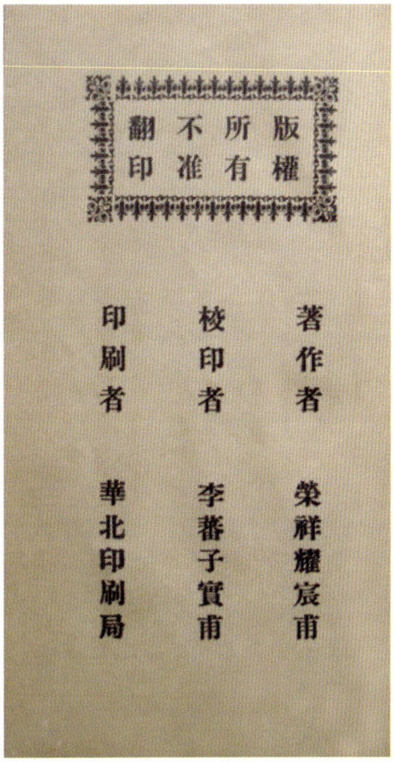

版權所有
不准翻印

著作者　榮祥耀宸甫

校印者　李蕃子實甫

印刷者　華北印刷局

榮祥《瑞芝堂詩鈔》版權頁書影

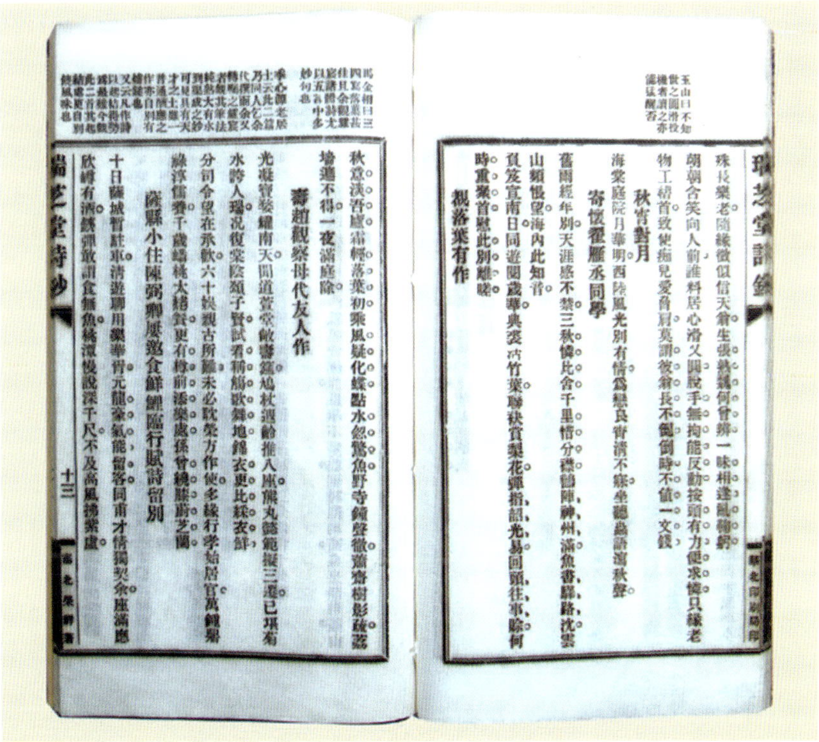

瑞芝堂詩鈔

玉山曰不知世之圓滑投機者讀之亦當猛醒否

珠長樂老隨緣傲似信天翁生張熟魏何曾辨一味相逢亂稱爺
胡嗣含笑向人前誰料居心滑又圓脫手無拘能反動按頭有力便求憐只緣老
物工韜首致使痴兒愛負肩莫謂饕翁長不倒倒時不值一文錢

秋宵對月

海棠庭院月華明西陸風光別有情爲戀良宵渾不寐坐聽蟲語寫秋聲

寄懷翟雁丞同學

舊雨經年別天涯感不禁三秋憐比舍千里悟分襟鶴陣神州滿魚書歸路沈雲
山頻悵望海內此知音
負笈宣南日同遊閱歲華輿衾巧竹葉聯袂賞梨花彈指韶光易回頭往事賒何
時重聚首慰此別離嗟

觀落葉有作

秋意淡香盧霜輕落葉初乘風疑化蝶點水怨驚魚野寺鐘聲徹蕭齋樹影疏蕭
墻邊不得一夜滿庭除

壽趙觀察母代友人作

光凝寶婺耀南天閬道萱堂飲壽筵鳩杖週齡推入座熊丸譜範擬三遷已瑱菊
水誇人瑞況復棠陰頌子賢試看稱觴歌舞地錦衣更比綵衣鮮
分司令望在承歡六十娛親古所難未必歡榮方作使多緣行孝始居官萬鍾爨
綠淳信春千歲蟠桃大綺筵更有樽前添樂處孫曾繞膝拜芝蘭

蕨縣小住陳弼卿屢邀食鮮鯉臨行賦詩留別

十日蘇城暫駐車清遊聊用樂華胥元龍豪氣能留客同甫才情獨契余座滿應
欣樽有酒饑彈敢謂食無魚桃潭漫說深千尺不及高風拂案虛

十三

榮祥《瑞芝堂詩鈔》内文書影

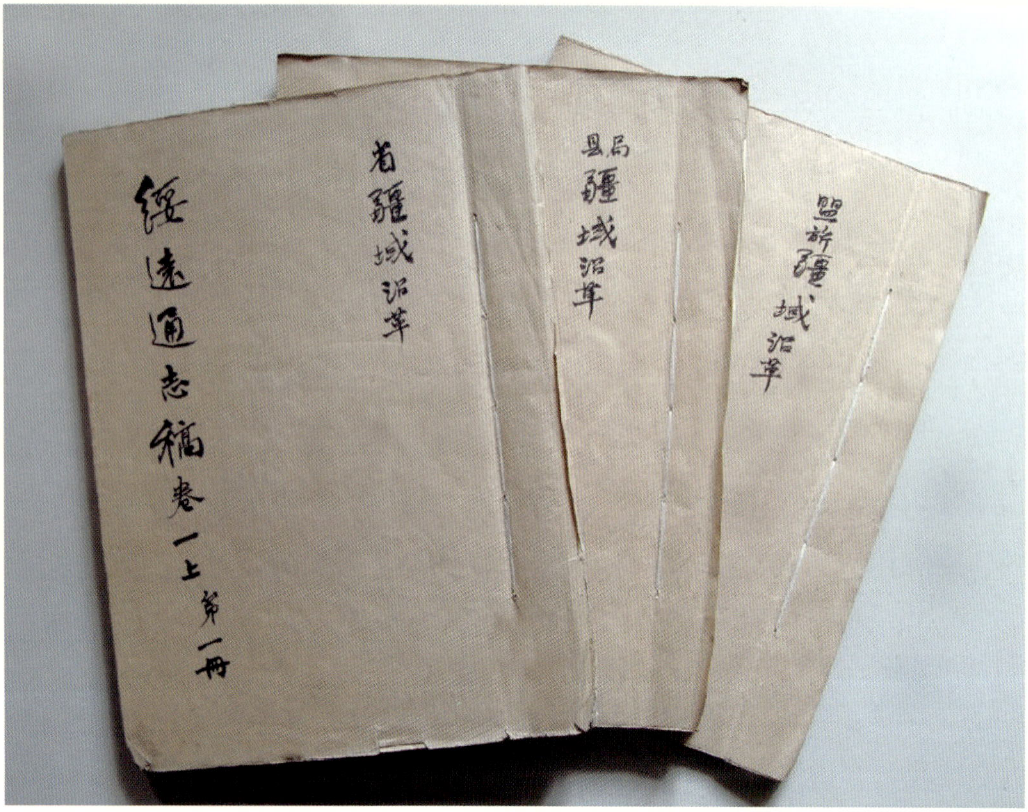

榮祥參與編纂的《綏遠通志稿》抄本，現藏内蒙古圖書館

榮祥參與編纂的《包頭市簡志》一九五九年油印本書影，現藏内蒙古圖書館

榮祥《呼和浩特市沿革稿》一九五七年油印本書影，原書現藏内蒙古圖書館

榮祥《呼和浩特市沿革稿》一九七九年翻印本書影，現藏内蒙古圖書館

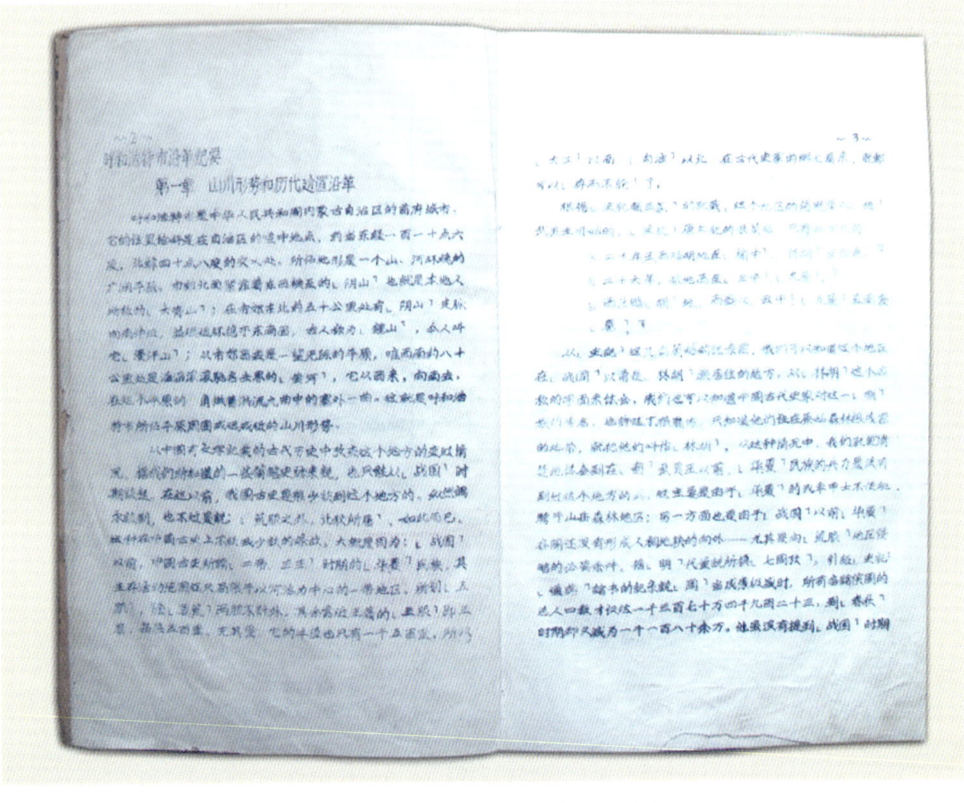

榮祥《呼和浩特市沿革稿》油印本内文

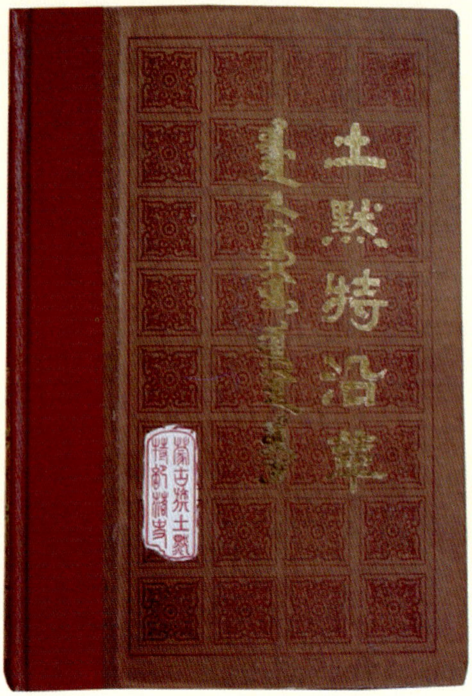

一九八一年，土默特左旗文化局編《土默特沿革》鉛印本書影，現藏内蒙古圖書館。前言爲榮賡麟所撰，第一部分《呼和浩特市沿革紀要》爲榮祥所撰

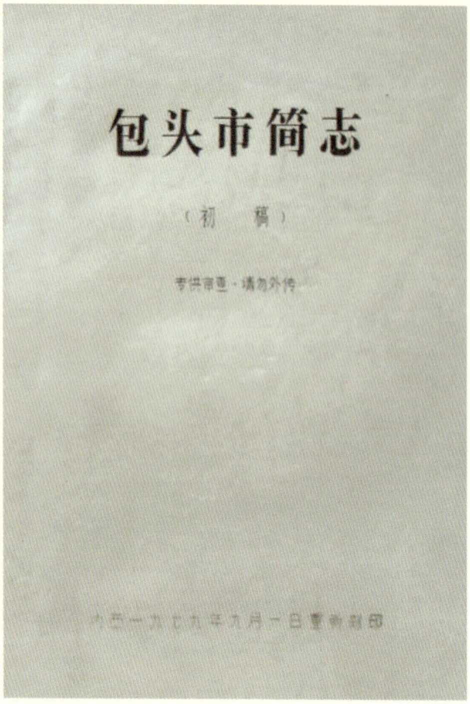

榮祥参與編纂的《包頭市簡志》一九七九年重印本書影，現藏内蒙古圖書館

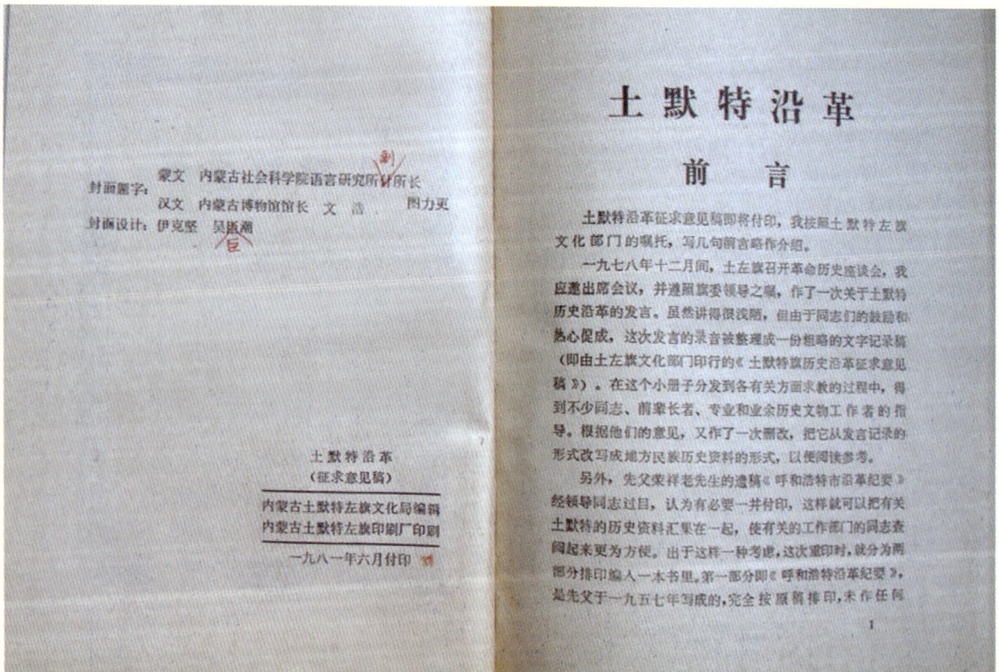

封面題字：蒙文　内蒙古社会科学院语言研究所副所长　图力更

汉文　内蒙古博物馆馆长　文浩

封面设计：伊克坚　吴巨湘

土默特沿革

（征求意见稿）

内蒙古土默特左旗文化局编辑

内蒙古土默特左旗印刷厂印刷

一九八一年六月付印

土默特沿革

前　言

土默特沿革征求意见稿即将付印，我按照土默特左旗文化部门的嘱托，写几句前言略作介绍。

一九七八年十二月间，土左旗召开革命历史座谈会，我应邀出席会议，并遵照旗委领导之嘱，作了一次关于土默特历史沿革的发言。虽然讲得很浅陋，但由于同志们的鼓励和热心促成，这次发言的录音被整理成一份粗略的文字记录稿（即由土左旗文化部门印行的《土默特旗历史沿革征求意见稿》）。在这个小册子分发到各有关方面求教的过程中，得到不少同志、前辈长者、专业和业余历史文物工作者的指导。根据他们的意见，又作了一次删改，把它从发言记录的形式改写成地方民族历史资料的形式，以便阅读参考。

另外，先父荣祥老先生的遗稿《呼和浩特市沿革纪要》经领导同志过目，认为有必要一并付印，这样就可以把有关土默特的历史资料汇集在一起，使有关的工作部门的同志查阅起来更为方便。出于这样一种考虑，这次重印时，就分为两部分排印编入一本书里。第一部分即《呼和浩特沿革纪要》，是先父于一九五七年写成的，完全按原稿排印，未作任何

1

土默特左旗文化局編《土默特沿革》内文

呼和浩特市民族事務委員會、內蒙古自治區文史研究館編《榮祥詩文選集》書影，內蒙古教育出版社，一九九九年版

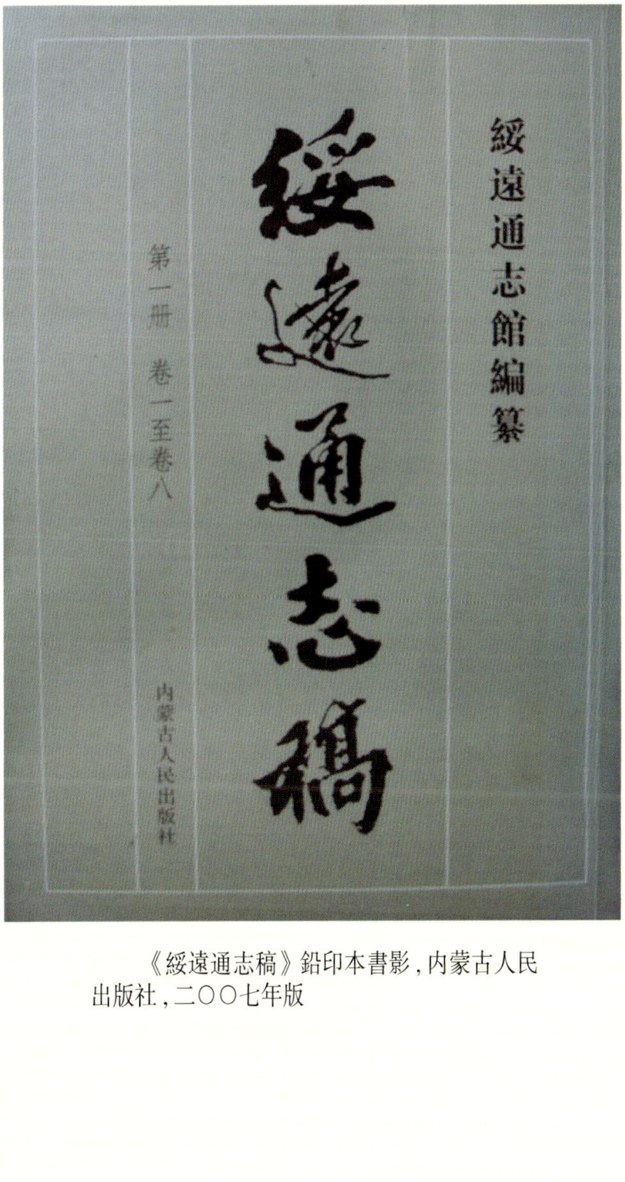

《綏遠通志稿》鉛印本書影，內蒙古人民出版社，二〇〇七年版

全軍死者九百餘人，牲畜死者駝一千有奇、馬一萬七千餘匹，費銀二百五十餘萬兩。是役使事雖無成，而喀尔喀國則得藉延殘喘，而不致全沒于厄魯特者，殆有天意云。

此書所叙，絶少珍貴難得之史料。比聖武記、朔漠方略、藩部要略、蒙古游牧記等書不逮遠甚。述多易此，引文亦然。且原本由庸手抄寫，訛謬百出，常令讀者如墮五里霧中，遂使原書更爲減色。惟圖書館借抄庋藏，以備一種，亦猶有必要耳。一九六零年八月廿三日粗校一過畢，偶記。榮祥，時年六十七。

内蒙古圖書館藏〔清〕沈宗衍《蒙古沿革志》過録本，書末有榮祥先生校勘手記

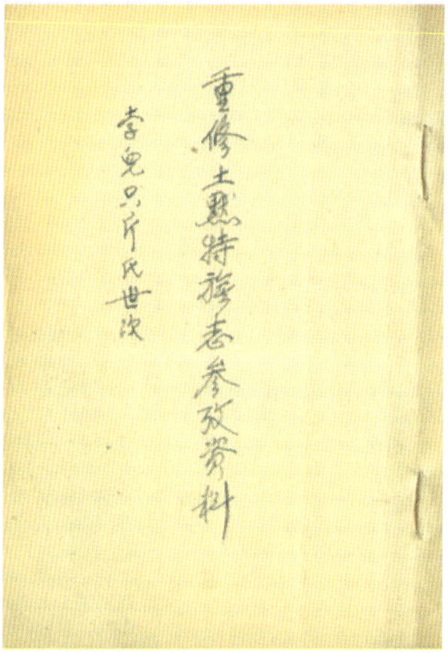
重修土默特旗志參攷資料
孛兒只斤氏世次

榮祥《孛兒只斤世次》手跡一

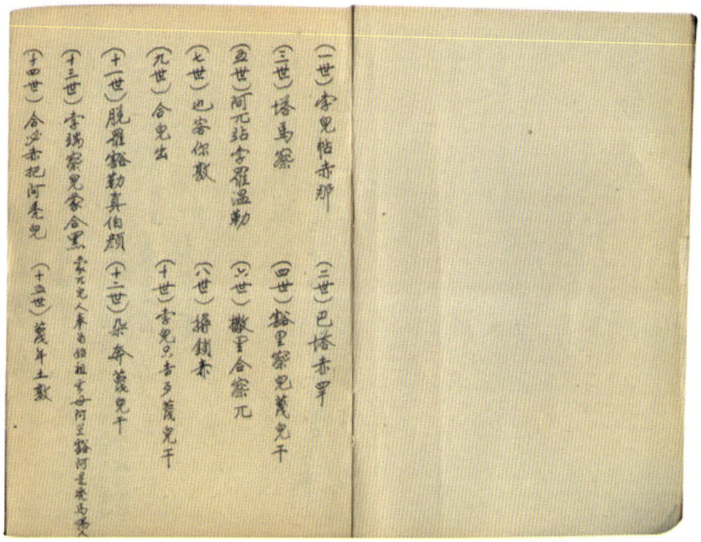
(一世)孛兒帖赤那　(二世)巴塔赤罕
(三世)塔馬察　(四世)豁里察兒蔑兒干
(五世)阿兀站孛羅溫勒　(六世)撒里合察兀
(七世)也客你敦　(八世)撏鎖赤
(九世)合兒出　(十世)孛兒只吉歹蔑兒干
(十一世)脫羅豁勒真伯顏　(十二世)朵奔蔑兒干
(十三世)孛端察兒蒙合黑　孛兒只斤氏始祖其母阿兰豁阿是禿馬……
(十四世)合必赤把阿禿兒　(十五世)蔑年土敦

榮祥《孛兒只斤世次》手跡二

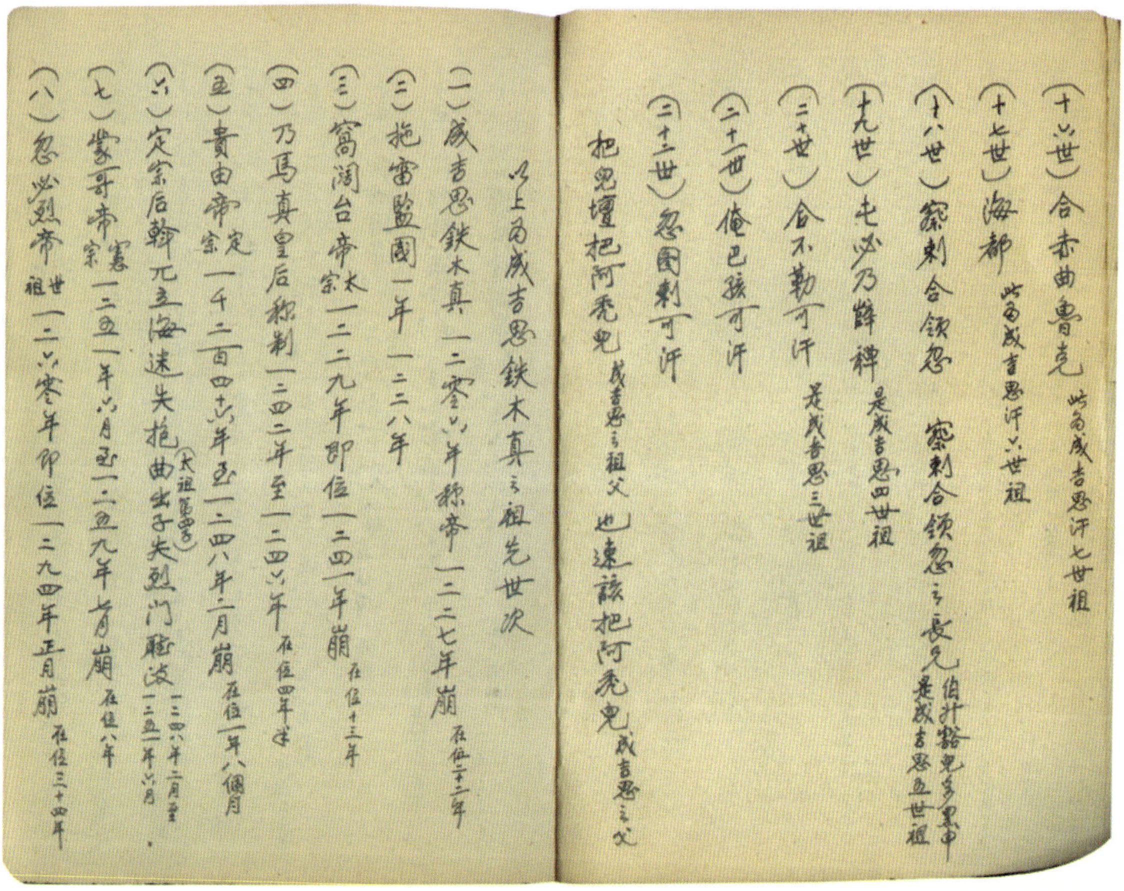
(十六世)合赤曲魯克　此為成吉思汗七世祖
(十七世)海都　此為成吉思汗六世祖
(十八世)察剌合領忽　察剌合領忽之長兒伯升豁兒多黑申　是成吉思五世祖
(十九世)屯必乃薛禪　是成吉思四世祖
(二十世)合不勒可汗　是成吉思三世祖
(二十一世)俺巴孩可汗
(二十二世)忽圖剌可汗
把兒壇把阿禿兒　成吉思之祖父　也速該把阿禿兒　成吉思之父

以上為成吉思鐵木真之祖先世次
(一)成吉思鐵木真　一二零六年稱帝　一二二七年崩　在位二十二年
(二)拖雷監國一年　一二二八年
(三)窩闊台太宗　一二二九年即位　一二四一年崩　在位十三年
(四)乃馬真皇后稱制　一二四二年至一二四六年　在位四年半
(五)貴由定宗　一千二百四十六年至一二四八年三月崩　在位一年八個月
(六)定宗后斡兀立海迷失抱曲出(太祖第三子)子失烈門聽政　一二四八年三月至一二五一年六月
(七)蒙哥憲宗　一二五一年六月至一二五九年七月崩　在位八年
(八)忽必烈世祖　一二六零年即位　一二九四年正月崩　在位三十四年

榮祥《孛兒只斤世次》手跡三

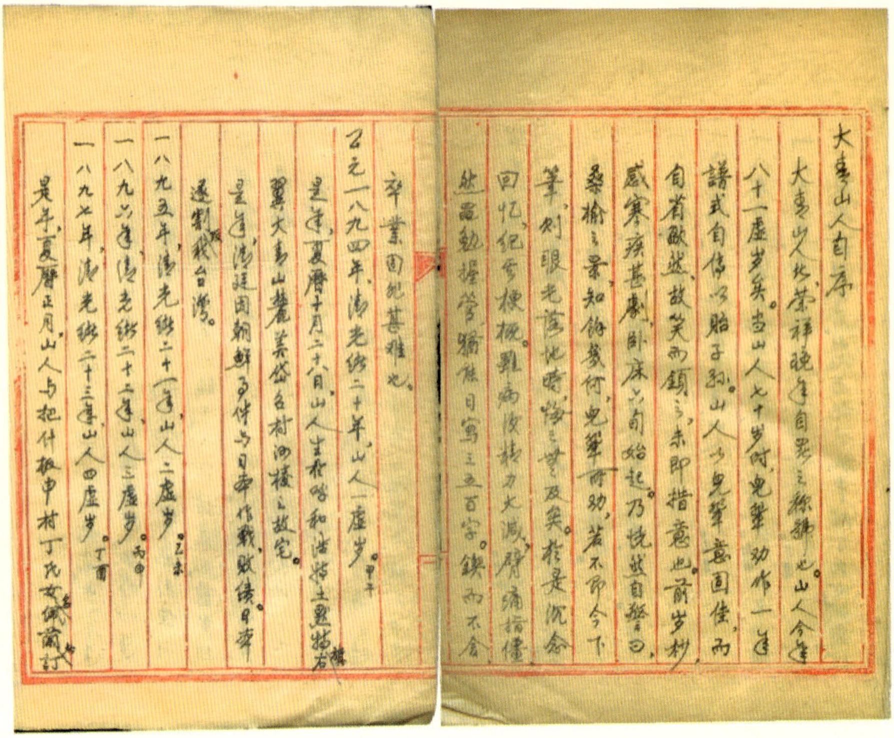

大青山人自序

大青山人者，榮祥晚年自號之稱謂也。山人今年八十一虛岁矣。当山人七十岁时，曾拟动作一生諸式自傳，以貽子孫。山人亦曾拿起筆，意固佳，而自省歉然，故笑而頷之，未即措意也。前岁秋感寒疾甚劇，臥床六旬始起，乃悅然自警曰：桑榆之景知餘幾何，曾筆所劲，若不即今下筆，則眼光昏花，時将之莫及矣。於是沉念回忆，紀事梗概，雖病後精力大減，臂痛指僵，然勉強提筆，猶能日寫三五百字，鍥而不舍

卒業固非甚難也。

公元一八九四年，清光緒二十年，山人一虛岁。甲午

是年夏曆十月二十八日山人生於呼和浩特土默特右翼大青山麓美岱召村西樓之故宅。

是年清廷因朝鮮事件与日本作戰，敗績，日本遂割我台灣。

一八九五年，清光緒二十一年，山人二虛岁。乙未

一八九六年，清光緒二十二年，山人三虛岁。丙申

一八九七年，清光緒二十三年，山人四虛岁。丁酉

是年夏曆正月山人与把什板申村丁氏女□□訂

榮祥《大青山人自序》手跡

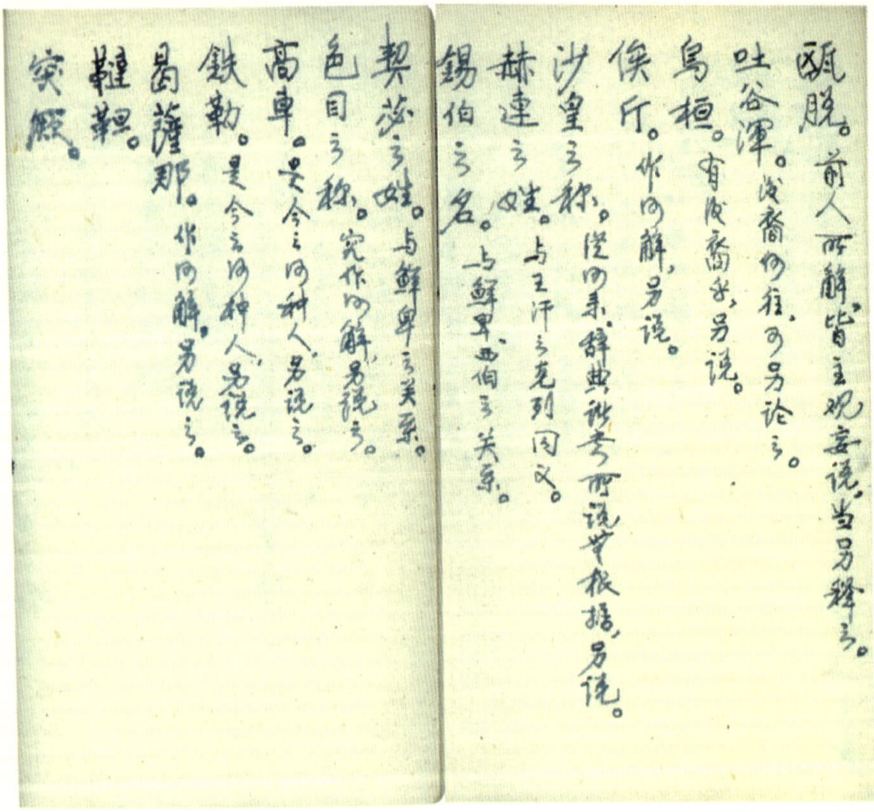

鮮脫。前人所解皆主观妄說，当另釋之。

吐谷渾。從何而往，可另論之。

烏桓。有後裔乎，另說。

俟斤。作何解，另說。

沙皇之稱。從何來，辭典所載所說無根據，另說。

赫連之姓。与王汗之克列同义。

錫伯之名。与鮮卑、西伯之关系。

契苾之姓。与鮮卑之关系。

色目之称。究作何解，另說之。

高車。是今之何种人，另說之。

鉄勒。是今之何种人，另說之。

曷薩那。作何解，另說之。

鞑靼。

突厥。

榮祥《讀史存疑》手跡

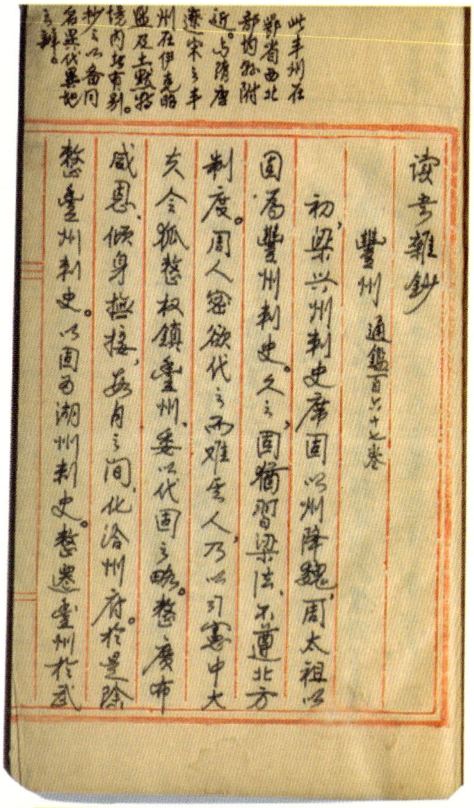
此豐州在鄂省西北鄖陽縣附近，與隋唐遼宋之豐州在伊克昭盟及土默特境內者有別。抄之以備同名異代異地之辨。
讀書雜抄
豐州 通鑑百六十七卷
初，梁興州刺史席固以州降魏，周太祖以固爲豐州刺史。久之，固猶習梁法，不遵北方制度。周人密欲代之，而難其人，乃以司憲中大夫令狐整權鎮豐州，委以代固之略。整廣布威恩，傾身撫接，數月之間，化洽州府。於是除整豐州刺史，以固爲湖州刺史。整遷豐州於武

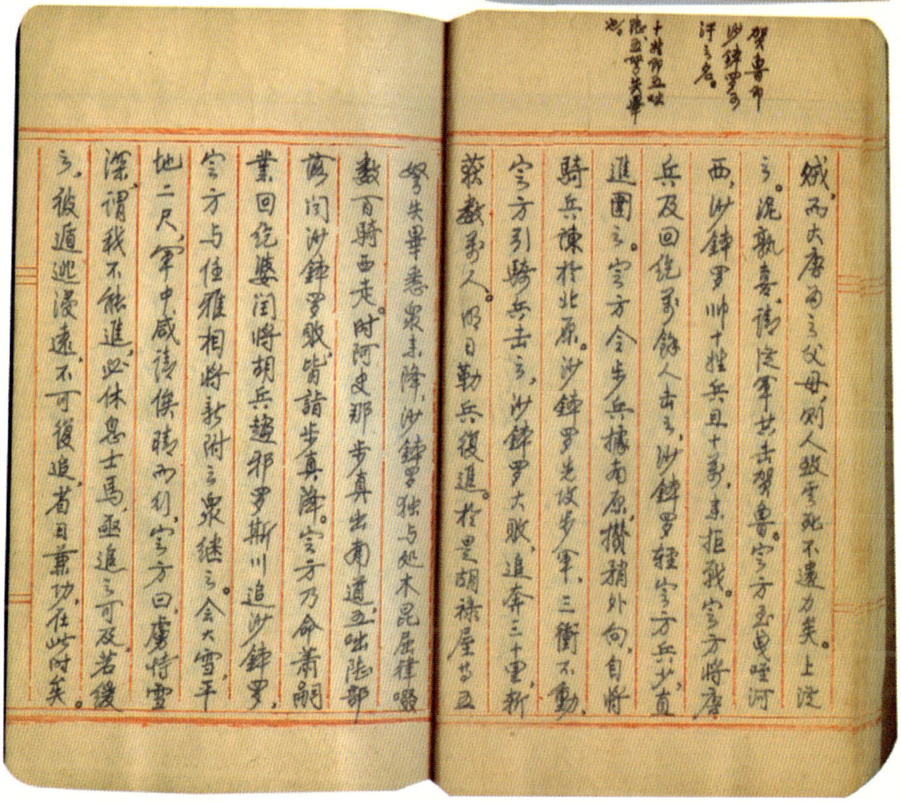
城，而大唐爲之父母，則人致死不遺力矣。上從之。泥熟喜，請從軍共擊賀魯。定方至曳咥河西，沙鉢羅帥十姓兵且十萬來拒戰。定方將唐兵及回紇萬餘人擊之。沙鉢羅輕定方兵少，直進圍之。定方令步兵據南原，攢矟外向，自將騎兵陳於北原。沙鉢羅先攻步軍，三衝不動。定方引騎兵擊之，沙鉢羅大敗，追奔三十里，斬獲數萬人。明日勒兵復進。於是胡祿屋等五
弩失畢悉衆來降，沙鉢羅獨與處木昆屈律啜數百騎西走。時阿史那步真出南道，五咄陸部落聞沙鉢羅敗，皆詣步真降。定方乃命蕭嗣業、回紇婆閏將胡兵趣邪羅斯川追沙鉢羅，定方與任雅相將新附之衆繼之。會大雪，平地二尺，軍中咸請俟晴而行。定方曰：虜恃雪，深謂我不能進，必休息士馬。亟追之可及，若緩之，彼遁逃浸遠，不可復追。省日兼功，在此時矣。

榮祥《讀書雜抄》手跡

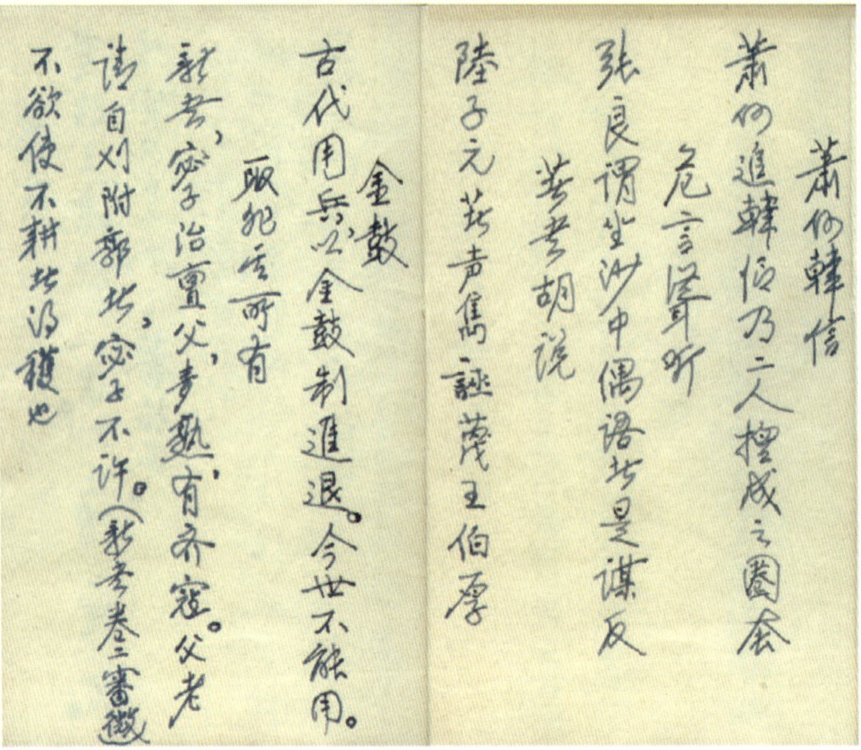

榮祥《讀書雜論》手跡

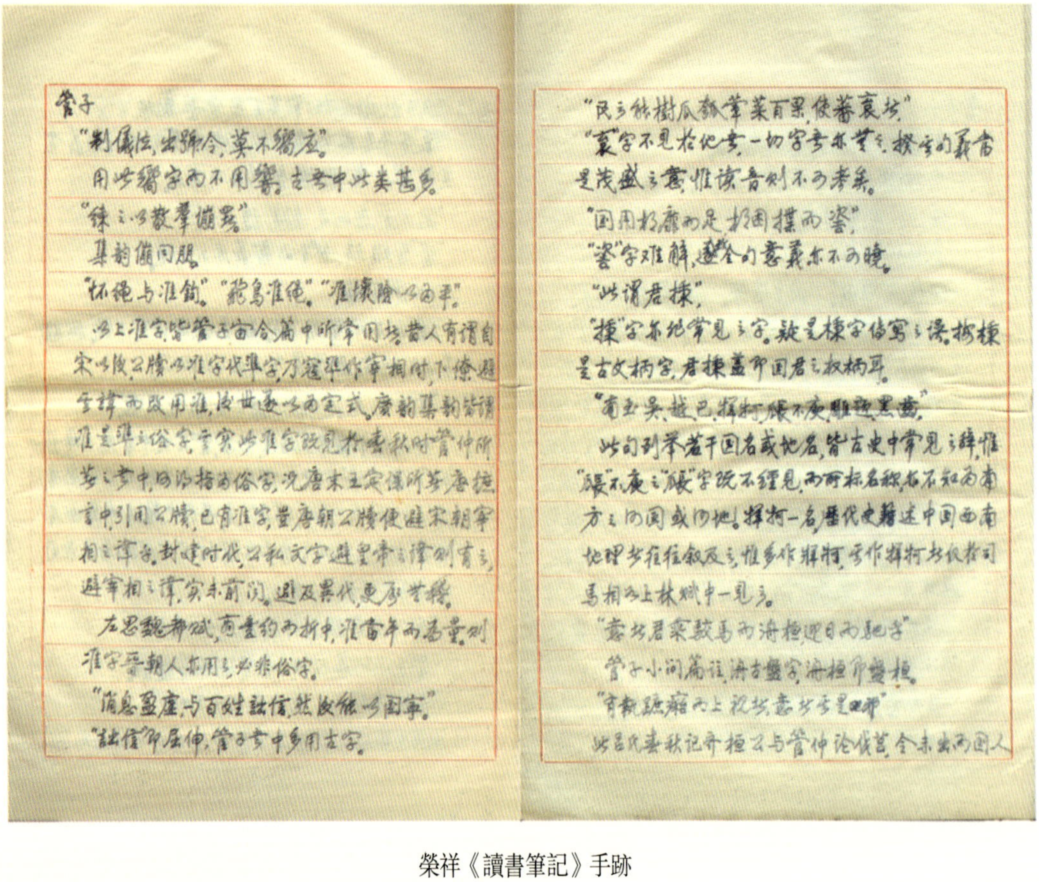

榮祥《讀書筆記》手跡

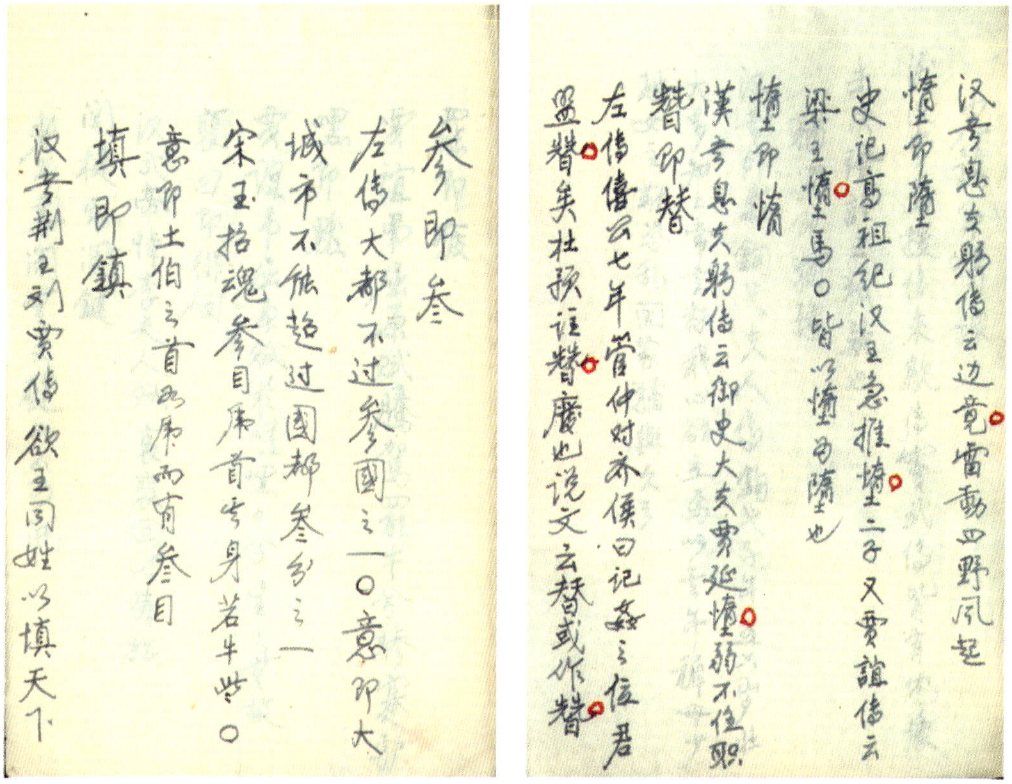

汉书息夫躬传云边竟雷动四野风起
墯即墮
史記高祖紀汉王急推墯二子又賈誼傳云梁王墯馬○皆以墯為墮也
墯即惰
漢书息夫躬传云御史大夫賈延墯弱不任職
㬱即替
左傳僖公七年管仲对齐侯曰记奸之位君盟㬱矣杜預注㬱廢也说文云㬱或作替

叅即叄
左傳大都不过參國之一○意即大城市不能超过國都叄分之一
宋玉招魂參目虎首其身若牛些○意即土伯之首如虎而有叄目
填即鎮
汉书荆王刘賈傳欲王同姓以填天下

榮祥《古今用詞用字與今異者》手跡

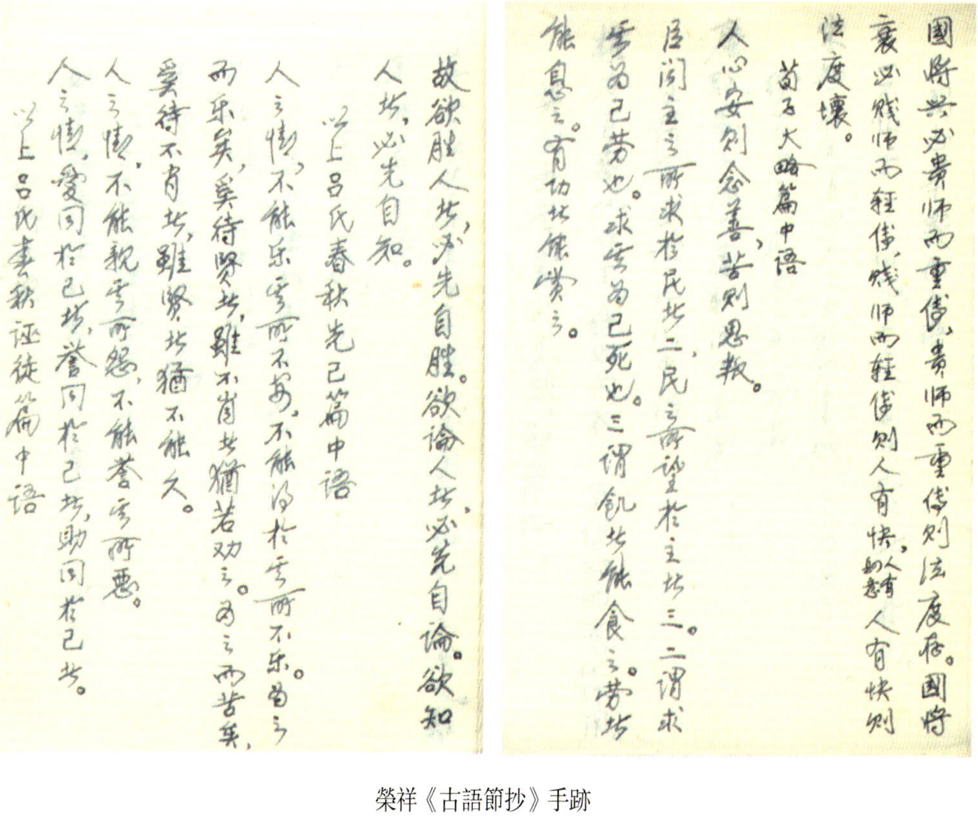

國將興必貴師而重傅，貴師而重傅則法度存。國將衰必賤師而輕傅，賤師而輕傅則人有快，人有快則法度壞。
荀子大略篇中語
人心安則念善，苦則思報。
臣聞主之所求於民者二，民之所望於主者三。二謂求其為己勞也。求其為己死也。三謂飢者能食之。勞者能息之。有功者能賞之。

故欲勝人者，必先自勝。欲論人者，必先自論。欲知人者，必先自知。
以上呂氏春秋先己篇中語
人之情，不能樂其所不安，不能得於其所不樂。為之而樂矣，奚待賢者，雖不肖者猶若勸之。為之而苦矣，奚待不肖者，雖賢者猶不能久。
人之情不能親其所怨，不能譽其所惡。
人之情，愛同於己者，譽同於己者，助同於己者。
以上呂氏春秋誣徒篇中語

榮祥《古語節抄》手跡

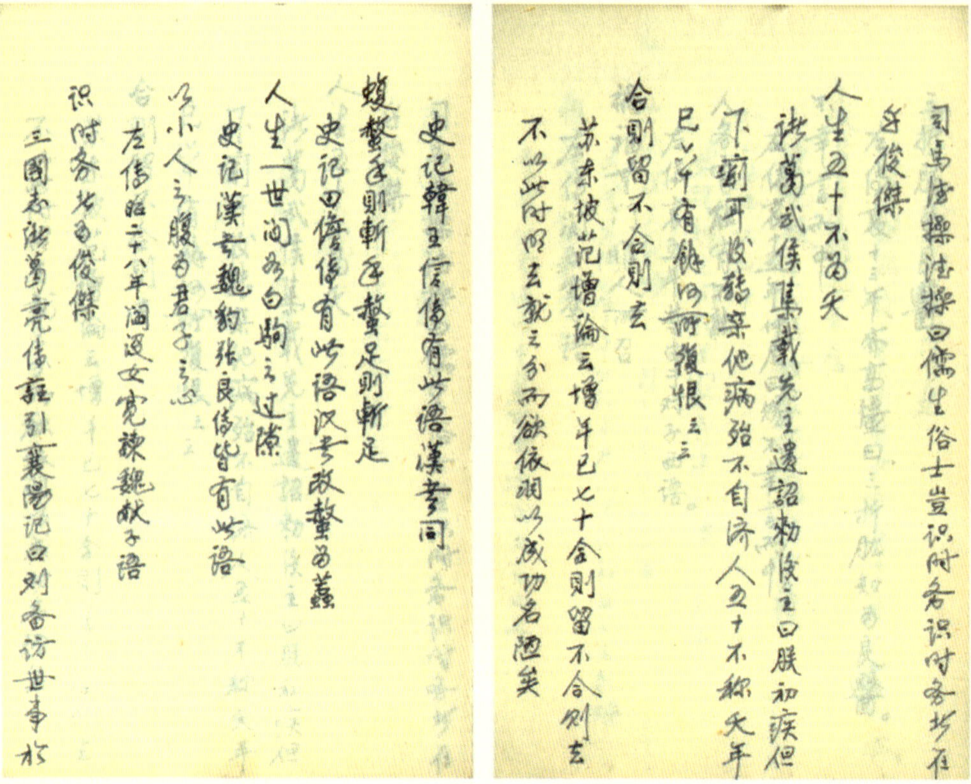
司馬彥操法操曰儒生俗士豈识时务识时务者在乎俊傑

人生五十不为夭
諸葛武侯集載先主遺詔勅後主曰朕初疾但下痢耳后转杂他病殆不自济人五十不称夭年已六十有餘何所復恨云云

合則留不合則去
苏东坡范增論云增年已七十合則留不合則去不以此时明去就之分而欲依羽以成功名陋矣

史記韓王信傳有此語漢書同

蝮螫手則斬手螫足則斬足
史記田儋傳有此語汉书改螫为蠚

人生一世間如白駒之过隙
史記漢書魏豹張良傳皆有此語

以小人之腹為君子之心
左傳昭二十八年閻没女宽谏魏献子語

识时务者为俊傑
三國志諸葛亮傳注引襄陽記曰刘备访世事於

榮祥《成語筆記》手跡

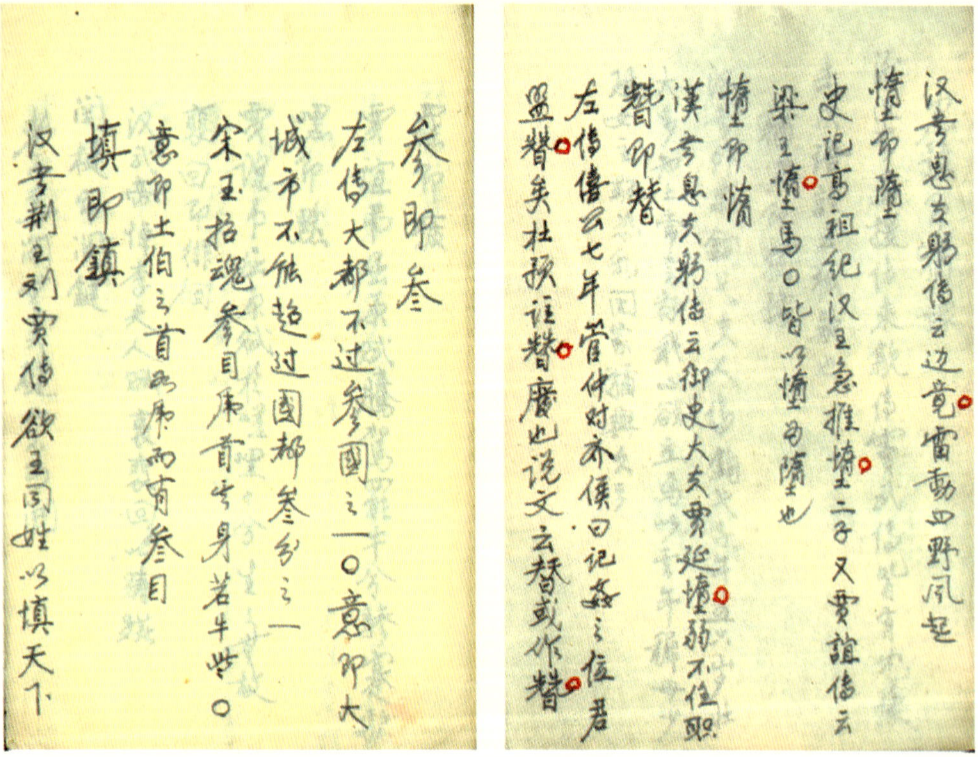
汉書息夫躬傳云边竟雷動四野风起

墯即隳
史記高祖紀汉王急推墯二子又賈誼傳云梁王墯馬○皆以墯為隳也

墯即惰
漢書息夫躬傳云御史大夫賈延墯弱不任職

朁即替
左傳僖公七年管仲对齐侯曰记姦之位君盟朁矣杜预注朁廢也說文云替或作朁

參即叅
左傳大都不过參國之一○意即大城市不能超过國都叅分之一
宋玉招魂參目虎首其身若牛些○意即土伯之首如虎而有叅目

填即鎮
汉書荆王刘賈傳欲王同姓以填天下

榮祥《漢書史記用詞用字互異者》手跡

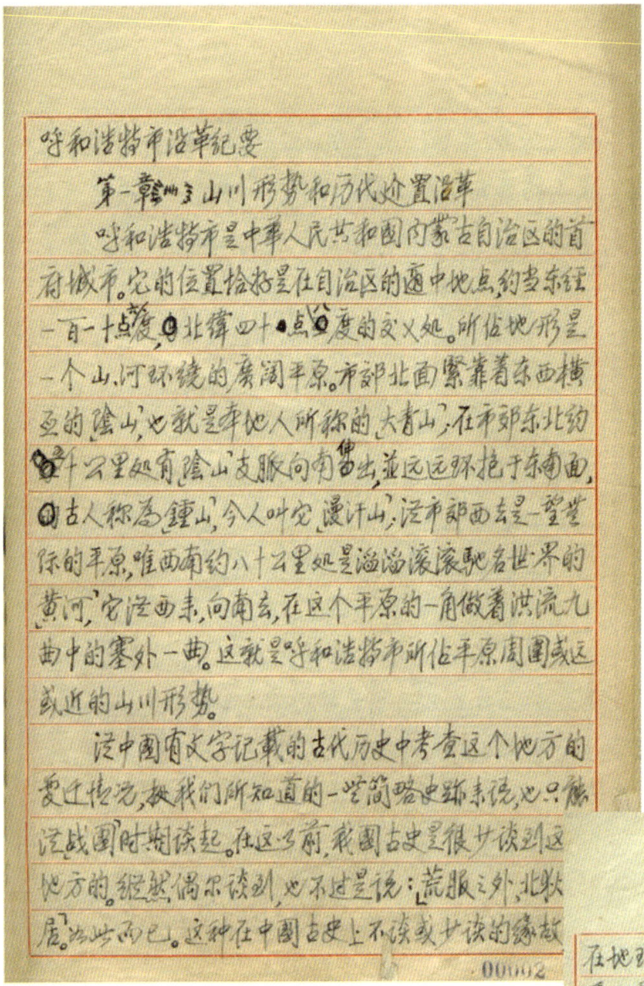

呼和浩特市沿革紀要

第一章 山川形势和历代建置沿革

呼和浩特市是中華人民共和国内蒙古自治区的首府城市。它的位置恰好是在自治区的適中地点，約当东經一百一十点六度，北緯四十点八度的交叉处。所佔地形是一个山、河环繞的廣闊平原。市郊北面緊靠着东西横亙的陰山，也就是本地人所称的「大青山」；在市郊东北約四十公里处有陰山支脈向南伸出，並远远环抱于东南面，古人称為「鍾山」，今人叫它「蠻汗山」；從市郊西去是一望無际的平原，唯西南約八十公里处是滔滔滚滚馳名世界的「黄河」，它從西来，向南去，在这个平原的一角做着洪流九曲中的塞外一曲。这就是呼和浩特市所佔平原周圍或远或近的山川形势。

從中國有文字記載的古代历史中考查这个地方的变迁情况，按我们所知道的一些簡略史跡来說，也只能從「战国」时期談起。在这以前，我國古史是很少談到这地方的。縱然偶尔談到，也不过是說：「荒服之外，北狄居」如此而已。这种在中國古史上不談或少談的緣故

00002

榮祥《呼和浩特市沿革紀要稿》手跡

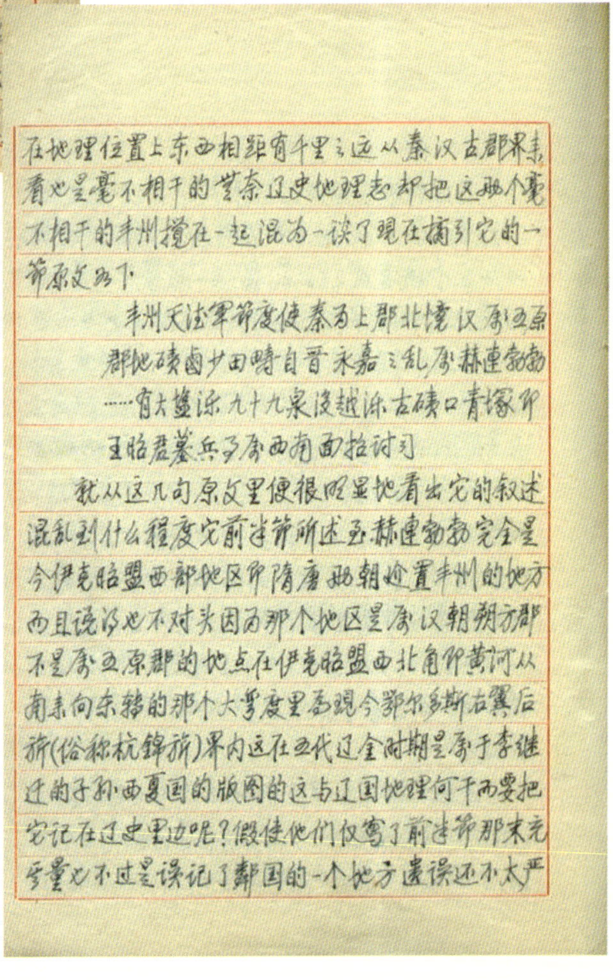

在地理位置上东西相距有千里之远从秦汉古郡界来看也是毫不相干的無奈辽史地理志却把这两个毫不相干的丰州攪在一起混为一谈了現在摘引它的一節原文如下

丰州天德軍節度使秦为上郡北境汉為五原郡地磧卤少田疇自晋永嘉之乱為赫連勃勃……有大鹽泺九十九泉没越泺古磧口青塚即王昭君墓兵多為西南面招討司

就从这几句原文里便很明显地看出它的叙述混乱到什么程度它前半節所述為赫連勃勃完全是今伊克昭盟西部地区即隋唐两朝建置丰州的地方而且说的也不对头因为那个地区是為汉朝朔方郡不是為五原郡的地点在伊克昭盟西北角即黄河从南来向东轉的那个大彎度里為現今鄂尔多斯右翼后旗(俗称杭錦旗)界内这在五代辽金时期是為于李继迁的子孙西夏国的版图的这与辽国地理何干而要把它記在辽史里边呢？假使他们仅寫了前半節那末充其量也不过是误記了鄰国的一个地方遺误还不太严

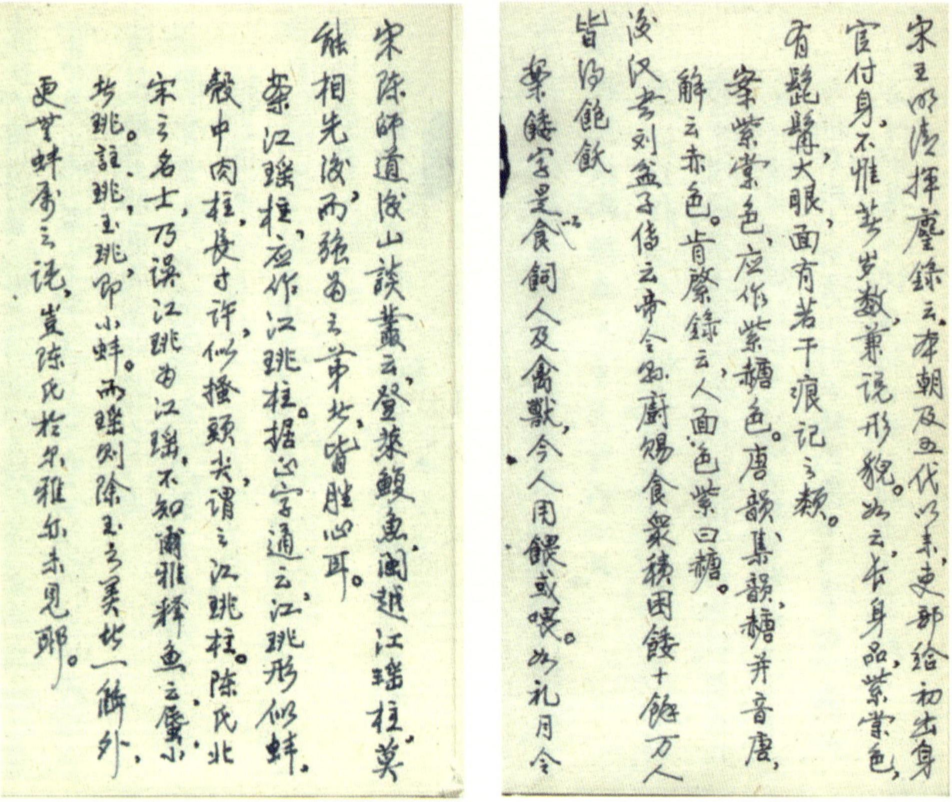

榮祥《考據筆記》手跡

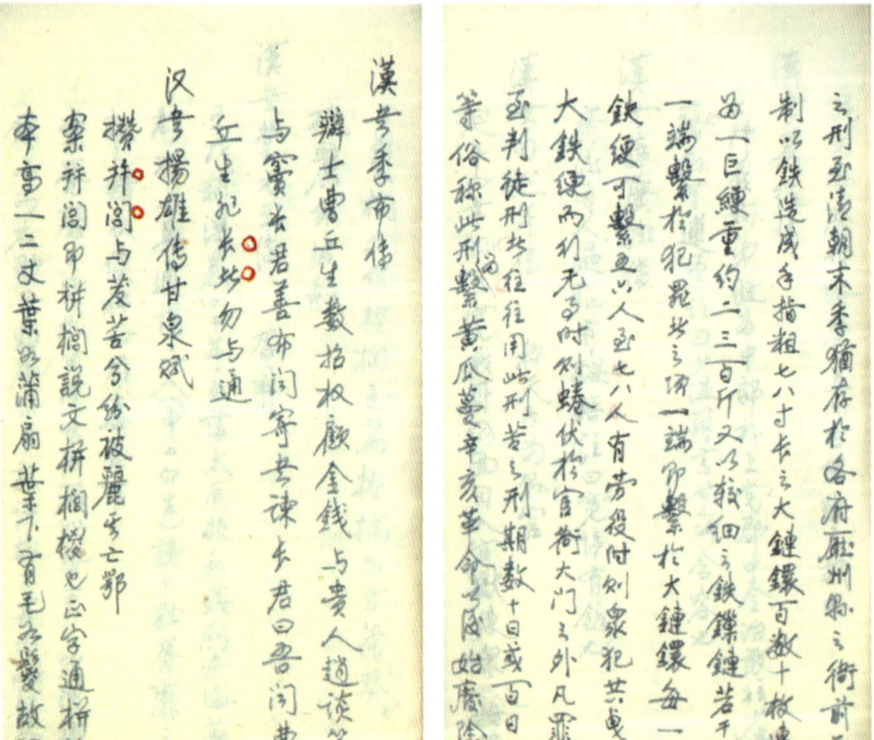

榮祥《史漢語解》手跡

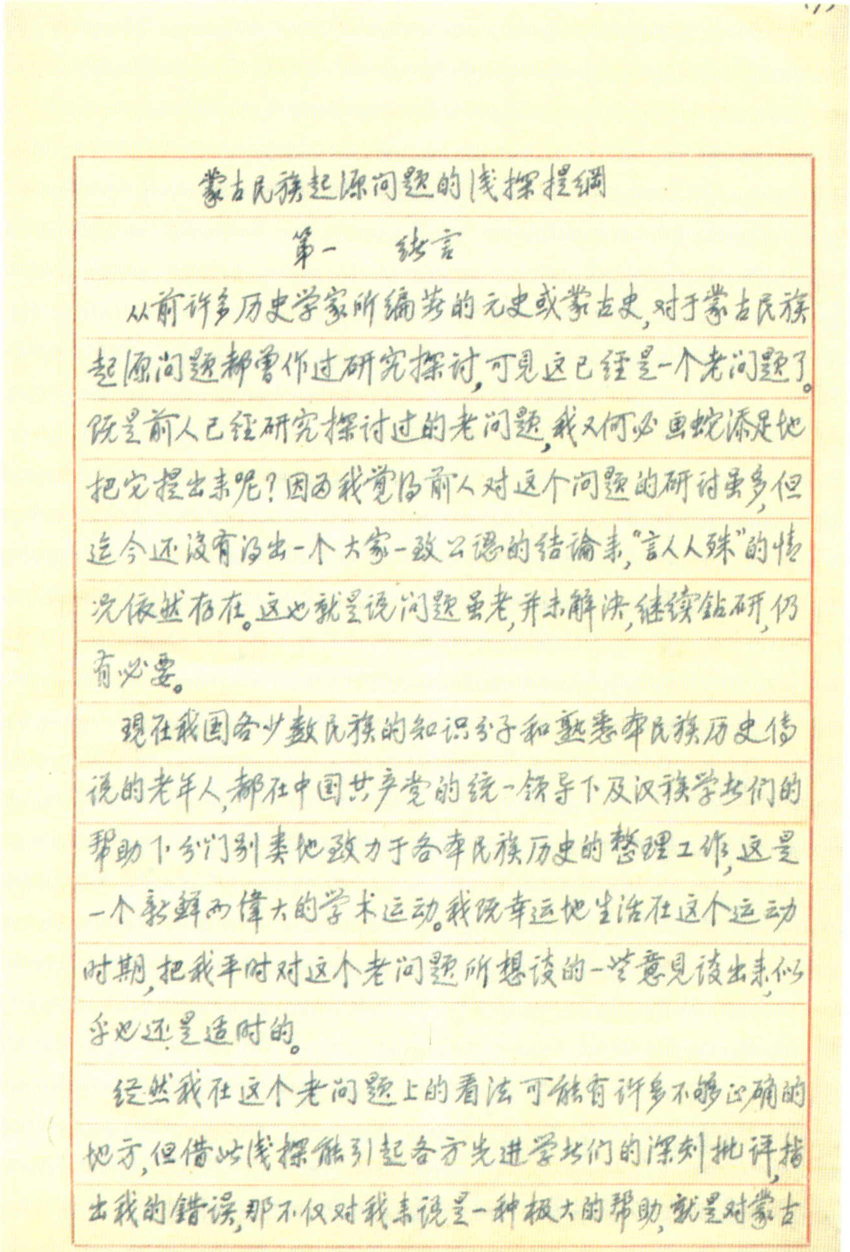
（1）

蒙古民族起源问题的浅探提纲

第一 绪言

从前许多历史学家所编著的元史或蒙古史，对于蒙古民族起源问题都曾作过研究探讨，可见这已经是一个老问题了。既是前人已经研究探讨过的老问题，我又何必画蛇添足地把它提出来呢？因为我觉得前人对这个问题的研讨虽多，但迄今还没有得出一个大家一致公认的结论来，"言人人殊"的情况依然存在。这也就是说问题虽老，并未解决，继续钻研，仍有必要。

现在我国各少数民族的知识分子和熟悉本民族历史传说的老年人，都在中国共产党的统一领导下及汉族学者们的帮助下分门别类地致力于各本民族历史的整理工作，这是一个新鲜而伟大的学术运动。我既幸运地生活在这个运动时期，把我平时对这个老问题所想谈的一些意见谈出来，似乎也还是适时的。

纵然我在这个老问题上的看法可能有许多不够正确的地方，但借此浅探能引起各方先进学者们的深刻批评，指出我的错误，那不仅对我来说是一种极大的帮助，就是对蒙古

榮祥《蒙古民族起源問題的淺探提綱》手跡

民族起源问题来说也未尝不是一种投桃李而得瑶玖的收获。因此，不揣固陋，不辞孟浪，就把我的意见提出来了。

第二 旧起源说的批判

就我所见过的一些元史或蒙古史（包括稗史杂记），对于蒙古民族起源问题大约可归纳为以下几种说法：

(1)蒙古出于突厥说，以"新元史"为代表，

(2)蒙古出于东胡说，以"蒙兀儿史记"为代表，

(3)蒙古出于鞑靼说，以"明史"和"多桑蒙古史"为代表，

(4)蒙古出于吐蕃说，以"蒙古源流"为代表。

以上四种说法，除"蒙古源流"的吐蕃说是黄教信徒的捏造，不足取信于人，已由前辈学者作过批驳，如洪钧的"元史譯文证补"即认为毫无根据。我完全同意这种批驳，不再置议。现只就前三种说法提出意见。

(1)"新元史"蒙古民族起源说的批判

柯绍忞所著"新元史"一开头就有如下的一段说法：

"蒙古之先出于突厥。本为忙豁侖，譯音之变为蒙兀儿，又为蒙古。金人谓之鞑靼，又谓之达达儿。蒙古衣尚灰暗，故称黑达达，其本非蒙古而归于蒙古者为白达达，野达达。"

榮祥《蒙古民族起源問題的淺探提綱》手跡二

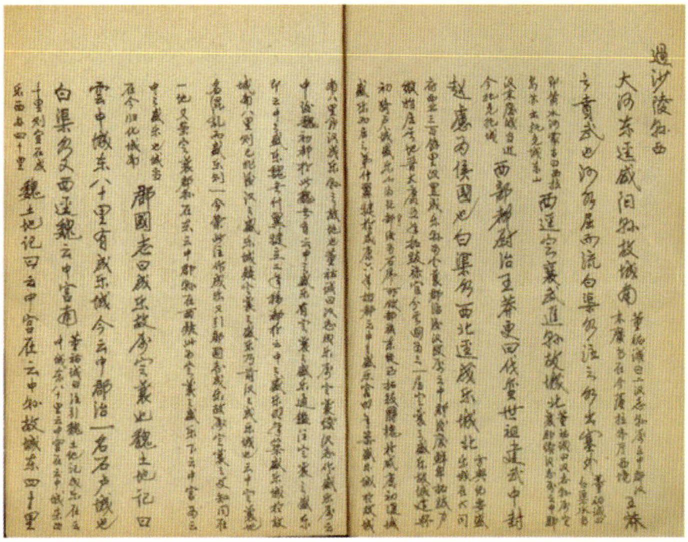

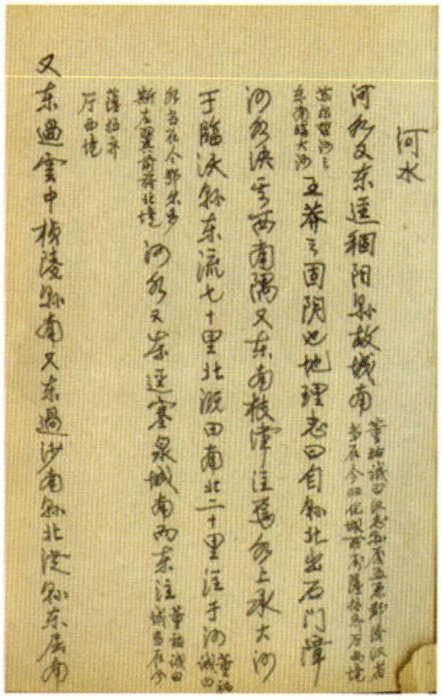

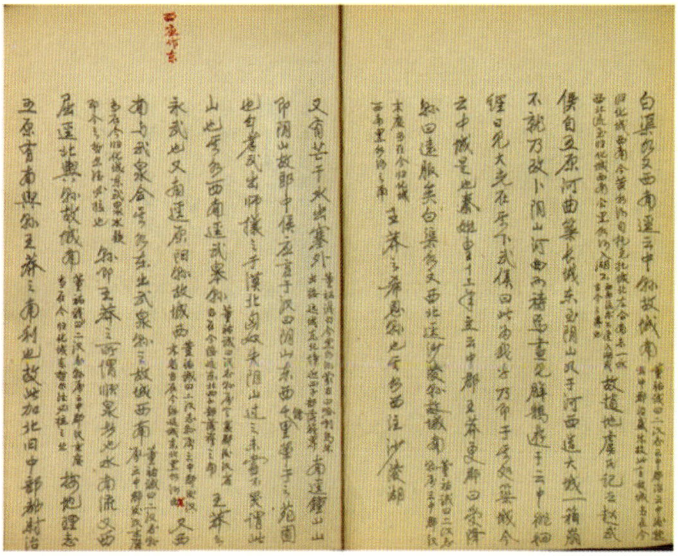

榮祥《史地摘抄》手跡

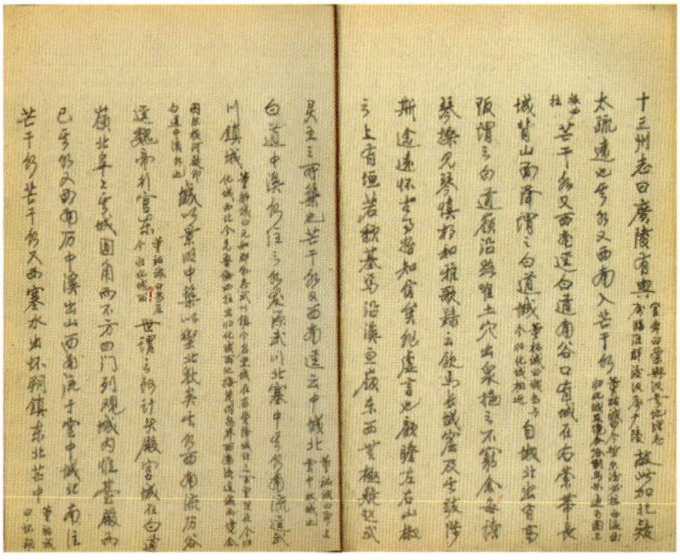

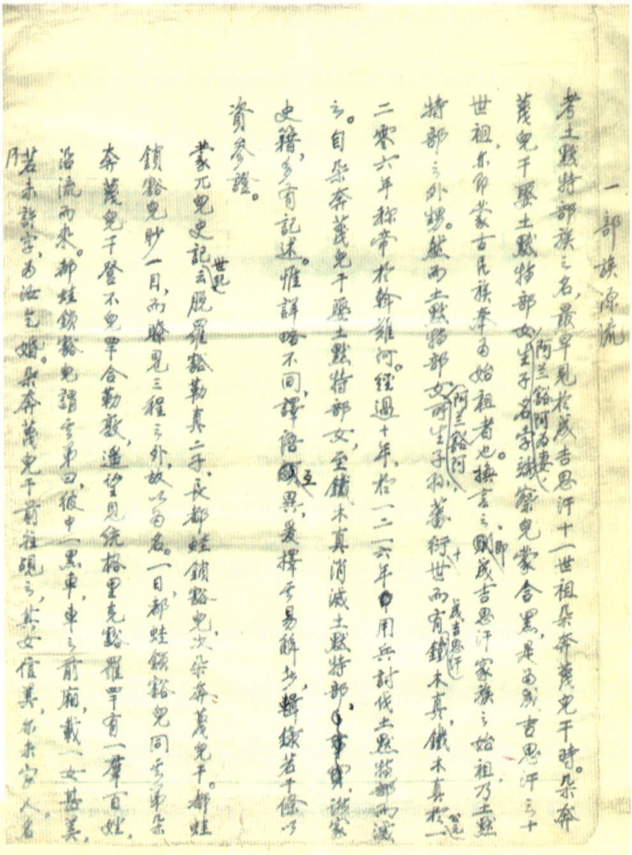
一 部族源流

考土默特部族之名，最早見於成吉思汗十一世祖朵奔蔑兒干娶土默特部女阿蘭豁阿為妻，生子名孛端察兒蒙合黑，是為成吉思汗之十世祖，亦即蒙古民族奉為始祖者也。換言之，即成吉思汗家族之始祖乃土默特部之外甥。然而土默特部女阿蘭豁阿所生子孫蕃衍十世而有成吉思汗鐵木真，鐵木真於一二零六年稱帝於斡難河。經過十年，於一二一六年用兵討伐土默特部而滅之。自朵奔蔑兒干娶土默特部女，至鐵木真消滅土默特部之事實，諸家史籍，多有記述。雖詳略不同，譯音互異，爰擇其易解者，輯錄若干條以資參證。

蒙兀兒史記世紀云：脫羅豁勒真二子，長都蛙鎖豁兒，次朵奔蔑兒干。都蛙鎖豁兒眇一目，而瞭見三程之外，故以為名。一日都蛙鎖豁兒同其弟朵奔蔑兒干登不兒罕合勒敦，遙望見統格黎克豁羅罕有一群百姓，沿流而來。都蛙鎖豁兒謂其弟曰：彼中一黑車，車之前廂，載一女甚美，若未許字，為汝乞婚。朵奔蔑兒干前往覘之，其女信美，尚未字人，名

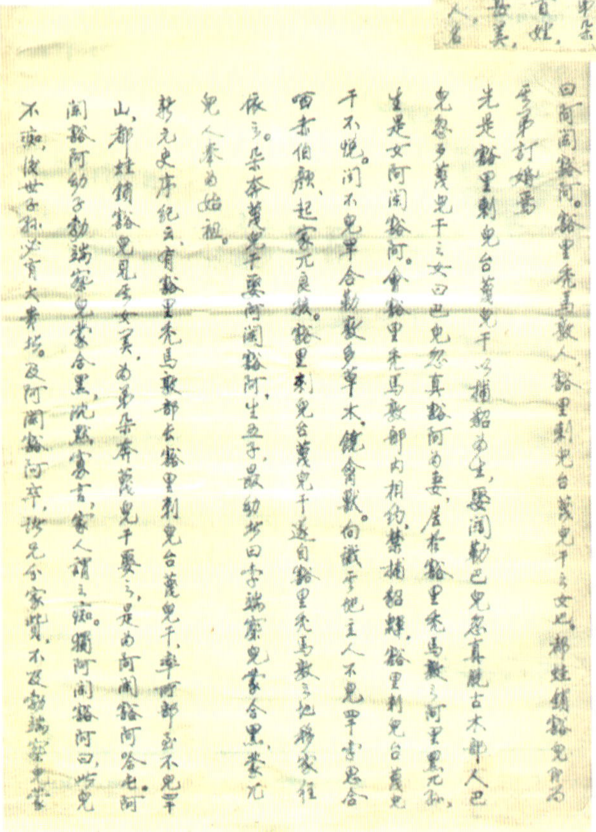
曰阿闌豁阿。豁里禿馬敦人，豁里剌兒台蔑兒干之女也。都蛙鎖豁兒為其弟訂婚焉。

先是豁里剌兒台蔑兒干以捕貂為生，要闌勒巴兒忽真隨古木部人巴兒忽多蔑兒干之女曰巴兒忽真豁阿為妻，居於豁里禿馬敦之阿里黑兀孫，生是女阿闌豁阿。會豁里禿馬敦部內相約，禁捕貂鼠，豁里剌兒台蔑兒干不悅。聞不兒罕合勒敦多草木，饒禽獸，向識其地主人不兒罕字思合哂赤伯顏，起家兀良孩。豁里剌兒台蔑兒干遂自豁里禿馬敦之地移家往依之。朵奔蔑兒干娶阿闌豁阿，生五子，最幼者曰孛端察兒蒙合黑，蒙兀兒人奉為始祖。

新元史序紀云：有豁里禿馬敦部長豁里剌兒台蔑兒干，率所部至不兒罕山，都蛙鎖豁兒見其女美，為弟朵奔蔑兒干娶之，是為阿闌豁阿。答屯阿闌豁阿幼子勃端察兒蒙合黑，沈默寡言，家人謂之癡。獨阿闌豁阿曰：此兒不癡，後世子孫必有大貴者。及阿闌豁阿卒，諸兄分家貲，不及勃端察兒蒙

榮祥《土默特沿革徵求意見稿》手跡

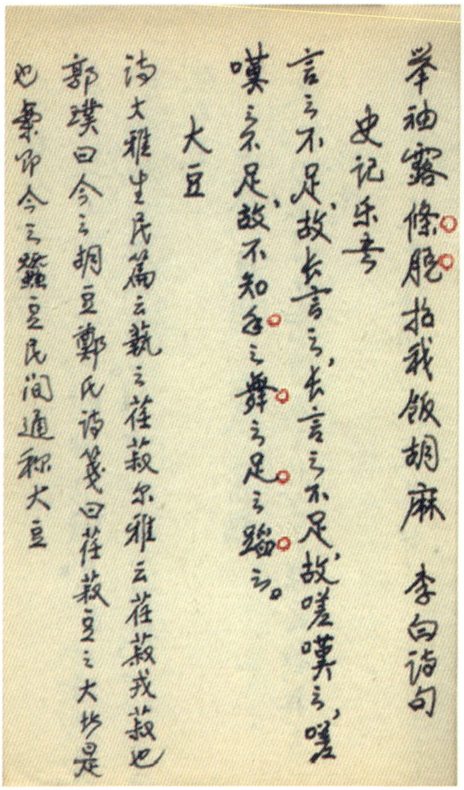

举袖露條脫，招我飯胡麻　李白诗句
史记乐书
言之不足，故长言之；长言之不足，故嗟叹之；嗟叹之不足，故不知手之舞之，足之蹈之。
大豆
诗大雅生民篇云蓺之荏菽。尔雅云荏菽，戎菽也。郭璞曰今之胡豆。郑氏诗笺曰荏菽，豆之大者是也。案即今之蠶豆，民间通称大豆

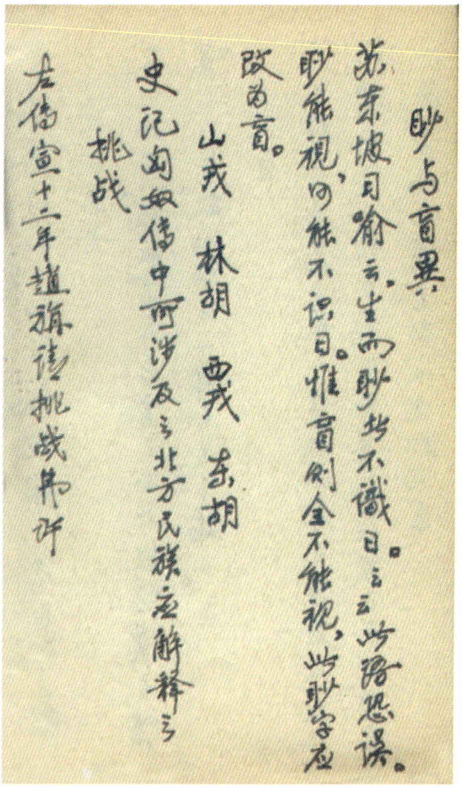

眇与盲異
苏东坡日喻云：生而眇者不識日。云云。此語恐誤。眇能視，而能不识日。惟盲則全不能視，此眇字应改为盲。
山戎　林胡　西戎　东胡
史記匈奴傳中所涉及之北方民族应解释之
挑战
左傳宣十二年趙旃請挑战弗許

榮祥《雅俗雜語》手跡

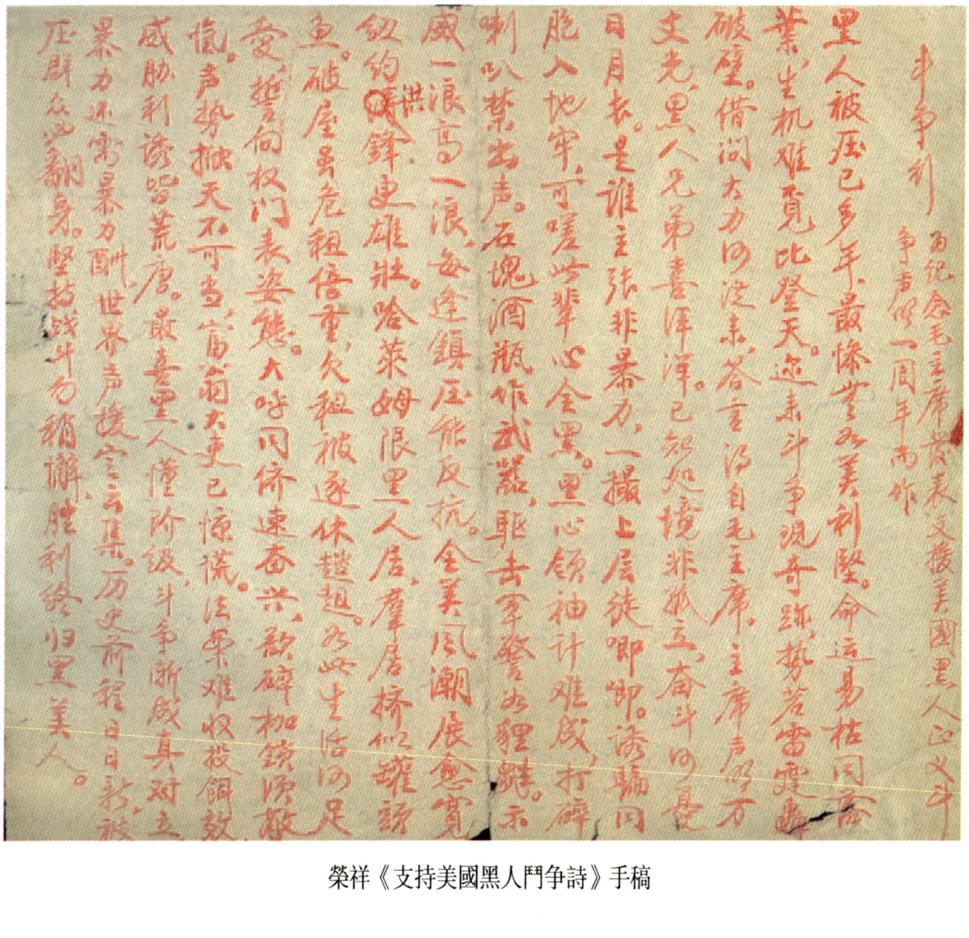

斗争到
为纪念毛主席发表支援美国黑人正义斗争声明一周年而作
黑人被压已多年，最惨莫如美利坚。命运易[illegible]
業生机难竟比登天。近来斗争现奇迹，势若雷霆轰
破壁。借问大力何从来，答言源自毛主席。主席声明万
丈光，黑人兄弟喜洋洋。已知处境非孤立，奋斗何愁
日月长。是谁主张非暴力，一撮上层徒唧唧。诱骗同
胞入地牢，可嗟此辈心全黑。黑心领袖计难成，打碎
喇叭禁出声。石块酒瓶作武器，驱去军警如貔貅。示
威一浪高一浪，每逢镇压能反抗。全美风潮展愈宽，
纽约洪[illegible]锋更雄壮。哈莱姆很黑人居，摩居挤似罐头
鱼。破屋易危租倍重，欠租被逐休趑趄。为此生活何足
爱，誓向权门表姿态。大呼同侪速奋兴，欲碎枷锁除敌
忾。声势掀天不可当，白宫大吏已惊慌。法案难收揚颂敌，
威胁利诱皆荒唐。最喜黑人懂阶级，斗争渐成真对立。
暴力迅需暴力酬，世界声援空前集。历史前程日日新，被
压群众必翻身。坚持战斗为精神，胜利终归黑美人。

榮祥《支持美國黑人鬥争詩》手稿

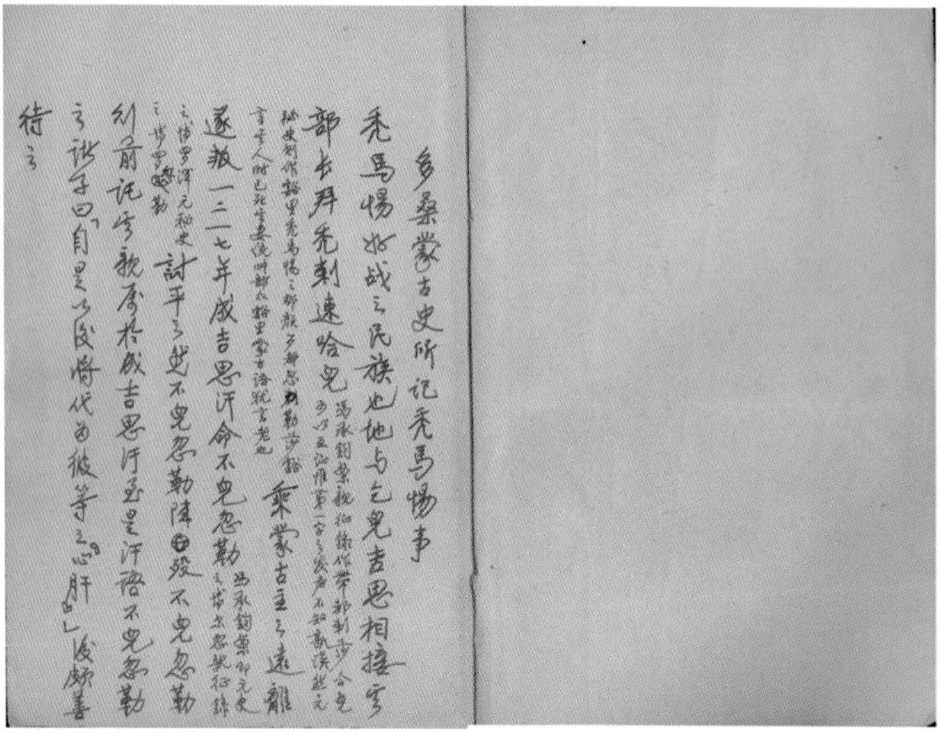

多桑蒙古史所記禿馬惕事

禿馬惕好战之民族也，地与乞兒吉思相接，乃部长拜禿剌速哈兒

乘蒙古主之遠離遂叛，一二一七年成吉思汗命不兒忽勒討平之，先是不兒忽勒陣殁，不兒忽勒到前託言孰夺於成吉思汗，是汗語不兒忽勒之諸子曰：自是以後將代為彼等之心肝，後嗣善待之

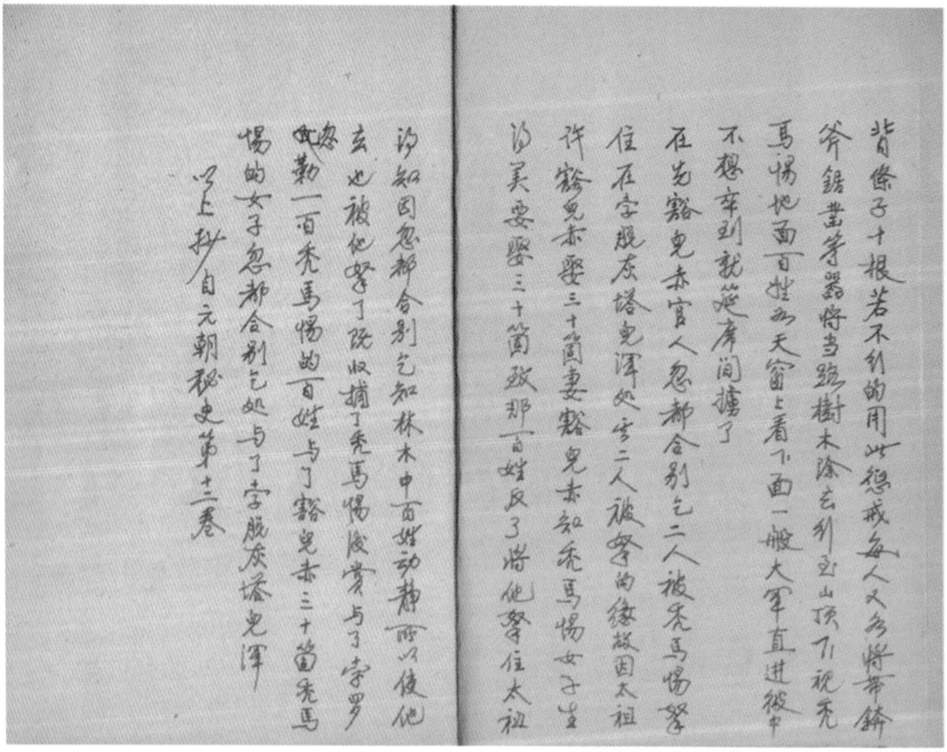

背條子十根，若不行的用此懲戒每人，又多將斧鋸䥶等器將去路樹木除去，到山頂上視禿馬惕地面百姓如天窗上看下面一般，大軍直進，彼中不想，卒到就筵席間擄了

在先豁兒赤官人忽都合別乞二人被禿馬惕拏住在孛脫灰塔兒渾處，乃二人被拏的緣故，因太祖許豁兒赤娶三十箇妻，豁兒赤知禿馬惕女子生的美，要娶三十箇，致那百姓反了，將他拏住，太祖詢知因忽都合別乞知林木中百姓動靜，所以使他去也被他拏了，既收捕了禿馬惕，後賞与了孛罗忽勒一百禿馬惕的百姓，与了豁兒赤三十箇禿馬惕的女子，忽都合別乞處与了孛脫灰塔兒渾

以上抄自元朝秘史第十二卷

榮祥《摘抄諸史》手跡一

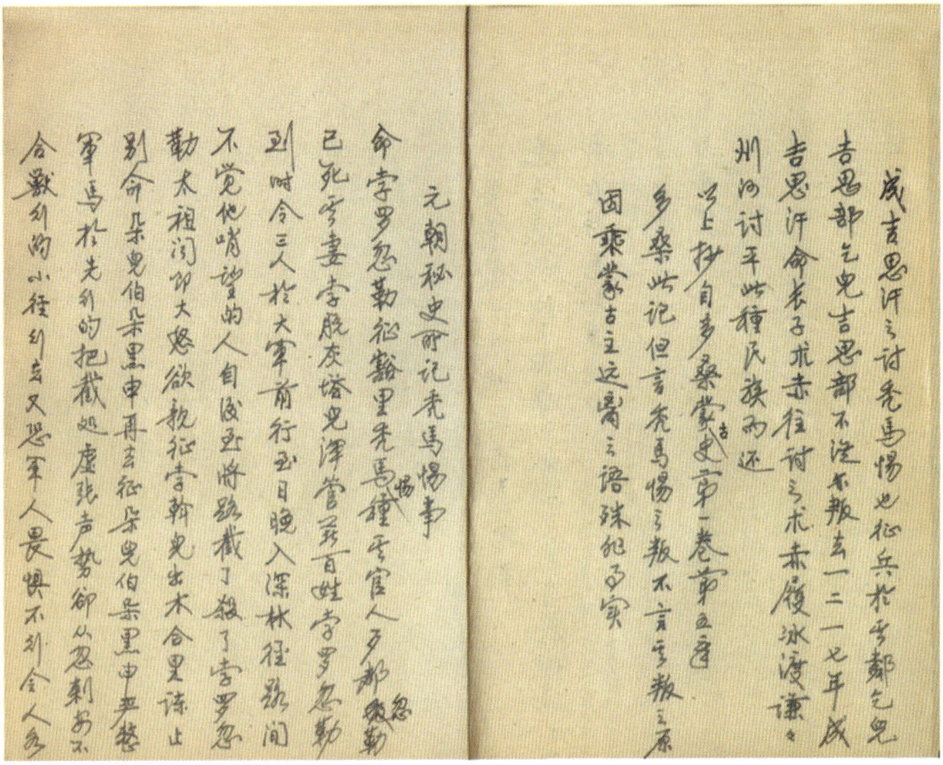

成吉思汗之讨秃马惕也征兵于其部乞兒
吉思部乞兒吉思部不從而叛去一二一七年成
吉思汗命長子朮赤往討之朮赤履冰渡謙々
州河討平此種民族而还
以上抄自多桑蒙古史第一卷第五章
多桑此记但言秃马惕之叛不言其叛之原
因乘蒙古主远备之語殊紀不實

元朝秘史所記秃馬惕事
命孛罗忽勒征豁里秃馬惕種其官人歹都忽勒
已死其妻孛脫灰塔兒渾管着百姓孛罗忽勒
到时令三人於大軍前行至日晚入深林徑路间
不觉他哨望的人自後至將路截了殺了孛罗忽
勒太祖闻即大怒欲親征孛斡兒出木合里諫止
别命朵兒伯朵黑申再去征朵兒伯朵黑申整
軍馬於先行的把截处虚张声势卻从忽剌安不
合獸行的小徑行去又恐軍人畏惧不行令人多

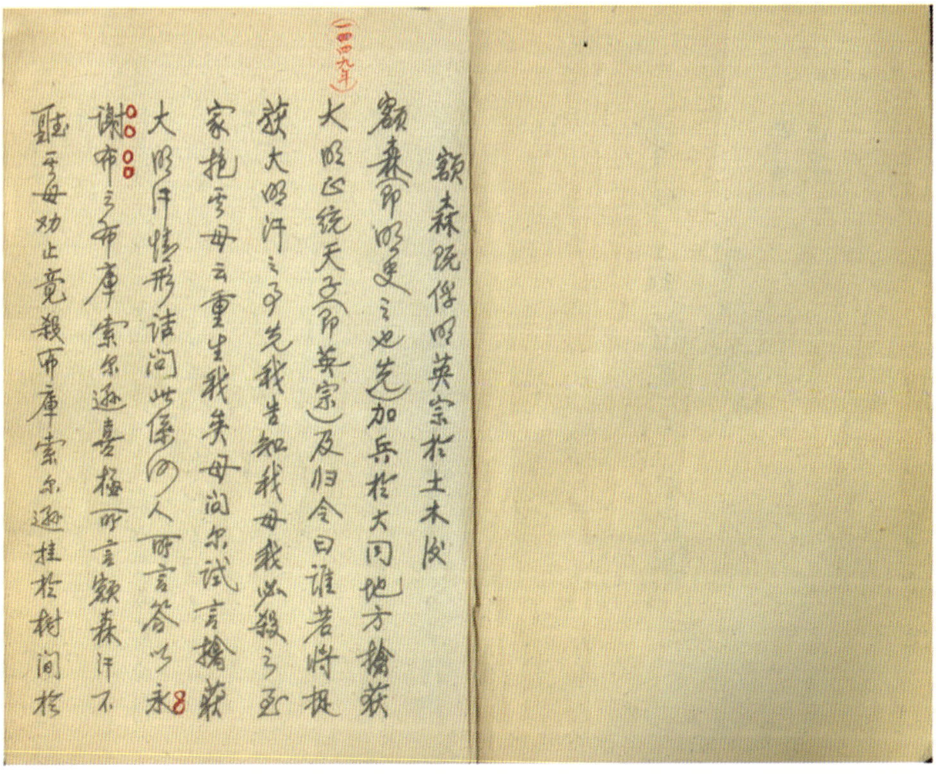

（一四四九年）
額森既俘明英宗於土木後
額森（即明史之也先）加兵於大同地方擒获
大明正统天子（即英宗）及归令曰誰若將捉
获大明汗之子先我告知我母我必殺之至
家抱其母云重生我矣母问尔試言擒获
大明汗情形語问此係何人所言答以永
謝布之布庫索尔遜喜極所言額森汗不
聽其母劝止竟殺布庫索尔遜挂於樹间於

榮祥《摘抄諸史》手跡二

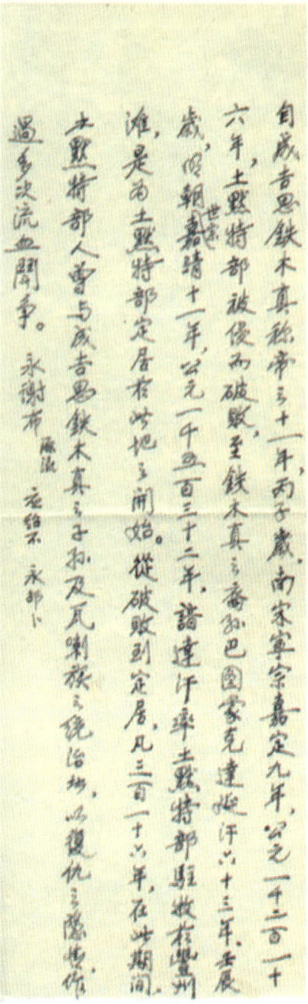

自成吉思鐵木真稱帝之十一年，丙子歲，南宋寧宗嘉定九年，公元一千二百一十六年，土默特部被侵而破敗，至鐵木真之裔孫巴圖蒙克達延汗六十三年，壬辰歲，明朝世宗嘉靖十一年，公元一千五百三十二年，諳達汗率土默特部駐牧於豐州灘，是為土默特部定居於此地之開始。從破敗到定居，凡三百一十六年，在此期間，土默特部人曾與成吉思鐵木真之子孫及瓦剌族之統治者，為復仇之鬥爭作過多次流血鬥爭。

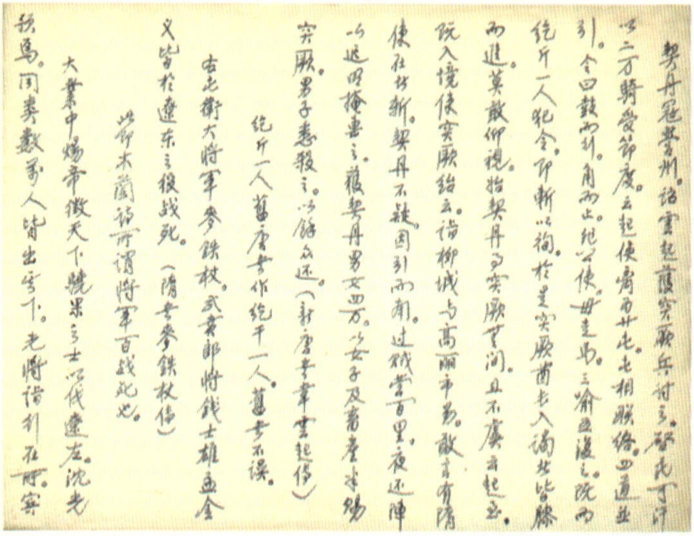

契丹寇營州，詔雲起護突厥兵討之。啟民可汗以二萬騎受節度。云起使當兩廿屯屯相聯絡，四道並引。令四鼓而行，角而止。非公使，毋走馬。三令五申之。既而紇斤一人犯令，即斬以徇。於是突厥酋長入謁，皆膝而進，莫敢仰視。始契丹與突厥通，且不虞云起至。既入境，使突厥紿云：詣柳城與高麗市易，敢言有隋使在者斬。契丹不疑。因引而南，過賊營百里，夜還陣以逃，明掩虜之，獲契丹男女四萬，以女子及畜產半賜突厥，男子悉殺之，以餘者還。（新唐書韋雲起傳）

紇斤一人，舊唐書作紇干一人，舊書不誤。

右屯衛大將軍麥鐵杖，武賁郎將錢士雄並全文皆於遼東之役戰死。（隋書麥鐵杖傳）

此即木蘭詩所謂將軍百戰死也。

大業中煬帝徵天下驍果之士以伐遼左，沈光預焉。同類數萬人皆出其下。光將詣行在所，賓

榮祥《諸史雜抄》手跡

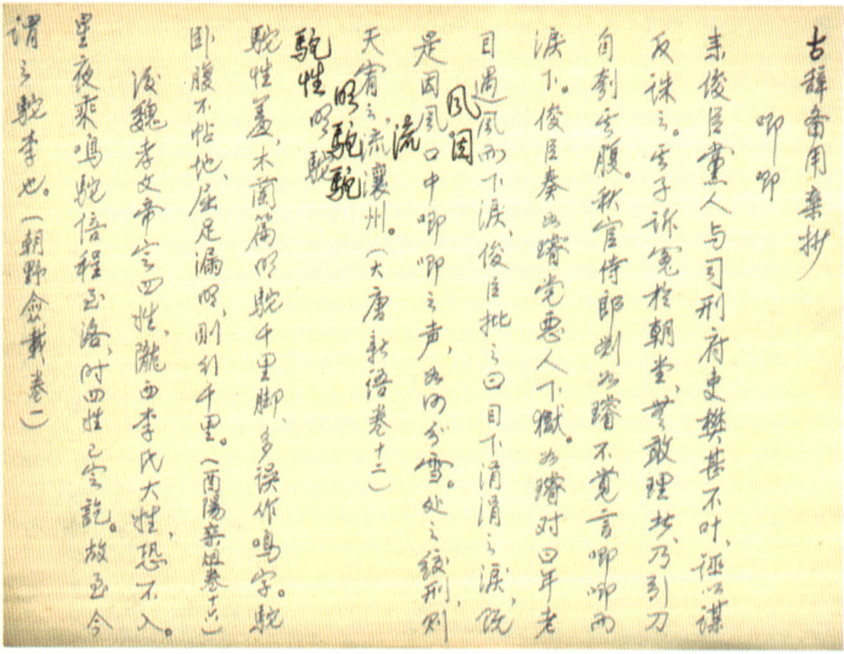

古辭備用雜抄

唧唧

來俊臣黨人與司刑府史樊甚不叶，誣以謀反誅之。其子訴冤於朝堂，無敢理者，乃引刀自割其腹。秋官侍郎劉如璿不覺言唧唧而淚下。俊臣奏如璿黨惡人，下獄。如璿對曰：年老目過風而下淚。俊臣批之：目下涓涓之淚，既是因風，口中唧唧之聲，緣何爲雪。處之絞刑，則天宥之，流瀼州。（大唐新語卷十二）

駝性 明駝

駝性羞，木蘭篇明駝千里腳，多誤作鳴字。駝臥腹不帖地，屈足漏明，則行千里。（酉陽雜俎卷十六）

後魏孝文帝定四姓，隴西李氏大姓，恐不入，星夜乘明駝，倍程至洛，時四姓已定訖。故至今謂之駝李也。（朝野僉載卷二）

榮祥《古辭備用雜抄》手跡

著述編目録

出版説明……一
序(雲瑞)……三
序(文精)……四
榮祥先生略傳……九
榮祥先生年表……九五
瑞芝堂詩抄……三
序一(張藍田)……四
序二(郭象伋)……六
序三(安兆麒)……八
序四(孟繼椿)……一一
自序……一三
甲寅春日旅京偶成……一六
秋宵聽雨有感……一六
代同學王君題漁村歸棹圖……一六
古豐竹枝詞……一六
遊燕京廣安門外天寧寺……一七
落葉,次巴煥章韻……一七
辛酉除夕偶成……一七
偶成……一七
白雲……一八
春郊晚眺,與巴煥章同作……一八
邊城柳絮……一八
戲詠不倒翁,用吴梅村原韻……一八
詠庭前白柘榴花……一九
詠蝴蝶梅……一九
白燕……一九
塞上吟……一九
京綏道中雜詠……二十
古豐宅前河濱晚眺……二〇
已未夏綏境大旱,周熙民觀察設壇躬禱,既而膏雨霑足,因賦七律二章,誌喜也……二一
歸美黛村故里感賦……二二
小園即景……二二
秋柳四首,呈馬太史康侯,時同在晉陽議曹,朝夕過從,談詩甚洽,爰賦此就政焉……二二
秋日客太原登純陽閣……二三
秋夜月下偶成……二三
遊公主府感賦七律二首……二四
壬戌除夕偶成……二五
春雪,次巴煥章丹紅韻……二五

吟邊詩社以過蘇武祠，限蕭韻徵詩，爰賦七律
一首 …… 二六
客贈鵝鷹雞三物，各酬一絕 …… 二六
閒居偶成 …… 二六
餞春 …… 二七
贈鄉先覺李心源居士 …… 二七
人日前夕熙民觀察招飲於署齋，翌晨賦此為謝
…… 二七
五胞弟桂祥字蘭圃，與余同遊學於燕京，以專心典
籍，失於運動，致氣聚右股，發為附骨疽，
又被西醫誤割，瘡口終不能合，遂以瘡瘍卒於
旅邸，因哭之以詩 …… 二八
淮陽詩友張君秋柳將適汴，同社諸人餞送於春明
門外，君賦詩留別，同人各次韻和之 …… 二九
贈鄉先達趙司長樂亭 …… 二九
淮南詩人王叟片石，於六旬晉一之誕辰招同社諸友
宴集，即席賦此為壽 …… 二九
九日與同社十八人登陶然亭，分韻得麻字 …… 三〇
豐州北郭閒步 …… 三〇
懌園雜詠四首，應吟邊詩社徵詩之作也（夕佳亭、
琴台、鑑池、短橋） …… 三一
青塚 …… 三一
題巴煥章表兄志學齋詩文稿，即次其稿中感懷原韻 …… 三二
周熙民觀察護理綏遠都統印，賦七律二首，柬示
囑和，次韻答之 …… 三二
熙民觀察以感時之意疊前韻柬示，仍次韻答之 …… 三三
熙民觀察三疊前韻見贈，爰復疊韻答謝 …… 三三
家居讀安君玉山春日雜詩，因次韻和之 …… 三四
余既和玉山春日律詩矣，又承以絕句見示，爰復次
其韻 …… 三五
京綏鐵路舉行通車慶祝口占 …… 三五
隴西馬公雲亭既奉命為綏遠都護，久不履新，爰代
鄉人促之 …… 三五
吟邊社以吊明妃墓，限三肴韻，徵七言律詩，因依格
賦成一首 …… 三六
己未春余以省議員僑寓晉陽，值清明節，晉督閻公
率全城縉紳植樹於傅公祠，爰賦即事一首 …… 三六
香痕女士作詩贈燕京女伶韓梨花，片石寄晉陽囑和，
遂次其韻 …… 三七
秋興，同周襄成作於宣南客次 …… 三七
山行雜詠 …… 三七

九日晨登歸化北樓 …………………… 三八
劉子厚縣尹和九日詩，疊韻報之 …………………… 三八
余前次韻和吳梅村詠不倒翁詩，玉山讀之稱善，既而曰：君能廣其意更作一二首乎？余應曰：諾。乃勉成二律，聊博玉山一噱云 …………………… 三八
秋宵對月 …………………… 三九
寄懷翟雁丞同學 …………………… 三九
睹落葉有作 …………………… 三九
壽趙觀察母，代友人作 …………………… 四〇
薩縣小住，陳弼卿屢邀食鮮鯉，臨行賦詩留別 …………………… 四〇
癸亥季冬綏遠都署災，越明年仲夏，重告落成，都護馬公徵詩刻石，代李心源觀察賦呈二首 …………………… 四一
仲春喜雨 …………………… 四一
次韻和玉山山居雜興 …………………… 四一
客中病起 …………………… 四二
因講求攝生之術，每從安玉山、朱子俊問醫理感而有作 …………………… 四二
乙丑孟春牛贊岑送余入燕京，舍館既定，贊岑欲返南宮故里親省，余乃饋贐，並送之以詩 …………………… 四二
遂江巫漁隱金臺十二花仙集題詞，所謂花仙者，蓋皆京師歌姬中翹楚，騷人詩客乃各就所愛，錫以某花仙子之豔徽焉 …………………… 四三
喜內子奉親命來京伴余 …………………… 四三
首夏中央公園攜內賞牡丹 …………………… 四三
仲夏偕內赴萬牲園看榴花 …………………… 四四
北海觀荷 …………………… 四四
客邸偶成 …………………… 四五
久居圍城中感而賦詩 …………………… 四五
丙寅冬旋里，除夕偶成 …………………… 四五
陳柱臣太史以塞外逢春雜感詩見示，次韻和之 …………………… 四六
還鄉後頻與玉山話舊，因贈以詩 …………………… 四六
子俊囑以韻語紀其生平軼事，爰綴七律三首，即以奉贈 …………………… 四七
浴罷戲作 …………………… 四八
丁卯春滿師長子舒損數書招余赴綏西任師部參謀處長，就職後乃感有作 …………………… 四八
早雷 …………………… 四九
新雁 …………………… 四九
春日包縣偶成 …………………… 四九
歌者梁姬持所攝戲粧薛仁貴小影索詩，爰為率題一絕 …………………… 四九
登包縣城樓 …………………… 四九
遊包縣轉輪藏 …………………… 五〇
題文待詔江村秋趣圖 …………………… 五〇

禪宗本事詩四十首……五〇
秋日再遊轉輪藏……五四
隨子舒師長校閱全軍，因賦七律一首奉呈……五五
遣興……五五
暮秋見雪……五五
閻總座任子舒師長為綏遠後方總司令兼護理都統，作詩奉賀……五五
子舒既奉命就職，乃委余以後方總部參謀處長兼代都署政務廳長，爰作詩自警……五六
子舒既卸都統印，返包就綏西鎮守使，復委余為鎮署參謀長，再作詩以見志……五六
輓老友武聘卿縣長……五七
老友郭并卿生子，贈詩奉賀……五七
九邊第一泉歌，限一先韻，用柏梁體，應吟邊社之徵也……五七
暑假還鄉作自遣一首……五八
種花……五九
草車行……五九
讀衛生雜書戲作……六〇
觀聘卿所拓闕特勤碑……六一
詩翁王片石六十初度，作歌壽之……六二
詠史……六三
澣衣女兒行……六六
瑞芝歌……六七
春寒……六八
侯匪圍城時偶作……六八
秋日客晉陽文瀛湖放歌……六九
久客宣南戲作……六九
題高文通公贈熙民觀察詩墨長卷五言排律十四韻……七〇
次東坡詠雪原韻，即效其白描體，不以鹽玉鶴鷺絮飛蝶舞之類為比，並不使皓白潔素等字……七〇
賦得門掩梨花誰識面得誰字……七二
應同社諸友之囑，戲詠北平女伶韓梨花演汾河灣七言排律……七二
詞十闋（搗練子、長相思、阮郎歸、浪淘沙、浪淘沙、臨江仙、巫山一段雲、念奴嬌、蝶戀花、蘇幕遮）……七三
雲嵐別墅小隱蒔花圖……七八
榮祥在伊盟七旗聯軍總指揮暨達拉特旗剿匪司令宣誓就職典禮上的講話……七八
七律·傳沅老以平綏道中口占七律見示，次韻奉和，並祈斧藻……八十
《绥远通志稿》卷一（上）省疆域沿革……八一

《绥远通志稿》卷一（中）县局疆域沿革 …… 一二三
《绥远通志稿》卷一（下）盟旗疆域沿革 …… 一八四
榮祥在綏蒙會首次全委會上關於教育的提案 …… 二二六
伊盟道中口占 …… 二二七
從蒙漢同源說到精誠團結 …… 二二七
寄蒙旗同胞 …… 二三二
遊雄山寺 …… 二三三
應該表彰的俺答可汗 …… 二三三
七律·《綏蒙月刊》題詞 …… 二三八
迅速搶救蒙旗智識青年 …… 二三八
外蒙獨立芻議 …… 二四〇
七律·與馬秀芳（占山）將軍同守綏垣感賦 …… 三一一
七律·內子冒險入圍城視余感賦 …… 三一一
七律·綏垣既陷，余偕內犯難出走，成長句 …… 三一一
七律·由包渡河，為寇機掃射落水，戲成長句 …… 三一一
七律·渝城懷古 …… 三一二
七絕·自西安赴渝機中口占 …… 三一二
七絕·花溪泛舟（在重慶作）…… 三一二
七絕·棠溪遠望（在重慶作）…… 三一二
七絕·赴渝途中 …… 三一二
七律·因事滯渝 …… 三一三
七絕·應于髯翁邀同遊 …… 三一三
七絕·中秋夜折柬邀鄧公寶珊（四首）…… 三一三
七絕·詠桃花（三首）…… 三一三
七律·贈西北攝影隊 …… 三一四
七絕·為小燕姪女紀念冊題詩 …… 三一四
七律·贈任德修新婚兼示以詩法 …… 三一四
九·一九起義一周年雜感 …… 三一四
向為綏遠地方解放區化軍隊解放軍化服務死難諸烈士致悼 …… 三一六
紀念『九·一九』起義二周年的幾句話 …… 三一七
徹底消滅胡風反革命集團 …… 三一九
七絕·紀念魯迅逝世廿周年 …… 三二〇
在我區各族各界紀念孫中山先生誕辰九十周年大會上的講話 …… 三三一
談沙雞 …… 三三二
七律·臘日喜雪 …… 三三四
七言古體·呼和浩特歌 …… 三三四
七律·祝詩——慶祝內蒙古自治區成立十周年 …… 三三五
呼和浩特沿革紀要 …… 三三五
包頭市疆域沿革 …… 四八五
略談辛亥革命前後的家鄉舊事 …… 五〇二
七律·感謝黨對舊知識份子關懷照顧，敬賦七言律詩

二首，奉獻黨委各位首長教正 …… 五一六
七律·春節聯歡即事七言律詩二首，敬呈黨政
各位首長哂正 …… 五一七
國際時事雜詠七言律詩十首 …… 五一七
七律·反現代修正主義偶成 …… 五二一
對中學文學課本的一些意見 …… 五二一
漫談『敕勒川歌』 …… 五二三
爲紀念毛主席發表支援美國黑人正義鬥争聲明
一周年而作 …… 五二五
《綏遠通志稿》説明 …… 五二五
《綏遠通志稿》凡例 …… 五三〇
大青山人自序 …… 五三一
蒙古民族起源問題的淺探 …… 五六八

出版説明

《榮祥文檔》由雲瑞先生提議，由呼和浩特市塞北文化研究會、土默特左旗人民政府編輯，作爲哈剌兀納叢書第八種。

一、本書分爲三部分：著述編、檔案編、資料編。

第一部分爲榮祥先生的著述，包括詩歌、文章、著作等。榮祥一生著述頗豐。如《瑞芝堂詩鈔》，一九三〇年華北書局印行，數量有限；大量的著述，如《呼和浩特市沿革紀要》《包頭市簡志》，僅有油印本，長期作爲内部參考資料，不易尋閱。還有榮祥先生傾注了畢生精力的大作《綏遠通志稿》。他從一九三〇至一九三六年任綏遠通志館主任編纂開始，便參與了《綏遠通志稿》的編纂工作，篳路藍縷，歷嘗艱辛，新中國建立後又幾度對《綏遠通志稿》進行增補、修訂。《綏遠通志稿》命運多舛，在七十多年間蒙受了劫難、戰亂毁失、世事變遷，直至二〇〇七年才得以正式出版。現藏於内蒙古圖書館的《綏遠通志稿》抄本足以證明榮祥畢生為此書耗費的巨大心血，以及他矢志不渝、鍥而不捨的修史精神。《綏遠通志稿》全書經榮祥先生潤飾、修改，他是實際上的『領銜並總其成』者，但關於全書各部分的分工情況《綏遠通志稿》卻語焉不詳，致使我們無法確定榮祥先生親自撰寫的部分。楊令德、張萬仁諸先生說『關於史地沿革部分，披覽古籍，溯源探本，先生以潛心史册多年，力蒇其事』，參考榮祥其他相關著述，該書史地沿革部分確為先生獨力完成。故而此次編輯《榮祥文檔》沒有收入《綏遠通志稿》全書，僅收入了史地沿革部分。

第二部分檔案編。這部分歷史資料主要出自土默特旗檔案館，少數則出自内蒙古檔案館、中國第二歷史檔案館，主要是榮祥先生任土默特旗總管期間的文牘，包括訓令、指令、呈文、咨文、電稿、公函、信札、手諭、單據等，大部分未經刊布。我們對選擇與榮祥有關的歷史檔案頗費斟酌，倘若全數收入，恐過於寬泛，故除榮祥親自起草的文牘外，主要選擇那些能够反映其思想、風範、行事的文檔；一般例行公務之文件，不予收録。

對於土默特旗檔案館現存與榮祥先生有關的歷史檔案，先由于永發先生開列目録，進行復製，後經内蒙古圖書館研究館員忒莫勒、呼和浩特塞北文化研究會會長雲廣等先生甄選，最後確定。

第三部分爲參考資料，主要是與榮祥先生有關的新聞報道、回憶性文章等。

二、文字録入及方法。

《榮祥文檔》出版，採用繁體豎排形式。在著述編中，對原油印本、鉛印本中的明顯錯字逕改，不出校勘記。有些文章，如《收復外蒙芻議》，書法流暢工穩、字體易於辨識，遂採用影印形式。有些檔案資料，由於油印、復寫等原因而字跡模糊，也依照行款重新録入。

三、文檔的排序及參考資料。

本書收録之榮祥文檔，均按寫作時間、出版時間爲序排列，間或有確切時間未詳者，或繫於抗戰勝利之年，或繫於新中國建立之年，或繫於出版之年。

編輯此書時，我們參考了呼和浩特市民族事務委員會、内蒙古自治區文史研究館編《榮祥詩文選集》（内蒙古教育出版社，一九九九年版），中共呼和浩特市黨史資料征集辦公室、呼和浩特市地方誌編修辦公室編《呼和浩特史料》（内部刊印本），内蒙古政協委員會編《内蒙古文史資料》（内蒙古人民出版社），《綏遠通志稿》（内蒙古人民出版社，二〇〇七年版）諸書。

忒莫勒先生對榮祥先生頗有研究，他為本書貢獻了自己搜集的有關資料，並積極參與了編輯、校對工作；土默特左旗地方志辦公室于永發先生長期從事土默特歷史的研究，對於清代至民國時期土默特的地方文獻熟稔之至，我們能在卷帙浩繁的檔案中從容選擇，是因為有他的指引和幫助；内蒙古大學圖書館副研究館員朱敏女士對榮祥著述徵引的史料進行了核對，並參與了校對工作；土默特旗檔案館張建國、郝麗華、張貴英、王秀峰，土默特旗廣電局榮宏偉等同志都爲資料的收集，發揮了重要作用。内蒙古百分筆藝術設計公司除負責文稿録排外，還對檔案圖片進行必要的剪裁、退底、修飾等。榮祥先生嫡孫榮松如先生爲本書提供了大量照片。凡此，一並表示謝忱！

内蒙古大學出版社二〇一四年一月

序

在呼和浩特市的歷史、文化學術領域裏，活躍着一個富有追求精神的民間團體——塞北文化研究會。她以挖掘、整理、研究土默特地方的歷史和文化，尤其是呼和浩特的歷史和文化爲己任，視野所及，南抵長城一綫的山西、陝西各縣，北至中蒙邊界，東達察哈爾右翼，西界賀蘭山脉。她的成員是一批熱愛家鄉的退休幹部和一些矢志爲蒙古族文化及地方文化的積累與發展做出貢獻的熱心學者，在當前社會急功近利的喧囂中，他們甘于清貧和寂寞，踏踏實實地探索耕耘，從而有了《哈剌兀納叢書》的面世。

本叢書以整理刊布土默特地方的歷史文化、民族、宗教文獻，發表故老回憶、民俗文化和學術研究成果爲主，希望得到廣大讀者的喜愛，并希得到有識之士及社會各界的大力支持。

雲瑞　二〇一二年八月

序

榮祥（一八九四至一九七八），呼和浩特土默特右翼美岱召村人，蒙古族，字耀宸，筆名塞翁，晚年號大青山人。

少年志于學，入讀于私塾、小學堂、中學堂等，後就學于北京。在北京期間，得琉璃廠浣花書局牛寶璋先生賞識，爲之提供讀書之便，推薦高師指點學問。因浣花書局借書方便，得以任情博覽，又加王蔭南先生之悉心指導，『所以詩文寫作更宏麗而敏速。當時首都大小報刊，登山人詩文者甚多，所標筆名曰塞翁。』開始結識『各省知名之士』。後經前歸化城副都統文哲琿舉薦，拜師于名家姚永概，文章、學問俱進。數年後學成返鄉，因詩文出衆，被人譽爲『塞外文豪』。

榮祥先生不僅善長于詩文寫作，更有志于社會政治活動。回鄉後，當選山西省第二屆議會議員。一九二〇年，聯合同鄉議員赴京告發綏遠都統蔡成勛貪贓枉法劣迹，成功趕走蔡成勛，爲綏遠地方除去一害。從此，先後在政府、教學、軍事等部門任職，積極從事社會政治活動。一九三一年夏，代理土默特旗總管事務，後任土默特特別旗總管，兼任綏遠省境内蒙古各盟旗地方自治政務委員會委員。爲維護旗權，争取民族利益作出努力。

抗日戰争全面爆發後不久，在歸綏（今呼和浩特）協同馬占山將軍抗擊日寇。後轉入伊克昭盟、陝北榆林等地堅持抗戰，以蒙旗宣慰使署宣慰使名義從事抗日鬥争，爲中華民族解放貢獻了力量。在此期間，他先後數次途徑延安前往重慶。在延安曾經會見毛澤東、朱德等中共高層領導，并與高崗、王震等人多有交往，對中國共産黨及其領導的人民鬥争有了新的認識。在與國民黨綏遠省主席傅作義關系方面，盡管雙方堅持抗日是一致的，但在抵制大漢族主義壓迫，爲蒙古民族争取自治權利、爲土默特蒙古族同胞争取權益方面，榮祥先生却與之進行了多年不屈不撓的抗争。

一九四九年初，組織成立綏遠和平促進會，力主與中共和談。『九·一九』和平起義，榮祥先生成爲起義通電簽名人之一。起義通電發給毛澤東主席、朱德總司令以及華北軍區，宣告脱離蔣介石等『反動派殘餘集團，堅持走到人民方面來』。榮祥先生毅然參加和平起義，既是出于對自己前程的考量和對土默特鄉親們利益的顧盼，也是出于對歷史發展大勢的自覺順應。

人民共和國成立後，榮祥先生先後出任土默特旗旗長、歸綏市副市長、綏遠省民族事務委員會副主任、文史研究館館長；內蒙古自治區人民委員會委員、呼和浩特市人民政治協商會議副主席、內蒙古自治區人民政治協商會議常委、內蒙古自治區文史研究館館長等職務。這期間，榮祥先生自覺接受中國共産黨領導，積極學習新事物，熱情謳歌祖國建設新成就，全心全意做好自己承擔的各項工作，其高風亮節，人所有目共睹。

一九五七年，中國共産黨號召黨外人士幫助黨整風。榮祥先生出于對黨的熱愛，誠實耿直地對黨組織及其工作提出一些意見，很有見地，有的還比較尖鋭。不料却因此招致『右派』罪名，被撤職降職，衹保留了自治區政協委員和文史研究館館長之職。遭此變故，榮祥先生并没有太多的個人榮辱進退計較，他把更多精力投入到自己所鐘愛的文史研究寫作中，以文史研究館館長的身份參加了《包頭市簡志》的編纂，撰寫了《疆域及建制沿革》、《蒙古民族起源問題的淺探提綱》，開展了卷帙宏大的《綏遠通志稿》的校訂工作。他以歷史責任感督促自己，不辭辛勞，認真負責，字斟句酌，一絲不苟做好工作。今天，《綏遠通志稿》已經正式出版，對內蒙古地方志的修編和學術研究的發展産生了巨大推動作用。這其中，滲透着榮祥先生的多年心血。

改革開放前夕的一九七八年，榮祥先生走到了自己人生的盡頭。盡管他没有能够沐浴改革開放的春風，也没有體驗到黨、人民對他更加公正的評價和待遇，但是，作爲一名襟懷坦白、澹泊名利、酷愛文史、堪可爲師的知識分子，他的心中始終充滿了知識、信念和希望的陽光。

榮祥先生一生，最大特點之一就是詩文作品頗豐。他少年才俊，游學京師，得高師親授，詩文日進，學養日精，在報刊上漸有詩文發表。他的《詩翁王片石六十初度，作歌壽之》見諸報端後，多家報刊紛紛轉載，青年榮祥，名騷京都文壇。一些未曾與其謀面的著名詩人，在報刊上見到『塞翁』一名及其詩作，主動與之聯系，以詩會友，相互詩書和唱。榮祥先生的文學素養得到不斷提高。

回鄉從政後，社會政治時事等成爲他作品關注的重要方面之一，其作品更具有了社會生活氣息和現實政治訴求，大量詩文見諸報端。榮祥先生的影響日益擴大。抗戰期間，遠在重慶的國民黨元老于右任對其詩作極爲賞識，通過駐陝西榆林國民黨軍司令鄧寶珊介紹，與榮祥相識并結爲詩友。從政後的榮祥先生，以民族、國家利益爲己任，在工作乃至抗争中寫作了一些政論文、文史論文、演講稿等等。這些作品，雖有公文性質，但是其文采同樣熠熠生輝，憂國憂民情懷更加殷殷可鑒。

人民共和國成立後，中國共産黨史無前例的治國方針政策、家鄉日新月异的建設成就，深刻震撼、感召着榮祥先生，他的詩文創作進入一個新的境界。這一時期榮祥先生的許多新作品，熱情謳歌了黨的偉業，由衷贊美了人民的新生活。

榮祥先生的詩文作品還有另一方面的價值，即真實地記録了國家和家鄉的歷史變化，可以説它是研究這一時期大到國家，小到内蒙古西部地區、土默特旗、呼和浩特歷史的可貴資料。榮祥先生的詩文作品本身也和他本人一樣，早已成爲其家鄉土默特——呼和浩特地區歷史不可或缺的重要内容。

榮祥先生在土默特旗公署任職期間，友人多有來訪，『每次小集，諸友必慫恿山人刊其平時所作詩』，『乃檢出僅存之舊稿而付諸剞劂』，這就是一九三〇年出版的詩集《瑞芝堂詩鈔》，共印五百册。知名文化人張玉成、郭象伋、安兆麒、孟繼椿爲之作序。是爲榮祥先生第一部行世著作。此後，榮祥先生又先後撰寫《綏遠通志稿·省疆域沿革》（一九三六）、《呼和浩特市沿革紀要稿》（一九五七）、《蒙古民族起源問題淺探提綱》（一九六〇）等文稿，均未能及時出版行世。一九八一年，土默特左旗文化館印行榮賡麟《土默特沿革》，其中刊有《呼和浩特沿革紀要稿》；一九九七年，《内蒙古文史叢刊》第五期刊載《蒙古民族起源問題淺探提綱》，權且可以看做榮祥先生的另外兩部著作面世。然而，榮祥先生遺世的文稿非常多，還有待整理、出版。一九九九年，呼和浩特市民族委員會與内蒙古文史研究館合編出版《榮祥詩文選集》，收入《瑞芝堂詩鈔》全部詩詞，以及抗戰直至一九六二年期間先生新作的部分詩詞，并將《寄蒙旗同胞》、《應該表彰的俺答可汗》、《紀念『九·一九』起義二周年的幾句話》等十數篇文稿輯録其中。該書由内蒙古教育出版社正式出版，對榮祥先生作品的流傳和保存起到了很好作用，爲呼和浩特及土默特地區史志研究、編纂提供了寶貴資料。二〇〇七年，内蒙古人民出版社出版《綏遠通志稿》，榮祥先生撰寫的《省疆域沿革》隨之面世。

時至今日，榮祥先生的部分重要文稿已先後得到出版。但是，還有一些文稿仍然被束之高閣，而與榮祥先生密切相關的大量檔案文牘從未被出版利用，見諸舊報紙刊物的若幹消息報道也久已湮滅。這些文字資料，對于了解、研究榮祥先生及其所處時空的歷史是極爲重要甚至是不可或缺的。這些文字資料的缺失，成爲呼和浩特市乃至内蒙古自治區文化建設方面的一個明顯缺憾。爲了彌補這一缺憾，爲了促進自治區人文學術研究及文化建設事業的發展，呼和浩特塞北文化研究會整理、編纂了《榮祥文檔》一書，并委托内蒙古大學出版社出版。

《榮祥文檔》分爲《著述編》、《檔案資料編》、《參考資料編》。《著述編》是榮祥先生詩文全集，既囊括了已經出版過的《瑞芝堂詩鈔》、《綏遠通志稿·省疆域沿革》、《呼和浩特市沿革紀要稿》等著作，又增加了從未結集出版過的《在伊盟七旗聯軍總指揮暨達拉特旗剿匪司令宣誓就職典禮上的講話》等多篇講話、提案、政論文稿以及《瑞芝堂詩鈔》出版後創作的詩歌。《檔案資料編》主要收録了一九一二年至一九四九年與榮祥先生相關的檔案資料，多爲榮祥先生在長期社會活動和工作中形成的公文、書信等文檔。《參考資料編》則主要匯集了從一九二八年開始見諸各種報刊有關榮祥先生的文字資料，既有通訊報道，也有生平介紹。總之，該書可稱之爲榮祥先生詩文著述、有關檔案、報刊資料的集大成文獻匯集，它多方面記録了榮祥先生豐富的社會生活閲歷，生動展現了其跌宕起伏的人生際遇，細致刻畫了其個性鮮明的心路歷程；同時，也從一個特定的角度記載、揭示了相關地方當時的歷史狀況。《榮祥文檔》首次將與榮祥先生相關的文獻資料搜羅殆盡，匯爲一書，它的出版將有力推動對榮祥先生研究的縱深發展，對內蒙古近現代史、地方史研究也勢必起到促進作用，這在呼和浩特市乃至自治區文化建設方面都是一項非常有意義的工作。

希望《榮祥文檔》成爲一部受有關專家學者及廣大讀者歡迎的好書。

是爲序。

文耕

二〇一四年十月

榮祥先生略傳

（忒莫勒撰，原載呼和浩特市民族事務委員會編《民族古籍与蒙古文化》第一二合期，二〇〇一年。現經增訂刊載）

一　楔子

一九一五年的一天，初到北京的湖南文人陳藍田正在寓所悠閑地看報，當看到一首題爲《賦得門掩梨花誰識面，得誰字》、署名『塞翁』的詩時，他眼前一亮，立刻被深深地迷住了。詩曰：

梨院雙扉静掩時，溶溶花月繫相思。一枝墻外原非爾，半面門中肯示誰？
鳩杖已難通曲徑，馬纓况復隱崇楣。妒他緑水穿籬入，戀此香風隔圃吹。
欲賦仙姿徒想象，將描倩影費猜疑。園丁未敢逢人説，亭午仍防過客窺。
背地任教呼素素，朝天終不效師師。獸釘儼似金鈴護，獒館幾同鐵鎖羈。
添趣倘容蜂上下，助嬌宜許燕差池。玉階夢斷邱爲什，霜鬢魂銷永叔詩。
座滿縱然伴北海，宫深無奈閉西施。願言乞得東鄰主，獻出瓊葩共賞之。

作爲名滿海内的詩人易順鼎①的弟子，陳藍田頗有才氣，一向不肯輕易服人，但讀罷此詩，不禁拍案叫絶，深爲其對仗工妙，扣題得神而折服。深感當今詩壇中除自己的恩師外，此君當首屈一指了。自忖既署『塞翁』，必係北方之老名宿，遂萌生結識此人的願望。經多方打探，終由同鄉詩人楓林客（筆名，姓陳，失名）介紹，得與其人相識。令他倍感詫異和驚喜的是，這位才華横溢的『塞翁』竟是位風流瀟灑年僅二十一歲的蒙古族青年學生。②

①易順鼎（一八五八—一九二〇年），字實甫、實父、碩甫、中碩，號眉伽，晚號哭庵、一廣居士等，湖南龍陽（今漢壽）人。光緒元年（一八七五年）舉人。中日甲午戰爭後，上書請罷和議。曾兩去臺灣，幫助劉永福抗戰。以後在廣西、雲南、廣東等地任道臺。民國初年供職於印鑄局，曾署理印鑄局長。工詩，講究屬對工巧，用意新穎，著有《琴志樓編年詩集》等。

②見榮祥《瑞芝堂詩鈔》第二九頁眉批，華北印刷局鉛印本，民國十九年（一九三〇年）。時間是據榮祥《大青山人自序》推測的。

這位青年名叫榮祥，字耀宸，姓雲碩布氏，歸化城土默特旗美岱召村（今屬包頭市土默特右旗）人，是該旗副都統銜參領都格爾札布的四公子。所謂『雲碩布』（史籍又作永邵卜、永謝布等），原來是明代蒙古的一個部落名稱。據某位史學專家考證，它來源於元代官署名『雲需總管府』（簡稱『雲需府』）。這是個專門爲皇帝服務的機構，設於仁宗延祐二年（一三一五年），掌守護察罕腦兒行宮及行營供辦、養鷹等事。轄境東起灤河上源，西至懷禿腦兒，與寶昌州（今內蒙古太僕寺旗九連城）接境，大約即今河北省沽源縣北部和內蒙古太僕寺旗東南部一帶。元亡後，雲需府轄下的蒙古、色目及漢人等，在動蕩不安的生活中逐漸同化，成爲漠南蒙古的一大部落。久而久之，『雲需府』一稱也就逐漸音變成『雲碩布』（永謝布），最終成爲蒙古人的一個姓氏了。①

二 家世淵源

關於榮祥的家世，有人説是『世代簪纓，爲塞北望族』。②其實，據舊志記載，榮祥的先世可上溯到清朝雍正年間土默特右翼三甲的披甲鄂勒吉圖，他曾奉調到伊犁、哈密等處剿匪平叛。其子大習爾麻，『生巴圖吉爾格勒，一以拯難恤貧爲事，生業寢落。』巴圖吉爾格勒『生桃爾户，桃爾户生贊布，父子且傭且樵，以養其親。雖家貧如洗，終其父之身，無所苦楚。厥後以勤約稍集家資，購田勸穡。桃爾户亦以積善繼其先志，久施方藥，活人最夥。同治年卒，年八十又五。贊布復能繼之，光緒年七十八歲物故。贊布三子，長阿恩格，次札穆森，三塔秉泰，一善相傳，鄉閭稱之。』③札穆森長子都格爾札布（字袓玉），因勤奮好學，知書達禮，德才兼備，遂歷任旗署筆帖式、驍騎校、佐領、參領，得以參與旗政。民國初年，因陪伴烏蘭察布、伊克昭兩盟蒙古王公進京『翊贊共和』，被民國政府授予副都統銜，成爲土默特旗十二參領中最有影響的人物。

①《內蒙古大學學報》（蒙文版）一九七七年第二期阿勒騰嘎拉巴：《蒙古人的姓氏》。

②《瑞芝堂詩鈔》序一。

③ 高賡恩纂《土默特旗志》卷十人物，清光緒三十四年（一九〇八年）木刻本。

都格爾札布有着强烈的民族感情和歷史責任感，畢生致力於改善旗政和保障旗民利益。一九一四年，當土默特旗面臨被綏遠特别行政區撤銷的緊要關頭，他挺身而出，帶領全旗參領向民國政府告狀請願，終於力挽狂瀾，使旗制得以保存。一九一五年，土默特旗抵制綏遠都統署以整頓土地爲名，清丈土地，覈發地照，濫收契税費，侵奪蒙民租典『户口地』的權利。身爲旗財政科長、墾務會辦的都格爾札布，親自向薩拉齊墾務局説明『户口地』典、租的區别，爲薩拉齊、包頭地方的旗民争回了『户口地』的永租自主權及收使過約、歲租等費的權利。一九二〇年，他又與參領賀色畚代表全旗赴京請願，挫敗了綏遠實業籌備處以振興實業、開發礦産爲名，剥奪土默特旗的大青山礦産自主權的企圖。①

在教育文化方面，他曾先後出任本旗學務總監督、旗立高等小學堂堂長等，整頓校務，廣招學生，改善教學，培養出大批人才，還促成了本旗第三、第五小學的設立。都格爾札布精通蒙、滿、漢文，爲保存地方歷史，曾撰成《土默特志略》（未刊，已佚），一九〇七年還以採輯和翻譯的身份參與了《綏遠旗志》、《歸綏道志》的纂修工作。晚年因本旗『蒙古子弟，大半不知蒙語，且不注重蒙學，所以惴惴然，猶恐根本之學將漸失傳』，遂纂輯《蒙文輯要》一書並油印流傳。②他還蒙譯過《四書集註》，但僅成《論語》、《大學》，即於一九二七年病故。

良好的家境使榮祥受到極好的教育，父親的品格、言行，更是潛移默化，給他的生命歷程打上了深深的印跡。除了浪漫俊逸的文人氣質和不懂蒙文蒙語外，榮祥性格耿直，不畏强暴，勤奮好學，熱愛家鄉與民族，國家觀念至上，重視教育文化，無一不似乃父。可以説，都格爾札布是影響榮祥一生的第一人，也是他最敬重的人。

三　少年風華

榮祥生於一八九四年十一月二十五日（清光緒二十年十月二十八日），自幼聰慧過人。六歲起在私塾讀書。

①《土默特右旗志》第二十四編人物之都格爾札布傳，内蒙古人民出版社，一九九四年。

②都格爾札布編撰《蒙文輯要》序，油印本，内蒙古社會科學院圖書館藏。

一次初學作二字聯語，老師以亥唐、楊朱命題，榮祥隨以子夏、李白爲對，顯露出驚人的文學才華，令老師大爲驚異和贊賞。因爲此聯雖見於朱竹垞《古人名聯語》，但土默特僻處塞外，文風孱弱，榮祥又年幼，是不可能看到的。①

一九〇七年入本旗旗立第一小學堂，除學習部頒之課程外，業餘仍以誦讀《詩經》、《書經》、《左傳》、《文選》及唐宋人詩歌爲重點，並練習平仄四聲及三字、四字對語，爲後來寫作詩文打下牢固的基礎。夏季的一天，歸化城副都統文哲琿偕土默特旗參領四員來學堂視察，榮祥的父親都格爾札布時爲土默特旗學務監督，自然也在其中。文副都統看到榮祥畫的《羲之愛鵝圖》後，就圖提問，得到滿意的答覆，遂令司事員獎給銅錢百文。查看全堂學生日課積分表時，發現榮祥名列第一，文氏深爲自己的慧眼識珠而得意，大笑而去。

此事迅即傳遍土默特全旗，於是年僅十三歲的榮祥便成爲名噪全旗的才子。後經應炳華、吴天章諸名師的指點，學業更加精進。一九一〇年入歸綏中學堂，次年任丙班班長。②

一九一一年是革故鼎新的一年。十月十日武昌起義爆發，推翻清朝帝制的革命風起雲涌。消息傳來，歸綏地區的滿族官員們頓感惶恐不安。一九一二年初，山西革命軍首領閻錫山被清山西巡撫張錫鑾擊敗後，率殘部由晋西北出塞，經伊克昭盟，攻佔包頭鎮、薩拉齊廳，並欲東擊歸化、綏遠。風聲所至，兩城人心惶惶，仕宦之家，更是岌岌不可終日。

這時，歸綏道署素稱幹練的幕僚俞翰青，垂涎歸綏中學堂的教育基金白銀五萬兩，欲乘亂漁利，遂聯絡同夥，以保衛歸、綏兩城爲名，呈請綏遠城將軍批准他們成立治安維持會，並提用歸綏中學堂教育基金爲經費。歸綏中學堂堂長吴福麟聞訊大驚，急召榮祥及簡易師範班班長姚玉樞商議對策。吴、姚兩人皆畏懼俞翰青的權勢，主張在不開罪俞氏的前提下設法。榮祥則認爲，只有上書痛斥俞氏之非，揭露

①《瑞芝堂詩鈔》序三。

②《大青山人自序》，見《榮祥詩文選集》，内蒙古教育出版社，一九九九年。

其奸謀，方能有成。吴堂長思無它計，遂由榮祥草成近兩千言的文稿，其大意曰：教育是國家經久之事業，不因政局變動而定存廢，無論將來國體或政體有何改革，教育決不會中斷，學堂亦不能停辦。今俞某等欲以地方籌集多年之教育基金作治安維持會經費，迨時局穩定，學堂因經費無着而不能開學，若追究責任，恐將軍難辭其咎。况此項基金乃農民地畝附加，集腋成裘，來之不易，若不以此款培養當地民衆子弟，而用之於豢養官紳，於理恐難服衆。再者，所謂治安會雖糾集多人，亦無非徒恣空談，其自身尚泥菩薩過河難以自保，何能保境安民？况此輩之中，既無白起、韓信一流帥材，可當衝鋒陷陣之任，又無蘇秦、張儀之輩辯材，可任游説交涉之責。究其本意，不過借題發揮，多金到手，聊備瓜分。若歸綏不爲閻軍攻破，則可大吹大擂，自詡有功。設若地方不保，此輩則早已腰纏萬貫，一去不返矣。深盼將軍不可受此輩蠱惑而代彼受過。吴堂長閲罷大喜，認爲文章説理透徹，義正詞嚴，遂未改一字，即投至將軍府。不久，將軍下令不准俞翰青等動用學堂教育基金，治安維持會遂胎死腹中，終未成立。①

是年春，清帝退位，民國肇建。在塞外歸綏，官場上走馬换將，送往迎來，頗爲熱鬧；歸綏中學堂已改稱歸綏中學校，在平静中也有些人事變動。就在這時，一位對榮祥影響頗深的人物出現了。

此人是歸綏中學校新聘任的學監，名叫王定圻，字屏章，又作亞平，包頭劉寶窑村人。他天賦聰明，性情剛毅勇直，愛國而有大志。早年在歸綏中學堂甲班學習，頗受學生敬重。曾在課堂即席賦詩曰：『印度安南轉瞬亡，爲人奴隸實堪傷。前車總是後車鑒，黽勉同心保我疆』。後因領導學生反抗某些教員的欺壓，被學堂開除，遂徒步至太原，考入山西優級師範學校。辛亥革命時，參加山西革命軍，轉戰包頭、薩拉齊一帶，在刀爾什戰役中被打斷右手中指。②

在辦學的同時，王定圻還創辦了《歸綏日報》，自兼社長。這是内蒙古西部地區第一家報紙，不僅思

①《大青山人自序》，見《榮祥詩文選集》，内蒙古教育出版社，一九九九年；榮賡麟：《先父榮祥先生生平事略》，載《呼和浩特史料》第三輯，一九八三年。

②劉錦魁：《我所知道的王平章》，張取衆：《王定圻烈士》，載《内蒙古文史資料》第二十三輯，一九八六年。

想進步，内容亦頗豐富，有新聞、評論、雜著、詩詞、小說等，很受廣大讀者的歡迎。王定圻喜愛榮祥的才華，兩人意氣相投，過從甚密，他的進步思想也自然深深地影響了對方。課餘之暇，榮祥經常爲《歸綏日報》撰稿，除一些即興詩文外，還發表過連載小說《天國革命記》。這是他一生中寫過的唯一的一篇小說，在當時的情况下，爲了行文方便，他把孫中山先生領導的辛亥革命巧妙地寫成孫悟空在天國發動革命，推翻玉皇大帝統治的故事，赢得了中青年讀者的極大歡迎，也引起了一部分前清遺老的反對。這些遺老們不便明說，遂婉轉地暗示都格爾札布：『令公子所寫的小說雖甚精彩，但以玉皇大帝爲革命對象，恐非獲福之兆。』都格爾札布擔心由此對兒子産生不利，就勸阻榮祥中止了寫作。小說中斷發稿後，報社曾收到不少讀者來信，希望作者能繼續寫下去。

這年冬天，孫中山先生派童堯山從上海來歸綏，與王定圻聯系籌組國民黨歸綏支部，以發展塞外的革命力量。經過一番籌措，王定圻召集了二十多人在舊城北茶房關帝廟東跨院開成立會。王定圻被推舉爲支部主任，榮祥因文才出衆，被選爲文書股長，當選職務的其他人有劉兆瑞、李正樂、郭景林、亢錦榮等。但童堯山回上海後久無音信，王定圻又當選爲第一届國會衆議院議員，很快即赴北京開會，這個成立不久的支部便因經費無着，無人主持，無形中涣散了。

一九一三年是榮祥一生中頗爲重要的一年。秋初，學校因校長史實如袒護不稱職的教師李笑天、董偉然，無理開除榮祥的同學郭勛而引發了學潮。在歸綏觀察使公署的干涉下，學潮最終被壓制平息，而榮祥與同班同學楊映林、張雲漢却被以鼓動學潮的罪名開除出校。

榮祥當即把自己的情况函告給正在北京開會的摯友王定圻，並表示打算到太原投考大學。王定圻迅即回函，以京都乃國家首善之區，天下英才雲集薈萃，求學及日後之發展，遠較太原爲勝相勸。在徵得父親的同意後，榮祥便與楊映林、張雲漢兩人雇二騾轎車一輛，啓程赴京。動身之日，歸綏中學校全體學生二百餘人罷課來送行，直送到歸化城郊石羊橋外，才依依惜别。①

①《大青山人自序》，見《榮祥詩文選集》，内蒙古教育出版社，一九九九年。

四 名動京師

榮祥一行行至山西陽高後，改乘火車，很快即抵達北京，與王定圻一同住在宣武門外上斜街三忠祠内的山西會館。當時歸綏是山西轄下一道，所以他們可以免費住在這裏。由於時已秋末，各學校均不招生，他們只好在會館讀書備課，準備明年春天報考。不久，榮祥的五弟桂祥也從歸綏退學來京求學，兄弟二人同室相居，生活頗爲愉快。

北京的深秋使榮祥感到渾身清爽，而古都凝重的文化氛圍更使他這個飽受漢族文化浸潤的塞外青年深深陶醉，不久前被開除的屈辱和内心的激憤，被京華濃濃的文化氣息衝淡了，驅散了，他以内心的愉悦和一身的輕鬆迎來了一生中最美好、最值得懷念的一段時光。

一九一四年初，袁世凱當選正式大總統後，即解散國會，迫害國民黨人。王定圻因拒不接受收買，被警察没收議員證章，驅逐出京。他的寢室什物則由榮祥居住代管。不久，榮祥考入中央政法專門學校法律本科，其他同學和同鄉也分别考入鐵路警察學校、蒙藏學校等。此時的北京生活費用尚很低廉，而良好的家境和土默特旗公署每年發給的六十元助學金，使榮祥的旅京生活過得輕鬆而裕如。王定圻返綏後，接任歸綏中學校校長，並改組《歸綏日報》爲《一報》，自任社長。仍約榮祥爲報紙撰稿，每月寄贈稿費十元。盡管他深感『以此戔戔，奉贈吾弟，自愧太寒傖』。但對榮祥『課餘入梨園顧曲買票，亦不爲無補也』。①

是什麽原因使酷愛文學的榮祥選擇了學習法律？似乎没人知道。但可以肯定的是，學校的學業並不使他感到吃力，他依然痴迷於古典文學和歷史，課餘之暇，不是讀書，便是寫詩，還常常留連於琉璃廠的書肆，或是出入戲院看戲，結識了不少朋友。其中，琉璃廠浣花書局的經理牛寶璋（字贊岑）喜愛榮祥的才華和好學，不僅任其取用圖書，還將國務卿徐世昌的家塾教師王蔭南先生介紹給他作師友，幫

①《大青山人自序》，見《榮祥詩文選集》，内蒙古教育出版社，一九九九年。

他提高作文。王先生是河北省故城縣人，師從名士張裕釗①、吳汝綸②，是前清保定蓮池書院的高材生。人極謙和，不僅文章古雅，書法亦極挺秀。他每週到浣花書局一次，給榮祥講解古文或批改文章。如此年餘，榮祥的文才大進，寫作詩文更加宏麗敏速。

一九一五年秋，土默特旗閑散輔國公色一峰來京行年班進貢之禮，應他的請求，榮祥代擬了申請晉見的呈文。出乎他的意料，此文因典雅宏麗，被京師各報競相刊出，竟引出一位久違的故人和一段師生情緣。原來，此文被正在浣花書局印書的前歸化城副都統文哲琿先生看到，驚喜之餘，由牛寶璋安排，得與榮祥會面。見到童年知己的前輩，榮祥自然是欣喜異常。文先生更是激動不已，感慨萬千。爲了使榮祥的文才能更進一步，他通過女婿關松秀③的關係，給介紹了一位擅長古文的老師。此人叫姚永概，字叔節，是清代桐城古文大家姚鼐的裔孫，時在正志中學任教。④姚先生門墻高峻，素不濫收弟子，看過榮祥的十餘篇舊作後，極爲贊賞，方許拜師爲徒。從此，榮祥成爲姚先生的授業弟子，經常自己選題作文，

①張裕釗（一八二三－一八九四年）字廉卿，號濂亭，湖北武昌鄂州市梁子湖畔東溝鎮龍塘張村人。晚清官員、散文家、書法家，其書法獨闢蹊徑，融北碑南帖於一爐，創造了影響晚清書壇百年之久的『張體』，被康有爲譽爲『千年以來無與比』的清代書法家。道光二十六年（一八四六年）中舉，考授內閣中書。後入曾國藩幕府，爲『曾門四弟子』之一，被曾國藩推許爲可期有成者。生平淡於仕宦，自言『於人世都無所嗜好，獨自幼酷喜文事』，曾主講江寧、湖北、直隸、陝西各書院，培養學生甚衆，范當世、馬其昶等都出其門下。

②吳汝綸（一八四〇－一九〇三年）字摯甫，一字摯父，清代安徽桐城（今樅陽縣會宮鄉老橋村吳牛莊）人。晚清文學家、教育家，也是桐城派後期作家。同治四年（一八六五年）進士，曾先後任曾國藩、李鴻章幕僚及深州、冀州知州，長期主講蓮池書院，晚年被任命爲京師大學堂總教習，並創辦了名校桐城中學。

③關松秀字鶴友，歸綏人。一九一〇年日本陸軍士官學校第七期步科畢業。回國後一直在軍界供職。

④姚永概（一八六六－一九二三年）字叔節，號幸孫，安徽桐城人。清嘉慶進士姚瑩之孫。光緒十四年（一八八八年）中解元。後師從吳汝綸治學。一生多從事教育工作，歷任桐城中學堂總監、安徽高等學堂總教習、安徽師範學堂監督、北京大學文科學長、清史館協修、正志學校教務長等職。其病逝後，清史館館長趙爾巽嘆曰：『今海内學人，求如二姚（永概、永樸）者，豈可得乎？』

送交先生批改，文思文采更加精進。

此時，他以『塞翁』的筆名在報上發表了不少詩作，廣交雲集京師的各省名士，成爲名動京華文壇的新秀。與他交游的有辛亥革命後各省致仕人員及部曹各級京官、日報或刊社的編輯，還有各省級機關駐京代表、寄寓求職的閑員及教專館私塾的學究。其中較爲著名的有《國風日報》社長山西芮城景定成（字梅九）①、《公興日報》主編江西南昌湯霜楓、《日知報》主編江蘇無錫孫慕唐、《亞細亞日報》專欄作家湖南善化劉鼒和②、《大中華日報》名記者河南安陽周襄成、民國政府銓敘局秘書安徽霍丘王咸宜，以及安徽靈璧張寀等，都是寓居京華經常發表詩文的老少才士。

說起王咸宜與榮祥的友誼，那是當年京華文壇的一段佳話。這王咸宜筆名片石，是前清安徽的名拔貢，年已六旬，擅長散文、駢體、詩、賦和書法，頗受雅好詩文的銓敘局局長三多的器重。因傾服榮祥的才華，他不顧兩人年齒相懸，親自登門拜訪，要與榮祥結拜爲兄弟。事出意外，榮祥大感惶窘，再三以年少學淺相謝，而對方執意不從。無奈，榮祥只得從命，與老先生換了蘭譜。當時在前清進士、翰林院侍講袁勵準（字鈺生）家任教的安徽名廩生張寀（筆名秋柳）聞知後，也欽羡不已，如式納交於榮祥。③

王咸宜深知榮祥『年雖少，而於詞章一道確有根柢』，故每替上司三多代撰應酬詩文，定要先請榮祥修改，然後呈稿。他過六十華誕時，詩社諸友多有詩作賀。榮祥所作《詩翁王片石六十初度作歌壽之》

①景定成（一八八二—一九五九年）字梅九，別號無礙居士。早年官費留日，遂加入同盟會，從事革命活動。歷任山西軍政府政事部部長、稽勳局局長、國民軍第六軍軍長等。一生先後創辦《第一晋話報》、《漢幟》、《晋乘》、《國風日報》、《山西民報》等報刊，抨擊時弊，爲民請命，在當時頗有影響。中華人民共和國成立後，任陝西省政協委員。

②劉鼒和（一八七〇—一九二九年）字少雙，筆名少少，湖南善化人。早年留日學習法政，後任北京《帝國日報》編輯，以少少筆名撰文。民國後，爲各報撰稿，並先後任《湖南公報》、《公言》、《中華》等報刊雜志的編輯、記者、主筆。一九一八年後受聘爲北京大學教師。其文『莊諧雜出，時雜倭語，而務出己意』，『時有新思，瓊絶意表』，以致『京國咸知劉少其人』（《長沙新聞記者聯合會年刊》）。詳見方漢奇《中國近代報刊史》第七四五頁，山西教育出版社，一九八一年。

③《大青山人自序》，見《榮祥詩文選集》，內蒙古教育出版社，一九九九年。

一首，深得老先生的喜愛，經他一再要求，此詩一稿多投，結果被各報競相刊出，迅即傳遍北京。①聲名鵲起並没使榮祥陶醉，他依然勤奮如故，就連回鄉度假也苦讀不輟。在他的詩中有這樣的記述：

『負笈游北平，消夏歸故里。朱明炎且長，杜門究經史。晨星猶在天，披衣便先起。琅琅達深更，誦聲乃暫止。』

土默特蒙古有早婚之俗，榮祥成家甚早，已有兒女。在兒女噪動紛亂的家裏，他仍然凝神讀書，竟達到『書中求解人，展卷紛至矣。論道親孔顔，談詩晤杜李。英傑數不勝，佳麗多難紀。與之一神交，其樂乃無比。兒噪我未聞，女嬉我不視。雖然坐牀頭，如渡蓬萊水』的境地。②

京華的安適生活和創作詩文的愉悦，没有使『正氣久師文信國』的榮祥忘記現實，忘記天下蒼生。面對軍閥相互争戰，盗匪横行，百姓慘遭蹂躪的現實，他痛心疾首，深深地感受到在强權面前書生的軟弱無力，發出『蹉跎自悔當年誤，不業干城業管城』的悲嘆。③

一九一六年初，綏遠匪患突熾，匪首盧占魁擁衆數千，攻城掠地。綏遠都統潘矩楹爲鏟除異己和推卸責任，以亂黨煽匪，蹂躪地方爲罪名，設計槍殺了王定圻。消息傳來，榮祥悲憤不已，遥望故鄉，作墓志銘一篇以紀念，並撰長詩哭祭。④

一九一七年春，任職不久的綏遠都統蔣雁行因懼怕匪勢，便鼓惑民國政府斥巨資收撫盧占魁匪部，自己乘機從中漁利。綏遠地方紳商忍無可忍，遂公推歸綏商會會長、著名旅蒙商號大盛魁的掌櫃段

①《瑞芝堂詩鈔》第二十四葉正面眉批。

②《瑞芝堂詩鈔》第二十二葉正面《暑假還鄉作自遣一首》。此詩似作於一九一七年，文内之『北平』應爲『北京』，係《詩鈔》出版時所改。

③《瑞芝堂詩鈔》第九葉背面《熙民觀察三疊前韵見贈，爰復疊韵答謝》，第一葉正面《秋宵聽雨有感》。

④《大青山人自序》，見《榮祥詩文選集》，内蒙古教育出版社，一九九九年。

履莊(字敬齋)與包頭鄉紳卜兆瑞(字夢庚)赴京請願，控告蔣雁行。榮祥聞訊大力支持，代草了多份呈文，要求迅速撤换蔣雁行，以紓民困。由於當時民國總統黎元洪與國務總理段祺瑞因是否對德國宣戰一事，激起『府院之争』，無暇顧及地方事務，綏遠人士的要求如石沉大海，杳無音訊。段、卜二人進無成功之術，退懼蔣氏報復，一籌莫展，只得伏處京師，急得如熱鍋上的螞蟻。

正在這時，《順天時報》關於北洋老將段芝貴(段祺瑞的同族長輩)不甘賦閑，欲東山再起的報道，使榮祥想出一個辦法，他徵得段、卜二人的同意，隻身赴天津面見段芝貴，説明綏遠紳商不滿蔣氏所爲，欲請段氏主政。段芝貴聽了頗爲高興，答應不久即到京與段祺瑞相談。回京後，榮祥又以長信一封，力促段氏實踐承諾。段芝貴見信大爲驚疑，以爲榮祥年紀輕輕，未必能寫出如此佳文，當是背後有人操縱利用。便一面派遣兒子赴京面見榮祥，説明尚未來京的原因；一面通過前塞北關税務總辦虞維鐸、京師警察總監吴炳湘對榮祥暗作調查。幾天之後，打消疑慮的段芝貴果然來京，派人通知榮祥：段祺瑞已電召蔣雁行來京。當蔣氏來京的消息見報後，榮祥和段、卜二人便明白計已生效，蔣氏此行是來而無歸了。待到八月，北洋軍第一師師長蔡成勛因討伐張勛復辟有功，被提升爲新任綏遠都統，困居京師已久的綏遠紳商代表便欣然返鄉了。①

對於榮祥來説，這只是他京師求學生涯中的一段插曲，但他好事的性格和在政治方面的膽識已充分顯露出來，成爲他日後從政的先兆。

這年冬天，他畢業了。但因綏遠正疫病流傳，京綏間斷絶交通，嚴禁客貨郵件往來，他只好滯留京城，以讀書顧曲來聊度時光。

五　初涉政壇

一九一八年春，可怕的疫病終於熄滅。榮祥回到歸綏，閑暇時常到母校歸綏中學與同學們聚談。一日從

①見《大青山人自序》，載《榮祥詩文選集》，内蒙古教育出版社，一九九九年。

報上看到綏遠道尹福建老名士周登皞①所組織的『吟邊詩社』的刊題徵詩：第一題，過蘇武祠，七律一首，限二蕭韵。第二題，吊明妃墓，七律一首，限三肴韵。第三題，九邊第一泉歌，限用柏梁體。榮祥深知南士素來輕視北士，遂好勝心起，依題做詩三首，函寄該社。旬日後，報上刊出應徵諸作，榮祥一舉奪魁，不僅得到優厚的獎品——湖筆、徽墨、錦箋及《張江陵全集》，還得到周道尹『榮君以一年輕蒙古人，而有此宏筆麗藻，是馬祖常、薩都剌一輩人，後生真可畏也』的贊譽。從此，榮祥聲名大噪，不僅加入吟邊詩社，與周道尹唱和往還，交誼甚篤，還被地方人士譽爲『塞北文豪』。

這年夏天，山西省議會選舉第二屆議員，綏遠雖然早已劃爲特别行政區，但省級議會仍與山西合一。經在回部高小學校任教的老同學趙國鼎（字子珍）的支持和活動，榮祥得以當選。九月十一日抵太原出席會議，②從此踏入坎坷仕途。③

在三年的任期裏，除了每年到太原出席例行會議外，他的生活頗爲悠閑自在。不是與周道尹等詩友談詩論文，便是同山西省議會的同事們吟詩唱和。

一九一九年春節期間（公曆二月初），周登皞把榮祥請到道尹公署飲酒論詩，直至深夜。第二天早晨，榮祥賦詩二首，表達謝意。詩曰：

緣締翰墨受知深，爨下焦桐有賞音。獨愧才非王逸少，周侯座上食牛心。竹葉春濃夜舉杯，南中珍錯繞金罍。食單一册渾難備，不向隨園羡子才。

獲讀奇文耳目新，名賢手筆自精醇。一從下里成風後，此調能彈有幾人？飽德歸來玉漏遲，酒紅在頰任風吹。黑甜一枕晨鐘破，已是庭前雪滿時。

①周登皞（？—一九四〇年），字熙民，號補廬，福建閩侯人。光緒戊子科舉人。歷任寧河、武清、霸縣、大成、東安諸縣知事，趙州直隸州知州，都察院廣西道御史，民國政府肅政廳肅政史，綏遠道尹等職。擅詩詞，晚年加入須社。

②土默特左旗檔案館舊檔件號三二〇，榮祥信函，（民國七年（一九一八年）農曆八月十日）。

③見《大青山人自序》，載《榮祥詩文選集》，内蒙古教育出版社，一九九九年。

此詩文字華美，感情真摯，字裏行間流溢着對周登皞知遇之恩的感激和對其文才的欽慕。周道尹閲畢，亦情不自禁，和詩作答。内有『我慚常衮爲觀察，君是歐陽一輩人』句，把榮祥比作唐代大文人歐陽詹，而自謙無其時福建觀察使常衮的提携之功。①

初夏，在太原出席山西省議會臨時會議後，榮祥在北京待了半年左右，照看因患附骨疽而生命垂危的五弟桂祥。兄弟二人感情甚篤，五弟的病痛牽動着他的心，令他痛苦不堪。這期間，在忘年老友國會衆議員張子騰（山西人）、參議員劉孔嘉（即劉玙，歸綏縣人）和五弟的力勸下，他參加了全國高等法官考試的頭場國文甄録試，與七千多應試者（内有不少清末舉人、拔貢）一較文才高下。考題是《孟子論皋陶執法》與《張釋之論犯蹕》。盡管因五弟病重他心煩力疲，情緒不振，但仍下筆從容，逕書短文四百餘字，交頭卷而返。發榜前，他自信地對劉孔嘉説：『兄看榜須看前頭，考官若識我文，則我名不當在前十人之外。考官若不識我文，則名落孫山必矣！兄不必大海撈針也。』結果榜文一張，他的話果然應驗。七千多人中僅録取五百名，他名列第五。②

十月初，年僅二十四歲的五弟桂祥病故。榮祥悲痛欲絶，賦詩四首，灑泪哭祭。不久，他到太原出席山西省議會會議，然後返回北京料理爲五弟治病所借的債務。一日，在國會衆議員老友張欽（字敬亭）的寓所見到山西名士楊濂。此人是清末最後一次省試的拔貢，在晋北士林頗有才名，但在不久前的全國高等法官考試中受挫。得知榮祥名列國文甄録試第五時，他便提出想借試稿一閲。榮祥笑曰：『拙作短章，向不起草。先生如肯賜教，願即今録出呈覽。』言罷取筆疾書，片刻便將原文抄出。楊濂閲罷驚嘆道：『事隔數月，猶能不遺一字而迅即寫出。鑄辭警拔，固不待言。僅記性之强，亦使我輩望塵莫及矣！』③

①《瑞芝堂詩鈔》第六葉背面《人日前夕，熙民觀察招飲於署齋，翌晨賦此爲謝》及眉批。

②見《大青山人自序》，載《榮祥詩文選集》，内蒙古教育出版社，一九九九年。

③見《大青山人自序》，載《榮祥詩文選集》，内蒙古教育出版社，一九九九年。

閑適的生活没有使榮祥忘記自己肩負的職責，對民間疾苦的關心，對邪惡勢力的憎惡，和敢於爲民請命的個性，不僅使他寫出膾炙人口的長詩《草車行》，揭露了駐軍强徵軍草，致使民不聊生的劣跡，更使一九二〇年成爲他生命歷程中的一個閃光點。

這一年，綏遠都統蔡成勛收受重賄，暗許伊克昭盟準格爾旗東協理惡霸那森達賴違禁大種鴉片。此禁一開，全區各地紛紛效尤，以致陰山前後煙苗泛濫。而蔡氏乘機以違法爲名，派人收繳『煙畝罰款』，從中漁利。盛夏，榮祥等六位省議員從太原返回家鄉，見此情景，義憤填膺，遂聯袂赴京，向國務院控告蔡成勛破壞禁令，違法種煙，横徵暴斂，毒害人民，要求將其撤職查辦。不料國務總理靳雲鵬因與蔡氏同爲北洋系，表面上許諾派員徹查，暗地却給蔡氏通風報信，囑其私下和解，以息事寧人。蔡氏見事不妙，經輾轉請託，請出榮祥的好友察哈爾區衆議員張欽（字敬亭）來作説客，許以每人饋贈三千元來換取撤訴，結果遭到榮祥的斷然拒絶。

此後，六位議員每隔數日便向國務院遞交一次催辦呈文，並聲明若得不到滿意答覆，將在省議會提彈劾案，還要通電全國各省議會籲請聲援。國務院無奈，只得催促蔡氏盡快設法解決。

正當蔡氏一籌莫展時，其手下人爲排擠道尹周登皞而獻策，認爲周道尹與六位議員頗爲友善，必然知情，若請周氏出面調解，必能奏效。於是蔡氏便卑禮甘言，請周道尹作調人。周氏迫於蔡的權勢，只得來京面見六位議員。會談數次，毫無結果。周道尹萬般無奈，祇得把自己的爲難處境告訴榮祥，表示如果再不適當通融，他也只好留京不返任了。看到自己崇敬的師長如此爲難，榮祥便與大家商討辦法，以避免使周道尹受池魚之災。最後，大家與周道尹商定四項息訟條件：1.改撤職爲自動辭職，限蔡氏於兩月内實行。2.改追贓爲捐款，蔡氏應捐出十萬元，交地方辦理公益事業。3.必須清償累年積欠商會貸款及農會糧秣折價。4.我方不再追究違法責任。周道尹得此條件，如釋重負，始返綏覆命。以後，除捐款十萬元減爲在京綏兩地各買一處巨宅作綏遠會館外，其餘均照辦。①

①見《大青山人自序》，載《榮祥詩文選集》，内蒙古教育出版社，一九九九年。

一九二一年五月西北回族上層人物馬福祥被任命爲綏遠都統，到任前，榮祥等六位議員與旅京同鄉們在宣武門外下斜街畿輔先哲祠大禮堂集會，歡迎正在北京的馬氏早日就任。榮祥致歡迎詞，還作詩二首，題爲《隴西馬公雲亭既奉命爲綏遠都護，久不履新，爰代鄉人促之》。詩曰：

固圉那堪説九邊，陰山日暮起愁煙。摸金校尉聞匪走，捫腹將軍擁妓眠。已分永遭居蔡毒，豈期更值伏波賢。從今共作來蘇慶，談虎有應懾去年。

邊民翹盼恨來遲，譽著龍城已可知。威播玉門班定遠，才兼露布傅修期。欲開紫塞耕雲日，須趁蒼生望雨時。敬代豐州諸父老，揮毫賦贈迓公詩。①

此詩情意真摯，不僅揭露了以往駐軍的腐敗無能，還真誠地希望新都統能帶給綏遠民衆以安樂。馬福祥聽了頗有感觸，從而對榮祥及其才華有了極爲深刻的印象，故後來對他多有照顧。

六　覆舟商海

這年春天，中國交通系財團設在北京的豫豐興業公司總經理蔣邦彦，爲了與正在歸綏創辦電燈公司的天津商人沈文炳（字虎臣）争奪業務，特派公司交際員胡屏言到綏拜訪榮祥，希望能得到地方鄉紳的支持和合作，由該公司獨家投資興辦歸綏的電燈事業，條件是將全部股份的百分之二十作爲地方榮譽股，用每年所獲利潤來發展地方公益事業。經過地方鄉紳集會商議，大家都被豫豐興業公司的優厚條件所打動，遂決定與之合作，並推定榮祥爲備案文件的署名人。②

既然與豫豐合作，那麽搞垮沈文炳的歸綏電燈公司便是勢在必行的了。七月初，因『逾限已久，尚未開工』，沈文炳被綏遠實業籌備處限期月底前必須開工，否則即予取締。歸綏鄉紳們借此機會，於八月五日向綏遠實業籌備處提出因『沈商逾限並未開工，照例應即取消，擬請接辦歸綏電燈』的要求。由於七

①《瑞芝堂詩鈔》第十葉背面到第十一葉正面。

②見《大青山人自序》，載《榮祥詩文選集》，内蒙古教育出版社，一九九九年。

月三十日沈文炳已呈報依限開工，歸綏鄉紳們的要求便自然被綏遠實業籌備處駁回了。①

秋季，一封日本商家給沈文炳電燈公司的信函被投遞員誤投到豫豐公司在歸綏的電燈籌辦處。誰也沒有想到，這一偶然的失誤，竟引發出一場軒然大波。綏遠鄉紳們見信大喜，認爲這封信函是日本財閥給歸綏電燈公司擬定的全部設計書，是沈文炳勾結日人進行經濟侵略的鐵證。於是由綏遠地方自治促進會會長李正樂、副會長趙子讓、李蔚洙等人出面具呈，向綏遠當局控告沈文炳『假借日資，蓄謀禍綏』。其呈文内稱：

『竊以盧南生、鄧子安素以介紹日資爲能事，惡跡昭彰，國人共悉。乃沈文炳公然與該二人狼狽爲奸，以日資辦理歸綏電燈，是沈文炳以汽車害民猶爲未足，必欲引虎入室，使綏區陷於南滿、山東之慘境而後已。其處心積慮，可謂危險萬分。倘不加以懲創，後患何堪設想。除將證據由地方人民正式陳交實業廳籌備處外，爲此具呈，仰祈鈞鑒，嚴加限制。並請咨部取消沈文炳電燈廢案，以弭後患而利地方，實爲德便』。②

十月十七日，綏遠都統馬福祥訓令實業籌備處長會同綏遠道尹周登皞着手調查此事。

十一月六日中午，已急不可耐的綏遠鄉紳由綏遠地方自治促進會會長李正樂等出面，在綏遠會館召集會員及中學生等約百人開會，『宣布沈文炳勾結日人創辦電燈公司，亟應設法抵制』，應『將其所設立之電燈桿一律鋸毁』。與會者聞説，愛國熱情頓起，群情激憤，立時製作各色小紙旗，每人一面，上書『打倒沈文炳』，『争回權利』等字樣，衝上街頭游行，砸毁歸綏電燈公司的木牌，並鋸倒電燈桿。途經大南街、小東街、大召前、小十字等處，共鋸毁電燈桿十餘根，還在與沈文炳合作的綏遠總商會門前肆意謾罵。沿途市民激於仇日，有不少人加入其中，聲勢愈加浩大。經歸綏第四區警察署署長韓啓泰、警察廳

①《綏遠道尹綏遠警察廳綏遠實業廳呈報調處綏遠電燈公司糾紛案經過情形》，見《内蒙古檔案》一九八九年第二期第三十八頁。

②《大青山人自序》，見《榮祥詩文選集》，内蒙古教育出版社，一九九九年；《綏遠都統訓令實業廳查覆綏遠地方自治促進會控告取締沈文炳假借日資辦綏遠電燈情形》，見《内蒙古檔案》一九八九年第二期第三十七頁。

行政科長張錫餘、總務科長趙人驥、督察長魏春恭等人帶同警士迭次勸阻，保證在問題未解決以前不准電燈公司再栽桿掛綫，游行方告結束。

時在北京公幹的綏遠總商會會長李芬、副會長邢克讓聞訊大驚，電呈綏遠當局曰：『劣紳率人游行，反對汽車電燈電話，並鋸倒電燈桿等情，據汽車、電燈股本多數由歸化地面商界擔任，且創辦有年，據何理由反對？至電燈爭執，周道尹、余處長委托克讓妥處，查明沈文炳所辦電燈股本確無外資，榮祥方面曾與豫豐公司定立合同，接濟資本，酬給紅股，純係受人指使。現在歸綏竟發生此項暴動，殊出意外，官署若不嚴加取締，於歸綏商人財産危險萬分。惟有懇請懲辦暴動之人，並以法律解決雙方之争，以維商業而保治安』。①

經過一番徹查，綏遠道尹周登皞與警察廳廳長余鼎銘、實業廳廳長段永新於一九二二年一月十八日將結果呈覆綏遠都統馬福祥，内稱：

『竊維榮商等指斥沈文炳勾結日資一節，最爲此案之緊要關鍵，不容稍涉含糊，致將來貽誤地方。查榮商等藉爲口實者，蓋以沈商現延之工程師鄧子安，謂其爲日本拓殖公司代表，指爲證人；以得有日本小出商店覆沈商訂購機器一函，謂有作爲資本之語，指爲證物。鄧子安遠在京師，其向來行爲如何，無從取證。惟實業處曾准京師總商會公函内開：鄧子安係京師總商會董事，夙稱穩健，並無不規則之行爲，應予保衛。並附抄鄧子安暨股東代表馬輝堂、楊芝軒等函叁稱：如有借助外資情事，情甘認罪等語到處。是榮商所指人證一節，似屬不實。至所呈日本小出商店信函，經實業處再三翻譯，不過商人招攬生意之通常信件，既無作爲資本之語，亦非成交合同。則榮商所指之物證，亦不免出於臆度。且另據沈商暨馬輝堂等來電聲稱：原集股如有日資，願將一切全數充公等語。實業處派員查勘沈商運到

①《綏遠都統訓令實業籌備處會同警務處綏遠道尹迅速設法調解綏遠地方自治促進會率學生砍毀電燈公司電桿糾紛》，見《内蒙古檔案》一九八九年第二期第三十七至三十八頁。

之發電機等項，亦確係美國威斯丁廠製造，並非日本物品』。①

因與綏遠總商會協商調解和沈文炳自願退出，周登皞等便提出改組歸綏電燈公司的解決辦法。同月二十一日，實業廳等委托綏遠總商會及前會長段履莊等邀請雙方當事人榮祥、沈文炳開會，辨明誤會，雙方遂盡釋前嫌。沈文炳當場辭去經理職務，與會者推舉段履莊爲臨時經理，將歸綏電燈公司改組爲綏遠電燈公司，由地方商界主辦。②

對榮祥而言，這是他第一次涉足商海，也是最後一次。他的初衷是善意的，不過是想改變沈文炳等商家自身獲利的局面，爲地方贏得一筆資金，用於社會公益事業。但由於年輕，没有經驗，無形中作了他人商戰的工具，既傷害了投資商家的正當利益，也使自己蒙受了失敗。所以當綏遠都統馬福祥婉言勸他『君本白面書生，初入仕途，於人世争名奪利、千變萬化之作孽竅門知之尚淺，既想作官，又要做買賣，一身二任，終必自惹麻煩。奉勸早日抽身，勿更深入荆棘叢也』時，他心悦誠服，唯唯而去，終生不再言商。③

七　文白之争

這場風波過後僅一個月左右，綏遠當局設立了綏遠學務局，主管轄境内的各項教育事業。新任局長王用舟（字濟若）親自登門，請榮祥出任該局第二科科長。十月二十八日綏遠師範學校成立，地址在舊城南文廟街公藝局。榮祥又受命兼任國文教員，開始了他一生中短暫的教學生涯。不料任教不久，就與學生發生了一場『文白之争』的衝突，以致哄動一時。

飽受傳統文化浸潤的榮祥對古文太鍾愛、太痴迷了，他無法接受新文化對傳統文化的偏激否定，更對通俗易寫的白話文不屑一顧。一天在課堂上，他鄙夷地對大家説：『現在的白話文没什麽價值，像

①《綏遠道尹綏遠警察廳綏遠實業廳呈報調處綏遠電燈公司糾紛案經過情形》，見《内蒙古檔案》一九八九年第二期第三十八頁。
②《綏遠電燈公司呈報歸綏所辦電燈改爲綏遠電燈公司》，見《内蒙古檔案》一九八九年第二期第三十九頁。
③《大青山人自序》，載《榮祥詩文選集》，内蒙古教育出版社，一九九九年。

《胡適文存》之類的書，我一週就可以寫出一部。』學生楊令德聽了十分生氣，便在紙上寫下了『白話通神，紅樓夢、水滸真不可思議；古文討厭，歐陽修、韓愈算甚麽東西』這樣一段話來泄憤。據説此話出自林琴南之口。同學董怡更爲膽大，竟然寫道：『塞北有個大文豪，自大加一點，臭也！』才華横溢，歷來倍受尊敬和推崇的榮祥怎能忍受如此羞辱，不禁勃然大怒，不惜以去就力争，終於以『侮蔑古人，辱罵師長』之過，將兩個大膽頑童開除出校。①

在新文化風行之際，激進的學生們豈能善罷干休，十一月二十六日北京《晨報》第七版便以『綏遠師範風潮趣聞，學校也興文字獄，難道這應開除麽』爲標題，刊出學生劉桂（字馥齋）爲此事寫的通信稿，其文曰：

『綏遠師範的國文教授，就是自稱塞北文豪的榮祥先生。有一日，他上了課堂，對學生説到：「現在的白話文，是很没有價值，如胡適、蔡元培他們做的那些非驢非馬的文字，簡直是很容易做的。要是讓我來做，一禮拜就能够做一厚本。」榮祥説了這幾句話後，引起兩個學生的反對心，所以在那日習字堂上，這兩個學生在他們的紙上寫了幾行字，一個寫道：「白話通神，紅樓夢、水滸真不可思議；古文討厭，歐陽修、韓愈算甚麽東西。」一個寫道：「綏區出了個古文家，就是有點自大。」榮祥見了這兩張紙惶恐的説道：「師範不幸出了這樣的搗亂學生，這還了得麽。」於是忙忙的拿了那兩張紙，一溜烟跑到學務局去見局長王濟若。王一見這幾行字大驚而特驚的説道：「這種現象，不應該出在綏遠，尤其不應該出在師範學校。總而言之是我的過錯，假使我當初不讓這兩個學生進這個學校，哪有今日之現象發生呢？」於是召集各教員會議，馬上將兩個學生開除了。』

其後，在北京上大學的綏遠籍青年學生們也激起義憤，陳志仁（字之的，北京大學）、賈武（北師大）、潘秀仁（農大）等多人在《綏遠旅京同學會會刊》上發表不少攻擊榮祥和同情學生的文章，把榮祥視爲『桐城謬種，選學妖孽』，甚至編造出榮祥報考北京法政專門學校時，不懂『牛頓三定律』，而答以『牛反芻三倒嚼』等等。

①《内蒙古文史資料》第三十輯《塞上憶往——楊令德回憶録》第七至八，二十二至二十三，二四九至二五〇頁。

楊令德也在刊物上發表了長文。①

一九二四年春，爲了體現對地方人士的尊敬和倚重，綏遠都統馬福祥給一些地方名紳委以官職。榮祥因年輕資淺，被委爲薩拉齊縣清源局（税收機關）局長。官雖不大，收入却頗豐，是個官場中人百計求而難得的肥缺。到任後，除了每天例行到分卡檢查税務人員的行爲外，他多以校訂古書爲樂，生活過得輕閑而優裕。

八　官海浮沉

可是好景不長。隨着第二次直奉戰爭以後各派軍閥力量的消長變化，綏遠與熱河、察哈爾地區都成了馮玉祥的轄境，一九二五年一月馮部幹將李鳴鐘就任綏遠都統後，官場人事多有變動，榮祥也解職還家。不久（約在二月間），因患有肺結核病，由老友牛贊岑伴送赴京治療。其後妻子亦携兩兒兩女入京，侍奉湯藥和起居。這一走就是二十個月，在這期間，榮祥每日不是讀書吟詩、臨帖寫字，就是教兒女課讀，生活頗爲閑適。當年秋天雖曾當選綏遠的蒙古族國民代表，在設在西城牛肉灣胡同的國民代表大會籌備處文書股做過短期的工作，爲國務總理許世英代擬過催促各省迅速依法選舉的通電稿，終因國内戰亂頻仍，國民代表大會最終流産而没有下文。②

在這短短的時間裏，榮祥耳聞了一九二六年三月十八日民國政府對請願民衆的血腥屠殺，經歷了反對馮玉祥國民軍的直奉軍閥對北京的攻打。他感慨萬千，心亂如麻。就在養病的這段時間，他開始吸食大煙。一九二六年九月，榮祥携眷歸里。此時，除了敗退的國民軍殘部仍集結在綏西五原一帶外，飽經戰亂的綏遠已成了晋系軍閥的天下。行裝甫卸，綏遠騎兵第一旅旅長滿泰聞訊來訪。滿泰字子舒，是榮祥二胞叔的女婿，因獲悉奉軍將派兵來綏驅逐在五原誓師的馮玉祥殘部，並一併消滅曾經附和國民軍的綏遠地方部隊，便前來請多年在京的榮祥赴京代爲設法。榮祥不得已，便返回北京，托友人裘潔忱轉求下野的北

①《内蒙古文史資料》第三十輯《塞上憶往——楊令德回憶録》第七至八、二十二至二十三、二四九至二五〇頁。

②《大青山人自序》，載《榮祥詩文選集》，内蒙古教育出版社，一九九九年。

洋老將李際春①向張作霖進言，獲准整編保留綏遠地方部隊，以備西北邊防之用。②事情如此順利，使榮祥頗感意外，更使他無法想到的是：正是因爲滿泰，他徹底從政的命運在此時已注定了。

多年來，對文學的摯愛和才士特有的清高，以及佛道思想的影響，使榮祥始終難以確定自己的人生目標。儒家文化的薰陶，使他念念不忘自己對社會的責任，總想做一番報國利民的事業；而與生俱來的本性和內心深處對文化的鍾愛，又總是呼喚他脱離政界，去做一個隱居的飽學之士。這種無法排遣的矛盾整整伴隨了他的一生。在他慷慨陳詞，爲民請命的同時，他的詩裏也留下了『不知桃源何處是，徘徊欲問野人舟』，『但願微言傳子弟，不求聞達向諸侯。……歷盡炎凉知世態，且從莊叟學虚舟』，『無復請纓萬里情，此心已與歲同更。……緑樹村中綿祖澤，白雲塢裏學躬耕。桑麻獲後開家釀，把酒吟詩不入城』的苦吟。③

當榮祥回到綏遠，慨嘆『天涯浪跡誤年華，壯志潛消酒量加』，憧憬『白酒一杯書一卷，高歌秋水悟虚舟』的未來時，④一九二七年春，滿泰的部隊被改編爲晉軍（時名『北方國民革命軍』）騎兵第五師，滿泰任師長，駐防包頭。在滿泰多次的誠懇敦請下，榮祥過意不去，只好出任該師師部中校參謀處長，到包頭輔佐滿泰。以後又陞任上校參謀長。文人倏忽變成武職，這讓榮祥也頗感滑稽，他在一首詩中寫道：

廿年勤學十年游，歸荷弓招佐運籌。敝帚文章成痛哭，濫竽名位且參謀。

①李際春（一八七七—？年）字鶴翔，回族，直隸豐潤南關人。開平武備學堂騎兵科畢業，與吴佩孚同學。初在開平鎮守使王懷慶部當下級軍官，後歷任協統、淮軍縱隊司令、袁世凱總統府侍衛武官、將軍府際威將軍等職。以後投靠日本，在僞滿洲國任職。中華人民共和國成立後，被以漢奸罪處決。

②《大青山人自序》，載《榮祥詩文選集》，内蒙古教育出版社，一九九九年。

③《瑞芝堂詩鈔》第九葉背面《熙民觀察三叠前韵見贈，爰復叠韵答謝》、第十一葉背面《秋興，同周襄成作於宣南客次》。

④《瑞芝堂詩鈔》第十六葉正面《陳柱臣太史以塞外逢春雜感詩見示，次韵和之》。

人詩入幕親戎馬，自哂居鄉類沐猴。壯志已如强弩末，聊援王粲説依劉。①

軍中的生活頗爲閑適，處理案牘之餘，榮祥時常寫詩，有時還登城遠眺，或到城外轉龍藏游覽。包頭是綏西重鎮，頗爲富庶，但歷經戰亂，民不聊生。目睹蒼生的悲苦，榮祥百感交集，吟出『勝地雖佳民未樂，伫思何計慰群黎』的詩句。②

不久，國内形勢再度變化。六月，晋系軍閥閻錫山就任北方國民革命軍總司令，打出青天白日旗，與南方的蔣介石遥相呼應；而奉系軍閥張作霖則在北京就任『中華民國陸海軍大元帥』，組織了安國軍政府，雙方開始反目。以後晋軍進襲奉軍受挫後，被迫放棄綏遠。晋軍撤離後，滿泰被閻錫山任命爲綏遠後方總司令兼護理都統，於十一月初抵歸綏主政。榮祥則任綏遠後方總司令部參謀處長兼都統署政務廳廳長。在奉軍即將來綏，自己任期異常短暫的情況下，榮祥並不想敷衍行事，他作詩自警曰：

休分五日與三年，宦海浮沉總宿緣。不望名登循吏傳，惟希政合牧民篇。③

在認真工作了十餘天後，奉系派郭希鵬來綏接任代理都統，滿泰和榮祥便返回包頭。不久部隊被奉軍擴編爲第三十一軍，滿泰任軍長兼綏西鎮守使，榮祥任鎮守使署參謀長。此時的榮祥，歷經波折，早已厭倦了這種無所作爲的仕宦生涯，一心期盼着『此來若了酬知願，野鶴閑雲到處行』。④以後他曾隨滿泰入京晋謁過張作霖，受到禮遇。⑤

晋奉軍閥的争戰一直延續到一九二八年夏天，當受挫的奉軍全綫撤回山海關外時，晋軍便捲土重來，重新控制了綏遠。閻錫山對滿泰與奉軍和平共處十分不滿，便撤銷其軍長及鎮守使職務，調爲土默特

①《瑞芝堂詩鈔》第十七葉正面《丁卯春，滿師長子舒損數書招余赴綏西任師部參謀處長，就職後乃感而有作》。

②《瑞芝堂詩鈔》第十七葉背面《登包縣城樓》。

③《瑞芝堂詩鈔》第二十一葉正面《子舒既奉命就職，乃委余以後方總部參謀處長兼代都署政務廳長，爰作詩自警》。

④《瑞芝堂詩鈔》第二十一葉頁正面《子舒既卸都統印，返包就綏西鎮守使，復委余爲鎮署參謀長，再作詩以見志》。

⑤《大青山人自序》，載《榮祥詩文選集》，内蒙古教育出版社，一九九九年。

旗總管。滿泰離不開榮祥，他堅決要求榮祥隨他回旗，要他擔任總管公署秘書長①。榮祥雖不大情願，但考慮到滿泰是第一任由土默特旗人出任的總管，回旗效力也可爲家鄉父老做些貢獻，便毅然答應了。②

此時的土默特旗，因綏遠連年兵災匪患，經濟凋敝，財政異常窘困；再加上綏遠財政廳每月勒交的一五〇〇元協餉，已是捉襟見肘，難以維持了。總管公署已半年不能照常發餉，職員及各學校教職員工多靠借貸勉强維持生計。滿泰到任後，鑒於前任諸漢族總管每月薪俸五〇〇元，辦公費五〇〇元，合計一〇〇〇元，約佔全旗收入的四分之一，便主動將自己的薪金和辦公費減去一半，還減成（四成）發放職員薪金，以節省開支。同時選派幹員管理煤炭租税局，努力增加收入。至於協餉，本是上年綏遠都統商震因兵餉不足，强令地方有財務收入的機關，各按其收入之多寡分擔四個月的臨時款項。不料綏遠當局嘗到甜頭兒，竟當作常例逐月催收。滿泰不敢抗上，只得隱忍，設法借貸以應付。

這一年，榮祥不僅補陞爲本旗公中佐領，很快又陞任本旗參領。③這固然出於滿泰的提携，但他的才能和業績也是榮陞的堅實基礎。

在旗公署的日子是平淡的，好在旗署圖書室藏書頗富，榮祥每天除了批示各科例行公牘外，便隨意取讀，獲益匪淺。一九二九年綏遠大災，他曾參加賑濟會文書組的工作，專辦募捐函電，以文章救災。④土默特旗蒙古民衆代表向國民政府賑災委員會等呈請賑災的文電也出自他手。⑤

一九三〇年，在友人的慫恿下，他將自己保存的二百餘首詩作編成《瑞芝堂詩鈔》，由綏遠華北印刷局

①《土默特歷史檔案選》（民國時期）第一九二、一九四頁之履歷表作「秘書長」，第一五八頁之委任狀作「正秘書」。
②《大青山人自序》，載《榮祥詩文選集》，内蒙古教育出版社，一九九九年。
③《土默特歷史檔案選》（民國時期）第一九四頁，内蒙古教育出版社，二〇〇九年。
④《大青山人自序》，載《榮祥詩文選集》，内蒙古教育出版社，一九九九年。
⑤參見《土默特歷史檔案選》（民國時期）第一五九至一六三頁，内蒙古教育出版社，二〇〇九年。

鉛印發行。這是土默特旗蒙古人的第一部個人詩集，它的問世，使文人雅士得以一覽『塞北文豪』的才氣與風采，在地方引起相當大的反響。直到一九四七年冬，還有人在刊物上次韵唱和。①

一九三一年初，滿泰因榮祥與蒙藏委員會委員長馬福祥素有交誼，便於向中央進言，遂委派他爲蒙古各盟旗聯合駐京辦事處第一任土默特旗代表。榮祥於一月二十七日（舊曆臘月初九）離綏，因平、津兩地衆多友人的挽留，在兩地盤桓了二十天，才携帶着友人寫給司法院院長王寵惠、代理内政部長鈕永建、財政部長孔祥熙、外交部長王正廷等的介紹信南下。②他人還未到，就引起在南京的各盟旗代表及辦事處職員們的重視，他們已經從辦事處負責人、蒙藏委員會蒙事處處長吴鶴齡（字梅軒）對榮祥的盛贊中掂量出他的份量。③

二月二十一日（正月初五），榮祥抵達南京，寓於大華飯店。④次日即拜謁老首長，時任蒙藏委員會委員長的馬福祥，得到『殷勤接見』，並獲贈馬氏及其夫人的詩文集和自印善書；晚間又奉招『赴其私宅便酌』。二十三日，『因各盟旗駐京代表請求增加國民會議代表名額，向政府暨各院部請願，』一連數日，他與各盟旗代表一同晋謁了中央大員及院、部、會首長。⑤還在立法院長胡漢民與馬福祥、余井塘的介紹下，經國民黨中央黨部特許，與在京各盟旗駐京代表十餘人集體加入了國民黨。⑥在以後的日常工作中，辦事處的重要文稿或完全由榮祥起草，或必須經他覈定，然後付印。代表和職員們有目共睹，無不

①見《綏遠計政月刊》第七至九期劉鵬詩作，一九四七年十一月至一九四八年一月。

②土默特左旗檔案館全宗號七十九，目録號一，件號二四八《榮祥致旗總管公署總務科函》，民國二十年（一九三一年）二月二十八日。

③土默特左旗檔案館舊檔件號四八七《榮祥致土默特旗署壽彭諸科長函》，民國二十年（一九三一年）（三月）二十九日。

④土默特左旗檔案館舊檔全宗號七十九，目録號一，件號八四三之《蒙古各盟旗聯合駐京辦事處代電》稱榮祥於『箇』日（二十一日）抵達。土默特左旗檔案館舊檔全宗號七十九，目録號一，件號八四三之《准辦事處電覆駐京代表已安抵……》，民國二十年（一九三一年）三月四日。

⑤土默特左旗檔案館全宗號七十九，目録號一，件號二四八《榮祥致旗總管公署總務科函》，民國二十年（一九三一年）二月二十八日。

⑥《土默特歷史檔案選》（民國時期）第一九二頁，内蒙古教育出版社，二〇〇九年；《蒙古各盟旗聯合駐京辦事處特別報告》（第一號），民國二十年（一九三一年）五月二十日。

心悦誠服，對他更加敬重。①

民國政府定於五月一日召開國民代表大會，制定訓政約法，從而引發了各蒙旗駐京代表們爲保障蒙古利益而進行的一番努力。四月，榮祥被本旗推選爲國民代表大會代表。同月二十四日，蒙古各盟旗聯合駐京辦事處爲使下情得以上達，便由榮祥、春德、紀永忠、福埒恒額、陳賡揚、恩和阿木爾、吴雲鵬、常文魁、戴清廉、吴鶴齡等各盟旗駐京代表『公同擬具約法上關於蒙古方面應行注意各點計四條，代電蒙藏委員會請爲轉呈加入』。這四條是：1.政府對於國内弱小民族，當扶植之，使之能自决自治。2.蒙古地方，以旗爲自治單位，盟爲旗與中央間之聯絡機構。3.開發蒙古土地及各項利源時，應先保障蒙民生計之安全。4.蒙古地方教育及各項文化事業，應由中央指撥專款，積極協助興辦之。二十五日，蒙古各盟旗聯合駐京辦事處又將此四條代電起草約法的各位委員，指出這是『蒙古官民必争之點，尤以前二條最關重要，務乞賜予採納，盡量定入約法』。

五月初，約法草案定稿公佈，蒙古代表們見自己的意見不但没有被採納，而且其中第七十五條規定『蒙古、西藏未設省之地方，其制度得就地方情形，另以法律定之』，『深恐已設省之内蒙古各盟旗，將無形消滅』，便一面發電請各盟旗長官『兼程莅京，共同聲請，或立電懇中央及國民會議，准將盟旗列入約法，以資保障』，一面選出榮祥等十二人爲出席代表，另有列席代表約三十人，參加國民代表會議。根據民國元年（一九一二年）頒佈的《蒙古待遇條例》，擬具修正案，邀多人連署，提交大會，要求删去第七十五條中的『未設省之』四字，並在第三十四條墾殖全國荒地一項後增加『蒙古不適於墾植之土地，劃定爲蒙民牧場；其可以墾植之土地，如必開墾時，亦須爲蒙民留給優厚之生計地及公共學田』等内容。經過一番努力，原第七十五條得以如願修正，但第三十四條却未能有任何變更。約法通過後，與會各蒙古代表『以蒙古盟旗及蒙民生計教育各端，未得列入約法，無所保障，引爲深慮，而外蒙古問題亦宜早日解决』，便連夜開會，擬定並提交了『保障蒙古盟旗及蒙民生計』、『通告國内外特許外蒙自治，以期早日完成統一』、『由中央指撥專

① 土默特左旗檔案館舊檔件號四八七《榮祥致土默特旗署壽彭諸科長函》，民國二十年（一九三一年）（三月）二十九日。

款並獎勵興辦蒙古教育及各項文化事業』三項提案，最終獲『原則通過，交國民政府分別斟酌辦理』。①

通過這次會議，榮祥對民國當局對待少數民族的大漢族主義態度有了切身的感受，而他的才能也初次被駐京的各蒙旗人士所認知。

不久，蒙藏委員會委員長馬福祥爲使榮祥能在南京有所發展，曾推薦他到國民黨中央宣傳部某刊社任社長，但未能如願。七月，榮祥接到老友郭象伋和綏遠省政府主席李培基的邀請，當即決定返回歸綏，出任《綏遠通志》的編撰主任。在他看來，編撰地方志書是千秋功業，與宦途通達不可同日而語。一想到自己有幸以半生勤學的知識爲保存和發展家鄉的文化作些貢獻，一種不可名狀的衝動就使他難以自持。他已歸心似箭，急不可待了，就連馬福祥『君年方盛，正學優强仕之時，奈何不留京而名於朝乎？塞北局面太狹，不足以展驥力。金陵龍盤虎踞，自古爲群英競智之邦。以君之才，掉鞅其間，不憂不出人頭地』的肺腑之言，也未能使他動摇。②

回到綏遠，他一面照常在土旗總管公署辦公，一面幫助郭象伋籌設通志館。待一切就緒後，就忘我地投入了編撰工作。每天上午在總管公署批閱完公文，就立刻趕到通志館。馬福祥曾兩次來信催他回南京，都被他婉言謝絶了。③

這年八月，一位最終改變了綏遠的命運，並與榮祥結下難以排解的恩怨的人物出現了。他就是第三十五軍軍長、代理綏遠省政府主席傅作義。傅作義字宜生，山西榮河（今屬臨猗）人，時年三十六歲。數年前以涿州守衛戰聞名全國，是位意志堅强，踏實肯幹，能力極强的愛國將領。他向往中國古代的輝煌，渴望重現漢人傲視四方，邊疆民族及週鄰各國稱臣納貢的歷史畫面。④如果說，已經漢化的榮祥其一

①《蒙古各盟旗聯合駐京辦事處特別報告》（第一號），民國二十年（一九三一年）五月二十日。
②《大青山人自序》，載《榮祥詩文選集》，内蒙古教育出版社，一九九九年。
③《大青山人自序》，載《榮祥詩文選集》，内蒙古教育出版社，一九九九年。
④綏遠省政府秘書處編《出巡匯刊》附録第十四頁《要强》，民國二十二年（一九三三年）鉛印本。

般思想和國家至上的觀念與傳作義深相契合，是日後兩人互相欣賞，多年合作的根源的話，那麼傳作義的大漢族主義觀念及行爲，則必然導致以後榮祥忍無可忍，奮起抗爭。這無法避免的衝突在兩人相識時就已然注定了。

九月，在埋頭工作的同時，榮祥等十二參領還與全旗佐領、驍騎校等百二十人聯名致電蒙藏委員會，要求制止綏遠墾務總局丈放本旗公共牧場。其電文略云：

『頃因綏遠墾〔務〕總局擬丈放本旗蘇木固有坐落忽拉格氣村之公共牧場，交涉竟置不理，惟迫令薩縣墾務分局限十日丈放。似此悍不講理，殊與民會留給蒙民優厚牧地之定案相悖。現爲約法時期，人人均應守法。懇請鈞會轉電實業部、綏省府先行制止，以待和平解決。』①

問題雖難以迅速解決，但綏遠省縣當局對土默特旗的欺壓和民國法律的有名無實，都給榮祥留下深刻的印象。這僅僅是個開始，在以後的歲月裏，他將目睹和親歷更多令人悲憤的事例。

一九三二年五月，綏遠省財政廳派一位科長來催解協餉，一連三日在旗財政科坐催不走。滿泰被逼無奈，再三懇求緩期，對方就是不從。因病在家休息的榮祥聞訊大怒，趕到旗財政科，痛斥來人説：『救急協餉本是從前商震都統的暫時挪借，期限爲四個月。前任總管鄭崇贇手中已解過八個月，早成逾額跨支。今日財廳非但不履行債務，反以債權者姿態，向我旗逼索所謂欠餉，天下豈有此理！你們不要欺人太甚，咱們自有説理之處！』來人去後，滿泰慌得不知如何是好。榮祥當夜草成長篇電稿，歷數此項借款之來歷和民國以來綏遠當局對土旗的各種盤剝，其文曰：

『溯此項軍費之起因，始於晋奉合作驅逐西北軍之時。當時商〔震〕都統率兵駐綏，目睹地方重遭兵燹及農民荒旱流離之後，百業凋敝，十室九空，雖善後諸端急待振興，而民力既憊，款無可措，萬不獲已，……堅請前總管鄭崇贇亦凑借一萬元以濟眉急。鄭總管雖係商都統一手提拔之人，然對於此款亦覺大感躊躇。商知其爲難，乃令財政、塞北兩機關同具保結，共負償還之責。又因本署實係無款，乃變通

①《土默特歷史檔案選》（民國時期）第一七四頁，内蒙古教育出版社，二〇〇九年。

以山西省銀行股票數萬元作抵，向平市官錢局借款一萬元，轉解都署備用。此即本署累債之起端也。詎意此項維持費報解未久，復因臨時軍費無着，仍令各機關再籌短期接濟之餉，並由商都統依前例分配，令本旗每月再擔臨時軍費一千五百元。鄭雖一再堅决婉辭，而無如商亦一再堅請勉爲其難，並謂此係臨時辦法，至多不過數月，絶非長期負擔等語。自此，本署每解餉一次，即繼續向平市借款一次。嗣因平市所借已多，無可啓齒，乃轉向其他銀錢行號作零星貸款。綜計前後數年，鄭崇贊兩就總管，共代土默特累債達五萬餘元，僅利息一項，每年即有六七千元之損失，迨利不能償，則利又變而爲本，因此愈積愈多，愈覺無力清理。此本署負債如山之經過情形也。』

『本旗自前清以來，由塞北關代徵之牛馬檔課，每年實收二十萬餘元，僅解本署七千餘兩，嗣並此七千餘兩亦盡數撥充都統署充軍政各費之用。此外，並將本署在蜈蚣壩口所設歷年已久之税卡合併於地方政府所設之路捐局，是縮減本旗，以益公家，計每年所損，亦甚不少。又當陸軍部協餉未撥歸都署之前，本署駐京領餉員不能按月領到，而都署催解則月月急如星火，以致本署不得不將前清二百餘年銖錙積成之十餘萬兩息本陸續提用，以墊軍餉。迨至民十（一九二一年）之際，此項息本已完全墊盡，嗣後本署雖欲再墊已無此力，事出無奈，始請都署自行派員直接向軍部支領。計此十年間，凡陸軍部所欠發之數十萬元，即皆本署所墊撥之數十萬元也。又，本署清理六成餘地後，除開支經費外，共得地價二萬數千元，其中一萬由都署以借貸手續借作軍餉，餘存之一萬數千元亦陸續墊解軍費，究其實際，本署僅落得地租一項而已。』『綏遠墾務局本係國家特設之機關，乃自清理土默特全旗地畝告竣後，按照定章，在此項地畝款內，有應撥本署之二成蒙民生計費，綜計不下三十六七萬元，往年歷經本署催撥，均以款已借作軍餉，俟將來收有成數，即予陸續撥付爲辭，至今推延，分文未給。』

『本署財政向以煤炭租税及房地糧課爲大宗，乃自民十五（一九二六年）大軍過境，繼以連年匪、旱以來，煤炭窑户十歇八九，種地農民盡室他徙，故本省燃料近皆賴大同出産以資維持；而本署所管六成等地之糧課，計通歲不能收一文者，凡歷三四年之久；所餘省垣街市之房租縱然未廢，能得幾何？矧房屋賃户亦均以營業蕭條，紛紛請求減租。本署經此種種劇烈之打擊，外增債累，内減來源，欲其不窘，不可得也。故當最困難時，全年收入往往不足供全署維持行政、教育及各職員最低生活等費。如本署前科員遇春、伊理布諸人，均因欠薪過久，典質一空，終至窮病凍餒而死。此種慘狀，全省各機關中豈容復有其偶！即本署成立已久之中學校，亦因無款而暫告停頓。試思凡爲長官者，孰不憫屬員之呼號，孰不願教育之勃興，使本署財政而確有餘裕，又何忍員饑校輟而不予以補救乎？此又本署於已往時期，因負債太重，財源枯竭，以致一切旗務均不克隨時建設之總病根也。』

在文電末尾，榮祥忿然質問：『國家機關積欠本署照章應撥之款，何以私毫不發，本署所負不過臨時分配，原謂短期可免之款，乃竟不容抵解。本署初非取之不盡之寶藏，又值農窮租少之時，長此負擔，何以克勝！惟與其催解兩難，長負積欠之名，曷若和盤托出，揭明真相，請貴廳詳審，以定方針之爲愈乎？若對於此項始終認爲非解不可，亦唯有請……各上峰指明破産之途徑，以便遵照拍賣而已。』①此文電説理充分，事實確鑿，可謂字字血泪，擲地有聲，令人同情。分呈南京國民政府行政院、蒙藏委員會、晋綏綏靖公署及綏遠省政府以後，經行政院例會討論，認爲土旗所述有理，遂決定土旗歲收在五萬元以内免交協餉。復電抵達，晋綏當局無可奈何，而土旗總管公署一片歡騰。②

六月十日，滿泰兼任中將銜蒙邊司令，③榮祥被委爲蒙邊司令部少將銜參謀長。這個司令部是個乾領餉銀的虚設機構，其設立不過是新任太原綏靖公署主任閻錫山對滿泰能不忘舊情，在他失意時曾親赴大連探望的酬謝。其後，榮祥曾陪同滿泰到太原向閻氏致謝。因滿泰時已患有輕微的精神病，回綏後，榮祥一面爲他多方求醫治療，一面處理旗務和編纂《綏遠通志》。以後，隨着滿泰日益病重，他便

①土默特左旗檔案館全宗號七十九，目録號一九三二—一，件號一二四《土默特總管公署公函》（財字第九號）。榮祥擬稿見全宗號七十九，目録號一，件號一〇八。榮祥《大青山人自序》將此事誤繫於一九二九年，詳見《榮祥詩文選集》第二〇六至二〇七頁，内蒙古教育出版社，一九九九年。

②《大青山人自序》，載《榮祥詩文選集》，内蒙古教育出版社，一九九九年。

③《綏遠民國日報》一九三二年六月十一日第三版。

受命全權代理旗務了。①

一九三三年夏，錫林郭勒盟副盟長蘇尼特右旗扎薩克親王德穆楚克棟魯普（簡稱德王）、烏蘭察布盟盟長達爾罕旗扎薩克郡王雲端旺楚克等蒙古上層及一些青年知識分子，爲保障蒙古盟旗的利益，在達爾罕旗百靈廟集會，要求民國政府實踐國父孫中山先生的遺教，準許蒙古高度自治。自治通電發出後，在國内外引起很大的震動。民國政府對此十分反感，察綏兩省當局更是深惡痛絶，極力反對。在他們看來，任何邊疆少數民族的自治願望與要求，都是對國家集權的侵犯，都有分裂國家統一之嫌，必須堅決制止。於是綏遠省政府主席傅作義不僅派員分赴轄下各盟旗，威脅利誘，阻止各旗參與，還謊稱自治運動有日人控制，以混淆視聽。當美國學者拉鐵摩爾對他説：『既然中國擔心日本人入侵内蒙古，希望蒙古人抗日，却又不給他們以任何支持，這豈不是天方夜談？倘若允許蒙古人自治，不僅對他們有好處，對中國、對你們自己也都是有利的。』傅作義竟惡狠狠地回答説：『蒙古人中没有一個像你我這樣的文明人，他們不是人，是牲口，如果好好幹活，就給他們點吃的，否則就衹有揍他們！』②以後，他不僅串通前來百靈廟宣撫的内政部長黄紹竑等人，私自背棄與自治會議方面商定的《蒙古自治辦法》，還於一九三四年一月逼迫伊盟正副盟長沙克都爾扎布、阿拉坦鄂齊爾呈請以伊盟單設自治特别區政府，來瓦解和破壞自治運動。③

這場轟動一時、關係蒙旗利益的政治風波，不能不引起榮祥的關注。對於蒙古自治，擺脱省縣方面的控制與壓迫，他當然是贊同的，故不顧綏遠當局的態度，先後派兩名代表出席自治會議。當十月二十九日前來巡視蒙旗並處理内蒙古自治問題的内政部長黄紹竑、蒙藏委員會副委員長趙丕廉抵達歸綏（今呼和浩特）

①《大青山人自序》，載《榮祥詩文選集》，内蒙古教育出版社，一九九九年。土默特左旗檔案館全宗號七十九，目録號一，件號四〇六《滿泰爲請假一月赴平治病呈綏遠省政府文》載，一九三三年七月二十日滿泰請假療養，『旗署一切事宜』，請準許『秘書長榮祥代拆代行，以專責成而免遺誤』。

②磯野富士子編譯《中國と私》（日文）第三十三至三十四頁。みすず書房，一九九二年。

③黄奮生著《内蒙盟旗自治運動紀實》第一八〇、一八六頁，中華書局，民國二十四年（一九三五年）。

後，他又率同本旗衆參領呈陳『土默特全部蒙衆意見』，聲明『此次内蒙自治運動實爲全體蒙古民衆集中意志的表現，非任何一人之力所能促起，亦非任何一盟一部之力可能左右也』；並就保障本旗權益提出十條要求。①大概是出於不願進一步得罪綏遠當局的考慮，他態度頗爲審慎，不僅自己没有親自參加自治會議，也盡量避免公開發表支持言論。

在各界蒙古人士的努力下，民國政府不得不做出讓步，接受了蒙人的自治要求，批準成立蒙古地方自治政務委員會（簡稱蒙政會）；但在其上設一指導長官公署，加以監控。一九三四年三月七日頒佈了蒙政會成員名單，因土默特旗總管滿泰久病離職，榮祥被任命爲委員。②四月二十三日，蒙政會在百靈廟正式成立，榮祥也到會同其他委員一同宣誓就職。這次大會開了十多天，主要作了分設處科機構和人員的安排，有關各項章程細則，大多由榮祥和吴鶴齡負責起草。③

五月的一天，榮祥在一份天津《大公報》上看到一則公餘圖書社發售小説《中秋血》的預約廣告，不禁勃然大怒。原來此書講述的是元朝末年『八月十五殺韃子』的歷史傳説。他立即拍電報給南京民國政府行政院院長汪精衛及蒙藏委員會委員長石青陽，指出該書内容『可謂極尽荒謬□發之能事，倘此書發行，必致引起軒然大波，較諸《南華文藝》僅因補白惹起回族同胞惡感者，更遠過之』，要求『轉飭當局嚴加禁止，以息糾紛』。是時，民國政府因蒙古自治一事已頗感頭痛，生怕再節外生枝，引出麻煩，便迅即轉令内政部將此書查禁。④

七月十一日，土默特旗總管滿泰病逝。次日，本旗參、佐領暨前鋒、驍騎校、筆帖式等官召開全體旗務會議，以便決定繼任總管人選。在榮祥回避的情況下，在場各員公認：『總管自最初請假，以及一年

①《土默特歷史檔案選》（民國時期）第一七六頁，内蒙古教育出版社，二〇〇九年。

②《民國政府公報》第一三八一號第五頁。

③《大青山人自序》，載《榮祥詩文選集》，内蒙古教育出版社，一九九九年。

④《綏遠社會日報》一九三四年五月二十六日第二版『土默特總管公署申請查禁《中秋血》』，□號内原文不清。

來養病期間，署中一切公務，均請准由本旗公署參領兼秘書長榮祥代理，迄今適屆一年，確能不負所託。』『均以仍推原代理人正式繼任爲最妥，衆口一詞，毫無異説，此足徵大衆皆能本良心之主張，而發爲愛旗之正論。』參領等於決議之後，即向蒙藏委員會委員長石青陽上書稱：『該代理總管（榮祥）之人格，久爲旗内外人人所推服。以學識論，則畢業法校，新舊兼通；以資望論，則歷充要職，遐邇咸知。近復蒙中央任命爲蒙古地方自治政務委員會委員，俾得同負蒙疆之重任。』『今除一致對該榮代總管祥勗以大義，使不得推諉卸責外，謹復聯名具文，懇請鈞會轉請行政院，准予任命該原代理人榮祥爲土默特總管，以資熟手而便整頓。』①

九月二十六日，榮祥奉國民政府之命署理土默特特別旗總管，②從此便正式開始了他執掌旗政，捍衛本旗權益，救助家鄉父老的艱難歷程。

八　勵精圖治

榮祥能繼任總管，固然是因爲他自身的實力，但傅作義的大力保薦則是最主要的原因。滿泰去世後，總管一職虛懸，『各方逐鹿者，頗不乏人』。而傅作義電呈中央力保榮祥繼任該職，表面上是因爲『榮祥碩德耆年，爲土默特旗物望所歸』。③但據綏遠省政府秘書長曾厚載私下透露，其實主要原因是榮祥早已徹底漢化了。④尤其是他輕信司馬遷《史記》的妄誕記載，相信古往今來的北方少數民族都是

①南京第二中國歷史檔案館藏檔複印件；土默特左旗檔案館藏檔全宗號七十九，目録號一，件號一一七《呈請蒙古政務委員會轉請行政院等因滿總管病故出缺懇請任命榮祥爲總管由》。

②《民國政府公報》第一五五〇號第一頁。

③《綏遠社會日報》一九三四年九月十七日第二版『榮祥繼任土默特總管』。

④《内蒙古日報》一九五七年七月二十日第三版郭靈墅：『榮祥的思想根源在哪裏』。

黃帝後裔淳維的子孫，①更使傅作義等人對他另眼看待。

十月二十六日，榮祥正式宣誓就職，傅作義親臨監誓。在例行拜會省政府、省黨部及各機關團體後，他在二十七日向來訪的綏遠新聞社記者表示説：『余蒙上峰之栽培，忝充斯職，今後唯有本諸長官命令執行旗務。至本公署内部，因過去各職員多萎靡不振，余擬首先將内部人員加以整頓，務使振作精神，一除舊習，增加工作效率。余對此點早已注意及之，決定於短期内，促成此項計劃。至興革事宜，俟將内部整頓就緒後，再爲循序改進』。②榮祥説到做到，他要利用自己手中的權利，施展自己的才能，爲家鄉父老們做些實實在在的事。要知道，這是他多年的夙願。

十一月六至八日，民國最高領袖蔣介石及夫人宋美齡來歸綏視察。榮祥不僅參與了迎送活動，還與四子王潘德恭察布一起出席作陪了蔣氏招待雲王、德王的宴會。他能獲此禮遇，足見傅作義對他的欣賞與看重。這是榮祥第一次見到蔣介石，在他看來，這位削平軍閥割據，『復興國家民族』的領袖是令人景仰的。③一個月後，蔣介石出任國民政府行政院院長，各方紛紛電賀，表示擁戴。榮祥也於十二月十九日代表全旗官民致電敬賀，稱：『恭聞鈞座拜中央之寵命，領行政之總樞。嵩高獨鎮，慶四岳之俱安；北極長明，仰衆星之環拱。職旗邊疆僻處，愛戴彌殷。願率衆蒙，聊供驅策。謹電叩賀，伏乞鈞鑒。歸化城土默特特別旗總管榮祥謹率全旗左右兩翼官民等仝叩。』④

經過一段時間的籌劃，從一九三五年開始，榮祥對旗内各項要務大加整肅。

在健全和改革吏治方面，做了以下幾方面的工作：1.整頓兩翼參佐各官，遴選幹員補署或陞任以往缺額各官，『以專責成而免曠職』。曾一日之内任免驍騎校十四名、前鋒校五名、署理佐領二十名。⑤2.針

①《瑞芝堂詩鈔》自序第六頁正面有『孰非淳維之子孫……』句。

②《綏遠社會日報》一九三四年十月二十八日第三版『新任土默特總管榮祥昨拜訪各機關』。

③黃奮生著《邊疆人物志》第六十五頁，正中書局，民國三十四年（一九四五年）。

④《綏遠社會日報》一九三五年十二月二十日第二版『榮祥電賀蔣院長』。

⑤《土默特志》（上卷）第三七二至三七三頁，内蒙古人民出版社，一九九七年。

對司法科工作效率低下，常常積壓案件，他『責令司法科主任，嗣後凡蒙人訴訟事件，務須隨時清理，以便訴訟者早日歸里謀生。』①3.鑒於旗内各煤炭税局之稽查，歷年以來『舞弊多端，時爲不法』，遂將其『一律取消，另置密查，以除流弊，整頓税收。』②以後，將『放膽舞弊』的五當溝煤炭租税分局局長雲徵文撤换。③又將玩乎職守，『長期住薩（薩拉齊），不赴各口，以致各分局經徵人員又完全恢復其作奸舞弊之態』的密查榮得全以『損公自便，殊堪切齒痛恨，即行撤職』。④4.因包頭蒙民生計會『頹廢不堪，會務推行遲緩』，遂派人前去重新選舉改組，積極整頓，並加强旗政府的監督。⑤5.縮編旗政府衛隊，委任雲兆祥爲隊長，着手切實整頓，革除士兵中染有嗜好及行爲不端者，並加强對槍枝彈藥的管理。⑥另以『駐外馬衛隊，大部士兵，素少訓練』，便選派合適人選任該隊排長，加緊教導，以資整頓。⑦

在教育方面，文人出身的榮祥深知辦好學校、培養人才的重要，故對旗内教育事業的發展最爲關注，推進最力。他親自兼任土默特旗第一小學校校長，在財政極爲困難的條件下，設法籌款維修和增建校舍，修繕設施，⑧經蒙藏委員會來員檢視，認爲辦理『成績尚佳』，遂獲得蒙藏委員會規定的『補助經費每月二百元』。⑨他又於一九三五年九月二十二日恢復了從前因經費支絀而停辦的土默特旗公立第一中學

①《綏遠社會日報》一九三五年三月二十六日第三版『土默特旗司法，榮總管特令整頓』。
②《綏遠社會日報》一九三五年三月二十八日第三版『榮總管整頓税收……』。
③《蒙古新聞社稿》第一九二號，民國二十四年（一九三五年）十月三日油印本。
④《綏遠社會日報》一九三五年十月三十日第二版『煤炭租税局，土旗政府整頓』。
⑤《綏遠社會日報》一九三五年三月二十七日第三版『包頭蒙民生計處改組，昨呈總管署備案』。
⑥《綏遠社會日報》一九三五年八月二十四日第三版『土默特衛隊，榮總管特令整頓』。
⑦《綏遠社會日報》一九三五年九月七日第三版『土默特旗政府將整頓騎兵』。
⑧《綏遠社會日報》一九三五年三月九日第三版『榮祥熱心教育』。
⑨《蒙藏月報》第二卷第三期第四十六頁《指令》總字第三七一號（一九三四年十二月十一日），民國二十三年（一九三四年）出版。

校。①還從旗政府官渡口收入項下撥出一百元，令包頭蒙民生計會補助一百五十元，修繕了多年失修，已破爛不堪的包頭土默特第五小學校的教室。②『爲提倡蒙古固有文化，普及蒙文蒙語起見，』他還策劃成立了旗立蒙文學校。③

爲了保證教育質量，他對教職員的資格、品學尤爲注意，『如有學識淺薄，不克勝任者，或染有嗜好，怠荒厥職者，一經查覺，當即撤職，以免濫竽充數，貽誤學生。』包頭土默特第五小學校校長雲耀因呈文中别字迭出，當即被下令解職。④爲加强對各校的監督，他還先後設立督學及學董，以保障學校的健康發展。⑤對於辦理得力，成績出色的學校，則設法獎勵。麻花板村蒙民學校即因成績殊佳，獲得增加津貼的鼓勵。⑥

他還盡力資助在外求學學生。一九三五年夏，土旗留日學生李成炯呈請旗政府撥助津貼，榮祥因旗内對『國外留學學員，向無津貼之陳案』，一時不好解决，便自己解囊，捐送銀元十塊，表示理解和支持。⑦隨後，『以該旗待遇留外學生現行章程，内容諸多欠妥，殊不合宜，特令教育科另行擬定，以求適當』。⑧從而定出新章，使這類問題得到徹底解决。

在維護本旗利權方面，他針對本旗各蘇木公有之牧馬場往往被不肖之徒盜賣，以致『公産日見喪

①《綏遠社會日報》一九三五年九月二十三日第二版『土中昨行開學禮』。
②《蒙古知行月刊》第一卷一期第三頁，民國二十四年（一九三五年）四月出刊。
③《綏遠社會日報》一九三五年七月三十一日『總管署籌設蒙文學校』。
④《綏遠社會日報》一九三五年九月七日第三版『包頭土默特小學校長將易人』。
⑤《綏遠社會日報》一九三五年十一月二十日第三版『土默特總管榮祥整頓教育，任用督學』，一九三六年六月五日第二版『土默特旗府改善教育』。
⑥《綏遠社會日報》一九三五年四月九日第三版『麻花板申村學校，總管署准加津貼』。
⑦《綏遠社會日報》一九三五年八月二十六日第三版『榮總管資助留日學生李成炯』。
⑧《綏遠社會日報》一九三五年九月八日第三版『土默特旗政府津貼留學生』。

失，糾紛層出不窮』，遂擬具辦法四項，呈請綏遠省方通令歸綏、清水河等數縣一體遵辦。①以後又以武川縣一帶屬於舍力圖召及本旗各蘇木所有的火燒地，每年歲租積欠甚多，特派生計股職員前去催繳，並呈請綏遠省方轉飭武川縣協助辦理，以整頓此項收入。②當歸綏市内綏遠飯店因賠累而出讓之際，他又令旗内提出證據，向綏遠飯店董事會交涉産權，保障了本旗的利益。③還增設藥材山租所，於一九三五年五月開始徵收藥材山租，以避免利益流失，並補充旗政府的收入。④鑒於『本旗所屬各召廟，暨境内之一切公産，爲數甚夥，數年來未經整理，不時有被私人及黄黑徒等擅自損害盜賣等情』，他派員協助各召，『以資整頓公産，藉杜愚徒乘隙盜賣』。⑤

榮祥的一番作爲博得了普遍的贊譽，但也有人表達了批評的意見。一九三五年秋天，本旗學子雲從龍在南京《蒙古前途月刊》第二十五期上發表《榮總管一年來的政績》一文，認爲恢復本旗中學是『不顧本旗之實際情形，好高騖遠，聽少數人之意見』，『在我旗經濟上增加負擔，在旗民本身上毫無利益。』因爲旗民子女大多因家貧而上不起學，旗中學『第一屆畢業生數十名，……只有孟績、高萬、謝寶樹三個蒙古學生』，其餘盡爲漢生。况且入學要收『什麽保證金、制服費、書籍費、體育費、雜費等，種種的苛捐雜税，平均計算，每個學生每學期數十元。我旗民衆遭受天災人禍，農村經濟破産，青年解决生活問題尚不得其暇，何能拿出數十元之現款來求學，如此一來，不啻拒我旗窮苦青年於校門之外。這是事實問題，並不是攻擊私人，吹毛求疵，捏造事實。恢復中學只不過是安插少數私人，培養多數漢族學生。我並不是有封建思想，反對招收漢生，因爲綏遠中學教育已有相當的基礎，我旗經濟有限，將顧已之不暇，

①《綏遠社會日報》一九三五年四月二十三日第三版『蒙區牧馬場不得私行出售』。

②《綏遠社會日報》一九三五年六月二十六日第二版『土默特旗總管署整頓武川火燒地歲租』。

③《綏遠社會日報》一九三五年三月三十一日第三版『土默特總管署向綏遠飯店董事會交涉地産權』。

④《土默特志》（上卷）第三七五頁。

⑤《綏遠社會日報》一九三五年八月二十四日第三版『土默特旗政府整理公産』。

何能再來用浩大之經費辦這名不符實的教育，真是爲他人作嫁衣裳。』他甚至還斷言：『從榮氏接任到現在，我們在事實上未有見到有任何成績表現出來。只看到有極少的新聞稿件與刊物上吹噓榮氏之德政，説榮氏如何刷新我旗政治，在這一年過程中，於事業上未見刷新到如何程度。只見榮氏接任以來，由總管公署改組爲旗政府，這還是換湯不換藥，僅僅的換個新的招牌就是了。』

平心而論，作爲對本旗實況有所瞭解的學子，雲從龍對恢復中學的批評有合理的成分，其關心旗政，敢於直陳己見的精神亦值得稱道，但以此而全盤否定榮祥一年來的努力，則顯然失於武斷，難以服衆。至於榮祥看到這篇文章後，是否有所回應，因文獻缺乏，不得而知。

在主持旗政的同時，榮祥仍然堅持每天到通志館工作。只有在這裏，他才能撇開那些令人頭痛、難以解決的紛繁政務，忘掉自己的總管身份，在故紙堆中和筆硯之間找到令自己身心陶醉的愉悦和充實。一九三六年二月，榮祥奉綏遠省主席傅作義的命令，携重金赴北平聘請著名學者、藏書家傅增湘先生重纂《綏遠通志》稿。五月三十日，傅增湘抵達歸綏。在歸綏逗留的九天中，除審閲志稿和游覽昭君墓、各召廟等名勝古蹟外，他與郭象伋、榮祥謀面數次，商討修志事宜。六月六日下午，他應邀到榮祥家作客，酒宴歡暢，至暮始散。看了榮祥撰寫的志稿和詩集，以博學多識而譽滿海内的傅增湘也驚嘆榮祥的才華和學識，以致數年之後，他在《塞上行程録》中追記道：

『内蒙各旗，以土默特被漢化獨早，耀宸家世尤爲雅舊，父子咸以文學知名。耀宸著有《瑞芝堂集》，詞旨清奇，洵邊才之秀拔者也。居宅新成，入其室，圖書充溢，几案清嚴，殊有雅人深致。在志館中，致力甚勤，地理沿革各卷皆其手撰，博辨多通，知其涉獵者廣矣。』②

同年底，修纂歷六年的《綏遠通志稿》終於告成。很幸運，雖歷經戰亂和政局動蕩，這部史料價值極高的鉅著仍保存至今，它是豐厚而珍貴的文化遺産，是榮祥等編纂者的不朽豐碑。

①《塞上行程録》卷上，中國國家圖書館藏木刻本。

九　拆召風波

在整頓召廟公產，力杜盜賣的過程中，榮祥不慎引出一樁驚動中央政府的公案。起初，因本旗崇壽寺（俗名朋順召，在西茶坊）坍塌不堪，臨時代理旗務的他便同意晋綏炮兵二十一團將其改建營房，並呈請省政府覈准，將拆下之磚瓦木石用於補修本旗文廟。接任總管後，因風聞本城弘慶寺（俗名拉布齊召，在南柴火市街）『比年以來僅剩一二不守清規之喇嘛在廟住持』，『酗淫賭博，無所不至，原有廟產亦將盜賣垂盡』，①他當即意識到『若不即早調查監管，誠恐轉瞬之間必至片瓦不存』，於是派生計股主任雲健飛、總務科一等科員克壽卿『前往該寺認真調查，並對該喇嘛等亦嚴加追詢，覈實具報，以憑覈示辦理』。②一九三四年十一月，雲健飛等調查回覆後，榮祥於二十八日批示令雲健飛『召集各科長、主任等共同討論整理該寺辦法，擬據意見候覈』。③以後又鑒於長黑賴村廣福寺（俗稱長黑賴召）『屢年坍塌』，廟屬黑徒『將僧舍寺產拆毀盜賣』，④最終決定將弘慶寺及長黑賴村廣德寺均行拆除。一九三五年八月，呼和浩特城北烏素圖召慶緣寺執事喇嘛嘉木素上呈『懇請停止拆卸長黑賴召或保留佛殿，容後修理，以重佛道而維古廟』。榮祥深知該寺無力管理和修繕，遂於同月十九日批覆稱：『查廣德寺僻在荒村，無僧無佛，屢年坍塌，修理無人，該黑徒等遂乘隙將僧舍寺產拆毀盜賣，盡付東流。該召喇嘛等相距非遥，既有連帶關係，何竟不問不聞？本府依照監督寺廟條例，負有管理之責，凡本旗境內所屬各召廟可保留者則設法修葺，其不可保留者則酌予拆卸，尊奉佛教求實際而不務虛名。今廣德寺僅餘空殿一座，荒涼寂寞，香火毫無，有何保留之必要？乃該喇嘛藉口於緩後修理，出頭阻撓，殊屬無理取鬧，所請不准，仰即知

①《土默特歷史檔案選》（民國時期）第八四四頁，內蒙古教育出版社，二〇〇九年。

②《土默特歷史檔案選》（民國時期）第八四七頁，內蒙古教育出版社，二〇〇九年。

③《土默特歷史檔案選》（民國時期）第八四四頁，內蒙古教育出版社，二〇〇九年。

④《土默特歷史檔案選》（民國時期）第八四四至八四五頁，內蒙古教育出版社，二〇〇九年。

照。』①在榮祥的堅持下，兩召被拆除後，其磚瓦木石用於修補本旗中學及旗府大門。

但事情並没有結束，這年十二月十八日，本旗驍騎校穆成林以『綏遠十五召内烏素圖召佛爺府所屬常黑賴村廣福寺代表人』的名義，向南京國民政府蒙藏委員會控告榮祥説：『鴻才碩學的榮祥來（座）（坐）土默特總管，有鴉片煙聖之雅號，有拆召總管之頭銜。秉政一年，毫無建樹，任用私人，群小倖進』。『拆召走狗四處搜尋，鋼耙一舉，全旗地皮三尺深；鐵鍬到處，召廟房垣四壁傾。貴重古物、金佛經卷，咸歸總管所有；零星物品、農用器（俱）（具），盡屬走狗分肥。因而總管私囊充足，鋪房五間（北門東），建築輝煌；走狗腰纏累累，住院一所（新城馬路南），修繕整齊。以致唐朝古召、明朝古廟佛殿毁壞，經樓拆倒也。』②要求『依法嚴懲摧殘佛教，拆毁召廟之貪污總管榮祥，以肅官箴而維宗教』。③

這穆成林僅是左翼六甲參領轄下一個小小的驍騎校，何以如此大膽？原來，穆成林先前曾在旗署生計股充當調查員，因『私刻圖記，擅發條照，架賣公地，受賄損公』，於一九三一年被『逐出署外，永不叙用』。④榮祥出任總管後，穆氏曾百般設法，希圖回旗署復職，遭到榮祥『嚴詞拒絶』，於是『結怨甚深』。⑤此次拆召，穆氏以爲報復的機會已到，遂與部分對拆召不滿的喇嘛聯手做此舉動。

一九三六年一月，榮祥接到綏遠省政府關於此事的覈查訓令後大怒，經傳訊穆成林和烏素圖召慶緣寺執事喇嘛嘉木素對質，並經綏遠十五召代表無量寺扎薩克大喇嘛剛楚克格勒贈證明穆氏乃『假借名義，捏詞呈控，各召並不知情』，始將事情原委呈覆，指控穆成林挾私妄控，『以售其欺。似此膽大妄爲，

①《土默特歷史檔案選》（民國時期）第八七七頁，内蒙古教育出版社，二〇〇九年。

②《土默特歷史檔案選》（民國時期）第八五六至八五七頁，内蒙古教育出版社，二〇〇九年。

③《土默特歷史檔案選》（民國時期）第八五五頁，内蒙古教育出版社，二〇〇九年。

④《土默特歷史檔案選》（民國時期）第八七一頁；土默特左旗檔案館舊檔全宗號七十九，目録號一，件號一七四《爲保薦本署生計股調查員呈總管滿泰文》，民國二十一年（一九三二年）十二月。

⑤《土默特歷史檔案選》（民國時期）第八六五頁，内蒙古教育出版社，二〇〇九年。

洵屬衣冠敗類。』要求傅作義轉咨蒙藏委員會，革去穆氏驍騎校職，再行依法訊辦。①

這場拆召風波最終以穆成林被褫職，榮祥大獲全勝而告終。其實，凡是稍微瞭解榮祥的人品，知道他信仰佛教，還是歸綏市佛教會會員的人，都不會輕信這種虛妄的指控。但從另一方面説，事件的發生，也是榮祥經驗不足，處理稍嫌草率所致。蒙藏委員會指令他『嗣後對於境内具有歷史地位之較大寺廟，如擬加以修葺或拆除，應先呈報本會覈示，再行辦理，以防物議而免糾紛』，②即是對他的婉轉批評和提醒。

十　矢志抗日

這是個多事的年代。從一九三一年『九一八』事變起，榮祥便與全國民衆一樣，深深陷入對國家命運的憂患之中。以後，隨着熱河省的淪陷，《何梅協定》、《秦土協定》的簽訂，察哈爾省也成了日寇的勢力範圍，綏遠則成爲舉國關注的國防前沿。

蒙政會成立後，以傅作義爲首的綏遠省方極爲不滿，他們不甘心省方向蒙旗的擴展和掠奪受到限制，遂與蒙政會明争暗鬥，致使雙方矛盾日趨激化。蒙政會的實際主持者德王，是個民族主義者。作爲成吉思汗的第三十世孫，他一直以復興蒙古民族爲己任。在他眼中，蒙古民族的利益高於一切。在當時蒙古各盟旗飽受大漢族主義的壓迫摧殘，蒙古民族的生存受到嚴重威脅的情況下，只要能使蒙古民族獲得自治或獨立，無論做什麽他都在所不惜。面對綏遠省方的壓迫和民國政府的縱容，德王認識到他不能指望民國政府會實踐『扶助國内弱小民族，使之自決自治』的承諾了，於是便轉而與積極西進的日本

①《土默特歷史檔案選》（民國時期）第八六八頁，内蒙古教育出版社，二〇〇九年。

②土默特左旗檔案館舊檔全宗號七十九，目録號一，件號三十七《蒙藏委員會指令》（蒙字第四七一號），民國二十五年（一九三六年）一月三十一日。

人合作，企圖借助外力來擊敗對手，發展自身，將來伺機而動。①大約從一九三五年夏起，他與日人合作的行爲日漸明顯，引起國内各界的關注與不滿。對德王的投日，傅作義並不覺得自己有直接的責任，他反倒極爲高興，因爲這既可證明自己早些時候對内蒙古自治運動的反對是『正確』的，又使得任何壓制或破壞蒙人自治的行爲成爲堂而皇之的抵禦外侮和捍衛國家利益。於是他不失時機地向民國政府建議將蒙政會一分爲二，分設察哈爾省境内蒙古盟旗地方自治政務委員會和綏遠省境内蒙古盟旗地方自治政務委員會。在這種情形下，始終以國家利益爲至上的榮祥當然立即站在傅作義一邊，毫不猶豫地與德王的蒙政會劃清了界綫。

一九三六年二月綏遠省境内蒙古各盟旗地方自治政務委員會（簡稱綏境蒙政會）在歸綏正式成立，伊盟盟長沙克都爾扎布出任委員長，各蒙旗扎薩克王公、總管盡爲委員，榮祥自然是其中一員。綏境蒙政會是傅作義操縱下拉攏蒙旗、裝點門面的虛設機構，這一點明眼人都看得很清楚。綏遠新聞界名人、天津《大公報》駐綏記者楊令德即認爲：該會的『後臺牽綫者是傅作義，這也不過是一幕傀儡戲，不過主演者是中國人自己，而不像德王之流那樣，主演者是他們的主子日本人』，所以他『樂得爲綏境蒙政會的成立，加以宣傳』。②而該會秘書處長、伊盟副盟長阿拉坦鄂齊爾在楊令德稱贊『他是蒙政會的頭腦，

①中共中央也曾認爲：『德王對大漢族主義的壓迫有過較强的民族意識，曾經代表着蒙古民族獨立解放的意向，他之轉到日本傀儡方面，是由於日寇利誘與國民黨政府逼之使然。……因爲他有較强的民族意識，他没有完全成爲殷汝耕與溥儀。』『民國以來大漢族主義對蒙古民族的壓迫，也推使一部分蒙古上層王公（如德王）投入日寇的懷抱，他們是帶着對大漢族主義極度仇恨與不滿的情緒而與日寇接近的。』見《中共中央關於蒙古工作的指示信》（一九三七年七月十日）、《中共中央西北工作委員會關於抗戰中蒙古問題提綱》（一九四〇年七月），載於中共中央統戰部編《民族問題文獻匯編》第五四六、六六一頁，中共中央黨校出版社，一九九一年。抗戰勝利以後，由於德王堅決反共，中共便改變以往的看法，將其説成是『一個魔王，多年以來，他一貫勾結着日本帝國主義，出賣蒙古人民的利益，做下了許多罪大惡極的行爲』。（見《晉察冀日報》一九四五年十一月十六日《綏蒙政府主席雲澤（烏蘭夫）談内蒙自治問題》）以消除他在蒙古民衆中的影響。

②《塞上憶往——楊令德回憶録》（《内蒙古文史資料》第三十輯）第一三九頁，一九八八年。

重要職務』時，也話裏有話地回答説：『如果没有生命，頭腦也不濟事啊。』①對於這一切，榮祥當然也是心如明鏡，但他仍然認真參與綏境蒙政會的工作。一則是考慮到國難當頭，蒙古族應以國家利益爲重，積極參加抗日，向國家和世人證明自己的忠誠，自治的事情留待抗日勝利後再説。這一點，從他以後的作爲和『我……自動參加抗戰』，『唯一的意念，無非是要替全體蒙胞争取在勝利後的發言權立場而已』的表白中得到證實。②二則是因爲該會的權力雖然有限，但畢竟是能向中央表達意見的合法機構，還能爲蒙旗做點事情。

三月某日，榮祥得到旗府工作人員的報告：位於旗政府北面的泰安棧院内設有德王派駐綏遠做情報工作的無綫電臺。經過覈實，他立即向傅作義作了匯報，在得到同意後，下令强制取締了這個電臺。③不久，一天下午，榮祥家裏來了一位不速之客。此人是日本駐綏特務機關的工作人員，奉特務機關長羽山喜郎之命，邀請榮祥赴羽山公館『商洽公務』。爲避免日人借口滋事，榮祥便毅然隨來人前往。家裏人見事不妙，當即打電話給傅作義作了匯報。當羽山喜郎代表日本關東軍質問榮祥爲何取締日本特務機關所設電臺時，他坦然答道：此電臺係我國某蒙旗機關所設，其活動内容超出我國法律允許的範圍，故依法取締。此係我國内政，與你方無關。羽山喜郎理屈詞窮，衹得改口説：即使是貴國内政，亦當由綏遠省政府決定，閣下何得越俎代庖？榮祥見話已至此，便明確告訴對方此舉正是綏遠省政府的決定。正在這時，奉傅作義的派遣，綏遠省方負責外事工作的李英夫率三十五軍一個加强連前來要人。羽山喜郎見勢不妙，衹得悻悻地將榮祥禮送出門。④

榮祥堅決反日的立場，深爲傅作義嘉許；而傅氏不畏日寇的壓迫，堅決抵抗的態度，更讓榮祥敬

①《塞上憶往——楊令德回憶録》（《内蒙古文史資料》第三十輯）第一四〇頁，一九八八年。

②《土默特歷史檔案選》（民國時期）第二六四至二六五頁《謹向土默特全旗蒙胞辭職書》。

③榮祥：《應該表彰的俺答可汗》。榮賡麟：《先父榮祥先生生平事略》稱事在夏季，見《呼和浩特史料》第五輯第一五八頁。

④榮賡麟：《先父榮祥先生生平事略》，見《呼和浩特史料》第五輯第一五八至一六〇頁。

慕。六月初，當榮祥接待省政府花重金聘請的《綏遠通志》總纂傅增湘，並次韵和詩時，就由衷地把傅作義比作漢代立功絶域、威播樓蘭的名將傅介子。①

這年的下半年，傅作義率部進行綏遠抗戰，先後在綏東紅格爾圖、綏北百靈廟、大廟等地重創日僞軍。一時間舉國群情激奮，各地各界興起轟轟烈烈的援綏運動。十二月，爲統一辦理有關全國援綏運動之事，傅作義主持成立了綏遠軍民聯合委員會，榮祥爲委員之一。②

大約在一九三七年上半年，爲了勸導蒙古王公們忠於國家，榮祥建議傅作義撥款修繕土默特旗的美岱召，以表彰歷史上土默特部順義王俺答汗『忠於明朝的功績』。傅作義表示贊同。但因時局的關係，未能進行。③

這年七月七日，震驚中外的蘆溝橋事變爆發，揭開了中國人民抗日戰争的序幕。隨着日軍的大舉進犯，晋綏地區的局勢日趨嚴峻。八月，奉閻錫山的命令，傅作義率第三十五軍東進抗日，保衛山西。傅作義走後，綏遠省政府無人主持，各機關先後撤離，高級官員亦均離散。

九月十七日，榮祥奉綏蒙自治指導長官公署諭令隻身携印離署西行，詳情無人知曉。適逢當時『平綏綫謡傳緊張』，一些與榮祥有些介蒂的參佐領等便認定總管已恐慌出走，便『以旗務負責無人，經全體參佐領開會决議』，於二十六日成立旗務委員會，推定參領森額、常齡、昌森、慶春、雲碩望、克壽卿、德克吉珂、佐領賀雲章、殷海等九人爲委員，負責辦理旗務，並刊有蒙漢文合璧『土默特特别旗旗務委員會』木質圖記。④十月八日，該旗務委員會還向蒙藏委員會呈報過《組織大綱》，提出永遠廢除總管制。⑤

①《綏遠社會日報》一九三六年六月四日第三版《傅增湘游青冢賦詩……》。傅介子（?—前六十五年），西漢北地郡人。漢昭帝時爲平樂監。因爲西域龜兹、樓蘭貴族聯合匈奴，殺害漢朝官員，他奉命出使樓蘭，在宴席上刺殺了樓蘭王，遂受封爲義陽侯。

②盧健飛：《回憶綏遠軍民聯合委員會的活動》，見《内蒙古文史資料》第二十五輯，一九八六年。

③榮祥：《應該表彰的俺答可汗》，載《抗日與蒙古續編》，塞風社，一九四一年。

④《土默特歷史檔案選》（民國時期）第二〇九頁《歸化土默特特别旗政府旗務委員會布告》。

⑤《土默特特别旗政府旗務委員會組織大綱》，民國二十六年（一九三七年）十月八日。

不久，榮祥歸來，並於十月二日致電蒙藏委員會説明情況，以消除誤會。①該『旗務委員會』便自行解散。

不久，東北抗日名將馬占山（字秀芳）率領的東北挺進軍撤至歸綏。因天氣漸冷，部隊衣食多缺，急需補充，而地方無人主持，令馬將軍焦慮萬分。在熱心抗戰人士的建議下，馬將軍得知榮祥在當地的聲望與影響，便親自登門拜訪，表明自己將不顧力量薄弱，欲在歸綏抗擊日寇的決心，希望能得到榮祥的支持和幫助，解決給養供應，共圖保境安民。榮祥聽罷，肅然起敬，當即慨然應允。隨即召集地方商、學、農、工各界代表商洽，很快即給馬占山籌集了現款數萬元及皮衣三萬件。②

軍民同心守城的壯舉令榮祥感慨萬千，他心如潮涌，情不自禁，寫下《與馬秀芳將軍同守綏垣感賦》一詩。詩曰：『介子旌旗去不旋，樓蘭舊跡蕩飛烟。長官獨欲全三晋，鎮將誰能顧九邊？已拼金甌成墮甑，哪堪銅柱久撑天。軍民共决嬰城策，愁誦睢陽傳後篇。』

一天，舍力圖召大喇嘛薩木騰求見榮祥，他帶來德王的一封信，在信中德王要榮祥與他合作，爲振興蒙古民族而共同努力。看罷信榮祥勃然大怒，斥責薩木騰説：你怎敢爲叛國投敵者送信，念你是本旗人，我不予追究，你走吧！否則，我定將你解送給馬占山將軍，由他來處置。告訴德王，人各有志，他走他的路，我過我的橋，讓他不要再費心了！③

但是土旗人的想法並不都與榮祥相同。森額、常齡、克壽卿等一班參佐各官，因本旗飽受綏遠省縣當局的壓迫而積怨甚深，對榮祥的某些所爲也有些意見。有人爲了表示對榮祥的唾棄，甚至把他的相片扔進茅厠。榮祥覺察後，坦誠地對屬下們説：『人各有志，不能强勉。我是不會和日本人合作的。你

①《蒙藏委員會快郵代電》蒙字第八六七號，民國二十六年（一九三七年）十一月三日。《土默特右旗志》第六四九頁、《土默特志》（上卷）第三七六至三七七頁均誤稱九月十七日榮祥西撤。

②榮賡麟：《先父榮祥先生生平事略》，見《呼和浩特史料》第五輯第一六〇至一六一頁。

③據榮賡麟先生談。

們誰願意跟我走，我歡迎！不願走的，聽其自便。』①森額等人思考再三，還是决定留下來迎接德王。

當日僞軍逼近歸綏，馬占山將軍所部及白海風蒙旗獨立旅等其他部隊在郊外浴血苦戰時，榮祥的妻子實在放心不下丈夫，竟從家鄉冒險入城來探望。榮祥萬萬没有想到，淳樸柔弱的老妻竟能臨危不懼，捨身相伴。他被深深地感動了，按捺不住内心的激動，在《内子冒險入圍城視餘感賦》的詩中吟道：『郊原血戰路難行，底事荆妻更入城？此舉何殊探虎穴，存心祇欲踐鴛盟。掛冠早去吾慚汝，投袂重來我累卿。報國得偕無别憾，忍瞞兒女不勝情。』

十月十三日薄暮，由於力量相差懸殊，歸綏守軍被迫棄城撤退。②馬占山將軍從前綫派人給榮祥送信，要他迅速乘火車西撤，到包頭會合。③當榮祥夫婦及隨從趕往火車站時，到處是撤退的敗兵，車站已無車可乘。在這危急時刻，榮祥决心以死報國。他身佩短劍，正襟危坐，等待着最後一刻的到來。不知過了多久，一輛火車頭從西面飛速駛入車站，原來是榮祥的侄子、土旗保安隊長殷石麟率部下前來救援。這輛車頭是他在情急之下，以武力從包頭劫持來的。④當夜裏榮祥一行乘坐這輛機車牽引的臨時列車倉皇西行時，沿途多次遇到肆行搶掠的敗兵開槍攔劫，企圖搭乘。爲了全車人的安全，他們祇好一面自衛還擊，一面驅車直奔包頭。途經美岱召車站時，榮祥竟無法派人下車去接留在家中的兒女。⑤面對國破家亡，他心痛欲裂，悲憤萬分，寫下了題爲《綏垣既陷，餘偕内犯難出走，成長句》的詩篇，保留了這段歷史的真實。

榮祥抵達包頭，與馬占山將軍見面後，鑒於當地亦無法堅守，遂率部衆由包頭二里半官渡乘船渡

①據榮賡麟先生談。
②見榮祥《綏垣既陷，餘偕内犯難出走，成長句》。
③榮賡麟：《先父榮祥先生生平事略》，見《呼和浩特史料》第五輯第一六一頁。
④據榮賡麟先生談。
⑤榮賡麟：《先父榮祥先生生平事略》，見《呼和浩特史料》第五輯第一六二頁。

黃河，向伊盟撤退。船到中流即遭到日寇飛機的轟炸，一時間『彈雨注河珠濺白，委卵震岸天無光。』船工和青年部衆紛紛跳入水中躲避，小船因失去控制而擱淺。在殷石麟及青年部衆的幫助下，榮祥夫婦終於安全地涉過深及胸部的河水，登上對岸的沙崗。這驚險的遭遇並未使他感到驚恐不安，他從容自若，打趣地對妻子說：『今天洗澡是不是有些盆大水凉啊？』說罷大笑。①

十一　榆林八年

大約在十月下旬，在伊盟扎薩克旗王府，旗扎薩克兼綏境蒙政會委員長、伊盟盟長沙克都爾扎布愁容滿面，不安地在房間裏來回踱步。原來，日寇派一架飛機抵達該旗，要接他赴歸綏出席本月二十七日德王等人主持的蒙古大會，籌備建立蒙古聯盟自治政府。沙王左右爲難，他既不敢得罪日本人，也不願開罪民國政府，躊躇再三，不知如何是好。正在這時，榮祥一行來到，他面見沙王，交付了綏境蒙政會的印信，雙方相互介紹了各自的情况。榮祥見沙王懼怕日人，猶豫不決，當即建言說：『您一旦成行，就可能無法回來。不如托病謝絶，讓您兒子鄂齊爾呼雅克圖代您前往。日本人要的是您，不是他，他會安然返回的。』沙王覺得有理，便依計而行。安定住沙王後，榮祥還寫信給伊盟各旗的扎薩克王公們，勸他們堅持抗日立場，不要爲日僞的宣傳所動。②

榮祥一行繼續南下，來到陝西榆林，準備稍事休整，然後南下武漢，向民國當局匯報情况及聆聽訓示。國民黨榆綏區特別黨部負責人徐子梁（名玉柱）獲悉榮祥的到來，立即出面招待，並電告西安，轉呈民國政府。急需籠絡蒙旗上層抗日的民國政府對此十分重視，在他們的指示下，榮祥一行受到相當高級的招待。③隨後，當地軍政負責人鄧寶珊將軍、第二十二軍軍長高雙成等要人都會見榮祥，極力勸他留在榆林，進行安撫伊盟蒙旗的工作，以應付當前的危急形勢，確保陝北地區的安全。經商議，大家決

①參見榮祥《由包渡河，爲寇機掃射落水，戲成長句》，內有『笑謂老妻今日浴，毋乃盆闊湯太凉？』。

②榮祥：《九一九起義一週年雜感》，載《綏遠日報》一九五〇年九月二十日。

③據榮賡麟先生談。

定報請中央政府迅速恢復綏境蒙政會，撥發經費，並在榆林設立蒙旗宣慰使公署，從事安撫蒙旗的工作。原擬由榮祥出任宣慰使，但榮祥考慮到宣慰工作的主要對象是伊盟各旗，爲工作方便和成效計，遂推薦由沙王出任宣慰使，自己可擔任秘書長，主持實際工作。①一九三八年二月二十四日蒙旗宣慰使公署獲準成立，沙王任宣慰使，榮祥任宣慰使公署秘書長。②七月二日榮祥又奉命代理蒙旗宣慰使沙王駐榆林處理署務。③這一幹就是八年，直到一九四五年八月才離去。

當時，中國共産黨也非常重視團結少數民族抗戰。正在烏審旗王府從事革命工作的中共少數民族委員會成員趙通儒，看到榮祥給該旗扎薩克特古斯阿穆古朗的信後，對他堅決抗日的立場極爲贊賞，認爲他是今後團結蒙旗抗戰所必須争取的有代表性的人物，便主動約他在榆林見面。隨後，中共少數民族委員會的書記高崗也親赴榆林，與榮祥多次晤談，④介紹中共的抗日立場和團結抗戰的政策。

在歸綏與日人合作的德王對榮祥仍不甘心，派傅仁喇嘛來榆林給榮祥捎來一封親筆信，批評他思想糊塗，『枉讀詩書』，勸他回旗從事蒙古復興工作，結果再次被榮祥拒絶。⑤後來，住在歸綏榮祥舊宅的蒙疆巴彦塔拉盟盟長補英達賴，在榮祥的書房裹看到屏風上書寫的早年詩作《過蘇武祠》：『勒馬陰山眼界遥，子卿祠上雨瀟瀟。持將一節毛皆脱，嚙剩千秋雪未消。豈願高名留朔漠，不甘降志辱中朝。徘徊欲問當年事，落日黄河涌怒潮』後，便對德王説：『罷了，此人的思想與我們根本不同，無法合作。』⑥

①巴靖遠：《伊克昭盟「蒙旗宣慰使公署」的成立及經過》，載《内蒙古文史資料》第二十三輯，一九八六年。

②《民國政府公報》渝字第二十六號第五頁。

③《民國政府公報》渝字第六十三號第二十二頁。

④榮祥：《九一九起義一週年雜感》，載《綏遠日報》一九五〇年九月二十日。

⑤經革陳：《綏境蒙政會始末記》，載《内蒙古文史資料》第五輯，一九六五年；黄奮生《邊疆人物志》第六十三頁，民國三十四年（一九四五年）。

⑥據榮賡麟先生談。

蒙旗宣慰使公署在榆林東山宏景寺成立後，榮祥首先根據每月五千元的經費來安排組織、人事與開支，設立政務處與秘書處，分管各項工作。政務處下設政工宣傳、交際、特工、軍事四組，秘書處有秘書數名和會計、庶務等，不設處長，由榮祥直接領導。此外，還由榮祥的衛兵和十幾枝槍組建了兩個班的衛隊。①

在榮祥的領導下，蒙旗宣慰使公署做了以下一些重要工作：

1.爲推動蒙旗人民積極參加抗日，榮祥聯絡蒙旗獨立旅旅長白海風等人成立了『蒙旗抗日動員委員會』。榮祥任委員長，白海風等人任委員。榮祥還發表談話，號召蒙人抗戰，説：『蒙古民族爲抗日最早之民族，元時東徵，雖未完成，但係抗日嚆矢。今我蒙古同胞如不決心抗日，即不配爲成吉思汗子孫。』②盡管當年元朝徵倭實際上是對日本的侵略，根本就不能和此時的抗日戰爭相提並論，但對於没有多少歷史知識的一般民衆而言，這種以祖先業績爲號召的作法，無疑有一定的影響力。

2.利用各種關係，對土默特及附近地區的日僞軍進行策反工作。③一九四一年一月四日收容僞綏西聯軍二師七團三連連長馬占標所率三十餘人、馬二十五匹、槍二十餘枝，僞東亞同盟軍第二師獨立團一連連長李占元所率三十餘人、馬二十四、槍三十餘枝。④同月十三日，收容僞綏西聯軍第一師二團團長辛子綱所率一百二十餘人，槍馬齊全。⑤一九四一年六月策動駐托克托縣河口鎮僞軍保安大隊長任殿邠（土旗蒙古青年）、大隊副賀禮賢（土旗蒙古青年）率所部官兵共八十餘人及官兵家眷十餘人，携帶全部武器反正。⑥

①巴靖遠：《伊克昭盟「蒙旗宣慰使公署」的成立及經過》，載《内蒙古文史資料》第二十三輯，一九八六年。

②德恒山《抗日的蒙古》第一〇七頁，中國邊疆文化促進會，一九四〇年。趙國鼎：《我的同學和摯友——榮祥》，載《内蒙古文史資料》第二十七輯，一九八七年。

③鄒焕宇：《伊盟視察報告第十六號：達拉特旗内幕》，載伊盟檔案館編《伊盟事件資料匯編》第二輯。

④《民衆日報》民國三十年（一九四一年）一月十日《掉轉槍頭，綏僞軍相率來歸》。

⑤《民衆日報》民國三十年（一九四一年）一月二十三日《僞綏西聯軍辛子綱部反正》。

⑥《民衆日報》民國三十年（一九四一年）六月十日《河口僞軍任殿賓部反正》。

3.建議國民黨政府西安行營釋放被軟禁的達拉特旗扎薩克康王，緩解了伊盟各旗王公仕官們的疑慮和不滿。

4.促成成吉思汗陵寢的遷移。一九三九年春，民國政府爲防止日寇劫持成吉思汗陵寢以號召蒙人，派蒙藏委員會蒙事處長楚明善、綏蒙指導長官公署參贊石華嚴等前來伊盟辦理成陵遷移事宜，遭到沙王等伊盟王公的反對。榮祥力勸沙王父子説：倘不遷移，萬一祖陵被日人掠去，你們將成爲千古罪人。終使沙王醒悟，使成陵得以按計劃遷至甘肅榆中縣興隆山。①榮祥還以起靈致祭官的身份，親自參與了成陵的遷移。

5.一九四三年春發生伊盟事變後，電請民國政府懲辦肇事者陳長捷，並建議沙王顧全大局，早日回旗整頓蒙政。這些建議均被採納。還成功地營救了因『共黨嫌疑』的罪名險些被殺害的綏境蒙政會委員胡鳳山和職員汪震東。②

此外，還做過一些政治宣傳和聯絡工作，向有關部門反映蒙旗存在的問題和困難，還從淪陷區接出一些蒙旗青年參加抗日。榮祥本人在一九三九至一九四一年間，先後撰寫並發表了《從漢蒙同源説到精誠團結》（發表於《塞風》第四至五合期，一九三九年八月）、《寄蒙旗同胞》（發表於《民衆日報》一九四〇年七月一日）、《應該表彰的俺答可汗》（發表於《抗戰與蒙古續編》，一九四一年）等文章，積極宣傳抗日。《從漢蒙同源説到精誠團結》一文，與當時日寇爲拉攏蒙人而散佈的『蒙和同源説』和他們是『幫助蒙人打漢人』的説法針鋒相對，不僅迎合了抗日的需要，還受到大漢族主義的民國政府及一般漢族官吏、文人的欣賞，被譽爲『考據的淵博且不説，政治上的意義更大』。③

①巴靖遠：《伊克昭盟「蒙旗宣慰使公署」的成立及經過》，載《內蒙古文史資料》第二十三輯，一九八六年。據榮賡麟先生談。

②巴靖遠：《伊克昭盟「蒙旗宣慰使公署」的成立及經過》，載《內蒙古文史資料》第二十三輯，一九八六年。

③據榮賡麟先生談；《塞風》第四、五合期《編輯後記》。

但是在伊盟各旗，榮祥的漢蒙同源觀念却引起了蒙人的反感和批評，認爲『這是替國民黨大漢族主義的同化政策作宣傳』。①榮祥怎麽也想不到，摯愛民族的他竟會受到這樣的批評，直到晚年，此事還成爲他挨整的罪名之一。

他還發表過《關於整訓伊盟保安隊的幾點意見》、《迅速搶救蒙旗智識青年》兩文（《綏蒙月刊》第二期、第二卷第七至八合期），前者是貢獻給蒙政會的意見，後者則披露了在伊盟從事抗戰工作的土默特旗蒙古知識青年們饑寒交迫，處於難以生存的窘境，呼籲國家有關方面設法救濟，以利抗戰。文章發表後，榮祥『極得一般蒙旗青年的信仰』，被視爲『當今蒙旗青年之領導者』。②此外，他還在一九四五年三月下旬給國民政府寫了名爲《收復外蒙芻議》的呈文，③爲戰後如何與蘇聯談判交涉，如何建設内蒙古，以利外蒙古的收復而出謀劃策。

在一九三八年，榮祥還與綏蒙指導長官公署參贊石華嚴到扎薩克旗與沙王會商，恢復並改組了綏境蒙政會。是年冬，爲了加强各蒙旗地方武裝的協調和控制，民國政府批準在伊盟成立了三個蒙古抗日游擊軍司令部，分三個軍區進行活動。榮祥被任命爲蒙古抗日游擊軍第三區中將司令，負責在包頭、達拉特旗沿河一帶開展政治攻勢和游擊活動。由於缺槍少人，他手下没有多少實力，官兵最多時也不過百餘人，除在達拉特旗沿河地區與僞軍森蓋部打過幾次仗外，所起作用有限。④因自己本是文人，不擅帶兵，又遠離部隊住在榆林，榮祥便向中央懇請辭去蒙古抗日游擊軍第三區司令一職，⑤但未能獲準。

①榮祥：《我的初步檢查》，載《内蒙古日報》一九五七年八月十一日第三版。
②陳國鈞《蒙古風土人物》第四十八頁，交通書局，民國三十三年（一九四四年）。黎聖倫《今日之内蒙》，抄本。
③《土默特志》（上卷）第三八三頁稱《收復外蒙芻議》於四月呈遞，内蒙古人民出版社，一九九七年。
④巴靖遠：《土旗「蒙游三區司令部」的組成及其活動》，載《土默特史料》第五輯，一九八二年。
⑤中國科學院歷史研究所第三所南京史料整理處《國民黨政府蒙藏委員會案卷目録》第一五一頁第二一六三號。

綏境蒙政會恢復後，榮祥仍積極參與其工作。一九三九年十月三十日他被任命爲該會常務委員，①十二月一日又兼任秘書處處長，②次年九月七日又兼任該會振濟委員會委員。③在整個抗戰期間，他經常到伊盟參加該會的各類會議，不僅要準備會議提案，還要在會前安排會議議程、起草有關文件，會後起草有關決定和給上級機關的報告等。有時還在會後赴前綫視察自己的部隊。

民國政府十分看重榮祥。一九三八年七月榮祥赴漢口參加第一屆國民參政會時，即受到蔣介石的接見。次年二月到重慶參加國民參政會第三次會議時，蔣介石曾約他洽談過抗日問題。一九四二年十二月中旬，榮祥赴重慶出席教育部邊疆教育委員會第三屆大會，又受到蔣的接見。當時蔣已知道榮祥的次子曾在延安民族學院學習過，但仍不動聲色地談及蒙旗青少年投向延安的問題。榮祥答稱：這是因爲共産黨有專人和專門機構在做争取蒙旗青少年的工作，而我們却没有。青少年總是要讀書求學的，建議中央撥專款資助，辦一些學校，來收容蒙旗青少年，將來加以妥善任用。蔣氏聽了頗以爲然，不僅記在筆記本上，還令榮祥再與教育部長朱家驊談談。以後教育部在伊盟七旗每旗設立了一所國立邊疆小學，大約即與此次談話有關。爲了表示對榮祥的信任和重視，蔣氏還叫侍從室某主任給榮祥編個密碼本，囑咐他『以後蒙旗有什麽事，可直接打電報給我』。爲了避免榮祥北返時再經過延安，一九四三年四月蔣介石親自安排他乘飛機抵西安，並電令陝西、寧夏兩地軍政首腦負責將他送抵後套。④一九四四年五月五日榮祥還與國民黨候補中央執委白雲梯、伊盟副盟長圖布陞吉爾格勒一同獲得國民政府頒發的三等景星勛章。⑤

①《國民政府公報》渝字第一九三號第二頁。
②《國民政府公報》渝字第二一〇號第二頁。
③《國民政府公報》渝字第二九一號第一頁。
④據榮賡麟先生談。
⑤《國民政府公報》渝字第六七二號第二頁。

榆林鄰近延安，由於抗戰初期國共兩黨的抗日統一戰綫和鄧寶珊將軍政治態度左傾，不願反共等原因，這裏政治氣氛相對寬鬆，軍政當局與延安始終保持有某種程度的聯係和往來。中共要人高崗、王震、南漢宸等人都多次到過榆林，並受到鄧寶珊等人的禮遇。在這種氛圍中，素來對黨派之争看得很淡的榮祥，自然也與中共方面保持着友好關係。何况中共還要『加强幫助綏蒙宣慰使署』，使其『成爲號召蒙人抗日的旗幟，成爲團結蒙人抗日的中心』呢。①王震就曾到榆林城外南峁莊的蒙旗宣慰使公署（一九三九年因日機轟炸而遷至此處）看望過榮祥，還送了兩大包延安出版的新書，以後還按期寄來《解放日報》、《中國文化》等革命報刊。②榮祥數次南下到重慶開會或述職，曾五次路經延安。其中一九三八年開完國民參政會第一次會議北返和一九四二年十二月赴重慶出席教育部邊疆教育委員會第三届大會時，兩次與毛澤東、朱德、高崗等人會見，受到優厚招待。③榮祥的次子榮鍾麟（時名胡鐵林）和鄧寶珊將軍的二女兒鄧友梅都曾在延安學習，衹是在駐榆林的國民黨特務的壓力下，他們才不得已讓兒女返回榆林。有一年榆林發生糧荒，蒙旗宣慰使署正爲斷糧而發愁時，延安方面聞訊派人送來十擔小米，幫他們度過難關。④而蒙旗青年投奔延安或新三師（烏蘭夫所在的白海風部隊），延安派人路過榆林，也大都得到榮祥及其屬下的幫助和保護。一九四〇年土旗蒙族青年連文秀（即李振華）、趙璧城到新三師，一九四一年蒙族革命女青年章瑞麟（即烏蘭）從延安赴新三師工作，即是明顯的例子。一九四二年榮祥還及時幫助延安來的成新宇（即克力更）擺脱了榆林國民黨特務和軍隊的搜捕。⑤

榮祥與傅作義的關係，也因兩人堅决抗日得到進一步的發展。一九三八年春，正在山西河曲休整部隊

①《關於綏蒙工作的决定》（一九三八年十一月二十二日），載《内蒙古統戰史檔案史料選編》第二五四頁，一九八七年。

②榮祥：《九·一九起義一週年雜感》，載《綏遠日報》一九五〇年九月十九日第七版。

③榮祥：《九·一九起義一週年雜感》，載《綏遠日報》一九五〇年九月十九日第七版。

④據榮賡麟先生談。

⑤巴靖遠：《伊克昭盟「蒙旗宣慰使公署」的成立及其經過》，載《内蒙古文史資料》第二十三輯，一九八六年。

的傅作義，因將士軍鞋破敝，又無錢購置，勢必影響抗日，遂派陳玉甲到榆林找榮祥幫忙。榮祥慨然應允，千方百計籌措款項，備辦了一批軍鞋，使傅作義大爲感動。①是年秋，榮祥還親自率隨員到河曲、哈拉寨慰問傅作義和馬占山的部隊。②一九四三年夏榮祥奉命到後套與傅作義研究指導蒙旗的問題和處理伊盟事變善後時，傅作義派部下高級官員率軍樂隊在陝壩城外數裏迎接。規格之高，待遇之隆，頗令綏遠軍政各界感到幾分驚訝。③

但是，隨着抗戰後綏遠省縣方面向蒙旗擴張其行政權力，榮祥與傅作義在民族問題方面的分歧愈加擴大。這在一九三九年四月五日蒙藏委員會調查室成員鄒焕宇寫給蒙藏委員會的《伊盟視察報告第十號》中即有明確的反映：一方面，『傅作義脱離晋綏軍系統後，對於蒙旗態度頗有改變，關於若幹綏蒙事件，均曾表明較爲堅定之立場，而與綏蒙會及指導長官公署等機關，幾完全站在相對地位。』另一方面，綏境蒙政會『認爲恢復抗戰以前之旗縣行政狀態，實爲當然之事』。『蒙會常委榮祥等更認爲若蒙地有漢人，即應歸縣政府管轄，則許多漢人均向蒙地發展，結果蒙地全變成漢人所有，蒙人即不能生活。』④是年十二月中旬，榮祥在動身赴扎薩克旗參加綏境蒙政會大會之前，又向前來採訪的記者明確説：『抗戰建國期間對省縣盟旗之關係，應徹底調整，其中包括土地問題、行政問題，宜依次解決。』⑤以後，傅作義不顧蒙旗反對，在杭錦旗、達拉特旗境內分設綏遠省桃力民辦事處、綏遠省達拉特旗戰時民衆組訓處，進一步侵奪蒙旗權益，尤其是他兼任綏境蒙旗指導長官公署副指導長官後，對蒙旗更加蠻横。一九四三年春，甚至因强迫放墾激起伊盟事變。所有這些，都使榮祥義憤填膺，難以坐視。但他考慮到

①據榮賡麟先生談。

②内蒙古檔案館藏榮祥個人檔案。

③據榮賡麟先生談。

④見伊盟檔案館編《伊盟事件資料匯編》第二輯第一七三至一七四頁。

⑤《民衆日報》民國二十八年（一九三九年）十二月二十一日《榮祥今午後可莅扎》。

時值抗戰，大敵當前，不應以内部問題影響大局，故一再忍耐，希望抗戰勝利後國家能有合理的解决。

盡管榮祥捍衛蒙旗權益的立場與絶大多數蒙人一致，但他仍無法與沙王及蒙政會的一些成員默契合作。在他看來，徹底漢化才是蒙古民族能够生存和發展的唯一出路。早在一九三〇年刊印《瑞芝堂詩鈔》時，他就在《自序》中把蒙古族文化落後的主要原因歸結爲不讀漢書。①他所景仰的人物，除了釋迦牟尼和成吉思汗是出於宗教信仰和民族原因外，其餘如孔子、管仲、諸葛亮、司馬遷、韓愈、杜甫、蘇軾、蔣介石等，盡爲漢人。②這些都令操蒙文蒙語的蒙旗人士有些反感和不滿。特別是他出身平民，雖然堅决捍衛蒙旗制度，但厭惡封建的王公貴族體制，並希望有所改進，從而引起沙王等一班保守的蒙古王公們的討厭。在綏境蒙政會中，沙王重用小人白音倉，對其言聽計從；而胡鳳山、賀耆壽等年輕委員和一些職員們形成一派，擁護榮祥，以求遏制白音倉的專權，矛盾頗爲尖鋭。③

一九四三年春白音倉被殺，伊盟事件爆發後，榮祥不瞭解情况，誤信與白音倉關係較好的堂侄經天禄的報告，以爲這是一場『叛亂』，並於四月七日向蒙藏委員會反映情况時，主動提供『平叛』建議。④以後弄清實情後，他一面譴責禍首陳長捷等，一面提出善後主張。在政治善後方面，在要求『寄居旗境之縣府不再幹預旗政，宜乘善後，將旗縣糾紛予以合理之解决』的同時，他建議『將沙王護送興隆山，以成其奉祀祖靈之志』，對沙王倚重的阿凌阿『宜令其伴沙同往』，鄂齊爾呼雅克圖『宜令其歸省府管束』。⑤這顯然是不想再讓沙王及其親信主持蒙政會的會務，但未得到民國政府的採納。

①《瑞芝堂詩鈔》自序第六葉原文作『惜乎風流漸遠，文運駸衰，兼以覺羅厲禁，不容擅讀儒書，致使拓拔愚忠，但解尊崇竺典，掘二百餘年之陷井，造八十萬劫之沉淪。』

②黄奮生《邊疆人物志》第六十五頁，正中書局，民國三十四年（一九四五年）。

③伊盟檔案館編《伊盟事件資料匯編》第三輯第一八九至一九〇頁。

④榮祥：《關於抄録經天禄原電及請求救濟遭難家眷之簽呈》，見《伊盟事件資料匯編》第三輯第一七二至一八一頁。

⑤伊盟檔案館編《伊盟事件資料匯編》第四輯第六十九至七十頁。

在重慶，他還對推進邊疆抗戰建國工作發表見解説：最要之點是『須國家設法使邊疆曾受教育之群衆有施展所能與所長之機會，假若長令有知識人隨無識者跑，無論如何，是絕不能有成績的，此點不改，餘皆空談』。『邊疆民族之向心力，應着重群衆，勿單注意貴人！』這裏所説的『無識者』和『貴人』，顯然指的是保守落後的蒙旗王公。十月，沙王等返回扎旗後，聽到榮祥在中央告他的狀和建議廢除王公制度的傳聞，大怒，開會議決了給中央的若幹建議，其中一條爲『榮祥在渝建議廢除王公制度係荒謬之論』。①事情究竟是怎麽回事，現在還不清楚。以情理揆之，在當時的歷史條件下，榮祥怕還不致於如此孟浪，提出這種不現實的激進建議。但到了一九四五年三月下旬，榮祥給國民政府寫《收復外蒙芻議》一文時，便明確建議政府應乘抗戰勝利之機，斷然取消蒙古王公制度，使旗民享有選舉本旗長官之權。一九四五年七月十三日沙王病逝，遺囑由胡鳳山口譯，榮祥潤色寫定。十六日上午扎薩克旗各界公祭沙王，主祭人正是榮祥。②

榮祥是文人，平居好静，公餘之暇，多在家看書。③偶有應酬，也多是和鄧寶珊、高雙成、朱綬光、楊令德等人來往，其中與鄧寶珊相交最契。鄧係甘肅天水人，與榮祥同歲。雖係軍人出身，但思想豁達，頗有學識。不僅熟讀不少古今名人詩詞，對書畫、古玩亦能鑒賞，是位温文儒雅，氣度不凡的儒將。他欽佩榮祥的耿介正直，更欣賞他的才華，曾當面誠懇地説：『論道德文章，你大江南北鮮有匹儔，但搞政治就不靈了。政治，説穿了就是「需要」二字。』一番肺腑之言，令榮祥不由得連聲慨嘆：『知我者，寶珊也！』④兩人常在一起談心，還説今道古，談詩論文，有時竟至徹夜。某年中秋夜，鄧因故爽約未至，榮

①《馬鶴天給吴忠信的電報》、《綏蒙指導長官公署擬具伊盟現狀及今後對蒙工作方針》，分見《伊盟事件資料匯編》第四輯第二〇七頁、第三輯第十二至十四頁。

②《民衆日報》民國三十四年（一九四五年）七月十六、十七、二十二日。

③參見陳國鈞《蒙古風土人物》第四十九頁，交通書局，民國三十三年（一九四四年）。

④據榮賡麟先生談。

祥當即吟詩四首，令傳令兵給鄧送去，内有：『話別無心到草廬，一庭秋菊影扶疏。期君不至籬邊坐，獨對銀蟾醉玉壺。除夕君曾爽約來，今宵有約又徘徊。果然大將神機密，似我庸人豈易猜。』言辭文雅詼諧，友情真摯感人。鄧讀罷大爲感動，立刻飛馬馳至，兩人深談竟夜，直至次日正午方離去。一次聚會做詩，鄧頗感爲難，遂請榮祥代作了兩首。此詩見報後，幾位陝西老名士頗感驚訝，當從鄧處得知作者是蒙古人時，更是驚嘆不已，便請鄧介紹與榮祥結識。某年鄧作壽，榮祥贈詩一首，名《天水將軍行》。鄧讀罷大喜，説：『寶珊得耀宸兄如椽巨筆之謬獎，得不朽矣！』

在抗戰期間榮祥寫出不少膾炙人口的詩篇，被譽爲『蒙古唯一的文學家』。①遠在重慶的國民黨元老于右任，從報上看到榮祥的詩後，極爲贊賞，遂托鄧寶珊介紹，與榮祥結識。榮祥每次到重慶，于都盛情款待，乘船泛流，作詩論文，情意甚洽。②中華人民共和國成立後，榮祥回顧往事，坦言：『在舊社會認識的人很多，但都没有密切的利害關係，祇有于右任是作詩的朋友，鄧寶珊是談心的朋友。』③

至於楊令德，這位早年因『文白之争』被榮祥開除的學生，當時已是綏遠報界聞人。抗戰後舉家避至榆林，生活窘困，常得到榮祥的接濟。在榮祥的引見下，他與鄧寶珊等人也成爲好友，躋身於榆林上層社會。④曾在榆林出刊《塞風》月刊和《塞風社叢書》，宣傳抗日，得到榮祥的大力支持。一九三九年他曾發表文章介紹榮祥和他的詩，在國内産生相當的影響。于右任之慕名結交榮祥，大約即與他的文章有關。以後，他始終與榮祥保持着師生和朋友的情誼，是中華人民共和國成立後常與榮祥來往的少數人之一。

十二　重振旗政受挫

一九四五年八月四日，榮祥在扎薩克旗繼任蒙旗宣慰使。⑤十天後，日本即戰敗投降。九月三日上午，

①《綏蒙月刊》第二卷七至八合期《編前語》，一九四二年八月。
②以上盡據榮賡麟先生談。
③内蒙古檔案館藏榮祥個人檔案：《幹部簡歷表》（約一九五二年）。
④内蒙古檔案館藏榮祥個人檔案：《幹部登記表》（一九五一年）。
⑤《國民政府公報》渝字第八二二號第一頁。

扎薩克旗各界舉行慶祝勝利大會，榮祥任大會主席，並作了熱情洋溢的講話。①十六日早晨，他即率部屬出發東返。此前，他的女婿、蒙古抗日游擊軍第三區司令部參謀長巴靖遠已於八月二十八日率司令部回到歸綏，做接收的準備工作。②爲了發展蒙旗經濟，在沙王生前榮祥就參與發起和籌備的蒙古實業股份有限公司，雖在八月下旬就公佈了公司章程，召開了首次籌備會議並認足了商股，③此時即因榮祥的東返而無形涣散。

離別八年，回到自己夢縈魂繞的家鄉，榮祥且悲且喜，百感交集。悲的是經過日寇的幾年搜括，本旗已陷於山窮水盡的地步；喜的是自己抗戰凱旋，爲蒙人争得人格和發言權，可乘抗戰勝利之東風，重頭收拾舊山河。

爲了盡快完成接收和恢復旗政，他首先安撫森額等一班曾在僞政權下供職的官員，對他們既往不咎，④並要求全旗上下精誠團結，爲整頓旗政而努力。當時經濟凋敝，財政拮據，旗政府及各機關的公職人員長期無薪金可發，是年冬綏、包還受到中共軍隊的圍困。就在這種條件下，他在短短半年多的時間裏，組建了千餘人的旗保安大隊，恢復健全了旗政府機構，使各地租局、礦税總局及分局、税卡、官渡、學校等全部恢復並運作起來；還改造了僞各甲辦事處，在歸綏城區組建了城廂十個區，在全旗農牧區組建了七個自治督導處。⑤通過編查户口，給旗民頒發國民身份證，取締了敵僞時期的良民證。

在忙於旗政的同時，榮祥没有忘記自己肩負的争取民族自治的責任。在回旗不久的一天（十月五日），他召集趙城璧、胡鳳山等蒙旗各機關負責人及有關人士在土旗政府開座談會，討論蒙旗善後諸問

①《民衆日報》民國三十四年（一九四五年）九月五日。
②《民衆日報》民國三十四年（一九四五年）九月十九日、九月七日。
③參見《有關蒙古實業股份有限公司檔案史料》，載《檔案與社會》（檔案史料專輯）一九九八年增刊第二十二至二十六頁。
④據榮賡麟先生談。
⑤于永發：《民國時期呼和浩特的蒙古族》，載《呼和浩特文史資料》第十二輯，一九九八年。

題，其中重要一項即是『内蒙自治有關問題之研討』。①同月二十五日，歸綏發生傅作義部血腥鎮壓原蒙古軍軍官學校師生的『小校場慘案』，榮祥聞知後，心中震駭。盡管他對這些曾是德王部下的軍校師生並無任何好感，但當該校校長昌都冷中將來請他出面説話，以免事態擴大時，他還是秉持公道，力諫傅作義冷静處理，勿使事態激化。②就在這個月，他還與綏境蒙政會常委巴文峻組織了一個『蒙古青年同盟』，以便爲爭取蒙古自治積蓄力量。參加者有紀貞甫、胡鳳山、任秉鈞、雲蔚、孟紹、孫繼祖、巴文魁、殷石麟等。該同盟的綱領是『不分黨派，不分地域』，爭取『民族自決自治』。是年底，因申請參加政治協商會議未獲批準，該同盟即行涣散。③以後，紀貞甫、胡鳳山、札奇斯欽等人在南京成立的『蒙古青年同盟』雖與該組織毫無關係，但顯然受到某種啓發或影響。

但是事與願違，榮祥重振土旗的努力遭到企圖消滅蒙旗的省縣當局的無情打擊。土旗的渡口都被航務管理段無理霸佔，招商出包。礦産資源與礦租亦被綏遠省政府侵奪，在一九四六年初省方制定的《土默特旗徵收礦租暫行章程》中規定『礦租以煤炭爲限』，租率『按礦産物價格百分之二至百分之六收租』；『軍用、公用炭暫不收租』，徵收礦租『以一年爲限』。省建設廳甚至决定，過此期限，即『礦歸國有』，『至於石棉、雲母、藥材，亦歸國有，不能由旗徵租。』時軍用、公用炭佔全部産量的十分之九，土旗能收者已微乎其微。④而包頭市政府炭礦管理所還採取各種辦法，加以阻撓破壞，甚至派駐軍把守，不許土旗徵收，『威嚇困辱，愈來愈厲。』⑤

更有甚者，土旗對旗民的管轄權也遭到抵制和破壞。一九四六年四月各市縣政府奉省令舉辦清查户

①《民衆日報》民國三十四年（一九四五年）十月二十二日《蒙旗各首長在土旗舉行座談會》。

②據榮賡麟先生談。

③内蒙古檔案館藏榮祥個人檔案；《内蒙古日報》一九五七年八月六日第三版孟純等：《榮祥應該洗心革面老實交待》。

④《呈文》土默特特别旗政府京字第一號，民國三十五年（一九四六年）八月十八日。

⑤于永發：《榮祥先生事蹟拾遺》，載《呼和浩特文史資料》第十一輯，一九九七年。

口，編組保甲，頒發國民身份證時，以户政必須統一爲由，竟將蒙民編入市縣保甲，並勒令繳銷旗政府頒發的身份證。在遭到蒙民的拒絕和抵制後，『各縣鄉村保甲長、指導員等，往往以强迫凌辱之手段，逼令脱離本旗甲佐屬目組織，加入縣屬保甲，换領身份證，如有不從，即不惜妨害蒙胞身體自由，加以逮捕監禁、槍擊吊銬諸刑。』①在城門、路卡，一説是蒙人，輕者被侮辱，重者被關押，旗府所發的身份證被没收，嚴重地影響了蒙民的生産與生活。一些强梁者以假約據霸奪蒙人土地，强向蒙人攤差派款之類的事件也屢有發生。蒙人稍有異詞，即遭鄉、區、縣的拘押，有時還受盡人格侮辱，被捆繫畜棚，用尿澆淋等。②

旗權被如此侵奪，榮祥豈能坐視，遂『以書面、口頭分别懇求予以制止，甚至聲明本旗蒙胞對國家應盡之義務决不規避，祇求上級命令責成旗府，勿令市縣庖代』。③然而『屢次請求，迄無反映』，非但問題得不到解决，反遭到『狹義民族主義』、『意存分裂』等種種非難。榮祥萬萬没有想到，他的堅决抗戰並没有爲全體蒙胞争取到勝利後的發言權，他對國家的忠誠竟换來如此結果。他百思不解，心中苦痛難耐，以致多年的頭痛病復發。最讓他無法忍受的是，他既得不到那些與他共事多年、關係密切的漢族官員和朋友們的諒解，也得不到本旗一些蒙古同胞的理解和同情：在那些漢族官員與朋友們的眼裏，他是一個『狹義民族主義者之代表人物』；而在本旗同胞那兒，他又是一個『疲軟無骨之官僚，不惜犧牲本旗固有利益，以鞏固其高官厚禄之地位』，一些激進的青年甚至説他是『出賣蒙旗權利者』。④雖然他新近（一九四六年四月）被任命爲綏遠省政府委員，地位較從前更高，但這也絲毫不能减輕他内心的痛苦。

他想了很久，想了很多，想起了當年父親爲捍衛旗權所作的努力，也想到了旗權徹底喪失後的可怕結果。

①《懇轉請明白决定本旗行政權限由》土默特特别旗政府京字第一號，民國三十五年（一九四六年）八月十四日。

②于永發：《民國時期呼和浩特的蒙古族》，載《呼和浩特文史資料》第十二輯，一九八九年。

③《懇轉請明白决定本旗行政權限由》土默特特别旗政府京字第一號，民國三十五年（一九四六年）八月十四日。

④榮祥：《上傳主席書》。

他下定決心，要抗爭到底，寧可辭職，也決不能愧對祖先，愧對旗民。一九四六年五月二十四日，他憤然上書給綏遠省政府主席傅作義，剖辯真相，闡明是非。在書中，他慨慷激昂地説：『使蒙旗一切權益，如自治之政權、人民之管教、産業之經營，必全盤歸於市縣，然後爲不背統一，則前清時代已早爲之矣。……今若以蒙旗主張其本身權益爲分裂，以放棄其權益爲統一，則統一之真義，未免太狹。』蒙旗『不但不敢希望稍佔市縣之便宜，亦並不敢希望稍佔鄉鎮之便宜，充其量不過欲自保其殘餘之權益，能維持其岌岌不可終日之制度而已』。『然此區區願望，在今日蒙旗人士視之，已不啻是一難如登天之目標。蓋不佔便宜雖可，而不願失便宜則殊不可耳。』在列舉了市縣侵削旗權的種種事實之後，他要求公平合理地解決礦租、渡口、蒙民隸屬、蒙民身份與産業的保障等問題。最後，他聲明：『至於職個人出處，經勝利後十個月之試驗，確已證明其無能，甚願乘此建國工作尚未激進之際，退職讀書，以安鳩拙。關於總管一職，願令全旗官民投票選舉，以開蒙旗民主之風。省府委員一職，亦應與總管一職連帶辭卸，以重公秩。』表達了自己寧可辭官不做，也不願屈從的意志。①

在榮祥眼裏，傅作義『本爲一極重理之偉人』，對於他的陳詞，『必能以公平正直之觀點，予以衷情酌理之處斷。』②他期待着問題的最後解決。然而，在傅作義眼裏，榮祥已不再像抗戰時那麽有用，那麽重要了，而是變得那麽不合時宜，令人討厭。於是，他對榮祥的上書乾脆置之不理，既不給予回答，也不同意他辭職。榮祥失望了，他不得不另尋出路，寄希望於國民政府。

十三　争取自治落空

榮祥知道：土旗問題的根本還是蒙古能否自治。於是，他聯絡綏遠省境内各蒙旗共同組成了一個『抗日蒙旗慶祝還都代表團』，於七月初飛往南京，明爲慶祝國府還都，實則向民國政府請願，要求准予蒙旗高度自治。榮祥任代表團團長，團員有巴文峻、胡鳳山、任秉鈞、卜文瑞、殷石麟、康濟民、雄諾

①榮祥：《上傅主席書》。

②榮祥：《上傅主席書》。

等。①行前，榮祥把原存於崇壽寺（小召）的一把清康熙皇帝親徵噶爾丹時的御用佩刀携出，準備作爲慶祝蔣介石六十壽辰的禮物，以增進蔣氏對蒙旗的好感，使代表團的使命易於達成。後來因媒體報道有誤（誤刀爲劍），該代表團被稱爲『獻劍代表團』。

據説，代表團剛成立時，名稱前冠有『綏境』二字。途經北平時，有的團員主張應該去訪問正在此地蟄居的德王，溝通一下意見，遭到榮祥的斷然反對。結果其他團員祇好以私人身份前去拜訪，並向德王表示將極力恢復從前的蒙政會。德王認爲從前的蒙政會已不合時代要求，因爲它無法號召已在東蒙成立的自治政府，應謀求更高度的自治。並説：『你們以綏境蒙旗代表團自稱，好像你們是以事實贊同以分裂蒙古爲目的而設立的綏境蒙政會的基本主張，也就是承認省有權包括盟旗在内的主張。我覺得這個名稱有些疑問。』榮祥聞知此話後，雖然不願與德王有任何牽連，但覺得德王説得有理，便將代表團的名稱改動了。②

榮祥一行抵達南京後，住在蒙藏委員會招待所，隨即開始了拜見當道要人的活動。七月八日上午十時半，他們在國民政府晋謁了蔣介石，向他表示致敬，並呈獻上那把康熙御刀和一面書有『河山再造』四字的錦旗。蔣氏極爲高興，面帶笑容，親自接受。③會見大約進行了一個多小時，榮祥就内蒙古自治的意義、目的和希望做了中肯、詳細的解釋和説明，並把事先準備好的文字材料呈交給蔣。會見完畢後，蔣設宴招待代表團一行，出席作陪的還有幾名國民黨高官。④當民國政府及各要人得知榮祥一行的真正目的後，便對他們冷淡下來，盡量不給他們向當局表達自治要求的機會。

①《土默特志》（上卷）第三八九頁所載代表團名單還有：旺慶蘇榮、賈文華。而《中央邊報》第五期第七頁所載名單中又有『副團長圖布陞吉阿格勒暨團員巴吉音吉爾格勒』。

②札奇斯欽《我所知道的德王和當時的内蒙古》（二）第一四七頁，日本東京外國語大學亞非語言文化研究所，平成五年（一九九三年）。

③《中央邊報》第五期第七頁；《内蒙古日報》一九五七年七月二十日第三版《晋謁致敬獻劍獻旗》。

④殷石麟：《一九四六年綏遠蒙古自治請願團赴南京請願親歷記》，載《土默特文史資料》第二輯，一九八七年。

八月，榮祥曾兩次上書蒙藏委員會，控訴綏遠省縣當局對土旗的種種欺壓，並稱：『此類事實，倘查屬子虛，願負法律上最嚴厲之責任。』他義正詞嚴地質問：『蒙旗政府，亦國家行政系統下合法機構之一種，對其本旗之土地人民産業，當然有管轄治理之權。今若一切以市縣代之，將置旗府於何地乎？』①他還提醒當局：土旗之『存亡利害，不特爲各旗所注目，即視爲內蒙各旗前途禍福之龜鑒，亦無不可。況今日綏遠局面，猶未達於真正安定之地步，負邊疆重任者，正宜高瞻遠矚，從大處着眼，以寬厚之措施，堅蒙胞之愛戴，何必與區區一旗争户口之隸屬，算礦租之小賬。縱能壓倒，詎可謂善盡安邊之職責乎？果能收此宏效，本旗情願自動解散，以作亡旗安邊之倡。無如消滅一旗，無補時艱，徒令各旗人心愈感不安。高明謀國，豈宜如是！』要求蒙藏委員會『轉呈行政院，明白決定本旗權限，俾資遵守』。②不久，行政院電飭綏境蒙旗自治指導長官公署：『關於國民身份證及户口簿方面，原屬土默特旗政府管轄之民户，可由綏遠省府監督該旗辦理，以免重復紛歧。』『關於礦租徵收一節，可由省旗雙方循照舊例，兼顧旗方收入，商定適宜辦法辦理。』③榮祥的一番努力，總算獲得了一點結果。

榮祥率代表團赴南京後，綏遠省當局大爲惱怒，傳説傅作義曾生氣地説：『耀宸想要官，可以和我説嘛！這是幹什麽。』④他們逼迫各蒙旗王公表態反對榮祥，説他是假借土旗民衆的名義，企圖釜底抽薪；還命令有關方面監視土旗政府的一舉一動，凡寄往南京的信函一概截留檢查，以斷絶榮祥的消息來源；還采取軟的一手，給榮祥寄錢，勸他回來，甚至還派人前去迎接。⑤

榮祥一行晉謁蔣介石的消息見報不久，中共方面便做出反應，在其主辦的刊物上刊出題爲《蔣介石做

①《懇轉請明白决定本旗行政權限由》土默特特別旗政府京字第一號，民國三十五年（一九四六年）八月十四日。

②《呈文》土默特特別旗政府京字第二號，民國三十五年（一九四六年）八月十八日。

③蒙藏委員會《代電》京蒙字第一五四八號，民國三十五年（一九四六年）十月七日。

④據于永發先生説。

⑤于永發：《榮祥先生事蹟拾遺》，載《呼和浩特文史資料》第十一輯，一九九七年；內蒙古檔案館藏榮祥個人檔案。

徵服者的夢》的評論文章，説榮祥等人是『多年來爲大漢族主義者所豢養的壓迫蒙古民族的爪牙』、『蒙奸敗類』，把呈獻康熙御刀之舉，指責爲『出賣祖宗』，是『寡廉鮮耻，人格喪盡』。①

十月十日民國政府給綏遠省官員四十一人頒發了『勝利勛章』，表彰他們在抗戰中的貢獻。內中蒙人衹有榮祥一人。②不久，榮祥等人爲蔣介石祝壽結束後，鑒於制憲國民大會將要召開，爲了支持出席國民大會的蒙古代表，爭取民族生存的權利和地位，便將代表團改名爲請願代表團，繼續留在南京活動。當時，綏遠、察哈爾、熱河三省的國大代表雲集南京，稟承傅作義等人的指示，聯合展開打擊蒙古自治的活動。勁敵在前，榮祥等人顧全大局，不再以抗戰代表自居，而與來自原淪陷地區的卓索圖、昭烏達、哲裏木、呼倫貝爾諸盟代表團團結起來，爲共同的目標並肩戰鬥。③他們在報端發表文章，擺事實，講道理，以求得各界瞭解真相，同情支持。他們曾得到蔣介石的短暫接見，榮祥作爲發言人，扼要地闡述了有關自治的要求和理由。在國民黨中央要人陳立夫、陳果夫兩人的招待宴上，他們因堅持自治要求，雙方意見差距過大，最終不歡而散。④

十一月十五日國民大會召開不久，蒙古代表就提出『要尊重蒙古盟旗的歷史性和蒙胞的生活習慣。中央必須遵循國父三民主義國內各民族一律平等的理想，顧全少數邊疆民族的利益，給蒙古以合理的自治，在憲法上保障盟旗自治地位，並且要劃清省縣與盟旗的權限』的要求，⑤但立即遭到熱察綏

①據《內蒙古日報》一九五七年七月二十日第三版《晋謁致敬獻劍獻旗》。惟該文稱原文刊載於內蒙古自治運動聯合會的機關刊《內蒙古周報》第七期，但查無《蔣介石做徵服者的夢》一文，當係出處誤註。

②《國民政府公報》第二六五八號第一頁。

③札奇斯欽《我所知道的德王和當時的內蒙古》(二)第一四八頁，日本東京外國語大學亞非語言文化研究所，平成五年(一九九三年)。

④札奇斯欽《我所知道的德王和當時的內蒙古》(二)第一五二至一五三頁，日本東京外國語大學亞非語言文化研究所，平成五年(一九九三年)。

⑤內蒙古圖書館存佚名某報一九四六年十二月四日社評《內蒙自治問題》。

三省漢族代表的反對，雙方發生激烈論戰。面對如此局面，榮祥鄭重表示：『如果國民大會不能解決內蒙自治問題，全體內蒙代表即將退出國民大會。』①

十七日黃昏，榮祥在洪武路蒙古招待所的客廳會見了某報記者。他說：『蒙古的同胞要求的自治，並不是分裂，而是要政府實踐他三番五次對我們的諾言。蒙古的同胞在抗戰的時候，忍着犧牲，忍着痛苦，追隨政府，支持抗戰，爭取勝利，所有的指望，就是中央在諾言中，給我們的自治！』他指着印在紙上的中國國民黨二中全會對邊疆及內蒙的決議說：『遠的，北伐宣言、第一次全國代表大會宣言不說，就看這張決議吧！抗戰勝利了，所有的諾言，內蒙數千萬同胞的希望，該要實現了。』『蒙古人要的是文明的自治，而不是軍事與政治的壓迫。』『蒙古人並不是反對傅作義、熊式輝個人，反對的而是這個制度。』

他還對記者表明心跡說：『我是五十幾歲的人了，該回家抱孫子了，沒有任何政治的企圖。衹是蒙古的年輕人已經是普遍懂得要自治了，爲了愛護政府，我們不得不來提醒政府，不要叫下一代的蒙古人再對中央失望。』『政府曾允許我們自（覺）〔決〕自治，現在自治却不可得，那麼我們衹好自（覺）〔決〕了！』②

十二月一日上午，熱察綏三省漢族代表在國民大會堂代表休息室聯合舉行記者招待會，宣布反對蒙古高度自治。理由是『漢蒙雜居已久，婚姻互通，血統早已混合，情感亦極融洽，所謂純粹蒙胞爲數已極有限』。『過去三省的問題不是民族的紛爭，而衹是生活文化的歧異。現在這種生活文化的歧異，即牧畜文化與農業文化的歧異，應該因工業文化的引進而不復存在了。盟旗與省縣並行的二元組織也不應該存續，自治應爲地方區域的自治，免啓分裂之漸。』③

①《時代文摘》第一卷第二期第六至七頁，民國三十五年（一九四六年）十二月。

②《時代文摘》第一卷第二期第六至七頁，民國三十五年（一九四六年）十二月。

③內蒙古圖書館存佚名某報一九四六年十二月四日社評《內蒙自治問題》。

當天下午，蒙古代表與幾個請願代表團也在同一地點聯合舉行了中外記者招待會，提出希望制定憲法時應能實現的六點要求。榮祥、金養浩，以及札奇斯欽，分别代表各請願代表團等發表講話。榮祥說：『勝利後，政府對內蒙人民待遇不平，較之抗戰時期日本統治下之情况猶有過之。吾人不希望特殊優待，如抽丁徵糧等義務，但願負其應盡之責，衹求中央予以合理待遇。』在列舉內蒙在抗戰中的貢獻和現在省縣政府經常逮捕拘押蒙人的事實後，他又指出：『勝利後農村破産，而內蒙獨無農貸，善救物資所得數字亦微。其次，教育方面全國各地均有專款復員，蒙旗則爲例外。此種措施予我蒙古青年之刺激甚大。』①

論戰雙方的言論與文章均在當時各大報紙上頻頻刊出，成爲舉國注目的熱點。傅作義一面以『蒙古本無問題，都是庸人自擾。所謂問題也者，都是那些吃蒙古飯的人們所製造的』等言論，來污蔑榮祥等人；一面請出著名歷史學者、中央研究院院長傅斯年在《中央日報》發表了題爲《『內蒙』自治問題：駁盟等於省、旗等於縣説》的文章，反對蒙古自治。②十日，蒙古國大代表在國大會場發表了反駁熱察綏三省漢族代表的文章，該文由札奇斯欽草擬，經榮祥與劉廉克補充。除了對對方不符合事實的説法加以批駁外，該文指出：『關於蒙漢的人口問題，我們承認漢多於蒙，但是絶不能因人數的多少而抹殺一個民族的存在。』『不能因爲和漢胞處得好，或有少數人會講漢話，就構成反對蒙古自治的原因，否認民族存在的理由。』『平等與自由是不可分的，民族的自由是依賴自治權利的保障。假如將蒙古民族的自治權利給削奪了，請問我們所得到的還有什麼自由平等？』③

①札奇斯欽《我所知道的德王和當時的內蒙古》(二)第一五六頁，日本東京外國語大學亞非語言文化研究所，平成五年(一九九三年)。

②札奇斯欽《我所知道的德王和當時的內蒙古》(二)第一五四、一五八頁，日本東京外國語大學亞非語言文化研究所，平成五年(一九九三年)。

③札奇斯欽《我所知道的德王和當時的內蒙古》(二)第一五七至一五八頁，日本東京外國語大學亞非語言文化研究所，平成五年(一九九三年)。

雙方意見對立，互不相讓，影響頗爲廣遠。在歸綏，榮祥的老友綏遠省議長張欽及閻肅等，亦於二十一日以綏遠參議會的名義發出通電，支持熱察綏三省漢族代表。①大漢族主義的民國政府當然是不希望蒙古自治的，於是在他們的授意下，經過一些黨派和社會名流的斡旋，使雙方有所妥協，除在新憲法關於國大代表、立法院委員、監察院委員的名額和國家扶植少數民族方面有所規定外，關於蒙古自治，僅有『蒙古各盟旗地方自治制度，以法令定之』這樣一句模棱曖昧的規定。②

一番努力，竟是如此結果，榮祥大失所望，在他的心中，對國民政府的信仰開始强烈地動摇了。一九四七年初，當各請願代表團都黯然離去後，榮祥自覺諸事無成，無顔回見家鄉父老，便決定留在南京，爲解決土旗與綏遠省縣的矛盾而繼續鬥争。他很少出門，常常奮筆疾書，撰寫呈文，交秘書王澤山送投各有關部門和機關，要求解決問題。他内心憤懣，祇有偶爾到舊書肆購書時，才能感受到些許愉悦。③二月初，他看到綏遠省蒙旗自治指導長官公署的一份『代電』，内稱：綏遠省境内『蒙民處處享受政府優待，冒充蒙籍者有之，此實爲造成旗縣糾紛之根本原因』。『蒙民則欲保持其在日寇佔領期間既得利益，王公仕官鑒於外蒙獨立，則欲擺脱省縣行政關係，或藉口省縣政府越權，或云省縣政府壓制，此實爲收復區盟旗之普遍現象。』而『榮總管所稱省縣政府壓制蒙旗一節，經查並非事實』。④他没料到，從前他所敬仰的傅作義及綏遠當局竟能如此歪曲事實，造謡誣蔑。他怒火中燒，幾致發狂，祇是在巴文峻（時任蒙藏委員會蒙事處長）的規勸下，才勉强暫時隱忍。⑤

不久，榮祥獲悉國民代表大會將他列入立法、監察兩院委員提名名單，當即於二月十四日上書陳

①内蒙古圖書館存佚名某報一九四六年十二月二十四日《綏參議會發表蒙藏自治意見》。

②札奇斯欽《我所知道的德王和當時的内蒙古》(二)第一六五頁，日本東京外國語大學亞非語言文化研究所，平成五年（一九九三年）。

③據榮賡麟先生談。

④《綏遠省境内蒙古各盟旗地方自治指導長官公署代電》政字第一七四號，民國三十五年（一九四六年）十二月廿七日。

⑤于永發：《榮祥先生事蹟拾遺》，載《呼和浩特文史資料》第十一輯，一九九七年。

果夫力辭，稱：『頃巴代表文峻來言，昨日國大蒙古諸代表會商立、監兩院委員提名單，已列賤名。驟聞之下，不勝駭憤。在諸代表，一再推轂，情雖可感，然不徵本人同意而率然提出，是誠未能深諒鄙衷也。竊祥此次南來，本非自動，徒以桑梓蒙胞不堪省縣之壓迫，猥以請願自治相諉諉。乃入都七閱月，而所請無耗，今又於無可報命之際，而先獵一官以自娱，其將何詞以解於內蒙父老子弟乎？鄙意以爲，在內蒙地方自治成否未定之前，決不妄冀新職，以增咎戾。懇將原提賤名抹去，以符私願，實爲幸甚。』①據説，蔣介石親自看了這份呈文後，同意將榮祥除名。而榮祥在有關蒙旗人士的勸説下，爲了不至於同國府鬧僵，親向監察院院長、老友于右任推薦任秉鈞擔任了監察委員。②

三月，綏遠國大代表潘秀仁、趙允義與察哈爾、熱河兩省代表聯名向國大提交了一份『請確定蒙旗地方自治，以爲立法依據』的提案，以『中華民國各民族一律平等，憲法中已有規定』爲由，要求『在同一行政區內，應實行共同的地方自治，不應行個別的民族自治』。『在已設縣之旗，應廢旗存縣，不應有旗縣並存之雙重行政系統。』這個企圖徹底撲滅蒙旗自治要求的提案，雖曾『交內政部及蒙藏委員會，會同各有關機關覈議』，但終因消滅蒙旗的條件尚未完全成熟和當時民國政府正忙於反共勘亂，未能經過『大會公决』。③但是對榮祥等渴望蒙古自治的人來説，這無疑是一個極其危險的信號。

榮祥長期留京不回，令民國當局頗有些難堪。蒙藏委員會委員長羅良鑒等人便向蔣介石建議：解鈴還須繫鈴人，讓傅作義來京，請榮祥返回。傅作義奉召來京後，宴請榮祥與有關各大員，當面對榮祥承諾説：『蒙古自治留待勘亂後再實行，現在無暇顧及。它如幹擾旗政、抓兵等事，我已令董其武等你回去後，你説咋辦就咋辦！』榮祥這才動身北返，在北平乘坐傅作義的專列（原軍事委員會委員長北平

①《榮祥致陳果夫函》，民國三十六年（一九四七年）二月十四日。

②于永發：《榮祥先生事蹟拾遺》，載《呼和浩特文史資料》第十一輯，一九九七年；另據榮賡麟先生談。

③志成：《國代會上的一件廢旗存縣議案》，載《呼和浩特文史資料》第十二輯，一九九八年。

行轅李宗仁的專列)回到歸綏。②

十四　投向革命

榮祥返回歸綏後，綏遠省縣當局對土旗的壓迫有所收斂。在此後兩年多的時間裏，他像從前一樣，慘淡經營，盡力改善着旗政。這期間，他先後兼任過綏遠省政府盟旗文化福利委員會常委、肅奸委員會委員，還曾奉派監督過土旗和綏東四旗對監察院監察委員的選舉。

從一九四七年夏開始，中共愈戰愈强，開始轉爲戰略進攻，而國民黨方面則江河日下，敗相漸明。大約就在這年，榮祥曾寫過一份《告蒙古同胞書》，號召蒙人不要跟共産黨走。一九四八年一月傅作義部主力第三十五軍在淶水被圍，新三十二師被殲，師長李銘鼎陣亡，軍長魯英麟自殺。在爲他們召開的追悼會上，榮祥還寫過『逐匪於綏門之外，殺敵於淶水之旁』的挽詞。③七月二十日，在追悼準格爾旗司令奇涌泉的會上，他又奉上『戡亂成名，精神不死，矢忠就義，民族可光』的挽聯。④表面上看，他依然忠實於國民黨和民國政府，實則他的内心已徹底動摇了。

一九四八年七月，綏遠省各市縣政府欲將土默特旗蒙民納入市縣保甲，擬强制撤换蒙民户口簿及身份證，以達到取銷土默特旗的目的。榮祥針鋒相對，爲堅定旗府官員及旗民的抗争信念，於二十三日向旗屬各督導處發佈訓令(總字第三十五號)稱：『據報，最近期間，本旗境内各市縣政府，欲將本旗所屬蒙民悉行編入市縣保甲，並擬將本府所發蒙民户口簿及身份證强制撤换，以期統歸市縣管轄。查此項措施，既未徵得本旗政府之同意，而本旗政府亦未奉到蒙藏委員會及綏境蒙政會之命令，對于此種强迫行動，本旗政府絶對不能默認，况旗與市縣各治其政，各管其民，權限攸分，不相幹擾，市縣保甲之不能編入蒙民，猶本旗屬目之不能編入漢民，事理昭然，不煩多辯。假使互相濫編，勢必糾紛益甚，且以片面行動，强編蒙民，實無異否認本旗政府之存在，此種侮辱，亦决非本總管所能忍受。』命

①據榮賡麟先生談。

②《内蒙古日報》一九五七年八月六日第三版孟純等：《榮祥應該洗心革面老實交待》。

③《新蒙半月刊》第四卷第十期第十二頁，民國三十七年(一九四八年)九月出版。

令『各督導處主任、幹事，及大小領催，務宜曉喻本旗蒙民，堅守旗轄立場，奉公守法，爲國家盡其良善公民之義務，嗣後仍有强迫壓制情事，可速詳確具報，以備交涉爲要』。①

是年秋，中共華北野戰軍發動第二次綏遠戰役，一度攻克包頭，圍困歸綏。是年冬，國民黨軍百餘萬人在遼沈、淮海戰役中被中國人民解放軍殲滅。時局的重大轉折，宣告了民國滅亡的命運已不可逆轉。榮祥終於下定決心：爲了土旗，也爲了自己，他不能爲將要覆滅的民國殉葬，要投向革命，投向和平。促使他徹底轉變的一個重要原因，是中共主張民族平等，準許並支持少數民族自治，與力圖消滅蒙旗的南京政府相比，高下立見。而且，中共第一個少數民族自治區——内蒙古自治區的主要領導人烏蘭夫、奎璧、吉雅泰等都是土旗人，由他們來領導，總要好一些。②

一九四九年一月底，榮祥和綏遠參議會正副議長張欽、閻肅、綏遠省最高法院院長于存灝等人共同倡導並聯絡各界開明人士數百人，成立了『綏遠和平促進會』。他們認爲戰則必敗，衹有和平才是唯一的出路。建議綏遠當局應順應大勢，結束軍事對立，停止徵兵徵糧，釋放政治犯，與中共進行和平談判。春節(二十九日)前夕，他們在綏遠省政府主席董其武面前，與潘秀仁、張遐民等國民黨死硬派展開了一場激烈的争執。潘、張等人要董其武立即向河套地區撤退，積蓄力量，聽候中央調遣。而榮祥、張欽等人則力勸董其武留在綏遠，聽從剛剛起義的傅作義的指示和安排。③後來，潘秀仁在西逃前曾再次勸榮祥説：『一起走吧！共産黨來了就公審鬥争咱們，快走吧！』榮祥回答説：『我正盼解放呢，爲什麽要跑呢？我敢説土旗人不會公審我，而且替我説好話的人多。』④盡管有頑固派的威脅和破壞，榮祥已義無反顧，積極地參與了綏遠當局與中共綏蒙政府建立聯係和進行和談的工作。

①土默特左旗檔案館全宗號七十九，目録號一，件號四〇五《榮祥手諭》

②據榮賡麟先生談。

③《塞上憶往——楊令德回憶録》(《内蒙古文史資料》第三十輯)第一一二頁，一九八八年。

④内蒙古檔案館藏榮祥個人檔案：《在土旗村幹訓班開學時的講話》。

六月，綏遠當局與中共綏蒙政府達成和平解放綏遠的協議。爲了適應即將到來的新時代，榮祥於十四日向全旗職員公佈了《向土默特旗蒙胞辭職書》。他説：『我因時代大轉變，特用書面向全旗蒙胞們提出辭職的意願。』『現在是民主時代。民主的意義，就是一切政治原則都要以多數人民的意願爲主體。』『我們要『以公開民主的方式辦理選舉』，選出『能力精力俱强的人，繼續領導前進』，『好把本旗改成一個民主的政府。大家須知道，這是時代的要求啊！』七月，全旗職員八百七十餘人投票選舉總管，榮祥以四百六十票當選（較第二名多三百四十一票），繼續擔任總管。①大約就在這時，他開始戒除大煙。

七月中旬，中共綏遠省委駐歸綏聯絡處數十人進駐歸綏，開始全面落實和平協議條款，除與綏遠軍政當局會談外，還分組進行宣傳，發動群衆。二十三日晚九時左右，聯絡處聯絡科長曹文玉被告知有人找他，原來來人正是他早年上學時的老校長、土默特旗總管榮祥。榮祥表情嚴峻地告訴他：『明天你們無論如何不要出門，頑固派劉萬春等人已作了布置，要讓你們流血。』説罷，便匆匆乘人力車離去。聯絡處領導見事態緊急，立即用電話通知分駐各處的工作組。祇有住在火車站的鐵路工作組因電話綫被破壞，未能得到通知。第二天，該工作組秘書王士鑫即被頑固派槍殺，另有三人受傷。在悲憤的同時，聯絡處的人們對榮祥感激萬分，他的及時通知，使數十人幸免於難。②後來在綏遠省政府主席董其武將軍主持的一次小規模的地方士紳會議上，榮祥又慷慨陳詞，不指名地怒斥了這一事件的幕後主使者。③

由於劉萬春、張慶恩等頑固派的阻撓和破壞，綏遠和平協議無法順利貫徹，和平解放的時間一再推遲。八月下旬，傅作義、鄧寶珊從北平親臨綏遠，敦促綏遠軍政要員盡快起義。榮祥對傅作義能否説服劉萬春等人有些懷疑，曾與任秉鈞、胡鳳山等人議定：以他的名義，派人與中共綏蒙政府聯係，必要時土旗

①于永發：《榮祥先生事蹟拾遺》，載《呼和浩特文史資料》第十一輯，一九九七年。

②據曹文玉先生對筆者談。

③《塞上憶往——楊令德回憶録》（《内蒙古文史資料》第三十輯）第八十四頁，一九八八年。

與綏東四旗聯合發表起義通電。①

九月中旬，董其武通知榮祥赴包頭開會。當時榮祥的妻子病故，他正在料理後事，同時還在等待派赴中共綏蒙政府的聯絡人的回音，所以未能赴包。但他特意委托于存灝、陳志仁：『如果和平起義，祗要傳先生不加阻攔，請無論如何替我把名字簽上！』九月十九日和平起義後，于存灝對榮祥説：『夥計，名是簽上了，也許簽好，也許簽壞。』榮祥自信地回答説：『簽上就好！』②

在和平起義後的幾年裏，由於統戰工作的需要和榮祥的社會地位及影響，他始終擔任領導職務，任過綏遠軍政委員會委員、綏遠省人民政府民族事務委員會副主任委員、土默特旗旗長、綏遠省人民政府委員、綏遠省文史研究館館長、呼和浩特市副市長、內蒙古文史研究館館長、內蒙古人民委員會委員，以及呼和浩特市人民政治協商會議副主席、內蒙古人民政治協商會議常委等。表面上看，他似乎一帆風順，實則時有坎坷，內心頗感苦困。在共産黨領導下的這個全新社會裏，從一開始他就感到有些不適應。盡管經過幾年的工作和政治學習，他的思想有了不小的變化和進步，但由於性格和所受傳統文化教育的關係，直到去世，他也未能真正適應這個社會。

榮祥酷愛傳統文化，在抗戰時期就曾針對國人對傳統文化的忽視，大聲疾呼説：『中國倫理有極可寶貴與發揚之處，抗戰勝利後，世界各國學者必有驚異而研究之者，我應自加珍惜，勿待人已有得而我反由外稗販也。中國古代諸子之學問，均應分别研討，勿以儒家一途爲限，其中必能發現至寶。』③他自己也一向以飽受傳統文化的浸潤而自豪，自詡認識五千多漢字。④而新社會崇尚馬列主義，崇尚革命文化，他那來自傳統文化的倫理道德觀、價值觀和爲人處世觀念便自然顯得那麼不合時宜，令人討厭。那數十

①于永發：《榮祥先生事蹟拾遺》，載《呼和浩特文史資料》第十一輯，一九九七年。

②于永發：《榮祥先生事蹟拾遺》，載《呼和浩特文史資料》第十一輯，一九九七年。

③黄奮生《邊疆人物志》第六十五至六十六頁，正中書局，民國三十四年（一九四五年）。

④內蒙古檔案館藏榮祥個人檔案之《幹部履歷表》（一九五一年八月四日填）。

年苦讀才奠定的國學根基也派不上多大用場，甚至成了腐朽落後的標志。因此，他的思想和看法常常與共產黨的某些政策、規定、作法有分歧或牴牾，引起組織上的不滿。

榮祥酷愛民族，有强烈的民族感情和捍衛民族利益的責任感。而新社會講的是無産階級或是全體勞動人民的利益，尤其是在當時人們普遍相信共産主義即將到來，民族即將消亡的時候，他的這種感情和思想便顯得那麼狹隘、落後，甚至是反動。

榮祥自信爲人正派，對自己的經歷頗感自豪。而在新社會看來，他的歷史是污濁的、罪惡的。在一九五三年三月二十八日中共土默特旗委員會填報的一份材料裏，給榮祥的結論是：『解放前在抗日戰爭和解放戰爭時期，一貫靠近國民黨，並盡其全力向國民黨上層爬，積極地對抗革命。如抗戰時期他寫過一本《蒙漢同源論》（實際内容和蔣介石所著的《中國之命運》内對民族的論調相同），給蔣介石寫過《收復外蒙的芻議》，上傅作義書等，辱罵蘇聯和中國共産黨，對抗内蒙人民政府。』尤其是一九四六年向蔣介石獻刀致敬一事，始終被認爲是謀官之舉，是要蔣效法當年的康熙皇帝來屠殺蒙古人民。就連當年抗日的蒙旗宣慰使署，也被説成是他建立的特務組織。①

榮祥天性執拗，有主見，不肯輕易從人，即使是對上司也是如此。而新社會崇尚思想一致，以服從爲美德，他的行爲自然是令人難以容忍。何况他從前因才華出衆和爲官較爲正直而飽受贊譽，有些驕傲自大，尤其是看不起那些對傳統文化一無所知或知之甚少的革命幹部和積極分子，再加上他多年來沾染的舊官場作風和官僚習氣，就更讓一班革命人士難以釋懷了。

一九五〇年秋，土旗召開第二届各界人民代表會議，討論和落實秋徵工作。由於國家規定的農業税比從前高，引起一些農民的不滿和不理解，會開了五天，問題也没能解决。旗委書記兼副旗長李文精無奈，衹得找奎璧設法，最後還是請榮祥出面做工作，才使代表們同意。問題雖然解决，但旗裏對

①内蒙古檔案館藏榮祥個人檔案之某表格（一九五三年三月二十八日填）。在解放初的材料中『蒙旗宣慰使署』即被誤作『血期「宣慰使署」』，而且一直沿誤到榮祥成爲右派以後。

榮祥這種人竟有這樣的影響感到十分不滿。①

一九五一年二月十五日土旗村幹部訓練班開學，榮祥在講話時談及民族問題，說：『狹隘民族主義是大漢族主義壓迫出來的，大漢族主義不放棄，狹隘民族主義永不會放棄。』他還回顧了解放前土旗所受的壓迫和他爲捍衛本旗利益所作的努力，最後說：『現在我真放心了，已經解放了，今後任何人也不敢壓迫你們了。你們今天另選其他人當旗長，我也很高興的回家生產，當老百姓我也願意。因爲你們不受其他人的壓迫了。』說到動情處，他聲淚俱下。在場的人頗爲感動，有不少人也淚流滿面。第一區村幹部金鳳山抑制不住内心的激動，站起來領着大家喊出『共產黨萬歲！毛主席萬歲！内蒙領袖雲主席萬歲！老旗長萬歲！』等口號。旗委書記兼副旗長李文精等人對此極爲不滿，認爲榮祥『近來言論較猖狂』，『觀點根本錯誤』，而且誇大和美化自己的歷史。他『能代表朋友幹部中一部分落後分子（偏右的）。該地群衆對他非常痛恨』。②

在一九五二年十月，組織上對榮祥有這樣的結論：『解放後兩年工作中表現不積極，自高自大，擺老資格。嫌挣錢少，没伺候他的人，進步很慢。政治上屬於中右分子。』③一九五三年三月二十八日中共土默特旗委員會填報的那份材料也明確說：榮祥『在解放以後，在政治活動方面還没有什麼具體表現，政治上不可靠，衹能讓其作些一般的工作，不能給重要工作去做』。並建議上級『最好把他調到上級機關，在政府或協商機關擔任一專職委員，我們感到最爲適當，不然在這裏，既不能做實際工作，相反的對工作有障礙作用。因而，希在大選前最好將其調走』。④

①據榮賡麟先生談，參閱《内蒙古日報》一九五七年七月二十一日第三版李竭忠：《榮祥的靈魂深處浸透了反動毒素》。

②内蒙古檔案館藏榮祥個人檔案。

③内蒙古檔案館藏榮祥個人檔案。

④内蒙古檔案館藏榮祥個人檔案。

一九五三年十一月二十六日，按照上級的指示，土旗第五屆各界人民代表會議第三次會議通過了結束土旗與綏中各縣旗縣並存局面的決定。不管是在會前還是會後，榮祥對此始終有看法，認爲：『取消旗縣並存後，土默特旗被削弱了，地方劃小了。』就他的經歷而言，他無法相信解放前土旗是蒙人管蒙人，還經常要遭到漢族的欺壓，現在蒙漢同在一起共同管理旗政，人口僅佔少數的蒙人又怎能保障自己的權益不受侵犯呢？盡管經過組織上多次解釋和批評，他不得不表面上贊同，但內心並不服氣，甚至説『共産黨的民族政策是高粱葉子燒紙——哄鬼』，『國民黨做不出來的事，共産黨做出來了。』①

不久，榮祥陞任呼市副市長，以後人們便經常能聽到他對有職無權的抱怨。他的老友、老官僚張欽曾勸告他説：『世道的確是變了。不管在什麽場合，千萬不要發言。如果非説不可，一定不要忘了説「擁護」。』性情耿介的榮祥哪裏能聽進這種圓滑的話，他滿不在乎，把它戲稱爲張欽的『二字真言』。②其實，榮祥對新社會是熱愛的，他衹是希望它能去掉缺點和不足，變得更加美好。但是他不瞭解，當時的人們都虔誠地認爲共産黨既然是先進階級的代表者，就當然正確，即使是有缺點錯誤，也會自己及時發現和糾正，用不着別人指手劃脚，他人的任何批評都是對黨的大不敬。顯然，榮祥今後的命運早已注定了。

一九五四年七月，性情直率的文藝理論家胡風以《關於解放以來的文藝實踐情況的報告》觸怒了中共中央和毛澤東。一九五五年初，對胡風及其支持者的政治討伐開始了。在短短數月間，官方主流媒體刊登了大量聲討文章、讀者來信和漫畫等，對胡風等人上綱上綫；人民出版社還奉命出版了《關於胡風反革命集團的材料》（共三批），以『確鑿的證據』揭露胡風等人的『反動』。在官方輿論的强大導向下，不知實情的大衆對『胡風反革命集團』的『罪惡』深信不疑，連巴金等人都在政治壓力下被迫表態，

①《内蒙古日報》一九五七年八月十六日第三版胡克巴特爾：《榮祥的平分秋色的思想本質是什麽？》；《内蒙古日報》一九五七年七月十九日第三版《榮祥的反動面目開始大暴露》。

②據榮賡麟先生談。

發表了《必須徹底打垮胡風反黨集團》的文章。不明就裏的榮祥當然也不例外，六月二十一日，他在《內蒙古日報》發表了《徹底消滅胡風反革命集團》一文，義正辭嚴地表示：『我們消滅胡風反革命集團必須要做的徹底，決不讓它遺留一小粒種子待機發芽。』他還誠懇地說：『從揭發胡風反革命集團這一事件中，我個人深深感覺到我們對思想問題和政治問題之間的微妙差別，往往看的不太鋒利也不敏感。這就證明我們馬列主義水平還差得很遠。……今後爲了和一切敵人作尖鋭複雜的鬥争，我一定要下決心更深入地鑽研馬列主義。』①

十五　災禍臨頭

在榮祥擔任過的衆多職務裏，祇有文史研究館館長是他真正喜歡的，他曾表示過：這才是最適合他的工作。②作爲土旗最有文化的人，撰寫家鄉的歷史是他多年的心願。早在一九三五年春，榮祥就曾打算召集旗內有學識的青年人重修旗志，但因故未能實現。③如今，文史研究館爲他實現心中的夙願提供了機會。從一九五六年五月中旬開始，他便全身心地投入《呼和浩特沿革紀要稿》的撰著。除了應付日常的工作外，他幾乎每天都抽出一定的時間伏案寫作。經過十個月的努力，在一九五七年三月，他終於如願以償地完成了這部大約十四萬餘字的著作。④

宿願得償，榮祥極爲高興，心中充溢着難以名狀的滿足和愉悦。這種幸福的感覺是那麽濃烈，那麽持久，以致還没來得及完全消失即迎來了內蒙古自治區成立十週年慶典。在四月二十九日慶典開始的前三天，榮祥在《內蒙古日報》上發表了一首題爲《呼和浩特歌》的七言古體詩，以火樣的激情謳歌了自治區首府翻天覆地的變化，詩中寫道：『青城盛會事空前，十載功超四百年，各族難忘中共德，頌詩我欲

①《內蒙古日報》一九五五年六月二十一日第四版榮祥：《徹底消滅胡風反革命集團》。
②據榮賡麟先生談。
③忒莫勒《建國前內蒙古方志考述》第一二八頁，內蒙古大學出版社，一九九八年。
④榮祥《呼和浩特市沿革紀要稿》（油印本）之《卷頭語》。

咏千篇。』緊接着，他又在《草原》雜志五月號上發表了題爲《祝詩》的兩首七律，熱情洋溢地歌頌了自治區十年來的發展和進步，他深情地寫道：『生涯任説江南好，變化應誇塞北奇。僻壤臻榮誰氏力，功推中共不須疑。』此時的榮祥怎麼也想不到，他生命的轉折即將到來，他將痛苦地走完餘下的人生旅程。

就在榮祥完成《呼和浩特沿革紀要稿》的同時，毛澤東在全國宣傳工作會議上宣布中國共產黨將要開始整風。四月三十日他還親自邀請各黨外人士進行座談，歡迎他們幫助共產黨整風。以後，《人民日報》連續發表了中共中央《關於整風運動的指示》和幾篇社論，拉開了整風運動的序幕。

五月六日，内蒙古黨委在呼和浩特召開全區宣傳工作會議，貫徹落實全國宣傳工作會議精神，開展整風運動。文教界的部分高級知識分子和黨外人士也應邀參加了會議。①經過七天的學習和小組討論，榮祥深爲共產黨虛心納諫的博大胸襟所感動，在十六日大會發言的第一天就迫不及待地發言，以實際行動來報答共產黨對他的信任。

在發言中，他對自治區一些領導機關衹顧本單位蓋樓、蓋禮堂，不顧市裏職工和人民的疾苦，提出了嚴厲批評。並以市製鞋廠工作環境惡劣，不利於工人身體健康的事實爲例，批評了領導們脱離群衆、不明下情的官僚作風。他説：『我這個舊官僚還在學習改造，而新的官僚却在發展，這真是新舊官僚交替了。』他還對小組會上個别黨員反對尖鋭批評，把批評視爲『要推翻共產黨』的惡劣態度表示了極大的憤慨，説：個别黨員過去把人整得上天無路，入地無門，今天批評稍尖鋭一些，難道就受不了嗎？如果整風剛一開始就抱這種態度，那就允許我們中途退場！②

二十三日榮祥又在呼市政協全體委員會議上發言，分析了黨内官僚主義、主觀主義、宗派主義的嚴重性，並説：我們對中國共產黨衷心地擁護，但令人不贊成的是，誰要給共產黨員提意見，就説你是反

①《内蒙古自治區大事記》（一九四七至一九八七年）第六十一頁，内蒙古人民出版社，一九八八年。

②《内蒙古日報》一九五七年五月十七日第一版《暢所欲言，解决人民内部矛盾》。

黨，反黨就是反革命。現在毛主席給大家有了指示，黨員也應好好聽大家的意見。①

六月三日至七日，內蒙古黨委統戰部利用四個半天，邀請非黨廳局幹部舉行座談會。內蒙古黨委第一書記烏蘭夫代表黨委歡迎黨外人士幫助黨整風，鼓勵他們消除顧慮，大膽鳴放。②榮祥又兩次發言，所提意見中較重要的有：建議國家完善法律，使人事制度有法可依。批評各級人民委員會開會有形式主義現象，有些問題已決定了，才召集會議來討論。③會議結束那天，烏蘭夫、楊植霖、奎璧、王鐸等書記們親臨會場聽取意見，並對黨外人士的坦率批評表示感謝。④

和絕大多數人一樣，榮祥哪裏知道，早在五月十五日毛澤東已起草了《事情正在起變化》一文，要求認清階級鬥爭形勢，注意右派的進攻，並提出『誘敵深入，聚而殲之』、『釣魚』的策略。五月下旬，這篇扭轉乾坤的文章已發給一定級別的黨內幹部閱讀。六月八日《人民日報》發表了《這是爲什麼？》的社論，十日又發表了《工人説話了》的社論，開始了反擊右派的鬥爭。就在烏蘭夫等內蒙古領導感謝黨外人士坦率批評的八天後，六月十五日《內蒙古日報》發表社論《不能祇許批評，不許反批評》，同時還刊載了《呼和浩特各界青年代表駁斥反動言論》的報道，內中點名批判了榮祥。內蒙古的反右鬥爭開始了。形勢急轉直下，榮祥還沒弄清是怎麼回事，就已陷入『老鼠過街，人人喊打』的境地。兩年前他還寫過文章批判別人，⑤如今竟輪到自己了。此後，呼市政協、內蒙古政協、土旗直屬機關、呼市直屬機關工

①《內蒙古日報》一九五七年七月六日第三版王慶凱：《香花掩蓋下的毒草》。

②《內蒙古自治區大事記》（一九四七至一九八七年）第六十一頁，內蒙古人民出版社，一九八八年。

③《內蒙古日報》一九五七年六月四日第一版《消除顧慮，大膽鳴放，講出心裏話，幫助黨整風》；六月六日第三版《內蒙古黨委統戰部召開的座談會上……》。

④《內蒙古自治區大事記》（一九四七至一九八七年）第六十二頁，內蒙古人民出版社，一九八八年。

⑤《內蒙古日報》一九五五年六月二十一日第四版榮祥：《徹底消滅胡風反革命集團》。

會、青年團等機關單位都紛紛開會批判他，報紙上也頻頻刊登批判文章，甚至還有兩幅醜化他的漫畫，不但指責他最近的言論，還翻起了歷史老賬，連在『三反』運動中作過結論的一些經濟問題也被舊話重提，而且言詞越來越激烈，火藥味兒越來越濃。一些一直與榮祥頗爲友善的老同事、老部下、老學生們，也紛紛出來批判他以自保，使他痛感人心不古，世態炎涼。

榮祥怎麼也想不通，黨爲什麼要這樣做。被捉弄了的感覺，像隻饑餓的老鼠在他胸中啃嚙着，令他痛徹心髓。而斷章取義、無限上綱的蠻横批，判更使他怒不可遏。他一遍又一遍地檢視自己的言行，確信雖然有批評過頭的地方，但絶没有反黨反社會主義之心。他不服，内心在痛苦地呼喊：這不公平！但現實是無情的，在經過一段抗争後，榮祥很快就發現他已在劫難逃，他的辯解和因病不出席會議是毫無用處的，衹能進一步激怒那些因鬥争而情緒亢奮的人們，從而遭致更猛烈的打擊。何况他還應該爲家人着想，盡可能不使他們受到牽連。

大約從七月上旬開始，他被迫一次又一次地作檢討。二十日，他的兒子榮賡麟在《内蒙古日報》上發表了《駁斥我父親榮祥的荒謬言論》一文，向組織上和革命群衆們表明自己與父親劃清思想界綫的態度。二十五日榮祥痛苦地寫出了《我的初步檢查》，表示要誠懇接受批判揭發，承認錯誤，向人民低頭認罪。他説：『我在「九一九」起義以前三十多年的封建反動官僚的醜惡歷史，是一段徹頭徹尾的反人民的腥臭罪惡歷史。尤其是當了土默特旗總管以後，就更變本加厲地成爲這一旗的「土皇帝」，騎在全旗人民頭上二十多年，始終是用兩面手法欺騙全旗蒙民：一面誇大宣傳，强調自己是替全旗蒙民辦事，借以騙取他們的信任，加强我在封建官場中争權奪利、陞官發財的資本；另一方面却要千方百計地剥削他們，以充實自己的私囊。』『正因爲我是這樣一個難以形容的封建臓官醜惡本質，所以凡是舊社會封建臓官能做得出的卑劣行爲我也都能做出來。』『總之，在起義以前，我無論在什麼時期或什麼地方，從來没有做過一件對得起人民、對得起革命的事情。』對和平起義後的言行，他也作了交待和批判，承認自己『自「九一九」起義以後，一系列地犯了反黨反社會主義的嚴重錯誤與罪惡』。盡管他被迫極力誣蔑自己，但仍對一些批判中不符合歷史事實的地方作了説明，使人仍能隱隱感覺到他那與生俱來的倔强。他還説：『現在我兒子罵我，這是我自己找來的，我並不抱怨他。其實罵我的人何止一個兒子，連所有的兒子、女子、兄弟、侄兒、女婿都正在異口同聲地罵我，……我已經是一個完全孤立的人。』①從這段話裏，可以看出他在竭力保護家人。看來，兒子的表態，很可能也是他授意的。

不久，作爲反右鬥争的一個成果，榮祥被戴上右派帽子（極右），從領導崗位上清除下來，行政級别從九級降到十一級，工資從245.5元降到195.5元。但是爲了體現政策的寬大，他的内蒙古政協常委被降爲委員，文史研究館館長一職仍得到保留，但須聽從副館長的領導和監督。從此，榮祥開始了思想受壓抑、心靈受折磨的生活。

有一點榮祥没有想到，有人因他而罹禍。呼市中華書局經理柴建文對榮祥的學識和才華非常欽仰，反右前曾誇贊榮祥『是咱們這地方的聖人！』，因此被打成右派。②

十六　殘陽夕照

成爲右派以後，恃才傲物的榮祥不得不在他人的鄙夷和白眼下生活。他每天上班都乘坐公共汽車或步行，主動參加政治學習和一切他有資格參加的會議。他很少發言，常説自己是右派，應當好好改造。在大躍進時期，盡管已年過花甲，他仍隨集體到農村幫助農民幹活，還爲大煉鋼鐵砸過礦石，表現都還不錯。但是勞動並非萬能靈藥，它能改造人的好逸惡勞和驕奢淫逸，却無法改造人的政治思想。榮祥的内心始終没有真正屈服過，但他又不得不昧着良心説違心話。這對天性直率倔强的他來説，是多麽的屈辱和痛苦。他的内心感到壓抑和苦悶，衹有在從事他所鍾愛的文史研究工作時，他才能得到解脱，才能感受到生活的樂趣和人生的價值。

一九五九年他參加了《包頭市簡志》的編纂，撰寫了『疆域及建制沿革』部分。一九六〇年他完成了

①《内蒙古日報》一九五七年八月十一日第三版榮祥：《我的初步檢討》。

②據榮賡麟先生談。

《蒙古民族起源問題的淺探提綱》一文，約兩萬四千字左右。此文的撰寫顯然與早年的《從漢蒙同源説到精誠團結》一文有關，不僅是一般意義上的治史心得，更是他爲洗刷早年的錯誤和由此産生的不良影響而刻意撰寫的力作。就在這年六月，奉政府有關部門的命令，榮祥等人在内蒙古歷史研究所勇夫和文史研究館副館長陳志仁的領導下，開始校訂《綏遠通志稿》，準備内部出版。他雖然不是領導，但在業務上當然是權威，故校訂過程中的許多問題都由他來解決或定奪。校訂自己早年編纂的著作，他自然欣喜若狂，别有一番滋味在心頭。據陳志仁和郭靈墅説，他工作積極努力，認真負責，幾乎『每天都做到夜裏十時前後，對一字或一句之差，不惜傾半天之力，搬書幾十本查對』。①

自從一九六〇年春政府給第一批改造表現好的右派摘掉帽子後，文史研究館的領導鑒於榮祥的表現不錯，很希望他能更進一步，成爲第二批摘帽子的右派。一九六一年春節時，内蒙古黨政機關舉辦春節晚會，榮祥亦獲得邀請。盡管文史研究館的領導事前囑咐過他，他仍舊没有出席。事後陳志仁責備他説：『黨和政府既然發帖請你參加，你就應該準時出席。……那晚自烏蘭夫主席以下各位領導同志出來向大家賀節。這是多麼好的機會，但你偏偏不抓，這能説是積極主動争取進步的表現麽！』他還建議榮祥找統戰部部長吉雅泰等人談談，通過吉雅泰再找楊植霖書記和烏蘭夫主席，向領導們請教，請領導們對他進行幫助。榮祥竟不以爲然，『强調自己在舊社會也未曾這樣做過』，②執拗之性依然。

五月二日，陳志仁、郭靈墅和榮祥的老友、内蒙古政協常委楊令德一同到榮祥家，對他作了長達四個小時的批評和幫助，希望他能再加把勁，早日摘掉右派帽子。榮祥理解大家的好意，感動地説：希望每隔一個時期我們暢談一次，像今天這樣幫助我。説老實話，反右鬥争是我生平第一次受教育，今天你們對我的幫助是我生平第一次感到朋友的可貴。③後來，他按照他們的建議，給上面寫了書面認錯材

①内蒙古檔案館藏榮祥個人檔案。
②内蒙古檔案館藏榮祥個人檔案：郭靈墅等《報告》。
③内蒙古檔案館藏榮祥個人檔案：郭靈墅等《報告》。

料。内蒙古黨委的領導對此很重視，派車把他接到黨委，由王再天出面與他談話。①

八月中旬，陳志仁、郭靈墅、楊令德又向上級呈遞了題爲《今日之榮祥》的報告，說：『今日之榮祥和過去之榮祥，不啻判若兩人』，能服從領導，對工作認真負責，可以肯定他堅定地服從共産黨的領導，走社會主義道路。②

九月十五日，在内蒙古黨委統戰部的領導下，内蒙古政協舉行第十六次常務委員會會議，經過討論和表決，決定摘掉榮祥、盧健飛的右派分子帽子。十八日在政協常務委員會擴大會議上宣佈了這一決定，榮祥和盧健飛當場『表示感謝黨和人民對他們的寬大處理，決心在今後繼續進行自我根本改造，進一步努力爲社會主義建設事業服務』。③一週後，恰逢中秋佳節（二十四日），心情舒暢的榮祥給内蒙古黨委及各位領導們寫了兩封熱情洋溢的短信，再次表示感謝。④

但是榮祥很快就發現：盡管右派帽子已摘，他已永遠無法回到從前的生存位置了。在人們眼裏，他不過是個摘了帽子的右派。因此他内心裏對摘掉帽子的那份感激，很快就淡化了，有的多是委曲和怨憤。一九六二年一月三十日春節前夕，他給内蒙古黨委各位領導寫了兩首七律，以感謝黨對舊知識分子的關懷照顧。詩中有：『報國有言多謬誤，檢身無術總荒唐。』『訕上無危自古難，而今言責每從寬。』甚至還引用南宋孝宗皇帝開釋因酒後妄語而被官府定爲謀反死罪的秀才陳同甫、北宋真宗皇帝認爲勸説駐成都將帥割據自立的蜀地某文人不過是想做官而不予治罪的歷史典故，説：『秀才妄語何須罪，遠士狂辭祇爲官。輕謫任教人眼白，原情終鑒此心丹。』字裏行間，話裏話外，都隱含着不滿。

三月二十三日至四月十八日，榮祥赴京列席了全國政協三届三次會議。會議期間，他認真學習了

①據榮賡麟先生談。
②内蒙古檔案館藏榮祥個人檔案：郭靈墅等《今日之榮祥》。
③《内蒙古日報》一九六一年九月二十一日第三版《認真改造，前途光明……》。
④内蒙古檔案館藏榮祥個人檔案。

所發的文件。在小組討論會上，起初他對發言仍有顧慮，曾對人説：『對工作中的缺點錯誤該不該談，談了人家接受不接受？一九五七年黨號召大鳴大放，我談啦，結果來了攔河壩，把我打成右派。』以後思想有些轉變，在小組會上發言數次，其中對趕超英國的口號有看法，認爲：不應輕易提出在幾年内趕上或超過某個國家，萬一没超過，就會給敵人以笑柄。同時要趕超人家，就要急幹，急幹就要浪費，本來投資十萬元可以辦的事，急幹就得用三十萬元。我們應該自己脚踏實地的幹。①

六月十九日至七月七日，内蒙古政協二届三次會議召開。七月五日榮祥在大會發言，談了反帝愛國、擁護党的領導、走社會主義道路的標準等問題。其中説：『擁護黨有兩種方式：一種是阿諛順旨、奉令承教、滿口歌頌、巧言令色的擁護；另一種是面折廷争、犯顔直諫、骨鯁强項、不肯遷就的擁護。敬愛的黨要前一種軟美可愛的擁護，還是要後一種堅持真理的擁護呢？如果辯白不清，很可能讓前一種擁護佔上風，而使後一種擁護變成愚蠢，給自己招來很吃不消的麻煩。』此言一出，又引起許多人的不滿，指責他『怨氣很大，對過去錯誤一點也不檢查，還借機出氣、泄憤，繼續放毒，具有煽動性』，並認爲給他摘帽子摘得早了。②

十二月十日至三十日，全區民族工作會議在呼市召開。榮祥在小組會上多次發言，其中對呼市執行民族政策的情況提出批評，有時情緒激動，言詞激烈。十一日上午，他説：從前土默特旗是特別旗，解放後降爲普通旗，地位一落千丈，『因此土默特人不痛快。呼和浩特是土默特蒙古人創造的，但是没有土默特蒙古人的份兒了，不僅是幹部，就是老鄉也搞不通。』『現在市裏除陳副市長是一個蒙古人外，請問市上還有哪個局長是土默特人，就是個得力科長也没有。』『這怎麽能貫徹好毛澤東思想，搞好民族團結？咳呀！那才是活見鬼呢。』『過去我戴了幾年帽子，不能説話。帽子摘了，我就要説。這是爲了響應黨的號召，按照親愛的烏蘭夫主席的要求説的。』十三日上午，他又對《内蒙古日報》十一月二十九

①内蒙古檔案館藏榮祥個人檔案：《榮祥在列席全國政協三届三次會議期間的主要言論和表現》。

②内蒙古檔案館藏榮祥個人檔案：内蒙古政協會議黨組辦公室編《情況反映》第十六期，一九六二年七月六日。

日發表的阮芳紀等人撰寫的《從清初到五四運動前夕呼和浩特地區農業的發展和土地問題中的階級關係和民族關係》一文的一些論點提出批評，指出：『文章强調了民族關係幾百年來就是團結的，而且説成是一種傳統的。把反動統治時期的民族關係也説成是團結的，這是反動的，是否認黨的解決問題，達到團結的政策。因爲民族關係没有什麽問題了，還有什麽問題可以解決，原來就是團結的，還有什麽達到團結之説，這不是無的放矢嗎？』十九日上午，他還建議在中學和大學的政治課裏加上民族政策的内容。①這些直率的言論，自然又引起不少人的非議，當時就有人説他説的『一落千丈説的太厲害』，説他『有政治野心，煽風點火，向上爬』。

大約是由於這些原因，一九六三年初夏内蒙古黨委統戰部曾以榮祥在舊知識分子中有較大的聲望和影響爲由，提名推薦他作第四届全國政協委員會委員，②但未能獲準。以後，因直言不諱，榮祥曾數次受到組織上的批評。

一九六五年，當國内援越抗美的熱潮洶涌澎湃時，榮祥曾在内蒙古政協的會議上表態：『在援越抗美的鬥争中，我們還没有出人，如果越南提出要人，我們一定要派人支援。在這種情况下，我參戰不行，但我打算從我國派志願軍出國的那個月起，由十一級降爲十二級。用這一級的錢來支援越南，直到我們完全勝利爲止。』③

校訂《綏遠通志稿》的工作一直在進行，眼看就要大功告成之際，一九六六年初夏文化大革命爆發了。在這場舉國瘋狂，顛倒黑白，殘酷鬥争的動亂中，一貫革命者尚難以避禍，何况榮祥這種『舊社會的殘渣餘孽』呢！時已年過古稀的他，被造反的某高校紅衛兵一拳打得滿眼烏青，家數次被抄，多年收藏的數萬册圖書雖經内蒙古政協轉移保護，但也損失了近三分之一。最令人□指的是，在呼市革命委員會

①内蒙古檔案館藏榮祥個人檔案：《内蒙民族工作會議發言》。
②内蒙古檔案館藏榮祥個人檔案：《提名（鑒定）表》，一九六三年五月二十一日。
③内蒙古檔案館藏榮祥個人檔案。

某副主任的發動下，一些高校的紅衛兵竟將烏素圖召附近榮祥亡妻的墳墓用炸藥炸開，將棺木、尸骨拋散。①榮祥悲憤欲絶，但天性倔强的他終於挺住了，頑强地活了下來。他堅信：這種以革命爲旗號的邪惡力量是不會長久的。

一九七〇年，當時内蒙古的最高領導機構『前綫指揮部』奉陳伯達的指示，下令修訂整理《綏遠通志稿》，内部出版，供有關領導工作參考。榮祥再次被邀參與，與其他老先生們一道工作。因有從前校訂的基礎，故此次修訂不到一年即告完竣。次年該志稿正在印刷之際，因陳伯達出了問題，内蒙古『前綫指揮部』的領導怕受牽連，便下令停止，結果僅印成一册（第一至八卷）。榮祥大失所望，他已經感覺到：在他有限的餘生裏，怕是看不到《綏遠通志稿》的問世了。

隨着年老體衰，他常常會不由自主地想起往事，在那裏默默地咀嚼和回味自己的人生經歷。他對自己的恃才傲物感到可笑，晚年雖然已討厭别人稱自己爲『塞北文豪』，覺得那是種譏諷，②却又因編纂過《綏遠通志稿》和撰著了一些文史著述而自認爲是歷史學家。③其實，自己衹是個飽讀舊籍，知識駁雜而不系統專精的文人而已，衹有做詩還有些靈氣。從政爲官更是大錯特錯，不僅没有實現自己復興民族的政治抱負，反而迭遭坎坷，結果是政界多了個執拗冥頑的痴漢，文壇却少了位才華横溢的詩人。事到如今，衹能悲嘆生非其時了。

一九七二年冬，榮祥大病一場，卧床達兩月之久。這使他突然警悟：桑榆之景，知餘幾何？他决定聽從早些時候兒女們的勸告，回顧往事，着手寫一部年譜式的自傳——《大青山人自序》，以免以後悔之莫及。盡管『病後精力大減，臂痛指僵，然黽勉握管，猶日能寫三五百字』。④但以後逐漸力不從心，時寫

①據榮賡麟先生談。

②一九九九年九月已離休的原内蒙古文史研究館館長孔慶臻先生對筆者談。

③内蒙古檔案館藏榮祥個人檔案：中共内蒙古政協黨組編《情況反映》第四十二期，一九六四年八月二十七日。

④《大青山人自序》，載《榮祥詩文選集》，内蒙古教育出版社，一九九九年。

時輟。延至一九七七年，終因患腦軟化和腿不能動而停筆，所寫僅至一九三四年。在病中，他對家人說：『我這一輩子就做錯一件事，那就是不該從政。我死後，不要把我的骨灰放到大青山公墓，那兒有我鄙視的人，我不願和他們在一起。要葬在大青山下，將來若是立碑，就寫上「蒙古詩人榮祥」吧。』他還告誡子女們：活在世上要爲人正直，要有思想，但說話要謹慎。無論什麼職業，衹要對社會和人類有益，都可以做。衹是不要從政。』①

一九七八年一月十九日，榮祥在家中逝世，終年八十四歲。他默默地走了，帶着無盡的哀怨，帶着深深的無奈。他的遺體火化後，骨灰存放在家中，直至一九九七年才安葬在土默特右旗祖籍美岱召村西北的山坡上。②

內蒙古政協爲榮祥舉行了追悼會，悼詞中說：『榮祥先生擁護偉大領袖和導師毛主席，擁護中國共産黨，擁護社會主義，擁護以華主席爲首的黨中央，對粉碎「四人幫」反黨集團表示高興。在中國共産黨的正確領導下，努力學習馬克思主義、列寧主義、毛澤東思想，注意改造世界觀。在身患重病前曾積極參加力所能及的工作，尤其重視文史資料搜集和整理工作，爲社會主義革命和社會主義建設事業貢獻了自己的力量。』③

一九八〇年八月二十日，因內蒙古政協黨組提出《關於榮祥右派問題的復查意見》，中共內蒙古黨委統戰部發出《關於改正榮祥右派問題的批覆》（黨統字〔一九八〇〕一〇三號），內中說：『經我部第十八次部務會議研究認爲，榮祥在一九五七年反右派鬥爭中，確有反黨反社會主義的言行。但考慮到他同一些向黨猖狂進攻的右派分子在程度上和情節上有所不同，也考慮到他後來有所轉變，爲此決定：

①據榮賡麟先生談。

②據榮賡麟先生談。

③內蒙古檔案館藏榮祥個人檔案，六〇〇－一－七一三〇卷。

本着從寬的精神予以改正。』①

榮祥已走遠了，無論什麼樣的議論和褒貶，他都聽不見了。相信即使能聽見，他也不會在乎，因爲他知道：衹有歷史才能做出公正的結論。

①内蒙古檔案館藏榮祥個人檔案。

榮祥先生年表

一八九四年（清光緒二十年），先生一歲。

是年十一月二十五日（舊曆十月二十八日），先生生於土默特右翼大青山麓美岱召村河棱之故宅。

一八九七年（清光緒二十三年），先生四歲。

正月，父母作主，與把什板申村丁氏女佩蘭訂婚。丁佩蘭比先生長一歲。

一八九九年（清光緒二十五年），先生六歲。

先生隨諸兄在張詳先生私塾學認字。

一九〇〇年（清光緒二十六年），先生七歲。

仍在張詳先生私塾認字，讀蒙經。暑假期間，義和團、紅燈照傳入村中，與同村兒童應父老的號召練神兵，皆無效。

一九〇一年（清光緒二十七年），先生八歲。

移入董庚年先生私塾讀書。

一九〇二年（清光緒二十八年），先生九歲。

仍在董庚年先生私塾讀書。寒假時乘騾車赴歸化城陪父親都格爾札布過春節，觀上元燈火盛會後，始回村讀書。

一九〇三年（清光緒二十九年），先生十歲。

都格爾札布聘山西省五臺縣童生趙先生設館於家，先生與同族兄弟六七人入館受教。寒假休學，隨母親進歸化城省視父親都格爾札布。

一九〇四年（清光緒三十年），先生十一歲。

仍在家中讀書。寒假休學，隨母親進歸化城省視父親，定居城西北慶凱橋西扎達亥河北岸新宅。

春春節前，與仲兄分座寫春聯，先生書小幅，獲父親獎譽。

一九〇五年（清光緒三十一年），先生十二歲。

改入歸化城楊家巷東頭李景沆先生館中讀書。二月，赴把什板申村爲丁佩蘭之父送葬。

一九〇六年（清光緒三十二年），先生十三歲。

仍在李景沆先生館中讀書。讀畢四子書，開始讀毛詩。七月十三日母親病故，八月二十五日歸殯於美岱召村。因突遭喪母之變，導致情緒不振，無心讀書。

一九〇七年（清光緒三十三年），先生十四歲。

入歸化城小東街東跨院内新設之土默特旗立第一小學堂讀書。國文、算術、體操教員分別由李景沆、新城滿洲青年景雲、瑞秀擔任。先生除在學堂内學習部頒課程外，仍以誦讀《詩經》、《尚書》、《左傳》、《文選》及唐宋人詩歌爲重點，同時開始練習平仄四聲及三字、四字對語，以備將來作詩爲文之用。

一九〇八年（清光緒三十四年），先生十五歲。

五月某日，歸化城副都統視察學堂，先生因學習成績第一，獲一百文錢之獎勵，從此名聞全旗。

仍在土默特旗立第一小學堂讀書。原國文教員李景沆先生因水平有限被解聘，文史課程由應炳華先生擔任。應先生看過先生應命所作《大雷語》詩（五言二韵）後，批曰：能作此語，可以學詩矣。

一九〇九年（清宣統元年），先生十六歲。

應炳華先生與土旗文廟街高等小學堂教員吴天章對調工作。吴天章先生年過古稀，係山西代縣拔貢，擅作詩。

五月初，先生患傷寒，經治療，卧牀逾月乃起，秋後方上學。

九月二十一日，奉父命請假回美岱村娶妻成家。時十六虛歲。

一九一〇年（清宣統二年），先生十七歲。

考入歸綏中學堂預備班。

一九一一年(清宣統三年),先生十八歲。

考入歸綏中學堂丙班,並當選班長。

九月底,因武昌革命,歸綏道當局怕學堂中有人同情革命,遂提前放假,以防亂萌。

冬,山西革命軍勢力進入綏遠城將軍轄境,局勢緊迫。歸綏道幕僚俞翰青倡儀成立治安維持會,挪用歸綏中學堂基金(白銀五萬兩)爲經費。學堂堂長吴福麟經先生力勸並撰寫給綏遠城將軍之呈文,得以挫敗俞翰青的企圖。

一九一二年(民國元年),先生十九歲。

歸綏中學堂改稱歸綏中學校,聘王定圻爲學監。其丙班改稱第一班,先生仍爲班長。王定圻欣賞先生的文采,遇之甚厚。

冬,王定圻在舊城北茶坊關帝廟東跨院成立中國國民黨支部,王氏任支部主任,先生當選文書股長。不久,王定圻赴北京衆議員任,該支部因無人主持而涣散。

一九一三年(民國二年),先生二十歲。

秋,國文教員李笑天、董偉然因經常窘於學生的提問,惱羞成怒,慫恿校長以不守校規的罪名將丙班學生郭勛開除,遂激起全校學生公憤。先生和同班同學楊映林、張雲漢被以鼓動同學鬧風潮的罪名開除出校。經王定圻建議和父親支持,先生與楊映林、張雲漢赴北京求學,暫住於宣武區外上斜街三忠祠之山西會館。

一九一四年(民國三年),先生二十一歲。

春初,先生考入中央政法專門學校法律本科,其弟桂祥等同鄉十餘人考入蒙藏學校。因享有土默特旗公署每年六十元的助學補助,旅京求學的生活毫無困難。學習之外,常應王定圻邀,爲歸綏《一報》撰稿,月獲稿費十元,閑暇則以逛書肆和觀劇爲樂。結識琉璃廠浣花書局經理牛寶璋(字贊岑)，經牛氏介紹，從河北故城王蔭南先生學習作文。

一九一五年(民國四年)，先生二十二歲。

因從浣花書局借書之便，先生得任情博覽，加上王蔭南先生的指導，詩文寫作更加宏麗而敏速，以致京華大小報刊多刊載其作品(筆名塞翁)，以文會友，廣交各省寓京文人名士。

秋，拜桐城姚永概先生爲師，學習古文義法。

一九一六年(民國五年)，先生二十三歲。

綏遠都統蔣雁行陽借招撫土匪中飽私囊，使百姓仍受匪害。綏遠地方鄉紳忍無可忍，遂派代表段履莊(歸綏商會會長)、卜夢庚進京向民國政府呈控。其請願文字多由先生起草。

一九一七年(民國六年)，先生二十四歲。

綏遠鄉紳代表呈控無果，不敢還鄉。先生出謀並親赴天津面見政府總理段祺瑞的同族長輩、北洋老將段芝貴，佯稱代表綏遠民衆歡迎其出任綏遠都統，巧借其力，將蔣雁行調離，使綏遠鄉紳代表得以欣然返鄉。

冬，於法律本科畢業，因綏遠發生鼠疫，京綏間交通斷絶，遂滯留京師，讀書顧曲。

一九一八年(民國七年)，先生二十五歲。

春季，返回歸綏。應綏遠道尹公署之命題徵詩(三首)，一舉奪魁獲獎，並受到道尹周登皞先生的盛贊。

七月，當選爲山西省議會第二届議員(時綏遠尚未單設議會)。

九月十一日，抵太原出席省議會會議。

一九一九年(民國八年)，先生二十六歲。

四月，赴太原出席省議會臨時會議。會後赴北京照顧患病住院的胞弟桂祥。期間應同學好意，於全國高等法官考試之頭場國文甄試録一試身手，於七千餘參試者中成績名列第五。

秋季，護送亡弟靈柩還鄉，隨後再赴太原出席省議會會議。

一九二〇年（民國九年），先生二十七歲。

四月，赴太原出席省議會臨時會議。期間應閻錫山洗心社之邀請，兩次至該社做自由講演。盛夏，因憤於綏遠都統蔡成勛破壞禁種大煙令，並橫徵暴斂，毒害人民，約同議員李正樂、閻肅、趙國鼎諸人偕赴北京向國務院呈控。在綏遠道尹周登皞的調解下，最終逼得蔡某自動辭職，並捐出四萬元在北京、歸綏各購房屋，作綏遠會館。其後，綏遠旅京同鄉集會歡迎新任綏遠都統馬福祥，先生親致歡迎詞。

一九二一年（民國十年），先生二十八歲。

七月，受綏遠都統馬福祥委任，出任綏遠墾務督辦公署秘書，兼籌餉局籌議員。因公務不繁，常讀書作詩，與綏遠道尹周登皞先生唱和。

一九二二年（民國十一年），先生二十九歲。

二月，任綏遠全區學務局第二科科長。

十月二十八日，綏遠第一師範學校成立，先生兼任國文教員。

不久，因揚文言抑白話，與學生楊令德等發生衝突，遭學生們在報端指責。

一九二四年（民國十三年），先生三十一歲。

三月，任薩拉齊縣清源稅局局長。次年初卸職。

一九二五年（民國十四年），先生三十二歲。

二月，赴北京治病。

秋，在京任段祺瑞召集的國民代表會議代表。

一九二六年（民國十五年），先生三十三歲。

九月，還鄉，在家賦閑。

一九二七年（民國十六年），先生三十四歲。

三月二十八日，任土默特旗公署秘書，辦理各科處一切文牘事宜。

春，任北方國民革命軍騎兵第五師中校參謀處長。

十一月，隨綏遠護印都統滿泰入都統署，任政務廳廳長。不久，改任包頭綏西鎮守使公署上校參謀長。

一九二八年（民國十七年），先生三十五歲。

二月九日，大元帥指令第九十三號批准先生補驍騎校缺。

八月，任土默特旗總管公署秘書長。

是年，補陞為本旗公中佐領，又陞本旗參領。

一九二九年（民國十八年），先生三十六歲。

綏遠大災，先生參加賑濟會文書組的工作，專辦募捐函電，以文章救災。

一九三〇年（民國十九年），先生三十七歲。

自費出版個人詩集《瑞芝堂詩鈔》，由綏遠華北印刷局鉛印發行。

一九三一年（民國二十年），先生三十八歲。

二月二十一日，抵南京，任蒙古各盟旗聯合駐京辦事處土默特旗代表。

四月，被本旗推選爲國民代表大會代表。經國民黨中央黨部特許加入國民黨。

八月，返回歸綏，仍任土默特旗總管公署秘書長，並兼綏遠省通志館編撰主任。

九月，先生等十二參領與全旗佐領、驍騎校等百二十人聯名致電蒙藏委員會，要求制止綏遠墾務總局丈放本旗公共牧場。

一九三二年（民國二十一年），先生三十九歲。

六月，兼任蒙邊司令部少將參謀長。

一九三三年（民國二十二年），先生四十歲。

七月二十日，土默特總管滿泰請假療養，旗署一切事宜由先生代拆代行。

十月，先生同本旗眾參領向負責處理内蒙古自治問題的内政部長黄紹竑、蒙藏委員會副委員長趙丕廉呈陳『土默特全部蒙眾意見』，支持内蒙自治運動，並就保障本旗權益提出十條要求。

一九三四年（民國二十三年），先生四十一歲。

三月七日，被國民政府任命爲蒙古地方自治政務委員會委員。

四月二十三日，蒙古地方自治政務委員會在百靈廟正式成立，先生到會，與其他委員一同宣誓就職並開會。

九月二十六日，奉國民政府命令署理土默特特别旗總管。

十月二十六日，正式宣誓就職。

十一月七日晚，視察綏遠的蔣介石在歸綏設宴招待蒙政會雲王、德王，先生出席作陪。

一九三五年（民國二十四年），先生四十二歲。

四月二十四日至五月二十一日，在百靈廟出席蒙古地方自治政務委員會全體委員會議。

九月二十二日，先生恢復了從前因經費支絀而停辦的土默特旗公立第一中學校。

一九三六年（民國二十五年），先生四十三歲。

一月二十五日，被國民政府任命爲綏遠省境内蒙古各盟旗地方自治政務委員會委員。

二月二日，任綏遠省境内蒙古各盟旗地方自治政務委員會教育處處長。

同月二十三日，綏遠省境内蒙古各盟旗地方自治政務委員會正式成立，先生出席並參加此後的全體委員會議。

四月，被聘爲綏遠省政府鄉村建設委員會委員。

十二月，傅作義主持成立綏遠軍民聯合委員會，先生爲委員之一。

一九三七年（民國二十六年），先生四十四歲。

二月二日，任綏遠省境内蒙古各盟旗地方自治政務委員會教育處處長。

十月十四日歸綏淪陷前晚，先生携妻西撤包頭，隨即渡黄河南下，經伊克昭盟至陝西榆林。

一九三八年（民國二十七年），先生四十五歲。

二月二十四日，蒙旗宣慰使公署成立，沙王任蒙旗宣慰使，先生任蒙旗宣慰使公署秘書長。

六月二十一日，任第一届國民參政會參政員。

七月二日，受命代理蒙旗宣慰使沙克都爾扎布駐榆處理署務。

七月，以蒙古代表的身份赴武漢出席第一届國民參政會，隨後赴重慶。

冬，出任蒙古抗日游擊軍第三區中將司令，負責在包頭、達拉特旗沿河一帶開展政治攻勢和游擊活動。

一九三九年（民國二十八年），先生四十六歲。

是年初，赴重慶參加國民參政會第三次會議，蔣介石曾約他洽談抗日問題。

四月，奉國民政府命令，任成吉思汗陵起靈致祭官，促成成吉思汗陵寢的遷移。

八月，發表《從漢蒙同源説到精誠團結》一文（《塞風》第四至五合期）。

九月三十日，任綏遠省境内蒙古各盟旗地方自治政務委員會常務委員。

十二月一日，兼任綏遠省境内蒙古各盟旗地方自治政務委員會秘書處處長。

一九四〇年（民國二十九年），先生四十七歲。

九月七日，受國民政府薦派爲綏遠省境内蒙古各盟旗地方自治政務委員會振濟委員會委員。

是年發表《寄蒙旗同胞》（《民衆日報》）、《應該表彰的俺答可汗》（《抗戰與蒙古續編》）。

一九四一年（民國三十年），先生四十八歲。

一月，收容僞綏西聯軍二師七團三連連長馬占標部、僞東亞同盟軍第二師獨立團一連連長李占元部，僞綏西聯軍第一師二團團長辛子綱部共百數十人。

六月，策動駐托縣河口鎮僞軍保安大隊長任殿邠（土旗蒙古青年）部官兵共八十餘人及家眷攜帶武器反正。

一九四二年（民國三十一年），先生四十九歲。

十二月，先生去重慶出席教育部邊疆教育委員會第三屆大會，路經延安小住，謁見毛澤東、朱德、葉劍英等，受到熱情接待。

一九四三年（民國三十二年），先生五十歲。

四月，先生乘坐蔣介石親自爲他安排的飛機抵達西安，陝西、寧夏兩地軍政首腦奉蔣令將他送抵後套。

一九四四年（民國三十三年），先生五十一歲。

五月五日，獲得國民政府頒發的三等景星勛章。

一九四五年（民國三十四年），先生五十二歲。

三月，撰成《收復外蒙芻議》，上呈國民政府。

八月四日，在伊盟扎薩克旗繼任蒙旗宣慰使。

九月十六日，因抗日戰争勝利，先生率部屬出發東返。

十月，爲争取蒙古自治積蓄力量，先生與綏境蒙政會常委巴文峻組織了《蒙古青年同盟》。年底因申請參加政治協商會議未獲批准，該同盟即行涣散。

一九四六年（民國三十五年），先生五十三歲。

四月，任綏遠省政府委員。

五月二十四日，先生憤然上書給綏遠省政府主席傅作義，反抗省方及市縣當局對土默特旗旗權的侵削。

七月八日，率『抗日蒙旗慶祝還都代表團』在南京國民政府晉謁蔣介石，向其表示致敬，同時表達内蒙古蒙旗的自治願望。

十月十日，因在抗日戰争中的貢獻，榮獲國民政府頒發的『勝利勛章』。

一九四七年（民國三十六年），先生五十四歲。

二月十四日，上書陳果夫，力辭立法、監察兩院委員提名。

三月十一日，土默特旗旗立塔布子小學成立，該校又名『土默特特別旗立塔布子耀宸小學校』。

九月二十七日，受派爲監察院監察委員歸化土默特旗、綏東四旗選舉監督。

一九四八年(民國三十七年)，先生五十五歲。

三月一日，參加綏遠省佛教支會，任理事。

七月二十三日，向旗署各督導處發佈訓令，要求下屬及旗民抵制綏遠省各市縣政府強制撤換蒙民戶口簿及省份證的不法行為，以保全土默特旗旗制。

一九四九年(民國三十八年)，先生五十六歲。

一月底，與綏遠參議會正副議長張欽、閻肅，綏遠省最高法院院長于存灝等人共同倡導並成立了『綏遠和平促進會』，建議綏遠當局應順應大勢，結束軍事對立，停止徵兵徵糧，釋放政治犯，與中共進行和平談判。

六月十四日，向本旗民衆發出《謹向土默特全旗蒙胞辭職書》。

七月二十三日晚，通知中共綏遠省委駐歸綏聯絡處聯絡科長曹文玉：明天不能出門，頑固派劉萬春等人將下手攻擊。此舉使數十人幸免於難。

是月，全旗職員八百七十餘人投票選舉總管，先生以四百六十票當選。

九月十九日，綏遠和平起義，先生爲二十八位簽名人之一。

十二月二日，被中央人民政府第四次委員會會議任命爲綏遠軍政委員會委員。二十九日被綏遠軍政委員會第一次全體會議任命爲綏遠軍政委員會民族事務委員會副主任委員。

一九五〇年，先生五十七歲。

一月十三日，被中央人民政府政務院任命爲綏遠省人民政府人民監察委員會委員。

六月二十六日，被中央人民政府政務院任命爲綏遠省土默特旗人民政府旗長。

一九五一年，先生五十八歲。

三月十五至二十一日，以蒙回民族代表團首席代表身份出席綏遠省第一界各界人民代表會議，二十二日，當選綏遠省第一界各界人民代表會協商委員會常務委員。

十月五日，被中央人民政府政務院任命爲綏遠省歸綏市人民政府委員。

一九五二年，先生五十九歲。

九月十一日，由代行人民代表大會職權的綏遠省第一界第二次各界人民代表會議選爲綏遠省人民政府委員。

一九五三年，先生六十歲。

一月十四日，被中央人民政府任命爲綏遠省人民政府委員。

五月十五日，被中央人民政府政務院任命爲綏遠省人民政府政治法律委員會委員。

同年，任綏遠省文史研究館館長。

一九五四年，先生六十一歲。

三月二十日，任歸綏市人民委員會委員。內蒙古自治區協商委員會籌備委員會學習委員會副主任委員。

四月二十二日，被中央人民政府任命爲呼和浩特市人民政府副市長。

八月十一日，被中央人民政府任命爲內蒙古自治區人民政府委員。

一九五五年，先生六十二歲。

二月二十六日，任政協內蒙古自治區第一屆委員會常務委員。

四月下旬，任政協呼和浩特市區第一屆委員會副主席。

一九五六年，先生六十三歲。

五月八日，任政協內蒙古自治區第一屆委員會學習委員會副主任。中旬，開始撰著《呼和浩特沿革紀要稿》。

一九五七年，先生六十四歲。

三月，撰成《呼和浩特沿革紀要稿》，總共約十四萬餘字。

七月，被打成「右派」。

八月二十六日，被免去呼和浩特市副市長等職務。後改任内蒙古文史館館長。

一九五八年，先生六十五歲。

是年，開始接受改造，隨集體到農村幫助農民干活，還爲大煉鋼鐵砸礦石。

一九五九年，先生六十六歲。

一月，任政協内蒙古自治區第二届委員會委員。

是年參加《包頭市簡志》的編纂，撰寫了『疆域及建制沿革』部分。

一九六〇年，先生六十七歲。

六月，奉政府命令，先生等人在内蒙古歷史研究所勇夫和文史研究館副館長陳志仁的領導下開始校訂《綏遠通志稿》，準備内部出版。

是年還撰成《蒙古民族起源問題的淺探提綱》一文。

一九六一年，先生六十八歲。

九月十八日，内蒙古政協第十六次常務委員會擴大會議宣布摘掉先生的右派分子帽子。

一九六二年，先生六十九歲。

三月二十三日至四月十八日，在北京列席全國政協三届三次會議。

六月十九日至七月七日，出席内蒙古政協二届三次會議，又因發言受人指責。

十二月十日至三十日，在呼和浩特市出席全區民族工作會議，再因言論直率而受人指責。

一九六四年，先生七十一歲。

八月，在内蒙古政協學習中心組的學習座談會上，先生又受到黨外人士的批評。

一九六五年，先生七十二歲。

五月，任政協内蒙古自治區第三屆委員會委員。

一九六六年，先生七十三歲。

是年夏，『文化大革命』爆發，先生遭紅衛兵毆打並被抄家。

一九七〇年，先生七十七歲。

内蒙古『前綫指揮部』下令修訂整理《綏遠通志稿》，内部出版，供有關領導工作參考。先生再次被邀參與。

一九七二年，先生七十八歲。

冬，大病康復之後，着手寫年譜式的自傳——《大青山人自序》。因力不從心，時寫時輟。延至一九九七年，終因患腦軟化等疾而擱筆，所寫僅至一九三四年。

一九七八年，先生八十四歲。

一月十九日，先生在家中逝世，終年八十四歲。内蒙古政協爲其舉行了追悼會。

一九八〇年

八月二十日，中共内蒙古黨委統戰部發出《關於改正榮祥右派問題的批覆》（黨統字〔一九八〇〕一〇三號），聲稱：『本着從寬的精神予以改正。』

一九九七年

先生的骨灰被家人安葬在土默特右旗祖籍美岱召村西北的山坡上。

滎祥文檔·著述編

《瑞芝堂詩鈔》

〔出版於一九三〇年，現藏於内蒙古圖書館。左爲《瑞芝堂詩鈔》封面及藏書印，内文見下頁影印件〕

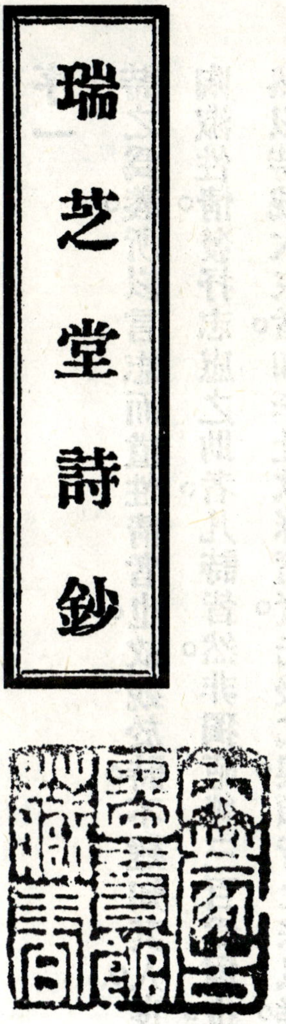

序一

詩之爲義。所以言志而道性情者也。故觀於詩。不難知其人。以優游饜飫。藉爲陶淑性情。發抒志慮之助者。凡詩皆然。非獨葩經三百爲爾也。其在唐宋之世。卓然以詩號大家者。如李杜歐蘇諸賢。先後代興。類皆上宗風雅。下繼楚騷。雖所造各異。而要均不失乎溫柔敦厚之旨。後之讀其詩者。知古人感物興懷。哀而不傷。怨而不怒。即美人芳草。亦莫不寄託遙深。有以得乎好惡之正。然則詩教之感人。顧不深耶。余友榮君耀宸。學問淵博。天分過人。所爲文。樸茂高古。取法秦漢。下筆千言立就。固不僅以詩見長。然其詩境之雄麗。亦自足於騷壇獨樹一幟。迥非時流所能望其項背。余嘗觀君之詩。非惟典贍風華。力矯郊島寒瘦之弊。而不假雕、琢落落抒寫。至性至情。即以流露於字裏行間。反覆涵詠。節短音長。使人忠順友愛之心。油然以生。非有得於三百篇之奧義者。詎能若是乎。世稱黃山谷於書無不讀。以絕倫之姿。遭際承平。日接賢士大夫。緒言餘論。故其造詣愈深。余於榮君亦云。榮君世代簪纓。爲塞北望族。其先君梅令銜土默特旗參領都公。多福多男。而榮君於諸昆弟中。尤負白眉之譽。蚤曾遊學北平。所交皆當代名流。每於談經論史及刻苦學爲古文之暇。復出其餘力。邀朋結社、以鬬韻唱酬相娛樂。古所謂弱冠弄柔翰。卓犖觀羣書者。殆宜爲君詠之也。久之。得所爲雜體詩二百餘首。綴還諸友。咸勸付梓。以公同好。而君猶以雕蟲末技。未肯遽以問世。同人慫慂再三。强而後可。詩既成帙。乃丐序於余。以余謭陋。且不研聲韻已三十年。縱黽勉應命。亦奚文之足云乎。第念余與榮君爲莫逆交。弄班門之斧。着佛頭之糞。皆非所敢辭。若謂青萍結綠。以求長價薛卞之門。則失之遠矣。是爲序。愚兄蘭田張玉成序

序二

余與榮君耀宸昔同受業於雁門吳曉峰先生門下。君齠齡時。初學屬詞。以子夏對亥、唐大為先生所激賞。吾綏當清光宣之際、曉峰先生、雅負詩名。群相推重。君晚出其門、穎悟敏慧、頗得心傳、比長。游學舊都。所交皆知名士、嘗共立詩社。雅集唱和。一時稱盛。君年最少、詩翁王片石。尤愛重之。與訂為忘年交。藝林引為佳話。既而從桐城姚叔節先生游。致力於古文辭、學業乃益大進、詩境亦月異而歲不同。余嘗見其古體中。詠史諸作。神韻逼近甌北。而論斷精闢。尤徵讀書得間。其近體詩詠落葉云。到眼方驚秋色老。隔林忽見月明多。詠柳絮云。闊野無垠風蕩樣。疏簾有影月依稀。何其詩味之清雋。酷似吾曉翁夫子耶。知其得於觀炙者深矣。夫以君生長邊蒙、能不為風氣所囿。其才之敏而又用力之勤。年來雖從政事。參戎幕翰墨寄懷未嘗暫廢卒能卓然有以自見有志之士不當如是耶庚午春君於公餘理其詩文舊作得雜體詩二百四十首將手鈔而先以付印出以示余因竭一日之目力而卒讀焉君之長固不僅以詩然觀君之詩亦可以覘其學而識其才茲編所存多其少作顧其成就已能如是以君之才之勤繼進不休則將來造詣正未可量矧君性行純潔遇事明決爲國効用建樹定自不凡又豈僅爲今世之元遺山而已哉

中華民國十九年孟春下弦同門愚兄抃卿郭象伋拜序

序三

夫才者。人人所同具。而才量之小大庸奇則非人人所能盡同也。故凡世之能擅一業以資身者。皆不得謂之不才。蓋不才卽不足以成其業。惟惜多庸庸小有之才。非可與論於卓犖恢奇之才耳。間嘗以爲才之有恢奇。譬木之有梗楠。馬之有騏驥。雖當其未任櫟櫪。未致千里時。而在識者見之。固已知其與樗櫟駑駘不侔矣。然而具此奇才者。又豈可於千萬人中一二遇之哉。今觀余同學密友榮君耀宸者。其天賦穎悟之才。殆可當恢奇之稱而無愧者歟。溯其齠齔就傅時。初學作二字聯語。一日師以亥唐及楊朱命題。君隨以子夏李白對之。（此對載於朱竹垞古人名聯語中彼時君方在發蒙期實未見此書）師乃大稱賞。夫以數齡之兒。其出語已巧不可階。謂非奇才而能若是乎。十三歲。從雁門吳曉峯先生研經史。並受詩法。一日先生論史至張良求力士事。

忽問諸生孰知力士姓名者。諸生不能答。君獨對曰。憶是夏侯玉也。先生驚且喜。曰此名非正史所載。爾小生於何書中得之耶。嘻。異已。夫以舞勺之童。其談吐已駸駸博洽。雖欲不謂之奇才不可也。十七歲入中學。始與余訂莫逆交。並同受古文法於秀容常葵園先生。君則學與年增。每試必冠儕輩。民國二年秋。君負笈遊燕京。入校研法律科。燕京爲全國人文淵藪。南北名流。肩摩踵接。君以一蒙旗少年書生。掉臂其間。毫端揮灑。頷下得珠。雖老輩如易碩甫、王片石之倫。見君詩文。莫不嘆詫稱奇。至謂假君早生二十年。彼翰苑鼎甲之才。寧足多乎。由是觀之。則君才之奇。非余一人阿好之私言。實徵諸人人而視爲同然者也。蓋君之詩文。或煌煌巨製。或寥寥短章。靡不自立新意。更運以勁健空靈之筆。人多寶之。而君反不自珍愛。往往隨手散失。是則彌可惋惜耳。自君畢業後。爲飢驅奔走四方。其詩文遂不可多見。客歲由綏西解職歸來。余竭力勸君先梓雜體詩以公同好。惜存者僅十之二三。已非復全豹矣。雖然。善辨味者。嘗鼎一臠。已知郇厨之美。吾願讀榮君之詩者。亦作如是觀。焉可已

中華民國十九年上元前一日同門愚兄玉山安兆麒拜序

序四

溯夫香山樂府。遠紹兩漢之遺徽。元相宮詞。特創三唐之妙格。領異標新。旣皆擅名於當代。逃辭比事。罔不矜式於將來。每念伊人。惜非並世。今幸吾友塞北榮君耀宸。一囊貯景。八斗儲才。璣瑟彈雲。芙蓉出水。王摩詰之詩中有畫。蘇眉山之筆到成文。允稱近世元音。足繼前修逸響。抑聞聲音之源。發於心。雅頌之遺。通乎政。鳶飛魚躍。無非日用倫常。月露風雲。盡是興觀羣怨。遙吟俯唱。旣皆天籟之鳴。空永歎長言。亦屬性情之流露，所以呂伯恭論詩之什。世奉金言，宋政和禁詩之刑，人識秀典。慨自滄桑屢易。古調幾類夫廣陵。嗟予昔剿空疎。賡歌徒艱於下里。欲索途而擿埴。將何路以問津。茲值榮君焜玉騰輝。隋珠繼夜。時飛北宋。忽覩聖愈二百年之偉詞。客似南來。獲覩子昇一片石之佳作。家近祁連。擅謫仙關山之曲。

川鄰敕勒。吟解律沃野之歌。蘭有秀兮菊有芳。鳳之毛兮麟之角。地則僻矣。才其仙乎、盖榮若。派演呼韓。世胄業卒。科學宮增。而乃奇書滿家。多文爲富。李鄴侯之雅望、不慕虛榮。杜武庫之才華。秉嫻韜略、曾作參軍。馳檄則陳琳短氣。遍遊燕趙。賭句則謝朓驚人。翳此黃沙白草之鄉。偏逢玉振金聲之士。諦看煌煌大集。應羨磊磊雄文。竚盼梓成。定知紙貴、謹當芹獻、聊貢蕪詞

中華民國十九年元日愚弟少軒孟繼椿撰於綏遠客次

自序

蓋聞采風識俗。九經惟四始之稱。葩依律和聲。六呂合五音而起、韻義主温柔。寓意不嫌於諷刺。詞從敦厚。抒情或雜以詼諧。此固詩教之玄微、亦極文章之變化已。故兩漢六朝、雅頌已無嗣響。三唐五季、詠歌惟尚別裁。雖云風騷之遞邅。與世俱遷、究屬旨趣之宏深。前規莫繼。慨自魏晋以還。率逞才於弄月吟風之什、齊梁而下、皆摛藻於夕陽芳草之篇。寄託既已非遙。興觀豈能復古。此崛起昌黎。所以挽狂瀾於八代。鑑微李諤。力期砭文弊於一時也。然而茫茫古調、迴憂拾墜之維艱。郁郁新聲。亦歎升堂之不易。是以摩詰耽吟。醬甕以苦思而誤入。雲谿覓對。浴盆因得句而摧殘。或方成幾字。撚斷數莖髭鬚。或賦就一章。費盡十年心血。如斯之類。不鮮其儔。然則關雎二南之義。縱令置而弗研。大曆十子之流、敢言蹴而即躋乎。夫以歷朝之才士。習其見代之文詞。猶且求雲路則萬衆未容取千。貯名山則百家不必傳一。矧余宗承奇渥、系出和林。生長陰山之下。勅勒名川。伏居盛樂之郊。朔方表郡。稽往事於靑箱、本戰士長征之域。考遺蹤於紫塞。亦英雄用武之邦。區殊華夏。地以僻而非靈、俗遜文明。人因陋而尠傑。一傳衆咻。難附東家之驥。獨修寡侶。莫追南運之鵬、咫聞尺見。學緣錮蔽而未宏。憑臆師心。詞苦支離而弗達。雖蒙族前修。不乏鳳舉鴻通之士。金元文苑。尤多龍跳虎臥之才。楚材以湛然名。集政學兼優。希憲以萬柳稱、堂德言並茂。石田歌行。冠四家而毓秀、遺山律絕。跨兩代以貽芳。書工八法。繼蘭亭者首重夔夔。史擅三長。紀竹帛者爭傳脫脫。薩天錫之倚聲。羣誇第一。貫酸齋之樂曲、世號無雙。凡此藝林之俊彥。罄紙難稽。孰非淳維之子孫。乘潮迭起者哉。惜乎風流漸遠。文運寖衰。兼以覺羅厲禁、不容擅讀儒書。致使拓拔愚忠。但解尊崇竺典。掘二百餘年之陷阱。造八十萬刼之沈淪。苛政猛於虎，允信非虛，名士多於鯽，云胡可望。値斯厄運。異彼昌期。雖有寰中之上智，彩翼難舒。永爲吳下之阿蒙。茅心盡塞。境比天荒。終歷前清之世。才同燼熄。絕無後起之賢。余也何人。敢希往哲。徒以三生結習之深。幼耽蠹簡。不揣千載難精之業，妄效蟄吟，以斯人斯地。而謬講斯文。將不古不今，而同譏不物，蓋修詞似少女臨妝。美惡原堪自見。操觚如凡人飲水。冷暖不假他知。惟祝雙丁二陸之者英，七步八叉之韻士，覩茲蕪句，諒厥樗材，倘嘉孺子之可教。錫以箴規，勿訝夜郎之自矜。擯諸齒頰。是所願也。能毋靳乎。

中華民國十九年仲春上浣綏遠土默特旗蒙古榮祥耀宸甫自序於古豐之瑞芝堂

瑞芝堂詩鈔

塞北 榮祥著

武聘卿曰：未覩耀宸詩文忽已數年，今於北平客邸中讀其所作，不禁有士別三日刮目相看之嘆也。

甲寅春日旅京偶成

玉河冰泮雪初消，送暖東風拂柳條。潭水已清魚潑潑，桃花欲放鳥嚶嚶。三春百蟄驚雷日，一刻千金聽雨宵。獨有他鄉羈旅客，每逢佳節轉無聊。

秋宵聽雨有感

秋夜瀟瀟聽雨聲。天涯留滯此身輕。寒侵斗室孤燈暗，夢斷匡牀一枕橫。獨飲黃嬌澆塊磊，未抛白苧感生平。蹉跎自悔當年誤，不業干城業管城。

代同學王君題漁村歸棹圖

天末殘雲一望遙。湖邊風樹暮蕭蕭。雙帆歸去漁村暗。野徑橫斜倒小橋。

古豐竹枝詞

平康紅袖夜吹簫。紫塞風流擬六朝。白面諸郎金勒馬。紛紛盡渡美人橋。

邊城四月亦清和。鴨綠含風起嫩波。遊女不嫌村路遠。日驅油壁聽秧歌。

安玉山曰五六造語奇妙洵佳句也

遊燕京廣安門外天寧寺

隨喜城西寺。頹垣歷古藤。曲廊寒葉滿。孤塔暮煙凝。世濁愁侵佛。年荒瘦到僧。鐘蟠昭代篆。往事略堪徵。

落葉次巴煥章韻

寒侵霜葉漸離柯。舞罷西風逐素波。到眼方驚秋色老。隔林忽見月明多。蕭蕭影亂鴉巢穩。瑟瑟聲淒雁陣過。極目豐州城外路。不堪搖落似汾河。

郭井卿曰三四描題入神與正面落筆者有天淵之別

辛酉除夕偶成

平生結習信難蠲。此夕吟情到酒邊。野老豈知王氏臘。頑民猶戴夏家天。閒燒柏葉添金獸。獨酌屠蘇對水仙。免俗未能聊復爾。也隨人過舊新年。

巴煥章曰結筆趣語解頤

偶成

偶從松徑過晴巒下緋緋風落枝頭雪悄然黏客衣

白雲

白雲何處生生自秋山裏幾度入秋山雲翻人後起

春郊晚眺與巴煥章同作

向晚春城霽色開閒行近郭偶徘徊孤原欲直風偏撼夕照方沈月又來遠岫寒光餘白雪夾溪生意入蒼苔悠然擬寫清遊感畫景詩情費剪裁

邊城柳絮

九十春光瞬已違邊城四月絮初飛小蠻隄畔散花舞陶令門前衝雪歸曠野無垠風蕩漾疎簾有影月依稀憐他首夏章臺柳纔脫重緜換綠衣

周熙民先生云五六用筆空靈確是名貴句

戲詠不倒翁用吳梅村原韻

大好鬚眉骨太輕借人微力便縱橫徘徊不定情何怯反覆無常性已成觸手那

能强項立。承顏未敢怒眸撑。老奸伎倆由來猾。却使痴兒盡慕名。

詠庭前白柘榴花

借得冰魂大庾峰、玉階擲落杳無蹤。輕盈本足驕飛燕。瀟泊居然學臥龍。粉蝶忽迷香漠漠。銀蟾高照影重重。憐他五月風流卉。髣髴寒梅雪後容。

詠蝴蝶梅

名併蟲花物自奇。盆中初放兩三枝。漆園夢幻羅浮夢。和靖詩賡謝逸詩。栩栩月、明、香、滴、夜、翩翩竹外影斜時。輕盈倚傲瑤臺種。對此徘徊有所思。

巴煥章曰運兩物之典以造句毫不吃力此才未易觀也

白燕

畫樓東畔粉牆西。瘦影差池望欲迷。曉掠明湖窺寶鏡。晚銜晴靄啄香泥。梨花月映春衣冷。柳絮風吹綺語低。羨爾神清多豔福。一生長伴玉人棲。

應午亭師云起結均能於象外著想故妙有遠神

塞上吟

日落邊關靜，沙平瀚海遙。草衰河滾滾，風勁馬蕭蕭。寶帳晨摩劍，連營夜擊刀。軍中誰仗節，共說漢嫖姚。

雪積長城暗，雲橫古塞微。風聲傳劍戟，月色閃旌旗。敵幕鴉初集，陰山獸正肥。弓強兼馬怒，一獵足宣威。

聽午亭師云兩作學唐人邊塞之什神貌俱肖

京綏道中雜詠

年年作客賦東征，似恐閒居髀肉生。書劍有知應笑我，優遊未解謁公卿。

春山歷歷水粼粼，二月風光處處新。吏有多情隄畔柳，千條西向迓詩人。

流光荏苒去無蹤，臥聽晨鐘復暮鐘。風掠車窗驚客起，亂山銜日度居庸。

風輪掣電度雄關，行近京華意轉閒。笑指晚鴉叢樹外，紫煙凝處是西山。

車行喜駐帝城隈，河水漣漪浸碧苔。歲歲春明門外路，鶯花時節我重來。

席帽京華落拓身，三杯綠蟻滌征塵。不因寒素無相識，作客還逢舊館人。

周熙民先生云羅宸以諸侍自北平寄余覺其文藝較前益有進境可喜也

裴潔忱曰五六是深知此道甘苦者

裴潔忱曰起筆紹妙且以之贈熙翁可謂詩不妄作而受者亦當之無愧也

道路流離感目前。十年海內暗烽煙，蒼生何罪同遭刼。此意茫茫欲問天。
坡仙心事侍兒知。不合時宜滿肚皮，千古解人難再得，壯遊且貯一囊詩。

古豐宅前河濱晚眺

浤浤漾月門前水。漠漠凝煙郭外山，搗練聲中人獨立。夕陽影裏燕初還。無心得句情偏愜。有意吟詩韻轉艱，自笑推敲成底事，且飱佳景駐華顏。

已未夏綏境大旱周熙民觀察設壇躬禱既而膏雨霑足因賦七律二章誌喜也

期將樂歲慰蒼生。天與君侯共此情，縵縵層雲從岫起，濛濛細雨逐車行。露濃藥圃珠無色。水漲苔溪玉有聲，莫怪邊民歌盛德，豐穰今已兆三庚。
時雨瀟瀟夜復晨。竹樓淸韻最怡人，何煩拂扇驅梅暑，更看跳珠浥玉塵。柳岸早凉蛙語息柴門午。霽鳥啼新。誰將勝景貽余者、一簣功推汪應辰。

歸美岱村故里感賦

落拓焉能賦早還。十年鄉夢繞青山。而今暫識歸田樂。衡宇方瞻已破顏。

解鞍携幼入逢門。肉滿粲盤酒滿罇。共說巧逢湯餅會。伯兄堂下乂添孫。

故園風物竟如何。依舊山村繞碧波。獨有逢人增感處。耆年凋謝後生多。

孟少軒曰讀此詩孰敢信爲少年人筆耶哉

小園即景

小園雖日涉。佳景竟難窮。坐石詩情富。觀瀾物理涌。柳眠人靜後。花落鳥聲中。默玩多玄意。非徒點綴工。

周霙成曰五六奇景奇趣

秋柳四首呈馮太史康侯時同在晉陽議曹朝夕過從談詩甚洽爰賦此就政焉

西風颯颯月娟娟。萬樹蕭條古道邊。病葉有時還帶露。疎枝無處不垂煙。懷人我

馮康侯先生

云綜觀諸什佳句不可悉數不意此等可傳之作乃覺出於吾會之最少年也

又云讀第二首三四已嘆其傳神之妙及見末首五六兩語爲此題絕唱老夫廿拜下風矣

康侯先生批語甚多不悉錄

康侯先生云讀此詩令人油然生思親之念也

又云用典無痕的是妙手

亦憐張緒作賦誰堪擬仲宣聞說五株差解事東籬開擁菊花眠

川明夕照灞橋東依舊長條送晚風何以爲情眉樣後不堪回首笛聲中宇文戰績餘沙苑白傳微詞寄永豐莫向水涯憐弱質尚垂青眼笑霜楓

一葉桐飄雨乍晴陌頭重過不勝情藏鴉尚識廉公宅繫馬終迷漢將營月滿疎林聞雁度風淒曲岸聽蟬鳴關懷誰似漁洋叟妙句能憐太瘦生

行徧蘋溪與荻溪柔絲映水夕陽低數株冷落漁村外一片蒼涼野寺西無復綺懷憐漢苑仍多秋興憶隋隄風情淡比雲林畫留待橫空雁字題

秋日客太原登純陽閣

天涯作客奈愁何殘照西風冷薜蘿幾度登高恣遠矚吾親舍處白雲多

秋夜月下偶成

菊叢閒坐倚雕欄。一卷唐詩自在看。畢竟四時風景異。秋來便覺月光寒。
月光如水浸樓臺。詩興無端逐景來。我亦推敲似賈島。吟成一字幾徘徊。
徹雲籠月意如何。淡似輕煙薄似羅。自是廣寒矜貴甚。教人隱約看嫦娥。

遊公主府感賦七律二首

古豐北郭有公主府。父老相傳當前清康熙朝欲以羈縻政策使外蒙永奉正朔。乃以某公主下嫁於土謝圖汗某王世子。爲和親計。不意公主行抵歸化城。不願北去。遂築邸於此而留居焉

貴主和親去國遙。陰山舊邸指前朝。乘龍遠築黃金屋。跨鳳同吹白玉簫。韻事尚傳花綏綏。名園已見草蕭蕭。斜陽也動遊人感。古木寒鴉暗石橋。
莫因貴賤辨沉浮。過眼雲烟等是愁。鐵券崇封誰帶礪。瓊樓美奂此薪樵。空傳故

聘卿曰有景有情且能寄感慨於運典是不僅以對仗工穩見長也

張閬田曰余讀此詩並讀熙民先生和作嘆其各具手眼工力悉敵云

聘卿曰起筆甚妙卽結處押丹紅二韻亦自然

國尊嬌客詎有遺民念粉侯勘破塵勞皆似幻好研齊物學莊周

壬戌除夕偶成

碌碌經年得暫休天倫歡聚酌金甌鯉庭蔭覆椿萱茂螘酒光涵琥珀浮徧地笙歌春脉脉滿城燈火夜悠悠閒將歲月樽前計已歷韶華廿九秋

爆竹聲繁未易眠坐同兒輩話前賢手添爐火裂中令躬祭囊詩賈閬仙豈可抛書虛此節還應數典記當年人生少小須勤學莫較區區壓歲錢

春雪次巴煥章丹紅韻

氣轉春陽又乍寒登樓遠眺雪漫漫輕融瀲灩溪偏凈平糝崎嶇道自寬瀟上清遊傳鄭棨洛中高臥慕袁安休言銀界無餘色猶見松梢鶴頂丹

迷離六出舞東風照眼寒光處處同一水遠縈飛絮外千家散住落花中紙窗趣

得歌聲徹粉本神來設色工更愛晚晴天氣好萬山凝白夕陽紅

吟邊詩社以過蘇武祠限蕭韻徵詩爰賦七律一首

勒馬陰山眼界遙子卿祠上雨瀟瀟持將一節毛皆脫齧剩千秋雪未消豈願名留朔漠不甘降志辱中朝徊徘欲問當年事落日黃河湧怒潮

熙民先生云通體匀净無一弱句

客贈鵝鸝雞三物各詠一絕

鵝鵝毛如雪籠來放淺汀摺書非逸少莫囑寫黃庭

有客贈野鸝呼僕同鵝畜兩物繞松溪權當鶴與鹿

昔樓刺史窗亦是能言鳥今我懋其功一鳴天下曉

閒居偶成

庭樹着疎花春晴鳥語熟相忘兩足娛何必金籠蓄

鳳子戀紅香。依依繞枝葉。閒庭看稺兒。笑覓芳叢蝶。

餞春

芳辰沽酒典綈袍。挈榼提壺放小舠。歲歲春光將別日。長歌臨水餞夭桃。

桃花穠麗春風和。桃花深處載酒過。酒闌風靜春光老。萬點殘紅逐逝波。

贈鄉先覺李心源居士

憶昔初聽妙法輪。曇陀花下悟前因。菩提頓徹原無樹。般若常澄亦是塵。見性公能燒木佛。忘言我欲效金人。從今識得廬山面。願向維摩託此身。

人日前夕熙民觀察招飲於署齋翌晨賦此爲謝

緣締翰墨受知深。爨下焦桐有賞音。獨愧才非王逸少。周侯座上食牛心。

竹葉春濃夜舉杯。南中珍錯繞金罍。食單一冊渾難備。不向隨園羨子才。

獲讀奇文耳目新。名賢手筆自精醇。一從下里成風後。此調能彈有幾人。

熙民先生和作有我慚常袞爲觀察君是歐陽一瑕人之句並自注唐常袞爲福建觀察拔才士歐陽詹云然則愚於先生誠有知

之感也
○自註

聘卿曰沈痛不堪卒讀又曰蘭圃之才不在耀宸之下宜乎耀宸之聲淚俱慟也

飽德歸來玉漏遲。酒紅在頰任風吹。黑甜一枕晨鐘破。已是庭前雪滿時。

五胞弟桂祥字蘭圃與余同遊學於燕京以專心典籍失於運動致氣聚右股發爲附骨疽又被西醫誤割瘡口終不能合遂以瘡痨卒於旅邸因哭之以詩

友于自小未輕離腸斷於今哭白眉終古已無肩並日此生寧有淚乾時刀圭盡說庸醫誤書劍徒增客子悲偕汝同遊吾獨返不堪重誦鶺鴒詩

筆端豪氣枉凌雲剩跡長留陌上墳貝葉招魂陳肖像曇花和淚點遺文鵬程未遂圖南願駿骨先空冀北羣自是芸編能殺士咸陽焚後可重焚

纔到人間廿四年一朝遽返大羅天文章有價偏憎命造物無情獨忌賢緱嶺可能還鶴馭浣溪難復寄鸞箋他時覓句池塘上春草何當夢惠連

當年歡聚食同盤。此日茫茫感百端。小宋論才憐第勝。元方比德愧兄難。五枝舊蔚燕山桂。一葉今凋謝氏蘭。更有家人增慟處。老親堂上淚汍瀾。

淮陽詩友張君秋柳將適汴同社諸人餞送於春明門外君賦詩留别同人各次韵和之

君才淸似杜連晉。嬉笑爲文悵寸心。方共季鷹欣把袂。那堪勞燕感分襟。人從風笛聲中遠。詩向旗亭壁上尋。知己但能充海內。何須離恨寫牙琴。

王片石先生曰同社和此題者甚多均以尋字爲難押今觀耀宸押此字不但不見其難反嘆其因難而見巧其才之不同也如是夫

贈鄉先達趙司長樂亭

當年負笈受知多。屢坐春風飲太和。獻策我仍慚賈誼。轉糧公已似蕭何。一琴退食怡松菊。半部研經臥薜蘿。從此愈堅廉吏節。汗青勳業定難磨。

淮南詩人王叟片石於六旬晋一之誕辰招同社諸友宴集即席賦此爲壽

懸弧吉日近中秋名士天生迥不侔詩著千篇皆俊逸年登六秩尚風流雄才豈有時人及清福應從上世修邀客今宵同醉月何殊庾亮在南樓

九日與同社十八人登陶然亭分韻得麻字

孤亭歸矗水之涯九日登臨此駐車十八蓬瀛來學士兩三茅舍見人家龍山不羨桓温酒蟹眼同烹陸羽茶薄暮各尋仙子去我輸劉阮飯胡麻

風煙清颯柳枝斜深院秋高菊有華香塚魂歸俱化蝶寒塘樹密但啼鴉壁間舊句紛難記眼底前塵盡可嗟會罷茱萸餘興在分曹鬬韻擘牋麻

楊旡境曰細玩來見二字卽知耀宸於唐八鍊字之訣研之有素矣

豐州北郭閒步

北郭饒佳景清遊遠市闤壘風花作態齧岸水成灣徑轉橋通寺煙橫樹擁山天機隨境拓暫賞莫言還

案牘勞形久偸閒暫野行客中憂故里劫後喜邊城山水仍無恙煙波倍有情年

玉山曰此篇對語皆工而三四設想尤妙

來身外累辜負幾春晴。

懌園雜詠四首應吟邊詩社徵詩之作也

夕佳亭

暇日上孤理四時風景絕疎林接遠山宜雨復宜雪。

琴臺

果識無絃理焦桐亦可捐此臺天籟足懸解憶成連。

鑑池

池水碧沄沄樓臺得月早吟詩夢惠連昨夜生春草。

短橋

雨餘入小園竚愛橋邊景新月跨春流波中見倒影。

青塚

巍峨青塚黑河濱。弔古何人此問津。猾夏慘拋軍士骨。防秋巧藉女兒身。鳥孫豔跡疑同調。鳳子輕粧訝效顰。獨有東皇知護惜。年年壟上草如茵。

關山迢遞角聲寒。愁絕當年跨繡鞍。雞口既甘稱喝董。蛾眉那惜伴呼韓。早知白髮催人易。不信紅顏報國難。千載鄉心猶可見。墳旁流水向長安。

聘卿曰立意措詞無不新穎結處尤妙

題巴煥章表兄志學齋詩文稿即次其稿中感懷原韻

挑燈午夜細吟哦。斗酒絡篇未覺多。嗣漢文章師北海。祧唐詩律契東坡。陳言務去原難朽。妙語渾成定不磨。愧我疎才常瞠後。願將所業共觀摩。

當今作者亦紛紛。雅健伊誰及此文。書已下帷窮萬卷。筆能著木入三分。何煩顧兕嘲居易。自有桓譚識子雲。異日詞壇爭執耳。毛錐應可掃千軍。

煥章曰以余詩較耀宸何啻小巫之見大巫今溢譽如此與使余汗顏無地矣然則耀宸此作無甯謂爲夫子之自道耳

周熙民觀察護理綏遠都統印賦七律二首柬示囑和次韻答

熙民先生云結筆寫治平景象別有風致

之

戰霧瀰漫十六州。九邊風鶴暗搔頭。防秋尙未來飛將。護節居然仗細侯。怒馬窺郊雖有警。老羆當道總無憂。匡時莫笑儒生弱。雅量能容萬斛舟。

頻年徭賦困邊州。賢達悲時雪滿頭。豈意邦危逢國士。共欣家給賴君侯。閭閻已獲西成樂。樞府應消北顧憂。試看比來新氣象。漁人醉臥夕陽舟。

熙民觀察以感時之意疊前韻柬示仍次韻答之

滾滾冠裳嘆九州。歌謠重唱爛羊頭。朱門盡是無愁帝。黃鉞偏多不義侯。得失長酣蕉鹿夢。顚危切繫杞人憂。先賢有語誰能解。民性如瀾善覆舟。

陸沉此日痛神州。甘讓東鄰出一頭。鄭五庸才偏拜相。朱三劇盜亦封侯。乘雷但快龍蛇意。失水同忘鷸蚌憂。豈謂天亡非大國。有人能負壑藏舟。

熙民觀察三疊前韻見贈爰復疊韻答謝

聘卿曰此韻疊至六七次而毫無力竭才盡之弊此非襪線短材所能夢見也

應午亭師云諸作流麗清新將與春花爭妍矣

李子益先生謂玉山曰連日讀耀宸詩實令人愛不忍釋如書味

我慙善士薛居州。濟用材微似竹頭。正氣久師文信國。奇才遠愧武鄉侯。徒將海內風塵句。藉寫胸中塊磊憂。不識桃源何處是。徘徊欲問野人舟。

倦遊歸臥古豐州。買得奇書滿案頭。但願微言傳子弟。不求聞達向諸侯。吟詩間逃客中趣。沽酒每消身外憂。歷盡炎涼知世態。且從莊叟學虛舟。

家居讀安君玉山春日雜詩因次韻和之

慶凱橋西甲子東。柴門對處水涵空。垂楊影拂波心月。浮藻痕開鏡面風。麗句抒情酬乳燕。微詞感遇賦驚鴻。文人筆意由來幻。借景時能化彩虹。

花發庭前笑蝶忙。乘春助我樂羣芳。閒抄玉局詩千首。藉習蘭亭字幾行。書味深時嫌漏短。笛聲清處愛天長。興來獨酌邀明月。謔醉高歌學楚狂。

酒杯穠泛百花香。如對金釵十二行。絳樹欲歌鶯代囀。荷桃初舞蝶同翔。擬將白

笛聲二句雖擇以書聯亦是絕妙好詞吾紱後生中有此深可喜也

也飄然筆詠此處兮莞爾妝識得芳春眞樂處不須遠慕水雲鄉

曉看嬌鶯晚看鴉門前閒看浣春紗風和燕織籠煙柳月滿魚穿映水花怡性但能消永日學仙何必泛流霞飛紅碧襯蘚苔地猶是詩材未可嗟

余既和玉山春日律詩矣又承以絕句見示爰復次其韻

懶御雕鞍髀肉生十年雲路悵孤征而今解得閒中趣擬把遊春作課程

春城如錦燕初飛相約尋芳幸莫違闢道翟園桃正發踏歌同去踏花歸

寂寞柴門舊雨來草堂春睡夢初回山妻正釀梨花熟且滌詩腸共舉杯

綠滿窗前草木萋書田耕徧不須犁淙淙臥聽聲何處門外春潮水拍隄

京綏鐵路舉行通車慶祝口占

丸泥莫更說封關縮地風輪任往還萬綠叢中煙一縷載將旅夢到陰山

隴西馬公雲亭既奉命爲綏遠都護久不履新爰代鄉人促之

固圉那堪說九邊陰山日暮起愁煙摸金校尉聞匪走捫腹將軍擁妓眠已分永遭居蔡毒豈期更值伏波賢從今共作來蘇慶談虎有應懾去年

邊民翹盼恨來遲譽著龍城已可知威播玉門班定遠才兼露布傳修期欲開紫塞耕雲日須趁蒼生望雨時敬代豐州諸父老揮毫賦贈迓公詩

片石曰余在三六橋幕中每代撰應酬詩文必先囑耀宸正之然後呈稿因余深信耀宸年雖少而於詞章一道確有根柢也今觀其平居諸作愈幸余老眼不花云

吟邊社以弔明妃墓限三肴韻徵七言律詩因依格賦成一首

踏青何事定南郊藉弔明妃載酒肴眉黛碧滋堤柳葉脣脂紅上野花梢千秋豔質澂追憶一刻春光莫浪拋乘醉擬留鴻雪跡且將題句細推敲

片石曰此題頗狹而此詩乃無絲毫拘滯之跡則因才之加人一等故耳

己未春余以省議員僑寓晉陽值清明節晉督閻公率全城搢紳植樹於傅公祠爰賦即事一首

節屆清明景物和霜紅龕側種瓊柯成陰不愧呼青主得月眞堪詠素娥五柳先生差足擬七松處士未云多栽培獨笑同來客傴背皆如郭橐駝

康侯先生云亦莊亦諧其天才之灑脫已宜然畢露矣

襄成曰五六奇而不乖於理凡才人具鬱勃不平之氣者固宜有此警句也

香痕女士作詩贈燕京女伶韓梨花片石寄晉陽囑和遂次其韻

簫管宣南繫夢思。梨花消息恨難知。一篇卓爾佳人筆。三復居然幼婦詞。鴻爪留痕霏雪候。蛾眉想象舞風時。他鄉白傅無聊甚。遙和青衫濕淚詩。

秋興同周襄成作於宣南客次

秦關漢塞路迢遙。閶闔風淒草欲凋。蟾影侵窗心寂寂。蟲聲在壁耳聊聊。雄才已被多情誤。豪氣都從寡慾消。獨有醉鄉辭不得。酒錢長向杖頭挑。

無復請纓萬里情。此心已與歲同更。蓴鱸念逐秋風起。塞雁愁隨夜月生。綠樹村中縣祖澤。白雲隖裏學躬耕。桑麻穫後開家釀。把酒吟詩不入城。

山行雜詠

雨收山滴翠。曲澗漲痕新。萬籟時方寂。村尨忽吹人。

曉日空山靜，溪雲淡欲無。石橋風柳下，濯足羨樵夫。

九日晨登歸化北樓

熙民先生云：卅字一韻寫落葉送殘秋之景，彌有生趣。

九日侵晨獨倚樓，邊城曉色望中收。簪花未擬坡仙句，插菊先拋杜老愁。凍象欲來風作信，秋光將去葉爲舟。因忙反得登臨早，萬里晴川豁壯眸。

劉子厚縣尹和九日詩疊韻報之

鴻篇宜入選文樓，陸海潘江筆底收。案牘豈妨稽古樂，酒杯難掃裕民愁。琴堂政肅誇懸鏡，宦海波平任放舟。自是解吟無俗吏，詩凊爲我洗雙眸。

余前次韻和吳梅村詠不倒翁詩，玉山讀之稱善，既而曰：君能廣其意更作一二首乎？余應曰諾，乃勉成二律，聊博玉山一噱云

笑面團團氣且豐，雖然鼓腹竟空空。覰居人類形容內，甘寄兒曹掌握中。忍恥不

殊長樂老。隨緣微似信天翁。生張熟魏何曾辨。一味相逢亂鞠躬。

胡朝含笑向人前。誰料居心滑又圓。脫手無拘能反動。按頭有力便求憐。只緣老物工稽首。致使痴兒愛脅肩。莫謂彼翁長不倒。倒時不値一文錢。

玉山曰。不知世之圓滑投機者讀之。亦能猛醒否。

秋宵對月

海棠庭院月華明。西陸風光別有情。爲戀良宵淸不寐。坐聽蟲語瀉秋聲。

寄懷翟雁丞同學

舊雨經年別。天涯感不禁。三秋憐比舍。千里惜分襟。鸛陣神州滿。魚書驛路沈。雲山頻悵望。海內此知音。

負笈宣南日。同遊閱歲華。典裘沽竹葉。聯袂賞梨花。彈指韶光易。回頭往事賒。何時重聚首。慰此別離嗟。

覩落葉有作

馬金相曰三四寫落葉甚佳且余觀耀宸諸體詩尤以五言中多妙何也

李心源老居士云此二篇乃同人乞余代撰而余又轉嫐之耀宸者觀其筆法純熟大有水到渠成之妙可見具有天才之士雖一普通酬應之作亦自別有爐鎚也又云凡作詩以起結得勢為最難今觀此二首其起結處更自別饒風味也

秋意淡吾廬霜輕落葉初乘風疑化蝶點水忽驚魚野寺鐘聲徹蕭齋樹影疏荔墻遮不得一夜滿庭除

壽趙觀察母代友人作

光凝寶婺耀南天聞道萱堂啟壽筵鳩杖遐齡推八座熊丸懿範擬三遷已堪菊水誇人瑞况復棠陰頌子賢試看稱觴歌舞地錦衣更比綵衣鮮

分司令望在承歡六十娛親古所難未必耽榮方作使多緣行孝始居官萬鍾鼎祿淳儒養千歲蟠桃太姥餐更有樽前添樂處孫曾繞膝蔚芝蘭

薩縣小住陳弼卿屢邀食鮮鯉臨行賦詩留別

十日薩城暫駐車清遊聊用樂華胥元龍豪氣能留客同甫才情獨契余座滿應欣罇有酒鋏彈敢謂食無魚桃潭慢說深千尺不及高風拂紫虛

余虛谷先生云此題極難下筆今觀耀宸詩一起便妙可見才士之奇亦何所不有哉又云老夫就養於兒子少谷薩縣署中兒恐余無聊乃約耀宸局長不時聚談余初見爲少年人意其必不甚談舊文學不料日久情洽談及詩文一道耀宸乃口似懸河令人聽之忘倦余忽憶及少年應試時有五嶽起方寸一題迄今

癸亥季冬綏遠都署災越明年仲夏重告落成都護馬公徵詩刻石代李心源觀察賦呈二首

天欲維新故示災朔方從此壯圖開書焚揷架錢公量樓易籌邊李相才賦就他年傳魯殿落成今日頌靈臺經營若問將軍意未忍勞民況費財

由來離火象文明一擊焚如百度更豈異龍光輝北斗定占鴻烈著邊城業標銅柱勳難燬詩擬銀花韻自清爲告旁人休攙惜巾箱近巳賀書盈

仲春喜雨

東風二月減春寒恰到農時沛澤難一夜愔愔茅屋雨三分便作十分看

次韻和玉山山居雜興

正說秦難避鎚驚博浪沙狐鳴皆逐鹿鳳舉不隨鴉圃種淵明菊泉烹陸羽茶山林聊遯世抱膝賞春華

不知出處偶以問耀宸耀宸曰此李白鸚鵡洲弔禰衡詩中句也余至此始知耀宸之博洽並悟其詩才之妙均自攻苦中得來非枵腹自炫者所能望其項背云

山居何所樂。荊布老妻妝。嗜酒耘春秫。占風種綠楊。草廬臨水潔。苔徑。落。花。香。共讀。憐。兒。女。書。聲。帶。晚。涼。

客中病起

作客歡情少。那堪病見侵。鄉。愁。添。夜。月。旅。夢。擾。秋。碪。疾減奴先喜。勞多友可欽。由來更患難。愈足驗人心。

因講求攝生之術每從安玉山朱子俊問醫理感而有作

年來入夏病常隨。蟻鬬蟬鳴苦。莫。支。醫。有。諱。言。心。轉。惑。力。緣。過。慎。效。翻。遲。養生豈、必、嘗、靈。藥、擇、術、惟、須、飲、上、池。獨恨長桑難更值。研經且奉友為師。

乙丑孟春牛贊岑送余入燕京舍館既定贊岑欲返南宮故里省親余乃饋爐並送之以詩

憶我交君已十年。淡如水竹煖秋煙。善從冷靜傳眞意。恥向紛華論宿緣。行李半、

眉長作客清風兩袖比登仙還鄉且莫頹初志更揣陰符未了篇

遂江巫漁隱金臺十二花仙集題詞所謂花仙者蓋皆京師歌姬中翹楚騷人詩客乃各就所愛錫以某花仙子之豔徽焉

深紅淡白雁羣芳彩筆吟來字亦香韻事千秋憑月旦不輸潘岳在河陽

悱惻情文感慨深錦箋翠袖有知音仙年不朽才人筆未許秦淮說濟心

東籬賞菊醉揮毫曠世閒情足繼陶一片宮商誰索解須知和寡曲彌高

開卷無非絕妙詞擷香難計蕙耶芝篇中最是傾心處千葉梨花永叔詩

喜內子奉親命來京伴余

金臺春暖日初長賃廡驅車逐孟光稚子不知身在客見爺反說是還鄉

六齡次女性玲瓏笑弟呀呀語半通代說太翁臨別囑勸將竹報寄家中

聘卿曰此二絕以尋常語寫眼前事亦自然入妙此殆隨園先生所謂性靈者歟

首夏中央公園携內賞牡丹

張子騰師云耀宸在北平任法政學校時曾以諸詩求余是正余為逐一批點後復以示老友三晉詩人田子琮子琮囑余轉加勉勵並謂此生將來必以詩名今觀近年所作益信子琮之言非虛云

綺苑新晴絕點埃。攜挈同看牡丹開。黃香日麗翻金印。白墮風輕斂玉杯。芳氣四圍薰客醉。豔名千變泥人猜。平生早覺繁華夢。自笑還因富貴來。

盡日看花愜素心。山亭水榭任登臨。一時塵界開香國。千載詞壇魁上林。燕劫驚蜂穿葉過。兒拔倦蝶繞籬尋。興來偶得穠華句。笑語荊妻且共吟。

仲夏偕內赴萬牲園看榴花

一年芳訊太忽忽。如火花開麥浪風。藥圃乍餘天水碧。榴園纔見晚霞紅。香車寶馬闐晴埒。垂柳鳴蟬隱別宮。貝子不存西后沒。朱樓簾捲夕陽中。

百種芳菲次第鮮。紛如羣美不同妍。劉還識向吳宮著。安息名隨漢使旋。近水休歌桃葉曲。臨風應舞柘枝顛。齠齡稚女嬌憨甚。自擷新花插鬢邊。

北海觀荷

寶塔淩霄鎮碧螺。入門三面繞澄波。瓊華島下紅蓮滿。玉蝀橋邊翠柳多。拂水舟輕魚不避。穿林客衆鳥猶歌。休言遊覽尋常事。惟靜方能體物和。

客邸偶成

幾輔頻年亂似麻。我翻擕眷客京華。韓康豈戀長安市。衛玠非矜建業車。避地遠方宜爾室。託身隨處是吾家。解囊賃得梁鴻廡。兒女攻書婦煑茶。

久居圍城中感而賦詩

平生壯志頓銷磨。兩載光陰客裏過。臨帖雖勤酬札懶。吟詩固少讀書多。胥盤蝨出憂時變。晨訝梅開感物和。自解邦危言欲遜。深居未敢歎銅駝。

無端烽火熾金臺。劫兆紅羊避不開。黔首慢誇投鼠器。京城幾作煑龜材。彈拋霹靂晴空落。陣捲洪濤靜夜來。强對妻孥加慰藉。吉人天相莫疑猜。

丙寅冬旋里除夕偶成

并卿曰十四年余與耀宸同寓北平是年冬余携眷返綏而耀宸獨留未幾而邵飄萍林白水等相繼以言沾禍是以感而自警如此云

風流却憶少年時。飲到屠蘇必有詩。幸息勞歌舒遠念。聊裁韻語補相思。人歸却後愁難說。家宴樽前喜可知。我既倦遊親亦老。敢疏菽水更言離。

陳杜臣太史以塞外逢春雜感詩見示次韻和之

不信關山未易行。頻年書劍客春明。黃金用盡貂裘敝。顧影眞成太瘦生。

歸鄉且作醉鄉侯。更檢青箱擺案頭。白酒一盃書一卷。高歌秋水悟虛舟。

天涯浪跡誤年華。壯志潛消酒量加。却愛豐州游釣處。垂楊溪畔是吾家。

二毛初見未全皤。來日駒陰莫枉過。別有鄉園無限樂。鶯花時節月明多。

春宵對月不辭寒。生小邊城性所安。聞道嶺南當此節。苦炎無計覓冰紈。

陳杜臣先生云余詩頗苦塞北之寒而耀宸反詣嶺南之熱才士反唇致介老夫結舌古人避三端良有以也

還鄉後頻與玉山話舊因贈以詩

共硯深情憶往年。相逢話舊意綿綿。春遊勝賭旗亭句。夜坐奇搜石鼎聯。我愧尹

少軒曰五六對仗工妙無倫結筆亦戛戛獨造

陳杜臣先生云以律詩叙事已創詩學之奇而用筆洒脫又絲毫不爲事實所拘使此君生於制舉時代確乎翰苑之才也

洙齊六一君如顏子冠三千辛勤鍊就生花筆亂世文章不値錢

處世誰能效守株聞君更習五禽圖功堪造命件良相術本依仁薄腐儒杏雨林中談秘錄松風樓上註靈樞等閒莫詡肱三折道繼黃農在一壺

生平責善每相規更喜安仁鬢未絲作吏既知雞剩肋懷才休忘豹留皮千秋寶義之筆萬丈文光白也詩矢志果能精一業汗青終不負鬚眉

子俊囑以韻語紀其生平軼事爰綴七律三首即以奉贈

知君少小慕封侯身未從戎筆已投桂榜掇科登漢陛茅津分閫佩吳鈎豈期屠伯開方面幾使將軍號斷頭一覺南柯驚折翼傷心遠戍古豐州

起廢邊城近十霜姓名仍復挂彈章看來富貴皆如夢悟到干戈最不祥笑謝朱門歸白屋慨藏紫電理青囊男兒療得蒼生苦便勝高車返故鄉

市隱陶然樂有餘。肯因往事感微歔。童叟盡買韓翁藥。門巷時停長者車。尙論醫宗推扁鵲。每留詞客酌浮蛆。逍遙且待塵緣滿。笑脫皮囊返太虛。

浴罷戲作

何必湔蘭始浴身。瓦盆湯暖便怡人。心淸旣比張無垢。體潔當如段去塵。僕驗雙趺終近宄。客窺駢脇豈須嗔。振衣默契前賢志。沂水高風憶暮春。

玉山曰以如此八名作對是才人弄狡猾處張係張九成段則段拂也

丁卯春滿師長子舒揖數書招余赴綏西任師部叅謀處長就職後乃感而有作

廿年勤學十年遊。歸荷弓招佐運籌。㪚帚文章成痛哭。濫竽名位且參謀。人誇入幕親戎馬。自哂居鄉類沐猴。壯志已如强弩末。聊援王粲說依劉。

歷盡風塵眼孰靑。非材忽被賞柯亭。秀才愧比胸藏甲。節度疑憐目識丁。鐵腕揮

雲春草檄霜毫蘸雪夜書銘平生但說干戈陋誰料斯文藉爾靈

早雷

二月陰山凍未開今宵底事忽聞雷料因炎地純陽氣潛伴春鴻向北來

新雁

一夜催花擘柳風曉來新雁唳晴空似言南國烽煙惡早託隨陽到古豐

春日包縣偶成

東風取次到包城冰泮黃河草漸萌春晝初長人寂寞倚窗閒聽賣魚聲

歌者梁姬持所攝戲粧薛仁貴小影索詩爰爲牽題一絕

畫戟雕弓百戰身可兒寫出倍精神湘綺一幅憑君看猜是英雄是美人

登包縣城樓

包城水陸控綏西槐夏登臨夕照迷南郭河聲淘野過北郊山色壓樓低眼中景

物開圖畫刼後歌謠厭鼓鞞勝地雖佳民未樂竚思何計慰羣黎

遊包縣轉輪藏

久愛東郊景最優喜因休沐得親遊山風轉壑聞泉響石徑穿林到寺幽水遠無波常泛艇城低有樹不遮樓分明圖畫資欣賞欲去徘徊復暫留

題文待詔江村秋趣圖

何處秋痕妙江村淡夕曛孤舟沙岸泊歧路板橋分樹老簪紅葉山寒衣白雲天然清逸趣傳出賴徵君

拜卿曰五六之妙全由古人鍊字訣中得來

禪宗本事詩四十首

拈花微笑示眞傳密意長從教外宣一自末流迷實相心燈盡變口頭禪

將滅還求轉法輪文殊被斥豈無因若稽七七年間事一字何曾說與人

非定非眠見己除。忽因車過示眞如。瞿曇更有癡愚事。到老依然不識豬。

雞足山中入定身。袈裟不壞鉢長新。經過八萬三千刼。慈氏當來作替人。

莫笑阿難證道遲。居然也有倒竿時。靈山結集神光發。無怪人天各自疑。

丈室千人未覺多。天花落處見維摩。欲知託疾緣何事。此意還當問佛陀。

善才入道性猶憨。心佛何妨到處參。五十三參齊歷徧。方知彌勒本同龕。

心印相承各有緣。此宗經世已緜緜。馬鳴龍樹兼獅子。同是西方傑出賢。

達磨東渡播菩提。履葦濳來少室棲。得髓一朝嘉慧可。宗門始解棄筌蹄。

翩翩隻履獨西歸。震旦惟留鉢與衣。九載燈傳心願了。却從葱嶺顯神機。

行化無端住鄴京。早知寃對並時生。茶坊酒肆調心處。待了塵緣果自成。

風恙纏身宿業侵。方聞懺罪便明心。佳名不愧呼僧寶。正眼遙傳祇樹林。

何來稺齒小閣棃。義解雖通性尙迷。忽被問他誰縛汝。豁然言下證菩提。

破頭松柏手親栽。爲踐前言隔世來。論姓已符傳法器。宗風從此重黃梅。

獦獠休笑嶺南人。聞誦金經罷採薪。自受黃梅衣鉢後。曹溪宏化更無倫。

菩提無樹鏡無臺。此偈全從處悟來。當日不翻神秀案。累他終世費疑猜。

三聲擊臼示微機。夜授金剛送汝歸。命似懸絲爭信物。從今傳法不傳衣。

不欠頭顱只欠銀。三揮利劍頸猶伸。眞人懸記原非妄。說法菩提是肉身。

來從嵩嶽住衡山。飽飲曹溪法乳還。足下馬符般若讖。生駒踏殺遍人寰。

聖諦從來亦不爲。當年六祖器行思。盧陵米價無人解。鈯斧終應付與誰。

法苑爭傳馬大師。牛行虎視貌何奇。菴前不遇磨甎老。豈有通宗證道時。

六衆同參獨得心。止啼不對沒絃琴。龐公弄巧翻成拙。馬祖機鋒說到今。

重來振錫意何居。爭奈還公作兩噓。記取江西前日話。石頭路滑果非虛。

幽棲寺北石巖中。百鳥啣花護懶融。座處悚然驚佛字。方拋觀照了眞空。

也曾仗節作中郎。戒殺弓懸濾水囊。四十出家逢舊侶。我狂已息爾猶狂。

牛頭別派重淮南。法嗣寥寥只兩三。莫怪黃堂驚却步。於菟竟許作同參。

吾宗密法本無多。秦望何煩問鳥窠。吹罷布毛惟一偈。香山枉自被師訶。

瓦竈通靈不計年。一朝擊破便升天。禪師爲說無生法。免汝長教宿業牽。

五戒殷勤授嶽神。元珪智辯信無垠。風雷一夜移松柏。猶向門徒誡惑人。

大士儀形蛤裏藏。忽從御饌感君王。宗師只爲隨宜說。三寶長隆內道場。

竺僧大耳獲心通。枉向南陽測慧忠。莫謂三猜方被叱。觀猴競渡早成空。

我慢初遭六祖訶。誰知一宿了禪那。永嘉名號千秋重。法苑長傳證道歌。

禪敎相識互不容。溝通著說仰圭峰。果然法力超龍象。長使吾宗契六宗。

一喝能敎耳直聾。宏宣機用振宗風。此番付法非常例。五派同源繼大雄。

獨超物外許南泉勅却猫兒放脚眠。更有老師奇特語。阿誰還汝草鞋錢。

獨立峰頭嘯一聲。藥山良夜月華明。禪師不蓄閒家具。惟付沙彌折脚鐺。

儒冠棄去學牟尼。狂向神僧頸上騎。最怪無端燒木佛。累他院主墮鬚眉。

尿牀鬼子有知音。忽被高安下座擒。三打三參公案了。何曾辜負老婆心。

瘋顚拾得伴寒山。游戲寰容俗眼看。忽洩春光逢太守。能無饒舌怨豐干。

西來眞意定何如。溯到威音歷劫初。公案總參千七百。紛紛棒喝不勝書。

秋日再遊轉輪藏

再到經遊處。溪山任獨尋。白煙村舍起。黃葉寺門深。澗曲迴樵唱。林疏洩磬音。晴

井卿曰：廻字洩字鍛煉有聲，且與曲字疏字相生粗

心讀過不能見其妙也

秋無限好臨眺發高吟。

遣興

撫躬休問志如何。抱膝長吟踏踏歌。處世無妨聊爾爾。收書每欲善多多。不羞仕比鮎緣竹。惟愛疑刋豕渡河。自笑平生諸事拙。正宜守分免詆訶。

隨子舒師長校閱全軍因賦七律一首奉呈

不須秉鉞也登壇。大閱元戎許並看。秋盡晴天圍野闊。霜融曉日射城寒。千軍鵠立齊擐甲。一鼓龍驤各據鞍。但得健兒能報國。何妨教戰屢憑欄。

暮秋見雪

小陽春近雪飛花。未見梅開處士家。檐下敲冰滋晚菊。欄邊飲玉煮新茶。雲依斷岸隨流遠。山勒寒林作勢斜。萬籟銷聲寰宇淨。天心坦白信無涯。

玉山曰五六一聯情韻兼優

閻總座任子舒師長爲綏遠後方總司令兼護理都統作詩奉

賀

備邊宿將早知名。龍命新加塞上營。留守近開都護府。防秋全縮受降城。北門鎖鑰隆疆寄。朔漠公王重主盟。善保河湟師竇氏。奇勳便許冠東京。

子舒既奉命就職乃委余以後方總部參謀處長兼代都署政務廳長爰作詩自警

休分五日與三年。宦海浮沈總宿緣。不望名登循吏傳。惟希政合牧民篇。丹陽地近參軍攝。白下官虛記室權。補拙莫逢先哲過。敢從綢被謝高眠。

子舒既卸都統印返包就綏西鎮守使復委余爲鎮署參謀長再作詩以見志

又見壺漿出郭迎。將軍仍典朔方兵。九邊節鎮開蓮幕。一介書獃重柳營。欲代李陵。明北伐。豈同潘岳賦西征。此來若了酬知願。野鶴閒雲到處行。

幷卿曰聘卿長余六歲余長耀宸六歲平時朝夕不離今讀此詩如聆山陽之笛非深於情而出乎性者能道其隻字否一起形容聘卿尤妙

輓老友武聘卿縣長

平生器識貌翬儒。百里那期折鳳雛。華表魂歸應化鶴。葉城仙去失飛鳧。懷才宿少知之者。賫志今嗟命矣夫。每憶前遊神倍愴。不堪流涕過黃壚。

幷卿曰此篇與前首雖哀樂不同而出於性情之眞則無異也

老友郭幷卿生子贈詩奉賀

並世同欽郭巨賢。何因子舍久虛懸。比聞室叶熊羆夢。更喜庭開玳瑁筵。麟趾已誇神奕奕。鳳毛行見澤緜緜。生兒莫惜君垂老。猶較隨園早廿年。

張眘南先生云余與耀宸同居紋垣而

九邊第一泉歌限一先韻用柏梁體應吟邊社之徵也

地靈潛伏清冷淵。鬱向豐州湧醴泉。萬家曉汲長涓涓。佳名第一宜九邊。曾聞父老相與傳。此泉闢將三百年。疇昔勝清開幅員。千乘萬騎征薛延。龍旗直指崑崙

未見其詩忽於報上覩此篇不禁嘆名下之果無虛也

巔駕抵陰山馬不前八駿振鬣嘶春阡掘之忽見波潺湲疑以傳疑俗縱然畢竟不情無取焉昨有客自南中旋饋我綠茶芳如荃呼童汲此試一煎其光沈碧其味鮮暢飲七椀煩憂蠲風生兩腋如飛仙猗斯泉水清且漣獨惜未載茶經篇譽彼奇才臥蒼烟蘭臺那得知其賢萬物升沈各有天使我感慨情緜緜

燦章曰僅一讀書耳乃能說出如許情趣此才眞不可及也

暑假還鄉作自遣一首

負笈遊北平消夏歸故里朱明炎且長杜門究經史晨星猶在天披衣便先起瑕瑕達深更誦聲乃暫止老妻憐我勞私衷頗不喜謂君縱書淫亦須愼傷毀有動必有靜人物俱一理任君八駿才追風疾如矢長此馳不休終必蹶其趾我聞笑且言謝其意良美顧我別有說卿寧喻其旨比年作客多耽靜如披紫今居兒女叢笑啼無定晷使我頭冬烘若困楚歌裏思救此奇窘非書無他技書中求解人

展卷紛至矣論道親孔顔談詩晤杜李英傑數不勝佳麗多難紀與之一神交其
樂乃無比兒譟我未聞女嬉我不覗雖然坐牀頭如渡蓬萊水

種花

小園學種花非託以自高閒恐成稽懶聊代運甓勞疎籬風日妍循町鋤春蒿抱
甕躬出汲近溪清可澆微疲亦復樂不貪雨如膏舉手謝賢智幸毋語桔槔人生
各有志巧拙非同曹恬然待芳時賞花醉綠醪

草車行

莫說歸鄉好歸鄉增懊惱昨自郭外來聞訴心如擣泥塗初見廣柳車車滿載
禾稭草馬牛汗喘力已疲御者霜鬢年亦老借問老人甯有憂胡爲長嘆形容槁
老人未答先已悲自述家住郡城西憶昔蜂起黑山賊此地連年驚鼓鼙即今蕩

玉山曰此民國六七年蔡某在綏時强徵軍草之實在情形也其

旅長楊某尤貪酷非人今讀此詩覺當日慘狀猶歷歷在目耀宸殆吾紱之詩史歟

平將數載。依舊防秋萬馬嘶。防秋糧秣積如阜。盡是良農膏與脂。有時兵役徵催急。星火輪將懼不及。終歲辛勤一旦空。九迴腸斷百憂集。已是洗髓復伐毛。仍向枯骸煎殘汁。栅營但計紫騮肥。蓽戶誰知黔首泣。去歲東鄰數頃田。比來蕩然無遺阡。前月西鄰尚歡笑。今朝聞已絕炊煙。村農恒產傾十九。雖餘十一猶顛連。此車已造天荒孽。終古難希大有年。我聞此語深駭怖。自歎歸鄉還自誤。舊有薄田在水湄。胡能免此萬鈞賦。吁嗟呼。不獨天涯行路難。故鄉亦是難行路。極目神州一愴然。絕少桃源避秦處。

聘卿曰游戲之作亦復奇

讀衛生雜書戲作

顏子仁而夭。宣尼仁而壽。同能不違仁。何以壽夭謬。考諸先哲書。先哲莫能究。我讀衛生篇。忽將理參透。今姑妄言之。識者勿我詬。繹彼篇中旨。人可與命鬪。但求

趣橫生或者孔顏之壽夭亦竟如此篇之談言微中軼一笑

營養佳便堪自保佑形骸常洗滌嘴臉勤盥漱饕殘擇酸鹹衣衫潔襟袖休息有恆規操作有定候果能符於此久生弗難遘即此論壽夭似頗關貧富孔食不厭精粱肉辨色臭沽酒與市脯平居莫肯購明衣與寢衣尺寸分肥瘦狐貉及羔裘絺綌兼錦繡沐浴然後朝雖寢不以晝申申復夭夭雍容大司寇年登七旬餘其命方莫救嗟哉復聖公屢空非襲厚飲食則簞瓢居處則巷陋食住既弗良衣冠必敝舊是其一世中事事皆遷就所以兩聖賢孔耄顏終幼

觀聘卿所拓闕特勤碑

聞有闕特碑矗于北海岸聘卿遊庫倫拓歸備清玩謂昔唐開元突厥正强悍獨有闕特勤率屬朝震旦明皇褒其忠賚予紛無算卒于十三年御筆賜銘讚書法妙八分文辭復璀璨我聞聘卿語欣然拭几案伸紙一疾讀皇哉果宸翰讀罷感

聘卿曰至理名言可作大文章觀不宜僅以小詩供吟玩也

不禁却立仰而嘆開元號昇平遠徵恭翊贊須臾逮天寶中原且喪亂同一李三郎前後雲泥判乃知遐邇氓惟德可羈絆治隆仇敵親政淆腹心叛治亂一轉移順逆情已換今世論籌邊咸將北鄙憚不思懷柔理全以我爲斷我能勝開元重譯毋待喚

片石曰此篇所述余固不敢當然詩之佳妙則不因余而有減色此詩初僅載一二報章余求其多投各報不久即傳遍北平余反叨光不尠云

詩翁王片石六十初度作歌壽之

進桃何須曼倩獻壽不必麻姑只看名士美人一堂聚即此盛事今所無人生會當行樂耳斗大金印胡爲乎既有翩翩紅袖爭拂詩豈羨蹁躚參政來拂鬚況乃酒不僅傾劉墮曲不止聽吳歈友不但誇九老美不遜十二姝風流已足侔元白道學何屑擬程朱自是翁身有仙骨肯效世間迂夫迂我今賡歌介眉句願翁勿嗤我詞蕪我詩雖則蕪使翁捧腹增歡娛不似同社諸君古近體教翁吟之擊碎

井卿曰詠史數篇無不自立新意務滌陳言誠屬讀史有得之作而就中以首篇及白起劉項君臣等什尤爲出色云

玉唾壺

詠史

子胥奔勾吳闔閭得踐位初薦一專諸殺身就大事繼薦一孫武能使兵甲利既完圖霸心復遂報仇意家國兩無憾大伸男兒志奈何逮晚節謀皆絀于智勸王立夫差夫差素不慧勸王納伯嚭伯嚭非善類卒使先王業從此兩人墜後世論强吳謂由伍氏致我則究其全斷以春秋義雖教吳暫强終令吳絕嗣其功固無倫其罪亦不次

白起坑趙卒論者詆其殘揆之以人道於義固未安若究當日勢起殆有所難趙軍四十萬詎容等閒觀昔曾從馬服威震于救韓繼復將廉頗秦士側目看全軍戰陣法早得名將傳長平所由敗咎坐趙括頑白起方倖勝遠慮非一端將欲縱

之歸易將憂拒關將欲俘之去喧賓憂揭竿俘縱俱未便悉坑計乃完吾意當坑
時雖起亦鼻酸顧爲勢所迫不敢姑從寬君看宛城役張繡降曹瞞一夫忽夜呼
操幾不生還由來軍旅事莫以常理訕

我讀項羽紀不須待終篇開卷覽數行斷其無成焉從來創大業第一志須堅今
觀羽少壯見異頻思遷書因記姓輟劍以敵一捐自喜學兵法又弗盡其全微時
旣如此得勢知亦然古稱無恆者巫醫難作緣況欲爭天下其敗踵不旋楚人譏
沐猴此語深可憐

子瞻論劉項以忍爲之綱一忍一不忍成敗分否臧我今論楚漢亦以忍爲方姑
勿議其主臣已分低昂酇侯追韓信被罵如平常淮陰出胯下苦辱能備嘗子房
遇老人受訶容更莊綜觀三傑事能忍皆所長羽有一范增才愎性且剛鴻門碎

玉斗豎子詆其王及稍奪之權大怒還故鄉如此褊狹器所謀詎能良以此佐項
氏以彼輔高皇彼此兩相較何殊賢闒狂
晉人棄景略坐使歸老苻漢宮閉明妃終教嫁單于維此士與女豈甘異所趨人
壽駒過隙百年亦須臾誰能秉奇質終身長守株英雄轉瞬老紅顏剎那枯蘦落
隨草木咄咄空悲呼君子勤沒世惟名非綴圖彼其信知幾不惜聊自汙其跡雖
有別其志原弗殊名成願已足褒譏聽諸儒
王猛未仕晉入秦賫贊襄賴其學術純終不侵晉疆逮猛老將死諄諄猶誡王晉
爲世共主幸毋窺建康猗歟此公心祖國迄未忘宋廷黜張元投夏爲虎倀魏邦
鄙商子說秦臻富強一朝計獲售反顏仇故鄉一能困韓范一能擄子昂喪地苦
兵役朝野同憂惶乃知奇傑士爲瑞亦爲殃所爭用不用卽此分行藏惜哉景略

少自古多張商

澼衣女兒行

余居古豐北郭門臨柳溪每值風和日暖時澼衣女兒麕集兩岸臨流笑語亦柴門一勝景也爰作長句紀之

鵝黃萬縷拂漣漪鄰女春深競澼衣眉黛一時爭柳碧臉霞三月妒桃緋緋衣映水搖雲袖綷約丰姿飛燕瘦素腕翻波玉色寒楊枝暗把纖腰鬬妍巧擊杵聲清笑語如聞百囀鶯秀出天然饒嫵媚回眸直欲惑陽城傾城一顧北方美延年所歌應類此。尤物天生自有因。九邊恐負桃花水。水居莫羨苧蘿村比到西施欲斷魂。出處無端成恨事。于吳何怨越何恩。恩仇顛倒歸無路、一舸鴟夷銜曉霧不甘勝境葆幽香。一誤方終仍再誤。誤出何如守故溪。才人同慕燕同棲地邀蓮步

襄成曰有此題必須有此景既有此景不能無此詩蓋讀此詩則不必身臨其境而己如目覩其景矣耀宸詩筆眞今日之寫生手

苔遮徑天眷花容月照閨閨中縱老如漂母一飯英雄名不朽千秋慧眼亦流芳何須定作君王偶

瑞芝歌

余家前宅舊有古柳二株皆數百年物也丁巳夏六月霖雨逾旬霽後一夜柳旁產芝二莖大者圍七尺小者亦五尺餘形如千瓣牡丹色似九秋金菊鄰右見之皆驚詫以爲瑞應於是未終朝已傳遍滿城連日來觀者大有空巷之勢云

門前水碧北山青山水清華地蔚靈寂寂柴扉塵不到雙芝倚柳茁閒庭噫吁嘻宋皇當日耽符瑞朝野風靡逢上意鑿險縋幽得萬莖汗靑反作明君累翳我超然一介輕所耽奚足誤蒼生萬物靜觀皆可樂況此奇物堪娛情新芝嫩似東籬菊古柳綠如淇苑竹月朗風清滿院香休徵豈讓堯階穀君不見朝朝剝啄有嘉

賓來與主人同寓目

春寒

密陰釀薄寒斗室清以邃東風更無賴瑟然挾秋意簷雀聲啾啾盆花色顯頹兀坐苦寒侵煨爐惡火熾避凉復避炎竭我囊底智忽然靈悟開隨喚奚童至三百青銅錢俾持赴酒肆沽來甕頭春獨酌拚一醉默將塊磊澆蕉葉罄三四頰赬體微和滿腔湧詩思撚髭漫長吟抄以散斜字吟罷出戶看花鳥弄晴翠

俟匪圍城時偶作

隣邑屯悍卒懼誅忽潰譁緑林合羣盜東來思蹈瑕豐州古名郡賊壘三面遮我居圍城裏怡然讀南華課兒錄詩草教女臨簪花不將跳梁輩驚詫挂齒牙有朋忽來訪未坐先咨嗟譏我愚莫及終朝務咿哇軍書已旁午焉用塗老鴉我聞但

煥章曰讀者至此當掩卷閉目思之以下宜作何語以答客難乎

必如此方見結處之妙

康侯先生云：文瀛特一小湖耳，得耀宸此歌，頓覺生色不少。可知山水得遇才士，眞山水之幸。然則耀宸誠此湖之知音哉。

又云：既用西子爲比，卽以宛若二字打合，妙妙。蓋宛若卽妯娌意，語出漢書。

微笑勸客且飲茶，君看黃巾賊，豈入康成家。更有江上盜，不侵李涉槎。我雖非其比，讀書亦五車。一片靑氈外，故紙堆紛拏。彼意在財貨，于我何慕耶。

秋日客晉陽文瀛湖放歌

文瀛湖上晚風凉，秋色留人駐晉陽。三面雲山廻遠岫，一泓烟水繞垂楊。垂楊挂月開新霽，陣陣秋花香入袂。天貽佳境娛詩人，豪情肯負湖山麗。迢迢紫塞是吾家，勝景生平慕若邪。歲月蹉跎黃卷裏，春遊夢阻玉鈎斜。文瀛雖小亦堪樂，聊當西湖賚領略。人將西子比西湖，我謂斯湖應宛若。湖濱景物儘淸幽，亭榭通橋水映樓。繞岸欲尋靜中趣，風花引上木蘭舟。木蘭舟繫長隄曲，舟自依依波自綠。對月看花妙似仙，臨波玩月淸如玉。月斜花睡露沾衣，歸路行歌詩興足。

久客宣南戲作

蓋人有所同。無別愚與聖。但繙先哲言。食色秉諸性。奈世多腐儒。膠柱談居敬。琴鶴焚且煮。反誇靈臺淨。使彼删葩經。必然削衛鄭。其言専矯情。自視高孔孟。弗若掩耳逃。還吾性之正。急走依歌壇。心與秋波映。

題高文通公贈熙民觀察詩墨長卷五言排律十四韻

熙翁昔曾作宰於高公之鄭高公美其德政贈詩頗多熙翁遂裝池爲長卷卷中名流題跋極夥余此詩脫稿後因書法愚劣未敢牽題卷上旋承熙翁堅囑親題並謂詩佳已足書之工拙可不計也爰遵命安題之〇自注

政已襲黄匹名堪簡策垂更逢攀桂客爲賦贈梅詩雅韻高千古賢聲冠一時仁風歸彩筆秀句抵豐碑梓里歌來暮桐鄉誌去思雕龍才有價渡虎評非欺道愈因文著詞尤藉事奇四知清罕覯三絕妙難窺詎料觀柔翰居然慰寸私鴻篇驚白也兎管訝羲之既擅安民績何慚幼婦辭朗吟香繞頰默玩笑開眉讀罷金鑪暖抄成玉漏遲復將巴里曲僭注識心儀

次東坡詠雪原韻即效其白描體不以鹽玉鶴鷺絮飛蝶舞之

煥章曰民國十年余與燿宸同研蘇詩見東坡此題原唱以爲不佳然不敢自信因共取紀文達公所批蘇集閱之見其總批云不知東坡何以有此惡札遂相與撫掌大笑既而細閱旁批於沾衣入袖瀛靴底及馮上撥筆爲賦之等句均加紅勒帛焉夫東坡他詩皆超妙飄逸有仙氣不失大家風格獨此作庸俗乃爾可怪也余因與燿宸

類爲比並不使皓白潔素等字

墟邊貰酒除金龜此時佳趣憑誰知衝雪提壺歸去緩驢背獵獵寒風吹照眼分
明灞橋景詩興催我頻拈髭六合沈沈極目遠睪川暴沍無流澌茫茫孔道迷高
下行如履薄心常危野闊人靜歸鳥絕村舍炊烟飄若絲行行恍覺身入畫顧此
妙畫誰能爲平原作紙雲作墨一枝彩筆天工持我亦此中點綴品不嫌凍粟生
吾肌沽酒行吟獨耐冷一任俗士譏痴兒古有名言理最達人生行樂須及時歸
來閉戶圍爐飲未容滕六窺簾幃淺斟豈必銷金帳侍飲何須黨婢姿山妻頗會
鹿門意對酌笑語情淋漓天晴雪已深三尺封苔沒徑平階墀酒酣耳熱百體暖
陶然不羨狐裘披稚子久蟄忽思動呼兄喚姊庭前馳我醉擁衾登榻臥老妻滌
器收殘卮闔家同是樂天者凡吾所好皆能隨爲問豪門諸貴介此樂可曾夢見

同仿其體而次其韻余詩誠不足入目今觀此篇敢大胆作一驚人語曰此詩眞靑出於藍矣謂余不信請取坡集一證之

陳藍田曰余初由湘抵京於報上見此詩以爲對仗工妙扣題得神在當今詩人中除吾師易碩甫先生外應推此君爲首屈一指又見其署名爲塞翁遂意必北方之老名宿也因白

之

賦得門掩梨花誰識面得誰字

梨院雙扉靜掩時溶溶花月繫相思一枝牆外原非爾半面門中肯示誰鳩杖已難通曲徑馬纓況復隱崇楣妒他綠水穿籬入戀此香風隔圃吹欲賦仙姿徒想象將描倩影費猜疑園丁未敢逢人說卓午仍防過客窺背地任教呼素素朝天終不效師師獸釘儼似金鈴護獎館幾同鐵鎖羈添趣倘容蜂上下助嬌宜許燕差池玉階夢斷邱爲什霜鬢魂銷永叔時座滿縱然侔北海宮深無奈閉西施願言乞得東鄰主獻出瓊葩共賞之

應同社諸友之囑戲詠北平女伶韓梨花演汾河灣七言排律

汾河搖落曲難工聽到韓娥迥不同倩影忽來蟾影下歌聲恍出雁聲中淸姿應

計物色之旋經吾湘詩人楓林客之介紹始獲與權宸把晤比握手言時具道傾幕歡則權宸不但非皤然之老翁實一弱不勝衣之少年學生耳可知余兩人之交誼確以此詩為媒介云

許宜南最絕調還教冀北空三晉雲山傳故事千秋遼海寫幽衷藻硞念切今何在織錦情多宿未通翠袖徘徊灣水碧朱顏掩映夕陽紅望夫石隔邊關柳思子臺遮斷岸楓廿載佳人吟別鵠一朝成客策歸驄那期鸞鏡圓金匣恰信魚書誤寶弓淚灑久因春寂寞髫添竟致貌朦朧檀郎雖遂攀龍願桑婦寧知汗馬功舊話重提真復幻前緣再續始而終妍容秀骨將誰擬明月梨花淡淡風

附詞十闋

昔人評東坡詞謂如教坊雷大使舞雖極天下之工要非本色夫以坡仙不世出之才又值北宋詞學最盛之際乃其所作尚不能盡如人意矧愚以蒙旗下士僻處塞外見聞既陋攻錯無人不特於倚聲一道素乏師承即其他雜體詩文亦何一非靦顏妄作哉今茲所錄均不過按譜盲塡聊以自娛

為工為拙固不暇熟計已

搗練子

樓隱隱。樹依依。月映珠簾燕子飛。怪底臨風閒立久。倚欄人自盼郎歸。

長相思

態盈盈。貌盈盈。更愛雙瞳秋水縈。可兒冰玉清。憶卿卿。夢卿卿。帶笑梨渦微暈生。此中無限情。

阮郎歸

湘簾鈎起對羣芳。新晴鶯語忙。小園花潤泛穠香。晚風生綠楊。苔徑濕。竹溪涼。月華初照廊。東鄰吹笛譜霓裳。聲聲飄過墻。

浪淘沙

依舊苦吟身。聊醉芳辰。荷杯淺酌甕頭春。初綻柘榴紅照眼。花酒俱芬。　詩思正清新。哦到黃昏。瀟湘何必弔靈均。青史古來多少事。總是愁人。

浪淘沙

雪霽未多時。今又霏霏。重來可是索新詞。我欲問天天不答。煞費猜疑。　樓上望前溪。芳徑迷離。風光明麗惹情思。塡箇調兒誰解得。春意先知。

臨江仙

和王濟若詠早梅韻也

未覺東風回黍谷。衝寒已放仙葩。暗香來處韻無涯。江城吹玉笛。休落曲中花。　芳信難逢容易過。詩翁且約鄰家。酒闌邀月更煎茶。不知雞塞冷。因愛一枝斜。

巫山一段雲

謝趙子珍行聘後贈茶餅也

白雪烹茶美。紅綾贈餅香，来人爲說趙家郎。昨日詠求凰，結髮憐蘇武。齊眉喜孟光，佳期却扇賦催粧。許我看新娘。

念奴嬌

拂雲堆懷古也

受降城外。望陰山。春草萬峰凝碧。憑弔千秋興廢事。但見唐家殘壁。紫塞緜延。黃河洶湧。形勝雄西北。拂雲依舊。似標仁愿奇績。 孤壘昔制天驕。可汗爭敢南向彎弓射。萬馬無聲烽火靖。一洗邊關笳築。事業曇花。功名夢幻。剩有蘭臺筆。祇今臨眺。遙天雲起如墨。

蝶戀花

補賀侯東屏院長續絃此闋以贈東屏後闋以贈新嫂也

絃續鸞膠情愈好。錦瑟調時。生怕旁人曉。契友如余瞞過了。不容笑把金罇倒。

瑞雪灑塵晴月皎正是佳期天也訣新嫂。秀色聞君餐未飽。連宵但恨雞鳴早。

蘇幕遮

貌如花。眉似柳。玉骨冰肌。紅點櫻桃口。繡幕銀缸閒坐守。只待宵深。盼得嘉賓走。啓朱唇。搖素手。低語檀奴。暫莫牽儂肘。窗外還防人尙有。一笑無言。互解丁香鈕。

雲嵐別墅小隱蒔花圖

〔按：約作於一九三四年九月。摘自陳玉甲著《雲嵐軍中記》第二五六頁，民國二十三年十二月鉛印本〕

將軍作後作參軍，雅尚尤空冀北群。舞罷龍泉携鴨嘴，種花畦畔每逢君。

廿年駒影隙中過，小隱園林樂更多。能使百花咸受命，何殊吴苑教（官）〔宮〕娥。

榮祥在伊盟七旗聯軍總指揮暨達拉特旗剿匪司令宣誓就職典禮上的講話

〔原標題：《康王在綏垣就任兩軍職詳情》，副題：漢蒙人士參加者達五百餘人，綏主席傅作義代表中央監誓，榮祥勉各王公扎薩克盡力報國〕〔原載《中央日報》民國二十五年二月二十六日第二張第二版〕

〔綏遠快訊〕達拉特旗扎薩克康達多爾濟，日前在綏遠飯店舉行伊盟七旗聯軍總指揮暨達拉特旗剿匪司令宣誓就職典禮時，漢蒙人士前往參加者五百餘人，綏省府主席傅作義氏代表中央監誓，伊盟盟長沙克都爾扎布亦親臨致訓，潘王、石王、額王、鄂王以及在綏之各旗王公均往觀禮，並分別致詞，誠塞外空前之盛會。各王公講詞以土默特旗總管榮祥爲最有價值，榮氏對於國學造詣深邃，擅長駢體文字，有塞外文豪之榮譽。榮氏講演時以蒙人立場、學者態度，就歷朝蒙人對於國家之建樹以及國家待遇蒙人之優厚之意義，歷加闡述，發揮詳盡。講詞全文，刻已整理竣事，兹覓録如次：

今天是達拉特旗康扎薩克奉令舉行伊盟七旗聯軍總指揮及達拉特旗剿匪司令宣誓就職典禮之日，本人承蒙柬邀，參加盛典，殊覺榮幸之至。惟本人係一蒙人，且係一學者，今願就蒙古立場，以學者態度，並就今日感想所及，對康司令暨各王公扎薩克、總管等略略有所供獻。本人嘗見我們各盟旗蒙人每談到我們蒙旗的往事，必要提説我們是大元太祖成吉思汗之子孫，以爲宣揚祖宗勳業，及證明本族光榮之表示。考諸史籍，成吉思汗是震（灼）〔爍〕古今，横吞歐亞之偉大雄傑，此不但我國人知之，即遠如歐美人士亦莫不熟聞而驚慕之。再稽諸《蒙古王公表傳》，所有現在内外蒙各盟部旗之世襲王公扎薩克等，或爲成吉思汗之子孫，或爲成吉思汗功臣之後，所以今時各王公及一切蒙人等，每喜提及成吉思汗之勛業，以爲本族之光，亦尚不失爲有本之談。蓋事實如此，固非假虎之威以欺群衆之比也。第我蒙人，於此有應自省之點，且不可不爲諸君公告者。蓋祖宗之人格無論如何偉大，祖宗之功業無論如何宏遠，倘子孫自身無絲毫之事業成績表現於世，則祖宗之光榮偉大仍爲創業之祖宗所有，對於子孫自身，除作談話誇耀之資料外，固猶是空洞無補，所説食不飽也。所以凡我們爲大汗子孫者，一方面固不可忘却祖宗光榮之蹟，但另一方面尤須各自努力，對國家對地方對社會對民族（作）〔做〕一點偉大光榮的事業，方不愧爲聖子神孫，斯於顯揚先烈之外，並於子孫自身亦有其不可磨滅之盛績耳。再就現在各王公扎薩克之歷史地位論，元明兩朝，姑不必談，即以前清言之，凡我各盟旗王公扎薩克，所以得有封爵顯秩，世襲罔替者，夫豈無故而得之乎？蓋亦由滿清入關之初，我各盟旗先代祖宗，對於清廷之削平流寇，（勘）〔戡〕定各方，或助以兵，或贈以馬，或各王公自披堅持鋭，衝鋒陷陣，以助滿清而奠其基，可知各王公扎薩克所以有今日之地位者，皆各旗先人汗馬功勞换來者也。關於各盟在有清一代出力報效之蹟，其繁不可勝述，今就我敝旗土默特兩（冀）〔翼〕言之。當清初豫親王多鐸以騎兵討流賊張獻忠時，敝旗贈馬數千匹，遂成滅寇之功。當康熙卅五年（一六九六年）征噶爾丹時，烏伊兩盟及敝旗，均曾以騎兵從征，終得蕩平大患，使邊疆安寧。故康熙於返駕之日，重修旗境各寺，並留甲胄、弓矢、刀戟、鞍轡等物以資紀念。洎清代中葉以後，洪（揚）〔楊〕亂起，亦常向敝旗徵兵助戰，計前後三次，共出壯丁七千名。其後亂平，而兵之生還者不過千人而已。敝旗如此，他旗亦有相同者。至於東盟如哲盟之僧王及所屬各旗，其犧牲損失，尤較我西盟各旗爲甚。由此種種往蹟觀之，則知前清待我盟旗雖稱優厚，但我各蒙旗之報之者，固亦不得謂爲甚薄也。綜完全衡以報施之望，我各旗王公對前清之封爵寵遇，亦可謂受之無愧矣。民國成立之廿餘年以來，國家對各蒙旗王公扎薩克等，優待之典，有加無已，不特制爲條例，並且見諸事實，郡王晋爲親王，親王加爲雙俸，其餘貝勒、貝子、鎮輔等公，莫不依次進級。迨自國民政府成立，中央對於各蒙旗王公之待遇視前更加優待，欲其自保，則爲之設保安長官，欲其自治，則爲之設地方政委，國家年費無數公帑，惟求蒙人之能自存耳。國家待我蒙人既比前清爲更優，使我蒙人撫心自問，所以報國家，果能優於報前清乎？故今日我各旗王公扎薩克等，（及）（既）知國家優待之厚，似亦應各自努力，爲國家負點責任，期無徒受國恩不知所報也。本人亦深知過去廿餘年中，各盟旗非不欲有所圖報，只以機會較少，雖欲稍知效力，而不得其由耳。玆幸最近數月之間，潘王、康王先後就剿匪諸要職，此正我盟旗各王公扎薩克努力報國之機會也。倘康王及諸王公能明瞭中央誠懇扶植之意，以及傅主席竭力引掖提拔之心，從今天就職之日起，各自奮勉策勵，以期和衷共濟，而使地方漢蒙人民均得享受安居樂業之福，則盡力於桑梓，亦即所以仰報國家也。幸與盛典，敬以愚見供獻於各位王公扎薩克之前，祈垂察焉。（二月廿一日）

七律·傅沅老以平綏道中口占七律見示，次韻奉和，並祈斧藻

〔原載《綏遠社會日報》一九三六年六月四日第三版〕

游春約後釀酴醾，酒熟相邀正未遲。方喜文旌臨紫陌，已將佳句寫烏絲。征車甫息公他駕①，絕塞先標介子旗②。自幸今朝陪几杖，德星同聚可無詩？

附傅增湘《平綏道中口占》

長安花事到酴醾，塞外春來故故遲。淺草成茵堪試屐，綠楊如畫漸垂絲。千群牛馬名王幕，列戍貔貅大將旗。一夕關河風景異，客途記入北征詩。

①原注：傅青主字公他，沅老之文德好游似之。

②原注：傅介子威播樓蘭，宜生主席之安邊似之。

《綏遠通志稿》卷一（上）省疆域沿革

（撰於一九三六年。摘自《綏遠通志稿》第一册邊疆沿革部分。内蒙古人民出版社。二〇〇七年版）

綏遠地處邊荒。宿稱塞外。我國載籍。凡論史述地而有涉及綏遠歷代沿革者。大都斷自戰國趙武靈王之破林胡。置雲中。誠以綏遠開創事蹟之見諸史册者。實不能不以此舉爲最古而最可信耳。其前乎此者。由唐虞以逮春秋。雖有虞舜十二州。禹貢九州。殷之鬼方、土方、𢀛方。西周之葷粥、玁狁、昆夷等。記地記族之言。間亦有與綏疆沿革相關者。但就近世學者考據所得。亦猶是推測孤證。語焉不詳。求其能確示時地。界劃分明。可以信古而傳後者。殆千百中未易以一二覯矣。此無他。蓋地處荒遠。文獻簡畧。事實所限。有必不可上溯於邃古之朞者在焉。故清修《山西通志》。其述歸綏道疆域沿革。亦以戰國爲始。至於三代一期。則只云禹貢冀州北境。並北翟所居。此於春秋以前非不欲加詳也。誠以詳而鑿。固不若簡而可信之爲無譏耳。今本篇所述。大體亦昉自戰國。惟於三代事蹟之確而可徵者。亦採輯一二。附於前。是猶通鑒與綱目並斷自秦而仍不没前紀外紀之意也歟。

附録：上古期之綏遠疆域沿革

近世凡治史地、考古、人種、語言諸學科者。每謂中國民族最初由帕米爾高原東來。先據黄河流域。漸乃驅苗族而進爲今日之中華。如近人王桐齡氏所著東洋史。謂相傳世界東半球人類始於亞洲。亞洲人類始於帕米爾高原。自此分道四下。其東下者爲中華民族。在距今四五千年前。當哈母、塞母、阿利安三族繁殖於西南時。漢族亦已據有黄河流域。同時交趾支那民族之苗族。亦據有長江中下流域。以與漢族相對抗。又稱中國歷史有一特别現象。即漢族與西北民族之關係而已。北方民族有三。曰通古斯族、蒙古族、突厥族。突厥族始於前漢之大月氏、烏孫。通古斯族、蒙古族之出現。則遠在有史以前。時代莫可考也。據王氏此説觀之。則中國有史以前。其形勢爲苗族居南。漢族居中。而通古斯與蒙古二族居於北。史稱黄帝北逐葷粥、合符釜山。其事雖未可遽信。但以大體論。則葷粥位於中原之北。殆無可疑者。且按緯綫。今綏遠適在釜山北。指爲葷粥故地。將非甚謬。惟自黃帝合符後。歷唐虞之世。則嘗命和叔宅幽都。高誘謂古幽都。在雁門北。而不言幽都以北。究爲何族所居。其次。由有虞以逮夏后氏。經史所載。述地則只及并冀。而從無再窮北荒者。記人則只稱苗夷。而鮮有道及北族者。豈此數百年間。果皆南北相安於無事乎。抑古史簡略。言夷而北族已寓於其中乎。若夷之名亦可施於北。則夏帝相及帝槐時。九夷中之白夷、赤夷或即春秋時白翟、赤翟之異名歟。復次。考通鑒外紀云。湯既踐天子位。海外肅慎。北發渠搜。氐羌來服。此渠搜既云北發。當即夏商之際北族之一。故漢武帝於朔方郡置渠搜縣。在今綏遠省鄂爾多斯部右翼後旗界。酈道元註水經。引禮三朝記。以爲漢縣即依古渠搜得名。而清趙一清斥其非。更據隋書西域傳。謂鏺汗國即古渠搜。在葱嶺西五百里。此則趙氏好奇矜博之過也。殊不思禹貢九州。學者猶疑其誇而不實。今更遠指禹貢之析支、渠搜。在葱嶺以西。豈夏后氏領土已擴及中亞一帶乎。況三朝記明明言北發。而趙氏强欲示諸西。豈前代之説俱不足信。而隋氏之書爲獨可據乎。此綏遠西部。當夏商時爲渠搜所居。亦似有不誣者。由湯傳至武丁。經史舊籍。皆有外伐鬼方。三年乃克之語。近人王國維氏謂。言鬼方地理者。古無定説。毛傳云。鬼方遠方也。不實指其地。後世諸家。有以爲在北者。干寶易註云。鬼方、北方國也。見李鼎祚周易集解引。有以爲在南者。如黃氏日鈔。以爲鬼方即荆楚。近人鄒漢勛考紅崖刻字。謂爲殷高宗伐鬼方所作。以爲在貴州是也。有以爲在中國者。李黼平毛詩紬義。謂鬼與九字通。殷本紀。命西伯昌、九侯、鄂侯爲三公。徐廣曰。九侯亦作鬼侯。鄴縣有鬼侯城是也。唯竹書紀年稱。王季伐西落鬼戎。見後漢書西羌傳及章懷太子註。可知其地尚在岐周之西。今徵之古器物。則小盂鼎雖紀盂伐鬼方事。亦不及地理上之一字。然大小兩盂鼎。皆出今陝西郿縣禮村溝岸間。其地西北接岐山縣境。當爲盂之封地。大盂鼎紀王遣盂就國之事。在成王二十三祀。小盂鼎紀盂伐鬼方獻俘受錫之事。在成王二十五祀。則伐鬼方事。在盂就國之後。鬼方之地。自當與盂之封地相近。而岐山、郿縣以東即爲豐鎬。其南又限以終南、太一。唯其西汧渭之間。乃西戎出入之道。漢之郁夷縣正在其間。又西踰隴坻則爲戎地。張衡所謂隴坻之險。隔閡華戎者由此觀之。鬼方地必在汧隴之間。或更在其西。蓋無疑義。雖游牧之族。非有定居。然殷周間之鬼方。必在此地無疑。然其全境猶當環周之西北二垂。而控其東北。梁伯戈雖僅有鬼方蠻及梁伯作數字可辨。然自爲梁伯伐鬼方時所鑄。而梁伯之國。杜預謂在馮翊夏陽縣。史記秦本紀、惠文王十年。更名少梁爲夏陽。漢志亦云夏陽故少梁。其地在今陝西韓城縣。又在宗周之東。其北亦爲鬼方境。故有爭戰之事。據此二器。則鬼方之地。實由宗周之西而包其東北。與以後昆夷、玁狁地正同。此鬼方疆域之略可考者也。據王氏所說。則今綏遠西部。殆全爲商代鬼方故地矣。降逮商之末期。則又有獯鬻、昆夷之稱。如孟子所謂太王事獯鬻。文王事昆夷。又至周而有玁狁。此見於毛詩者。尤不一而足。史記匈奴傳云。戎狄破逐周襄王而立子帶。晉文公攘戎狄。居於圁洛之間。號曰赤翟、白翟。此所謂翟。亦即玁狁之族。故司馬遷引薄伐玁狁之詩爲證。近據王氏所考。以爲鬼方、昆夷、獯鬻、玁狁諸名。皆古語喉牙同音。陰陽對轉一語之變也。其文繁博不具録。要其大旨。於史地考證。皆有發明。而以古文鬼字證其通隗、通畏、通威。尤與春秋時北狄隗氏及後世北族之有畏吾爾。均有密切之關係焉。此可證戰國以前。綏遠全境固長爲游牧民族之北翟所居矣。綜上所述。則知今之綏遠。當太古期中國民族由帕米爾高原東來時。蒙古族已踞斯土。且與黃河流域之漢族、長江流域之苗族。分中南北三段。而各遂其生。至黃帝逐葷粥。或謂葷粥爲周初北族之名。一作獯鬻。當黃帝時不應有此稱。以理揆之。殆後世史家所追書。此說誠是。但太古北族。既無專名。則追書之名亦似可用。北族始見於史。迨夏商之際。居此者稱渠搜。商之中葉稱鬼方。由商末逮於西周。又改稱昆夷、獯鬻、玁狁等號。直至宣王時。命將出師。而猶謂之玁狁也。厥後孔子删定古史。始以翟同狄字斥北族。自此相沿。遂爲歷代常用之詞。故春秋二百四十餘年間。凡書翟者。皆指北族而言。且爾時翟之所據。不唯今綏遠一省。即華夏秦、晉、燕、齊之間。亦已有北族參居於其地。觀春秋衛、邢亡國之禍。其情勢亦略可覩矣。洎乎戰國。趙破林胡。其地正當今綏遠省大青山前一帶。秦滅義渠。則爲今綏遠省河西至寧夏一帶。由太古以逮戰國。一若此綏遠全境。曾有多種民族寄蹟者。顧一按其實。則所謂胡也、翟也、昆夷也、葷粥也、玁狁也、渠搜也、義渠也。皆即元明以來之蒙古族而已。奚以知其然耶。此可由蒙古語與中國古籍所記北狄名號相印證而明之。大抵世界各民族語言之變遷。皆與其文化進步之緩急爲正比。換言之。即進化速者。其語言之改變亦速。進化緩者。其語言之改變亦緩。中國内地民族。由古代之漁獵游牧而進於農業。雖在此期曾作長久之停滯。但民間於工商雜藝之改善。幾於無代無之。故其語言自周秦迄今。仍於不知不覺中有極大之改變。至於北族蒙古。則自上古以來。始終處於獵牧之一階。其文化既無甚巨之改革。則其所用語言。除與他族混合時。微有參雜外。其原有之名詞語音。必有一大部歷數千百年而遺存至今者在焉。基於此理。則就今之蒙古語推測。似頗不難窺見北族之屬何種也。蓋古代北族名號。凡可以蒙語釋之者。率爲蒙古族。其不可釋者必否。又如蒙古文字。雖創始於元代。顧其字皆拼音合成。依語立義。故文字雖晚出。而所代替者。仍爲古語古音之傳演。無礙於原用語類之寄存也。惟蒙古語音東部與西部稍有不同。故古代中國史籍以漢字譯音記述之。稱號遂往往有東西互異之處。如中國古史通稱北族曰胡。而胡字又無涵義可求。則其源出於譯音。殆無疑義。考蒙語稱人曰混。或曰困。此即東西異音之一端。蓋蒙文人之一字。本爲三字母拼成之聯音字。東部蒙古讀此三音曰忽木甕。急讀曰忽孟。用諸語言。則變曰混。若延長其尾音即成胡。故胡之名。起於東部。而有東胡之稱。其後林胡等號。皆源於此。但西部蒙古讀此三音則曰枯木甕。急讀曰窟孟。用諸語言。則變曰困。若延長其尾音即成昆。故昆之名著於西部。而有昆夷之稱。其後昆兑、堅昆等號。皆源於此。合而言之。無論東之稱胡。西之稱昆。其實皆蒙古語之稱人耳。至於葷粥之葷。其本字本有渾音。後音改作玁、熏等字。始讀葷爲玁。第就上述之語音推之。則依葷而讀作本音。似較讀玁爲近實也。他如翟、狄等字。本爲蒙語稱衆、稱部之意。亦即今之忒、特等字。如今日各蒙旗名稱。其結語多用特字。偶亦有譯作忒者。若土默特、烏喇特、達拉特、蘇尼特、浩齊特、翁牛特等。幾至不可以僂指數。古代中原不明北族稱衆、稱部之義。而聽其語尾多作特、忒之音。遂概呼之曰翟或狄焉。案蒙語之稱特。正如俗語之稱們。如云某某們之意也。以理揆之。古代翟、狄等語音上。必更冠有其部名。以自區別。惟古代中原文字簡略。以奇音繁雜難譯。遂統稱之爲狄。

致使後之學者。雖欲詳考其源流而不可得。若夫春秋時之白狄、赤狄。此乃中國就其禮俗之所尚而名之。非其面色有赤白。或狄以赤白自號也。蓋自古同種同語之蒙古族。本有尚赤與尚白之二系。尚白一系即後世繁衍爲元朝宗室之正統蒙古。觀於元代九白之貢與後嗣即汗位者。必於八白室前等禮。知其尚白之俗。通古今而未嘗或改。亦即戰國以前所謂白狄矣。尚赤一系即後世繁衍爲瓦剌之西北四部蒙古。清代稱之爲四衛拉。觀於其部内稱汗、稱王者。始得服紅衣。御紅香牛皮鑲雲花靴。台吉大臣始得用紅香牛皮無雲花靴。小官及平民均不許用紅色爲衣履等制。知其尚赤之俗。亦通古今而未嘗或改。斯即戰國以前所謂赤狄矣。當春秋時晋公子重耳逃於翟。娶隗氏。其後先軫與狄戰。死之。皆尚赤一系。其云隗氏。即近人王國維所謂通畏、通威。至近代而轉變爲衛、瓦等字。因謂之瓦剌、衛拉或烏喇。而不知蒙語謂赤。正謂之烏喇耳。可見古時與晋國接壤而居者。皆蒙古族也。又如渠搜、義渠二名。按毛詩夜未渠央之渠。註謂渠讀如遽。若古音渠應讀遽。則渠搜、義渠亦當如此。蓋蒙語稱容貌曰遽搜。稱主曰義遽。或古時渠搜一部。其貌稍雅。故稱以此名。而義渠一部。則因其臣民呼其君之語。而中國遂即用爲稱其部之號歟。總之、上述諸名。大都可用蒙古語釋其義。其爲古代之蒙古族。亦似無甚可疑者。惟本篇之考沿革。其正文本斷自戰國。若唐、虞、夏、商而逮於春秋。此地究爲何族所居。原可存而不論。顧古代既有此多數變易無定之族名與事蹟。載諸簡册。而近歲且有專心肆力於此類學科之人士。則著其關係大概而附於前。或亦好古之彦所樂聞而不廢者歟。

案史記趙世家。武靈王召樓緩。謀曰。我先人敗林人於荏。而功未遂。正義於林人下釋之曰。即林胡也。戰國時稱林胡爲林人。尤足證胡字即北族稱人之語。蓋七國之世。秦、趙、燕皆鄰胡。而胡事之有涉於趙者尤多。是以趙獨諗胡字之義。而易以華語。則謂之人焉。

戰國

戰國時。綏遠東部近邊處爲子姓翟代國故地。稍北爲無窮故地。中部自大青山以北而南至邊。爲林胡故地。西部河套。除東南爲秦、魏邊界外。其餘大率爲樓煩、義渠故地。蓋樓煩居河套之東。且奄有今山西省之西北隅。而義渠則居河套之西。並奄有今寧夏、阿拉善之中段也。

史記趙世家。當道者謂趙簡子曰。主君之子。將克二國於翟。皆子姓也。簡子卒。襄子元年。北登夏屋。請代王。使厨人操銅料擊殺代王及從官。遂興兵平代地。武靈王十九年。王遂之代。北至無窮。西至河。登黃華之上。二十年。西略胡地至榆中。林胡王獻馬。二十六年。壤地北至燕、代。西至雲中、九原。惠文王二年。主父行新地。遂出代西。遇樓煩王於西河。而致其兵。又匈奴傳云。岐梁山涇、漆之北。有義渠、大荔、烏氏、朐衍之戎。晉北有林胡、樓煩之戎。晉悼公使魏絳和戎翟。後百餘年。趙襄子踰句注而破并、代。以臨胡貉。其後義渠之戎。築城郭以自守。而秦稍蠶食。至惠王遂拔義渠二十五城。昭王時。遂起兵伐殘義渠。築長城以拒胡。趙武靈王亦變俗胡服。習騎射。北破林胡、樓煩。築長城自代並陰山下至高闕爲塞。而置雲中、雁門、代郡。

案張守節史記正義引地道記云。飛狐口北。則代郡也。又趙襄子姊、代王夫人。磨笄自殺。代人憐之。所死地名之爲磨笄之山。正義引括地志云。山在蔚州飛狐縣東北百五十里。若以此爲緯綫。而度其四境之廣狹。則古代地不僅包括今山西東北數縣。且兼有今綏遠東部之一隅也。又正義云。黃華。蓋西河側之山名。林胡、樓煩、即嵐、勝之北。榆中、勝州北河岸也。按古之西河。即指今鄂爾多斯東境黃河南流之一帶而言。而唐之勝州。又在河西之東北部。則史記所謂黃華、林胡、樓煩、榆中等地。皆在今綏遠之中部及河套之東北隅。惟無窮一地。註家均無説明。然既在代北。則今之綏東近北處及烏蘭察布之東端。大概即其故地。或古時未能究其境之所止。姑呼之爲無窮歟。餘如義渠、大荔諸戎。據史記正文。既稱在涇、漆以北。則凡涇水之北岸。由陝北直達於鄂爾多斯之西南。皆是也。雖正義、集解、索引各家所釋。以爲在北地郡。但若就今河套鄂爾多斯之地形揆之。涇北實爲古上郡地。惟其西邊與北地郡之一部相接。故秦於伐殘義渠後。始併有北地、上郡、隴西之地。則當時東自河西魏、趙之邊境起。南沿秦之北界。西抵隴右。皆諸戎託足之區。而義渠戎王所居。尤與秦都密邇。故能倣秦制而築城郭。並能出入秦官與宣太后亂。以此推之。則河套之南半壁。雖非義渠之全。殆亦義渠築城自守之一部矣。且詳考史記所述。似秦昭王破義渠而僅得今河套之南端。趙武靈王破林胡而僅得今陰山以南黃河以東以北之地。其餘如河套之中部及西北一部。蓋猶是胡牧之場。適介於秦、趙壤地之間。觀趙武靈王胡服騎射。其志固在破林胡而襲強秦。然林胡既破。而未能直下制秦者。以其間尚有胡地數百里。以爲之梗耳。厥後秦始皇既盡滅六國。始命蒙恬將十萬衆。北擊胡。悉收河南地。因河爲塞。當時所謂河南地。正即今之河套境。其云悉收者。至是乃得盡取全部套地而與武靈王舊界相連焉。總之。綏遠全境在戰國以前。確爲諸戎狄所踞。自趙武靈王、秦昭王開北攘之端。至始皇而克抵於績。於是陰山以南。乃肇啓爲郡縣城郭之邦云。

秦

秦併六國後。仍沿趙舊稱。於北邊置代、雁門、雲中、九原等郡。而今之綏遠。實兼有秦時雁門、代之一隅。及雲中、九原全部。且北包其北假。而南括其河南、新秦中、上郡等境也。

史記秦始皇本紀三十三年云。前年使蒙恬發兵三十萬。匈奴傳作十萬。北擊胡。畧取河南地。是年又西北斥逐匈奴。自榆中並河以東屬之陰山。以爲三十四縣。又匈奴傳。始皇帝使蒙恬將十萬之衆。北擊胡。悉收河南地。因河爲塞。築四十四縣城臨河。本紀作三十四。徙適戍以充之。而通直道。自九原至雲陽。又渡河據陽山、北假中。

案秦滅趙、魏。其所得地在今綏遠境內者。約爲陰山以南之九原、雲中、雁門、代、西河等郡之全部或一部。破滅義渠所得地。在今綏遠境內者。約爲上郡之一部。斥逐匈奴所得地。在今綏遠境內者。約爲河南新秦中並北假之全部。至所謂築四十四縣城臨河云者。不過僅就今套地之東西北三面黃河經流處。築城守衛之。其距河較遠之雁門、代、北假、上郡及雲中之偏東處。尚不在內也。或謂始皇所築諸城。大抵皆在九原屬境。然觀史記。自榆中並河以東屬之陰山一語覈之。則雲中之西偏。及河南地之北界。殆悉爲築城屯戍之要地。固非僅以九原一郡爲限也。蓋秦時榆中。即隋唐以來之榆林郡。其地在今綏遠河套鄂爾多斯之東北界。當日築城。既以此爲起端。則其兼有黃河南北兩岸地而統隸於九原。秦時九原兼領黃河南岸。固非甚誣。第又云並河以東屬之陰山。則是黃河南流之東西兩岸地。亦在築城防衛之中。而河東至陰山。乃雲中轄境。若河西稍南處。且為西河轄境矣。故秦時所築之四十四縣城。不惟不限於九原。或更不限於雲中西部。而延入西河。亦為地理所當爾。獨惜秦代沿河縣名沿革。半不可考。致此三十四城與四十四城之謎。歷數千百載而終莫之能詳耳。洎乎秦二世以後。中原因有陳、吳、劉、項之爭。不遑備邊。比秦滅亡。而塞上列郡已半為崛起之匈奴冒頓單于所復踞。計此地自秦統一列為邊郡以至復陷於胡。前後不過十數年而已。考史記匈奴傳。冒頓大破滅東胡王。而虜其民人及其畜產。既歸。西擊走月氏。南併樓煩、白羊、河南王。侵燕、代。悉復收秦所使蒙恬所奪匈奴地者。與漢關故河南塞。至朝那膚施。是時漢兵與項羽相拒。中國疲於兵革。以故冒頓得自强。諸左方王將居東方。直上谷以往者。右方王將居西方。直上郡以西。而單于之庭。直代、雲中。據此傳所述。則知秦漢之際。匈奴單于庭正位於今綏遠省境之中部。大約當今之歸綏東北一帶。而其右方王將則且奄有今之河套故地。傳又稱。右賢王怨漢奪其河南地。築朔方。是秦之邊郡至漢武帝再逐匈奴後。始得完復無缺也。

漢

漢初。郡、國並建。其在今綏遠省境者。始以雲中、雁門、代屬縣置代國。旋復分置為雲中等郡。嗣又分雲中而置定襄郡。至武帝時。又改秦九原置五原郡。更於河南置朔方郡。計前漢北邊列郡屬縣之在今綏疆者。約為代郡之且如一縣。雁門郡之沃陽、彊陰二縣。定襄郡之成樂、桐過、都武、武進、襄陰、武皋、駱、安陶、武城、武要、定襄、復陸等十二縣。雲中郡之雲中、咸陽、陶林、楨陵、犢和、沙陵、原陽、沙南、北輿、武泉、陽壽等十一縣。五原郡之九原、固陵、五原、臨沃、文國、河陰、蒲澤、南興、武都、宜梁、曼柏、成宜、稒陽、莫䵣、西安陽、河目等十六縣。朔方郡之朔方、修都、臨河、呼遒、渠搜、沃壄、廣牧、臨戎等八縣。西河郡之美稷、富昌、大成、虎猛、平定、增山等六縣。上郡之白土、奢延、高望等三縣。以上皆前漢所置。共得五十九縣。是為三代以後綏疆沿革之較可徵信者。中經王莽之亂。改易郡縣諸名。如改雲中爲受降。改定襄郡治之成樂爲得降。其他城邑之紛更易號者。尤不可僂指數。逮後漢初。盧芳倡亂。邊郡並廢。建武二十五年南單于降。二十七年復置郡。併屬并州。省雲中郡之陶林、犢和、陽壽。而割定襄郡之成樂、武進、定襄三縣隸之。復徙定襄郡治於雁門之善無。而省其舊領之襄陰、武皋、武要諸縣。此外如五原、雁門、代三郡所領之稒陽、沃陽、且如等縣亦併省。蓋是時去邊遠而舊制荒者。悉在裁省之數也。至漢末建安之季。雖立新興郡於太原界。領雲中、九原、定襄等縣。然名實乖違。已迥異盛漢規模矣。

案漢書地理志註。雲中、雁門、代三郡。並秦置。定襄郡高帝置。蓋高帝六年。以雲、雁、代所屬五十三縣爲代國。十一年以代之雲中以西爲雲中郡。十二年分雲中之東南置定襄郡。此二郡屬邑。十九爲今綏遠省境之中部地。再東則爲雁、代二郡之各一隅。以今縣覈之。則代郡之且如在今興和縣界。雁門郡之沃陽、彊陰在今涼城縣界。雲中郡之北輿、武泉、原陽在今歸綏縣界。楨陵、沙陵、雲中、沙南在今托克托縣界。咸陽、犢和在今薩拉齊縣界。餘如陶林在歸綏東北。陽壽在歸綏之西南。其次定襄郡之成樂、定襄、武進在今和林縣界。駱、桐過在今清水河縣界。武皋在今歸綏東邊。武要在今陶林縣界。復次。五原郡爲漢武帝元朔二年因秦九原舊地而改置者。所屬稒陽、臨沃、九原在今包頭縣界。五原在今安北縣界。宜梁、西安陽、成宜在今五原縣界。河目在今五原、臨河之間。狼山口南界河陰、曼柏、蒲澤在今包五兩縣河南岸。復次。朔方郡亦武帝元朔二年置。所屬諸縣。除三封、窳渾不隸綏疆外。其餘七縣。在今河套鄂爾多斯北部界。一縣曰臨河者。則在河北岸。即今臨河縣界也。復次。上郡亦秦舊置。而漢因之。高帝初嘗改爲翟國。旋復故。所屬諸縣有白土、奢延、高望在今河套鄂爾多斯南部界。復次。西河郡武帝元朔四年置。所屬諸縣有美稷、富昌、大成、虎猛、平定、增山在今河套鄂爾多斯東部近河處。是爲漢郡縣布列綏疆之大概形狀。至其遺址方望之實。則另詳於分縣沿革及歷代故城各條。總之。秦漢所置沿邊諸郡縣。其北界大致以陰山爲限。良以秦趙長城。皆循陰山南麓。故陰山高闕以北。在當時爲徼外地。列塞所不守。亦即郡縣建置所不及也。雖秦嘗擴地至北假。漢武帝亦嘗以兵力踰絶塞。逐匈奴。抵狼居胥山。但其遺蹟。亦僅有頭曼、光禄等數城而已。終爲倏得倏失之區。與徼内之簡守令、駐都尉者迥異。是則今之綏疆。不唯統轄秦漢雁門、代、雲中、定襄、九原、五原、朔方列郡所領諸縣地。即陰山高闕以北。直抵瀚海南界之匈奴故地。亦已並隸幅員之内矣。

三國

三國。魏地屬北部。其後自雲中以東。爲鮮卑所踞。自西河以西。爲南匈奴遺族所處。蓋是時華夏紛爭。未遑遠略。故地雖屬魏。而迄未重置郡縣。一任鮮卑族之拓跋氏入居盛樂。奄有今綏疆之中東兩部。以奠後魏開國之基。其雲中以西之五原、朔方、西河、上郡各地。自後漢以來。立南匈奴單于庭於去五原西部塞八十里許。嗣復徙處於西河、美稷。至漢魏之際。南匈奴右賢王去卑等所統諸部。猶散居故地。據有今綏疆之河套全境。以啓豹子、衛辰父子迭踞之局。蓋當三國曹魏之世。北部之郡縣遺制。已蕩然無存。而疆土分裂。適爲鮮卑、匈奴兩族搶攘割據。糾紛開始之一期云。

案前漢所置沿邊列郡。經王莽之紛更。而舊制漸壞。比光武帝平定内亂。而匈奴别部已芽蘖於塞下。迨南單于既降。始則處之五原。繼則徙諸美稷。至於扶羅則竟止於河東。於是終後漢以逮曹魏之世。凡秦之所謂河南地。與夫前漢之所謂五原、朔方、西河等郡。已悉爲南匈奴長居之境。考後漢書所謂匈奴未分南北部時。有薁鞬日逐王名比者。以不得立爲單于。出怨言。嘗於建武二十三年遣漢人郭衡奉匈奴地圖。詣西河太守求内附。二十四年春款五原塞。願爲蕃蔽。帝許之。其冬比自立爲單于。二十五年春。比遣弟左賢王將萬餘人。大破北單于。郤地千里。自是南北部既分。漢遂使南單于立庭於五原西部塞。既而復詔使入居雲中。此爲南匈奴入塞之始。其後南單于遣兵拒北部。逆戰不利。於是漢帝復詔南單于徙居西河美稷。使中郎將段郴、校尉王郁。留西河擁護之。南單于既居西河。亦列置諸部王。助爲扞戍。使韓氏骨都侯屯北地。右賢王屯朔方。當于骨都侯屯五原。呼衍骨都侯屯雲中。郎氏骨都侯屯定襄。左南將軍屯雁門。栗籍骨都侯屯代郡。皆領部衆。爲郡縣偵羅耳目。此爲後漢初南匈奴散居今綏遠全境之始。南匈奴數傳至單于宣。鮮卑入左地。擊北匈奴。大破之。斬優留單于。

於是北庭五十八部。二十餘萬口。勝兵八千人。詣雲中、五原、朔方、北地。降南單于。厥後南部歷傳數世。皆親附漢廷。並數會漢將竇憲、鄧鴻、耿譚、耿夔、任尚、馮柱、龐奮等。合擊北部。或出朔方。或出五原。或出鷄鹿塞。迄於漢末。大率如此。而其滋生繁息於漢邊列郡者。固亦以歷年攸久。而不可復還矣。靈帝末年。右賢王於扶羅立爲單于。國人叛之。因留河東。獻帝時。於扶羅弟呼厨泉繼立。二十一年來朝。曹操使留於鄴。而令其弟去卑歸監其國。是爲南部衰落之始。而東胡別種之鮮卑族。遂乘勢自遼水西侵。漸有陘北、雁、代之地。其兵鋒所至。且遠達五原。考魏志鮮卑傳載。漢安帝末。發緣邊步騎二萬餘人。屯列衝要。後鮮卑八九千騎穿代郡及馬城塞。入害長吏。又鮮卑大人其至鞬控弦數萬騎。數道入塞。趨五原寧貊。攻匈奴南單于。洎檀石槐立爲大人。兵馬甚盛。南抄漢邊。北拒丁令。東卻扶餘。西擊烏孫。盡據匈奴故地。東西萬二千餘里。南北七千餘里。網羅山川水澤鹽池甚廣。由是觀之。則鮮卑一族。當後漢末葉。已據有北匈奴全境。約當陰山以北。今綏遠北界之烏蘭察布盟一帶。蓋匈奴舊部本以陰山高闕諸塞分南北。鮮卑乍自東來。則塞外之北部匈奴。固首當其衝。而魏志所謂盡據其故地者。亦指遠隔塞外之北庭言之也。若南部則屯居塞內。爲漢保邊。雖嘗受鮮卑鈔掠。而地未盡失。且久附漢廷。忠誠無渝。故史氏以南部所處爲漢郡。不以牽於北部者。亦以微示內外之殊耳。惟沿邊列郡。經後漢匈奴、鮮卑之爭。其於他年割據已預奠難拔之基。故三國一期。雖以魏武帝之雄才大略。終不能驅二族而復漢制。僅於雁門以南置一新興郡。在今忻縣。以領塞下荒地雲中、定襄、五原、朔方之民。至魏文帝黄初元年。則又徙置於并州。遂舉陘嶺以北之地並棄之。其後檀石槐之孫步度根雖立。而衆稍寡弱。屢爲小種鮮卑大人軻比能所侵陵。因率所部與從子泄歸泥之衆。降於魏。拜歸義王。居并州。青龍元年。軻比能誘納步度根使叛。自勒萬騎迎其累重於陘北。并州刺史畢軌遣將軍蘇尚、董弼等擊之。軻比能遣子將騎與尚等會戰於樓煩。臨陣害尚、弼。按古樓煩在今綏南晋北之間。軻比能迎步度根而與魏師戰於此。則知樓煩以北。今綏遠之中東兩部。在漢末屬檀石槐一枝。在魏則屬軻比能一枝也。迨魏末則有鮮卑別部拓跋氏崛起。續據其地。是爲後魏始祖拓跋力微創業之始。考魏書、北史並云。始祖神元皇帝力微三十九年。遷於定襄之盛樂。計其時蓋即曹魏之甘露二年至景元二年。力微遣子沙漠汗如魏觀風。留於洛陽。又數年晉遂代魏云。

晉初

晉初。鮮卑拓跋氏仍居盛樂。即漢成樂。奄有今綏遠黃河東岸以往各縣地。其西岸南河以南仍爲匈奴遺族劉虎、劉衛辰等所踞。蓋晉當武帝國力强盛時。勞於平吳。無暇北進。故漢魏以來。匈奴、鮮卑分據邊郡之局。迄無甚大之變革。比及再傳。而中國已亂。當是時拓跋氏既尚未建魏國之號。故所居之地。僅稱統部。而無分州劃郡之舉。其盛樂及參合陂二部。適爲今綏疆之中東二部地。稍後拓跋氏受晉封爲代國。與晉分界。而河西之匈奴遺族赫連氏。亦竟擁朔方、西河之故郡。而建夏國。是爲今綏疆之西部地。

北史帝紀。始祖神元皇帝三十九年。遷於定襄之盛樂。昭帝禄官元年。分國爲三部。一居上谷北濡源西。自統之。一居代郡之參合陂北。使桓帝猗㐌統之。一居定襄之盛樂故城。使穆帝猗盧統之。自神元與晉和好。是歲穆帝始出并州。遷雜胡。北徙雲中、五原、朔方。又西渡河。擊匈奴、烏丸諸部。自杏城以北八十里。迄長城原夾道立碣。與晉分界。三年。桓帝度漠北巡。因西略諸國。積五歲。諸部降附者三十餘國。十一年。晉假桓帝大單于。金印紫綬。是歲桓帝崩。十三年。昭帝崩。穆帝遂總攝三部爲一統。三年。晉并州刺史劉琨乞師。帝助琨破白部。攻鐵弗。晉懷帝進帝大單于。封代公。帝以封邑去國懸遠。從琨求勾註陘北地。琨大喜。乃徙馬邑、陰館、樓煩、繁峙、崞五縣人於陘南。更立城邑。盡獻其地。東接代郡。西連西河、朔方數百里。帝乃徙十萬家以充之。六年。城盛樂以爲北都。八年。晉愍帝進爲代王。

晉書載記。赫連勃勃字屈孑。匈奴右賢王去卑之後。劉元海之族也。曾祖武案即劉虎。唐著晉書。避祖諱。遂改虎爲武。爲劉聰安北將軍。祖豹子爲石季龍平北將軍。父衛辰爲苻堅西單于。督攝河西諸虜。屯於代萊城。及堅國亂。遂有朔方之地。後魏師伐之。乘勝濟河。克代萊。執衛辰。殺之。勃勃奔於叱干部。後歸姚興。以爲安遠將軍。封陽川侯。以三城、朔方雜夷及衛辰部衆三萬配之。頃之。以勃勃爲持節安北將軍、五原公。鎮朔方。義熙二年。僭稱天王大單于。國稱大夏。進討姚興三城以北諸戎。侵掠嶺北。嶺北諸城。門不晝啓。又大破禿髮傉檀。敗姚興將張佛生於青石原。擒齊難於木城。進屯依力川。擒姚文宗、姚榆生於三城。執王奚於敕奇堡。連攻興將姚廣都、姚壽都、姚詳、楊佛嵩、黨智隆等。皆破之。取清水、三城、東鄉諸城。徙民萬六千家於大城。勃勃改元爲鳳翔。發嶺北夷夏十萬人於朔方水北、黑水之南。營起都城。以統萬爲名。

案秦漢邊郡。自王莽改制。已開糜爛之端。迨後漢初。光武受南匈奴降。分部而處之河西。此後北邊列郡。已名存而實亡。及三國時。鮮卑諸部復西侵而據有陘嶺以北雁、代、雲、定之地。則秦漢舊制。愈湮泯不可究詰。降逮典午。策重羈縻。無由恢擴。至永嘉以後。則國事益莫可爲。雖以劉越石之忠勇幹略。猶不得不棄勾注以圖苟安。則終晋之世。迄未能於陰山塞下。設一官。置一戍。以示國界之所在。豈非以漢魏以來。積重之勢不可驟挽乎。考拓跋氏未建魏號之前。其國境大致以今綏遠黄河以東之地爲限。至於河西朔方諸郡。初嘗爲劉聰、石虎所得。繼屬苻堅。繼屬姚興。最後乃爲勃勃所據。雖拓跋氏兵力嘗一再渡河。破代萊。殺衛辰。然不久即去。卒未能長有其地。故勃勃得資以復起。此有晋一代之割據形勢。至後魏滅夏。乃始歸於一氏耳。

後魏

後魏。自始祖神元帝力微。遷居定襄之盛樂。至穆帝猗盧。受晋封爲代王。更城盛樂以爲國都。道武帝珪。登國元年春。猶襲晋封。即代王位。四月乃改國號稱魏。是爲拓跋氏以雁、代、雲、定之地。去晋爵而自建後魏之始。洎道武天興元年。徙都平城。猶定京邑以西至河以北至五原爲畿内。並於盛樂置雲中郡。太武帝燾。改郡爲鎮。仍稱雲中。更於白道嶺北置沿邊六鎮。以備蠕蠕。即沃野、懷朔、武川、撫冥、柔玄、懷荒懷荒、柔玄不在綏遠疆域之内也。又立朔州於盛樂。統雲中、懷朔、武川。而皆不領縣。肅宗時。改懷朔鎮爲朔州。而改舊治盛樂之朔州爲雲州。且皆增領郡縣。惟自孝昌之亂。北邊州郡。

次第陷没。迨三晋僑置。則名雖存而地已非矣。以今省界覈之。則當時建置之略可考見者。如雲州所領之雲中、盛樂二郡。爲今綏疆之中部。恒州所領之代、凉城、善無三郡之各一隅。爲今綏疆之東南部。初設六鎮之西四鎮。沃野、懷朔、武川、撫冥爲今綏疆山後北境之全部。獨朔州所領。前後移置。變易無常。故或領懷朔、武川。或領盛樂、廣牧。或領廣寧、神武。雖其後寄治雁南。形同虚設。顧所統郡名地望。則已徧及綏疆南北西三境矣。至於河西一部。由後漢魏晋以來。即爲匈奴遺族所踞。自赫連勃勃於晋義熙中最後建國。至其子昌。爲後魏太武帝所滅。並改其故都統萬城爲統萬鎮。太和中。改鎮爲夏州。領化政郡。逮西魏時。改化政曰弘化郡。以上皆拓跋魏在今綏遠省境分州置郡之形勢也。惟當時於夏州之外。尚有所謂東夏州。諸史均不着其建置之年。然以所領偏城、朔方、定陽、上郡之四郡屬縣揆之。如沃野、朔方、臨戎等皆在河套之北半部。似彼時兩夏州雖以東西分。而其轄境固不啻以南北爲界焉。

案拓跋氏自力微入居盛樂。歷傳數世。均未嘗有州郡之建置。僅於禄官、猗㐌、猗盧同領部衆時。劃其屬地爲三部而已。蓋是時秦漢之舊治已湮。而拓跋之新規未立。故考古者祇能就各部而推其大略。莫能稽郡縣而爲之加詳也。按當時所謂定襄之盛樂一部。即今綏遠和林縣北之上下土城村。其所轄爲今歸、薩、托、和、清及武川等縣地。當時所謂參合陂北一部。即今綏遠豐鎮縣東之野馬圖村。此參合陂爲漢參合縣之北陂。在今大同縣東北邊墻外。與後魏所置參合縣。在今凉城縣治西北者不同。其所轄爲今豐、凉、興、陶及集寧等縣地。此蓋皆以統帥駐處代部名。部以下更無較詳之區劃矣。迨拓跋珪别建魏號。以至遷都於平城。雖定五原以南、大同以東爲畿内地。然除沿用漢代二三郡縣舊名外。其境内規制。亦猶是力微、禄官以來。鮮卑民族之部落概况而已。惟拓跋氏自猗盧城盛樂以爲北都。其後爲石虎所敗。部族東徙。至翳槐復城新盛樂城。在故城東南十里。什翼犍居雲中之盛樂宫。又築盛樂於故城南八里。至珪又徙居定襄之盛樂。是爲拓跋氏未遷平城以前已有之建置。顧其經營。始終限於雲中、盛樂百里之内。盛樂在雲中城東八十里。各城沿革。詳故城各本條。則其事蹟祇有關於一方城邑之肇造。而無當於一代州郡之區分。

是時但著城名。未標郡號。謂爲部落漸進之期則可。謂爲經制已定之時。固猶未也。雖然。當拓跋氏在今綏遠境內未建列鎮州郡時。後魏於太武帝以前。其兵力已達太行山南。所略各地。亦已沿用郡縣舊名。惟於原居之雲、定等地。尚未確立郡制。其領域所届。亦有約略可稽者。如猗盧時。南以勾注陘嶺爲界。則知陘嶺以北。皆其所有。而綏遠南境之在其治下。已屬毫無疑義。至於東部。自濡源以往不在綏境者。不贅述。若于延水以西。牛川以南。則爲今興和縣之北境。魏書道武紀。登國元年。帝自弩山還幸牛川。屯于延水南。二年。巡松漠。還幸牛川。其後諸帝幸牛川之文。尤叠見不鮮。又長川。亦爲拓跋列帝常巡之地。地當于延水發源處。有城即以長川爲名。其沿革方望別詳於故城條。又蟠羊山、豺山亦屢見於魏書帝紀中。如天賜三年正月甲申。巡幸豺山。四月復幸豺山。四年五月北巡。自參合陂過蟠羊山。此二山皆在今豐鎮縣界。豺山在縣治之東北。蟠羊山在縣治之東南。蒙古語謂蟠羊曰野馬。故今人猶稱彼處爲野馬圖山。亦即上文所述魏初三部之一。又惠帝賀傉嘗避地東木根山。道武帝天賜七年。亦幸木根山。遂次黑鹽池。依方輿紀要所考。則東木根山在大同府北。山西通志謂在寧遠廳北。所説本同。蓋紀要著於設廳之前。故所指稍遠。通志成於設廳之後。故麗事較密。且以天賜年次黑鹽池之下文證之。則寧遠廳北之説。尤極可信。良以古昔此地。本有二池。古人稱小者爲鹽池。其大者即今人所謂岱海泊。是則後魏之東木根山、鹽池等。皆在今凉城縣境矣。斯其奄有東面之大略也。至於北部。如魏書昭成帝三十九年。苻洛率衆二十萬來寇。帝遣劉庫仁逆戰不利。乃率國人避於陰山之北。不得芻牧。復度漠南。又道武帝登國元年。帝慮内難。乃北踰陰山。幸賀蘭部。阻山爲固。此皆自雲中北出。而不久輒還。料其避居之處。當即在今武川縣轄境内。又如登國六年。劉衛辰遣于直力鞬。出稒陽塞。侵及黑城。九月帝襲五原。屠之。收其積穀。還紐垤川。於稒陽塞北。樹碑記功。凡此所謂黑城、稒陽、五原。皆在今包頭、安北二縣界。其沿革方望亦均詳故城各本條。又登國六年十月。北征蠕蠕。追之及於大磧南牀山下。大破之。此牀山在今狼山北烏喇特旗界。亦即登國五年破高車豆陳部於狼山者。此則更在其北。且已近於戈壁大漠之南邊也。其後由五原金津渡河。破衛辰父子所居悦跋城。又於五原破慕容寶。寶燒船夜遁。其戰地亦皆在今包頭黃河南北岸。斯又其奄有北與西北之大略也。至於西部則自道武帝破衛辰父子。取悅跋城。據本紀所載。謂自河以南諸部悉平。此殆指今綏西黃河南岸鄂爾多斯全境之北半部而言。蓋此地東西北三面臨河。爲衛辰父子所統列帥屯駐之區。衛辰父子既敗滅。故寄此諸部。亦隨以悉平。迨太武帝於始光中破統萬。復於神䴥元年擒赫連昌。而滅其國。於是今綏遠西、黃河以南、鄂爾多斯之南半部。亦盡爲拓跋氏所有。斯又其奄有西與西南之大略也。此外如綏遠中部。本爲雲中、定襄屬境。亦即拓跋魏發祥、坐大之區。其山川地望之見於史志者。尤不一而足。如道武帝皇始元年正月。大蒐於定襄之虎山。天興二年。大破高車。還次牛山及薄山。他如角史山、七嶺山、和兜山、跋那山等。均爲列帝常巡之所。蓋根本重地。其名蹟之見於紀載者。固不能不視四境爲尤繁耳。至於南部。當拓跋氏立國之初。已以勾注陘與晋分界。則凡今綏南之與山西接壤處。在爾時稱爲大洛城、善無陂、陰館、君子津諸地。固無一不在其領域之内。若夫太武帝以後。國力南伸。疆宇益擴。戎馬所争。遠届荆淮。斯爲北朝全局之版圖。無與於吾綏疆域沿革也。惟是拓跋氏一代。自盛樂始基之年。迄於平城、洛陽。一再遷都之日。其在今綏遠省境所置州郡。實無一完密之紀載可考。雖魏收地形志作於東魏初亡之秋。然以屢更大亂。邊郡廢易已久。文獻無徵。遺規莫按。故其所述。率皆詳於中原。而畧於邊徼。縱有所存。亦不過輯十一於千百。舉往蹟於傳聞而已。據見存史籍之可考者。略知拓跋氏自力微入居定襄。數傳至拓跋什翼犍。嘗一度爲苻堅破滅。迨拓跋珪返國即位。始漸復故地。所謂道武皇帝者是也。至珪孫燾。史稱太武帝。既平諸部。國力益强。以北防蠕蠕故。乃於始光中置漠南六鎮。此六鎮之四。曰懷朔。曰武川。曰撫冥。曰沃野。皆在今綏境陰山之北。又於山南置朔州。以統諸鎮。厥後改懷朔爲朔州。而改舊朔州之在山南者爲雲州。仍治盛樂。北史稱六鎮。東自濡源西暨五原陰山。竟三千里。然孝文太和中。高閭請依秦漢故事。於六鎮之北。築長城云。計六鎮東西不止千里。而胡氏乃謂以千里計之。六鎮相距各一百七十許里。其説不足據。今若更就在綏境之四鎮。以今日地形推之。則西起沃野。約值今烏喇特中公旗之南部。稍東懷朔。約值今烏喇特東公旗之中部。又東武川。約值今達爾汗旗之南部。再東撫冥。約值今四子部之東界。斯爲最初置鎮之大概。至於河套全部。則於滅夏之後置統萬鎮。嗣復分置東西夏州。逮孝昌之亂。則邊郡廢。而僑置之名乃紛然錯出矣。如魏書地形志所載。雲州領盛樂、雲中、建安、真興四郡。朔州領廣寧、神武二郡。恒州領代、善無等郡。觀其郡縣諸名。雖仍襲邊疆之舊稱。而實則雲、朔二州。均僑置於并州。恒州僑置於秀容。其所屬郡縣。則皆散寄於今山西之文水、壽陽、定襄、忻縣等處。若視孝昌邊郡未亂以前。則其名實相去。蓋有遠踰千里者。此地形一志所以不足爲後魏一代郡縣考古之據也。清代張石州穆嘗博稽載籍。著後魏延昌地形志一書。於亂前邊疆列鎮及州郡領縣沿革均有極詳確之考徵。惜其及身未刊。以遺稿屬祁世昌。比祁歿而書竟不傳。聞民國初元。楚人陳士可嘗得抄本半部。並懸重值求其餘。終不可獲。於是拓跋一朝邊郡建置之蹟。遂永爲中國歷史考證之謎。此不寧爲張氏身後之大憾。抑亦邊疆文獻之鉅失也。爰附誌於此。俟他勤學訪古之彥。或有發見其遺著者。庶足以正綏志之疏。而補其缺略歟。

北齊北周

北齊北周本篡東、西魏而嗣其基。兩國疆土分割。在內地者。以河東晉州、河南洛陽爲東西界。至於北方邊境。則自魏末大亂以後。州郡屬縣廢徙已久。加以中原困於兵禍。邊疆建置。益非所急。故綏境地域沿革之有關於北齊、北周兩朝者。其蹟甚鮮。惟北周既建都於秦。其北境版圖。實兼有今綏遠省之鄂爾多斯部伊克昭盟各旗地。西魏時嘗改魏初所設之東夏州。而置綏州。至北周則又廢西魏之綏州而置銀州。其原設之夏州。則仍而未改。以今之蒙旗地望覈之。夏州在右翼前旗之東。銀州在左翼前旗之西南。兩州相去。並不甚遠。而當時即以之分領今河套鄂爾多斯之全境地。蓋後魏東夏州所領。本兼有今河套及陝北各一部。逮周置銀州。而領地始側重於河套之南端。且套地自夏州以北。已無州郡可考。此蓋因宇文建國。歷運非久。故其北邊郡縣。未能遠擴。殆亦時勢有以使然也。若夫自河以東。地屬北齊。凡秦、漢以來。雲中、定襄諸名郡。在高氏一朝。不聞有秩然可按之建置。惟當開初。在漢桐過縣故地。設紫河鎮。不久亦廢。此外則僅於拓跋氏長城舊蹟之外。增築一次。以爲捍禦北敵之具而已。蓋當時承東魏之緒。置恒、朔於近邊。以控塞北。其視雲、定舊疆。殆無異甌脱徼外。則建置沿革之無可稽。亦固其宜矣。

案北周邊疆建置之屬於今綏遠省境者。僅以河西伊盟一部爲限。依元和志所述銀、夏建置沿革。則夏州自後魏太和十一年改統萬鎮爲州。周仍因之。並於其地置彌渾戍。在州東北八十里。其南置寧朔縣。在州東南百二十里。銀州周武帝保定二年置。因谷爲名。舊有人牧驄馬於此谷。胡語驄馬爲乞銀。清張曾小袁氏歸綏識畧云。北齊隸北道行臺。置安遠、威遠等部。北周置永豐鎮。此於齊、周兩朝在綏建置雖略標一二舊名。而因革地望。仍屬渺不可究。若依游牧記引元和志之文覈之。則周武帝所置永豐鎮。即隋唐置豐州處。亦即後魏夏州轄境之北邊也。其故址當在今鄂爾多斯右翼後旗界内。至齊之北道行臺。恐其治所已不在今綏遠省界之内。或張氏但就其控馭所及者言之耳。

隋

隋文帝既混一區夏。凡邊疆之曩爲齊周分領者。至是遂悉爲隋氏所獨有。而綏遠古代建置。自經魏、晋、周、齊。歷朝變易。棼不可理。後亦迄於隋而始有州郡縣治之統系可考。蓋隋初建置。以今綏境黄河東流南曲處爲中心。自河以東。設榆林關。立榆林關總管府。尋改雲州總管。領縣四。陽壽、油雲在河東。榆林、富昌在河西。以今地覈之。則陽壽、油雲在托、和二縣境。而榆林、富昌則在鄂爾多斯左翼前旗境也。河東二縣本秦漢雲中郡故地。隋開皇末。以突厥突利可汗爲啓民可汗。築大利城。處其部落。並徙雲州總管府亦治大利。廢黄河東岸之陽壽、油雲二縣。嗣復改置金河縣。屬諸黄河西岸之勝州。而縣之帶關如故。大業初。廢總管府。改雲州爲定襄郡。仍治大利。改勝州爲榆林郡。仍以金河縣屬之。此隋代雲、勝二州及定襄、榆林二郡前後改易之大略也。開皇三年。於後魏故夏州北境。周永豐鎮故址。置豐州。初不領縣。仍稱舊鎮名。至五年始廢鎮置永豐縣。六年又於州東南四十里。置豐安鎮。州在勝州榆林郡西。相距五百三十里。其遺址當在今鄂爾多斯右翼後旗界。此州立未久輒廢。蓋以隋季大亂。近邊難守故也。州東南七百五十里。本後魏統萬鎮。繼改夏州。北周因之。至隋大業元年。改置朔方郡。旋爲賊帥梁師都所據。所領有巖緑、德静、寧朔、長澤等四縣。巖緑縣魏、周隋並同。德静縣周稱彌渾戍。隋改德静鎮。後廢鎮置縣。寧朔縣周置。屬化政郡。隋初罷郡。以縣屬夏州。後又隸朔方郡。長澤縣魏置。屬闡熙郡。隋改隸與寧朔同。又朔方郡之東三百六十里。本後魏上郡綏州地。隋煬帝大業二年。改稱上州。嗣復改爲雕陰郡。並廢周之銀州。而以所領儒林、開光等縣屬之。蓋併二州之地。而統於一郡。實括有今鄂爾多斯最南一部者也。隋朝在今綏疆建置。大抵河套以豐、勝二州爲北界。黄河以東。則僅至定襄、大利而即止。自此以北、以東、若今之烏蘭察布各旗。武川、固陽等縣以及察哈爾右翼四旗境。暨豐、凉、興、集、陶諸縣。猶悉爲突厥部落所踞。觀於隋大業十三年榆林郡民郭子和。以郡城叛附突厥。迄隋亡而卒未能復收其地。則突厥當日跨白道。控金河。以與隋疆接壤可知矣。

案鄭漁仲通志述隋代疆域云。隋代極盛。北至五原。可知楊氏一朝。雖平陳混一。版輿驟增。而北鄙封疆。則固無殊於齊、周二氏也。考隋書突厥傳。稱沙鉢畧可汗治都斤山。都斤山即陰山之一段。今稱斗金山。即所以控制山之前後耳。再按隋初屯兵防邊之地。馮昱駐乙弗泊。李崇駐幽州。叱李長義駐臨洮。達奚長儒駐周槃。此四屯除臨洮、幽州遥控東西邊。周槃資爲援應外。其居中最北而與突厥爲正面之衝者。厥爲乙弗泊一軍。乙弗一作乞弗。其地在今凉城縣境。則當日隋與突厥分界處。要不能不以此爲一證。其後沙鉢畧既歸款。請獵於恒、代之間。還至紫河鎮。月餘而卒。其地在今清水河縣境。是亦當日突厥漫及山南之一證也。未幾。隋封沙鉢畧族子染干爲啓民可汗。築大利城於朔州使居之。旋因見侵於雍虞閭。復遷之於河南勝、夏二州之間。自是迄於隋末。陰山以南、黄河以東各地。殆無日不在親隋與反隋二系突厥兵戎擾攘之中。故啓民表文。有謂南入長城。或居白道之語。蓋其見迫異派。不遑寧處之勢。已情見乎詞。而綏疆沿革之有關於隋代者。亦不難於此識其概略矣。綜覈有隋一代。在今綏境所置郡邑。雖存廢不常。然亦不無若干可指者。如陽壽、油雲、金河、大利、榆林、富昌、巖緑、寧朔、静德、九原、永豐、安化等縣。或先屬雲州。而後屬榆林郡。或先屬朔州。而後屬定襄郡。或初隸榆林、五原等郡。而後改屬勝、豐等州。前後二三十年間。省徙易制。已不勝其繁。如金河一縣。隋初開皇三年原置。曰陽壽。屬雲州。十八年更名金河。二十年廢。仁壽二年復置。屬榆林郡。所帶或曰榆關。或曰雲伽關。其紛更之蹟。有如是者。此雖似政令之無常。要亦北邊不靖之局使然也。又按隋大業七年。嘗於今河套境置銀城縣。屬榆林郡。惟隋書不著其名。若以顔師古註漢書地理志。謂西河郡圜陰之圜。本作圁。音銀。以水得名之意證之。則銀水本漢西河郡之圁水。其地當在今鄂爾多斯之東南部。屬左翼中旗界。於漢爲西河、上郡毗連處。若以李吉甫元和志。銀州以銀谷得名之意證之。則其地應屬雕陰郡。顧隋制乃不隸諸雕陰。而隸諸榆林郡。何耶。意者隋因榆林、勝州之領域。促於北而展於南歟。隋書既未詳述其故。姑存疑以待別考可也。案銀城縣屬榆林郡。見陳芳績所著歷代地理沿革表三十七。

唐

唐初。突厥族襲隋代舊局。仍多散踞於古雲、定、五、朔之間。迨貞觀四年。唐將李靖、徐勣等分道北伐。始度善陽。踰白道。逐突厥於瀚海之北。於是乃於漢定襄故地。置雲州。並立定襄縣以爲州治之首邑。十四年。移州及所治定襄縣於恒安鎮。今山西大同縣。而綏遠全境曩爲突厥所踞者。遂別置府州。以成藩漢共維之制。蓋當時封疆。自今歸綏縣之東界以西。循陰山而達今臨河縣。凡山南各縣及河套鄂爾多斯全部。並爲關内道屬地。此外自陰山以北。今烏蘭察布盟各旗及歸綏縣轄境以東。今察哈爾右翼各旗。皆不隸於道。綏東各縣。皆在唐河東道最北邊界以外。而別設軍府分治之。溯初唐府州之置。以都護府爲最尊。其下統都督府。都督以下又統羈縻州。爾時亦謂之胡州也。自隋處突厥啓民可汗於大利城。再傳至頡利可汗而歸唐。唐乃分其故地爲二部。左置定襄都督府。右置雲中都督府。始皆隸雲州。洎雲州内徙。則又分定襄都督府。而設桑乾都督府。凡今綏遠東南部各縣併爲左部所分兩都督府管轄地。其右部則除雲中都督府外。尚有一呼延都督府。唐志稱呼延都督府。屬呼延谷。在中受降城北八十里。以今地形覈之。當在今包頭、安北之間。雲中府既近東受降。而呼延府又近中受降。綜其大勢。則凡今綏遠西南及西部各縣。又並在右部兩都督府管轄中也。以上四都督府。初均隸於雲中都護府。後乃改雲中都護府爲單于大都護府。而所統如故。惟突厥傳則云。單于都護府領狼山、雲中、桑乾三都督。不言定襄、呼延。或定襄併於桑乾。而呼延改爲狼山歟。陰山以北。原有燕然都護府。統瀚海等六都督。嗣又改燕然爲瀚海。而移瀚海於雲中。是爲雲中都護合瀚海而改稱單于都護之始。迨武后朝。又改設鎮守使。聖曆初。復改置安北都護。開元八年。重立單于大都護府。其雲中、桑乾二都督。又因嘗僑置於朔方。而名實由此漸乖矣。其後改定軍制。創立節鎮。於是曩之府州。遂悉變爲節度兼領之物。爾時綏遠省域。自黄河以東。爲振武、振遠、静邊、定邊等軍轄境。黄河以西。鄂爾多斯爲朔方、綏銀、經略等軍轄境。河套以北。爲天德、大安、横塞等軍轄境。然此亦不過就其概略言之耳。若夫諸軍之前後易置。名號變革。以及偶見難詳之蹟。其紛紜錯雜。殆較初唐所置爲尤繁焉。考唐關内道所屬今綏遠省境各地。除唐初分設都護、都督、總管等府。並統率羈縻州。以爲鎮懾突厥降户。兼爲保邊防秋之制外。其正設之州郡縣邑。雖未能如漢代之詳且確。然載籍所存。亦尚有約略可稽者。如勝州、麟州同隸單于大都護府。據元和志。單于大都護府。本漢魏定襄郡之盛樂縣。是即今和林縣北境之土城村。唐置一縣。沿隋舊名。曰金河。亦即都護府治及振武軍節度使之所在也。其次勝州。本隋勝州榆林郡故地。隋末陷於郭子和。繼復陷於梁師都。貞觀二年。平師都。仍隋舊治。置勝州。領二縣。曰榆林。曰河濱。其轄境皆在今河套鄂爾多斯東北部左翼前旗界。其次麟州。亦隋勝州榆林郡故地。唐初因之。天寶元年。振武節度使王忠嗣。奏割勝州連谷、銀城二縣置麟州。領縣三。蓋於原置二縣外。復增新秦。新秦爲秦漢朔方以南地。連、銀則均漢圁陰縣屬境也。地居勝州之南。約當今河套鄂爾多斯左翼前旗之南。與中旗之東。其次豐州。本漢朔方郡故地。隋當於此置豐州。然不久輒廢。唐貞觀中。又權置豐州都督府。不領縣。旋廢。以地屬靈州。尋復故。永徽間。置永豐、九原二縣。後又增置豐安縣。未幾亦廢。故元和志謂管縣二者。指九原、永豐。而省豐安也。其地約在今河套鄂爾多斯右翼後旗界。其次夏州。亦漢朔方郡故地。唐初。沿魏舊名。稱夏州。置都督府。天寶間。改朔方郡。乾元初。復爲夏州。領縣四。朔方、德静、寧朔、長澤。其地約在今河套鄂爾多斯右翼前旗界。其次綏州。其次銀州。皆在夏州東。皆爲漢上郡故地。銀州在夏州東而微北一百八十里。綏州在銀州東一百六十里。綏州領縣五。惟西部之大斌縣及北部之吴兒城。在今河套鄂爾多斯右翼前末旗界。銀州領縣四。惟開光縣在今河套鄂爾多斯右翼前旗與末旗之間。其次宥州。在夏州之西北三百餘里。亦漢朔方郡故地。元和志稱。開元十一年。康待賓叛亂克定後。遷其人於江淮。二十六年。還其餘黨。遂於此置宥州。以寬宥爲名。後爲寧朔郡。領縣三。懷德、延恩、歸仁。寶應以後。因循遂廢。元和中。李吉甫請置宥州。領諸降户。九年。詔復於經略軍城置宥州。並於郭下置延恩縣。蓋寶應以後所廢者爲廢宥州。在右翼前旗西南界。元和九年復置者爲新宥州。在右翼前旗之北界也。以上諸州。除勝、麟二州隸振武節度使及單于大都護外。唐中葉以後。單于都護常爲振武節度使兼職。其餘豐州則隸都防禦使。夏、綏、銀、宥四州則併隸夏綏銀觀察使。此有唐一代於綏省境建置州郡之大要也。自單于大都護府屬境以東。今之綏東五縣地。當唐初移雲州於恒安後。不聞有州郡建置之蹟。按陳氏歷代地理沿革表。於開元十八年復置雲州條云。治有陰山道。青陂道。皆出兵路。青陂道在今山西大同之東北。陰山道則在其正北。可知當時凡此二道以北。已皆非唐之領域。殆爲契丹族與突厥族紛争雜處之區。惟方輿紀要稱榆林城在大同府東北邊外。或云唐時戍守處。謂之黑榆林。五代唐末。契丹嘗駐牧於此。又稱黑沙城。在大同府西北。永淳初。突厥餘黨阿史那骨篤資等據黑沙城。寇并州及單于府北境。代州都督薛仁貴擊破之。按榆林城當在今興和縣之南近邊處。黑沙城既可據以侵單于府北境。則其故地或當在今陶林縣境界。此二城縱不可與州郡比。然述之亦足以證唐代於今綏東五縣境。雖無甚密之規劃。要亦未嘗無屯戍遺蹟。聊爲考古之一助云。

山西通志。謹案今歸綏。史所謂白道川也。漢雲中郡在其西南。定襄郡在其東南。相距八十里。後漢以盛樂屬雲中。而定襄遂爲雲中地。北魏建都置州。而定襄又爲雲中郡。然言古雲中、古定襄。仍以前漢爲斷。一東一西。唐時志家皆能辨之。特其兩郡之地。止金河一縣爲府、爲軍、爲城。又爲舊蕃州。更徙無常。記載互異。而大要單于府、振武軍。皆先在雲中。後在定襄金河。自治定襄。未嘗他徙。東受降城雖別徙。而始終濱河。不出雲中境。突厥府州則襲河東之名。實居河西之地。玆一一別之。自隋建大利城。以處啓民可汗。弟始畢繼之。頡利又繼之。皆居是地。唐擒頡利。分故地爲二部。左置定襄都督府。右置雲中都督府。領以酋長。而統於雲州都督。此初制也。案定襄府後分其部置桑乾府。寰宇記雲州東至桑乾都督帳一百五十里。又云鄯陽嶺在金河北一百四十里。唐於此置雲中都督府。貞觀十四年。雲州南徙。空其地以封阿史那思摩爲可汗。明年。思摩建牙定襄故城。居三年。以不能得衆。入朝留宿衛。其時阿史德居雲中。部聚漸盛。諸部府州當在所隸。於是建雲中都護府爲大單于府。此後制也。突厥傳云。始置單于都護府。領狼山、雲中、桑乾三都督、蒙古游牧記。狼山蒙古名綽農特羅海。在烏喇特東四十里。則今薩拉齊廳之西北界也。都督府不言定襄。意永徽初桑乾分部後。即徙置河西隸夏州都督矣。蘇農等二十四州。瀚海都護府領金徽、新黎等七都督、仙萼、賀國等八州。麟德初。改燕然爲瀚海都護府。領回紇。徙故瀚海都護府於古雲中城。號雲中都護府。磧以北蕃州悉隸瀚海。南隸雲中。阿史德爲部長。建言願以諸王爲可汗。遙統之。帝曰。今可汗古單于也。乃改雲中府爲單于大都護府。以殷王旭倫爲單于都護。似由雲中徙定襄。而定襄爲單于府。即在此時。及調露初。温傳、奉職二部倡亂。骨咄禄、默啜繼之。旋降旋叛。終武后時。代北騷然。元和志。垂拱間。都護府改爲鎮守使。聖曆元年。改隸安北都護府。似雲中、桑乾二都督府。僑治朔方。亦在其時。三受降城惟中城爲仁願舊築。開元初。爲安北都護府治。西城後徙天德軍。東城後徙綏遠烽。元和志。東城東北至單于府一百二十里。此舊城也。在古雲中西南。其云榆林縣東北八里。則後徙也。在古雲中西北。榆林即勝州治也。故城在今托克托廳。黄河西岸五里。寰宇記去單于府一百二十里。其振武軍。本開元中朔方節度信安王禕擊破土蕃攻拔之石堡城。玄宗賜名。天寶時王忠嗣奏移於東受降城。仍隸朔方。至乾元初置節度使。始移於單于府。而都護遂爲節度兼領之官。王忠嗣傳。併受降、振武爲一城。元和志。單于大都護府。今爲振武軍節度理所是也。至金河立縣。亦在天寶四年。與振武同時而治異。與隋縣同名而地異。蓋隋縣帶關至榆林。唐縣别置於定襄。天寶時但爲單于府治。乾元初始兼爲振武軍治也。而元和志誤振武爲張仁願置。在今受降城。顧景范方輿紀要乃謂大曆八年府軍同治。又謂東城即在振武。元和七年。振武河溢。城毁。寶曆初。城徙綏遠。案元和志。西受降城元和八年黄河泛溢。城南面毁。此影附爲東城。又直以振武當東城。無論振武距河百餘里。非泛溢所及。如所言則當時東城即府、軍、縣治矣。曾有河獨毁受降。而都護、振武、金河均爲完區理乎。

案唐代在綏建置。以三受降城爲最著。惟當時置城之本意。固在於屯軍馬而重防秋。初不以管轄郡縣。推行民政爲要務。故其地位非第與勝州榆林郡、豐州朔方郡等領縣治民之名城不同。即與都護、都督領有羈縻州。而專管突厥降户之府城。亦稍有不同也。自來輿地諸書。雖亦偶有涉及三城者。然率皆述其築城始末及地址方望。與夫改革遷徙之蹟而已。其領域所届。則鮮有詳述之者。考元和志。三受降城。景雲三年。張仁願所置。六旬而三城俱就。以拂雲堆祠爲中城。與東西兩城相去各四百里。遥相應接。自是突厥不得渡山放牧。朔方無復寇掠。觀於此。則三城不領郡縣。而見重於當時之故。不已灼然可喻乎。三城沿革。詳古蹟、故城各本條。茲不更贅。至都護、都督、節度諸職。在唐爲蕃、漢、軍、民兼理之官。其轄境之廣狹。亦與一代疆域有關。不可不撮其梗概而彙存之。按現今綏省地形。約分陰山前後及河套、綏西、綏東各部。而唐代之疆域分理。亦大略與此相近。蓋唐之單于大都護府所領。即今陰山以南一大部。瀚海都護府所領。即今陰山以北一大部。安北都護府所領。即今綏西套北一大部。安北都護府先治中受降城。即今綏西後套一帶地。嗣移豐勝二州及天德軍。其後或治河套。或治山北。遷徙無常。名亦屢易。其沿革之繁賾。殆視單于、燕然、瀚海諸府爲尤甚焉。良以單于府變遷雖多。然究其極。不過由山前擴及河套。如振武節度兼領則轄山前。朔方節度兼領則轄河套。燕然、瀚海二府亦不過由套北移併於山後山前兩部而已。獨安北一府。除今綏東一大部未爲所領外。餘如山前、山後、河套、綏西四大部。均爲嘗治嘗領之地。安北治中受降則領綏西。治天德則領山後。治豐勝之間則領河套。迨單于改安北則兼領山前矣。故清一統志稱其易名者六。遷治者十。洵覈實之言也。太平記稱單于大都護府即漢成樂縣地。垂拱中改鎮守使。聖曆初改安化都督。元和志作安北都護。山西通志按云。當作改屬安北都護。唐志夏州有安化都督。乃回紇府。若安北都護。又未嘗治此。蓋僅兼領其疆域而已。又有鎮北大都護府。其所治即單于府故地。因單于大都護舊爲振武節度兼職。洎廣德二年。罷振武而以朔方節度兼領後。單于府亦遂隨之而移於河套。大曆十四年復振武。而未復其原領之單于府。於是就振武故址。更置一鎮北大都護。以符往年應領之制。茲又唐代諸大都護中之別一事蹟也。復考唐地理志。單于大都護所統諸都督。其始雖各以山前地望立名。顧其後則往往僑置於今河套一隅。如定襄都督府領羈縻州四。阿德州、執失州、蘇農州、拔延州。僑置寧朔。又雲中都督府領州五。舍利州、阿史那州、綽州、思壁州、白登州。又桑乾都督府領州四。郁射州、藝失州、卑失州、叱略州。此二府皆僑置朔方。惟呼延都督府所領州三。賀魯州、葛邏州、䟫跌州等。治近呼延谷。在今套北。爲名實稍符耳。蓋唐自貞觀初。平突厥以來。即分設都護、都督等府。以統蕃户。復於衝要郡城所在。間設都總管、大總管等官。藉資坐鎮。以成軍民兼治。蕃漢相維之勢。如張長遜之除豐州總管。沙叱忠義、張仁願、張説等之爲朔方軍大總管。皆是沿襲隋制。以固疆圉。亦所以增厚都督、都護諸府控馭胡州之力也。迨唐之中葉。始以節度使爲軍鎮長官。而諸軍名號如振武、天德亦遂隨之而紛然並出矣。計爾時振武軍節度使。初駐東受降城。繼移綏遠烽。在今托縣境。其後與單于大都護府同治金河縣。則在今和林縣北界。蓋此軍以居此爲最久。其次。天德軍使所駐。前後亦屢遷。初居西受降城東北四十里。在今臨河縣屬狼山之南。嗣移磧北。旋復與安北都護府移治於隋故大同城。則皆在今烏喇特旗界狼山之北。其後更移刪丹縣西南。更移西受降。更移中受降。更移可敦城。更移永清柵。一統志作永濟柵。綜其所居。殆以治西受降及其附近地域爲最久。其次。經略軍。在今河套鄂爾多斯右翼前旗界東北。唐元和中於此置新宥州。北接天德。南控夏州。爲當時一重鎮。其次。綏銀節度使治夏州。在今河套鄂爾多斯右翼前旗東南界。其次。朔方軍節度使。駐朔方。在今鄂爾多斯右翼後旗。唐初於此置豐州都督府。唐景雲中。朔方軍置東受降城。設都總管。後府廢。迨復置軍改節度使。則所領較廣。朔方軍並嘗兼領單于都護府。其次。橫塞軍治可敦城。在今套北烏喇特旗境。天寶十二載。安思順奏廢橫塞軍。更請於大西築城置軍。玄宗賜名曰大安軍。十四載功畢。移大安軍理焉。其故地在今烏喇特旗狼山北。即秦之所謂北假也。（大安至乾元中即改爲天德。移治永清柵。清一統志大安作天安誤。）其次。静邊軍。舊唐書云在單于府東北。天寶三載。朔方節度使王忠嗣所置軍。十四載。安禄山將高秀巖自大同軍寇振武。朔方節度使郭子儀擊敗之。乘勝拔静邊軍。方輿紀要引宋白之言曰。静邊軍在雲州西百八十里。據此方望揆之。則故單于府東北而去今山西大同縣約百八十里。當在今集寧縣境矣。其次。定邊軍。依顧氏紀要所述。當在今凉城縣界。振遠軍。依舊志。當在今歸綏縣西。天寶七載。郭子儀爲振遠軍使。即謂此也。惟定邊、振遠、静邊三軍見於史志者較少。似爲中唐興軍以來。緣邊分屯之地。隸於振武、朔方等節度。如兵家所謂偏師犄角者然。至其劃界分統之制。殆仍以藩鎮節度爲大綱歟。綜觀以上各節。則知唐代防邊守土之規。實以都護、都督、總管、節度爲要職。而太守、刺史諸治民察吏之官。均不過爲統兵將帥之兼秩而已。（如郭子儀兼五原太守。李景略爲豐州刺史。皆其例焉。）是以當時雖有正規州郡。（異於管轄藩户之羈縻州。）若勝州、榆林郡。麟州、新秦郡。豐州、九原郡。宥州、寧朔郡。夏州、朔方郡等名。然終以人户稀少。領縣無多。往往須並舉軍府之號。而其地望乃著。斯尤考唐代疆域所不可不知之要義也。

五代

五代承唐李藩鎮之亂。中原分裂。而契丹、回鶻二族。亦乘機復熾。當五季之始。綏遠全境除最東一隅爲契丹侵據外。其餘陰山前後及套北各地。大部均爲回鶻所踞。其後契丹日强。漸逐回鶻而攘其地。於是陰山南北悉屬契丹。惟河套自唐末拓跋思恭以討黄巢功。奄有銀、夏、綏、宥、静五州之地。漸自封殖以傳其子孫。遂蔚爲五代西北一大國。歷宋、遼、金未嘗或絶。即宋史所謂西夏國之肇基也。

歸綏識略。後唐天祐十二年（遼太祖神册元年。）八月。契丹主阿保機率十萬騎入塞。攻朔州。（原注。即懷朔鎮地。非今朔州也。）拔之。勒石紀功於青塚之南。時自代北至河曲踰陰山。即爲契丹所據。晋高祖石敬瑭父事耶律德光。（遼太宗。）借兵滅後唐。割幽、薊等十六州地與之。按十六州無豐、勝等名。而雲、應、寰、朔俱在豐、勝以南。則其北。先屬契丹可知矣。

宋史夏國傳。唐末。拓跋思恭鎮夏州。統銀、夏、綏、宥、静五州地。討黄巢有功。思恭卒。弟思諫代。爲定難軍節度使。數傳至彝興。後唐清泰二年。仍加定難節度。晉初。加同平章事。開運初。契丹授西南招討使。漢加侍中。周封西平王。宋封夏王。歷傳至裔孫晛。爲元所取。國遂亡。境土方二萬餘里。河之内外州郡。凡二十有二。河南之州九。曰靈。曰洪。曰宥。曰銀。曰夏。曰石。曰鹽。曰南威。曰會。

案綏境河東西以及山北各地。自唐初立都護、都督等府。與州郡間處。以奠蕃漢互維之局。逮盛唐以後。則曩所謂突厥降户之居斯土者。已皆安土重遷。習於漢化。至其文武才士之仕於唐而立勳名者。在新舊兩書中。幾不可以僂指數。故中唐以後。此邦仍有突厥族生息於其間。然以視前期突厥之强悍難制。則有間矣。遼史地理志稱。唐貞觀四年。置豐州都督府。領蕃户。天寶初。改九原郡。乾元復豐州。後入回鶻。會昌中克之。後唐改天德軍。就此數語觀之。則知唐末迄於後唐。實為突厥。即土著之番户。漸衰。而回鶻乘機侵入之一期。又考舊五代史後唐武皇本紀。即李克用本紀。李涿通鑒作李琢。引大軍攻蔚州。獻祖即李國昌戰不利。乃率其族奔於達靼部。黄巢犯長安。僖宗令陳景思爲代北起軍使。收兵破賊。李友金謂景思曰。興大衆，成大事。當威名素著。則可以伏人。吾兄李司徒父子。今寄北部。若急奏召還。代北之人。一麾響應。妖賊不足平也。此又可知當唐末五代之初。綏屬各地。不特西部有回鶻。東部有契丹。其北部尚有達靼一族也。達靼即明史之韃靼。亦即蒙古之本名。與契丹爲同種。惟唐末尚未屬契丹耳。據遼史部族表。太祖神册元年。征突厥、黨項、小蕃、沙陀諸部。破降之。又屬國表。神册三年。西北諸蕃皆遣使來貢。回鶻獻珊瑚樹。又地理志。後唐天德軍。太祖神册五年攻下。更名應天軍。有大鹽濼、九十九泉、没越濼、古磧口、青塚。就以上所引遼史數節觀之。則知契丹阿保機遼史本紀作安巴堅。在未建年號之前。雖兵力已强。顧其領土則僅達於今綏疆之最東一隅。猶未能奄有陰山前後及綏遠西北各地也。觀遼史稱。李克用嘗與太祖會於雲中東城。謀其舉兵攻梁。不果。蓋即其時契丹西界。僅與雲中今大同。古平城。屬境毗連而已。逮阿保機既建號稱神册。始於元年破降諸部。而部族表所謂突厥、黨項、小蕃、沙陀云者。殆即統達靼一族而言。是爲契丹於五代時攘得陰山以北。今烏盟東部各地之始。至神册三年。回鶻來貢。不列於部族。而列諸屬國者。則以當時回鶻已退往玉門以西。即今哈密。而契丹則僅得其所侵旋棄之地。未能滅其國而虜其君。故不得與降破諸部同列於部族表。是爲契丹於五代時攘得今狼山以北烏盟西部各地之始。洎神册五年。取後唐天德軍屬境。並有九十九泉、青塚等處。於是陰山以南。除河套仍隸西夏外。其餘凡今綏南綏東綏西各縣地。殆已悉爲契丹所有。張氏歸綏識略謂。石敬瑭以十六州賂耶律德光以前。應、朔以北地。似盡歸契丹。此雖臆測推斷之詞。然覈諸史籍。其實蹟已固如是也。

宋

宋於今綏遠省境。概未嘗作經久之建置。故綏疆沿革之有關於宋者。視他代爲獨鮮。僅太宗時。乘平定北漢之威。命將出雁門。破契丹於豐州。取其地。是爲北宋兵力遠届綏地之始。未幾宋將楊業戰死。地復陷於契丹。徽宗時。約金滅遼。收其地。置定邊軍。然不久又爲金人所取。自是迄於宋末。卒未能復有斯土。蓋兩宋三百年間。遼金元迭起於北邊。故其版圖終不得與漢唐比隆者。要亦時勢有以使然耳。

歸綏識略。太宗平太原。命將潘美、楊業等出雁門。伐契丹。拔雲、應、寰、朔四州。天德軍都指揮王承美破契丹於豐州。得其地。後楊業戰死。地復陷於契丹。徽宗時。約金滅遼。歸燕、雲九州。收復天德、雲内諸城。置定邊軍。後金人敗盟。約夏侵宋。地爲夏據。未幾復爲金所奪。乃徙豐州於府州地方。名爲寧豐。寧宗時。蒙古元興。取金豐、勝等州。理宗時。元約宋滅金。悉有其地。終宋之世。關外諸州。旋得旋失。未久屬焉。自註。河東西俱豐州也。隋唐宋各以所都直北言之。否則東遷。毫無實據云。

案識略謂宋徽宗約金滅遼。收諸城。置定邊軍。嗣爲夏金迭據。乃徙豐州於府州地方。名爲寧豐。一似宋之徙豐州於府州。事在徽宗時。金人敗盟之後。實則豐州之南徙。已早在嘉祐間。第至政和中。始改賜寧豐之名耳。清一統志引宋史地理志云。豐州。慶曆元年。元昊攻陷州地。嘉祐七年。以府州蘿泊川掌地。復建爲州。政和五年。賜郡名寧豐。是爲宋置之豐州。其故址在今陝北府谷縣北百餘里邊外。約居今河套鄂爾多斯左翼前旗界。是亦綏遠省屬境也。惟此豐州。不特與遼金豐州之在歸綏縣界者。相去甚遠。即與隋唐豐州之在河套西北右翼後旗界者。亦判然有別。一統志謂豐州有三。蓋於隋唐及遼金二城外。兼宋置之一城而計之也。至識略謂豐州東遷。自河套遷於今歸綏縣。毫無實據。亦未盡然。按遼史地理志。述豐州而系以天德軍。並歷敘其地望沿革。亦知爲秦漢上郡、五原故地。案秦漢屬九原、五原、朔方。不屬上郡。遼志上郡稍誤。第自入回鶻。會昌中克之。後唐改天德軍。則不言其所在。而於太祖神册五年攻下。更名應天軍。復爲州。下則又言有大鹽濼、九十九泉、没越濼、古磧口、青塚等。此節所述。已非復秦漢九原、五原故地所能有。而亦非隋唐河套豐州舊治所得轄。凡所稱引。固無一不在今歸綏縣附近各地。如大鹽濼、没越濼。即綏東凉城縣界之大小二海。北魏以來。歷朝嘗於其地設官榷鹽。近代小海已涸。而大海則俗稱岱海泊。顧氏方輿紀要。没越濼、大鹽濼俱在大同府西四百里。近古豐州。此尤可證。他如九十九泉在歸綏縣東。青塚在縣南。磧口在縣北。均與隋唐豐州無涉。由是觀之。則知神册五年遼軍攻下後唐天德軍。而復爲豐州時。固已不在隋唐舊治。而在今歸綏縣城之東矣。蓋自五季以來。因隋唐豐州故地。迫近西夏。不易居守。故後唐僑置天德軍於河東。遂併州名。徙於此。而遼則襲其蹟。而實其號。於是河東豐州。乃竟由權置而進爲定置焉。不然。遼志何以敘沿革則重河套。臚名蹟則述綏東乎。總之。豐州東遷。遼史已著其端。終不得謂毫無實據也。案勝州亦東遷。不僅豐州也。

遼

遼當唐末未建國號而稱契丹時。已漸驅突厥、回鶻。而有今綏遠東部北部之地。逮阿保機破降沙陀、小蕃諸部。則又並綏疆西北一大部而有之。稍後更取後唐天德軍。至德光復受石晋十六州。則全綏除河套仍隸拓跋夏外。餘均劃爲契丹版圖矣。洎乎改號稱遼。遂於今綏遠建置州縣。其大部悉隸於大同府西京道。計所置有豐州。領縣二。曰富民。曰振武。其轄地約當今歸綏、和林、武川、陶林等四縣。及四子王旗、達爾汗旗等處。又東勝州領縣二。曰榆林。曰河濱。其轄地約當今托克托、薩拉齊、固陽等三縣。及準格爾旗、茂明安旗等處。又雲内州領縣二。曰柔服。曰寧人。其轄地約當今包頭、安北、五原等三縣。及烏喇特三公旗、達拉特旗北界等處。又德州領縣一。曰宣德。其轄境約當今清水河縣之東部。又寧邊州。不領縣。其轄境約當今清水河縣之西南二部。又金肅州。亦不領縣。其轄地約當今薩縣黄河南岸達拉特旗之東部。此外復有直屬於西京大同府今山西大同縣。而置在今綏省境内之縣。曰長青。曰奉義。蓋西京直屬之縣凡七。僅此二縣。與綏遠疆域有關耳。以今地覈之。奉義縣。當在今豐鎮縣屬境。而長青縣則在今興和縣南部。及山西陽高縣之北部也。復次。遼於分置州縣之常制中。尚有沿襲唐末五代遺規。分建軍鎮於州治之間者。如應天軍。置在豐州界。開遠軍。置在雲内州界。天德軍。置在雲内州之西北界。武興軍。置在東勝州界。河清軍。置在金肅州界。鎮西軍。置在寧邊州界。凡此諸軍。大部爲西南面招討司所統云。

山西通志。遼置豐州。建應天軍。尋改天德軍。案遼改天德爲應天。在豐州界。其復置天德則在雲内之西北。與豐州之舊天德無涉矣。領富民、振武二縣。置雲内州。建開遠軍。領柔服、寧人二縣。並置東勝州。不設縣。領河西之榆林、河濱二縣。又於南境置寧邊州。亦不設縣。置德州。惟領郭下之宣德縣。併隸西京道。

案元脱脱修遼史。其倉卒成書。大致與修宋史相類。故所述事蹟。往往瑕瑜互見。不可盡憑。如地理志中西京道所屬諸州縣。其沿革方望。輒不免有純駁雜糅。珠礫並存之弊。而後世之考訂疆域沿革者。又復不加別擇。漫據其說。以爲定論。遂致以訛傳訛。積之愈久。而其謬益不可理。如豐州本非隋唐故地。而遼志述沿革則盡於五原。又如富民縣本爲豐州郭下首邑。而遼志則又遠移於漢縣之臨戎。清張小袁氏著歸綏識略。竟取遼志謬說。且更重其語義而爲之釋云。本漢朔方郡臨戎縣。復自註云。此豐州極廣大。觀其屬縣能兼漢朔方郡地可知。彼殊不思漢之朔方郡在河套之西北。而臨戎縣又在朔方西部近河處。水經註。河水又北過朔方臨戎縣西。案此係河自寧夏北來時所經。距豐極遠。遼之豐州不惟遠在東河之東。而東河兩岸。且有東勝州屬地縱斷於其間。直抵陰山以北。今茂明安旗境爲止。試思阻隔如此之遥。彼豐州何能跨越東勝全境。而領有雲内州南界外。河套西部之僻邑乎。蓋遼志作者。本不知臨戎屬何郡。在何處。姑依隋唐豐州舊説而漫收之。故但曰臨戎而未著朔方。及張氏據漢志坐實其郡望。於是此渺不可通之謬説。遂不得不以轄地極廣爲結論矣。考張石州蒙古游牧記。叙烏盟四子王旗、喀爾喀右旗即達爾汗貝勒旗。兩旗疆域沿革。皆云遼爲豐州地。屬西京道。叙茂明安旗。則云遼爲東勝州地。烏喇特旗。則云遼爲雲内州地。亦皆屬西京道。此可見遼代在綏建置。自東而西。三州並列。由山前達於漠南。均以東勝居中。使豐州與雲内截然不復相連。則其屬縣之不能隔州遥領。尤爲顯而易見。况當爾時。漢朔方郡故地。其大部已爲拓跋夏所據。非復遼之國力所能及。然則遼志以富民當臨戎。而識略更以臨戎系朔方。非特州界地理不可通。即以歷史事蹟證之。亦不可通也。今若就上引石州游牧記所叙地形推之。則遼豐州所領。實以今歸、武、和三縣及四子王、達爾汗二旗爲限。其東南界與德州、宣德縣相接。北界抵沙漠。而東北則止於撫州。至其所統二縣。振武在今和林縣境。是爲豐州南部之分治處。富民在今歸綏縣境。今歸綏縣治東五十里白塔村外二廢城。一爲遼金豐州故址。其一即富民舊墟也。是爲豐州北部之分治處。今歸綏東北。四子王旗與土默特分界處有山。自昔相傳。名之曰富峪。或古代以此爲入富民縣治之孔道。故假縣名而錫與富峪之號歟。以上所辨。爲遼志已誤。而識略釋之。乃益重其誤者。然此類之外。亦有遼志不誤。而他書因武斷附會以成其誤者。如德州。遼志云。唐會昌中。以西德店置德州。開泰八年。以漢户復置。有步落泉、金河山、野狐嶺、白道坂。又云。宣德縣本漢桐過縣地。屬雲中郡。後隸定襄郡。漢末廢。高齊置紫河鎮。武英殿本作紫阿鎮。唐會昌中置縣。按此所述。則沿革、地望、名蹟、山河等。均與今綏遠清水河縣境相符。殆無甚可疑者。雖當日一州之地。不必以今之一縣括其全。然觀其所臚。除步落泉、野狐嶺二者不隸今縣外。餘如金河山、白道坂皆即縣屬之東南山也。考金河古亦稱黄水河。蒙古語謂之什拉烏素。發源於清水河縣東山。是即遼志所謂金河山者。復何疑乎。至白道坂。酈氏水經註。雖以今歸綏城北之蜈蚣壩當之。然唐書有李世勣、李靖等討突厥先敗之於白道。既復追擊之。踰白道川至陰山。破其部落之語。夫蜈蚣壩即陰山之一嶺。若壩即白道。則自南向北者。至山即至白道。顧何以先白道及白道川。而最後乃至陰山乎。良以今之壩即古之白道嶺。其入口處名白道谷。而清水河縣之東南山。始稱白道坂。介乎其間之大平原是爲白道川。李靖等由坂經川而達嶺。其次本末紊。今縣民猶呼此坂曰白道子梁。亦其證焉。又如紫河。即今之清水河。古亦稱濛水。今縣即以此水得名。北齊於此置紫河鎮。隋大業十三年。發丁男築長城。西距榆林。東至紫河。隋榆林在河套鄂爾多斯左翼前旗界。隔黄河與紫河相對。唐貞觀十四年。遣阿史那思摩建牙於此。亦謂之紫乾河。天寶中王忠嗣討奚怒。戰於紫乾河。隋志。定襄郡大利城。有陰山、紫河。杜佑通典。勝州榆林縣有金河、紫河。自馬邑郡、善無縣流入境。合金河流入於大河。至於今清水河縣疆域沿革。本即漢桐過縣故地。初屬雲中。後隸定襄。遼代於此置德州宣德縣。覈諸所述種種往蹟。則遼志之不誤。固已甚明。而明一統志。不考山川、名蹟、道里遠近。而竟臆斷爲在大同府西北八十里。顧氏方輿紀要亦仍而不改。且博引漢桐過縣齊紫河鎮之語。以資參證。其地因據以上數家之説。而致誤之書。更不知其有幾矣。按大同所治。無論在其西北或正北。若僅距八十里。則去黄河尚遠。約其道里亦猶不下四五百。即以漢制言。仍有雁門郡屬縣隔於西。能使隸屬定襄迫近黄河之桐過縣。驟置於此間乎。水經注。河水又南逕桐過縣故城西。況遼志祇有漢桐過縣地之語。初未嘗云去西京大同府若干里。惟以明一統志作者。先有一拒墻堡即遼宣德縣之成見在胸。故不惜以拒墻距府之里數。竟無中生有而强加之於宣德也。但彼雖武斷附會。然亦尚知去府八十里處。本無白道、金河、紫河等蹟。是以一切削而不載。以愚後世。獨紀要不審其矛盾。於是既著八十里。又引桐過縣、紫河鎮以重其誤。此則顧氏、遼志與一統志並信之過也。惟山西通志僅言在大同府西北邊外。不誌道里。不述沿革。雖太略。要無大謬。以上富民、宣德二縣。遼志所載。或誤或否。均爲考證綏疆遼代建置沿革者。不可不究之要端。故不辭繁冗而詳辯之。他如移沙南、大利於懷仁。李芳績歷代疆域沿革表。仍襲其誤。移大同川於大同。雖皆極謬誤。然既已離綏。置之可焉。

金

金既執遼天祚帝而滅其國。其於綏境建置。大部仍沿遼制。僅於豐州所領富民、振武二縣中。改振武爲鎮。尋升州。爲天德總管府。又析豐屬陰山以北地。置浄州。或作静。亦作靖。稱支郡。領天山縣。立榷場。其治所在今四子王旗界。雲内州仍領柔服、寧人二縣。旋改寧人爲鎮。別置縣曰雲川。其它稍異者。則東勝、寧邊二州。各置首邑曰東勝縣。曰寧邊縣。又廢德州。而改宣德縣曰宣寧。以上諸州縣。遼時均隸西京道。金則統歸西京路。然諸州中除浄州爲新增外。餘均未易治所。不過爲名號上之改革存廢耳。至於綏東各縣地。凡遼之建置。逮金亦微有更易。如今興和縣南邊一隅。舊屬長青者。金則改稱白登。而屬如故。又改奉義爲鎮。此外於撫州下。增置柔遠、集寧、威寧、豐利四縣。以今地形覈之。大抵柔遠、豐利皆在今興和縣境。而威寧則位於豐鎮之北。集寧在今集寧界。餘如河西全境。當遼之盛時。嘗於河套東北界置金肅州、河清軍。及榆林、河濱二縣。比金興而拓跋夏乘遼之敝。悉取河西地。故金於套境。殊無詳確之建置可述云。

山西通志。金升豐州爲總管府。置天德尹。後仍爲節鎮州。省振武縣爲鎮。別置天山縣。立浄州爲豐州支郡。省雲内州之寧人縣爲鎮。別置雲川縣。隸州。省榆林、河濱。而置東勝縣。爲東勝州治。又置寧邊縣。爲寧邊州治。廢德州。改宣德曰宣寧。並隸西京路。

案金沿遼制。豐州仍領富民縣。金史地理志註。富民有黑山、神山。此二山俱在今歸綏縣附近處。蒙語稱神山曰翁衮山。蓋此名相傳已久。足證富民從來即在歸綏也。張氏識略。不審遼志臨戎之誤。反謂金之富民在河東。與遼時在朔方者不同。實則兩代俱在河東。詳見前案。特誤於臨戎者。不得不强説爲異耳。據金志。豐州於皇統九年。升爲天德總管府。置西北路招討司。以天德尹兼領之。大定元年。降爲天德軍節度使。兼豐州管内觀察使。以元管部族直撒軍馬公事並隸西南路招討司。蓋遼時本與雲内、東勝、金肅、寧邊等州。同隸西南路招討司。逮金始暫析出爲西北路。雖未久即復故。然亦豐州沿革變易之一端也。其次浄州。其初本爲豐屬山後之天山縣。大定十八年。始升縣置州。爲豐州支郡。仍以縣爲倚郭。蒙古游牧記稱四子王旗西北。有廢浄州城。惟謂大定六年已升爲支郡。此或因十八字形近六。以傳刻而致訛歟。復次。金於撫州下。置四縣。地理志柔遠縣。註有雙山、鴛鴦濼。以豐鎮縣舊轄廳志興和縣尚未劃出時覈之。此二名蹟。皆在廳治東北二百餘里處。大抵金之柔遠。即位於今興和縣東北。再西爲豐利。豐利之南爲威寧。豐利之西爲集寧。復次。東勝州除廢所領黃河西岸榆林、河濱二縣外。更增倚郭東勝一縣。初於州境置武興軍。後廢武興。置寧化鎮。此亦金之異於遼者。惟其轄境則猶是今托、薩二縣延及陰山以北各地。擬諸遼代。但少河套東北一隅耳。東勝東連豐州。西接雲内。其南爲寧邊。東南爲宣寧縣。凡此諸州。其形勢大略均與遼無殊云。

元

元起漠北。翦金滅夏。其在綏建置。除沿用完顔氏諸州舊名外。其它隸屬規制。均大部改革。如金所置東勝、雲内、豐州。元並降爲下州。又廢所領縣鎮。而悉統之以大同路。別置平地縣及宣寧。亦隸大同。蓋此路所轄爲陰山以南河套以東之一大部。自陰山以北。今烏盟四子王旗西界以西稍北。隸净州路。仍領天山縣。由净州南界抵豐州北境。爲砂井總管府。領砂井縣。今武川屬境。土默特山後一部。大概即其故地也。又自净州、砂井以西爲德寧路。僅領德寧一縣。蓋即今茂明安及烏拉特後旗地。其位於净州之東者。爲集寧路。亦祇領集寧一縣。位於集寧路之東者。爲興和路。而興和路則轄地甚廣。領縣凡四。除天成、懷安不隸綏遠外。餘二縣曰高原。曰威寧者。即在今興和豐鎮兩縣境。至於河套全部。當元初嘗置西夏、中興等路。後並廢。四分其地。以東部屬東勝。北部屬雲内。西部屬寧夏。南部屬延安。終元之世。長爲屯戍耕牧之區。不聞有特置之州邑焉。

元史地理志。大同路豐州。金爲天德軍。元復爲豐州。舊有録事司。並富民縣。至元四年。省入州。東勝州金初屬西夏。後復取之。至元二年。省寧邊州之半入焉。舊有録事司及東勝縣。四年省入州。雲内州。唐橫塞軍。又改天德軍。即中受降城之地。金爲雲内州。舊領雲川、柔服二縣。元初廢雲川。設録事司。至元四年。省司、縣入州。興和路唐屬新州。金置柔遠鎮。後升爲縣。又升撫州。屬西京。元中統三年。以州爲内輔。升隆興路總管府。領縣四、州一。寶昌州、懷安、天成二縣。均不在綏境。高原、威寧。殿本作咸寧誤。德寧路領縣一。德寧。集寧路領縣一。集寧。净州路領縣一。天山。砂井總管府領縣一。砂井。原註以上路府皆闕。謂德寧以下。原列凡七路。一總管府。八縣。皆未著其沿革方望。故謂之皆闕也。新元史地理志。興和路。金撫州。屬西京路。元初省。憲宗四年復置。中統三年以州爲内輔。升爲隆興府。至元四年。析隆興府。自爲一路。行總管府事。至大元年。降隆興路爲源州。隸中都留守司。四年罷留守司。復置隆興路總管府。皇慶元年。改隆興路爲興和路。舊領柔遠、集寧、豐利、威寧四縣。集寧縣升爲路。豐利縣併入高原。中統三年。析大同府之懷安、天成二縣來屬。領縣四。高原、倚郭。金柔遠縣。中統二年改今名。隸宣德府。三年來屬。威寧。金威寧縣。舊志作咸寧。誤。元初屬宣德府。中統三年來屬。德寧路。大德九年。以黑水新城爲静安路。延祐五年。改爲德寧路。領縣一。德寧。大德九年。置静安縣。延祐五年改今名。趙王不魯納食邑。紗、静、德寧等處。净州路。金故州。太宗八年置。屬西京路。後升爲净州路。延祐七年。豐州修路碑。有德寧、天山分司宣慰使。是舊無净州路。置路在仁宗以後。領縣一。天山。本榷場。金大定十八年置。元因之。集寧路。金集寧縣。屬撫州。元初升爲路。領縣一。集寧。本市場。金明昌三年置。元因之。砂井總管府領縣一。砂井。豐州西北。有砂井故城。駙馬趙王封地。大同路。金西京大同府。屬西京路。元初因之。至元十九年罷。後復置。二十九年。改大同路總管府。至大元年。省宣慰司。以大同路隸中都留守司。司罷。復置宣慰司。隸中書省。舊領大同雲中、宣寧、懷安、天城、白登、懷仁七縣。元初析懷安、天成二縣隸宣德府。至元二年省雲中。入大同路。三年置平地縣。領縣五。宣寧、平地。餘三縣在山西省界。州八。豐州。金故州。屬西京路。元初因之。舊領録事司及富民一縣。至元四年。俱省入本州。東勝州。金故州。屬西京路。元初因之。舊領東勝一縣。元初置録事司。至元二年。析寧邊州之半來屬。四年。省録事司及東勝縣入本州。雲内州。金故州。屬西京路。元初因之。舊領柔服、雲川二縣。元初廢雲川縣。置録事司。至元四年。省司及柔服縣入本州。延祐六年置南雲縣。隸本州。其省罷年分闕。餘五州在山西省界。

案元制。以路領州縣。而三者皆有上中下之分。蓋以轄地大小。統户多寡爲衡也。如興和路列爲上。集寧、德寧、净州三路及豐州以次諸州縣俱列爲下。此新舊兩史地理志所註悉同。惟大同一路。舊史註爲中。而新史註爲上。若以轄地論。則大同路領八州五縣。較興和路之領一州四縣者爲大。若以統户論。則大同路統四萬五千餘户。較興和路之統八千九百餘户者爲多。豈有地大户多之路列於中。而地小户寡之路反列於上之理哉。此足證新史註大同爲上路。實較舊史爲覈實也。又如德寧一路。從來考訂元代疆域者。多不審其故地究在何處。今新史註以沙静、静即净州。或作静作靖。詳前註。德寧等處。爲駙馬趙王食邑。得此一註。於是乃能斷定德寧路與净州、砂井總管府。適成壤地相連之勢。而舊史闕略之憾。百世揣測之謎。亦遂賴以頓解。至於净州路之屬境。在烏盟四子王旗西北。砂井屬境在其西南。此不惟張石洲游牧記及顧景范方輿紀要二書皆嘗略示其故城廢址之所在。約與現屬地形相近似。即就邇來最新發現之古蹟證之。亦可斷定此説之不誣也。民國二十四年秋。烏盟喀爾喀右翼旗境内掘得一殘碑於廢堡中。讀其文。知爲元趙王、高唐王累世紀功頌德碑。堡蓋王府。而碑即樹於府中所謂德風堂者也。撰文者書銜爲前净州路儒學教授。並著其名籍曰。三山林子良。即以此碑論。寧非趙王食邑及净州方望之有力證據乎。碑文見金石條。又民國二十二年春。武川縣東北區與四子王旗接界處。有土岡俗稱王墓梁。發現一墓表。雖刻文已剥蝕不可通。然諦審之。猶能辨爲元初耶律子春埋骨處。嗣檢耶律文正楚材湛然居士集。有經砂井和耶律子春韻之標題。然則子春生居於砂井。死葬於砂井。即此一塚。亦豈得謂非砂井故地有力之證據乎。夫净州與砂井。既確知其在今烏盟四子王旗西北西南以往二部地。則緊接於此之德寧路。自非旗轄中部以西莫屬矣。蓋再東有興和路。再南有集寧路。意當時趙王食邑斷不能越此二路。而與砂、净相隔絶。此論勢論理。皆必然而無疑者。良以元之下路。領縣最少。轄地本不甚廣。故集寧、德寧、净州三路及砂井一府。方輿紀要亦列爲路。似誤。計其疆域。合之不逮大同全路之半。分之乃僅比於大同所領之一州而已。餘如大同路屬縣宣寧。當仍金宣寧縣舊治。平地。應在豐州之東界外。因其嘗一度改隸豐州。故知之也。

明

明初。元將擴廓帖木兒擁兵塞上。凡數年。西北邊地。多爲所擾。洪武末。明始於今綏遠南部置東勝等五衛。永樂中內徙。宣德間。又於沿邊築玉林、雲川等城。駐兵戍守。逮正統中。復徙併於邊內之左右衛。自此口北各地。遂悉棄於外。明中葉以後。自察哈爾以西至河套西界。自邊墻以北至於漠南。盡爲元裔達延汗之子孫所分踞。蓋河套全境。當天順、弘治時。爲蒙族阿羅出、摩里海、滿篤護、火篩等部出入相攻之地。稍後達延汗以第三子巴爾斯博羅特爲右翼三萬人濟農。分有套地。至其長子袞弼里克圖墨爾根。乃平定各部。居之。即以傳其子孫。又自河套以東至察哈爾右翼及陰山前後各地。爲阿勒塔都哩木汗所踞。阿勒塔汗。明史譯作俺答。阿勒塔都哩木汗。亦巴爾斯博羅特之子。即袞弼里克圖墨爾根之弟也。其所統部。號土默特。明嘉靖間。阿勒塔都哩木汗以河套皆其兄子。山北如永邵卜等皆其同族。彼因年尊輩長。輒被推爲諸部統帥。其東界與察哈爾達延汗嫡傳子孫屬地相毗連。計其所統。實已奄有今綏遠省屬全境矣。隆慶中。阿勒塔都哩木汗與明款和。受封爲順義王。萬曆十四年。始改其所居庫庫忽洞曰歸化城。即今歸綏市舊城是也。

延綏志。明初。王保保按即擴廓帖木兒小字。見明史。據河套。洪武中追逐之。案王保保死於洪武八年。見明史擴廓傳。築東勝等城。並立屯戍。天順初。毛里孩、阿羅出、孛羅忽三部始入河套。成化四年。阿羅出爲其黨乩加斯蘭所殺。併其衆而結元裔滿都魯。居河套。九年。總管王越率兵擊敗之。乃渡河北去。弘治八年。北部復入河套。未幾火篩據之。總制楊一清上言。河套當復。會劉瑾用事。尋得罪去。其後遂屢入寇。嘉靖中。無歲不擾。總督曾銑請復河套。嚴嵩譖殺銑。自後無敢議者。

清一統志。歸化城土默特。明宣德初。築玉林、雲川等城。設兵戍守。後爲蒙古所據。嘉靖間。諳達案即明史俺答。築城於豐州灘。採木架屋以居。謂之拜甡。拜甡、漢語屋也。明史作板升。今改正。是爲西土默特。隆慶間。封諳達爲順義王。名其城曰歸化。案改城名在萬曆間。非與受封同時。諳達、察哈爾小王子近支也。初駐牧開元上都。迫附宣大。自稱都哩木可汗。旋移駐豐州灘。開拓疆土。南至大同山西邊。北至永邵卜。東至喀喇沁。西至鄂爾多斯。有衆四十萬。富甲於諸境。隆慶五年。詔封諳達爲順義王。

套部吉納子濟農等。皆爲諳達姪。婁巴圖昆都楞漢。諳達親弟。而烏斯巴延、永協布、多羅圖們等。皆其支庶。諳達於諸部爲尊行。力能合之。凡六十五人。各授都督、指揮、千百户等官有差。

蒙古游牧記。明天順間。蒙古阿羅族與毛里孩始入套。乩加斯蘭糾合滿都護。倚爲巢穴。弘治間。火篩復入其中。元太祖十六世孫巴爾斯博羅特。達延汗之第三子也。始命爲管領右翼三萬人濟農。長子衮弼哩克圖墨爾根。明史謂之吉囊。嗣爲濟農。號車臣可汗。嘉靖中。擊破火篩居之。是爲鄂爾多斯。有子九人。分牧而處。張穆案。阿羅族諸部。以蒙古源流考之。所謂毛里孩者。翁里郭特之摩里海王也。蒙古摩倫汗。初育於其家。及汗嗣位乃復弑之。事在景泰、天順間。所謂乩加斯蘭者。永謝布之伊巴里台吉也。滿都護者。鄂爾多斯之滿都賚阿都勒呼也。初達延汗議以次子烏魯斯博羅特爲右翼三萬人濟農。伊巴里及滿都賚諸人惡之。遂治兵相攻。達延汗因伊巴里、滿都賚無故加害乌魯斯博羅特。遂令阿巴噶、科爾沁等帶領左翼三萬人前往征之。鄂爾多斯之兵大半死焉。達延汗遂收服右翼。平定六萬兵民大衆。於君汗之八白室前。稱汗號。令巴爾斯博羅特爲管領右翼三萬人濟農。並授賽音阿拉克。案此事在正德七年壬申以後。鄂爾多斯遂永爲達延汗子孫所據。不應更有擊破火篩之事。疑明人記述有舛。蓋他事皆約畧可尋。獨所謂火篩者。不可考耳。

案明代蒙古。自元順帝北走。凡數傳至永樂十三年。不立汗者又十餘載。其後各部中雖有自立稱汗者。然不久輒爲强臣或别部所攻殺。而明廷則自宣德中徙諸衛於邊内後。但重關塞之防守。不究境外之虚實。故史籍所載。自正統以後凡韃靼諸部事蹟。率皆顛倒錯亂。不得要領。甚至明置之東勝五衛。玉林、雲川等城。原置何處。雖偏檢明史。莫能悉其梗概。餘如邊外分踞之局。孰在某處。孰移某方。皆糾纏不可究詰。即以韃靼族各部其尊之小王子而論。明史除麻爾可兒及瑪古可兒吉思二人外。且不知其歷傳幾世。世立何人。夫於鄰邦人事遞遭之大者。猶茫然不解。至於此極。而謂其他記載能一一明晰而不誤。抑又安可得乎。考遼、金之東勝。即今托縣東沙岡之故城。民國八九年間。居民嘗於城之東西門外。掘得古墓甎碣。有東勝州及大定年號字蹟。明初於東勝既稱修。則其沿舊蹟而葺治之可知也。又托城東六十里。有俗稱黑城者。民國初。土人亦掘得小鐵炮。有洪武七年鳳陽行府茂軍匠造字蹟。此蓋五衛之一。或即偏西之鎮魯衛也。此外關於蒙部分踞形勢。其在綏境者。詳本條前引各書。至小王子之辯正。亦略著於本志古蹟陵墓篇小王子墓條下。茲不更贅。惟張氏游牧記。謂明代據套諸部中。獨火篩不可考。實則火篩者。乃和碩譯音之轉變耳。按和碩爲四衛拉之一。亦即明史所謂瓦剌族全部中之一部也。明代蒙古與瓦剌相攻。其事至夥。則瓦剌一部。偶爾侵入河套。亦正與當日邊外形勢相符。不得遽斥爲記述有舛也。

清

清朝未入關時。清太宗皇太極征元裔察哈爾林丹汗。克之。乘勝西追。遠至歸化城。兼定土默特部。編爲二旗。領以左右翼都統。其後鄂爾多斯及山後各部。皆相繼歸欵。迨順治入關。歷康熙、雍正、乾隆諸朝。乃漸編定旗制。授以世爵。計山後六旗爲烏蘭察布盟。河套七旗爲伊克昭盟。又察哈爾自林丹汗戰敗西奔。客死於青海大草灘。其子孔果爾額哲率衆來降。始編旗駐義州。康熙中。因亂被遷於宣大邊外。後以從征有功。乃與喀爾喀、厄魯特諸降户合編爲八旗。分左右翼。今隸綏遠管轄者即右翼四旗也。以上所述。爲清初盟、旗分界駐牧之形。至於道廳及駐防滿軍之增設。則肇始於雍、乾兩朝。蓋最初設歸化城理事同知。在雍正元年。逮乾隆初。始築綏遠城爲防軍駐所。並設綏遠城理事同知及五路協理通判。六年。設歸綏道。轄歸、綏兩同知暨歸、薩、托、和、清、善、昆等七協理通判。後裁善岱、昆都倫二協理。繼又裁歸化通判。同治間。改薩拉齊通判爲同知。凡此諸廳。皆設於土默特左右兩翼境内。光緒十八年。又以大同府屬之豐鎮廳、寧遠廳理事通判改隸歸綏道。此二廳原設於察哈爾右翼四旗界。自是改各理事廳爲撫民廳。仍加理事銜。惟綏遠城之理事同知如故。迨二十九年。又因綏境墾地日廣。農民之生齒漸繁。於是更分豐鎮之東部設興和廳。分寧遠之北部設陶林廳。分歸化之山後地設武川廳。分薩拉齊之西部後套地設五原廳。未幾又闢鄂爾多斯中部。置東勝廳。是即清末所謂塞北歸綏道屬之十二廳也。綏遠城内專管糧餉之理事同知。但稱糧餉廳。不在十二撫民之數。

清一統志。本朝天聰六年。太宗文皇帝親征察哈爾。駐蹕歸化城。土默特部落悉歸順。九年。命貝勒岳脱駐守歸化城。康熙三十五年。聖祖仁皇帝自白塔駐蹕於此。其官制有都統、協領等員。案土默特官制。有參領、佐領。無協領。統理駐牧諸旗。雍正元年。增設歸化城同知二員。後省一員。乾隆四年。增置綏遠城同知一員。鎮守將軍舊駐朔州。移駐綏遠城。二十五年。增置歸化、清水河、薩拉齊、和林格爾、托克托城通判五員。並屬歸綏道。二十九年。裁歸化城通判。共爲六廳。

蒙古游牧記。四子部落。元太祖弟哈布圖哈薩爾十五世孫諸延泰。與兄昆都倫岱青。同游牧呼倫貝爾。有四子。遂爲所部稱。天聰間。四子相繼朝貢。從征有功。崇德元年。授鄂木布第三子扎薩克。賜號達爾漢卓里克圖。俾統所部。順治六年。封郡王。世襲罔替。茂明安旗。哈布圖哈薩爾十五世孫多爾濟。號布顏圖汗。子車根嗣。號所部曰茂明安。天聰間來歸。子僧格。康熙三年。授扎薩克一等台吉。世襲罔替。烏喇特三旗。亦哈布圖哈薩爾十五世孫布爾海之後裔。牧地當河套北岸。喀爾喀右翼旗。順治十年。本塔爾携户千餘來歸。賜牧塔爾渾河。以上爲烏蘭察布盟六旗由呼倫貝爾及喀爾喀中路移牧於綏境之概略。又鄂爾多斯部。自達延汗以第三子巴爾斯博羅特爲管領右翼三萬人濟農。傳子衮弼哩克圖墨爾根。仍嗣爲濟農。歷傳至衮之曾孫博碩克圖。林丹汗惡之。奪濟農。天聰九年。察哈爾滅。子額璘臣來歸。賜復濟農號。順治六年。來朝。封多羅郡王。世襲罔替。是爲左翼中旗。額璘臣族子善丹。順治七年。封扎薩克多羅貝勒。是爲右翼中旗。額璘臣從子色棱。順治六年。封扎薩克固山貝子。是爲左翼前旗。額璘臣從弟沙克札。順治七年。封扎薩克固山貝子。是爲左翼後旗。額璘臣從子額琳特。順治六年。封扎薩克固山貝子。是爲右翼前旗。額璘臣從子小札木素。順治六年。大札木素叛。小札木素不附逆。詔封扎薩克鎮國公。孫都棱。康熙三十七年。叙從征噶爾丹督護糧運功。晋固山貝子。是爲右翼後旗。額璘臣從曾孫定咱拉什。雍正九年。叙屢次從軍斬馘功。晋一等台吉。原襲三等。乾隆元年。議族屬繁。增旗一。授扎薩克。是為右翼前末旗。以上爲伊克昭盟七旗清初分旗受封之概略。

案清一統志、歸綏識略二書。述清太宗之征察哈爾林丹汗在天聰六年。而山西通志、綏乘等書。則稱在天聰八年。蒙古游牧記。復有天聰九年察哈爾滅之語。綜以上諸説。幾莫辨歸化城之歸於有清。究在六年耶。抑在八年耶。及考清史所載。則皇太極之逐林丹汗而定土默特。實出師於天聰六年四月。

而班師於七月。諸書所謂太宗駐蹕於歸化城。編土默特爲二旗。以其部長爲左右翼都統者。即此一役也。八年。收察哈爾部案之投居明邊者。得數萬人。是時林丹汗已死。其子額哲東來。九年。皇太極命多爾袞、岳脱、豪格等諸貝勒往撫。兼定鄂爾多斯地。諸書所謂岳脱駐歸化城者。此又一役也。至烏蘭察布盟如四子部、茂明安、烏喇特等五旗。其降清均在天聰七年。即皇太極親征察哈爾一役之次歲。意其自呼倫貝爾移牧於綏境。當亦肇始於此際。蓋前此皆服屬於林丹。逮林丹西奔。乃得留駐於斯土。而喀爾喀右翼旗之來投。則在順治十年。視同盟五旗又稍後矣。他如清代之塞外置廳。一統志所載。合綏遠城之糧餉同知而得其六。山西通志則除糧餉合豐、寧二廳而得其七。此因續設之五廳已屆清末。故兩志均限於年代。而不能盡其全。據墾務檔案所紀。光緒二十九年。續置之五廳。其同知通判諸職。皆自山西各府額設之員缺中移來。計析豐鎮廳之二道河。置興和廳撫民同知加理事銜。移太原府同知駐之。析薩拉齊廳之大佘太附益以達拉特、杭錦、烏拉特等旗地。置五原廳撫民同知。加理事銜。移汾州府同知駐之。析歸化廳之翁衮城附益以土默特、四子部、茂明安、達爾汗等旗地。置武川廳撫民同知。加理事銜。移澤州府同知駐之。其寧遠廳通判改爲同知。移蒲州府同知駐之。而析寧遠屬之科保爾。置陶林廳撫民通判。加理事銜。即以寧遠廳通判移駐之。三十年。於鄂爾多斯之坂素濠。置東勝廳撫民通判。轄郡王、扎薩克兩旗地。移汾州府磧口通判駐之。此五廳合舊置之七廳併計之。遂完成清季歸綏一道十二廳之局。而有清一代。蒙旗與廳治並存之制。頗與隋唐胡州郡縣間立之形勢相類焉。

民國

民國初元。改歸綏道爲觀察使。而行政權之所統。則仍以遜清道轄舊域爲界限。惟原置之十二撫民廳。悉廢舊稱。而改曰縣。原設之同知通判等官。亦盡易之曰知事。二年裁歸化城副都統及觀察使。置軍政民政兩廳。即以綏遠城將軍爲行政長官。與山西省分縣而治。遂成綏遠特别行政區域之制。改寧遠爲凉城縣。併綏遠城理事同知於歸化。而稱歸綏縣。三年。改將軍爲都統。並增設道尹。以任民政。增設土默特旗總管。以輯蒙衆。歸化城副都統原爲專管土默特旗政之長官。自裁撤後。由綏遠城將軍兼理者。幾達一年。祇以豐鎮、興和、涼城、陶林四縣。原設於察哈爾右翼界。而察哈爾亦爲特別行政區域。遂於是年盡劃四縣於察區。四年。析武川所轄之茂明安旗及薩拉齊所轄之烏喇特東公旗地。別置固陽設治局。十一年。又析薩屬包頭鎮及附近土默特旗、烏喇特東西公旗與伊盟達拉特旗地。置包頭設治局。十三年冬。國民軍莅綏。深以綏區設縣過少爲憾。於是於次年。更析包頭、五原接壤之後套東部地。置安北設治局。析五原所屬後套西部地。置臨河設治局。當是時。察哈爾亦同爲國民軍統治之區。察區長吏。鑒於鄰封綏遠之積極創設。遂亦急起置局。其別部所增。與綏無涉者。姑不論。其由綏劃得之綏東四縣。則於豐、陶、涼三縣屬地連界處。各析一部。合置集寧設治局。凡此新增諸局。皆於設治年限届滿後。次第升級爲縣。十八年一月。綏區既改制而建省。中央爲行政便利計。乃復以明令將原劃歸察屬之豐、涼、興、陶四邑及續設之集寧一縣。仍還隸於綏遠省政府。惟察哈爾右翼四旗蒙古與五縣民衆同壤錯處者。則猶別屬於察省。故當時縣與旗雖共居一地。而行政權之管轄。却分寄於二省。此固不能不謂爲畸形病態也。十九年八月。綏屬河套西部近河處。因與寧夏省界。隔河相望。而河東居民且復有受寧省屬縣踰河督課之虞。於是綏遠省政府以政權攸關。理難漠視。爰於其地立沃野設治局。俾任撫宇之責。二十五年二月。綏境蒙古各盟旗地方自治政務委員會奉中央明令組織成立。凡綏遠所轄之烏盟六旗、伊盟七旗、土默特特別旗、察哈爾右翼四旗。皆有委員參加。祇以右翼四旗之行政管轄權。尚操於察省。就綏遠全省縣旗行政區域之統一完整論。自以四旗併隸綏省爲最適。三月奉國民政府電令。以察哈爾右翼四旗改由綏遠省政府管轄。自此案確定。而綏遠省之政權行施與疆域管轄。乃得如符節相合。無絲毫缺憾可指矣。

案今綏遠各屬。惟沃野設治未竣。未躋於縣。其餘新舊諸邑。皆已生聚日繁。漸臻熙攘之境。如土默特特別旗及察哈爾右翼四旗界。或居豐州之故壤。或居大朔之近邊。以天時之煦和。土地之廣沃。其開闢較早。建置較先。而使各縣並進於繁榮者。固無論矣。即烏伊兩盟各旗牧地中。自清季創墾設官以來。其農民之源源而來。聚族而居者。亦尚能與蒙古民衆相安於無間。苟他日能於蒙古之畜牧。

漢民之農耕。兼籌並顧。而優爲之所。則莽莽綏疆。固確乎爲國家西北邊防不拔之金湯也。

《綏遠通志稿》卷一（中）縣局疆域沿革

綏疆置縣。以前漢爲最多。逮後漢建武以還。雖大體猶沿舊制。而省併之端漸啓。卒之歷三國、魏、晋諸朝。遺規悉泯。而其詳亦不可復究。至於隋唐。州郡節鎮之繁。雖不妨遠擬於盛漢。顧其所領縣邑。則仍寥然無幾。厥後自遼、金、元、明以逮清初。大抵皆分道析路。設州置衛爲多。而於縣城之增置。蓋猶未遑措意焉。清於雍正、乾隆以後。設道、設廳。行政之規模。稍稍具矣。然覈一道之所轄。亦不過同知、通判六七員已耳。直至今日。始漸增爲十八縣局之省制。觀於漢後歷朝建置之簡略。自可推知其沿革史蹟之無多。故考綏遠疆域者。究全省之大勢已難矣。若更進而稽縣境之源流。其艱窘蓋又不啻倍蓰也。茲篇於縣、局、盟、旗疆域沿革。皆就載籍所能詳者詳之。其必不可詳者則姑存其略。以示毋求備而致失真焉云爾。

歸綏縣

戰國時爲趙雲中屬地。趙武靈王置原陽爲騎邑。其故址在今縣治東南大黑河左岸。秦仍隸雲中郡。漢因之。置北輿縣爲中部都尉治所。即今縣治也。漢雲中屬縣在今縣界者。北輿。原陽外。猶有武泉一縣。其故址位於今縣治東北四十里小黑河發源處。再東並兼跨定襄郡武皋縣地。後漢省武皋。餘三縣隸雲中如故。漢末邊郡屬縣盡廢。北魏爲雲中鎮之白道。嗣更於西境置中川縣。隋開皇中。居突厥沙鉢略於白道川。仍於漢原陽、北輿故城。置鎮屬雲州。大業初。屬定襄郡。爲大利縣之北部地。唐爲振武軍金河縣北境。五代初。契丹移豐州、天德降户於此。建豐州。號應天軍。尋改天德軍。領富民縣。其州縣故址。皆即今縣治東五十里白塔村之二廢城也。金豐州仍領富民。治處如故。皇統九年。升爲天德總管府。置天德尹兼領西北招討司。原隸西南面招討司。大定元年。並廢司、尹。復改天德軍節度。元隸大同路。仍稱豐州。惟省所領富民縣。而降豐爲下州。明初廢。宣德元年。復置豐州。未幾又廢。

嘉靖中。蒙古西土默特部長阿勒塔都里木汗駐牧豐州灘。築城於此。蒙語名庫克忽洞。後受明封爲順義王。旋並改所居城曰歸化。清初因之。雍正元年。設歸化理事同知廳。初駐西河。隸山西省之朔平府。乾隆初。又增設協理通判二員。一駐城。一駐昆都倫。六年。設歸綏道於城。以廳及二協隸焉。二十年。裁協理。移同知廳駐城。光緒十年。改爲撫民同知。二十九年。析屬境自大青山之翁衮嶺以北。置武川廳。民國元年。改廳爲歸化縣。二年。以綏遠城糧餉同知廳併入。始稱歸綏縣。三年。綏遠由山西省劃分爲特別行政區。縣爲區治首邑。十八年一月。綏遠區升爲省。仍以縣爲省會附郭首邑焉。至於縣之四至八到。幅員廣狹。方里統計。均詳著於現疆域篇。本篇專究沿革。不更覼述。以下各縣旗並同。

戰國策。武靈王破原陽。以爲騎邑。遂胡服。率騎入胡。出於遺遺之門。踰九限之固。絕五徑之險。至胡中。辟地千里。

水經註。芒干水今大黑河也出塞外。南逕鍾山。山即陰山。其水西南逕武臯縣。王莽之永武也。又南逕原陽縣故城西。又西南與武泉水合。今小黑河其水東出武泉縣之故城西南。即王莽之所謂順泉者也。水南流又西屈。逕北輿縣故城南。其水又西南入芒干水。

太平記。陰陽嶺在金河縣北一百四十里。秦長城枕之。即鄣陽嶺也。武德四年。平突厥。置雲中都督府於此。冀州圖。白道川。當原陽鎮北地。土白如石灰色。遥去百里。即見之、即是陰山路也。又北輿城鎮在縣北四十里。漢中部都尉治。遼史帝紀。太祖神册元年。破朔州。殺振武節度李嗣本。自代北至河曲。盡有其地。五年攻天德。降節度使宋瑶。更軍名曰應天。師未旋復叛。俘瑶家屬。徙其民於陰山以南。

案清重修一統志。於歸化城廳所轄界内。共括有漢雲中郡之原陽、北輿、武泉、陶林、陽壽及定襄郡之武臯等六縣。且於陶林、陽壽僅言在歸化城界。而未著其方望。於原陽、北輿、武泉則並言在歸化城西。而武皋則位之於歸化之北。無論其所括太多。案志文於桐過、武城亦列入歸化。惟無在界之語。故未列。殊難置信。即就所示方位揆之。亦猶未能盡符實際也。山西通志雖不取陽壽。顧於陶林、武皋二縣。則亦竟採其說而入諸歸化廳界之內。是仍不免稍襲其誤耳。至山西通志因北輿在小黑河北。而以歸綏二城當之。又以武泉在小黑河源。而以歸綏東北之哈拉沁谷口當之。此較一統志之悉以置諸西界者。其精識固遠過之。良以據水經註。循芒干水而推武皋、原陽之所在。循武泉水而推武泉、北輿之所在。所謂有本之談。故能辨疑似而匡統志之謬。獨惜其據朔平府志。謂陶林在歸化城東南八十里。與古九原城爲近。此與一統志之置武皋於城北者。其荒唐失考。殆亦無分軒輊焉。依水經註。芒干水南逕鍾山。又西南逕武皋縣。又南逕原陽縣故城西。又西南與武泉水合之數語揆之。則是酈氏所指。爲今大黑河自北而南之一源。此源先由東北向西南。又折而向南。既匯東來之別一源。乃復向西。南越歸化城南郊。而納小黑河。當其始向西南來時。猶未出東山谷。此蓋酈註所謂逕武皋縣一段也。雖註文未明示逕故城何方。然既在此段水源之旁。則知古武皋縣故址。亦必同在東山谷口之東。而東山以東。已非盡屬歸綏。兩志乃盡入諸歸化。統志更移而位於城北。不亦誤乎。故本條僅謂兼跨武皋縣地。而不採兩志全括之說者。正以兼其屬地之一部則可。統其疆域之全部則不可也。其次原陽縣故城。既在大黑河南流西屈及未合小黑河處。則以今日地形覈之。惟有歸綏縣境之東南方。始與所註完全相符耳。蓋向上稍移。則水未出谷。仍在定襄郡界。向下稍移。則水合武泉。已至北輿西南。此不特與河流地形顯成牴牾。即質之善長註文。亦格格乎難相入矣。是以本條於歸綏疆域。除北輿武泉已考無疑義而悉收外。並確斷原陽亦純爲今縣屬地也。若越原陽而更向東南。就今地論。已入東南山中。爲和林、涼城接壤處。就漢制論。亦侵入定襄郡領域。山西通志謂陶林在歸化城東南八十里。與古九原城爲近。豈陶林非雲中郡屬縣。而爲定襄郡或五原郡屬縣耶。不然。置諸東南八十里。既有似乎屬定襄矣。乃復云接近九原。豈非又有似乎屬五原耶。殊不思古九原在河套北岸。東距歸化且數百里。假使陶林果在歸化之東南。安得與遠在城西數百里之古九原城相近。苟其信與九原爲近。又安得更在歸化城之東南乎。考陶林爲雲中郡東部都尉治所。而北輿則中部都尉治所也。以中東二字。顧名思義推之。則知陶林當在北輿之東。惟北輿近鄰東北有武泉。東南有原陽。原陽更東則爲定襄郡之武皋縣。意陶林之領域。西接武泉。而南臨武皋。而雲中、定襄二郡。亦正以陶林、武皋爲分界處耳。由是言之。則陶林隔武泉而位於北輿之東。正與東部都尉治地相合。惟就今縣轄境論。則已不在歸綏疆域之内。故本條不取二志舊説。而别爲詳辨其誤如上。又遼、金以來。豐州均領富民、振武二縣。舊籍如山西通志、綏乘等書。因豐州故蹟之在歸綏界。遂併收其所領二縣。亦悉入諸今縣疆域内。按富民爲州治附郭。邑隨州而納諸一縣領域。固不爲誤。惟振武據遼志本漢成樂故地。不在今歸綏縣轄境内。一併收之。未免稍舛。或疑今歸綏縣界既可包漢之北輿、武泉、原陽等三數縣。豈獨不可包遼、金之二邑。殊不知漢縣繁而密。其地必狹。故可以今之一而括其三。若遼金則自宣德、東勝以北。至於陰山。僅此豐州所領之二縣。地形既遼闊如是。安有合州縣三城並置於一隅之理哉。故本條收富民。而不收振武。從遼志也。

薩拉齊縣

戰國趙雲中西界地。秦因之。漢置犢和、咸陽二縣。其東南或兼跨沙陵縣邊境。俱隸雲中郡。後漢末。諸縣並廢。北魏爲懷朔鎮東南境。置塞泉城於河北。肅宗改懷朔鎮爲朔州。於漢稒陽、石門障置廣寧郡。領石門、中川二縣。雖二縣城不在今縣界。但中川在東。歸綏西界畢鎮。石門在西。包頭西昆篤倫居中爲今縣領域。則知今縣乃石門、中川分界處。亦即朔州廣寧郡之轄境也。孝昌中。州南徙。而郡縣亦廢。僑置并州隋開皇四年。置油雲縣於界内。隸雲州。後雲州東徙。治大利城。縣廢。入金河。隸勝州。唐調露初。置雲中守捉使於單于府西北二百七十里。即今縣治附近也。五代後唐。嘗置天德軍。旋爲遼太祖襲取。遷其降户軍號於豐州。嗣於其地置代北雲朔招討司。尋改爲雲内州。隸西京道。金仍爲雲内州。並於東境置裕民縣。然遼金之雲内州東境。正爲今縣之西界。若今縣之東部。則實位於東勝州之河北屬境内也。金大定十九年。復改裕民爲雲川縣。隸西京路。元初省雲川。降雲内爲下州。

隸大同路。明洪武五年。州廢。宣德元年。復置雲内縣。屬豐州。未幾又廢。清乾隆初。設薩拉齊及善岱二協理通判。六年。隸歸綏道。二十五年。改理事廳。裁善岱協理。併入。同治四年。改設同知。光緒十年。改爲撫民同知廳。二十九年。析所轄後套地。置五原廳。民國元年。改縣設知事。八年。分所轄大青山後烏喇特東公及茂明安兩旗地。隸固陽設治局。十二年。又分所轄包頭鎮附近烏喇特東西公及土默特、達拉特等四旗毗連地。隸包頭設治局。蓋清初所劃之薩廳疆域。至是已滅十之七八。凡大青山以北。暨五當谷以西。悉屬於續設之各縣局。厥後續設諸縣間。復有增置。而薩縣則自十二年後。未嘗再析。顧其幅員户口。仍不失爲綏省一巨邑。此則因舊廳所轄。其四境太廣故也。

水經註。河水又東逕塞泉城南而東注。又大河東逕咸陽縣故城南。王莽之賁武也。又塞水出懷朔鎮東北芒中。南流逕廣德殿西山下。余以太和十八年從高祖北巡。届於陰山之講武臺。臺之東。有高祖講武碑。自臺西出南上山。山無樹木。惟童阜耳。即廣德殿所在也。其水歷谷南出山。西南入芒干水。

元和志。雲中守捉東南去單于府二百七十里。調露中。裴行儉破突厥置。管兵七千七百人。馬一千二百匹。

案遼史地理志。雲内州本中受降城。此蓋謂州治當中受降城故地耳。觀其所述州境諸名蹟。如可敦城、拂雲堆、大同川、永濟柵等。殆無一非中西兩受降間遺物。則其以州治當中城。並不爲誤。惟州治雖在此。而州之東界。實與東勝西界相毗連。故今薩縣之領域。適爲遼代雲内、東勝各跨一部之形。而雲内州治固確乎不在縣境也。乃山西通志不取遼志。而以明統志及方輿紀要爲據。謂遼雲内州以明統志金河在州東南百五十里證之。則州治當在今廳西五十里沙爾沁村。不知明統志所謂金河者。是否指有金河泊之金河縣而言。如謂指此。則其西北百五十里尚未能至沙爾沁。且更在其東矣。如更向東移。則除東勝州轄境外。雲内之東境。毋乃太狹。將何以置寧人、裕民、雲川等縣乎。按遼紀。寧人初屬勝州。則其在東境可知。而裕民則本置於東境。後改雲川。史文可證。夫以雲内州治去東勝轄境之金河僅百五十里。若除去金河界。則雲内東境當不足百里。以遼、金時置縣之疎闊論。此不足百里之地。豈能既置州城。復設二縣。况州治猶有其附郭首邑之柔服縣。倘合併計之。更似聚一州三縣於一隅。此雖中原繁盛之區。猶恐未能。而謂久荒乍復之邊疆。竟有如是繁密之制。此豈近於情理哉。至於方輿紀要謂雲内州在大同府西北五百餘里。此較山西通志斷定之地又東移二百里矣。蓋今歸綏、和林二縣。去大同已不下五百里。如依紀要所示。則遼之雲内縱不在歸綏以東。要亦不能踰歸綏轄境以西也。果如是。則雲内東境諸縣。勢非設於豐州以東不可。此其不近情理。庸非視明統志爲尤甚耶。故本條不取明志、紀要諸説。而仍以遼志州治本中受降城之文爲據。其間有引及州治柔服等名者。則以今縣舊疆。當未析置包西各廳縣時。固曾兼領中受降城故地故耳。間嘗竊考明統志及方輿紀要致誤之由。大抵皆以明之雲内縣。上溯遼、金、元之雲内州。故其地望不能卒合。蓋遼、金雲内。逮元而降爲下州。隸大同路。明初洪武五年所廢者。即元代之遺制。其故地仍爲中受降。洎乎宣德元年。復置雲内縣。隸豐州。則已非復前代舊治。而東移於今歸綏縣境之西南。雖雲内之名無異。而州縣不同。治地尤殊。良以元之雲内。雖降爲下州。但沿遼、金之舊。未嘗徙置。仍與東勝、豐州爲平等並列之區。至於明之雲内。則已更下降爲豐州之屬縣。其治地當不能超出豐州轄界之外。觀紀要所引。正統間主帥晏樂樓於塞。致敵突入邊内。於是玉林、雲川、豐州、雲内之民。悉遷於應、朔諸處。就此可知明之雲内縣。確與豐州、玉林、雲川相近。而與遼、金治中受降之雲内州。則相去甚遠。明統志謂去金河百五十里。紀要謂去大同五百餘里。皆以明初之雲内縣。誤爲遼、金、元之雲内州也。其次。如金之裕民縣。廢後復置。改爲雲川縣者。亦與明初所置之雲川衛不同。蓋前者在薩縣境。而後者在托縣東。方輿紀要亦未能辨其異。惟清一統志云有雲川古城。在雲川衛西。其説差優。又山西通志以漢縣楨陵。列於薩廳界。此蓋因其引水經。信桑氏經。而不信酈氏註。且復誤註爲經。遂致此謬。按經文河水所歷。先楨陵。次沙南。次沙陵。並不述咸陽。而註文則先咸陽。次沙陵。次楨陵與沙南。逕緣胡山而南流。此咸陽一縣。本爲酈註揭出。以補經文沙陵上游之闕。而移楨陵於下。亦以正經文亂次之謬。

乃山西通志據未校本。以咸陽註語。連於經文沙陵之下。遂使沿河漢縣。其序愈紊。考此節註文。爲酈氏親歷記述之語。其先後次第。本無微誤。而通志反依已錯之經。使楨陵、咸陽隔沙陵而上下游倒置。又以楨陵西北有緣胡山。求諸上游而不可得。則臆斷以陰山當之。其牽强附會至於此而不悟。反以駁酈註之誤。此信經之成見使然也。故本條但依註文。取咸陽、塞泉及沙陵之一部隸於薩。餘則歸諸黄河下游之托縣界。至於緣胡所在。詳見山脈及故城楨陵縣條。兹不更贅焉。

托克托縣

戰國趙雲中城所在。武靈王所築也。秦始皇十三年。置雲中郡。漢因之。領縣十一。爲雲中、楨陵、沙南及沙陵、陽壽各一部地。後漢省陽壽。而郡仍置雲中。在今縣治北四十里。建安二十年。併郡領諸縣爲一縣。仍稱雲中。隸新興郡。後郡内徙。而縣亦隨廢。北魏嘗增修雲中城。並於城中起宫室。以爲常幸之地。又於城東四十里别築雲中宫。隋開皇三年。置陽壽縣。因漢縣爲名也。又置榆林郡及榆關總管於縣界。尋改雲州總管。六年。置榆林縣。十年。置富昌縣。均在今縣屬河西界。十八年。改陽壽曰金河。以境有金河泊爲名也。初皆隸雲州。後雲州徙。而金河、榆林、富昌並以地屬勝州。大業五年。復以勝州爲榆林郡。仍帶關。居義成公主於古雲中城。隋末。郡人郭子和以地入突厥。縣悉廢。唐貞觀四年。突厥平。居其部長阿史德。後置雲中都護府。旋改單于大都護府。徙治於定襄。景龍元年。築東受降城於單于府西南百二十里。其故址當在今縣治南。天寶初。徙振武軍於城。乾元元年。升軍爲節度。移治單于府。元和中。移東受降城於古雲中西五十五里之綏遠烽南。在今縣治北。爲勝州榆林縣地。仍隸振武軍。五代初。遼破振武。徙勝州之民於河東。後遂置東勝州。領榆林、河濱二縣。隸西京道。金初。建武興軍。又置東勝縣爲州治。隸西京路。元降爲下州。至元二年。省寧邊州。以其北半部地來屬。四年。又省東勝縣。併所置司候司入州。隸大同路。是即今縣治東門外沙岡上之廢城址也。明洪武四年。廢州置衛。二十五年。分爲左、右、中、前、後五衛。尋併爲左右二衛。今縣其左衛地。又别置鎮魯衛於左衛東。永樂元年。並徙治北直畿内。宣德元年。鎮魯還故治。正統三年。復置東勝衛。以後仍廢。而徙鎮魯衛於天城衛城。嘉靖中。西土默特部台吉駐牧。名脱脱城。一稱爲托克托城。是即今縣治也。清初。仍沿脱脱之稱。乾隆初。設協理通判。六年。隸歸綏道。二十五年。改理事廳。光緒十年。改爲撫民通判廳。民國元年。改爲托克托縣。設知事。厥後綏遠由特別行政區升爲省。皆相沿爲縣無所改。僅易知事爲縣長。與民初稱謂稍異耳。

水經註。白渠水又西逕魏雲中宮南。魏土地記曰。雲中宮在雲中縣故城東四十里。白渠水又西南逕雲中故城南。又西北逕沙陵縣故城南。其水西注沙陵湖。又芒干水又西南逕雲中城北。白道中溪水注之。又西南注沙陵湖。湖水西南入於河。河水南入楨陵縣西北緣胡山。歷沙南縣東北。兩山二縣之間而出。餘以太和中爲尚書郎。從高祖北巡。親所逕涉。縣在山南。王莽之楨陸也。北去雲中城一百二十里。縣南六十許里有東西大山。山西枕河。河水南流。脈水尋經。殊乖川去之次。似非關究也。

案末段註文。爲酈氏駁正經文河水先過楨陵。次過沙南、沙陵之誤。

隋志。榆林郡。開皇二十年置勝州。統縣三。榆林。開皇六年置。富昌。開皇十年置。金河。開皇三年置。初曰陽壽。及置油雲縣。又置榆關總管。五年改置雲州總管。十八年始改陽壽曰金河。二十年雲州移。二縣俱廢。仁壽二年。又置金河縣。帶關。案二縣俱廢云者。指河東之金河、油雲二縣也。

唐書突厥傳。雲中者。義成公主所居也。頡利滅。李靖徙突厥羸破數百帳居之。以阿史德爲之長。其後部衆漸盛。諸部府州當在所隸。於是建雲中都護府。

元和志。勝州榆林縣。金河泊在縣東北二十里。周迴十里。雲中故城在縣東北四十里。趙雲中城。秦雲中郡也。榆林關在縣東三十里。東北臨河。案太平記作四十里。南臨河。隋開皇三年。於此置城。設榆林關。

方輿紀要。雲中城在大同府西北四百餘里。孔氏曰。在唐勝州東北四十七里。龍朔三年置雲中都護府於此。麟德元年。改單于都護府。領金河一縣。胡氏曰。金河、漢之雲中郡城也。在隋榆林郡城東北四十里。自朔州至單于府。凡三百五十七里。大曆八年。徙治振武城。舊城遂廢。入塞圖。從平城西北行五百里至雲中。又冀州圖。雲中城周十六里。北去陰山八十里。南去通漢長城百里。又東勝州在大同府西五百里。續通考。遼太祖破振武軍。故勝州之民。皆趨河東。勝州遂廢。石晋割代北地獻遼。乃置東勝州。榆林縣故勝州治也。杜佑曰。榆林、漢沙南縣地。屬雲中郡。後漢末廢。隋開皇六年。置榆林縣。尋爲勝州治。唐因之。契丹置東勝州。縣亦還治焉。

山西通志。遼志。東勝州領榆林、河濱二縣。金志。東勝州國初置武興軍。有古東勝城。領縣一。東勝。鎮一。寧化。元志。東勝州唐築東受降城。後徙置綏遠烽南。即今東勝州也。據志則遼、金、元州治皆在東受降城故地。遼之州蓋與寧邊州郭下皆不置縣。而兼領河西之二縣。金初河西地入西夏。始置東勝縣爲州治也。志云。有古東勝城。當是古東受降城之訛。其寧化鎮。亦寧人之訛。遼置寧人縣。本屬勝州。又改屬雲内。金廢爲鎮。以屬東勝。據遼紀。縣置於開泰六年。時尚雲勝州。則東勝立州。更在開泰以後。去金初百年。安得云古東勝州城乎。且金但置東勝縣。其州治未嘗他徙。安得更有一東勝州城乎。其爲訛文瞭然。一統志。故東勝州在歸化城西南一百四十五里。亦以東受降城當之。歸綏(志)〔識〕略云。東城當在薩拉齊、托克托界二道河間。今以唐勝州即河西五里之古城覈之。似隋之榆林關、唐之受降城、綏遠烽。皆與二道河近。在今廳北二十里。而明之東勝右衛。當即河西之古城。其左衛當即今廳。則謂托克托城爲舊東勝州。以金志及明志州東北有黑河證之。又未爲不合也。又案雲中郡縣。徙置不一。大要漢以前。皆在今廳。唐以後則今大同也。雲州之名。始於後魏。惟隋初置總管於榆關。在廳境。以後皆不治。此唐雲中都護府本置於古雲中。其都督府以及隋之雲内縣、遼之雲内州。則始終於此無涉。若雲陽、雲川。亦沿雲中而名。而始於後魏。亦不得以古雲中概之也。元和志惟誤以單于臺入之唐雲州。寰宇記則凡白道、金河、紫塞、陰山、原陽、北輿、桐過、武進、雲中宮、君子津。無不繫之大同。遼志竟直以大同爲古雲中矣。

案山西通志謂方輿紀要引胡氏語。誤以隋、唐金河爲一地。其實隋金河在故雲中西南。隋書。煬帝溯金河。東北至啓民帳時。啓民與義成公主方居雲中。若唐之金河縣在單于府。去朔州三百八十里。

在雲中東八十里。今和林格爾地也。此節所考甚精確。據元和志所載。知唐之金河縣爲單于府城附郭邑。其與隋金河縣之在榆林郡城東北四十里者迥異。故胡氏以金河當漢雲中郡城。以言隋制則合。以言唐制則謬矣。且詳味紀要原文。祇知龍朔初置雲中都護府於雲中。後改單于府。領金河縣。而不知自改單于都護府。即由雲中遷於定襄。觀元和志。單于大都護府本漢定襄郡之成樂縣。其語極明。乃顧氏不取此而引胡氏之文。安得不鑿枘致謬乎。是以本條雖採紀要。而仍揭山西通志之案語。以正其誤。至於東勝州之沿革。紀要與山西通志所述。均詳晰無可疑。惟通志於托境不入漢縣之楨陵與沙南。此則未免歉酌耳。其不入沙南。或因地在河西。在當時爲鄂爾多斯界。爰付諸存而不論之列。此則猶有可説也。其不入楨陵。而强以屬諸薩廳。並以遠隔百里與黃河漢不相關之陰山。亦生吞活剥。强指爲緊迫河岸之緣胡山。此豈謂非師心臆斷乎。案楨陵故地即今縣屬南境之喇嘛灣。其北圍峻嶺。即酈氏所謂緣胡山也。關於載籍論證。俱引徵於古蹟楨陵故城條而詳辨之。讀者可參閱互證。則得失不難瞭然矣。

和林縣

戰國逮秦。皆雲中屬境。漢高帝十一年。始析雲中郡。置定襄郡。領縣十二。今縣爲成樂、定襄、武進三縣地。郡治成樂。在今縣治北二十里之古城。俗謂之土城村。其西部都尉治武進。在今縣治東。而定襄則又在武進之東北。後漢徙郡治善無。以三縣改隸雲中。建武中。封趙慮於武進爲侯國。漢末縣並廢。魏甘露二年。拓跋力微始居盛樂。即成樂也。晋永嘉四年。力微孫猗盧封代。始築城爲代北都。咸康四年。力微裔孫翳槐。又築新城於故城東南十里。明年。其弟什翼犍即代王位。仍於故城南八里築城。太元元年。爲苻堅所併。國分爲二。自河以東屬單于劉庫仁。道武登國元年。逐劉氏。復故地。天興元年。改代曰魏。徙都平城。而以故都爲雲中郡。後改爲鎮。立朔州與鎮並治。孝昌之亂。改曰雲州。置盛樂郡。領歸順、還安二縣爲州治。而以盛樂西四十里之雲中宮爲雲中郡。領延民、雲陽二縣。永熙中。寄治并州界。北齊以地屬紫河鎮。隋開皇四年。爲突厥沙鉢略可汗所據。時沙鉢略帳都斤山。奄有河東各地。十八年。築大利城。以居其族子啓民可汗。自榆林關徙雲州總管府治之。大業初府廢。改州爲定襄郡。立大利縣爲郡治。隋末郡縣並廢。唐貞觀四年平突厥。分其部。左置定襄都督府。右置雲中都督府。仍於此置雲州及定襄縣。十四年。徙置北恒州。即今山西大同縣也。其年復立突厥阿史那思摩爲可汗。建牙於故城。尋以思摩入留宿衛。罷其制。麟德元年。改雲中都護府爲單于大都護府。移治於此。垂拱二年。府廢爲鎮守使。所領突厥府州。並僑置朔方境。開元中復改單于大都護府。天寶四載。置金河縣於府內。以隸朔方節度。屬關内道。乾元元年。置振武軍節度使。領都護府及麟、勝二州。會昌初。罷領都護府。天祐十三年。地入於遼。軍徙朔州。遼改金河爲振武縣。隸豐州。金省縣爲鎮。仍屬豐州。元隸大同路。明於洪武二十六年。置玉林、雲州二衛。隸大同都司。永樂元年内徙。宣德元年復置。正統十四年。徙玉林於大同右衛。雲川於大同左衛。其後爲蒙古西土默特部駐牧。清康熙中。置驛站二十家子。蒙古語和林格爾也。乾隆初。設協理通判治之。六年。隸歸綏道。二十五年。改理事廳。光緒十年。改爲撫民通判廳。民國元年。改廳爲縣。遂相沿至今云。

水經註。白渠水出塞外。西逕定襄武進縣故城北。西部都尉治。王莽更名伐蠻。世祖建武中。封趙慮爲侯國也。白渠水西北逕成樂城北。郡國志曰。成樂故屬定襄也。魏土地記曰。雲中城東八十里有成樂城。白渠水又西逕魏雲中宮南。

方輿紀要。定襄城在朔州北三百八十里。隋開皇五年。置雲州總管府。十九年改立突厥突利爲意利珍豆啓民可汗。於朔州築大利城以處之。案朔州當作雲州。大業改置定襄郡。治大利縣。唐武德二年。突厥入據定襄。貞觀三年。李靖襲破突厥於定襄是也。十四年遷定襄於恒安鎮。此城遂廢。唐紀。貞觀十三年。復立突厥阿史那思摩爲可汗。使統其部衆。十五年。思摩始建牙於故定襄城。即此城也。亦謂之北定襄。其地南大河。北白道。畜牧廣衍。爲龍荒最壤。

歸綏識略。玉林故城在今和林格爾境。或作榆林誤。紅城在黑城東六十五里。城垣俱存。周圍十里。今和林格爾有上下土城。相距五里。下城較上城微小。俱未知何名。雲川城疑即在是。

山西通志。按寰宇記。武晋故城在雲中縣東一百四十里。漢西部都尉治所也。記誤進爲晋。又誤入之大同。遂不知其地之所在。一統志。故城在歸化城土默特境。以註考之。今黃水河出寧遠廳北鑲藍旗。西南流。自西溝門出山入廳境。似故縣城在溝門以南。與寧遠連界。其定襄縣。統志云在土默特東。則溝以北地毗連歸化城界矣。隋初居突厥於白道川。在歸化境。又徙紫河鎮。在今廳南。隋書。沙鉢略入貢。還。至紫河鎮。牙帳爲火所焚。是也。案今紅河古中陵水。自殺虎口北入廳境。行二百餘里入大河。隋書所謂紫河也。其紫河鎮在廳南。今黃水河。古白渠水。自西溝門西入廳境。行百餘里。合於黑河。唐志所謂金河也。其金河縣在廳北。案與隋金河異地。詳見托縣條。元平地縣。方輿紀要謂在大同西北五百里。東有石碌山。今歸化城西四十里有山名石碌。又元志。平地本名平地裊。嘗併入豐州。似故縣在歸化城迤西矣。然據金志。宣寧有彌陀山、石碌山。今在左雲邊外。則此縣仍當近殺虎口。故以隸之大同。明志。雲川衛東距行都司三百十里。似與紫河鎮及平地縣近。原註金雲內州有雲川縣。元廢。明初置衛。雖用其名。而非一地。玉林衛東距行都司二百四十里。似與漢沃陽縣近。

案定襄。自戰國趙武靈王破林胡。拓地至陰山。迄於秦。僅爲雲中所屬之曠地而已。惟以其北扼白道。南屏三晋。左山右河。形居衝要。非第如古籍所稱爲龍荒之最壤。實亦如魏書所贊爲咽喉重地也。是以漢初劃郡。即由雲中析出。別置定襄。而以成樂爲郡治。蓋成樂所據。適居於名山大河平原沃壤之中。而城之近圍。又有紫河擁於南。白渠橫於北。就地論形。幾不愧具體之小天府。此殆勝勢所趨。而爲王公設險國家建置之所必擇歟。洎乎拓跋建都。其名益著。惟自茲以後。亦往往與雲中相混。雖漢初定襄由雲中析出。然一東一西。厥蹟本殊。祇以北魏移都平城後。嘗一度以盛樂爲雲中郡。又於盛樂及盛樂之西四十里各置雲中宮。而古雲中城内復有所謂盛樂宮。經此變易。遂使後之考古者。每不免有東西倒置之誤。如括地志云。漢置定襄於此。北魏之雲中郡也。細案此語本不誤。顧其下文又云。城東四十、里有後魏雲中宮。此則並其上文亦牽掣淆訛。不知所指爲何地矣。良以北魏雲中宮。

適居於漢雲中郡治之東。與魏雲中郡治之西。其去兩城。東西各四十里。若謂在城東四十里。則是漢雲中。非魏雲中也。若謂漢置定襄於此。則是魏雲中。非漢雲中。不得言宫在城東也。總之。如括地所述。於漢於魏。兩無所當。故本條悉擯而不録。而以定襄、盛樂、雲中及雲中宫、盛樂宫諸沿革。均詳著於古蹟故城各本條而辨證之。其次。如山西通志以元之平地縣入於本縣疆域内。本條亦未敢盡信其説。僅附録其文。以資参考而已。蓋元代州縣設置。凡在今綏境者。皆甚疎闊。而平地縣之增置。本以大同路所屬各州餘地爲之。故不隸於州。而直隸於路。今歸、托、和、清等縣境。自遼金迄元。原爲豐州、東勝、寧邊、宣寧諸州縣地。元雖省寧邊。改宣寧。然皆於本縣無涉。自餘東勝、豐州。雖降爲下州。而二者之間。不聞有所割裂。今縣爲二州毗連處。豈能兩無所損而突增一邑。況今縣本遼金振武故壤。果使以此改平地。則元志及一切載籍。豈能於振武既廢之下。截然而止。不著一字乎。此覈地形及情理。皆有不可盡信者。山西通志雖取證於石碌山。亦猶未能自圓其説。則元平地縣之不在和境。可斷言矣。其詳别見凉城、集寧二縣沿革案文中。兹弗贅焉。

清水河縣

戰國時。始爲林胡地。後屬趙。秦隸雲中。漢置桐過、駱、武成三縣。隸定襄郡。後漢郡徙治善無縣。隸如故。漢末並廢。北魏爲代都畿内西部地。其東界有昆新城。道武初。割臘汗山地方百里。以封庫狄氏。其後置尖山、樹頹二縣。蓋取樹頹水及山爲名也。立神武郡以領之。隸朔州。孝昌之亂。僑治并州界。北齊隸北道行臺。隋爲紫河鎮屬地。唐勝州河濱縣之河東轄境。有河濱關。在今縣西。即古君子津。又有唐隆鎮。亦曰唐龍。在縣西南。亦瀕於河。戍守地也。遼於此置寧邊州。不領縣。其東南兼跨德州宣德縣地。並隸西京道。金初以寧邊州置鎮西軍。統於西南面招討司。隸西京路。正隆三年。又置寧邊縣倚郭。貞祐三年。改隸嵐州節度。四年升爲防禦州。元至元二年。州廢。以其地之北半入東勝。而以南半入武州並改舊隸德州之宣德縣爲宣寧。直隸大同路。明洪武初。屬東勝五衛。置千户所。永樂元年廢。正統初復置。後又廢。清乾隆元年。設清水河協理通判。六年隸歸綏道。二十五年。改理事廳。光緒十年。又改爲撫民通判廳。民國元年。改縣設知事。相沿與他縣同。

漢書地理志。定襄桐過縣、莽曰椅桐。駱、莽曰遮要。武成、莽曰桓就。

魏書帝紀。天興元年。定京邑。西至河。北至五原爲畿內地。又永興五年。自雲中太室西南巡諸部落。遂南次定襄之大落城。

北史列傳。庫狄干。善無人。曾祖越豆眷。魏道武時。以功割善無之西臘汗山百里以處之。後遷朔方。

水經。河水又西南。過定襄、桐過縣西。酈註曰。定襄郡。漢高帝六年置。王莽之得降也。桐過縣。王莽更名椅桐者也。河水於二縣之間。濟有君子之名。濟在雲中城西南二百餘里。河水又南。樹頹水注之。水出東山。西南流。右合中陵川水。又樹頹水右合誥升袁水。亂流。西南注。分爲二水。左水枝分南出。北俗謂之太羅河。右水西逕故城南。北俗謂之昆新城。其水自城西南流注於河。

元和志。勝州下河濱縣。黃河在縣東一十五步。闊一里。不通船檝。即河濱關。渡河處名君子津。

遼地理志。寧邊州本唐隆鎮。宣德本漢桐過縣。

山西通志。中陵川水。今紅河。古紫河也。樹頹水。今清水河。並出平魯縣邊內。魏書列傳。太延五年。蠕蠕犯塞。侵及善無七介山。京師大駭長孫道生拒之吐頹山。是樹頹水所出之東山。即吐頹山也。與地形志神武郡之殊頹縣皆一名。今水自平魯縣界西北流。逕廳治南。入紅河。昆新城在水北。與今廳城近。

案山西通志。以漢桐過、駱、武成三邑故地當今縣。而三邑中惟桐過見於水經及酈氏註。覈以河水所逕。可以知其方望之不甚誤。至於駱。舊籍多以酈註之太羅城當之。魏書則謂之大洛也。如胡氏註通鑒。即持此説。故山西通志、綏遠旗志等書。皆沿而未改。實則太羅爲漢武州縣故城。酈註已明確言之。並引十三州志以實其説。則諸家以羅、洛與駱。因聲近轉訛之論。殊未可信。清一統志繩其謬。

不爲無見也。考武州縣漢隸雁門郡。而駱則隸定襄。此二郡地本相連。使武州爲雁門郡西部最北之屬縣。則隸定襄郡之駱。當又在其北。惟在其北。故可列駱於今縣屬境而不謬。若依諸志以太羅城爲駱。恐城已南入山西界。非特與漢郡形勢不相符。且與酈註城在善無西南百五十里之語。愈牴牾難容矣。是以本條但取駱而不取太羅者。以駱之在境可信。而太羅之在境與否。猶有待於詳究耳。至於武成所在。自漢志以及後世諸載籍所述。皆祇言其隸定襄。而不言其方望果何居。惟前漢地理志謂之武城。後漢郡國志則謂之武成。以王莽改桓就義推之。似以武成爲近實。清一統志謂在歸化城西南界。此以定襄郡屬縣而位諸雲中轄境。其謬可知。綏遠旗志列於察哈爾牧廠及鑲紅、鑲藍旗地。所示確否姑不論。即其旗與牧廠紛然並列。亦嫌泛濫無可徵信。山西通志以屬清縣境。雖亦無明確之引證。然以後漢遷郡治於善無。僅桐過、駱、武成三縣來屬之事例揆之。終較旗志、統志爲精覈。誠以後漢自盧芳之亂。盡廢邊郡。迄建武二十五年。南單于降。嗣又重置郡縣時。雲中北境各縣。已不可盡復。僅以定襄中部三縣改隸之。而定襄郡遷治後。其能依舊來屬者。亦僅餘最南一部而已。今縣既爲定襄郡原領之南部地。而武成又適在來屬之三縣內。則麗武成於今縣。固確乎爲山西通志之創見矣。惟以地形論。其故地或兼得今和林縣南界。因和縣所屬定襄、成樂。皆偏於北。而武進又偏於東。若武成位於清縣北境而稍跨和縣之南端。則諸縣分割乃更相稱耳。其次。方輿紀要及諸舊志。於遼金疆域。皆述寧邊而不述宣德。蓋以宣德隸德州。當在豐鎮西南。而不在此。是皆沿襲明統志以拒墻堡當宣德之誤。實則豐鎮之西南與清水河之東南。其間僅隔凉城縣南端較狹之一部。相距並非甚遥。以遼金設置之疎闊。自凉城南界中分。以東半兼豐鎮之西南隅而置德州。以西半兼清水河之東南隅而置宣德縣。即質諸遼志。宣德本漢桐過縣之語。亦正脗合。顧諸家乃不信遼志而信明志。豈非分置之州縣不足據。必盡聚德州、宣德於一隅。反爲足據乎。案宣德非附郭縣前於省疆域中。已略辨明統志之誤。茲復依遼志。繫宣德於本條。兼以證元宣寧縣宣德改名之地望焉。

凉城縣

戰國趙地。秦屬雁門郡。漢初屬代國。後復分郡置縣。爲沃陽、彊陰二縣地。仍隸雁門郡。其北部兼得定襄之武皋、襄陰等縣地。後漢併省。惟彊陰仍隸雁門郡。漢末至三國初。北部先爲别部鮮卑所據。舊置郡縣。率徙廢無存。迨魏甘露中。鮮卑拓跋氏始奄有定襄、雲中及雁、代北邊地。其後拓跋猗㐌統部居參合陂北。賀傉避地居東木根山。皆在今縣界北。魏道武帝天興元年。定爲代都畿内田。隸司州代尹。後置參合縣。在今縣治西南。此與漢參合縣非一地。漢縣在大同東八十里。又置涼城郡。領參合、旋鴻二縣。郡治及旋鴻。均在東北境。隋爲突厥所踞。唐初分定襄都督部。置桑乾都督府於此。以突厥酋長領之。統郁射、藝失、卑失、叱略四羈縻州。隸單于大都護府。後僑治於朔方。遼析雲中置天成縣。又析西德店置德州。領宣德縣。隸西京道。天成在今縣東境。宣德在縣南。金省德州。改縣曰宣寧。元仍爲宣寧縣地。直隸於大同路。明洪武四年。廢縣置宣德衛。後又廢爲大同邊外地。清康熙十四年。遷察哈爾部衆。分駐於此。雍正十二年。置寧朔衛及懷遠所。設大朔理事通判治之。乾隆十五年。裁衛所。併爲寧遠廳。屬右玉縣北境。以朔平府通判移治焉。二十一年。改理事通判。光緒十年。又改爲撫民通判廳。直隸歸綏道。民國元年。改縣設知事。三年。中央明令汰除各省屬縣名稱之重複者。遂改爲涼城。蓋仍取拓跋舊名。惟魏地形志則又謂之梁城焉。同年因察、綏分建特別行政區。以縣改隸察哈爾。十年。又析縣之北境。合豐鎮、陶林之各一隅。置集寧設治局。翌年升爲縣。十八年春。綏遠奉令改省。並准收還民國三年劃歸察屬諸縣。自是綏東新舊五邑。遂隸綏遠屬籍云。

水經註。中陵水又北分爲二水。一水東北流。謂之沃水。又東逕沃陽縣故城南。北俗謂之可不埿城。王莽之敬陽也。又東合可不埿水。出東南六十里山下。西北流注沃水。沃水又東逕參合縣南。魏因參合陘以即名也。北俗謂之蒼鶴陘。道出其中。亦謂之參合口。陘在縣之西北。魏立縣以隸涼城郡。西去沃陽縣故城二十里。縣北十里有都尉城。地理志曰。沃陽縣。西部都尉治者也。北俗謂之阿養城。沃水又東北流注鹽池。地理志鹽澤在東北者也。今鹽池西南去沃陽縣故城六十五里。池水澂渟。淵而不流。東西三十里。南北二十里。池北七里即涼城郡治。池西有舊城。俗謂之涼城也。郡取名焉。地理志曰。澤有長丞。此城即長丞所治也。

太平寰宇記。雲州東至桑乾都督帳一百五十里。

寧遠廳志。雍正十二年。議准將張家口察哈爾西四旗自東迤西。首陽河口、新平口、鐵裏門、鎮宏口、鎮川口、得勝口、拒墻口、拒門口、助馬口、寧魯口、威魯口、史家口、殘虎口、殺虎口止。十四口分歸晉省。於適中之地得勝口。設立蒙古理事通判一員。駐正紅旗之新城子灣地。管理蒙古民人交涉事件。又於陽河口外。迤西至拒墻口止。共七口地方。分隸大同府。於新平口三十里。正紅旗高廟子。設立豐川衛守備一員。得勝口二十里。正紅旗新城子灣。設立鎮寧所千總一員。拒門口外迤西至殺虎口止。共七口地方。分隸朔平府。於助馬口外二十里。正紅旗後營子。設立懷遠所千總一員。殺虎口外六十里。鑲藍旗蒿兒兔。設立寧朔衛守備一員。十五年。裁衛所。將大同府通判移駐豐川衛。朔平府通判移駐寧朔衛。二十一年。並改理事通判。定爲旗缺。

山西通志。案地形志。恒州梁城郡。當依水經註作凉城。當時郡縣異治。酈氏所言城邑。按里求之。約略可得。惟水道順逆。與今不同耳。漢志。彊陰縣下云。諸聞澤在東北。今廳東百二十里之代哈泊也。魏書所言參合陂。當統鹽池及此澤而言。酈註不詳。殆即如渾水下所言凉川城之南池。俗名乞伏袁池者。當時蓋爲旋鴻縣地也。魏書帝紀。太祖天賜三年。幸豺山宮。遂至青牛山。西登武要北原。觀九十九泉。府志。九十九泉即黑河源。案其地去歸化城百餘里。在察哈爾牧廠界。今廳以北得正紅、鑲藍兩旗全地。皆古定襄之北境也。襄陰當因定襄而得名。故與武要並繫於廳。其都武、安陶、復陸三縣。則不可考矣。

案水經註。所謂沃陽縣故城者。漢置縣也。所謂沃陽城者。魏置縣也。以沃水所逕方向推之。漢縣最偏於西南。稍東北爲魏縣。再東即參合也。更以鹽澤所在地位推之。鹽澤西南去沃陽縣故城六十五里。參合西去沃陽故城二十里。酈氏雖未著鹽澤去參合之里數。然於鹽澤去沃陽之六十五里中。減去其去參合之二十里。即可知參合之距鹽澤至少亦不下四十餘里。此固覈諸經註而知其大略如是也。

惟山西通志所考。則間有與此相戾處。其大要以爲今縣原文稱廳即參合舊治。而縣東北十里許之小海。即古鹽澤。又以爲漢沃陽故城在和林界。魏沃陽故城在縣界。若綜此諸説以與酈註互證。則惟註稱鹽澤西南去漢沃陽六十五里。而志置此城於和林界。其推斷尚非甚誤。因距小海西南約三十里。已接和林界。故六十里外之古蹟。雖欲不歸之和林不可得也。至於註稱參合西去漢沃陽二十里。而志以參合當今縣。此則大有可商矣。今試依註。自小海西南六十五里。認爲漢沃陽所在處起算。再東二十五里。猶未能踰和林界。縱令勉强置諸今縣境。要亦在西南之極邊。其去縣治仍差二十許里。何以解於志文今縣即參合舊治之説乎。况參合與漢沃陽故城之間。雖相去僅二十里。顧尚有一魏置之沃陽城在焉。若參合已位於今縣之極邊。則更在其西之魏沃陽亦當在和林界。此又何以解於志文魏沃陽在縣境之説乎。且今縣治東北去小海不過十里許。而魏參合東北去鹽澤乃不下四十里。倘此結不得徹解。不但志之所考多難脗合。即註之所述亦豈能使人豁然無疑哉。若案今縣轄地形勢。以詳證註、志兩家之説。計惟有易酈註參合西去沃陽縣故城二十里之二字。而代以五。庶幾棼不可理之葛藤。乃得劃然悉斷矣。蓋木刻五字而脱其中。固易展轉相沿而訛爲二。而此二與五一字之差。實即諸蹟致誤之所由也。茲姑依志説。以小海爲古鹽澤。以今縣城爲魏參合。更依註説以小海西南六十五里處爲漢沃陽縣故城。但必再斷定參合距漢沃陽爲五十許里。鹽澤去參合爲十里許。始能與志載之漢沃陽城在和林界。小海在今縣東北十里許之説相近。蓋十加五十而益以參合城本城之直徑。適與註説六十五里之數相符。即註稱參合口陘在參合縣西北。志載西溝門在今縣西北。校其方望。而以今縣當參合。亦正見志與註顯然並契也。不然。使註文所稱參合西去沃陽縣故城二十里。而果可據。則介乎二城之間之魏沃陽。其去參合不幾僅隔十餘里乎。同爲拓跋氏所置。而謂有如是密邇之縣。此豈近於實情哉。考註於沃水先逕漢沃陽之南。甫折東北。便逕魏沃陽之東。其間不納一流。不著一蹟。可知漢魏兩邑。雖非同城。而實在沃水一灣之内。意其相去。斷非甚遥。今既訂正漢沃陽去參合爲五十里。則參合之去魏沃陽要亦在四十餘里外。蓋隔山四十餘里。而兩端置縣。此較隔十餘里而連得二縣者。其孰爲可信尚待繁言耶。

然以此推斷。漢魏兩沃陽俱在今縣外。惟漢故城雖不在今縣界。而當年轄地實遠。跨於今縣治之北。觀註稱都尉城在參合北十里。其明證焉。若魏沃陽則別隸善無郡。其故城轄地皆偏西偏南。並與今縣無涉。故本條述沿革。但取漢縣而不取魏縣者。亦以漢縣可通而魏縣不可强合耳。其次山西通志。又併收漢武要縣於今縣境。此蓋依清初廳制疆域言之。厥後既分廳又析縣。迄於今日。形勢遠殊。凡當初北部轄地之劃歸他縣者。其沿革皆於別條述之。又縣之西北部。應與歸綏東部各分得武皋之半。或所得視歸綏爲尤多。而志乃盡以屬諸歸綏。亦似未允。至於唐初桑乾都督府在雲州東一百五十里。此以唐初置雲州於古定襄城計之也。樂史太平記。乃以既移恒安之雲州推斷。而誤繫於大同東。則所紀是。而所考非矣。山西通志糾其謬而置於此。甚當。

豐鎮縣

戰國爲趙代北地。秦爲雁門、代郡接壤處。漢因之。西得雁門彊陰縣之一部。東兼代郡且如縣之一部。後漢盧芳之亂。省邊縣。棄地於外。後漢末。中原大擾。而郡亦廢。魏晋間迭爲鮮卑所據。後魏天興中。徙都平城。定畿内地。隸司州。其西部兼得旋鴻縣地。隸凉城郡。太和中。又置永固縣。因方山石室爲名。隸代郡。在今縣南。東魏天平中。並寄治秀容界。故地遂廢。自是迄於隋末。皆爲諸胡及突厥所據。不置城邑。唐貞觀中。雲中移恒安。始爲雲中縣北境。五代地入於遼。遼析雲中。置奉義、天成等縣。隸大同府。金廢奉義爲鎮。併入大同縣。又於縣北置威寧縣。隸撫州。元爲大同路宣寧縣之東境。興和路威寧縣之西南境。明爲大同邊外地。清初。遷察哈爾蒙古部衆分駐於此。雍正十二年。置豐川衛及鎮寧所。設大朔理事通判。統新設衛所。乾隆十五年。改設豐鎮廳。以大同府分駐陽高通判移治焉。二十一年。改理事通判。三十三年。通判還駐陽高。於大同府增設理事同知。仍治此。光緒十年。改撫民同知。並劃隸歸綏道。二十九年。析廳治東一百八十里之二道河。置興和廳。民國元年。改縣設知事。十年。又析縣屬北境地。合凉城、興和之各一隅。置集寧設治局。明年改縣。經此一再析置。於是縣屬疆域。視曩日廳治所轄。實已減其强半矣。

漢地理志。代郡有五原關。後漢烏桓傳。五原作五阮。且如、中部都尉治。又雁門郡彊陰、諸聞澤在東北。

魏書帝紀。太和五年四月行幸方山。建永固石室於山上。立碑於石室之庭。十四年十月。葬文明太皇太后於永固陵。

水經註。如渾水。出涼城旋鴻縣西南五十餘里。東流逕故城南。北俗謂之獨谷孤城。水亦即名焉。東合旋鴻池水。水出旋鴻縣東山下。水積成池。北引魚水。水出魚溪。南流注池。池水吐納川流以成鉅沼。東西二里。南北四里。北對涼川城之南池。池方五十里。俗名乞伏袁池。西南流逕旋鴻〔縣〕南。(又)〔右〕合如渾水。是總二水之名矣。如渾水又東南流逕永固縣。縣以太和中因山堂之目。以氏縣也。

清一統志。威寧舊縣。在察哈爾正黃旗西南八十餘里。金史地理志。興和路威寧縣。元初隸宣德府。中統三年來屬。

案山西通志以今涼城界之岱海泊當古諸聞澤。若就地勢推之。岱海泊在涼城縣東部。幾與豐鎮西界相連。漢地理志既稱彊陰、諸聞澤在東北。則知泊之四周。皆彊陰縣轄境。而涼城之東部及豐鎮之西部。亦即其當年並領之地也。至於豐鎮東部與興和西部。共分漢代郡、且如縣地。其情況亦大略與彊陰相類。惟自此以北。已屬雁代徼外。由秦漢迄於隋唐。概無城邑建設可考。僅金元兩朝於縣之東北置威寧縣。隸撫州。蓋以縣屬目海子。自明以來。史志所述。皆以之當威寧海子故也。又考遼之天成縣。依殿版遼史地理志。則云本極塞之地。遼析雲中置。在京北一百八十里。所謂京者。指西京大同府而言也。顧氏方輿紀要宣寧條下。附天成縣。亦謂在府北百八十里。與此正合。並斷云即今之天成衛。而其別記天成衛條。則又云在府東北百八十里。以一書而有兩說。遂致後之考古者。於遼天成縣顯生在北與在東之爭。蓋依前說。則符於遼志。其故地應在今縣治之西北。依後說。則本於紀要之別條。其故地應在今山西天鎮縣之北。而世之持後說者。且謂顧氏另條所述。實依明天成衛所在而言。即天鎮之名。亦正合天成、鎮寧、鎮口等堡衛而爲縣。其西去大同適符百八十里之數。則顧氏別條之文。固甚可信也。山西通志所考。即本此說。然此說也。如持之以論明代之天成衛。誠甚可信矣。苟更進而論遼之天成縣。則其果可信與否。恐猶未足據爲典要也。誠以遼志明言天成縣本極塞之地。由雲中析出。而遼之雲中縣在今縣之南。爲遼西京首邑。遼志大同縣亦雲中析出豈由此直北百八十里遠隔於邊外者。以爲非極塞。而必謂由此東北百八十里退居於邊内者。反以爲合於極塞之意。豈通論乎。況今縣西北入凉城界。曩有鄉鎮曰天成村。村外田野間猶有廢古城殘蹟約略可辨。意遼之天成故縣或當在此。自村東南去豐鎮縣九十里。自縣南去大同約百里。若由村不經縣而直南赴大同。亦適爲百八十里。今大同城爲明洪武五年大將軍徐達因舊土城所築。較古城雖稍移向西四五里。然其與天成之距離尚不至相差甚遠也。山西通志乃謂今縣原文稱廳爲遼金大同、白登、天成三縣北境。其意殆合興和及今縣全境。以爲自西而東。先大同。次白登。最東爲天成。以符天成衛之方望。殊不知明之天成衛。本因既棄邊外之地。不得已而徙於内。故論其源流。雖不妨謂沿用遼縣之名。但考其疆域。固不得謂斯即遼縣之舊也。矧天成村爲豐、凉二縣間最大鄉鎮之一。依大同府志所載。當清初雍正三年。其地已招民墾種。彼時去明未遠。意父老相傳。必有知此地爲古天城遺蹟者。不然。彼農畝羣衆。豈知遼金有此縣。史志有此文。而大同直北一百八十里之古蹟。適在其村落之左右耶。且即以遼志論。今縣之西南一隅爲西德店。德州突入處。正南爲雲中。即析其北爲天成。又析其南爲大同者也。再東爲奉義。已跨今縣東南部。再東爲長青。即興和之南。而陽高天鎮二縣之北也。依此順推。則大同東北一百八十里。本無可以置遼天成縣之地。乃顧氏紀要既誤於宣寧附記之條。以遼縣與明衛混而爲一。而山西通志復坐實其説。以爲明衛之所在。即遼縣之所在也。實則遼志本極明白無誤。特紀要另條與附記自相牴牾。遂致晋志不免執其説而鶩入歧途耳。今本條一本遼志舊説。以爲遼之天成縣。實兼有今縣西北部。而其故城則應在凉城之東界。惟歷來以衛當縣之説。行之已久。爰不惜詞費爲辨之如上。後之學者。倘更能推闡。以袪百世之疑。則尤善矣。

興和縣

戰國爲代國西北部。襄子滅代。地入趙。置延陵城。秦爲代郡北部。漢因之。置延陵、且如等縣。

東漢縣廢。地棄於外。漢末爲鮮卑所據。自魏晋以後。拓跋氏稱代稱魏。始終爲其所有。於縣南界置高柳縣。隸高柳郡。屬恒州。又於縣北界置柔玄鎮。及長川城。孝昌亂後。邊鎮悉廢。唐於縣南置榆林城。爲屯戍之地。五代地入於遼。置長青縣。今縣即其北境也。金置撫州鎮寧軍。領柔遠、威寧等縣。蓋柔遠爲今縣之東北境。而威寧則在西。與豐鎮各分其半者也。元改金撫州。置興和路。領高原、威寧等縣。明宣德中。嘗於唐舊戍置榆林縣。正統時廢。厥後爲蒙古駐牧。隸察罕小王子。清初分處察哈爾部眾。爲右翼黄紅二旗及牧廠區。雍正十二年。於新平口邊外地名高廟子。設立豐川衛。隸大同府。乾隆十五年。設豐鎮廳於得勝口外。遂以地屬於廳。光緒十年。廳隸歸綏道。二十九年。以墾地日廣。乃析豐鎮東境。於距廳一百八十里之二道河鎮。別置興和廳。以山西太原府同知移駐之。仍定爲撫民同知。加理事銜。民國元年。改縣設知事。三年。劃屬察哈爾特別區。十八年。綏遠改省。始共綏東五縣。還隸於綏。而全省疆域實以本縣爲最東一邑云。

水經註。濼水又東。左得于延水口。水出塞外柔玄鎮西。長川城南小山。山海經曰。梁渠之山。無草木。多金玉。修水出焉。東南流逕且如縣故城南。應劭曰。當城西北四十里有且如城。故縣也。地理志曰。中部都尉治。于延水出縣北塞外。即修水焉。又東右合延鄉水。水出縣西山。東逕延陵縣故城北。地理風俗記曰。當城西北有延陵鄉。故縣也。俗指爲琦城。

清一統志。延陵舊城在察哈爾正黄旗地。漢置縣。屬代郡。後漢省。又且如舊城在旗東南。漢置縣。屬代郡。爲中部都尉治。後漢省。魏書太宗紀。神瑞二年。幸沮洳城。又柔元(清時避祖玄燁諱。稱柔玄鎮爲柔元)建鎮。鎮城在旗東南。後魏太和中置。爲六鎮之一。又長川城在旗東南。魏書。始祖率所部。北居長川。天興二年。分命諸將襲高車。常山王遵從東道出長川。又威寧舊縣在旗西南八十里。

方輿紀要。延陵城在大同府東北塞外。戰國時趙邑也。史記趙世家。孝成王十八年。延陵君率師從信平君廉頗助魏攻燕。即此。漢置延陵縣屬代郡。後漢廢。又榆林城在府東北邊外。或云唐時戍守處。謂之黑榆林。五代唐末。契丹嘗駐牧於此。明宣德間。亦嘗於此置榆林縣。正統時廢。俗呼爲榆林舊縣。邊防考。榆林城在陽和衛新平堡三十里。

大同府志。于延水即今東洋河也。由察哈爾正黄旗五禄户灘發源。南逕八戒窑、黑土臺。屈而東。逕碾房窑。謂之二道河。又曰。察哈爾正黄、正紅旗游牧地。其毗連民地者爲太僕寺牧廠。雍正三年。以土地間曠。招民墾種。歸爲直隸張家口理事同知管理。十三年。經山西巡撫覺羅石麟奏准。於新平口邊外地名高廟子。設立豐川衛。隸大同府。乾隆十五年。改設豐鎮廳。以大同府分防陽高通判移駐。二十一年。改爲旗缺。三十三年。改設同知。

案興和縣在清代未分廳以前。本爲豐鎮東部地。僅設二道河巡檢一員。其地位既遠遜於廳。故山西通志、大同府志以及豐鎮廳志所述疆域沿革。大抵皆詳於西而略於東。蓋其處境使然也。今考水經、紀要、統志所載。縣境川源城邑之蹟頗多。乃諗縣於古代。其地位衝要。固不在豐、凉兩邑下也。按舊説僅以縣之西南毗連豐鎮處。爲漢且如縣故地。餘皆視爲漢塞以外荒遠之地。此皆明代以後著書者。囿於明築之邊墻。往往謬以明邊當秦塞。雖有博通之士。能心知其故。然古蹟既不可尋。而傳説雷同。亦遂不能不於無意中受其迷誤耳。實則漢縣之突出明邊以外者。固不止且如一邑。如漢之參合縣。依舊志本在大同東北八十里。或作百里。其北境有蟠羊山。而此山在今邊墻外豐鎮縣東南界。若就地形揆之。漢時既無明邊之隔。則參合縣此與魏參合縣之在今凉城者不同轄境應兼得今豐鎮縣東南部。或更稍跨今興和縣之西南部。自參合轄地以北爲且如。且如以北似尚有延陵縣。依酈註所引應劭語。謂且如在當城西北四十里。而地理風俗志亦謂延陵城在當城西北。以此知且、延二城。其位置蓋爲南北列而非東西列矣。果如是。則興和縣西境既有向北伸出之漢縣。其東境似不應獨空。意縣之東南毗連山西陽高處。或尚兼有漢高柳之一隅。亦殊未可定也。惟參合、高柳其故城皆在今邊墻内。於是近世志乘。乃併其北端領域而亦縮入之。雖名蹟如蟠羊山。足爲漢縣領域明證者。均漠置弗道也。本條於此。不入正文而附識於末。蓋以舊説相因。積重難反。姑存此意。以爲考邊地沿革者另備一説耳。

集寧縣

戰國初爲胡地。武靈王取山南地入趙。並築長城以限内外。秦爲雲中東北境。漢析雲中置定襄郡。又置屬縣武要於今縣之西南部。其東部及東南部毗連代郡延陵、且如之各一隅。其南界則與雁門郡接壤。就形勢論。此蓋定襄、雁門、代三郡交會處。後漢郡治南移。而北邊屬縣悉省。迨漢末地更荒棄。無城郭建置可考。魏甘露以後。拓跋氏據有濡源以西。陘嶺以北之地。晋太康中。拓跋猗㐌統部居漢參合陂北。今縣當爲所統中部北界地。其後北魏於漠南沿邊置六鎮。而以今縣北部隸撫冥。其南境則以屬諸凉城郡之旋鴻縣。此蓋與豐鎮縣西北部共有之也。隋爲突厥沙鉢略可汗所治都金山之東境。唐則桑乾都督府之北境。五代時。地悉入於遼。遼所置邊地州縣。以天成縣爲最北。故遼志謂爲極塞。而今縣殆又爲天成北部屬地。亦西京大同府領域也。金沿撫冥舊稱。改置撫州。今縣即撫州所屬集寧縣。兼得威寧縣之西北隅。元省撫州。而以今縣置集寧路。集寧本下路。僅領一縣。亦曰集寧。其東界接興和路屬地。南及西界接大同路屬地。而西北則與凈州路相連。蓋元之下路轄境。往往有小於上路所屬之一州者。如以集寧路與大同路屬之豐州比。即其明證也。明代劃邊爲守。自拒墻堡以北。悉爲元裔小王子部駐牧之地。明史韃靼傳謂之察罕。清太宗既逐林丹汗。取察罕地。迨康熙中。復令其降部駐此。謂之察哈爾。乾隆中。於大同、朔平邊外。置豐鎮、寧遠二廳。今縣東西境。遂分隸爲兩廳轄地。其由府屬而轉隸於歸綏道。皆詳豐、凉二縣沿革中。民國十年。綏東四縣尚爲察區屬邑。乃析豐、凉二縣北境之大部。益以興和、陶林之各一隅。合之爲一。而立平泉設治局。因其治處舊稱平地泉。遂即資以爲名焉。明年改縣。又以平泉與他省屬邑同名。爰稽諸古而易稱曰集寧。厥後隨四縣還隸於綏。因統謂之綏東五縣云。

漢地理志。定襄郡武要。莽曰厭胡。

魏書帝紀。天賜三年八月。幸豺山宫。遂至青牛山。丙辰。西登武要北原。觀九十九泉。造石亭。遂之石漠。九月甲戌朔。幸漠南鹽池。壬午。至漠中觀天鹽池。度漠北之吐鹽池。癸巳。南還長川。

方輿紀要。武要城在大同府北。漢縣。屬定襄郡。東部都尉治此。後漢末廢。志云。武要西北即石漠矣。蓋極塞也。又撫冥鎮。胡氏曰。當在武川、柔元之間。魏六鎮之一也。宋元徽元年。柔然侵魏。柔元鎮二部勅勒應之。魏太和十八年。如撫冥鎮。遂東至柔元是也。

案集寧縣境。位於烏盟與察哈爾右翼接壤處。地近荒寒。去邊較遠。自戰國以來。歷代州郡建置之可稽者。僅定襄郡之武要縣城。置於今縣轄境之西南部。依地勢推測。今之所謂恢騰梁。大抵即古所謂武要北原也。蓋此梁自南望之。則爲平地突起。巍然雄峻之高山。但一陟其巔。則又見北向平蕪。曠莽無既。且氣温陡降。寒風習習。視梁下有葛裘立異之象。蒙古語謂冷曰恢騰。亦正因此地氣候之特異名之耳。此梁東西横亘數十里。其右端直達陶林縣境。名雖似山。而實爲邊地真切之高原。證以古人武要北原之語。則知漢之武要故城。固應在此梁南麓下也。漢以後。州郡建置之可勉爲指數者。亦僅有後魏之撫冥。金元撫州、集寧等蹟而已。惟依魏書紀傳所載。似今縣亦當時邊防極要之區。如本條所引道武帝天賜三年游幸所歷。大都去今縣甚近。若豺山在豐鎮界。武要北原在縣界。九十九泉在陶、凉二縣毗連處。石漠在西北。長川在興和。而道武經行之路。亦不難依此而得其概。蓋即自豐鎮向西北。復自縣東北折而南歸耳。惜道武之世。國猶草創。故於北邊建置。仍無幾微可述。其後雖嘗置鎮。然不久亦廢。此與金元之置州路。統縣邑。而卒無詳確之規模。足資後人考證者。亦復何異乎。復次。元代有直隸大同路之平地縣。方輿紀要謂在大同府西北五百里。而不能實指其處。山西通志謂在和林縣境。嘉慶重修清一統志則謂在察哈爾右翼鑲藍旗界。諸説紛紜。莫衷一是。揆紀要五百里一語。在顧氏亦未必有何確據。其意蓋以平地縣嘗一度隸豐州。計其去豐必非甚遠。故不妨以大同之距豐州者。姑約爲距平地之數。山西通志遂依其説而置諸和林。此皆偏重推測之過也。然通志雖用顧氏説。而又不能無疑。於是復引紀要東有石碌山語而案云。今歸化城西四十里有石碌山。似平地故城。當在歸化城迤西矣。通志之疑紀要。固甚是。惟其由和林而移之歸化以西。則仍囿於五百里一語。而未能盡祛其蔽耳。良以元大同路爲上路。其所領有八州五縣之多。且所屬諸州。皆置於全路沿邊之四周。而直隸之五縣。則皆包於諸州環拱之内。而圍繞於路治之縣。其去大同但能較州爲近。而斷不能較州爲更遠。今試舉直屬五縣之四爲證。如大同縣即大同路首邑。其轄境應即以附郭各地爲限。亦即與路治爲同區。此殆毫無疑也。其餘三縣。如懷仁位於南。白登處於東。宣寧直其西。皆密邇大同。別無一州隔於中。顧以平地縣置於五百里外。並隔於豐州之西。使大同路治北面。空無建置。豈理也哉。故綜覈上述情勢。知元代直隸大同路之平地縣。其故治應在路治之北。而其去大同亦大抵與其它三縣相髣髴。即近者如白登、懷仁皆百餘里。遠者如宣寧二百里内外而已。誠如是。則重修一統志斷爲在察哈爾右翼境内之説。固確乎可以據爲定論矣。或謂大同路直屬五縣。依東西南北中五方各置一縣。因推定平地故治應在路治之北。論理論勢。固皆是矣。然又何以解於東有石碌山。及嘗一度隸豐州之説乎。蓋方輿紀要、山西通志所以謂其去大同五百里。及所以列諸和林、歸化等地者。其惟一之論據。即以平地曾隸屬於豐州故。今若於此點不能揭其誤而解其惑。而遽謂平地爲大同路北面屬縣。亦猶是憑空臆測。仍未足爲翻案定論也。曰紀要、通志之致誤。正以未審豐州領域曩曾遠屆何處耳。彼以爲豐州故城既在歸化城東五十里之白塔村。則所屬縣治。最遠當不逾歸、和二邑之界。此蓋因遼代富民、振武而推同屬之平地。則置諸和林之北或歸化之西。寧得謂爲尚有舛謬乎。殊不知遼金以來之豐州。非第南北二部所轄甚長。（净州路未分以前。共轄境亦隸豐州。）即其東部亦且遠跨今涼城、陶林二縣之大半。所謂漢武要北原之西南地。亦同在豐州管轄之内也。考遼史地理志述豐州古蹟云。有大鹽濼、九十九泉、没越濼、古磧口、青塚。凡此諸名。足證豐州所領。固已遠屆九十九泉之東。與大同路北面屬地相毗連。然則平地縣以緊鄰之故。嘗於元初一度隸豐州。此本歷史中。州縣改屬。恒有之例。固不惟平地一邑爲爾也。至於石碌之蹟。金史地理志云。大同宣寧有石碌山。明一統志云。石碌山在大同府西北。舊平地縣東四十里。依此二説推之。知金無平地縣。故以山屬之宣寧。明統志因元有平地之設。遂又以山屬之平地。總之。山在大同之西北。而平地故城又在山之正西。宣寧之東北也。以上所引。均爲平地在今察哈爾右翼之明證。而其確切之故址。亦即今集寧縣南二十里之老平地泉也。其地今屬豐鎮縣管轄。惟集寧當設治之初。本沿用老平地泉名。而簡稱曰平泉設治局。迨平泉改集寧縣而分割界址時。其鄰邑如凉城、陶林、興和等縣。皆不欲多割領地。而豐鎮縣於老平地泉之析出。尤多方力争。蓋因其土質腴而産糧豐。故不忍棄沃壤而自瘠也。然苟以縣治距離論。則平地之去集寧。實較去豐鎮爲尤近耳。按舊元史地理志稱。平地縣本名平地梟。清一統志、方輿紀要並同。惟柯氏新元史地理志始疑梟字不類地名。乃改云本名平地寨。實則梟即泉之譌。今人於平地泉三字上復冠以老。是知民間此稱。其來已久。舊傳史志固以脱刓而致誤。即柯氏新史。亦猶未能解其結也。意元代建置。自豐鎮以南爲大同縣境。自豐鎮以北至今縣之東南界爲平地縣境。再北則集寧路與集寧縣。其故城及孔廟廢址。迄今存在。可爲明證。再西爲豐州東界。其西南即宣寧縣領域矣。如此推勘。不獨大同路直屬五縣。皆已各得其所。即平地縣嘗隸豐州之謎。亦可迎刃而解。爰附此説。以爲好古者復考之一助焉。

陶林縣

戰國至秦。北部爲徼外匈奴地。南部隸雲中。漢因之。置陶林縣。仍爲雲中郡東部轄境。東漢縣省。地復入於匈奴。魏晋間爲鮮卑拓跋氏所據。後建六鎮於北邊。以防蠕蠕。今縣蓋撫冥西南。武川東南。二鎮接界之邊内地也。其南部或兼隸後魏凉城郡。北齊無建置。至隋遂棄於外。是爲突厥沙鉢略可汗所治都斤山之北境。唐初。雖析頡利故地爲左右部。置雲中、桑乾等都督府。然府既僑治於朔方。而所統胡州。又悉以番語名。其本治所在。並不可考。若以雲中、桑乾原址爲準。則今縣應爲雲中府之東北界。桑乾府之北界。亦即單于大都護府所統極塞之地也。五代入遼。爲豐州富民縣東部地。金因之。元以東部隸偏南之集寧路。以中部隸偏北之净州路。其西南一隅。仍屬豐州。隸大同路。明初。爲南北交争之區。宣德以後。委爲大同邊外地。蒙古察罕右翼諸部遂分踞之。清初。察哈爾降衆自義州移牧於此。仍編爲右翼。分四旗。今縣即紅、藍二旗北境。乾隆間。設口外道廳。於是以縣地劃隸於歸綏道屬之寧遠廳。光緒二十九年。山西巡撫廷斌奏准以寧遠廳治東北三百六十里之科布爾。析置陶林廳。即今縣治也。初設撫民通判。加理事銜。民國元年改縣。仍名陶林。設知事。三年。改隸察區。十年析縣屬東南一部地界集寧。自此縣域遂成蜂腰狀。十八年。綏區升爲省。縣仍還隸於綏。

漢地理志。雲中郡陶林縣。東部都尉治。

案陶林一作陶陵。清一統志、方輿紀要所載。視漢志初未加詳。僅於原文下加後漢省三字而已。是以近人所著諸志乘。皆不能於陶林沿革别有發明。蓋非不欲發明也。特以地連石漠。自古以窮邊目之。除元代以净州爲趙王封地。略爲縣境添一史實外。前此諸朝。殆無一更顯明之事蹟可稽。以如是僻壤。彼考古者雖欲殫力精研。亦將何所資以爲發明之具乎。按漢初所置邊郡屬縣。至王莽時每多另立新名。其未易名者。或併、或省。或已棄於匈奴。如陶林、犢和。即在未標異名之數。意逮莽世。此等去郡極遠又有陰山阻隔之僻縣。或已不存。後世志乘。並以後漢省一語釋之者。此不過與近邊諸縣統括言之耳。實則自漢之衰。南匈奴迫處塞下。其遺蹟之不可問久矣。不必待建武以後。始爲遠縣省廢之肇端也。據採訪録及新印縣疆域圖並云縣之四境有古代所遺廢壕塹甚多。土城廢址亦不下二三處。惟以歷代建置沿革不能詳。遂亦不能確知此類陳蹟。究爲何代所遺耳。考新舊元史、蒙兀兒史記、元秘史。及近人馮承鈞氏所輯成吉思汗傳等書。皆謂元太祖初伐金。破塔塔部。踰界壕。蓋塔塔部自耶律、完顔二氏以來。世世爲遼金兩朝任保邊。其所守界壕。在大漠以南。今縣所存壕塹遺蹟。如東西壕塹。大小北壕塹。西境地名曰壕塹上者。其廢塹且西向伸入於武川界。又縣東曰東壕塹者。亦横亘東向而伸入於集寧界。此外如小東小南等壕塹。層疊分布。殆不可以一二數。夫壕塹既如是之繁。則古代必有一期以此地爲屯戍斥堠之衝。而其事蹟之顯然見於史册者。又不得不以塔塔部爲遼金守邊一節爲最近實。蓋此塹緣大漠南界。東西綿亘甚遠。遼金築此。以防蒙古諸部之侵襲。塹之内外沿邊。皆爲塔塔人駐牧防秋之區。塔塔以南始置州縣。洎乎元既滅金。奄有漠南。遂合界壕内外之地。而置净州、德寧、集寧、沙井諸府路。然則今縣當遼金之世。雖無名城鉅邑爲文獻生色。顧其於國防得失之所關。較他方名城鉅邑。反十百倍而過之矣。

武川縣

自戰國趙循陰山築長城。迄於秦漢。皆以山北爲徼外地。歷稱匈奴族牧獵之場。逮後魏始於漠南置武川鎮。謂之雲中北境。隸朔州。破六韓拔陵亂後。州鎮徙廢。地亦荒棄。爲諸胡搶攘之區。唐初。兵力雖嘗踰陰山。遠届於瀚海。置都護、都督等府。以資控制。然不久亦棄。僅以山南單于大都護遥領。謂爲單于府北境而已。五代、遼置豐州。兼領山北地。隸西京道。金析置净州。領天山縣。爲豐州支郡。隸西京路。元以净州爲下路。仍領天山縣。又析其南部。置沙井總管府。沙、净及德寧並爲駙馬趙王食邑。今縣南境與歸綏連界處。有元置甸城廢址。古名白道谷。今稱蜈蚣壩溝。爲歸、武二縣交通孔道者。元則謂之甸城路也。明爲蒙古諳達北部地。清初。劃分各旗。遂爲西土默特及烏盟四子部與喀爾喀右翼等三旗設立界堆分牧之地。乾隆間。設口外各廳。以山後已墾之地隸歸化廳。光緒二十九年。始析可鎮置武川廳。設撫民同知。加理事銜。原擬本奏請以歸化廳治北二百十里之翁衮故城爲新廳治。嗣以僻遠。始復位於可鎮。蒙語謂之可可依力更也。民國元年。改縣設知事。今稱縣長。與他縣同。

水經註。白道中溪水。發源武川北塞中。其南流逕武川鎮城。城以景明中築。以禦北狄矣。

元和志。魏武川鎮城。今名黑城。在東受降城北三百里。

通典。後魏六鎮並在馬邑、雲中單于府界。其武川鎮在白道中溪水上。隋書。宇文述。代郡武川人。後或廢鎮爲縣也。

方輿紀要。武川城在大同府北塞外。魏六鎮之一也。北史。魏主燾破蠕蠕。列置降人於漠南。東至蠕源。西暨五原陰山。竟三千里。分爲六鎮。太和十八年。魏主如武川鎮。正光四年。沃野鎮民破六韓拔陵叛。其黨衛可孤圍武川鎮。六年。柔然阿那瓌爲魏討拔陵。自武川西沃野。屢破其兵是也。又净州城在大同府西北。金大定中置。治天山縣。元因之。曰净州路。明初廢。又沙井城亦在府西北。金人置沙井總管府。領沙井一縣。元曰沙井路。明初廢。今其地有沙井。外有界壕。

重修清一統志。按舊净州在昌州之西。豐州之北。其地當在四子王旗西北。與喀爾喀右翼旗接界處。

案北魏武川鎮遺蹟。以年代湮遠。已無基址可尋。然依六鎮次第。自西向東計之。則狼山以北爲沃野。固陽轄境爲懷朔。其次武川。亦自應在今縣北界内。若依水經註白道中溪水源流所逕覈之。其故城殆去今縣治並非甚遠也。（中溪水即今畢鎮水磨溝中水。董氏校水經註。以爲即茂明安旗克魯倫必拉水。不足據。）至於沙井故城。方輿紀要以爲金置總管府。元改爲路。未知何據。今考金史及新舊元史地理志。皆與顧氏此説不合。蓋金史僅有析豐州北境置淨州。領天山之文。初未見有别置沙井總管府之説。而新舊元史又僅列沙井爲總管府。更未見有改路之蹟。然則紀要所述。殆誤以元制爲金制矣。惟據元耶律楚材湛然居士集。其從太祖西征時。有過沙井城贈耶律子春詩。今武川縣治東北地名王墓梁處。尚有子春遺塚。其爲元沙井故地。當可無疑。第爾時元方初起。府路諸制。猶未確定。是以楚材集中不稱府。亦不稱路。但呼曰沙井城。此城蓋金人所築。元初沿用舊名。仍以沙井城稱之。其後劃分府路。始改稱曰總管府。由此觀之。則紀要所謂金置府、元改路之説。雖顛倒妄增不足信。而城之肇建於金。以湛然集證之。固亦未可厚非也。

固陽縣

戰國至秦。爲九原徼外地。匈奴居之。秦既使蒙恬北逐匈奴。遂以南部近陰山處爲北假。今縣之西境。殆即北假之東半也。楚漢之際。地復入於匈奴。逮漢武帝大發兵擊胡。乃又於其地築城置塞。列亭障。以爲五原北境。最著有光禄城。亦曰光禄塞。在今縣界。後魏於此置懷朔鎮。嗣更朔州。孝昌中爲寇亂所毀。不更置。唐初。地屬燕然都護府。其後改瀚海都護府。又改安北都護府。山北之地仍並隸焉。唐中葉後。回鶻侵突厥而有其地。五代入於遼。以東部爲東勝州境。自此以西别屬雲内州並隸西京道。金因之。隸西京路。元改東勝、雲内爲下州。仍領山北地。隸大同路。明爲蒙古地。清初。封建内蒙古諸藩。遂劃爲茂明安及烏喇特後旗游牧地。乾隆中。以墾地屬薩拉齊廳。隸歸綏道。民國元年。薩廳改縣。而兼轄山後地如故。八年。始别以其地置固陽設治局。十五年一月改縣。仍稱固陽云。

史記秦始皇本紀。三十三年。使蒙恬將十萬衆北擊胡。據陽山北假中。注、北假北方田官。主以田假與貧人。故云北假。

漢書匈奴傳。太初三年。光禄勳徐自爲出五原塞數百里。遠者千里。築城障列亭至盧朐。甘露三年。呼韓邪單于朝漢。自請居留光禄塞下。註、師古曰。徐自爲所築者也。又地理志。北出石門障。得光禄城。又西北得支就城。又西北得頭曼城。又西北得虖河城。又西北得宿虜城。

魏書高祖紀。太和十八年八月癸丑。幸懷朔鎮。己未。幸武川鎮。辛酉。幸撫冥鎮。(壬)〔甲〕子。幸柔元鎮。又地形志。朔州本漢五原郡。延和二年置鎮。後改懷朔。孝昌中改爲州。後陷。

水經註。北假地名。自高闕以東夾山帶河。陽山以西皆北假也。又曰。出石門山。西北趨光禄城。甘露三年。呼韓邪單于還。詔遣長樂衛尉高昌侯董忠、車騎都尉韓昌等。將萬六千騎送單于。居幕南。保光禄。徐自爲所築城也。故城得其名矣。城東北即懷朔鎮城也。

重修清一統志。北假在烏喇特旗西北。光禄塞在古稒陽縣北。懷朔鎮城在旗東北。唐安北都護府在旗西。本燕然都護府。唐書地理志。龍朔三年爲瀚海都督府。總章二年更名。

案今縣之稱固陽。蓋依古稒陽而爲名也。惟古之稒陽。依水經註所述。皆在陰山以南黄河北岸且有城與縣之別。其城亦稱塞。應在今包頭縣轄境內。此縣塞二蹟。與今固陽之特置於陰山以北者。殆難相符。故今縣沿革中。僅能溯及有關之光禄、懷朔等城。而於藉以取名之稒陽。反不能濫入也。至於唐之安北都護府。其遷治易名。前後幾不下十數次。一統志云。遷治者十。易名者六。故亦不能確指其舊治究在今縣之何處。然依杜氏通典所述。南北轄界。謂南至朔方八百里。北至回紇界七百里。乃知今縣雖未必即爲都護府駐治之所。而縣屬全境則固悉在其領域之内矣。考魏書太祖紀。登國六年。劉衛辰遣子直力鞮出稒陽塞。侵及黑城。若以地勢揆之。則此黑城亦似應在今縣界。惟遺蹟不存。其方望亦遂無從究詰耳。

包頭縣

戰國趙九原中部地。秦因之。漢置稒陽縣。在今縣東。又置臨沃、九原、宜梁等縣於縣治西。又置河陰縣於縣屬黃河之南岸。並隸五原郡。蓋漢武帝元朔二年。改九原郡爲五原也。王莽時改立新名。別稱郡曰獲降。稒陽曰固陰。臨沃曰振武。九原曰成平。後漢建武以來。南匈奴入居五原塞。緣邊屬縣多廢徙。魏晉之際。鮮卑拓跋氏與河西匈奴劉氏跨河爭地。常以稒陽塞、金津等地爲出入交侵之地。北魏太和中。置北邊六鎮。以今縣爲懷朔鎮南部轄境。隋初。嘗置大同城於極塞之大同川。領九原以北諸部地。後築壍於河南岸。遂棄舊地於外。唐築中受降城於今縣西。嘗爲安北都護府及天德節度治所。唐末爲雲中守捉使所領西部地。五代入於遼。置雲內州。治柔服縣。隸西京道。金因之。隸西京路。元省柔服及司侯司。以雲內爲下州。隸大同路。明洪武初。州廢。後遂爲蒙古所踞。清乾隆初。設薩拉齊廳。今縣及五原之地皆屬之。光緒二十九年。既以後套地析置五原廳。而今縣之隸薩如故。民國十二年五月。始更析今縣。置包頭設治局。十五年一月升爲縣。

水經註。河水又東。逕宜梁縣之故城南。闞駰曰。五原西南六十里。今世謂之石崖城。河水又東。逕稒陽城南。案此城即稒陽塞。非稒陽縣也。東部都尉治。又逕河陰縣故城北。又東逕九原縣故城南。秦始皇置九原郡治此。又東過臨沃縣南。王莽之振武也。河水又東流。石門水南注之。水出石門障。自障東南流。逕臨沃城東。東南注於河。河水又東。逕稒陽縣故城南。王莽之固陰也。

魏書。道武帝登國六年。劉衛辰遣子直力鞮出稒陽塞。侵及黑城。九月帝襲五原。屠之。於稒陽塞北樹碑記功。十一月直力鞮寇南部。車駕出討。大破之。戊子。自五原金津南渡河。次其所居悅跋城。擒直力鞮。九年。帝使元儀屯田於河北五原。至於稒陽塞外。

重修清一統志。九原舊城在烏喇特旗。史記趙世家。武靈王攘地至雲中、九原。秦始皇本紀。除道。道九原抵雲陽。漢書武帝紀。元朔二年。置五原郡。地理志。五原郡治九原縣。後漢書光武帝紀。建武二十年。省五原郡。徙其吏人置河東。元和志。敬本故城在中受降城北四十里。賈耽古今述曰。以地理求之。前代九原郡城也。按九原舊城在漢朔方之東北。雲中之西。今套北黃河東流處也。隋唐豐州雖亦名九原、五原。乃漢朔方郡地。括地志謂勝州連谷縣。本秦九原郡。明統志謂在陝西神木縣。皆誤。又臨沃舊城在九原舊城東。宜梁舊城在九原舊城西。皆漢置。屬五原郡。又稒陽舊城在九原舊城東北。史記魏世家。惠王十九年。築長城。塞稒陽。註、正義曰。按魏築長城。自鄭濱洛。北達銀州。至勝州。稒陽縣爲塞也。地理志。五原郡東部都尉治稒陽。按稒陽在五原郡東北。近雲中郡。

案包頭本由薩縣析出。其東境自沙爾沁溝與薩縣分界處。實相當於古雲中、五原二郡分界處。今包頭縣城西四十里許之昆都倫河。說者多謂即古石門水。若依水經註。石門水逕臨沃縣城東。東南注於河數語推之。則臨沃故城當在今昆都倫河西岸。而稒陽縣故城則在今縣治之東。清一統志謂其近雲中郡者。正以地形及酈註次第相合。且昆都倫溝。介於臨沃、稒陽二縣之間。故漢地理志述稒陽。則曰北出石門障。酈註言臨沃。則曰石門水逕其東。蓋以二縣皆近石門。並得藉以明其方望耳。自臨沃以西。先歷九原縣。是爲漢五原郡治所在處。計其去臨沃當在百里內。良以漢時邊郡。每郡所屬皆多至十餘縣。以綏遠全境論。不特視遼、金、元之置縣疎闊者多至數十倍。即較今日省轄諸縣局。亦且多踰三四倍矣。是以今之一縣。往往能括漢代三四縣。一則古縣之相去。其能超乎百里者殆鮮。自九原以西爲稒陽城。即稒陽塞。此與上述石門水以東之稒陽縣。別爲一地。故舊本水經註或訛作副陽也。自稒陽塞以西爲宜梁縣。此當去烏喇特西公旗府即地名西山嘴處爲近。其地有陰山別枝。自東北向西南、盡其端於黃河之北岸。俗稱烏喇山。而謂其盡端曰西山嘴。此山嘴南去黃河不過數里。惟漸向東。則山河漸開。而地亦漸廣。凡九原、稒陽、宜梁暨唐代中受降諸故城。皆駢列於此段山河之間。酈氏所謂南面長河。北背連山。其稱述古代九原沃壤者。實即預爲今日包頭西部領域寫照也。況闞駰十三州志稱。宜梁爲石崖城。此與西山嘴以東之山勢雄奇。峯崖聳秀者。正復相似。則宜梁所在。斯亦其一證者。又今縣所屬黃河南岸地即漢河陰縣舊治處。計五原郡諸縣。惟此一縣在河南。其方位當北岸九原、宜梁二邑之間。爲今縣之西南方。遼嘗於河南置金肅州。雖未久爲西夏所取。意其故地或亦與此相近也。

五原縣

戰國趙九原西部地。秦仍屬九原郡。其境爲北假。漢置河目縣。隸五原郡。又於河南置朔方縣。隸朔方郡。後漢省。後魏初。以黄河與匈奴劉氏分界。不置州郡。仍以五原稱之。嗣於陰山以北置沃野鎮。案此與漢沃野縣。有河南山北之異。地當今縣北境。隋建大同城於北。而置豐州五原郡於南。蓋以大同爲極塞屯戍之地。而以豐州爲蕃漢撫戢之所也。唐爲中受降城轄境。隸天德軍節度兼安北都護。遼初。亦嘗隸天德軍。後天德遷於豐州。置代北雲朔招討司領之。旋以地屬雲内州。隸西京道。金因之。隸西京路。元以雲内爲下州。隸大同路。明入於蒙古。清初爲鄂爾多斯部與烏喇特旗連界處。乾隆時。置口外諸廳。遂爲薩拉齊廳西部轄地。惟彼時墾地極少。所謂管轄亦僅爲名義上之遥領而已。逮中葉以後。此方水利漸興。於是畎畝盡闢。而農民之生齒亦漸繁。光緒二十九年。山西巡撫奏請析薩屬大佘太地方置五原廳。嗣乃移治於隆興長。蓋視原擬設廳之地爲稍西矣。民國元年。改五原縣。計當時轄地東西數百里。統有後套全境。十四年後。東西各析出一部。爲臨河、安北設治地。遂減領域三之二。今其所屬。差與他縣相埒矣。

水經註。河水自臨河縣東逕陽山南。漢書註曰。陽山在河北。指此山也。東流逕石蹟阜西。是阜破石之文。悉有鹿馬之蹟。故納稱焉。南屈逕河目縣。在北假中。地名也。

遼地理志。雲内州開遠軍下節度。本中受降城地。遼初。置代北雲朔招討司。改雲内州。清寧初。升威塞軍。有古可敦城、大同川、天安軍、永濟栅、安樂戍、拂雲堆。兵事屬西南面招討司。

重修清一統志。中受降城在黄河北岸。唐景龍二年。張仁願築。本古拂雲祠地。元和志。中受降城本秦九原地。漢更名五原郡。開元十年。於此置安北大都護府。後又移徙。新唐書地理志。中受降城有拂雲堆祠。接靈州境。有關。元和九年置。又横塞軍本可敦城。天寶八載置。十二載廢。

案舊籍載中受降城。皆謂其地有拂雲堆祠。至於拂雲堆祠究何在。則考古者亦但知爲黄河北岸。秦漢九原、五原之故地而已。其果爲今日之何地。説者莫能加詳也。即以中受降與東西兩城距離論。元和志所載已前後不同。先謂去東城三百里。去西城（即天德軍原治）二百里。一云一百八十里。總計三城相去。衹在四百八十里至五百里之間。後乃謂三城相去各四百餘里。合之則八九百將近千里。此前後幾踰一倍。此將令後人何所適從乎。若依前。姑以臨河爲西受降。（今臨河即漢臨河地。）東行一百八十里或二百里。正在今五原縣界。則是中受降應在今縣轄境内矣。但若再東行三百里。乃僅入包頭縣界。苟謂東受降即在包頭境。無乃太偏西。不符史實乎。倘依後説。則西城在臨河。中城在包頭西。而東城入於托縣界。此與各四百餘里之數。固相符。然於今五原轄地。則稍稍相左矣。故本條衹謂今縣爲中受降城屬境。而不斷爲中受降城舊理也。蓋中受降之所在。依舊籍可想者。約有數端。一曰距東西二城各四百餘里。一曰建在黄河北岸。一曰其地有拂雲堆祠。一曰當秦九原郡地。一曰北去磧口三百里。按此數端推之。則中受降故址。亦應在包頭縣治以西及西山嘴以東一段近河地帶中。夫其與東西城相去。已如上述不必論。即其位居黄河北岸。亦已詳於包頭沿革案文中。無待於復贅。餘如九原郡故地。雖所括甚廣。不可以一隅限。然秦之九原郡。本治九原縣。漢雖改五原。而郡治未移。（漢五原郡。治九原而不治五原。）古籍所謂城在九原郡地。或指郡治附近而言。果爾。則其舊蹟亦正在此。即水經註宜梁、九原二故城所在處也。且宜梁既有石崖城之説。則其因山勢雄峻而得名可知矣。其地既有雄峻之山。則隋唐突厥族亦即因其峻而別以拂雲堆呼之。志地者沿用其名。實爲古代恒有之例。至於磧口一詞。本爲昔人用以誌通漢山道之語。故武要以北有磧口。白道以北有磧口。而中受降城以北之磧口。其意亦正相類。蓋自山前而達山北麓之谷口。往往可以見沙磧。不得其名。輒概以磧口稱之。今由西山嘴以東河岸。北踰陰山支脈。歷安北設治局境。而出陰山正脈之北麓。亦恰符三百里之數。然則置中受降於包頭西山嘴之間。足以盡契舊籍所誌諸端而不悖也。又況此地東去包頭。北去安北。西北去五原。其道里皆相若。則今之二縣一局轄境。固均在當日中城綰領之内。爰附考中城舊治於此。聊以明其疆域所屆焉。

臨河縣

戰國趙高闕山南九原西部地。秦因之。漢隸朔方郡。置臨河縣於黃河分流處。即北河之南。南河之北。亦即今縣治所在地也。又置臨戎廣牧於南河之南。並爲朔方郡屬邑。在今鄂爾多斯右翼後旗界。後漢省。後魏爲沃野鎮邊内地。隋嘗置大同城。防北邊。後亦棄不復守。唐築西受降城。隸天德軍。而軍之治處。常東西遷移無定居。故或治西城。或治中城。或治舊大同、永濟柵、山丹縣諸城。計其前後所徙。殆已遍歷今縣四境而無遺。遼初。取天德。以此爲西北極塞。與回鶻、西夏分界而守。其後疆輿西擴。乃以地屬雲内州。逮遼金交惡時。此方亦數數爲夏人侵襲。蓋地之西界與夏國嵬名部密邇相接。故伺隙輒爲所攘。元既滅夏。仍以地隸雲内。惟因南臨河套。元於河套未置州縣。終元代迄無名城鉅邑可稽。明初。嘗爲瓦剌所踞。後入於蒙古。清初。封建蒙旗。遂以河南爲鄂爾多斯右翼後旗地。河以北爲烏喇特中旗地。乾隆以後。遥隸於薩拉齊廳。光緒二十九年後。隸五原廳。民國改制。仍爲五原縣轄境。十四年六月。始自五原析出。別置臨河設治局。十八年十月升爲縣。沿稱臨河。用漢名也。

水經註。河水又屈而東流。爲北河。漢武帝元朔二年。大將軍衛青。絶梓嶺。梁北河是也。東逕高闕南。史記趙武靈王既襲胡服。自代并陰山下至高闕爲塞。漢元朔四年。衛青將十萬人。敗右賢王於高闕。即此處也。河水又東。逕臨河縣故城北。元朔三年。封代恭王子劉賢爲侯國。王莽之監河也。又南河上承西河。東逕臨戎縣故城北。又東逕臨河縣南。又東逕廣牧縣故城北。東部都尉治。王莽之鹽官也。

元和志。西受降城在豐州西北八十里。蓋漢朔方郡臨河縣舊理處。開元初。爲河水所壞。十年。總管張説於舊城東別置新城。

新唐書地理志。豐州有西受降城。開元十年。總管張説於舊城東別置新城。北三百里有鸊鵜泉。景龍二年。張仁愿築。

重修清一統志。唐天德軍城在烏喇特旗西北。中受降城西北二百里。天寶中置。元和志。天德軍舊理在西受降城。權置軍馬於永濟柵。元和九年。詔移理舊城。又舊大同城亦在旗西北舊天德軍城西南三里。隋時所築。隋書長孫晟傳。開皇十九年。染干因晟奏。雍虞閭作具。欲攻大同城。詔六總管分道出塞討之。即此。

案綏遠全境。自清季光緒二十九年迄於今日。新增各廳邑。每多沿用古代州郡縣鎮之名。然其所治。能與往古舊蹟相脗合者。當以臨河一邑爲稱首。蓋他縣得名。雖亦參證載籍。確乎有據。然究其極亦不過位於舊蹟轄境之內。或與之比鄰接界而已。獨臨河治處。若依山川形勢推之。殆無異踵漢縣之遺規。而爲邊城之再建也。良以縣北之五加河。即古北河之故道。隔五加河而位於縣北偏東之狼山口。即古高闕塞之天險。縣南黃河即古所謂南河。僅就此數端以與酈氏所述漢置臨河方望校。實無絲毫鑿枘者。此足見地界兩河之間。城扼狼山之衝。擇宜善處。古今人所慮。其得失固不甚相遠也。考明史瓦剌傳。瓦剌也先挾上皇至小黃河蘇武廟。所謂小黃河者即古北河。今五加河之異名。因其自南河正流分出。故稱之曰小。而所謂蘇武廟者。其故蹟當與高闕近。而在今縣界。蓋狼山口爲瓦剌部自西北入犯必經之隘。其挾英宗西來而暫駐於此。亦爲捷徑在邇。取便於遄歸計耳。清一統志載蘇武廟於烏喇特部古蹟中。誠不爲無見。乃張氏綏乘贅附於和林縣屬什拉烏素濠。謬甚。

東勝縣

戰國爲諸戎胡錯居地。趙武靈王雖攘地至雲中、九原。但僅限於河北山南一帶。未能併河套而兼之也。魏嘗得河西沿岸地。並築長城自守。然亦祇限於近河一線。皆與今縣轄地隔截不相屬。秦始皇三十二年。始發兵略取河南地。徙民實之。號新秦中。楚漢之際。仍爲匈奴所有。漢武帝元朔初。遣將軍衛青、李息等復取河南地。置朔方郡。隸并州。今縣蓋當漢朔方郡之東南。雲中郡之西南。五原郡之南。亦即上郡之北。而西河郡之西也。是以其四境所接。南有白土縣。隸上郡。東有美稷縣。隸西河。東北有沙南縣。隸雲中。北有河陰縣。隸五原。西北與渠搜縣相近。隸朔方。此可見今之一邑。適位於前漢五郡邊界交會處。漢末。郡縣多廢徙。而河南全境。遂漸爲南匈奴苗裔劉氏所分據。歷魏逮晉。殊無建置可述。永嘉亂後。又迭爲前後趙、前後秦所有。最後入於赫連氏。乃建都統萬。自稱夏國。傳二十餘年。爲後魏拓跋氏所滅。先改統萬爲鎮。嗣又改置東西夏州。今縣蓋在東夏州轄境內。隋初。嘗於河套東北置勝州。兼領河東西各地。今縣當勝州西南部。隋末。爲梁師都所據。唐平師都。仍置勝州。天寶初。析勝州南部置麟州。領以振武節度使。而統隸於關内道。唐末。拓跋思恭鎮此。其子孫遂割據。稱西夏。自五代歷宋遼金。始終爲夏人所有。所置諸州。宋史雖存其名。而方望已不可考。元既滅夏。初立西夏、中興等路。然不久輒廢。後遂分屬其地於東勝、雲内二州。及延安、寧夏等路。明初。城東勝州。並立屯戍。耕牧其内。天順間。突爲蒙古侵入。中葉以後。雖屢議復河套。然自曾銑被讒。而其議頓息。清順治中。劃分鄂爾多斯部蒙古諸旗。封額璘臣爲多羅郡王。世襲罔替。並賜復其先代濟農之號。以爲諸旗長。是爲鄂爾多斯左翼中旗。即俗稱郡王旗也。今縣轄地適爲左翼中旗及右翼前末旗牧地各一部。光緒三十年。始以其地置東勝廳。民國元年。改縣設知事。今仍之。

重修清一統志。白土舊城。在鄂爾多斯左翼中旗南。漢置。屬上郡。後漢因之。晉省。水經註。圁水出白土縣圁谷。東逕其縣南。括地志。白土故城在鹽池東北三百九十里。又代來城在左翼界內。晉書赫連勃勃載記。苻堅以衛辰爲單于。督攝河西諸部。屯代來城。通鑒。晉太元十六年。魏主珪自五原金津南濟河。逕入衛辰國。直抵其所居悦跋城。胡三省註。悦跋城即代來城也。

案今縣雖名東勝。而所治去古東勝州城尚遠。蓋遼金東勝在河東今托縣界。因當時河西爲西夏所有。故其領域不能遠届今縣境。惟逮元滅夏後。嘗以河套東部分隸於東勝。此則今縣與古東勝曾相聯屬之一期也。至於隋唐勝州故城。雖位於河西。然亦在套境之東北。即鄂爾多斯左翼前旗界。一統志作後旗。案後旗已偏西。不與托縣連界。惟前旗在東北。與今縣之兼跨郡、札兩旗地者。郡即郡王旗。爲左翼中旗。札即札薩克旗。爲右翼前末旗。相距尚數百里。是知今縣轄境內。不特無東勝州遺蹟。亦且非勝州舊治所寄也。惟去勝州略較去東勝爲近耳。大抵唐天寶以前。此地爲勝州所領之西南部。因隋唐以來。凡勝州榆林郡屬縣。皆在套境東北黄河兩岸近州處。故其西南部迄無城邑建設可考。至天寶元年。節度使王忠嗣始割勝州之西南部置麟州。以道理推之。今縣於唐。蓋先隸勝州而後屬麟州也。按寰宇記云。勝州西北至河十里。正東至河四十里。清一統志云。勝州在套内東北。瀕黄河屈南流處。此正鄂爾多斯左翼前旗與托縣隔河相望處。自此乘馬西南行三日餘。可至今縣城。元和志曰。勝州西南至麟州四百里。以此數與今日行程較。其距離亦正相若。然則今縣所在。縱非麟州舊治。計其遺蹟。要亦不能更在今縣轄境外矣。此誠縣疆域惟一可據之史實。較白土、悦跋二城爲尤足信焉。白土雖在中旗界。而旗地不盡屬於縣。悦跋雖在左旗界。而距河遠近不可考。

安北設治局

戰國爲九原中部地。秦因之。漢改五原郡。於稍北置五原縣。大致與今局治相近。於西南置西安陽縣。西安陽之東置成宜縣。皆近黄河。後漢郡縣並廢。後魏於東北塞外置懷朔鎮。於西北置沃野鎮。不久俱以亂廢。隋置大同城於山北。屯兵以護山南。其後退守河南。盡棄山前後地。於是豐州冒五原矣。唐初。隸瀚海都督。嗣屢改制。隸燕然及安北都護府。治中受降城。府舊領陰山一縣。後徙治天德軍。而軍治亦無常。要之視中受降為漸西矣。遼移天德軍於豐州後。初隸代北雲朔招討司。後乃以地屬雲内州。顧雲内領縣。多在州治東。今局位其西。殆以近塞無建置。金因之。元則更省縣司而降雲内爲下州。隸大同路。明初爲蒙古及瓦剌出入之地。後爲蒙古獨踞。清初封烏喇特三公旗。遂以爲三旗蒙衆永久駐牧之區。乾隆設歸綏道屬各廳。乃以墾地農民。劃隸薩拉齊同知管轄。光緒二十九年。原擬設五原廳於大佘太。即今局治所在地。嗣因西移隆興長。遂以局治爲五原東部轄境。民國元年。五原改縣。而隸屬如故。迨十四年五月。始析出五原東界地。並益以包頭固陽之各一隅。立安北設治局。蓋仍用前清駐治大佘太之初議。而實現其計劃也。惟設治之明年。即遭兵燹之災。繼以蝗旱頻仍。連歲不已。直至民國二十年。殘破流離之農村。始漸獲安戢。然甫經設治之地。而驟逢重疊奇慘之災。猶之乎初茁萌芽。而屢遭蹂躪。其繁榮滋長。自未易以旬日期矣。是以設治已踰十稔。而仍不得正式改縣。蓋後之五年。僅爲前五年將息計耳。繼今以往。苟生齒日繁。草萊日闢。農村裕而元氣充。則他年之安北。當不難躋爲綏西豐盛之縣也。

水經註。河水又東。逕西安陽縣故城南。王莽更之曰漳安矣。河水又東。逕田辟城南。地理志曰。故西部都尉治也。河水又東。逕成宜縣故城南。王莽更曰艾虜也。河水又東。逕原亭城南。闞駰十三州志曰。中部都尉治。

重修清一統志。成宜舊城在九原舊城西。漢書地理志。五原郡成宜。中部都尉治。原亭。西部都尉治。田辟。有鹽官。後漢書南匈奴傳。建武二十六年。遣中郎將段彬、副校尉王郁。使南單于。其庭去五原西部塞八十里。

案安北轄地。介在包頭、五原二縣之間。其西部與五原分界。自北而南。截然一線。界劃較爲整齊。惟東部與包頭分界則出入甚鉅。緣包頭西部轄地。循陰山別支及黃河天然之形勢。突向西南。如人坐而斜伸一足。橫亘於安北領域之前。依地形求之。漢之宜梁、稒陽塞、九原三故城。自西向東。沿黃河北岸。平列於此段地帶中。而漢五原縣故城。則位於其北。與宜梁、九原成品字形。而今局治所在。適居於斜出地帶之北。故知今局治即漢五原縣舊治。縱城址不必脗合。要其距離可以斷其不甚相遠也。今局治或在漢五原縣故城稍北處。考酈氏水經註。河水東逕宜梁縣故城南。又引闞駰十三州志曰。五原西南六十里。此足爲漢宜梁縣在漢五原縣西南之證。註又云。河水又東。逕九原縣故城南。下云西北接對一城。蓋五原縣之故城也。此又足爲漢九原縣在漢五原縣東南之證。有此二證。則漢宜梁、九原之位定。而漢五原之位。亦隨之而定矣。至於局屬西南境。爲漢置西安陽及成宜二縣地。惟西安陽最偏西而近河。或其舊治在今五原與安北分界處。亦未可知。因漢五原郡屬縣。在今包頭安北兩邑境內者。每邑不下三四縣。獨今五原僅得河目一縣。頗疑其不倫。故以爲苟非西安陽跨其界。依水經註西安陽故城在南北二河合流後之下游。先逕馬陰山。再逕西安陽城南。故此城不能任意西移也。則其他失考之縣。如曼柏、莫䵄、文國、武都、南興、蒲澤等。必有一二在今五原界內者。然其詳晰之方望。因載籍久湮。學者莫能爲之臆斷矣。又考唐之安北都護府。唐志謂開元二年治中受降城。十年徙河南。十二年徙天德。皆不出今前後套境。杜氏通典謂東至榆林二百五十里。既似在今薩縣轄境之河南岸矣。顧下又云西至九原三百五十里。則又似在今歸綏屬之西部者。既又云南至朔方八百里。此似在高闕、狼山以北。迫近大漠矣。乃下文又云北至回紇界七百里。復似在今安北、包頭一帶者。以一家之書而不能定一府之所在。又何怪紛紛衆說之不相容乎。舊唐志謂北至陰山七十里。至回紇界七百里。此與通典最後一說略相同。即與新唐志開元二年治中受降城之說。亦復相近似。然則唐之安北府。雖遷徙易名至十六次之多。要其大勢。仍以中受降城爲其領域適中處。果爾。則今之安北。正居其北部近城轄境内。雖城在包西界。固亦無礙於取名耳。

沃野設治局

戰國爲胡戎雜居地。秦先滅諸戎。以有北地、上郡。繼逐匈奴。盡得河南地。以爲新秦中。楚漢之際。復没於匈奴。漢武帝元朔初。復大出兵斥匈奴。再取河南地。因於上郡之北。置朔方郡。郡領沃野縣。在今局治北界外。今局雖亦名沃野。但僅與漢縣爲鄰。而非全襲其故地也。今局所轄。其中部實爲漢渾懷障。爲富平縣屬境。其南部爲漢方渠縣屬境。皆隸北地郡。漢末縣省。而地亦荒落。晋永嘉亂後。迭爲苻秦所據。義熙中。赫連勃勃崛起。奄有西河、朔方、上郡及河套以西漢北地之大部。國稱大夏。爰於局境河洲上置果城。號薄骨律。後魏滅夏。即以其地隸薄骨律鎮。太和中。又遷三齊之民於此。置歷城。後周嘗改歷城爲郡。隋廢爲廣閏縣。又於北境置靈武縣。唐初省。改於南境築定遠、羊馬等城。自唐末歷五代至遼金。河套全境久爲拓跋夏獨踞。夏人於今局界置省嵬城。而以南部隸定州。蓋沿唐定遠之名也。元翦夏。遂以隸寧夏路。明隸寧夏衛。清初名其地曰察罕托輝。因其宿爲蒙古駐牧。故以蒙語稱之。今謂之陶樂湖灘。雍正五年。嘗於南部置新渠縣。七年又於中部置寶豐縣。乾隆初皆廢。民國十九年。始立設治局。名沃野。轄地在鄂爾多斯右翼中旗界。今如故。

水經註。河水又北。逕富平縣故城西。秦置。北部都尉治縣城。王莽名郡爲威戎。縣曰持武。又北薄骨律鎮城。在河渚上。赫連果城也。桑果餘林。仍列洲上。但語出戎方。不究城名。訪諸耆舊。咸言故老宿彦云赫連之世。有駿馬死此。取馬色以爲邑號。故目城爲白口騮。韵之謬轉。遂仍今稱。

河。東北逕富平城。所在分裂。以溉田圃。北流入河。今無水。又東北逕渾懷障西。地理志。渾懷都尉治塞外者也。太和初。三齊平。徙歷下民居此。遂有歷城之名矣。河水又東北。歷石崖山西。

元和志。廢靈武城。在懷遠縣東北。隔河一百里。其城本蒙恬所築。古謂之渾懷障。

清一統志。靈武故城有三。一爲漢縣。在寧朔縣西北。地理志屬北地郡。一爲隋縣。即漢渾懷障。在今平羅縣東北。一爲唐縣。在靈州西北。即水經註所謂胡城也。又曰。定州故城。在平羅縣東南。即唐定遠城也。元和志。靈州有定遠城。在州東北二百里。漢北地郡方渠縣之地。先天二年。郭元振以西城遠闊。豐安勢孤。故置此城。募兵鎮之。其後信安王禕更築羊馬城。幅員十四里。景福元年。靈武節度使韓遵表爲州。寰宇記。今爲定遠鎮。管蕃部四。明統志。定州故城。在寧夏衛東北六十里。本唐定遠城。趙元昊改爲定州。元初廢。明屬寧夏衛。本朝雍正五年。置新渠縣。乾隆三年裁。又曰。寶豐故城。在平羅縣東北三十五里。漢北地郡渾懷都尉治地。隋書地理志。靈武縣。後周置建安縣。後又置歷城郡。開皇三年。郡廢。十八年。改建安爲廣閏。仁壽元年。改名焉。唐初徙廢。宋時屬夏國。夏人於此築省嵬城。在故城東省嵬山下。明屬寧夏衛。本朝初名其地曰查漢托護。雍正七年。置寶豐縣。乾隆三年裁。又曰。省嵬城。在平羅縣東北省嵬山下。去寧夏一百四十里。西夏所築。宋史夏國傳。國語謂惜爲嵬。其人多以嵬名。

案方輿紀要。謂後魏滅赫連夏。置統萬、沃野二鎮。以爲魏之沃野。即漢朔方郡之沃野。並謂唐志以魏沃野鎮在天德軍北六十里。似誤。實則唐志不誤。顧氏殊自誤耳。顧氏囿於漢朔郡沃野之名。遂有同名同地之成見。殊不知魏之沃野。乃在秦北假、漢五原郡界內。與漢之朔方故地無涉也。考魏書。沃野鎮民破六韓拔陵反。爲柔然所破。乃棄沃野南徙渡河。假使此鎮在朔方。則南已無黄河。安得云棄鎮南徙渡河乎。顧氏亦知引魏書此文。而不悟鎮在黄河北。則亦智者之一失也。又如酈註述薄骨律。不解其義。而姑隨俗以白口騮當之。亦謬。按名起於赫連。而赫連爲匈奴裔。依匈奴語。謂河爲剛勒。謂在爲白。此城名薄骨律。即白剛勒也。華語可譯作在河城。若作白口騮。則失之鑿矣。又省嵬山。當即局治北界公烏素濠北之山。亦即酈註之石崖山也。董氏校酈註。謂即阿爾布斯山。孫淵如謂山在平羅縣東。蓋合局治。西去平羅僅三十里云。

綏遠省各縣局疆域沿革表

朝代 / 縣別	歸綏縣
戰國	趙雲中屬地原陽。
秦	雲中郡之一部。
西漢	雲中郡之北輿、原陽、武泉等縣地。
東漢	雲中郡之北輿、原陽、武泉。
三國	荒廢。
晉	荒廢。
後魏	雲中鎮之白道與中川縣。
齊周	荒廢。
隋	雲州之原陽、北輿二鎮及定襄郡大利縣之北部。
唐	振武軍金河之北境。
五代	豐州富民縣。
宋遼金	金豐州富民縣天德總管府。
元	大同路之豐州。
明	豐州庫克忽洞。
清	歸化理事同知廳。

綏遠省各縣局疆域沿革表（續表）

朝代／縣別	薩拉齊縣
戰國	趙雲中西界地。
秦	雲中郡西界地。
西漢	雲中郡犢和、咸陽二縣及沙陵之北境。
東漢	荒廢。
三國	荒廢。
晉	荒廢。
後魏	懷朔鎮東南境塞泉城。朔州廣寧郡之轄境。
齊周	荒廢。
隋	雲州之油雲縣。
唐	置雲中守捉使。
五代	後唐置天德軍。
宋遼金	遼金雲內州及東勝州之河北屬境。金裕民縣、雲川縣。
元	大同路雲內州。
明	豐州之雲內縣。
清	薩拉齊理事廳。

綏遠省各縣局疆域沿革表（續表）

朝代＼縣別	托克托縣
戰國	趙雲中城。
秦	雲中郡。
西漢	雲中郡之雲中、楨陵、沙南、沙陵、陽壽等縣之各一部。
東漢	雲中郡之雲中、楨陵、沙南、沙陵等縣之各一部。
三國	雲中縣隸新興郡。
晉	廢徙。
後魏	雲中城與雲中宮所在地。
齊周	荒廢。
隋	陽壽縣、榆林郡、榆林縣、富昌縣、金河縣。
唐	雲中都護府。單于大都護府。東受降城綏遠烽。勝州榆林縣。
五代	遼東勝州。領榆林、河濱二縣。隸西京道。
宋遼金	金東勝縣。隸西京路。
元	東勝州。
明	左衛地。脫脫城。
清	托克托理事廳。

綏遠省各縣局疆域沿革表（續表）

朝代＼縣別	和林格爾縣
戰國	趙雲中屬地。
秦	雲中屬境。
西漢	定襄郡之成樂、定襄、武進三縣地。
東漢	雲中郡之成樂、定襄、武進三縣地。
三國	拓跋氏據。居盛樂。
晉	代北都。
後魏	雲中郡雲中鎮、朔州盛樂郡之歸順、還安二縣。雲中郡之延民、雲陽二縣。
齊周	北齊紫河鎮屬地。
隋	大利雲州總管府。定襄郡之大利縣。
唐	定襄都督府雲州及定襄縣、雲州都督府、單于大都護府金河縣。屬關內道。
五代	振武縣。
宋遼金	遼振武縣。金振武鎮。
元	隸大同路。
明	玉林衛。雲川衛。
清	和林格爾理事廳。

綏遠省各縣局疆域沿革表（續表）

朝代＼縣別	清水河縣
戰國	初爲林胡地。後屬趙。
秦	雲中郡。
西漢	定襄郡之桐過、駱、武成三縣。
東漢	郡徙治。縣隸如故。
三國	荒廢。
晉	同上。
後魏	代都畿內西部地。昆新城。尖山、樹頽二縣。屬神武郡。隸朔州。
北周	北齊隸北道行臺。
隋	紫河鎮屬地。
唐	河濱縣之轄境。唐隆鎮。
五代	遼寧邊州及德州宣德縣地。隸西京道。
宋遼金	金寧邊州倚郭寧邊縣。隸西京路。後改隸嵐州節度。
元	東勝與武川之屬地宣寧縣。隸大同路。
明	屬東勝五衛。
清	清水河理事廳。

綏遠省各縣局疆域沿革表（續表）

朝代＼縣別	涼城縣
戰國	趙地。
秦	雁門郡。
西漢	代國。雁門郡之沃陽、彊陰二縣及定襄郡之武皋、襄陰等縣地。
東漢	彊陰縣。
三國	別部鮮卑據有地。鮮卑拓跋氏奄有地。
晉	參合陂。
後魏	代都畿內田。參合縣、旋鴻縣屬涼城郡。
齊周	荒廢。
隋	突厥所據地。
唐	桑乾都督府。
五代	遼天成縣、宣德縣。
宋遼金	金宣寧縣。
元	宣寧縣直隸大同路。
明	宣德衛。大同邊地縣。
清	寧朔衛及懷遠所。寧遠廳。

綏遠省各縣局疆域沿革表(續表)

朝代 / 縣別	豐鎮縣
戰國	趙代北地。
秦	雁門郡與代郡接壤地。
西漢	代郡且如縣與雁門郡之彊陰縣之各一部。
東漢	廢棄。
三國	鮮卑族踞。
晋	同上。
後魏	畿内地隸司州。旋鴻縣之一部。永固縣。
齊周	荒廢。
隋	爲突厥所踞。
唐	雲中縣北境。
五代	遼奉義、天成等縣。隸大同府。
宋遼金	遼同上。金奉義鎮、威寧縣。隸撫州。
元	大同路宣寧縣之東境。興和路威寧縣之西南境。
明	大同邊外地。
清	豐川衛及寧鎮所。後改豐鎮廳。

綏遠省各縣局疆域沿革表（續表）

朝代＼縣別	興和縣
戰國	代國西北部。趙延陵城。
秦	代郡北部。
西漢	代郡之延陵、且如等縣。
東漢	廢棄。
三國	拓跋氏據有地。
晉	同上。
後魏	高柳縣隸恒州。柔玄鎮及長川城。
齊周	荒廢。
隋	同上。
唐	榆林城。
五代	遼長青鎮。
宋遼金	撫州震寧軍。領柔遠、威寧等縣。
元	興和路之高原、威寧等縣。
明	榆林縣。
清	察哈爾右翼黃旗。

綏遠省各縣局疆域沿革表（續表）

朝代／縣別	集寧縣
戰國	初爲胡地。趙取山南地。入趙。
秦	雲中郡東北境。
西漢	定襄郡武要縣。代郡延陵、且如二縣之各一隅。
東漢	邊縣悉省。
三國	拓跋氏據有地。
晉	跋拓猗㐌所統中部北界地。
後魏	撫冥鎮、凉城郡、旋鴻縣之一部。
齊周	荒棄。
隋	突厥沙鉢略可汗所治都斤山之東境。
唐	桑乾都督府之北境。
五代	遼天成縣之北界地。隸西京之大同府。
宋遼金	金撫州所屬集寧縣及威寧縣之西北隅。
元	集寧路之集寧縣。
明	察罕。
清	察哈爾地。

綏遠省各縣局疆域沿革表（續表）

朝代＼縣別	陶林縣
戰國	徼外匈奴地及雲州之東隅。
秦	同上。
西漢	雲中郡之陶林縣境。
東漢	縣省。地入匈奴。
三國	鮮卑拓跋氏據有地。
晉	同上。
後魏	撫冥鎮之西南部。武川鎮之東南部。
齊周	荒廢。
隋	都斤山之北境。
唐	雲中都督府之東北界。桑乾都督府之北地。
五代	遼豐州富民縣東北界。
宋遼金	金豐州富民縣東北地。
元	集寧、德寧二路及豐州屬地之各一部。
明	大同邊外地。蒙古察罕右翼諸部據之。
清	察哈爾右翼紅藍二旗北境、寧遠廳之屬境陶林縣。

綏遠省各縣局疆域沿革表（續表）

朝代＼縣別	武川縣
戰國	徼外地。匈奴族牧獵之場。
秦	同上。
西漢	同上。
東漢	同上。
三國	同上。
晋	同上。
後魏	雲中北境武川鎮。隸朔州。
齊周	荒廢。
隋	同上。
唐	瀚海都護府、都督府、單于府北境。
五代	遼豐州。兼領山北地。隸西京道。
宋遼金	遼同上。金净州。領天山縣。爲豐州支郡。隸西京路。
元	净州路領天山縣。沙井總管府。
明	蒙古諳達北部地。
清	西土默特與烏盟四子王部及喀爾喀右翼三旗連界處。

綏遠省各縣局疆域沿革表(續表)

朝代 縣別	固陽縣
戰國	九原徼外地。匈奴居之。
秦	北假之東部。
西漢	光禄城。
東漢	荒廢。
三國	同上。
晉	同上。
後魏	懷朔鎮。朔州。
齊周	荒廢。
隋	同上。
唐	燕然都護府。瀚海都護府。安北都護府。
五代	東勝州北境。雲内州東境。隸西京道。
宋遼金	同上。
元	東勝、雲内二州之領地。隸大同路。
明	蒙古地。
清	茂明安及烏拉特後旗之游牧地。薩拉齊廳屬地。

綏遠省各縣局疆域沿革表(續表)

朝代 縣別	包頭縣
戰國	趙九原之中部地。
秦	九原郡中部地。
西漢	五原郡之稒陽、臨沃、宜梁、九原、河陰等縣。
東漢	荒廢。
三國	鮮卑拓跋氏與西河匈奴劉氏互爭地。
晉	同上。
後魏	懷朔鎮之南境。
齊周	荒廢。
隋	屬大同城。
唐	中受降城安北都護府、天德軍節度使治所。雲中守捉使所領西部地。
五代	遼雲內州治柔服縣。
宋遼金	遼雲內州治柔服縣。隸西京道。金因之。隸西京路。
元	雲內州隸大同路。
明	州廢為蒙古所踞。
清	薩拉齊理事廳之屬地。

綏遠省各縣局疆域沿革表（續表）

朝代 ＼ 縣別	五原縣
戰國	趙九原之西部地。
秦	九原郡西部地北假。
西漢	五原郡之河目縣。朔方郡之朔方縣。
東漢	荒廢。
三國	南匈奴遺族踞有地。
晉	同上。
後魏	未置州郡。仍稱五原。沃野鎮之南境。
齊周	荒廢。
隋	大同城豐州五原郡。
唐	中受降城轄境。
五代	遼屬地雲內州。隸西京道。
宋遼金	遼同上。金雲內州。隸西京路。
元	雲內州。隸大同路。
明	入於蒙古。
清	鄂爾多斯部與烏拉特旗連界處。

綏遠省各縣局疆域沿革表（續表）

朝代＼縣別	臨河縣
戰國	趙九原屬地。
秦	仍屬九原。
西漢	朔方郡臨河縣。
東漢	廢。
三國	廢。
晉	廢。
後魏	沃野鎮屬地。
齊 周	爲突厥族所據。
隋	置大同城於北境。後又棄與突厥。
唐	天德軍轄地。
五代	荒廢。
宋 遼 金	西夏屬地。
元	未設置。
明	蒙古族牧地。
清	薩拉齊廳西界地。

綏遠省各縣局疆域沿革表（續表）

縣別 / 朝代	東勝縣
戰國	諸戎胡錯居地。
秦	秦新中。
西漢	朔方、雲中、五原、上郡、西河諸郡連界處。
東漢	郡縣廢徙。爲南匈奴苗裔劉氏所據。
三國	同上。
晉	前後趙。前後秦。
後魏	夏國東夏州。
齊周	地屬北周。無建置。
隋	勝州之西南部。
唐	麟州之西北部。隸關內道。
五代	西夏國。
宋遼金	同上。
元	西夏路、中興路。後分屬於東勝、雲内二州、延安、寧夏等路。
明	蒙古侵佔。
清	鄂爾多斯左翼中旗、東勝廳。

綏遠省各縣局疆域沿革表（續表）

朝代　縣別	安北設治局
戰國	趙九原中部地。
秦	九原中部地。
西漢	五原郡之五原、西安陽、成宜等縣。
東漢	郡縣廢。
三國	荒廢。
晋	荒廢。
後魏	懷朔鎮之西南部。沃野鎮之東南部。
齊周	荒廢。
隋	大同城東南地。
唐	瀚海都護府、燕然都護府、安北都護府之屬地。陰山縣。
五代	遼屬雲內州。
宋遼金	金屬雲內州。
元	雲內州隸大同路。
明	初爲蒙古瓦剌出入地。後蒙古獨踞。
清	烏拉特三公旗、薩拉齊廳屬地。

綏遠省各縣局疆域沿革表（續表）

朝代＼縣別	沃野設治局
戰國	胡戎雜居地。
秦	新秦中。
西漢	北地郡富平縣之渾懷障及方渠縣之屬地。
東漢	荒廢。
三國	同上。
晉	苻秦姚秦據有地。
後魏	大夏之果城。後隸薄骨律鎮。歷城。
齊周	北周歷郡。
隋	廣閏縣。靈武縣。
唐	定遠、羊馬等城。
五代	拓跋夏之省嵬城及定州之屬地。
宋遼金	同上。
元	隸寧夏路。
明	隸寧夏衛。
清	察汗托輝。

《綏遠通志稿》卷一（下）盟旗疆域沿革

綏遠省地方行政制度。有大異於內地各省者。厥爲同一地域內有縣局管轄與蒙旗管轄。二重施治權並時存在是。此蓋自遜清以來。循地理歷史自然之勢。而漸進爲今日特異之狀。非一朝一夕所能致。所謂所從來者遠也。溯當明清絶續之交。凡秦晉塞北之地。久爲蒙古諸部所駐牧。迨清初天聰、崇德暨入關以後之順治、康熙諸朝。復先後劃定內外蒙古各部牧地。分封王、公、扎薩克、台吉等。以傳其爵。而守其土。是爲塞北蒙疆改部族而建旗制之肇端。亦即三百年來各安封界。互尊祖業之成規也。惟清自建國後。經順治、康熙兩朝七八十年之懷柔安輯。於前明所創凛不可犯之漢民出塞禁令。已漸由寬緩而日近於廢弛。於是內地人民之經商而往來懋遷者。務農而春出秋歸者。亦皆由流動而漸進爲定居。由孤身而漸成爲家室。洎乎雍正、乾隆之間。凡綏屬近邊諸旗地。已蔚爲農牧並營。蒙漢共居之鄉。故乾隆中設廳置道。皆擇人煙較密。畎畝較多之區。蓋以農商既衆。就國家之政治系統及民事之需要言。誠有不能不設官守。以爲撫循約束之資耳。觀乎初設之同知、通判各廳。皆以撫民爲職銜。其意若曰地雖蒙旗之地。而民則國家之民也。既有國家之民。則國家即不能不負撫循監護之責。故凡農商租旗地而納租於蒙旗可也。納租以外。而並負人民對國家之一切義務。則不可也。易詞言之。即人民對國家之義務。仍應對國家負之。不能因其居旗境而遂移其義務於蒙旗也。蓋未行設廳道以前。出塞之民。舊習相沿。皆被治於所在之旗。自撫民有專司。而廳與旗之權限。始判然劃分矣。厥後民事日繁。乃更以撫民而兼理事銜。則行政意義之由撫而進爲理。其蹟尤昭然可覩。此爲今日縣局創制之嚆矢。亦即縣與旗同地共治之所以並存也。總之。設治之初旨。本謂旗以治蒙。廳以治漢。但行之踰百年。更進而成今日省縣之制。則縣與旗已同處於省治之下。其相須爲用。當視曩時為愈亟。惟是縣之疆域。亦尚有未能悉括旗地者。玆更就綏境盟旗大勢。述其疆域沿革可考之蹟。以與縣局沿革爲互相參證之資焉。

烏蘭察布盟

烏蘭察布者。六旗合組爲盟之總名也。所謂六旗。曰四子王旗。曰喀爾喀右翼旗。曰茂明安旗。曰烏喇特中旗。曰烏喇特前旗。曰烏喇特後旗是也。六旗牧地。大部皆在陰山以北。惟烏喇特前旗俗稱西公旗者。稍伸至烏喇山南、黄河北岸。較其他五旗爲微南耳。當清初編定内外蒙古各旗時。以此六旗共組爲一盟。並由清廷指定以烏蘭察布爲每年會盟之地。蓋其地有河。名烏蘭察布。因以河名呼其地。更以地名呼其盟。實則河名烏蘭察布。而地名烏湖克圖也。全盟幅員。東西可千里。南北自陰山以抵戈壁。二三百或四五百里不等。戰國以前。宿爲匈奴牧獵之區。自趙武靈王攘地。以有雲中、九原。築長城以塞陰山、高闕。遂使今之所謂烏盟全境。益隔絶於秦趙諸國邊徼之外。厥後歷秦洎漢。雖不惜一再以數十萬之衆。勞師遠征。如史所稱絶梓嶺。梁北河。踰陰山。度大漠。以斥逐匈奴而略其地。然地則既得而復失。敵則旋去而復來。終秦漢之世。卒不能郡縣其土。而久有其人。此固因其地鄰瀚海。風土荒寒。草萊雖茂。宜於牧者。不必適於農。氈酪雖優。嗜於胡者。不必美於漢也。故由戰國以逮漢末。此地仍久爲匈奴民族滋生繁息之邦。觀史記匈奴傳。謂匈奴單于庭。南直代、雲中。左直漁陽、上谷。右直北地、上郡。可知當日之匈奴。除左部南直漁陽、上谷者。不屬綏境外。其中部之單于庭及右部之南直北地、上郡者。大率皆在今烏蘭察布全盟六旗境内也。迨後魏拓跋氏以鮮卑族崛起東北。不數世而兵力西漸。先有漢定襄、雲中故地。繼復盡服漠南諸部。而奄有其地與人。於是自昔所稱爲匈奴久踞之邦。至此而悉入於後起鮮卑之手。然其時柔然一族。仍沿其先世牧獵騎射之風。嘗出入於大漠南北。以與魏人構釁。此又魏人於今烏盟境内。爲備柔然計。所以有懷朔、武川諸鎮之肇建也。未幾。魏分東西。而高齊與宇文周並起而篡之。雖今之烏盟東部鄰於齊。西部鄰於周。然兩國所争。重在中原。其於邊徼之經營。殆皆以國力不逞置之。當是時。分踞北方之匈奴、鮮卑、柔然、敕勒諸部。已由盛而衰。漸成弩末燼餘之勢。而突厥一族。則又乘其新興驃悍之氣。破竹東來。使今烏盟全境。向爲鮮卑取於匈奴者。乃更轉爲突厥雄據之地。觀隋代至於唐初。正當突厥方盛之時。其可汗之雄黠者。如沙鉢畧、始畢等。率皆列帳陰山。控制烏盟各地。隋書稱沙鉢略可汗治都金山。山在今歸綏縣治東北百餘里。俗呼斗金山。蓋其地南可以控漢雲中、定襄、雁門諸郡。而北亦可以綰後魏懷朔、武川、撫冥諸鎮也。其後啓民可汗見迫於雍虞閭。乃分部南遷。展轉金河、大利間。而烏盟一帶遂盡爲別部突厥所據。鄭漁仲通志謂隋氏版圖。北至五原。實則隋以豐州爲五原。僅得漢之朔方。限於套境黃河南岸而已。若河外以及陰山以北。仍爲別部牧區。唐初所分諸都督府及羈縻州。亦大率以啓民、頡利舊屬爲限。未能悉取陰山大漠之間而郡縣之也。唐至中葉以後。突厥族之近南者。多同化於唐。而益內徙。近漠者亦因避侵伐而移極北。如開元十三年御賜突厥可汗闕特勤碑。今在庫倫北約千里之烏金斯克地方。則北部突厥之遠徙。即此可以爲證。而回紇即回鶻一族。亦遂乘突厥之或徙或衰。蹈瑕東漸。以佔有今烏盟各地。如景龍中朔方總管張仁願。以朔方舊與突厥以黃河爲界。因偵知默啜可汗西出。乃奏請乘機奪取漠南地。此爲中葉前突厥尚據烏盟之一期。又元和志稱磧北爲回鶻本部。又云安北都護府至回紇界七百里。此爲中葉後回紇回鶻已逐步侵入烏盟之一期。比及唐末。復有契丹族驟起於東。其土地之擴展。隨國勢兵力之遞增。而日迫近於西。觀遼史載神册中。太祖所平西北諸國及諸部族表。則五代初期。烏盟境內之回紇回鶻與夫弱小各部。或走或降。悉以故地服屬於契丹。此又由唐末歷五代至北宋。烏盟入於契丹之一期也。其後女真亦起於遼東。承契丹之舊業。以有烏盟。二族規制。大體相似。即皆以其地分隸於豐州、東勝、雲內而總隸於西京道與路也。蒙古起漠北。先破塔塔部。以奪塞北之地。於是今之烏盟遂啓蒙族游牧之基。元社既屋。明洪武永樂兩朝。嘗再三北征。冀以驅元裔而定漠南。然擾攘近百年。而終未能各遂其北蕩南牧。一勞永逸之願。迨明中葉後。中朝疆吏自薊、遼、宣、大、延、綏以往諸督臣總鎮。皆劃邊自守。不復作遠征擴地之舉。而蒙古各部族更相繼推戴小王子、達延汗、諳達諸人爲君主。以資號召。而謀自固。於是自漠以南。悉爲察罕部蒙古汗所轄。而今之烏盟則又察罕部右翼濟農所統之北界游牧地也。及滿洲起於遼東。東部各蒙族漸爲所併。

至天聰間有呼倫貝爾與喀爾喀數部。各率其屬降於清。因併賜牧於陰山大漠之間。是爲今烏盟六旗之肇始。亦即全盟疆域沿革最後之一階段也。今就六旗轄地。依次述之如左。

四子王旗

四子王旗。舊籍亦稱四子部落。其牧地在綏遠城東北大青山後。戰國至秦。歷爲匈奴所居。漢置沿邊列郡。實爲雁門、定襄徼外地。亦即匈奴中部單于庭所在處也。後魏置北邊六鎮。以地隸撫冥。唐隸振武軍兼單于大都護。遼爲豐州東北境。隸西京道。金隸西京路。元以旗屬西北隅隸净州路。西南隅隸沙井總管府。皆駙馬趙王傳世食邑也。明爲察罕部蒙古汗右翼屬地。清兵既逐察罕部林丹汗。因以此地賜諾延泰之四子爲牧所。今仍爲其子孫世守云。

重修清一統志。漢雁門及定襄郡北境。晋爲拓跋氏地。唐爲振武軍地。遼爲豐州地。屬西京道。金屬西京路。元屬大同路。明爲阿禄喀爾喀所據。後分與諸子。號曰對因駒子。是爲四子部落。本朝天聰七年。鄂木布來朝。崇德元年。賜號達爾漢卓哩克圖。順治六年。封多羅郡王。世襲掌旗。

蒙古游牧記。元太祖弟哈布圖哈薩爾十五世孫諾延泰與兄昆都倫岱青。同游牧呼倫貝爾。有子四。長僧格。號墨爾根和碩齊。次索諾木。號達爾漢台吉。次鄂木布。號布庫台吉。次伊爾札布。號墨爾根台吉。四子分牧而處。後遂爲所部稱。扎薩克多羅達爾漢卓里克圖郡王游牧。天聰間。四子相繼朝貢。從征有功。崇德元年。授鄂木布扎薩克。賜號達爾漢卓里克圖。俾統所部。順治六年。封多羅郡王。世襲罔替。牧地有錫喇察漢諾爾。錫喇木倫河瀦焉。東至什吉岡圖山。南至伊柯塞爾拜山。西至巴顏鄂博。北至沙巴克圖。東北至額爾柯圖鄂博。西北至查爾山。東南至托克托瓦陀羅海。西南至察罕和碩。扎薩克駐烏蘭額爾濟坡。所部與茂明安、烏喇特、喀爾喀右翼諸部統盟於烏蘭察布。

案一統志謂元隸大同路。其意殆以爲元承遼金之舊。於兩朝遺制。當重因襲而少變革。故漫以隸大同一語了之。其實元於豐州北境。另析置二三下路。不隸大同。其詳已見省縣沿革。玆不更贅。至所謂阿禄喀爾喀。譯應作後外蒙。蓋阿禄爲後之意。而喀爾喀爲外蒙古之總稱。語亦欠分曉。不知此指達延汗之子孫耶。達延汗亦起於外蒙。抑即指呼倫貝爾諾延泰之子孫耶。不然。喀爾喀右翼爲今達爾汗貝勒旗之正名。似亦不應牽混於四子部內也。

喀爾喀右翼旗

喀爾喀右翼旗。俗稱達爾汗貝勒旗。又訛貝勒爲百靈。遂又稱百靈旗。清初。此旗之人。來自喀爾喀。遂仍用喀爾喀爲名。又因析置兩部。東西分牧。此旗爲西部。故稱右翼也。其牧地直綏遠城北。大青山後。戰國至秦漢。皆爲雲中徼外地。匈奴居之。後魏建六鎮。以地屬武川。唐隸振武軍兼單于大都護府。遼爲豐州北境。隸西京道。金以舊天山縣。升净州。爲豐州支郡。隸西京路。蓋旗境與四子部之西北隅皆净州轄地也。元以净州爲下路。與大同路分立。明爲察罕部蒙古汗屬地。其漠南各部。悉爲清軍所併。至順治間。有喀爾喀中路台吉名本塔爾者。率所屬千餘户來降。因賜牧於塔爾渾與愛布哈二河交流處。並封本塔爾爲扎薩克親王。再傳降襲多羅貝勒。故有貝勒旗之稱。民國初。以翊贊共和功。又晋爵爲王。今仍承襲勿替焉。

重修清一統志。漢定襄、雲中二郡北境。唐爲振武軍地。遼爲豐州地。屬西京道。金屬西京路。元屬大同路。明爲喀爾喀所據。素役屬於土謝圖汗。後與有隙。其台吉本塔爾遂率部落來降。本朝順治十年。封爲和碩達爾漢親王。世襲掌旗。康熙四十七年。其孫詹達固密降襲多羅達爾漢貝勒。

蒙古游牧記。本塔爾。世爲喀爾喀中路台吉。順治十年。本塔爾以與土謝圖汗隙。率其弟巴什希、札木素、額璘沁及從弟衮布。携户千餘來歸。賜牧塔爾渾河。是爲喀爾喀右翼扎薩克多羅達爾漢貝勒游牧。初本塔爾來歸。封扎薩克和碩達爾漢親王。世襲罔替。本塔爾卒。子訥内襲。訥内卒。子詹達固密降襲多羅貝勒。牧地有愛布哈河、塔爾渾河。合流瀦爲阿勒坦托輝諾爾。東至額古爾圖華。南至哈達滿勒河源。西至烏蘭户特圖克。北至岳索山。東南至陀索圖鄂博。西南至魏邁烏蘭和碩。東北至察爾山。西北至塔起爾克圖鄂博。扎薩克駐塔爾渾河。隸烏蘭察布盟。

案一統志謂漢定襄、雲中二郡北境。實則旗僅位雲中北塞外。殊與定襄無涉。良以旗之南界。去雲中北徼陰山塞。猶二百餘里。況定襄又在雲中之東南。安得謂旗即定襄北境乎。又考魏書。當後魏之初。陰山以北。嘗爲高車、賀蘭、柔然諸部所踞。觀什翼犍避秦兵。踰陰山。見侮於高車。拓跋珪避内難。踰陰山。托庇於賀蘭。以及後魏諸帝數征柔然。史作蠕蠕。巡幸漠南。皆足爲匈奴、鮮卑代興時。嘗爲其他部族迭據之證。而旗地當亦爲其紛爭搶攘之處也。又考旗境之塔爾渾河。譯爲肥沃之意。惟愛布哈河無意義可尋。訪諸父老。據云。河名始於元太祖。當其初次南下時。軍行久不得飲馬處。有嚮導言。前有大河。比驅至即此河。太祖哂曰。唉巴噶。其意以爲是小流耳。何云大耶。蓋蒙語謂小曰巴噶。其冠以唉者失聲之嘆詞也。今言愛布哈。遂不可解云。

茂明安旗

茂明安旗。一稱茂明安扎薩克旗。因其最初以世襲一等台吉。授扎薩克編旗。故不列於王公。而但稱其職。此與伊盟之扎薩克旗。同爲旗制特例也。茂明安旗牧地。在綏遠城西北大青山後。秦漢以前爲匈奴地。漢爲五原塞外地。後魏置六鎮。以地屬懷朔。隋爲北部突厥所據。唐爲振武軍兼單于大都護府轄境。遼屬東勝州。隸西京道。金因之。元隸德寧路。明入於蒙古。清初有車根者。自號所部曰茂明安。率所屬千餘人。自呼倫貝爾降清。因賜牧於此。後授其子僧格爲扎薩克一等台吉。俾世守其業焉。

蒙古游牧記。元太祖弟哈布圖哈薩爾十四世孫錫喇奇塔特。號土謝圖汗。有子三。游牧呼倫貝爾。其長多爾濟。號布顏圖汗。子車根嗣。號所部曰茂明安。扎薩克一等台吉游牧。天聰七年。車根率其族千餘來歸。子僧格。康熙三年。授扎薩克一等台吉。世襲罔替。牧地當愛布哈河源。東至黄烏爾南至固爾班哈喇陀羅海。西至哈喇達噶。北至伊克爾德阿濟爾噶。東南至魏邁烏蘭和碩。西南至吉蘭陀羅海。東北至蘇朗。西北至土勒札圖鄂博。扎薩克駐徹特塞里。隸烏蘭察布盟。

案茂明安旗牧地。自秦漢以前。即爲匈奴民族所固有。迨漢末匈奴衰微。其後遂迭爲鮮卑、突厥、回紇、契丹、女真、蒙古諸大部族所遞有。而諸小部族如高車、柔然、賀蘭、鐵勒、涿邪、塔塔等之倏起倏滅。出入於其間者。尤不可勝計。故由戰國歷秦漢隋唐以迄於今。其建置之可稽者。僅後魏之懷朔鎮、元之德寧路爲與旗地差近耳。此外若漢之光祿塞。雖在旗南。然亦僅置爲防邊要隘。非即以此爲統轄也。乃清一統志述茂明安建置沿革。除後魏繫諸懷朔不誤外。於漢繫諸五原。已不能無疑。然猶可以鄰近爲辭。至於隋而繫之勝州榆林郡。唐而繫之東勝州。則不特隋之州郡遠在套境。史無渡黃河踰陰山而統有漢南一帶之明文。即唐之建置。又何嘗有東勝州之名號乎。考東勝州本始於遼。因當時西夏據河套。遼不能得勝州故地。乃別置於套東。遂以東勝爲名。又因轄地未能西展。乃北伸於陰山以北。以統今之旗境。然則旗地之屬東勝。僅遼金兩朝爲然耳。一統志誤於隋。而更誤於無東勝之唐。其遺誤後人爲何如耶。是以本條不採其說。張氏游牧記知其然。故於唐則繫諸振武軍。所見較是矣。然詳考唐制。軍民蕃漢皆各有其分管之官。如管民政則歸州刺史。管蕃户則歸羈縻州及都護、都督。管軍馬則歸節度使。其軍民蕃漢兼管者。則有總管、觀察等職。故節度使必兼領刺史、都護、觀察之一。乃可以循兼職而問政事。觀唐書節鎮諸傳。凡轄地治民之節度使。殆鮮有不兼領他職者。即漢南各地之隸振武軍。亦正以振武節度恒兼領單于大都護耳。游牧祇言軍而略都護。亦稍疎矣。

烏喇特三旗

烏喇特三旗。亦稱三公旗。因烏喇特爲其全部之總名。内分中前後三旗。各以鎮國、輔國等公爲世爵。故烏喇特三公旗或連稱。或分稱。皆得爲此部統括之名詞。其共有牧地。幅員頗廣。自陰山西段以北。及後套狼山與烏拉山前後。皆在三旗轄境内。戰國以前。本亦匈奴地。其後趙武靈王、秦始皇相繼築長城。並以高闕爲要塞。即今旗界之狼山口。故秦時於山南置九原。於山北置北假。漢棄徼外北假。而改山南九原爲五原。漢末邊郡既廢。北魏乃於東起濡源之六鎮。西端置沃野一鎮。今烏喇特之西部地。即當時沃野鎮所屬也。隋嘗於旗境築大同城。屯軍駐守。後以突厥侵擾。遂退保五原塞。唐初分隸於瀚海、呼延等都督。嗣改隸天德軍兼安北都護。遼屬雲内州。隸西京道。金因之。元改雲内爲下州。隸大同路。明初爲瓦剌所據。清未入關以前。有部長名布爾海。先游牧於呼倫貝爾。後移於此。名所部曰烏喇特。旋分部爲三。天聰間。其子孫率屬降於清。順治五年。以軍功封巴圖爲鎮國公。掌中旗。封諤班爲鎮國公。掌前旗。封巴克巴海爲輔國公。掌後旗。即賜牧於河套北陰山狼山烏拉山之間。至今三旗子孫仍能各守其業。計前旗駐牧黄河北岸最近南。約有烏拉山前後各地。中旗在狼山後。當前旗之西北方。後旗在陰山後。當前旗之東北方。三旗疆域率依習慣以天然之山川爲界。殊無特設顯明之標識。故三旗往往自稱爲一家云。

重修清一統志。秦置九原郡。後廢。漢元朔二年復置。更名五原。後漢因之。漢末郡廢。後魏置懷朔鎮。唐景龍二年。張仁願於河外築三受降城。此爲中受降城地。遼置雲内州屬西京道。金屬西京路。元屬大同路。明初廢。爲斡喇所據。是爲烏喇特。本朝天聰七年。其台吉鄂木布、色楞、圖巴來歸。順治五年。封圖巴爲鎮國公。世襲。掌中旗。至嘉慶七年。以喇特那巴拉襲封。凡十世。封鄂木布子諤班爲鎮國公。世襲。掌前旗。至乾隆五十六年。以巴圖鄂齊爾襲封。凡十三世。封色棱子巴克巴海爲輔國公。世襲。掌後旗。至乾隆五十三年。以多爾濟帕拉穆襲封。凡八世。

蒙古游牧記。元太祖弟哈布圖哈薩爾十五世孫布爾海。游牧呼倫貝爾。號所部曰烏喇特三旗。中旗扎薩克鎮國公。前旗扎薩克鎮國公。後旗扎薩克輔國公。同游牧。布爾海後分所部爲三。長子賴噶、孫鄂木布、幼子巴爾賽、孫圖巴、曾孫色棱領其衆。大聰七年。率屬來歸。順治五年。叙從征功。以圖巴掌中旗。封鎮國公。鄂木布子諤班掌前旗。封鎮國公。色棱子巴克巴海掌後旗。封輔國公。各授扎薩克。世襲罔替。牧地當河套北岸。噶札爾山之南。東至黄烏爾。南至黄河。西至拜塞墨突。北至伊克爾德阿濟爾噶。東南至黄河。西南至黄河。東北至蘇朗。西北至塔起勒克圖鄂博。三扎薩克同駐哈達瑪爾。隸烏蘭察布盟。

案明之瓦剌。雖亦蒙古種。而與元裔非一族。故明史於韃靼傳後別立瓦剌傳。以叙其世次而辨系統。此即本志疆域沿革總論中。紀春秋時赤狄白狄之異也。惟明初瓦剌部長妥歡太師。嘗娶元皇室公主。是以其子也先爲元室甥。因嘗扶元裔爲蒙古汗。此又瓦剌與韃靼雖非同族而又有其密切之關係在也。今之烏喇特依清一統志所述。似即明之瓦剌。而又轉其音爲斡喇者。依張氏游牧記所述。則似元太祖弟哈布圖哈薩爾之子孫。自名所部曰烏喇特。初與瓦剌無關者。實則兩書之文皆得其半。而昧其半。遂致彼此扞格而不克相通耳。考元初太祖世祖之平諸部。每得一地。輒拔其丁壯及百工技藝之人。以編隸於子弟羣從暨諸將校。俾統率之。而成一旅。迨從征既久。則昔之選拔而來者。漸成不可離之部曲。厥後主將受封或食邑某方。或賜牧某地。則昔之部曲相隨者。遂變爲永世隸屬之部民矣。於是此部之稱號。即往往以所統種族之名以爲名。此猶之清季軍制。諸將所統兵士。募自湘者則稱湘軍。募自淮者則稱淮軍。而諸將官之本籍。不必其果皆湘與淮也。是故自元明清以來。内外蒙古各盟部旗之稱號。驟聞之。頗有不似韃靼族者。然更進而叩其王公貴族之世系。則又十九皆元之苗裔。或其功臣之子孫。鮮有外於斯二者。於是乃知今世各盟旗所謂元裔也者。惟其王公貴族爲然耳。至於部民。非特不限於韃靼族。亦並不限於瓦剌族。不過元代成功時。概以蒙古一語括之。遂使多數部族人民。悉泯然忘其名稱所由來。此皆歷史簡略與夫語言制度之融化驅策有以使然也。由是觀之。則游牧記以烏喇特爲哈布圖哈薩爾之子孫者。就貴族言之。非誤也。一統志以爲即明之瓦剌者。就部民言之。亦非誤也。

伊克昭盟

伊克昭者。鄂爾多斯部左右翼七旗共組爲盟之總名也。所謂七旗。曰左翼中旗。曰右翼中旗。曰左翼前旗。曰左翼後旗。曰右翼前旗。曰右翼後旗。曰右翼前末旗是也。七旗牧地皆在綏遠城西南河套境内。南依長城與陝西省分界。西隔黄河與寧夏省及阿拉善旗分界。東亦隔黄河與山西省分界。北暨東北皆密連省界。與烏喇特及土默特接壤。仍隔河。故七旗全部大勢。以險要言。誠可謂三面拒河。一面當關也。惟左右兩後旗屬地。頗有踰河向西北伸入後套。與烏喇特犬牙相錯者。此蓋別有事故。非原制如此。或謂烏喇特嫁女於兩後旗。以羊馬爲妝奩。因並牧地贈之云。而東部與南部毗連晋陝處。則有河曲、神木、府谷等縣。農民沿套邊開墾。漸成村落。於是縣政所及。亦往往與東南數旗生連繫焉。顧此七旗王公。本爲同系之子孫。雖劃區分牧。各自成旗。然每年必藉公祭成吉思汗日。舉行全部會盟一二次。既可以研利弊而決庶政。復可以叙尊卑而聯族誼。此種典禮。行之殆逾三百年。而盟之意義即此可以概見。至其會盟地址。依清制當在右翼後旗界内一大喇嘛寺。蒙語謂大曰伊克。謂喇嘛寺曰昭。因其會所爲一大寺。故即稱其盟曰伊克昭也。惟七旗近年會盟。皆於夏曆三月就成吉思汗陵園行之。不必再至後旗大寺。此或因其偏處西北。與七旗相去遠近不均。不若陵園之居中而道埒歟。但此改易不知始自何時。而今世俗相傳。則以爲所謂大寺者。即指成吉思汗陵墓言之也。斯特就近蹟揆度耳。全部幅員廣袤可二千里。自戰國以來。常爲西北諸族與歷朝交争之地。秦先驅諸戎。以有南部地。因以爲上郡北境。嗣更斥逐匈奴以取河南。遂以爲新秦中。漢沿之。置朔方郡。其後歷朝或得或失。或置或廢。或羈縻以居降户。或割據以畀梟雄。凡二千餘年間。史載犖犖諸大端。已詳省縣疆域沿革中。兹固無須剌剌復述也。唯考套境之入於蒙古。自元亡以後。實始於明之天順間。歷更數部頻相攻。展轉至正德中。有達延汗之子。以右翼濟農擊破諸部。居之。並令其衆子分牧於套境。是爲今日伊盟全部鄂爾多斯七旗開創之肇端。但爾時僅稱部落。而未定盟旗之號。直逮清初。始各按原部轄地之廣狹。統衆之多寡。編定大小各旗。而更劃定以數旗爲一盟。即鄂爾多斯之七旗。亦皆遵此制而勿替者也。兹依次述之如左。

左翼中旗

鄂爾多斯左翼中旗。亦稱郡王旗。其牧地居河套正中而稍偏東。秦爲新秦中之東南境。漢爲西河、朔方、上郡三郡接界地。隋唐爲勝州轄境。自唐以後。歷代史事。皆詳本志古蹟故城及省縣疆域沿革中。明中葉。蒙古阿勒綽爾與瑪古里海等部始入河套。後復有嘉勒斯賚、滿都爾繼至。已而和碩特部亦侵入套境。和碩。明史、游牧記謂之火篩，今改正。嘉靖中。察罕部長達延汗之孫號車臣汗者。襲右翼濟農職。案此右翼爲察罕全部之右翼。統率察罕以西諸部。非鄂爾多斯之右翼。乃擊破和碩。居之。是爲鄂爾多斯。有子九人。分牧而處。服屬於察罕部。自車臣汗傳至其曾孫博碩克圖。察罕林丹汗惡之。奪其濟農職。清天聰九年。察罕部滅。博碩克圖子額璘臣來歸。賜復濟農號。順治六年來朝。封多羅郡王。此即左翼中旗稱郡王旗之由來。亦即當初所以爲鄂爾多斯七旗領袖之由來也。

重修清一統志。左翼中旗駐套内南近東敖西喜峯。在扎拉谷西一百六十五里。東西距一百十五里。南北距三百二十里。東至鯀額爾吉廟左翼前旗界六十五里。西至插漢額爾吉右翼前旗界五十里。南至神木營邊城界二百里。北至喀賴泉右翼後旗界一百二十里。東南至賀岳爾門綽克邊城界一百八十五里。西南至額勒蘇忒五藍拖羅海邊城界六十里。東北至噶海拖羅海左翼後旗界九十里。西北至喀喇扎喇右翼後旗界九十里。本隋唐勝州地。明嘉靖間爲鄂爾多斯所據。本朝天聰九年。其濟農額璘臣來歸。順治六年。封爲多羅郡王。世掌左翼中旗。

蒙古游牧記。元太祖十六世孫巴爾蘇博羅特。達延汗之第三子也。始命爲管領右翼三萬人濟農。長子衮弼里克圖墨爾根。明史謂之吉囊。嗣爲濟農。號車臣可汗。嘉靖中擊破火篩居之。是爲鄂爾多斯。有子九。分牧而處。服屬於察哈爾。今鄂爾多斯七扎薩克皆其裔。又曰。左翼中旗本隋唐勝州地。扎薩克多羅郡王游牧。衮弼里克圖墨爾根曾孫博碩克圖。林丹汗惡之。奪濟農號。天聰九年。察哈爾滅。子額璘臣來歸。賜復濟農號。順治六年來朝。封多羅郡王。世襲罔替。牧地有納瑪帶泊。東至衮額爾吉廟。南至神木營。西至察汗額爾吉。北至喀賴泉。東南至賀岳爾門綽克。西南至額勒蘇特烏蘭陀羅海。東北至噶該陀羅海。西北至喀喇札喇。扎薩克駐鄂錫喜峯。

案一統志之敖西喜峯。即游牧記之鄂錫喜峯也。

右翼中旗

鄂爾多斯右翼中旗。亦稱鄂托克旗。其牧地居套境偏西而近南。漢爲朔方郡南部。其西南界兼跨北地郡之一隅。自晉末赫連氏置統萬城。其後歷代遂遂相沿隸夏州。隋唐爲豐夏二州轄境。元和中。又於其地置宥州。今扎薩克爲額璘臣族子善丹之子孫。清初善丹受封爲扎薩克多羅貝勒。世襲罔替。子索諾木、孫松喇布。兩世以功晋封郡王。後仍襲貝勒。旗南三百六十里有蘇海阿魯山。康熙二十二年。扎薩克松喇布以牧地狹。請移蘇海阿魯。遣侍郎阿喇尼勘奏。距定邊興武營邊。或五六十里。或百里。非邊内可耕地。應允其移牧。自是旗之南境乃與陝北邊界相接。而轄地亦視初封時爲加長矣。今其子孫猶世守此界焉。

重修清一統志。右翼中旗駐套内正西近南西喇布哩都池。在鄂爾吉虎泊西南二百六十里。東西距三百二十里。南北距四百八十里。東至插漢札達海泊右翼後旗界七十里。西至插漢托海喀爾喀界二百五十里。南至賀通圖山右翼前旗界三百七十里。北至馬陰山右翼後旗界一百丨里。東南至庫克拖羅海右翼前旗界一百里。西南至横城口邊城三百三十里。東北至鄂藍拜右翼後旗界一百二十三里。西北至阿爾布斯山喀爾喀界二百二十里。本漢朔方郡南境。隋唐置豐州。元和中移置宥州於此。明嘉靖間。爲鄂爾多斯所據。本朝順治初。其台吉從額璘臣來歸。封爵。世掌右翼中旗。

蒙古游牧記。右翼中旗。本漢朔方郡南境。隋唐置豐州。元和中移置宥州於此。扎薩克多羅貝勒游牧。額璘臣族子善丹崇德六年來朝。順治七年封扎薩克多羅貝勒。世襲罔替。子索諾木、孫松喇布。俱以經理驛站功。晋封多羅郡王。後仍襲貝勒。牧地當騰格里泊。東至察罕札達海泊。南至賀通圖山。西至察罕托輝。北至馬陰山。東南至庫克陀羅海。西南至横城口。東北至鄂蘭拜。西北至阿爾布坦山。扎薩克駐錫喇布里多諾爾。

案右翼中旗牧地。就鄂爾多斯全部論。爲最偏西南之一旗。即以綏遠全省疆域論。亦最偏西南之一部也。其地南接陝北。而西連寧夏。南界長城。而西臨大河。幅員廣闊。形勢衝要。雖位亞左中。而富庶實爲七旗之冠。蒙語謂高原或村鎮皆曰鄂托克。今右翼中旗佔地高亢。扼黄河東下之衝而注之北。則旗名鄂托克蓋亦象其地之形勝而稱之也。考史記漢書。皆言匈奴冒頓單于與東胡争甌脱。注者謂甌脱爲棄地。實則甌脱即蒙古語之鄂托克。謂高原也。昔成吉思汗臨終。遺命葬於大鄂托克。亦即囑子孫葬彼於大高原耳。可知從來蒙地之以鄂托克爲名者。殆不一而足矣。至於旗境歷代沿革。已詳省縣及沃野設治局各疆域沿革條。參閲自明。

左翼前旗

鄂爾多斯左翼前旗。亦稱準格爾旗。其牧地在河套東北。惟南端斜行向東南。游牧記謂東南爲左翼前旗者。微誤。此旗北與東皆臨黄河。並與綏托縣、晋河曲縣爲鄰。清初封額璘臣從子色棱爲扎薩克固山貝子。世襲罔替。是爲此旗之祖。其旗境沿革。漢則南部屬西河。北部屬雲中。隋唐以來。嘗爲榆林郡勝州屬地。逮五代。河套爲拓跋氏所據。地遂入於西夏。夏亡乃歸於元。

重修清一統志。左翼前旗。駐套内東南札拉谷。在湖灘河朔西一百四十五里。東西距二百四十五里。南北距二百十里。東至湖灘河朔歸化城土默特界一百四十五里。西至鯀額爾吉廟左翼中旗界一百里。南至清水營邊城界一百十里。北至賀拖羅海左翼後旗界一百里。東南至黑山邊城界八十五里。西南至額勒默圖邊城界一百里。東北至黄河歸化城土默特界一百三十里。西北至可退坡左翼後旗界八十里。本古榆林塞。隋置榆林郡。唐屬勝州。置河濱縣。宋爲西夏所據。明初榆林左衛地。天順後爲蒙古各部所據。嘉靖間地屬鄂爾多斯。本朝順治初。其台吉從額璘臣來歸。封爵。世掌左翼前旗。

蒙古游牧記。左翼前旗本古榆林塞。隋置榆林郡。唐屬勝州。置河濱縣。宋爲西夏所據。明初榆林左衛地。扎薩克固山貝子游牧。額璘臣從子色棱。順治六年。封扎薩克固山貝子。世襲罔替。康熙十五年卒。十六年追叙復神木城功。子衮布喇什晋多羅貝勒。衮布喇什卒。子根都什轄布仍襲貝子。牧地東至湖灘河朔。南至清水營。西至鯀額爾吉廟。北至賀陀羅海。東南至喀喇和碩。西南至額勒默圖。東北至黄河。西北至可退坡。札薩克駐札拉谷。

左翼後旗

鄂爾多斯左翼後旗。亦稱達拉特旗。其牧地居河套正北。臨大河。一統志、游牧記謂在東北者。微誤。清初封額璘臣從弟沙克扎爲扎薩克固山貝子。世襲罔替。是爲此旗之祖。其旗境沿革。漢爲朔方郡東北部。隋唐爲豐、勝二州連界處。遼嘗於黄河南岸置金肅州。後亦淪於夏。

重修清一統志。左翼後旗駐套内東北巴爾哈遜湖。在黄河帽帶津西一百四十里。東西距二百八十五里。南北距一百五十里。東至黃河帽帶津歸化城土默特界一百五十里。西至插漢額爾吉左翼中旗界一百三十五里。南至阿祿德勒蘇左翼前旗界一百九十里。北至黑水泊烏喇特界二十里。東南至阿祿德勒蘇左翼前旗一百九十里。西南至哈西拉克拖羅海左翼中旗界一百四十里。東北至台石額勒蘇歸化城土默特界八十五里。西北至綽和爾末里圖烏喇特界三百七十五里。本漢沙南縣地。隋唐勝州榆林郡治所。明嘉靖間爲鄂爾多斯所據。本朝順治初。其台吉從額璘臣來歸。封爵。世掌左翼後旗。

蒙古游牧記。左翼後旗本漢沙南縣地。隋唐勝州榆林郡治。扎薩克固山貝子游牧。額璘臣從弟沙克扎。崇德六年來朝。順治七年封扎薩克固山貝子。世襲罔替。牧地東至黃河冒帶津。南至賀陀羅海。西至察罕額爾吉。北至黑水泊。東南至阿魯得勒蘇。西南至哈錫拉克陀羅海。東北至台碩額勒蘇。西北至綽和爾末里圖。扎薩克駐巴爾哈遜湖。

案漢沙南縣故地。依水經註所述河流次序稽之。在沙陵之南。楨陵之西。黃河右岸。即黃河東流南曲處。此正今左翼前旗地也。游牧記沿一統志舊説。識於後旗界。未免稍與漢代郡縣地望不符。揆二書致誤之由。雖不敢武斷著者於纂書時不考輿圖。然覈其所記左翼前後旗駐套方望。則確有似乎重師心而昧實况者。大抵著者之意。以爲全部既號兩翼。勢當就套境中分。而以東半爲左翼。左翼既有中前後三旗。則前旗在南。後旗在北。而以中旗位於中。若更合右翼而就全套計之。豈非左翼前旗在東南。而後旗在東北乎。殊不知此就方隅理想推之則然耳。實際情况固未必如是也。乃二書竟依此意。置後旗於東北。而置沙南於後旗。謂其不考輿圖。豈苛論哉。蓋左翼後旗牧地適居於套境之正北邊。東接左翼前旗。而西接右翼後旗。以漢制論。當爲朔方郡之東部。而位於五原郡中部之南。其界內應得朔方郡之渠搜及五原郡之河陰兩縣地。至於沙南則別隸雲中郡。其故地應緊附於套境東北。黃河東流南曲之岸灣內。此以古地論。與五原、朔方無涉。以今地論。亦與左翼後旗無涉也。惟昔之志地諸書。即一統志、游牧記以外。亦往往多以左翼後旗置東北。而引用舊説者。遂皆姑沿其謬而莫能改。此殆學者積非成是之習。有以致然歟。今於舊説之後。略辨數語。以俟後之學者益求其是。而更詳考焉。

右翼前旗

鄂爾多斯右翼前旗。亦稱烏審旗。其牧地居河套中部稍東而近南。蓋名稱雖曰前旗。而佔地却在右翼中旗之東。再東即與左翼中旗及右翼前末旗毗連。南接陝北長城界。清初封額璘臣從子額琳沁爲扎薩克固山貝子。世襲罔替。是爲此旗之祖。其旗境沿革。漢時北部屬朔方。南部屬上郡。隋唐以來。南部爲夏州東境。北部爲勝州西南境。然唐之中葉。嘗析勝州之西南地置麟州。則旗之北部。或曾隨時制而改隸麟州也。唐末拓跋思恭以定難軍節度使據有夏、綏、銀、宥等州。是先得套境西南之大部。而後取其全境。自是至於元初。遂歷爲拓跋夏所獨踞云。

重修清一統志。右翼前旗駐套内巴哈池。在敖西喜峯西九十里。東西距一百八十里。南北距二百七十里。東至插漢額爾吉左翼中旗界五十里。西至摩多圖插如泊右翼中旗界一百三十里。南至榆林衛邊城界二百三十里。北至五藍俄博右翼後旗界四十里。東南至插漢俄博邊城界二百里。西南至芥喀圖虎喇虎邊城界三百里。東北至哈達圖泊左翼後旗界三十里。西北至插漢札達海右翼中旗界六十五里。隋唐夏、勝二州地。明初榆林右衛地。後爲鄂爾多斯所據。本朝順治初。其台吉從額璘臣來歸。封爵。世掌右翼前旗。

蒙古游牧記。右翼前旗。隋唐夏、勝二州地。扎薩克固山貝子游牧。額璘臣從子額琳沁順治六年封扎薩克固山貝子。世襲罔替。牧地東至察罕額爾吉。南至榆林衛。西至摩多圖察罕泊。東南至察罕鄂博。西南至芥喀圖瑚拉琥。東北至哈達圖泊。西北至察汗扎達海。扎薩克駐巴哈諾爾。

案游牧記據清一統志所考。謂漢奢延縣故城。在右翼前旗西南界。遂依原文。註於旗界西南至芥喀圖瑚拉琥句下。蓋奢延本漢上郡屬邑。今旗境南部固兼得漢上郡地。則奢延之在旗界。實無可議。惟於同條下。又引元和志以唐之新舊兩宥州及靈州以南之魯、麗、含、塞、依、契等六胡州。亦併以入註。一若上述諸州。皆在今右翼前旗界内者。殊不知今旗南部位於夏州之東。而唐之新宥州。則在夏州西北三百餘里處。又在舊宥州之東北三百里。據此推之。則夏州已在旗地之西。而舊宥州又在夏州之西。

此兩州居中之正北三百里。乃爲新宥州。顧此三州故地。依套境形勢測之。皆在右翼中旗界。因右翼中旗位居全套之西南。又爲伊盟牧地最廣之一旗。故唐代套境西南諸州。實多括於此旗疆域之内。張氏以夏、宥二州在套境之西南。而遂置於右翼前旗之西南界。與漢上郡奢延縣連續成文。此誠不免稍疎耳。至於魯、麗、含、塞、依、契等六州。更在右翼中旗之西南。與前旗固渺不相涉也。依元和志。靈州在新宥州西南六百五十里。而此六州則又置於靈州之南界。由是揆之。可知六州故地。不特與前旗牧地無關。即就中旗形勢論。亦僅在其西南。而不在其界内也。

右翼後旗

鄂爾多斯右翼後旗。亦稱杭錦旗。其牧地居河套西北部。西北兩面皆臨大河。東接左翼後旗。南及東南則接右翼中旗與前旗界。其古代沿革。固純然爲漢朔方郡故地也。隋唐置豐州。亦嘗標九原、五原之號。五代以後。久爲拓跋夏所踞。元初蒙古取之。清初先封額璘臣從子小札木素爲扎薩克鎮國公。傳至其孫都棱。於康熙三十七年叙從征噶爾丹督護糧運功。晋固山貝子。仍世襲罔替。是爲此旗之祖。

重修清一統志。右翼後旗。駐套内西北鄂爾吉虎泊。在巴爾哈遜泊西一百七十里。東西距一百八十里。南北距一百六十里。東至兔毛河左翼後旗界四十里。南至喀喇扎喇克左翼中旗界一百四十里。西至馬陰山右翼中旗界一百四十里。北至色特勒黑冒頓、烏喇特界二十里。東南至巴彦泉左翼後旗界一百五十里。西南至達爾巴哈岡右翼中旗界一百五十里。東北至拜塞冒頓、烏喇特界四十里。西北至哈禄爾博羅、烏喇特界一百八十里。漢朔方郡地。隋唐爲豐州九原郡治所。明嘉靖間爲鄂爾多斯所據。本朝順治初。其台吉從額璘臣來歸。封爵。世掌右翼後旗。

蒙古游牧記。右翼後旗。漢朔方郡地。隋唐爲豐州九原郡治。扎薩克固山貝子游牧。額璘臣從子小札木素。順治六年。大札木素叛。小札木素不附逆。詔封扎薩克鎮國公。世襲罔替。孫都棱。康熙三十七年叙從征噶爾丹督護糧運功。晋固山貝子。牧地東自兔毛河至喀喇扎喇克。西至噶札爾山。北至塞特勒赫墨突。東南至巴彦泉。西南至達爾巴哈岡。東北至拜塞墨突。西北至哈洛爾博羅。扎薩克駐鄂爾吉虎諾爾。

案右翼後旗牧地。皆在漢朔方郡轄境内。較他旗之兼跨數郡邊界者微異。故其沿革亦較他旗牧地爲特簡。計旗界内。朔方郡屬縣之可稽者。依水經註。有臨戎、廣牧、朔方等三縣。此沿黄河南岸自西向東駢列之漢縣形勢也。至於黄河北岸今臨河縣境。亦尚有後旗牧地一小部。而漢朔方郡臨河縣亦在河北。是後旗兼括古臨河故地。惟三封、窳渾、沃野三縣。皆在套境西北黄河外。其故地當屬今阿拉善部。殆與後旗無涉也。自漢以後。僅隋唐於旗境置豐州。五代以下殊少建置。而漢唐史蹟。俱詳省縣疆域沿革。兹固無須更贅矣。

右翼前末旗

鄂爾多斯右翼前末旗。亦稱扎薩克旗。其牧地介於左翼中旗與右翼前旗之間。蓋鄂爾多斯全部最初祇有左翼中、前、後與右翼中、前、後之六旗。爲明中葉以來濟農袞弼里克圖墨爾根號車臣可汗者。諸子所傳衍。逮清順治中。有烏巴什者。爲額璘臣從曾孫。定咱喇什之曾祖。以不附叛逆。始受封爲二等台吉。其後數傳。屢以功晋爲一等台吉。至乾隆初。乃以族繁。别增一旗。其立旗在後。故牧地亦最狹。且未受王、公、貝勒、貝子等封爵。僅以台吉兼掌扎薩克印。是以人皆稱之爲扎薩克旗焉。其沿革當爲漢上郡之北部。晋隸前、後秦。嗣爲赫連夏畿内地。北魏隸統萬鎮。後爲夏州東部轄境。唐爲銀州邊地。五代以後入於拓跋夏。自元歷明迄於清。迭爲蒙古所據。其史蹟與其他六旗略同云。

重修清一統志。添設一旗。游牧六旗界内。定咱拉什本鄂爾多斯三等台吉。以擊敗準噶爾功。雍正九年授扎薩克一等台吉。世襲掌旗。

蒙古游牧記。右翼前末旗。扎薩克一等台吉游牧。額璘臣從曾孫定咱喇什曾祖烏巴什。號都噶爾岱青。順治六年。以不從大札木素叛。授二等台吉。康熙十四年從大軍剿平花馬池、定邊城諸賊。晋一等台吉。尋卒。子索諾木多爾濟。孫桑忠多爾濟。皆襲三等台吉。定咱喇什即桑忠多爾濟長子。雍正九年。敘屢次從軍斬馘功。晋一等台吉。乾隆元年。議族屬繁。增旗一。授札薩克。四十九年。詔世襲罔替。所部七旗同牧。自爲一盟。曰伊克昭。貢道由殺虎口。

案右翼前末旗受封之始祖烏把什。本鄂爾多斯全部領袖濟農額璘臣之族弟。原不在六旗扎薩克正傳系統之内。且當其受封時。六旗牧界早經分劃。無隙地可給。故一統志謂其游牧六旗界内者。此指其最初情况言之也。逮乾隆初。籍口族繁。請别立一旗時。實以前此無界之游牧。每爲六旗官民所不愜。而烏氏子孫亦以生齒日衆。其部屬又往往爲他旗排擯。不能得水草優沃之地。以資駐牧。故其汲汲於請求增旗者。其本意固側重於請求分地也。嗣清廷鑒其處境之難。又以此旗與右翼前旗爲近枝。爰編諸右翼。而以前末名其旗。並令六旗各析邊地一段與之。俾得自立。以世其家。而六旗中有與壤地隔絶。如左前、右中等旗。既不能遥爲析贈。則不得不以願析之地先贈於介居之旗。更由介居者增析一倍。以附益於新設之旗。至今左翼中旗界内。猶有左翼前旗補給之地。右翼前旗界内。亦有右翼中旗補給之地。其人民皆能歷歷言之。然則新旗牧地獨較狹於同部六旗者。亦其時勢使然耳。

土默特特别旗

土默特特别旗。曩稱歸化城土默特。因東蒙卓索圖盟有自此間析出之部衆。别自成旗。亦稱土默特。故此冠歸化城以别之。考歸化城土默特。自前明中葉創立部號以來。即以此城爲其部長駐治之地。城始由諳達建於嘉靖間。而明史則紀在隆慶中。此蓋以其通欵受爵之年計之也。史謂此城曰板升。清一統志改作拜甡。皆譯言庭屋。而蒙人自稱則謂之庫克哈騰。譯言青城。至今猶然。且土默特原制。本爲一部二旗。分左右翼。今人見其左右翼並歸一長官統轄。遂習焉不察。以爲是一旗而分兩翼。殊不知中國北部。内外蒙古各盟旗中。但有一翼分爲數旗者。斷無一旗而分兩翼者。此蓋盟部大於翼。而翼常大於旗之定制也。觀於清代編定官書。如一統志及理藩則例諸典籍。莫不明著歸化城土默特左右翼共二旗之條文。此足證土默特於開創之初。其規模制度。固已與其他隸盟諸旗迥然不同矣。按蒙古自成吉思汗一系勃興漠北以來。雖嘗統一諸部族。但仍多沿用各部族原名。而未嘗别立盟旗之號。

惟於各部族之人口壯丁。則悉以兵法部勒之。而編爲左右翼。近世中西史家紀述元初兵制。往往有所謂左手軍、右手軍之稱。此皆未習蒙文慣例者。不解以手代翼之意。故於轉譯時。直以左翼爲左手。右翼爲右手。緣蒙語左翼曰郡格爾。今多譯作準格爾。右翼曰巴楞格爾。若直譯之。則應爲東手、西手。然字雖脗合。而語實不典。故明其意義者。仍皆譯爲左右翼也。此爲元初以部族原名分翼之證。其後成吉思汗子孫悉遵此制。未敢或改。觀明史韃靼傳。於蒙古各系祇稱部落。而蒙古源流於達延汗所屬有左右翼濟農。則知明代蒙古猶沿斯制。洎乎滿洲族以八旗起建州。先略定內蒙諸部。於是就諸部土地之廣狹。人口之衆寡。頒以清制。而爲之編旗。復參以元制而爲之分翼。又就各旗之壤地相接者。或合數旗十數旗。分兩翼爲一盟。如伊克昭盟之類是。或合數旗十數旗分兩翼爲二盟。如青海左翼盟、右翼盟之類是。或分二旗爲兩翼。而各隸於一盟。如喀爾喀左翼旗隸昭烏達盟。右翼旗隸烏蘭察布盟之類是。或分二旗爲兩翼。而不隸於盟。如歸化城土默特之類是。凡不隸盟之蒙古部。皆謂之特別旗。歸化城土默特以外。在東北者有伊克明安旗。在西北者有阿拉善旗。皆其例也。惟伊、阿皆一旗。故不分翼。而翼與盟旗。則固參合元清兩朝規模而成之近代蒙古制度也。至於特別旗之由來。大略言之。不外三端。或以處境僻遠。不能加入山河阻隔之別盟。或以前世地位尊貴。部落强盛。清廷不欲令與他旗聯合。或以設旗稍晚。已在各盟劃分之後。不便多所紛更。凡如此者。皆令特立自治。而沿爲特別旗。如伊克明安屬於前一端。阿拉善屬於後一端。獨歸化城土默特以順義王諳達舊部改旗制。實符於上述之中一端。當明弘治中。蒙古各部共立小王子近支爲達延可汗。駐治察罕。爲韃靼共主。察罕、舊籍亦作插漢。即今之察哈爾。是爲達延汗本部之名。清一統志謂達延汗既立。仍服屬於察哈爾者。考之未覈也。達延汗乃分東西各部爲左右翼。並以第三子巴爾蘇博羅特爲右翼濟農。巴爾蘇博羅特死。其長子衮弼哩克圖墨爾根襲濟農號。專管河套各地。其次子諳達別管河套以東陰山前後各地。即今土默特與烏盟一帶也。彼時衮弼哩克圖墨爾根稱車臣汗。而諳達則稱阿勒騰汗、此爲巴爾蘇博羅特之二子分管察罕部右翼全境之始。其後衮弼哩克圖墨爾根生九子。除以第六第七兩子遠封於左翼。今東蒙之浩齊特、科爾沁等處外。其餘七子均分牧於河套內。而諳達則以統部既廣。享年又永。比其晚歲則河套諸部領袖皆其兄子。故彼能指揮而號令之。明史載諳達對宣大總督王崇古使者言。朝廷若能封我爲王。我能戒諸部勿任侵邊。誠以諳達爾時年尊輩長。强盛冠於諸部。用敢不顧異議。毅然以保邊自任。雖至明末。子孫漸弱。然稍後由呼倫貝爾及喀爾喀徙來各部。猶藉其山後轄地。俾資駐牧。並同受諳達子孫之約束。今烏盟喀爾喀右翼旗西北近漠處。有小山。其峭峻之石壁上。猶留人工刻成之野羊形蹟。是爲土默特當年與漠北蒙部分界之標識。亦即今烏盟各旗最初藉地於土默特之遺證也。且烏盟各旗會盟之地。曰烏蘭察布。其地址至今猶在土默特山後轄境內。此因當時諳達以順義王爵傳於後。故其子孫世世爲陰山前後諸部長。而山後諸部亦遂不得不趨蹌來集於王之屬境耳。迨清兵既滅察罕而定西蒙。諳達裔孫以被誣削爵。於是改全部兩翼爲二旗。而以左右翼世襲兩都統分領之。是爲清初土默特特別旗改制之始。蓋彼時清廷既不欲令土默特仍長諸部而居統制之階。亦不肯蠛其地位而使受他部之命。擇於二者之間。爰成特立之制。意彼時清廷於此。殆亦頗費斟酌歟。至於土默特自明以來之歷史事蹟。已依類詳著於民族、宗教、人物各門。無待復述。其牧地幅員最初本極廣袤。計南至邊墻。北連瀚海。東接察罕。西抵狼山。迨明末北境各地。既爲他部借牧。勢難收回。而清初封建烏盟。遂即劃爲各旗固有之地。今土默特所轄者計爲河套以東及陰山以北之一大部。界內共設七縣。即歸、薩、包、武、托、和、清等七邑也。其疆域沿革亦與七縣略同。惟旗邊之一二縣轄地。間有跨入他旗界內者。茲就土默特兩翼所屬撮要紀之。庶便與省縣沿革相比而觀焉。

土默特左翼

自歸化城今歸綏縣。以南。歷和林、清水河至晋北邊墻。又自城東至察哈爾鑲藍旗界。又自城北歷山後武川。與烏盟四子部、喀爾喀右翼、茂明安、烏喇特東公等四旗接界。是爲土默特左翼管轄地。當戰國以前。林胡、匈奴共居之。自趙武靈王循陰山築長城。於是山南爲趙界屬雲中。山北爲徼外屬匈奴。而趙所置原陽騎邑。則在今城東南。黑河左岸。秦既併六國。仍沿舊稱置雲中郡。漢初析雲中全境之東南部。別立定襄郡。而土默特左翼遂兼跨雲中、定襄二郡屬地之各一部。大抵自今之和林縣北界以南。至邊墻。又東緣歸綏縣之東南邊。至鑲藍旗西界。爲定襄郡之成樂、武進、定襄、桐過四縣與夫駱之北部、武皋之西部各一隅。又自今之歸綏縣南界直北至陰山以東。爲雲中郡之北輿、武泉、原陽三縣與夫陽壽之東半壁。自陰山以北。則仍爲匈奴地。計漢定襄郡屬縣十二。其在土默特左翼界者。凡四縣有餘。雲中郡屬縣十一。其在左翼界者。凡三縣有半。合而觀之。即陰山以南。約可當漢制八縣幅員也。北魏初興。先據漢定襄故地。其首都盛樂。仍沿成樂之舊。後置雲州、朔州。隋於稍南置紫河鎮。唐置振武軍單于大都護府。遼於稍北置豐州天德軍。轄富民、振武等縣。隸西京道。金因之。元改豐爲下州。隸大同路。又於陰山甸城以北。置沙井總管府。明初置玉林、雲川等衛。後入於蒙古。清置歸化、和林格爾、清水河、武川四廳。民國以來改爲縣。此皆土默特左翼轄境內自漢迄今之建置沿革大略也。

土默特右翼

自歸化城以西。陰山以南。黄河以北。歷托克托、薩拉齊二縣轄境。至包頭縣城西門外五里鄂博。與烏喇特後旗接壤。又沿河岸與鄂爾多斯左翼前、後二旗分界。是爲土默特右翼管轄地。當戰國以前。亦林胡、匈奴居之。自趙武靈王攘地至高闕後。遂爲雲中、九原屬境。秦置邊郡。仍用舊名。漢惟改九原爲五原。而置縣漸繁。今之歸綏西部及薩托二縣。爲雲中郡之雲中、沙陵、楨陵、咸陽、犢和等五縣及陽壽之西半壁。又西至今包頭縣城西門外之大鄂博。爲漢五原郡之稒陽一縣。計漢雲中、五原二郡屬縣。其在土默特右翼界者。共約六縣有半也。後漢建武中。南匈奴右薁鞬日逐王降漢。保光禄、五原、稒陽諸塞以南。自是至於漢末。沿邊郡縣日就湮廢。迨晋五胡亂起。苻秦嘗擊敗匈奴劉氏、鮮卑拓跋氏。而略得漢五原、雲中之地。苻氏敗後。鮮卑復興。亦擊破匈奴劉衛辰、直力鞮父子。而收雲中西部及五原故地。隋爲突厥所踞。唐置中、東兩受降城。以東部隸振武軍單于大都護府。以西部隸天德軍安北大都護府。唐末置雲中守捉使於今薩縣境。遼以東部屬東勝州。以西部屬雲内州。金因之。元降東勝、雲内爲下州。併隸大同路。明初置東勝五衛。有一二衛在右翼界。案明初設衛處有地名什報齊者。疑即今歸綏城西之什報齊村也。後悉入於蒙古。清置托克托、薩拉齊二廳。民國以來改爲縣。並增置包頭一邑。此皆土默特右翼轄境内自漢迄今之建置沿革大略也。

重修清一統志。歸化城土默特左右翼二旗。俱駐歸化城。在殺虎口北二百里。東西距四百零三里。南北距三百七十里。漢定襄、雲中二郡地。後漢屬雲中郡。後魏初建都於此。號盛樂城。後置雲州。領盛樂、雲中等郡。隋復置定襄郡。唐置單于大都護府。五代後唐時入遼。置豐州天德軍。屬西京道。元屬大同路。明宣德初。築玉林、雲川等城。設兵戍守。後爲蒙古所據。嘉靖間諳達駐牧豐州灘。築城架屋以居。謂之拜甡。是爲西土默特。隆慶間。封諳達爲順義王。名其城曰歸化。本朝天聰六年。太宗文皇帝親征察哈爾。駐蹕歸化城。土默特部落悉降。九年大軍滅察哈爾。命貝勒岳脱駐守歸化城。格根汗之孫俄木布乳母之夫曰茂罕。潛與阿禄哈爾噶通。僞稱俄木布爲西土〔格〕根汗。謀叛。事覺。誅茂罕。執俄木布以還。崇德九年。其酋古禄格、杭高、托博克來朝。命偕俄木布返。並還其世所守順義王印。編爲二旗。以古禄格爲左翼都統。杭高爲右翼都統。尋杭高子巴桑以罪削職。順治四年。授托博克爲右翼都統。並世襲。設佐領協領等員。皆駐城中。康熙三十五年。聖祖仁皇帝自白塔駐蹕於此。其官制並同内地。雍正元年。增設同知等官。乾隆四年。於歸化城之東北築綏遠城。移鎮守將軍駐紮城中。二十八年。以兩翼旗都統事務改歸將軍管轄。二十九年。分設清水河、薩拉齊、和林格爾、托克托城通判。與歸化、綏遠二同知共屬歸綏道。隸山西省。其土默特編分旗地如故。又有輔國公一。乾隆二十一年封。世襲。貢道由殺虎口。

案清一統志載俄木布被執得釋。並還其世所守順義王印。一若俄木布已因還印而復爵者。然未稱又有輔國公一。乾隆二十一年封。又似於王爵之外。復增一輔國公者然。實則俄木布世守之印。雖蒙賜還。而世襲之王爵迄未得復。但免罪廢爲庶人。在當時固謂已邀寬典矣。康熙三十五年。清帝征噶爾丹。駐蹕歸化城。俄木布之孀携孤子叩行在鳴冤。帝許於班師時爲案治之。先賞其子一台吉。以示恩慰而已。蓋俄木布之失爵。實被誣而非其罪。先是土默特部既降清。而明尚未亡。適有部人杭皋與古禄克者。欲陷其主。以媚清將而希寵榮。乃僞爲密函使俄木布乳母之夫茂罕。間道至明邊投阿禄哈爾噶。求轉達於明廷。茂罕甫行。而杭皋等即赴清駐軍貝勒岳脱營告密。迫茂罕還殺之。而俄木布亦坐是被囚革。杭、古二人得以功擢世襲左右翼都統。彼孀孤之訟冤。其衷情固指此也。其後清帝返駕。不復經故道。於是班師案治之約。遂因曠日而頓寢。自是俄木布之子孫。衹能以閑散台吉。守其山後私業。而不復有昭雪問政之望矣。乾隆中。外蒙青滚雜布作亂。爲清軍擊潰。脱走。清廷懸賞購之。時俄木布之裔孫有名喇嘛札布者。襲台吉職。素與青滚雜布善。青滚往投之。遂被擒。既而奉旨將獻俘於京師。不虞青滚中途仰藥死。朝議以喇嘛札布疎忽。薄其賞。僅賜輔國公。雖予世襲。而仍不得預旗政。蓋是時旗政歸都統管轄已踰百年。清廷以至旗衆。俱不欲多所紛更耳。一統志所謂又有輔國公一云者。非順義一系之外。別有一輔國公。實俄木布失爵後。又數代而始得一閑散公爵之謂也。至於土默特名稱之由來。或謂土默特者。圖孟之轉音。蒙古語萬數之意。因當初以萬人成部。故稱之曰圖孟特也。明史土蠻。即萬衆之意。或謂土默特者。惕面之轉音。蒙古語駱駝之意。因當初編輜重隊爲部。而輜重之運輸皆用駱駝。故稱之曰惕面特也。或又謂土默特者。吐柏塔之轉音。而吐柏塔爲自唐以來之西北部落。遞傳至明。遂又訛傳爲土默特。凡此三説。或出於鑿空妄度。或出於望文生義。合而觀之。皆無當於析疑辨惑探本窮源之謬論耳。夫明史雖有土蠻稱部之文。但原指察罕部之小王子。非指順義王也。次如惕面名部。尤屬不經。無待深考。而吐柏塔之在中國西北部。自古雖有此稱。然彼爲吐蕃族之羌人。非匈奴族之韃靼也。蓋吐柏塔爲藏族甚古之別名。故古人截其第一字以吐蕃呼之。至今蒙語仍稱之曰突不達。惟藏人不喜聞此稱。是以蒙人互語用突不達。若對藏人則稱以湯谷達。即文言常用之唐古特也。豈可摭拾古今藏族之總名。而謬指爲蒙古部落創始之號哉。考成吉思汗之初起。其所併尼倫附近諸部中。有名秃馬惕者。見多桑蒙古史。牧地在貝加爾湖東北。歸元以後。部衆隨大軍遠征。遂展轉駐牧於漠南。意元亡或嘗服屬於永謝布台吉。或作太師。台吉敗走。遂爲達延汗所遣右翼濟農屬部。

而順義王諳達。本第一世濟農子。第二世濟農弟。則其接統永謝布遺衆。而稱禿馬惕爲土默特。實極可信耳。今土默特蒙衆姓雲碩布者逾半數。即永謝布舊部之鐵證也。

察哈爾右翼四旗

察哈爾本蒙古語。漢譯爲邊界之意。自遼金以來。皆於國境之北界掘濠塹。築邊墻。以爲漠南、漠北鴻溝之限。而遼金兩朝且皆擇近北部落之忠誠而强悍者。優其禮禄。寄以心腹。俾長司偵候。專任守邊之責。如元初成吉思汗伐金擊敗之塔塔部、汪古部。皆當時守邊之尤著者也。故自元迄今。蒙古各部皆稱此塞北近邊一帶曰察哈爾。迨明之中葉。元裔達延可汗統制韃靼諸部。自號土蠻。駐治察罕。以爲居中集權之地。是以明史及諸載籍。記述當時蒙古各部落。率言服屬於察罕部。實則達延可汗所創之察罕部。本爲爾時各部韃靼所公認之共主所在地。擬諸中國。猶之乎古代所謂京兆三輔。直隸畿甸也。察罕或作插漢。皆前代簡語。若蒙語全稱則應作恰哈嘞。蒙文則又應讀作甲哈嘞。今譯爲察哈爾。蓋以喀爾喀語音爲準焉。惟此地自達延可汗特標此名。厥後子孫相傳。皆沿而不改。至其末世裔孫立格登可汗。即清史所謂林丹汗。挑釁於滿洲。致被伐亡國。走死青海大草灘。於是察哈爾前段建立部號之史蹟。亦隨可汗之敗滅而告終。洎清初重編察哈爾八旗。雖仍沿用舊名。然其間已非盡屬林丹遺衆。蓋已有喀爾喀、厄魯特等降部參入矣。且察哈爾旗制之編成。非特與隸盟各旗不同。即與特别旗如土默特、阿拉善等部亦大異其趣。良以蒙古各旗。祇有左右前後之分。從無紅黄藍白之别。其凡以四色分旗者。皆依滿洲八旗定制爲法也。考前清滿洲八旗中。雖京師及各省駐防軍亦無不有蒙古旗在内。顧其所異於蒙疆諸旗者。厥惟此紅黄藍白之稱號耳。今察哈爾既分八旗。又標四色。其規模制度。殆全與滿洲相同。若就前清典例論。則察哈爾固隸於滿籍之蒙古旗也。頃年以來。右翼四旗已析隸綏省管轄。兹擇其疆域沿革之較著者。述之如左。

右翼正黄旗

察哈爾正黄旗。右翼四旗中最東之一旗也。戰國以前。本代子國之西北邊地。襄子滅代。地遂入於趙。其後武靈王築長城。東起自代。傍陰山。傍史記作並。註並讀如傍。西至高闕。今正黃旗南境諸山。當爲長城所經處。漢初嘗以雁、代五十餘縣置代國。今旗南部亦當在代國界内。嗣復稱代郡。置且如、延陵等縣。北魏置六鎮。以地隸柔元。金置撫州威寧縣。元立興和路。領威寧縣如故。明爲天成衛邊外地。即蒙古察罕部所踞也。清編察哈爾八旗。遂爲右翼正黃旗駐牧之地。民國因之。至今仍用舊稱云。

重修清一統志。正黃旗察哈爾。駐木孫忒克山。在張家口西北三百二十里。漢置且如縣。屬代郡。後漢省。後魏置柔元鎮。金爲撫州威寧縣地。明爲天成衛邊外。本朝爲正黃旗察哈爾駐牧。

案漢代郡所屬延陵、且如等縣。皆在旗境東南部。金元之威寧縣。則在旗境西南部。北魏有所謂大長川城。則居中而介於二者之間。其柔玄鎮即柔元鎮則又在長川之東。漢縣之稍北。總之歷代建置。大率皆位於旗境之南半部也。至於旗屬北部。本爲荒寒僻遠之區。地既近漠。建置自稀。非特戰國秦漢之世。號稱徼外。即北魏遼金原以北族建國者。亦尚未能遠踰於六鎮及撫州之北。雖元之興和路所領四縣。亦俱偏南而近邊。其於北部殆未能有加於前此諸朝。則旗屬北境之無可述。亦其地勢使然也。

右翼正紅旗

察哈爾正紅旗。右翼四旗中自東迤西之第二旗也。戰國至秦。並匈奴居之。漢置雁門郡。以爲徼外地。北魏隸撫冥鎮。金之撫州。蓋猶沿魏鎮舊名。領威寧、集寧等縣。元初改興和路。仍領故縣。後升集寧爲下路。别設總管。領一縣。仍稱集寧。今綏東之集寧縣。則又沿金元縣名以爲名也。明入於蒙古。號察罕部。清編察哈爾八旗。遂爲右翼正紅旗牧地。民國因之。迄今未改。

重修清一統志。正紅旗察哈爾駐古爾板拖羅海山。在張家口西北三百七十里。漢雁門郡北境。明大同府邊外。本朝爲正紅旗察哈爾駐牧。

右翼鑲紅旗

察哈爾鑲紅旗。右翼四旗中自西迤東之第二旗也。漢以前爲匈奴地。漢置雁門郡以爲北境。北魏隸撫冥鎮。界内有九十九泉。爲北魏諸帝常幸之區。北行可通石漠。亦當時出兵要道。遼爲豐州東界。

遼志豐州有九十九泉。隸西京道。金隸西京路。元屬集寧。爲獨立下路。明入於蒙古。號察罕部。清編察哈爾八旗。遂爲右翼鑲紅旗牧地。民國沿而未改。

重修清一統志。鑲紅旗察哈爾。駐布林泉。在張家口西北四百二十里。漢雁門郡北境。明大同府邊外。本朝爲鑲紅旗察哈爾駐牧。

案布林泉譯爲温泉。至今此蹟猶存。土人築室於旁。並以甎石甃護之。此方居民患疥癬末疾者。常往就浴。唐詩所咏暖川。在綏西烏喇特境内。蒙語亦謂之布林泉。蒙語謂泉曰布洛克。此東西兩泉。遥遥相對。其於沿革建置並稱寥落之蒙疆。不可謂非饒有別趣之名蹟云。

右翼鑲藍旗

察哈爾鑲藍旗。右翼四旗中自西迤東之第一旗也。漢以前爲匈奴地。漢置雁門、定襄二郡。南置沃陽縣隸雁門。北置武要隸定襄。北魏置凉城郡。領參合縣。在今旗境之中南部。遼以北部爲豐州東境。以南部爲德州宣德縣。隸西京道。金改宣德爲宣寧。隸西京路。元降豐爲下州。隸大同路。明入於蒙古。爲察罕部之最西界。清編察哈爾八旗。遂爲右翼鑲藍旗牧地。民國沿而未改。

重修清一統志。鑲藍旗察哈爾駐阿巴漢哈喇山。在殺虎口東北九十里。漢雁門郡沃陽縣地。後魏凉城郡參合縣地。明大同府西北邊外。本朝爲鑲藍旗察哈爾駐牧。

案察哈爾雖仍沿明達延可汗所創之舊名。並居其故地。清初編旗。雖亦仍有達延可汗裔孫立格登汗之舊部。然既雜以喀爾喀與厄魯特等衆。又依滿洲制。標以紅、黄、藍、白等名。右翼無白旗。故其旗制不設扎薩克及王公世爵。而前代世系亦遂因以湮没不可考。此亦察哈爾歷史之一憾也。蓋自達延至立格登爲六世。自立格登子孔果爾額哲降清。又傳至布爾呢兄弟。以謀亂被徙後。其子孫遂不可問。今之察哈爾。固不知孰爲嫡嗣矣。

綏遠省各盟旗疆域沿革表

朝代	旗別：四子王旗
戰國	匈奴所居地。
秦	同上。
西漢	雁門定襄徼外地。即匈奴中部單于庭所在處。
東漢	匈奴地。
三國	同上。
晉	拓跋氏地。
後魏	撫冥鎮。
齊周	荒。
隋	荒。
唐	隸振武軍兼單于大都護府。
五代	遼豐州東北境。隸西京道。
宋遼金	金豐州東北境。隸西京路。
元	净州路及沙井總管府之各一部。
明	察罕部蒙古汗右翼屬地。
清	諾延泰四子牧地。

綏遠省各盟旗疆域沿革表(續表)

朝代＼旗別	喀爾喀右翼旗
戰國	雲中徼外地。匈奴居之。
秦	同上。
西漢	同上。
東漢	同上。
三國	
晉	
後魏	武川鎮。
齊周	
隋	
唐	隸振武軍兼單于大都護府。
五代	遼豐州北境。隸西京道。
宋遼金	金净州。隸西京路。
元	净州路。
明	察罕部蒙古汗屬地。
清	貝勒旗。

綏遠省各盟旗疆域沿革表(續表)

朝代 \ 旗別	茂明安旗
戰國	匈奴所居地。
秦	同上。
西漢	五原塞外地。
東漢	
三國	
晉	
後魏	懷朔鎮。
齊周	
隋	北部突厥據有地。
唐	振武軍兼單于大都護府轄境。
五代	遼東勝州之北境。隸西京道。
宋遼金	金東勝州之北境。隸西京路。
元	隸德寧路。
明	入於蒙古。
清	茂明安部牧地。

綏遠省各盟旗疆域沿革表（續表）

朝代＼旗別	烏喇特三旗
戰國	匈奴所居地。
秦	高闕、北假、九原。
西漢	山北爲徼外地。山南爲五原郡。
東漢	荒廢。
三國	同上。
晉	同上。
後魏	沃野鎮。
齊周	荒廢。
隋	大同城。
唐	初分隸於瀚海、呼延等都督。嗣改隸天德軍。兼安北都護。
五代	遼雲內州。隸西京道。
宋遼金	金雲內州。隸西京路。
元	雲內州。隸大同路。
明	瓦剌所據地。
清	烏喇特三旗。

綏遠省各盟旗疆域沿革表(續表)

朝代 \ 旗別	鄂爾多斯左翼中旗
戰國	樓煩地。
秦	新秦中之東南境。西河郡之北境。
西漢	西河、朔方、上郡三郡接界地。
東漢	南匈奴。
三國	同上。
晉	同上。
後魏	東夏州。
齊周	荒。
隋	勝州轄境。
唐	綏州。
五代	西夏。
宋遼金	西夏。
元	東勝州。
明	鄂爾多斯。
清	鄂爾多斯左翼中旗。

綏遠省各盟旗疆域沿革表（續表）

朝代／旗別	鄂爾多斯左翼前旗
戰國	樓煩地。
秦	九原郡與西河郡之各一部。
西漢	西河雲中二郡之各一部。
東漢	南匈奴。
三國	同上。
晉	同上。
後魏	東夏州。
齊周	銀州。
隋	榆林郡勝州屬地富昌。
唐	河濱麟州。
五代	西夏。
宋遼金	西夏。
元	東勝州。
明	鄂爾多斯。
清	鄂爾多斯左翼前旗。

綏遠省各盟旗疆域沿革表（續表）

朝代 \ 旗別	鄂爾多斯左翼後旗
戰國	胡牧之場。
秦	九原郡。
西漢	朔方郡之東北部及五原郡之一部。
東漢	南匈奴。
三國	同上。
晉	同上。
後魏	東夏州。
齊周	荒。
隋	豐勝二州連界處。
唐	豐勝二州連界處。
五代	金肅州。
宋遼金	屬雲内州。
元	屬雲内州。
明	鄂爾多斯。
清	鄂爾多斯左翼後旗。

綏遠省各盟旗疆域沿革表（續表）

朝代＼旗別	鄂爾多斯右翼中旗
戰國	義渠地。
秦	秦新中。
西漢	朔方郡之南部及北地郡之一隅。
東漢	南匈奴。
三國	同上。
晉	同上。
後魏	東夏州與西夏州之各一部。
齊周	荒。
隋	廣閏靈武二縣地。
唐	豐夏二州轄境宥州地。
五代	西夏。
宋遼金	西夏。
元	屬寧夏路。
明	鄂爾多斯。
清	鄂爾多斯右翼中旗。

綏遠省各盟旗疆域沿革表(續表)

朝代／旗別	鄂爾多斯右翼前旗
戰國	樓煩地。
秦	上郡。
西漢	上郡與朔方郡之各一部。
東漢	南匈奴。
三國	同上。
晉	同上。
後魏	夏州。
齊周	夏州。
隋	朔方郡。
唐	夏州宥州。
五代	西夏。
宋遼金	西夏。
元	屬延安路。
明	鄂爾多斯。
清	鄂爾多斯右翼前旗。

綏遠省各盟旗疆域沿革表（續表）

朝代＼旗別	鄂爾多斯右翼後旗
戰國	胡牧之場。
秦	九原郡。
西漢	朔方郡。
東漢	南匈奴。
三國	同上。
晉	同上。
後魏	東夏州。
齊周	荒。
隋	豐州豐安鎮。
唐	豐州境。
五代	西夏。
宋遼金	西夏。
元	屬雲內州。
明	鄂爾多斯。
清	鄂爾多斯右翼後旗。

綏遠省各盟旗疆域沿革表(續表)

朝代 \ 旗別	鄂爾多斯右翼末前旗
戰國	樓煩地。
秦	西河郡。
西漢	上郡。
東漢	南匈奴。
三國	同上。
晉	同上。
後魏	夏州。
齊周	荒。
隋	朔方郡地。
唐	銀州。
五代	西夏。
宋遼金	西夏。
元	屬東勝州。
明	鄂爾多斯。
清	鄂爾多斯右翼前末旗。

綏遠省各盟旗疆域沿革表(續表)

朝代／旗別	土默特特別旗
戰國	雲中。
秦	雲中郡。
西漢	定襄雲中二郡地。
東漢	
三國	
晉	拓跋氏地。
後魏	初建都號盛樂。復置雲州。領盛樂、雲中等郡。
齊周	
隋	
唐	置單于大都護府。
五代	遼置豐州天德軍。隸西京道。
宋遼金	金屬西京路。
元	屬大同路。
明	初築玉林、雲川等城。後諳達居此。爲西土默特。名其城曰歸化。
清	土默特特別旗。

綏遠省各盟旗疆域沿革表（續表）

朝代＼旗別	察哈爾右翼正黃旗
戰國	代子國之西北邊地。後入趙。
秦	
西漢	代國代郡之且如、延陵等縣。
東漢	
三國	
晉	拓跋氏地。
後魏	柔玄鎮。
齊周	
隋	
唐	
五代	
宋遼金	撫州威寧縣。
元	興和路之威寧縣。
明	蒙古察罕所居地。
清	察哈爾右翼正黃旗。

綏遠省各盟旗疆域沿革表（續表）

朝代＼旗別	察哈爾右翼正紅旗
戰國	匈奴居之。
秦	同上。
西漢	雁門郡徼外地。
東漢	
三國	
晉	拓跋氏地。
後魏	撫冥鎮。
齊周	
隋	
唐	
五代	
宋遼金	金撫州。領威寧、集寧等縣。
元	興和路之威寧、集寧等縣。集寧路。
明	察罕部。
清	察哈爾右翼正紅旗。

綏遠省各盟旗疆域沿革表（續表）

朝代＼旗別	察哈爾右翼鑲紅旗
戰國	匈奴地。
秦	匈奴地。
西漢	雁門郡之北境。
東漢	
三國	
晉	拓跋氏地。
後魏	撫冥鎮。
齊周	
隋	
唐	
五代	遼豐州東界。隸西京道。
宋遼金	金隸西京路。
元	集寧路。
明	察罕部。
清	察哈爾右翼鑲紅旗。

綏遠省各盟旗疆域沿革表（續表）

朝代 \ 旗別	察哈爾右翼鑲藍旗
戰國	匈奴地。
秦	匈奴地。
西漢	雁門郡之沃陽縣。定襄郡之武要縣。
東漢	
三國	
晋	拓跋氏地。
後魏	涼城郡。領參合縣。
齊周	
隋	
唐	
五代	德州宣德縣及豐州東境。隸西京道。
宋遼金	金宣寧縣。隸西京路。
元	豐州。隸大同路。
明	察罕部之西界。
清	察哈爾右翼鑲藍旗。

榮祥在綏蒙會首次全委會上關於教育的提案

〔一九三七年三月十八日綏蒙會本年首次全委會在該會會議室召開，委員榮祥出席。〕〔摘自《邊事研究》第五卷第五期周成漢《綏境蒙政會全委會議志要》，三三至三四頁，民國二十六年四月二十日出版〕

榮祥提案一　（主文）實施本會所屬各盟旗教育計劃大綱案。（原文）竊以本會爲勵行綏境各盟旗自治之機關，今當自治發動之始，非首先積極推行教育不爲功，良以教育爲啓發民智最佳之工具，亦即促進自治最重要之方法也，自治之能否完成，全賴推進教育之效率如何以爲斷。本處自去年成立，即知本身責任之重大，確曾黽勉從事，並擬訂學校及社會等教育督導辦法，以期積極推行，俾早奠盟旗自治之基。無如提會以後，因困難（曾）〔層〕出，不得不暫時擱置。然本處決不因此而自餒，仍本負責邁進之精神，繼續努力。一年來除一部份易於推行之工作已如期籌備竣事外（如巡迴教育、自治訓練等），其餘關於一切實際之設施，則不得不退而研究其困難之所在，如其困難之所在，則因地制宜、因時制宜之計劃，乃可得而言焉。茲將本處一再研究認爲困難之點，及本處所擬二十七年教育計劃撮舉大綱，合併提出，恭請大會討論公決。

（甲）本處對盟旗教育研究結果之報告：一、推行盟旗教育困難之點何在？⑴各旗政治協助之不積極。⑵各旗不能寬籌經費，而僅恃中央之補助。⑶教育行政權之分歧扞格。⑷教師人才缺乏。⑸居處散漫，多量之學生不易集中。二、如何解除上述困難。⑴通令各旗政府對於本會在各旗創辦之教育事業應認真協助（由秘書處照辦）。⑵獎勵各旗自動興學，其有成績者呈請中央優予補助，以資擴充（通令）。⑶確定本會教育處與其他教育行政機關之權限範圍，以期職守而使負責（由長官公署向省政府接洽辦理）。⑷各旗小學師資，應先就已受教育之蒙古青年中選用之，並繼續由各旗等保送師範生，以廣造就。⑸凡學生不易集中之地方，以本會巡迴教育法救濟之。

（乙）本年度教育計劃大綱：一、關於全部教育行政者：⑴施行三民主義教育。⑵側重自治意義教育。⑶調查各盟旗學齡兒童及適宜之學區。⑷各旗應設專管本旗教育之機關，其負責人員即以各該旗士官之能熱心提倡教育者充之。⑸訂制各種規則：①視察大綱，②調查表册，③籌設小學辦法，④小學校長任用規則，⑤旗教育管理暫行規程，⑥應獎各旗興學辦法。二、關於學校教育者：⑴視察現有小學，切實改進。⑵分期協助未成立學校之各旗籌備小學。⑶改訂保送蒙古學生辦法。⑷制定獎懲小學教師規程。⑸分設獎學金或津貼，培植優秀及貧寒蒙生之深造。⑹監督並改善原有之私塾。三、關於社會教育者：⑴本會應籌設小規模之圖書館，復集有關蒙古文化之書籍，以備參考。⑵確定巡迴教育應推行之科目，以利宣傳。⑶編印及翻譯通俗之蒙文書報，以開民智。⑷應請蒙古衛生院與本會合作，以期改善各處衛生。⑸應編訂利用或製造土産之常識小册，分發各旗人民，以裕生計。⑹就各旗可能範圍内逐漸推行喇嘛教育，俾得自動謀生。（委員兼教育處長榮祥提）決議：原則通過，交參、教、秘三處，確合各旗之實際情況，詳擬具體辦法，確實實行。

伊盟道中口占

（一九三七年十月，原載《活躍的北戰場》（塞風社叢書之一），民國二十九年。轉録自楊性愷選編《楊令德選集》，自印本，二〇〇五年）

官渡通秦塞，行行道阻長。揚鞭驚雀鳥，投石戲羚羊。霧重兼葭白，風高檉柳黄。日斜何處宿，茅舍倚山岡。久識田家苦，窮邊更可傷。容身須掘洞，果腹賴『登厢』。女字方添褲，男婚每共裳。辛勤經四季，除夕飫黄粱。

從漢蒙同源説到精誠團結

（原載《塞風》第四、五期合刊，一九三九年八月一日）

近世的歷史學家，對於東亞各民族的來源，都説是最初從帕米爾高原逐步向東發展過來的。這個有史以來的推斷，雖然仍是一種假定的説法，但至今既没有人能舉出確實的反證，將它駁倒，那麽這個推斷，也就不妨引爲我今天這個題目的根據了。

我們東亞各民族，既然都是從帕米爾高原過來的，以後雖因適應環境，謀求生存延續，各自走了不同的方向，經過相當的年代，遂演成各不相同的生活習慣、風俗語言以及部落名稱等等，但最初畢竟是同源的。我們還可以從不同的語言習慣及一切生活項目上，尋出上古還遺傳相同的痕跡來。現在姑且不談其他，我們單就漢蒙的關係來談談。

我想民族關係的親疏和是否同源，應當從他最早的語言中找根據。因爲當初既都是從一個發源地向東走來，就可以推想他們最初必有相同的語言。其後經過幾千百年，雖變的絶不相同，但這只是因爲事物的逐步增加，和彼此命名的各不相謀，遂致愈變而愈不同罷了。若在古初，事物既少，語言必簡，其所遺傳下來的古語古音，必有可供我們參考的資料。今試略舉一二，以證我説的非妄。

蒙古在古代，尚没有信奉任何宗教的時候，只知敬天祀天，稱天曰『亭格里』。漢語在古代，稱天也作『亭』的聲音。清初顧亭林好講古音，有一次亭林住在陽曲傅青主家，早晨亭林未起床，青主大聲喊『亭芒了。亭芒了』。亭林不懂他的話，就問他『你説些什麽？』青主大笑説：『你整天講古音，難道不懂的亭芒就是古音的天明麽？』從這個故事裏我們知道上古時，無論是蒙古或是漢人，稱『天』都是以『亭』的發音叫出的。又如蒙古語稱『馬』爲『麻勒』。這也就是漢語馬字的同音，不過尾上加一個『勒』的拖音而已。又如蒙古語稱『上』爲『顛』，稱『下』爲『倒』。這和漢語上下二字的古義，也完全相同。《詩經》『顛倒衣裳』及『顛之倒之』，都無非是説上衣下裳翻了過，以及忽而弄在上，忽而弄在下的意思。又如蒙古語稱『頭』爲『桃勒蓋』，這起首一個字，也就是頭字的轉音，或漢語古音竟讀頭爲桃，也未可知。又如蒙古語稱『走』爲『雅步』，這和漢語的步字更是没有什麽分別了。又如蒙古語稱『黑』爲『嚇勒』，稱『愚昧』爲『蒙哈格』，這和漢語『黑啦』『蒙昏』在發音上都有相同的跡象。至於蒙古語自稱爲『比』，稱第二位之你爲『氣』，稱第二位之他爲『特勒』。亦與古代漢語自稱往往用『敝』用『鄙』以示自謙之意相近。而《書經》《左傳》《史記》等書中以『其』字作第二、三位的兼稱，更是不勝枚舉。『特勒』的特字，其音在提禿二音之間，頗似古代漢語『佗』字的變音，而『佗』字在古代切就是『他』字。又如蒙古語稱夥伴爲『火碩』，按《史記》載陳勝稱王以後，他舊日同耕的夥伴聽到這個消息，都互相傳説『夥涉爲王』了。這個夥涉，正是當時俗語稱夥伴的意思。而太史公却把一個涉字摘出來，作爲陳勝的臺甫，這是不妥的。並且這『夥涉』和蒙語的『火碩』音義皆同，可見古代漢人、匈奴人稱夥伴都叫作『夥涉』了。此外，我還有個奇怪的推想，就是《戰國策》《史記》諸書，記載應答稱『是』的地方，往往用『唯唯』二字。我以爲這個字或者古代不讀作『唯』（音惟），而讀作『佳』。也許古時這個字是從口從佳，它的音也是『佳』。秦漢以後，因爲讀音失傳了，遂讀成惟字音，也未可知。你看蒙古人應答稱『是』的時候，總是説佳佳。這是一個笑話，我不過附帶説一説罷了。以上所述，雖嫌太簡，但都是上古時代已經通用的事物名稱，與後世蒙語沿用漢語的新添名詞不同，故可引來作爲語言同源的例證。

漢蒙兩族，在語言上既有同源的象徵，那麽在秦漢以前，中原人士究竟能不能懂得若干匈奴語呢？我以爲就某些史跡考查，那時的中原人士，確是懂得一部份匈奴獫狁葷粥語的。我們要想証明這個主張，必須先把古書中所載的戎夷、胡、狄等名稱解釋清楚，然後再徵引史事，借作對照。便可明白無疑了。

『戎』字是什麽意思呢？我以爲『戎』字就是『人』字的異音。因爲居住西北方的漢族，如陝、甘、寧、青以及晋之河東一帶，土厚水深，語言重滯，故發語多帶鼻音。你想讀『人』字而帶上很重的鼻音，豈不就變成『戎』字的類音了麽？所以古語往往説南蠻、北狄、東夷、西戎，把『戎』字不分配在别處，而獨獨擺在西方，這就是因爲西北人讀這個音讀得太多的緣故啊。

那麽『夷』字又是什麽意思呢？我以爲『夷』字也是『人』字異音。因爲居住東方的漢族，如齊魯邾曹以及遼東一帶，地曠氣暖，語言激越，故發語多帶牙舌音。至今青齊人士讀『肉』爲『又』，讀『柔』爲『由』，讀『人』爲『銀』，有時説俏皮話，把『人兒』兩字連速連讀時，便變成『一兒』了。這個『一兒』的讀法，就是『夷兒』的來源。同時也就是『人』字變爲『夷』字的道理。你看孔子、孟子生在鄒魯，他們講話用

『夷』字的地方最多。如『居九夷』、『用夏變夷』、『夷狄有君』。孟子把禹王、文王的生處，也都派在『夷』。這些例子，真有數不勝數之繁。你再看生在豐鎬的周公，他只説『戎狄是膺』，却不説夷狄是膺。因爲聖人也免不了要隨他們各自家鄉的土音説話啊。古人把『夷』擺在東邊，和把『戎』擺在西邊，正是一樣的道理。

戎夷既都是『人』字的異音，難道説『胡』和『狄』，也能硬拉作『人』字的解釋麽？對於這個問題，我敢大膽地説一聲『然也』。不過『胡』與『狄』是匈奴語的『人』，而不是漢語的『人』罷了。東部匈奴語稱『人』爲『渾』，西部匈奴語稱『人』爲『控』。『渾』就是胡嗯的速讀，在漢語就簡直讀成『胡』了。這個音既發在匈奴的東部，所以古代稱東北方的民族爲東胡（見《史記·匈奴傳》），又有林胡。唐史稱安禄山爲營州胡，都是這個緣故。西部匈奴語既稱『人』爲『控』，所以孟子説『文王事昆夷』，『昆』就是『控』字的類音。不過孟子因他自己的習慣，給昆字添了個『夷』字。但司馬遷作《史記》，就把昆夷改成緄戎了。這是因爲『控』字發音源於西北部，故以後西北就有昆彌、堅昆等等稱號。東胡西昆，其實一樣是『人』字的意思。至於『狄』，則是『人』的多數字，就像英文用s一般。現在蒙古部落名稱，往往用『特』字表示這個義意。如土默特、達拉特、烏喇特、蘇尼特、扎賚特、浩齊特、土爾扈特、杜爾伯特等多至數十旗，都是以『特』爲名的。這個『特』字，因是譯音，故馮承鈞多用作『惕』字，張石洲多用作『忒』字。古代的史傳就都用成『狄』字了。有人説『狄』字是象徵牧獵生活的。故從犬從火。那麽《左傳》把『狄』字用作『翟』字，如赤翟白翟，又是象徵什麽呢？總而言之，『特』、『惕』、『忒』、『狄』都是表示多數的語詞。土默特就是土默人們。其餘都作如此用。古人見北族，一問其籍貫，便答以某某特。彼既讀『特』爲『狄』，遂把北族通統呼作『狄』人了。

戎、夷、胡、狄既都是漢蒙語言的人，我們試再就歷史上找些古代能互相瞭解的事實來研究一下。

《史記·宋微子世家》載宋景公名頭曼，匈奴列傳載冒頓單于的父親也是名叫頭曼。頭曼二字，在漢語文內，本來無義可解，其爲北族語，殆無疑義。又如魯叔孫得臣，因擒殺長狄僑如，就把自己的兒子也命名叫僑如。這證明他不僅紀功，同時也能明瞭僑如二字的意義。趙世家載武靈王曰『我先王敗林人於荏』。正義釋云『即林胡也』。當時與胡地相接，習其語言，故胡字即是人字。又如匈奴語稱『進來』曰『昂陸渾』，稱『人』曰『渾』，『昂陸渾』就是『進來的人』。春秋時有遷入河南的北族，中國稱他們爲陸渾之戎。因爲昂字的本音，在訛昂二音之間，中國沒有這個音，故簡稱作陸渾，猶如日本人稱俄羅斯爲露西亞，就是去掉俄字，僅讀爲羅斯呀一樣的。不過中國去掉『昂渾』的昂字，却添了個戎字，意義未免重複。然而後世却竟將這個地方叫作陸渾了。其餘古代漢蒙通婚的事實，尤其繁多。如周襄王娶翟后，晉獻公先娶翟女，後又納驪戎之女。晉文公重耳就是赤翟的外甥，他外祖狐突，舅父狐毛、狐偃，都是狄族。又如中國古代，最重氏族。三代以前，最古如女媧氏、燧人氏、伏羲氏、軒轅氏等等……多至不能悉數。但北族中也有這種跡象，如蒙古部落，有綽羅斯，郭爾羅斯，鄂爾多斯等以『斯』字作同血統的部落稱號者很多，這個『斯』字就是漢語『氏』字的同音和同義呵。因爲蒙語的『斯』，是同系的多數字，但漢語的『氏』又何（常）（嘗）不是同系人的多數字呢。元朝稱南宋爲『南家思』，究其意義，也無非是『南家氏』而已。此外漢蒙兩族，不但古時在語言上有互相的連繫，就是在禮俗上也有類似的地方。如古代中國言禮，必稱玉帛，『禹會諸侯，執玉帛者萬國』。論語『禮云禮云，玉帛云乎哉。』可見古人沒有玉帛，便不成禮。現在蒙古人見面，必先遞鼻煙壺以示問安之意，再遞哈達一幅以表誠敬之心。這兩樣東西，恰與古代玉帛相見的禮意相合。從這許多史實看來，我們可以知道秦漢以前，漢蒙兩族的關係，要比後世親切得多了。

自秦始皇統一中國，北逐匈奴，築長城以限南北，於是古代漢蒙互相瞭解、彼此通婚的關係，就被隔絕。而語言風俗生活習慣，也就越差越遠，以後便演成絕不相同的兩種民族。雖有歷代的和親，那不過是天朝與可汗一種官樣文章而已。實在說來，這是秦始皇作俑以後，絕對不能免的現象。因爲人類的本性都是你越討厭他，他越要攪鬧你，你越想消滅他，他越要千方百計的來搗亂你。秦漢以來的一部邊患史，十之六七是彼此搗蛋構成的。但是到了現在，却就大大的不同了。我們中華既是五族共和的國家，我們的尺寸土地，一草一木，都是我們大中華民族所共有的。希望是一致的，命運也是相同的，好了都好，糟了都糟。在中華民族這個範圍內，决沒有哪個民族犧牲了別族同胞，而自己可以得到便宜的道理。因爲我們的敵人日本帝國主義者，他看我們五族，一樣是『俎上之肉』。决不會辛割這個而優容那個的。親愛的蒙古同胞們，趕快起來，精誠團結，在賢明的領袖領導之下，努力抗戰，保衛我們的國家，保衛我們的民族，並保衛我們祖宗的榮譽和後世子孫的延續吧！受了敵人麻醉脅迫而可憐的蒙古王公貴族們，你們也趕快從敵人鐵蹄之下覺悟起來罷！你們看凌陞以呼倫貝爾的高貴地位，竭力順從敵人，終究還免不了死在敵人的屠刀之下。你們不懂的『兔死狐悲』麼？快快起來，走向祖國懷抱，精誠團結的打倒共同的敵人罷！現在只有走這條路，才是挽救你們滅亡的不二法門哩。

五月三十日　榆林

寄蒙旗同胞

（原載《民衆日報》一九四〇年七月一日）

敵人的血手已由東向西蒙伸張了，這期間有許許多多的蒙旗同胞已經參加到抗戰陣營中來，爲保衛祖國而奮鬥。同時還有無數的同胞在敵人的鐵蹄蹂躪下過着暗無天日的悲慘生活，無時不在期待着抗戰勝利更快的到來。

可是我們要知道，這次抗戰是長期的，是需要我們一直戰敗敵閥爲止的，中途妥協與動摇，必然招致亡國的慘禍，只有堅持持久抗戰，才能躋中華民族於復興之域。現在我們神聖的民族抗戰，進行快到三年了，在這三年之中，已經把敵人的一切企圖完全粉碎！雖然仍有部份的點與綫陷於敵人之手，但這對於整個抗戰局勢，並没有多大影響。根據軍事、經濟、政治、外交各方面的事實來觀察，我們確已愈戰愈强，敵則愈戰愈弱。只要我們一直堅强地奮鬥下去，可以肯定地説：『最後勝利一定是屬於我們的』。

然而我們蒙旗同胞，在抗戰當中的表現，仍是不够積極，仍没有把自己的力量完全運用在抗戰上去。此中原因和困難的存在固然很多，但我們的臉上無形中已添有可耻的烙印，這烙印就是落後的顯明標志。我們同是中華民族的國民，在國難當頭的今天，要以勇往邁進的步伐，踏上抗戰的光榮大路，不規避責任，也不轉移責任，有幾多力量，去盡幾多力量。須知蒙旗之喪失是蒙旗同胞應該負責的，而蒙旗的光復也是蒙旗同胞要負最大責任的。這是我們時刻痛自鞭策與檢討的主要課題。同時我們對於爲虎作倀的民族敗類，更要毫不容情地予以打擊，因爲，誰有違反抗戰的行動，誰便是民族解放的罪人。

今天，是争取民族生存的嚴重關頭，我們蒙旗同胞爲了保衛祖國，要認清我們的敵人——日本帝國主義，利用一切的力量和方法，讓没落的鬼子，投向死亡的絶境！群策群力，建設新的蒙旗，這樣才能爲蒙旗覓致光明的前程，我們才不愧爲先祖成吉思汗的優秀子孫。蒙旗同胞〔要〕記取，要牢牢地記取！

游雄山寺

〔原載《活躍的北戰場》（塞風社叢書之一），民國二十九年。轉録自楊性愷選編《楊令德選集》，自印本，二〇〇五年〕

欲向邊城訪勝游，緩行沙岸溯清流。山回路轉溪聲急，知有奇觀在上頭。峭壁融流啓法幢，榆溪勝蹟此無雙。佳名不愧雄山寺，終古濤飛撼石窗。

應該表彰的俺答可汗

〔民國三十年元月〕〔原載楊令德編《抗戰與蒙古續編》（塞風社叢書之三）塞風社，一九四一年十一月〕

精誠團結，是我們全中華民族對倭寇抗戰的重要條件之一。這個道理，除漢奸賣國賊以外，凡是中華民族的好兒女，無論是誰，都能〔確〕切瞭解，並能忠實地予以履行。這是我們抗戰建國過程中最好的表現，也就是最後勝利必屬於我們的顯明證據。所以今後我們全民的團結愈堅固，愈廣泛，我們抗戰建國的力量就愈增强，勝利的到來也就愈接近了。因此，我們對於精誠團結這一口號，還不能認爲已經達到理想的程度，便把它置在次要工作之列。按現在的情形，我們仍應隨時隨地隨人隨事，加以宣傳和鼓吹，使淪陷區域受了敵人分化麻醉的人們，也都能一個個醒轉過來，一齊走向精誠團結抗戰建國的光明大道，那麼倭閥的崩潰，便成了無可救藥的死癥了。

當『九一八』事變以後，倭閥自以爲『滿蒙政策』的初步已告成功，於是對於内蒙各旗王公，以及失意的蒙古青年，竭力施以金錢的誘惑和分化的煽動，以期〔逞〕其挑撥離間同室操戈的鬼蜮之謀。那時内蒙各旗有志節的智識分子，已多數入黨，受了三民主義的熏陶，都能理會三民主義就是救國主義，對於敵人的謬妄宣傳和惡毒的分化，也都能用清晰的頭腦加以分析。尤其民國二十四年三月間，倭閥所派的駐綏遠特務機關長羽山喜郎，因作者强制撤銷德王派駐綏遠作情報的無綫電臺，遂與作者起了一次風聞全國的直接衝突。自此事發生以後，凡與作者接近的蒙古智識青年，更清清楚楚揭穿倭閥的『畫皮』，識破了猙獰的醜惡面目，自然都存了『去之若浼』的心理，不肯冒然上它的賊船了。假使當時全内蒙的智識分子，都能像這一般青年的立場明確，志節堅定，那麼蒙旗的團結，還有什麼問題可説呢？可惜内蒙既有了爲國家奮鬥的青年，同時又出了爲民族丢人的敗類，這真是一件極可痛心的事啊。

説到這一夥蒙旗敗類，他們也都是中國人，爲什麼他們要背祖國而親暴敵，捨同胞而就虎狼呢？這就是因他們受敵閥分化麻醉的毒害太深了啊。他們所受的分化毒素，固然不止一端，但其中最荒謬而最有力的，便是説『蒙古民族，自古即是獨立的國家。除了元朝統治過中國以外，從來没有一個蒙古英雄，與中國合作過。你們現在爲什麼不謀自立呢』？自這種謬説由倭閥的特務人員盡力宣傳以後，於是這夥認賊作父的蒙古敗類，就毫不考慮地予以接受。也不想一想成吉思汗的子孫，哪一個會與倭奴合作過？竟紛然群起，協助敵人，包圍德王，要他做一個倭奴之奴的『成吉思汗第二』。啊呀！這一夥無耻敗類，他們不但把蒙古英武先祖——成吉思汗的金字招牌打了個粉碎，踐入了厠坑，實在把現代蒙古人的面皮，也拿糞穢給塗抹得無餘地了。倭閥這種分化的謬説，只有這夥無耻敗類，才肯閉了眼瞎聽。若是稍有歷史常識的人，誰肯相信呢？蒙古在春秋戰國時，統稱北翟。他們和中原各國，鬧麻煩的時候固然是有的，但和各國通婚的事實，却也不勝枚舉。其後改稱匈奴，自西漢元帝時，呼韓邪單于即依居光禄塞，與漢和親，受漢保護，從此子子孫孫，與漢無忤，□新莽時猶忠於漢。至於東漢二百餘年，更是融合無間，多數匈奴人移居塞內，漢爲置新興郡處之。就是爲報家仇而攻金的成吉思汗（金朝因酒醉微忿，慘用木驢釘殺汗之族祖），也是和南宋合作以收夾攻之效的。凡此遠代的史實，我們暫且不必細述。我現在想把我土默特旗（作者的本旗）的開旗創業賢王——俺答可汗累世忠於明朝的事蹟，簡略地介紹一下，一則闢倭閥分化的謬説，一則唤醒現在蒙古王公的迷夢，使能了然於精誠團結的大義。

僅考俺答可汗是明代韃靼國達延可汗的嫡系子孫，《明史·韃靼傳》稱他爲俺答，《大清一統志》稱他爲諳達，究其實他的名字應該寫作『阿能大』。按『阿能大』就是釋迦牟尼佛十大弟子裏『阿難』（音那）的蒙譯語。他的封地轄有現在的土默特和烏蘭察布盟的全境。他年青時候，很能淘氣。察罕可汗把他封在現在的卓索圖盟。（察罕部就是韃靼國的共主，是達延可汗長子傳下來的一系，地點就是現在的察哈爾）後來因爲他和東蒙各部落常搗麻煩，東蒙各王公聯名請察罕可汗把他調開，察罕爲息事寧人，遂把他再調回西部來。但是他原來帶去的軍隊，却留在那裏，另派别人統率。所以我們這旗叫做土默特，而卓盟也有兩旗叫土默特（兩旗分左右翼），就是因爲俺答可汗曾兩處就封的緣故。①他回到西部以後，雄心不息，整軍經武，鋭意圖强。不到十年，居然雄視諸部。《明史·韃靼傳》説：『俺答最雄黠，有精騎四十萬』，這也就可以看出他雄强的一斑了。他起初只想征服右翼諸部（那時自察罕以東，統稱左翼。自察罕以西至青海，統稱右翼），並没有和明朝搗蛋的意思。所以他在征服了右翼八十五部落以後（那時外蒙西部也屬於他轄制），便自稱爲阿勒騰俺答可汗，頗有南粤王稱帝『聊以自娱』之概。不料明朝出了

①編者按：此處有誤。據史籍記載，東土默特係俺答汗孫噶爾圖時自歸化城東遷到今遼寧省境内的。清天聰九年（一六三五年）方與喀喇沁部人善巴所率衆分編爲卓索圖盟土默特旗。

七八個漢奸，其爲首人叫趙全和邱富的，因犯了白蓮教案，被有司緝拿，在内地不能容身，遂逃出長城，投在俺答可汗帳下，作了他的謀士。終日勸俺答可汗修城池，蓋宫殿，率兵南下，和明朝争雄。《明史》所載俺答内犯的事實，都是這夥漢奸給慫恿成的。

俺答可汗有最愛得一個孫兒，名叫把漢納吉。有人給他從烏審部説了一個媳婦，俺答可汗聽説這個媳婦很美，就把她收爲自己的第三房夫人（這就是名震當時的三娘子），給孫子另定了一房親事。把漢納吉雖然年幼，對這事也非常不滿，乘俺答可汗征西藏的工夫（征西藏的事實和起因很繁，不能悉述），他就帶了幾個隨從跑到大同，降了明朝。俺答可汗在藏邊得到這個消息，非常痛心，當時草草議和，即率兵星夜兼程趕回，直向大同進攻。他滿以爲他往年蹂躪明邊，得罪了明朝，此次他的愛孫自投羅網，必無幸存之理，所以一到大同，就把城圍了個水泄不通，一面聲言要他的孫兒，一面就準備借端大鬧一場。哪想到他正在城下咆哮的當兒，宣大總督王崇古却笑眯眯地在城頭向他問道：『老朋友，咱們從前不是約定互不侵犯麽？你今天爲甚來此暴跳呢？』俺答可汗説：『你把我的孫兒殺了，你還佯知故問麽？』王崇古説：『你的孫兒已受了朝廷的封爵，好端端住在這裏，你聽誰説我把他殺了呢？』俺答可汗説：『不信。』王崇古笑着説：『諒你也不信。』遂立刻將把漢納吉唤到城頭，和他祖父見面。俺答可汗看見他的孫兒金冠玉帶，蟒袍牙笏，喜得眼淚迸流，連向王崇古打恭道歉不迭。王崇古看出他是可以感情説服的，遂乘機勸他歸款。俺答可汗説：『我本無意犯邊，都是你家的人（指漢奸）教我這樣幹的。朝廷如能封我爲王，我願世世爲朝廷保邊，必使沿邊居民不受一草一木的損害，倘他部若有不忠約束的，我自能管教他們，不煩朝廷分心也。』王崇古説：『你如能把那幾個壞蛋交給我，封王的事情，我一定負責向朝廷奏請。』俺答可汗説：『好，就這樣辦吧。』當日夜間，俺答可汗就把那幾個漢奸捆起，派人送給王總督，自己領兵退到長城候命。過了些時候，明朝果然封他爲順義王，除了豐富無比的榮典和御賜的冠服袍帶外，還鑄了一顆三百兩重的黄金印，以示優異。他的胞弟老把都也受封爲都督，其餘文武受封的凡六十餘人。從此以後，他確能忠實履行他的諾言。可惜《明史》只記他前半生的搗亂，而没有記後半生的公忠。這實在是因爲他後半生虔心事佛，嚴禁殺伐，邊地人民都享了安居樂業的幸福，史家已無事可記，故而從略。他早年修的城，明廷賜名歸化城（原名庫克忽洞）。他晚年蓋的廟，明廷賜名爲仰華寺，宰相張居正給寫了一個寺額。他活到八十多歲才壽終正寢。他的長子紅台吉襲了順義王爵，還是照他父親的遺規忠於明朝。紅台吉襲王三年，壽已六十餘，接着也病故了。此後他的孫兒格根可汗、曾孫博碩克圖可汗，接連都襲了順義王爵，都是一貫的忠於明朝。就是俺答可汗晚年，大權交給他的愛妾三娘子的時候，也能領導諸部，效忠於明廷，所以明廷特封她爲忠順一品夫人。明朝自隆慶、萬曆以後，西北沿邊無烽火之驚，確係因有順義王一家，父子祖孫，輩輩能盡彈壓責任的緣故。

迨至滿洲興起，與明朝爲難，東蒙的科爾沁部首先降附滿清，並引導滿人，突襲察罕的立格鄧可汗（《明史》作林丹汗）。立格鄧戰敗西走，滿兵乘勝追至歸化城。當時小順義土博碩克圖以滿洲征服內蒙以後，必要侵略明朝，不如早挫其鋒，以紓後患，遂密遣心腹小校，賫書往大同，約明將共出兵夾攻。不料其帳下有二奸宄，一名杭皋，一名古禄克，〔竟〕密以此事報告於滿軍統帥阿濟格，乘夜將小順義王部隊包圍解決，並將其祖傳之黃金印奪去。於是順義王一系，從此便夷爲庶民了。

就上述的事實看來，順義王一家數代，對於明朝，不但盡了積極的忠順，並且因積極的爲明而犧牲了他們累葉的尊榮。我們現值抗戰緊張之期，而倭閥對蒙旗的分化陰謀，亦仍在步步加緊，愚昧的親倭王公也迷醉於敵人屠殺之下而不自覺，反謂忠於黨國者爲枉讀詩書（德王譏作者語）。這真是歐陽子所説『不知人間有羞恥事』了。當七七事變以前，作者向傅主席建議，由公家撥款將順義王家廟壽靈寺加以修理（內有順義王夫婦藏身香檀塔廟），使親倭的蒙古王公，知道古代蒙王〔確〕有忠於國家者。此舉意義之重大，較諸崇祀成吉思汗，實有過之無不及也。傅將軍當時亦極首肯，惟未及進行而抗戰已起。現在修廟刻石的事情，雖然無暇顧到，但由政府與文化界加以宣傳表揚，想是應該的吧。就是作者此次不惜一切犧牲，毅然決然跑出本旗來，在我們英明的領袖領導之下，負了一份小小的抗戰責任，也無非是繼承我們開旗創業賢王的遺志。就是與作者同甘苦，共休戚的一班青年，他們的皎然志節，也何嘗不是受我先王偉大人格的感召呢？親愛的蒙旗同胞們，我們前代的賢王，既有這樣的光榮史蹟，我們應當趕快團結起來，效忠於祖國，以期『無忝爾祖』吧。

七絕·《綏蒙月刊》題詞

（民國三十年三月一日，原載《綏蒙月刊》創刊號，一九四一年三月）

專爲籌邊始築樓，文饒功業著千秋。要知柔遠無他術，德化流行勝置郵。
宣威布德到蒙疆，更把邊情達廟堂。遐邇精誠團結固，何難驅寇返扶桑！

迅速搶救蒙旗智識青年

（原載《綏蒙月刊》第二卷第七、八合期，一九四二年八月）

智識青年是我們抗戰建國過程中必不可少的重要幹部，這是任何人所不能否認的。只是比較落後的邊疆地方，文化水平本來就低，加以地廣人稀，交通滯澀，所有一班青年，不但在智識程度——所謂質的方面，較諸內地文化交通早經發達的區域，是無可諱言的略有遜色，就是以生滋率逐漸退減的人口數目論——所謂量的方面，較諸內地人煙稠密生齒極繁的地方，也難不免有千不當一之嘆。現在及最近的將來，我們國家需要多量優秀的智識青年作幹部，是一個如何迫切的問題。而邊疆各地，究有多少這樣合格的優秀智識青年，可供國家源源不斷的取用，這又是一個如何嚴重的問題。倘就這需要和供給兩方面來説，我們對於邊疆已成熟（即已受高級教育者）和未成熟（即方在受教期間者）之智識青年，是不是應該加以特別注意呢？

現在我們對於離戰場較遠的邊疆青年姑且不論，就是離戰場雖近而正在受教期間的邊疆青年，我們也不妨留待另文討論。茲所欲談者，僅以已成熟的邊疆智識青年爲限，亦即以接近戰場的諸旗智識青年爲限。

我國內地的名流碩彥，在抗戰以前，對於邊疆問題曾經做過專門而精密的研究者，雖不敢武斷爲絕無，但切不可以説是太少。迨至抗戰發動以後，因日寇滿蒙政策的圖窮匕見，我們的學者們才稍稍注意到邊疆這一問題。有時也有不畏風霜，不遠千里，僕僕於沙漠道上，來西北蒙旗，作走馬看花的考察者。他們對不懂漢語的蒙胞，根本無法接談。所能彼此通達情愫的，仍不外那幾個受過教育的智識青年。他們見到這種情形，以爲蒙旗也有很多智識分子，將來的蒙古前途，一定是很可樂觀的。樂觀誠然是樂觀，但這樂觀僅限於抗戰以後的伊盟，並僅限於綏境蒙政會所在的伊盟扎薩克旗。假若没有這一批蒙古智識青年在那一隅撑持這個場面，恐怕這個樂觀就要改觀了。

邊疆人才質量之貧乏，如上文所述已是普遍現象，內蒙各旗，更是不能例外。但爲什麽却又有現在這一批智識青年呢？這就因爲東蒙有個喀爾沁旗，西蒙有個土默特旗，這兩旗在滿清末葉，就看破了清廷的愚蒙政策，毅然決然，興學校，讀漢書，自籌教育基金，培養官民子弟。積數十年的慘淡經營，才造就出一批跟一批的知識分子，其中有東西洋留學及國內各大學、專門學校畢業的，爲數頗多。由此看來，這些智識青年的來由，確是經過兩開化旗的前輩明哲之彦，與惡劣政治環境奮鬥得來的美果，其成就是極不容易的。所以這些青年比内地人材，雖是車載斗量的不稀奇，然而在廣闊的内蒙區域，僅僅有這樣數量的智識青年，那在我們負邊疆責任的人們看來，確要認爲是鳳毛麟角，不可多得的寶貝了。

當抗戰初起時，東蒙因地理接近寇僞的關係，所有智識青年，除早在各地負有任務，未被寇僞脅從者外，其餘留在東蒙家鄉的人們，大多數已輾轉呻吟於敵寇鐵蹄之下了。現在伊盟擔任各項工作的蒙古智識青年，都是在抗戰以前，就抱有堅決抗日意志的血性男兒，他們當綏包淪陷時，都不約而同地偕作者聯袂過河，很迅速地恢復了各項蒙事機構，健全了蒙旗的抗戰基地。他們在從綏包出走渡河時，又都是抛棄家族財産，受了敵寇飛機大炮的襲擊和機關槍的掃射而逃出來的。他們的知識造就，是那樣的不易。他們的逃出虎口，又是那樣的艱難。憑良心説，他們對於國家的忠愛、抗戰的擁護，可以説是無忝所學了。

但是這些智識青年，他們現在的生活情形如何呢？據最近他們給我寫來的信和推來的代表報告，簡派職員，有的是每日現打糧；薦任職員，多是吃早無晚；委員和雇員，更是日謀一粥而不可必得。總而言之，他們全體的生活情況，是人人無賣餘之物，家家無隔宿之糧。其危急之程度，殆與困居荒島的旅客，没有什麽差别了。國家對於未來的青年，尚欲竭力培植，期造就他日有用之材。而現居伊盟的這一批智識青年，都是學有專長，並且已經替國家做着他們應做的工作，我們忍他們長處絶境，如孟子所説『立而俟其死』嗎？

我説這話，並不是希望給他們以如何優美的高貴生活，也不是説教他們從此不做事，專靠國家養老。我的意思切是從救濟中提高他們工作的興趣，使他們能安心繼續他們原有的任務。不然，生死關頭，雖父不能强其子。前途的惡果，是可以想象得來的。現在我們除盡力加以鼓勵外，還望負有邊疆大責的各先進，大家群策群力，趕緊設法呼吁搶救這批饑餓綫上的蒙旗智識青年吧。這是與邊疆抗建工作有密切連帶關係的一件要務啊！

收復外蒙芻議

〔原件藏内蒙古自治區檔案館，見下頁影印件〕

收復外蒙芻議

第一章 緒論

外蒙為我中華民國之直接領土，本為世界列強所公認。惟自辛亥革命以還，北洋軍閥政府，聚合庸人，煽引內亂。但爭目睫之利，不作遠大之圖，致令外蒙情勢，一變再變，愈變而內向之心愈薄。迨徐樹錚以籌邊使頭銜，擁兵北上。立威之外，無他設施。使無數傾心於祖國之蒙胞，亦均廢然結舌，不敢復有所言。卒致發動反抗，接踵而起。徐氏所率高在田師，被驅南返時，狼狽遁走，殆不成軍。其散兵道經包頭、綏遠、張家口者，皆公開拍賣其劫掠得來之大批橐駝騾馬、及召廟法物、王公服玩等、以充腰纏。夫以堂堂國軍、為禦侮保疆弔民伐罪而出者、其結果乃竟如此、則由軍隊之紀律以推徐氏之措施、更由徐氏之措施、以推北洋政府之規劃。在有識之士固已洞若觀火。集敵經此一舉之後、外蒙民眾眷懷祖國之一線熱情、乃更趨於消沉。由是言之、則我國北陲之壞、雖直謂壞於徐氏之手、殆亦未為刻論也。況自是厥後適當蘇聯革命成功之際。假借扶植弱小民族、及煽動無產階級之口號、以為赤化世界之手段、而正在發軔推進之時。顧其決策、要不外兩大端。即一面謀本身蘇維埃聯邦之增長。一面謀他國民族畛域與社会階層之分化。謀聯邦之增長、則以其本國接近之區域為適宜。謀民族与社会之分化、則以他國管制鬆懈之區域為適宜。持此兩大條件、以環觀蘇聯四境之外、則其最易被染指而便於[illegible][illegible]之地、豈復有愈於我外蒙者乎。蓋在我有鞭長莫及之虞、而在人有近水樓臺之便。譬猶置寶器於無垣之宅、而主人不暇顧、則雖行道之人、皆得俯拾而取之、豈必待有力者、然後能負之而趨哉。今蘇聯之對外蒙、姑不論其居心之如何、顧其在扶植口號之下、先有所建樹、以為施惠之徵。此則盡人所知也。按今日外蒙情勢、在解除專制王公黑暗政治之後。其政治、軍事、教育、以及林牧生產、均較前有顯著之進步。計彼土產衆心理、經此長期薰染、殆無異與蘇聯當局、同一鼻孔出氣矣。然自我抗日軍興以來、我政府對國內國外、均曾一再表明我抗戰到底之決心。窃意到底二字之解釋、自當以恢復我國固有完整之領土、為終極目標。此項願望、非僅與往昔九國公約所保證我領土主權完整之主旨、適相脗合。即今日同盟各友邦、在人類公理國際道義上、衡量我國此次對於世界大戰及未來和平犧牲貢獻之義務價值、以判定其權利與報酬。則我恢復固有領土之主張、無論就任何方面言之、均不能認為過分之要求也。

故我國於此次大戰勝利後，對恢復固有領土之立場，不患其不光明，對恢復固有領土之理由，亦不患其不充足。惟是固有領土一詞，斷非僅指日寇暴力所侵佔之淪陷區域而言。凡原未為我國直接管領而偶因外力之滲入以與我政府脫節者，皆應在我固有領土之列，亦即皆應在我要求恢復之列也。基於此理，則我國於此次大戰勝利後，除收復日寇暴力侵佔之淪陷區域外，並須收復現在蘇聯操縱之下之外蒙，自屬當然之舉。然此二問題在理論上雖無妨於並提，但在實行上則顯有截然不同之處。蓋我與日寇，乃居於極端之敵對地位。祇須我在戰爭上獲得完全之勝利。則凡彼所取於我者均將不待交涉而還為我有。此固戰勝國之權利、而亦國際法所不能加以誹難者也。至於蘇聯、不特非我之敵。且在聯合國內為我同盟之友。既為我友、則我之用以對日者、自不能援之以對蘇。於是收復外蒙一問題、乃不得不經由外交途徑、以為折衝之關鍵。顧或者以為、外蒙既為我之固有領土。當我戰勝日寇之後、直以命令促其內向。彼若不從、即坐其當局以叛國之罪。毅然出師、加以撻伐。同時對國際聲明此舉為我戡定叛徒割踞、及違反領土完整之內部措施。值茲國際潮流、方以互不干涉內政為要約之時。苟竟蘇聯政府，對我此舉，縱有不滿，究將何所藉口，以爲越俎過問之地乎。愚謂是說也，若僅就我國立場論，固不失爲完成內部統一之壯舉。雖然就戰後世界大局，以衡國際關係之微妙，則恐互不干涉內政之說，亦僅爲一般畏天國家所希冀，而非主要戰勝國家所能恪遵勿失之鐵則也。向使外蒙與我政府之脫節，係純出於外蒙少數當局者之自動，則今日我政府揭櫫整飭內部之旨，坐以叛徒竊據之罪，追羊補牢，不容外人橫來相干，可謂振振有詞矣。無如當日外蒙之變，調唆煽動於蘇聯也，指導協助於蘇聯也。操縱其軍事政治，管制其經濟財政，掌握其教育生產、壟斷其物資貿易、鉗制其思想行動、殆無一而非蘇聯也。卒使外蒙儼然以蘇維埃聯邦之一員自命、而徒畀我以空名無實之宗主權。由其積年布署之形態觀之、則蘇聯之對外蒙、蓋直認為出繼承祧之兒、而不視為在家兼祧之子矣。形勢既已如此、彼對我出師外蒙、豈能袖手而作壁上觀乎。第一蘇聯以保護其聯邦為借口、亦同時出兵於外蒙。——此與光緒甲午前、日寇借口與中國同時出兵於朝鮮相同。——我於爾時將竟與之宣戰乎、抑將撤兵而更以外交折衝乎。姑無論此次世界大戰結束之後、同盟國間不容再操同室之戈。縱令國際機構、不加干涉。雖任我與蘇聯仍以兵戎相見。窮思兩國能經戰禍之民眾、亦未必遽能同情此舉也。良以大戰一發、久暫難期。影响所及、牽涉必廣。加特已耗之國力、不堪再削。即國際同情之究將誰屬、亦恐漫無把握。職以是、則戰爭縱能致勝。亦古所謂徼中夏以爭不毛、棄同盟而資敵國。踪其所得、固已不償所失。凡此種種、皆世界大戰後不便再以武力收復外蒙之重要因素也。然而外蒙之存在、乃我國於戰後必須解決之問題。武力收復、雖有困難。顧和平交涉之途徑、隨時可開。惟和平交涉、其內涵亦頗複雜。將來如何應付、自須視我國收復計劃如何運用於壇坫樽俎以為斷。而此項計劃之建立、當以愈早為愈妙。傳曰、凡事預則立。不預則廢。惟其能預，故能有備而無患。否則臨事補苴，遺憾必多。我國有識之士，倘能於今日加緊研究此一問題，雖不太遲，亦非過早。誠以各部門之準備工作，亦非朝夕所能蕆事耳。聞嘗以為欲謀解答此一問題，以定實際應用之方案。最要之點，厥有兩端：一即揣明對方之藉（借）口與作法，以確立我應付之策。一即改進我內蒙之政治與建設，以杜其反唇之稽。此二者，如能早有設施，竊意將來無論直接交涉，或經由國際仲裁，其得力必較純以口舌折衝為多也。至於上述兩端，應如何探討，其方案應如何確立。竊（謹）願就愚見所及，分別於下列各章說明之。

第二章 蘇聯情態之探討

我國於抗戰勝利後、對收復外蒙、雖為必須解決之問題。但因外蒙與蘇聯已有瓜葛、而蘇聯在此次世界大戰中又為反軸心主要盟國之一。形格勢禁、頗難立即用兵前章既已略言其概。與然此一問題、又不能因不便用兵而遂置諸高閣。於是和平交涉、乃成為不得不走之途徑。縱令我國有最後用兵之決心、但事前之交涉、終不可少。蓋國際慣例、凡有爭端、必俟交涉破裂、方能訴諸武力耳。由是言之、當交涉開始之前、蘇聯情態如何、必須預為研究。就常理估計、大約不外兩種。一即完全接受我之主張、自動撤消其滲入外蒙之勢力，而將外蒙歸還於我，以保證我領土主權之完整。一、即狡詐刁難，託詞拒絕我之主張，以期延為懸案，而作久假不歸之計。此兩種情態，殆均有其可能性，倘彼以前者應我，是為交涉順利，已無問題之可言。倘彼以後者應我，則事勢嚴重，齟齬必多，前途演變，險夷難定矣。總之，此兩種情態，將來究以何種之可能成分為較多，則須視我與蘇聯之邦交究將日趨親密，抑將漸臻惡化，以為此一問題之先決條件。此係常識判斷，無待深論。惟就蘇聯自與日寇簽訂中立協定以來之情態觀之，其對我同情，不但漸趨冷落，甚至在我西陲接界之處，往往有借事生風、幸災樂禍之表示。此其居心叵測、自可不言而喻。至其亦仇亦友、忽仇忽友之作風、為將藉此手段逼我降心納交、以增進今後之親密乎。抑將預示疏遠、以為戰後解決懸案時、先留不顧妥協之地步乎。倘其居心果係出於不顧妥協之一途、則其對於中蘇一切懸案、亦必早有應付之策。至少對外蒙問題、雖未必成竹在胸、要必已研之有素矣。蓋此一問題之必須解決、我知之、蘇聯亦知之、彼既知之、則其不待臨渴而後掘井、可斷言也。然則當我經由外交途徑、進行交涉此案時、蘇聯當局究將以何種詞說姿態應付我乎。愚以為若掛此事之經歷演變、設身處地以探究蘇聯當局之對策。縱令其內容極盡詭譎。然苟歸納其綱要、當必不外乎下述之數端。一、為蘇聯代外蒙辯護。二、為諉其責於外蒙。三、為假外蒙輿論以資詰難。四、為俾外蒙自決及國際仲裁。此四端者、皆蘇聯當局於進行交涉時、借以折衝之利器也。今試分節研究之。

一 蘇聯代外蒙之辯護

蘇聯當局代外蒙辯護之詞、逆料其首先提出者、必為直接領土與藩屬之不同。其言若曰從中國歷史、追溯外蒙之處境。自漢唐宋明以來、皆非中國之直接領土。滿清雖曾領有外蒙、然亦僅爲藩屬部落而已。故其在清廷之管轄機關、但隸於理藩部而不隸六部也。正因其與直接領土之行省有別耳。不然、滿清末葉、對西北之新疆、對東北之奉吉黑、均相繼改爲行省。假使外蒙非藩屬、豈有不同時改省之理乎。可見滿清之二百六十餘年間、其對外蒙固始終未嘗以直接領土待之也。既非直接領土、故滿清亦僅有相對之宗主權、而無絕對之主權。今中華民國之對外蒙、其權利地位、較諸滿清無所增。則其不能變藩屬爲直接領土、自屬顯然。況滿清在外蒙尚設有將軍辦事大臣等重要官職，以資統轄。其性質雖與行省不同，然猶未失宗主權之尊嚴也。自中華民國成立以來，則並此空疏之關係，亦蕩然不復存在。是民國之對外蒙，其關係之疏密，比之滿清，非特無以過之，實覺不逮遠甚。外蒙以藩屬之地位，復逢中國長久不暇過問之時，其當局與人民，乃不得已而謀自治。是亦人類企求生存與發展之正當行為。其加入蘇維埃聯邦，亦係出於外蒙人之自動。蘇聯政府原未嘗脅迫而誘導之。雖既為聯邦之一，蘇聯自不能不承其聯邦之義務耳。況中國對外蒙之宗主權、蘇聯與外蒙均一致予以承認。亦即中國原有之權利與地位、迄今固絲毫無損也。收復與否、無關宏旨。

以上懸揣之詭辯、當為蘇聯在交涉進行時、必用以折我之說詞。惟藩屬之名、乃為我絕对不能承認之重點。倘經承認、則我所主張之直接領土、與完整主權、必大受影響也。自古我國之政制設施、即以因地制宜為主旨。滿清對外蒙之特殊布署、係原本此旨、以謀行政之便利。並非因其非直接領土、而以治藩屬者治之也。至於理藩院之創設、亦不過因國境以內、異言異俗之民甚多。散隸各部，則每部均須設特殊之員司。人力財政、耗費必巨。總歸一部，自無此弊。且理藩所轄，不只外蒙、及東北三省、及原屬晉、冀之熱、察、綏，以及西北之新疆、暨原屬陝、甘、川之寧、青、康等省境內之蒙藏官民，均在理藩部轄之下。若以隸理藩之區域與人民，即指為藩屬，豈此十餘省、皆可列為藩屬乎。滿清建都於北平，而以遼寧為陪都。稱之曰、盛京。豈此堂堂大國之陪都、乃亦設於藩屬之地、天下寧有此理耶。當滿清極盛之乾隆時，若朝鮮、若安南、若緬甸、若尼泊爾等，乃真我國之藩屬也。叛則討之。服則捨之。不設官、不駐兵、不干涉其內政。僅於其君主繼承爵位時、據其奏請、加以册封而已。如當時福康安之討尼泊尔、迫其服罪奉貢如常、即班師而還。對其國内一切、均絲毫不加干涉、此即我國以往對藩屬之傳統、亦即宗主權之所寄焉。至於外蒙、不但有清廷簡派之將軍办事大臣等、重要大員、經常駐紮管理、即其一切行政措施、以及王公職官之黜陟賞罰、無一不受中央政府之約束。此豈可与上述之藩屬、相提並論哉。故外蒙為我直接領土、殊無容人加以曲解之餘地、而直接領土、不經我中央政府之許可、亦絶無自動脱離祖國之權。是我收復外蒙、以謀領土之完整。其立場与理由、實極正大而充足也。

二　諉交涉之責於外蒙

蘇聯當局、既不能以其藩屬理論、駁倒我國之領土主張時。則其第二步驟必將有如下之說詞、其言若曰、往時外蒙之加入蘇維埃聯邦、原係出於外蒙民衆之自願。蘇聯未嘗誘致之、惟為尊重外蒙民意計、不能不歡迎其加入。今未得外蒙人民及其當局之意思表示、蘇聯亦未便憑片面之裁決、而又逐之使去也。果今日外蒙人民及其當局、仍出於自願、而欲投歸中國者、蘇聯亦絕不違背當初尊重民意之原旨、而加以挽留、或強制之、使不得去也。況蘇聯政府於一九四四年、修正憲法時、對聯邦各共和國、均已允許其有自主之外交權。此即蘇聯尊重各民族聯邦利益之確實表現。俾各民族聯邦、皆能就其切身利害、而自決其外交政策之趨向。各聯邦既已依法享有此項特權、則蘇聯政府自不能再予剝奪。而自陷於狐埋狐搰之違法地位。換言之、亦即不能於各聯邦享有外交特權之後、而又越俎代庖任何決定也。外蒙既為蘇維埃聯邦共和國之一。當然亦有自主之外交權。中國對外蒙之一切主張、應直接向外蒙當局交涉之。若外蒙能自願接受中國之主張、蘇聯自無異議。否則蘇聯既不能強迫逐之於聯邦之外。同時亦尚不能拋棄其保護聯邦之義務與責任。繼之外蒙之命運，惟外蒙人民始有自決之權利而已。

上述蘇聯當局以外交責任、諉諸外蒙之設詞，頗有楚屈完君其問諸水濱之意。此在交涉進行時，殆為蘇聯必不可少之推諉。惟其所指理由，亦殊不值有識者之一駁。蓋彼所謂加入聯邦，係出於外蒙人民之自願，而免蘇聯加以誘致之說。若借作聊以解嘲之遁詞，固無足深究。倘竟指此說以求諒於國際間，則真不通之論也。查世界無論任何國家之直接領土，苟非經其最高政府之同意割讓，則一切變更主權之措施、均不能認為有效。此本國際相沿已久、無可諱議之鐵則。豈能因一時偶然事件、而予以破壞。縱令此舉真係出於外蒙人之自願。然既未經中國政府之同意。則其無效、殊不待言。而況自願之不必真乎。至於是否誘致、自有事實可考。亦非一二宣言所能強辯。假使蘇聯於革命成功後、對於外蒙、始終以漠不相關斷絕往還之態度處之。則諉謂未加誘致、猶有可說。無如歷年以來、外蒙之政治、軍事、經濟、教育、以及青年之訓練、主義之宣傳。無一不由蘇聯人士總其成。乃實如此、而可稱為不誘致。然則必須如何、而後可為誘致乎。當希特勒納粹匪徒之將吞捷克也、則捏稱蘇台區人民自願歸併於德國。同時希特勒對外國記者之質詢，則悍然以第五縱隊之不存在為解答。又當日寇用暴力侵佔我東北領土以後，欲建立傀儡政權，以為實行吞併之過渡手段，亦捏稱偽滿洲國之組織，係出於我東北人民之自願。而日寇之以關東軍司令部，對國聯所派之李頓調查團，則百般防範監視，以免暴露其真相。揆德日兩國當時之用心，豈非欲以自願之粉飾，諉責於當地之民。並欲湮沒其操縱之跡，以自居於不誘致之境地乎。然而事實勝於雄辯，今日舉世愛好和平之國家，殆無一能信德日兩國當初詭譎之詞為合理也。可證明自願及不誘致等捏造理論，實不足為變更鄰國領土主權之根據。至謂外蒙已有自主之外交權。欲使我政府與外蒙當局、直接交涉。則尤屬毫無誠意之滑稽表現。蓋外蒙之外交權、乃蘇聯政府片面所付予、而非國際列強所共同承認者。以堂堂之中國中央政府、何能與國籍顛倒之地方政府作外交談判乎。況我之視外蒙、仍是我之領土。其人民為我之人民。其當局則脅持我人民以背叛祖國之罪犯。此種分析、本極正當。我更何能以中央政府之立場、猥與脅衆叛國之罪犯、作外交談判乎。且國際公例、惟國與國之間、發生問題、始有外交談判。今外蒙既仍是我之領土、根本無外交可言也。倘蘇聯政府以為中國既堅持外蒙為中國領土。則中國政府自可用處理內政之方法、直接解決之。何必向蘇聯政府辦交涉乎。假使蘇聯果出於此。則我必詢以當我用處理內政方法、直接解決此案時。蘇聯能放棄其援助聯邦之責任與義務乎。如曰不能。則是蘇聯諉責於外蒙當局為無理由、而我之向蘇聯交涉為深得其當也。蓋我之向蘇聯交涉外蒙匪案、譬諸軍隊之索逃兵。而我之不直接問罪於外蒙、亦正如軍隊官長不直接逮捕此逃兵、而必向收編此逃兵之友軍、作引渡之交涉耳。如此則我既不失同盟友邦互相尊重之義。而蘇聯亦殊不能委卸責任於外蒙、脫然置身事外以閉外交談判之門戶矣。

三　假借外蒙輿論以資詰難

外蒙當局與人民、因久受蘇聯之操縱、訓練、組織、宣傳。其內部情況、不特在一切建設方面、盡量接受蘇聯之指導。即在輿論方面、亦必盡量順應蘇聯之暗示、以作蘇聯政府外交談判之後盾、可斷言也。惟其如是、故蘇聯即可假借外蒙輿論、以伸其外交詞說、蓋亦有必然者。其言若曰、外蒙之加入蘇維埃聯邦、原出於環境與時勢之逼迫、非無端背中國而投鄰邦也。中國自辛亥革命以後、對於外蒙、迄無扶植援助之措施。僅北洋軍閥政府時代、曾派徐樹錚氏以籌邊使名義、率兵北上。未及一年即因皖係失敗、而駐外蒙之軍隊亦自行潰走。然即就此舉而論、除徐氏以驕矜之氣燄、表示其征服者之態度外、殆無其他義意可言也。迨民國十六七年國民革命軍北伐成功之後、國民政府方汲汲於統一內部、增強國防力量、以為他日抵禦野心侵略國家之準備。對於外蒙之安危利害、亦仍未遑作確實有效之策劃。及二十年九一八變突發。日寇由吞併滿蒙進而吞併中國之陰謀、已暴露無遺。其特務機關、遍布於內蒙及華北各省之重要地區。西內蒙自察哈爾以西各盟旗王公民眾莫不觳觫恐惶、大有朝不保夕之憂。假使外蒙當時無蘇聯之援助以充實其禦侮自衛之力。則日寇於侵佔东北後，豈能不乘銳進攻外蒙，以完成其所謂滿蒙政策乎。可見日寇佔东北而不敢攻外蒙，以及外蒙之能自保而不与内蒙同其厄運者，皆因有强鄰之蘇聯在其後也。是以就外蒙求生存，謀自衛之觀点言之，則加入蘇聯，誠為聰明而必要之舉措。抑亦實逼處此，不得不然之舉措也。况外蒙之在中國，其關係之親疏，不能較密於内蒙。盖内蒙居處近邊，文化習俗，多易溝通，即在國防利害上，亦久有唇齒门墻之義。倘中國政府，真有扶植蒙邊，嘉惠蒙族之德政。則行遠自邇，肇示規模，亦當由内蒙啟其端。

然而就今日內蒙之一切而加以衡量。其社会經濟之改善、人民生活之提高、以及各種事業之建設與進步。較諸外蒙、果能超越而無遜色乎。反觀外蒙、自與中國隔絕以來。論社会經濟、則王公喇嘛等特權階級、既被打倒。一般平民之財富、均得平均發展之機會。牧畜改良而繁孳。農林培植而日廣。公私相安。漸入佳境。論人民生活則衣食住行以及衛生娛樂諸項、皆較往昔有天淵之別。至於各種事業之建設與進步、則尤非純遊牧時代所能望其項背也。夫以近在咫尺之內蒙、中國尚不暇賜予扶植而促其進步。況遠在瀚海以北數千里之外蒙、豈能不審環境、而作分外之希求耶。遷喬入幽、外蒙人斷能自擇。縱令蘇聯捨棄外蒙。外蒙人亦寧願獨立自主、以謀久遠之生存。殊不欲返回中國、仍永居於無足輕重之化外地位也。

以上持論、料為外蒙當局與民眾必將采為詰難辯駁之觀點。顧其說、就表面觀之。亦殊不能遽斥為無理由。然苟就國際公義、以推究其論據。則亦未見其理由之果能充分也。蓋我國自辛亥革命、推翻滿清政權之日起。即已取滿清原轄之領土、主權、人民、全部而享有之。惟因北洋軍閥政府之無能。我國民政府始有率師北伐、完成國民革命之舉。向使北洋政府、能領導全民日趨於文明富强之途。則中國亦何必多此革命之一舉耶。故北洋政府之不善、殊無待外蒙人之指責。中國全民固早知之若素矣。然即此不善之北洋政府、其對外蒙、除放任外、亦未嘗有何暴虐壓迫、苛徵重斂、强迫之使背祖國而投蘇聯也。至於徐樹錚之率兵北上、其動機亦純全出於北洋政府之專斷。實緣爾時、外蒙新舊勢力之互爭雄長。加以俄國新舊勢力之出入無常。以致外蒙秩序、長處於風雨飄搖之中。遂派代表潛赴北京、請求北洋政府、命一大員、督師北上、以資鎮懾。徐氏雖驕、亦無害於外蒙之生存。即軍隊之因潰走而偶有劫掠、此亦北洋軍閥時代之常事。當時中國內地各省、何處不遭此災。豈中國內地人民、亦可借口於憎恨北洋軍閥政府、而即據為背棄祖國之理由耶。若夫日寇以處心積慮之大陸政策、威脅外蒙之生存與安全、此誠為二十年來、人所共喻之事實。然假使日寇之威脅、其範圍僅限於外蒙。則外蒙以熟視無睹、袖手不援、責中國。中國固無說可辭也。無如日寇之所威脅者、其最大目標、乃在中華民國之全部。而外蒙一隅、不過為彼侵略計劃中附帶之劫掠品而已。國民政府既洞悉日寇之野心、必將傾巢入犯、以肆毒於我全民。則中國政府之準備抵抗、將以充實中央力量為先務乎。抑應以建設外蒙為首要耶。此不待智者、亦可以辨其緩急矣。假令國民政府、扶植外蒙、使其各種建設、均臻於完備。而外蒙亦即能憑此條件、獨當日寇大陸政策之進攻。並足以保衛中華民國全部之安全。則國民政府雖竭其全力以扶植外蒙、亦自欣然為之。而無所恤。無如外蒙之土地、不及中國之一大省。外蒙之人口、不及中國之一大縣。縱令各種事業、均能建設成功。亦仍不堪當日寇暴力之一擊。然則國民政府之準備抗日、豈能不先顧中央而後顧外蒙。且加強中央、以厚持久抗戰之力。乃正所以保全外蒙也。若先顧外蒙、而減少中央之準備、則不免於為小而失大。所謂皮之不存、毛將焉附。此豈賢智謀國者所應為耶。故外蒙人民於國難嚴重、外患緊迫之際，而忽祖國之不予扶植，誠未免本末輕重倒置矣。至謂內蒙居處近邊，猶不能受國家實惠，以改其落後之弊，此亦未是衷理之論。蓋中國迫於日寇之侵略，日夜以充實抗戰武備為第一要務。詎特內蒙之社會改進，不遑兼顧，即內地各省份之社會改進，亦何嘗得優先而得兼顧乎。況日寇之忌妒中國、阻礙其進步者，殆無所不用其極。當中國尚未打倒日寇之前，縱能兼顧地方建設，亦必為日寇所破壞。此理至明，寧待多述。今外蒙因稍得蘇聯之助，略有進步，即傲然以此驕內蒙。殊不知中國於抗日勝利後，其建國規模之偉大而確實，對於內蒙之促進、必較今日外蒙所得於蘇聯者、有過之而無不及。職以文明富強之現代中國、固不容有一人一地之落後、以為全局之玷也。乃外蒙當局與人民、竟敢妄稱於蘇聯放棄外蒙時、寧願獨立自主、以謀生存。殊不思國際公例、凡自治領、殖民地、尚不得其宗主國之批准、猶不能擅自脫離、悍然自稱為獨立國。況直接領土之民、豈能任意標舉私立名號、即可自列於獨立國之林耶。此直兒戲之讕言、尤無一駁之價值也。

四　使外蒙自決及國際仲裁

前列三節、皆屬於交涉辯論範圍。倘辯論無結果時、窃意蘇聯必將提供所謂折衷解決之具體方案。其案維何、殆即要求使外蒙人民自決、及請國際仲裁、是也。蘇聯倘真提供此項方案、勢必於過去國際交涉中、尋覓同類之事例、以作其提案之根據。查第一次歐戰結束後、因德法兩國接界處之薩爾區究應屬德、抑應屬法、迄無定論、嗣由國聯決定、暫不屬德、亦不屬法。先由國聯選派之委員會、加以管理。俟規定共管年限屆滿後、即由薩爾區人民公開投票、決定該區之隸屬國。當投票期將屆之前、德法兩國均曾爲爭該區之主權、各傾其鼓吹宣傳之力、冀以策動該區人民、投歸己國。然終因法國運用欠佳、不及納粹手段之靈敏，以致投票結果，薩爾區竟為德方所有。此種辦法，既為國際已往之成例，則為蘇聯於解決外蒙問題時，尤須有援例要求全外蒙人民投票自決其隸屬之可能。蓋一出此，彼外蒙以久處蘇聯卵翼之下，甘為蘇聯之應聲蟲，而自決歸附於蘇維埃聯邦，殆無可疑者。倘此項要求，不為中國所接納。遂料蘇聯，或將強調民族自決之口號，並借機以此項方案，提出於戰後之和平會議，或國際和平總機構。請求同盟列強予以仲裁。事果至此，則中國除應付蘇聯外，猶須作廣泛之外交活動。此一問題，乃愈錯綜而複雜矣。且自第二次世界大戰暴發、英美揭櫫大西洋憲章以來。民族自決之潮流與口號、已風靡於全球。尤其附庸諸小邦、暨久受政治壓迫諸民族、以及殖民屬領諸地之人、倡之更力。彼等殆皆欲借此一口號、以達其擺脫羈絆取得自由之目的。此種潮流口號、不論其所涵願望、能否實現。然在其形成一種輿論力量時、雖強大國家、如英美者、恐亦未必驟能禁制之也。於是蘇聯與外蒙、亦即乘此機會、拋開蘇維埃聯邦與中國領土不談。乃直以外蒙為一民族單位、藉以順應潮流、要求自決。則事態之演變、交涉之利鈍、誠堪重視矣。

案中蘇兩國對於外蒙之隸屬問題，如不能由直接交涉之途徑，加以解決。則無論由中國由蘇聯或由中蘇兩國同時提出於國際和平總機構，請求裁判，殆已成為此案必然之歸宿。若總機構之常務理事会有處理此一問題之權。則我對理事會各國政府之態度，不能不早加分析，以測其所向。若理事会不能解決，而須提出於会員大會。則我對会員各國政府之態度，亦不能不早加分析，以測多數國家之究將誰袒也。現今全世界加入反侵略同盟者，已有四十餘國。大戰結束以後，凡曾對軸心宣戰之國家。大概均將加入國際總機構，以保和平。如此，則会員國益多，而会員大會之傾向，益難捉摸矣。雖然，該会員国之小弱与新創立者，為数雖多，要其主張，不能不觀望强大国家之態度，以定從違。於是領袖国之暗示与影响，乃更值得注意。除中蘇為兩當事国，依法不能參與決定外，則英美兩政府，實為領導大会之權威。然此二国之實際情況，亦殊不同。蓋英之保護國、自治領、殖民地及所屬被壓迫之民族，均甚繁複。而大英帝国之生命線，又皆寄託於此數屬國屬地之中。揣其政府之傾向，必仍趨重於保守，而不願世間屬地屬民之多所變更。基於此点，則英國傾向於維持中國對外蒙之主權，頗有可能。此因由其本国利害所驅使，不必真有厚中薄蘇之雅意也。惟是英国既有此弱点，我即當善為利用，把握良機，以作外交之努力。凡英帝國所畏忌之口號，我當盡量避免附和。至少限度，亦應在我國領土主權尚未完整恢復之前，不與英國發生磨擦，以免遭其憎恨。蓋英帝國所最畏忌於我者，莫過於中國領導亞洲各被壓迫之弱小民族共同團結，作大規模之解放運動。因此類運動，足以影響英在亞洲之權益故也。我若暫避此點，不挑英人之怒。不但解決外蒙爭議，英可能助我，即關於整頓西藏，亦未嘗不可減去幾多障礙。英能如此，則凡受英指使諸小國，均將視英之態度為轉移。縱令有形勢特殊，不能表情助我之國，要亦不致過袒蘇聯，以破壞我之主權利益。（四五）

於美国、在东亚之權益、既不似英國之複雜。而其對我、又具有悠久敦睦之邦交。尤以此次大东亚戰爭暴發後、其政府与人民對我均有極充沛洋溢之同情。若僅就此点觀察、則美國接近我之成分、似較英國為更多。然苟再就美國實際情況、以及其可能發生之影响、而加以分析、則美國對外蒙問題之主張、或將較英國為難測。良以美國為一純民主自由之國家。其政府之措施、素以民間輿論趨向為依歸。而民間輿論之趨向、又往往以推銷工業成品及自由貿易之利益多寡為依歸。彼等對於殖民屬地之擴展、與夫落後民族之隸屬等問題、向無加以重視之習慣。毋寧認彼等或竟偏重於解放落後民族為尤近其真。觀於美人對菲律濱之態度，即可知其與英人對印度之態度，大不相同矣。夫以偏重自由解放、與發展自由貿易之人民，其形成之輿論，自必以兩利兼收之途徑為趨向。而其政府決策、亦必不能背此而別有所適。於是彼對於中蘇所爭之外蒙問題，亦即以此趨向為其主張之南針。蘇聯要求全外蒙人自決，勢必以民族解放為號招。此點當為美國人民所不願反對。又觀美商務總會之長約翰斯頓，訪蘇後發表之言論。其在發展貿易之觀點上，對於蘇聯寄存之希望極為濃厚。蓋彼已視蘇聯為戰後之一大顧主，較諸紐農業社會之中國，倍堪重視。此等人物，皆能以其登高一呼、

影响全美國之商工農業各界、使其傾於親蘇。倘事勢至
此、則美政府对中蘇之爭、縱不必明白袒蘇、但亦必不肯尽力助
我矣。加以中南美洲小國、皆唯美政府之馬首是瞻。而此洲小國、
又数佔聯合会員國之半数。對大會議案之表决、佔極重要
之地位。彼等如見美國民意之親蘇、美政府又不肯坦白助我。則
彼等所持態度、恐难有利於中國。此外若东南歐中西亞洲小
國。其對蘇之利害関係、皆較對我為密切。万一國際和平組
織機構、解决外交爭議、采取多数会員國之意見。則其结果、
縱不至直然决定其所屬、恐允許外蒙人民投票自决之辦
法、將為我國应付此案最難之一関矣。

第三章　應付方案之擬議

戰後、中蘇兩國對外蒙之隸屬問題。倘由外交折衝、演變而為國際仲裁。更由國際仲裁、經多數會員國、遂認外蒙之投票自決。則得失所關、在此一舉。我若不早籌未雨綢繆之策、以資應付。將見滯礙叢生、困難百出矣。當揣蘇聯以薩爾區投票為前例。又以民族自決為號招。已如前述。關於薩爾區之例之引徵、我國尚不難以歷史論據駁其妄。惟民族自決之口號、既為近代世界甚盛之潮流。則除以合理之方案、擬為應付之利器外、殊未易以口舌相爭也。蓋薩爾區在以往世紀中、固曾隨德法兩國勢力之消長、不時動蕩、改隸於二者之間。第一次歐洲大戰結束後，國聯評判，亦未便以過去任何一期之隸屬為根據。故采先共管，後投票之办法，以示公允。至於外蒙，則自有史以来，從無隸屬俄國之跡。若謂元朝盛时，俄与蒙古曾有一度連帶之關係。然亦祇可認為俄曾隸屬於蒙古，不得指為蒙古曾隸屬於俄也。況滿清康熙朝，中俄曾有尼布楚條約，劃清兩國邊界。外蒙既在該約界限之南，則為中國之純粹領土，毫無可疑。歷史乃實然如此，豈可与史無定屬之薩尔區相提並論哉。故曰薩尔區乃例之引徵，不難用歷史事實駁之也。若夫民族自決之號招，固為今日世界甚盛之潮流。然既曰民族，應係指某一民族之整体，不能割裂一部人民煽動

其背棄祖國、攘為己有、遂可自詡為民族自決。基此理由、凡國
際和平總機構、以承認外蒙投票為民族自決。在民族涵義之
內、自應以全體蒙古為範圍。以此、則有投票決定民族命運
之權者、當然不能僅以外蒙人民為限度。凡內蒙、東蒙、西蒙、
西北蒙、東北蒙、西南蒙、均應共同參與此一投票、以為全民族
真正確實之自決。是即我國應付此案之必要主張。倘國際總
機構、能接受蘇聯之投票自決意見。亦應同時接受我之投票自
決意見。如其一受一拒、顯為不公。我即可以發動全蒙輿論、加
以否認。縱不能推翻原案、亦大可迫使延為相持不決之局。既
成懸案、機會便多、從容運用、亦猶可作二次三次之交涉也。若國

際和平總机構、能接受我國之主張。允許全蒙投票。否則以人口多寡計、我有得到勝利之希望。所謂希望者、係指聽任全蒙人民、自由投票、毫不予以策動之謂。倘我政府、能於事前、加以縝密之策動、則不惟有希望、直謂已操必勝之左券、亦殊未為誇耳。按外蒙人口、依一九二〇年俄人調查後宣布之數字計、約為五十四萬餘人。依近年日人調查之結果、則被認為有七十萬左右之數。其增加之理由、據日人估計、半為自然生殖律之提高。半為由北方布里雅特蒙古人之移入。此項數字之計算標準、本已從寬。我若再就外蒙人自己標榜之進步情況、予以更寬之估計。其人口總額、最多亦不能超出百萬之數。今即依此數字、與我國所轄其他各部蒙古人口相比、則盈絀自見矣。據日人橫尾安夫之調查估計、認為自內蒙之錫林郭勒盟以東、連昭烏達盟、卓索圖盟、哲里木盟及興安嶺以東之各部旗蒙古、約計有七十萬之數。自興安嶺以西、由呼倫貝爾至察哈爾八旗、連烏蘭察布盟、伊克昭盟、土默特、阿拉善等特別旗、合併計算。亦約有六十餘萬到七十萬之數。此外新疆蒙古、或推定為八十萬。或估計為三十五六萬。加以青海兩盟二十九旗、及甘肅之額濟納旗、至少亦可有四五萬人。東北尚有不隸盟之伊克明安旗、與自稱蒙古之索倫部人、及布特哈人。西邊則有西藏北境、暨西康雲南各地散居之蒙古。估計亦不下二十萬人。依此數字統計、則由二百萬到二百四十萬。若皆此與外蒙之七十萬到百萬人口、作投票競爭、復有何懼。然投票決定、本為不得已之措施。倘有其他解決方法、竊意國際總機構、況未必遽願出此也。所謂其他方法、依我國之立場、除上述應付投票辦法不計外、似應有下列之擬議。

一　允許自治之擬議

外蒙為我國直接領土一點、乃我政府堅定之主張。絕無絲毫猶豫讓步之可能。惟與蘇聯進行外交談判時、似不妨以允許外蒙自治、為一折衷方案。但其自治權限、亦僅能與內地省份自治、居平等地位。不得另標特區、或高度等名稱、以防礙中央政府統一行政之權。尤其軍事、外交、國防三大端。以及教育之有關於軍事、交通之有關於國防者，均歸中央政府統籌。自治政府不得越權擅主、以崇國家体制。倘蘇聯與外蒙當局、對於此項允許自治之大綱、能一致接受。則其餘有關外蒙生存進步諸細目，自無妨在其要求條款中、酌情予以核奪也。

二　收土分民之擬議

前項允許自治之辦法、本為我國於實施憲政後、對全國各地、勢在必行之普通措施。亦即我推行三民主義、實現民權制度之確切布署也。第一外蒙當局、以社會主義之眼光、認我所允許之自治、不能滿其願望、因而不肯接受。

以致蘇聯亦藉此以堅其拒絕之詞。如是則我須於自治辦法之外，另提一快刀斬亂麻之方案，以資應付，而便解決。所謂另一方案者，非他，即收土安民之主張而已。蓋外蒙土地既在中俄尼布楚條約界限之南，久為我國領土，未嘗有任何變更之經過。此次之糾紛，完全係蘇聯片面操縱，造成人爲上漠視祖國之局。究真而論，即是少數外蒙當局，在中國領土上作脫離祖國、投靠鄰邦之企圖與運動耳。此種企圖與運動，既有礙於中國統一主權之行使，則中國中央政府加以干涉取締，實為當然合理之舉。中國政府所以不肯賜予制裁，而委婉以外交談判向蘇聯政府提出交涉者。正為尊重盟邦睦誼、冀用和平手段、解決此案。亦中國古礼所謂尊客之前不叱狗之義也。如蘇聯与外蒙自認其片面組織為既成之實。不肯讓步。則中國政府亦祗能認其為少數外蒙當局之叛国結合。既係叛國結合、即無在中國領土久踞之理由。應令其遷出中國境界以外。所謂卧榻之側、不容他人酣睡者、殆為彼輩言之耳。至其遷出方法、應由國際和平總机構、組織監察委員会、或監察團。派赴當地、予以極公正之監察。除其當局首要人員必須絕對遷出外。所有一般平民、則聽其自由決定。願遷者去。

不願遷者留。外蒙當局不得以強迫手段促其去。中蘇兩國，亦不得以任何手段，妨其自由決定之權。經此次解決以後。凡遷去者，聽其為蘇聯之民。留居者，自永為中國之民。彼此各不相擾。亦各不過問双方組織形態之同異也。良以游牧民族，人與土地之關係，本甚輕微。遷徙無恆，自古而然。今外蒙一部份人民，中國認為叛徒，蘇聯認為同志。認叛徒者，令其去。認同志者，招之來。各行所安。有何不可。此豈非快刀斬亂麻之一法乎。或謂此法雖有可取。然假使外蒙人民，全數遷走。則我所得者，不過一片荒原，究有何益。愚則以為此不足慮也。外蒙人雖號稱游牧。

實則十之八九，早成定牧。縱有遊牧，亦係遊牧於固定之區限之內。非若古代總作萬里之遊、無限之遊也。況近年以來，外蒙人、除牧畜之外。對農林礦產亦有經營。其日常生活既漸複雜。即不得謂其人民、全與土地無關也。既與土地發生關係。斷無全體居民、一朝要去之理。況其民間、不滿其當局之政治措施者、方幸當局之去、豈肯又從之去乎。觀於外蒙歷年逃出之民、絡繹不絕。亦可瞻其上下聯係、殊不似對外宣傳之融洽無間也。且縱令人民要數遷走。我得此廣大草原。在國防與經濟上、為利甚多。苟善為經營、久亦可復繁盛。蘇聯之遠東、可為例證。乃任人為。豈空言哉。

以上三項擬議、如稍有可采。不但投票解決一項、必須發動內蒙及東西蒙、由全體民眾、為國家爭取勝利。即允許自治與收土分民兩項、亦須策動內蒙有力之輿論。方能使政府外交居於理直氣壯之地位也。方今世界各洲、以民族解放之口號、作政治運動之工具者、觸目皆是。而各國具有權威之政治家、及著名學者、對於此種潮流、亦均極重視。蘇聯尤不時強調此種理論、以粉飾其扶助弱小之旗幟。我政府交涉外蒙一案、所提方案與理由、如不能得到全蒙民眾輿論之擁護、則對方即可藉此以肆其攻駁、而國際列強亦或因此而滋其疑難。今為掃除此類枝節、以謀交涉順利、則全蒙工作、實已屆積極開展之期矣。

第四章　全蒙工作之準備

我政府對蘇交涉外蒙懸案。如果經蘇聯之抗辯而涉及民族問題時。我政府既不能向國際間否定蒙古民族之存在。則蘇聯當局、即可根據民族立場、就我外交部之言論爲非出自蒙古民衆之本心。其理由亦極簡單而明顯。蓋因國民政府所屬之中央機關、既無一有聲望地位之蒙古人士參加、以爲代表蒙古之表徵。而社會方面、亦未見有蒙古輿論之頻頻發表以爲收復外蒙之後盾。論理、最關心於蒙古問題者、當無踰於蒙古人。今竟無一蒙古人肯留心於此案、豈非咄咄怪事。縱謂外蒙羣衆、已受蘇聯蠱惑、致存背棄祖國之偏見。然而全蒙人士之緘口無所表現者，亦豈受蘇聯之蠱惑哉。夫以利害切身之蒙古人，對其本族前途之光明與暗淡，而抱一守口如瓶之態度，其羣衆心理之如何，他人固不得懸揣而知之。乃僅由外蒙部以治者之地位，發為代表蒙古羣衆之言論，是代表者之意見，未可遽認為所代表者之意見也。中國號稱黨治，而蒙古人在黨中有地位者，不聞有人焉。中國號稱五族共和，而蒙古人之居政務官者，亦不聞有人焉。中國自稱民主，而蒙古人之發表言論，有所主張者，更不聞有人焉。即或有之，則惟風燭殘年無所事事之一二王公，與其深居簡出不與羣衆接觸之喇嘛活佛而已。中國所謂蒙古人之參加政治者，殆指此等人物。此等人、惟關心於本身之安富尊榮。無暇為日趨沒落之全蒙民衆謀福利也。中國沿邊各省之建置、强半以蒙旗土地為基礎。然省之目標、在推廣縣治。縣之目標、在推廣農村。村之目標、在推廣耕地。循此層層目標、以求達省縣繁榮之最後目的、本為極自然之趨勢。惟是耕地擴一分、即為蒙古牧地之減一分。牧地減一分、即為蒙古養命之源削一分。歲月無窮、前途可念。蒙人雖愚、寧不解此。夫於繁榮省縣計劃之中、同時有兼顧蒙人生計善後之策。則是蒙旗地盡之後、猶有他業為民衆生活之保障。其事自極合理、非特局外人無可置喙、即蒙古人亦將自喜進化、而不敢稍存誹議之心也。

無此牧地之墾闢，有官與私兩項辦法。官墾由官設之墾局辦理。私墾由各旗王公直接永租與農民。官墾之田，其向農民所收地價，官局得七成九分，王公得二成一分。蒙古民衆無與焉。私墾之田，其向農民所收租價，盡入王公之手。蒙古民衆亦無與焉。倘私墾變為官墾，亦無非官局與王公再分肥一次而已。以蒙族無能之蒙古平民，惟有坐待末日之降臨。再經數十年，全蒙人口，縱不為生殖律激減所滅亡，亦必為窮無立錐所困斃。况壓迫其生活，剝削其脂膏之其他條件，尚不止於此乎。此等事實，雖未必為蘇聯當局所考慮。要其於蒙古盟旗之不景氣，以及一般人民對政治問題之不積極，固不能謂其毫無所知也。我若持全蒙現狀、以與蘇聯卵翼下之外蒙較、雖不患無解說之詞。然國際列強、親疏之異。袒憎之間、殊難以言說掩真象耳。故居今日而不談外蒙問題、則一任全蒙民衆、永處於暮氣沉沉之原始狀態、亦未嘗不可。若欲激發全蒙民衆之愛國熱情、以為異日談判外蒙問題時、擁護國家政策之後勁。則全蒙工作之準備、實已成目前刻不容緩之要圖。否則事勢緊張、始擬發動素無訓練之愚蒙、俾於壇坫幕後、効其一日之力、以與蘇聯外蒙爭勝負。是無異揵疲牛以逐騏驥、其能免遺笑於列強者、蓋亦幾希矣。夫全蒙工作之準備、事有多端。撮要而言、約有六項。茲分節擬議如下。以備參考。

一 輿論之啟迪

凡國際交涉，固以兩國政府之正式談判為要着。然旁敲側擊、搖旗吶喊之民衆聲威，亦往往能助成外交壇坫之勝利。故近来各國，對於人民外交組織之重視，幾漸成為普及全世界之風氣。無論由敵變友，抑或由友變敵，均先從民衆情緒中示其端倪。而民衆情緒之表達於外者，對國内為輿論。對國外為宣傳。其力量之偉大，内可壯政府之威，外可奪對方之氣。同時亦可引起第三者之注意与同情。是以近世民主國家，每有大舉措，必先設法策動民衆言論，以作政府決策之根據。如此次美國之參戰，即其例也。我國於抗戰勝利後，以準備收復我固有領土之外蒙。則輿論之啓迪，允為首務。尤其全蒙輿論之形成，乃為此一交涉中必不可少之條件。其辦法、應由我政府延攬若干蒙古智識優秀分子，組織團體，全專研收復外蒙問題。並與外交蒙藏兩部會取密切之聯係，交換情報。探討對策。激發蒙人輿論。擴大國外宣傳。由國家補助其報章雜誌小冊傳單等費用。俾以各種方式，導成全蒙一致輿論，擁護我政府收復外蒙之決策。將來收復淪陷各盟旗後，務期於短促時限內，使每一蒙古男女之心目中，皆能蘊蓄此一問題。且使其言談行動，均能與國策相配合。如此，則我政府對蘇談判，所提主張皆可以蒙古民族輿論為根據。縱令談判破裂，用投票解決。亦不患不操勝算矣。況我以多數蒙古人發為主張，蒙古問題之言論，雖英美及其他盟邦，亦豈能不特加重視，以自審其立場之所宜乎。

二　政治之改進

蒙旗政治之腐敗，實以王公世襲制度為阻礙進步之最大原因。蓋世襲之不能盡得賢才，本為人類中極淺近之常理，不待智者皆能知之矣。自昔君主專制之時，一切制度，皆以保持一家一姓之富貴為鵠的。故世爵之制，在昔以獎忠。而効忠於一家一姓者，亦莫不以能得世襲為殊榮。然而衰衰無害之民，乃永墜塗炭而無出期矣。此制不除，而侈談抜植蒙旗。是猶培養蝕根之蠹，而企盼苗穗之蕃。其究也，惟有見其日即於槁死而已矣。窃維我政府，本以革命建國，凡舊制之有害於民族進步者，皆应在革除之列。惟因往年日寇，时时以伺隙煽誘邊疆民族，為挑撥離間之謀。我政府自未便取消世爵，以自蹈於為淵驅魚之误。今則情勢既殊，良機已至。宜乘此次抗戰勝利之際，毅然取消世襲，使各旗人民，皆得享有選舉本旗長官之權，以与我憲政时期一切民選制度相配合，不亦善乎。或謂此次抗戰，蒙旗王公有附逆者，亦有効忠於祖國者。若一律取消，未免功罪不分，愚以為取消世襲爵位，為黨國除舊布新，一大革命措施。倘不乘抗戰勝利之日，加以徹底之解決，將恐宿根不除，弊政永存。革命建國之謂何。若取消附逆之王公，而保留効忠之世爵。則是附逆之旗，其人民反得解放之福。而効忠之旗，其人民乃永受桎梏之苦。是為少數之貴族論功罪，不為多數之人民辨利害也。衡以民主之義，毋乃輕重倒置歟。是以管見以為必為整個之蒙古福利計。不問其附逆與効忠。凡屬世爵，均予取消。以昭劃一，而免割疣留贅之弊。惟附逆之王公，不但取消其世襲。更應褫奪公權，使永遠不得有參預政治之機會。至於効忠之王公，雖亦取消世襲，但仍保留其官職，以為一旗之長。

其有特殊勞績者，國家更賜授合于法制之榮銜。用以彰厥勳而勸在位。是在同一政治世襲之中，仍有功罪賞罰之別也。敝制既除，賢材始出。主政得人，何憂各項事業之不能進步乎。本節論政治之改進，而首標革除世爵之義者，深知凡百蒙務之興廢，不能不以此爲總括法門耳。其他各項，非短節所能備論。姑存之以俟他日可也。方今外蒙，已無王公活佛之存在。倘内蒙仍沿舊制，則多数人民，迄未脱奴隸地位。縱令形成輿論，何足以欣動國際觀聽乎。

三　經濟之開發

蒙古社会經濟，本極簡單。蓋大部猶是三千年前之原始生活狀態也。所生產之物資，牲畜為大宗。皮毛為副產。間或有少量之鹽鹻藥材。雖有礦藏，亦多禁閉。情況如斯，安得不生活窳劣，而文化鄙陋乎。且即此窳劣之生活，亦悉數操於番商與邊客之手。蒙古民眾，殊無從容自立之權也。國家如欲令蒙古社会，邁向繁榮進步之途，第一須以大量之國家資金，投入牧業。創設分區牧畜之模範牧廠，使多數以牧為業之蒙人，均能各就所長，參預其間。同时附設製乳酪、製酥油、製肉類罐頭、製皮革、製骨角、製絨毛、等副業工廠。再擇其鹽鹻湖泊、煤冶礦山、藥材產地，質量均值經營者，亦以國家之資金與技術，加以改善而開發之。移蒙人既守牧畜之風，而漸進於工業社會。其民間貿易則由國營之貿易機関、分出一部份、專辦蒙旗貿易之事。使其日用品、能以公平之價格、購買或交換於國營之貿易商店。需要不感困難。生活逐漸提高。而文化水準、亦必不待督促、而自然上升矣。識為是、則蒙旗土地、縱令多瀾農村、亦必可與需要相調劑。蒙古民家、更何至感威脅而生憂懼乎。三十年前、伊盟鄂托旗老王、曾向陝北邊商賒生蔥一捆。重不過二十斤。二十年之後、本利計負債達白銀二十餘萬兩。此邊商剝削之例、豈不駭人聽聞。故貿易之改善、亦發展蒙旗經濟一重要條件也。否則以原始蒙人、而與已有進步之外蒙較。其自慚形穢之卑怯心理，蓋將不免溢於中而祿於外矣。

四　教育之擴充

蒙旗教育，迄今猶未到自動創辦之地步。探其總因，一由於王公制度之守舊。一由於多數民衆之窮愚。窮則不能辦。愚則不解辦。而守舊王公，又惟恐民間之才智突起，將以革其黑暗專制之命。情勢如此，蒙人安得不以愚傳愚，以窮傳窮乎。故居今日而言，蒙旗教育之擴充，仍不能不惟國家力量是賴也。教育部設有蒙藏教育司。兼有邊疆教育委員會。果能斟酌需要，按年推廣。則圓滿之成後，可翹足而待焉。此貴積極實行，不在多談計劃。

五　軍事之預備

此一項，爲收復外蒙，萬不得已而用兵時計也。或謂我國於抗戰勝利後，建國建軍，同時完成，縱然用兵，亦無須內蒙同胞作奮戈之助。是說也，愚竊以爲不然。當倭寇之入侵，內蒙各盟旗，因毫無實力，致寇鋒所至，如入無人之境。王公迎降，民衆俯首。北疆各省，亦因敵已完成側襲，而相繼淪陷。假令當時內蒙有十師蒙古騎兵，往來邀擊於長城以北，雖不能擊退強敵，然華北各省斷不致放棄如此之速。或又謂此等騎兵，倘不爲我用，而反爲敵用。

則為患之烈，必十百倍於無兵。是說也，愚尤以為不然。夫所謂非我族類，其心必異者，此春秋時小天下之議論，則然耳。彼时，不僅秦晉北部皆異族。即江漢之間，汧渭之西，亦皆異族也。东周王侯，硜硜然以中原掌大之地為華夏。舉目四顧，環華夏而居者，無一非異族。本其戒懼之心，不能不發為褊狹之論。今吾中華民國，合多数同種同胞以立國。豈宜互指異族，以自懈其手足乎。況自古用得其道，則蠻夷為腹心。用失其道，則同舟為敵國。此類為例，史載極繁。若謂朱蒙騎兵，有助倭以禍祖國者。殊不知倭之能用蒙兵，適以證明我之更能用蒙兵耳。蓋蒙人無論智愚，素皆自認為中國人。無一肯自認為日本人者，即此一点意識，已可証明其親祖國而疏倭寇。乃我國不肯早加組織而利用之。反使敵人援以刃而攻祖國。此愚民受制於人之常態。非若智識分子如汪兆銘輩比也。往者不諫。來者可追。將來萬一對蘇作軍事準備。有蒙古騎兵為先鋒。亦國際宣傳之好資料也。涵義甚多。不難以意會得之。倘我政府亦持或者之見解，堅謂蒙古為異族。堅謂蒙兵為不可信。則是國家之信任本國之民，反不若敵國信任之深。國家運用本國之民，反不若敵國運用之有把握。敵國敢援以刃，而我不敢。敵國能用其人，而我不能。此豈通論哉。蘇聯國境民族最雜。

此次大戰，悉能得其死力。究其作風，殊無他術。一在能予推心置腹之信任。一在能作優遇同僚之待遇。他日我與蘇，如真以兵戎相見。蘇能用蒙古兵爲聯邦爭權益。而我又不能用蒙古兵爲民國爭勝利。國際觀感，作何想象。殆亦可以深長思矣。

六、人材之擢用

蒙旗人材稀少，無可諱言。然不得謂其絕對無材也。惟此稀少之材，較之多材之地，乃彌覺其可貴。要在國家能愛惜而善用之。本黨第四屆全國代表大會決議。中央各重要機關須注意於錄用邊遠各地人才。第五屆大會又決議。政府應培養邊地人材，俾中央各機關得充分任用邊地出身之人員，以收集思廣益之效，而厚真正統一之力。凡此煌煌決議，邊遠各地人士聞之，孰不以手加額，欣然相慶。顧年來中央各機關，除勉強保留舊在中央服務之少數邊地人員外，新進而被錄用者，實多無所聞。縱或稍有延攬，亦不過挂名閒曹，形同配享而已。倘長久如此錄用，如此培養，誠不知集思廣益之效如何收，真正統一之力如何厚耳。愚見竊以為，此種決議與實行，截然背馳之現相，已成積重難返之勢。我政府如不由實際行動中，作霹靂驚人之舉措，拔擢若干積著久壓之邊地人材，以為重要各機關倡，將恐再作十百次決議，亦猶是備案之具文，終無補於積習之改進也。要謂一切事業，首重得人，將來收復外蒙。所需邊地人才。其數量殆未可以十百計。如不及早儲備。必待臨用時、始百計徵求。是豈一朝所能羅集耶。縱能勉强足數。亦必流品複雜。非濫竽寠士、即新學小生。遺大投艱。不堪驅策。國家要務。詎可付諸美錦學製之輩。故為今後計、求才宜急而培才宜早也。如政務人才之如何選拔。事務人才之如何訓練。外交、宣傳、軍事、教育、文化、經濟、各門專才之如何養成。皆能趁早於羣材中、廣求慎擇不為功。現在蒙籍中、曾受高等教育之人士。自中央以至邊地、所在尚多。徒以冷官散秩、坐困放廢。八九年來、豪氣漸消。再經數載、益趨墮落。初雖稱才、卒歸無用。譬猶千里之馬、齧蹶十年、乃與駑駘等矣。

此雖邊才之不幸。要亦國家一極大損失也。

第五章　結論

收復外蒙問題。必欲得到順利之解決。其主要關鍵。第一、在中蘇邦交之加密。第二、在國家建設之實行。此二者、必能同時邁進。窃料問題之解決、必較靜待機會專憑談判之作法、得益為多。蓋我與蘇聯之邦交、倘不能日趨親密。勢必反向而至於日趨冷落。冷落之邦交。即嫌疑揣測、爾詐我虞之酵母也。邦交至此。尚復有何互信互助、以和平方式解決問題之可能。識不幸而至於此。遂料蘇聯必將於外蒙問題之外、更以無情手段、製造其他問題、以為要價還價之地步。方今納粹德國、已在刻刻崩潰中。卜其壽命、殆難月計。一旦德國破滅。歐戰結束。擬蘇聯爲爭取太平洋之發言權、藉以維護其遠東利益計。彼對倭寇、必採宣戰之一途。如果宣戰。試測其出師之地區。將以其本國領土之濱海一隅爲限耶。抑將以我國領土之東北爲戰場耶。若以濱海爲限。則其參戰與不參戰等耳。若以我國東北爲戰場。則以邦交冷落之蘇軍、入我久經淪陷之國土。板起面目。語不由衷。謬謂蘇與偽滿、曾有鐵路買賣行爲。此項行爲、即蘇聯默認偽國之証。今蘇對倭對滿。同時宣戰。故蘇軍之佔領東北、乃對倭滿戰勝之權利。殊非有所侵害於中國也。造成此類糾紛。以作掩護外蒙問題之工具。則是一波未平。一波又起。我則儘先應付此一問題之不暇。又何能兼提外蒙問題耶。況東北之外。猶有新疆。邦交不善、彼固處處能苦惱吾人也。

至於內蒙之建設。我如不早作準備、以防覬覦。蘇聯亦可借參戰机緣。示意外蒙。俾以同族相助之口號、向內蒙進兵。以附逆罪名殺王公。以培植人才掠青年。亦故意製造一種糾紛。以為先發制人之計。情勢至此。我將以驅逐日寇為先乎。抑將暫緩驅日、而以防蘇防外蒙為先乎。此類推測。固未必能真有其事。然邦交亦無可憑。則彼冷酷恨辣之蘇聯人。亦未可遽斷其絕無是事而不之防也。惟邦交加密、乃可以預防東北之生餘波。建設內蒙、乃可以預防外蒙之謀染指。而外蒙之順利收復、亦即於此奠其基焉。

民國卅四年三月廿五日

七律·與馬秀芳（占山）將軍同守綏垣感賦

介子旌旗去不旋，樓蘭舊蹟蕩飛煙。長官獨欲全三晉，鎮將誰能顧九邊？已拼金甌成墮甑，哪堪銅柱久撑天！軍民共決嬰城策，愁誦睢陽傳後篇。

七律·內子冒險入圍城視余感賦

郊原血戰路難行，底事荆妻更入城？此舉何殊探虎穴，存心只欲踐鴛盟。掛冠早去吾慚汝，投袂重來我累卿。報國得偕無別憾，忍瞞兒女不勝情。

七律·綏垣既陷，余偕内犯難出走，成長句

薄暮南城遭敵毀，閭閻遠近哭聲起。紛紛戰士走北郊，奔騰若傾三峽水。愧我文弱天所生，乘騎兩缺難舉趾。留定不可去不能，吾自有術光青史。此心既決轉夷然，靈臺内照清見底。大節不遺國族羞，高名豈種兒孫耻。森森短劍不去身，老妻旁睨喻吾旨。舉室凛然悄無嘩，死生所繫争些仔。忽報猶子從西來，列車部曲同莅止。匆匆納履得成行，相逢如夢雜悲喜。孤城燈火慘無光，别緒黯然愴何已。飇輪深夜過山村，雛兒稚女同匿此。停車亦欲呼與偕，塗艱月黑無可使。吁嗟乎！諸兒日夜望爺娘，誰料爺娘今去矣。國難未紓且置家，回顧老妻泪盈眦。

七律·由包渡河，爲寇機掃射落水，戲成長句

寇氛壓城城莫當，軍民雜沓奔西方。五臨道壅寇追急，吾儕别走河南鄉。去城五里即官渡，幸有一葦容吾航。登舟半渡魂方定，忽聞鐵鳥雲際翔。彈雨注河珠濺白，委卵震岸天無光。長年丁壯身手健，紛紛躍入波中央。小艇泛泛成不繫，乘客睹此俱彷徨。婦孺老弱失聲噭，長號頓足如癲狂。風浪激舟飄

淺瀨，相將入水泅南塘。氣寒波溜身莫主，雖未滅頂侵胸膛。猶子從人各奮力，挾余夫婦登沙岡。笑謂老妻『今日浴，毋乃盆闊湯太涼』？

七律·渝城懷古

壯游不憚歷蠶叢，勝蹟猶遺太古風。字水曲開巴子國，塗山高著禹王功。城環列岫千層碧，燈綴崇樓萬點紅。最是神州鍾秀地，群峰難阻大江東。

七絶·自西安赴渝機中口占

長安別去雪紛然，四望彤雲失渭川。騎錫已成兒戲事，從今不羨隱峰禪。

七絶·花溪泛舟

〔在重慶作〕

行進花溪換小舟，風清波媚櫓聲柔。林邊最羨幽居客，常對真山作卧游。

七絶·棠溪遠望

〔在重慶作〕

巴山雨霽濕雲低，叢樹沿坡翠接堤。記得隔江花好處，動人名字海棠溪。

七絶·赴渝途中

自昔曾聞蜀道難，群山萬疊路千盤。我貪曲折徐行處，一簇奇花六面看。

七律·因事滯渝

蜀景真宜作畫參，怡情何必遜江南。山無高下總蒼翠，水有淺深皆蔚藍。雨霽園林花簇簇，煙飛堤岸柳毿毿。風光如此留人駐，哪惜歸期緩再三。

七絶·應于髯翁邀同游

溪山空壁净無塵，時聽幽禽妙囀春。萬點落花如有意，紛紛飛向浣沙人。

七絶·中秋夜折柬邀鄧公寶珊（四首）

欲唱驪歌且暫留，爲因佳節届中秋。與君約作通宵樂，南峁山巔共舉甌。

家住深山萬緑叢，垂楊滿谷舞東風。應憐今夜峰頭月，朗照南樓待庾公。

話别無心到草廬，一庭秋菊影扶疏。期君不至籬邊坐，獨對銀蟾醉玉壺。

除夕君曾爽約來，今宵有約又徘徊。果然大將神機密，似我庸人豈易猜。

七絶·咏桃花（三首）

小雨暗暗冷似秋，客中誰與遣春愁。推窗忽見桃花發，風致撩人欲下樓。

灼灼桃花似火紅，仙源曾伴避秦人。一從詩客譏輕薄，不聽漁郎再問津。

一樹新桃傍玉初，舞風時倩翠筠扶。嫣然似向樓頭問，會得靈雲意也無。

七律·贈西北攝影隊

不辭路險與塗遥，聯袂同乘使者軺。紫塞風雲微地勢，黄沙毳幕訪天驕。
歌傳漆室能憂國，劇演連營欲渡遼。珍重少年三十六，英姿毋愧漢班超。

〔榮賡麟註曰：抗戰八年期間，由陽翰生編劇、應雲偉導演的電影《塞上風雲》劇組來榆林，擬轉赴伊克昭盟進行實拍。西北攝影隊即此劇組。一行三十六人，包括隊長應雲偉，演員中不乏知名者，僅就記憶所及，有黎莉莉、吴茵、舒綉文等。在榆林停留期間，受到當地各界人士的熱烈歡迎。先父在歡迎宴會上，即席贈詩，以壯行色。〕

七絶·爲小燕姪女紀念册題詩

文説班超武木蘭，女兒報國亦多端。懷才且奮摩天翼，更向前人頂上盤。

〔榮賡麟註曰：小燕即鄧寶珊將軍之長女。〕

七律·贈任德修新婚兼示以詩法

落雁容華倚馬才，御溝紅葉是良媒。阿嬌已許藏金屋，温嶠何妨贈玉臺。
眉展春山郎代畫，花開紫陌婦歸來。蕭條幸得催詩侣，日對芙蓉笑舉杯。

〔榮賡麟註曰：任德修是鄧寶珊將軍屬下文職幕僚，好文學，樂於舊體詩的習作，時常就教於先父。時值其燕爾新婚，故有是作。任之新婦秦國粹，係榆林女子師範學校校花，故雙方親友咸以郎才女貌許之。以此，詩之首句即曰云云。〕

九一九起義一周年雜感

〔原載《綏遠日報》一九五〇年九月十九日第七版〕

『九一九』起義，是綏遠歷史上一件大事。它是全綏遠人民作奴作主的大關鍵。我個人因能參加起義而感到無上的榮幸，自是無待於多説的。

現在只檢討檢討我對起義這一舉動，究竟是自私的臨時應付呢？也還多少有一點政治覺悟的因素呢？要分析這一問題，應該從我多年對中國共産黨的觀感説起。

在一九三〇年以前，我不但對馬列主義毫無所知，就是三民主義知道的也很少。這就説明我對國共兩黨的印象，都很模糊。一九三一年我因事到過一次南京，遇見一個同學，他警告我説：『你讀了那麽多的綫裝書，如讓共産黨把你捉住，一定要把你殺掉，因爲共産黨最討厭你這樣書呆子啊。』我聽了這話，確實抱了幾年極大的恐怖心理。

但是雙十二事變發生後，我的這種恐怖心理就根本不存在了。因爲我只能從這事變裏看出共産黨逾格的寬大，却絲毫看不出他們有什麽不近人情的地方。像我這樣的渺小書生，真不必『杞人憂天』。一九三七年我因抗日跑到伊盟，勸告沙盟長，並給各旗王公寫信，勸他們堅持抗日立場。那時共産黨員趙同志在烏審旗王府看到我勸特王的信非常滿意，就和我約定在榆林見面。跟着高崗同志也到榆林，他天天和我晤談，給我講了很多團結進步的理論。這是我對中共有了初步認識的開端，也就是敢接近願接近的起點。

在八年抗日期間，延安人士到過榆林的不少，都和我有極誠摯的友誼，對我思想上的幫助都很大。尤其是王震同志到榆林，跑到城外七八里的南峁莊和我談了半夜，送了我兩大包延安出版的新書。他回去以後，還按期把《解放報》和《中華文化》秘密地寄給我。就是毛主席的《新民主主義論》，也是他寄給我的。這不但使我逐漸接受了進步理論，也使我對共産黨人的熱情受了極深的感動。

我在抗日期間，前後經過延安五次。一九三八年和一九四二年兩次，我都晋謁了毛主席。他那誠懇偉大和藹可親的風度，至今回憶，猶歷歷如在眼前。從此以後，我深信我們少數民族的解放，只有在中國共産黨革命勝利以後，才能實現。我既有了這樣的信心，也就決定了我參加起義的堅定立場。一九四六年夏至一九四七年秋，我在南京要求內蒙自治的失敗，也是助長我這一次起義決心的重要因素。

最可惜的是起義一周年了，而我個人在爲人民服務這一觀點上，卻是進步太少了。如果認真檢查起來，所犯的自由主義、官僚主義……等偏向和錯誤，確實太多。這是小資產階級智識分子〔的〕普遍病痛。我要從紀念起義而加强學習改造，不使自己的病痛污辱了自己〔的〕榮譽。

向爲綏遠地方解放區化軍隊解放軍化服務死難諸烈士致悼

〔原載《綏遠日報》一九五〇年十二月二十日第五版〕

爲綏遠解放區化解放軍化而死難的諸烈士，從他們分配在工作崗位起，經過了萬分困難的工作經歷，始終與反動匪特堅決搏鬥，一直至最後殉職犧牲爲止，我們不但沒有聽見他們有任何標榜吹噓的庸俗作風，也沒有聽見他們對工作崗位有什麼選擇的意見，甚至有些烈士姓名，當我們在報紙上看到的時候，還覺得很生疏。這種情形，正說明了他們無希冀、無計較，在革命的總目標下全心全意爲人民服務的模範精神。這都是中華人民的好兒女，都是毛主席的好學生，都是革命陣營中最英勇的革命鬥士。我願和天天喊叫『貢獻一切』的人們向烈士學習，從體會他們的堅毅作風中，對革命意義作更進一步的認識。

我們哀悼這班烈士的每個人，要繼承烈士們的模範精神，那麼死者雖然不可復生，而繼起者的接踵奮鬥，是很快可以完成他們的遺志。尤其消滅匪特替烈士們報仇，更是我們目前刻不容緩的緊要工作，所以我們在消滅匪特的意義上說來，不僅是替烈士報了仇，也替綏遠人民的安居樂業奠定了穩固的基礎。同時亦劃清了敵我界綫。這是一舉而三善的行動。我們要想鍛煉自己，就應該先從剿匪這一工作做起，在千萬後繼者的努力下，我們堅信綏遠匪特不久就能肅清，烈士的血仇不久就會報的！諸烈士的英靈安息吧！

紀念『九一九』起義二周年的幾句話

（原載《綏遠日報》一九五一年九月二十日第二版）

從一九四九年的『九一九』，到今天是整整兩個年頭了。也就是說我們從反動陣營經過毅然決然的起義方式，很光榮地走向革命立場，已經有這樣長的一段時間了。這一段時間，從人生壽命來看，雖不算太長，但也確實不能算作太短。我國有一句成語說：『士別三日，當刮目相看。』這句話的意思是說你和一個進步人士離別過三天，你就應當擦亮眼睛去觀察他，決不可再用舊眼光、舊尺度去衡量他了。這是說一個要求積極進步的人士，在僅僅三天的短時間裏，就能有前後截然不同的表現。三天尚能如此，那麽，我們起義已經二年時間就不能算短。在這二年中，我們有工作、有學習、有觀摩、有鍛煉，眼見耳聞以及身歷的經驗教訓，可以說是接觸的不少。然而接觸並不等於『實踐』，如果我們僅限於接觸，而不能把所接觸到的經驗教訓很好地與實際行動聯繫起來，也就是說不能『實踐』，那麽，我們二年的進步還是空的。

有些起義幹部同志說：《實踐論》的真理，必須從實際的革命工作中去體現。但實際工作能否做出成績，以及成績的大小好壞，都是和每一個幹部的職權有密切連帶關係的。假如一個起義幹部只擔任了那個職位，而沒有取得那個職位應具備的辦事權利，他在工作崗位上就很難表現出成績來。我以爲這些話從表面上看起來，似乎也有一點道理。但如果我們進一步去考查一下，這不僅是一種不負責任的藉口，實在也是一種不求進步的說法。他的意思無非是說你們不給我權力，我就無法主動辦事，所以也就無成績，同時我還不負這個無成績的責任。這種說法，在言者自己看來覺得是滿有理的，却不知這在革命隊伍中實在是一種十足落後的表現。

我們知道『有職有權』是革命民主統一戰綫堅定不渝的決策，也就是中國共産黨和各民主黨派共同趨向的一個目標。這是不容懷疑的，也是不容任何人破壞的。但我們同時更應該知道，我們今天在革命隊伍中的『職』不是憑我們二年以前在反動政權裏地位的高和臭名的大而得來的，而是因爲我們『迷途知返』經過起義，光榮地參加了革命，又經人民群衆寬恕了我們的罪惡，才給我們一個工作崗位的『職』來考驗我們今後爲人民服務的真和假。這就説明我們的『職』並不是任何人看見我們順眼而隨便恩賜的，主要還是我們自己願意靠攏人民主動地爭取來的。『職』既然如此，那麽，『權』也不會例外。我以爲我們起義幹部同志既因光榮參加革命而『有職』，就必須堅定革命立場，不斷進步，洗清政治面貌，取信於人民，然後才能真正地『有權』。這也就是説『權』也不是任何人能恩賜給我們的，主要也是在於我們以革命進步的作風主動地去爭取。如果不這樣的話，我們只是抱怨『有職無權』，甚至坐待『權』的降臨，那就錯了。

我們起義幹部同志在目前學習進步的階段中，最重要的還是洗清政治面貌這一項。我們只要把起義以前的反動歷史毫無保留地向組織交代清楚，再經常掌握好批評與自我批評的武器，那我們的政治面貌就不愁清爽了。尤其是起義幹部中在舊政權爬得相當高的人，或是正爬得興高采烈認爲前途遠大的人，更應該主動地洗清自己的骯髒。我們的骯髒一經洗清，我們的政治面貌就焕然一新了，人民群衆也相信我們是真的向革命一邊倒了，人民的一切事情，甚至最機密的事情也敢交給我們辦了。這就真是『有權』，而這種『權』又真是我們從革命進步中主動爭取來的。這才是光榮的『有職有權』。

假如，我們起義幹部把起義看成一個『萬事俱備』的行動，認爲一起義就算功德圓滿啦，不但應該『有職』，更要等着『有權』，人民群衆是決不肯那樣輕忽地給與我們的。劉匪萬春等不是也參加過起義嗎？爲什麽他們又反革命呢？這説明起義雖是一個光榮的舉措，但僅憑起義是保證不了一個幹部立場的。我們要知道起義只是一種正義的起頭，起義以後我們還需要加倍地努力前進。二年時間匆匆地過去了！我們各自檢點檢點我們的進步情況吧，是不是原封未動呢？

徹底消滅胡風反革命集團

〔原載《內蒙古日報》一九五五年六月二十一日〕

胡風反革命集團的陰謀罪惡材料，一批又一批地擺在全國人民面前了。我們從這許多材料裏面，清清楚楚地看出這個以胡風爲頭子的反革命集團處心積慮所要幹的是一些什麽勾當。他們對中國共產黨、對人民、對社會主義建設事業是抱着那種仇恨的態度，而同時却用馬克思主義的外衣僞裝起來，潛伏在革命陣營中，施展他們的『鑽心戰術』來進行破壞，這是多麽陰險嚴重的一個反革命案件！

從這個反革命集團潛伏的時期來看，是很長久的；從他『鑽』入的深度來看，是很滲透的——直鑽至黨組織內；從他蔓延的寬度來看，是很廣泛的——從各團體到各業務部門。以這樣一個反黨、反人民、反革命的滔天罪惡集團，居然能在革命陣營中潛伏那麽久，鑽得那麽深，蔓延得那麽廣，這不是有巧妙的掩蔽和極詭密的布置是辦不到的。然而盡管這個反革命集團掩蔽的怎樣巧，布置的怎麽嚴密，但他的馬脚還是早已露出來了。例如：他們公開喊的兩句話是所謂『寫真實』和『革命人道主義』。前者是要誇大我們工作中的個別缺點以達到他們誹謗、誣蔑革命的目的；後者是要限制別人不要把他們的反革命言論推到『思想問題』範圍以外去。如果有人把他們拉到『思想問題』以外，涉及政治問題甚至反革命問題的話，那就不是『革命人道主義』了。事實上，我們堅决地向胡風反革命集團鬥争，才是真正的人道主義。這是胡風集團預先施放的兩層煙幕，一層是屬於進攻性的，一層是屬於防禦性的，然而這也正是他們反革命活動手段。

可是我們革命陣營的文藝工作者們却偏偏被煙幕所迷上了這個當，偏偏把胡風的一切問題長期刺刺不休地局限在『思想問題』範圍以内，没有從他長期頑强拒絕思想改造這一點上喚起我們的警惕，去分析他的政治立場。這也許就是胡風反革命集團敢於向我們作瘋狂的進攻，並暗笑我們『没有内行』的原因吧。

現在胡風反革命集團的黑幕被共産黨和廣大人民揭穿了，他們和蔣介石匪幫的勾搭罪蹟也暴露出來了。全國人民都要發出一致聲討的吼聲。胡風曾向他的嘍羅們説，要『……拋出頭顱擊碎……鐵壁。』我認爲胡風對革命陣營既有這樣一個堅決反革命的誓願，國家是會『從其所願』地予以嚴懲的。至於胡風反革命分子，他們只有兩條路可走，一是新生；一是毀滅。這就是要靠他們自己去選擇了。他們如果還堅持要做胡風的殉葬者，我認爲也不妨『從其所願』。人民只不過是像掃垃圾那樣掃一下就完啦。總之，我們消滅胡風反革命集團必須要做的徹底，決不讓它遺留一小粒種子待機發芽。

從揭發胡風反革命集團這一事件中，我個人深深感覺到我們對思想問題和政治問題之間的微妙差别，往往看的太不鋒利也不敏感。這就證明我們馬列主義水平還差得很遠。提高警惕還僅僅是掛在嘴上。今後爲了和一切敵人作尖鋭複雜的鬥争，我一定要下決心更深入地鑽研馬列主義。

七絶·紀念魯迅逝世廿周年

（原載《内蒙古日報》一九五六年十月十九日第三版）

一

曠世文章泰斗崇，萬千才俊借長風。當年鑄鼎燃犀筆，多在先生教澤中。

二

誓革文風振舊邦，堅强鬥志古無雙。孤燈夜校嵇康集，註到微詞恨滿腔。

三

荆棘叢中度一生，戰歌常使敵人驚。追維二十年前事，啓蟄真同霹靂鳴。

四

東亞從今曙色開，神州處處錦成堆。哲人宿願應無憾，欣慰文壇獻酒杯。

在我區各族各界紀念孫中山先生誕辰九十周年大會上的講話

〔原載《内蒙古日報》，一九五六年十一月十三日第三版〕

各位同志：

孫中山先生一生的革命事業，是很難在我們短簡的一次發言中把它説得面面俱到的。因此，我現在只準備就中山先生突破傳統舊習，提出在當時確實是驚人的偉大革命號召這一點來談一談。

中山先生在提倡革命的初期，就以首創精神提出廢除君主，建立民國的的破天荒主張；在他晚年改組國民黨的同時，又提出聯俄、聯共、扶助工農三大政策的劃時代主張。中山先生的這兩次偉大革命號召，從今天中國人民已經在没有君主的國家裏生活了四十多年，又經過七年多新民主生活的眼光來看，似乎覺得也没有什麽突出驚人的地方，但是我們如果從中國五十年前和三十年前的歷史情况來看一下，立刻就可以看出這種革命號召，只有在膽大包天，預見百年的偉人胸中才能創造出來。

同志們：我這樣稱贊中山先生，是絲毫也没有故意誇大的意味，而是根據我國歷史的傳統情况來加以分析研究的。中國自有君主制度到辛亥革命已有幾千年的歷史了。歷代的農民起義，也有過無數次的爆發了。然而查遍二十四史也找不到一次主張廢除君主的革命口號。這就是因爲中國古代統治階級在很古的時期，就揑造出一套『天降下民，作之君，作之師』的欺騙人民群衆的理論來，把統治與被統治的關係，説成是天定的原則。這個揑造出來的片面原則，一直把中國的勞動人民捆綁了幾千年，甚至歐美的共和制度學説傳到中國以後，中國的許多知識分子還是不敢接受，還要提倡什麽君主立憲。這就更清楚地看出『國不可以一日無君』的邪説中入一般人們的思想深處，是多麽頑强啊！

中山先生正是我國擊破這種頑强傳統的第一人，在當時那種環境下，非膽大包天的偉人，誰敢干犯衆論，提出不要君主的號召呢？所以我説它是突出而驚人的。

其次是中山先生提出三大政策的時候，其環境的困難與複雜，也是不亞於主張廢除君主那個時代的。當時從帝國主義的走狗、封建官僚、軍閥、賣國賊和一些反動頑固舊知識分子等等集團中發出來的反對叫囂，都是喊得很凶的。假使没有預見百年的智慧，没有堅持真理的魄力，任何人遇到這種情況總難免要躊躇氣餒。而中山先生却以極明確而宏亮的聲音喊出『今後中國之革命，非以俄爲師，斷無成就』的斬釘截鐵口號。這是多麽堅決、多麽雄偉、多麽正確的革命指導啊！中國古語常説『砥柱中流、屹立不動』。中山先生的偉大氣魄，確實是這樣的。

現在全國人民都互相勉勵向中山先生學習，這個現象是很好的。可是我們要想學到中山先生的任何一點長處，首先要從他那種歡迎先進、熱愛真理、實踐躬行、好學不倦的精神學起。直到我們從中山先生的不斷進步中，能把自己鍛煉成爲一個逐漸認識馬列主義真理以至掌握真理的人的時候，我們就可以對革命有所貢獻，也就可以算作一個善學孫中山的人了。如果我們不能從他這種自學自勵的方面去學習他，一入手就想學他的力排異議，堅持己見的作風氣概，那對一個後進人物説來，就太危險了。

我們今天紀念中山先生誕生九十周年是要記住他致力國民革命四十年的不朽勛績。我們今後要學習中山先生的偉大成就，必須從他修己治學的切近處做起。古語説『登高必自卑』。願以此語貢獻給有志學中山先生的同志們。

談沙鷄

（原載《内蒙古日報》一九五六年十二月十四日第三版）

最近一周，每天下午八點鐘以後，當人們正在飯罷閑聊，恢復一天工作疲勞的時候，就聽見街頭巷尾有一種新鮮的小販叫賣聲：『買沙鷄來。滷腐的，沙鷄啦！』

生長在本地的『饕餮者』們（談者本人即是其中之一），如果手頭還有幾個餘錢的話，那就不免『聲入心通』，喜形於色，垂涎三尺地跑步趕到門外，買它二三隻，拿回家裏和老妻、兒、孫們圍爐分享。這不用打招呼，更不用發請帖，一家老幼準會不約而同地『準時出席』。假使瓶中還有一些酒，那麽，這位家長一面品咂那點酒，一面擔任分肉的陳平，倒是滿有趣的。

初來呼和浩特的遠地朋友們，却不知道『沙鷄』究竟是什麼東西。我現在就把這個塞外的名貴特産簡單介紹在下面：

這裏所談的『沙鷄』，完全不是《詩經·豳風篇》裏所説的『六月莎鷄振羽』那種『莎鷄』，《詩經》裏的『莎鷄』是蟋蟀的異名。我所介紹的『沙鷄』確是『戈壁大沙漠』裏的一種飛鳥。在《爾雅》裏叫它『鵽鳩』。郭景純註解説：『鵽大如鴿，似雌雉，鼠脚無後指，歧尾，爲鳥憨急群飛，出北方沙漠地。』又《異物考》：蕃雀，即鵽也。《本草》：又名突厥雀。這就是這種俗名『沙鷄』的飛鳥在古書裏的記録。

『沙鷄』最特殊的地方就在它那兩隻『鼠脚』。賣『沙鷄』的小販在煮它時候，雖然要褪盡頭尾羽翼，但都不肯去掉它那兩脚，怕顧主説他用鴿子代替。『沙鷄』的兩隻脚，不僅形狀詭異，它的作用也是很奇怪的，如果你買個活的實驗一下，它能在燒紅的鐵爐盤上若無其事地漫步走過。因此，它又有『鐵脚鳥』的稱號（這是它適應暑期沙地熱度的本能）。

『沙鷄』並不是年年冬季都能買到。如一九五四、一九五五兩年就没有人嘗到它的滋味。必須遇到『戈壁』下了很厚的雪，『沙鷄』在那裏得不到可吃的東西以後，它才開始成群地向『陰山』以南飛來，正因爲這種鳥是『憨急群飛』，所以它遇到翻拍硬網時，縱然看見了也不迴避，必然要一直撞上去送掉性命爲止。農村的老鄉們當下雪以後往往在電綫下面拾到撞死的『沙鷄』，這就證明古人『憨急』二字的形容確是不錯的。

本地老輩相傳有一句俗言：『沙鷄過，賣老婆』，意謂這飛鳥來得太多時，明年就要遭荒旱。這完全是『不求甚解』的迷信説法，其實是『戈壁』雪太厚了，明年的春寒就必然延長，東風解凍的暖氣流也要被擠而推遲，春旱也值得人們警惕。如果把這些情況都歸罪於『沙鷄』，那就未免近於『羅織』，我們就不能不替『沙鷄』呼冤了。

七律·臘日喜雪

（原載《内蒙古日報》一九五七年一月十三日第三版）

舊臘新年配合奇，欣逢二八會佳期。①凌晨瑞雪開人眼，徹夜寒風索我詞。
玉樹微茫迷遠近，冰原浩蕩失高卑。興來不效袁安卧，捉筆還吟即景詩。

七言古體·呼和浩特歌

（原載《内蒙古日報》一九五七年四月二十六日第三版）

清明過後連日雪，城郭川原盡瑩潔，客來煮茗作夜談，勸我吟詩配佳節。
佳節紀功慶十週，全區人民祝千秋，先期得雪天呈瑞，節日應知景更優。
優景豈徒物象改，群情欣動成歡海，紅男緑女備新裝，白叟黃童焕光采。
采箋播説事全新，節届清和接暮春，冰泮草萌苔蘚濕，不煩朝雨浥輕塵。
塵消宇凈羡蒙古，錦簇花團難盡數，畫龍從來貴點睛，只取名城讚首府。
首府原是可汗宫，呼和浩特譽葱蘢，四百年來形欲朽，而今返老竟還童。
還童便具衝霄勢，十歲豐標盡瑰麗，新建規模試一觀，聲聞國内傳國際。
際會『五一』事非常，籌備科條不厭詳，鏤月劇場皆燦爛，摩雲賓館更堂皇。
堂皇大厦夾衢路，赤幟朱旗映芳樹，時間蒙語作指南，市郊設有『那達慕』。
彩幕分區運動喧，摔跤田徑箭離弦，驊騮賽跑人賽力，競技比車百樣全。
全能只此何足異，更請留心賞文藝，作家椽筆寫不停，演員妙曲幻奇致。
致意良朋寄簡書，嘉賓邀集雁來初，羊羔美酒春畦菜，清脆華鮮玉不如。

①原註：新年一月八日即農曆舊年臘月八日。

如雲客至從遠處，萬水千山盡飛渡，錦綉衣裳散采露，瓊瑶佩飾噴香霧。
香霧氤氳主客歡，憑肩聯臂笑相看，陪游侍坐清談洽，十日平原興未闌。
未闌難挽辭舊客，玉輦金鞍喧紫陌，握手殷勤囑再來，弟兄情誼奠磐石。
青城盛會事空前，十載功超四百年，各族難忘中共德，頌詩我欲詠千篇。

七律·祝詩——慶祝内蒙古自治區成立十週年

〔原載《草原》一九五七年五月號〕

一

誰説春風不度關？①十年塞外錦斑斕。芳原鬱鬱新城市，碧樹森森古汗山②。
大匠施工霄漢上，老農播種水雲間，龍江直到居延海，③祖國沿邊玉一彎。

二

黄沙白草古人詩，却喜於今異昔時。百邑汽機開馬路，千鄉電綫絡蛛絲。
生涯任説江南好，變化應誇塞北奇。僻壤臻榮誰氏力？功推中共不須疑。

呼和浩特市沿革紀要

〔内蒙古自治區文史研究館《呼和浩特市沿革紀要稿》油印本，一九七九年八月翻印〕

卷頭語

這本《呼和浩特市沿革紀要》是著者在業餘時間獨力寫成的。從一九五六年五月後半月開始，至一

①唐代王之涣有「春風不度玉門關」的詩句。
②蒙古稱大青山爲「汗烏勒」，譯漢語即「汗山」。
③「居延海」在内蒙古自治區西部額濟納旗境。

九五七年三月前半月脱稿，中間共經過大約十個月的編寫時間。由於工作關係，忽寫忽輟，不能一氣呵成。加以著者學識荒落，考校不精，臆斷疎漏，在所難免。其中有若干條目，是前輩所没有談到的，如昭君墳是隋安義公主墳，王承美不是這裏的豐州刺史，永邵布非單獨部族，蜈蚣壩是汪古達不嘎，壽靈寺即福化城等以及其他許多小問題，都是著者根據史實作了個人的主觀論斷。這是著者大膽提出這些看法，希望博學多聞關心呼市沿革的同志們，給予批評指教，俾將來再版時得以改正。是所切盼。

第一章　山川形勢和歷代建置沿革

呼和浩特市是中華人民共和國内蒙古自治區的首府城市。它的位置恰好是在自治區的適中地點，約當東經一百一十點六度，北緯四十點八度的交叉處，所佔地形是一個山、河環繞的廣闊平原。市郊北面緊靠着東西横亘的『陰山』，也就是本地人所稱的『大青山』；在市郊東北約五十公里處有陰山支脈向南伸出，並遠遠環抱於東南面，古人稱爲『鍾山』，今人叫它『漫汗山』；從市郊西去是一望無際的平原，唯西南約八十公里處是滔滔滚滚馳名世界的『黄河』，它從西來，向南去，在這個平原的一角做着洪流九曲中的塞外一曲。這就是呼和浩特市所佔平原周圍或遠或近的山川形勢。

從中國有文字記載的古代歷史中考查這個地方的變遷情况，據我們所知道的一些簡略史蹟來説，也只能從『戰國』時期談起。在這以前，我國古史是很少談到這個地方的。縱然偶爾談到，也不過是説：『荒服之外，北狄所居』，如此而已。這種在中國古史上不談或少談的緣故，大概是因爲：戰國以前，中國古史所謂『二帝、三王』時期的『華夏』民族，其生存活動範圍還只局限於以河洛爲中心的一帶地區。所劃『五服』，除『要、荒』兩服不計外，其餘靠近王畿的『三服』即三層，每層五百里，充其量，它的半徑也只有一千五百里，所以，大江以南，勾注以北，在古代史家的眼光看來，就都可以『存而不論』了。

根據《史記·趙世家》的記載，這個地區的發現是從趙武靈王開始的。《史記》原文記的很簡略，只有如下幾句：

『二十年王西略胡地至榆中，林胡王獻馬。』

『二十六年，攘地西至雲中、九原。』

『西北略胡地，而欲從雲中、九原直南襲秦。』

從《史記》這幾句簡略的記録裏，我們可以知道這個地區在戰國以前是林胡族居住的地方。從林胡這個名稱的字面來體會，我們也可以知道中國古代史家對這一胡族的專名，也許還不很熟悉，只知道他們住在原始森林很茂密的地帶，就把他們叫作林胡。從這種情況中，我們就更清楚地體會到在趙武靈王以前，華夏民族的兵力是没有到過這個地方的。這主要是由於華夏的戰車甲士不便馳騁於山岳森林地區；另一方面也是由於戰國以前華夏各國還没有形成人稠地狹的向外——尤其是向『荒服』地區侵略的必要條件。據明代董説所撰《七國考》引證《史記》、《通典》諸書的記録説周當成康極盛時，所有各諸侯國的總人口數才僅達一千三百七十萬四千九白二十三，到春秋時期却又減爲一千一百八十餘萬。他雖没有提到戰國時期的幾個國家究竟共有多少人口，但是我們可以從以上兩個統計數字推知它的情况，也就是經過封建割據的長期混戰，戰國時期的人口絶不能比春秋時期爲多。當時幾個大國用這些人力争霸，都表現了自顧不暇的疲憊情態，哪有餘力到遥遠的荒服草昧地區和異民族争勝負，較短長呢？這是當時稍有頭腦的國主們决不肯幹的事，然而這也正是像『林胡』這些游牧民族所以能在陰山地區長期安居的主要原因。

自趙武靈王處心積慮要打倒他的强大敵國——虎狼之秦，又估計到從『函關』正面進攻很難得手，就採胡服騎射的策略，打算繞道胡地『直南襲秦』。他這一策略雖然没有完全實現，可是却給自古沉悶神密的陰山地帶打開了此後二千多年歷史的第一頁。他是給這個地方制定名字——雲中，寫入記録的第一人。清代顧炎武著《天下郡國利病書》關於這段史蹟有如下的一節議論：

『周赧王十五年（公元前三〇〇年），趙武靈王南攻中山北攻樓煩、林胡，攘地至代，西至雲中、九原，於是置雲中、九原、雁門郡。夫武靈王之攘胡，自謀秦始也。……内招騎射之强，外闢三胡之地，樓煩可以禮服，則遇其王以致其兵。林胡宜用兵威，則驅其類以空其地。由是雲中、九原，可以直通秦中，而咸陽以後危矣。』

從上述這一時期的歷史事蹟和顧氏的一節議論裏，我們可以知道林胡是這個地帶的原始居住民族，又可以知道華夏民族勢力到達這個地帶是從周赧王十五年由趙國的武靈王——趙雍——以『胡服騎射』的略地方法開始的，也知道這個地區叫作雲中是趙武靈王給它安的名字，而在這以前只是泛稱爲『胡地』。自攘胡地、置雲中以後，這個地帶就變成中國各民族長期進行拉鋸戰的激烈鬥争場所了。趙既佔有雲中，跟着就建築了防胡的防禦工事。《史記·匈奴列傳》説：『趙武靈王變俗胡服，習騎射，北破林胡、樓煩，築長城，自代並陰山下至高闕爲塞。』由這些措施可以看出趙武靈王當時也很明白被他驅走的胡是不能保證他們永遠不再來的。

果然，到秦始皇忙於吞併『六國』的那個年代裏，歷史雖没有記載林胡捲土重來的事蹟，但是另一個新起的游牧民族匈奴却又跑進長城以南來了。直至秦始皇完成了他的統一中國的事業以後，他還得派大將蒙恬率十萬大軍北逐胡，又把燕趙的長城舊蹟重新修復接連，從遼東至臨洮，號稱『萬里長城』。仍把陰山以南，長城以裏這塊平原建置爲雲中郡。秦統一了中國不到十五年，就被諸侯武裝叛亂所推翻。接着便是五年時間的楚漢紛争局面。從前被逐的匈奴却又趁這個邊境空虚的機會跑進長城裏邊來了。漢朝建立初期，又費了很大的力量才把雲中郡的建置恢復起來。這就是我們這個地區在公元以前的沿革概况。

在這裏我們應該强調指出一點，就是以上所談的雲中郡，它的轄地很廣，西南從黄河南岸起，北至陰山，東北達到大青山和漫汗山轉彎地點以北，南面達到現有的長城界。這是趙和秦所建雲中郡的領域。到漢朝初期又把它的南部劃出一片置定襄郡，這就比趙秦所置雲中郡的轄地削减了大約有一半。現在呼和浩特市所轄的區域却又是漢雲中郡的一部。如果我們不把這種界綫談清楚，就很可能給讀者留下一種模糊概念，誤認爲現在的呼和浩特市就是古代的雲中郡，那就錯了。

爲了更明白地介紹一下古雲中郡的山川地理輪廓和現在呼和浩特市的位置關係，我們打算把這裏的環境形勢作爲漢文的『可』字來談談。在市北横亘的大青山，很像個『一』字，加上從東北向南伸出又往西一彎的漫汗山，就很像個『丁』字了，呼和浩特市處在這個丁字形的山脈拱衛中，恰像『可』字中心的那個口字，西南方向是没遮攔的開闊平原，也和這個『可』字的形象差不多。這就説明現在的呼和浩特市正佔着古雲中郡的中心要害地區，這是可以肯定的。但是呼和浩特市的新、舊兩城究竟相當於古雲中郡的那個縣呢？

這個問題，從班固的《漢書·地理志》裏是得不到解答的。他雖在雲中郡的標題下註出十一屬縣的名稱，却没有註出每縣所在的地點，這就給後世研究中國邊疆地理的學者們留下很大的困難。班固是後漢初期人，他上距前漢置郡的年代並不算遠，而且他本人從軍來過塞外，按道理，他寫地理志時是應該並且能够把這些邊疆大郡的屬縣位置寫清楚的。可惜，班氏没有這樣做。後人距古更遠，且絶大多數內地學者都没有親自來塞外考查的機會，這就不能不形成後世學者們對塞上地理著作的兩種偏向：一種是略而不談，另一種是主觀假定。從後漢初期到明朝末葉，中間經歷一千六百多年，不論是官修，或是私人著作的輿地書籍，十之八九是屬於前一種偏向的。如歷代正史所附的地理、郡國、職方等志一直到明朝的《大明一統志》，又如《十三州志》、《元和郡縣圖志》、《太平寰宇記》、《元豐九域志》、《輿地廣記》等等以及其他個人著述，從數量上看雖是汗牛充棟地數不清，然而它們都是詳於內地，略於邊疆，多談州郡，少談縣治的。這對我們所希望解決的問題，不僅班固的《漢書·地理志》幫不了忙，就連後世許多輿地專書也是幫不了這個忙的。其次是從清朝中葉到現代，出現了一批專門研究中國西北輿地和民族歷史的學者。他們的研究方法主要是致力於考據一方面，也就是把中國古人的許多史地著作給予更深入的考證分析，從而把自己的心得見解貫注在箋疏註釋裏去。也有一些學者翻譯或引證了許多外國書籍來充實自己的著作。這一時期成書很多，他們的成績也是值得我們稱贊的。可是他們對於某一古城位置，也往往犯後一種主觀假定的偏向。他們經常用『疑是今某地』，或『大約在今某旗境內』這類詞句來解釋一個古代地名。這種自己没把握而把它肯定下來的説法，不是主觀是什麽？它不但不能替我們解答問題，反而會把我們引入迷誤的方向上去。所以我們今天研究古雲中郡屬縣與呼和浩特市區的對照問題，也就不能完全依靠這類著作來解决了。

以上所説這些浩如煙海的古今輿地專書，既不能解答我們所提出的問題，那麽，我們能不能找到一個可以解答這個問題的綫索呢？我們的回答是：能找到，而且是已經找到了。那就是後魏酈道元所撰的《水經註》。這部書雖然是以記水道爲主題的著作，但它對我們所企圖解决的上述問題却能給予我們極有力的啓示。這是最可喜的一個發現。可惜多少年來這部書被許多做校註的學者們搞得棼如亂絲，使人們很難找出它的頭緒來。例如在呼和浩特市區周圍的幾個古『雲中郡』屬縣，就是被這些學者們搬錯了地位的。這種情形，我們將在下文附帶的談到它，在這裏就不多費筆墨了。

根據《水經註》『芒干水』一條的記述，我們可以毫不猶豫地肯定：現在的呼和浩特市轄區域就是漢雲中郡所領的『北輿縣』。爲了便於對照，現把《水經註》有關的原文節録如下：

『……又有芒干水出塞外，南逕鍾山，山即陰山。故郎中侯應言于漢曰：陰山東西千餘里，單于之苑囿也。自孝武出師，攘之于漠北，匈奴失陰山，過之未嘗不哭，謂此山也。其水西南逕武皋縣，王莽之永武也。又南逕原陽縣故城西，又西南與武泉水合。其水（武泉水）東出武泉縣之故城西南，縣即王莽之所謂順泉者也。水南流，又西屈，逕北輿縣故城南。按《地理志》：五原有南輿縣，王莽之南利也，故此加北。其水又西南入芒干水。芒干水又西南，逕白道南谷口。有城在右，背山面澤，謂之白道城。自城北出，有高阪，謂之白道嶺。沿路惟土穴，出泉，挹之不窮。余每讀《琴操》，見《琴慎相和雅歌録》云：飲馬長城窟。及其跋陟斯途，遠懷古事，始知信矣，非虚言也。顧瞻左右，山椒之上，有垣若頹基焉，沿溪亘嶺，東西無極，疑趙武靈王之所築也。』

酈道元這一節寥寥無多的談水文章，却比我們翻檢無數地理專書强得多。它的優點約有以下三點：第一是酈氏曾經親身來過這一帶地方。他既有意作《水經註》，他就必然要對這一地帶的山脈水係作一番認真的考查。盡管他對没有到過的江南水系有錯誤叙述，但對我們這裏的記載，却有確實可信的價值。第二是酈氏生於後魏，距兩漢、三國年代還不很遠，許多漢魏故城遺址，縱然荒廢，也一定還有比較顯明的殘蹟可資參證。第三是酈氏的著述體例，以記水爲主。一切古蹟都是借水流的方向形勢來説明，凡離水較遠的就不列入，以免自亂其例，貽誤後人。因此，我們根據酈氏的記載來確定呼和浩特市與古縣邑的地位關係是有充分理由的。

現在我們開始來分析研究一下前面所引酈氏的一節文字吧。它所記的『芒干水』就是現在市南二十華里處的大黑河；它所記的『武泉水』就是現從市東郊轉到南郊的小黑河。從哪裏證明古芒干水和武泉水就是現在的大、小黑河呢？首先應該指出：在古稱『雲中郡』的這個開闊平原裏，能吸收若干山澗細流以主干水系注入黄河的，只有古稱『芒干水』而今稱大黑河的這條水才有這個資格。『芒干水出塞外，南逕鍾山』，這句話是説明水發源於秦並陰山所築的長城塞以外，又經過陰山向南伸出的支脈鍾山才往西南流去，這和大黑河的發源與流向是完全一致的。芒干水流入平原以後所吸收的第一條水是武泉水，而大黑河出山以後首先接納的水是小黑河，而且武泉水『南流又西屈』的情況也是和小黑河完全相同的。我們從上面這許多恰相吻合的具體形勢裏就可以得出芒干水是大黑河、武泉水是小黑河的結論來。

我們對這兩條水的古今互證問題既已解決，跟着就要分析研究古縣的地點問題。在呼和浩特市附近，有三個漢縣名稱坐落，最容易指錯地位。那就是：原陽、武泉、北輿。按酈氏依水流方向所叙的地位，原陽縣在今大黑河出山以後向西南流的東畔。清朝董祐誠却説『當在今綏遠城東北，黑河水西』。酈註明明説：『芒干水南逕原陽縣故城西。』水逕城西，就等於説城在水東，而董氏箋校，却偏要把城搬到水西，這不僅迷誤後人，而且也叫『原陽』侵佔了武泉縣的地位，這是非常錯誤的。又考武泉縣應在今大黑河上游西畔，小黑河發源處的東北，就是現在巴爾哈紹地區。但董祐誠又説『當在今歸化城東』。如果拿董氏所指的地點和酈氏所指『武泉水出武泉縣之故城西南』相校，那就必須把小黑河水發源地移到呼和浩特市西南方才能適合。然而這並不是任何人所能辨得到的事。再考『北輿縣』應在小黑河向南流又往西屈的那個轉彎地點的北畔，恰好正是現在呼和浩特市所管轄的中心地帶。所以我們説呼和浩特市就是漢雲中郡所領北輿縣的舊治區，這是確有根據，一點也不錯的。可是董祐誠又説『當在今歸化城東』。難道綏遠城東北已經如董氏所説設了一個原陽縣而又在歸化城東可以設武泉、北輿兩個縣嗎？這就可以看出如董祐誠之流的學者們——朱謀瑋、趙一清、孫星衍、顧炎武、顧祖禹、齊召南等人對塞外輿地的考證，常有類似董氏的情況——很多是習慣於憑書本懸揣下斷語，甚至連書本裏的原文也没作深入的鑽研。如『水逕故城西』解作城在水西，豈不是連原文也没加思考的緣故嗎？也不查考綏遠城和歸化城相距有多遠，兩城之間只隔五里，能不能安排兩個古縣，全不管它，就硬那樣安排了。這怎能不把後人引入五里霧中呢？

現在我們把這三個古縣的地點，重作一次整理説明，使讀者可以得到一個更明晰的概念。

北輿縣、武泉縣和現在大、小黑河兩條水流的關係，就仿佛漢文裏的『少』字。中間一竪是小黑河，左邊一點是北輿縣，右邊一點是武泉縣，下邊一筆是大黑河。原陽縣在大黑河東南，離市區較遠，不在我們研究的範圍以内，我們就不去談它了。

也許有人要問：北輿縣在武泉水北岸，呼和浩特市也正在小黑河北岸，這個在北岸的安排是有根據可信的。但小黑河北岸的地段是相當寬的，古北輿縣舊治是否也有可能在市東或市西呢？僅憑『水逕故城南』一語就肯定它恰好就是呼和浩特市的所在地，恐怕也不足以服人吧！

我們對這一問，認爲問得極好。但我們對於上面已經肯定的結論，現在的呼和浩特市就是古北輿縣所在地這一點，仍然認爲是正確的。既不能往東移，也不能向西搬，恰好就是現在市中心新、舊兩城周圍的這一地區。我們爲什麽敢這樣堅持呢？因爲《水經註》原文指得很清楚，它説『武泉水南流，又西屈，逕北輿縣故城南』，它並没有説武泉水南流逕北輿縣故城東，這就因爲水南流雖然經過故城以東，然而它離故城還相當遠，所以不能那樣説。直到它西屈以後，才説『逕故城南』，是指明城的南面離水近。如果往東移，那就變成東面離水近而南面離水遠了。這就和酈氏親自考查故城遺蹟時所指的地位大相違戾。就以小黑河的水流形勢來看，也是從市東北四十里大青山的卯獨沁、哈拉沁兩谷發源向南稍偏西，流到市東南大台村才又向西彎曲，經過市南郊，再向西南注人大黑河。這和酈氏所說完全符合。其次，我們再談不能往西搬的理由：按《水經註》原文，在北輿縣西有白道城，位置在白道南谷口的右邊山下。『自城北出，有高阪，謂之白道嶺。』有這樣一些古蹟攔在西邊，我們就絕對不能把北輿縣故城地點再往西挪了。應該知道現在市西北的『蜈蚣壩』就是古『白道嶺』，蜈蚣壩溝就是古白道谷，在谷口右方的白道城應在今烏素圖村附近。如果把北輿縣故城往西移一移，那就移到這許多名勝以西去了，這是違反《水經註》原文所列順序的。

古北輿縣故址，如上所說，既不可以往東移靠近了武泉水，也不可以往西挪越過了白道城。那麼，是否可以往南挪一點，使它更臨近武泉水呢？如果這樣移動一下，豈不更符合水『逕北輿縣故城南』的《水經註》原文語意嗎？我們認爲這樣移動，表面上雖與原文語意相符，但從地形上考慮却和古時築城置縣的實際情況不相符合了。現在的呼和浩特市中心新、舊兩城是在陰山南麓約十里的一個稍微凸起的高地上，東、南、西三面郊區都較市中心略低，加以北郊大青山幾個山澗小水——如壩溝、紅沙口——都在出口以前就潛入地下，伏流至南便匯成一片下濕地，每年春季地皮解凍時，這一帶就變爲很難通過車馬的泥濘區，假使遇到雨澇年頭，由於地下水與地上水連起來，就更使旅人都要高唱『行路難』了。現代是這樣，我們估計古代的情況，恐怕其沮洳程度比後世還要嚴重。酈氏書中對此也有暗示，他說：『白道城背山面澤』，這正說明後魏時期南面還是一片沼澤。古人怎麼能在這種地方建築北輿縣呢？所以我們說把地點往南移也是不可以的。

爲了確定呼和浩特市轄區就是古雲中郡所領『北輿縣』的舊址，我們在這一方面所說的話已經很多了。現在我們應該換一個話題，談一談和白道嶺有關的一些情況，因爲它在中國歷史上是一個很重要的南北通道，它與這個地區的歷代建置是有密切關聯的。

白道嶺、白道谷、白道城，這些名稱在《史記》《漢書》等古代歷史著述中雖没有發現，但酈道元在後魏作《水經註》時就很明白地提出這一系列名字，既不帶傳聞的口氣，又不是俗稱的説法，而是直然説『逕白道南谷口』，『有城謂之白道城』，『有高阪，謂之白道嶺』，這就證明這些名稱是在後魏以前就已經有了。按秦漢時代匈奴和中國雙方的形勢是這樣的：

《史記·匈奴列傳》：『……於是秦有隴西、北地、上郡，築長城以拒胡。而趙武靈王亦變俗胡服，習騎射，北破林胡、樓煩。築長城，自代並陰山下，至高闕爲塞，而置雲中、雁門、代郡。燕亦築長城，自造陽至襄平，置上谷、漁陽、右北平、遼西、遼東郡以拒胡。當是之時，冠帶戰國七，而三國邊於匈奴。後秦滅六國，而始皇帝使蒙恬將十萬之衆北擊胡，悉收河南地。因河爲塞，築四十四縣城臨河，徙適戍以充之。因邊山險，塹谿谷，可繕者治之，起臨洮至遼東萬餘里（這是中國對匈奴的形勢）。

至冒頓而匈奴最强大，盡服從北夷，而南與中國爲敵國，其世傳國官號乃可得而記云……諸左方王將居東方，直上谷以往者，東接穢貉、朝鮮；右方王將居西方，直上郡以西，接月氏、氐、羌；而單于之庭直代、雲中。各有分地。』（這是匈奴對當時中國的形勢。《漢書》所述與《史記》完全相同）

從上面所引《史記》叙述裏，可以看出一個不平常的形勢，那就是匈奴國的中央政府——單于庭所轄地域，正和秦漢的雲中、代兩個邊疆大郡是南北正對着的。呼和浩特市現在所佔的地位又是當時秦漢雲中郡的中心衝要地點。《漢書·地理志》：『北輿，中部都尉治。』漢時各郡除設行政大員郡守以外，地方常駐軍隊是由都尉指揮的。在一般情況下，每郡設中、東、西三個都尉，而中部都尉是比東、西兩部更爲重要些。北輿縣既是雲中郡中部都尉的駐防地，一出城北便是漢與匈奴分界的陰山，而陰山的白道嶺，現稱爲『蜈蚣壩』的這個地點，就是雙方出入必經的咽喉要路。嶺南出谷，有縈帶長城的『白道城』，古稱雲中塞。嶺北出谷，有通往瀚海、龍城、鐵山的要隘，古稱『磧口』。試想白道嶺這個很平凡的名字，在古代戰爭時期對於軍事得失是有多麽嚴重的意義啊？白道城和北輿縣都是保障白道嶺的據點。前者緊接長城築在谷口西畔，後者築在谷口以南十里偏東的平原上，一是國防前哨，一是耕戰後衛，這兩座城相隔十五里，是密相呼應，互爲犄角的。可見古人選地築城，並不像劣手著棋，信手布子，而是從敵情、地理、兵力配備等條件，多方面去作考慮的。尤其是毗鄰强敵，甚至是强敵主力集中經常侵入的地帶，關於築城，就更要考慮選擇的格外周密。『白道』、『北輿』兩城對『白道嶺』左提右挈的控制與防守，就是一個很明顯的例證。因爲它正堵在匈奴中央主力——『單于庭』南出的一個大門口，其任務的艱鉅就不言而喻了。

我們在前面談了這麼多的話，主要是爲了説明現在的呼和浩特市轄境就是秦漢雲中郡所領『北輿縣』的轄境，並連帶説明它在當時國防地理上的重要意義。我們説到這裏，本來可以結束這一歷史階段的談話了。可是我們考慮到清代許多專研西北地理的學者們，對於我們今天所談的這個問題，除前邊所引董祐誠氏的錯誤論斷並加以駁斥外，還有其他人氏的著作也各有各的錯處。我們如果從清初的顧炎武、顧祖禹逐家逐條駁起，一直駁到清代中葉以後的魏源、張穆諸人，那就必須寫一本專書才能辦到，我們是不打算這樣做的。爲了使讀者免走彎路，不被這些前輩學者的主觀懸揣所迷誤，我們只把清代中葉段長基所編纂的《歷代疆域表》拿來就現在討論的問題和我們的説法對照一下就够了。因爲段氏這部名著是以顧祖禹的《讀史方輿紀要》爲基礎，而又加以多方面的考據才綜合出來的，其實顧氏的巨著就已經是綜合了歷代許多專家的書籍才得出他自己的結晶論證來。段氏從顧氏書中再加一番考證提煉，應該是比前代學者們更完備、更正確了。然而事實的表現却也並不能令人滿意。這裏我們就把段氏關於北輿縣周圍幾縣的敘述引在下面：

『原陽：歸化城西，故趙邑。《水經註》：芒干水南逕原陽縣故城西，後漢末省。』

『武泉：歸化城西界。《史記》：周勃從高祖擊韓王信於代，以前至武泉，後漢末省。』

『北輿：歸化城西界，武泉縣南，中部都尉治焉。《水經註》武泉水又西屈，逕北輿縣故城北，後漢末省。』

請讀者注意段氏把三個古縣城都安置在歸化城西和西界這種論斷，再和我們前邊依據山水形勢所作的結論對比一下吧。從他所安排的情況看來，在呼和浩特市以東直至漫漢山這一大片平原裏就没有一個古縣城，而在市西和西界却一起堆了三個，並且是用亂七八糟的手法堆起來的。他把武泉縣擺在今小黑河即古武泉水以西，本來就和《水經註》原文所説『水出武泉縣故城西南』的這個方向大相刺謬了。但他的錯處還不止此，他又把北輿縣擺在武泉縣南，更奇怪的是把它擺在小黑河以南，大黑河即古芒干水以北，而且在大黑河南畔還擺了一個原陽縣，這就等於説小黑河是武泉縣的南界，大黑河是原陽縣的北界，夾在兩河中間，只有十里寬的那個三角洲，就是北輿縣的轄境。就現在呼和浩特市以西和西南，大小黑河合流處，我們能親眼看到的地理形勢去估量，他這種安排是絶對没有根據和可能的。

我們分析段氏造成這種極其錯誤的原因，就是他把古雲中郡所領最靠東北邊的『陶林縣』首先安置錯了。他的《歷代疆域表》關於陶林縣是這樣説的：

『陶林：歸化城界内，東部都尉治焉，後漢省。』

這就證明他是把在今呼和浩特市東北二百多里的古縣——陶林挪到歸化城，佔了古『北輿』和今市的位置，也就是説：他人爲地把古『雲中郡』三分之一的東部地區空起來，而把東部的幾個縣一起擠到中部，又把中部的幾個縣再往西擠，這就必然要造成上述那種極混亂的現象。段氏在他自己編寫的書本上任意把古『雲中郡』的領縣往西擠是可以辦到的，然而他却忘了萬古長存的山河地理環境是不允許人們主觀懸揣而加以武斷胡説的。把『北輿縣』擠到『白道谷口』以西就已經是一個很明顯的錯誤了，何況又把北輿以東的『原陽、武泉』兩縣也一併挪到『白道谷口』以西，根本不管西部還有七個縣——雲中、沙陵、楨陵、咸陽、犢和、陽壽、沙南——如何安排，這種著書手法，難道不是已經到了荒謬絶倫的嚇人地步嗎？前述董祜誠的錯誤比之段長基只是小巫見大巫而已。

在呼和浩特市附近，除以東北遠處發源的大黑河『芒干水』和從東北近處發源的小黑河『武泉水』，我們已在前面談過外，在市西北還有三條小水，也值得談一談。偏西一條，是從烏素圖村後大青山谷中流出，經市西郊向西南流入小黑河，俗稱『五里沙河』。水量不大，平時只供谷口農村灌溉田禾，没有多餘的水供下游使用。但是這條水在酈氏《水經註》裏却也有它的名字，即『白道中溪水』。《水經註》的原文是這樣記載的：

『白道中溪水發源武川北塞中，其水南流，逕武川鎮城，城以景明中築，以禦北狄矣。其水西南流，歷谷，逕魏帝行宮東，世謂之阿計頭殿，宮城在白道嶺北阜上。其城圓角而不方，四門列觀，城内惟臺殿而已。其水又西南，歷中溪出山。』

這條水從山北向南流，被白道嶺即蜈蚣壩所阻，不能從白道南谷口流出，就曲折向西南從烏素圖谷即中溪出山。這和酈氏所記是完全符合的。在這條水出谷處，沿山麓往東約五里，另有一條小水，俗稱『壩溝水』。水量也不大，平時也僅能供谷口人家灌些農田，不能遠流。惟當雨後山洪暴發時，才能斜貫市區西北角向西南流去。這就是前引《水經註》所説『白道嶺沿路惟土穴，出泉，挹之不窮』的那個水的發源情形，它是由谷中許多泉眼匯成的。出白道南谷口往東南約五里處，有泉水從平地涌出，初不甚大，細細婉轉向南流，沿流到處又有無數小泉汩汩涌水注入，使它在進入市區以前，就匯成一股小河。它的水力可以推動一排舊式水磨。自水磨以下經過舊城西北角，穿過一系列大小石橋和土橋向西南流去。這條小河，不但在《水經註》裏没有提到它的名字，就在一切古代邊疆地理書籍中也是不見經傳的。然而當地土著人民却有他們自己稱唤的名字，他們稱它爲札達海河。我們祝福這條小河在不久的將來，會變爲呼和浩特市内最美麗的風景區。

當我們補述了市區西北郊的三條小水以後，我們認爲呼和浩特市周圍應該談到的山川自然形勢以及從戰國趙、秦到漢代的郡、縣建置沿革情況，都大致談到了。下邊我們將繼續談漢以後的建置沿革。關於山川名稱的變更原因，我們也將隨着朝代和建置的變更而談到它。例如古稱白道嶺的這個歷史名蹟，爲什麼後世却把它叫作蜈蚣壩呢？讀者不必性急，我們在談遼、金、元三朝的建置時，就會給您作出答案來的。請讀者耐心往下讀吧。

秦漢在陰山以南所置的雲中郡，直到後漢初期才起了變化。這個變化是從後漢第一代皇帝光武帝劉秀開始的。按《後漢書·世祖本紀》有這樣一段記載：

『建武二十六年（公元五〇年）春正月，遣中郎將段郴授南單于璽綬，令入居雲中，始置使匈奴中郎將，將兵衛護之。』

《後漢書·南匈奴傳》也有同樣一段記載：『二十六年，遣中郎將段郴、副校尉王郁使南單于，立其庭，去五原西部塞八十里。……郴等反命，詔乃聽南單于入居雲中。』

這就是秦漢以來匈奴又進入陰山以南長城塞内定居下來的開端，也就是漢民族和匈奴民族雜居的開端，也就是漢郡縣由省減到荒廢的開端。就在南單于入居雲中郡的同年冬季，又因南單于與北單于戰不利，再把南單于移到更接近内地的西河郡、美稷縣。而南匈奴的部落民衆也就散居在緣邊各郡，成爲漢朝的保護國。從當時漢與匈奴在邊郡所住的户口來看，匈奴户口已超過漢户口很多，按《後漢書·郡國志》所記的漢民户口數如下：

『雲中郡：十一城，户五千三百五十一，口二萬六千四百三十。定襄郡：五城，户三千一百五十三，口萬三千五百七十一。五原郡：十城，户四千六百六十七，口二萬二千九百五十七。』

《後漢書·南匈奴傳》所記的匈奴户口數如下：

『是時（和帝永元二年，公元九〇年）南部連剋獲納降，黨衆最盛，領户三萬四千，口二十三萬七千三百，勝兵五萬一百七十。』

我們從上列這幾個統計數字裏，很清楚地看到這三個郡二十六個縣的漢民，總共才有一萬三千一百七十一户，六萬二千九百五十八人，比匈奴人口還不到三分之一。這就造成一個喧賓奪主的事實，也就給沿陰山邊塞的一些郡縣造成一個逐步撤廢的必然趨勢。其後鮮卑民族大人檀石槐乘北匈奴已滅，南匈奴内徙的機會，就在匈奴故地創立了他的帝國。這個帝國雖只曇花一現，爲時不久，但却把秦漢在陰山一帶所建的郡縣完全擠跑了——郡名隨人民往關南移。

這個地區的古郡縣，自後漢末期廢壞以後，經三國、魏、晋一段相當長的年代裏，始終没有恢復起來，也没有任何一個居住過的民族作過什麽新的建置，我們從歷史記載裏可以看出當時的情況是十分荒凉的。如《晉書》《隋書》記吐谷渾趕着馬群經過陰山，駐牧一個時期，又往西去。我們看他逍遥來去，如入無人之境，就十足説明這是個三不管的空曠地區了。

到東晋時期，鮮卑拓跋氏在這裏建立了一個國家，先稱代國，後改稱魏國，就是前面所説的後魏。這個國家的首都雖離呼和浩特市不很遠，但也不在市轄範圍以内。它在漢定襄郡的盛樂城，就是現在市南八十里和林縣的土城村。市周圍這塊平原，只算首都的畿甸之地而已。酈道元是當代人，他在《水經註》裏叙述這一帶山水形勢，凡提到的郡縣都是秦漢故城遺址，没有一座是後魏自己建置的。僅在『白道嶺』談到有魏帝行宫和塞外有武川鎮城。這就證明拓跋氏在這裏並没有做過任何建置工作。至以後遷都到大同、洛陽，那就更不重視這個邊遠地區了。我們看後魏末期，完全放棄了緣邊六鎮——武川鎮即六鎮之一，就可以證明這點了。而且自後魏緣邊六鎮廢毁以後，原來散住塞外的許多游牧部族，先在蠕蠕强族的糾合下，後來又在突厥民族的統治下，從不斷的入塞侵襲逐漸定居在這裏。游牧民族自古以來就是拆城能手，他們是不修城，也不愛守城的。因此，自後魏歷高齊、宇文周，隋至唐初，這裏就没有什麽城邑建置可談了。高齊時代，有一位大將斛律光是敕勒民族，寫過一篇很有名的詩叫作《敕勒川歌》，就是描寫當時這個地方的情况的。現在把它抄在下面：

敕勒川歌

敕勒川，陰山下，天似穹廬，籠蓋四野。
天蒼蒼，野茫茫，風吹草低見牛羊。

這寥寥幾句的短詩，恰好正是那時這個地方的最生動酷肖的寫真。我們讀了上邊所引這篇詩，便可以體會到游牧民族的生活和城郭之國的民族生活是根本不同的。

隋朝開皇年間，突厥染干降隋，文帝楊堅封他爲啓民可汗，先居都斤山，也叫度斤山，後又在金河以南築大利城讓他定居下來，這個山在現今大青山和漫汗山的接連處，俗稱斗金山。這個城在現今什拉烏素河以南，河就是後魏的白渠水，隋時的金河。這都不在市區範圍以内，但離市區都不太遠，這只證明市郊還是牧場，同時也是一個戎馬交馳的戰場。《隋書·突厥傳》有以下這樣的記載：

『達頭自立爲步迦可汗，其國大亂。遣太平公史萬歲出朔州以擊之，遇達頭於大斤山，虜不戰而遁，追斬首虜二千餘人。』

『啓民上表陳謝曰：大隋聖人莫緣可汗，憐養百姓，如天無不覆也，如地無不載也。諸姓蒙威恩，赤心歸伏，並將部落歸投聖人可汗來也。或南入長城，或往白道，人民羊馬，徧滿山谷。染干譬如枯木重起枝葉，枯骨重生皮肉，千萬世長與大隋典羊馬也。』

傳文所説的『大斤山』就是我們今天的大青山。從上引兩小節史文裏完全可以證實牧場和戰場的説法是不錯的。

至唐初，滅突厥國，也没有在呼和浩特市區境内建立郡縣，稍後才建置了邊防軍事性質的機構。按《新唐書·太宗本紀》的記載：

『貞觀四年（公元六三〇年，《元和郡縣圖志》《遼史·地理志》在振武條下都記爲武德四年，誤）二月，李靖及突厥戰於陰山，敗之。三月李靖俘突厥頡利可汗以獻。』

又按《新唐書·突厥傳》記載：

『麟德初，改燕然爲瀚海都護府，領回紇。徙故瀚海都護府於古雲中城，號雲中都護府。磧以北蕃州悉隸瀚海，南隸雲中。雲中者，義成公主所居也。頡利滅，李靖徙突厥羸破數百帳居之，以阿史德爲之長，衆稍盛，即建言願以諸王爲可汗，遥統之。帝曰：今可汗，古單于也。乃改雲中府爲單于大都護府，以殷王旭輪爲單于都護。』

又按《元和郡縣圖志》記載：

『單于大都護府，今爲振武節度使理所。』

『東受降城，在朔州北三百五十里。本漢定襄郡之盛樂縣也，後魏都盛樂，亦謂此城。武德四年（應作貞觀四年）平突厥，於此置雲州，貞觀二十年（公元六四六年）改爲雲州都督府。麟德二年（公元六六五年）改爲單于大都護府，垂拱二年（公元六八六年）改爲鎮守使，聖曆元年（公元六九八年）改置安北都護，開元七年（公元七一九年）隸屬東受降城，八年復置單于大都護府。』

以上所引幾節文字，只是爲了説明現在呼和浩特市所佔地區在唐代是屬於上述這些屢次改換名稱的大都護府或節度使管轄的，其實他們的駐所並不在市界之内，而是在市郊西南和正南約八十里左右的地方。《元和郡縣圖志》這部書是唐代宰相李吉甫所著，在我國古代許多地理書中是一部比較好的典籍。按道理説，他記述當代的郡縣建置應該是比後世人的著作要正確些才對，但是他對邊疆地理却也有很多錯誤的記録。如他把東受降城、盛樂城、雲州都説是一個地方，這就錯了。東受降城在今托克托縣境内，唐景龍二年（公元七〇八年）朔方總管張仁願築。盛樂城在今和林縣境内，後魏初建都，隋築金河城，唐置金河縣。雲州在今山西大同縣，根本與上述兩處城邑無關，只因振武軍初置於東受降城，繼移於金河縣，就把兩城合爲一城，甚至把後魏從盛樂遷都於平城（唐雲州）也牽連在内，這怎能使後世讀者不迷惑呢？我們談呼和浩特市的古代建置沿革，本來用不着跑出本題以外去批判李吉甫的著作。可是呼和浩特市這個地區在唐代既屬單于大都護府所管轄，而都護府又即駐在振武軍城，也即是金河縣城。我們如果不把當時這個上級機關的情況分析清楚，那就很可能使讀者批評我們只會依樣畫葫蘆地抄古書，不能給讀者一個比較明確的概念。因此，我們還是多説了一些與呼和浩特市古代建置沿革關係稍疏的話。對於唐代單于都護府的沿革，後世著書的學者們往往根據李吉甫《元和郡縣圖志》的説法夾纏不清。惟顧祖禹《讀史方輿紀要》在這一條説得較爲明白，我們把原文摘引在下面，作爲唐代在這裏建置概況的結束。

《讀史方輿紀要》卷五，州域形勢五：

『單于都護府，屬關内道。亦永徽初置，領瀚海等羈縻府州十有五。龍朔二年，更名燕然曰瀚海，而徙瀚海都護於雲中城，更名曰雲中都護，以磧爲界，磧北州府皆隸瀚海，南隸雲中。麟德初，又改爲單于大都護府。垂拱二年，罷爲鎮守使。開元二年，復曰單于大都護府。天寶初，安北、單于二都護並屬朔方節度。大曆八年，徙治振武軍。瀚海府，在鬱督軍山東，以回紇部落置。雲中城，在大同府西北四百餘里。振武軍，即故魏之盛樂城也。』

從這一節記載裏我們就可以看清楚單于都護府的名稱前後變更了幾次，它的地址也是先從瀚海遷到古雲中城，即唐東受降城，繼又遷在古盛樂城，即唐振武軍金河縣城。唐朝在白道嶺以南的建置，就只如此。

五代時期，李國昌、克用父子崛起雲代，白道以南也是他們經常活動的地區。其後李克用的兒子存勖創立後唐，這裏就成了他領土的一部分，但在史籍裏也没有説它建置過什麽有名的城邑。因爲當時割據鬥争的焦點在黄河下游南北地帶，而這裏是經過前代長期戰争破壞之後，地荒人少，引不起中原野心家的重視來。到石敬瑭爲了達到他軍事叛變奪取政權的目的，才把後唐領土燕雲十六州割給契丹，求它出兵助叛。自這以後陰山沿綫的土地就成爲契丹即大遼國所有了。

遼在今呼和浩特市東郊白塔村置豐州天德軍節度使，統二縣：富民、振武。現在州城雖已全廢，但城址遺痕還能找見，原在城内西北方的萬部華嚴經塔還聳立在市東郊平疇闊野中，足備考古家的訪尋。富民是豐州的附郭縣，它的轄界包括今市區，這是用不着懷疑的。可惜元中書右丞相脱脱等所撰《遼史·地理志》却把遼代的豐州和隋唐的豐州攪在一起，寫得一塌糊塗，這也許是官僚修書的一種結果。我們如果把它關於豐州的全文引證出來，除徒亂人意以外，没有什麽用處。現只摘引幾句證明它是張冠李戴就够了。它説：

『豐州，天德軍，節度使，秦爲上郡北境，漢屬五原郡。地磧滷，少田疇。自晋永嘉之亂，屬赫連勃勃。……有大鹽濼、九十九泉、没越濼、古磧口、青塚即王昭君墓。兵事屬西南面招討司。統縣二。』

『富民縣。本漢臨戎縣，遼改今名。户一千二百。』

隋唐在漢朔方軍故地所置豐州，是在今伊克昭盟鄂爾多斯右翼後旗境内，當宋、遼、金時代，都被拓跋氏夏國所據，遼國怎能在别人的國土裏改州置縣呢？正因爲隋唐豐州不在遼國界内，所以才把這個州名挪到河東另作建置。而富民縣和漢臨戎縣故地東西相隔幾達千里，怎能混爲一談？就按它所列舉的那些古蹟來説，如九十九泉、古磧口、青塚等也都不在河西漢五原、朔方等郡界内。這是只管照古書瞎抄，不管朝代地域變革的糊塗做法。

《金史》雖然也署名是脱脱等所撰，但却不像《遼史》那樣混亂。《金史·地理志》關於豐州記載如下：

『豐州，下，天德軍節度使。遼嘗更軍名應天，尋復，金因之。皇統九年（公元一一四九年）升爲天德總管府，置西南路招討司，以天德尹兼領之。大定元年（公元一一六一年）降爲天德軍節度使，兼豐州管内觀察使，以元管部族直撒、軍馬公事並隸西南路招討司。户二萬二千六百八十三。縣一：富民。』

這一節史文僅從遼代説起，這就完全證明把豐州改置在今呼和浩特市東郊這個地點，是從遼開始的。我們再看《金史·地理志》在富民縣下註『晉舊名。有黑山、神山』。直至現在，這個地名還有『黑山子』這個名稱。又《金史·地理志》在净州條下有『大定十八年（公元一一七八年）以天山縣升，爲豐州支郡』的記述，這就更證明這裏有豐州是不錯的。因爲净州故址在今烏蘭察布盟四子王旗西境，和豐州南北相對，中間只隔一道陰山，從地理關係上看作爲豐州支郡是很相宜的。然而誰也不能假定説它和伊克昭盟西北角鄂爾多斯右翼後旗境内的漢朔方郡或隋唐豐州有任何關聯。當呼和浩特市舊城南門樓没有拆去的時候，樓上還懸有一塊横匾，上寫『古豐州』三個大字，可惜這匾今已找不見了。這也只是説呼市舊城爲遼豐州轄境，並不是説它就是豐州故城遺址。此點必須重復指明，以免讀者誤會。

根據上引遼金二史地理志所述，我們知道這裏的豐州是遼代襲用了遠在河西千里以外的隋唐豐州舊名，而且把唐代原駐豐州境内西受降城的天德軍舊番號也一併襲用移到這裏，可見這裏唐代豐州建置的整套搬家。但是這裏有個問題需要我們做進一步的研究，就是：這個遼置豐州城究竟是遼時新築呢，還是前代就有呢？關於這個問題，在歷代許多輿地記載中都找不到答案，也就是説找不到這座州城的記録蹟象。如按一般推理來説，遼代既把豐州舊名由西方國界以外挪到自己的國界以内，那很可能就是遼代自己建築的。然而《金史·地理志》在富民縣下却添註『晉舊名』三字，這就很明顯地指出豐州雖不是舊名，可是它的附郭縣富民却是個晉國原有的舊名。我們的問題就是從這個可疑的『晉舊名』三字提出來的，同時也認定這座城是晉國建築的。但是這個晉國，並不是石敬瑭稱帝以後改國號爲晉的那個晉，而是李存勖未稱帝以前繼承他父親李克用晉王稱號的那個晉。

考《遼史·太祖紀》有如下的兩節記載：

『神册元年（公元九一六年）八月，拔朔州，擒節度使李嗣本。勒石紀功於青塚南。十一月攻蔚、新、武、嬀、儒五州，斬首萬四千七百餘級。自代北至河曲逾陰山，盡有其地。』

『五年（公元九二〇年）冬十月辛未，攻天德。癸酉，節度使宋瑤降，賜弓矢、鞍馬、旗鼓，更其軍曰應天。甲戌，班師。宋瑤復叛。丙子，拔其城，擒宋瑤，俘其家屬，徙其民於陰山南。』

從這兩節記載裏我們知道在遼太祖阿保機向這裏略地以前，這裏已經有城了。按《資治通鑑》所記，李嗣本正是振武軍節度使。如以唐代的建置情况來衡量，振武軍駐地在金河縣單于大都護府城，它與朔州無關。朔州治馬邑，離『勾注山』很近，而離陰山却很遠，假使阿保機所拔是治馬邑的朔州，那麽他怎能跨過雲、應、寰三州而東取古上谷境内的蔚、新、武、嬀、儒五個州呢？又爲什麽要往西北跨過古善陽、惡陽二嶺跑到離朔州很遠的陰山脚前勒石記功於青塚南呢？拔一座城不在近處勒石，而要去三百五十里以外勒石，難道這是可以設想的做法嗎？又况拔馬邑的朔州和上谷的五個州，怎能説至河曲逾陰山盡有其地呢？這都是歷史事蹟和當時建置城邑以及山川形勢、距離遠近等情况極相矛盾的一些記載。因爲自唐把振武軍從西移到東受降城，又移到金河縣以來，至唐末五代一直是駐在今呼和浩特市南數十里處的什拉烏素河，即古金河地帶，新、舊《唐書》新舊《五代史》都找不出振武軍移駐朔州的痕蹟。因此，我們認爲阿保機與振武軍節度使李嗣本的戰争是在呼市以南進行的。這從勒石紀功的地點可以作證。到他生擒李嗣本以後，才南侵攻拔朔州，這是史家把兩件戰争事實的次序前後顛倒了。又把李嗣本的振武軍頭銜削去，只説拔朔州擒節度使，好像李嗣本就是朔州節度使。其實朔州並没有設過節度使，它的守將不可能是個有節度使頭銜的人物。而是阿保機從東方契丹地區來西方略地，不經過雲州就在青塚南展開戰鬥，這是證明他是從塞北邊外繞過來的。所以他必須先破振武然後才能南下攻朔州。但朔州離雲、應、寰三州很近，而這三州是晉國的後方根本重地，阿保機雖拔朔州，也不能隔三州而永遠佔領它，僅能作一次破壞性的擄掠而已。這從後來石敬瑭割燕雲十六州賂契丹，其中還有朔州，就可以説明這個問題。正因爲阿保機不能隔雲、應、寰而佔有朔州，所以他就很注意奪取朔州北面的屏蔽振武軍所轄地區，這在戰略上是很必要的。

我們再從上邊所引《遼史》第二小節加以分析，就可以更明白地看出阿保機神册元年（公元九一六年）擊破振武軍以後，又在神册五年（公元九二〇年）攻破天德軍城，擒節度使宋瑶。這就證明振武軍城被毁，一時難於恢復，晉國便把天德軍移在振武屬邑富民縣城内，以加强西北邊境的防務。這個城不見於五代以前的輿地諸書，它很可能就是晉王李克用父子給振武軍建置的一個屬縣——富民，到天德軍移駐此城的時候，才改爲天德軍的屬縣。遼建豐州，仍以富民爲它的附郭縣。這就是《金史·地理志》把『晉舊名』三字不註在豐州下而註在富民縣下的原因。由於李克用受封爲晉王到他兒子李存勖稱帝，改國號爲『後唐』，中間僅二十八年，時期不很長，加以李氏當時在名義上還是唐家的藩屬諸侯，所以他們私立的這個邊僻小縣對當時那個名存實亡的唐家朝廷來説，還是不列於天子職方記録的。直到遼金佔有這個城邑，追求它的建置源流，才標明『晉舊名』以存其真。可惜《金史·地理志》所註太簡略，我們根據這個簡略的註文，就下判斷説它很可能就是晉王李克用父子所建的城，這『很可能』三字究竟有没有能令人信服的歷史事蹟作根據呢？我們現在摘録一些歷史記載來研究一下吧。

《新唐書·沙陀傳》：『朱邪執宜，（李克用的祖父——編者）太和中授陰山府都督，代北行營招撫使。』

《舊五代史·唐武皇紀》：『國昌本名赤心（李克用的父——編者），唐朔州刺史，咸通中討龐勛有功，入爲金吾上將軍，賜姓李氏，名國昌，仍係鄭王房，出爲振武節度使。』

『獻祖（即國昌——編者）授振武節度使，武皇（即克用——編者）爲雲中牙將。……及壯爲雲中守捉使。』

這不多的幾句歷史記載，却很能看出一個清晰的輪廓，那就是：晉王李克用自他祖父以來的三代延續時期，始終是以朔州以北，陰山以南，雲中振武這塊地區作爲他們活動發展的根本重地。他們的軍隊也是以代北、沙陀、達靼部人爲主力的。試想一個具有南向爭霸雄心的部族首領在自己的後方基地建立一座保護耕牧，供給軍需的城邑，我們認爲這是一種毫不勉强的做法。而且這座天德軍駐紮的豐州，富民縣城正建立在大小黑河三角洲的上游地帶，宜耕宜牧，是一個最理想的築城處所。李氏父子是會重視這一點的，所以我們説『很可能』。

豐州在遼金兩朝的建置制度上，都是屬於西京管轄範圍的，西京就是現在山西省的大同縣城。遼稱西京道，金稱西京路。元朝初期也沿用過金朝西京路的舊名，後改稱大同路總管府，領一司、五縣、八州，而豐州就是所領八州之一。《新元史·地理志》關於大同路豐州的記載很簡單，它是這樣説的：『豐州，下，金故州，屬西京路。元初因之，舊領録事司及富民一縣，至元四年（公元一二六七年）俱省入本州。』

這段記載雖極簡略，但是也可以看出一些建置沿革的變更情況，就是：富民縣是李氏晉國原在這個地方築城設縣的舊名稱。遼立豐州，還照舊保存了縣的舊名，作爲州的下級機關，金對州名、縣名，都沿用了舊稱，没有改變。兩朝不同的情況僅在於遼的駐軍番號先改應天，後又恢復了晉國天德軍的原名；金則除駐軍番號仍稱天德外，又把唐朝駐金河縣的振武改爲一個鎮，同屬於州。元朝初期，州縣名稱沿用金制，只廢軍改設録事司，到至元四年，司、縣全省，就只剩一個不領縣的豐州了，這也就是豐州的名稱能傳到近代，而富民縣的古名，便很少有人知道它的緣故。

我們研究晉、遼、金、元在這裏對於州縣建置作了不同的安排，其主要原因是：它們當時所處的形勢不同。李氏晉國在這裏是個四面受敵的草創局面，築個縣城暫能保護耕牧，供給軍用，就可以滿足一時的迫切需要了。遼、金兩朝在這裏是與蒙古、西夏接近的地帶，如把駐防軍擺在一個縣級地位上作據點，便覺有些不相稱，所以在行政上就需要設一個比縣大的州。到元朝，這裏已經是一個四面沒有敵國的地區，既不必常駐大軍，也用不着疊牀架屋多設行政層次，干脆留個類乎縣的州，直接管理地方人民，是比較合宜的。按《新元史·地理志》所記大同路領一司、五縣、八州，而户只有四萬五千九百四十五，口十二萬八千四百九十六。估計當時豐州的户，不能超過一萬，口，不能超過三萬，就它的規模來説，置個縣也可以應付裕如了，設個州那就更可以勝任而愉快。以上户口統計數是專指豐州管內的農民説的，凡游牧人民列入軍籍的和工匠藝人歸統治階級貴族勛閥們所佔有的都不在州縣管轄編户之內，如連這些人户一併計算的話，豐州户口就不止上述這個數目，這是應該附帶説明的。

關於元朝豐州境內的農民情況，由於古史記載缺乏，後世學者們就很難找到具體詳細的資料，所以我們也就很難提出明確的答案來。但是我們可以這樣肯定，就是：元朝的豐州境內已經不是一個純游牧區，而是一個農業也有了相當基礎的地區，用現在的話來説，它起碼也是個半農半牧區了。按舊本陶宗儀《輟耕録》樟柳神一條，就是記着元豐州大黑河村裏一個農家小姑娘被一個邪術道士誘騙在村外，剖腹摘心害死，經官廳捕獲正法的故事。——商務印書館《叢書集成》本無此條，疑是殘本。——從這個故事裏我們可以看出當時這裏已經有聚居的農民形成村落了。再從上述户口數目的輪廓來估計，形成村落的也一定不僅止孤零零一個小黑河村。因此，我們説當時的農業在這裏是已經有了一些基礎的。現在我們再節引一些《馬可波羅行記》來對照一下。

『天德是向東之一州，境內有環以墻垣之城村不少，主要之城名曰天德』。『此州有石可製琉璃，其質極細，所産不少。州人並用駝毛製氈甚多，各色皆有。並恃畜牧務農爲生，亦微作工商。』(第一卷七十三章

註：案天德顯是昔之天德軍，而經中國地理學者考訂爲現代之庫庫和屯者也。天德軍名，經遼、金迄於忽必烈時尚存。一二六七年名曰豐州，屬大同府。天德軍之轄境，微大於今之土默特旗，今旗地南北三百七十里，東西四百里，而庫庫和屯自十六世紀以來即在此旗轄境以內也。(Palladius 書廿至廿一頁)

註文根據中國地理學者的考訂，指出《馬可波羅行紀》裏所説的天德州城就是當時的豐州城，這是很正確的解釋。因爲天德軍這個名稱自李氏晋國設在這座城裏，經遼、金到元，三百多年的一個長時期裏，這個名稱和這座城始終結了不解之緣，人民大衆都已祖輩相傳，習慣於豐州、天德軍的稱呼。馬可波羅以一個外國人旅行路過，不辨州、軍的不同意義，把它混爲天德州，這也是不足爲奇的。而且從他的記述裏，我們可以證明我們上文所説的半農半牧區不但不錯，而於農牧以外，還有相當發達的手工業和商業。就是他所説的『有石可製琉璃，其質極細』的這一特産，也正和這裏的情形相符合。尤其他説『環以墻垣之城村不少』一句，更值得我們注意，這不僅證明這裏農村，也證明這裏的農村多有圍墻環繞，形成不少的堡寨。這是當時農、牧、工、商、人民生活頗稱豐裕的一種具體表現，同時也指出了這一地區的地理價值。註文所説的庫庫和屯，就是現在呼和浩特市的異譯。

我們估計古豐州城的毁壞，大約是在元、明兩朝進行長久争奪戰的時期。我們從歷史上看到凡一個有名城邑的毁滅，首先是從城内没有居民開始。而長期争奪戰正是造成城市居民大量流亡遷徙的主要原因。這種情况在全世界城郭國家的歷史上都有不勝枚舉的實例可徵，這裏是用不着多述的。那麽，豐州城在元明之際，從繁榮走向荒廢，其造成這種現象的原因，當然也不能例外。我們在元明兩朝的許多正史和稗史裏，雖然能查出若干次較大規模的戰争，但有關豐州的戰役却一次也找不到。然而這並不能説明豐州城的荒廢與戰争無關，恰恰相反，正因爲豐州處於南北大軍往來的一個衝要地帶，人民受到雙方供應需索的擾害是可以想見的。壯丁被擄，老弱轉徙，在很短時期内就能把一個繁榮城市變成廢墟。試看元朝在白道嶺北谷口建置的沙井總管府城和再往北不很遠的净州城也都和豐州一樣變爲不易辨識的草野了。自戰争破壞以後，明朝補葺長城，劃界自守，元朝退回漠北，重過他們的游牧生活。剩下這些没人過問的空城，就必然要歸於毁滅。這就是三百多年古豐州的歷史結局。明朝既始終没有取得塞外土地人民統治權，所以也就根本談不到在這裏有任何建置。以下我們就接着談呼和浩特這座城市的建立情况。

呼和浩特這個名稱是在全國解放以後根據蒙古人民原來的稱呼對音譯出的，從前的許多舊書裏一般都譯作庫庫和屯，這只是音譯的差别，對名稱意義是没有什麽出入的。關於這個城市的開始建立，究竟在哪個年代，各種舊書的記載也不一致，但絶大部分都是從隆慶四年（公元一五七〇年）明朝與諳達——《明史》作俺答——款和，隆慶五年（公元一五七一年）春明朝封諳達爲順義王，這一時期説起，並在封王事件後附加一句『名其所居曰歸化城』。這是一種綜合的説法，如《大清一統志》所寫的書就都是這樣叙述的。其實築城、款和、封王，改名歸化等並不是同一時期的事情，籠統把它和封順義王合爲一件事來説是不很恰當的。

爲了更深入地研究呼和浩特市的建置緣起，我們首先應該把那些與建城有關的人物簡略地介紹一下。在明正德、嘉靖年間，率領土默特蒙古部族開始活動並定駐在這一地區的有名首長就是諳達可汗。還有他老耄時期所娶的一位年輕貌美女子，歷史上稱她爲三娘子，明朝封她爲忠順夫人，這兩個歷史人物都是對呼和浩特這座城市的建立有密切關係的。而且在這兩人之間，還存在着一個問題，那就是這座城是他（她）倆誰建的？

在没有解答這個問題以前，我們先摘引一些明代的歷史記載來看看。

《明會典》：『正德中……亦不剌部從吉囊居套；火篩部從俺答居漠，老把都駐牧宣府塞外；……並聽俺答調度。吉囊、俺答、老把都，皆阿著子，而俺答最强。』（中華書局影印《古今圖書集成》二二〇册四一頁）

《蒼霞草·北虜考》：嘉靖十一年（公元一五三二年）『……俺答壁豐州灘，直代雲中。』（同上書四二頁）

《明史·韃靼傳》：嘉靖三十四年（公元一五五五年）『……朝廷再下賞格，購俺答首，賜萬金，爵伯。獲邱富、周原者，三百金，授三品武階。時富等在敵招集亡命，居豐州，築城自衛，構宮殿，墾水田，號曰板升，板升華言屋也。』（《四部備要》本《明史》三二七卷，第十二頁）

之。先是山西妖人吕明鎮以白蓮妖術謀不軌，全與邱富等從之，事覺，明鎮伏誅，富與全率黨李自馨、劉四、趙龍、吕老十、猛谷王之屬，叛歸俺答，駐邊外古豐州地，名曰板升。已而我百户張彦文、游擊家丁劉天祺、邊民馬西川等二十八人悉往從之，衆至數萬，因尊俺答爲帝。富犯邊死，全等治第如王者，署其門曰開化府，至是誘執之，至雲石堡待命。總督王崇古受其獻，悉送闕下誅之，遣使送還那吉。』（《叢書集成》本卷六十，第二十頁）

『五年（公元一五七一年）三月，己丑，封俺答爲順義王。』（同上，第二十一頁）

『萬曆三年（公元一五七五年）十月，俺答乞佛像蟒段，且城市成，求賜名，賜城名福化，量給其請。』（同上，第二十三頁）

『十四年（公元一五八六年）二月順義王黄台吉死，……三娘子名哈屯，别築城居，朝廷賜名歸化。』（同上，二十四頁）

我們讀了上面摘引的這幾節歷史記載，就知道現在的呼和浩特市舊城是三娘子所别築的那座城，也就是明朝賜名爲歸化的那座城。而諳達可汗自己建築，又經明朝賜名爲福化的另一座城，它既不是呼和浩特的前身，據我們的考查，它也不在今市轄境以内，所以也就用不着加以叙述。這裏我們只打算指明一個問題，就是：三娘子别築的這座原名庫庫和屯的城，它不但不是諳達的福化城，也不是邱富、趙全等人所築的板升、開化府，而是《蒼霞草·北虜考》所説俺答『壁豐州灘』的那個壁。中國古書一般把軍隊駐紮的營壘叫作壁，三娘子就把俺答早期駐軍的壁擴建修築爲一座小型城市的。她當時修築這座小城的動機，是被環境壓力所促成的。當諳達可汗與黄台吉爲順義王時，三娘子以王妃的身份和他們同住在那座福化城。到黄台吉死，扯力克繼位，三娘子名分未定，就不能再住在那裏了。她必須遷出。可是板升、開化府裏正住着把漢那吉的妻大成比吉，她倆絶對不能同居，這就使三娘子不得不另找住處。於是俺答豐州灘的舊壁便成爲三娘子選擇城址的最好目標了。至於建立這座城市以後的發展情況，我們將在下文裏繼續談到它。

明萬曆十四年（公元一五八六年）明廷賜名爲歸化城的呼和浩特，因爲它是三娘子利用俺答可汗的舊壁修建，所以遠近蒙漢人民也稱它爲三娘子城。這個稱謂是有相當根據的。這座城原來的規模很小，周圍不過二里，垣高二丈四尺，俗傳高三丈不確，僅南北二門，雖有敵樓，却無甕城。北門裏，街西向南爲王府。清初廢順義王號，府爲都統丹津所佔，人們就稱它爲丹府，其後，丹津的子孫雖然衰微，可是丹府這個名稱一直流傳到解放前夕，才算停歇。現在已完全變爲平民住宅，形狀没有什麽特殊氣派可資考尋了。街東向南爲議事廳，是土默特十二參領集體辦公的衙署。現在仍爲土默特旗人民委員會辦公地址，其胡同名稱還叫議事廳巷。清初，土默特分左右兩旗，設左右翼兩都統。在丹府前靠西爲右翼都統府，其後改爲鎮守歸化城副都統衙門，就是現在呼和浩特市人民委員會所在地。在議事廳前另一條巷内，爲左翼都統府，其後改爲世家私宅，就是現在恒昌店巷小學校所在地。在右翼都統府南，即内城的西南隅，是土默特的倉廒大院和巡捕房，就是現在人民影劇院及以東民户佔用的那片地方。從上述這種布置局勢來看，内城主要是當時統治階級發號施令的權力中心地。内城的南門就在現今人民影劇院街東口外與恒昌店巷西口外同民生路交叉成十字形的靠南處，與北門直綫相對，而影院街正是原來走上南門的馬道，所以今天還有年老市民稱它爲西馬道巷，這和上北門的東馬道巷是遥遥相似的。在丹府門前的大廳巷以南，當初是一個中心廣場，議事廳、左右翼都統府、倉廒大院，列在廣場的兩側，這個廣場俗名駝崗，也稱駝橋，是黎明至日出時買賣駱駝的固定市場。大廳，是前清中葉山西藩司在這裏設立的一個收税機關。最初是租賃丹府西邊的一處跨院辦公，因爲它管轄四郊要路口的四個税卡，俗稱四栅口，人們叫栅口爲税廳，遂把管税廳的總局叫作大廳。這就是這個内城小圈裏公務機關的安排情况，而大廳則是其中唯一的賃居機關。

在内城的東、西、南三面加築一層外垣，是在清朝康熙時期，《土默特旗志》也没有指明確實年月，只説在康熙中年。估計應在康熙三十五年（公元一六九六年）前後，這也是土默特人經過一些驚險才實現的。最初是明崇禎四年，即清天聰六年（一六三二年），清軍擊敗察哈爾林丹汗時，林丹西奔，路經土默特，洩其宿憤，——恨土默特不肯助己而戰敗——肆行慘殺。當時土默特諸領袖因城小難守，率衆避入大青山中，幸免被戮，但人民受害，實已不輕，這是第一次教訓；明崇禎十一年，即清崇德三年（一六三八年），又有喀爾喀札薩克圖汗擁衆逼歸化城，清太宗自率師逐走札薩克圖汗，便對土默特兩翼都統古禄格、杭高説：『你們所守的這個城太小了，很難禦敵，今後應該增築一層外垣，四面置四個門，每門都築甕城，四隅置望樓，垣外再掘深壕，工竣以後，内城外垣，嚴加防守，敵人就不敢窺伺你們了。』這是第二次教訓；可是這次警告，也没有引起土默特人的重視，直到康熙二十七年（公元一六八八年）西域準格爾部酋長噶爾丹開始向鄰界喀爾喀部進行軍事侵略，清廷指示土默特隨時偵察噶爾丹的動静，至康熙三十年（公元一六九一年）喀爾喀因抗不住噶爾丹軍隊的瘋狂進攻，各旗牧民多紛紛逃入内蒙各盟旗境内，清廷又令土默特妥善護視喀爾喀逃來歸化城附近的牧民，無使失所。這時内蒙古各地從熱河至寧夏情況都很緊張，這是第三次教訓。而呼和浩特外垣的增築，我們估計應該就是在這次風聲鶴唳最嚴重的時期完成的。當康熙三十五年（公元一六九六年）清帝親征噶爾丹，在召莫多地區經過激烈會戰，擊潰噶爾丹的主力軍，康熙大帝回鑾駐呼和浩特，留炮七十九尊置城内，並没有指責城池大小的記録。可見親征以前，這座古城的外垣已經修築完整了。

外垣包内城的東西南三面，形狀略如『凸』字。垣高一丈五尺，三面各開一門，唯北面利用舊門樓，共爲四門。每門都增築甕城，内城的南門改爲城中心的鼓樓，外城東西約寬一里，南北不足半里。現在外城墻垣、門基和中心鼓樓，雖然都已拆除，但從遺留的街道形勢上還可以看出當初這座古城的大概輪廓來。因爲舊城只剩一個北門樓，還像魯靈光殿巋然獨存。我們就從北門外開始，引讀者繞城轉一週吧。出北門遵照交通路綫靠右邊往東走至東順城街東口，這是北城墻外的東一段，向右轉往南經南順城街至官園巷東口爲東門舊址，再往南出王家巷南口，就是東城墻外的南北兩段；再向右轉經大東街至大十字街口，爲南門舊址，再往西經大西街至西口，這是南城墻外的東西兩段；再向右轉往北經小北街至九龍灣西口，爲西門舊址，前行至小北街北口，這是西城墻外的南北兩段；最後再向右轉經西順城街到北門，這是北城墻外的西一段，這就把一座小小的古城遺址四面都轉完了，所費的時間至多不過半小時。老實説，這座名聲很大而形狀很小的古城，即使不拆也没有什麽瑰麗的結構可觀。但是從開始築城的三娘子來説，她不僅是一位名震當時的蒙族美人，而且在她最活躍的三十多年裏，實已成爲控制西北諸部落、大權在握的風雲人物。她能與明朝和好相處，使沿邊蒙漢人民免受戰争災害，獲得頗長時期的安居樂業，讀者能就這一點到這裏考一考美人之遺蹟，發一發思古之幽情，也還是頗有意義的。

自清初康熙中葉，呼和浩特漸成爲塞外用兵的軍事重鎮。爲了適應這種情況，從内地移來的各種勞動人民，就日益增多。到康熙末期，就有增設行政管理機構的必要了。這也就是雍正元年(公元一七二三年)土默特都統丹津奏請設置歸化廳理事同知職官的唯一動機。當時内地，主要是從山西移來的漢民，人數既多，職業也很複雜。土默特當時還是一個純用蒙語蒙文的蒙古機關，認爲長期管理這些工匠、農、商無所不包的漢民，是一件相當困難而又極其麻煩的事情，不如向朝廷建議，叫山西省在這裏設一個專管漢民的衙署，豈不省事？丹津這個建議，從清廷看來是何樂不爲，從山西藩司看來則更是歡迎不迭。於是歸化廳撫民理事同知官的衙門，就這樣在呼和浩特西郊建立起來了。跟着又在土默特境内建立了薩、托、和、清幾個撫民理事通判級的廳。有了這許多廳，再添設一個專管各廳的大衙署，就更是理所當然了。於是歸綏兵備道的道臺官署，就在呼和浩特扎達海河西岸建立起來。還有比道廳小的一員官，叫作典獄巡檢，也有一個具體而微的小衙署，位置在道署以東約百餘步，札達海河北岸。據父老口傳，這個小衙署是清初四公主初到呼和浩特的邸第，因爲公主嫌它湫隘，才遷往北郊以外。所以這座舊宅，後雖改爲巡檢衙署，却仍遺留下一些皇族的豪華痕蹟。那就是直到清末，它的正庭屋瓦花紋還有一部分是團龍猫頭和舞鳳滴水。以上這三個等級不同的衙署，都是清朝山西省建置在呼和浩特專管漢民的政法機關。它們在前清一代是没有什麽重大變革的。

在呼和浩特東北五里，有清朝續建的一座城，清廷賜名爲綏遠城。當地人民稱呼和浩特爲舊城，稱綏遠爲新城。這座新城的建築動機是：清朝爲了鎮守邊疆、鞏固統治，給滿洲八旗官兵永遠駐紮而興造的。從雍正十三年（公元一七三五年）開始勘查地形，至乾隆四年（公元一七三九年）奏報完工，實行移駐。關於遷移情況，我們將在歷代民族遷移變動沿革章裏談到它，這裏我們只談這座新城的建置規模和它隨着呼和浩特市的發展而引起的一些變化。

新城四周共九里十三步，墻高二丈四尺。堞高五尺五寸，基厚三丈二尺，頂寬二丈四尺。四面各置一門，各有甕城箭樓。東門的名稱叫迎旭，南門叫承薰，西門叫阜安，北門叫鎮寧。在城的中心處建一鼓樓，以十字形門洞分爲四道幹街，通向四城門。四門外都有石橋跨護城壕，凡一般防城的規制，可以説應有盡有，不煩瑣細列舉。就是八旗領兵官員們的辦公地址，從協領、佐領、防禦、驍騎校等至騎、步兵的安駐營舍，都有大小不同的廨宇散布全城。這也不需要覶縷悉數，徒佔篇幅。因爲這些對於一個城市的歷史沿革來説是無關宏旨的。總計城内官兵房屋原建一萬二千間，沿四條幹街兩側初建商肆一千五百三十間，到清末時期，官房漸少而私宅日多，但已没有確實數字可稽了。在這許多公私建築中，其地位最高聲望最著的，當以綏遠將軍府爲第一。這座將軍府位置在西幹街的東頭路北，靠近中心鼓樓的西北角，它的格局是按照清朝一品封疆大吏衙署制度修建的。它和清朝内地的總督節署相同，而比主管一個省的巡撫衙門還要宏壯些。因爲這位綏遠將軍在清朝前期是和駐西寧的撫遠將軍同爲全國常設的兩大將軍之一。他是不同於一般滿洲駐防將軍的。他的職權不僅統率綏遠滿洲八旗駐防官兵，管理西部各盟旗的蒙古王公民衆，他還有調遣宣（化）、大（同）二鎮（總兵），節制沿邊道廳，並指揮山西巡撫所兼三關提督的權力。關於綏遠將軍指揮山西巡撫兼提督這一體制，在呼市父老口中還流傳着一個喜劇式的故事。據説：從前有一位山西劉巡撫來口外巡邊，到了這裏，就按客先拜主的封建官場禮節，去拜訪綏遠將軍。這位將軍因他不用手本而用尋常平等往來的大紅片求見，便認爲他忽視了軍事指揮上的隸屬關係，一面擋駕，一面把提督見大將軍的儀注節目送給他，並命令他於次日中午戎裝佩刀報門進見，將軍也要戎裝列隊，踞坐白虎節堂，受這位提督的大禮參拜。這個安排是關係當時國家制度的，劉巡撫自然無法抗拒，只好遵照執行。劉回太原不久病死，人們傳説是將軍氣死了巡撫。從這個故事裏我們可以看出，綏遠將軍是以國家大帥的身份駐屯在這裏的。這和唐朝振武軍節度使兼單于大都護的氣派很有相似的地方。我們附帶談到它，也可以體會到清朝對於這個防城的建置是怎樣的重視啊。

綏遠將軍府所屬，除各級軍官的辦公廨舍以外，還有一個專管八旗官兵糧餉的機關，名叫糧餉廳，也是個同知級的衙署。它的位置在新城裏東南方，有規模頗大的倉廒歸它掌管，這裏是八旗官兵儲積糧食的地方。至於餉銀，則是每年按季派員到山西藩庫具領，照章關發。其次它還經管着黑河沿岸的十三圈莊頭地，按年徵收農業租糧，這是將軍屬下的一個頗爲重要的糧銀出納會計機關。其性質很像近代部隊裏邊的軍需處。

從上述的許多建置情況來看，在前清一代呼和浩特市所包括的新舊兩城，其政治制度是由三個行政系統綜合組成的。就是：土著蒙古土默特左右翼的特別旗行政組織，山西藩司派出的道廳撫民理事行政組織，滿洲八旗駐防的軍事行政組織。除綏遠將軍是一位都護性質的地方最高首長外，其他兩位是鎮守歸化城副都統，管土默特蒙民；歸綏兵備道，管各廳漢民。他們平時是各自爲政，互不干涉的，甚至歸綏道所兼歸化關——即大廳，後改塞北關——監督，統轄的四栅口税卡，也從來不向蒙古人徵收任何名目的税款。這種情形，直至辛亥革命以後，才有了變化。

這三個不同性質的行政組織，在他們所領導的軍事訓練和文化教育等方面，也都表現了他們不相爲謀的各自安排。例如：在新城西門外路北有大校場，是將軍訓練滿洲八旗軍隊的場所；在舊城北郊有小校場，是鎮守歸化城副都統校閲土默特旗蒙古常備軍的場所；在大小兩校場之間有營房道小操場，是歸綏兵備道操演外八旗巡防隊的場所。這三種部隊，除了偶然碰到一位將軍以統帥職權，偶然發個會操命令，偶然作一次形式表演的檢閲以外，平時這三系軍官是彼此互不識面的。現在這三個大小操演場，都已經改變了模樣，它們原來的面貌在呼和浩特市内是找不到了。今天内蒙古自治區人民委員會大厦，就是建在當時的大校場上。内蒙古醫學院和内蒙古體育館，是建在當時的小校場上。中共内蒙古黨校，是建在營房道小操場的南部。這些場所，雖已成爲歷史的陳舊名詞，但是我們能在這裏附帶談一下，對於將來考查城市沿革的人們，也許能有幫助。

其次是文教安排，也不例外。在舊城的南柴禾市，有土默特旗的啓運書院和孔廟，是全旗蒙古子弟讀書習禮的地方。在慶凱橋西，札達海河北岸，有歸綏道的古豐書院和在楊家巷的孔廟，是道屬各廳漢族生童讀書習禮的地方。在新城南街有啓秀書院和孔廟，是滿洲八旗子弟讀書習禮的地方。這就是當時蒙、漢、滿三族各自設立了他們的文教機構的概况。這三個書院並不是同一時期設立起來的，其中以啓運書院的修建爲最早，它的動機是由於雍正元年(公元一七二三年)本城居民商户擬援故綏遠將軍費揚古建祠的前例，要給土默特都統丹津修建一個生祠，丹津却不願把自己這個活人讓大家如奉鬼神地經常以香火來祝詛，但工料俱備，勢難中止，他只好借口説自己平生所爲不配承當這樣崇高的獎飾，奏請清廷把原備建祠工料改建書院和孔廟，以啓邊疆文運，清廷准了他的請求，跟着就把書院和孔廟建成了。到光緒初年，歸綏道因春秋二祀須往土默特旗的孔廟給副都統當陪祭官，頗不甘心，遂報請山西藩司要另設書院和孔廟，以崇儒術而隆祀典。措詞是冠冕堂皇的，藩司批准就地籌款修建，於是慶凱橋西和楊家巷内就又有第二座書院和孔廟出現了。加上新城的一份，就製造出一市之内三院鼎立，三廟分享的奇特現象來。這也許就是封建時代民族政策的部分體現吧。到清末光緒二十八年(公元一九〇二年)以後，三個書院都相繼改爲學堂。啓運書院改爲土默特旗高等小學堂，古豐書院改爲歸綏中學堂，啓秀書院改爲綏遠中學堂。直至辛亥爲止，没有變動。

前清二百餘年間，呼和浩特這個城市，基本上是安静的。僅在康熙中因準部噶爾丹的窺伺，受過一次虚驚，增築了舊城的外垣。又在同治年間，因甘肅回民馬化龍(清代公牘作馬化潍)據金積堡起義抗清，聲勢頗爲浩大，清廷所調出征隊伍，有一支就是通過本市西行的(如滿洲將軍金順的部隊)，因之，引起塞北人民一度緊張，並即時增築了舊城包括近郊的土圍墻。這個土圍墻是按市民已經安居的形勢築起的，所以它的形態也是不規則的。現在這個土圍墻遺蹟幾乎十不存一，僅在舊翟家花園（現改苗圃）西垣還有一段殘痕而已。它原來的四至，南至南茶坊，西至西茶坊，北至小校場南界，東至現在工人文化宮的東畔，蜿蜒屈曲，全長約三十餘里（另有一條痕蹟比較明顯而綫路伸縮與此不相同的土圍，是解放前夕地方頑固軍所築）。這個舊土圍的修建年代，地方文獻裏還找不到明確的記録。當地五十歲以下的人甚至根本不知有這樣一個歷史遺蹟，更不要説請他們談談這件事情的原委概况了。依編者的推斷，這個舊土圍可能是同治七年（公元一八六八年）增築的。我們這樣假定是有以下兩種根據：第一是馬化龍從同治二年（公元一八六三年）十月發難，至九年（公元一八七〇年）正月失敗，中間經過六年多的時期。前四個年頭，側重防守和糾合人馬準備實力，他們聲勢雖大，還威脅不到塞北。到同治七年正月，回軍已進入陝北和伊盟毗連地區寧條梁，這就有向内蒙各地進展的趨勢了。這裏的地方官聞警築圍，也就成爲一項刻不容緩的措施。第二是薩拉齊廳（今縣）通判文治修築薩廳土圍的東門刻石，也標明同治七年，這是與當時戎馬倥偬的緊急情况相符的。因此，我們判斷舊城的土圍也是在這個時期增築的。而且與此同時，新舊兩城的墻堞、門樓都曾進行過補修加固工程，這更證明馬化龍事變的緊張氣氛是集中在同治七年正月以後這一時期的。然而這裏只是受了一些風鶴虚驚，却没有遭到戰爭破壞的災禍。前清一代的地方建置情况，大致就是這樣。

自辛亥（公元一九一一年）革命以後，清朝建置才逐漸起了變化。首先是從山西所屬的民政系統改起，中華民國元年（公元一九一二年）改歸綏兵備道衙門爲歸綏觀察使公署，改歸化廳爲歸綏縣公署，改學堂爲學校，三年（公元一九一四年）改歸綏道轄區爲綏遠特別行政區，撤銷綏遠將軍，設綏遠都統爲特別行政區長官，由北洋軍閥政府直接領導。改鎮守歸化城副都統爲土默特特別旗總管，改觀察使爲道尹。在都統公署下增設財政、實業兩廳，總務、審判兩處。嗣又在典獄巡檢舊衙廢址，增設警務處兼警察廳。又由道尹署劃出教育事務設全區學務局。這就使這個特別行政區的首府逐漸走向一個省會的邊各特別區一律改爲省建置，綏遠當然也不能例外。跟着就按照省的規模進行了改組，成立了省政府。地址仍在原將軍、都統一系相傳的那個前清大帥舊府裏，改都統爲主席，改道尹爲民政廳長，其他各廳以及法院、稅務、保安等機關，應有盡有，直到『七·七事變』爲止，這裏的行政建置，一般説來是没有什麽改革可述的。如果從市容街道來看，那也只有兩件事情應該在這裏附帶指明一下，就是新舊城之間大馬路的開闢和舊城外垣的拆除。前者是民國二年北洋軍人張紹曾任綏遠將軍時，嫌舊官道繞姑子板村，迂曲不便，就從新城西門取直綫至舊城東順城街口，開了一條土基馬路，當時很荒凉，今天已成繁華街道了。後者是民國十一年（公元一九二二年）回族軍人馬福祥任綏遠都統時，因京綏鐵路通車，城市人口激增，嫌舊城外垣門矮道狹，頗礙交通，遂決定把它拆除。這就是北洋政權時代呼市建設上的一增一減。

民國二十六年（公元一九三七年）日本帝國主義佔領原綏遠省，扶植僞蒙疆傀儡政權，嗣因僞蒙政權與雁北、口北兩僞組織合流，改稱僞蒙聯合政府，遷往張家口，就把僞巴彦塔拉盟公署搬入原綏遠省政府，並改呼和浩特爲僞厚和特別市。從此原歸綏縣就不管城内的事務了。我們大家知道，日寇侵略中國，本來是爲了實現帝國主義的掠奪和奴役，它根本不打算在中國任何地方做一點像人的事。所以我們也就不可能希望日寇佔領時期在呼和浩特能留些什麽有價值的東西，假如有人一定要尋找點遺蹟的話，那就只能找到若干加强統治我國人民的機關建築而已。例如：北郊麻花板村西的日本兵營和僞蒙軍官學校，新舊城大馬路旁的日本領事館，强迫幼童學習日語的奴化學校等，無一不是帝國主義猙獰面目的充分暴露。就是上述這些爲數不多的修建，也没有長遠使用的價值，都是些徒具形式的敷衍結構。從日寇這種只顧眼前的作風來看，仿佛他們自己也意識到佔領壽命不能很長，只可當一天强盜搶一天人，盡力推行煙、賭、妓三位一體的毒化俱樂部，殘害中國各族人民。在這種極下流無耻的侵略過程中，我們怎能替它寫出一點稍有人性，勉强可以遮醜的記録呢？

當日寇佔領期間，最初也利用了原民政廳和歸綏縣的地址，組織僞廳、縣政權，但不久就因爲這兩處地址都在札達海河西岸，接近西郊，深怕八路軍的大青山游擊隊不時給以襲擊，便決定放棄了這兩處，而把僞廳、縣搬往無人注意的隱僻地方去了。這是由於日寇害怕而荒了兩個公廨。還有公共會堂（原名九·一八紀念堂）和綏遠省境內蒙古各盟旗地方自治政務委員會（原蔣介石國民黨的省黨部，再前是電燈公司籌備處）都在日寇進城後被拆毀了。前者是日本帝國主義不高興中國人民記憶九·一八事件。後者是日本帝國主義憎恨這個會與百靈廟傀儡組織分了家，無形中表示出對日不合作的精神。這從日寇看來，就無異是兩個眼中釘，所以必須把它拆掉，並在前者的廢址門外築了一個日寇無名鼠輩的孤墳，而在後者的廢址上修起他們的領事館，這就是日本帝國主義分子們的氣度。他們認爲只有這樣做了才能算是甘心，然而這除了激起中國人民更堅決的抗日壯志以外，强盜們是收不到任何效驗的。

日本帝國主義投降後，蔣介石國民黨恢復了他們在地方上的反動政權，從這時起，直至解放爲止，四年之間（公元一九四五至一九四九年）他們在建置方面是没有什麽成就可談的。他們在前二年，真如水銀瀉地，無孔不入地忙於接收。在後二年，又是抓丁要糧，鷄犬不寧地忙於備戰。請想，在這種形勢下，他們怎能做出些差强人意的事情來呢？如果我想找一件有關建置的事蹟把它記下來，那就只能把僞蒙厚和市改爲歸綏市算作一件可記的措施吧。其他不值得記録的事情，我們就不勉强掇拾去記它了。因爲那樣做，對著者的筆墨和讀者的時間，都是一種浪費。所以，解放前的一些呼市建置概況，就談到這裏爲止。

第二章　歷代各民族的遷徙居住概況

當我們還没有開始叙述上列標題的内容以前，首先應該説明這個標題的範圍，是以呼和浩特市週圍即前面所稱『豐州灘』這塊地區爲限，而不是泛談塞外各民族在各個歷史階段的動態的。只有和這個主題有牽連事蹟，需要附帶説明時，我們才略談一二，作爲補充。其次，關於歷代各民族的大小戰爭，我們也只是把它當作一種民族移動的綫索來談，而不是當作這一標題的主要内容來談的。現在我們就依照這個界限，書歸正傳，談本題吧。

陰山、白道嶺南谷口外這一片肥沃的平原，在中國歷史上是從戰國趙武靈王略地置雲中郡才開始出現的。在這以前的史册記載裏，是很難找到這個地方，縱然提到，也只是用一種極籠統的概括語氣，説一句『北狄所居』就够了。至於北狄是些什麽部族，那就在任何古經、傳、子、史中，也找不到一些有條理的説明了。充其量也只是把鬼方、昆夷、獯鬻、儼狁之類的名稱，循環互註，使後世讀者連那些民族的同、異也分别不出來，直到趙武靈王驅逐林胡置雲中郡，經司馬遷載入《史記》，我們才知道戰國以前生存在這個地區的部族名稱叫做『林胡』，這是《史記》比前代史册詳明優異的地方，也是太史公稱爲良史材的特點之一。他除指出林胡以外，還揭示了許多前史無名的部族稱號，這對中國民族關係的記録，不能不算是一個新的發展和很大的進步。我們從《史記》的這一段珍貴而零星的記録裏，不僅知道林胡是這個地方的原住部族，又能知道林胡就是匈奴民族中的一個屬部，究其本質，也即是匈奴人。只是因爲他們居住在陰山以南的原始森林地帶，中國史家就把他們叫作林胡，其實，『胡』這個字，是匈奴族對『人』的稱謂詞。趙國與胡接界，一般群衆很懂得『胡』字就是華語『人』字的意思。所以趙國歷史有時也把林胡寫成林人。如《史記·趙世家》『敗林人於荏』，便是一個很明顯的例證。這是司馬遷根據趙國舊史編寫的一種説法。因此，我們可以斷定林胡這個名稱，是趙國人加給這個部族的稱呼，並不是他們自己的原來族號。這如同把住在山地的民族叫『山戎』是一個道理。

那麽，我又從哪裏知道林胡就是匈奴民族的屬部呢？這是從林胡被逐北去以後，就消失在匈奴民族中，既没有戰鬥的蹟象，也没有建國的記載，這就充分證明他們是一個民族同居共處，水乳交融的。其次，我們從《史記·劉敬傳》裏可以得出一個有力的旁證，劉敬傳有如下幾句話：

『敬從匈奴來，因言匈奴河南、白羊、樓煩王，去長安近者七百里，輕騎一日一（夕）〔夜〕可〔以〕至〔秦中〕。』

再回顧劉敬出使以前河南白羊、樓煩王，是怎樣的一種情況，據《史記·匈奴傳》所記是這樣的：

『東胡初輕冒頓，不爲備。及冒頓以兵至，擊，大破滅東胡王，而虜其民人〔及〕畜産。既歸，西擊走月氏，南併樓煩、白羊、河南王（侵燕、代），悉復收秦所使蒙恬所奪匈奴地者，與漢關故河南塞，至朝那、膚施。遂侵燕、代。是時漢兵與項羽相距，中國罷於兵革，以故冒頓得自彊，控弦之士三十餘萬。』

從這兩段《史記》原文裏，我們可以看出兩種不同情況。一種是擊滅、擊走，這是匈奴對於非同族的東胡、月氏的做法，又一種是併，這是匈奴對於同族的樓煩、白羊河南王的做法。前者是殺王虜民、驅畜産，佔領土地的酷烈手段。後者却是合併吸收，以便壯大自己勢力的柔和手段。因此東胡、月氏被滅以後，他們的王號就再没有出現在匈奴國裏。而樓煩、白羊、河南〔王〕被併以後，他們的王號不但保留下來，而且從劉敬嘴裏還很明白地説他們是匈奴河南、白羊、樓煩王。把匈奴稱號加在三個部落王的頭銜上，這難道不是説明三個部落都是匈奴民族嗎？林胡和白羊、樓煩，原來都是居住在陰山以南的部族，林胡被趙武靈王先逐往陰山以北，只是一個匈奴支派匯合到他們的民族主流。其餘兩部與趙國連和，就留在他們的原住地區。顧炎武論趙武靈王胡服騎射事，有如下幾句話：

『樓煩可以禮服，則遇其王以致其兵。林胡宜用兵威，則驅其類以空其地。』（《天下郡國利病書》卷四五）

林胡、樓煩、白羊河南王等在趙武靈王時，去留雖各不同，但其爲匈奴民族的支派部族却是相同的。我們再看冒頓單于『悉復收秦使蒙恬所奪匈奴地者』這一句裏，就包括了林胡的失地在内。這從匈奴與漢分界的地點可以證明。所以我們説，戰國時期住在陰山南雲中境内的林胡，就是後來出現在中國歷史上的匈奴民族的一個支派部族。也許有人要問樓煩等王的稱號，既因與匈奴同族而被保留下來，爲什麽林胡王號就没有保留下來呢？我們應該知道林胡是漢語，不是匈奴語，凡漢語稱號，在匈奴中可能改變爲别的叫法，即如白羊王、河南王等名稱，在後期匈奴傳裏也看不到了。因爲它們都是中國人民習稱的一些名字，很難在匈奴語中長期保留下來。何况林胡王是失地辱國的罪人，被誅、被廢都極有可能,但這與他的部族是匈奴民族,却是没有絲毫矛盾的。

我們在這裏還應當指明一點,就是趙武靈王雖曾一度把林胡驅走,開闢了雲中,但其後不久又有匈奴所屬的部族跑進來了,而且其中還有林胡這個部族,這從《史記·李牧傳》可以得到證明。現在摘録幾句如下:

『李牧者,趙之北邊良將也。常居代雁門,備匈奴。……單于聞之,大率衆來入。李牧多爲奇陳,張左右翼擊之,大破殺匈奴十餘萬騎,滅襜襤,破東胡,降林胡,單于奔走。其後十餘(年)(歲)匈奴不敢近趙邊城。』

李牧備邊,是在趙武靈王開雲中以後五十多年的事情了。他備匈奴的據點不是雲中、九原,而是代雁門,這就説明趙國當時由於防秦,就不能把武裝力量放在遥遠陰山綫上的雲中、九原了。至於李牧『大破殺匈奴十餘萬騎』,也僅是誘敵人『大率衆來入』,而不是從雲中出塞遠征的。在這次戰役裏,既有林胡投降,就證明這個部族在被趙武靈王驅逐以後還依然存在,甚至可能是又居在雲中地區也不一定。據我們的估計看法,從趙武靈王驅逐林胡那年——周赧王十五年——到秦始皇三十二年使將軍蒙恬將三十萬人伐匈奴,次年築長城萬餘里以拒胡,首尾八十七年間,雲中一帶的胡人部族始終是没有絶蹟的。不論那些部族叫什麽名稱,總之他們絶大多數是屬於匈奴民族這個系統的。

自蒙恬北逐匈奴,在陰山以南築長城,置郡縣以後,雲中地區可以算是肅清胡患了。可是爲時也不太久,這種安静局面就又起了變化。《史記·匈奴傳》對這種轉變寫得很清楚。它説:

『頭曼不勝秦,北徙。十餘年而蒙恬死,諸侯畔秦,中國擾亂,諸秦所徙適戍邊者皆復去,於是匈奴得寬,復稍度河南與中國界於故塞。』

其實蒙恬從始皇三十二年(公元前二一五年)伐匈奴,至始皇三十七年(公元前二一〇年)死時,中間只有六年的安静。蒙恬死去的次年,即秦二世元年(公元前二〇九年)農民陳勝起義,緊跟着就是諸侯叛秦,中國擾亂局面的開始。到漢朝統一,即高帝五年(公元前二〇二年),也不過八年的時間,而匈奴也就在這個時間裏不但度過陰山而且渡過黄河，雲中被侵，自可不言而喻。這就是漢朝統一以前，這個地帶的民族進退情况。

漢初高、惠、文、景四帝，都用和親辦法應付匈奴單于，如高祖九年（公元前一九八年），惠帝三年（公元前一九二年），文帝六年（公元前一七四年），景帝五年（公元前一五二年）歷史都有遺公主嫁匈奴單于的記載。這就可以使沿邊郡縣的漢民能安於耕牧，匈奴雖還偶入騷擾，但已没有劇烈的戰争；這可以説是漢邊疆郡縣比較安静繁榮的一個時期。而且那時匈奴縱然偶作一次大舉，也往往是從高闕塞經朔方、上郡——即今河套、伊盟、陝北——這一條路綫南下入侵，很少走雲中塞。這是因爲漢朝當時的首都在長安，單于大舉的目的在於索賄，爲達到這個目的，就與其攻邊郡，不如向首都。這也就是文帝時有一次烽火直達甘泉宫的缘故。雲中既不在這條路綫上，所以郡縣漢民就不至於經常遭受慘重的兵禍。

到武帝時代，用中國武裝部隊的主力，派遣數不清的將軍們，分路連續出征，經幾十年的酷烈戰鬥，基本上把匈奴趕到大漠以北去了。其後匈奴雖又南下，但力量已大大削弱，這就造成宣帝、元帝時期匈奴呼韓邪單于降漢稱臣，娶王昭君，親附中國的安静局勢。漢邊列郡人民也就有了休養生息的機會，而雲中地區自也不能例外。這是西漢邊郡人民生活在和平環境中的一個黄金時代。其主要原因就是漢與匈奴以陰山長城爲界，不相逾越，使兩國秩序得以暫安。這種互不侵犯的局勢，本來是漢初幾個皇帝的共同願望，我們從文帝後二年（公元前一六二年）遺匈奴單于書裏，可以看出這種願望的反映，書裏有幾句話是這樣説的：

『先帝制：長城以北，引弓之國，受命單于；長城以内，冠帶之室，朕亦制之。使萬民耕織射獵衣食，父子無離，臣主相安，俱無暴逆。』（《史記·匈奴傳》）

書裏首提先帝制，就是説明這種互不侵犯的願望是從高帝開始與匈奴和親時便具有了。文帝重申前意，也無非是希望能得到雙方嚴格的遵守。可是這一願望的具體實現，是從宣帝時期，才算達到了目的。自宣帝受呼韓邪單于降，至平帝末，六十年間，邊郡漢民的生活如上文所説是很好的。這在《漢書·匈奴傳》裏有如下一段記載：

『初，北邊自宣帝以來，數世不見煙火之警，人民熾盛，牛馬布野。及（王）莽撓亂匈奴，與之構難，邊民死亡係獲，又十二部兵久屯而不出，吏士罷弊，數年之間，北邊虛空，野有暴骨矣。』

這就是西漢二百餘年間，我們這一帶地方的民族歷史情況。從主客觀形勢上來看，這裏是以漢郡縣的漢民族爲主體，而匈奴民族的被驅又來，只是一種動蕩不定的客體報復作用罷了。但經王莽稱帝後十五年的撓亂破壞，這裏的漢民族人民除『死亡係獲』以外，絶大多數生存人民也都跑回雁、代以南的原籍去了。所以班固作史，就用『北邊虛空，野有暴骨』兩語來形容這個地區的凄慘狀況。這種狀況延續至後漢光武帝建武二十六年（公元五〇年）才有了轉變，也就是跑回內地的邊郡漢族人民又重回到邊郡來了。可是這一次回來的情況和從前就大不相同了。從前漢與匈奴以陰山長城爲界，彼此之間，有嚴格的禁約。而這次却須和呼韓邪單于（第三）——前呼韓邪單于的孫子——所率領的南匈奴民衆雜居共處。這在《後漢書》有如下的記載：

『建武二十六年（公元五〇年）春正月，遣中郎將段郴授南單于璽綬，令入居雲中。……於是雲中、五原、朔方、北地、定襄、雁門、上谷、代八郡民歸於本土。遣謁者分將施刑，補理城郭。發遣邊民在中國者，布還諸縣，皆賜以裝錢，轉輸給食。』《後漢書·（世祖）（光武帝）本紀》

『於是復詔單于徙居西河美稷……及悉復緣邊八郡。南單于既居西河，亦列置諸部王，助爲扞戍。使韓氏骨都侯屯北地，右賢王屯朔方，當于骨都侯屯五原，呼衍骨都侯屯雲中，郎氏骨都侯屯定襄，左南將軍屯雁門，栗籍骨都侯屯代郡，皆領部衆爲郡縣偵羅耳目。北單于惶恐，頗還所略漢人，以示善意。』（《後漢書·南匈奴（列）傳》）

這兩段史文，很清楚地叙述了當時邊郡漢民回來的時候，漢朝廷是用相當大的人力、財力、物力給予幫助安置的，而同時南匈奴部衆也定居在這裏。這種現狀，從表面上看似乎可以相安無事了。但由於南、北匈奴仇恨對立，這個地方還依然是個不安静的多事之區。後來雖由漢廷派大將竇憲出征，把北匈奴打跑了，可是新起的鮮卑民族却趁漠北空虛的機會，逐漸向陰山以南壓迫下來。因此，在後漢桓、靈二帝國勢衰弱、無力保護緣邊郡縣的時候，漢民内徙，南匈奴部衆也隨之南移，這也就是後漢末期省遷緣邊郡縣的原因。我們從這一段歷史情況裏，看到兩個結果，即匈奴帝國的徹底崩潰和漢朝緣邊郡縣的最後結束。

當後漢桓帝時，繼北匈奴之後創立鮮卑帝國的名王是檀石槐。他稱霸北方的時期雖不很長——檀石槐只活了四十五歲——但確是鮮卑民族登上中國政治舞臺歷史的開創者。我們試把當時漢廷議郎蔡邕所作《諫伐鮮卑議》這篇文章摘引一小節，也可以看出一些情況來。他説：

『自匈奴（北匈奴）遁逃，鮮卑强盛，據其故地，稱兵十萬，才力勁健，意智益生。加以關塞不嚴，禁網多漏，精金良鐵，皆爲賊有；漢人逋逃，爲之謀主，兵利馬疾，過於匈奴。』（《後漢書·鮮卑〔列〕傳》）

『因南抄緣邊，北拒丁零，東却扶餘，西擊烏孫，盡據匈奴故地，東西萬四千餘里，〔南北七千餘里〕網羅山川水澤鹽池。永壽二年（公元一五六年）秋，檀石槐遂將三四千騎寇雲中。』（同上）

這兩段史文，充分説明鮮卑初起的强盛和後漢邊郡被擾的事實。這裏雖只説了寇雲中而没有説佔雲中，但是從後來歷史演變及鮮卑族發展的結果來看，這裏不但被鮮卑族佔據了，而且佔據的年代很久。僅拓跋氏一族就統治了二百多年。拓跋氏的初起，只是鮮卑民族中一個微不足道的小部族，他們在檀石槐時代是默默無聞的，我們根據歷史所記事蹟，分析這一部族的南來動機，無非是隨着鮮卑民族暴發的狂潮大流，漂浮到中國緣邊地區的。《北史·魏本紀》和《魏書·本紀》雖用極荒謬怪誕的叙述，竭力替拓跋氏的祖先作過分的誇耀，然其效果却是除了暴露前後矛盾的缺點以外，是絲毫也遮掩不住拓跋氏早期的寒微本象的。本紀開始説拓跋氏的遠祖，不交南夏，載籍無聞，積六七十代，忽然有個名叫『毛立』的人，却是個統治三十六國、九十九大姓的大帝國皇帝，而且是威振北方的。『毛立』以後的十幾代子孫，輩輩都有皇帝稱號，就是没有任何事實，其中只有幾次南遷，記録也很簡略。第一次是由一位宣皇帝名叫『推演』的南遷大澤，方千餘里，厥土昏冥沮洳，謀更南徙，未行而崩。第二次是由一位聖武皇帝『毛立』的十三代孫，名叫『詰汾』的南移，山谷高深，九難八阻，有神獸導引，歷年乃出，始居匈奴故地。這哪裏像個具有國家形式的部族皇帝率衆遠徙的景象呢？既無人民，又無畜産，直是一族逐食求生的難民而已。他們所統的三十六國、九十九大姓，都哪裏去了？難道那些諸侯和大姓，甘心讓他們共戴的傳統皇室到幾千里外，作逃荒的流浪者麽？這就證明《北史》《魏書》的誇大記載是毫無根據的。帝號是子孫所追加，統國是史家所捏造。我們把它看成是一個平凡的族姓部落，隨鮮卑民族大流漂來的，大概不算太過。

拓跋力微，是後魏皇朝稱爲始祖神元皇帝的，他是『毛立』的十四世孫，據史書所説，他殺了没鹿迴部大人竇賓的兩個無名兒子以後，諸部大人悉服，控弦之士二十餘萬，三十九年遷於定襄之盛樂。這就是拓跋氏開始定居在我們這裏的歷史明文紀録。它的年代是三國時蜀漢後主的景耀元年（公元二五八年）。古盛樂城雖然不在呼和浩特市近郊範圍以内，但它離市郊南界不過六十里，按封建皇朝的建都制度來説，這裏也還算在畿甸之内吧。而且本章所述是以民族變易爲主題，拓跋氏定居在市南六十里的盛樂城，也就是説鮮卑族到達我們這裏了。這和談郡縣建置界限是微有不同的。

拓跋氏當時雖已定居在這裏，不僅没有年號，甚至於連個國號也没有。中國歷史只記『索頭』入貢，『索頭』這個名稱，未必是拓跋氏自己的稱號，恐怕是中國人看見他們把頭發辮起來像條繩索，因而叫他們『索頭』的吧。到力微的孫子猗盧，因出兵幫助晋并州刺史劉琨立了功，晋懷帝才封他爲代公，他又借口封邑——代郡——去國懸遠，向劉琨要求割讓勾注陘——雁門關太和嶺——北地，劉琨就把陘北五縣人民遷往陘南，另立城邑安置，把陘北地盡讓給猗盧。從此便垂有雁北一大塊土地『徙十萬家以充之』，跟着就城盛樂以爲北都，修故平城以爲南都。後來晋愍帝又進封猗盧爲代王，這是拓跋氏有國號的開始，也就是奠定了這個部族以後發展的基礎。到什翼犍時，代國被苻堅派大軍二十萬攻滅，國統中斷凡十年，拓跋珪復國，始改代爲魏並建立年號，稱登國元年（公元三八六年）。這就是拓跋氏從一個族姓部落，進爲一個割據諸侯，又進爲一個封建皇朝的初步規模。自拓跋珪天興元年（公元三九八年）稱皇帝，遷都平城以後，雲中、陰山、白道一帶地方，就僅是他們世世帝王巡幸游覽的邊區了。原在這裏的拓跋氏和追隨創業的勛臣貴族，也多數隨首都的遷移而南去了。只是把歷年征服驅掠回來的遠方部族安置這裏，如太武帝神䴥三年（公元四三〇年）夏四月幸雲中，敕勒萬餘落叛走，詔尚書封鐵追滅之。所謂追滅，只是把酋長殺掉，把平民追回，使他們不成爲一個有組織的部落，聽朝廷另作安排而已。我們前一章裏曾提到北齊斛律光所作的《敕勒川歌》就是把陰山下這片平原叫作敕勒川的。可見從後魏到北齊一個相當長的年代裏，敕勒牧民始終是住在這個地方的。我們估計這裏敕勒族的真正消滅，應在突厥民族到來以後，才把他們融化在突厥民族裏邊去了。

當後魏强盛時期，突厥民族還很微弱，那時經常和魏國作對的還有一個强大族類叫作柔然民族，魏道武帝嫌其無知，給它改名爲蠕蠕，南朝史家又稱它爲芮芮，或茹茹。這個民族和拓跋氏作對，幾乎是相終始的。後魏帝國瓦解時，也就是柔然民族消滅的時候。我們這裏提到這個民族，並不是因爲它長期在這裏住佔過，而是它對於這個地方起過一種過渡性的前驅作用，也就是説柔然破壞了後魏的邊防，替突厥民族開闢了順利來到這裏的道路。

柔然族和後魏帝國的關係，簡直可以説是一種奇怪複雜的歷史關係。當拓跋氏建都平城，力謀統一北方的强盛時期，柔然族幾乎是不停歇地入犯魏國邊塞。雖然屢犯屢敗，却始終表現了一種頑强不屈的精神。拓跋氏真是無法奈何它。及至後魏孝文帝遷都到中原的洛陽以後，集中力量和南朝争霸，對於北邊的防禦就比前放鬆了，這應該是柔然報復的好機會到了吧，然而柔然却在這個時期和高車族互相攻擊，糾纏不清，甚至被高車族打得有一次幾乎爬不起來。柔然主阿那瓌雖然復國，也已成了强弩之末，其勢不得不依附於魏國，而後魏這時也已走入下坡路。偏偏在兩族都聞見滅亡氣味的時候，柔然主阿那瓌却在我們這個地方替拓跋氏立了一次功，而立功的後果，就是推翻了後魏緣邊六鎮的防禦體系。現在簡單摘引幾小節史文，説明這件事情的真相：

『正光五年(公元五二四年)沃野鎮人破六韓拔陵反，諸鎮相應。孝昌元年(公元五二五年)春，阿那瓌率衆討之，詔遣牒云具仁齎雜物勞賜阿那瓌，阿那瓌拜受詔命，勒衆十萬，從武川鎮西向沃野，頻戰克捷。(六月大破拔陵，斬其將孔雀等。)

建義初，孝莊詔曰：夫勳高者賞重，德厚者名隆，蠕蠕主阿那瓌鎮衛北藩，禦侮朔表，遂使陰山息警，弱水無塵，刊蹟狼山，銘功瀚海，至誠既篤，勳緒莫酬，故宜標以殊禮，何容格以常式。至今以後，讚拜不言名，上書不稱臣。』(《魏書·蠕蠕傳》)

武川鎮城，就在呼和浩特市北『蜈蚣壩』北谷口，我們前引《水經註》已經指出這個地點，史文既説從武川鎮西向沃野，那就毫無疑問是在這裏勒十萬衆出發，經蜈蚣壩從陰山背後向狼山以北——當時沃野鎮所在處——進討的。這一戰雖然把破六韓拔陵的叛變鎮壓下去，可是武川以西懷朔、沃野等三鎮，都已不是魏國的防禦據點，而是柔然族自由出入的地區了。柔然族的復興，仿佛像久病將死人的回光返照，但阿那瓌却因此起了一種不可一世的驕傲情緒，並因此惹出一場不可解救的亡國災禍。其經過的具體事蹟，簡單説是這樣的：突厥族阿史那氏，早先只是柔然國統治下的一個微小部族，後來發展成爲一個强盛的新國，就打算和柔然國平等相處，要求通婚。柔然主阿那瓌不但不許，反使人辱罵突厥可汗，突厥殺了使者，出兵攻滅柔然。這就是突厥民族代柔然佔有中國塞外廣大地區的開端。

突厥民族的興起，是在後魏分裂，周齊爭衡時代，它攻滅柔然，號稱强國，也是在這一時期，但它的領土還在中國塞外古匈奴故地，没有進入陰山以南。它進入我們這個地區，是在隋文帝時期，即突厥沙鉢略可汗時代才到來的。按《隋書》《北史》都有如下的記載：

『時沙鉢略既爲達頭(西突厥可汗)所困，又東畏契丹，遣使告急，請將部落度漠南，寄居白道川内，有詔許之。詔晋王廣以兵援之，給以衣食，賜以車服鼓吹。』(《隋書·突厥傳附北狄》)

自突厥沙鉢略可汗移居『白道川』至他死時，對隋朝極爲恭順。但他死後，阿史那氏兄弟骨肉就因爲爭襲可汗，互相攻擊，形成一個内部分裂的混亂局面。沙鉢略的兒子染干在内爭失敗後，被迫投隋，受封爲意利珍豆啓民可汗。隋爲築大利城使啓民居住，繼又令趙仲卿爲啓民築金河、定襄二城，作久駐之計。隋朝爲了保護啓民，不僅築城，而且發動幾次大軍分道攻擊他的同族强敵都蘭、達頭二可汗，把大部突厥人民陸續招撫爲啓民的部屬。從此以後，突厥可汗和他所部的牧民，就定居在白道以南。據《隋書》啓民可汗上文帝的謝表説：

『大隋聖人莫緣可汗，憐養百姓，如天無不覆也，如地無不載也。諸姓蒙威恩，赤心歸服，並將部落投歸聖人可汗來也。或南入長城，或住白道，人民羊馬徧滿山谷。染干譬如枯木重起枝葉，枯骨重生皮肉，千萬世長與大隋典羊馬也。』（《隋書·突厥傳附北狄》）

《隋書》《北史》都説啓民可汗染干是沙鉢略可汗的兒子，但《通鑑紀事本末》却説染干是處羅侯的兒子，查覈史實，我們認爲《通鑑紀事本來》的記載是比較正確的。《隋書》《北史》同樣説：時沙鉢略子曰染干，號突利可汗，居北方，遣使求婚。《通鑑紀事本宋》根據當時出使過突厥的大臣長孫晟所説，作了極其明白的叙述：

『長孫晟曰：……且染干者，處羅侯之子，素有誠款，於今兩代，前乞通婚，不如許之，招令南徙，兵少力弱，易可撫馴，使敵雍虞閭（即都蘭可汗）以爲邊捍。上曰：善。復遣晟慰諭染干，許尚公主。』

長孫晟以當時人説當時事，並且是他出使時親自調查瞭解過的事，自比後代史家追記前朝史事要可靠得多。我們在這裏固然不是替阿史那氏訂正族譜，但《隋書》《北史》《通鑑》三部書既把一個人説成兩種來歷，我們覺得有必要提出來對比一下，同時提出我們如上的看法，供讀者參考。至於三部史書的作者爲什麽得出或同或異的結論，這不是本文研究的目標，我們就不去管它了。

突厥自染干以突利（小）可汗受隋封爲意利珍豆啓民（大）可汗，定居在白道川，傳其三子。長子咄吉，號始畢可汗，次子俟利弗，號處羅可汗，幼子咄苾，號頡利可汗。共傳四代，約三十年——隋開皇十九年至唐貞觀四年（即公元六〇〇至六三〇年）——至唐貞觀四年初，被唐朝大將李靖擊潰國亡，頡利可汗被俘至唐朝的首都長安，後病死。從這以後，唐朝就在白道以南建立了單于都護府、振武軍、天德軍等軍事據點。但這裏應該指明一點，即突厥國的滅亡，並不等於突厥民族的滅亡。實際上唐朝所建立的幾個北邊都護府，所管轄的許多都督府和羈縻州，其主要任務還是安輯北方若干游牧民族和部族的，而突厥民衆也就包括在這個安輯政策的對象之內。還有一點，應該附帶説明的，就是我們上邊所叙述的突厥國，是專指以白道川爲立國中心的一支突厥人來做主題，也就是中國歷史上所説的東突厥。此外還有在頡利可汗亡國以後，繼起與唐朝對抗的一些可汗，如永徽元年（公元六五〇年）爲唐將高偘擊敗俘獲的車鼻可汗；開耀元年（公元六八一年）爲裴行儉擊敗俘獲的温傅可汗；開元四年（公元七一六年）爲拔野古部族擊斬的默啜可汗等，都是東、西兩突厥國的旁支，遠處大漠以北，忽盛忽衰，來去無常，與我們這個地區的關係不大。它和漢朝北匈奴的情况很相似。

自唐太宗於貞觀四年擒頡利可汗，滅突厥國以後，陰山南北的突厥民衆，一般都歸唐朝建置的都護、都督和州刺史所管領，但中間也有一段恢復可汗制度的安排，只是爲期很短就又廢棄了。按《新唐書·突厥傳》有如下一節記載：

『貞觀十五年（公元六四一年），思摩帥衆十餘萬、勝兵四萬、馬九萬匹始渡河，牙於故定襄城，其地南大河，北白道，畜牧廣衍，龍荒之最壤，故突厥争利之。思摩遣使謝曰：蒙恩立爲落長，實望世世爲國一犬，守吠天子北門，有如延陀侵逼，願入保長城。詔許之。居三年，不能得其衆，下多攜背，思摩慚，因入朝願留宿衛，更拜右武衛將軍。從伐遼，中流矢，帝爲吮血，其顧厚類此。還，卒京師，贈兵部尚書、夏州都督，陪葬昭陵，築墳象白道山，爲刊其勞，碑於化州。』

思摩，本阿史那氏，唐賜姓李，經過這一次的扶植，没有成效，東突厥國從此就真算結束了。阿史那氏貴族子孫，入中國的多任唐朝官吏，久自漢化。這和進入中國的南匈奴、鮮卑等族是没有什麽兩樣的。

到中唐以後，中國許多地方逐漸被統兵的將帥所把持，形成藩鎮割據局面。其中有一些當時叫作藩將的外族人，也趁這種紛擾的機會從偏裨擴張成爲手握重兵的强藩，沿邊地區這種情况尤其嚴重。白道川自然也不能例外，沙陀朱邪氏就是根據這種歷史條件在這裏建立争霸據點的。

朱邪氏本西突厥别部處月族，因祖先五世相承任沙陀府都督，所以朱邪氏子孫就以沙陀爲自己部族稱號。後因沙陀被吐蕃攻陷，遂舉全族七千帳徙於甘州。朱邪盡忠率領部衆三萬想東奔投中國，又被吐著大兵追至，盡忠戰死。他的長子執宜，收合餘衆，逃至靈州，唐德宗命爲陰山府都督，子赤心任朔州刺史，咸通中（公元八六〇至八七三年）討龐勛有功，賜姓名爲李國昌，任振武節度使，這就是沙陀李氏在白道川扎根的開始。到國昌的兒子克用，又以平黄巢功受唐封爲晋王。克用的兒子李存勖，又征服河北諸鎮，攻滅河南朱氏梁朝，建立了一個以後唐爲國號的帝國。考沙陀李氏自國昌以振武軍節度使定居雲中，其子克用幼爲雲中牙將，既壯，爲雲中守捉使，繼爲雲中防邊督將，在他建立晋國以前，始終是以白道川爲活動根據地的。但當時還有兩個異族與沙陀部經常在這裏打交道，一個是屬於友誼類型的叫韃靼族，另一個是屬於仇敵類型的叫吐渾族。李氏祖孫父子是在打垮吐渾並長期得到韃靼族的支持，才達到他們創立後唐沙陀帝國的願望的。吐渾族、韃靼族，雖然不是當時白道川的民族主流，但他們既經常出入於這個地方，也似乎應該附帶提到一下，而且沙陀李氏的祖先，遠從西域掙脱吐蕃的控制，轉戰東來，部族人口越走越少，估計朱邪盡忠原領的七千帳三萬衆，能到陰山白道川的恐比原數要减少很多。這從李氏早期在振武與吐渾鬥争，常處於劣勢，可以看出。如《舊五代史·唐武皇紀》有如下一些記載：

「國昌出爲振武節度使，尋爲吐渾所襲，退保於神武川。」

「獻祖（國昌廟號）出師討黨項，吐渾赫連鐸乘虚陷振武，舉族爲吐渾所擄。」

「武皇（克用謚）略蔚、朔之地，得三千人，屯神武川之新城，赫連鐸晝夜攻圍，武皇昆弟三人，四面應戰，俄而獻祖自蔚州引軍至，吐渾退走。」

「廣明元年（公元八八〇年）六月，李琢引大軍攻蔚州，獻祖戰不利，乃率其族奔於韃靼部。居數月，吐渾赫連鐸密遣人賂韃靼以離間獻祖，既而漸生猜阻，武皇知之，每召其豪右射獵於野，或與之百步馳射馬鞭，或以懸針樹葉爲的，中之如神，由是部人心伏，不敢竊發。」

「十二月，黄巢犯長安，僖宗幸蜀，陳景思與李友金發沙陀諸部五千騎，南赴京師，友金即武皇之族父也。」

『中和元年（公元八八一年）友金謂景思曰：興大衆，成大事，當威名素著，則可以伏人。今軍雖數萬，苟無善帥，進亦無功。吾兄李司徒父子，去歲獲罪於國家，今寄北部，爲衆所推，若驃騎急奏召還，代北之人一麾響應，則妖賊不足平也。景思然之，促奏行在，天子乃以武皇爲雁門節度使，仍令以本軍討賊。李友金發五百騎齎詔召武皇於韃靼，武皇即率韃靼諸部萬人趨雁門。二年（公元八八二年）八月，獻祖自韃靼部率其族歸代州。十月，武皇率忻、代、蔚、朔、韃靼之軍三萬五千騎赴難於京師。』

從以上摘引的幾節史文裏，我們很清楚地看到吐渾部是非常忌妒沙陀部，惟恐它發展壯大起來，時時刻刻想消滅它。而韃靼則正相反，他們不僅在沙陀李氏失勢時保全了他的族屬，而且在李氏急需人力時又給他組成戰鬥力極强的騎兵部隊。此後沙陀李氏與唐末諸藩鎮長期争霸的戰鬥中，這支韃靼部隊始終是他們的中堅武力。這從沙陀李氏所統基本部隊的將校成份，可以得出上述的結論來。

根據新、舊《五代史》所記，凡追隨克用父子兄弟從雲中發蹟的將校，其中有許多是代北三部落人，當時也叫沙陀三部落。按《新五代史·唐本紀》第四註：三部落皆不見其名處，據唐書除使——除李鈞爲靈武節度使宣慰沙陀六州三部落——有此語爾。我們按當時具體情況來分析，所謂沙陀或代北三部落，大約是這樣：第一沙陀部，其中除朱邪氏部族外，還包括留在三中地區的東突厥殘部；第二韃靼部，其中包括大漠南北歸附李氏的各韃靼部族，如鐵勒、延陀、回鶻、高車等都屬於這一部；第三吐渾部，即吐谷渾部，這一族自赫連鐸、白義誠投降克用以後，也就成爲沙陀李氏組織武裝部隊的另一來源。如後唐大將李嗣恩，本姓駱，吐谷渾人。康義誠，代北三部落人。藥彦稠，沙陀三部落人。李存信，回鶻人，家雲中之合羅川。我們知道韃靼語稱黑爲合羅，這正是指呼市南郊的黑河。可見五代時期這個地方居住的民族是很複雜的。這也説明自東突厥國垮臺以後，它原來所統轄的許多部族就形成一個群龍無首、各自爲政的插花居住局面。這是一個必然的歷史結果，是絲毫不足稱奇的。

還有一些後唐從龍的老將校，新舊《五代史》裏雖然没有叙明他們是屬於那個部族，但我們也可以從他們的姓名或簡單籍貫裏，斷定他們是三部落人。如薛阿檀這個名，在漢語是没有意義可講的，但韃靼語就是阿爾坦的簡稱，就是金子。他的姓也很可能是沿用薛延陀這個部族的總姓而加上的。薛鐵山，雖有漢名志勤，但他的民族類别恐怕和薛阿檀一樣（鐵山是東突厥界内的一座名山，頡利可汗就是從白道逃到鐵山被俘的，鐵山今名白彦腦包）。當時人們不稱他的漢名而稱他爲鐵山，一定有一種習慣上的潛力。如賀回鶻這個人，也必定有他的正式名字，只是因爲他是個回鶻族人，大家就叫他賀回鶻，把他的真名反而遺忘了。這種情况在現代社會上也很容易找到例證。其次如安金全傳裏，只説他是代北人，並没指明他屬於那個部落。但在他的族人安重霸傳裏，却説重霸負罪奔梁，復以罪奔蜀，蜀以蕃人善騎射，因爲親將。僅這蕃人二字，就把他們一家的民族類型反映出來了。當時像安家這一類不易看出所屬部族的人，一定還有許多，我們没有必要去逐一研究它，我們主要説明這個地區在五代時期是個以沙陀部族爲領導的民族雜居區，而它的軍事和經濟中心，就是克用爲晉王時所建築的富民縣天德軍城，這裏〔是〕沙陀李氏後方根據地。

這裏我們補充説明一點，就是歐陽修《新五代史》在《唐本紀》卷四末尾有一篇論文，對朱邪氏祖先曾累世任沙陀都督府都督這件事，認爲是朱邪氏的誇大説法，並不承認西突厥破滅後，唐朝曾在那裏設置一個沙陀都督府，僅承認朱邪氏是處月部的别種，住在西域大磧中，故稱沙陀突厥。歐陽氏這個論斷，説朱邪氏是出於西突厥、處月部那是對的，但對於沙陀稱號認爲是得名於大磧而没有所謂沙陀都督府，這却完全錯了。貞觀二十二年（公元六四八年）雖然没有置沙陀府，但顯慶三年（公元六五八年）確曾置金滿、沙陀二州，皆領都督。此項記載見於《新唐書·沙陀傳》，因爲歐陽氏的説法和我們前面的叙述有出入，所以我們不得不越出主題範圍以外把它多説幾句，以供讀者參考。

自石敬瑭割燕雲十六州賂遼以後，這個地區就成爲遼國的合法領土，這裏雜居的許多部族情况也就隨着國籍的改易起了變化。這種改變的具體事實，在各種舊史裏是難找到現成材料的。但是我們從

《遼史》簡單記録裏，互相參證，也能看出一些大概的情況來。就是後唐李氏所保持的沙陀稱號到遼時已經成了一個似存似亡微不足道的小部族了。而且這個小部族名稱也只是在遼初勉强存在了一個時期，到遼國末期，在《遼史》裏就見不到沙陀的名號了。如《遼史·兵衛志》所記屬國軍一條裏，共列五十九國，其中就有沙陀，可是我們如果把這許多所謂國的名字詳細檢查一下，便能很明顯地看出，除最末尾的三個名字高麗、西夏、女直是遼國没法奈何他們的國家以外，其餘五十六個名字，絶大多數是些小部落，而沙陀就列在這些名字裏邊，並且把它排在小蕃之後，其民族地位的一落千丈，是可想而知了。然而就是這樣的排列，我們認爲也是根據遼初的排列法排列的。若是遼末，恐怕已没有它的名號可列了。這從遼天祚帝國亡時，在天德軍地區作最後挣扎，根本見不到沙陀部族有任何活動，可以證明這個部族是早已被耶律氏皇朝搞垮了。假使當時沙陀還存在於天德軍境内的話，不論它擁護遼國也罷，反對遼國也罷，總應該在遼金兩國作生死搏鬥的緊張關頭，表示出自己對遼金兩方的敵友態度來。然而徧查《遼史》却找不見一點痕蹟，這不是説明沙陀部族的不存在是説明什麽呢？

天德軍境内既没有沙陀的名號，那麽活動在這裏的又有些什麽部族呢？我們試從遼天祚帝在天德陰山一帶所接觸到的一些部族檢查一下吧，按《遼史·天祚本紀》有如下的幾條記載：

『天祚既得林牙耶律大石兵歸，又得陰山室韋謨葛失兵，自謂得天助。』

『納突吕不部人訛哥之妻諳葛，以訛哥爲本部節度使。』（天祚紀保大四年，公年一一二四年）

『黨項小斛禄遣人請臨其地。戊子，趨天德，過沙漠，金兵忽至。上徒步出走。……遂趨黨項。以小斛禄爲西南面招討使，總知軍事。』

『大石不自安，遂殺蕭乙薛、坡里括，自立爲王，率鐵騎二百宵遁。北行三日，過黑水，見白達達詳穩牀古兒。牀古兒獻馬四百，駝二十，羊若干。』（保大五年，公元一一二五年）

這就是遼天祚皇帝最後二年間，在陰山天德地區打交道的一些部族，也就是室韋謨葛失、突吕不、黨項，稍遠一點的是白達達。按《三朝北盟會編》卷二十一引李大諒《亡遼録》説天祚得大石林牙，又得陰山韃靼毛割石兵，自謂天助。有韃靼而没有室韋，毛割石應即謨葛失，我們拿這幾個部族和後唐初期沙陀、吐渾、韃靼三部落相對照，就很清楚地看出除韃靼還留在陰山地區外，沙陀、吐渾都已經看不見了。而新移到這裏來的却有室韋、黨項、突吕不。遼時這個地區的民族變易，大致就只有以上所述的這些情況。但《遼史》所説的陰山室韋，是否即《亡遼録》所説陰山韃靼的誤記呢？因爲室韋離陰山很遠，在各種文籍裏也很少看到陰山室韋這樣一個部族。所以我們認爲《亡遼録》所説陰山韃靼是比較正確的。謨葛失則是陰山韃靼部的一個酋長名字。如此説來，室韋部族就不能算在天德範圍之内。考《遼史》兵衛、地理二志，豐州天德軍富民、振武二縣，雲内、樂勝二州等地區，都隸西京道管轄，其軍事則屬西南面招討司指揮。但西南路——兵衛志稱路，地理志稱面——招討司所統轄的七個蕃部，不僅没有室韋，也没有突吕不部。這兩部的名稱，却都列在西北路招討司所統轄的三個蕃部以内，即突吕不部，奥衍女直部，室韋部，統率這三部的西北路招討司駐地在臚朐河一帶。臚朐河就是克魯倫河。其地在今蒙古人民共和國東部，去陰山很遠，去陰山西段的夾山更遠。天祚帝即逃到夾山，怎能得到幾千里以外室韋部的幫助呢？爲了研究這一地區的民族情況，我們且把天祚帝的逃跑路綫檢查一下，按《遼史·天祚本紀》載耶律大石的一段話，是這樣説的：

『自金人初陷長春、遼陽，則車駕不幸廣平淀，而都中京；及陷上京，則都燕山；及陷中京，則幸雲中；自雲中而播遷夾山。向以全師不謀戰備，使舉國漢地皆爲金有。國勢至此，而方求戰，非計也。』

從耶律大石所述天祚帝經行的路綫，我們可以看出他是由現在的北京經張家口地區到大同，繼又從大同往西北跑到呼市東郊的豐州天德軍，然後進入現在薩拉齊縣北郊的大青山谷——夾山，在這條路綫上，能與西北路招討司所屬臚朐河畔的室韋部取得聯係麽？我們認爲這是不可想象的。所以我們説陰山室韋可能是陰山韃靼的誤記。

關於『突吕不』部的情况，和『室韋』部就有些不同。因爲突吕不是西北路招討司所屬最南端的一個部落，按北族語謂『四』爲『突吕不』，所以《遼史》有時也用漢語把突吕不寫作四部落。如《天祚本紀》保大二年(公元一一二二年)『十二月，知金主撫定南京，上遂由掃裏關出居四部族詳穩之家』，其實這就是在張家口地區住在一個突呂不部酋長家裏。其後再往西跑，就不是詳穩之家，而僅是突呂不部人訛哥之家了。並霸佔了訛哥的老婆，封訛哥做一個不頂事的節度使。這完全説明這個亡國皇帝，越往西跑就越不顧惜突呂不部落人心的向背，竟然用騙子手段，騙個老婆掉頭而去。因爲他知道到天德以西，就很難借用這個部落的力量了。從而證明突呂不部，絶不是居住在天德軍陰山一帶的部族，只是比較鄰近這一地區而已。至於黨項小斛禄部，應是遼與西夏毗連地界的一個小部落，其住地當在今薩拉齊縣或包頭市以西，它也不在遼西南路招討司統轄範圍之内。按《遼史·兵衛志》屬國軍内有黨項，這些屬國對遼朝是没有固定義務的。據志説：

『遼屬國可紀者五十有九，朝貢無常。有事則遣使徵兵，或下詔專征；不從者討之。助軍衆寡，各從其便，無常額。』

從這一節史文知道黨項對遼是一種附屬國的地位。所以小斛禄請天祚帝到他那裏避難，也許正是憑恃自已是一個中立小國，可以讓天祚暫躲一時吧。

根據上面的分析，室韋、突呂不、黨項都不是遼時生活在豐州天德軍界内的部族。那麽，除此以外，就只剩下陰山韃靼、白達達和漢族了。關於漢族人民居住在這個地方的事實，我們不僅是從歷史動蕩的情況中估計出來，而且是從呼市東郊白塔上層墻帷上的題字可以得到證明。那些題字雖已模糊剥落，但四十年前還有極少數字蹟能勉强辨認出來，他們所寫的詞意無非是訴説被擄經歷，家屬離散以及思念鄉土等悲苦情緒，最後則寫大宋朝某地某人，其名字很像是假捏的。這從五代至北宋初期南北戰争的慘酷歷史記録中，不難推想出當時雙方人民被殺被擄的情況是十分嚴重的。因此，我們認爲遼朝二百年間，生活在這裏的漢族人民爲數必然不少。

陰山韃靼是這裏的土著部族，也就是《五代史》所記李克用父子戰敗寄居韃靼部的那個部族，他們是從唐滅突厥國以後，就跟着回紇南下，長期定居在陰山一帶的。自唐經五代到遼末，他們始終没有離開這個地區，也没有任何重大的變革。可是我們在這裏碰到一個必須注意的問題，就是：沙陀部族忽然不見了。而又從耶律大石逃跑的路綫上遇到一個白達達部族。前者往那裏去了，後者又是從那裏跑出來的呢？經我們反復研究，才發現白達達就是沙陀族改變後的名稱。他們爲什麽要改變沙陀這個舊名而自稱白達達呢？據我們的看法是：遼朝對沙陀這個部族名稱是很忌妒的。因爲沙陀族所建立的兩個帝國後唐和石晋，都是被遼國的武力毁滅掉的。遼對沙陀族既結下這種仇恨，就不能不防報復，存戒心，而這種民族仇恨心理，也就必然要形成一種事實上的歧視與壓迫。在另一方面，亡了兩次國的沙陀族，也就不能不改易稱號以期緩和統治民族的仇視壓迫，保全自己部族的生存延續。這是亡國民族的常見事例，也是一種實逼處此的悲慘措施。至於他們選擇白達達這個名稱作自己部族稱號，只是因爲在生活習慣上有許多便利條件，起碼在語言方面是没有困難的。

我們在《五代史》裏不僅看到李克用在韃靼部寄居時，經常和韃靼酋豪射箭、飲酒，訴説自己的志願。甚至他的部將像李存信也能説四種蕃語，識六種蕃書。李嗣源與遼太祖阿保機打仗時，也能用北語在陣前喊話，這就證明沙陀人和韃靼人在陰山地區經過一段長時期的雜居共處，有了生活習慣上的聯係之後，首先要有溝通情感的語言表達。如果不是這樣的話，李克用和他的將校怎能組織韃靼軍隊並作極有效的陣地指揮呢？李存信通四種語言、六種文字，作史的人把他特筆提出，予以讚揚，可見當時僅通沙陀、韃靼兩種語言的人，是極多極平常的現象，是不值得讚揚，也不勝其讚揚的。沙陀人既然在生活習慣、語言感情上，有和韃靼人融和的條件，那麽，他們把遭到歧視的沙陀舊名號改稱白達達，也就是一件很自然而不足爲奇的事情了。但是他們在改變部族稱號的過程中，也還是保持了一些本部族的原有特點，以表示自己與土著陰山韃靼有白與非白之分，這種涵義和隱衷，也是值得後世讀史者予以同情的。

以上所述，是遼代豐州天德軍境内各民族部落的變易概况，也就是從唐天寶以後北方和西北方各部族開始轉移變動，在豐州地區經過極複雜的民族雜處，到遼末便由融和合併而逐漸定型了。陰山韃靼、漢族、白達達就是這個地方主要的定居人民。《遼史·兵衛志》西南路招討司所統的那幾個部落，到天祚亡國時，已不見一個，這就可以體會它所記的是遼初制度。至於那些部落是怎樣改變消失的，因無明文，後人就不敢憑臆判斷了。

完顏氏生擒天祚帝，滅遼，建立了金國以後，它對豐州天德軍的地方建置，基本上沿用遼朝舊制，只是天德軍陰山以北，浚築濠堡，加强防衛，以禦漠北各部族的侵擾。當時爲全國負責防守這一方面的部族，叫作汪古部。這個部族所守防綫很長，它從天德軍轄境的東北起，横貫現今烏盟，斜向西南，穿出陰山至黄河北岸與西夏分界。它是金國在這一方面的邊防軍主力，也是這一地區的最大部族，其後方根據地，就是豐州天德軍城和周圍的肥沃大平原。

汪古部並不是完顏氏建國以後從别處移來的部族，它的前身正是遼國時期的白達達，也就是更前一個時期——唐末五代的沙陀部。它經過金國的扶植，已由一個被遼國歧視的向隅部族，逐漸發展爲陰山前後獨當一面的有力部族。由於汪古部防守地區是陰山一帶，所以陰山有許多地點就以汪古爲名。按北族語謂邊墻爲『汪古』或轉爲『翁衮』，如現今武川縣境内有地名大翁衮、小翁衮。後魏以來，所謂『白道嶺』也被叫作『翁衮達不嘎』，俗又訛轉爲『蜈蚣大壩』，北語謂嶺爲『達不嘎』，訛爲大壩，是由對音譯轉致誤的。二十年前有一位新聞記者，寫《中國的西北角》，談到他過蜈蚣壩時，見山勢蜿蜒如蜈蚣，才知道這壩得名的由來，其實這完全是望文生義。難道世界上只有這山是蜿蜒如蜈蚣麽？我們參考金元兩朝的各種舊史以及清朝許多史學家的考訂著作和近代譯出的西方記録，發現汪古這個部族的名稱，不僅近世當地漢語誤爲『翁衮』、『蜈蚣』，就是在許多古籍中，也已存在着很多不同的寫法或譯法了。漢族學者從漢學的觀點來看這種互不協調的名稱，叫作『蕃語無正字』，這就給後世讀史的人們平空添了無數麻煩。如汪古一名，在《新元史·阿剌兀思剔吉忽里傳》説：汪古部長也。在氏族表裏，却又寫作雍古，在《馬可波羅行紀》又譯爲峨格、汪格，沙海昂註文裏又引證了一個翁吉惕。在《蒙兀兒史記》裏則又説烏古，語訛爲汪古。請看吧！就這麽一個汪古，却有上述一大堆不同的叫法。這除那些斷代史專家以外，我們一般讀歷史的人，碰到這類名稱，誰能搞清楚它們是同是異，是一是二呢？

我們上邊已經説過，汪古部就是『白達達』，也就是沙陀族。關於這一點，前人已有明白肯定的記録，用不着我們另起爐竈去追求鑽研它。現在只把比較簡明可信的舊籍原文摘抄幾節，以供讀者參證。

《蒙兀兒史記》：『阿剌忽失的吉惕忽里，汪古部長也。他種人，目其部族曰白達達。係出沙陀雁門節度之後。本西突厥別部，處月種，遠祖卜國，世長部族。駐牧天山北，保遼豐州塞。北語謂邊塞曰烏古，語訛爲汪古，遂稱汪古惕云。遼末有牀古兒者，爲烏古部詳穩。耶律大石之西遷也，過黑水經天德軍，道出其部，牀古兒饋馬四百，駝二十，羊若干，大石資之，遂得西北達可敦城。金滅遼，升天山縣爲竫州，隸豐州爲支郡。烏古部轉屬金，隸西北路招討司。』(列傳第十八，新舊《元史》均作阿剌兀思剔吉忽里)

《馬可波羅行紀》第七十三章，沙海昂註引 Palladius 書云：『天德軍北以陰山爲界，其北則屬沙陀突厥。契丹侵略中國北部以後，並將此種突厥征服。金興，而汪古部出，(一作雍古即剌失德丁書之 Ongot，秘史之翁古惕——原註文編者)統此諸部。汪古部者，亦沙陀突厥也。分二部，一爲陰山汪古，一爲臨洮汪古。金徙臨洮汪古於遼東，陰山汪古則爲金守北方邊墻。』

爲了説明從遼朝到金朝豐州天德軍境内沙陀部族由白達達改稱汪古的歷史過程，摘引這兩節舊文，幫助讀者在這個問題上能得出一個明晰的概念，我們認爲也就够了。再引別書，也出不了這兩節所説的範圍。但 Palladius 書謂『天德軍北以陰山爲界』一語，頗與當時實際情况不符。因天德軍所管地區，跨有陰山南北的豐、竫二州，它不是以陰山爲限的。

我們在這裏還應附帶説明一點，就是遼朝歧視沙陀而金朝却要扶植沙陀這個問題。除我們在前邊已經説過遼朝與沙陀有兩次滅國的宿仇，這一原因以外，還有另一原因，就是遼金兩國的民族鬥爭對象不盡相同了。遼國自澶淵之役與北宋結成盟好以後，對中國只在歲幣禮貌上注意，大規模的戰爭已基本停止，這就給遼國造成一個在國内收拾異族的有利條件。最後形成契丹族和奚族聯合起來統治各異族的壓迫局面。這從《遼史》列傳裏可以很明顯地看出這種情況來。我們數了一下《遼史》列傳的全部人物，除附傳不計外，共有正傳二百五十九篇，其中遼國皇族耶律氏佔一百一十八篇；皇后奚族蕭氏佔八十五篇；合計耶律氏、蕭氏共佔二百零三篇，其他各族，包括漢族在内，在二百多年的歷史中才只佔到五十六篇。這種不成比例的現象説明什麽呢？它一面説明統治民族的蠻横，另一面就説明被統治各族的遭殃，沙陀部就是在這種環境下轉易爲白達達的。

金朝開國，發展太快。僅僅十五年間，就吞滅了遼國、宋兩個大國。取汴以後，還不滿足，連續向南宋進攻，形成一個長期兵連禍結的局勢。這就使金國的統治民族不但無暇抽出手來收拾國内各異族，反過來還需要争取他們出人出力，替自己防守北邊，或助攻江南。因此，金國對西北緣邊各部族，基本上是用拉攏、優待、表示信任來安排的。而沙陀族也就在這另一樣環境下自白達達轉易成爲鎮守邊城的汪古部了。

《新元史》有一節，叙述白達達在遼金兩朝具有不同遭遇的文字，話雖簡短，却可以證明我們上述的兩種情况。它説：

『汪古部乃白達達十五部之一，本爲布而古特，亦曰貝而忽特。遼人稱爲烏而古。屢降屢叛，後爲金人所撫，屬西北路招討司。』（《新元史》列傳第十三）

『屢降屢叛』這句話已經充分説明白達達對耶律氏的對抗情緒。而撫這個字，却是統治民族對被統治民族以寬貸的外形，包着極濃厚遷就意味的一個字眼兒。這是讀者都能體會到的，用不着我們再囉嗦了。

元朝從開始至最盛時期，對汪古部始終是很優待信任的。部長封王，子孫娶皇族公主，這比金朝對他們又尊寵多了。這是因爲汪古部長阿剌兀思剔吉忽里，在成吉思汗還没有稱帝的時候就曾經出兵幫助過成吉思汗，打垮乃蠻國的太陽汗。繼又爲蒙古軍向導，進攻金國，並因此被部下親乃蠻派將領所謀殺。其子姪後嗣仍累世充任汪古部族首領，用兵西域，經略中原，都有汪古部子弟從征，而且立了許多戰功。元朝就把天德軍豐、竫二州地面封給他們，建立一個王國，以酬其勢。中史稱他家爲高唐王，另一支爲趙王，馬可波羅於元世祖忽必烈時代經過天德軍，親見當地農牧工商各業都很繁榮，他在行紀中所説的闊里吉思王就是當時主管這個地方的國王名字。關於高唐王或趙王一家的事蹟，新、舊《元史》《蒙兀兒史記》都在阿剌兀思剔吉忽里傳中附記很詳，但因本文敘述的主題是民族或部族的變易沿革，除爲了説明主題有時也涉及部落貴族的世系以外，在不必徵引也能闡明主題的情況下，我們就不替他們謄録家譜了。

《馬可波羅行紀》裏所述天德州——即豐州天德軍地區居住的部族，雖在名稱上與一般中史所記略有字面的差異，但實質是完全相同的。只是馬可波羅分析這些部族的源流時，却把汪古部的部長阿剌兀思剔吉忽里和乃蠻部的部長太陽汗——即行紀所謂長老約翰，誤爲同一個人。這就很容易使讀者對汪古部族的成分又增加一種疑慮。而沙海昂作註又因克烈部長王汗信基督教，遂把行紀裏的長老約翰認爲是馬可波羅誤與王汗混爲一人，並做了一些辨誤註譯，認爲行紀致誤的原因是由於馬可波羅把王汗、汪古二名合一所造成的。其實王汗雖信基督教，並不曾有長老約翰的稱號，正是乃蠻部長台不花，因信基督教而自稱『達約翰』，表示他以教長而兼部長的身份。作史的人把達約翰譯爲大陽汗，又讀爲太陽汗，而西方史家又把『達』字譯爲長老，這是因北語『達』這個音，正是具有首長或長官這種意義的，因此『達約翰』便被東西方史家寫成兩種——大陽汗、長老約翰不同的稱謂。再加汪古部的部長世信基督教，也有達約翰的宗教名號，這就使暫過天德，不是歷史專家的馬可波羅把仇敵對立的兩個部落首長——乃蠻部的台不花、汪古部的阿剌兀思剔吉忽里混爲一人，作爲高唐王國、汪古部的祖先了。這種錯誤是很顯然的。沙海昂把克烈部的王汗牽扯在裏面，雖做了證誤，總是多餘的。現在我們把《馬可波羅行紀》裏關於部落首長的誤記和部族成分的正確敘述摘引兩節，供讀者參考：

「君等應知昔日長老約翰統治韃靼時，即定都於此天德城中，今其後裔尚居於是，蓋前此已言此闊里吉思國王出其血統，其實爲長老約翰以後之第六君主也。」

「此地即吾人所稱蛾格(Gog)同馬蛾格(Magog)之地，其人則自稱曰汪格(Ung)同木豁勒(MuguL)。蓋在此州中原有二種人，先韃靼人居住其地，汪格人是土著。木豁勒人則爲韃靼，所以韃靼人常自稱曰木豁勒，而不名曰韃靼。』（行紀第七十三章）

後一節所説的『蛾格』、『汪格』就是我們上邊説過的汪古部族。他所説『韃靼』、『木豁勒』也就是我們上邊説過的『陰山韃靼』。而『木豁勒』正是從元代到現在通稱的『蒙古勒』，這確是譯音的訛轉。而且自元朝帝國瓦解以後，許多不能獨立存在的部族，都以『蒙古勒』這個總的民族稱號分散在現存的各盟旗部落中。如汪古就已經不是一個部族，而僅是一個歷史名詞和大青山裏的地理名詞了。然而從以上的叙述中我們可以看到西突厥處月種朱邪氏，自唐朝中葉以後，由沙陀遷來雲中振武、天德地區，建立過後唐、後晋兩帝國，綿歷遼、金兩朝，也能保持了沙陀部族的延續，並於元代建立了一個傳世相當長久的汪古部族王國，直至大元帝國的消失而汪古部才隨之消失，前後數百年，始終活躍在中國封建政治舞臺之上，從一個部族的歷史角度來看，我們不能不承認它是奕奕有光的。行紀所述此州中原有二種人的説法，也很符合遼金以來的部族活動情況。

我們在本書第一章裏，曾經根據歷史記載，估計到豐州城的破壞可能是在元末明初這個時期。那麽，居住在這裏的一些民族或部族，也必然是從這個時期開始分化或轉移的。自明軍取大都，元順帝退到塞外以後，南北大規模的戰爭，仍繼續進行了五十多年。從洪武元年（公元一三六八年）至永樂二十二年（公元一四二四年），在這種長期兵連禍結的形勢下，凡對雙方在戰略上不利的城邑據點，不是自己拆毁，便被敵方破壞。尤其是地居長城以北，而又離長城不太遠的城邑，就更似乎是注定要遭受這種毁滅命運的。我們這樣説並不是臆斷推測，而是從實際歷史演變中看出來的。試看元朝在塞外的一些城邑，小的姑且不談，只説最有名的城邑如像德寧、集寧、興和、上都、應昌、豐州、浄州等，凡明朝所不能佔有的，一律變爲廢墟。隨着城邑的蕭條，圍繞在那些城邑地區的部族人民，也就不能不起變化了。這大概是可以肯定的吧。

關於元明戰爭的具體事蹟，我們不必作過多的分析，而且那些戰史直接談到豐州的很少，僅洪武七年(公元一三七四年)有如下的一節記載：

『秋七月甲子朔，李文忠督兵攻大寧、高州，克之。進師豐州，擒元故官十二人，馬駝牛羊甚衆，窮追至百干兒乃還。』(《明紀》卷三)

這次戰爭的規模很不足道，但它是長期戰爭中唯一涉及豐州的記録。我們從這個規模不大的進攻戰中，可以看出這個地區的繁榮景象已經不存在了。李文忠所擒獲的十二人，史稱他們爲元故官，這是一個誇大捷報的記録。這些人裏邊，没一個有名字的，也没一個有職銜的，這就説明他們絶不是率領隊伍，駐守豐州，保護人民的將校。如果説他們是官，那也只是些不能跟着元帝遠走漠北的老弱土著管牛羊小官，妄想在戰爭夾縫中流動避藏，苟延殘喘，而結果却成了將軍們報功的獵獲品。將軍們對這個題目做的文章是極巧妙的，既不敢向嚴(刻)(苛)的大明皇帝報他們是現職元官，又不敢報他們是平常牧民，把他們報成元故官，是再妥當也没有了。然而這却給我們證明一種情况，就是豐州境内的原住民族或部族，不僅都已分化瓦解，甚至殘餘的人口牧畜，也在這時完全被掃除了。

明朝從洪武元年(公元一三六八年)至正統三年(公元一四三八年)的七十年間，豐州這一平原境内是没有固定居住的任何部族或民族的。雖然不能説這裏没有人，但充其量也只能是些無部名、無組織、去住無常、三不管的掉隊散户。我們這樣説，也許有些武斷，可是起碼在當時文字記録的史册裏，是找不到有任何部族定居在這裏的根據，因爲這個地區在明初的半個世紀中，是一個很不安静的地方。我們只要檢查一下明初的戰爭記録，就可以看到洪武時期大將徐達、李文忠、馮勝、藍玉等屢次出塞遠征和元軍連年進攻雁門、大同、偏關、河曲、雲内等地，以及永樂時期明成祖五次出塞親征的事實，這就是這個地區在這段時間不能有任何部族或民族固定居住的原因。

到正統四年(公元一四三九年)瓦剌部的酋長脱歡太師死，他的兒子也先繼承了太師稱號，從漠北向長城沿綫前進，把許多游牧部族帶到漠南，造成一個嚴重威脅明朝的對立局面。雖然歷史記載没有指明瓦剌也先的漠南駐地在什麼地方，但是我們從他每次犯邊都是以大同爲主要攻擊目標這一點來看，他的據點是離大同不太遠也不太近的地方。遠了取不到威脅明邊的效果，近了還要經常警惕明軍的突襲，所以説它離大同是一個不遠不近的地區。這就很可能是在豐州天德軍的舊管轄界，或在元集寧路的範圍以內。我們看正統十四年（公元一四四九年）歷史上有名的『土木之變』也是從明英宗到大同親征瓦剌也先而引起的。又按《明紀》有這樣幾句話。

『瓦剌數出没大同、渾源，伺軍民樵采，輒驅掠。或幸脱歸，率殘傷肢體。』

『初，也先欲取大同爲巢穴，又謂大同、宣府二城旦夕可下，數來攻。』（《明紀》十五卷，上同）

也先這樣重視大同，正説明他的漠南據點是離大同不太遠的。還有一可作參考的事實，就是也先派人送英宗回北京，從起點到終點，騎馬共走了十四天。用十天的時間——景泰元年（一四五〇年）八月癸酉至壬午——走到宣化，又用四天的時間——丙戌回到北京。這按早年騎馬長行的歷程計算，正和我們從呼和浩特往北京的歷程相符合。如果從集寧地區起程，就用不了十四天。用這件事情解釋也先的駐地在豐州灘，理由雖不算很充足，但也決不是毫無理由的。還有一件歷史事實，也可以引來供參考，按《明紀》如下一條記載：

『也先虐使三衛，逼徙朵顔所部於黄河母納地，三衛皆不堪，遂陰輸瓦剌情於中國，乞居大寧廢城。朝議不許，令出塞二百里外居住。』（《明紀》十六卷）

在這一條的簡單幾十個字裏，却反映出當時許多情形來。朵顔是三衛最靠西頭的一部，它的駐地在今老哈河流域，也先要逼它移到黄河『母納地』，北族語謂『南』爲『母納』，從塞外地形上看，衹有現今伊克昭盟地區在黄河南。也先逼徙朵顔，就是要把它從東部挪到西部去，而瓦剌也先則是獨佔中部，向東西各部族發號施令。這也説明自張家口以西到黄河東岸，都是瓦剌活動的地面，也先縱然不駐豐州灘，而豐州灘也是在他統治之下的，其次是塞北沿長城綫二百里以内的城邑，都已成爲廢城。實際上是三百里乃至更遠一些的地區在當時恐怕也已没有完城了。豐州離殺虎口也不過二百多里，它的命運當然不能例外，所以我們前文肯定了豐州的廢壞，是在元末明初時期是有相當根據的。

瓦剌也先的暴發力量，恰像驟雨形成的山洪，來勢雖極汹湧，但一瀉之後，必然涸竭。也先於正統四年（公元一四三九年）末襲太師位，景泰二年（公元一四五一年）殺脱脱不花可汗，四年（公元一四五三年）自稱可汗，五年（公元一四五四年）被阿剌知院殺死，部衆分裂西奔，結束了瓦剌也先縱横漠南的一段歷史。總計也先前後不過十五年，除在各部族中留下難以磨滅的殘暴臭名以外，是没有一件值得稱道的事蹟的。由於瓦剌强横的時期很短，在北族對明朝的關係上並不佔很重要的歷史地位。就是對塞外各部族的遷移變動，也僅限於暫時調撥，而没有起到確定分地的作用。所以我們對於瓦剌的活動，只談至也先被殺，部屬西奔爲止。但在這裏還需要有一點補充，就是瓦剌本是阿爾泰山區即現在所謂準格爾盆地的四個部落的總名，也就是清朝所謂四衛喇特。從也先的祖父馬哈木、父親脱歡、三世以太師名義篡竊了蒙古可汗的軍政大權以後，瓦剌的勢力就由阿爾泰地區發展到漠北，也先又把這種勢力帶到漠南，經常出没於大同塞外，這就是我們不能不留出一點篇幅，簡單叙述一些瓦剌部族的原因。

瓦剌也先横行的時間雖不長，但它確是元順帝退出長城以後，蒙古各部族由零部合併爲若干大部，由游動漸趨於定牧的一個轉變關鍵。自也先把瓦剌和蒙古各部族帶到漠南，發動了『土木之變』，使明朝長期屈居於被動應付的形勢之下，這就給蒙古達延可汗留出一個統一内部的時機。達延可汗就是明朝邊疆戰報裏經常見到的小王子。其實他是第一代小王子，他的兒孫凡繼承可汗職位的，都被《明史》稱爲小王子。在他居可汗位的七十四年中（成化六年公元一四七〇年至嘉靖二十二年公元一五四三年），蒙古各部落的内部統一工作不僅完成，而且把各部落分地定牧的制度也大致安排好了。他那雄心勃勃的孫子俺答——即清代各種官書所改稱的諳達，《蒙古源流》所稱的阿勒坦汗，就是在這個時期率領着土默特部落駐牧在豐州灘的。

俺答和他的族屬並不是土默特部人，他們是博爾濟錦或譯作博爾濟却特氏，即成吉思汗那個族姓系統傳衍下來的支派，而土默特部則是以雲碩布氏爲族姓的。這個部落原駐牧於賀蘭山周圍和伊克昭盟的西部地區，與鄂爾多斯各部同歸蒙古大可汗所派右翼吉農管轄指揮。這個右翼的範圍很大，它包括察哈爾部以西各蒙古部落。達延可汗第一次命他的次子烏魯斯博羅特爲右翼吉農，被所屬各部叛變殺死。達延可汗於明正德年間（公元一五〇六至一五二一年）又親自率領左翼軍隊平定了右翼的叛亂，並令他的第三子巴魯斯博羅特繼任爲右翼吉農，統一領導着右翼各部。這位吉農共生了七個兒子，俺答就是七子之一。除長子衮必里克墨爾根繼承了吉農的職位，管領鄂爾多斯各部以外，其餘一些部落就分別爲幾個兄弟所佔有。現在我們把《蒙古源流》所記關於這一件兄弟分家的情形，摘引如下：

『長子衮必里克墨爾根濟農，丙寅年生，佔據鄂爾多斯萬人而居；阿勒坦汗，丁卯年生，佔據十二土默特而居；拉布克台吉，己巳年生，佔據土默特之烏古新而居；巴雅思哈勒，庚午年生，佔據永謝布之七鄂托克喀喇沁而居；巴延達喇，壬寅年生，佔據察哈爾之察罕塔塔爾而居；博迪達喇，甲戌年生……將永謝布、阿蘇特二處令博迪達喇佔據而居；塔喇海，幼亡。』（沈曾植箋證本第六卷十六頁）

這一段文字把巴魯斯博羅特吉農（明代許多史籍或寫爲濟囊、濟農，吉能，認爲是人名，其實是個蒙古大官的銜名）的六個兒子瓜分屬部的事實，很清楚地揭示出來了。但這裏邊有一個極難搞明白的糾纏問題，不僅讀者不容易看懂，就是作《蒙古源流箋證》的沈曾植，作校補的張爾田，以及近代研究蒙古歷史的學者如張石州，何秋濤、魏默深、洪文卿、柯紹忞、屠寄諸大師也都没有看出這個問題，甚至連源流一書的蒙文原著人是否知道這個問題所包含的複雜性，也還值得懷疑。這是怎樣的一個問題呢？就是土默特與永謝布是同一部落呢？還是兩個並存的部落呢？又像《蒙古源流》卷五所叙的多倫土默特與卷六所叙的十二土默特，是同一部落呢，還是兩個同名異族的部落呢？這是歷來治蒙古史的學者都没有觸及的一個問題，也是他們不能解決，只能以不求甚解的態度去處理的一個問題。現在我們再把《蒙古源流》原譯文摘引幾節：

『蒙古勒克哷青吉斯台吉即位，維時七歲，稱爲烏珂克圖汗，撫綏所餘蒙古人衆。歲次癸酉，年八歲，爲多倫土默特之多郭朗台吉所害。』（《蒙古源流》卷五，二十三頁）

『滿都古勒台吉者，係丙午年生，歲次癸未，年三十（八）歲即位，爲烏珂克圖汗復仇，興兵殺哈齊金

之姻親多郭朗台吉，收撫多倫土默特。』（同上卷，二十五頁）

《蒙古源流》在第六卷開頭幾頁，又叙了永謝布之伊斯滿太師專擅事權及被殺經過。接着又叙永謝布之伊巴哩台吉謀反失敗，隻身迷路入於白帽之哈密城被其人所殺的事實。這就是達延可汗第二次收服右翼，平定六萬兵民大衆，在成吉思汗的陵園八白室前，正式宣布爲大元可汗的一次盛舉，也就是給他們的子孫們奠定一個瓜分右翼各部落的基礎。

我們從上面所摘引的幾節記録中，看到俺答兄弟六人所佔據的部落，其中有三人分到十二土默特，土默特之烏古新，永謝布之七鄂托克喀喇沁。我們在這裏應該用特筆指出：永謝布就是我們上邊所説的雲碩布，它是土默特部的族姓，漢字書中有寫作永邵布的，也有寫作雲石堡、雲社堡、永謝堡的，這都是譯音無正字的記法。幾百年來，呼和浩特土默特蒙古人自己用漢字寫族姓時都是寫雲碩布氏，決不用别的寫法。既然雲碩布是土默特部的族姓，那麼我們怎樣去理會《源流》所述兄弟三人瓜分土默特和永謝布的説法呢？由於《源流》叙述得很含糊，就使許多學者把明朝時期的土默特和永謝布作爲兩個部落來看待了。

現在我們把幾百年來像個謎的問題來解決一下吧！按《蒙古源流》所述俺答阿勒坦汗佔據的十二土默特，是組成土默特這個部落的十二分部的總名稱。在這十二分部裏，有七個分部是以雲碩布氏的氏族人口爲主體而編制起來的，所以叫作永謝布之七鄂托克，又叫多倫土默特。劃區放牧叫『鄂托克』，七鄂托克就是永謝布氏分七區放牧的意思。蒙語謂『七』爲『多倫』，所以多倫土默特和永謝布之七鄂托克，是同義語，只是用氏族稱呼，就叫作『永謝布之七鄂托克』，用部族稱呼，便叫作『多倫土默特』，其内容實質是一樣的。其餘五個分部，是由少數雲碩布氏和各種氏族人口，其中包括許多漢人，混合組成，共計有十二個分部，合起來稱爲十二土默特。俺答阿勒坦汗雖佔據十二土默特，但土默特除七分部、五分部各自有一個總部長外，每一分部也還有一個小部長，以下還有按所領人數逐級任職的小頭目，其編制都是按軍事性質安排的。這是俺答阿勒坦汗的基本部隊。

沈曾植箋證《蒙古源流》十二土默特云：『十二土默特，即《武備志》所稱俺答後三枝十二部，《明史·韃靼傳》所謂擔力克所制，止山、大二鎮外十二部也，此俺答之本部。』這個註釋，基本上是對的。但當俺答阿勒坦汗極盛時，除所説的這個本部以外，他那兩個兄弟拉布克台吉所佔據的土默特之烏古新，巴雅思哈勒所佔據永謝布之七鄂托克喀喇沁，都是歸俺答阿勒坦汗指揮的。自明嘉靖二十一年（公元一五四二年）吉農衮必里克墨爾根入侵山西病死，繼任的吉農是俺答阿勒坦汗的姪子，嘉靖二十七年（公元一五四八年）繼任大可汗的達賚遜庫登汗——《明史》作打來孫，也是俺答阿勒坦汗的族姪，並把索多汗（小可汗）的頭銜賜給俺答。從這以後，大可汗和吉農的輩分，越傳越低，而俺答却活的壽命很長，他生於正德二年（公元一五〇七年）死於萬曆九年（公元一五八一年），活了七十五歲，嘉靖三十七年（公元一五五八年）繼任大可汗的圖門札薩克圖汗，已是俺答阿勒坦汗的孫子輩，這就使俺答阿勒坦汗在長城以外韃靼地區，成爲一個年高輩長，惟我獨尊的統治貴族中的統治者。因此，在他後半世的三十多年裏，他的勢力東面擴張到遼河流域，所以遼西阜新有土默特，凌源有『哈拉沁』（即上文之喀喇沁），都是當時從右翼分過去的，西面擴張到甘肅、青海。《明史·韃靼傳》説：『俺答常遠處青山，二子，曰賓兔，居松山，直蘭州之北。曰丙兔，居西海，直河州之西。』（《四部備要》本十五頁）

關於俺答阿勒坦汗用兵青海的經過事實很複雜，這裏不能多述。但爲了説明西面也有雲碩布這一氏族的分支，我們不妨再引一段《明紀》的記載：

『俺答之建寺青海也，留永邵卜别部把爾户及丙兔火落赤守之，倶牧海上。』（《四部備要》本四十二卷七頁）

永邵卜，即《蒙古源流》的永謝布，也就是土默特人所自稱的雲碩布。直到現在青海還有這一族自稱土族，或稱土牧子台吉，這也是當時從右翼分過去的。

説到這裏，我們的話似乎扯得太遠了，但爲了説明駐牧豐州灘的十二土默特所包括的許多部族，蔓延分布的情况，不得不這樣。現在我們打算用呼和浩特土默特境内的一些地名或村名來證明我們以上所提出那個糾纏的問題，能不能在土默特境内找到它的遺蹟，要答覆這個問題，不用往遠處去找，只到呼和浩特市西郊，就可以找見一個村子名叫『島朗土牧』，這就是『多倫土默』的異譯，而『特』字僅是蒙古語人的多數詞，有時在漢語稱謂上是可以省略的。這個島朗土牧村就是七土默即永謝布之七鄂托克人衆輪班爲順義王總部聽差服役的住宿辦公地點，所以離總部所在的呼市舊城只有十里。同時從現今土默特人民的居住情形，也可以看出當初安排部族的大概輪廓來。呼市從西直到薩拉齊縣轄境，姓雲的蒙古人即雲碩布氏最多，托克托、和林格爾兩縣次之，清水河縣及呼市以東又次之，這就證明永謝布之七鄂托克基本上是分布在呼和浩特以西和西南地帶的。因此，我們就可以體會到市西百里有個村子名叫『雲社堡』，這正是永謝布之七鄂托克的適中地方，也應是這個部族的總辦事處。其餘五個分部，雖然也在十二土默特之數，但不是永謝布氏，僅有時由永謝布氏充任分部首長而已。呼市以東五十里有個村子，名叫『五路』，也就是這五個分部的總辦事處。『五路』有些舊籍中寫作『兀魯』，並認爲是額魯特的異譯，那是不瞭解十二土默特組成的氏族成分所致。又按《蒙古源流》有『多倫土默特之多郭朗台吉』一語，箋證引《元史語解》：『多果朗，瘸也。此多郭朗台吉，亦跛足人歟。』現呼市新城東有個村子正叫作『島黑楞』，也正是蒙語稱跛子的意思，這是那位台吉的綽號，並不是他的真實名字。這種以人的形體特點爲稱呼，漸至以綽號代替了真名的風俗，在突厥和蒙古民族中都存在過。

當時綜合在十二土默特部落裏的許多小支派，即後來編爲土默特六十蘇木的那些民衆，除雲碩布氏以外，還有一些其他名稱，也都能在呼和浩特土默特境内找到他們住過（的）地點和舊名，這種例證是舉不勝舉的。就是與永謝布之七鄂托克並提的喀喇沁，後來雖遷往遼西，但在呼市近郊也還留有他們住過的遺蹟，那就是哈拉沁村和哈拉沁溝。按《蒙古源流》佔據喀喇沁的是俺答阿勒坦汗的胞弟巴雅斯哈勒，也就是《明史》所説的老把都兒昆都力哈，他就是率領喀喇沁往東擴張的第一代。阜新土默特也可能是隨着他分過去的。沈曾植於《源流》喀喇沁條下箋證云：『《遼録》，喀喇慎罕孛羅勢自言：自吾先世老把都、青把都、白洪太，世受封賞五十餘年，願出帳房三百頂，助國討虜。老把都即巴雅思哈勒。此巴雅思哈勒之後，其部落名喀喇沁之證。今喀喇沁無博爾濟錦之裔，其故不可考矣。

《名山藏》：俺答壁豐州灘，直雲中；吉囊壁河套，直關中；老把都壁張家口。

張爾田案：《蒙古世系譜》喀喇沁國，其名有三，其汗之子孫台吉等爲西拉努忒喀喇沁；其故舊及官員之子孫，則爲博羅努忒喀喇沁；其各處歸降之蒙古、漢人，則爲哈拉努忒喀喇沁。今喀喇沁札薩克，皆扎爾楚泰後。所謂博羅努忒殆即《遼録》孛羅勢歟？昆都楞子孫式微，於此可見。』（《蒙古源流》六卷十六頁註）

以上沈、張二氏所註，雖也有錯誤處，但對於喀喇沁部是由老把都從右翼豐州灘帶到東邊的這一點，却是充分證明了。惟張氏不知《蒙古世系譜》所說的『喀喇沁國，其名有三』，是指同一部落之内有三種人，而把它誤認爲是三個不同的國名。清代雖把喀喇沁編爲三旗，却並不是按《世系譜》所說的三種人劃分，而是每旗都有三種喀喇沁人的。蒙語謂眼睛爲『努忒』，謂黄色爲『西拉』，謂灰色爲『博羅』，謂黑色爲『哈拉』，這三種喀喇沁人都是從眼珠的顔色上分别的。元朝以灰色眼珠爲最貴，認爲那是成吉思汗的血統，博爾濟錦氏正是由此得名。『博羅』即『博爾』的異譯。《遼録》的『孛羅勢』，就是『博羅氏』。這恰恰證明喀喇沁部的扎薩克王公仍然是博爾濟錦氏的子孫，也就是老把都昆都楞汗的子孫。黄色眼珠人，即西拉努忒喀喇沁，只能充任職官，不能爲台吉貴族。《世系譜》確把這兩種人説顛倒了。至於黑色眼珠人，即哈拉努忒喀喇沁，是賤民和奴隸，是不能與前兩種人看齊的。

俺答阿勒坦汗時，除往東分出喀喇沁、土默特二部，往西分出青海、甘肅二部外，又把烏古新部撥歸鄂爾多斯，即現今伊克昭盟的烏審旗。按『烏古新』即『汪古姓』，他們是自中唐時期以沙陀部族駐在豐州天德軍境内，歷五代、遼、金、元，至明初，才被戰爭浪潮捲走的一個土著部族。這樣分撥之後，留在這裏的就只剩雲碩布氏一大支和它所吸收的各族各姓，仍稱十二土默特，爲俺答阿勒坦汗本部。

明朝末葉，滿洲民族愛新覺羅氏崛起遼東，逐漸征服東北各部族，崇禎四年（公元一六三一年）擊潰察哈爾部，陵丹胡圖克圖可汗敗奔青海，路經土默特，殺掠極慘。這是因爲他恨土默特不肯出兵幫他打仗，借此發洩他那亡國的怨毒。滿洲軍因追陵丹汗，緊跟着就到了呼和浩特，同時也征服了土默特部。崇禎七年（公元一六三四年）滿洲國廢除了俺答四世孫俄木布的順義王稱號，把全部編爲左右兩翼，十二甲朗，六十蘇木，每一蘇木以正户一百五十户編成。凡四口人以上能出壯丁之家爲正户，其鰥寡孤獨或單丁小户不足四口人之家爲附户。喇嘛、黑徒、和尚、道士，只記名籍，不入兵册。全部共計正户九千户，附户無定額。這是滿洲還没有建立大清國號，也没有取得中國統治大權以前，在用兵征服内蒙古各部落時，對土默特的初步安排。

從上述的情況中，我們可以看出這種安排，也還是根據十二土默特的傳統規模來着手的。當滿洲於崇禎九年（公元一六三六年）建立大清國號，又於崇禎十七年（公元一六四四年）即清朝順治元年，取得中國的統治大權之後，土默特兩翼十二甲朗的制度就更成定型了。但在部落的統治階級方面，也還是經過許多曲折變動的。清朝初期，廢除了順義王封號，阿勒坦汗子孫已無權過問土默特部的一切事務。到康熙時，僅恢復爲一等台吉。乾隆時，又因功封爲輔國公，由土默特劃出山後四個蘇木給它管理，作爲一個單位，加入烏蘭察布的會盟組織裏。直至最後一代，無子絶嗣爲止。這是順義王嫡系子孫的簡略傳世概況。其次就是代表土默特部投降滿洲愛新覺羅氏的三家，也應極簡單地介紹一下。

在清朝初期所信任的三個土默特人，第一個名叫古禄克，擔任左翼世襲都統。第二個名叫杭皋，擔任右翼世襲都統。第三個名叫託博克，任右翼副都統。後由託博克代杭皋子巴桑爲右翼世襲都統。三家併爲兩家，傳至乾隆，兩家都停襲，改爲由北京簡派的鎮守歸化城副都統來擔任名義上的土默特首長。現在的呼和浩特市人民委員會址，就是從前這位副都統的衙門。這個職官是民國三年取消的。現在蒙古市民裏姓田的是古禄克的子孫，姓巴的是託博克的後裔。

清朝把土默特部編爲左右兩翼——《大清一統志》和《理藩院則例》等官修書籍裏，也稱左右兩旗，每翼轄六個甲朗，每甲朗設參領一員，正三品。每甲朗管五個蘇木，每蘇木設佐領一員，正四品。設驍騎校一員，正六品。兩翼十二甲朗的十二位參領，是土默特全部政權的實際掌握人。凡土默特全部的一切事務，都須經過十二參領集體討論決定，才可以有效地執行。否則，副都統的獨裁命令是絶對行不通的。所以他們的辦事機關不叫什麽府，什麽署，而叫作『議事廳』。直到今天，呼市居民稱這個機關所在的地方爲議事廳巷，這是土默特幾百年來與各封建衙署截然不同的一種傳統制度。這種制度是自民國三年以後才起了根本變化，就是逐漸趨於一般機關的形式了。

還有值得説明的一點，就是十二參領的當權職位並不是從貴族中産生，而是從有能力的辦事人員中逐級提升的。對於貴族，與其説有照顧，毋寧説有限制更爲恰當些，因爲參領不能世襲，都是從佐領中選拔。但六十個佐領中，有三十個世襲的，叫作世管佐領。他們是世世代代管着他們那個蘇木，屬下的民衆是得罪不起他們的，這是貴族，貴族非有特殊勞績爲全體當權參領承認，就不能擔任參領。其餘三十個佐領是從驍騎校升起來，叫做公中佐領，參領有缺員，就從公中佐領裏按能力表現和衆望所歸的條件，逐級評選上報。所以，基本上是公道的。而且熬到一個參領的地位，一般年齡都在五十歲左右，這幾乎也是公認而没有明文規定的條件了。

啓運書院，是土默特在清朝時代培養幹部的唯一文化機關，經常設有六個班，每班有學生二十至三十名不等，全旗六十個蘇木的青年子弟，都可以自願到書院讀書，不問家庭成份，也不經過入學考試，只是問他讀過私塾没有，然後按程度編入相當的班級。在六個班裏，平民子弟要比官員子弟經常多三倍到四倍。每月初一日由班長率領各班學生到議事廳領紙筆津貼，每人銅錢三百文。他們所學課程是滿、蒙、漢三種文字的讀本，主要是練習翻譯。議事廳所屬的幾個辦事單位，兵司、户司、印房、銀庫、文案處、漢稿房等，如果需要補充低級人員時，就由議事廳通知書院的首長——由一位參領有學問者兼任，會同其他幾位教師進行考選，按所要名額送議事廳分配服務。他們可以從『筆簽齊』升到九品、八品筆帖式，再進一步就可選拔驍騎校了。但這一步選拔，不考文字而是考射箭，因爲文字的能力已在幾年的工作中爲十二參領所熟知，用不着再考。只有他們從前在書院的箭庭裏，每天由教師指導練習的射箭技術是否抛荒，是值得考試比賽的。而且驍騎校在戰時要帶兵，不能射箭就不能勝任。遇到公中佐領缺員時，就從優秀的驍騎校中選拔，那是射箭、翻譯、口試三項並考。因爲佐領和參領都要在補官以後到北京由理藩院——清末改部，帶領引見，在皇帝面前高聲背誦三代履歷，口吃或聲音嘶啞，理藩院就不許陛見。所以在本旗選拔時，就增加口試一項，這是土默特在清代的選官制度。也就是説全旗的官僚子弟與平民子弟上升的機緣是完全平等的。他們任職不限於本蘇木或本甲朗本翼，而是可以在兩翼任何甲朗蘇木中擔任上述這些職官，只有那三十個世管佐領，既很少上升爲當權參領的機會，也没經過書院教官的考驗，子孫守着那個世職，如一池死水。甚至有一部分是没有入書院，不識字的人，所以他們在旗政上是作用不大的。

土默特議事廳的組成是以兵司和户司爲領導機構的，這兩司的負責人由十二參領中推舉資望較高爲衆所信服者二人兼任，俗稱他們爲兵司關防、户司關防，分管全旗的軍事和民政。又有四位參領兼管銀庫、倉廒、印房、文案、書院、壇廟、常備營、操演營事務。凡有重大事件，屬於兵司性質的，由兵司關防主持，邀全體參領討論决定；屬於户司性質的，由户司關防主持，其做法與兵司同，無論對内對外，都以十二參領的一致意見和共同負責的精神來處理，這就是土默特在封建時代的政權形式。

自明朝嘉靖前期，十二土默特定居豐州灘，它是由永謝布的七部與非永謝部的五部分合併組成。爲了保持十二分部的團結與力量集中，先人們就創造這種平等選才，合議决策的特殊制度來。這是封建時代内蒙古各盟旗很少見的現象。一般蒙旗都是世襲王公爲主，貴族台吉爲輔，平民出身的人絶對不能任協理，而土默特却是平民出身的佐領，就可管轄住在他蘇木内的輔國公，更不用説當權的參領與關防了。因此，我們説土默特的制度是特殊的，土默特部定居在豐州灘四百多年的歷史事蹟很多，絶不是幾頁短文所能表述無遺，這裏僅僅是介紹了這個部族的一些活動情形和内部組織的簡單輪廓，本來打算盡量壓縮，然而説得已經很多了。

現在我們再簡單扼要地作一點最後説明，就準備結束這一節的叙述。那就是土默特這個部族的革命性傳統，讀者不妨在各種蒙古史或元朝正史裏翻檢一下，無論列傳裏，或氏族表裏，都找不到一個永謝布氏即雲碩布氏獨當一面的有名人物，這是什麽原因呢？這個原因很早啦，讀者應該知道，現今的土默特就是《多桑蒙古史》以及各種蒙古史書中所説的秃馬惕。當成吉思汗强盛時，爲了征服秃馬惕，曾費過相當大的力氣，致使四大愛將之一的博爾忽戰死。《多桑史》叙這件事，開頭一句話就是『秃馬惕好戰之民族也』，已經很清楚地説明這一部落的特性。其後成吉思汗以極大的壓力，征服了這個部落，並强迫他們隨軍西征花剌子模國，又擊滅西夏，使這個部落由貝加爾湖地區移牧於西夏國舊境以内。但成吉思汗的子孫對土默特雲碩布氏是存有極深刻的戒心的。所以《新元史·氏族表》在秃馬惕和其他兩個部族下註云：『此族無名人。』這是一句真實話。自一二一七年成吉思汗征服了土默特部，至一三六七年元帝退出大都，整整一百五十年間，這個部落始終是在博爾濟錦氏皇族勛閥們統率之下，做着長期不見經傳的戰争工作。到大元帝國崩潰後，這個部落就成了明代韃靼國右翼境内經常進行暴動反抗的主要因素。這從《蒙古源流》所述永謝布幾個首領一系列的叛變事實可以得到證明。因此，從阿勒坦汗領導這個部落，建爲十二土默特起，至清朝仍編爲十二甲朗止，都是采取一種内部合議自治的形式，使它在小範圍内有平等當權的發展機會，並防止了個人野心的獨裁事變。這是那一時期這個部落比較安静的一個主要原因。總之，這個部落的民族性，是能忍受麻醉性的驅使，不能忍受刺激性的壓迫。元朝和清朝的統治階級，似乎都懂得這個訣竅了。辛亥年（公元一九一一年）冬，閻匪錫山在山西被張錫鑾擊敗後，就率領殘部從河曲經伊盟攻入包頭、薩拉齊，收合流氓、賭棍、監犯約二萬餘人，喊着『驅除韃虜，直搗燕京』的口號，向呼和浩特前進，在谷粒畔河岸被土默特部隊擊潰，並打死他的前敵總指揮王家棨，使閻匪狼狽奔逃，永遠切齒懷恨，圖謀消滅報復。民國二年（公元一九一三年）綏遠將軍張紹曾以北洋軍閥的驕横手段，强迫遣散土默特兩營陸軍，全體士兵一致拒絕接受遣散費，含怒離營，有很多一部分人，立刻參加了農民暴動的獨立隊，與軍閥對抗了二十多年。民國六年（公元一九一七年）反動綏遠都統、北洋軍閥蔡成勛的警備第三路部隊和薩縣第五區保衛團，也就是在土默特軍官指揮（下）發動了起義。這些舉動，雖然都歸失敗，但它給予軍閥的打擊却不算小，而且土默特人民的鬥争性反因失敗教訓找到了新的發展方向，那就是民國十三年（一九二四年）孫中山先生決定三大政策以後，土默特的知識青年就陸續加入這個革命隊伍。有的在廣東農民運動講習所和黃浦軍校學習，有的就到蘇聯東方大學接受馬克思列寧主義。抗日戰争期間，到革命聖地延安學習的土默特青年，也是絡繹不絶的。這就給内蒙古人民的革命事業培養了得力的領導幹部，也創造了解放勝利的必要條件。而從土默特來說，也體現了這個部族人民的頑强鬥争傳統。現在這個部族的人民群衆，已經在偉大的中國共産黨領導下，達到他們祖先以來長期鬥争的目標——不受壓迫的願望，與各兄弟民族互愛互助地跟着共産黨向更美滿幸福的社會主義建設奮勇前進了。土默特部族的簡單沿革，我們就叙到這裏爲止吧。

在呼和浩特與土默特人民同居幾百年之久的還有幾個主要的兄弟民族，就是漢族、回族、滿族，都有各自的歷史沿革和民族特點。我們現在都扼要地依次把這些兄弟民族的各種情况叙述在下面。

考漢民族在陰山、白道、黄河、黑河這一地帶的生存活動，歷史起源，也是很古的。自戰國時代趙武靈王於周赧王十五年（公元前三〇〇年）驅逐林胡開闢雲中以後，漢族、北族就經常作着時出時入，忽主忽客的民族變换。當秦與西漢、盛唐時期，這裏建立了漢族的郡縣，那麽，漢民族就是這個地方的主體民族。反之，在東漢、三國、後魏、隋、五代、遼、金、元、明、清這裏建立了北族的部落，那麽，匈奴、鮮卑、突厥、韃靼、蒙古等族就成了這個地方的主體民族。這是二千多年來，這個地區民族演變的總情况。

現在我們打算從明嘉靖三十年（公元一五五七年）阿勒坦汗以十二土默特爲本部，開始築板升爲定居城市的萌芽時代説起，這是因爲部落的定居，城市的開端，漢族的遷移三者都是以這個時期爲起點的。但在這四百多年裏，漢族的到來，應分爲兩種情况，或者也可以説應分兩個階段。即明代是一個階段、一種情况，清代是一個階段、一種情况。漢民在這兩個階段的遷移動機是截然不同的。

當明代歷史於嘉靖三十年記載俺答住板升之前，俺答侵犯明邊的行爲已經繼續了二十多年了。《明史紀事本末》記俺答入侵從嘉靖八年（公元一五二九年）開始的。而且十九年（公元一五四〇年）、二十九年（公元一五五〇年）兩次大舉内犯，都有漢族分子給他籌謀策劃，竭力縱恿，甚至給他做間諜特務工作。這就是説阿勒坦汗在定居豐州灘以前，就早有背叛明朝爲虎作倀的漢族分子來到這裏了。除上文已經摘引過的幾件事實以外，這裏再摘引幾句，以見當時漢民出塞之多。

『初，大同之變，諸叛卒多亡出塞，北走俺答諸部。俺答擇其黠桀者，多與牛羊帳幕，令爲僧道丐人偵諸邊，或入京師，凡中國虛實，盡走告俺答。其有材智者李天章、高懷智等皆署爲長。』

『俺答乃糾青台吉……及叛人高懷智、李天章等各擁衆數萬入大同塞。其精兵戴鐵浮圖，馬具鎧，刀矢銛利，望之若冰雪。然不輕與我戰，即餘騎足扼我矣。』（《明史紀事本末》卷六十俺答封貢，上同）

當時犯了明朝統治階級的國法，自動跑出塞外，逃避緝捕，過亡命生活的有名人物，不下六七十人。除高、李兩人外，如趙全、邱富、蕭芹、張板隆、王得道、吕明鎮、李自馨、劉四、趙龍、吕老十、猛谷王、張彦文、劉天祺、馬西川、喬源、周原、石天爵等都是在關内人民群衆中有相當煽動號召能力的野心分子。他們的出走也不是在謀反的罪名下，僅以身免，其中有很大一部分是携帶親黨、部曲、信徒等人衆，結夥逃出來的。所以他們投靠俺答以後，還可以組成自己統率的部隊，幫助俺答實行對明朝統治階級的武力報復。這一部分漢族野心分子的成分很複雜，有知識分子，有失意叛變軍官，有白蓮教及其他會道門頭子，僧、道、流氓、盗賊和各種各樣的刑事罪犯，甚至有少數是被權奸陷害，殺頭抄家的官吏子孫。據父老傳言，萬家溝就是偏關萬氏家屬逃到塞外，入山避捕的居住地。這些話我們雖没有做歷史文獻的對證，然以當時明朝政治腐敗，邊防廢弛的情形來估計，發生這種現象，也不是不可能的。以上是屬於自動出塞的一類。

還有一大部分漢民，是在正德以後，連年戰争擾亂中，被北族軍隊驅掠過來的。這一部分的數量，恐怕比上述自動投靠的人數還要多，這是因爲驅掠人畜是那時俺答集團發動入侵明邊的主要目的之一。我們看《明史》所記俺答攻擊沿長城綫的幾個重要據點的事蹟，從嘉靖八年（公元一五二九年）至隆慶四年（一五七〇年）前後四十二年的時間裏，幾乎没有一年得到安静。其中有幾次大舉入侵，兵數都在二十萬以上，蹂躪遍及山西全省和畿輔全境，在這樣長久的時間裏，經歷着連綿不斷的慘酷擄掠，這就給關内兵燹地區的廣大平民造成老弱被殺，少壯被俘的嚴重悲劇。《明史》於嘉靖二十一年（公元一五四二年）一次入侵，就有如下一段記載：

『俺答自六月丁酉入塞，至七月庚午始出。凡掠十衛、三十八州縣，殺戮男女二十餘萬，牛馬羊豕二百萬，衣襆金錢稱是。焚公私廬舍八萬區，蹂田禾數十萬頃。』（《明史紀事本末》卷六十俺答封貢）

這裏所説殺戮男女二十餘萬，是山西州縣官於事後報告損失人口的數字。其中絶大部分是被掠走的，憑什麽判斷他們絶大部分是被掠走的呢？我們再從《明史》記載裏摘録幾句，就可以證明這個判斷是正確的。

『俺答悉衆出塞，疲甚。又顧戀輜重，不能軍。諸將故怯，兼白羊之敗，愈不敢逼，徐尾其後，至石匣城及張家、古北等口外而還。其前後禦敵有功者：大同游擊王禄戰懷來，斬十七級，獲馬十二匹；山西游擊柴縉戰昌平，奪還男婦二百四十二人；都督仇聚戰海店，生擒四人。』（《明史紀事本末》卷五十九庚戌之變）

這是嘉靖二十九年（公元一五五〇年）俺答大舉包圍北京的一次巨變。各省勤王之師，雲集京郊，不敢硬戰，直待北兵疲極退走才尾隨送出口外。其中僅柴縉作了一次小戰，便『奪還男婦二百四十二人』。那麽，不作任何阻擊而被各股敵人從容驅走的人口數目，就更可驚人了。這種慘禍的長期續演，固然是塞外以俺答爲首的部落酋長們爲了達到他們貪婪無厭的野蠻目的才做出來，但早期投靠到塞外的那班漢奸分子，確實也起了極惡毒的煽動作用。甚至有些時候，俺答和他所屬的酋長們認爲明朝已經允許了他們所要求的條件，可以息兵了，可是那班漢奸野心分子，反而認爲息兵是一種最大的失望。《明史紀事本末》載俺答獻出明叛人蕭芹等的經過，就有如下幾句話。

『馬市通，俺答頗利之。芹等弗肯，請仍謀入塞剽掠，俺答不悦。』（《明史紀事本末》卷六十俺答封貢）

這幾句話雖很簡單，却説明當時一個極嚴重的事實，就是塞外各部落酋長們的貪心如谿壑，而那班漢奸分子的怨毒却像無底的深淵。古語説：『奚谷壑可盈，是不可厭也。』正是給這班叛人做了最恰當的傳神寫照。這種投敵禍國的民族叛徒，自漢初與匈奴對抗的時期起，至明朝末年止，每一朝代都有這類人物出現。他們爲了發洩個人對中國統治階級的積恨，就不擇手段，倒行逆施，給關内近邊各地的廣大平民造成家破人亡白骨蔽野的無限災難。使後世讀歷史的人，都不能不對這種敗類感到刻骨的痛恨。

我們從史籍中看到這夥明朝叛人，在豐州灘築室定居，開闢水田，經營農牧，安排生産的種種情況，就可以知道他們掠來的漢民都變成他們自己的農奴、牧奴，以及進行焚掠的入寇部屬。從這些人的長期打算和他們狠心毒手的作法來看，他們已絲毫没有對中國的民族情感了。他們是處心積慮地想在塞外部落環境中建立自己長遠生存利益的。可是他們却没有估計到像俺答這樣一個黠桀雄猜的渠魁，怎能永遠被别人欺騙利用而不考慮與叛人合作的後果呢？所以當俺答迫切需要與明朝和好時，就把他認爲可以作爲獻禮的若干叛人頭目，毫不遲疑地捆起來，贈送給明朝統治階級了。其餘没有被捆送的一部分叛人頭目，因自己的生死命運已完全操在各個部落酋長手裏，他們唯一生路，只有入蒙籍。就是四十餘年間陸續被掠出塞的普通漢民，也有許多入了蒙古籍的。土默特左右兩翼除雲碩布氏佔民族的多數以外，還有較少數姓巴、卜、伊、蘭、朱、烏等蒙古氏族，都是原來十二土默特的組成部分。此外有若干單純漢姓的蒙古，就是在這個時期轉變了民族面貌的。至於没轉變的漢民，當時還有多少，因爲文字記載和父老傳説都無可據，我們就不敢妄作推斷了。但有一點可以肯定，就是没有入蒙古籍的漢民，確實還有。

從哪裏證明當時還有没有入蒙古籍的漢民呢？這從土默特父老相傳的一件歷史事蹟裏可以證

明。關於這個問題，著者於五十年前，曾問過自己的父親：土默特六十蘇木的六十位佐領，爲什麼三十位是公職，另三十位卻是世職呢？他說：『據老輩一脈相傳的說法，當明朝阿勒坦汗建立部落時，十二甲朗六十蘇木的參領和佐領，都是公職。後因察哈爾陵丹汗在東面戰敗，往青海逃跑，路經土默特，把我部人民殺戮極多，小順義王帶領一部分人民逃避在大青山裏，才免於受害。事後檢點殘部人衆，僅够編三十個蘇木，他爲補充原額，就下了一道特殊命令，說：不論本部任何等級出身的人，只要他能招集够一百五十户編成一個蘇木，就可以擔任這個蘇木的章蓋，並許子孫世襲。經過一些有號召能力的人們努力招集，不分蒙漢一律記名，很快就補足那三十蘇木的缺額。當時在兵亂殺掠之後，人思團結自保，所以編入蘇木的民衆，就不以蒙古爲限了。這是三十位世管佐領的由來，也是土默特大量吸收漢民的一次盛舉。』拿這段話和土默特有許多單純漢姓家族這個事實相印證，我們認爲先輩的傳說，基本上是可以相信的。

以上是漢民在第一階段——明朝嘉靖、隆慶時期，經過一種不正常的轉移方式和土默特蒙古共同生活，終至達到融合無間的民族演化情況。

到滿洲愛新覺羅氏於順治元年（公元一六四四年）進入關内，建立了大清帝國以後，就開始了漢民出關的第二階段。我們知道清朝對於塞北蒙旗官民去北京做朝覲、進貢、年班，都規定有極嚴格而必須遵守的所謂貢道，如果不走貢道而從其他關口進入長城，就是嚴重的違法，就要受到嚴厲的懲處。這是説辦公的人，走錯路就不行，至於普通人民，不論蒙漢都不許擅自逾越長城綫。而對蒙古人的限制，比漢民還要嚴些。假使蒙人不經他的上級批准，擅自離旗，一經發現，就要按逃人法辦，留宿的房東，也要以窩逃論處。漢民擅自出關的，雖不像蒙民擅自離旗那樣嚴重，但也還是要强制押解回籍。這是清朝初期，限制蒙漢人民在長城綫上不准濫行出入的一種規定。這種規定，從表面看來是够嚴格了。然而比明朝時期的限制，尤其對漢人出關的限制，在執行的精神上就鬆懈得多了，其原因就是明朝的長城是兩個對立國家的分界綫，而清朝的長城則僅是一個國家裏邊兩個地區的分界綫。所以明朝漢人擅自出塞，就必然要擔個叛國投敵的罪名，如果被防邊隊伍捉住，就有格殺勿論的生命危險。按明代岷峨山人所著《譯語》一書，叙述當時漢人從韃靼國逃回，往往被明朝邊軍劫殺請功。這就可以看出明朝不僅對漢人出塞限制很嚴，就是被擄以後，想逃回内地，也不是一件容易事。因而不論出入，經過長城關塞，都有生命危險。而清朝對於出塞的漢人，處罰很輕，無論如何，總不能給他們加個叛國投敵的罪名。這就是第二階段——清朝時期，出塞漢民比前一階段超出無數倍的緣故。

清朝初期，對於漢民出塞的限制，雖比明朝鬆些，但限制畢竟還是限制，不能體會成徒具形式的空文。其後所以形成漢民大量出塞的主要原因，還是由於統治階級有了需要，才是這一事實的真正動機。最初在順治年間（公元一六四四至一六六一年）土默特在喇嘛教——黄教大量發展的熱潮情况下，到處修建召廟寺宇，擴舊增新，連年不絶，甚至每一貴族都要修一個與自己家族地位相稱的家廟，這就需要從山西招來許多各式各樣的工匠，這些工匠絶大部分都是春出秋歸，只算客户，不算居民。然而這已是内地漢民有理由公開出塞的濫觴了。這種情况繼續至康熙年間（公元一六六二至一七二二年）還是只有擴張而没有減縮。康熙三十五年（公元一六九六年）康熙大帝親征噶爾丹，駐蹕土默特，除有意識地崇獎黄教，或頒敕建寺額，或賜御碑文，或留物紀念，或語言表揚以外，又把得勝歸來的滿洲八旗軍隊留駐在大青山後，現今武川縣境内的翁衮地面（這支軍隊的原駐地是山西殺虎口右玉縣城）。這就不僅需要有增建召廟的大批工匠，更需要有供應山後駐軍的農工商業户。於是内地漢民的出塞，就更具有充分的現實根據了。

在上述這段時間裏，大批工匠來的越多，民族感情也有了相應的協調，逐漸由春出秋歸的客户，變成造屋開店的住户了。繼工匠而來的商業户，比農業户要早些，這是因爲八旗駐軍的餉銀和口糧，當時還是由山西省布政使藩庫開支、運輸，還是一種暫駐性質，對農業還没有做長久的打算。可是軍隊和蒙漢人民的生活日用必需品，要得到滿意的供應，那就非商莫辦了。加以清朝把受噶爾丹侵逼跑到内蒙界内的喀爾喀各王公和牧民，送回原地四大埃曼以後，他們的日用生活必需品，也很希望能從内地得到供應，而呼和浩特恰又是通往四大埃曼的商路要地之一，這就是商業户急遽增加的客觀原因。而這些商業户的人口，絶大部分是從山西省中路和北路來的，所以直到今天呼市居民的方言土語還帶有頗濃厚的山西話味道。他們最初做的是蒙古買賣，販運的商品很豐富多樣，除供應當地軍民以外，又能組織規模相當龐大的駝隊往喀爾喀、科布多、烏里雅蘇臺，甚至遠行到舊俄國境内。跟駝隊的人稱莫斯科爲『茂司嘎窪』，正因爲他們走得遠，呼和浩特這個名稱也就跟着他們的脚蹟遠遠地傳到北方遼闊的國境綫外了。呼市在辛亥革命後的初期，還有居民人人熟悉的三大商號，其中大盛魁一家，就是康熙年間開業的。

到乾隆二年（公元一七三七年）綏遠城——『新城』建築完工，原駐右玉的滿洲八旗官兵，就遷移定居在這裏。除在右玉留一城守尉所率的少數隊伍外，其餘大隊人馬都跟隨綏遠將軍駐防在新城了。與軍隊長久定居連帶發生的另一情況，就是軍糧怎樣供應問題，必須同時解决。在這以前，八旗部隊駐在大青山後的翁衮地面，是暫時性質，而且是出征部隊，不帶眷屬。又在經常輪流换防的情况下，人數不太多，耗糧比較少。當時的軍糧運輸工作，主要依靠雇用商户和牧民的駝隊，到山西省馱運。現在帶着眷屬的八旗防軍一經定居下來，舊的運糧方法就不能適應新情况的需要了。如果照舊法繼續辦下去，那種浪費人力財力的現象，對公私的損失都是很大的。因此，移民墾荒，就近接濟軍需，就成爲一個實逼處此、非辦不可的關鍵問題了。這就是土默特除撥出莊頭地以外，又撥出大量的所謂『代買米地』，招内地漢民來塞外務農，以食糧供應呼和浩特和綏遠城各級官署員役及軍隊眷屬領用。這種米地，星羅棋布似的散列在土默特全境，幾乎是十二甲朗中每處都有，這是漢族農民繼商業户之後，湧出塞外的一次洪峰。從這時起，山西藩庫就只發餉銀和糧銀，由綏遠城糧餉廳派員兵按期往太原具領，不再運糧出塞了。乾隆五十三年（公元一七八八年）由於農民移來定居的村落已經很多（其中與蒙民私訂租約，以佃户形式住下的漢民，比種代買米地的人户還要多），就在土默特境内設了五個廳，就是歸化廳、薩拉齊廳、托克托廳、和林格爾廳、清水河廳，這是專爲管理這一帶的漢民而建置的。至於這些廳的建置内容，我們這裏就不打算去談它了。我們這裏主要是叙述漢民在第二階段移來豐州灘的一種概況。在這以後，『走西口』、『去桂花』（即歸化的語訛），就成爲内地勞動人民一心向往的自由樂園，也仿佛是個淘金致富的理想妙地了。因此，每年從山西出口外的漢民，真有如杜甫詩句『不盡長江滚滚來』的勢派。這是第二階段不同於第一階段的實際情况。

以上是漢民移來的兩個階段的兩種情况，我們就談到這裏爲止。以下我們就要叙述一些關於回族人民在什麽時期定居在呼和浩特的歷史事蹟。

中國史家都認爲我國的回族就是古代回紇的後裔，而回紇的名稱，最早見於唐初，到德宗貞元元年（公元七八五年）自請改回紇爲回鶻，義取捷鷙猶鶻然。這是繼突厥族衰弱以後從漠北崛起的一個强盛部族。《唐書·回紇傳》關於這個部族的歷史，有頗爲詳細的記載，現在我們摘要節録幾段如下：

『回紇，其先匈奴也，俗多乘高輪車，元魏時亦號高車部，或曰敕勒，訛爲鐵勒。其部落曰袁紇、薛延陀、契苾羽、都播、骨利幹、多覽葛、僕骨、拔野古、同羅、渾、思結、斛薛、奚結、阿跌、白霫，凡十有五種，皆散處磧北。袁紇者，亦曰烏護，曰烏紇，至隋曰韋紇。其人驍彊，初無酋長，逐水草轉徙，善騎射，喜盜鈔，臣于突厥，突厥資其財力雄北荒。大業中，處羅可汗攻脅鐵勒部，裒責其財，既又恐其怨，則集渠豪數百悉阬之，韋紇乃並僕骨、同羅、拔野古叛去，自爲俟斤，稱回紇。回紇姓藥羅葛氏，居薛延陀北娑陵水上，距京師七千里。衆十萬，勝兵半之。地磧鹵，畜多大足羊。有時健俟斤者，衆始推爲君長。子曰菩薩，材勇有謀，嗜獵射，戰必身先，所向輒摧破，故下皆畏附，爲時健所逐。時健死，部人賢菩薩，立之。母曰烏羅渾，性嚴明，能決平部事。回紇繇是寖盛。與薛延陀共攻突厥北邊，頡利遣欲谷設領騎十萬討之，菩薩身將五千騎破之馬鬣山，追北至天山，大俘其部人，聲震北方。繇是附薛延陀，相唇齒，號活頡利發，樹牙獨樂水上。貞觀三年（公元六二九年），始來朝，獻方物。』

『突厥已亡，惟回紇與薛延陀爲最雄彊。菩薩死，其酋胡禄俟利發吐迷度與諸部攻薛延陀，殘之，並有其地，遂南逾賀蘭山，境諸河。遣使者獻款，太宗爲幸靈州，次涇陽，受其功。於是鐵勒十一部皆來言：延陀不事大國，以自取亡，其下麕駭鳥散，不知所之。今各有分地，願歸命天子，請置唐官。有詔張飲高會，引見渠長等，以唐官官之，凡數千人。』（《新唐書·回紇傳》）

這是回紇在唐初建立了一個包括若干部落的强大部族，並和中國李氏皇朝發生關係，接受唐官的一些簡單事實。到肅宗至德元年（公元七五六年）以後，回紇出兵助唐平安、史之亂。從此回紇與唐時而和親，時而征戰，直至唐亡，始終是一個忽友忽仇的局面。而回紇人入居中國内地以及充任中國統兵將校，也正是在這個時代開始的。我們從唐史裏雖然找不到回紇人定居在振武地區的記録，但他們往來出入於振武一帶，却是當時一種常見的事情。現在再摘引一件史事，説明這種情況：

『始回紇至中國，常參以九姓胡，往往留京師，至千人，居貲殖産甚厚。會酋長突董、翳蜜施、大小梅録等還國，裝橐係道，留振武三月，供擬珍豐，費不貲。』（同上）

從這幾句話裏，我們可以體會到唐朝的振武軍白道川地方，没有定居的回紇人，而恰是他們還國往來的要路。武宗會昌初（公元八四一年），回紇大臣頡干伽思等也曾上表，請假振武居公主和可汗，没有得到唐朝的許可。緊接着就在這裏發生了一次戰爭。《新唐書·石雄傳》有如下的記載：

『會昌初，回紇入寇，連年掠雲、朔，牙五原塞下。詔雄爲天德防禦副使，兼朔州刺史，佐劉沔屯雲州。沔召雄謀曰：虜離散，當掃除久矣。國家以公主故，不欲亟攻。我若徑趨其牙，彼不及備，必棄公主走，我當迎主歸。有如不捷，吾則死之。雄曰：諾。即選沙陀李國昌及契苾、拓拔雜虜三千騎，夜發馬邑，旦登振武城望之，見罽車十餘乘，從者朱碧衣，諜者曰：公主帳也。雄潛使喻之曰：天子取公主，兵合，第無動。雄穴城夜出，縱牛馬鼓噪，直擣烏介帳。可汗大駭，單騎走，追至殺胡山，斬首萬級，獲馬牛羊不貲，迎公主還。』

到唐末五代時期，回紇人除散居在中國各地的民户以外，其原居塞外的各部族，已逐漸向西域轉移，成爲他們在西方建立民族生活的開端。《新五代史·回鶻傳》有如下一段叙述：

『回鶻，爲唐患尤甚。其國地、君世、物俗，見於唐著矣。唐嘗以女妻之，故其世以中國爲舅。其國本在娑陵水上，後爲黠戛斯所侵，徙天德、振武之間，又爲石雄、張仲武所破，其餘衆西徙，役屬吐蕃。是時吐蕃已陷河西、隴右，乃以回鶻散處之。當五代之際，有居甘州、西州者嘗見中國，而甘州回鶻數至，猶呼中國爲舅，中國答以詔書亦呼爲甥。梁乾化元年（公元九一一年），遣都督周易言等來，而史不見其君長名號，梁拜易言等官爵，遣左監門衛上將軍楊沼押領還蕃。』

自五代以後，回鶻不僅從漠北地區遷移定居在隴右，而且是由帳幕生活變爲城郭板築生活了。凡有使者來中國，其名字也往往帶漢化意味。如後唐時的可汗王仁美、王仁裕，都督安千想、田鐵林，後晋時有翟金福、李萬金，後漢時有穆彦洵等，都以漢化姓名見於中國歷史。這就證明那個時期的回鶻民族，已經接受了一部分漢族文化，和中國的關係也就更密切了。

我們估計自李克用父子把唐家的天德軍名號，遷移到白道川的豐州富民縣城，歷遼、金、元數百年，這個城市始終是這一地區的政治經濟中心。而回族在西遷以後，又是一個最善於遠出經商著名的民族，他們能到内地各大城市做買賣，也必然能到塞外的有名城市來做買賣，這是可以肯定的。如《五代史》和《宋史》對西域來中國的商賈，都規定了某種貴重貨物由公家和買，某些平常商品可以在市場自由銷售，都有記載。那麽，回族商人來天德城做土産交易，不受内地那種和買限制，豈不是來得更加踴躍些麽？這從《馬可波羅行紀》所述天德州城的居民情況，就能充分證明這種看法。他説：

『治此州者，是基督教徒，然亦有偶像教徒及回教徒不少。』（行紀第七十三章）

這些定居在古豐州天德城的回族人民，可能是到元末明初這座古城被戰争摧毁以後才流散的。這是回族人民從唐初到元末，在白道川的振武城和天德城由流動往來以至生活定居的一些歷史記録，可以説是這個民族與這個地方發生關係的第一階段。

到明朝俺答家族在這裏建立呼和浩特，當時是否已有回民和漢族人民同時來這裏居住下來呢？可惜我們在這方面没有找到可信的歷史材料，甚至連口傳的材料也没有發現，所以，對這個問題就很難提出確有根據的答案來。但是回族人民居住在呼和浩特，是一件極現實的事情。而且這一現實的存在爲時很久，至少也有二三百年的歷史了。他們究竟是從山西、河北來的呢，還是從陝西、新疆來的。爲了查明這種來歷，我們曾托回族的知識分子向回族耆老作過一次訪問，並開了幾次座談會。根據各位耆老從前輩的口傳中提供給我們一些參考材料，現在把他們答覆我們的一封短信照抄如下：

『本市回民遷來的時間和原因，大約可分三個時期。⑴清朝雍正年間（確實年限不詳），有陝西省長安、大荔等處回民，因販賣羊馬，有幾户遷來本市落户，如拜、劉、馬三姓。⑵乾隆五十餘年，新疆一帶有些回民因護送香妃娘娘來北京，後清帝賜給一馬之地，就是現在城南八拜村，因而在該地落户。後遷來本市，現尚有後人者，如通道街居民委員會主任馬擊賢，即香妃本族。⑶同治年間，遷入最多。由於陝、甘一帶，白彦虎、馬化龍興起回民革命，當時清朝大臣左宗棠奉旨平「回亂」，在西北各省大肆殘殺回胞，因此，甘肅省靈武、金積、平凉等地回民畏懼殘殺，相率避亂，遷來本市者爲數甚多，如哈、安等姓。後來在清末民初，遷來者逐漸增多。』

這一封短信，雖然只指出一個大概的輪廓，但它所包含的三個時期以及當時發生的一些變動事實，基本上還是可信的。這種僅憑口傳，没有把它作任何文字的記録，主要是因爲清朝二百多年期間，這裏的回民没有發展文化的條件和機會，永遠局限在謀生糊口的小範圍内，所以對本民族的轉移經歷，就無人能作有系統的記録了。可是我們從上述的口傳裏，也明確了一個問題，即本市的回民絶大部分是從陝、甘和新疆遷來而不是從山西、河北等地遷來的。這從清朝屢次用兵鎮壓西北回民起義的歷史事實來看，也是符合於當時真實情況的。因爲清軍每次鎮壓回變以後，都要作一次殺人的『補課』，美其名曰『辦善後』，這就是説除在戰争中把首事與脅從的回民盡情屠洗以外，還要追查那些與事變稍有牽連的人，如親戚、朋友，甚至僅一認識、或知情不告等人，都要拿問嚴辦。這就使陝甘回民已經遠出的不敢回家，稍涉嫌疑的不敢停留。加以大亂之後，雜居地區的回、漢民族仇恨已深，借端告訐，也使少數回民無法在原地繼續安居下去。這都是逼迫陝、甘回民不得不遷移的一些重要原因，這種無限株連的慘狀，除近人白壽彝所輯《回民起義資料叢刊》對西北情況已有詳細叙述外，我們從《欽定石峰堡紀略》

一書中，更能看出善後殺戮的極端殘忍。這是統治皇朝軍機處的一個內部總結檔案，至今讀之，還能使人不寒而栗。因此，我們相信呼市回民耆老口傳的遷移原因是有相當根據的。

談到這裏，我們本來應該截止回民遷來的這個話題了，可是我們還有一個疑問，似乎也值得提出來再研究一下。那就是回民耆老所説的遷來時期，最早只上溯到清朝的雍正年間，那麽，在雍正以前，或清朝没入關以前，是否已有回民來到呼和浩特呢？我們如果從亞洲各民族的歷史和他們生活活動的情况來看，回族是一個敢冒險、好遠行、足蹟所涉最廣泛的民族。當成吉思汗創建(立)起他的蒙古大帝國時，就有西域回民到他那裏和他打交道，並能取得他的信任，擔任他的出使職官，這就説明漢族人民還没有到過的地方，回族人民就已經在那裏活動開了。那麽，當俺答家族建立呼和浩特時，漢族人民已經一批一批地來到這裏，而回族人民却倒没有一個人跑來，這難道不是個可疑的問題麽？

我們對這個疑問有兩種看法，現在把它提出來供讀者研究參考。第一，明朝中葉的土默特部是從賀蘭山地區遷來的，在永謝布氏集團裏，可能已有寧夏一帶的回民隨着東來，而且當時永謝布氏的生活習慣裏，已經帶有一點回族的風氣。如《蒙古源流》所屢次談到的永謝布太師伊巴里和伊斯滿，這兩人的名字在明朝人的著作裏，則把『伊巴里』寫作『依不拉引』，而把『伊斯滿』，則寫作『依斯馬音』，這完全是兩個回族名字而不是蒙古名字了。這恰恰證明永謝布氏土默特在賀蘭山區駐牧時期，已經和回族人民發生了水乳交融的關係。到俺答從西邊率部東來，定居在豐州灘，國内局勢也逐漸得到長期的安穩，回族人民來這裏經營生業，也是一種很自然的趨勢。只是最初的呼和浩特，僅是一個很小的堡寨式軍事據點，各部族平民都散居在周圍的村落裏。直至清初擴建城垣，把軍事據點變成一個塞外的政治、經濟中心以後，散居村落的工商平民，就可以遷入城市居住，這也是極合情理的。第二，我們認爲俺答時期，從内地投來的許多人裏邊也可能有少數回民。我們這樣假定，並不是憑空推想，而是從《明史紀事本末》的一句話裏，看出這種可供研究的綫索來。按《明史紀事本末》卷六十俺答封貢，即前面摘引過的一節裏，有：

『我百户張彦文、游擊家丁劉天祺、邊民馬西川等二十八人悉往從之，衆至數萬。』

這句話裏的邊民馬西川是值得特別研究的人物。我們檢查當時投靠俺答的有名人物，不下數十人，没有用『邊民』二字做標志的。只有馬西川一人却以特筆指出他是邊民。這個稱號，絶不能體會爲沿邊之民。如果把他解釋爲邊墻以外的人，而邊墻以外本來就是俺答的國境，其民也就是俺答的屬民，根本談不到『往從』不『往從』。如果把他解釋爲邊墻以裏的近邊人民，那麽，當時從大同、偏關沿綫跑出來的人，佔最大多數，爲什麽不把他們都叫作『邊民』而獨稱馬西川爲『邊民』呢？因此，我們有理由判斷這個『邊民』的稱謂，不僅是涵有地區意味，而且是涵有民族意味的，也就是説馬西川等可能是回民。

也許有人要問，如果馬西川等是回民，《明史》爲什麽不指明他們是回民而要稱他們爲邊民呢？我們説這是《明實録》很少提回民、回族這種稱謂的傳統寫法所遺留的影響：凡明代歷史記録，不論《明史》《明紀》《明書》《明史紀事本末》以及其他大部頭史稿長編等，都是根據《明實録》增删編著，而在這許多書裏，從來就不顯示回民或回族這個寫法，自朱元璋起義建立大明帝國，他的開國勛臣裏，有很多回族將領，但是我們讀遍那些元勛們的列傳，却絲毫也找不到任何暗示他們是回族的痕蹟，如常遇春、胡大海、藍玉、丁德興等傳，却看不出有民族特殊記述，髣髴明代史書都嚴格貫徹了漢、回一體的精神，從明初到明末，都是如此。所以，我們很難在《明史》裏找一個標舉回民字樣的人物寫法，而明朝二百七十七年間（公元一三六八至一六四四年），始終没有像清朝回民起義事件那樣嚴重的記録，也説明明朝在漢回關係上是相當好的。甚至如馬西川等出塞投奔俺答，也還不願揭明他是回民，僅指爲『邊民』以示意他不是一般漢民而已。這是符合於明代歷史傳統寫法的。

以上兩種推斷，只是我們從歷史記録的側面所作的一些分析研究。至於這兩種推斷能不能成立，還有待於讀者們的深入研究。不過我們認爲回民的到來，絶不在清朝雍正年間，應該比這個時期要早些。這從回民耆老口傳的事實中，也可以得到證明，就是回民先住八拜村，後又遷入市内，才重修清真大寺，而最初修建的年代是和新城、五塔寺召同時，即雍正末年至乾隆初年。當時既能修建一座規模可觀的大寺，便説明回民户口已相當多了，這樣多的户口，絶不是短時期内零星遷移所能集合起來的。從聚居八拜村到遷入市區，其間必然經過一段相當長的時期，可是雍正統共才有十三年，恐不敷這一段歷史的支配。所以我們估計回民聚居八拜村的年代，最遲也在雍正以前甚至就是俺答强盛時期來到豐州灘的，正因爲這裏已有回民聚居，乾隆皇帝才把護送香妃的幾户後到回民和他們安置在一處，使有同族人民給予照顧，這也是很合理的。

我們還應該知道清朝陝甘回民屢次起義失敗後，被迫逃到蒙古地區的悲慘事件，也不僅是從乾隆時期馬明心佔通渭，蘇四十三圍蘭州，張文慶據石峰堡才開始的，早在順治五年（公元一六四八年）就有河西回民米剌印、丁國棟等奉明故延長王朱識鎊搞過武裝起義了。這事發生在雍正以前七十五年，乾隆以前八十八年，如果説乾隆以後的屢次鎮壓，能逼得陝甘回民往外逃，那麽，七八十年前的鎮壓，怎見得就不能造成同樣的後果呢？

關於回族同胞遷來呼和浩特的沿革，我們就談到這裏爲止，以下要叙述滿民遷來的情況了。

滿洲民族的一部分人民，定居在呼和浩特，是從乾隆初年決定的，也就是從新城——綏遠城建築完工後才開始。但這個城工的完成時期，一般官書及方志的記載，往往稍有出入，有的説乾隆二年（公元一七三七年）完工，有的又説乾隆四年（公元一七三九年）完工，如《綏遠旗志》卷四引《通考》説：

『乾隆二年設綏遠城駐防將軍一人，副都統二人，滿洲協領八人，佐領、防禦、驍騎（脱校字）各十九人。』

從這一段記載裏，可以看出新城的建成和滿民的移來，都似在乾隆二年，就是前清綏遠城將軍通智所作的碑記也説：

『雍正十三年（公元一七三五年）奉旨興工建造城垣，至乾隆二年工竣，具奏，奉旨賜滿漢名曰綏遠城。』（《綏遠旗志》卷二）

這段碑記與上引《皇朝文獻通考》的記載年代是相同的。但另一位前清綏遠城將軍定安所作的碑記，却有不同的叙述。他説：

『綏遠城在歸化城東北五里，周九里許，建於乾隆四年，移右衛八旗官兵駐防於此。』（《綏遠旗志》卷二）

這就是主張築城移民是在乾隆四年的説法的根據。那麽，二年和四年，究竟那個年限對呢？我們的看法是城垣在乾隆二年建成，滿民則是乾隆四年才從右衛移來的。因爲二年城垣築好，當時朝廷才决定設置什麽等級的官員若干人，什麽種類的兵士若干人，去充實這座新建的駐防城。而城内的各級衙署、倉廒、兵營、眷屬住宅等工程，則是依照乾隆二年决定的規模，繼續營造的。其竣工期限當已跨入乾隆四年。所以滿民的正式移來，也就不能不在這個年份了。因此，上引兩種説法都有它一部分根據，矛盾是不算大的。

從上述一些簡單的記載裏，可以很清楚地看出，滿民的移來是用純軍事、有組織的形式，集體遷到這裏的。它和漢回兩族人民陸續遷來的情况完全不同。因此，我們要估計滿民遷來的男女老幼全部人口數字，就只能根據歷次撥到綏遠城駐防的官兵額數來推測，現在把《綏遠旗志》有關記録摘引如下：

『乾隆二年，設……蒙古協領二人，佐領、防禦、驍騎校各八人。漢軍協領二人，佐領、防禦、驍騎校各八人。滿洲、蒙古、漢軍兵三千九百名。撥出征效力之在京八旗開户兵二千四百名，熱河駐防漢軍一千名，右衛駐防内議裁未盡之蒙古兵五百名，以充其額。内委署前鋒校十六人，前鋒一百八十四名，領催一百四十名，驍騎校（校字誤衍）三千五百六十名，箭匠、鐵匠五十四名。六年撥右衛駐防滿洲下五旗佐領、防禦，驍騎校各五人，改駐綏遠城。』

這是乾隆初年清廷安置在新築綏遠城的軍官、士兵、工匠的總人數。其中滿洲軍官，從將軍、副都統，至驍騎校，依前一節計算共六十八員名；漢軍的軍官，依本節所列計算，共五十二員名；合計滿、蒙、漢軍官總數爲一百二十員名。滿、蒙、漢籍兵士總數爲七千八百名，工匠五十四名。六年，改駐軍官二十五名，統計初期安排的官兵總人數爲八千少一名。這個數量，從當時的形勢來看，實在不能算少。

如果再加上他們的眷屬，那數量就更可觀了。但這種情况，後來還有變更，我們將在下文談到它。這裏有一個問題，需要先説明一下，就是綏遠城既是八旗滿洲駐防城，爲什麽却有蒙古、漢軍參加駐防呢？這是因爲滿洲有新覺羅氏最初以部落酋長崛起於長白山區的時候，兵力是很微薄的，據説僅有十三副盔甲，其後在連續不斷的歷年戰争中，吸收了許多蒙古和漢族部隊，這些被有新覺羅氏早期吸收的蒙漢部隊官兵，有極大部分編入八旗的軍籍制度以内。其原貫是蒙古的叫八旗蒙古，原貫是漢族的叫八旗漢軍。這完全是爲了加强戰鬥力量而臨時運用的一種封建拉攏手段。所以清初許多明朝降將，如祖大壽、耿仲明、尚可喜、孔有德，吴三桂、孫可望等都曾編入八旗，以漢軍的名稱出現。到乾隆中葉以後，這種漢軍編額就逐漸縮減，不僅耿、尚、吴三家，於康熙撤藩時已經消除了旗籍，就是保留了旗籍的家族，他們原領的漢軍也逐漸撥歸緑營而出旗了。這就是綏遠城最初駐防八旗滿洲蒙古漢軍官兵人數很多，後來又逐次減少的原因。據《綏遠旗志》引《通考》所記裁減官兵的過程是這樣的：

『乾隆十二年（公元一七四七年）裁駐防蒙古佐領、防禦、驍騎校各四人；漢軍協領一人，佐領、防禦、驍騎校各四人；改撥八旗開户兵二千四百名於直隸、山西二省補緑旗營；由京城撥滿洲兵一千二百名，復選駐防餘丁五百名，補充兵額，共八旗滿洲、蒙古兵三千二百名。内委前鋒校十六人，前鋒一百八十四名，領催一百二十八名，驍騎校（校字衍）二千八百七十二名，箭匠、鐵匠各二十八名。』

『二十六年（公元一七六一年）裁歸化城都統一人，並裁綏遠城副都統一人。』

『二十八年（公元一七六三年）復裁歸化城都統一人，令土默特二旗歸綏遠城將軍兼轄，復設副都統二人，一駐綏遠城，一駐歸化城，尋止留歸化城一人。』

『二十九年（公元一七六四年）裁駐防漢軍協領、佐領、防禦、驍騎校各員，及漢軍兵二千一百十七名，悉全出旗，分撥直隸、山西二省，改補緑旗營。實設滿洲蒙古兵二千名。』

『三十五年（公元一七七〇年）裁協領四人，佐領四人，蒙古協領一人，箭匠、鐵匠各二十名，增馬步兵七百名。』

這幾節記載，已説明前清八旗官兵移駐綏遠城的一些經歷情形。從最初的將近八千人，漸減到最後定額二千七百餘人，其中主要裁減的官兵名額，是八旗開户兵和漢軍，而這些官兵的去向，則又主要是撥歸直隸、山西兩省的緑旗營，即通稱的緑營。所謂開户兵是北京八旗定額編餘的兵籍，他們的成分，絶大多數是漢軍旗籍。所謂緑旗營是各省提督總兵官所統率的地方性軍隊。這種隊伍都是以漢民爲主體編成的，他們以緑色旗幟爲軍徽，以示與八旗的黄、白、紅、藍四色旗幟有所不同。綏遠城的八旗駐防官兵，經過幾次改撥裁減，最後定居下來的人户，就只剩下大多數滿洲和少數八旗蒙古了，而漢軍籍則全被淘汰出旗。

乾隆後期確定了的正式編制，共計設將軍一員，協領五員，佐領十五員，防禦十九員，雲騎尉兼職一員，筆帖式三員，驍騎校二十員，隨甲八名，領催八十名，前鋒二百名，馬甲一千七百二十名，步甲七百名，養育兵六百名。此外，還有世職輕車都尉、騎都尉、雲騎尉、恩騎尉等名稱二十一員，官兵孀婦、孀孤二名，這三千三百九十五個名額的薪餉養育費，都由國庫開支，按月、按等級覈發。這就不僅保證了他們生活的長期穩定，同時也規定的相當豐裕。除衰老病殘的養育兵，每月只領餉銀一兩五錢，不再給其他貼補以外，最低的步甲，每名每月領餉銀一兩五錢，再加五口人的粟米一石二斗五升，大約半數領米叫作『本色』，半數折銀叫做『折色』。所以一個普通八旗人家，只要有一個男丁能補上一名起碼的步甲，便可以過衣食不缺的悠閑生活。如果能上升爲一名馬甲，那就不僅月餉增到三兩，口糧粟米也要以十口人計算，還有二匹馬的草豆『折色銀』。這家人的生活就更充裕了。假使能再上升爲一員起碼的小官，如筆帖式、驍騎校之類，那就不僅月餉提高，口糧人數也增爲十二名，並且有二名是領粳米，馬也增到四匹。這樣逐級上升，各種糧餉馬乾也逐級提高，生活就越發貴族化了。這種生活，可以説是很特殊。

呼市滿民，正因爲長期陶醉在這種特殊生活環境裏，就很自然地養成一種極其頑强的游惰習氣，以不事生産爲高貴，把工、商、農、牧各職業都看成是不體面的事情，終日在衣食服用、狗馬蟲鳥、争奇門異的小圈子裏討生活。這種情況一直延續到辛亥革命炮響，才宣告了結束。這次炮聲，驚醒了八旗人民的睡夢，也給他們帶來了冷酷的現實。從一九一一年辛亥革命起，至一九四九年呼市獲得解放止，在這將近四十年的悠長歲月裏，滿洲同胞的處境是相當困苦的，這是愛新覺羅封建皇朝特殊制度所造成的必然命運。它絶不是當時任何一位或幾位有遠見的封疆大吏所能挽救的。如前清光緒二十八年，滿人貽穀以欽差督辦西蒙墾務大臣的職銜來到呼市，次年（一九〇三年）兼任綏遠城將軍，他是一位很聰明有才幹的人，他已經意識到清朝統治權的摇摇欲墜，更意識到八旗滿民特殊生活的無法繼續保證。他曾從報墾的蒙旗土地中撥出大量的肥沃墾地，分給駐防綏遠城的八旗滿民，又按人口土地的多少，發給購置牛犁子種、遷移築室的銀款，使全體滿民都能從事耕耘，建立長久的家業。爲了實現他的希望，他也曾作過一些苦口婆心的動員説服工作。但是他去職以後，滿民們却把銀款吃光、土地賣光，還罵貽穀是個强人所難的嚴刻官僚。這就説明一位封建大將軍，對於八旗群衆的必然命運，是絲毫也不能爲力的，因此，滿民在辛亥到解放這一段時期裏，糧餉既没有來源，職業又無專長，稍有文化的男子僅能找個低級公務員的職位，其餘没文化的男女，就只能先靠典當零賣爲生，最後被饑餓驅迫，流散他鄉，做些不習慣的勞動。加以北洋軍閥和反動國民黨的長期統治，滿民在大民族主義的歧視壓迫下，過着舉目無親的生活。真是呼天天高，叫地地厚，其情狀的凄慘是可以想見的。這裏不須多舉個别事例，只從人口鋭減這一點便可説明真相。據説呼市滿民在辛亥前約有九千餘口，截至一九五五年十二月底，才共有人口二千七百三十三人。這就是説不足四十年的時間，滿民户口減少了三分之二還要多。真是一個民族人口的驚人變動，也是存亡絶續的嚴重危機，這種民族危機，只有在中國共産黨所領導的人民革命取得勝利，全國解放之後，才算獲得真正扭轉與復蘇的保證。

現在呼市滿民在中國共産黨和毛澤東主席偉大民族政策的光輝照耀下，與全市各兄弟民族都以平等互助、親密團結的精神，向建設社會主義的光明大道携手邁進。他們在政治、經濟、文化各方面的發展以及幸福愉快生活的迅速增長情況，我們將在後面叙述解放後的呼和浩特那一章裏談到它。好在今天呼市的各族人民都正在欣欣向榮地前進着，我們把這種美妙生活擺在稍後一步來談，也不至於使讀者心急。這也許正是『長康食蔗，漸入佳境』的方法吧。

關於歷代各民族在呼和浩特地區遷移變動的大概情況，我們打算就寫到這裏爲止。

第三章 古蹟寺宇和民間傳説

從前許多方志書籍，對於古蹟名勝等類的記録，是没有什麽嚴格的規章可循的。譬如説，多少年限才算古蹟，怎樣標準才算名勝，都很難從舊方志中找出一個共同一致的寫法來。我們對這一點雖然也没有更成熟的意見，但是我們在記録這一類事物的時候，都有我們自己應該遵守的一些準則，那就是有歷史意義的，有藝術價值的，爲群衆喜愛的。這是我們中央文化部保護祖國各項文物古蹟的一個基本原則，我們也就是用這一原則，作爲我們下筆記録時的去取尺度的。現在就按歷史年代的先後順序往下談吧。

昭君墳

昭君墳，在呼和浩特南二十里，大黑河南岸，佔地約二十餘畝，高約十丈，爲一人工築成的土丘。據歷史和輿地諸書的記載，都説這個土丘就是漢朝遠嫁匈奴單于，受封爲寧胡閼氏的王昭君埋香葬玉之處。因此，人們就一脈相承地稱它爲昭君墳，又訛傳塞外秋冬百草枯落，惟墳上草色常青，所以又稱它爲青塚。這些説法，都證明從前作記録的文人學士，絶大多數是没有來過塞外，更没有親眼看見墳上的草色究竟是否常青，只是古人這樣説，後人也跟着這樣説，以訛傳訛，幾乎成爲一個不容反駁的鐵案。至於這個大土丘究竟是不是真正的昭君墳，那就更没有人懷疑了。我們的看法却認爲這個昭君墳不可能是真的。然而它在正史和輿地諸書的記載裏，已有一千多年的傳説，驟然加以否定，也會引起一般信而好古的人們的指責的，爲了把這個是真是假的問題研究明白，現在我們打算先介紹一些古書上的材料，然後再進行分析。

『竟寧元年（公元前三三年）春正月，匈奴呼韓邪單于來朝，詔曰：匈奴郅支單于背叛禮義，既伏其辜，呼韓邪單于不忘恩德，鄉慕禮義，復修朝賀之禮，願保塞傳之無窮，邊垂長無兵革之事。其改元爲竟寧，賜單于待詔掖庭王嬙爲閼氏。』（《漢書·元帝紀》）

『竟寧元年，單于復入朝，禮賜如初，加衣服錦帛絮，皆倍於黃龍時。單于自言願婿漢氏以自親。元帝以後宫良家子王嬙字昭君賜單于。單于歡喜，上書願保塞上谷以西至敦煌，傳之無窮。』（《漢書·匈奴傳》）

『王昭君號寧胡閼氏，生一男伊屠智牙師，爲右日逐王。呼韓邪立二十八年，建始二年（公元前三一年）死。』『呼韓邪死，雕陶莫皋立，爲復株累若鞮單于。』『復株累單于復妻王昭君，生二女，長女云爲須卜居次，小女爲當于居次。』（同出《漢書·匈奴傳》）

以上幾節史文，是有關王昭君本人事蹟最早的記載，話雖簡短，但它是最可靠的樸素材料。因爲王昭君是前漢末期人，修《漢書》的班固是後漢初期人，從竟寧元年（公元前三三年）算起，到班固在永平初年（公元五八年）受詔修《漢書》時，中間相隔不過九十一年。如果把昭君出嫁以後生存的年齡和班固著書以前生長的年齡加起來，那麽他倆前後相距的時間充其量也不過三十年左右而已。——據《樂府題解》《地輿紀勝》等書的記載，都説王昭君十七歲入漢宫，數年不得幸，始嫁匈奴，那麽，竟寧出嫁時，年齡約在二十歲左右，到居攝三年（公元八年）前漢亡國時，她正六十歲。又按《後漢書·班固傳》永平初，固年弱冠，即二十歲，上推光武帝建武十五年（公元三九年）算作他的誕生之年，則公元八年到公元三十九年，前後只差三十一年。何況班固的父親班彪，就是《漢書》初稿的起草人，他的生年更接近昭君的事蹟，因而他的記録就比後來許多人的追述要可靠得多。

范曄所著《後漢書》也有關於昭君的記載，現在把它摘引在下面，以資參證。

『昭君字嬙，南郡人也。初，元帝時，以良家子選入掖庭。時呼韓邪來朝，帝勅以宫女五人賜之。昭君入宫數歲，不得見御，積悲怨，乃請掖庭令求行。呼韓邪臨辭大會，帝召五女以示之。昭君豐容靚飾，光明漢宮，顧景裴回，竦動左右。帝見大驚，意欲留之，而又難於失信，遂與匈奴。生二子。及呼韓邪死，其前閼氏子代立，欲妻之。昭君上書求歸，成帝勑令從胡俗，遂復爲後單于閼氏。』（《後漢書·南匈奴列傳》）

這是范曄在昭君出嫁四百五十八年（公元前三三至公元四二五年）以後追記的文章。它和班氏《前漢書》所叙，就有很顯著的差異。前書只説元帝以王嬙賜單于爲閼氏，生一子，二女，後書却説王嬙是積怨求行，生二子，而且前書把一子二女的名號都作了交代，而後書則只指示班氏已經指出的一子名號，其餘一子便無下文，這更證明范氏的稽古，不如班氏的談今爲有據了。

然而繼范曄而起的歷代文人，對於王昭君的事蹟記載，比范氏《後漢書》却有了更多的附會。我們如果把這些不同的説法全部摘引，勢必多佔篇幅，重複錯綜，徒亂人意，玆只擇前人已經總結過的一條文字，附録於下，借供讀者參考。

宋韓駒題李伯時畫昭君圖序云：『《漢書》竟寧元年，呼韓邪來朝，言願婿漢氏。元帝以後宫良家子王昭君字嬙配之，生一子。株累立，復妻之，生二女。范曄書又言字昭君，生二子。與前書皆不合。其言不願妻其子而詔使從胡俗，此是烏孫公主，非昭君也。《西京雜記》又言，元帝使畫工圖宫人，宫人皆賂畫工而昭君獨不賂，乃惡圖之。即行，遂按誅毛延壽。《琴操》又言，本齊國王穰女，端正閑麗，未嘗窺看門户，穰以其有異，人求之，不與。年十七，進之帝，以地遠不幸。欲賜單于美人，嬙對使者越席請往。後不願妻其子，吞藥而死。蓋其事雜出，無所考證。信史尚不同，況傳記乎！要之《琴操》最牴牾矣。按昭君南郡人，今秭歸縣有昭君村，村人生女，必灼艾灸其面，慮以色選故也。昭君卒，葬匈奴，謂之青塚，以晋文王諱昭，改號明妃云。』（清陳邦彦等輯《歷代題畫詩類》）。

我們從韓子蒼這篇序文裏，可以看出他是把從漢到宋許多文人對於昭君的記録做了一番綜合研究，最後肯定昭君卒葬匈奴，這是對的。他批判《琴操》最牴牾，也是對的。因爲《琴操》説生子世達，立爲單于，欲妻母，昭君乃吞藥而死。這是極嚴重的胡説。世達的名字即是捏造，欲妻生母，匈奴哪有此俗，這真是浮薄文人的大膽造謠。至於元帝按誅畫工毛延壽一事，自《西京雜記》著有這個説法，後世詩人就往往用爲典實，隋唐以來，其例很多，不能遍舉。但也有不相信而給予批判的人，清朝陸青來就是懷疑者之一。他寫的王昭君詞序裏有如下的一段：

『世咏昭君，都據《西京雜記》謂元帝按圖召幸，宫人皆賂畫工，多者十萬，少亦不減五萬。昭君自恃貌美，獨無所賂，工人乃醜爲之圖，帝遂以妻匈奴。是説也，余嘗疑之。夫漢元即富過往時，而未幸之宫人，安所得此多金賂畫師哉？宫廷蹟閟，誰代爲游談通賂者？至其輦金暮夜，亦豈漫無呵禁，固近誣不可信也。』（《切問齋集》）

他這段話，也説得頗有理由。可是《西京雜記》雖不能肯定爲葛洪所著，但也必是南朝人根據歷來傳説，作爲一條異聞記下來的。試看范曄《後漢書》所記，雖没有明白指出畫工這個事實，然而他在描寫了昭君『光明漢宫，竦動左右』的情狀以後，就緊接説『帝見大驚，意欲留之』，這幾句話裏已經把畫工這個做事的意味隱括在内了。范是南朝人，久聞此説，所以他著正史時，雖不便明載，也不自禁地作了很爲巧妙的暗示。這正是范氏自序裏所説『諸細意甚多』的一種細意而已。我們認爲毛延壽這個故事，不論它是真是妄，爲了珍視祖國的文學遺産，把它保留下來作爲昭君遺事裏邊的一個插曲，談起來娓娓動人，聽起來津津有味，這對兩千年前的昭君來説，是没有什麽害處的。

關於畫圖的典實，唐朝以前的詩文裏雖然有不少的人曾經採用，但把昭君墳叫作青塚用在詩文裏邊，却是從唐朝才開始。如李白詩『生乏黄金枉圖畫，死留青塚使人嗟』，又杜甫詩『一去紫臺連朔漠，獨留青塚向黄昏』。自這以後，歷代文人就把青塚當爲一個不容懷疑的典故來加以運用了。其實李、杜和唐朝其他一些咏昭君的人，雖然使用了青塚這個名詞，但没有任何一位詩人指明它的地點。他們都是用秦月、胡沙、紫臺、朔漠等很籠統廣泛的字眼作陪襯，誰能在這種空闊的地理概念中，找到青塚的真確地點呢？因此，我們認爲唐朝的詩人們並不知道青塚在什麽地方，更没有把它肯定在大黑河沿岸。自《遼史·太祖紀》有勒石紀功於青塚南的記載，跟着就有《遼史·地理志》和天祚帝紀都把青塚記入豐州天德軍轄境以内，這是把青塚坐實在大黑河地區的開始。從此以後，歷代的史籍地志以及詩文雜記，都一脉相傳，指實大黑河南的土丘就是昭君葬身的青塚。宋朝建國在遼以後，而且它的領土始終没有達到雁塞以北，關於青塚的説法都是得之傳聞。如《宋史·王承美傳》有擊敗契丹，遂北至青塚百餘里的記録。宋人樂史所著《太平寰宇記》、歐陽忞所著《輿地廣記》都把青塚記在遼人所安排的豐州地面。這樣一來，青塚在豐州大黑河岸，便成爲千年不刊的鐵案了，金、元、明、清以來，官私所輯輿地諸書，都毫無例外地繼承了遼宋以來的一貫説法。這種説法，既然是千篇一律，大同小異，我們就用不着逐一摘引，浪費篇幅了。歸根結底一句話，昭君墳地點的肯定，是從唐末五代初期才出現的（遼阿保機、梁朱温開國都在公元九〇七年）。

那麽，大黑河南岸的昭君墳，究竟是不是一個真蹟呢？我們對這個問題經過研究以後，認爲遼宋以來的記載都不可靠，這個昭君墳也不可能是真的。我們的理由是根據以下幾種事實得出來的。

第一，自漢武帝把匈奴逐出高闕以後，就沿陰山修復了秦代的長城，加强了斥堠。這就是唐人邊塞詩裏所常提到的秦關、漢塞，在長城塞内即陰山以南，漢朝建置了五原、朔方、雲中等郡，直到王莽篡漢時，匈奴始終没有越過陰山佔據漢郡，昭君出嫁時，正是漢宣、元兩帝繼承武帝餘業，國勢强盛的時候。而匈奴則當五單于争立之後，分崩削弱，所以才有呼韓邪單于入朝長安，願婿漢家的請求，這時昭君出嫁，自然要遠適陰山以北漢塞以外，决不會停留在漢家的雲中郡。她死後怎麽能葬在雲中郡呢？昭君在漢元帝竟寧元年（公元前三三年）出嫁，而南匈奴入居雲中塞則在後漢光武帝建武二十六年（公元五〇年），前後相距八十三年，假定昭君以二十歲出嫁，再加八十三年，就成百零三歲的人，誰能肯定昭君活到這個年紀，等到匈奴入居雲中塞以後才厭世了呢？如果説她没有活到百餘歲就死了的話，她是没有可能葬在漢郡的。

第二，酈道元作《水經註》叙述芒干水即大黑河的源流曲折以及它經過的古郡縣廢城古蹟，都要依次記入，毫不遺漏，這是他記一切水的通例。對於芒干水當然也不例外，可是他偏偏没有一句話曾涉及青塚這一古蹟。酈氏是隨着後魏皇帝親身來過這個地方的，假使那時真有一個葬埋漢昭君的墳墓，聳立在芒干水南岸，從他作《水經註》的才華筆調來看，他是絶對不能不記入自己的篇章之内的，他既没有記入，就證明不是遺漏，而是後魏時代這裏還根本没有如後世所説的這樣一個昭君墳。何况後魏拓跋氏初起建國就以漢雲中、盛樂兩城爲首都，而現今的昭君墳恰好就在首都附近畿甸以内，縱然酈氏粗心遺漏，《魏書·地形志》爲什麽也隻字不提呢？

第三，隋唐二史的地理志也都没有提到古雲中郡内有昭君墳或青塚這個古蹟，甚至唐人李吉甫所著《元和郡縣圖志》對於古雲中郡在唐代所建置的城鎮如金河縣單于都護府，振武軍節度使，以及後期從後套遷移到這裏的天德軍，都作了詳細的叙述，而獨不提在這些城鎮附近有個青塚。李吉甫以唐朝宰相記當代的版圖郡縣沿革，其所蒐集的資料之豐富與可靠，當然要比後世的史地學者們强得多，如果當時這裏已經有昭君墳或青塚的存在，我們估計他是不會不指出的。而且隋煬帝曾親自來過此地，《隋書》和《資治通鑒》對於他溯金河幸啓民可汗帳的經歷情况都記録得很細緻。唐李靖破突厥頡利可汗，大戰於白道，其後唐太宗命李思摩爲可汗，仍來這裏統領突厥舊部，其地北白道，南大河，『爲龍荒之最壤』。可見唐初史家對於這個地方的叙述是很頻繁的。然而他們就是不談此地有個青塚。難道説這都是偶爾遺漏嗎？我們認爲絶對不是。

根據以上事實，加以分析研究，就可以很明白地看出一條界綫，那就是五代以前，没有任何著作曾經指實芒干水或哈羅川（唐末稱大黑河爲哈羅川）南岸有個昭君墳。五代以後，才把它肯定在這裏，也就是説自漢竟寧元年（公元前三三）至唐哀帝天祐四年（公元九〇七年）共九百四十年的長期載籍裏，找不到昭君墳的確實地址。自遼太祖開國和梁朱温篡唐的同一年（公元九〇七年），算到現在（一九五六年）共一千零十六年，却衆口一詞都認定大黑河南岸的土丘就是昭君墳。那麽，這兩個歷史階段的不同情况，究竟以那一段爲可信呢？我們認爲前段可信而後段則是由於訛傳附會造成的。

從古代歷史記載的事蹟，反復推求，我們得出以下的一些看法。這些看法雖然也很不成熟，但是我們大膽地把它寫出來，作爲讀者研究這個問題的參考綫索，也許是多少有點用處的。

我們認爲昭君墳的錯誤肯定是起因於隋朝和唐朝的初期，訛傳於中晚唐，定型於唐末五代。憑什麽這樣説呢？我們試先看看隋朝和初唐對於突厥的關係情況吧。隋文帝楊堅篡竊了北周宇文氏的國家以後，突厥都蘭可汗的可敦（華語夫人，如匈奴閼氏）即周朝宗女大義公主，常想鼓動都蘭可汗爲周家報仇。她曾寫過一首詩説：

『盛衰等朝暮，世道若浮萍。榮華實難守，池臺終自平。富貴今何在，空事寫丹青。杯酒恒無樂，弦歌詎有聲。余本皇家子，飄流入虜庭。一朝睹成敗，懷抱忽縱橫。古來共如此，非我獨申名。惟有明君曲，偏傷遠嫁情。』

隋文帝聽説她寫了這樣的詩，就很忌恨她，跟着就用反間計挑撥都蘭可汗把她殺害了。隋朝又扶植啓民可汗，配以宗女安義公主。安義早死。又配以宗女義成公主。啓民死，其子始畢可汗立，表請尚公主，煬帝詔從其俗。這三個公主，前一個作詩自比明君，已很容易給後世粗心文人造成錯覺。中間一個，死的雖然很早，但她却正處於啓民可汗竭力媚隋的時期，啓民爲了討好於隋，仿效漢俗，給她起個大塚，就是很有可能的。最後一個，身配兩可汗，這與昭君身配兩單于恰好相似。而且安義、義成，都是楊氏宗女，很易混淆。民間傳説又不能指明她們的公主稱號，僅説古代南國佳人嫁到北國，身配二夫，死後埋在這個土丘裏了。根據這樣一個民間傳説，叫那些没有讀過隋史的人去推斷，試問他們怎能不判斷成昭君墳呢？所以我們説造成這個錯誤的肯定是起因於隋朝。

也許有人要問漢王昭君嫁的是匈奴單于，隋安義、義成兩公主嫁的是突厥可汗，民間傳説只要能談出可汗的字樣來，凡稍有歷史常識的人就不會牽扯到單于，這怎能把隋公主誤傳爲漢昭君呢？我們覺得這是個關鍵問題，如不把它弄明白，就不能算作圓滿的解決。現在我們先摘引一段唐史來作爲研究這個問題的參考。

『麟德初（公元六六四年），改燕然爲瀚海都護府，領回紇，徙故瀚海都護府於古雲中城，號雲中都護府，磧以北蕃州悉隸瀚海，南隸雲中。雲中者，義成公主所居也。頡利滅。李靖徙突厥羸破數百帳居之，以阿史德爲之長。衆稍盛，即建言願以諸王爲可汗遥統之，帝曰，今可汗，古單于也，乃改雲中府爲單于大都護府。以殷王旭輪爲單于都護。』（《唐書·突厥傳》）

這段史文，我們在前面雖已摘引過，但都是爲了説明建置，這裏再引，是爲了説明可汗和單于的牽扯問題。讀了這段史文，就可以知道唐初是怎樣把可汗地區變爲單于稱號的緣故了。這裏既曾有過單于府的長期存在，就必然要加重民間傳説的錯誤發展，把葬在單于府地區的南國佳人説成昭君，誰能斥它爲不合理呢？這便是以訛傳訛到五代而成定型的原因，遼宋以後的載籍，就不必再談了。

我們對於這個古蹟的看法，雖然作了以上的一些粗淺分析，但我們却絲毫也不想貶低它作爲呼市近郊一個極名貴的古蹟的意義。譬如説它就是隋朝安義公主的墳吧，但它正是綜合了四個可憐憫的古代青年女子的命運而遺傳下來的，它從隋朝開皇十八年（公元五九八年）到現在已有一千三百五十八年的歷史了。美人黄土，古色古香，還是值得人們去游覽憑吊的。

最後我們還需要補充説明一點，就是我們爲什麽不把青塚指爲身配二夫的義成公主的墳，而偏要把它説成是安義公主的墳呢？關於肯定安義公主的理由，上文已經説過，不須復述。至於義成公主，如果光從她身配二夫的事實來看，確是與昭君最相仿佛。可是從她的畢生歷史來看，她就没有葬入大墳的必要條件了。因爲起大墳以示尊崇，是中國漢族的禮俗，北族用這種盛典營葬一個漢族嫁來的夫人，也只有在他們信服中國最高潮的時候才有可能，否則他們寧是用胡禮——不封、不樹、不起大墳——而不肯這樣做的。義成公主續嫁始畢可汗以後，突厥與隋朝的關係就逐漸由親密變爲仇敵了。據《隋書·煬帝本紀》大業十一年（公元六一五年）八月，帝巡北塞，突厥始畢可汗集兵數十萬，謀襲乘輿，義成公主遣使告變，車駕乃馳幸雁門，突厥圍城，官軍頻戰不利，帝大懼。九月突厥解圍去。從這種對立的情况裏，我們可以體會到義成公主的處境和啓民可汗附隋時安義公主的處境相較，是大大地不同了。這就是我們對於大墳營葬，不取義成公主的緣故。

以上這些説法，古人都没有談過。僅是我們在分析研究以後，大膽地提出的。當然還有若干主觀臆斷不正確的地方，希望讀者能給予指正。

萬部華嚴經塔

市郊古蹟，除昭君墳外，當以萬部華嚴經塔爲最古遺蹟之一，俗稱白塔，在呼和浩特舊城正東四十里京包鐵路白塔車站南十里。附近有村落，也以白塔爲名。塔的位置在遼豐州城内西北隅，城已夷爲平地，惟此塔巋然獨存，它的建築年月雖已無可查考，但一般傳説都認爲是遼代的遺物，研究建築史的學者們，從形制上判斷，也並不否認這種説法。那麽，這座古塔的歷史雖不超過千年，也將近千年了。可惜古書中談到它的很少，只清初王漁洋有如下一段記録：

『歸化，隋之東豐州也（隋並無東豐州，王氏誤記），州南（應作東）有空城（其實空城正是州），城中浮圖一，六角（應作八角）七級，高矗天半，南向篆書顔額曰：萬部華嚴經塔。第七級壁上大書「金大定二年（公元一一六二年）奉敕重修」，多金元人題字，墨蹟如新，而辭字俚鄙，惟一詩近雅云：去年曾醉海棠叢，聞説新枝發舊紅。昨夜夢回花下飲，不知身在玉堂中。瑞伯書。按此詩宋元絳厚之之作也。』（《帶經堂詩話》）

舊説塔高約四丈。最近内蒙文物工作組作了一次實地調查，測定塔高約三十六公尺，大致近確。塔分基座與塔身兩大部分，基座三層，塔身七級，基座底層爲須彌座，再上爲欄楯，再上爲蓮花臺，再上就是塔身。原制篆書石刻『萬部華嚴經塔』方額，嵌在第一級正南面塔門上楣，往年曾被人揭去，近由内蒙文化局訪尋收回，這是一件很可喜的事情。塔的第一二級，四周壁上本來有許多佛像浮雕，但被盜鑿破壞得很厲害，所餘多爲殘缺不全的部分肢體。甚至第一級墻上所嵌修塔人姓名石碣，凡有年月的都已無存，現僅剩三塊空留名字不署年代的刻石而已。

由於這塔若干世紀以來，城荒寺毀，孤立在平原曠野中，没人關心，這就不僅給盜賣祖國文物遺産的匪販大開方便之門，也使無知群衆任意掘取磚石造成這一名貴古塔的岌岌可危之勢。據最近調查，不但塔內具有歷史藝術價值的文物被毁無遺，就是基座塔身的外部磚木也損失很多，游人可以從基座東半的缺磚坍塌部分隨便攀緣上去。這種情形對塔身重心的威脅是很大的，只要把塔基的殘缺處修補起來，關於塔檐寶刹的整修就容易得多了，否則因基座支點不勻，像杭州西湖雷鋒塔那樣突然倒下來，那就成爲呼市古蹟文物不可彌補的一種損失，未免太可惜了。

清末，張曾著《歸綏識略》一書，謂宋帝昺降元以後，寄居白塔寺，疑是這個塔寺。他即没有找到確實證據，僅説疑是，我們也只好存疑，以待博學史家深入考證。惟是他説在廢豐州城南發現過一塊石碑，是金天輔年間（公元一一一七至一一二二年）修建大明寺的碑，這仿佛是一個可信的史料，從前没有人懷疑過它。可是我們最近從遼、金兩朝的歷史查考了一下，覺得這塊天輔建寺碑的真實性也還有可疑的地方。按金太祖阿骨打稱天輔的第七年，即最後一年八月病死，他的弟吴乞買繼位，就改成天會元年（公元一一二三年），這年正是遼、金兩家在這裏作戰時期。此後兩年，遼主延禧還經常出没於這一地區，作垂死的掙扎。至遼保大五年，即金天會三年（公元一一二五年）才俘虜了延禧，滅了遼國。這就是説天輔最後的半年，這個地方還是一個戰場，誰肯從容建寺呢？在這以前的六個年頭，這裏還不是金國的領土，更不能在這裏建立寺院。如果説這寺就是天輔七年上半年所建，但當它修到下半年便改元天會，建寺碑也只能刻天會而不應刻天輔了。我們認爲這個碑如果真是刻着天輔年號的話，那也只能是天輔六年把遼主延禧暫時趕往夾山（即薩縣境內大青山的一架子裏）的這個不穩定時期（次年又襲遼主於青塚即不穩定的證明），爲了紀功或酬神報賽而修葺了豐州原有的古寺，絶不可能是金朝新建立的寺院。這是從當時兩家拉鋸、戎馬倥傯的時間上可以推斷出來的。金國既不可能在天輔最後一年半的動蕩時期裏在豐州建立新寺，那就很有可能是把包括白塔在內的寺院即大明寺重行整修了一下，刻個簡單碑石作標志，以示佔有，這也是頗合情理的。至於碑從廢城裏移到廢城外，被後世人發現，事屬平常，没有什麼值得研究的意義了。

遼代所修建的磚塔，除萬部華嚴經塔以外，還有一座在呼市東北三十五里大青山中的一個盤陀崗上，俗名蟠龍山。可惜它已經大部坍毀，僅剩基座和最下一級，塔身也都不很完整，高約七八公尺，八角形，每面寬約二公尺半，基座、欄楣、蓮臺以及萬字花草等紋都與萬部華嚴經塔相同。這就證明它們是同一時代的遺物。因爲它殘破得太厲害，所以我們就没有把它另列標題，只把它附在萬部華嚴經塔後面，略加介紹也就够了。

寺宇概况

呼和浩特的寺宇，從各民族所信仰的各種宗教建築來說，當以喇嘛教即黄教的召廟佔多數，其建築規模也比其他宗教的寺宇要壯麗些。因爲黄教傳入蒙古是從土默特開始的，其他各部落所有黄教喇嘛召廟，絶大多數是在傳入土默特以後，才陸續漫延過去，所以呼市有些召廟歷史是在明朝後期建立，只是到前清重修改名，另立碑額以後，關於明代的遺跡就很難查考了。爲了説明呼和浩特寺院的來由，我們打算把喇嘛教的傳來情况簡單地介紹一下，這對研究召廟沿革的人們來說，也許多少有些幫助。蒙古民族在成吉思汗時，是僅有薩滿巫祝而没有宗教信仰，到忽必烈汗，就有紅教喇嘛帕克巴受封爲國師，但没有很大的發展，召廟也不多。到明朝萬曆初年，黄教傳入土默特，至前清中葉，前後百餘年間，形成一個修召廟、請活佛、剃度喇嘛的澎湃高潮，如土默特不僅在呼和浩特建築了若干大小召廟，就是十二甲浪所屬的六十蘇木，甚至蒙古人聚居的一些村落，也都有他們自花錢修建的許多佛廟。這種歷史事實所造成的後果如何，我們不去談它，現在只把當初怎樣傳來的一部分事實，綜合説一下：

考《明史·韃靼傳》《明史紀事本末》和《蒙古源流》等書所記，順義王俺答即阿勒坦汗幾次迎佛建寺的事蹟，往往前後凌亂，詳略互異，甚至是彼此矛盾，各説一套的。如果逐條摘引，也只是給讀者多添一些閱讀上的麻煩，這是不應該的。現在我們歸納成一件事情來説明它，就是：俺答於隆慶五年（公元一五七一年）受封爲順義王，於萬曆二年（公元一五七四年）賜所建寺名爲仰華（此據《明紀》年月，《明史》賜名無年月，《明史紀事本末》無此條）。七年（一五七九年）秋又賜所建寺名爲宏慈（此據《明史紀事本末》，《明史》《明紀》無此條）。這兩個被明朝賜名的寺，便是喇嘛教傳入蒙古地區的一個綫索，用這個綫索來和《蒙古源流》的記録相對照，是能得出一個比較可信的概况來的。

據《蒙古源流》説：丙子年，即萬曆四年（公元一五七六年）阿勒坦汗派人往西藏邀請索諾木扎木蘇胡土克圖（按即第三世達賴喇嘛，索諾木扎木蘇就是《明史》鎖南堅錯。），並在青海的察卜齊雅勒地方修造廟宇，註家認爲這就是《明史》的仰華寺，我們也同意這種説法。《明史》《明紀》把年月提早二年，可能是因請經、請喇嘛、請玉印等事連類書之而致誤的。《蒙古源流》又載：戊寅年，即萬曆六年（公元一五七八年），阿勒坦汗親自與第三世達賴喇嘛見面，並許於歸化城（按此時尚無歸化城名號，這是《源流》著者依後來名稱追書致誤）建立佛廟。己卯年，即萬曆七年（公元一五七九年），阿勒坦汗回至蒙古地方，並迎來棟科爾滿珠錫爾胡圖克圖，這就和《明史紀事本末》所記萬曆七年賜俺答所建廟宇名爲宏慈寺正相符合。根據上述這些簡單事實來看，呼和浩特市有些召廟確是從明朝就已經建造起來了。

延壽寺

延壽寺便是明朝修建的黄教古寺之一，坐落在舊城南門外一里餘，蒙語稱它『錫蓮圖召』，或寫爲『舍勒圖召』，這裏由於漢譯無正字，不須另作解釋。我們估計錫蓮圖這個名字是明代建寺以來，各部落蒙古人對它的習慣稱呼，而宏慈、延壽則是明清兩代分别賜給的漢文名號。在這寺裏雖找不到明代賜額的痕跡，但在跨院還有一座小型佛屏，形制較古，有人問起它的年代，住寺喇嘛們往往回答説這是宋朝的遺蹟，其實這是他們把俺答自稱阿勒坦汗，譯爲金國可汗的這個金國（城西二百里美岱召山門上有石額就是刻着大明金國丙午年修建字樣，便是確證）誤爲與宋朝對立的完顔氏金國了。從這種錯誤裏，我們就更有理由斷定它是明代阿勒坦汗所建的舊寺。至於擴大增修，改變它的規模，那當然是前清時代才實現的。

清康熙三十五年（公元一六九六年），清帝西征駐蹕於此，值錫蓮圖呼圖克圖重修舊寺完工，奏請賜名爲延壽寺，並賜御製碑文（碑文附後）。雍正四年（公元一七二六年），就以錫蓮圖呼圖克圖爲住寺活佛。嘉慶二十二年（公元一八一七年），補授扎薩克達喇嘛掌印。咸豐九年（公元一八五九年）重修。寺前有跨街牌坊一座，碧瓦朱楹，巍然與天王殿對峙。天王殿左右各有拱形山門，進門爲廣場，門側爲鐘鼓樓，刹竿聳立在正面的菩提殿前。殿左右又各有垂花門，進門爲又一廣場形大院，這是寺的中心。往年春節後舉行佛會，跳布扎，就在這裏。南面爲碑亭，正北面白石高臺上爲九九八十一間的瑰麗大經堂，藏語稱爲『篤供』，這是全寺的主要建築。經堂後原爲大佛殿，可惜在日僞佔領時期，從殿内起火，把殿和最後一進的九間樓一併焚毁。在經堂西側爲佛爺府，即錫蓮圖呼圖克圖的居邸，東側榆樹院爲羅布忽畢勒罕的住宅。在大院東有白石塔院，爲每年農曆十月二十五日燃燈紀念黄教祖師宗喀巴誕生誦經的場所。塔高約五丈，潔白挺秀，形制精美。在大院西有古佛殿，就是前文所述『金國』遺蹟。其餘如護法神廟及喇嘛僧房，都分列在全寺的東西兩側，規模布置，都是秩然有序，絲毫不亂的。至於藝術裝修，隨處可見，妙畫精雕，實難細説。現在我們只把清康熙帝御製碑文附在這裏，這倒不是爲了表彰帝功，而是因爲它可以作爲歷史資料供讀者參考。原碑文説：

『朕維歸化城爲古豐州地，山環水亙，夙稱勝境。城南舊有佛刹，喇嘛席勒圖葺而新之，奏請寺額，因賜名延壽寺。丙子冬，朕以征厄魯特師次歸化城，曾臨幸兹寺，見其殿宇宏麗，法像莊嚴，懸設寶幡，並以經典、念珠賜喇嘛席勒圖，令焚修勿懈。夫朕親有事於塞外，非無故也。往者厄魯特與喀爾喀交惡相攻，朕憫念生民塗炭，遣使諭解，而噶爾丹追擊喀爾喀竟入掠我烏珠穆秦。爰命和碩裕親王聲討，大敗賊於烏蘭布通。時噶爾丹盟誓佛前，永不入犯，乃班師而返。後噶爾丹蔑棄盟言，復掠納木查爾拖音於克魯〔倫〕之地。丙子春，朕親統六師，由中路進剿，至克魯倫河。賊〔衆〕望見軍容，宵遁。適朕所期會西路官兵遇於昭木多，大敗之，俘斬無算。丹木巴哈什哈等率衆〔來〕歸。噶爾丹跳身走。是冬，朕復駐師鄂爾多斯，剿撫並用，厄魯特人衆絡繹歸命，而噶爾丹仍未嚮順。丁丑，率師駐狼居胥山麓，官兵分道並進，噶爾丹計窮自斃，子女就獲，餘軍悉平。方今中外恬熙，邊境生靈咸得宴然安堵。喇嘛席勒圖請建碑垂示永久，因書此勒石，俾後之覽者知朕不憚寒暑，三臨絶塞，爲民除殘之意。』

從這篇碑文開頭説『城南舊有佛刹』一語，就很清楚地證明這座佛廟是前代的遺蹟了，又從『因賜名延壽寺』一語，更證明這座佛廟在前代並不叫延壽而是另有其原名的。那麽，我們根據上述阿勒坦汗於萬曆七年建寺，明朝賜名爲宏慈的這條史事，斷定清朝的延壽就是明朝的宏慈，大概是不會錯誤的。現在的呼和浩特雖然不是阿勒坦汗俺答所建的那座福化城，但却是《明史》所説『壁豐州灘』的那個『壁』，也就是他的軍事根本重地。他在一生好戰之後，忽然轉而信佛，把佛寺建立在他的軍事中心壁壘附近，使自己的將士都能歸皈宗教，這也是那時一個統帥應有的想法。

無量寺

無量寺也是明代的舊寺，俗稱大召。明崇禎中，清朝已征服了塞外各蒙部，命土默特都統古禄格楚琥爾派左翼佐領補音圖、驍騎校喇巴太與德木齊温布喇嘛協同把寺院擴展，重行修葺，賜名無量。康熙三十六年（公元一六九七年）經札薩克達喇嘛納依齊托音呼圖克圖奏請把寺殿换成黄瓦。光緒三十年（公元一九〇四年）又經札薩克達喇嘛凱穆楚克募緣修理一次。寺佔地雖不比延壽小，但因建築布局不同，它的中心廣場就比延壽小多了。寺以最前一層天王殿和左右兩山門的形狀來看，是與延壽相同，但山門以裏就不一樣了。它的布局是進了左右山門各有一縱長甬道，稱爲東、西倉，喇嘛宿舍、執事辦公等房屋都安排在甬道兩側的東、西倉，中間一部分自天王殿、菩提過殿、經堂、佛殿、九間樓凡五層。這就是説全寺的殿堂和東、西倉，都各佔了三縱行的一行，因此它就不可能有較大的中心廣場了。除此以外，無量寺還有一個特點，即寺裏没有活佛，其原因是這個寺在供佛像的正殿裏，經常供着一個清朝皇帝的萬歲金牌。前清時代，地方官吏朔望集體拜龍牌，或皇帝死了舉行哭奠（哭不出淚也必須干號幾聲，著者幼時曾親眼看過地方官哭奠西太后和光緒皇帝），都是到這裏來行禮的，有了萬歲龍牌，就不需要請活佛當佛爺了，殿换黄琉璃瓦，也正是這個緣故吧。

寺内的藏經和一些古銅古瓷供品，都很名貴，我們不打算去縷述它了。現在只附帶談一下這個寺在解放以前的一些情況，特别是前清時期的一些情況。當那個古老的封建舊時代裏，呼和浩特是把『大召前』這個名稱當作一座群衆市場的意味來體會的，它髣髴小説裏經常提到的宋朝東京汴梁城大相國寺那種情况，從山門到玉泉井這一片土廣場上，布滿了各式各樣的小商攤販，從稀奇古玩到粗笨日用雜物，色色俱全，小手工藝製造和小雜耍攤也是應有盡有，游人中有衣冠楚楚的有閑階級，也有衣衫破舊的勞動人民，踵接肩摩，各求所欲。每至夕陽西下時，寺中管事的大德穆齊就派幾個小喇嘛，抬一柳條〔筐〕到廣場收當天的地譜錢。每到一攤，小喇嘛先説：掌櫃今天買賣好？攤販就回答説：托福，當家的辛苦啦。隨手把預備好的銅錢丢進籮筐裏。他們彼此都不説錢是多少，只要出一份就算完事，常年如此，很少争吵。這種地譜錢，是全寺香燈養贍費的主要收入。辛亥以後，情况就逐漸轉變了，由於北洋軍閥和蔣、閻反動派的長期統治，迫使喇嘛把天王殿以及殿前後的兩處庭院也都開放作爲攤販場所。這就不僅破壞了寺與市場的分界，而且爲地譜錢的争吵也一天比一天多了。日僞佔領時期，有些流氓惡棍在這裏聚賭售毒，更把一座古寺糟踏得亂七八糟。解放以後，喇嘛們經過學習改造，參加生産，一般生活都得到改善，但寺宇的整修，還不是少數喇嘛的力量所能辦到的。

寺前有井名玉泉，這也是呼市名蹟之一。據民間傳説，井是康熙皇帝親征噶爾丹時，駐蹕歸化城，御馬刨地湧出的靈泉。這話當然是妄誕不可信的，但民間既有此一説，我們還是不妨把它記在這裏，作爲一則異聞，也還是頗有趣的。因爲我國各地像這類奇談很多，如雷鋒塔的傳説即其一例。在寺的最前層天王殿檐下有一横額，大書『九邊第一泉』，筆勢飛動，語氣誇張，它的涵義就是指這個井説的。這樣一個評價極高的論定，不知出自何人，它是否符合實際情况却是否真是九邊第一呢？我們没有做過『九邊』一帶的認真調查研究，不敢跟着前輩驟下同樣的斷語，但是我們根據最近中央地質勘探隊在呼和浩特經過鑽探把地下水做了科學的分析比較以後，就得出一個可靠的結論，承認這個井的水質確實是呼和浩特全市所有井泉中的第一。這就是説玉泉井雖不一定是九邊的第一，但它起碼也是全呼市無數大小原有井泉的第一，勘探隊員們還竭力稱贊前輩市民對於泉水的鑒定是值得佩服的。我們也曾問過勘探隊員，爲什麽全市許多井泉只有玉泉井的水質最好呢？他們解釋説：呼和浩特全市的地下水，有很大一部分面積都是和玉泉水質相同的好水，只是由於這種水的水位太低，一般井都没有達到這種深度，僅汲取了地下的上層水，所以它們的水質就比玉泉差些，而玉泉井却是由地下的下層水湧出來的，將來呼市如果在適當地點鑽深井，也還可以取得良好飲水的。這個解釋是很科學而合理的，同時也把市民對玉泉井水爲什麽獨美這個謎揭開了。井臺高於平地約半公尺，南端向北爲井神廟，圍以紅墻，把井分爲兩部分，墻内一眼，墻外八眼，每眼都鑿石做井口以防擁擠出險。遠近市民來這裏汲水的，自早晨到日落，幾乎是没有片刻休止，這也就説明呼市人民對這個井泉的愛好了。一九二一年塞外幾位老詩人組織起一個吟邊詩社，他們一開始就以九邊第一泉歌限用柏梁體爲題，向社内外人士徵詩。當時著者曾應徵寫過一首歌詩，並獲得那些老先生們的物資獎勵，現在把它附録在下面，作爲玉泉的一則贊語吧。

《九邊第一泉歌限用柏梁體》：

『地靈潛伏清泠淵，鬱向豐州涌醴泉。萬家曉汲長涓涓，佳名第一宣九邊。曾聞父老相與傳，此泉闢將三百年。疇昔勝清開幅員，千乘萬騎征薛延。龍旗直指崑崙巔，駕抵陰山馬不前。八騎振鬣嘶春阡，掘之忽見波潺湲。疑以傳疑俗縱然，畢竟不情無取焉。昨有客自南中旋，餽我緑荈芳如荃。呼童汲此試一煎，其光沉碧其味鮮。暢飲七碗煩憂蠲，風生兩腋如飛仙。猗斯泉水清且漣，獨惜未載《茶經》篇。譬彼奇才卧蒼煙，蘭臺那得知其賢。萬物升沉各有天，使我感慨情綿綿。』

崇福寺

崇福寺，俗稱小召。清朝康熙三十六年（公元一六九七年），納依齊托音呼圖克圖募緣修建，寺剛建成，適康熙皇帝西征凱旋，在這裏暫住，爲了提高這個新建寺的聲望，就把他出征時御用的一些戎裝武器賜給寺裏作爲永遠留鎮山門的紀念品，其中有全副盔甲、戰袍、錦靴、弓韜、箭箙、腰刀、鞍轡等。前清時每年春節後十五日在寺内陳列展覽一次，市民稱這一天爲『小召晾甲日』，寺裏喇嘛累世珍藏，歷二百多年，不敢損失，到日僞佔領時期，曾把這些東西運往日本作過展覽。及至運回，已有許多零星配件和銀嵌珠寶殘缺不全，這是很可恨的。現在這些古物已由歷史博物館保存，成爲人民的公共財產，可以說是『得其所哉』了。

寺的建築規模，大致和延壽寺相似，唯過殿與正殿前的中心廣場不及延壽寺開闊，在殿前也有兩個御碑亭，都是康熙四十二年（公元一七〇三年）建立的。碑文除多駐蹕留置弓箭甲冑數語外，全與延壽寺碑刻相同，可見它是在建寺數年以後才襲用了前撰原文的。惟它比延壽碑文有加工的地方，就是：它的東碑以漢滿文書寫；西碑以蒙、藏文書寫，四體並用，可稱特色。山門外的牌坊和石獅。據增修碑記所刊的干支年月推算，當是雍正三年冬至五年夏，即乙巳孟冬到丁未季夏竣工，這正是崇福寺建成後的三十年（公元一六九七至一七二七年），都是由商賈捐貲建造，所費逾千金。唯是碑記文章太空泛庸俗，除用極惡劣的駢體句法，歌頌聖佛靈佑外，沒有一點記録當時社會情況的話，這一看就知道是內地學制藝未通的童生、秀才，到塞外教蒙館糊口的那種人的手筆，所以它不可能有什麼內容，我們這裏也就不打算附録它，只是前清二百餘年間，內地的不第文人被饑驅來塞外作蒙童塾師，累世相承，絡繹不絕，倒是值得讀者知道的一種社會現象。

以上所述延壽、無量、崇福三座黃教喇嘛廟，就是民間所說呼和浩特的三大寺。延壽、無量，創始於明季，擴建於清初，而崇福則是在前二寺擴建重修時開始建築的，前後年代相差將近一百二十年（公元一五七九至一六九七年）。可是延壽、無量二寺由於屢次整修至今還能保持它原來的面貌，尤其延壽在解放以後，除經堂後面的佛殿尚未恢復外，其他部分都已修理的金碧輝煌，煥然如新了。而崇福則因廟產較薄，喇嘛稀少，年久失修，漸成頽垣敗屋的殘破狀態。從現在的情形來看，已經不能和延壽、無量二寺比倫了。

呼和浩特在明清兩朝，本來就是一個黃教很盛的城市。建立在城周圍的喇嘛寺約十五處，俗稱七大召，八小召。它們的大小，並不是按廟的建築規模來區別，而是按管廟喇嘛的職位大小來區別的：凡按清朝制度設置札薩克喇嘛的寺，就叫作大召；僅設置達喇嘛的寺，就叫作小召。七大召，便是各設有一位札薩克喇嘛的七個寺。不論大召小召，都歸札薩克掌印喇嘛管轄，各召都稱這個宗教權力機構爲喇嘛印務處。從前喇嘛內部打官司，就到這裏進行訴訟，現在全市喇嘛不足百人，這種機構也名存實亡了。除上述三大寺以外，還有幾座殿宇僅存的喇嘛寺，我們把它的名稱、地點，總括記録在下面，不再分條，以免多佔篇幅，因爲這些寺，除慈燈五塔以外，特點很少，其規模布局，大致與三大寺相類似。

隆壽寺，蒙語稱『乃穆齊召』，譯漢語就是『醫師廟』，在舊城西尚義街，建於前清康熙八年（公元一六六九年）。延禧寺，蒙語稱『巧爾齊召』，譯漢語就是『三藏法師廟』，在舊城東五十家街，建於前清嘉慶六年（公元一八〇一年）。宏慶寺，蒙語稱『拉布齊召』，在市西南西五十家街，寧寧呼圖克圖募建於康熙六年（公元一六六七年）。寧祺寺，蒙語稱『和碩召』，漢語稱『太平召』。在市西北太平街，建於前清乾隆二十二年（公元一七五七年）。此外還有一些小型喇嘛寺，如半道街路西巷內的廣福寺，石頭巷、興隆巷、家廟巷等處的幾座佛宇，以及馬蓮灘的『伽藍召』，都是明清兩朝黄教興盛時期由蒙古貴族台吉官僚和有地位的呼畢勒罕喇嘛們陸續修起來的。這種小型古廟，現在多已殘破不整，無人住持，或僅剩一二白頭老喇嘛靠房租糊口而已。在市西郊札達海河北岸原有一大寺，建於清順治十八年（公元一六六一年），蒙語稱『彭蘇克召』，漢語稱『朋順召』。康熙三十二年（公元一六九三年）增修後，奏請賜名爲『崇壽寺』。嗣因河水屢侵廟墻，三次縮修，規模漸狹，但佔地仍比三大寺爲多。到一九三四年，因殿宇頹廢過甚，被地方駐軍改修爲兵營，不久又被倭僞拆除改爲手工作場，今已變成郊區人民住宅區，平房陋巷，看不出任何梵宮佛宇的古蹟遺痕了。

這座俗稱『朋順召』的『崇壽寺』，雖然已經無蹟可尋了，但它的廢毁原因却在當地人民耆老中有一段衆所周知的傳説。據父老們談，清康熙帝親征噶爾丹駐蹕呼和浩特時，曾到各大召廟拈香禮佛，各召的活佛喇嘛都奉迎維謹，没出問題，只有彭蘇克的呼圖克圖活佛正依教規封齋持戒，閉關坐静，在這時期他是用哈達封住嘴，不飲不食，不言不動，不睡眠，不到齋滿時不和外界任何人接觸，因此，康熙帝到寺時，全寺各級喇嘛都出迎，只有本寺活佛没露面。康熙帝本人是懂得這種宗教規矩的，但他的領兵護駕大將軍費揚古却認爲這喇嘛有心與皇帝抗禮，犯大不敬罪，就登時把他殺了。隨即引起喇嘛們的暴動，費揚古被圍自刎死。這段傳説中喇嘛暴動，費揚古自殺，雖然是附會無稽之談，但殺活佛的事，父老們確都是相信不疑的，清末張曾、高賡恩諸人所輯的幾種地方志書裏，也没有否認這件事情的真實性，所以我們也把它記録在這裏，以免失傳。

慈燈寺五塔

慈燈寺，俗稱『新召』，又稱『五塔寺召』，在呼和浩特東南康樂街南，前清雍正五年（公元一七二七年）崇福寺喇嘛彦察爾清呼畢勒罕副札薩克達喇嘛呈請建立，十年（公元一七三二年）奏請賜名『慈燈』。全寺殿宇規模與上述三大寺的布置大體相似，没有什麽特殊的地方，惟寺後五塔，確是全寺精華薈萃的一部建築物。這五座塔的安排，既不是横列成行，也不是環形圍繞，而是按中心和四隅簇立在一個拱門方形高臺之上的。别寺的許多佛塔，或作圓形，或成八角，獨慈燈五塔，一律作方形，每一塔身都以雕刻塗油加工預製的琉璃磚砌成，梵文佛像，備極精巧，其凌雲挺秀的風格，較北京西直門外大正覺寺的五塔也毫無遜色。四周有玲瓏短墻圍繞，墻中每隔咫尺，即置一鐵鑄蓮花燈，每值春節元宵放燈時，光明點點，耀若繁星。北墻中心嵌一精石雕成六道輪迴圖，天人花鳥，栩栩生動，也可稱我市近古雕刻藝術的一個名貴遺物。

據本市老輩相傳，都説這寺的建築年代，動工在新城以前，完工在新城以後，大致説來可以算是同一時期的建築物，所以城叫作新城，寺叫新召。我們認爲這種傳説有一部分是對的，但也有一部分不盡可信。爲什麽這樣説呢？因爲新城的修建是雍正末期開工，乾隆初期告竣，而寺的工程則是雍正五年就已經完成，比新城的全部竣工約早十年至十二年（乾隆二年築完城垣，四年築成廨舍），怎麽能説二者是同一時期的建築物呢？其實寺是早建的，只有五座精巧細緻的塔才是和新城同時修起來的，甚至它比新城完工在後，這是很可信的，原因是：清朝即決定把八旗軍隊的駐防城（綏遠城）設置在呼和浩特的東北郊，就不能不引起土默特蒙古人的懷疑，在表面上雖不敢表示抗拒，但在思想深處却不能無所警惕，而在當時喇嘛教盛行的時代，就只有求助於宗教上的禳解作爲蒙古群衆心理上的安慰。於是慈燈寺後的五座琉璃塔，就在這種情況下延長時間增修起來了。用今天的眼光來看，雖説迷信可笑，可是從對統治階級的抗拒情緒這個角度來分析，它是涵有相當濃厚的鬥争意味的。

我們試想，寺在雍正五年建成，爲什麽不及時奏請賜名，偏要等到雍正九年勘定修建新城地址以後，才於次年奏請清廷賜名爲『慈燈』呢？這就因爲要準備造塔，必先請求賜名，在皇帝賜名的寺内增修一些精巧的佛塔，不僅不會引起猜忌，而是最容易找到許多借口博取統治階級的歡心的。前清時呼和浩特各召的喇嘛，在每年春節除夕，都要穿起跳步札的服裝，扮成二十八宿、十二地支等番像，伴以笙管鐃鼓大號，全體出發，列隊從南茶坊繞西、北、東郊到慈燈寺前廣場集合，作一次大規模的禳災、祈福、誦經、跳舞會，自初更後從各寺出發，三更後齊集廣場，跳至五更解散，於天明前各回本寺。這種法會，終前清一代，從來没有間斷，直至辛亥革命以後，才停止舉行。這些事已成古話，本市五十歲以下的人都談不上來了。附記於此，聊當一則故事讀吧。現在寺已殘破，僅五塔尚存，如從藝術觀點上加以修葺保護，那五座形制特殊的寶塔，仍不失爲呼市可供游賞的一處名蹟。

烏素圖召

烏素圖召在呼和浩特西北二十里大青山麓的烏素圖村西，它是慶緣、長壽、法禧三個寺院的總名稱，因三寺攢居一處，外人不知它們各有專名，就統以村名作爲召名了。但三寺原是一家，慶緣寺是總監，長壽、法禧是分院，所以合稱烏素圖召，也還是名實相符的。三寺依山傍水，佔地高爽，登樓遠望，能把豐州灘的全部形勝歷歷收入眼底，就是近處農村的自然風景，也可算呼市近郊首屈一指的地區。往時全村農民除耕種水田、致力稼穡以外，還在山脚田埂遍植杏、李、榆、柳作爲副業。所以春則花鳥争妍，夏則桑麻競秀，秋看黄葉，冬賞雪峰，一年四季都有它隨時變幻，濃妝淡抹之美。舊志稿所列城郊八景，有『紅杏遮村』一條，就是指烏素圖村説的。但自倭僞入寇，蟠踞八年，塹山伐樹，破壞慘重，昔年花果，百不存一，這是市郊人民至今致憾的一件事情。可是我們也估計到：這一風景區將隨市容的逐年改觀而使它更臻於美化，爲期也不會太遠了。

這個召還有值得一述的一件事，就是召裏保存着松巴堪布所著經的版刻，這是我國從蒙古到西藏唯一的一副版片，凡是想讀這部著作的人，不論遠在何處，除了向烏素圖召備禮虔請以外，他在任何地方也買不到。因此，多少年來各地研究藏文典籍的學者們，經常託人匯款來請這部經，而請經代價也就成爲烏素圖召香燈膳養費的主要來源之一，這是其他各寺所没有的一個珍聞。至於這部經的來歷，據老輩口傳是這樣的：烏素圖召的第三活佛年輕時往西藏拉薩學佛法，拜大法師松巴堪布爲老師，當他學成要返蒙古的時候，松巴堪布却叫他把自己費了一生心血所著成的一部經稿，背去野外投入拉薩河。因爲這部稿子被哲蚌寺的佛學評議會評爲無價值，發還本人，松巴自念年已衰老，不能再有所爲，遂以悲憤的情緒叫徒弟把它投入河流。但烏素圖召活佛却另有一種想法，他認爲老師畢生精力耗於這部稿子，按老師平日的學問來估計，絶不能毫無可取，一旦棄諸東流，未免可惜。遂決意瞞過老師，把它帶回蒙古，並刻了版。後經蒙藏地方許多佛學大師的研究，一致給予很高的評價。其中包括經、律、論、醫、算五種，總稱松巴堪布所著經，藏語謂第三爲松巴，稱尊者爲堪布。

烏素圖召的慶緣寺創建較早，約在明朝萬曆間，其詳確年代已無可考。清朝乾隆四十七年（公元一七八二年），曾經重修。長壽、法禧二寺都是慶緣寺喇嘛自行募緣添修的，創始於何年，雖本寺老喇嘛也談不上來了。

在烏素圖召背後小山谷裏，有一個規模不大的佛寺，名永安寺，因爲地址在察罕哈達山下，故俗稱『哈達召』。是市内延壽寺的屬院，殿宇雖很簡少，環境却極幽美，如無人指引，一般游客是頗難發現它的，古人有『深山藏古寺』一句詩，恰好給這寺作寫照。又從烏素圖召沿大青山南麓往西五里，有一喇嘛廟名彰慶寺，因附近有忽寨爾谷，所以俗名叫作忽寨爾召。據老輩傳説，這座佛寺是四公主的駙馬喀爾喀德貝子給公主修的家廟，它和市區許多佛寺都没關係，也就是説它不屬於土默特和附近各盟旗管理，各盟旗也没人到這個寺裏來當喇嘛，只靠原初留在這裏的幾户俗徒看守山門，經過一二代以後，當然就不能維持而趨於衰敗了。

彰慶寺的地址，在大青山前一個天然高坪上，是個有形勢而無風景的場所，宜於築堡壘而不宜修寺宇。這恐怕是土默特的老前輩們並非無意識地指給那些貴族的吧。

又從烏素圖召沿大青山南麓往東，在風景較好的幾個地方，還有一些古廟，也都在呼和浩特市區範圍以内，我們也不妨把它們的名稱概略撮要記述如下。尊勝寺，在市東北哈喇沁溝裏，距舊城約四十餘里，原名吉爾格朗山，蒙語稱『班定召』。清朝康熙七年（公元一六六二年）修建，並賜名，規模景物，都很壯麗，近百年來，始漸凋殘。又在舊城東北六十里大青山的鄂奇特溝裏有崇禧寺，創始於清朝順治年間，康熙初賜名，俗稱『東喇嘛洞』，與市西八十里的西喇嘛洞遥遥相對，都是大青山裏極有名的古刹，不僅清溪翠柏，具有林泉天然之美，就是殿宇排空，也有仙山樓閣之妙。只因喪亂屢經，饑僧四散，一方名勝，漸失舊觀。今日殘磚剩礎，但供牧童敲火、牛羊礪角而已。

上述這些黄教寺宇，都是明清兩朝修建的，而且都是得到當時封建統治階級大力提倡，百般鼓勵，所造成的一種歷史現象。自辛亥革命以後就逐漸起了變化。一方面是由於反動統治階級官僚軍閥的摧殘壓迫，使喇嘛們的生活日趨貧困，徒衆減少，屋宇坍廢，形成没落不振的情况。又一方面是由於蒙古人年輕的一代逐漸覺悟到宗教不能挽救本民族的滅亡，寧願到學校裏讀書，求點有用的知識技能，也不願到召廟裏當喇嘛念經，甚至已經當了喇嘛的年輕人，還堅持到學校去讀書，這也給這些召廟造成『樹老無花僧白頭』的蕭條局面。這些變化，也可以説是社會發展規律中的一個小小波瀾吧。解放以來各級政府爲了貫徹中國共産黨的民族政策和憲法上的宗教信仰自由原則，已經禁止對寺宇的無故破壞，並把一部分有歷史藝術價值的宗教建築指定爲本市的文物古蹟而把它修葺完整，交由地方文化機關注意保護起來。

清真寺

清真寺是回族人民舉行宗教儀式的民族寺宇。因爲回族都信仰伊斯蘭教，而信仰伊斯蘭教的人又統稱爲穆斯林，本市的八座清真寺就是全市穆斯林捐貲修建起來的，其中年代最早、規模最大的一座稱爲清真大寺。它的地址在舊城北門外回民區禮拜寺巷路東。寺内除莊嚴肅穆的聖殿以外，還有教長辦公室，鄉老會議室，海里翻學經室，穆斯林沐浴室，都應有盡有。而最引人注目的一幢偉麗建築物便是這座大寺裏的望月樓，拔地凌空，秀出雲表，登樓遠眺，這可以把城郊山川物景一一收入眼底，雖體制雄渾不及舊城北門樓與新城鼓樓，但孤標聳峭，正以亭亭特立見奇。據回民耆老口傳，大寺的建築年代是清乾隆五十四年（公元一七八九年）從八拜村遷來本市重修的。既是重修，就證明它的始建年月還要早些，傳説中僅有和新城、慈燈寺五塔同時修建這句話，可以作爲我們研究大寺始建年月的參考綫索，也就是把它作爲雍正末年到乾隆初年這個時期的古建築物，也還是可信的。其次是清真東寺，地址在舊城東禮拜寺巷路北，規模比大寺爲小，它是從城東梭勒圖村遷來本市的，修建年代與大寺相差不遠。其他各寺，原來叫清真小學，是專爲教回民子弟學阿拉伯文、讀《古蘭經》的地方，規制都很簡樸，後因回民逐漸增多，才擴建爲現在的寺。北寺原在舊城學道巷，後遷通道街，一九三一年擴建。西寺、南寺、新城寺、東北寺，都是清光緒年間修建。車站寺，修建最晚，它是京綏鐵路通車以後才建築起來的。

關於清真寺的沿革概况，我們僅能從回民耆老口傳中得出如上的記述，讀者也許認爲太簡，但是由於這方面的歷史資料過分缺乏，這就使我們想多談也無從談起了。因爲在前清二百餘年的封建壓迫之下，回族人民既没有政治上的出路，也就不需要費時曠日去學那種不能致用的漢文化，這就是回族史蹟沿革很少文字記録而多憑口傳的一個重要原因，縱然有文字記録，也都是當時官僚幕客們的片面説辭，回胞自己的文字記録是很難找到的，尤其本市回民的情况更是這樣。自解放後，本市回民文化教育事業已經有了突飛猛進的發展，我們估計在不久的將來，回胞中必然要涌現出許多新時代的學者，我們很希望他們能把本民族耆老口傳的歷史事蹟及時而認真地加以蒐集調查，並分門別類地記録下來。這不僅是回族人民的需要，也是全市各兄弟民族所殷切盼望的一件喜事。

慶凱橋

慶凱橋，在舊城北門外斜向西北約半里處，横跨於牛橋街和太平街分界綫的札達海河兩岸。它的規模雖不算雄偉壯闊，也不能與國内馳名的許多古橋相比，但它那形狀的峻拔，結構的堅緻，經歷二百六十餘年間山洪暴發的無數次衝擊而毫不動摇，至今還是清康熙三十五年（公元一六九六年）原建的舊制，没有進行過大修，僅這一點，就不能不推爲本市首屈一指的名橋了。據現代的建築工程專家們詳細地觀察了這座古橋的工程結構以後，對它的評價是很高的，他們認爲古人用簡單的建築器材——石塊、磚、灰、鐵糾——就能做成這種久經衝擊而卓立不垮的工程，實在不能不使今人佩服。根據這種評價，我們把它記在這本小册子裏，也許不是多餘的。

這座橋是在康熙大帝親征噶爾丹這一戰役期間修成的，由於紀念這一戰争的勝利，就命名爲慶凱橋，以示慶祝凱旋之意。橋長不過七丈，寬僅二丈餘，下築三個涵洞，都是用大石塊垛砌，又以少量磚灰添補築成，橋上兩邊欄墻，也是石骨磚胎，没有其他珍貴材料。就這樣一個樸素古橋，却是本市人民多少年來熱烈愛護的一個名蹟，因爲它不僅在長時期裏耐過多次山洪的考驗，而且給予廣大市民自祖輩以來在日常生活中無窮的便利，每天從橋上過的各色勞動群衆，肩背擔荷，車馱載重的現實活動，真是紛紛如蟻，數也數不清。所以這座橋的作用和這許多勞動人民的生活利害是息息相關的，他們怎能不由衷地愛護它呢？市民在習慣上都用親切的口吻稱它爲大橋，這是發自感情上的一種稱號，也可以説是全市人民給予它的一種榮譽。

解放後，也有些人對於慶凱橋這個名稱發生過懷疑，他們認爲康熙親征噶爾丹是清朝統治階級對蒙古人民的侵略戰争，這種凱旋是不值得慶祝的，如果繼續保留這個名稱，就無異於歌頌侵略，爲封建統治階級留紀念。我們對這種説法有不同的意見。我們認爲分析歷史問題不應該用這樣僅看現象的簡單方法，而應該先搞清楚當時的具體事實，經過實事求是的分析，再下結論，才不至於把中國歷史以庸俗社會學和虚無主義的觀點一筆抹煞。考蒙古各部落公開承認清朝皇帝的宗主權，並奉上博克達徹辰可汗尊號，是公元一六四〇年以前的事，比清朝入關推翻明朝的時間還早了四年（公元一六四四年）。這就説明在清朝未入關以前，一方面對蒙古取得了宗主國的權利，另一方面也負擔了保護藩屬國的義務。到康熙三十五年（公元一六九六年），這種關係已經存在了五十多年。噶爾丹突起西北，連年恃强侵擾蒙古牧地，清廷屢次勸阻，都無效果，喀爾喀的王公牧民因不堪噶爾丹的長期殺掠，才相率逃入内蒙古各旗。清朝在這種情勢下毅然出兵，擊潰噶爾丹，遣送喀爾喀王公牧民回本土過他們的安静生活。從喀爾喀牧民當時的生存利害來衡量，召莫多一戰，我們認爲它是有正義成分的救災卹鄰之戰，而不是無端逞强的侵略之戰，所以這次凱旋，從蒙古民族的利益上來認識，還是值得慶祝的。那麽，把慶凱橋這個名稱保留下來，就不能説它是歌頌侵略、爲統治階級作紀念了。何况這座橋的修建，並不是出於統治階級的主持强迫，而是由全市商民自動發起，募資築成，以利交通。只是因爲造橋竣工的時期，正與戰勝班師的年月相符，遂很自然地以歌頌語氣命名爲慶凱而已，這從橋旁的修橋碑文裏就可以看出來。我們固然不能替封建統治階級遮掩任何罪惡，但也不能把人民群衆的建設成績硬指爲封建統治者的好大喜功，尤其不應該把這樣一個勝殘去殺的正義戰説成侵略，這是我們對封建歷史的看法，也就是我們記録這座慶凱大橋的緣故。

呼和浩特除慶凱大橋以外，還有幾座形制較小的舊橋，雖不能算作名勝，也可以算作一些平凡的古蹟，我們不必把它們一一標名寫出來，僅把它們附在慶凱橋之後，綜合起來談一談，這對將來研究城市沿革的讀者們也許是一點小小的幫助吧。在舊城大禮拜寺巷北端與通道街南端的接連處，有和合橋，也是用石條鋪成的。它的建築年代已不可考，但我們估計它的創始時期可能比慶凱橋還要早些，因爲它很像舊城北門外的護城橋，而水渠巷也許就是古時的護城壕。只是現在水渠已干，橋也因地形改變和馬路取平了，所以一般年輕市民已不很注意這裏有一座橋，外來旅客如無人指點，就更看不出這裏曾經是一座橋了。在舊城崇福寺東南約二里處有美人橋，再往東南有石羊橋，都是自前清以來市民經常提到的一些城郊通道標志。其次，就是自慶凱橋以下，沿札達海河架設的幾座橋，從上流向西南往下數，有公安橋、和平橋、無名兩土橋及西茶坊橋。這些橋在前清時，都是極簡陋的土木便橋，每年夏秋山洪突發時，隨毁隨修，主要是爲給住在河外的三個衙門的官吏（典獄巡檢、兵備道、歸化廳同知）便往來而已。辛亥革命以後，三衙名號雖有變更，而這幾座橋却還是原來的面目。到一九二四年，因連續幾次洪水的衝擊，舊橋屢壞，修不勝修，才把上游兩橋改成磚石洋灰結構。因公安局佔用舊巡檢署址，就稱門前的橋爲公安橋；道署東轅門外橋，因成於甲子年，就叫作甲子橋，一九四九年甲子橋又被大水摧毁，解放後重修，改稱和平橋。下游三橋，只西茶坊一座曾經改建，其餘仍舊，無可稱述。自慶凱至西茶坊，共有六座橋，早年沿河兩岸楊柳茂密，爲市民炎夏納凉避暑之地，遂被命名爲『六橋溪柳』，地方志書誇爲本市八景之一，這也是古老城市居民在没有公園可資游憩的情况下，用『慰情聊勝無』的説法，自作解嘲罷了。《詩經》説『善戲謔兮，不爲虐兮』，我市先民，真個有此風度。

孔子廟辨誤

呼和浩特新舊兩城共有三座孔子廟的沿革概况，我們在前面的建置篇幅裏已經談過，現在要談的僅限於土默特旗所建的這一座。因爲清朝末葉及辛亥以後的幾位方志學專家，對於這座孔子廟的歷史沿革有不同的説法，其最主要的争論，都集中在宋朝番漢都指揮王承美所建豐州孔子廟，和土默特旗都統丹津於清朝雍正年間所建的孔子廟，有無關係這一點上。光緒初年，張曾著《歸綏識略》，雖在孔子廟條下摘引了《宋史·王承美傳》在豐州建廟的原文，但並没有肯定丹津的新構就是承美的舊基。到光緒末年高賡恩修《歸綏道志》《綏遠旗志》《土默特旗志》時，却持了一個照抄舊文，不加論斷的態度。辛亥後，張鼎彝著《綏乘》時，就肯定了這兩座廟有因襲的關係。抗日戰爭以前，原綏遠省通志館所編寫的《綏遠省通志稿》，因根據土默特旗的蒙文舊檔案，説在丹津建廟前那裏就有一座規模簡陋而破舊的古廟，便認爲它可能是王承美舊廟的遺址，這就和《綏乘》犯了同樣不符史實的錯誤。現在爲了查明真實情况，我們先把《宋史·王承美傳》摘抄幾句，作爲研究根據，隨後再進行分析。這樣做，不僅可以糾正前輩多少年來的謬誤，也可以給讀者提供一個比較明確的概念。《宋史》説：

『王承美，豐州人，本河西藏才族都首領。其父事契丹，爲左千牛衛將軍，開寶二年率衆來歸。承美授豐州牙内指揮使，父卒，改天德軍蕃漢都指揮使、知州事，移豐州刺史……太平興國七年，與契丹戰，斬獲以萬計，擒其天德軍節度使韋太以獻。明年，契丹來寇，又擊敗其衆萬餘，追北至青塚百餘里，斬獲益衆。以功授本州團練使……淳化二年冬來朝，令歸所部，控子河汊。……景德初來朝，以其守邊歲久，遷本州防禦使……尋請於州城置孔子廟，詔可之。未幾被疾，遣中使挾醫視之。大中祥符五年，卒。』

（《宋史》列傳第十二王承美傳）

上面摘引的這一段《宋史·王承美傳》原文，就是許多前輩對本市孔子廟看錯的一個重要根源，張曾、高賡恩不敢下結論而張鼎彝却堅信丹津的孔子廟就是沿用了王承美的遺制，都是受了這一段史文的迷誤而表現出不敢反駁和輕信態度的。其實張曾引用了王承美的傳文，不再進行批判，本來就是一種嚴重的錯誤，這種現象很自然地給張鼎彝造成了一個堅信不疑的依據，至於高氏的沉默，就更卑卑不足道了。

關於豐州孔子廟的問題，如果僅從豐州、青塚、孔子廟這幾個名詞來看，那就很容易被《宋史·王承美傳》裏的叙述所迷誤。如果我們從其它方面多做些分析，立刻便能看出王承美的孔子廟和丹津的孔子廟是根本没有牽扯的。現在我們試從以下幾方面來研究一下，就可以知道前輩們的著録都錯了。

第一，我們先從北宋初期和契丹、西夏立國的疆域界限來估計一下。自五代時石敬瑭把『燕雲十六州』割給契丹以後，經晉、漢、周三個朝代，都無力收復，也就是説這些朝代的領土，始終不能越過雁門關而佔有契丹的豐州。因爲這個州在雲、應、朔三個州的北面，中原的任何朝代，如不能佔有這三個州，就絶對不能越三州而久領豐州。這是五代至北宋在北邊地域形勢上一個很明顯的事實，凡稍知當時歷史地理情况的學者，都不能否認這一點，特别是周朝和北宋初期還有一個號稱北漢的小朝廷建立在山西太原，它是夾在周、宋與契丹國界之間的，宋將王承美在那個時期怎麽能跨過北漢國境，深入契丹版圖以内，擔任豐州職務至一世之久呢？自郭威篡漢稱周，改元廣順（公元九五一年），劉崇就據晉陽稱皇帝，號北漢，至宋太宗趙光義太平興國四年（公元九七九年）才滅了北漢，但也僅僅恢復了石晋時的疆域界限，至雁門而止。距離契丹豐州還有七百餘里，實在不可能派人到那裏作刺史。這種情形，至北宋滅亡的年代，欽宗趙桓靖康二年（公元一一二七年），一直没有改變。這就證明王承美不但在開寶至太平興國間不能佔有契丹的豐州。就是至他死的年代，大中祥符五年（公元一〇一二年），他也没法到這個州來任刺史，而且在契丹史（即《遼史》）的記録裏，也絶找不到西京道的豐州曾被宋將王承美攻破，佔據了一輩子的痕蹟，因王承美在豐州不是暫來暫去，而是住過一生的，假使真有這樣一件事，契丹史書是絶不能隻字不提的。

第二，我們從《宋史·王承美傳》所叙的一些事蹟來研究一下。首先我們應該問《宋史》所叙，難道完全是虛構麽？我們的答案應説並非虛構，它叙述的絶大部分都是事實。只是王承美任刺史的豐州，是宋的豐州，而不是契丹國境以内的豐州。我們呼和浩特所以沿用古豐州這個名稱，正因爲我市郊區有遼豐州即契丹豐州的緣故，怎能把宋豐州刺史王承美的事蹟拉來作掌故呢？從前的學者們僅知道隋唐有豐州，在今河西伊克昭盟的杭錦旗東部；遼有豐州，在今呼和浩特東郊。至於宋有豐州，在今陝西省府谷縣北邊，就很少有人注意了，然而這却正是王承美真真確確駐守了一生的地方，也就是《歸綏識略》《歸綏道志》《綏乘》《綏遠省通志稿》等書的著者們没有發現的一個地方。既然没有發現這個有關鍵性的地方，便不能不在隋唐契丹的豐州上打圈子，最後造成臆斷、武斷的結論，也就是必然的了。宋有豐州，見於宋朝以後許多輿地書籍的記載，現在我們撮要摘録幾條，作爲我們論點的根據，並供讀者參考。

《宋史·地理志》：『豐州，下。慶曆元年（公元一〇四一年），元昊攻陷州地。嘉祐七年（公元一〇六二年），以府州蘿泊川掌地復建爲州。今軍事。政和五年（公元一一一五年），賜郡名寧豐。崇寧（公元一一〇二至一一〇六年）户一百五十三，口四百一十一。貢甘草、柴胡。』（卷八十六）

《輿地廣記》：『下，豐州。自五代以前地理與府州同。皇朝嘉祐七年以府州蘿泊川掌地置，東南接府州，西接麟州，不統縣。』（卷第十九）

此外還有王存《元豐九域志》、顧祖禹《讀史方輿紀要》等書，都有關於宋豐州的記述。因爲五代末期，隋唐所建的豐州已爲拓跋思恭子孫所據，到北宋時便成了西夏國的領土。契丹國又在晉富民縣舊址擴建了自己的豐州——即呼市東郊白塔村的古豐州。王承美父子原是西夏境内豐州的藏才族，先事契丹，後又降宋，宋朝把他們安插在府州北界子河汊一帶，就把這一隅之地命名爲豐州以慰其家鄉之念，這也是很自然的一種措施。可是由於這個豐州地區既狹，人口也少，存在的歷史也遠不及西夏契丹兩豐州的悠久而有名。這就是上述那幾位方志學家，丢掉府谷境内的宋豐州而把遼豐州和王承美的史蹟糾纏在一起，永遠得不出一個正確可靠的結論的緣故。關於王承美與本市孔子廟無干的證據，我們本來還可以舉出許多，只因豐州的錯誤既已辨明，這一問題就算得到解决，如再多説，反成累贅，現在僅舉一點，作爲我們的結束，那就是：丹津所修的孔子廟，在遼豐州城西四十里以外，假使宋王承美曾在這裏修孔子廟，也絶不能把它修在離城四十里的草灘裏，這道理還不明白麼？

卧龍岡

呼和浩特在前清二百餘年的悠久時代裏，雖然也陸續增建了許多祠壇寺宇，但除了加强封建宗教色彩以外，是没有爲人民群衆福利設想的建築物可談的。如果説有，那也只是人民自己集資修建的幾座石橋而已。至於風景游憩之地，如水石園林之類，就更没有人注意了。在地方舊志書的記録中，雖有某園某園的幾個名稱或碑記，聊備一格，然而這些所謂名園也者，充其量也不過是將軍府的馬號，道公署的菜圃，推土掘池，略加裝點，便自誇可與平泉、緑野媲美。這本來是當時遠宦塞外的人們一種無奈何的做法，可是就這些因陋就簡的場所，也只能是大人先生們獨樂的禁地，廣大居民是没有窺園權利的。那時全市人民在炎夏納凉，除到前面所説扎達海河邊『六橋溪柳』以外，就只有到舊城東郊的卧龍岡了。

卧龍岡遺址，就是現今的人民公園，我們爲了追溯這個地方的沿革，使讀者能更清楚地瞭解它的變動情况，就决定從它的古老名稱卧龍岡談起，使全市人民從今昔生活的對照中，激起對社會主義建設的熱愛情感，也許是很有必要的。考卧龍岡這個地方，原來是土默特旗『先農壇』所領『藉田』地的一部分。在前清時，先農壇是朝廷規定必須祭祀的壇廟，也就是列在祀典的重要典禮之一。年年仲春，皇帝在北京『先農壇』致祭，並舉行躬耕三推大禮的那一天，各地方的封疆大吏也必須在他所管的地區舉行同樣的禮節。土默特旗都統也在這天的黎明前，率領全旗官吏到『先農壇』致祭，做一次耕藉田的表演，三品以上官（參領）都要換穿特製的蟒服朝衣，參加陪祭。這個儀式在當時是頗爲隆重的，正因爲封建時代用這種方法勸民『力田』，所以對於代表這種意義的先農壇也就不能不特別重視了。壇有旗公署所派的廟祝一户，以守壇爲世業，兼負催交藉田租銀的任務。壇北百十步就是卧龍岡，其形狀僅是平地凸起的一個土丘，周圍不過十餘步，高不過尋丈，就地勢而論，實在没有什麽可以誇張的特點。只因岡的南坡下有從平地湧出的一個水泉，匯成小小的蓄水池，岸苔萍藻，經久常青，藉田佃户也能從池畔開渠引流，澆灌蔬菜，茅屋老樹，疏疏落落，散布在壇廟的四周，雖無佳景，却饒野趣，這就自然而然地成爲當時城市居民踏青漫步雅游之地了。壇廟紅墻以外的西南隅，也有一個湧泉匯成的深池，俗稱老龍潭，夏秋灌園，冬季伐冰，因爲潭水清潔，冰質堅瑩而不污，所以城裏經營冷飲小食的商店，都於冬至前向旗公署請領挖冰憑照，在壇廟外租地掘窖藏冰，準備次年夏季出售。這是清代我市唯一窖冰之地，也是有關全市人民生活的一件舊聞，特附於此，以存故實。

自辛亥革命以後，國體變易，清代典禮也就隨着時勢而逐一廢除，所謂祭先農、耕藉田的那些舉措，也就當然成爲歷史的陳蹟了。但是本市在炎夏季節往卧龍岡游憩的傳統習慣，却不因封建皇朝的祀典存廢而有所改變，甚至可以説夏季到卧龍岡一帶散步的人民比前清時代更多了。其主要的原因是清代夏秋兩季，城郊附近的許多農村，都輪流不歇地有定期或不定期的盛大廟會，演戲酬神，城裏居民乘車騎馬步行趕這種會，叫作『踩青』。辛亥以後，不僅農村廟會稀少，就是城内例行廟會也幾乎絶蹟了。試想全市居民既無廟會可趕，他們不到卧龍岡漫游又有什麽地方可以散悶呢？這便是卧龍岡這個平凡地區雖無公園之名，而確具有公園之實的一種奇特現象。古語説：『物以罕而見珍。』我市當年的卧龍岡，大概可以説是具備了這個條件的吧。

到一九三一年（民國二十年），原綏遠省建設廳鑒於全市居民都迫切需要一個閑暇游覽的場所，初議備價購買代縣人翟鳳林的果樹園改闢公園，後因翟家索價過高，而地址又在舊城西北郊，過於偏僻，乃決議就在新舊兩城之間卧龍岡地帶逐漸修葺，創爲市民公共嬉游之地。經營數年，種樹五千餘株，水閣茅亭，初具規模，命名爲龍泉公園。但是始基草創不久而『七·七事變』突發，市民願望，又成畫餅。日寇侵佔時期，在這裏建立了他們强盗式的神社，砍樹鋪沙，變卧龍岡爲寸草不生的血腥之區，市民側目繞道，視同陷井。卧龍岡的厄運，到此可算達於極點了。

日寇投降後，强盗式的神社雖被人民拆毁，但鋪沙布石的地基還不能即時清除，原來的林木池亭更無法早日恢復，因此在日寇投降到綏遠解放的數年間（一九四五至一九四九年），幾乎又成爲卧龍岡的原來狀態。到綏遠省和平解放後，由於城市的發展，人口的增多，各項建設事業都以一日千里的速度向前邁進，而修建公共游覽場所，也就成爲全市人民刻不容緩的一種要求了。市裏的黨、政領導機關爲了解决這個問題，就决定把舊龍泉公園改爲人民公園，並擬訂逐年擴建初步計劃。幾年以來，按計劃發展，不僅園址擴大，就是設備方面也都作了相當的努力。在革命烈士紀念塔四周，有新闢的湖塘，夏可划船，冬可滑冰，有跳舞場，有凉亭水榭，有禽欄獸苑、花圃菜畦。凡塞外氣候裏可以養活的芬芳草木，美麗鳥獸，都從國内外作了盡可能的徵集和收購。常年在園中做經營管理、培植飼養的員工，就有五六十人。就現在的規模來看，雖還不算完備，不够一個現代大城市公園的標準，但是從它的發展前途來估量，我們相信在不久的將來必然能臻於美備的。我們固然不願拿往年的卧龍岡和今天的人民公園相比，使自己滿足於現狀，可是就這樣一個還在幼稚時期的園地，已經是呼和浩特三十萬市民日常生活中不可缺少的樂游園了。

在抗日戰争以前，本市除卧龍岡外，還有一些公私園圃，其在官署以内的，雖經前後官吏標立名稱，撰文刻石，但主要意義無非是歌頌封建德惠，附説這些修園官吏自己是怎樣的高雅不俗而已。現在那些官吏之園，既已都不存在了，所有那些自命不凡的胡謅之文，在我們看來就更没有抄存的必要了。前邊提到的翟鳳林私人營植的果園，解放後已收爲公營的試驗苗圃。原在老龍潭東南有董姓菜農的櫻桃園，被日寇摧殘，並未恢復，今已劃入基建地區，都没有什麽林泉風景可供市民游覽，因此我們也就不再瑣碎追述，浪費本章的珍貴篇幅了。

民間傳說的一些古蹟考證

我國歷史與地諸書，對於塞外的記載，不是失之過簡，便是失之太亂。在這種簡與亂的影響下，使後世撰輯地方志乘的人們也發生了兩種偏向：一種是因簡而產生的推測補充，一種是因亂而產生的張冠李戴。由於這種不科學的主觀錯誤，就不免引起民間以訛傳訛，甚至附會戲劇小説，指實事物以證明齊東野語之有據。此種現象，各地都有，所以王湘綺的文章説：『蜀道搜奇，樊梨花居然有墓；關中覽古，王寶釧未必無窑』，正是指明這些無稽之談，各省都是用保存古蹟姿態把它珍視起來的。我們呼和浩特市轄境以内當然也不能例外，也有許多民間傳説已久而史無確證的古蹟，遺留在郊區，下邊就是我們摘録並加以考釋的一些事例。

楊六郎箭

這枝所謂楊六郎箭，其實並不像箭，只是一條丈餘長木椽，栽在市郊東北大青山蟠龍谷裏的坡地上，深入土中，可摇而不可拔，頂端有比平常犁鏵還大的一個鐵鏃。據民間傳説：宋朝楊六郎鎮守雁門關的時候，曾與遼國談判，劃分邊界，他要求遼國讓一箭之地，遼國答應了。他就秘密派人在夜間潛入遼境，預插這枝大箭在山裏，次日即在雁門關上向北發射，詭稱射到陰山，便把山前地劃歸宋國。這段話只是無知愚人任意揑造、欺騙村童的説法，凡精神正常的人是絶不會相信它的。可是張曾作《歸綏識略》時，却把楊六郎的事蹟引證了很多，他雖然也不信射箭這回事，但總想把楊六郎説成與此地有關的人物，這就錯了。按《宋史》楊延昭（即俗稱楊六郎）傳所記録的事蹟，他除隨父攻應、朔，戰朔州城下一役以外，其後一生戰績都在河北，他根本就没有鎮守過雁門關，怎能與遼國談判雁北的邊界呢？

那麽，這個安鐵鏃的長木椽，究竟是什麽時代什麽人插在山裏的一個遺物呢？據我們根據鄂爾多斯部的『蘇勒定』來判斷，這椽也是元明以來蒙古部落自己建立的蘇勒定之類的東西，鄂爾多斯伊金霍洛有成吉思汗所遺的蘇勒定，它的形狀正是頂端有個箭鏃形的長鋒，鋒座以黑馬鬃爲垂纓，用木竿樹立在成吉思汗陵前。據傳説那是成吉思汗宿營時懸九旒大纛的桅竿，蒙語稱它爲『蘇勒定』。在鄂爾多斯左翼前旗境内，也有兩處立着形狀與前者相同而體制略小的『蘇勒定』，據説那是成吉思汗第五夫人、第四子拖雷的掛旗桅竿。我們從這幾處的『蘇勒定』遺制，可以肯定蟠龍谷裏的楊六郎箭就是明朝俺答所統率的哈喇沁三部宿營地點的『蘇勒定』。因爲哈喇沁三部東遷以後，無人看護，成爲一個髹纓失落，銹鏃獨存的箭形奇物，鄉民不識，訛傳爲楊家勁矢，只可付之一笑罷了。

焦贊墳

在蜈蚣壩溝的山彎處，有一個堡寨形的殘破遺蹟，佔地約二畝弱。拱門廢壁，還可辨認，民間傳説這就是宋朝楊家裨將焦贊的墳墓。歷來撰方志的學者們雖不信這一傳説，但也證不明它究竟是個什麽地方，因爲傳説的謬誤很明顯，那就是焦贊這個人不僅正史裏没有他的痕蹟，甚至小説戲劇中所形容的焦二爺也没有説他來過這裏，或死在這裏的事實。縱然在洪陽洞一劇中有焦贊私下蕃營，盜楊業屍骨，被孟良誤殺的故事，但楊業是在陳家谷戰敗重傷被遼軍俘去，行到獨石口外才絶食而死，那裏有爲楊業建立的一座小廟，據説就是他的死處。那麽，焦孟搬屍，也絶不會背道而馳地跑到遼國西北地區的豐州來，這就是説不論焦贊有無其人，搬屍有無其事，大青山裏的焦贊墳是絶對不足信的。

我們知道『蜈蚣壩』是陰山南北的交通要道，它從漢、魏、隋、唐一直至近代，都是通漠諸道中的主要路綫之一。元朝從豐州到漠北的和林，就是經由蜈蚣壩這條路的，所以元仁宗延祐六年（公元一三一九年）曾修理過它，並立石刊文，稱爲《延祐修葺甸城路碑記》。這塊碑石現保存在本市文化局裏，我們從元代修路立碑的情况來看，就知道當時對於這條路的保護是非常重視的，而這個民間傳説的所謂焦贊墳，便很可能是護路兵役駐屯的一個據點。這從它不像個墳而很像個小堡寨遺址就可以看出來。至於它被訛傳爲焦贊墳的起源，據我們判斷它是從土默特部落定居在豐州灘以後才開始的，這是因爲元末明初，南北混戰，豐州故蹟殘破極多，這個護路破堡，也没人能傳述它的原始作用了，可是當土默特奠居在呼和浩特以後，却在這裏設了一個稽查站，稱爲壩口子站。每月輪替派一小職員駐在村裏，一面檢查過往人畜車馱，一面徵收修路捐款，除月終以三千制錢交旗庫，謂之交官錢外，其餘收多收少，都歸這個小職員所有，叫作貼補。這些小職員平時在旗署辦公，是自備口糧，不領工薪的，一年能出一個月的壩口子差，就很滿意了，每輛四套大車到站，必須交納三十文修路費，才能通過。錢雖不多，但車馱到站却一定要停住交錢領票，人們就把這個地方叫作交站費的地點。本地人讀站字音如贊，於是乎交站費，就漸漸訛成焦贊墳了。這種交費制度，在辛亥革命後還保留了一段時間。至一九二四年（民國十三年底國民軍到來，才勒令取消）廢止。另一説，認爲壩口子站是土默特旗通往西北路驛站的第一站，叫作『郊站』，遂訛爲焦贊，至於墳的説法，則是音訛以後附會上去的。這兩種説法，無論哪一種，都是由土默特部落在這裏設站所引起，則是無可置疑的。

甘珠爾罕

這是舊城延壽寺西廂後面一座小型古廟，據該寺喇嘛傳説它是宋朝修建的佛宇，已有一千多年的歷史了。並説檁梁木架都用皮筋扎縛而不用鐵釘，更足以證明它的年代是很悠久了。最近也有些不考歷史的人，根據這種説法，互相轉述，信以爲真。我們爲了糾正這種訛傳，把這個廟的情況附帶分析説明一下。

考黄教傳入内蒙古地區以明朝萬曆七年（公元一五七九年）阿勒坦汗即順義王俺答從青海迎來的活佛爲最早。在此以前，元朝大都和各部落蒙古所敬奉的都是紅教，萬曆六年（公元一五七八年），俺答可汗因用兵於青海，才和第三世達賴喇嘛在尼洛木塔拉地方會見，並開始信仰了黄教。案《蒙古源流》説：『汗請棟科爾滿珠錫爾瑚圖克圖親身帶領，歲次己卯（即萬曆七年），回至蒙古地方。……』這就是黄教喇嘛第一次進入内蒙古的可靠記録，推算它最早的年代到現在不能超過三百七十八年，僅比舊城的建築提前七年而已，怎能有一千餘年的悠久歷史呢？由於阿勒坦汗用漢語譯爲『金國可汗』，一般人就認爲是與宋朝對立的完顏氏金國，其實這是一個很大的錯誤。至於綁木架用皮筋不用鐵釘，這不但證不明它是宋朝的建築，而恰恰相反，我們正好證明它是明代的蒙古式結構。因爲明朝與蒙古在沿長城綫指定的幾個地點進行互市，對於鐵的出口，限制極嚴，凡鐵器都有定額，過了定額，就以違禁論罪。蒙古人如想在定額外買一鐵鍋，也必須把破鐵鍋交出，才可以換來一個同等重量的新鍋，這是爲防止蒙古人用鐵改造兵器的一種做法。在這種情勢下，蒙古地方缺乏鐵釘而以皮筋來代替，就成爲一種很自然而且是必要的方法了。

以上所述，是呼和浩特市轄境内訛傳較廣的三處古蹟，爲了避免謬種流傳，久而更謬，我們已經根據歷史事實作了應有的考證説明，其它稍有訛傳性的細小事蹟，我們就〔不〕打算再去分析，如西太后幼年住過的落鳳街，劉統勛私訪時寫過的東升店匾額之類，都不須多談。現在我們要在前邊所記這些古蹟的後面，附帶談一談呼和浩特在二十世紀以前的幾個戲園、戲班、飯館、商店和市民生活的若干特點。凡這些項目，都是封建舊社會統治階級所謂士大夫不屑關心的事情，今天如再不記述，恐再過多少年就根本没有人知道了。因此，我們不惜多費一點篇幅，把它們擇要地記録起來，作爲古蹟類的尾聲吧。

燕美園、同和園、普慶園

這是呼和浩特市三個古老的戲園。燕美在舊城小東街路東，同和在舊城大西街路南，都在已經拆去的舊城南門外。它們都是清朝乾隆（公元一七三六至一七九五年）年間的建築物，據老輩傳説，在燕美、同和兩園之前，還有一個普慶園，在今小西街與寧武巷的拐角處，後因地址偏僻，於咸豐（公元一八五一至一八六一年）年間拆改爲當鋪。自此以後，呼和浩特就只剩燕美、同和兩園了。這兩個戲園的營業方式，和現代的戲園是大不相同的，它們不是每天演戲售票，而是有季節的，每年大約只做三個半月生意，平時則僅以賣黄酒、出賃筵席用具爲職業。每年到農曆十月即立冬以後，塞外天氣漸冷，各種廟會野臺戲已不能出演，這就要到這兩個戲園演唱了。

在開演前一個月，兩園的跑街人就急急忙忙到各大商號、衙門、公館等有錢的地方，去包攬預訂酒席，逐日安排，直排到十二月二十三日祭竈後垛戲箱爲止，每日約可擺二十餘席，每席六客，每客約需制錢一千文，主人請客最少須够一桌，交足一桌的筵席費，看戲就不再花錢了。這種宴會，在春節前後約停二十多天到一個月，過了元宵節，從正月二十日起又能熱鬧一個月左右，至二月十九日天氣漸暖，觀音廟又開始唱野臺戲，兩園吃酒看戲的季節就算結束了。這樣的風氣，沿續了一百大幾十年將近二百年，直至辛亥革命以後，才停止了賣酒席，改爲售票演戲的普通方式。其後燕美園改建為現今的大觀戲院，同和園改建爲同樂劇院，這是今天本市居民很熟悉的事情，用不着我們再多談啦。

吉升班、長勝班

這是呼和浩特在前清光緒（公元一八七五至一九〇八年）年間很有名兩個老戲班。據老輩傳説，在這兩個戲班以前，本市還來過兩個老皮黄班，一名大黄腔班，一名二黄腔班。在這以前，塞北已經有私人組織的晉劇班，只因駐防綏遠城的滿洲八旗官兵，不愛聽晉劇，就從京、津等處邀來這兩個皮黄班，到同治（公元一八六二至一八七四年）年間，由於後繼演員人材接續不上，就歸於消滅，現在舊城小召後街有一個小胡同名叫黄腔巷，就是當年這兩個皮黄班的下處。自皮黄兩班垮臺後，晉劇吉升、長勝兩班才相繼紅起來，民間稱這兩班戲爲『字號班』，以示與個人領戲，用個人名字組班——如『侯攀龍科班』、『白三碌碡班』、『獰眉三子班』——的有所不同。而事實上這兩班也確比那些人名班要好得多。因爲他們每班都有自己的幾個著名骨幹演員，本地俗話稱這些角色爲好把式，都具有相當大的號召能力，並各有各的熱愛觀衆，就是許多『自樂班』的清唱愛好者，凡是能唱出名聲來的，往往是從模仿這兩個班裏的某名角唱法，用心揣摩，才逐漸取得群衆的稱贊，這種情況，一方面説明兩班演員藝術的不弱，另一方面也説明本市居民對戲劇的喜愛。

五十年前，本市居民每天都有不花錢看戲的機會，其原因是：本市各種商業、手工業，各地來這裏的客籍同鄉會，都有自己的社。如商業中，銀錢行叫『寶豐社』，當行叫『集錦社』，酒食行叫『仙翁社』，北京販羊商叫『京羊社』，如此之類，不下數十種。其次，手工業中，製皮靴的就叫『靴匠社』，做氈的就叫『氈匠社』，凡有一種手藝行就有一個社，名稱比商業還多。又其次，同鄉會中，大同人有『雲中社』，雁南人有代州、忻州、定襄、榆次等社，凡能組成一個同鄉集團的，就都有一個社。總括這三種類型的社，大約有一百多處，分別寄設在全市許多神廟裏，每廟自二三社至四五社不等。每社每年最少要演一次戲（三日），富社或多至二三次。這種戲都在神廟前的野臺上表演，任人立觀，不加限制，所以兩個班子在春、夏、秋三季，經常是川流不息地給這些會社作酬神演出。再加城郊農村，也有謝雨、謝茬等各種名目的賽會演唱，就使這兩班戲更覺繁忙了。舊社會的戲班，就是在這種經濟基礎上生存的。

前面已經談過，一到冬季這兩班戲就要進入戲園，但在進入戲園之前，還有一種不足爲訓的緊張準備工作。那就是班主和園主共同派人到處地邀約名演員，近處到大同、張家口，遠處到太原、北京。他們的正常辦法是派熟悉外碼頭情況，能説會道的人，携帶重款到各埠邀角。一經談妥，即先付一部分包銀，把角邀來。這是一種較合法的手段。萬一這種手段達不到目的，他們就要賄買『塞上健兒』，以綁架的方式去完成這項邀角任務。或乘夜襲取，或中途劫奪，幸能得手，便用輕車健騾裝載，以快馬白刃擁護，一日一夜急馳二三百里。只要跑出原管地區，便算成功，便可從容把演員接來，公開上演。縱然本主追來，也能等到垛箱後，才能把角領回。本來這兩個班子不添新角也可以照常演唱，只是園主爲了擴大號召，多賣酒席，才這樣做的。光緒末年，吉升、長勝兩班都因老角凋謝，趨於涣散。那些老輩名演員的唱法，也早已成爲絶響。

旺春元、錦福居、榮生元

這是前清時代呼和浩特三個很負盛名的老飯館。它們開業的年代，大致和上述兩個戲園差不多。『旺春元』在舊城三官廟街路北，『錦福居』在舊城大南街路西，『榮生元』原在舊城棋盤街路東。前兩個都於清末歇業，只有『榮生元』延至辛亥革命後，遷到恒昌店巷口營業數年，不能掙扎，倒閉了。當時一般市民稱這三家爲『細館子』，因爲它們包辦酒席外，還有各自特長的名貴菜肴，如『旺春元』的各種燒烤，『錦福居』的甜菜和葷素糕點，『榮生元』的水晶肘子、過油肉等，都是人們津津樂道的。從清代呼和浩特這個城市的現象來看，這三家就可以算作上等飯館了。其次，還有幾家中等飯館，市民稱它們爲『二細館子』。如舊城小召前半道街路西的『惠豐軒』，大西街路南的『雙和元』，都屬於這一等級。它們主要是賣便飯，偶然也賣酒席，但很少，這種飯館的開業年代甚至比前邊三家還要早些。據惠豐軒的東家自詡說它是康熙年間開張的，從清初本市商業發展的情形來看，這話也許不誣。這兩家雖屬中等飯館，但也有它們的特長，那就是它們從冬至到立春『賣頭腦』。這是其他飯館都沒有的一種名貴食品，明朝人稱它們爲頭腦酒，本市居民則只稱頭腦而不稱酒。案《堅瓠集》有『頭腦酒』一條，說：

『《涌幢小品》（明人朱國楨著——編者）：冬月客到，以肉及雜味置大碗中，注熱酒遞客，名曰頭腦酒，蓋以避寒也。考舊制，自冬至後立春，殿前將軍、甲士，皆賜頭腦酒。』（堅瓠二集卷三）

明末朱國楨和清初的褚稼軒所著雜記，既都談到『頭腦酒』，可見這種食品在明朝已經很盛行了。可是按他們所記述的吃法來看，就覺得和本市的舊傳統吃法有些兩樣。他們是把肉與雜味置大碗中，注以熱酒敬客的。我們這裏却是把榨過黃酒的新鮮糟粕用井華水淘洗，直至淘成如煉乳色質，才在黎明前賣一次早市，到太陽出來時便已賣完。從冬至到立春，只出賣一個半月。它的吃法是每小碗算作一份，每碗中置肥山羊肉（不用綿羊肉）二塊，鮮藕二片，長山藥兩節，都用糟乳煮熱敬客，這種東西是有濃鬱的酒香而沒有强烈的酒精，多吃幾份也不至醉，所以不能飲酒的老年人，往往喜歡吃『頭腦』。據前輩傳說，它是清初山西陽曲縣大儒傅青主先生根據醫理發明的養老秘方。因此在前清一代，只有山西太原城（即陽曲縣）的清和元一家，與本市惠豐軒、雙和元二家飯館，賣『頭腦』最出名，這與明朝賜殿前將軍甲士們的『頭腦酒』是根本不同的。

這種食品的製法，並不簡單。它必須用當天的新鮮酒糟，隔一日就不能用了，又必須用井華水淘洗，不能用熱水，因爲舊糟和熱水都必然淘成黑青色無酒香的濁汁，絕對淘不出潔白帶香的乳狀汁來。每日淘洗，都在夜間，到鷄鳴前就要準備妥當，做這工作，以酒大師傅爲主，堂倌們輪流協助。淘洗的時候，酒大師傅把一雙赤臂伸入井華水大缸中不停搓擦，約需三小時以上的才能完成這一天的任務，數九季節，每天夜間在冷水裏製造這種食品是相當艱苦的。然而吃的人只知稱贊味美，却很少有人注意它的做法。這也是前清時本市飯館雖多，而以『頭腦』出名的只有這兩家的緣故。現在『雙和元』久已歇業，僅『惠豐軒』還在原地經營，名聲已不及前。在中等飯館（即二細館子）以下，還有一種普通飯館，它們不賣高貴菜肴，也沒有特長食品，除一般牛羊肉菜和餅、麪外，主要是賣蕎麪餄餎。這是一種能即時大量生產的食品，它是把餄餎牀架在出號大鍋上，一個身重體强的壯年後生把上半身依俯在從屋頂垂下來的吊板上，而把臀部坐在餄餎牀的壓杆末端，一起一落不停地壓，蕎麪絲就絡繹不斷地掉進鍋裏。邊煮邊賣，顧客雖多，不須久待，最爲城鄉勞動人民所喜愛。這種飯館多數開設在舊城邊沿接近四郊的街道上。自辛亥以後逐漸減少，到日僞侵佔時期，由於倭商到處開設東洋便飯館，這些落後的小飯館就被擠不能立足了。嘆息之餘，特述概略以存古蹟。

在本市人民的日常生活習慣中，有一種食品傳來很古而至今仍能保持不絶的，應該首推茶館的燒賣了。這種東西，説來極平常而名聲却不小，前清時北京前門外糧食店、煤市街等處做燒賣的飯館，所懸市招上往往標出『歸化城燒賣』字樣，借作號招，辛亥革命後，這些市招還有照舊懸掛的。可見本市的燒賣，贊爲名播京師，並不能算作誇大。我們祖國各地，凡帶有區域性的家常食品，都有它的特殊風味，也就是説在製造方法上各有它的獨到之處。雖北京所標榜的『歸化城燒賣』，其實質較之本市還是相差很遠，這是四十年前我們在北京讀書時親自嘗過的。至於本市早年做燒賣最有名的幾家老茶館，如『廣和元』、『中和元』、『長義元』，做得皮薄如紙而柔韌不破，碎肉葱薑餡，到蒸熟出籠時，香布滿堂，使顧客食欲爲之激增。吃時，用筷提起，垂垂如細囊，放在碟裏，團團如小餅。這是任何地方都做不到的。其餘幾十家雖不能與這幾家相比，但也還是各有其特色的（如某種糕點好）。這些茶館從早六時開門，至中午十二時封爐，家家都是座上客常滿的。聽説廣州市民也有坐茶館的傳統習慣，那麽，嶺南塞北，可謂同風。

以上我們談了呼和浩特在前清二百餘年間市民生活習慣方面的一些情况，以下我們打算再談談形成本市早期經濟生活的若干特點。這首先應該從商業談起，並須以清初開業的三大號作爲我們談話的綫索。

大盛魁、元盛德、天義德

這就是呼和浩特『三大號』的名稱，其中大盛魁一家，尤具有突出顯著的代表性，元盛德、天義德兩家雖與前者分享鼎足聲名，但實力不如其雄厚，觸鬚不及其廣泛，所以到辛亥革命時期，兩家相率倒閉，如煙消燼滅，没有引起當時社會及商業上的任何波動，而大盛魁則比那兩家多延長了大約二十年才歇業。在這最後二十年間，它雖然已成强弩之末，但對全市商業，却仍起着一種大樹庇猢猻的作用，至於它歇業後的影響就可想而知了。

爲了説明呼和浩特在前清時代的商業特點，就有必要把這個城市的早期情況先談談。自明朝嘉靖八年（公元一五二九年）土默特部首領俺答開始與明朝打麻煩，其最主要的願望之一，就是要迫使明廷答應在長城沿綫各口開馬市。所謂馬市，就是蒙古人可以公開用馬和其他牲畜換買内地商人的日用百貨，解決牧區人民生活上的困難問題，這從俺答當時作爲韃靼國右翼各部落統帥的地位來説，他有責任解決這個問題，而他的實力也足够作爲解決這一問題的非常手段。可是明朝這位嘉靖皇帝，偏偏是個剛愎任性的人物，無論如何也不肯批准開馬市，這就造成俺答年年擾邊的借口。到嘉靖二十九年，俺答圍北京，才於無可奈何的情勢下，允許談判開馬市。但開了不久又閉了，俺答仍繼續擾邊不止。直到隆慶四年（公元一五七〇年）才因俺答受封而結束了這個麻煩局面，按年按季開馬市也成爲雙方都須遵守的經常制度。從嘉靖八年至隆慶四年（公元一五二九至一五七〇年）中間經過四十二年的鬥争，才算解決了這個互市問題。然而這次解決，正是充分説明呼和浩特在明朝是没有坐地商業的。

自清朝於順治元年（公元一六四四年）入關，建立帝國以後，長城内外，合爲一國，内地人民出塞已不能以投敵論罪了。同時由於明朝馬市的廢除，内地商販出口外做買賣，不僅成爲當時的必然趨勢，而且也是廣大草原牧民們所迫切希望的一件事情，這就是呼和浩特有坐地商業的開端，也是它以『通事行』爲重心而形成商業特殊情况的來源。終前清二百餘年間（公元一六四四至一九一一年），這種以『通事行』爲商業領班的現象，迄無重大的改變。讀者也許要問『通事行』是什麼行業呢？我們簡單回答，就是：凡和不會説漢語的民族做買賣的行業都叫作『通事行』，但主要是以蒙古人爲對象。這種行業的店員、學徒，從幼年初入商號就必須學習一種發音不正確的蒙古語，這種語音雖不正確，却能通行各地，凡懂蒙語的人都能聽懂，稱它爲『買賣語』，意思就是指它只能做買賣，不能在語音語法上求全責備，有時蒙古人把它當笑話説着玩。然而這種行業的老手，却不僅能説正確的蒙語，有個別人甚至能寫相當精練的蒙文，我們上邊標出的三大號便是『通事行』的權威，它們的店員學徒，都是這樣訓練出來的。

三大號的商業分支店和駝運隊，遍布於蒙古、新疆各地。每年大量運出百貨，運回遠方土産，在不等價交換的欺騙剥削方式下，它們的利潤是不能用百分比來計算的。因此，它們在清初雖然都是些小本經營的可憐小商號，但到乾隆時期（公元一七三六至一七九五年）便已發展成爲控制全市的商業主流了。我們爲了叙説簡便起見，只以三大號中最有代表性的『大盛魁』爲話題，來給讀者談它們當時的一些具體情况吧。據老輩傳説，『大盛魁』是在清朝康熙初葉由山西祁縣張、王、史三個小商人合夥組成的一家小『通事行』，經營數年，營業情况極壞，甚至連每天的食用也掙不來。某年除夕，夥計三人煮了一鍋小米粥，聊以充饑，適有一位素不認識的蒙古人拉了兩隻駱駝來投宿，歇下馱子以後，這位客人就出門訪友，一去不返，經過相當時期的尋訪，始終杳無下落，拆開馱子檢視，發現所馱盡是元寶銀。三人商量把這筆銀子作爲貨款使用，等候客人回來，按本利計還他，也不犯法。數十年後，營業已到稱雄塞外、遠近聞名的程度，而這筆貨款仍没有人來收。三人就遺囑子孫和後繼經理人，把這筆貸款作爲財神的投資，記入萬金賬。每三年算賬時，必須把財神股分的應得利潤，另款存儲。這是大盛魁獨有的一項奇怪鋪規，本市老年人都知道。

『大盛魁』駝隊，是用房子（即帳篷）來計算的。每二百隻駱駝編一隊，叫作一頂房子。其編法是這樣的：每十四隻駱駝連爲一串，由一個駝夫牽引，每十四串爲一百九十六隻駱駝，再加三個領房子押貨人的三隻駝，和一個引路尋水人的一匹馬，就湊足二百駝馬之數。每一頂房子所運的貨物，本來就不算少，而大盛魁每年派出去和返回來的房子，却是以幾十頂計算的，它的正確數字外人很少知道。但從它那跟房子的蒙古種巨獒數字上，可以估計個大概。據説每頂房子都有巨獒七八頭至十頭跟着，爲宿營守夜之用。經常飼養有七八百頭，如果數目達一千，該號就要給這些功狗演一臺戲，假定以十頭巨獒護送一頂房子來計算，那麽，『大盛魁』每年出入的房子，至少也有七八十頂，這從舊社會一個邊疆城市的商號來説，其規模就不能不算驚人了。這些駝隊所到達的地方，近處有喀爾喀四大部、科布多、唐努烏梁海、烏魯木齊、庫車，遠處有伊犁、塔城，更遠還到莫斯科，拉駝人稱莫斯科爲『茂司嘎窪』。他們從那裏回來，坐在茶館裏，津津有味地給同座人談俄羅斯的風土人情及寒冷氣候。當年本市所賣的紡織品如哈喇、嗶圖絨、嗶嘰、羽翎緞、羽毛紗、大絨、各色毛呢、毛毯，都是這些駝隊從俄國運來的。至於從喀爾喀、新疆等處，則除運回土産珍貴皮張和乾果藥材外，主要是換回駝、馬、羊三種牲畜。我們説換回是符合實際情況的，因爲這許多商品都是用馱出去東西交易回來的。他們究竟運出去些什麽貨色呢？那可以這樣説，凡是那些邊遠地方各族人民日常生活所需要的東西，簡直是應有盡有，但最主要的還是磚茶、綢緞、布匹。

像『大盛魁』這樣的商號，並不是一種孤立單純的『通事行』。它是按照自己業務上的需要，分設了各種專業支號，例如磚茶是第一主要商品，它就有自己投資開設的『三玉川茶莊』，分布在産茶地區的中心城市長沙、漢口等處，又在張家口、呼和浩特、包頭、寧夏等處設置集散堆棧，這就是專門經營茶的負責分號。綢緞布匹是第二主要商品，它也有自己投資開設的綢布莊『天順泰』，經常派有買客住在京、津、蘇、杭替老號負責採購紡織品。此外，款項需要流通，則有自己的票莊『大盛川』，專負國内各大城市匯兑銀錢之責（那時還没有銀行）。貨物需要調撥，則有自己的貨棧『東昇店』，專負各路駝隊來去裝卸雜貨之責。除馬莊遠設到武漢，羊莊長設到北京以外，還有在本市專負零售小群雜畜的羊馬店『德恒魁』，以及專負本市撥款過帳的錢莊『裕盛厚』。從上述的大概情況中，我們不難看出『大盛魁』在前清時代是怎樣一種氣派了，其餘兩家雖不能與它平分秋色，但既並稱『三大號』，也就可以説明它們並不是附庸小邦了。當前清還是閉關自守的純封建社會時期，這種規模的『通事行』就不能不算作財雄塞北，壟斷一方的商業了。所以每年秋冬之際，『三大號』的駝隊把交易商品帶回來時，不僅戲園飯館活躍起來，就是各行各業的生意流水，也都要表現一種突然的繁榮。以『通事行』爲中心，這是半世紀以前呼和浩特商業的一個特點。

這種局勢延續到前清庚子（公元一九〇〇年）以後，就逐漸起了變化。首先是資本主義國家的洋行來了，最早是『隆昌洋行』，跟着有『平和』、『怡和』、『仁記』、『美兹』等等大小數不清的洋行紛至沓來。其中有真的，也有外國流氓騙子空手掛牌的假洋行。凡三大號從前所做的生意，這些洋行幾乎無一不做。在這樣劇烈競爭之下，『天義德』最先垮臺。它的號址，先租給官廳佔了洋務局。辛亥後，改了警察廳。現爲市立第四中學的校址。『元盛德』繼『天義德』之後，也宣告歇業。現今只在舊城小召後街留下一個胡同名稱，叫作『元盛德巷』，僅供後人指點作談話資料而已。『大盛魁』自辛亥後，庫倫一再宣告獨立，新疆也屢次發生騷動割據局面，這就使它的駝隊無法通行，大量高利剥削舊債務也無法收回，無源之水，早晚必涸，這已成爲一般常識都能看到的現象。所以苟延二十年之後，仍不免根葉並萎，一敗塗地。可見封建時代的民族資本，到國家淪爲半殖民地狀况時，不論它們的資力怎樣雄厚，如不爲帝國主義的經濟侵略服務，便没有出路，這僅是從我國民族資本這一方面來談的。如果我們再從我國邊疆各民族地區的勞動人民這一方面來談，那種受剥削、受壓迫的慘狀，就更是一言難盡了。簡單地説，這些廣大的勞動人民（主要是牧民），受着執政王公的壓迫，受着喇嘛活佛的壓迫，受着一種貴族牧主的壓迫，另外再加上邊商高利貸的普通壓迫，試想在這層層壓迫之下，他們的生活怎能不陷入窮困悲慘、萬劫不復的境地呢？也許有人要問邊商『通事行』，只能説是一種剥削，怎麽能列在壓迫之列呢？讀者不知前清『大盛魁』住在喀爾喀、科布多、烏里雅蘇臺的老經理，多數是從清政府開捐例時候，花錢買有官職頭銜的，最高可以買到候補道，加捐二品頂戴。他們憑這種地位，放賬收賬，不僅廣大勞動人民不敢抗拒，就是一般貴族，假使到期不還賬的話，他們就要衣帽整齊，翎頂輝煌地去見執政王公，要求替他催債。那些執政王公也都是『大盛魁』的債務人，當然唯命是從，這就可以看出這些邊商經理，不但和部落執政王公分庭抗禮，實際上是操縱在握的。這種情况，怎能不説是壓迫呢？以上所談，都是半世紀以前的一些陳蹟舊話，僅供將來研究地方歷史的人們作參考。至於近幾十年的情形，那是大家比較熟悉的，不僅民族資本如『三大號』之類壟斷一方的商業早已垮臺，就是資本帝國主義的各種洋行、買辦階級，也在人民革命的掀天浪潮中淹没無踪了。舊時代所認爲萬劫不復的勞動人民生活慘狀，已經在中國共産黨的領導下，起了一百八十度的大轉變。各族各界的廣大人民，正在爲建設繁榮幸福的社會主義生活而努力邁進，其具體情况，我們將在下章另作介紹。

附録：《福化城考略》

福化城本來與呼和浩特即明朝賜名『歸化城』的這座城市是各在一地，互不相干的。我們紀録呼和浩特市的歷史沿革，按其範圍來説，是不應該涉及市區以外的福化城的，但是許多談明朝歷史的學者們，却往往把明廷封俺答爲順義王和賜城名爲歸化這兩件事，連在一處去講。這就很容易使聽講的人發生以下兩種錯誤：一種是根本不知道有個福化城，認爲俺答受封以後所建的城市就是歸化城，另一種是雖然知道有個福化城，但在史籍記載裏僅曇花一現，認爲也許就是歸化城的前身。這些錯誤的形成是和明清兩代的若干史籍叙述混亂有關。例如《明紀》卷三十八隆慶五年（公元一五七一年）己卯，封俺答爲順義王，名所居城曰歸化。其實，封王時並没有城。只是史家把數年以後的事情連類寫在一處罷了。又例如《蒙古源流》卷七歲次戊寅（萬曆六年、公元一五七八年）『……許於歸化城將生靈依庇昭釋迦牟尼佛像用寶石金銀裝嚴』。其實，萬曆六年也没有歸化城，但是已經有了福化城。這是由於紀録的人事後追述，僅知有歸化而不知有福化的緣故。總之，無論是連類串寫或者是事後追述，它們給後人造成錯誤印象却是一樣的。只有谷應泰所纂《明史紀事本末》對於福化、歸化兩城的建立和賜名年代，分別紀録，使讀者一覽而知其各是一城，不相混淆。現在我把它的原文摘引如下：

『萬曆三年（公元一五七五年）十月，俺答乞佛像莽段，且城市成，求賜名。賜城名福化，量給其請。』

『萬曆十四年（公元一五八六年）三娘子名哈屯，別築城居，朝廷賜名歸化。十五年，封爲忠順夫人。』

從這兩節紀録裏，任何人都能看出福化城是俺答自己修建的城市，而歸化城則是三娘子別築居住的城市。而且築城年代，前後相差十一年，怎麽能混爲一談呢？俺答受明封爲順義王後四年，才修建了福化城。又經歷十一年，三娘子才修建了歸化城。又怎麽能把最後一城和封王連寫在一起呢？這都證明撰輯明史的學者們對於塞外的事蹟是相當茫昧的（其他地名、人名搞錯的記録很多，不在本文範圍以内，故不贅述）。

我們現在既知道福化城不是歸化城，那麽福化城究竟在什麽地方呢？據我們研究的結果，認爲現今薩拉齊縣東四十里美岱召村的壽靈寺大院，就是萬曆三年俺答自修並請賜名的福化城，這個肯定的説法，也可以説是我們研究的創獲。這在古書記載和前輩傳説中都是找不到的。《明史》雖有俺答駐牧豐州灘的紀録，但是我們應該知道所謂駐牧，是指他的直屬部衆，即《蒙古源流》所謂『十二土默特』的牧民而言，並不是指他個人説的。至於他本人究竟住在什麽地方，各種史籍都没有明顯指出來，因爲俺答一生都從事戰争，他的住處，屬於國家機密，所以明朝的士大夫是不可能精確無疑地指明他的落脚處的。總觀明朝許多著録，只有一句話值得我們特别注意，那就是《明史·韃靼傳》裏説『俺答常遠處青山』這句話。按陰山山脈從烏拉山東界昆篤倫溝，往東直至與漫汗山相連處，東西横亘五百里，都叫作大青山。那麽，俺答所常處究竟是大青山的那一點呢？要回答這個問題，就必須從什麽地方有俺答的遺蹟來作研究了。

考壽靈寺俗稱『美岱爾召』，在召院周圍居住的人家，就以召名爲村名。召在明朝本名靈覺寺，横匾用漢字書寫，在匾的正上方刻有順義王印模，到清朝康熙年間，才改名爲『敕建壽靈寺』，以立型小匾懸在經堂前檐下，而舊匾則不知於何年移往察哈爾鑲藍旗境岱海灘一座喇嘛廟的樓上，閒擱起來，古蹟零落，實在可憐。壽靈寺的大院圍墻，周約二里，高可一丈五尺，墻夾心用黄土夯築，内外表層全用虎皮石砌墻法築成。據老輩傳説，早年墻上可以行車（即農曆正月十五日和五月十五日彌勒佛出巡所乘的車），後因石皮坍陷，黄土流失，漸修漸狹。在五十年前，只南墻頂還够一丈多寬，其餘三面僅能容兩人平步並行而已。正南一門，與一般城門相同。在門臺上有高樓二層，四隅都有角樓，其規制完全是一個古代的堅固堡寨，和普通召廟大異其趣。在大院内，除天王殿、經堂大雄寶殿及白馬天神廟、乃春廟萬佛殿等建築外，還有幾處建築是比較特殊的。第一，在大雄寶殿後，經過白馬天神廟和東西配殿，再往北就有一座宫殿式的三層高樓，矗立在正方形的一個高臺上，這比呼和浩特各召廟裏最後一進所謂『九間樓』要高大偉麗得多。鄉老俗傳，説這是蕭太后的梳妝樓，這種俗傳當然不足信，可是我們必須從另一角度上來研究這種傳説。第二，在三層高樓後，還有一處宅院，俗稱『樓院』，又叫『公爺府』，這是正中最後一進，仿佛北京三大殿背後的宫院，順義王在清初失去王爵，降爲（輔）國公，始終在這座大寺院裏，保有他們子孫相傳的府邸，不是無來歷的。第三，在大院的東偏廣場上，有一座孤立的殿宇，俗稱『太后廟』。平時關閉，僅每年春節後開放半個月，廟内無塑像，只有一座檀香木塔，高約八九尺，雕刻頗精。老輩説，此塔原以七寶裝飾，後被宵人盗竊，看剥落處的銀嵌痕蹟，其説似屬可信。五十年前，廟的四壁懸掛錦裱綾絹畫幀八幅，每幅寬約二尺，長近一丈，都是畫着一位年老的蒙古婦人在不同的布景中盛服行樂，或坐大帳裏，或居高殿上，受各部落酋長貴族們的獻禮朝賀。這些行樂圖著者幼年曾親眼見過，辛亥後，被一外國僧人賄通管事喇嘛盗走，今已無從查考。第四，在寺的大院北墻外，緊靠大青山南麓，有順義王家的祖墳，清代村中人民稱它爲公爺家墳。每座墳雖大小不等，而形式却一樣，都是用磚做一個須彌形基座，上用石灰做成圓錐塔式墳頂，塗以紅泥，這是一種宗教藏身塔的葬法。前清末葉有一兩座墳發生了破洞，人們從裏邊掏出許多二三寸長的小泥塔，其底部都黏有小米數粒。這種情形與《蒙古源流》所述阿勒坦汗（即俺答）於萬曆十年（公元一五八二年）死後，第三世達賴喇嘛於萬曆十二年（公元一五八四年）來『十二土默特』地方，譴責大衆將阿勒坦汗之骨殖埋葬，謂之曰『似此無價之寶，爾等爲何棄擲於地，遂取出焚化，乃顯示神奇，檢獲舍利子無數，大衆稱異焉』的宗教火葬説法，是完全符合的。這些塔形墳裏所藏都是俺答及其後裔的骨灰，而許多二三寸小塔，也正是用骨灰和泥所揑成。

根據上述這些遺蹟，我們有理由斷定壽靈寺的堡寨式大院，就是俺答於萬曆三年（公元一五七五年）建成並請賜名的福化城，我們推測當俺答把這座堡寨作爲府邸的時候，各個供佛的殿堂也同時建立起來了。《明史·韃靼傳》説：『俺答老佞佛』。可以設想他把佛堂和居邸都安排在一個城堡裏邊，是很合情理的，就是近世許多封建王府裏也還能看到這種人佛同居的現象。可見蒙古王公貴族的佞佛風氣，其來已久。在壽靈寺的大院裏，除上述的那些建築外，靠西墻有一處宅院爲活佛府，靠東墻有一處宅院爲台吉府。這就更清楚地看出俺答爲順義王時，住在最後一層居中的樓院，其所尊敬的活佛居右，其長子黄台吉居左，而樓院門前方形高臺上的三層大樓，則是他受朝賀的正殿。這顯然是一個小朝廷的規模。這和《明史》所述趙全諸人奉俺答爲帝的説法，也是符合的。至於太后廟内的檀香木寳塔，我們認爲那正是忠順夫人三娘子的葬處，把俺答親自修建的這座小小福化城改建爲純粹的佛廟靈覺寺，估計也正是三娘子老死的那一年。案寺的山門正上方鑲着一塊刻石，鐫有如下幾句話：『元後敕封順義王俺答呵嫡孫欽升龍虎將軍、大成台吉妻七慶大義好五蘭妣吉，誓願虔誠敬賴三寳，選擇吉地寳豐山，起蓋靈覺寺泰和門，不滿一月，工城圓備，神力助造，非人所爲也。』石刻銘言四句：『皇圖鞏固，帝道咸寧，萬民樂業，四海澄清。』落款爲：『大明金國丙午年戊戌月己巳日庚午時建，木作温伸，石匠郭江』。我們考證丙午是萬曆三十四年（公元一六〇六年），森格都棱汗就是《明史》所謂扯力克。他是黄台吉的兒子，俺答的孫子。他們祖孫三世都與三娘子相配，這是一件很稀奇的事情，然而造成這種稀奇事蹟的根源，都是與明廷的政治陰謀分不開的。三娘子是鄂爾多斯烏審部人，本來是俺答另一孫子把漢納吉已訂未婚之妻，俺答於隆慶四年把她收爲愛妾，就引起把漢納吉負氣投降明朝的風波。其後俺答與明朝講和，將把漢納吉接回來，俺答封他爲大成台吉，另配美妻，封爲大成比吉，從此祖孫争艷的家醜，就算告一段落。到俺答死，其子黄台吉襲封順義王時，《明史紀事本末》有如下一段記載：

『俺答死，黄台吉將收三娘子。三娘子嫌其老病，將别屬。督臣鄭洛計曰：若三娘子别屬，我封此黄台吉何用？乃命人説三娘子曰：汝歸王，天朝以夫人封汝；不歸，一婦耳。於是三娘子逼於利害，乃歸之。』

這是萬曆十一年（公元一五八三年）的事情，證明三娘子與黄台吉相配，並非出於她自已心願，而是逼於利害，不得已而爲之的。就在這一年把漢納吉死，黄台吉的兒子扯力克又收大成比吉爲妻。到萬曆十四年（公元一五八六年）二月，順義王黄台吉死，子扯力克應當襲封，在這以前，三娘子與俺答、黄台吉兩代都同居在順義王府所在的福化城，因爲隨夫同居，是名正言順的。及至扯力克不久就要襲封爲王，而且已有大成比吉爲妻，眼看就要入居福化城的王府，試想三娘子處於這種情勢下，怎能繼續留在福化城呢？這就是她離開福化城遷到俺答的舊兵營，把它整修爲呼和浩特的動機。這是萬曆十四年二月以後至十月以前的情况，明朝把她所修的城賜名歸化，也帶一種安慰她的意思。我們再看《明史紀事本末》關於扯力克與三娘子合婚的記載：

『黄台吉死，扯力克當嗣。督臣鄭洛復諭扯力克曰：娘子三世歸順，汝能與娘子聚，則封；不亟聚，封别有屬也。扯力克盡逐諸妾，乃以十月入三娘子帳中合婚。十五年（公元一五八七年），封扯力克爲順義王，三娘子爲忠順夫人。』

從此以後，扯力克自稱森格都棱汗，陪三娘子住呼和浩特而使大成比吉留住福化城王府，到萬曆三十四年（公元一六〇六年）三娘子死，歸葬福化城，建立太后廟，擴修佛宇，改稱靈覺寺，作爲王族的家廟，這是森格都棱汗與大成比吉共同改建的，所以聯名刻石以示將來，而部落的政治軍事中心，便固定在三娘子所選擇的呼和浩特了。這從後來城市的發展情况可以得到證明。

三娘子的年紀，大致與俺答諸孫差不多，我們估計她於隆慶四年（公元一五七〇年）配俺答時在二十歲左右。到萬曆十年（公元一五八二年）俺答死時，她已三十二歲。到萬曆三十四年（公元一六〇六年）福化城改修爲靈覺寺時，她的年紀就有五十六歲了。如果她不是死於這一年，大成比吉是不可能與森格都棱汗聯名並列書寫刻石的。因此，我們肯定福化城改寺和修建太后廟，都是由於三娘子在萬曆三十四年老死，才完成的。改寺以後，福化城這個名稱就從群衆的記憶中消失了。至於三娘子死後被稱爲太后，還是根據她原爲俺答的寵妾，又曾受過明朝的封號，當時俺答祖孫雖自稱『金國』，但對於明朝還很尊崇，所以建寺刻石，仍把『大明』二字列在金國上頭，而給三娘子另立一個塔廟，也有向明廷討好的意味。又因俺答有嫡配伊克哈屯同葬，子孫們只好給這位受明封的忠順夫人三娘子，用更隆重的典禮別立兆域。這些情節都值得我細致研究。據《明紀》萬曆三十五年，扯力克死，是改寺的次年森格都棱汗也去世了。這就更證明我們前邊所假定，三娘子的年紀與俺答諸孫相仿佛的話是不錯的。

在壽靈寺大院後，順義王墳塋所靠的一座山，是大青山東西五百里中最雄偉高大的一處峰巒。村中人稱它爲『大山尖』，而能談掌故的父老則稱它爲『寶豐山』。森格都棱汗的名號，如譯作漢語，正與寶豐二字相同，可見扯力克雖和三娘子合居呼和浩特，而可汗的稱號，還是用他祖父所居福化城後的大山來標榜的。《明史》所説俺答遠處青山，也是正指這個地方。

現在壽靈寺殘破的很厲害，如果從它是一個具有歷史價值的古建築來衡量，把它修葺整理一下，還是很必要的。

第四章　解放以來全市改革概況

呼和浩特市的舊基礎是以新、舊兩城爲中心。關於這兩城的建置緣起，我們已在前邊第一章裏作過交代，這裏就不需要重復追述了。但是我們在紀録本市七年來發展進步的事實之前，還應特别指出，呼和浩特雖然是一個具有幾百年封建歷史的古老城市，然而它的自然條件却非常優美。青山似屏，黑河如帶，碧野平蕪，一望無際，冬有寒而不酷，夏無暑而偏凉，蛇蝎潛踪，蚊蟲絶響，禾麥蔽野，雜樹排空，環境之佳，冠冕塞北。所以《唐書》特筆標舉謂『白道川』爲『龍荒之最壤』，不是没有道理的。至於人民聰秀，物産豐盈的具體情况，將在下面所談的各項生産建設中充分反映出來，這裏也用不着多説。我們只是覺得像這樣一個自然條件很好的城市，幾百年來在封建統治階級的眼裏，從來没有把它重視發展過，僅僅把它作爲一個控制蒙旗、加深民族摩擦的據點，使它長期停滯在落後、愚昧、貧困的地步，不能隨着時代潮流前進，這是本市歷史上的一件憾事。在解放以前，本市的寒傖狀況，真是舉不勝舉。就以全市的公私房屋來説罷，二十世紀以來，除帝國主義的野心分子在這裏修建了極少數的洋式樓房以外，走遍全市幾乎找不到一座本市人或本國人修建的近代式樓房。放眼看去，所謂新、舊兩城，無非是數不清的土屋板門擠成許多窄街陋巷而已，縱然能看到幾處瓦房，我們也可以斷定它不是十八世紀的封建衙署，也必然是十九世紀的官僚舊宅，僅這一點就足以説明本市在舊社會的一般情況了。

這種城市面貌和自然條件極不相稱的現象，仿佛與一位玉骨冰肌、雪膚花貌的美人，長期處在亂頭粗服、赤脚垢面的不幸遭遇中是一樣的。只有在中國共産黨領導中國各族人民進行反帝反封建的偉大革命鬥争時期，這個地區和這個城市才受到黨與廣大人民的重視。在八年抗戰中，市北的大青山就是我們人民武裝八路軍最著名的抗日游擊根據地之一，而遼闊豐州灘便是我們與日僞强盗經常進行轉戰的場所。這也就是説：自從對敵鬥争開始，到全國解放，黨和人民是一天也没有忘掉這座塞北的古老城市。一九四九年九月，它在黨的關心愛護之下，獲得和平解放。這是本市人民多少年來殷切盼望的一件大喜事，一旦實現，他們那種興奮踴躍的快樂情緒，自可不言而喻。這是全市人民深切體會到從帝國主義、封建主義慘痛壓迫下得到解放的真實情感的表現。而七年來社會主義建設，也正是我們偉大的中國共産黨和革命的人民政府對人民的熱情盼望作了温暖而積極的具體回答。本市七年多的成就，比過去四百多年的積累不知要超過多少倍。然而這僅是向社會主義過渡的開頭，也就是我們第一個五年計劃中，前三年半的統計數字而已。可是就這短短七年（三年多的恢復發展，三年多的計劃建設）工作所取得的成就，我們也還不能把它逐項逐條，很細緻地都記録在這個本子裏。因爲有很多部門的基建項目，還正在按計劃進行的過程中，日新月異，無法作定形的叙述。所以我們在下邊談到的一些情況，仍然是這個城市在前進中的一個大概輪廓。

呼和浩特在一九四九年九月，是以原綏遠省的省會城市歸綏市這個名稱獲得解放。當時由於省的建制尚未撤消，所以市的名稱也沿用着舊的歸綏市字樣。到一九五四年二月中央人民政府批准原綏遠省人民代表會的建議，撤消了省建制，把省轄地區全部劃歸內蒙古自治區統一領導，而本市也由原來的省會市變爲內蒙古自治區的首府市了。同年四月二十五日，經全市人民決定，廢除了歸綏市這個帶有封建統治意味的名稱，恢復了蒙古人民多年愛用的呼和浩特原來的名稱，就是國內許多文史學家譯作青城的那個英俊漂亮名字。這雖然是一個城市的稱謂細節問題，但是非到解放就换不掉，這正説明中國共産黨偉大民族政策的光輝是無微不照的。

市的位置在北緯 40.51 度，東經 110.40 度處。拔海 1065.774 公尺。北靠大青山與武川縣接界，東至旗下營西十里的水磨村，西至忽寨爾溝，南至大黑河。東、南、西三面都與土默特旗毗連。全部面積 1110 平方公里。根據一九五六年八月份統計，全市長住人口共 268 211 人（不包括駐軍及流動人口），其中男 153 899 人，女 115 612 人，蒙族 14 907 人，回族 11 695 人，滿族 2 941 人，達斡爾、朝鮮、索倫、維吾爾等散居在本市的少數民族共 296 人，其餘均爲漢族，這是本市民族大家庭的基本情況。至於它的地區歷史概要，除在前邊第一、第二章已作交代外，我們在這裏再把它總合起來説幾句，就是：本市所轄這個平原，在秦漢時代叫作雲中郡；後魏、北齊時代叫作敕勒川；隋、唐時代叫作白道川；五代時期叫作哈羅川；遼建豐州以後就稱豐州天德軍；金元兩代沿用舊名，到明代便叫作豐州灘；前清時人們就習慣於稱它爲土默川了。這塊土地，不論歷代稱它爲川或稱它爲灘，而其總的意義都是從北方人對於平原的俗語稱謂得來的。它的地質，從最近期間經過勘探所瞭解的初步認識來説，在荒古時代，這地方是個下濕的沼澤盆地，這從市郊東南鄉的草地下有大量泥炭，本地人叫作河炭的積存，可以證明，它是沼澤沉澱物被後來的衝積土覆壓而形成。因此，這個平原也就是一個廣闊的衝積面，它是由於大青山許多溝澗發洪水時把烏盟高原的泥土衝刷挾帶，送到這個盆地裏來，經過若干萬年的積累，每一大溝前面都積成一個衝積扇，若干衝積扇排比接連起來，就成爲我國歷史所稱述的這個肥沃而美麗的川或灘了。

正因爲這個平原是若干衝積扇所形成，所以它的土質厚薄頗不勻稱，詳細資料，現仍在繼續勘測收集中，關於某一點的準確尺度，還不能作最後的肯定。但按現有自流井的深度來看，最深爲一百公尺，最淺爲二十六公尺，一般多在六十至七十公尺左右。大概情況是：越靠近大青山，土越厚，水越深，越往南離大青山越遠，土就漸薄，水也就漸淺了。這裏衝積地的自然現象，也是人人可以體會的。

地面水，主要是哈拉沁溝、哈拉更溝、小井溝、紅山口、壩口子等山澗的泉水，由北向南，有一部分是經過本市而流入黑河的，一般流量爲每秒 0.1 至 0.3 立方米。偶爾也有洶涌的山洪，威脅本市，所以防洪也是我們每年警惕的一項重要任務。

地下水，有五層：由地表 3.3 公尺到 10.97 公尺爲第一層水，水厚 6.67 公尺，沒有壓力；由地表 29.51 公尺到 30.95 公尺爲第二層水；由地表 56 公尺到 60.23 公尺爲第三層水，壓力高出地面 7.45 公尺；由地表 84.7 公尺到 65.34 公尺爲第四層水；由地表 66.37 公尺到 72.15 公尺爲第五層水，壓力最大，水量也多。據初步估計，本市地下水的儲存量是較爲豐富的。現正爲查明它的來源而進行勘測。

各種氣象的表現，是屬於純大陸性的。每年寒冷季節較温暖季節爲長。大致從五月至九月爲暖期，其餘七個月都是輕寒與嚴寒時期，温度平均在 17°C 左右，絕對温度最高 37.3°C，中午和夜間温度相差在 17－21°C 之間，當地民間有『早穿皮襖午穿紗』的諺語，正是説明這種冷暖劇變的特殊氣候的。霜期在每年春分與寒露前後，所以早苗和晚秋農作物常有被凍的危險。在結凍期間，一般温度在零下 14°C 左右，十二月與一月，絕對最低温度爲零下 32.3°C，但這種絕對最低温度是西伯利亞寒流偶然侵襲所引起，而不是結凍時期的經常現象。

風向，全年多爲東北風，次爲西北風，風力平均速度爲每秒 3.0m，最大速度每秒 24.3m，冬、春兩季風較多，尤其在春分解凍前後，幾乎是每日有風，只是風力有强弱之差而已。本地人對此已成習慣，稱它爲解凍風，看作一種極平常的現象，但南方人初到此地，却往往爲塵土飛揚、驚沙走礫所苦，這和塞北人到江南，每被梅雨困擾，其情味是一樣的。

雨量，最高降雨量一日可達 153.1 毫米，最高雷雨量一小時可達 18.1 毫米。每年春、夏兩季雨少，到七、八月爲雨量最多的季節。

以上所述爲本市的一些自然條件，接着我們就把本市在解放以後的行政區劃及生產建設各方面措施，撮要介紹於下。

行政區劃：

本市所轄全境以内，共設四個區，都是一級政權，都有人民代表大會和人民委員會，其中回民、玉泉、新城三個區，都屬於市中心地域，内蒙古自治區一級的機關團體和市一級的機關團體及工廠學校，絶大部分都散布在這三個區裏，這是政治、文化、工、商手工業生產的集中地點。環繞在這三個區周圍的是郊區，它是以農業生產爲經濟主體的一個區。前三個區共轄四十九個居民委員會，後一個區計轄二十二個基層政權的鄉（共包括三百二十四個自然村）。居民委員會是人民福利的自治組織，它與具體政權性質的鄉是截然不同的。回民區爲本市回族人民聚居的地區，回民佔本區人口總數的 28%强。新城區爲本市滿族人民聚居的地區，滿民佔本區人口總數的 6%强。總的情況是：本市各族人民都極其和睦地雜居在這四個區裏，以平等精神過着日益光明的幸福生活。

工業生產：

解放初期，全市工業基礎極其薄弱。當時僅有九個工廠。除發電廠外，均屬生產消費資料的廠子，如麪粉、毛織、印刷、甘草、捲煙等，設備陳舊，有的殘破不堪，並處於停工與半停工狀態。一九四九年底共有職工八二一人，其中工人僅有五〇五名。

黨和政府根據當時情況，在領導工業生產的恢復與發展過程中，積極發動工人，依靠工人，認真貫徹管理民主化，經營企業化的方針，有計劃、有步驟地將舊有企業改造爲人民的企業。同時，提高了工人的政治地位與社會地位，逐步改善職工待遇，特別是經過偉大的抗美援朝、鎮壓反革命、民主改革等一系列的政治運動和社會改革，大大啓發與提高了廣大職工的政治覺悟與勞動熱情，使本市工業生産得到迅速的恢復與發展。到一九五二年，工廠增加到二十五個，工業生産總值比一九（五七）〔四九〕年提高了553.43%，工人比一九四九年增加了232.67%，勞動生産率比一九四九年提高830.51%。

從一九五三年開始，國家進入有計劃的經濟建設時期，本市對原有企業積極改善經營管理，不斷挖掘潛力，使本市工業生産進一步得到了發展。同時擴建了發電廠，先後增加了2 500瓩發電能力新型設備二套，較解放前增135.28%。同時新建了磚瓦廠一處，改建了農業機械廠，生産出解放式水車、雙輪雙鏵犁等等新式農具，支援了農業生産。幾年來，在工作中貫徹了專業管理、分類指導的原則，進一步加强了計劃管理、技術管理及財務成本管理，深入發動職工群衆開展了以增産節約及提高技術、改進技術、學習與掌握新技術爲内容的勞動競賽。提合理化建議（一九五六年一至六月份已提出合理化建議一二六二件，已採納六九九件，投入生産的三六九件），特别是推廣了很多蘇聯的先進經驗（如多刀多刃高速切削法、生鐵冷焊法、郭瓦廖夫工作法等）和開展了以先進生産者運動爲中心的社會主義競賽，對提高産品質量，降低成本，增加品種，保證提前和超額完成第一個五年計劃的工業任務起了很大的作用。到一九五六年九月底，全市工廠達到二十八個。其中，生産生産資料的有十一個工廠，主要産品有電力、水泥、磚瓦、工業用油、雙輪雙鏵犁、解放式水車、雲母剥片等。生産消費資料的有十七個，主要産品有毛毯、毛呢、紙、酒、麪粉、食用油、鞋、甘草浸膏等。生産總值預計今年達到46 085 400元，比一九四九年增加了30.3倍，其中（生産）生産資料的産值增加了61.63倍，消費資料的産值增加了23.69倍，工人達到三九四四人（其中蒙族一〇四人，回族二三二人，滿族二十五人），比一九四九年增加680.99%，勞動生産率比一九四九年提高了273%。

在生産發展的基礎上，相應地改善了職工的物質與文化生活，全市職工平均工資一九五五年爲五〇七元，較一九五〇年提高128.38%，並爲工人修建了文化宮、俱樂部、診療所、職工住宅等。現有十一個工廠，兩個建築公司，一個工程隊的職工都享受了勞保福利與勞動保護的待遇，有的廠並自辦或聯合成立了職工業餘學校。

在我國社會主義建設迅速發展的新形勢下，國家開始在我市進行選廠工作，爲本市工業生產發展開拓了廣闊的遠景。根據地方工業爲國家重點建設和農、牧民生產生活服務的方針，今年新建糖廠、毛織廠、磚瓦等工廠，並擴建農業機械廠。爲了適應農業合作化發展的需要，今年計劃生產雙輪雙鏵犁二〇五五七臺，較一九五五年三五一九臺增長將近五倍。

城市建設：

解放以來，本市面貌已起了很大變化。七年來，共進行基本建設達 1 050 286 平方公尺（其中工業建設佔 11.49%，農林水利佔 2.67%，交通運輸佔 6.10%，貿易金融佔 10.30%，文教衛生佔 43.77%，行政機關佔 19.09%）。新舊城之間已形成一條新的街道，市内已建築了許多工廠廠房、國營商店、醫院、學校、文化宫、影劇院及國家行政機關等新的建築物。此外，還新建了馬路 246 081 平方公尺，其中高級路面 251 456 平方公尺。爲了解决城市排水，改進環境衛生，新建下水道 11 546 公尺。並在荒灘廢墟上修建了人民公園，面積 53.3 公頃，内有花圃、動物園、露天舞場、兒童體育場和人造湖等。

一九五六年本市基本建設面積爲四九〇〇〇〇平方公尺，相當於前六年建築總面積的 87.45%，其中除新建工廠外，還有内蒙古大學、内蒙古醫學院，以及擴建的工業學校、師範學院和六個中等技術學校，並有體育館、博物館、圖書館等一〇二個建築單位。

爲了適應目前和今後大規模建設需要，根據社會主義城市建設的方針，結合本市具體情况，學習蘇聯城市規劃的先進經驗，現已着手進行本市的總體規劃工作，今年計劃測量市區三〇〇平方公里，完成總體規劃及其部分詳細規劃，以便逐步把本市改造和建設成爲一個新興的工業城市。

在城市緑化方面，七年來造林面積達三三九公頃（包括長 6.55 公里，寬二〇〇公尺的防風林帶及護岸林、緑化風景林、行道樹等）。今年春季全市各族人民響應中央緑化祖國的號召，出動了九七九六九人次，完成了大片造林一一八公頃，完成了全年造林任務的 78.6%，環境庭院零星植樹一〇八萬株（合一五四公頃），並開始緑化大青山，已完成二〇〇公頃的魚鱗坑三三六五九四個，另植樹一二三四二九株，成活率達95%。現在正在秋季造林，在三〇〇公頃的面積上，挖三十七萬魚鱗坑，植播造林三十公頃，平川造林四十公頃，撫育幼林二十公頃的任務，已基本完成。

商業概况：

隨着整個國民經濟的恢復與發展，社會主義商業也有了很大的發展，國營商業機構由一九五三年的四個發展到一九五八年的二十二個；職工由三六八人增加到二七六七人。

解放後，隨着經濟的恢復，人民購買力的提高，到一九五二年，社會商品零售總額達三〇八四萬元，比一九五〇年提高了37.21%。在社會商品銷售總額中，國營、合作社營商業經營的比重由一九五〇年的34.74%，到一九五二年上昇爲66.67%，社會主義商業的領導地位日趨鞏固，城鄉的物資交流日益繁榮，進一步促進了工、農、牧業生産的發展。

從一九五三年以來，根據中央指示，先後對糧食、油脂油料、棉布等幾種主要商品實行統購統銷，國營商業進一步掌握了主要物資，使整個公私比重發生了很大變化。到一九五五年底，國營、合作社營商業批發佔97.12%，私營佔2.88%，社會主義商業已經控制了批發陣地。一九五六年社會商品零售預計可達六五〇〇萬元，較一九五二年增長了110.77%。到今年八月底，社會商品零售額中，社會主義經濟佔65.20%，國家資本主義佔33.74%，私營經濟佔1.06%。

全市國營商業在經營管理上採取了許多具體措施，推廣了先進經驗，提高了營業員的服務質量，加强了責任心，縮短了工作時間，提高了勞動效率。如推行小組營業制後，使貨架、櫃臺、倉庫三面定額帳貨相符，從而扭轉了月終盤點庫存連夜加班的現象。通過『反貪污、反浪費、反官僚主義』的鬥争，進一步啓發了廣大職工的積極性，在此基礎上全面開展了增産節約運動，擴大了推銷，處理了積壓，堵塞了漏洞，對完成計劃，改善經營管理起了一定作用。

農業生産：

本市郊區現有耕地面積四七一三六公頃，農牧業户一五二〇三户，九八一九二人，劃設爲二十二個鄉，農産品主要是穀物、馬鈴薯、蔬菜，並於一九五五年開始試種甜菜。

一九五二年郊區在勝利完成土地改革的基礎上，貫徹自願互利的原則和依靠貧農、鞏固地團結中農的階級政策及民族政策，積極發展互助合作組織，特别是在毛主席《關於農業合作化的問題》的報告發表後，迅速地掀起了農業合作化的高潮。現在全郊區有91.3%農户自願參加了社會主義性質的、半社會主義性質的農業生産合作社，經過整頓、合併後，現在全郊區共組織高級社三十九個，初級社一八七個。在中央提出一九五六至一九六七年農業發展綱要(草案)後，大大地鼓舞了社員的生産積極性，開展了農業增産競賽，僅原郊區四個鄉即已打井二一八眼，開渠一九〇〇公尺，並且利用一切可能利用的水源，擴大灌溉面積，改良土壤，積極消滅病蟲害，普遍推廣新式農具，以保證農業豐産任務的完成。

一九五六年糧食作物生産計劃較一九五三年增長53.16%，甜菜較一九五五年增加18.04%，蔬菜要求達到五九〇〇〇〇〇〇斤(折合二九五〇萬公斤)，以支援工業生産和供應城市的需要。

對資本主義的改造情况：

國家對資本主義工商業一貫執行着利用、限制、改造的政策，幾年來已獲得顯著成績。隨着國家社會主義工業化的發展和農業合作化高潮的到來，資本主義工商業、手工業、交通運輸業的社會主義改造也進入了新的階段，由過去的初、中級形式和個别行業的公私合營，發展到全行業的公私合營和全部合作化，這樣就大大地擴大了改造規模和加快了改造速度。一九五六年一月份，全市掀起了一個群衆性的社會主義改造高潮，在職工群衆積極推動下和領導上迅速克服了右傾保守思想的基礎上，全市資本主義工商業、手工業、交通運輸業基本上實行了公私合營和合作化。截止九月底，除一小部分小商小販正在繼續組織中外，共改造五六二一户，佔應改造總户數的85%，人數九七〇四人，佔總人數的91.50%。其中實行公私合營和定股定息的有四六六户，參加合作社的手工業有一一四四户，交通運輸業有一八四〇户，組織合作商店和合作小組一六四〇户，其餘有五三一户是採取自負盈虧的辦法。在實行公私合營和合作化以後，進行了清産估價工作，採取資本家自查，自報、自估、互評、工人監督幫助、主管領導部門批准的辦法，絕大多數工商業者所報資金符合實際情況，做到了實事求是和公平合理。同時根據國務院指示精神，在搞好生產經營的基礎上，通過調查，全面規劃，進行了經濟改組、人事安排、定股付息、組織小商販等工作。

由於生產關係的改變，生產與經營也出現了新的氣象。例如工業方面毛製、皮件、印刷、成衣等八個行業，一至九月份生產總值較去年同期增加了45.20%；商業方面，增加了零售額與經營品種，改進了經營管理與服務態度，受到了群衆的歡迎。現在經過經濟改組、人事安排以後，正在積極提高生產，開展社會主義競賽，以適應國家建設和人民生產、生活的需要。

文化、教育、衛生、體育：

解放前，本市的文化教育是相當落後的。那時，没有一所高等學校，僅有中學十二所，學生也只有三三一六名；小學四十二所，學生只有一二一五四名；成年人根本没有學習文化的機會。解放後，黨和政府積極恢復、整頓和大力發展了各級各類學校。現在，有高等學校三所，學生一九三五名；中等學校十八所，學生九七六三名；小學校一三四所，現有學生二九八七四名；幼兒園十七所，現有幼兒三二一八名。幾年來特別重視了民族教育的發展，先後設立了二所培養蒙族和少數民族子女的中學（回民中學）和師範學校（第二師範）及一所蒙文專科學校，並成立了兩所蒙族小學和兩所回族小學；各校儘先吸收蒙族和各少數民族子女入學，對生活困難的學生並給以人民助學金的優待。根據一九五五至一九五六學年度統計，全市蒙族和少數民族子女在學人數：高等學校二六〇名，中等學校一六一一名，小學校三二一六名，其中回族小學生比解放時增長了355.6%。各級學校向工農勞動人民敞開了大門，全市勞動人民的子女已有80%以上進入了學校。此外還積極舉辦了各類業餘學習，參加業餘文化學校的工、農幹部和市民共有三五一二二名（包括掃盲）。六年來，共掃除了五四〇二名文盲，有三二〇七人從業餘高小和業餘初中畢業。目前全市廣大勞動人民都在熱烈響應黨和毛主席號召，積極參加掃盲學習。

爲了適應隨着社會主義革命高潮到來的文化高潮，滿足人民迅速增長的文化要求，現在已開始新建內蒙古大學、醫學院及郵電、工業、林業、水利、公路交通、城市建設六個中等技術學校和一所滿民小學。

解放前本市的文化藝術事業，僅有四個電影院和劇場。解放後黨和政府積極領導和大力發展了各項文化事業，根據毛主席『百花齊放，推陳出新』的文藝方針，積極發掘民族文化遺產，整理和改革了傳統劇目，創編和排練了新劇目。現在全市有電影院和劇場九個、劇團六個（劇種有民族歌舞、話劇、晋劇、民間歌舞、雜技等五種），有綫廣播站一處，文化館（站）和圖書館等八處。群衆性的文藝活動有了很大發展，活動也日益豐富多樣。各專業劇團和群衆業餘劇團經常深入到工廠、工地和農村作慰問和巡迴演出。同時，今年還要新設藝術館，新建博物館、文化館和圖書館各一所，積極開展工廠、工地文化娛樂活動；發展有綫廣播和農村俱樂部，以提高群衆的文化生活，鼓舞群衆的勞動生産熱情。

七年來，人民的衛生保健事業也有了顯著的發展。現有各種衛生醫療機構七十三個，比解放時增加了73.81%，牀位八六六張，比解放時增加了284.89%。托兒所（站）十九處，受托兒童六〇三名。幾年來由於學習了蘇聯先進醫療經驗和正確貫徹了對待中醫的政策，大力開展了以預防爲主的愛國衛生運動，從一九五二年至一九五三年，僅捕打老鼠即達二一一二八一隻，並積極預防各種傳染病，推廣了科學接生和新法育兒，降低了醫療收費標準，人民的健康水平日益提高，疾病的發病率和死亡率已大大降低。今年要基本上消滅麻疹和『百日咳』的死亡，消滅『四六瘋』和産褥熱；並已開始『劃區醫療服務制』的試點工作，目前全市人民正熱烈響應黨和毛主席的號召，開展規模巨大的消除『四害』運動。

體育事業也有了發展，解放後新建了全市性的體育場和燈光場三個，經常舉行各種競賽運動，特別是群衆性的體育活動有了很大的發展。工廠、企業和機關都有不同形式的體育隊和鍛煉小組，絶大多數都參加了工間操。目前正在積極建立體育協會，普遍開展勞衛制和國防體育活動，截止九月底，已建立體協一一九個，會員一三四二八人；有五二八一人達到勞衛制和少年勞衛制標準。

社會團體：

本市社會團體有：市工會聯合會、新民主主義青年團呼和浩特市委員會，市民主婦女聯合會、市中蘇友好協會、中國人民保衛世界和平委員會呼和浩特市分會、中國人民政治協商會議呼和浩特市委員會、市回民文化協進會、市衛生工作者協會、市工商聯合會、市掃除文盲協會、市紅十字會等團體。

市工會聯合會，一九五〇年成立，現有會員佔全市職工總數80%，幾年來在聯係和教育工人群衆不斷提高工人階級的覺悟程度和組織程度，鞏固工農聯盟，團結各階層人民積極完成國家計劃，推動社會主義的競賽工作中，起着重要的作用，會址在本市舊城剪子巷内。

新民主主義青年團呼和浩特市委員會於一九五〇年一月開始建團，現有團員佔全市青年人數五分之一，幾年來，在鼓舞和組織全市青年參加社會主義建設的各項工作中經常起着重要作用，是全市青年的家庭、朋友和導師，會址在舊城牛橋東河沿。

市民主婦女聯合會，一九五〇年成立，各區設有區婦女聯合會，各鄉、各居民委員會設有鄉和街道婦代會，在團結和教育各階層廣大婦女群衆，提高社會主義覺悟，組織婦女參加勞動生産，提高婦女政治、經濟地位和文化水平上發揮了很大的作用，會址在舊城恒昌店巷。

市中蘇友好協會一九五〇年成立，是本市群衆熱愛蘇聯、學習蘇聯，努力加强中蘇人民的友好團結的組織，各機關、團體、工廠，學校皆爲會員，會址在舊城北門裏。

中國人民保衛世界和平委員會呼和浩特市分會，原爲抗美援朝分會，一九五一年成立，會址在舊城北門裏。

中國人民政治協商會議呼和浩特市委員會，一九五五年成立，這是由本市民主黨派、各人民團體推出的代表和邀請的各族各界有代表性人士所組織成的人民民主統一戰綫機構，會址在舊城棋盤街。

市工商聯合會一九五一年成立，這是本市工商業者的聯合組織，幾年來，在啓發私營工商業者的社會主義覺悟，協助政府推動私營工商業者接受社會主義改造的工作中，起到了很大作用。

市衛生工作者協會，一九五三年成立。市掃除文盲協會、市紅十字會、市回民文化協進會，均爲一九五六年成立，都是本市廣大人民群衆爲了推動各項工作所建立的組織。

民族生活：

七年來，本市認真貫徹了中國共產黨的民族政策，根據中共在民族問題方面提出的總任務，鞏固祖國的統一和各民族的團結，共同來建設祖國的大家庭。在統一的祖國大家庭内，保障各民族一切權利方面的平等，實行民族區域自治，在建設祖國的共同事業中，逐步地發展各民族的政治、經濟和文化，逐步地消滅歷史上遺留下來的各民族間事實上的不平等，使落後民族得以躋身於先進民族的行列，逐步過渡到社會主義社會。本市各級黨、政領導機構，就在這一方針的指導下做了許多工作。

從總的情况來説，本市各項生産建設事業的發展和進步，都是全市各族人民在共産黨與政府領導下共同奮鬥的成績。我們在上邊所列舉的那些新的變化，都與各民族人民的努力息息相關。但是爲了説明本市蒙古與各少數民族人民迅速進步的事實，就不妨把各民族在解放以來的現實生活撮要地談一談。

現在全市各級人民代表大會和各級人民委員會中，都有民族代表和民族委員。在貫徹國家政策法令時，都照顧到各民族的特點，凡有關民族問題涉及民族利益的重大措施，都要與各民族上層人士和有代表性的人物進行充分的協商，使國家政策成爲各民族人民的一致行動。至於培養民族幹部，尤爲本市貫徹民族政策的一項重要事情，僅以目前情况來看，在市以下各級機關團體企業單位中，培養與提拔的民族幹部就達四一八人。其中蒙民一二〇人，回民二〇五人，滿民八十九人，其他少數民族成分的四人。今後隨着社會主義事業的發展而逐步增加，也是一個必然的趨勢，這就證明各民族在當家作主的政治地位上，已獲得完全的平等。

本市蒙民和各少數民族，在解放前的經濟特點是：基礎薄弱，技術落後，職業大半不固定，流動性較大。解放以來，針對這種特點，調查了他們的具體情况，凡有益於國計民生又有利於發展前途的行業，都從各方面給予扶持；凡非社會主義發展所需要的，就設法幫助他們轉業；並鼓勵各生産企業部門，也儘先吸收民族工人，積極培養，使能掌握生産技術，以壯大本民族工人階級的隊伍，從根本上改技術，成爲生產戰綫上一支可愛的力量。

二七二人，滿族四十九人，朝鮮族三人。此外還有許多季節性建築工人，他們已不同程度地學會了生產印刷、榨油、製鞋各廠。在基本建設部門，吸收的長期工人已達四百五十三名，其中蒙族一二九人，回族全市工人總數的7.42%，其中蒙族一四一人，回族二一九人，滿族四十七人，朝鮮族四人，分布在毛織、變過去在經濟技術上的落後狀態。截止現在，吸收到各工廠的蒙古及各少數民族工人已達四百名，佔

在資本主義工商業的社會主義改造和農業、手工業的合作化高潮中，也都按照民族政策的精神適當地照顧了蒙古族及各少數民族的實際情況，分別參加了各自所願參加的生產組織，這就使他們在職業上得到穩定，在生活上有了保障。這些大小不同的生產組織，種類數目很多，不能在這裏逐一列舉。但他們在原料、商品的供、產、銷，以及銀行貸款各方面得到政府的優先照顧則是一樣的，所以他們經營的勁頭很足，生活的情調都很愉快。在這種比較穩定的經濟基礎上，也體現出本市各民族親密友愛、團結互助的和洽氣氛，尤其漢族技工把自己多年積累的技術經驗，無保留地傳授給各兄弟民族的生產組織成員，也已成爲一種普遍而光榮的社會風氣。因此，我們到處可以聽到各民族居民稱贊社會主義制度的優越性，感謝黨與政府領導的正確，這是完全可以理解的。

本書最後的結語

我們這本《呼和浩特市沿革紀要》就寫到這裏爲止。全書共分四章，前三章主要是談舊社會的歷史事蹟，最後一章才是談解放以來的發展變化，從數量上來看，似乎舊歷史的比重太多而新事物的叙述太少了。我們對於這個問題也曾作過細緻的考慮，就是我們在前面已經指出的那個理由，即本市七年以來是個日夜發展的未定型城市，所有新的建設事業，都還在胚胎發展時期，無論全市的整體規劃尚未作最後的決定，縱使現在決定了，也只能是一個指導今後建設的藍圖，絕不能把它當作一個具體的新興城市來加以紀述，我們甚至連一部分建設遠景的輪廓也無法早作描繪，這就是本書新、舊比重數量懸殊的一個主要原因。而且新的變化僅及七年，市民耳聞目睹，人人可以談出個頭緒來，起碼一、三

十年之内，不患失傳。至於舊的史蹟，則從公元前三〇〇年（周赧王十五年）到一九四九年解放，已有二二四九年之久，其中耆老口傳的一部分事實，雖真僞混雜，但已不是今天人人能分辨的東西了，如果不及時研究紀録，恐再過二、三十年，縱然有人願寫，也怕無人能談了。這也是我們詳舊略新的一個原因。總之，我們的心願只是想把這個塞外名城的一些舊籍記載和民間傳説材料，儘可能保存下來。將來呼和浩特由逐年建設而發展成一個近代化的偉麗大城市之後，必然還有能賦『三都』、『二京』的大手筆作家，起來另作嶄新的敘述。那麽這個紀要小册子，就聊當異日巨著的嚆矢吧。

附記

本書第四章是用市人民委員會辦公室綜合市級各單位的工作報告材料所寫成，其期限截至一九五六年十月底。附此説明，並致謝意。

包頭疆域沿革

〔摘自内蒙古自治區文史研究館編《包頭市簡志》油印稿，第二至二十一頁，一九七九年九月一日重刻油印本〕

包頭市的山前地區，在戰國時是先屬趙，後屬於秦的九原郡的東部；山後地區則是長期屬於匈奴民族的牧獵之區。『九原郡』這個名稱，最早見於中國歷史記載是從紀元前三〇〇年（周赧王十五年）開始的，也就是趙武靈王驅逐林胡，攘地至陰山，才給這個地方定名爲『九原』的。這件事在《史記·趙世家》裏説得很清楚。到秦始皇統一了中國，派大將蒙恬北驅匈奴，收復了河南（今伊克昭盟），河北（今河套及包頭山前）地區，沿陰山築長城塞以限胡，對於趙『九原』舊名仍沿而未改。到秦亡以後，匈奴乘楚漢爭雄的時期，又進入秦長城，佔有舊地。西漢時期，經高、惠、文、景四世皇帝，都不能取得這片土地，建立郡縣。直至漢武帝時（紀元前一四〇至八七年），才命將出師並經過連年戰爭，把匈奴再次逐出塞外，恢復了秦代所擴張的舊疆，並於元朔二年（紀元前一二七年）改秦『九原郡』名爲『五原郡』，領十六縣。現在包頭市的山前地區約當漢五原郡的臨沃、稒陽二縣轄境，山後地區則爲塞外的匈奴地。

清代以來的一些地理和方志學家，對於包頭山前地區究竟屬於漢五原郡的哪幾個縣這個問題，也還有不同的說法。但多數主張包頭轄境是既佔有五原郡東部的臨沃、稒陽二縣，也並佔有漢雲中西部的咸陽縣，甚至還認爲佔有犢和縣。如清代末葉高賡恩所修《綏遠旗志》就說漢咸陽縣故城在包頭東二十里。這大概是根據董祐誠校《水經註》所說『當在今薩拉齊廳西境』這句校語而加以肯定的。日僞時期的《包頭志稿》也同樣把咸陽縣包括在包頭轄境範圍以內。而日人所編《巴彥塔拉盟要覽》一書，更把犢和縣也列入包頭的歷代變遷表裏。以上這些主張和說法究竟對不對呢？我們一再反復研究，認爲他們的說法是靠不住的。

爲了把問題談清楚，不妨在這裏把反駁他們的理由列舉如下：

⑴現在包頭市的轄境雖然已經擴大了，但它的山前地區東西還沒有超過一百公里，在大青山與黃河的夾縫中是一個狹長的帶形地域，他能容納漢五原、雲中二郡的三個甚至四個縣呢？

⑵按《水經註》所說黃河經過這一地區的次序是：先過臨沃縣南，過石門障後又經稒陽縣故城南，又東經塞泉東南，又東經咸陽縣故城南，到這裏河水就就屈而流，有白渠水注之。根據這段記述，可以很明顯地看出漢雲中郡咸陽縣的故城在黃河東流轉南的彎曲處北岸，而且是白渠水（什拉烏素河，隋稱金河）、芒干水（大黑河）合流入黃河的河口鎮附近處。包頭市的轄境怎能跨到托克托縣界的河口附近呢？

⑶如果按他們的說法把咸陽縣故城擺在包頭東二十里，再把犢和縣也加進去，這就等於說從崑都崙河（即石門障水）以東到包頭東郊短短的三十公里內就要排列到稒陽縣、塞泉城、咸陽縣、犢和縣等三個縣及一個城。古代在邊疆置縣築城，能這樣密集安排嗎？這是不能相信的。

⑷犢和縣究竟在漢雲中郡的哪個方位，《漢書·地理志》既沒有指明，顏師古作註也沒有解釋，酈道元的《水經註》裏談漢雲中郡界的水系經過路綫也沒有提到『犢和』二字，更不用說它的方位在什麼地方了。假使犢和縣真在包頭附近，便是緊靠黃河，《水經註》怎能隻字不提呢？從南北朝到近代的史地

學名家都不能知道犢和縣的方位，今忽有人要把它硬擠入包頭市轄境以內，我們認爲這種説法是缺乏根據的。

根據以上四點理由，我們認爲現在包頭市山前地區是漢五原郡東部的臨沃、稒陽二縣境，並没有跨入雲中郡界。他們侈談雲中郡的咸陽縣、犢和縣，都是題外作文，不符合實事求是的精神。現在我們既肯定了臨沃、稒陽二縣是包頭市領域，那麼它的方位也就是崑都崙河以西爲漢臨沃縣舊址，崑都崙河以東爲稒陽縣故地（按漢五原郡所領宜梁、九原二縣之間别有一個稒陽城，爲東部都尉駐所，亦稱稒陽塞，與稒陽縣相隔頗遠）。崑都崙溝即《漢書·地理志》所稱之石門障。溝中流出之水即《水經註》所稱之石門水，也就是現今通稱的崑都崙河。

《漢書·地理志》在稒陽縣名下指明：北出石門障得光禄城；又西北得支就城；又西北得頭曼城；又西得虖河城；又西得宿虜城。從漢志這段話裏可以知道石門障自古就是陰山前後交通要路之一，這種形勢直到今天也還没有多大的改變，現在的包白鐵路綫也正是通過古石門障把陰山前後兩個地區連接起來的。

當西漢極盛時，雖然是大體上以沿陰山南麓的長城綫與匈奴分界，但個别要害地點也有突出長城綫築亭障列城的事例，像石門障外的光禄等城即是一證。因爲石門障確是漢五原郡邊防衝要之地，所以當時也叫它『五原塞』，如《漢書·宣帝本紀》甘露二年（紀元前五二年）十二月，匈奴呼韓邪單于款『五原塞』願入朝，指的就是石門障。到甘露三年（紀元前五一年）正月，單于入朝長安，留月餘，漢帝派兵護送歸國，單于自請願留居光禄塞，遇有危急時，就入保漢受降城。光禄塞就是光禄城，漢光禄卿徐自爲所築，因此得名。它是石門障北最近的一個城，所以也可以稱『塞』。至於光禄城西北方的支就（清代趙一清校《水經註》引漢志作支龍城）等四城，漢志只標了方向，没有指明距離，後世史地諸書也往往依樣引用，不能在位置上有所發現。今天要想判定這幾座城是全部都在包頭市山後轄區之內，還是僅有一部份在内，這是很困難的。這裏除肯定光禄城（塞）屬包頭市轄境，其餘幾城我們本『不知則闕』

的精神把它們『存疑』起來，留待博識者繼續研究。

關於『石門水』這個古水名，我們前面已經肯定它就是崑都崙河。但清代孫星衍校《水經註》却説『俗以爲皇甫川，在今府谷縣北，東入河』。孫氏這句話，是對『石門水』的另一種解釋。其實他的話是完全錯誤的。如果按孫氏的意見去體會《水經註》，那就不僅要把『石門水』搬家，更必須把『石門障』也從漢五原郡搬往漢西河郡内，才能與他的話相符，這是不可能的事情。孫氏對於歷代邊疆地理，頗似一無所知，他在《水經註》裏往往把漢朔方、五原兩郡的屬縣位置，牽扯到陝北一代（漢上郡界）。這也許是時代和他個人的生活局限所使然。

到東漢光武帝建武二十四年（公元四八年），匈奴右薁鞬日逐王（名叫比）又款五原塞願降漢，永爲藩蔽以禦北虜（即北匈奴）。光武帝准了他這個請求。他就在這年冬自立爲南匈奴單于，沿用他祖父的稱號，也叫呼韓邪單于。建武二十六年（公元五〇年），光武帝令南匈奴單于入居雲中郡，並准其軍將分屯沿邊八郡，與漢兵共禦北匈奴（事見《後漢書·南匈奴傳》）。自此以後，南、北匈奴戰爭不休，南匈奴逐漸南遷至西河郡，前漢所置沿邊郡縣，也就或廢或徙，名實位置都與舊制不同了。但是我們從《後漢書》所記的戰爭事蹟裏仍然可以看到五原塞、稒陽塞等地的重要性。如章帝建初八年（公元八三年），北匈奴三木樓訾大人稽留斯等率三萬八千人，馬二萬匹，牛、羊十餘萬，款五原塞降。又和帝永元元年（公元八九年），鄧鴻與竇憲分道伐北匈奴，兵出稒陽塞（此稒陽塞也就是稒陽縣郊的石門障——五原塞，非前漢東部都尉所駐之稒陽城亦名稒陽塞，因爲前者是北出大道而後者不是）。這就證明現在包頭市轄的崑都崑溝，不僅在西漢時代是一個邊防要地，就是在東漢邊郡廢徙時代也還是有其軍事價值的。

到三國時代，南匈奴更趨衰弱，曹魏立國雖接近北邊，然因與吴、蜀對抗，也就没有餘力幫助南匈奴仍返塞北。只把五原等郡、縣名稱寄治在并州太原郡境内，沿邊五個郡（定襄、雲中、五原、朔方、上郡），每郡編一個縣，合爲新興郡。從此以後，鮮卑民族崛起北方，盡有匈奴及秦、漢長城沿綫故地，經魏、晋兩朝，中國的真正版圖就始終没有達到漢五原郡的任何一縣，所以包頭市的古代疆域名稱，在這一段時間裏是無蹟可求的。至後期鮮卑（前期是檀石槐所建立的鮮卑帝國）拓跋氏興起，在漠南建立了帝國，先稱『代』，後稱『魏』，欲仿效中國制度，一改游牧民族不設郡縣的舊習，才在陰山沿綫也建置了若干郡縣。

但在拓跋珪復興，改『代』稱『魏』（公元三八六年）以後的許多年裏，仍是忙於戰爭，無暇做北邊郡縣的建置。僅於登國六年（公元三九一年）討匈奴劉衛辰一役時，曾道經五原、稒陽塞及金津。這就是後魏在沿邊未置郡縣以前與包頭市疆域有關的一點記載。考《魏書》：登國六年，劉衛辰（據有今伊克昭盟地）派他的兒子直力鞮率兵從稒陽塞侵擾黑城。九月，拓跋珪襲破五原，做了屠城的報復，又在稒陽塞北立了紀功碑。十一月，直力鞮又進犯南部，珪親自出討，大破直力鞮兵，戊子日，自五原金津南渡河，攻悦跋城，擒直力鞮。又登國九年（公元三九四年）珪使元儀屯田於河北五原至稒陽塞外。這是拓跋珪居『盛樂』還没有遷都『平城』（今大同）時的事蹟，詳見《魏書·道武帝紀》。

五原、稒陽塞等地名，我們在前面已經把它們與包頭市的關係做過介紹。可是《魏書》既在五原、稒陽塞附近又提一個名叫『金津』的地方，那麽這個地方究竟與包頭市有没有關係，也值得我們研究研究。這個金津的文字記載很少，分析對照也很困難，我們只從黄河形勢和清朝的『官渡口』安排上，估計後魏時代的金津正在現今包頭市界内。爲什麽這樣説呢？因爲中國古代不論長江或黄河，凡是有名的渡口基本上是很少變動的。這倒不是歷代的封建統治者誰也不想改變它們，而是水流的廣、狹、緩、急，岸形的陡、斜、堅、軟，還有兩岸路隘交通是否輻輳等條件規定的。既有這些條件，就自然限制了人們把它隨意改變遷移了。如黄河中游的『風陵』『孟津』『茅津』等渡就是幾千年没有改變的例證。中游如此，上游當然也不能例外。因此，我們體會到清朝在土默特旗境内建立的兩處『官渡口』，一在托克托廳的『湖灘和碩』；一在包頭南郊的『南海子』。這兩處渡口各設防禦官一名，巡丁二十名，所以民間稱它們爲『官渡口』。我們認爲這兩處渡口，並不是清朝統治者任意創立的，而是根據古代相傳的遺規建立起來的。『湖灘和碩』就是後魏時代的『君子津』（事具《水經註》卷三）；『南海子』就是後魏時代的『金津』。這個判斷是否正確？也希望史地專家們給予批評。

後魏天興元年（公元三九八年）遷都於平城，拓跋珪始稱皇帝。《讀史方輿紀要》引《史略》說：『初魏都平城，於沿邊置六鎮。』可見後魏置六鎮是在遷都平城之後，六鎮中的『懷朔鎮』恰在今包頭市的山後轄境之內。考《魏書·地形志》說：『朔州本漢五原郡，延和二年（公元四三三年）置爲鎮，後改爲懷朔；孝昌（公元五二五至五二七年）中改爲州，後陷，今寄治并州界。』又《讀史方輿紀要》說：『懷朔在武川西，今朔州北塞外，正光六年（公元五二五年）改置朔州。』按懷朔鎮改名爲朔州後，不過四年，魏即大亂，北邊州、鎮全部淪陷。《魏書》說改懷朔鎮爲朔州，在孝昌中。《讀史方輿紀要》說改州在正光六年。其實，正光六年就是孝昌元年。《魏書》不說孝昌元年而說孝昌中，這是因爲北齊時魏收撰《魏書》所根據的資料只限於東魏武定（公元五四三至五五〇年）以來的一些檔案，對於孝昌時期的事情已不能確指何年，所以含糊其辭說『孝昌中』。從上面這些記載情況裏我們可以看出懷朔鎮存在的年代（公元四三三至五二四年）比改爲朔州存在的年代（公元五二五至五二七年）要多得多。但改州以後在轄境內共劃分了五個郡，十三個縣，似乎在行政系統上比以前有了進步。例如五個郡裏有『廣寧郡』領『石門』『中川』二縣，我們從石門縣這個名稱聯係到懷朔鎮的疆界，就很容易推知今之包頭市必然佔有後魏『廣寧郡』的一部或全部，最低限度也必佔有其『石門縣』的絶大部份，這是合乎事實的。

據清沈垚所著《落颿樓文稿》卷一『六鎮釋』，引《魏書·高祖紀》：『太和十八年（公元四九四年）秋八月行幸陰山，癸丑幸懷朔鎮。』又說：『懷朔古城在中受降城界，向北（按《元和郡縣圖志》卷四，北字下有化字）栅側近，後魏六鎮從西第二鎮。』太和十八年正是六鎮完整存在的時期，這年魏帝北巡，酈道元也正是護從諸臣之一，他在《水經註》裏說：『北出石門障，西北趣光禄城，城東北即懷朔鎮城也。』這是酈氏記自己親身到過的地方，其所指方位是不會錯誤的。依此估計，後魏懷朔鎮當在今包頭市山後轄區原『稒陽縣』城附近。

六鎮的廢壞，是從懷朔鎮開始的。據《史略》說：『初置六鎮，皆恃爲藩衛，資給優厚。遷洛以後，邊任漸輕，將士失所，互相仇怨。正光四年（公元五二三年）柔然入侵，懷朔鎮民挾忿殺鎮將，遂反。……諸鎮華夷之民往往響應，既而六鎮盡叛。』這也就是前面所述正光六年即孝昌元年改鎮爲州的真實原因。可惜改州以後，僅存州、郡、縣空名，具體事蹟，無一可紀。魏收雖生近魏代，但他的《魏書·地形志》已經無法滿足後世讀者的要求了。

後魏建都在平城期間，不僅對於六鎮的駐防軍士待遇優厚，就是對於六鎮的地方保衛及居民移植也都是十分注意的。如《魏書》太武帝太平真君七年（公元四四六年），『發司、幽、定、冀四州十萬人築畿上塞圍，起上谷，西至於河，廣袤皆千里。』這就是依六鎮沿綫從東到西築了一條土圍，防禦柔然部族的入侵。其後遼金兩朝在漠南所築防禦韃靼的土邊墻，其西部一段，大致與後魏時代的舊綫相仿佛。現包頭市管轄的原『固原縣』城附近有古代的土邊墻遺蹟，應是後魏懷朔鎮和遼、金兩朝西北部的塞圍。這件事正説明後魏對於保衛邊鎮的安排是費過一番氣力的。其次，關於六鎮居民移植情況，《魏書》裏雖没有明文數字可考，但《讀史方輿紀要》卷四説『葛榮部衆皆六鎮破六韓拔陵、杜洛周及鮮于修禮之衆。榮敗，流入並肆二十餘萬。』從這兩句話裏可以看出僅僅一個葛榮所裹脅的六鎮民衆，在他失敗以後還够二十多萬，那麽六鎮全盛時期的居民繁庶景象，也是可以想見的。正因爲居民繁庶，所以一些野心人物也就産生在這裏。如高歡、侯景，都起家於懷朔鎮。高歡作過本鎮的隊主（班長），又作過留使（通訊兵），侯景作過外兵史（上士）。當六鎮叛亂時，他倆和其黨羽都起過鼓動的作用。其後高歡成爲北齊的開國君主——神武皇帝；侯景却把南朝蕭衍的梁國搗毁。二人事蹟，有正史可查，不應贅述。這裏只因爲他們生於懷朔鎮，是包頭市的古代人物，故略及之。

北齊和北周時代，陰山南北地區盡被新興的突厥民族所佔有。高氏（北齊）、宇文氏（北周），都争與突厥和親，送賄賂，想引爲己助，没有力量去驅逐它，恢復後魏沿邊的舊疆。而突厥又是一個不甚重視郡縣建置的游牧民族，所以這一時期的舊懷朔地帶是没有什麽沿革事蹟可談的。甚至隋朝統一中國以後，也只做了一些保護突厥的工作，並没有在這裏建立自己的郡縣。這裏已完全變爲草原了。《隋書》所記保護突厥啓民可汗的事蹟，絶大多數在漢定襄、雲中兩郡界内，很少提到漢五原郡或五原塞的名稱，所以在《隋書·地理志》裏也找不到有關這一地區的任何資料（隋五原不在黄河北岸），我們只得從缺。

唐朝立國之初，高祖李淵奉突厥爲上國（稱臣），終武德（公元六一八至六二六年）一世仍保持前代的舊局面。到太宗貞觀四年（公元六三〇年），唐朝才派大將李靖率兵討滅突厥國。在這一戰役裏，史籍記載雖然没有指明與現在包頭市轄境的古郡縣名稱有關，但却有一個非郡縣的地名，我們認爲它是與包頭市山後地區有關的。這個地名，在唐初叫它『鐵山』，今天就叫『白雲鄂博礦山』。爲了説明我們的看法，就不能不把歷史事蹟簡略地介紹一下。

李靖率騎兵三千從惡陽嶺襲破突厥頡利可汗，頡利就棄走定襄，先退磧口，後又保『鐵山』。又派人到長安向唐帝謝罪，請舉國附爲藩屬。唐帝派大臣唐儉到頡利可汗處進行安撫，又命李靖往迎頡利。李靖對副帥張公謹説：『帝使到彼，頡利必自安，若選騎兵一萬，帶二十日糧，從白道去襲，必可成功。』公謹説：『帝已與約降，使者又在那裏，怎好襲他呢？』李靖説：『機不可失，唐之支流，何足可惜。』遂督兵急進，去敵七里，敵才發覺，因大震潰，俘男女十萬。頡利騎千里馬獨脱身走，被大同道（即大同川，在今後套）行軍副總管張寶相所擒，獻於長安。突厥國遂亡。

根據這件事實，我們認定包頭市管轄的白雲鄂博礦區，正是唐朝攻滅突厥頡利可汗的地方——『鐵山』。也許有人要問：漠南産鐵的山，不只一個白雲鄂博，你們憑什麽斷定頡利亡國的地方就只是白雲鄂博『鐵山』呢？我們以爲這個問題從戰役的路綫方向上可以得到解答。李靖初破頡利可汗是在漢定襄郡故地（今和林格爾縣境内），頡利先退磧口（今武川縣境），後保『鐵山』，這就證明他是從和林經過呼和浩特市區，又經過武川而逐步向西轉移的。他不被擒於從東來的恒安道行軍總管衛孝節，却被擒於從西南來的大同道行軍副總管張寶相，這不是已經證明李靖與張寶相兩路軍鋒所指的方向正是以現在包頭市的山後地區爲支點嗎？（大同道行軍總管是靈州大都督李道宗擔任，張寶相爲副。他們從靈州——今寧夏地區來，所以説是從西南來。）因此，我們敢肯定突厥頡利可汗亡國的地方『鐵山』，就是白雲鄂博礦區。

在解放前，這裏的蒙古牧民每年在白雲鄂博山頂公祭一位不記年代的民族英雄的衣冠塚。據民間傳説這位民族英雄是因爲反抗異族統治而戰死在這裏的，由於找不到他的屍體，就把他遺留的盔甲葬埋在山頂，以爲永久紀念。我們經過分析研究，認爲這位由民間傳説而被紀念的英雄人物，正是突厥亡國的頡利可汗。他雖不是戰死在『鐵山』，但他的徹底失敗却正在『鐵山』，這是與死無異的。傳説他死在這裏也合乎情理。他被送到長安，唐帝李世民並没有殺他，賜宅給俸，待遇也不薄。爲了滿足他好獵的習慣，想讓他到多鹿的虢州去擔任刺史，他辭謝不願往。貞觀八年（公元六三四年）頡利病死在長安，葬於灞水東，塞外找不到他的屍體，那是當然的。也許有人要問：蒙古牧民爲什麽要紀念突厥族的民族英雄呢？我們認爲突厥民族建立部族聯盟帝國時，蒙古族（當時叫作胡）也是它的組成部份，隨着突厥人紀念突厥的民族英雄，這是毫不奇怪的事情。行之既久，就成爲不自覺的群衆風俗了。這種民族互染的情形，在匈奴、鮮卑、柔然、蒙古所建立的大版圖部族聯盟帝國裏是經常發現而不稀罕的。

上面所説，是我們的一個大膽的判斷，以前似乎還没有人這樣提過，現在我們把它簡略地談出來，希望讀者們給予批評。

唐自貞觀四年（公元六三〇年）滅東突厥國，把降户安置在黄河以南（今伊克昭盟），古五原、懷朔等地暫時成了空白區。到貞觀十五年（公元六四一年）唐帝以舊突厥貴族阿史那思摩爲突厥可汗，賜姓『李』，率原降户十餘萬，勝兵四萬，馬九萬匹渡河建牙於頡利舊都定襄城，統有原突厥族故地。只是這個新建立的局面，時間很短，據《舊唐書·突厥傳》説：『居三年，思摩不能得其衆，自慚，請入朝願留宿衛，改任右武衛將軍。』渡河民户，仍處於勝、夏二州。貞觀二十一年（公元六四七年），塞外諸部落酋豪或入朝長安，或派員請求設官，唐帝命在突厥舊疆分設六個府，七個州，就用他們本部落的酋長擔任都督、刺史，北荒悉平，置燕然都護統領之。但這次安排也没有維持長久，在唐帝李世民去世（公元六四九年）後，北邊情勢就逐漸混亂起來了。所以這一時期對於漢五原郡，魏懷朔鎮的沿革事蹟就没有確實資料可述，僅能以整個北荒描個大概輪廓而已。

唐朝在黃河北岸，秦、漢邊郡牧地所建立的城塞，應以三受降城爲最著名。東、西兩受降城與現在的包頭市轄境無關，我們不去談它，只有中受降城所捍衛的地面恰好把包頭市包括在內。唐人李吉甫撰《元和郡縣圖志》說：『中受降城，本秦九原郡地，漢武帝元朔二年（公元前一二七年）更名五原，開元十年（公元七二二年）於此城置安北大都護府，後又移徙。』又說：『三受降城，景雲三年（考景雲僅二年，沒有三年，此商務印書館《叢書集成》本所刊，疑係傳抄致誤。按《歷代帝王年代》把朔方總管張仁願築三受降城事列在景龍二年即公元七〇八年，這是對的）張仁願所置也。初，突厥入寇，朔方軍總管沙吒忠義爲賊所敗，詔仁願代之。先是朔方軍北與突厥以河爲界，河北岸有拂雲堆神祠，突厥將入寇，必先詣祠祭酹求福，因牧馬料兵而後渡河。時突厥默啜盡眾西擊突騎施娑葛，仁願奏請乘虛奪取漠南之地，於河北築三受降城，首尾相應，絶其南寇之路。太子少師唐休璟以爲兩漢以來皆北守黃河，今於寇境築城，恐勞人費功，終爲賊所有。仁願堅請不已，中宗竟許之。仁願表留年滿鎮兵以助其功，時咸陽兵二百餘人逃歸，仁願擒獲盡斬之，軍中股栗，六旬而三城俱就。以拂雲祠爲中城，與東西兩城相去各四百餘里，遥相應接，北拓三百餘里，於牛頭牟那山北置烽堠一千八百所，自是突厥不得度山放牧，朔方無復寇掠，減鎮兵數萬人。』又說：『光禄城東北有懷朔古城，其城即後魏六鎮從西第二鎮，在今中城界向北化柵側近也。』從以上這三小節敘述裏可以看出唐朝的中受降城佔有漢五原郡和後魏懷朔鎮，也正與現在包頭市的位置相符合。關於五原、懷朔，我們在前面已多次談過，下面只把中受降城境內的拂雲堆略談一談，聊當唐代在這個地方經營建置的結束語。

按拂雲堆雖然不是一個雄關鉅鎮，但由於它在名城中受降城附近，爲唐與突厥雙方都很注目之地，所以在邊疆防務上也就有了一定的重要意義。多少年來，中國文人往往把它用在記述邊塞的詩文篇什裏，也正是受了唐朝人士重視這個名蹟的影響。清張穆所撰《蒙古游牧記》烏喇特境內引《一統志》說：『按旗西北一百九十里有地，蒙古名烏朱爾插漢，或疑此爲拂雲堆也』。中國書籍裏能指出拂雲堆所在方向位置的，這似乎是首創，因爲自唐朝以來，人們只是依樣引用，沒有人能指明它究竟在什麽地方。因此，我們説《蒙古游牧記》引《一統志》的解釋是一種首創。然而這個創解却並不能説服人。爲什麽呢？因爲它所指的方位，不僅離中受降城太遠，離黄河北岸也太遠了。李吉甫的《元和郡縣圖志》是以唐宰相記唐地域，他的話基本上要比後世人所寫的書，如《一統志》的推斷可信得多。他明明地説：『河北岸有拂雲堆神祠』，又説：『以拂雲堆祠爲中城。』《一統志》不在黄河北岸中受降城周圍找拂雲堆，却跑到烏喇特旗（不論中、前、後哪一旗）西北一百九十里處找見一個拂雲堆，這使人難以信服。

在不遠離北岸與中城的範圍内，從陰山南麓找拂雲堆，我們認爲沙爾沁召即西廣化寺山的形勢，最符合李吉甫所説的條件了。它南望黄河，西連石門，與『北岸、中城』之説毫不相背，把它假設爲拂雲堆是比『烏朱爾插漢』要合理得多。也許有人説：『句頭山前地區，本來就是背山面河的，如果在陰山南麓找堆阜，指爲拂雲祠，那是隨處可以找到的。像轉龍藏山岡就更貼近中城，也更靠近黄河，指爲拂雲堆，也頗合理，何必沙爾沁召才算合理化？』我們的看法是：轉龍藏雖可以稱『堆』，却不可稱『拂雲』，因爲它太低了。其他陰山突起處多能『拂雲』，但它們只能稱『山』稱『峰』而不能稱『堆』，因爲它們太大太高了。在包頭附近，要找一個低於主山列峰，高過一般岡阜的孤挺小山，能與『拂雲堆』三字名實相符的古蹟，除沙爾沁召山以外就很難發現更恰當的地方了。這座山從正面望去，是緊靠陰山，看不出挺拔形勢的。如從東西兩側望去，就很明顯地看出它像一隻犀首從陰山伸出，在鼻端突出一角。這種形狀很難引人注目，古人把它叫作『拂雲堆』，並在這面建立神祠，是頗有意趣的。我們很懷疑現在的沙爾沁召可能就是在古代神祠的廢址上建築起來，如能在這裏發現古代碑碣磚石之類的遺物，那就可以把『拂雲堆神祠』的假定變爲肯定了。

唐朝在漢朔方、五原兩郡舊地區所建立的都護、都督、軍鎮等名目和地址是屢次改變、屢次遷移的。要詳細説明那些情況，必須用專題去討論，因此，我們對於唐代的沿革只説到這裏爲止。

五代初期，唐朝的舊制在這裏已百不存一，陰山與黄河南北，都成了沙陀、韃靼、吐渾、黨項等部族往來交爭的場所，至石敬瑭以北邊十六州賂契丹，契丹（遼）人才在這裏作了他們自己的安排。據《遼史·地理志》說：『雲內州，開遠軍，下，節度。本中受降城地。遼初置代北雲朔招討使司，改雲內州。清寧（公元一〇五五至一〇六五年）初升。有威塞軍、古可敦城、大同州（疑把西受降城的大同川誤記於此）、天安軍、永濟（《元和郡縣圖志》作永清）柵、安樂戍、拂雲堆。兵事屬西南面招討司。統縣二：柔服縣、寧人縣。』在這節志文裏並沒有註明兩縣的位置，也沒有指出縣境有什麼古蹟或特徵，因此，僅憑《遼史》是很難斷定哪個縣在今包頭轄境之內的。只有與《金史·地理志》互作參考對照以後，才可以研究這個問題。

金朝在陰山黄河地區也設置了雲內州，這基本上是沿用遼朝舊制。但在領縣裏却只沿襲了柔服縣舊名，而把寧人（金史作寧仁）縣改爲鎮。另外添設了一個雲川里。這種改變是否别有原因呢？我們認爲主要的原因是金朝的雲內州已經不是遼朝雲內州的全部舊址了。按《金史·地理志》在『柔服』縣名下，註語有『夾山在城北六十里』的解釋，在『鎮一』的標題下，註語有『寧仁舊縣也，大定（公元一一六一至一一八九年）後廢爲鎮』的解釋。從這兩句註語的啓示裏，我們研究的結果認爲遼朝的寧人縣在雲內州西部，也就是在拂雲堆以西，正在今包頭市範圍以內。金朝只佔有寧人縣東邊的一小部份，設縣則地域太狹，所以先設縣而後來却改爲鎮。柔服縣在寧人縣以東，其地與包頭市無關，雲川就更在柔服以東了。

那麼遼朝寧人縣西部的絶大部份地方即現在包頭市的山前地區，在金朝屬哪裏管轄呢？《金史》對這個問題雖然没有説明，但日本箭內亙博士所編的《東洋讀史地圖》却把包頭市所在地劃入西夏國領土之內了。在這幅圖（第十七圖），金國與西夏的分界綫在東經110度以東，跨到了石門水東約百餘華里。這就説明金朝把舊寧人縣餘地廢爲鎮，正是因爲它接近國境邊沿而這樣做的。我們從《金史·地理志》只提柔服縣北有夾山（遼天祚帝被金兵追擊，逃入夾山，即現在美岱召山後的二夾子，土音叫作『二架子』，因爲它在前後兩層山的夾縫中，有山民居住，故天祚帝逃此避兵）而不提雲內州舊寧人縣有拂雲堆，這就可以推斷拂雲堆已不在金國版圖之内，因而也承認箭内亙博士的金、夏分界綫是頗爲準確的。

基於以上歷史事實，説包頭市是遼朝雲内州故地，是不錯的；如果説它也是金朝雲内州故地，那就錯了。

元朝也有雲内州，它的位置和管理範圍大體上是沿用金朝舊制，後來又有改變。因爲它與包頭市無關，所以我們就不能像研究遼朝雲内州那樣去研究它了。那麽今天的包頭市轄境在元朝時候究竟屬於什麽地方呢？關於這個問題，我們也從箭内亙博士《東洋讀史地圖》裏得到一點點『啓示』。他的第十八圖——元初亞細亞形勢圖，在相當於金朝雲内州的方位上，標了『德寧』二字。我們很懷疑元初既仍舊保留了金朝的雲内州，怎樣能在雲内州的土地上又多添個『德寧』呢？是廢了雲内改爲『德寧』麽？但查考新、舊《元史》及其它元朝地理資料都没有改雲内爲『德寧』的記載。經反復研究，才認爲元朝的『德寧』正包括了今天包頭市的轄區，只是圖上應當把它標在陰山後而不應該把它標在陰山前面的雲内州方位上。這就不能不説是箭内亙博士的一種疏忽了。

我們把德寧（它是一個『路』，比『州』大）路排在山後，究竟有什麽理由與根據呢？這裏不妨把《新元史·地理志》的正文和原註引一節，隨後再作分析。《新元史》説：『德寧路（下）大德九年（公元一三〇五年）以黑水新城爲静安路，延祐五年（公元一三一八年）改爲德寧路，領縣一，德寧（下）。』註文説：『大德九年置静安縣，延祐五年改今名。趙王不魯納食邑沙净、德寧等處。』這節文字裏，有兩點最值得注意：⑴黑水；⑵趙王食邑。現在就跟着這兩點綫索來研究吧。

⑴包頭市山前區附近，有没有名叫黑水的河流呢？可以回答説没有。那麽静安、德寧不在山前是可以肯定的了。那麽包頭市山後附近，有没有名叫黑水的河流呢？這就必須回答説有。按《蒙古游牧記》説：烏拉特『旗北二百里有麥垜山，産精鐵，利五兵』。這指的當然是現在白雲鄂博山了。又説：『旗北百五十里有齊齊爾哈納河，自茂明安界流入境，西南經白石山會黑河，……二百里有黑河，蒙古名喀喇木倫，從茂明安部流入境，西南流入黄河。』茂明安和烏拉特連界的地方正在包頭市山後區轄境之内，這些古河名也就不能出乎這個範圍之外。因此，我們推測元朝的『黑水新城』也必然就在這個黑河

的附近地區。

(2)元朝趙王食邑在沙、净、德寧等處。這些地名究竟在什麽地方呢？『沙』是沙井總管府，領沙井縣，就是現在武川縣全境及其周圍地帶。『净』是净州路，領天山縣，就是現在四子王旗全境及其周圍地帶。那麽，從東往西，由四子王旗、武川縣，與原固陽縣和茂明安、烏拉特旗的各一部份土地連成一片，作爲趙王的封地(食邑)，在形勢上是很自然的。把德寧路排在沙井總管府以西，即現在包頭市的山後區，也就極合理了。這裏還應該附帶説明一點，就是元朝趙王的居住地在喀爾喀右翼旗(通稱達爾罕貝勒旗)境内，蒙語把那個地方叫作『鄂楞蘇木』。那裏有趙王府的廢址，破碎磚瓦，到處成堆，並有修建王府的殘碑，係三山林子良撰文。從這個王府所在地來看，他的封地沙、净、德寧，正在左、右、前三面環拱着它。我們所主張的理由和根據，就是如此。

明朝自洪武元年(公元一三六八年)至崇禎十七年(公元一六四四年)共計二百七十六年的立國時間，始終是以明朝自己所修的長城綫與韃靼國分界的，尤其是外長城綫——俗稱『邊墻』的那條綫，更是一個嚴格的界限。包頭離山西、陝西兩省的邊界都很遠，所以在這裏是根本没有明朝建置可談，它只是一片純粹的游牧民族活動地區而已。

明朝自洪武初(公元一三六八年)到永樂末年(公元一四二四年)和韃靼國的關係，仍然是一種對立戰争局面。明朝雖不能取得邊墻以外的土地，但韃靼國牧民的生活也得不到長期的穩定，經常在逃避戰禍的情况下到處流動。正統(公元一四三六至一四四九年)、景泰(一四五〇至一四五六年)年間，瓦剌部酋長也先曾一度據有韃靼國故地，陰山前後及黄河兩岸都在他暴力控制範圍之内，包頭地區當然也不例外。成化(公元一四六五至一四八七年)以後，達延可汗統一了諸部，建立了韃靼國的中央政府(在今察哈爾地區)，並把今集寧以西至定遠營一帶劃爲他的右翼吉農(即總督或統帥)管轄區，包頭地面也只是這個右翼裏的一小部份而已。到嘉靖八年(公元一五二九年)以後，阿勒坦可汗(即明史所稱俺答)崛起韃靼國西部，雄據右翼，直至明亡時期，這裏始終爲阿勒坦可汗的子孫所有。由於阿勒坦可汗不設郡縣，所以没有那個時期的郡縣名稱可述，直稱爲蒙古牧區，是符合實際情況的。

清朝在入關以前，雖已征服了内蒙古東西各部，但關於蒙古部落的舊制度還没有作重大的改變，直至入關以後，建立了中國統一政府初葉（順治、康熙、雍正三朝，公元一六四四至一八二〇年）的八十五年間，①由於供給綏遠城滿洲八旗駐軍的糧餉而逐漸大量開墾土默特旗的膏腴牧地，内地農户來此日多，道廳機關也就在這個時期設立起來了。包頭，本來是當時薩拉齊廳轄境内的一個平常村落，嘉慶十四年（公元一八〇九年）撤銷善岱巡檢移設包頭，從此包頭始稱爲鎮。這是包頭有官治的開端。到清朝末葉（道光、咸豐、同治、光緒、宣統五朝，公元一八二一至一九一一年）的九十一年間，是包頭地方比較發達的一個歷史階段，但在行政制度上仍然没有大的改革。僅於同治四年（公元一八六五年）因防禦金積堡回民起義軍北進，清廷調大同總兵馬升率兵駐紮包頭。同治十年（公元一八七一年）在馬昇主持下修築了包頭鎮的城墻。有清一代的包頭鎮沿革情況，大致僅止於此。

辛亥（公元一九一一年）革命後，北洋軍閥政府對包頭並没注意，所以也談不到任何改革。一九二三年才成立了一個包頭設治局，一九二六年春，才正式將包頭設治局改組爲包頭縣公署。一九三七年十月，日本帝國主義軍隊侵佔了包頭縣，於次年十一月改包頭爲市。抗日勝利後，國民黨政府也沿用了日僞的市制，未加改變。僅把包頭縣治一度遷駐城外麻池村。

解放以後的包頭，在中國共産黨英明正確的領導下，在偉大的社會主義建設總路綫的光輝照耀下，中央人民政府决定把包頭建設成爲一個以鋼鐵工業爲中心的新興工業城市。爲了把採鐵採煤和冶煉製造結合爲一體，就必須把陰山以北的白雲鄂博鐵礦區和固陽區、石拐溝的煤礦區、崑都崙河兩岸的平闊地，都劃入市轄範圍之内，才能構成這個工業城市的完整有機體。根據這種需要，黨和政府就再决定把原包頭縣及原薩拉齊縣的一部份地區，原固陽縣和茂明安、烏喇特兩旗的各一部份地區，都合併劃爲新興包頭市的全部轄境。它的建設規模是雄偉的，發展計劃是宏遠的，這從以上所述的幾項主

①此處有誤，此八十五年爲乾隆嘉慶兩朝，乾隆以前尚無綏遠城。

要條件裏就可以看出來。至於市屬範圍内的山脈、河流、地質、水文、氣象等自然概況，以及工、農、商、牧等經濟發展和文教、衛生事業，將在以下各篇分述。

包頭市歷代疆域和建置沿革表

秦	九原郡東部地。
西漢	五原郡臨沃、稒陽兩縣地，山後爲光禄塞控制區。
東漢	初期與西漢同，中期爲南匈奴駐地，末期爲鮮卑族所佔有。
三國	鮮卑民族活動區。
後魏	懷朔鎮轄境，後改朔州，爲石門縣地。
齊、周、隋	突厥國領地。
唐	中受降城轄境。
遼	山前爲雲内州西部地，山後爲白韃靼駐地。
金	山前爲西夏國屬地，山後爲汪古部駐地。
元	德寧路轄境，爲趙王不魯納食邑地。
明	蒙古阿勒坦可汗領地。
清	置鎮，土地爲土默特和烏拉特旗所有，鎮歸薩拉齊廳管轄。
民國	設縣，後劃城郊爲市，一度移縣治於麻池村。
中華人民共和國	合併原包頭市、縣及原薩拉齊、固陽兩縣和土默特、烏喇特、茂明安三旗的各一部份地區擴大爲今市。

略談辛亥革命前後的家鄉舊事

〔原載中國人民政治協商會議內蒙古自治區委員會文史資料研究委員會編《內蒙古辛亥革命史料》，內蒙古人民出版社，一九六一年〕

一、辛亥年的歸綏官僚陣容

辛亥年我剛十八歲，在『歸綏中學堂』（這是前清的舊名稱）肄業。這是『歸綏道』境內唯一的一座中等學堂，是由『古豐書院』改建的。當時我雖然年輕，但是綏遠、歸化兩城的官僚陣容，已經約略記憶。第一個封建大官是綏遠城將軍，按照清朝的制度，他的權力是調遣宣（宣化）大（大同）二鎮，節制沿邊道廳。這在軍事和政治上是一個權威很大的大將軍。辛亥年擔任這一職位的是一個年逾七旬的滿洲老人，名叫堃岫。他在清末是循資格起家的不著名人物，清廷派他來綏遠，也只爲他是個老實不生事的人而已。第二個封建大官是鎮守歸化城副都統，這是一個單純監督土默特旗事務的二品官。辛亥年擔任這一職位的雖然是個壯年滿洲人，但却帶有輕微的精神病。他名叫麟壽，屬員們背地稱他爲『麟瘋子』。第三個封建大官是歸綏兵備道，這是一個監察各廳兼管關税和學務並指揮巡防隊的有權官員。辛亥年擔任這一職位的是一個少壯滿洲人，他名叫咸麟，字澤山，據説他是被同盟會員徐錫麟刺死的安徽巡撫恩銘的兒子，是個怯弱的少爺。以上三大員的職責雖各不相同，但却都是執行清朝對邊疆統治權的有力人物。只是在辛亥年擔任這三個要職的人，本領有限，除深居簡出，尸位看門之外，都不能有所作爲。這也是當時清政府腐敗衰朽在這一個角落的寫照。

二、武昌起義前後的歸綏情況

在武昌起義以前，我們家鄉的士大夫之間已經知道清廷派出的欽差大臣端方在川途中被護送他的湖北新軍嘩變殺死。這個消息使歸、綏兩城的大官們除受到一次迅雷轟頂的震驚以外，同時也深深地感覺到時局的緊張氣氛是越來越咄咄逼人了。這是一種『山雨欲來風滿樓』的形勢，不僅宦海中群情沸騰，就是城鄉民衆中也竊竊私議，謠言蜂起，都認爲震撼皇帝寶座的暴雨就要到來了。果然，到了舊曆八月十九日，湖北新軍在同盟會員黃興、黎元洪等人的領導下在武昌城起義了。他們的主張是：打倒帝制，建立共和。這個駭人的消息，不到幾天就傳到塞北，跟着就有各省地方紛起響應的消息也在報紙上不斷刊出。這就使群情更加動蕩，而將軍、副都統、道臺三位封疆大員也越發亡魂喪膽，驚惶失措了。道臺咸麟改換服裝，頭戴白氈帽，身穿一件灰色粗布半截袍，腰勒布條，形狀活像一個口裏來的賣花生和山裏紅的小販。每天夜裏不敢睡覺，衹在署後花園裏作惴惴不安的躑躅，到天明才敢和衣假寐，公事都交給他的『師爺』們去辦。他的唯一願望是盼得時局稍穩，便可解組還家。至於那位副都統麟壽則駭怕得更厲害，把署後的住宅門加上鎖，除他的家屬以外不接見任何人。他的最後願望大概和咸麟一樣。將軍堃岫雖然是個老實人，但畢竟年高，更事多，比他那兩位後輩，副都統、道臺要稍勝一籌。同時也因爲他是地方軍政的最高長官，時局到了非常緊張的時候，他的職責是非硬着頭皮拿主意不行。所以當時副都統、道臺所管事情都由各機關直接向將軍請示。

到舊曆九月上旬，山西太原的新軍也響應武昌起義了。到九月下旬，駐紮在歸綏『營房道』的外八旗巡防隊也突然暴動起來。他們暴動在夜間，正是全城居民深入睡鄉之時。他們原打算用放火驚動居民，把煤油潑在禮拜寺巷清真大寺的門扇門欄和木柵上，因天氣已經寒冷，沒有燃着，遂放了很少的幾聲步槍就往山後撤退了。天明後，這件事不半日而傳遍全城。人們都説歸化城是『福地』；又説歸化城召廟多，有神佛保佑，决不能遭劫。這是封建神權社會應有的説法，倒也不足爲奇。下午堃岫就傳諭新城滿洲諸協領和土默特旗各家參領派兵到巡防隊營盤搬運庫存武器。因巡防隊走時衹帶了兵士們自用的槍，對庫存未開箱的漢陽造馬步槍五百餘支並没動，遺留的子彈也不少，完全由滿洲八旗右司和土默特旗兵司瓜分運走。可見巡防隊的暴動是事出倉猝，没有什麼精密革命計劃的。他們於舊歷十月從山後繞道進入包頭鎮才打出革命旗號，軍官曹富章自稱革命軍都督，其餘幾位是副都督。據説當時共有正副都督五六位。這是因爲原駐包頭的一部分巡防隊與他們合作之後幾個軍官也要以『在地虎』的資格稱督，爲了合作，便衹好多設這種職位。兵少官多，本來就是一個極大的缺點，後來的失敗也恰恰是從這一缺點産生的。

包頭在那時還是屬薩拉齊管轄的一個鎮。在巡防隊尚未進入包頭之前，薩拉齊廳署理通判，①人們稱爲『樊屠家』的樊恩慶已經帶了一個親兵小隊先到包頭。祇是還没有來得及布防，就被包頭巡防隊把歸綏巡防隊接到城裏了。樊恩慶知道用武力打不過這些都督，而用計是可以取勝的。於是乎他就用他那種候補官巴結上司的看家本領來巴結這幾位都督。他指天誓日地表示了投降，脅肩諂笑地顯示了忠順，並説他本人也是從武職（他精通技擊）轉到文班的，因此他和軍人最能合得來。幾位都督被他這種投毒的米湯灌昏了，完全相信他是一個忠實的革命夥伴，却不料樊在恭維他們的同時，正暗中布置着收拾他們的場合。未經多日，樊就選定馬號大院爲設宴請客之所，把幾位都督全數騙來，在酒筵上伏兵突起，實現了樊一網打盡的目的，巡防隊兵也跟着瓦解了。這一事件在當時雖好像曇花一現，但它給歸綏帶來的影響却很不小，革命的聲勢從此日益高漲了。

三、包頭鎮事變後的歸綏情况

包頭鎮的革命嫩芽，雖然被樊恩慶一脚踏煞了，可是綏遠城將軍堃岫並不認爲塞北的局面從此便能安穩下來，因爲他已經知道山西的革命力量被張錫鑾擊敗後有北出口外的趨勢，清政府也給他指明這一點，並命令他以全力守住歸綏以保北京的右側背。因此經常有他的傳諭，給地方官員和紳商們打氣，叫大家多想辦法鞏固城防。這時滿洲步營已開往薩拉齊廳，留在歸綏的祇有土默特旗的步、騎兩營，全數兵額不足八百人，力量顯得有些單薄。堃岫就邀請土默特旗兵司關防阿靈阿和舊城回民鄉老白維禮，鼓勵他們增練守衛隊給原有陸軍做助手。二人奉命後，不到半個月就把蒙古和回民守衛隊編組完成，兩個隊每隊二百人。蒙古隊由土旗前鋒校舒敏泰率領，回民隊由回民公推白維禮率領。他們的主要任務是白日查街，夜裏巡更。武器是老毛瑟和砸銅帽兒洋槍，還有一部分二人抬。這種隊伍祇能給官僚、財主們壯壯膽子而已，根本不能打仗。除此以外，堃岫又從官籍中起用了舊巡防隊統領譚永發

①應爲『同知』，自清同治年間，薩拉齊廳即改爲理事同知廳。

（譚是在貽穀墾務大參案中被牽連革職的），教他收集駐各廳未嘩變的巡防隊協助陸軍守城。譚是湘軍出身的湖北老軍官，對於復職帶兵這件事是日夜禱祝而求之不得的，怎能不歡欣鼓舞呢？所以譚的隊伍也很快就集合起來了。這便是包頭鎮事變後歸綏新增軍事力量的大概情況。與此同時，歸綏的文職人員和地方紳士也有一些非軍事性質的應變活動。首先就道臺衙門的秘書長俞翰卿出名約請地方紳、學、商各界知名人士，共同商議，打算成立一個保安會。聯名向堃將軍遞請願呈文的有方得目、程心之等多人。他們要求把官商生息的學堂基金白銀五萬兩提作保安會經費。這個消息恰好被我們歸綏中學堂的監督（那時不叫堂長，也不叫校長）吴福麟老師打聽到了。這件事對他的飯碗有被打碎的危險，他當然不能置之不理。唯一的鬥爭辦法祇有發動全堂學生提抗議。可是這時中學的甲、乙兩班都已畢業離堂，祇剩下丙班和師範班，也因提前放寒假絶大多數學生都回家了，僅有少數外省路遠的學生還没有走。我是丙班的班長，又是本歸化城人，雖已放假，每天也要到學堂裏看看報紙並和留堂的同學説説閑話。有一天吴監督把我唤到他的辦公室裏，很和氣地和我商量這件事的對付辦法。我當時年輕氣盛，堅決反對提取學堂基金充保安會經費，並主張用全堂學生名義向堃將軍提出理由書表示抗議。吴監督立即召集留堂學生説明這種辦法，問大家有何意見？我們中、師兩班留堂生都表示贊成。吴當然很高興，就囑我起草理由書。次日我把稿子交吴審閱，並由我和師範班班長姚玉樞送交將軍府的外收發室。隔了一天，吴監督以勝利的表情告我説：『老將軍已經答應了咱們的要求，不許别人挪用學堂基金了。』

四、歸綏滿清部隊與北上晉軍之戰

歸綏部隊與北上晉軍之戰，是辛亥年塞北的一件大事。

北上晉軍的首領，大家都知道就是投革命之機，以後又叛變革命的臭名遠揚的反動頭子閻錫山。他從晉西北穿過伊盟準格爾、達拉特兩旗界，踏冰渡過黄河進佔包頭鎮，並改包頭爲『包東州』。這是舊曆十一月的事。這時曹富章等已被『樊屠家』殺害，巡防隊的力量已利用不上。閻在包頭稍作整頓即東向進攻薩拉齊，一鼓而下，頗稱順利。除擊走歸綏派來的守兵以外，還奪取了吴壩村炮兵陣地的四門山炮。在薩廳釋放了『囚犯』，編組了人數頗多的敢死隊和決死隊。這樣做了增馬添兵的部署之後，即於臘月初率軍東進，準備攻佔歸綏。初七日進到陶思浩村，探悉前路已有堃岫派出的騎步兵在上、中、下三路布防，這就衹好停下來計劃明日出擊的事情。

在歸綏一方面，自從薩廳失守，駐軍潰退的消息傳來以後，將軍堃岫就連夜召集土默特旗各家參領徵求他們的意見；打算派土旗步、騎兩營與譚永發的巡防隊同去西路防守。這些老參領和堃岫的利害是一致的，當然同意這樣辦。堃岫立即發出命令，派土旗步兵營長發義率全營官兵沿大青山南麓出上路；巡防隊統領譚永發率全隊官兵並配以綏遠城炮兵一連出中路；土旗騎兵營長福坦率全營官兵出下路。三路兵必須緊密聯係齊頭向西挺進，一遇敵軍即奮勇迎頭痛擊。當臘月初五日中午，三路兵在舊城各大街整隊進行，蒙、回兩個守衛隊也扛着槍跟在後面作了誇張的『揚兵』儀式之後，就出發了。到初七日上午，步兵進入刀什爾村，巡防隊和炮兵進入到爾計村，騎兵進入馬群爾村，都探知晉軍已到陶思浩村，衹好暫停下來各自準備應付即將到來的陌生戰役。

當時晉軍和滿清軍兩邊的情況是這樣的：滿清方面的土默特旗步兵營是前綏遠城將軍貽穀於光緒三十年(一九〇四年)奏准清廷新練陸軍兩營之一。第一營由八旗滿洲兵編成，第二營由土默特蒙古兵編成。官兵人數都按北洋陸軍章程以足額編制，每營都有五百二十多人。貽穀聘請北洋軍官胡恩光擔任兩營督練，胡又引薦了一批北洋少壯軍官分任兩營教練職務，連年集訓，極爲認真，官兵質量比北洋陸軍毫無遜色(民國二年與張紹曾的二十鎮八十團作操演比賽，獲得優勝，即是明證)。武器方面，有德國槍(當時稱斜五眼槍)三百枝，漢陽造步槍二百二十餘枝，子彈都很充足。其次是土默特騎兵營，它的成立時期很晚，於武昌起義後才緊急編成。官兵二百七十員名，人人有馬，其體制也是符合北洋陸軍章程的。它雖然是個新營，但兵士都是從步兵營退伍的壯丁，年齡都在三十歲左右。武器初不甚齊楚，後因取得巡防隊的庫存槍彈，就一律換成嶄新的漢陽造馬、步兩種槍了。至於譚永發所率巡防隊殘部二百餘人，武器原來就是漢陽步槍。就五十年前的塞外軍隊來説，這種裝備不能算壞。可是北上晉軍却把這三路的戰鬥力估計過低，尤其是閻錫山的前敵總指揮王家矩認爲在薩廳擊潰的第一營可能是歸綏部隊的精鋭，精鋭尚不堪一擊，其餘更何足道。因此，他的氣很盛，戰勝的自信心也很强，大有古人所謂『滅此朝食』的氣概。未能深悉敵情，僅憑想當然的估計和勇往直前的意志去作戰，這怎能保證不失敗呢？

發義得到了一個住在陶思浩村的退伍兵雲有福的情報，知道了革命軍要打刀什爾，奪取槍枝裝備徒手的敢死隊等情况，就一面給譚永發送信，一面親自布置陣地。刀什爾村在晉軍所駐陶思浩村的東北，相隔僅十餘里，緊靠大青山，有居民百餘户，樹木頗多。在村西南有一條從大青山發源的小溪流，土名谷勒畔河，所以人們稱晉綏軍這次戰役爲谷勒畔河之戰。發義視察了地形，料定晉軍必從村西南方進攻，而村西南恰有緊相連接的幾個打穀場，都是用荒石塊砌成矮墻，約有半人高，這是一種現成的而且是很好的防禦工事。發義教兵士把那太高的地方取低些，太低的地方加高些，把墻脚的積雪掃除，鋪了很厚的麥秸，使兵士伏在墻裏。這樣安排以後，他就把全營兵士分爲兩批，輪流替换埋伏，監視敵人。並一再告誡他們，没有命令，絶對不許擅自開槍。

前半夜，陣地上没有發生任何情况。後半夜即初八日，在鷄鳴以前也没有什麽動静。到鷄鳴幾次以後，發義用馬鞭把抱槍在墻下打盹的兵敲醒，並警告那些班長們説：『拂曉攻擊這句話，你們還記得吧，不要叫弟兄們再打盹了。』他説完這話還不到一頓飯的工夫，就隱隱聽到人馬的踏雪聲從西南方傳來。這時風雪已息，曠野如銀，静夜伏聽，入耳漸厲。當晉軍進到谷勒畔河岸，就先用山炮向刀什爾村轟擊，原想把清兵的火力壓住再前進。可是這些炮彈半數打在大青山腰，半數打在村裏的西頭（居民已避在村東頭），没有一枚擊中清兵的陣地。打了一陣炮。不見抵抗，就命敢死隊和决死隊過河衝鋒。這兩個隊大都是由剛打開薩、包兩地監獄放出來的『囚犯』臨時組成的。排在前一層的兵有二人抬、砸帽兒槍、老毛瑟等武器，排在後一層的就都是徒手，是給前層作補充的。他們彎着腰進到離刀什爾村不遠的地方，後面的衝鋒號吹響了，他們喊殺開槍向前衝，並夾雜着喊『繳槍』。發義從雪地上已經清楚地看見他們進入步槍有效射程之內，立即高聲喊『開槍』！這一下，晉軍的敢死隊就犧牲得很不輕。可是他們人數多又因進入火力圈退不下去，所以卧倒後還堅持戰鬥，使戰争形成一個不小的膠着狀態。天明的時候，晉軍才把正規步兵投入戰鬥，人數比土旗步兵營約多三倍，以偃月陣形從西南向東北逐步包圍上來。發義看到這種情勢，心中暗暗着急，一面派通訊兵馳往譚永發處請援（這時發義不知騎兵在何村宿營），一面籌劃當前拒敵的辦法。他從望遠鏡裏看見晉軍前綫有一個騎黑馬的督戰軍官，飛馳飄忽以戰刀催督步兵前進。當時戰場上雖然彈雨横飛，可是這位督戰官却毫不畏怯。因此晉軍的步兵攻勢是節節前進没有後退的。這時土旗步兵營已全體，連炊事員都加入戰鬥了，但危急的局面却絲毫也没有扭轉。發義急中生智，叫他的傳令兵告訴四個連長，要每連選拔射擊最好的士兵三名，登時到他這裏來。轉瞬間，這精選的十二名士兵都聚在他面前，他就命令他們説：『你們這十二枝槍暫不必射擊敵兵，衹集中火力瞄準那個騎黑馬的督戰官一齊放射，不要七前八後地亂射擊。』發義這個辦法果然有效，正當那個軍官督着步兵洶湧挺進的緊張關頭，這裏的十二枝槍同時迸發，那位軍官立時落馬，那匹黑馬也像箭一般向南奔去，晉軍步兵的攻勢從此就漸漸鬆下來了。加以譚永發也由東面趕來，令炮兵放了幾聲山炮。福坦的騎兵也辨别着槍聲由下路援應上來。晉軍在總指揮陣亡、敵兵會合的情勢下衹好撤退。事後很久，人們才知道這位陣亡的督戰官就是閻錫山的前敵總指揮王家矩，那匹馬是薩廳葫蘆頭村蒙古伍海的名馬『黑老虎』。王家矩死時頭上中兩彈、身上中兩彈。那馬也身中三彈，跑到二十里外的莧丸梁村才倒斃。

在戰役結束的第二天，土旗步兵都因『歇後怕』而自動地跑回歸綏。我的一個表兄名叫仁全（他是我祖母的侄孫，家住上達賴村）背着槍跑了一夜半天，没等回營盤就先到我家飽吃一頓。上面這些戰場事實都是他給先父談而我在旁邊聽到的。

五、清朝、民國過渡階段的歸綏漫志

閻錫山率部返晉，歸綏的緊張局面也即解除，安然過了一個春節。就是在這個時期，城裏突然來了

一幫惡客。這幫惡客究竟是些什麼人呢？他們的正式名稱叫作『北洋陸軍第一鎮』。原因是閻錫山出口外的消息一傳到歸綏，堃岫就向北京打電報請求派兵援助。在南北議和情況下，袁世凱當時假不承認閻部是革命軍的借口，就答應派兵助剿。惟千里赴援，勢難朝發夕至，況那時京張鐵路剛從張家口展到柴溝堡，再往西就須起旱，所以當晉、綏兩軍戰鬥時，他們還没有趕到。戰事結束後，他們就來了。他們一到歸綏，就要給地方『立功』，急忙開往托縣打閻錫山。其實閻已早走，他們衹在托城騷擾了居民，訛詐了紳商，完成『立功』任務，就返回歸綏蹲下不走了。他們的統制是何宗蓮，此人没有來，部隊是由協統李奎元帶來的。他們在歸綏的穢蹟很多，這幫人大約讓歸綏各界惡心膩胃了一年才撤走。

辛亥年臘月，已經是公元一九一二年的二月，南北兩政府在和議上已決定廢除帝制，建立共和，合組中華民國統一的新政府。跟着就是隆裕太后代表清廷下詔宣布清帝遜位，袁世凱擔任了臨時大總統。各省都以都督管軍事，民政長管民政，改換了清朝二百多年的舊制度。塞外歸綏兵備道改爲觀察使，各撫民理事廳一律改爲縣。過了春節便是民國元年即一九一二年三月（北京新政府已公布用陽曆紀年）。這個時期最突出的社會現象是新官紛紛走馬來上任，舊官都意興蕭然地卷鋪蓋回家。山西派潘禮彥來做觀察使。此人雖是新官，其實也是舊貨，他是閻錫山學生時期的國文教員，年逾花甲，頗會逢迎。又派劉懋賞、劉兆瑞二人來做塞北關的正副監督。劉懋賞是山西派往南京出席和會的代表之一，也是力争太原暴動是革命行爲的辯士。山西給他這個肥缺，當然是爲了酬功。劉兆瑞是托縣留日本的警官生，他父親劉漢威是歸綏大富商。山西派這位富商子弟來做收税機關的副座，也許是不無微意吧。另一批新官是各縣的知事，其中有的是口外人，也有一部分雖不是口外人而是與口外有聯係的新貴。在山西所派新官到任之後，北京所派的新官也接踵而來。接替堃岫綏遠城將軍職位的名叫張紹曾，他原是『北洋陸軍第二十鎮』的統制。他交出軍隊來這裏做將軍，並不是一種愉快的高升，却頗有踽踽涼涼的情味。原因是：武昌起義後不久，清廷命兵部尚書蔭昌統率北洋各鎮陸軍南下討伐，馮國璋等已出發，張紹曾却從駐地灤州發出一個通電主張議和。這一行爲使蔭昌對他非常忌恨。蔭是袁世凱的得意門生，袁的起用是蔭的力保。所以袁當權後，不僅認爲張是軍人亂出風頭，並認爲他有意破壞北洋體系。派他來歸綏，便是這一行爲的後果。但是新任命發表後，張紹曾却遲遲不來，他要求帶全鎮兵上任，袁政府當然不准，最後衹給一團（即步兵第八十團）人送他來綏。其次是接替麟壽鎮守歸化城副都統職位的名叫賈賓卿①，他原是北洋陸軍退職的一個老協統，人極平和。在任期間，雖没有好成績，也没有壞名聲，土默特人對他的印象還不錯。

地方官員應换的都换了，我的母校也得隨時代變遷應一應景。除把大門上的横匾『歸綏中學堂』的『堂』字换成『校』字外，監督的名稱也改爲校長，其他職名也略有更易。這時舊監督吴福麟已離職，新校長還没派下來。眼看寒假已滿，轉瞬就要開學，我們到校同學都急於打聽誰來當校長。後來據觀察使署的人説：『校長要由地方各界開會公選，觀察使不派人了。』同學們得到這個消息，立刻召集了一個緊急會議。我們顧慮到地方的老先生們萬一給我校選出一位不相宜的人，那時反對就遲了。不若趁早通知他們，要求在公選日准許學生代表參加他們的會議。同學們一致同意這樣辦，並立即發了通知信。當時我們估計老先生們一定要罵我們荒唐，縱有復信也要教訓我們一頓，不許到會。可是回信却出乎我們意料，他們居然同意我們推三名學生代表到會列席。到開會那天，同學們推我和趙瑞年、楊映林去列席。事情辦得很順利，校長和學監都照我們推薦的名單通過了。校長是我們的全能老師代縣人張璞字玉初。他是山西大學堂西齋畢業生，凡中學課程不論哪一門缺教員，他都能代教，並且教得很好（中英文課皆然）。學監是由英文教員定縣人鄧書山字酉峰的兼代，其後由王定圻接充。我們這一班是清代的丙班，到這時就改爲民國的第一班了。開學前我校又招考了第二、第三兩班，都在春季始業時上了課。我們的學生生活過得很活潑愉快。可是在官僚群裏却逐漸發生了極難調和的磨擦，那是張紹曾與閻錫山的權限之争，也即是晉綏分治的導火綫。下面我就接着談這一點。

①據《民國政府公報》第四〇〇號載，賈賓卿於民國二年（一九一三）六月十六日被任命爲署歸化城副都統。

六、張、閻摩擦及晉、綏分合之争

張紹曾來綏做將軍的原因，上面已經簡單談過。由於他不甚高興擔任這個職位，所以到任頗遲。他來的時候已是民國元年的十月，原説以一團兵送他，臨時也衹給了一個混成營，那個八十團是次年蒙邊軍事吃緊時才請准調來的。這是張氏在軍事上的一點不如意處。但這種不如意也僅僅是不如意而已，其關係不大，問題也不算嚴重。惟就任後使他最感頭痛的是民政和財政這個問題無法解決。因歸綏地區是隸屬於山西的一個道，管這個道的觀察使和道轄十二縣的知事，都由太原任命，縣裏的審判司法事務也連帶歸山西高等法院管轄。塞北關已由山西派員掌握，各縣税捐機關同樣要對太原的上級負責。在這種局面下，張的用人用錢大大地受了限制。張彼時年紀剛過三十幾，是一個自命不凡的北洋系少壯派將領，頗欲有所作爲，對於這種『魚網裏打拳』的處境怎能長期忍耐呢？所以在民國二年初（即壬子年冬）準備選舉衆議院議員時，張借各縣初選當選人群集歸綏的機會，組織了一個『歸綏烏伊聯合會』，作爲官民商量地方事務的集議機關，它衹反映各界意見而不起立法作用。因我校已放寒假，宿舍多空，這個會的牌子就暫時掛在我校門口，外縣來的會員也大半住在學生宿舍。他們的夥食和車馬費都由張氏籌給，生活顯得很清閑而優裕。我校一些好詼諧的同學給這個機關起了個別名，叫它『歸綏烏伊吃喝會』。這機關的主要任務就是醞釀與山西分治問題。當時的分治願望本來是打算建省的，大家都知道這是一件大事，縱然聯合會可以出頭説話，假使没有一篇理由充足的請求建議書，北京政府也斷不會迅速批准。爲了把這篇文章寫漂亮，張就問地方紳士中誰能承擔這一任務？多數人都推薦李景泉先生。張又問誰和李先生最相好，能請他替我們寫這篇文章呢？大家又説派武爾功去必能請到。這時李正因競選衆議院議員，辭去薩縣知事職務，在歸綏閑住。經武爾功奉命勸駕，李也就欣然答應了。又經過幾次聯合會的秘密討論，提供了意見，李就住在我校的校長小院裏，門禁嚴密，謝絶交際，安心致志地起草這一請願建議書。李是我們家鄉的老名士，素稱能文，這篇煌煌大文的萬言書寫了大約半個月才脱稿，當然是字斟句酌，無懈可擊了。聯合會把這份請願建議書向北京政府呈出以後，暫時得不到回響。跟着就辦衆議院議員選舉，李景泉、王定圻二人當選①。這與他的贊成分治也有關係。此外山西所派的觀察使潘禮彦爲了戀棧也倒向張紹曾這方面，太原派晉紳田應璜來接任觀察使的職位也被張氏擋了駕。塞北關監督劉懋賞要競選山西出席參議院的參議員，依法須先辭去行政官職務。張氏知道這一消息，就不等太原派人，先密電北京請由財政部直接派員接替。北京爲了逐漸達到中央集權，自然同意張的辦法，於是就派皖人虞維鐸來歸綏任塞北關監督。副監督劉兆瑞由張氏改派爲歸綏警察廳廳長（新設機關）。各縣知事也有被擠走而换成張氏私人的。總而言之，這是張紹曾對閻錫山集團從人事和財政上的打擊，也即是他企圖劃界分治的一種手段。閻錫山對這件事當然也不甘緘默，除向北京以文電反駁外，又發動了兩位住在太原的歸綏紳士，以歸綏代表的名義到北京作反對分治的請願。一位是托縣的閻懋，另一位是土默特旗蒙古雲亨，他們由閻氏的秘書高管城陪伴入京，住在西河沿西頭的代郡會館，準備以較長時間和張氏打官司。不論張氏的分治主張也罷，閻氏的反分治主張也罷，都是各就自己的地盤設想的。他們根本没有體會到袁世凱的集權意圖，對他們的鷸蚌之争是無所偏愛的。袁把這件事交給總統府的統帥辦事處擬具解决方案。當時辦事處處長唐在禮是袁的心腹人，自然是照袁的示意定出辦法。其辦法就是民國三年實施的把熱河、察哈爾、綏遠劃爲三個特別行政區，由中央政府直接任命三位都統爲三個區的最高軍政長官，以拱衛京師的後側背。從閻氏方面説，是削去了一個道；從張氏方面説，建省目的也没達到。而且綏遠特别行政區成立之日，也是張氏綏遠城將軍交卸之時。晉綏分治，其結果不過如此。

七、西部蒙族對辛亥革命的態度

辛亥革命是中國歷史上一件空前大事，因爲它要推翻中國幾千年的君主專制制度，建立資産階級專政的民主共和國。這對全國各地各民族人民的傳統生活習慣來説，是個海立山摇，驚心動魄的異聞。但是震驚盡管相同，而愛憎情感的反映却並不一致。就是同一民族，因上下層之間利害不同，看法亦有

①編者按：據《綏遠通志稿》卷八六《考選》載，事在九月中旬。

所不同。甚至同一民族的同一階層，也因開明與頑固的不同而說法便大異其趣。這種複雜的說法和看法，在漢族中有之，在蒙族中也有。

我是土默特旗蒙族，我應該首先談談土旗對辛亥革命的態度。土旗是個受漢文化熏染最深的部落，但在這裏我不想把它說成是一個反對君主擁護民權的開明之旗，恰恰相反，它在晉綏戰役中是站在清朝那方面的。在辛亥革命前夕，土旗雖然已經有參加同盟會的知識分子如經權（字子衡，他是我三胞叔的長子）、雲亨（字嘉會）等人。但由於他們人數少，地位低，在廣大的土旗官民中還起不了全面推動作用（關於他倆的革命事蹟另有人記録，這裏不多談），而真能起作用的還是土旗當權的十二家參領（我的父親就是十二參領之一）。這些當權人物都通曉漢文，他們知道孫中山先生的革命口號裏有『驅除韃虜』這樣一句話，他們對這句口號的反感很猛烈。他們雖然也明白這一口號的矛頭是指向清朝統治階級的，但『韃虜』二字有牽連到蒙古的意味，所以土旗上層人物是聽也不願意聽的。在這種感情支配之下，他們不能迅速贊助革命是不足爲奇的。當時的烏蘭察布盟六個旗和伊克昭盟七個旗的官民及王公貴族，對辛亥革命也表現了極其冷淡的態度。這可從以下幾件事情看出來：第一是閻錫山北上時路經伊盟的準格爾、達拉特兩旗境，這兩旗的王公官民都從原駐地避開，持一種不抵抗也不歡迎的旁觀態度。我也没聽人説這兩旗有任何人參加了閻的集團。第二是烏盟各旗離革命紛擾的地區較遠，越發表現了隔岸觀火的態度。而且在清廷遜位的消息傳來之後，立刻就把原設的許多臺站一律撤消，這也許是不願爲共和國政府服務的一種沉默表示吧。第三是烏、伊兩盟對於衆議院議員的選舉都不肯積極參加，情願把席位讓給張紹曾的私人蔡匯東、王芳亭等人去佔據。試想内地各省甚至口外各道的競選國會的候選人，都是用請客送禮竭力拉攏等手段企圖當選，而兩盟的上層人物却對這件事表示了出人意外的藐視，這不是對共和制度的不滿，也應該説是對共和制度的無知吧。

到袁世凱的北京政府成立時，西蒙各旗仍没有擁護的電報或公文，袁政府對此不能不感到失望。於是由北京示意張紹曾，要他督促兩盟的正副盟長親身來北京做一次『翊贊共和』的表演。張氏本人對蒙旗上層人物本來也不相信，得到這種示意之後，即派員到兩盟分頭游説，並察看那些王公的動静。不料游説無效，幾位正副盟長竟託詞不肯離旗。這樣一來，不僅張氏對袁政府交不了賬，就是對他自己綏遠城將軍這一職權（綏遠城將軍本來是有管轄西蒙之權的）來説，也有欲罷不能之勢。跟着就派了兩支騎兵去『歡迎』他們，這幾位被『歡迎』的正副盟長就很快地到了歸綏。那時烏盟的正盟長是老四子王，是小四子王潘德恭扎布的父親①，我没有記住他的名字；副盟長是達爾漢貝勒旗的雲端旺楚克。伊盟的正盟長是杭錦旗老貝子，是小貝子阿拉坦鄂齊爾的父親②，我也没記住他的名字；副盟長是達拉特旗貝子遜博爾巴圖。這幾位正副盟長到齊後，張紹曾就命鎮守歸化城副都統賈賓卿，從土默特旗參領中選出一位精通蒙漢語文、熟習北京情形的人，陪伴四位盟長到北京去『翊贊共和』。賈就指派先父去擔任這個職務。他們到了北京，經蒙藏院③帶領晋見了臨時大總統袁世凱，當面呈遞了『翊贊共和』的公文。袁氏對於蒙旗不滿『驅除韃虜』口號的情況是深知洞悉的，所以他對蒙旗來京王公的招待特別優厚，並在他們原來爵秩上一律進一級，即貝子進封貝勒，貝勒進封郡王，郡王進封親王，親王無級可進，則加雙俸。先父亦同進一級，給副都統銜。另外有現金、綢緞、古玩、鐘表等多種賞賜。東部蒙古王公的情況我不知道，西部蒙古王公在這種出乎他們意外的優待之下，大有受寵若驚的意味，原來的狐疑從此冰釋了，原來的被迫『翊贊共和』也變成自願『翊贊』了。袁氏對這種改變，當然很高興。所以在這批王公向袁辭行時，袁即命蒙藏院設公筵給他們餞行，並派樂隊送上火車。這些情形，張紹曾在歸綏當然已有所聞，認爲這次表演很成功。北京既然那樣優待，地方當局也不應過於簡慢，除派兵到陽高（火車當時衹通到這裏）車站迎接，表示歡迎保護外，也設筵給他們洗塵，並送了袍褂衣料，使幾位盟長都歡歡喜喜返回各本旗。民國二年春的一出蒙古王公『翊贊共和』劇，就這樣表演完了。

從上面的事實不難看出孫中山『驅除韃虜』的革命口號是被袁世凱從反面利用了。他對蒙古王公所用的手腕無異説明革命黨要『驅除』你們，而我却給你們加爵進禄，維持你們的利益，你們還不該擁護我麽？袁氏這一着，在他有生之年總算是成功的。如『洪憲』的帝制自爲，全國紛起討袁而西蒙各旗王公却鴉雀

①即勒旺諾爾布。

②即阿爾賓巴雅爾。

③時爲蒙藏事務局，民國三年（一九一四）五月十八日改爲蒙藏院。

無聲，不作任何表示，即是一證。

八、家鄉舊事拾零

閻錫山於辛亥年到口外的情況，前面已大概談過了。祇有他與土默特旗的另一件糾葛，我没有説，現在我願在這節舊事拾零裏把它補談一下。當前清時，土默特旗有官商生息公款銀十萬兩，主要發給歸、薩、托三廳和包頭鎮的當鋪商，土旗每年祇動用利息不提本銀。這事究竟有多少年，我也不知道，僅知道這款在清朝理藩院備過案。閻錫山到包、薩、托以後，爲了籌措兵餉，就從當行把這筆息本完全提走了。及至閻氏在山西取得合法地位，做了都督，土旗即打電報問他是否提用過這筆款抑或是當商捏報。閻錫山復電完全承認有這件事，並請土旗派員到太原商量解決辦法。土旗派金善前往接洽，結果由山西省銀行發給股票七萬元，餘數發給現款。從此土旗就成爲山西省銀行的股東了。

民國二年春，國會議員選舉完畢①，同盟會改組爲國民黨。有國民黨員童堯山奉孫中山先生之命從上海來歸綏發展黨組織。他到綏後，即先和原同盟會員，新當選衆議員的王定圻取得聯係，在王的積極活動下，歸綏中學校的優秀學生絶大多數都參加了國民黨。在舊城北茶坊關帝廟東院開國民黨歸綏支部成立會時，是由王定圻主持，童堯山講話，最後公推了支部辦事人員。我僅記得主任幹事是王定圻，副主任幹事兼交際股長是劉兆瑞，總務股長是卜兆瑞，文書股長是我。其餘人員，今已想不起來了。這個支部既没有發黨證，也没有做宣誓入黨的儀式，僅造了一份名册交童堯山帶回上海就算完，以後與童堯山通訊的祇王定圻一人而已。後半年王到北京出席衆議院，我也到北京住大學，劉兆瑞也不久離歸，這個支部就因無人負責而瓦解了。

在國民黨歸綏支部成立時期，有一個名叫共和黨的黨派，也從北京派人到歸綏發展黨務，籌設支部。它吸收了歸綏新舊兩城各機關的舊官僚，在舊城大西街同和戲園召開支部成立會。他們的成員中有蒙古、滿洲的參領、協領、佐領、前鋒校、驍騎校等官，也有地方財主和大商號老掌櫃。總而言之，有官職、有資財、有年紀的人佔多數，年輕而無財產的人很少甚至可以説没有。我先父就是被邀參加過這次成立會的。會後先父對

①編者按：據《綏遠通志稿》卷八六《考選》載，事在九月中旬，非春季。

我說：『聽説這個共和黨是爲反對你所加入的那個國民黨才成立的。我的名字被他們填入共和黨名册了。我不知道將來是怎樣個反對法，真是可笑。』這件事也可以算作辛亥革命後歸綏的一個小小滑稽劇。這個黨後來與其他幾個黨派合流改組爲進步黨，歸綏就没有它的支部了。

此外關於民國二年庫倫軍南下，張紹曾指揮晉北三路軍隊作戰的事實，因屬於軍事秘密，我不知其詳，不敢亂説。衹知道東路司令是陳希義，中路司令是朱泮藻，西路司令是孔庚。我所談的舊事，到此爲止。

七律·感謝黨對舊知識分子關懷照顧，敬賦七言律詩二首，奉獻黨委各位首長教正

節過雙寒日漸長，皤翁喜得近春光。清秋已拜魯公鯉，①臘月還分博士羊。②報國有言多謬誤，檢身無術總荒唐。自知績薄恩情厚，敬向韶山炷瓣香。③

訕上無危自古難，而今言責每從寬。秀才④妄語何須罪，遠士⑤狂辭祇爲官。輕謫任教人眼白，原情終鑒此心丹。詩壇誓作紅旗手，進步爭超百尺竿。

（一九六二年一月三十日）

①魯君賜鯉魚於仲尼。仲尼榮君之賜，遂名其子曰鯉，字伯魚。去年秋，分鯉魚甚多，此爲黨對知識分子關懷之明證，故借用魯公之典。

②後漢甄宇爲太學博士。值臘分羊，諸人爭取肥者，宇獨取瘦羊。光武帝嘉之，稱為瘦羊甄博士。——此亦借用。今年臘月，統戰部爲民主人士購得肥羊分之。

③宋陳師道詩云：平生一瓣香，敬奉曾南豐。此亦借用爲敬奉毛主席之意。

④宋陳同甫未及第時已有文名。嘗與二友飲於野寺中。既醉，乃戲奉一友於供桌上爲皇帝，同甫與其友自稱宰相，相呼萬歲賀之。後被其友告密，指爲謀反。法司捕同甫嚴加拷掠，至體無完膚，同甫亦誣服謀反罪。有司上奏請旨正法，孝宗覽奏畢，擲於地曰：秀才醉後妄言，何罪之有。同甫即日被釋，得不死。後乃及第。

⑤宋咸平末年，有蜀士獻詩於成都帥，其中二句云：把斷劍門燒棧閣，成都别是一乾坤。蜀帥讀之大驚，即捕其人並詩送汴京。真宗覽之笑曰：遠郡下士作詩狂妄，不過欲求官耳，可與一遠縣小官。有司遂委爲嶺南一縣尉。以上二典亦借用爲對知識分子寬大之意。

七律·春節聯歡即事七言律詩二首，敬呈黨政各位首長哂正

一九六二年二月五日

一

節届新春事事嘉，邊城風物錦添花。砰訇爆響七千里，燦爛燈輝百萬家。肉飽膩消霜後橘，煙香清助雨前茶。人生獲福休忘本，中共深恩到處誇。

二

佳節聯歡總是歡，輕歌妙舞盡登壇。紅氍毹上朝金鼎，紫幕帷前轉玉盤。外國謳從中國聽，南方劇在北方觀。萬民喜樂春耕近，努力支援莫放寬。

國際時事雜咏七言律詩十首

〔原件藏内蒙古自治區檔案館，見下頁影印件〕

国际时事杂詠七言律诗十首

（一）

美帝孤行只為貪，声名狼藉最难堪。
縱横飛盗誇油二，生死航员变癱三。
内吵盟邦英法德，外招伙计印苏南。
糟糕透顶忧形势，总统先生已自谈。

（二）

莫道金圆势最优，危机潜伏遍寰球。
運河久騙巴拿馬，盟国频欺约翰牛。
群盗都争盟里核，独家难霸矿中鈾。
蒋吴小丑池田輩，也自嘵嘵怨不休。

（三）

花旂帝国富修羅，数罪堪云擢髮多。
導彈強儲魁北克，盐河硬灌墨西哥。
方誇法里收窮鬼，又駭巴黎遇恶魔。
荆棘波途仍不返，鋼釘碰到可倫坡。

（四）

首相原来不识羞，拿騷会里俯低头。
狙鏡忌恋怀中粟，鹰老难逃臂上鞲。
闪电成空迎北极，威风已墜吵西歐。
昔年盛况今何在，国格谁知第幾流。

(五)

木馬空仿特洛伊，市场堅壁勢难移。
比京談判遭奚落，意国求援枉費辭。
李普曼文徒抱憾，肯尼迪語更含悲。
美英圈套无人睬，却使旁观笑莫支。

(六)

法里官仍一窍開，专心投靠做奴才。
若羞鉄索層層縛，那得金圓滚滚来。
乍学攘鸡翻失米，初貪喝雉便虧財。
可憐天竺飢寒众，何处能尋避債台。

(七)

亚洲人打亚洲人，美帝阴谋久未伸。
豈料鑽来尼赫魯，居然願組木更津。
賣身得價誇昂貴，放手无权訴酷貧。
世論刺譏疼徹骨，反华乱唱枉劳神。

(八)

馬列輕移敢窃披，病成修正豈能医。
杯羹乞自肯尼迪，衣鉢傳由考茨基。
反舌鳥声誰索解，带头羊罪尔难辭。
而今鉄托成何物，苏美兼祧作寵兒。

(九)

冒險投降鬧不停，看他臉腫鼻全青。
前年出使推嬌客，去岁迎宾捧白丁。
狐貉一丘那辨臭，鮑魚連市岂知腥。
成批导彈空来往，訛詐双方各露形。

（注）白丁指铁托，言其非红色人物也。

（十）

現今修正是邪魔，国际场中露丑多。
甘受搜查加勒比，苦吹胜利莫斯科。
折衝自愧输一策，让步何妨走下坡。
阶级不分談共处，幾回对敌倒挥戈。

以上蕪詩十首，敬祈我组諸同志赐和，实为荣幸。 荣祥 1963.4.25

反現代修正主義偶成

〔一九六三年七月四日〕

馬列文章日月光，無端修正太荒唐。放言不敢談專政，墮落偏能捧教皇。活動都因降美急，焦勞總爲反華忙。倒推歷史車輪者，苦果終須自己嘗。

自從修正配成雙，唱盡人間罪惡腔。拙劣袛圖瞞信件，卑污竟至打橱窗。沙文氣派驕同志，機會精神媚敵邦。妄意和平求可得，哪知摇尾是投降。

對中學文學課本的一些意見

〔原載《内蒙古日報》一九五七年三月二十一日第三版〕

最近期間，我因工作上的關係，把一九五六年由人民教育出版社出版，由新華書店發行的初級中學第一、二、三册和高級中學第一册文學課本，粗略地瀏覽了一遍。我覺得這四本書在許多方面都值得商榷。

第一，在選編方法上没有按由淺入深，從易到難的步驟來安排，而是用一種令人莫測高深的手法來編次的，有些甚至是用由深入淺、從難到易的倒轉的學習規律的手法來布置的。例如：初中文學第三册，一開頭就是《詩經》《史記》（譯文附原文節録）、杜甫詩、白居易詩、范仲淹文、蘇軾詞，跟着是宋人平話、《水滸》、《儒林外史》，再往後才是近人的語體詩文。這種次序，誰能説它不是先難後易呢？

第二，所選的文章、詩、詞，大概是從編者的主觀愛好出發，而不是從實際教學有無困難來考慮的。例如：《魯提轄拳打鎮關西》這一篇文章，已經選入初級第一册第八節裏了，而在第二册第十節裏又原封未動地重復印上。如果不是編者們自己出奇地愛好這一篇文章，爲什麽要把它一印再印呢？還有，《孟姜女》那一篇文章，雖然各學校現在都不講它了，可是我們要問：當初選文定稿時，爲什麽要把這樣一篇不合情理的叙事文不僅選上，而且還擺在首要章節（第一册第二節）中呢？此外像一節《精忠傳》就佔了五十三頁，這除了説明課本的内容是從編者們的主觀愛好來決定的外，還能找到其他什麽解釋呢？

第三、關於舊體詩的選編，也表現了不銜接、缺乏指導的缺點，這給年輕的文學教師添了不少麻煩。例如：初級第一冊第七節中選了《唐詩十首》。第二冊中唐詩却没有了，僅選了與唐詩不大相同的《漢末童謠》《敕勒歌》。到了第三冊中，又出現了杜甫和白居易的七首詩。這從師生學習研究唐詩來説，是不銜接的；前選十首是什麼體裁，叫什麼名稱？後選七首又是什麼體裁，叫什麼名稱？在課本裏都没指明。年輕教師有很多人對舊體詩的體裁、名稱等概念不够明確，如不給他們指明，教課就有困難。這是課本指導不够的地方。

第四，註釋有參差和錯誤，也給教學的人帶來許多苦惱。例如：初級第一冊第四十一頁註文四説：『杜甫字子美，唐代襄陽（現在的湖北省襄陽縣）人。』第三冊第十六頁註文㈠却説：『杜甫字子美，唐代鞏縣（現在的河南省鞏縣）人。』同冊第十九頁正課文也説他是『唐代鞏縣人』。如果有學生問老師：杜甫究竟是唐代襄陽人還是唐代鞏縣人呢？答不出來就是苦惱，而這種苦惱不是從别處來，正是註文的參差給他們帶來的。我認爲編書人既給杜甫造成雙重籍貫，就應該把原因註明。至於註錯的地方也很多，我不能在這篇短文裏一一縷舉，姑摘最顯著的幾處作爲例證吧。如：高中文學第一冊第三頁『雎鳩，鳩類的鳥』，這是這本書開頭便註錯的一個詞。因爲『雎鳩』雖以鳩爲名，而却不是鳩類，它是鳧、鷖類，所以《詩經備旨》説：『雎鳩，水鳥，生有定偶而不相亂。』如其真是『鳩類』，它是不會和鳴於洲渚之間的。又一一九頁《歸去來辭》註文把『衡宇』解釋爲『簡陋的房屋』。這真是獨創的講法。如果按上述解釋，那麽『望衡對宇』這句常用的詞該怎麽解釋呢？難道能講成望簡陋而對房屋麽？又第七頁註文『稷，同黍相似的一種穀物』。這是把『穄』當成稷了，因『穄』才是『同黍相似的一種穀物』。吾鄉稱穄爲糜子，稱稷爲穀子，稷與黍無『相似』處。又有一一五頁註文『曹植字子建，曹操的第二個兒子。』其實他並不是老二。

第五、編書人選了些自己也没有搞清楚和註不明白的詩文，却叫中學老師們照本去講，這幾乎近於和中學老師開玩笑。例如：《歸去來辭》本來是按韵文分段的文章，第一段以『支微』韵叙歸途意境至『熹微』句止；第二段以『元』韵叙到家情景至『盈樽』句止；第三段以『寒删』韻叙安居下來的生活至『盤桓』句止；第四段以『尤』韵叙隱居自由的樂趣至『去留』句止；第五段又以『支』韵叙自己的感想而結束。這些綫索本來很清楚，可是我們的編者們在分段時却把它攪成一鍋粥。前三段合併爲一段，使學生找不出韵律已是一種缺陷，而把第四段割下個尾巴（自已矣乎至任去留）安在第五段頭上，真是奇特。『雲無心以出岫，鳥倦飛而知還』這兩句是比喻陶淵明當初出仕作彭澤縣令是出於無心，今天歸隱也是由於情緒厭倦，這不是寫境，而是寫意。註文不給指出，僅説『岫，山峰』，這就不僅太簡，而且不確。案《爾雅·釋山》，『山有穴爲岫。註：巖穴也』，課本註爲『山峰』起碼是不够全面的。其次是《孔雀東南飛》裏第一〇七頁註文十説：『這裏可能有文字脱漏或錯誤，因此這四句没法解釋清楚。』請想：編書人『没法解釋清楚』的作品却把它選在課本裏，究竟是爲什麽？我們的中學在教學上本來存在着許多困難問題，而編課本的先生們却偏要找些『詰屈聱牙』的古詩文選在書裏，年輕教師誠然被編書的先生們難倒了，那麽我們下一代的青年學生又該用什麽方法才能啃動這些東西呢？難道除了漢魏樂府之類的作品，就不能選些文從字順的古典詩文了麽？我認爲這種選法如果發展下去，盧同的『月蝕詩』，樊紹述的『絳守園池記』，墨子的『墨經』等等不可分句逗的作品，都將出現在中學生的課本裏。我反對這種發展。

建議編選文學課本的同志們注意一下現今高、初中年輕教師們對古典文學的修養程度吧！不要爲了貪圖選本内容齊全，給大家出難題。凡是編書人自己没有搞清楚的東西，最好不選。因爲教書與編書是兩種不同的任務啊。

（原載《内蒙古日報》一九五七年四月十三日第三版）

漫談『勅勒川歌』

『勅勒川歌』流傳於我國的文壇藝苑中，至少也有一千四百年左右了（北齊時代，公元五五〇年至五七七年）。最近有些人對這首歌提出如下的説法：

第一，這是一首描寫牧民生活的民歌；

第二，歌裏所説的情況，在内蒙古地區還有現實意義，有人作報告説這種情況已經改變不存在了，這是不對的，難道我區不要牧業了麽？

我個人覺得以上這種説法是根本没有把這首古歌作很細心的研究，衹能是囫圇吞棗地拿來下斷語，所以他指責别人的地方也就驢唇不對馬嘴了。

『勅勒川歌』果真是一首民歌麽？

我們大家都知道所謂『民歌』，是從人民群衆中以口頭創作的動機産生出來，没有作者主名，人們衹是輾轉傳習，經識字人把它記録下來，或加以增删潤色，就成爲定型的『民歌』。

『勅勒川歌』却不是這樣産生出來的。它是北齊時代勅勒部族的酋長斛律金的作品。清代沈德潛輯《古詩源》這部書時，就把這首歌列在北齊斛律金的名下，因爲他是齊神武（高歡）宴會席上唱出來的。袁才子説是斛律金的長子斛律光的作品。這是由於老斛律不識漢字而小斛律則是一個漢化很深的人，那麽其父用勅勒語作歌，其子譯爲漢字詞句，我認爲也很合理。認爲父子合作也未嘗不可。這怎麽能把它列入没有作者主名的『民歌』範圍之内呢？

至於歌裏所描寫的情況，也是有地點，有時代的。它既不是泛指全内蒙古地區，更不是遠指千年以後的牧業狀況。它僅是叙述北齊時代勅勒部族駐牧陰山前面這個平原裏的一般景象。因北魏末期，這個地方經破六韓拔陵①叛亂，攻破武川、懷朔、沃野諸鎮以後，城邑廢壞，民生凋敝，衹有勅勒族殘部很凄凉地留在這裏。歌中所描寫的正是指這個地點這個時間的勅勒族生活情況，怎麽能與今天全内蒙古自治區的牧民生活牽扯在一起呢？

①原註：『破六韓拔陵』是一個人的名字。

難道我們能説今天的『陰山下』還是當年勅勒族居住的景象麽？人家説『改變了』這是完全正確的。

爲紀念毛主席發表支援美國黑人正義鬥争聲明一周年而作

（一九六九年四月作）

黑人被壓已多年，最慘無如美利堅。命運易枯同落葉，生機難覓比登天。邇來鬥争現奇跡，勢若雷霆轟破壁。借問大力何從來，答言得自毛主席。主席聲明萬丈光，黑人兄弟喜洋洋。已知處境非孤立，奮鬥何憂日月長。是誰主張非暴力，一撮上層徒唧唧。誘騙同胞入地牢，可嗟此輩心全黑。黑心領袖計難成，打碎喇叭禁出聲。石塊酒瓶作武器，驅擊軍警如貍鼪。示威浪潮高一浪，每逢鎮壓能反抗。全美風潮展愈寬，紐約洪峰更雄壯。哈萊姆限黑人居，群居擠似罐頭魚。破屋雖危租倍重，欠租被逐休趑趄。如此生活何足愛，誓同權鬥表姿態。大呼同儕速奮興，欲碎枷鎖須敵愾。聲勢掀天不可擋，富翁大吏已驚慌。法案難收投餌效，威脅利誘皆荒唐。最喜黑人懂階級，鬥争漸成真對立。暴力還須暴力酬，世界聲援定雲集。歷史前程日日新，被壓群衆必翻身。堅持鬥争勿稍懈，勝利終歸美黑人。

《綏遠通志稿》説明

（一九七〇年八月後作）

綏遠通志稿是内蒙古圖書館收藏的一部地方史資料。它的内容，全是記載僞『綏遠省』境内古今具體事跡的。它的立場觀點，也是爲封建反動統治階級服務的。總而言之，它是一部舊東西。現在『綏遠省』建置久已撤銷，其轄境也已成爲内蒙古自治區的組成部份。用新的眼光來看，這部志稿似乎早該擲入廢紙堆中了。但是『綏遠』這個地方的歷史情況，非常復雜。研究民族歷史的人，如欲了解這些復雜情況，我館認爲這部志稿也還有它一定的參考價值。一九七〇年八月，我館奉上級領導首長的指示，教在保持志稿原貌的前提下，把它加工整理，并把它産生的時代背景和編輯過程，也撮要介紹在志稿的前面。我館遵照這一指示，按全稿的實際概況，謹作如下的介紹説明。

查『綏遠』在滿清時，僅是山西省屬『歸綏兵備道』管理視察的一個地方。這個地方，從來没有志書。當地人如欲研求鄉邦文獻，都須在《山西通志》中查考。無奈《山西通志》很難找。縱然找到，也因所説綏事過少，不能滿足讀者的要求。迨清道咸年間，有山西崞縣人張曾，遊幕塞北多年，嘗著《歸綏識略》一書。雖號稱四十卷，而書僅四册，當然寫不出這個地方的全貌。論其作用，也祇是『慰情聊勝無』而已。

清光緒三十三年（公元一九〇七年）春，『綏遠將軍』貽谷，爲補綏地無志的遺憾，特聘『直隸省』寧河縣人高賡恩來綏，主編地方志書。計編成《歸綏道志》四十卷，《綏遠志》十卷，《土默特志》十卷。高氏編這三部書，自春至秋，爲時僅七個月，完成總數六十卷的撰輯，平均每三天半寫書一卷，其爲急就成章，自可不言而喻。因此，『歸綏兵備道』胡孚宸嫌其草率挂漏，堅持不予付梓。這部《道志》和張曾的《識略》兩抄本，後竟輾轉移存于『歸化廳』禮房的檔案室，積久塵封，無人過問，這是當地有志仍等于無志的一種奇特現象。

辛亥革命後，『歸綏道』區于一九一四年從山西省劃出，改設『綏遠特别行政區』。當時有河北獻縣人張鼎彝編輯《綏乘》十一卷，分上下兩册。印刷無多，見者甚少。一九二九年一月，『綏遠特别行政區』改建爲『綏遠省』。一九三一年五月僞『省政府』議決設立『綏遠省通志館』。同年七月，『通志館』宣告成立，即時開始工作。經過近六年的時間，于一九三七年四月，才把初稿全部謄清，送往北平交四川省安縣人傅增湘予以鑒定。不久，盧溝橋事變發生，『通志館』結束。在華北淪陷的八年中，這部初稿始終保存在傅氏家裏，未嘗問世。

日寇投降後，僞『綏遠省政府』派人從北平把全稿取回，交僞『教育廳』保管。『綏遠』解放到綏蒙合并後，這部初稿才歸内蒙古圖書館收藏。數度轉移，幸未散失。今我館既奉上級領導首長加工整理的指示，當即着手排列卷目，訂正文字，整理圖表，復算統計，就原體裁，增寫凡例。竭蹶數月，粗告完成。

根據上面介紹的概況，可以很明顯地看出這部志稿是在反動的國民黨統治時期，也正是日本帝國主義猖狂進攻華北和内蒙古時期寫成的，它產生的時代背景既如此黑暗，所以當時撰稿人的立場，就毫無疑問地站在反人民的方面去了。例如對不抗日而堅决反共的魁魁禍首蔣介石、閻錫山，則稱爲『委員長』、『總司令』。這次整稿，雖把這些稱謂削去而直呼其名了，但在原文敘事的字裏行間，對他們的黨羽眷屬，仍有不少吹捧贊許的氣味。此類污點，删不勝删，姑予保留，以作原稿爲反動統治階級效勞的證據。又日本帝國主義的特務間諜，在當時『綏遠省』境内，不是暗中的黑手，而是横行霸道已到旁若無人的地步。在歸綏市和百靈廟兩地，都公開設立日本特務機開。日本飛機經常飛來投送『日本關東軍』的秘密指示，當地民衆對這種現象，無不恨之入骨。就情勢來説，志稿本應記其事迹，加以聲討，但撰稿人却竭力回避，衹字不敢觸及這個問題。這就把反動『國民政府』恐日媚日的奴才像，用不言的手法反映出來了。

其次，原稿各卷中還有許多爲封建統治階級人物樹碑立傳的文章。如帝後、巡行、職官、鄉宦、使臣、客將等卷，是爲帝王官僚作頌贊；封爵一卷，是爲蒙旗王公貴族敘家譜；宗教七卷，是爲迷信根源打埋伏。這些陳腐貨色，對新中國的地方建設事業，是毫無任何積極作用的。唯教案一卷，却包涵有三種情況。一是各帝國主義以傳教爲掩護，在當地進行政治、經濟、文化各方面的侵略勾當；二是廣大民衆在久受壓迫、忍無可忍的義憤支配下，爆發了仇洋滅教、勢不可擋的義和團運動；三是滿清政府在外力威脅訛詐下，演出許多割地賠款、喪權辱國的慘痛悲劇。這三種不同情況，都表現出十九世紀末期半封建半殖民地中國的愚弱落後面貌，保留這類記録，也可作爲今後研究地方歷史的反面教材。

又次，原稿各卷中也有一些是舊事物而孕育着新因素的東西。如墾務、移民、屯墾、水利、商業各卷，所記事實，其開始草創，雖多數是由官僚、地主、資本家所倡導，爲其本階級利益而努力，但從社會發展規律來看，把一片三百年很荒凉的内蒙古草原，變爲近世千村萬落、人烟激增，可以建省的局面。這不能不説它是一種好的成就。所以分析這幾卷的内容，它有强制人民、剥削人民，極反動的一面，同時也有借廣大勞動人民力量，開發荒徼、充實邊疆，可稱進步的一面。

復次，全稿關于考據古跡、追朔建置、調查近代産業各方面，都有較詳的敘述。這次加工，衹作訛誤字句的訂正。對其原貌，盡量保留，并未改變。唯原稿有『人禍』一卷，所記事實，都是破壞舊社會秩序的所謂『不法』行爲，是反動統治階級要把釀成所謂『禍』的責任推給別『人』，立意很不公道。我館提請上級領導首長允許把『人禍』標題改爲『民變』，聊示官逼民反、責有攸歸的意思，內容依舊，借存封建社會長期動亂的真相。

綜觀全稿，確是一部瑕瑜雜糅的地方史資料。就撰稿人的願望來看，也衹是在保守改良的小天地裏兜圈子，根本突不破封建久禮教的糾纏。因此，他們所記録的那些小小成就，如與解放後當地發展的實況相比，真是滴水比滄海，也不能喻其懸殊了。但懸殊誠然懸殊，爲了把新舊社會的優越性和落後性分清，這種懸殊，正是可以對比的一個重要條件。不然，沒有懸殊，還比它做甚。基于此理，把新舊業績擇要比一比，我館認爲還是有必要的。首先拿人口來説，在一九三七年以前，呼、包二市居民合計不過十七八萬，自一九四九年到現在，呼市增加達五倍，包市增加近二十倍。此外各旗縣的人口數，雖無最近統計，但從生産力發展的情況來估量，其人口的成倍增加，是毫無疑問的。尤其牧區蒙民，因黄教解體，性病根除，把數百年來人口急劇下降的趨勢，迅速轉變爲今天生齒日番的景象。這是新舊對比，顯然懸殊的事例之一。

工、農、牧、礦各業，在舊社會受到封建統治階級的剥削壓迫，都表現出一種氣息奄奄、岌岌不可終日的掙扎狀態。從工業來看，全省衹有兩個電、面廠，一個毛紡織廠，規模都很狹小。每廠工人不過百名。其餘私營手工業，就更卑卑不足道了。解放後，不僅呼包二市的巨型工業建設突飛猛進，蔚爲洋洋大觀，就是各旗縣以及新興城市的輕重工業，也都如雨後春笋，無不换上從古未有的嶄新面貌。至于農業，由舊社會的個體經濟進爲解放後平疇廣陌的集體公營經濟。牧業由舊社會的靠天游牧，進爲解放後公社定居的科學牧養管理。礦業由舊社會的土法挖掘，進爲解放後擴大礦區的成套機器開采。總之，凡屬于經濟基礎的變易事實，都是有目共睹、無煩細説的。這是新舊對比、顯然懸殊的事例之二。

教育、學校各卷，所記進度也是非常冷落而緩慢。當時全省沒有一所高等學校，公立的中等學校也不過四、五所。學生大多數是官僚、地主、富農、資本家的子弟。按常情估計，學校不多，招生必易，可是事實并非如此。幾個中等學校到招生時往往招不足額，原因是一般地主富農在苛捐雜税和兵匪蹂躪的困境下，已無供子弟入校讀書的財力了。如最早設立的歸綏第一中學校，曾因學生太少，瀕于關門。官廳不得已發出公告説：『送一子弟入校，準免兩頃地的差徭。』請看，爲資産階級服務的學校，尚且淒涼到這種地步，貧苦人家子弟，更從哪裏找入校讀書的機會呢？解放後，僅呼市就有高等院校六所，中等學校則遍設于各城市縣旗及公社，小學早已徹底普及。人民子弟入大、中、小學讀書的，數以巨萬計。其他文化衛生等項，都作如是觀。這是新舊對比、顯然懸殊的事例之三。

民生苦樂，截然不同，是舊社會和新社會的兩種客觀存在，本來用不着對比就可以看明白。但爲了更明白些，不妨舉一件特出的典型史跡説一説。如志稿所記近代當地遭過兩次極重旱灾。一次在一八九二年，一次在一九二九年。前一次凍餓而死的人，縱横遍地，不但鄉村道路死尸，居民掩埋不迭，就是城市餓殍，也不得不用叢葬法加以清除。薩拉齊東門外，就有萬人坑，是其明證。賣一少婦，祇要一鬥小米，還沒人買，其慘狀就可想而知了。後一次，由于辦賑較早，餓死的人比前次少些。但因有了鐵路交通的方便，灾民賣出去的婦女兒童，由火車運走的就有五萬多，其不敢乘火車而從陸路販走的，也不在此數之下。灾民這種生離死别的悲痛景象，言之令人落泪。解放後，雖遭過三年自然灾害，可是沒有餓死一介貧民，沒有賣出一個婦孺，廣大人民在國家統一安排、全面關懷下，都能艱苦奮鬥，安然渡過難關。這是新舊對比、顯然懸殊的事例之四。

上列四端，僅舉大概，餘例尚多，不須一一作比。好在原稿無缺，文獻可徵，是非得失，讀者自能批判抉擇。所以本篇説明，祇好説到這裏爲止。全稿共約三百萬字，一百一十四册，分爲一百卷。代遠文繁，包括方面很廣。這次加工，不獨卷目編排，未必盡妥，就是錯誤字句，雖經屢校，仍恐遺留不少。甚望領導首長和讀者給予批評指正。

《綏遠通志稿》凡例

（一九七〇年八月後作）

一星野之説。各省舊志多與疆域沿革并載，蓋以示天文與地域相開之義。本稿因其無科學根據，故祇述疆域，不涉星野。

一本稿敘事。自戰國趙武靈王十九年（公元前三〇七年）開雲中始，至民國二十六年（公元一九三七年）基本結束，全稿用編年體，按朝代年月先後排敘，以便查閱。

一綏遠地處邊徼，文獻不充。本稿爲補此缺，故標目較一般方志爲繁。如民族、宗教、墾務、移民及工、農、牧、礦、林、漁、商各卷，皆就所得資料，創例編入，非敢貪多立异，誠欲記地方發展之實況而已。

一本稿雖用文言，但措辭力求淺顯。除節引古書外，概不用佶屈聱牙之句。文内標點，祇用小圈號和鋭點頓號二種。其他符號皆未敢濫用，以防訛誤。

一每卷小序及卷中標題下正文，皆頂格。所引古書、檔案、采訪録及近人著作，皆低一格。編者按語低二格。此全稿之定式也。偶有變例，爲數極少。

一引用古書、檔案，皆照録原文，有節無改。唯采訪録，因采訪人員文化不齊，記事有欠明欠妥處，則略予修改，以期簡潔。

一全稿資料，來源非一，整理編撰，又非出于一手。故各卷用詞，頗有彼此不相一致者。如蒙語譯音之人名、地名、物名，差异較多，勢難悉改。審無大礙，姑仍其舊。

一采訪人員所得統計數字，偶有不符事實者。如武川縣第六區，每户平均人數太多，每人平均地畝數太少。其致誤之因，今已無從查校。凡此類者，皆暫存疑以待續訂。

大青山人自序

大青山人者，榮祥晚年自署之稱號也。山人今年八十一虛歲矣。當山人七十歲時，兒輩勸作一年譜式自傳以貽子孫。山人以兒輩意固佳，而自省欿然，故笑而頷之，未即措意也。前歲杪，感寒疾甚劇，卧床六旬始起。乃恍然自警曰：桑榆之景，知餘幾何？兒輩所勸，若不即今下筆，則眼光落地時，悔之無及矣。於是沉念回憶，紀其梗概。雖病後精力大減，臂痛指僵，然黽勉握管，猶能日寫三五百字。鍥而不捨，卒業固非甚難也。

公元一八九四年，清光緒二十年，山人一虛歲。 甲午

是年，夏曆十月二十八日，山人生於呼和浩特土默特旗右翼大青山麓美岱召村河棱之故宅。

是年，清廷因朝鮮事件與日本作戰，敗績。日本遂割取我臺灣。

一八九五年，清光緒二十一年，山人二虛歲。 乙未

一八九六年，清光緒二十二年，山人三虛歲。 丙申

一八九七年，清光緒二十三年，山人四虛歲。 丁酉

是年，夏曆正月，山人與把什板申村丁氏女名佩蘭者訂婚，佩蘭比山人大一歲。

一八九八年，清光緒二十四年，山人五虛歲。 戊戌

是年，清朝慈禧太后殺譚嗣同等六君子，囚光緒帝於瀛臺，所謂戊戌政變也。

一八九九年，清光緒二十五年，山人六虛歲。 己亥

是年，山人從諸兄弟在張詳先生私塾學認字。

一九〇〇年，清光緒二十六年，山人七虛歲。 庚子

是年，山人仍在張先生私塾認字，讀《蒙經》。

暑假期間，村中傳來義和團神兵及紅燈照女神兵之練法，山人與同村諸兒童應父老之號召，依法

練之，皆無效。

未幾，民間傳言北京義和團殺洋人太多，外洋八國聯兵攻破京師，大掠不休。太后與皇帝先一日微服雇民間騾車逃走，今不知下落。

冬月，百姓始知太后與皇帝已駐蹕於西安。

曾隨村童練神兵，亦山人兒時一突梯滑稽事也。

一九〇一年，清光緒二十七年，山人八虛歲。 辛醜

是年，山人移於董庚年先生私塾讀書。

是年，清廷與八國簽訂喪權辱國之不平等條約，即所謂辛丑條約也。賠八國軍費白銀四萬萬兩，即所謂庚子賠款也。洋兵既撤，太后與皇帝始敢回鑾。

湖南詩人易順鼎有詩句云：金刮民膏四萬萬，珠垂天淚一雙雙。咏此事也。

一九〇二年，清光緒二十八年，山人九虛歲。 壬寅

是年，山人仍在董先生私塾讀書。寒假時，山人奉先妣命，乘自家騾車，由村到歸化城，隨侍先考。

今年春，先考雖已升任爲土默特旗右翼六甲參領，但尚未買宅，仍賃居延壽寺東倉一喇嘛之齋堂。庭院雖小，而建造精潔，居之甚適。山人侍先考過春節，觀上元燈火盛會後，始回村入塾讀書。

一九〇三年，清光緒二十九年，山人十虛歲。 癸卯

是年，吾家聘山西省五臺縣童生趙先生設館於宅前小果園中，山人與同宗兄弟六七人，入館受教。寒假休學，山人隨先妣進城，省視先考。時先考已從延壽寺東倉遷居於新賃丁茶館巷烏氏宅中。趙先生何名，童時不敢問，今更無從訪問矣。惟憶趙先生之叔趙賓，曾爲伯兄連祥、仲兄吉祥之授業師。先生之應聘，即其叔趙賓之推薦也。

一九〇四年，清光緒三十年，山人十一虛歲。 甲辰

是年，仍在果園館中讀書。寒假休學，復隨先妣進城，省視先考。此時先考已買宅於城西北慶凱大

石橋西扎達亥河北岸，有定居矣。春節前，山人已能與仲兄分座寫春聯，仲兄書巨幅，山人書小幅，先考觀之，欣然獎譽。

一九〇五年，清光緒三十一年，山人十二虛歲。乙巳

是年，未回美岱召村，在舊城李景沆先生館中讀書。館設於楊家巷東頭路北，託氏巨宅之西廂。開學未幾，忽接佩蘭之父丁翁逝世之訃告，並定於夏曆二月某日開吊發引。按當時禮俗，未過門之女婿，亦須親往執紼送葬。禮俗既已如此，山人自難例外。於是準期而往，禮畢而歸。童蒙寡識，每事皆從長輩擺布而已。然此行亦有一洽意事，即山人於會葬諸女眷中，覷見佩蘭之姿容，是一端静秀麗之美姑娘。時雖童心，却甚愛之。老而追憶，不禁惘然。

一九〇六年，清光緒三十二年，山人十三虛歲。丙午

是年，山人仍在李景沆先生館中讀書。讀畢四子書，開始讀《毛詩》。不幸於夏曆七月十三日，先妣棄養，八月二十五日，歸殯於美岱召村之場圃隙地，佩蘭亦來服斬衰送殯。蓋其祖母伴之來也。

山人是年，讀書進度極差，因後半年突遭大故，心情既因悲痛而頹唐，歲月亦任居諸而空逝。少小光陰，如此消磨，可惜也。

一九〇七年，清光緒三十三年，山人十四虛歲。丁未

是年，土默特旗在歸化城小東街文昌廟東跨院新設旗立第一小學堂，聘李景沆先生爲國文教員。又添聘新城滿洲青年景雲、瑞秀二人爲算術、體操教員。二人皆清河陸軍學堂之畢業生，亦土旗副都統文哲琿先生之門下士也。山人除入堂學習部頒之課程外，仍以誦讀《詩經》《書經》《左傳》《文選》、唐宋人詩歌爲重點。同時亦開始練習平仄四聲及三字四字對語，蓋爲作詩作文作準備也。

五月某日，文哲琿副都統偕土旗參領四員，來學堂視察，先考是時爲土旗學務監督，亦同莅止。坐定，文都統與各員作寒暄數語外，即環察堂内設備情況，忽見山人座前紙糊明窗上貼一小幅水彩畫，因問李先生：此誰所繪？李先生不解都統問意，以惶恐不安之態對曰：此是頑皮學生榮祥所繪，晚生曾

屢加朴責禁止，而此生終不改也，是晚生教學不嚴之過也。李先生且言且手指山人，以坐實其罪。先考聞李先生言，神情亦頗局促。都統則含笑離座，走至明窗前，審視山人所繪，良久，問山人曰：汝畫有名目否？山人起立對曰：有。又問何名，對曰：羲之愛鵝圖。又問羲之何姓，何代人。對曰：姓王，晉朝人。都統微顯驚異之色，撫山人之肩，續問曰：汝何從知此？對曰：往日我阿爸講寫經換鵝典故時，聽而記得之。都統還座。又呼山人至面前，令背誦《詩經》數章畢，謂李先生曰：此孩口齒清利，答話敏捷，是可造之材，非頑皮學生也。宜善誘導，勿加朴責。李先生氣短面赤，唯唯而已。都統又顧謂司事員德音泰曰：奬給此生一百錢。最後又取全堂學生日課積分表瀏覽畢，謂諸參領曰：諸生積分無能及榮祥者，吾今日之奬，公道乎？皆對曰：極公道。都統大笑，出門登車而去。

一百銅錢之奬賞，爲數甚微，以常理衡之，本無足述，然而山人之童年得名，此事即其發軔之始也。蓋土旗十二參領、六十佐領、六十驍騎校及高等小學堂與第一、第二初等小學堂之官員學生皆欣羡此事而傳説之，於是全旗六十屬目之蒙古居民殆已家喻而户曉矣。是文哲琿都統者，實山人童年知己也。

是年冬，文哲琿都統與欽差督辦西蒙墾務大臣兼綏遠城將軍貽穀因事互參，清廷派大學士鹿傳霖爲欽差，侍郎紹英爲副欽差，來歸綏查辦，奏報結果，奉上諭：貽穀拿交刑部議罪，文哲琿革職，永不敘用①。此事爲清季最大之参案，文武官僚革職議罪者凡三百餘員，案情複雜，山人將另文憶述之，兹不贅也。

一九〇八年，清光緒三十四年，山人十五虛歲。 戊申

是年，山人仍在土旗第一小學堂讀書，李景沆先生仍任國文教員。土旗副都統文哲琿既膺削職之譴，繼其任者爲三多副都統。三多字六橋，杭州駐防滿洲人也，年僅三十餘歲，而詩、文、書法，併有時名。記其所著《可園詩鈔》中有句云：『移枕簟來花好處，倚欄杆趁月明時。』又艷體摘句云：『月白單衫熏北麝，水紅雙履綉南蝴。』人多稱之。三多到任後，即爲吾堂書楹聯云：『大英雄從小學生作起，新知識取舊道德參觀。』字學魏碑，頗秀健。不久，又派鄞縣應炳華先生來堂，分任文史教員。應先生默觀李

①事在清光緒三十四年（一九〇八年）。

先生所改學生作業文本之後，認爲李先生根本不通，若長居教席，必致誤人子弟。遂緘封諸生作業文本，送呈三多都統。李先生因此得下半年解聘之處分。此非文人相輕，實李先生之學識較應先生相懸太甚耳。蓋李先生僅能教《蒙經》及四子書，一過《詩經》，便多謬誤，錯音破句，其例頗夥，山人不忍悉舉也。應先生則散文、駢體、詩、詞、賦皆所擅長，講課亦能深入淺出，因材施教。嘗爲山人出一詩題，曰：大雷雨，使作五言二韻。山人成句云：萬里陰雲布，轟轟震大雷，移時狂雨至，霽後好風來。先生批云：能作此語，可以學詩矣。

三多都統之侄婿楫興從杭州來歸綏就婚，應先生代作催妝詩七律一首云：『欲避偏逢馬又停，崎嶇古道昔同經。借他漢塞秦關月，渡我牽牛織女星。西子湖遥憮黛翠，祁連山近畫眉青。嬌羞却扇渾無語，欣慰當年雀中屏。』山人愛其用典雅切，故至今猶能記而誦之也。

是年冬，慈禧太后、光緒皇帝相繼崩殂。歸綏二城全體官員，皆翻穿白羊皮大褂，早晚赴無量寺靈位前，哭臨三日，每次皆乾號三聲而罷。山人曾親眼見之，可笑也。

一九〇九年，清宣統元年，山人十六虛歲。 己酉

是年，應炳華先生調土旗文廟街高等小學堂任教。此堂學生年齡較大，是旗公署培養小職員之地。此堂原任教員吾天章先生則調吴堂任教。吴先生係山西代縣拔貢，年已七十餘，老名士也。文精制藝而策論非其長。詩則五、七言近體，頗有名，惜其詩鈔爲不肖子所毁，片紙無存。山人記其《度雁門關》七絶一首云：『夜雨新晴早度關，侵晨飽看霧中山。此行不謂歸鄉樂，爲葬雙親抱疾還。』五言試帖《賦得風雪夜歸人》，摘句云：『路不知高下，門還辨是非。』思致確甚佳也。

吴先生甚愛山人，每星期六、日早晨，必引赴茶館喫捎賣一次。一日先生講歷史，至張良使力士持百二十斤重之鐵椎，狙擊秦始皇於博浪沙中，問諸生曰：汝等知此力士何名？諸生無答者，山人起立對曰：力士名夏侯玉。先生聞之，極驚異，曰：汝何從知之？對曰：此出道家小説《五毒傳》，惟不知其可信否耳。先生笑曰：不見於史傳，存疑可也。

五月初，山人忽患傷寒晚發病，甚重。經老名醫王士安先生施治，始得大汗而熱退，然猶落髮脱皮，卧牀經月乃起。逮能走動時，學堂已放暑假矣。秋後開學，上課至九月上旬，先考即令請假回美岱召村，準備爲山人授室。土旗蒙古舊俗，男女結婚，兩家禮儀事物頗繁劇。是以二十一日爲洞房花燭之正期，而十五日前後即車馬駢闐，遠近親朋雲集矣。二十日昧爽，山人便遵先考命，盛服櫜鞬，乘駿馬，偕迎親男婦車騎，往把什板申村行親迎之禮。二十一日午時至家，與新人丁佩蘭共同舉行多次極繁瑣之跪拜儀式後，遂合卺而成伉儷焉。山人此時雖尚不滿十五周歲，然已成家稱丈夫矣。

一九一〇年，清宣統二年，山人十七虚歲。 庚戌

是年，山人考入歸綏中學堂預備班。此堂爲舊古豐書院改設，學生亦多以書院舊童生充數。學務督辦是歸綏兵備道胡孚宸。胡是湖北孝感縣人，字公度，以名翰林備兵塞外，人品學問並受此邦人士敬重。堂中有胡自書楹聯一付，上句云：『重譯共軌文，異學分歧，願多士無忘國粹。』下句云：『十室有忠信，及時思奮，雖邊地豈乏人材。』思想保守，亦時代使然也。堂長林朝元，亦是福建名孝廉，人極和易，無可稱述。我班國文教員王國禎，本鄉名秀才。經學教員冷皓汝、歷史教員張桂丹，皆湖北人。博物教員安某、學監張應徵，山西孝義縣人。算術、圖畫、體操等科教員，屢易人，忘其籍貫姓名矣。

開學未久，胡孚宸觀察即病逝，吾堂全體員生皆戴摘纓春帽，往道署致悼。繼胡孚宸任道缺者，爲鮑振鏞，僅來堂一次。至冬季，滿洲咸麟來繼此職。咸爲清末被徐錫麟刺殺之安徽巡撫恩銘之子，年未四十，紈絝公子也。

一九一一年，清宣統三年，山人十八虚歲。 辛亥

是年，山人考入歸綏中學堂之丙班。自光緒季年古豐書院改爲中學堂以來，甲、乙兩班學生有七八年未畢業者。其原因是甲班生每月給膏火費白銀三兩，乙班生白銀二兩五錢，此項收入較秀才、童生教私塾所取束脩爲優，且清閑省心。俗諺云：家有半升糠，不願當猴王。故學生雖老大而仍甘心作弟子，不欲當先生也。加之官府亦以學堂之存在爲其推行新政之標幟，恐老生涣散而新生不來，則維新不力

之譴難免矣。故敷衍楮柱，務期不倒，使永爲歷任官僚烏紗帽上之裝飾金花，則學生縱十年不畢業，亦豈足異乎？然而今年以招足丙班，爲繼續應付門面之具，遂使甲、乙兩班儼然變爲祭餘之芻狗，而草草畢業出堂矣。兩班共計不過五十人，而丙班總人數則超過八十名，故以一班抵二班，陣容不減弱而加强，是亦可喜之現象也。

堂長吴福麟，盛京之名拔貢，以候補知縣分發太原，轉歸綏道屬聽鼓。學監周錫，浙江人，前數年曾任本堂教員，並赴日本爲本堂採購理化儀器，人極和藹。此次重來本堂任職，是咸麟觀察之新聘任。其由甲、乙兩班轉到丙班之老教員，則有秀容名孝廉常向旭，教國文；陽和老明經傅佐，教歷史並講經學。新聘教員則有中山鄧書山、雁門張璞，分教英文、博物。其他舊教員留堂者亦有數人。春季開課後，山人被選爲丙班班長。

後半年八月下旬，職教員學生正安静上課時，忽傳湖北新軍於十九日在武昌城起事，大倡革命，要推翻清朝帝制。全堂師生聞之，皆大驚。延至九月底，各省軍隊響應武昌革命號召者接踵而起。是時綏遠城將軍堃岫、歸化城副都統麟壽、歸綏兵備道咸麟，皆滿洲人，一聞革命，無不魂飛膽落，懷疑學堂中有同情革命人士，遂提早放假，以防亂萌。清吏之應變措施，如此而已。

冬，山西革命軍頭目，自稱都督之閻錫山，在娘子關爲清廷所派山西巡撫張錫鑾所擊敗，又因太原爲巨紳梁善濟所控制，不得入城，乃率殘部由晋西北出塞，經伊克昭盟襲包頭而據之。繼復東取薩拉齊廳，釋放獄囚，編爲敢死隊，欲進攻歸、綏。①風聲所傳，歸、綏兩城人心惶惶，仕宦之家，尤岌岌不可終日。是時兵備道公署有幕僚俞翰青者，忽倡議設治安維持會，並擬提用歸綏中學基金白銀五萬兩，爲該會經費，已具文呈請綏遠城將軍，要求批准。學堂堂長吴福麟聞之，急召山人與簡易師範班班長姚玉樞至其住宅，商量對策。吴姚二人皆欲從不觸犯俞翰青之權勢想辦法。山人笑曰：俞翰青是摧毁吾堂之主犯，不斥其罪惡，豈能阻其奸謀？吾堂今雖放假，學生星散，然遠地留堂教師及本城學生，尚有數

①編者按：據《清實録》第六〇册第六四一一七页載，事在一九一二年一月下旬，中華書局，一九八六年。

十人，以全堂師生名義，上綏遠城將軍一文，痛斥俞氏之非，則維持會之騙局定可揭破也。吴聞言，欣然首肯，即託山人起草。草成，送吴審閲，吴未改一字，便交堂中録事謄繕。文長近兩千言，大意揭穿俞氏籌設治安維持會不能戰、不能和、不能守之騙局，但欲攫取重金，以餘瀝沾潤本地衆腐秀才，而自作腰纏十萬貫，騎鶴上揚州之計耳。其無補於時局明甚。所請設治安維持會緣由，應不准行。翌晨，山人與姚玉樞携文赴將軍府投送。隔二日，吴堂長召山人而告之曰：汝之文章生效矣，將軍批給俞氏之札子云：治安維持會可設，但不許動用學堂基金。俞氏雖稱幹練，豈能作無米之炊乎？

十二月初八日，綏軍擊退晉軍於谷力半河岸事，山人别有文記之，兹不贅也。

一九一二年，中華民國元年，山人十九虚歲。壬子

是年春，革命軍代表與清廷代表議和於上海，取得協議。清廷以隆裕太后（光緒帝后）名義發布通電，承認共和，建立民國。清帝溥儀遜位。以清廷内閣總理大臣袁世凱爲臨時大總統，改帝制之龍旗爲五色國旗。各省官制，皆有變更，而綏遠則將軍、副都統之名稱仍舊，惟改兵備道爲觀察使而已。全國學堂均改稱學校，吾堂自亦不能例外。山人所在之丙班，改爲第一班，山人仍膺班長。舊教員張璞任校長，新聘王定圻爲學監。其他舊教職員多繼續任職，變動甚尠。

歸綏兵備道咸麟去職，由山西民政長任命潘禮彦爲歸綏觀察使來補其缺。又由北京政府任命北洋陸軍第二十鎮統制張紹曾爲綏遠城將軍，以北洋陸軍某鎮協統貢賓卿爲歸化城副都統，①於是歸綏三大員，皆由民國官吏充任矣。先是，張紹曾以北洋陸軍第二十鎮統制駐防於灤州，當革命軍與清廷議和未定時，張由灤州發電主和。清廷内閣總理大臣袁世凱本爲編練北洋陸軍之總首領，張是其栽培之部下，今張不得袁之同意而妄發通電，袁遂認爲軍人專擅，甚惡之。及袁氏爲臨時大總統，即免去張氏之統制職，而擢爲綏遠城將軍，蓋名爲升奬而實奪其兵權也。張氏亦心知其故，遂百計推諉，遲遲不肯行。張本意欲率第二十鎮全部隊伍來赴任，袁氏不許，乞率一旅，减至一團，亦不許，最後許以步兵一營作將軍

①編者按：據《民國政府公報》第四〇〇號載，貢賓卿於民國二年六月十六日方被任命爲署歸化城副都統。

衛將軍衛隊，張氏乃成行。故張氏之來就職，在是年十月間。就職未久，即組織歸綏十二縣及烏、伊兩盟十三旗代表聯合會，醖釀倡議成立綏遠省，並請當地老名士李景泉先生起草建議書，向北京政府投遞請願。山西都督閻錫山知之，竭力反抗，並糾合旅晉之歸綏人士數名，以代表團名義赴京，提出異議。雙方争論難決，此事遂即擱置。然張氏斯舉，已爲他年綏遠劃區建省發其軔矣。

我校學監王定圻，字屏章，包頭縣人，太原優級師範畢業，材美好學，年甫三十，來我校任職，讀山人平時所爲文章，甚愛之。時王氏除辦學外，兼任《歸綏日報》社長，約山人爲該日報經常撰文，吾兩人交誼甚篤也。

自中華民國宣告成立後，各省官僚士紳，皆因明年召開國會而忙於組織政黨，争取多得議席，以謀政治上之發展。黨名頗多，不勝枚舉。是冬，孫中山先生亦欲擴充改組中國國民黨，以適應時局之需要。乃由上海派童堯山來歸綏，與王定圻聯係籌組中國國民黨歸綏支部。王積極籌備就緒後，即召集同志二十餘人，在歸綏舊城北茶坊關帝廟東跨院開成立會，王被推爲支部主任，劉兆瑞、李正樂、郭景林、亢錦榮等各有分職，山人亦被選爲文書股長。支部成立不久，王定圻當選爲衆議院議員，①即往北京準備開會。童堯山回上海後，久無消息。於是支部以經費無着，無人主持而涣散。

是年九月長女令嫺生。

一九一三年，中華民國二年，山人二十虚歲。 癸醜

年前放寒假後，我校校長張璞，爲山西教育當局聘去，任太原第一中學校長。張璞字玉初，山西代縣人。山西大學西齋畢業，所學諸科目，均極精熟。在我校任職時，凡國文、英文、物理、化學、幾何、代數、圖畫、手工等課，暫缺教員或教員請假時，張先生皆能代教，不致停課。且性情和藹，對諸生從無急言厲色，故學生愛之如父兄。聞其去職，不勝惋惜。

歸綏觀察使潘禮彦，令觀察使署教育課長龔秉鈞赴太原另請校長。龔氏乃聘山西平定縣人史實如

①編者按：據《綏遠通志稿》卷八六《考選》載，王定圻當選衆議院議員是在九月十六日，非冬季。

來校，繼任張璞之職。史氏因受龔氏之委託，代聘教員二人，與史偕來，一名李笑天，一名董偉然，皆教國文。是時我校已有學生二百餘人，分五個班，史實如自兼第一、二班英文課，李與董分教各班國文、歷史。史實如是匯文大學畢業，英文尚純熟，授課無可非議。李與董則極不符衆望，經常在課堂上爲學生質問所窘。李乃慫恿史校長，以不守校規罪名開除我班用功學生郭勳。因此激起全校公憤，與史、李、董三人成對立之勢。潘禮彦、龔秉鈞爲維持自身威信顔面計，乃一面安慰史氏三人於旅館暫住，一面以討伐之語氣，發表三千餘字之開除通榜，驅逐山人與同班同學楊映林、張雲漢出校。我等出校，史、李、董三人始於翌日由潘禮彦派武裝警察保護還校。此事發生於秋季始業後之第一月，山人即與母校告别矣。

蓋李笑天、董偉然曾在上海、太原某些報館充普通記者。其文史造詣，本極有限，衹以誤認塞外文化落後，自揣所學足以擁臯比而教後生。不意到校未久，李之憑臆胡講，不能欺人；董之淺薄謬誤，頻露馬脚。如李講秋夕夕月，謂是秋夜月照大地。同學郭勳問：春、夏、冬三季，夜月不照大地乎？李不能答，遂惱羞成怒，而釀成開除學生之舉。此事雖小，然略述其概，亦足以明是非之所在焉。

山人既以鼓動同學鬧風潮之罪名，被潘禮彦驅逐出校，當即函告在北京衆議院開會之摯友王屏章定圻，謂將赴太原投考大學。王復信謂與其往太原，不如來北京。山人以王函呈家君請示，家君亦同意往北京。於是山人即與楊映林、張雲漢兩同學，雇二騾轎車一輛，決意東行。啓程之日，母校全體同學二百餘人，皆罷課來送行，直送至城郊石羊橋外，始殷勤握手而别。

山人與楊、張二同學，皆初作遠行，對旅途應付，極感生疏。幸車倌老標漢，自二十多歲趕車跑北京，現年逾五旬，已有三十多年之此路經驗。沿途一切活動，山人等必與老車倌商量辦理，故情況甚爲平順。是時，京綏鐵路初修至山西之陽高縣，我等到縣住一宿。次日，老車倌幫我等買好火車票，搬行李，送上車，並鄭重嚀叮，小心防失。我等謝其厚意而行。

到京，住宣武門外上斜街三忠祠之山西會館，與王屏章同院，王住東厢房，山人與楊、張住西厢房。正殿不住人，供三忠牌位。三忠者，明季在遼東抗清殉國之張銓、高邦佐、何廷魁也。三人皆晋籍，故祠院即作爲山西會館。時歸綏尚爲山西之一道，故綏人士均可不納費而住此館焉。館址舊爲顧嗣立俠君之『小秀野』，不知何年歸晋籍京官公有，至今祠之正門檐下猶懸『小秀野』一匾，以存故蹟云。我等到京時，已屆秋杪，各學校均不招生，衹好在會館讀書備課，以俟明春投考。未幾，山人之五胞弟桂祥蘭圃，亦從綏校退學來京，與山人同室而居，對牀清話，旅寓殊不寂寞。蓋綏校退學之學生，尚有十餘名，皆與蘭圃同來，各謀投考京校者。

是冬，參、衆兩院既選出袁世凱爲正式大總統，袁氏就職後，即解散國會。①於是王屏章即被警察没收其議員證章，驅逐出京。王臨行，將其寢室什物交山人居住代管。是爲山人平生多事之一年云。

一九一四年，中華民國三年，山人二十一虚歲。 甲寅

春初，山人考入中央政法專門學校法律本科肄業。楊映林考入鐵路警察學校。張雲漢與山人同校而異班。蘭圃弟與同鄉孟學孔、巴振鏞等十餘人，皆考入政府創設之官費蒙藏學校。此時北京之生活費用，猶甚低廉。山人在會館，由厨師包飯，每月僅付火食費五元。冬季，每月付煤球費一元五角。自購二十五加倫之煤油一桶，外帶小油提一個，煤油燈一盞，衹需一元九角，可以點半年而用之不盡。學校學費及講義稿費，每月四元，理髮洗澡零用二元。總計每年有百五十元便足用，若能多增三數十元，則手頭日用綽綽有餘裕矣。山人家庭，每年供百二十元，土默特旗公署每年給助學金六十元，故山人之旅京生活，毫無困難。王屏章返綏後，繼史實如任歸綏中學校長，並改組《歸綏日報》爲《一報》，自兼《一報》社社長。仍約山人爲《一報》撰稿，每月贈稿費十元。屏章來信云：報社經費，今尚拮據，以此戔戔，奉贈吾弟，自愧太寒傖。然以助吾弟課餘入梨園顧曲買票，亦不爲無補也。蓋屏章知山人愛觀劇，故以此爲戲焉。

當時北京街道，大者以洋灰石子鋪墊，小者皆土陌，全城無一條柏油馬路。交通工具，亦極簡陋，不但無電車、汽車，即鋼輻膠輪之人力車，亦寥寥無幾。外國使節及中國高級官僚，多乘四輪馬車，其餘小

①編者按：袁世凱解散議會在一九一四年一月十日。

職員與學、商、工藝市民，在道遠不便徒行時，則雇乘木輻鐵瓦之人力車。山人初到北京，目睹拉此車者，因車制笨重，汗喘奔馳，情狀甚慘，爲幾枚銅子，作拼死之掙扎，心頗不安，故久久不慣乘此車。有同學友謂山人曰：京師拉此車者，無慮數萬人，皆極貧而又無他業可就之勞苦居民，一家數口，全賴一人一車，掙取幾斤雜和麪，以充兩餐。若京師之人盡如君之所爲，則此數萬拉車人與其家屬，不將悉死於餓鄉乎？山人聞其言而悚然，遂改已見也。

山人是年結識之師友，除同館同校若干知交人士外，最得力者，有琉璃廠浣花書局經理牛寶璋贊岑。山人初以買書認識此人，後既熟悉，牛謂山人曰：君是一花錢不掙錢之學生，買書費太多，必致影響君之生活。今後君但取我局書讀之，讀畢送還，不須買也。他日，牛又謂山人曰：君才清好學，不患不出人頭地，但塞外少年，游學京師，若不得老輩噓拂，終恐美名不能早彰也。吾欲爲君介紹一位半師半友之人，以助君治學，君豈願之乎？山人曰：幸甚。但不知此位老輩是何許人，見時需何禮儀。牛曰：此人姓王字蔭南，河北故城縣人，前清保定蓮池書院之高才生，張裕釗、吳汝綸之得意弟子也。現爲國務卿徐世昌之家塾教師。人極謙虛和藹，星期日常來我局閑坐，既是半友，則見面時不需任何禮儀。祇是王先生好飲酒而不能多，每星期來此講改文章畢，便相偕到小酒館飲二兩白乾，喫一餐便飯足矣。吾意君之財力，尚能辦此。山人欣然許之，遂得納交於王先生。先生非特文章古雅，書法亦極挺秀，山人從學年餘，獲益不尠。

是年，綏遠改爲特別行政區，並改綏遠城將軍爲綏遠都統，改歸綏觀察使爲綏遠道尹；調原綏遠城將軍張紹曾爲北京將軍府將軍，而以北洋舊將領潘矩楹爲綏遠都統，以張志潭代原觀察使潘禮彥爲綏遠道尹。

一九一五年，中華民國四年，山人二十二虛歲。 乙卯

山人因浣花書局借書之便，得任情博覽，又加王蔭南先生之悉心指導，所以詩文寫作更宏麗而敏速。當時首都大小各報刊，登山人詩文者甚多，所標筆名曰塞翁。從此掉臂文壇，愈得廣識各省知名之

士。其中年輕人，有臨川王小墨、安慶張星槎、江蘇張春蠶、陽和翟雁臣、靳德齋、葉青海、蘇漢英、廣西黎啓祥、黎啓昌、上海卞仰觀、山東柯昌泗、河北李壯飛、晉城王如源等若干人，皆各大學校肄業之高才生也。亦有辛亥革命後各省致仕人員及部曹各級京官與日報月刊編輯，還有各省級機關駐京代表，與夫寄寓求職閑員及教專館私塾之學究。如霍丘之王咸宜，筆名片石者，滿清時安徽之名拔貢也。散文、駢體、詩、賦、楷書，皆極工。年已六旬，在袁覺生太史家教專館，嗣由銓敘局局長三多六橋聘爲該局秘書。靈璧張寀，筆名秋柳者，滿清時安徽之名廪生，散文、古近體詩亦甚佳。在袁鈺生宅教專館，後被河南某專校聘爲國文教員。又如浙江陳華，筆名兢生。梁月江，筆名痴痴。安徽王治琴，筆名智卿。胡小山，筆名小山。湖南王胡玉，筆名瑚公。程藍田，筆名藍田。陳某，筆名楓林客。江西萬象周，筆名向洲。楊無兢，筆名無兢。湖北王某，筆名千一。四川張石麟，無筆名。皆久寓宣南，經常發表詩文之老少才士也。更有主持報刊者，如山西芮城景定成梅九，是《國風日報》社長；江西南昌湯霜楓，是《公興日報》主編；江蘇無錫孫慕唐，是《日知報》主編；湖南善化劉和熹少少，是《亞細亞日報》專欄作家；河南安陽周襄成，是《大中華日報》名記者。此外尚有多人，雖曾於梨園顧曲時，經常接座，談詩論文，然以睽別數十年，已不能記其姓名籍貫矣。至於滿清遺老，如樊雲門、易碩甫、李直繩、梁巨川諸名宿，雖亦嘗聆其謦欬，然以年輩懸殊，不敢妄引爲同調也。惟前述之王片石，雖年逾花甲，而以傾服山人之才氣俊邁，乃親筆書一蘭譜，送山人寓處，堅欲訂布衣文字之交。山人自以年少學淺，謝不敢當，而片石翁持之愈力，於是山人亦寫一蘭譜奉還之。此即世俗所謂换帖之盟兄弟也。其後張秋柳聞之，亦如式納交於山人焉。

是年秋，土默特旗屬之閑散勳爵輔國公色一峰，循舊例來京，向民國總統行其年班進貢之禮，求山人代作申請晉見之文，投遞於蒙藏院。未幾，首都各報將原文刊出。時，前歸化城副都統文哲琿潤齋先生正在京託浣花書局代印其所輯《善惡驗證集》，經常到書局校稿。一日，在書局看報，偶見此文，驚詫問牛贊岑經理曰：君識色一峰，亦知其代筆人爲誰乎？經理笑曰：此人亦翁之同鄉，現在政法學校肄業，其名榮祥，常來我局取書，翁欲見之，甚易也。潤齋先生更大驚曰：此生在小學讀書時，吾已賞其聰慧，不意數年未晤，居然有如此手筆，重可喜矣！吾欲見之，煩君爲我約期，可乎？經理曰：星期下午，彼定來局，屆時翁枉駕莅此，便可晤談，不必邀約也。某日，山人與潤齋先生果相會於書局。先生謂山人曰：吾讀生爲色一峰所作之駢體文，甚典雅宏麗，誠爲佳構。然四六文爲用較狹，闡理敘事，終不若散文之能發揮盡致也。昨聞贊岑言，生嘗從王蔭南先生學古文，今王先生已離京返鄉，吾欲爲生更覓一師，以補王蔭南之缺，生但静候佳言可耳。山人唯唯，應之而别。

重陽後，潤齋先生使其婿關松秀鶴友，來告山人曰：潤老已爲君選得一古文老師，現在正志中學任教。其人姓姚名永概，字叔節，桐城古文大家惜抱先生之裔孫也。余以陸軍部職員，兼充該校軍訓教官，受潤老委託，薦君於姚先生，申明拜師學文之意。唯先生門墻高峻，素不濫收校外生，以余同事，誼不容却，但欲先閱君平時所作文，以決進止。山人聞言，即取舊作十餘篇，交關君持去。過數日，關君欣喜而來，言姚先生閱君文，極贊賞，遂願許君升堂爲高足。今日余陪君購贄品，明日導君拜師，可乎？山人笑而允之。翌日，上午十時，山人與關君賫禮物及拜師束帖，同往姚宅，叩謁叔節先生，訂師生之誼，並請示以後領題送卷等事。先生曰：不須領題，君自選題作文，送僕批註，可也。山人從此即爲姚叔節先生之授業弟子矣。

是年冬，綏遠匪患突熾，匪首盧占魁擁衆四千餘人，攻破托克托縣城，綁走縣長徐朗西。又攻入薩拉齊縣城，縣長鄧書山易裝而逃。①匪並聲言將東進攻歸綏。於是都統潘矩楹、道尹張志潭，爲推卸罪責計，乃槍殺歸綏中學校長王定圻屏章，誣以亂黨煽匪，蹂躪地方之罪。此腐惡官僚挾私害人，喪盡天良之一顯證也。山人爲屏章作墓誌銘一篇，並以長詩哭之。屏章死時三十九歲。

一九一六年，中華民國五年，山人二十三虛歲。 丙辰

山人是年除在學校聽課外，即專心從姚叔節先生講求古文義法。生活恬静，無雜事縈心，殊自適也。

①編者按：據《綏遠通志稿》卷六十二《民變》載，盧占魁攻入薩拉齊縣城在一九一六年一月，隨後攻入托克托縣城。王定圻亦被害於此時。

惟綏遠都統潘矩楹因匪患未熄，被撤職。政府改任蔣雁行補其缺，並發給剿撫費二十萬元，使辦地方善後事宜。然此人仍是北洋系之庸劣將領，到任後，用二三萬元辦收撫，編匪衆爲一混成旅。①以盧占魁爲旅長，駐固陽縣之高塔兒梁。既無餉乾，又無被服，士卒仍四出劫掠，其行動與未撫前無異。百姓受慘禍，而蔣氏飽私囊矣。地方紳商，忍無可忍，乃推歸綏商會會長段敬齋、包頭鄉紳卜夢庚，聯袂入京，以全區民衆代表名義，向政府投文請願，指控蔣氏罪惡，祈予早日撤换，以紓民困。其請願文字，多由山人代草，然每次投文，皆如石沉大海，殊可恨也。其實，此時總統黎元洪、總理段祺瑞，方因奪權有府院之争②，封疆大吏之功罪，無暇過問矣。

一九一七年，中華民國六年，山人二十四虛歲。 丁巳

綏遠都統蔣雁行，被控不倒。地方請願代表段敬齋、卜夢庚二氏，遂伏處京師，不敢還鄉，心情焦灼，自不待言。一日，卜夢庚來寓，責山人曰：平時朋輩皆稱君能謀善斷，今吾鄉欲攻擊蔣雁行，而君獨不能爲此事設一謀，劃一策耶？山人笑曰：請少安勿躁，我已爲君籌得一法，君二人如能依法行之，必能使蔣雁行捲行李，離塞北也。夢庚聞言，驚詫異常，急問山人籌得何法。山人曰：欲打倒北洋系一將領，必須從北洋系中別覓一將領，誘以甘言，謂吾鄉民衆歡迎其任綏遠都統，使彼在段總理面前進蝎讒以爲內應，則訴可勝而蔣可驅矣。夢庚曰：此法雖佳，無奈我輩與北洋系上層素無瓜葛，今臨難求援，將於何處尋此有力人乎？山人曰：前日《順天時報》載一消息，言北洋老將段芝貴將軍賦閑日久，頗有東山再起之意。能得一省督軍固佳，萬一不能，則降格以求，能得特別區一都統，亦娱情聊勝無云。此人既露欲炙之色，君等以香餌誘之，吾料其必然上鈎矣。夢庚曰：君能爲我輩設此謀，亦能爲我輩往津門緩頰而説段氏乎？山人當時年少氣盛，見夢庚色赧語懦，知其不能行吾策，遂毅然謂夢庚曰：我既能言之，我即能行之。君但静候佳音，可也。翌日，山人即赴天津，訪段芝貴於意國醫院。覿面後，山人

①編者按：據親歷收撫之事的關鍾麟先生回憶，事在一九一七年舊曆二月。參見《内蒙古文史資料》第五輯。

②編者按：府院之争發生在一九一七年二月至五月間。

說明綏遠紳商欲驅逐蔣氏，歡迎段氏之意。段聞言，雖履做謙謝，而辭色甚喜。乃謂山人曰：餘一周後病愈出院，便可入京，住段總理家。朝夕與總理燕見，不憂無抵掌進説之餘地也。段爲總理之同族長輩，故其言矜簡如此。山人返京，以此行結果告夢庚。一旬後，段氏未來，山人遂寫一長箋寄之。段氏讀之大驚，使其子持專函，並水禮數色，至京見山人，交函送禮外，並解釋其父因醫生告誡，推遲踐約之故，大概再延數日，即能來矣。段氏子去後，鄉友劉兆瑞輯五來寓問山人曰：君曾寫信給段芝貴乎？山人曰：然。輯五曰：段是清季官僚中之無善譽者，君奈何欲以此人代蔣雁行，不顧以暴易暴耶？山人笑曰：段之爲人，吾知之甚悉。但欲除董卓，何暇問呂布之品德。吾於此人，別有控馭之術，不懼其泛駕也。輯五曰：皖人虞維鐸，與余爲塞北關税務總辦之前後任，故有一面之識。今晨從電話問余：知綏遠少年有榮祥其人乎？余答之曰：不僅知，而且是吾最好之友。君問彼何事？虞曰：昨日，段芝貴將軍之公子，自天津來，持榮君致將軍之函，託京師警察總監吴炳湘與鄙人共同瞭解榮君爲何等人。君既與榮君爲好友，能否於明日上午十時，偕榮君來敝寓與吴總監一談。余答曰：能。余此來即約君於明日同往耳。山人曰：此是段氏疑我年輕，未必能寫此洋洋千言之長箋，當是背後有人操縱利用，故託其鄉人先究真相。明日，我與君晤此二人，則段氏之疑自釋矣。届時輯五偕余至虞宅，吴氏已先在。相見後，二氏以温婉之語氣問山人，致段之長函，是否自家手筆。山人笑答曰：此草草書札，何須倩人，直是鯫生課餘之作，鑄詞鄙淺，殊無足觀。二氏聞山人語，相視微笑。最後乃請山人寫一通訊住址條，山人知其欲對筆蹟也，即書與之。晤談畢，稍進茶點而散。

後數日，段氏果來京，下榻於段總理宅。遣人告山人，言總理已電調蔣雁行來京矣。未幾，蔣氏即以綏遠都統印交其旅長王丕煥護理，而自行應召入都。山人得此訊後，便告敬齋、夢庚曰：蔣氏既來，必不得返任矣。君等可安心觀其後果，不須更焦急也。當是時，定武軍統制張勳率其辮子兵五千人自徐州來京，聲言調停府院之争，在街市布防畢，即突然發動政變，通電全國，倡言復辟。扶清廢帝溥儀，重行登極，以清朝之龍旗，易民國之五色旗。張勳與康有爲，任左右議政大臣。王丕涣亦懸掛龍旗，響應復辟，槍殺蔣雁行之參謀長張鳳朝，而自稱都統。未幾，段祺瑞總理微服出京至馬場，糾合北洋軍二、三師，通電討張勳，即當時所謂馬場誓師也。是役以第一師爲先鋒，第九師等爲後繼，轉瞬間，已攻入北京，激戰終朝，辮子兵全被擊潰。張勳、康有爲逃入荷蘭使館，復辟政變，僅曇花一現而已。第一師長蔡成勳，以討張有功，擢升綏遠都統，率其全師，走馬上任。而吾鄉之控訴蔣氏者，亦欣然返綏矣。以上所敘，誠不免辭費之譏。然不如此，即不足以表山人年輕好事之特性，故拉雜記之，聊以自娛耳。

是年冬，山人畢業於法律本科。正擬還鄉，忽傳綏遠發生鼠疫，京綏間斷絶交通，嚴禁客貨郵件往來。山人既不能行，亦祇有仍留會館，以讀書顧曲消磨歲寒而已。長子寶麟，生於此年。

一九一八年，中華民國七年，山人二十五虛歲。戊午

春暖疫熄，山人返綏。暇則常往母校歸綏中學，與諸同學漫談，以慰無聊。適值歷史教員陽和張肇基病故，家貧子幼，歸葬維難，諸同學欲聯名向道尹公署遞文，爲張故教員請卹，託山人代爲起草。山人即席書二百餘字之短稿，畀同學謄清送署。道尹周登皞熙民先生，福建之老名士，極重文藝。讀同學投遞之文，深爲嘆賞。急喚其甥，現任中學校長邱爾茀，問學生所遞呈文是教師代作，抑是學生自撰，可查明姓名報我。邱回校，即召諸生詢問。學生答云：在校同學已無具此手筆之人，此係我校第一班離校學生榮祥起草，非國文老師代筆也。邱據情匯報周道尹，道尹頷而默識之。未幾，道尹公署所組織之吟邊詩社，在報章刊題徵詩。第一題，過蘇武祠，七律一首，限二蕭韵。第二題，吊明妃墓，七律一首，限三肴韵。第三題，九邊第一泉歌，限用柏梁臺體。山人見題，笑曰：南士素嘲北士不通，周道尹發此題，直是向塞外文學界挑戰，欲證實北士之真不競耳。我將爲吾鄉雪此耻，不能睹摩壘而不應也。遂依題作詩三首，函寄該社。旬日後，報章刊出應徵諸作，而山人之詩被評爲第一。周道尹且派其科長塔林山，賫詩社奬品湖筆、徽墨、錦箋及《張江陵全集》，至寒舍致意，並傳熙民先生語，謂榮君以一年輕蒙古人，而有此宏筆麗藻，是馬祖常、薩都剌一輩人，後生真可畏也。山人亦謙辭寄語，答謝之。

綏遠雖於民國三年由山西省分出，劃爲特別行政區。但省級議會，則仍在一處。今年爲山西省議會

第一届議員任滿，第二届議員應選之期。綏遠列爲第十選區，以道尹爲本區選舉監督。上半年，各縣皆忙於調查選民，籌辦初選。山人有摯友趙國鼎子珍，在回部高小學校任教。一日謂山人曰：我已爲兄競選省議員作準備矣。前日，歸綏縣進行初選時，我糾集同學若干人，到縣教育會投票，與本地一群壟斷初選之老秀才對抗，結果奪得初選當選人七八名，打算再從外縣拉攏四五名，則復選當選，即有把握矣。子珍爲此事奔波累旬。至七月某日，全區初選當選人齊集道尹公署，舉行投票復選，當天計票揭曉，山人當選爲山西省議會第二届議員。①九月，赴太原出席會議。是爲山人由學生踏入仕途之初步。然微子珍推轂之力不及此，誠可銘感也已。

一九一九年，中華民國八年，山人二十六虛歲。 己未

四月，山人赴太原出席省議會臨時會議。接五胞弟桂祥自北京來函，言其右股生疽，已入協和醫院治療，據外科大夫説，此病易治，無危險。迨議會閉幕，山人即趲往北京看吾弟。不意弟已出院，來旅舍告山人，謂協和動手術後，已將刀口縫合，今已不痛，能自由行動矣。兄可安心歸里，不須爲弟焦慮也。山人留京數日，每日與弟晤談，見其精神正常，遂爲留錢數十元而束裝返綏。山人到家甫一旬，忽接吾弟之同學孟學孔來電報云，協和醫院爲吾弟動手術之刀口迸裂，已住入日華同仁醫院，盼家中速來人照護。山人接電之次日，即啓程赴京。到京便往醫院，看吾弟病狀。相隔僅半月，而吾弟精神已大不如前。揭被視其創痕，則裂口長達四寸，肌肉化膿甚多。山人睹狀，心中震駭，而未敢形於色。私詢日籍醫士，問此病可治愈否。答言：主治醫士請短假回日本，俟其返院，便可負責治愈。從此該院醫生護士每日爲患者進行照常之排膿、洗傷、換藥手續。山人亦每日到該院，陪吾弟閑談，讀書報解悶，冀主治醫士早日返院，能爲吾弟根除此病也。但光陰浪費一月餘，而主治醫士渺如黄鶴。該院負責人亦慚愧抱歉，聲明對吾弟之病已無能爲力。山人乃與鄉友數人，護舁吾弟至山人所寓之旅店。店主人饒陽翟君，清時開鏢局，武藝極精，性尤俠爽，與山人交最契。見吾弟病已垂危，謂山人曰：假使他客之親屬，病勢至此，我

①編者按：據《綏遠通志稿》卷八十六《考選》載，復選在是年八月一日至二日。

店决不許其入門。今吾與君誼如手足，君之弟，即我之弟也。乃闢一净室，以居吾弟。又薦其友，此，我店决不許其入門。今吾與君誼如手足，君之弟，即我之弟也。乃闢一净室，以居吾弟。又薦其友，清代外科御醫陳先生，來寓診斷。先生檢視畢，私謂山人曰：此病確是附骨疽，據中醫理論，針刺、按摩，都在嚴禁之列，豈能開刀。今傷口周圍，肌肉已乾皵，全無愈合之望。加以病人精力太疲茶，雖有好藥，亦不能起作用，此真無可奈何矣。就脈象看，尚可延二十日，君切記鄙言，不能過中秋也。山人即依陳先生之囑，爲吾弟備飾終之物。至中秋前五日，吾弟果與山人永别矣。山人作哭五胞弟蘭圃七言律詩四首，以誌深痛焉。吾弟好學，經常手不釋卷，文筆亦清新流利，故綏遠同人推爲旅京同鄉會之秘書。逝世時僅二十四虚歲。同鄉及同學皆惋惜不置云。吾弟有筆記十餘册，中多讀書有得之言。未及付印，後因倭閥侵華，家鄉淪陷而散失，尤可惜也。

當山人每日到醫院看護吾弟時，接歸綏中學老同學趙子讓、李蔚洙來函，言欲應北京之全國高等法官考試。將其山西法政學校畢業文憑及山人之畢業證書，一併郵來，託山人預爲報名，並堅囑山人亦同應試，以便互相照顧。山人此時，以弟病垂危，不遑他騖。然二同學千里諈諉，亦豈宜過拂其意。於是託鄉友任秀卿，持文件代往報名。不虞試期已迫，而二人未來，山人亦以心煩力疲，不欲隻身就試。乃對門居住之綏遠參議員劉孔嘉、山西衆議員張子騰，皆山人之忘年老友，力勸山人赴考。且戲謂山人曰：君平時論文，極自信。今全國應試者，多至七千餘人，聞其中有不少之清代舉人、拔貢。君入此大文場，與群彦一較身手，亦測驗自己本領强弱之好機會也。情緒雖不佳，且可勉力爲之。山人以告吾弟，徵其意見。吾弟亦勸山人應頭場國文甄録試，以釋劉張二君之疑。又言兄既不擬作法官，則二、三場法律考試可不去也。至試日，劉孔嘉送山人入場。考題是『孟子論皋陶執法』，與『張釋之論犯蹕』。山人不起草，即楷書四百餘字，交頭卷而出。發榜之前一日，劉孔嘉謂山人曰：明晨我先去看榜，老弟從醫院回，再順便觀之不晚也。山人笑謂之曰：兄看榜須看前頭，勿看後頭。考官若識我文，則我名不當在前十人以外。考官如不識我文，則名落孫山必矣。兄不必去大海中撈針也。次日午飯時，山人從醫院回寓，順路往榜下一觀，則七千餘人衹録取五百名，山人名列第五。見劉孔嘉、張子騰，山人用王之焕之言，戲二君曰：田舍翁，我豈妄哉？相與撫掌大笑而罷。

秋凉後，鐵路許運靈柩，仲兄護五弟之柩，返綏安葬。山西省議會方召開本年正式會議，山人即赴太原出席。會罷，仍返北京料理爲五弟治病所借之債。

某日，山人在察區衆議員老友張敬亭寓，晤山西名士楊濂。此君爲清季最後一次省試之拔貢，文章楷法，頗爲晋北士林所稱道，而此次應高等法官考試，乃不幸未能入彀。談次，楊君欲得山人甄録試之草稿一讀，山人笑謂之曰：拙作短章，向不起草，先生如肯賜教，願即今録出呈覽。言畢，遂取案頭紙筆疾書，一枝香煙未盡，便將原文抄出付之。楊君讀而驚嘆曰：事隔數月，猶能不遺一字而迅即寫出，鑄辭警拔，固不待言，僅記性之强，亦使我輩望塵莫及矣。

春節臨邇，債務粗了，乃謝別居停主人，束裝歸里。回首前塵，深覺此一年光陰，真在百感交集中度過也。

一九二〇年，中華民國九年，山人二十七虚歲。 庚申

山西省議會於四月召開臨時例會，山人前往出席，準備下半年正式會議上願提之提案。當時山西省督軍兼省長閻錫山正以模範省之虚榮稱號，創設洗心社，以鼓勵官僚及市民之服務積極性。並在文廟兩廡開闢洗心講座，每星期日，必邀請省内外名人學士到社作自由講演。山人亦被邀講演二次，綏籍議員六人，被邀請者僅山人一人而已。

臨時會議閉幕後，吾等六人聯袂返綏。時當盛夏，綏遠都統蔡成勳正派其爪牙分赴全區各地，挾持縣旗官長，增設役吏，到農村丈量鴉片苗地，勒徵煙畝罰款。先是，春播前，伊克昭盟準格爾旗之東協理那森達賴，以重賄買通蔡成勳，許其違禁大種鴉片。全區富農聞準旗種煙，皆急起直追，相率效尤，於是罌粟花遍布陰山南北矣。蔡氏借罰款之名，大發横財，全家衣食，奢侈無度。其胞兄蔡二，嗜毒極深，所吸鴉片煙膏，皆用關東野山人參煎湯熬成，即此一端，可見其生活之一斑也。山人以蔡氏之行爲較蔣雁

行尤爲惡劣，若聽其久踞吾鄉，遺患將無底止，遂約同會議員李正樂、閻肅、趙子讓、韓儉、任和卿等偕赴北京，向國務院指控蔡成勳破壞禁令，違法種煙，横徵暴斂，毒害人民，請撤職追贓，交軍事法庭嚴加審訊擬罪。當時國務總理爲靳雲鵬，亦一北洋軍閥也。答言已派員赴綏調查，俟調查回，當酌情處理。其實陽則調查，陰則授計，以爲錢可通神，無事不辦。蔡氏乃託衆議院議員宣化賈洞元，通過其同院議員張欽，向山人等進行調解。張君是山人之老友，無話不可説，且其詞令之妙，雖蘇秦、張儀無以過之。娓娓懇談，語多不悉録，其主要之點，則謂蔡氏欲對吾六人，每人饋國幣三千元，聊以修好而求息事。山人笑答之曰：用錢餌敵，是官僚慣技，然我輩豈能賣人格於蔡氏之門，以三千臭幣作身價耶？君休矣，静觀吾輩與蔡氏短兵相接以決勝負耳。山人歸寓，以告同事五人，皆同聲稱贊，以爲所答極是。此後每隔數日，即向國務院遞一次攻蔡文字，並謂此案如久懸不理，我輩將在省議會提彈劾案，更將通電全國各省議會籲請聲援。國務院無奈，又密派人促蔡想辦法。蔡之智囊群，有欲排擠道尹周熙民者，謂周與六議員友誼甚佳，六人之告狀，周不容不知，試看周對此事一言未發，其情可知。今遣周往説，必能收效，此所謂解鈴還須繫鈴人也。蔡遂卑禮甘言，敦促周道尹作調人。周爲權勢所迫，不得已而受其託。周至京，與我等會談數次，我等未作讓步。周於計窮沮喪之中，乃獨邀山人密談曰：君等毫不開網，使我如處夾板中，倘再談不協，僕亦留京不返任矣。僕觀其他五人，唯君馬首是瞻，君若勁弓微弛，使蔡有臺階可下，則訟得解，而君等亦不失爲全勝也。此僕掬誠之言，請君三思。山人謂與五人商得讓步條款後，當據實奉告。周言如此甚好，萬勿拖延。山人返寓，以周語轉告五人。五人皆謂周在吾綏頗有循良之稱，我輩反蔡而使周受池魚之殃，未免良莠不分。爲使周能度難關，乃商定息訟條款如下：(一)撤都統職改爲自動辭職，限蔡氏於兩月内實行。(二)追贓改爲捐款，蔡氏應捐出十萬元，交地方辦理公益事業。(三)蔡氏累年積欠商會貸款及農會之糧秣折價，必須清償。(四)違法責任，請國務院覈辦，我六人不再追問，以示容忍。將此四款寫成書面倡議，由山人送交周道尹。過三日，周約我六人面談云：君等所提之四款，蔡都統大體接受，惟捐款十萬元，彼言實在拿不起，囑僕善爲説辭，企求削減。據僕所知，彼所收煙款，數雖可觀，而權豪聞訊染指者，實繁有徒，故蔡之囊中，餘錢已不太豐。所稱十萬元拿不起，當非盡屬妄言也。君等何不指定一具體公益事項，使彼勉力認捐乎？我等以爲周翁之言頗有理。且蔡既肯自動去職，其氣已折。求減捐額，亦其吝惜殘膏之鄙情。得饒人處且饒人，寬之可也。山人於是告周翁曰：各省在京皆有會館，而我綏獨無，可令蔡成勛在北京及歸綏城内各買整齊大宅一處，以爲綏人往來停息之地。以此爲蔡氏最後浣惡之機，不亦可乎？周允告蔡得復後定議。越明日，周告我六人曰：蔡都統已答應完全照辦。僕亦盡息事寧人之責矣。議畢，周返綏。我六人同往太原，出席山西省議會之本年例會。往返月餘，比我等再到京，則蔡成勛已辭職離綏，由周道尹護理都統印，北京及歸綏之兩會館，均已買成。北京會館在西城順成王府街，歸綏會館在舊城恒昌店巷。蔡氏共捐出四萬元，除買會館外，餘款交綏遠旅京同鄉會及歸綏教育會存入銀行，以備整修館舍之需。反蔡之役，至此便告終結。當蔡成勛去職後，國務院宣布以寧夏護軍使馬福祥升任綏遠都統。是時馬已到京，我六人與旅京同鄉在宣武門外下斜街畿輔先哲祠大禮堂集會歡迎馬公就任綏遠都統，由山人致歡迎詞。馬公答詞極謙虚和藹，同鄉均感滿意。未幾，馬公赴綏履新。①山人亦接踵返梓里。次女仲嫺生於此年。

一九二一年，中華人民國十年，山人二十八虛歲。辛酉

六月底，山西省議會第二届議員任期已滿。七月初，改選第三届議員。山人未參加競選。馬都統乃委山人爲墾務督辦公署秘書，兼籌餉局籌議員。職務輕閑，可以趁暇讀書，並與道尹周熙民先生互作詩文唱和，致足樂也。是年秋，京綏鐵路通車。

一九二二年，中華民國十一年，山人二十九虛歲。壬戌

是年春，中國交通系財團在北京設立之蔚豐興業公司總經理蔣邦彦，派該公司交際員胡屏言來綏，與山人接洽，言該公司欲在歸綏創辦電燈公司，先徵求地方人士意見。聞榮先生在歸綏聲譽甚高，所以敝公司不避冒昧之嫌，派敝人率爾登門，預作一次估計可否之談話。關於電燈公司在北京工商部

①編者按：據劉壽林編《辛亥以後十七年職官年表》第四四六頁載，馬福祥於一九二一年五月二十六日被任命爲綏遠都統。

備案及全部股份投資，均由敝公司完全負責，並由全部股份中劃出百分之二十作爲地方榮譽股，以每年所得之利潤，幫助發展地方公益事業。敝公司所望於綏遠地方者，僅有以下之二項：（一）地方人士允許敝公司來此辦企業，（二）在備案文件中，由地方人士出名。如此而已，先生以爲何如？山人謂此事須與地方耆老商量後，始能答覆。翌日，山人在歸綏教育會召集鄉紳，坐談此事。衆皆認爲創辦電燈，對鄉邦有益而無害，可以許其來，並推山人爲備案文件署名人。山人即以商量結果告知胡屏言。胡又電告其經理蔣邦彦，請迅速着手進行。時蔣氏任北京交通部政務次長，辦理備案手續自極順利，故未逾月而工商部即批准山人爲歸綏電燈公司之創辦人。當是時，有在歸綏開設電話公司之天津商人沈文炳，暗中勾結日本財閥，亦欲搶先包辦歸綏電燈事業，運來日本國内換下之舊鍋爐一具，又在歸綏舊城各大街栽起電燈桿數十根，擬以既成事實，造爲捷足先登之勢。不料日本財閥所擬訂之全部設計書，從日本寄來，因沈文炳未掛電燈籌辦處招牌，郵遞員竟將此書投交胡屏言之電燈籌辦處。山人閲後，即於次日召集地方士紳，及各學校教職員工與學生，在綏遠會館大廳開會。山人當場宣布沈文炳勾結日本財閥情況。大衆皆怒不可遏，一致高呼打倒引狼入室的沈文炳，反對日本軍國主義的經濟侵略，綏遠人要自辦電業等口號。會上決定搗毀電話公司，驅逐沈文炳離綏，拔去沈栽之電燈桿。即時寫成各色紙旗標語，人手一旗，排隊游行。一出會館巷口，便是電話公司，群衆蜂擁而入，轉瞬間，該公司已被搗毁。沈文炳事前聞風遠颺，僅得免難。市民及工商店員加入游行隊伍者漸多，比至大南街，衆逾千人。木工店員見學生用鎬刨土拔電燈桿，即持鋼鋸奔出，謂諸生曰：鋸之立倒，不須刨也。於是逢桿便鋸，游行未半，而沈栽之電桿已一掃而光。群衆繞行各大街，怒呼口號，示威而散。①當日，馬都統召山人問故。山人言：沈文炳之罪有三，不在中央院部備案，不經地方政府批准，擅運洋爐入境，破地栽桿，視民産如己有，蔑城市若無人，壞法亂紀，膽大包天，其罪一也。既無外交機關之介紹，又無地方各界之贊助，竟敢

①編者按：據《内蒙古檔案》一九八九年第二期之《綏遠地方電燈公司檔案史料選》載，游行發生於一九二一年十一月六日，則此前所述盡爲一九二一年事。

與日本財閥簽訂秘契，私通外國，蹟近漢奸，其罪二也。日本軍閥，垂涎滿蒙，早如司馬昭之心，路人皆知，財閥僅是其侵略之另一手段，而沈文炳乃開門揖盜，爲綏蒙種無窮之禍，其罪三也。沈文炳有此三罪，殺之不足蔽辜。言畢，以日本寄與沈文炳之全部設計書，厚厚一函，呈交馬都統。都統見之大驚，曰：今春蔡前都統來函，謂其鄉人沈文炳在綏遠經商，囑我妥爲招護，不料其膽大妄爲如此，殊可恨也。我當令實業廳嚴加制止，不許其怙惡生事，死灰復燃，地方民衆亦不必再與此等人尋仇矣。繼又婉言謂山人曰：君本白面書生，初入仕途，於人世争名奪利，千變萬化之作孽竅門，知之尚淺，既想作官，又要做買賣，一身二任，終必自惹麻煩。奉勸早日抽身，勿更深入荆棘叢中也。關於電燈公司事，我將囑歸綏商務會籌辦，不知君意以吾言爲然否。山人答曰：鈞旨甚善，晚生當唯命是從。過數日，商務會決定電燈公司由地方巨商大盛魁獨家投資籌辦，補還蔚豐興業公司墊出之各項費用，山人亦聲明退出。此歸綏電燈事業創始之概况也。

一九二三年，中華民國十二年，山人三十虚歲。 癸亥

綏遠在滿清時，爲山西布政使司所轄之歸綏道。民國三年，因綏遠將軍張紹曾請求建省未成，而改爲特别行政區。由於地方文化落後，學校太少，故自清季至民初，迄無專管教育之機關，僅於道尹公署設第三課，應付有關文教之例行公牘而已。今年開春，馬都統在都署行政會議上，提議仿照京師學務局之例，設綏遠全區學務局。①經會議通過後，即任命都署書記官、前清末科舉人定縣王用舟濟若爲全區學務局局長。王濟若受命之日，便來寒舍見山人，邀請俯就該局第二科科長，並請代擬辭書記官呈文，文用駢體。山人據情請示於先考，先考曰：王濟若頗有文名，與之共事，足以覘其所學，允之可也。山人代王濟若所擬之呈文到都署後，政務廳長湖南益陽王國柱言於馬都統曰：王局長呈文用駢體，批文亦須用駢體，否則不相稱。無奈本署文員中，無一善此體者，可否煩周道尹一揮椽筆，以救此窘。都統默然良久，曰：君試與熙民商之。王以告周，周曰：此不須老夫，我署秘書陳宸輝能之，囑其代草可也。後即

①編者按：據《綏遠通志稿》卷五十二《文教機關》載，綏遠全區學務局成立於一九二二年二月。

用陳文，准王濟若辭去書記官。此一小波折，皆熙民先生於談笑中告山人者。全區學務局成立後，首先創辦師範學校。①山人以學務局科長兼師校國文教員。次子鍾麟生於此年。

一九二四年，中華民國十三年，山人三十一虛歲。甲子

年初，馬都統接見山人，作一小時之長談，其言曰：我來綏遠作都統已逾三年，對地方名流之家世品學，頗有較深之瞭解。在我離綏之前，欲扶植數人，使得分享地方行政教育之權。如李景泉先生是此邦之老名士，以舊國會議員身份，南北奔波，到老無家，情殊可憫，吾擬推爲綏遠道尹。又如郭象伋先生是清季最後一科之名拔貢，朝考一等，以知縣分發任用，因清亡未遂所願。民國十年，雖争得一席衆議院議員，聞負債既多，而此届國會又未召開，至今困居北京，處境尤極狼狽，吾擬用爲全區學務局局長。至於君，文學雖優，而年紀較輕，吾已保君以薦任職任用，銓叙局已覈准。不久吾將以公事赴京，即代君交費領憑，君不須爲此操心也。寒士入宦途，能飛黄騰達者，十無一二，自古皆然，於今爲烈。吾已令財政廳長吴子幹委君爲薩縣清源局局長，此是税務機關，除徵正課外，不作弊，但照章取附加手續費，一年亦可得三千至五千圓。君善儲之，以備他日宦途活動之用。君勿太書生氣而鄙吾言，須知此小小之清源局，乃轅門聽鼓諸僚請客送禮，百計求之而難得者。今君於無意中得之，自應安心就職，不必有所顧慮。山人以馬公語重心長，情難固拒，遂深表感謝而退。翌日，吴子幹派其科長李漢三送委狀來，促山人早日履新。山人即約請税務熟手數人，偕往薩縣接辦局務。此一年中，生活極輕閑而優裕，除每日親往各分卡檢查税務人員之行爲外，大部時間，皆以校訂古書爲常課。在山人赴薩不久，李景泉、郭象伋二君亦相繼任道尹與學務局長之職。未幾，郭欲改學務局爲教育廳，馬都統已同意，而北京教育部却遲遲不予批准。馬都統笑謂郭君曰：此事極易解，君是書生，但缺土物作羔雁耳。郭君頓悟，有錢能使鬼推磨，語不虚也。退而購狐裘、地毯諸物，欲派人往北京送教育部總長張國淦。然苞苴之外，猶須媵以一函。郭自起草，不能滿意，挽其拔貢同年楊煦代作，仍嫌蕪蔓，不切事情，不可用。郭君乃用電報促山人返綏，以代草此函相託。郭與山人均爲吴曉峰先生弟子，有先後同門之誼，遂寫一短稿畀之。郭本工小楷，

①编者按：據《綏遠通志稿》卷五十一《學校》載，師範學校創辦於一九二二年十月二十八日。

乃親筆謄出，附禮物使使者賫以入京。使者未回，批准改廳之部文已到。此一小事，亦足見往時仕宦之無殊市儈矣。歲杪，李鳴鐘來綏作都統①馬公下臺，李道尹、郭廳長及山人皆相隨去職。

初，直系軍閥首腦曹錕、吴佩孚擊敗皖系軍閥首腦段祺瑞、徐樹錚，解散第二届國會，重召舊參衆兩院議員來京進行選舉，選出曹錕爲總統。當選舉前，曹氏給兩院議員每人五千圓，即民間所斥爲賄選議員也。時皖系勢力已崩潰，南方孫中山之勢力尚未强，其能與直系抗衡者，唯東北四省之奉系勢力而已。至本年秋，直系集結其部隊三十餘萬人，分兩路討奉。吴佩孚親督主力攻山海關，别令馮玉祥與陝軍胡景翼部攻熱河。吴在九門口、石門寨正與奉軍作膠着苦鬥時。馮玉祥却勾通曹錕之衛隊旅長孫岳，從熱河倒戈回師，暗襲北京，逮捕曹錕，囚之於延慶樓，查抄清廢帝溥儀，逐出於故宫。於是馮、胡、孫三氏，兵不血刃而佔領首都。直系山海關一路，聞此訊，皆不戰而潰。吴佩孚隻身南遁，託庇於其舊部湖北督軍蕭耀南，其末路無足道者。曹吴既倒，奉系首腦張作霖乃以戰勝者之姿態，率大軍入關，駐津門，電召馮、胡二氏來京議善後。其實衹是瓜分地盤之協商，無所謂善後也。商談決定，不設總統，共推段祺瑞出組執政政府。所得地盤，直、魯、蘇、皖歸奉系，熱、察、綏三特别區歸馮玉祥，豫、陝二省歸胡景翼、孫岳。是時馮玉祥擴編其部隊六個旅爲六個師，號稱國民第一軍，自任總司令。派劉郁芬爲熱河都統，張之江爲察哈爾都統，李鳴鐘爲綏遠都統。此馮軍統治三區之概况，李鳴鐘來綏之憑藉也。

一九二五年，中華民國十四年，山人三十二虚歲。 乙丑

春節後，山人赴北京就醫，寓琉璃廠湖筆莊青蓮閣之後院。屋宇明潔，客廳開闊而爽朗，四壁字畫，皆清代名家真蹟，山人静居其間，正是養病讀書之最佳環境。加以居停主人閻春圃，文化雖不高，而藴藉有雅致，偶與接談，頗能述其前輩所傳清代書畫名家之逸事，歷歷如數家珍，聽之忘倦，亦足樂也。三月中旬，内子佩蘭奉雙親命，率兩兒兩女來京，爲山人照料藥爐茶竈之煩。於是由青蓮閣遷出，在前外打磨廠賃一小獨院定居，每日課兒女讀書寫字，生活恬静，如康節之安樂窩，殊適於養疴也。

①編寫按：據《辛亥以後十七年職官年表》第四六八頁載，李鳴鐘於一九二五年一月四日署綏遠都統。

先是，皖系首領段祺瑞應奉軍統帥張作霖及國民軍總司令馮玉祥之協議推戴，出組中央執政政府，段氏任執政，爲國家元首。許世英任國務總理，掌握行政中樞。當是時，中國國民黨總理孫中山先生亦在廣州組成革命政府，與北京相對抗。段氏爲謀中國之統一，致電於孫中山，提倡和談，並派員赴廣州，邀中山先生北上，以便協商召開國民代表會議之具體辦法。中山先生應其請，毅然由廣州出發，途經日本來京。未及會談，中山先生即因病重入醫院，旋以肝癌逝世。孫段和談既未開成，南北統一自難實現。於是北京政府便單獨擬訂國民代表選舉法，宣布於全國，要求各省區依法選出代表，來京開會。七月，山人被綏遠特別區選爲蒙族國民代表。①國民代表大會籌備處設於北京西城牛肉灣胡同，由湯漪負責主持。籌備處設若干股，凡已報到之代表，皆分在各股辦事。山人分入文書股，股內有代表十餘人，共推熱河代表胡碩如爲股長，山人爲副股長。胡是前清進士，年近六旬，素有文譽。一日，湯漪來籌備處，到文書股與全股代表坐談，稱許總理奉段執政之命，欲煩到京代表給未選出代表之各省大吏發一通電，促其迅速依法選舉，以期早日完成國家統一大業。許總理囑漪來處傳達此意，希望各位推人起草，於明日上午十時，偕漪到國務院送稿，千萬勿誤。湯漪去後，文書股同人即推胡碩如與山人屬草。吾二人既是正副股長，義無可辭，遂各撰一稿待擇。翌日依約見許世英總理，許詳閱兩稿後，即以山人之稿授湯漪，曰：此件辭意皆妥，便用此稿可也。湯唯唯，遂與吾等辭出。許總理送至客廳門外，含笑握手而別。後半年光陰，即在此安閑無事之生活中消磨過去矣。

一九二六年，中華民國十五年，山人三十三虛歲。 丙寅

是年春，國民軍某師副官陸承武殺徐樹錚於廊房火車站。②山人聞之，竊嘆曰：華北從此又不得安靜矣。因數年前，當皖系强盛時，已與直系成冰炭不容之勢。有下野之皖系軍閥陸建章，欲爲兩系進行和解，段祺瑞派徐樹錚往天津接見陸氏於張家花園，談未洽，徐送陸出客廳，即用手槍殺陸於走廊內。陸

①編寫按：據《綏遠通志稿》卷八十六《考選》載，榮祥當選國民代表在是年九月二十四日。

②編寫按：據徐友春主編《民國人物大辭典》第期二五頁載，徐樹錚被殺於一九二五年十二月三十日。

承武外號陸大麻子，陸建章之長子也。隱身於國民軍內，謀伺機以報父仇，有年矣。至是遂得劫徐而甘心焉。未幾，國民軍欲奪奉系所佔之河北省地盤，乃聯合國民第二軍胡景翼部及第三軍孫岳部，圍攻河北軍務督辦李景林於天津，膠着既久，雙方傷亡均極慘重。奉系首領張作霖乃派其大將郭松齡，率重兵增援李景林。不虞郭松齡受馮玉祥之煽動，中途倒戈，迴兵直撲沈陽。①當是時，馮玉祥之部下鹿鍾麟，以首都警備司令名義，發布通告，强迫段祺瑞下野，解散執政政府。其通告開頭言：照得段祺瑞云云。市民見之，皆極駭笑，以爲照得一詞用於政府首腦名姓上，真是千古奇聞。然國民軍之氣焰方張，而郭松齡之敗耗忽傳。蓋奉系之步礮精兵，强半握於郭氏之手，郭自審奪張作霖之地位而代之，如探囊取物耳。詎料張暫避往大連，而以急電促吉林、黑龍江兩省騎兵，星夜南下討郭。於是吴俊升、萬福麟、馬占山等率大部騎兵，與留沈之張學良、韓林春部聯合前進，給郭氏以迎頭痛擊。加以礮兵司令鄒作華，坐觀成敗，不發一礮，故郭氏之衆，一戰而潰。郭與其妻化裝爲難民，逃入農村，爲騎兵捕獲，梟首於戰地。奉軍乘勝入關，馮玉祥部乃棄北京而據守南口。是時，晋軍閻錫山部亦起而奪馮之地盤，所謂晋奉合作，驅逐國民軍也。馮玉祥本人見南口不能阻奉軍，而綏遠已被晋軍所佔領，乃借口赴俄國考察，委其殘部於張之江，而自張家口出走。以上所記，本與山人無關，然山人旅寓宣南二十個月，見聞所及，事變甚多，簡略述之，亦聊以作山人自序中一插曲而已。九月初，京綏鐵路已暢通，山人乃携眷歸里。時晋軍名將商震，已早就任爲綏遠都統，分遣絡繹敗退之國民軍殘部於五原一帶，綏東、綏中地方秩序，已逐漸安貼。兵燹之後，人慶更生，物資之損耗，城鄉居民皆不暇計也。山人目睹劫餘凄凉之狀，頗欲葺補敝廬，閉門却掃，藉享骨肉團聚之樂。乃行裝甫卸，而滿子舒已聞訊來訪。滿子舒者，名泰，字子舒，山人二胞叔之女婿也。時爲綏遠騎兵第一旅長。坐定，山人問其急遽來訪之意。子舒愀然而言曰：昨日都統府傳出消息，謂奉軍聞馮玉祥由外蒙回後套，在五原有誓師之舉，張學良將派兵來綏，進行驅逐，並對地方部隊之曾附和國民軍者，亦一併消滅。此消息關係我之命運甚大，必須早日疏通，方

①編寫按：事在一九二五年十一月。

可免於滅亡。吾欲煩老弟爲此事再赴京一行，如能打通張少帥之關，則真不啻爲我解倒懸也。山人笑而答曰：爲君暫作曹邱生，固無不可，然吾此次還家，席未暇暖，匆匆復出，情理難安。況吾與奉系諸將帥，皆素昧平生，無一可通音問者，縱循君意，勉强入京，亦恐徒勞往返，不能償君所願也。子舒見山人不允其請，乃謁家嚴而垂淚求助焉。家嚴憫其困厄，遂許促山人爲之盡力。山人抵京，託友人裘潔忱，轉求下野之北洋老將李際春代爲設法。李於民國七年，曾來綏剿匪，滿子舒嘗受其指揮，故提起姓名，尚不生疏。李告裘曰：保存滿部，事不太難，惟我以前輩身分，不便求情於張小將（張學良），我當向張老將（張作霖）言之。請轉告榮君，安心候訊可也。過數日，裘來言：李公已得張老將覆信，謂已令赴綏將領對地方部隊之未隨國民軍西去者，應整編保留，以備西北邊防調遣之用，並指出滿泰姓名，以爲綏遠諸部代表。奉系既有此決定，則君便可欣然歸慰子舒矣。山人返綏未幾，奉系萬福麟大隊即接踵而來。時馮玉祥已率其舊部西奔寧陝，故萬氏駐綏未久，便回北京。但萬氏行前，取得晉督閻錫山之同意，改編滿泰之綏遠騎兵第一旅，爲晉軍騎兵第五師，駐於包頭，受綏遠都統商震指揮。商薦其同鄉朱瀛海爲師部之上校參謀長，而以山人任中校參謀處長，①此爲山人從軍之開端，實際不過如古代之掌書記而已。

一九二七年，中華民國十六年，山人三十四虛歲。丁卯

四月，家嚴患病，山人請假回家侍疾，經群醫會診，皆言是年高精力衰竭，非病也。延至六月二十七日，遂棄養，享壽七十二歲。八月，山人與全家親屬，乘商都統撥給之火車，扶柩歸葬於美岱召村之新塋。此大事既畢，山人即遄往包頭，協助滿子舒準備接防事宜。蓋此時奉系首腦張作霖已入北京，組成以大元帥爲名之中央政府。而晉督閻錫山，則打出北方革命軍之旗號，遥應蔣介石之北伐軍，並派兵潛襲北京，被奉軍擊降於涿州。②於是晉奉決裂，商都統由綏遠退回山西，守雁門關以拒奉軍。商離綏時，

①編者按：事在一九二七年春，見《瑞芝堂詩鈔》第十七頁正面《丁卯春滿師長子舒損數書招余赴綏西任師部參謀處 長，就職後乃感而有作》。

②編者按：事在一九二八年一月十三日。

令滿子舒護理都統印。滿子舒於九月到歸綏，代行都統職務，山人亦同來，暫管都統署政務廳事。①半月後，奉系派郭希鵬來代滿子舒護理都統印，山人即偕滿仍返包頭。未幾，張作霖任命汲金純爲綏遠都統，率兵來綏。下車不久，即擴編滿子舒之騎五師爲奉屬第三十一軍，並兼任綏西鎮守使，②山人任鎮守使公署之參謀長。是年冬，滿子舒奉召到北京晉謁張大元帥，山人與軍部各處長皆隨往，張氏對吾屬禮遇尚佳。回時，張氏發給迫擊礮四門，礮彈千發，由山人負責領運返包。

一九二八年，中華民國十七年，山人三十五虛歲。 戊辰

是年上半年至五月，綏境尚平静無事。惟與奉系合作之舊直系首腦吴佩孚，新組成對抗北伐軍之討赤軍，自任總司令，在湖北汀泗橋一戰，被北伐軍擊潰。吴氏隻身遁入四川，託庇於川閥楊森③。當是時，張作霖已看出中國局勢，非奉系力量所能統一，遂下令駐察、綏、直、魯、豫、蘇、皖各省、區之奉軍，一律撤出山海關外。張氏本人亦出關，途中被日本人炸死，即世所謂皇姑屯爆炸事件也。奉軍既離綏，晉軍便捲土重來。閻錫山對於滿子舒之模棱常態，深表不滿，乃撤銷其軍長及鎮守使職務，調爲土默特特別旗總管。滿子舒堅邀山人同回土旗，擔任總管公署秘書長。山人自念以土旗人回土旗效力，亦不失恭敬桑梓之義，遂慨然允之。

一九二九年，中華民國十八年，山人三十六虛歲。 己巳

年前，南京國民政府已決定改熱、察、綏三特別區爲省，至本年一月一日，綏遠成立省政府，改都統爲省主席。時察、綏、河北皆成晉軍地盤，閻錫山先派李培基爲綏遠區都統，繼派徐永昌爲綏遠省主席。綏遠經連年兵匪蹂躪之後，民窮財盡，凋敝不堪。當前年商震任都統時，因兵餉不足，乃强令地方有財務收入之機關，各按其收入之多寡，分擔暫時之協餉四個月。土默特總管公署被指定每月應交協餉一

①編者按：據《綏遠通志稿》卷八十四《職官》載，事在十一月。
②編者按：據《辛亥以後十七年職官年表》第四六九頁載，滿泰於十一月二十六日任綏西鎮守使。
③編者按：汀泗橋一戰在一九二六年八月，非是年事。

千五百元。彼時漢人鄭崇贊任總管，但計其本人之薪俸不缺，至於全旗行政教育經費之足與不足，皆非所計也。故瞢然接受當時之協餉決定，以保其烏紗帽。迨滿子舒與山人回到本旗時，總管公署不能照常發餉已達半年，各科處職員及各學校教職員工，每月僅能借三元、五元、十元、八元，以維持饑餓線上之生活。滿子舒與山人睹此情狀，憤慨異常。查前任總管個人每月所得薪俸五百元、辦公費五百元，共計一千元，約佔全旗收入四分之一。公署一切費用，不妨緩發停發，而總管之薪公，則每月一日必須由旗財政科照數送上。此外國官僚對殖民地之做法，不意山西軍閥對土旗亦用此殘暴之手段也。滿子舒一面自減薪公之半數，一面調整煤炭租税局人員以裕税收。正當此時，省財政廳來文催解協餉，公署以無錢覆之。乃該廳派强幹職員，到旗財政科坐催不走，如此三日，滿子舒被逼出面，泣求緩期無效。時山人適以感冒病休在家，驟聞此訊，不禁勃然大怒，髮上指冠。疾馳往旗財政科，面告財廳來員曰：商都統所訂四個月之救急協餉，本是暫時挪借。往年鄭崇贊手中已解過八個月，早成逾額跨支。今日財廳非但不履行債務，乃反以債權者姿態，向土旗逼索所謂欠餉，天下豈有此理。歸告汝廳長，此難題非汝渺小科員所能解決，將來我署與汝廳另覓説理處。滿總管雖太老實，而汝廳長亦未免欺人過甚。汝連日之來，本極無禮，但我署不與汝廳一般見識，仍以送客之禮向汝説一聲請走。此處有釘子，慎勿再來瞎撞也。其人面赤，諾諾而去。此人去後，滿子舒忙問山人，事既弄僵，將何以善其後。山人曰：此事由我負責應付，總管不必擔心也。於是山人連夜草成長篇電稿，天明即發致南京行政院。蓋此時南京國民政府當寧漢合流之後，權力頗能擴及華北各省，故土旗電文到院，立刻發生效果。在該院例會上，經過討論，一致認爲土旗電文所叙：該旗自清初至今，純係一自收自支之土司機關。即以該旗之土地物産，贍養該旗之數萬官民。官不享國庫之俸，軍不領兵部之餉，自給有餘不上交，開支困難不賑貸，每歲杪，僅向前理藩部作一次財政盈虧之報銷而已。比來，税收鋭減，旗務多艱，每年收入不足五萬元，而每月必需之經費，至少須支四千元。在此情况下，確無再擔協餉之力。遂決定土旗歲收在五萬元以内，免交協餉。以此決議覆土旗，並電晋督閻錫山知照。晋綏兩省當局，對此皆無話可駁，祇得以默認了之。是年綏遠大旱，赤地千里。秋初，農村人口開始流亡，至秋末則賣妻鬻子者，遍布於城鄉。據鐵路機關之統計，僅經火車運出被賣婦女，即達五萬餘口，其經陸路，爲人販買去，運往晉、陝、甘、寧者，尚不在此數。凡歷史所記古代災荒之慘狀，此間可謂備具無遺，言之心悸，不須多述。當時省級各機關及紳商各界，共成立賑濟會，規模甚大，山人主持文書組事務，專辦募捐函電。用文章救災，亦管城子利民增價之一端也。

季子賡麟生於此年。

一九三〇年，中華民國十九年，山人三十七虛歲。 庚午

是年初，歸綏發生地震，時間在夜半，震源起於城西八十里之畢克齊村，村南敗屋壓死婦女一人，餘無死傷。以公元計則爲一九三〇年一月，以夏曆計則仍爲己巳年之臘月也。山人在旗公署，每日除批示各科例行公牘外，別無事干擾，而旗署圖書室藏書頗富，隨意取讀，獲益不少。山人退食時，性不愛詣人，而喜客之來。故健談諸友，往往不速而至，至則庖人爲備餐，書僮爲布席，甜煮肥羊一大盤，竹葉美酒一小壺，山人洗手揎袖，持刀割肉，與客啖之。酒微酣而不醉，語澶漫而無拘。既而砂鍋代鼎，餺飥羊湯，量腹所需，客起自挹。此即山人蒙俗待客之常規，亦諸友饕餮解饞之慣食也。每次小集，諸友必慫恿山人刊其平時所作詩。山人重違其意，乃檢出僅存之舊稿而付諸剞劂，共印五百册，郭象伋、張玉成、安兆麒、孟繼椿爲作序，簽題《瑞芝堂詩鈔》，紀敝廬也。是年綏遠地方秩序頗安静，而中原情况却極不太平。緣蔣介石建立南京政權後，着手整編全國陸軍。以直屬蔣氏者爲第一集團軍，蔣自任總司令；晉系部隊爲第二集團軍，閻錫山任總司令；舊國民軍後改稱西北軍者爲第三集團軍，馮玉祥任總司令；桂系部隊爲第四集團軍，李宗仁任總司令。兵種餉額，皆有限制。實際等於削減閻馮李之勢力，而强化蔣之中央軍。從此引起閻馮併力反蔣，爆發魯、豫、蘇、皖之膠着苦鬥。閻馮組織擴大會議，派員赴廣州邀汪精衛來北京，起草憲法，擬另立中央政府以企對峙。然戰争勝負未决，而雙方已精疲力竭。此時操舉足輕重之權者，衹有雄踞關外，袖手旁觀之張學良一人而已。蔣與閻馮皆洞見此點，於是蔣派吴鐵城由海道，閻派賈景德由陸路，各奔瀋陽，進行游説，欲促張學良出兵助己。山人讀報見此，笑謂滿子舒曰：

閻馮輸矣。子舒問：何以知之？山人曰：蔣之使者吴鐵城，揮金如土，敢於負責。閻之使者賈景德，書氣十足，事必請示。而奉系將領飲博豪放，不拘細行，兩使處此，吴能應而賈不習，故知閻馮之必輸也。未幾，張學良通電擁蔣，而閻馮果敗。閻避往大連，馮避往泰山，汪精衛則化妝回廣州。華北善後，蔣氏任命張學良負責主持，於是此方形勢暫得平静矣。

一九三一年，中華民國二十年，山人三十八虚歲。 辛未

前年，南京國民政府蒙藏委員會創立全國各盟旗駐京代表聯合辦事處，曾通知我旗，令選駐京代表一人，來京參加此項機構。當時因全國政局阢隉，實力派之蔣、閻、馮、李皆劍拔弩張，内戰有一觸即發之勢，而山人與總管滿子舒才回本旗任職，雜事旁午，亦殊無暇選派駐京代表。至本年初，國内形勢稍穩，滿子舒謂山人曰：我旗第一任駐京代表，須與蒙藏委員會發生有益之關係，而吾弟與蒙藏委員會委員長馬福祥氏素有交誼，若能勉膺此職，暫往南京，開我旗向中央進言之途徑，爲利固非甚淺也。山人以子舒之言甚有理，遂受其所託，尅日束裝東行。至天津，已迫春節，應老友張幼琴等之挽留，堅邀過節而後去。不意此時滿子舒亦到津，山人問其來意，子舒言欲往瀋陽祭張作霖，再往大連看望閻錫山。並問山人對此舉於意云何。山人曰：不以成敗死生易情，此古人所難也，君此行，吾無間然矣。過人日，山人與子舒握别南行，至浦口，南京同鄉諸熟友因接山人電報而過江來迎，諸事極順利，入城下榻於大華飯店。連日與新近來京之各盟旗代表，聯袂晋謁各院、部、會首長，皆承熱情接待。蓋國民黨此時正蓄意籠絡邊疆，故中央大吏對遠道而來之盟旗代表，皆不惜躧履相迎也。未幾，立法院長胡漢民向國民黨中央黨部之組織部建議，要吸收各盟旗駐京代表爲黨員。組織部即根據此項建議，依照黨章必須有三人介紹之規定，由胡漢民、馬福祥、余井塘共同介紹，而使各盟旗駐京代表十七人集體入黨。此即山人加入國民黨之經過也。已而國民政府軍事委員會委員長蔣介石與立法院長胡氏，因召集國民代表大會之時間問題，主張不同而決裂。蔣遂扣押胡漢民，囚禁於湯泉。於是國民政府爲制定訓政約法而召開國民代表大會，已決定於五月間實行。山人被選爲本旗代表，就近出席大會，參與訓政約法之討

論。大會閉幕後，馬委員長擬聘山人任《蒙疆日報》社長，因原社長蒙古某君不通漢文，亦不解蒙文，每日出報無幾，而闒茸不堪一閱。馬委員長欲使山人新其面目，以增蒙務之光。緣此報爲蒙藏委員會與中央宣傳部分擔經費之刊物，是以馬向中宣部長劉蘆隱提出推薦山人之意，而劉乃以尖刻之語謂馬曰：吾輩前以不慎，誤用一不文之蒙古人，笑話層出，致新聞界嘖有煩言，今若再以一蒙古人代之，何殊以盲易盲。馬曰：不然。此人才學，吾曩任綏遠都統時已深知其不凡，君今對蒙古人取一概抹殺之態，是祇披沙而不揀金，甚無謂也。劉理屈，乃笑謂馬曰：煩君轉囑此人，撰文一二篇，俾予拜讀，以定取捨，可乎？馬曰：君此語，仍是不信我之推薦耳。遂不歡而散。翌日，馬委員長約山人至其寓邸便餐。席間，馬談及劉蘆隱要求撰文一事。山人對曰：劉部長欲以公職爲餌，使某從賣文而墮爲賣身，此鄉黨自好者所不爲，而劉以爲某能爲之乎？劉對蒙古人，成見太深，委員長今後亦不必與此人浪費唇舌矣。馬曰：報社事縱不諧，吾亦將爲君別謀京職，吾發此議，決不食言，君但靜觀可也。山人對於馬委員會所云，默未作答，僅緒談他事而別。數日後，綏遠省主席李培基電邀山人返綏，言有要務相商。同時老友郭象伋來函，謂綏遠省政府已決定撥經費十萬元，設館修《綏遠通志》，擬聘郭爲館長，以山人爲編撰主任。並謂已向李主席申明，如不能促榮君返綏，象伋即不敢獨負此責。李主席已允專電邀君，料已早達，切請千萬勿拒，迅賦歸歟爲盼。山人竊念，修通志乃鄉邦大事，自家勤學半生，正宜爲此盡力。意既決，遂謁馬委員長而告以暫歸之訊。馬驚詫曰：君年方盛，正學優强仕之時，奈何不留京而争名於朝乎？塞北局面太狹，不足以展驥力，金陵龍盤虎踞，自古爲群英競智之邦，以君之才而掉鞅其間，不憂不出人頭地，君可暫歸速來也。山人唯唯而別。山人於七月初返綏，即助老友郭象伋籌設通志館，至八月，館址及聘用人員俱備，乃掛牌開始工作。山人上午在土旗總管公署批閱公牘畢，即趕往通志館編撰志稿。此際馬委員長來函兩次，催返南京，山人皆婉詞答書謝絶。從此以後，山人任通志館編撰主任凡六年，完成《綏遠通志》初稿一百十卷。宿願得償，區區之心，喜可知也。是年，晋軍三十五軍軍長傅作義來綏，代李培基爲省政府主席。

一九三二年，中華民國二十一年，山人三十九虛歲。 壬申是年，山人除專心致力於編撰綏遠通志稿外，別無他事可記。惟春初閻錫山自大連回太原，國民政府特任爲晋綏兩省綏靖主任。七月，閻任命滿子舒以土旗總管兼中將銜蒙邊司令，①山人爲少將銜參謀長，編衛隊二十名，不設其他軍佐，每月由財廳撥餉銀六百元，由司令自行支配，不作報銷。司令部即附設於總管公署。以常理言之，如此機構，本不成格局，然閻主任竟以簡單命令行之。推原其故，則去年初滿子舒獨赴大連，看望閻氏。斯蓋閻氏感其情而報以厚惠也。古語云：一貴一賤，交情乃見。雖賢如廉頗、田文、翟公輩，在罷官時，均不能不嘆息痛恨於故交之掉頭不顧也。滿子舒本一不學武人，乃能於舊上司失勢時，不遠數千里而往慰藉之，雖世俗譏此爲燒冷竈，然亦難矣。八月，山人陪子舒赴太原，向閻致謝意。閻及其所屬各單位首長，皆分次設宴，熱情款待。時子舒之精神病已露端倪，與人接談，往往有答非所問之象。當山人偕子舒謁閻辭行時，閻謂山人曰：子舒之公私事務，耀宸均須負責照管，尤其對子舒之衛生保養，今後要特別注意云云。山人聞此言，知閻氏已發見滿之病情，遂諾諾應聲而退。返綏後，山人即多方訪求中西名醫，爲子舒治病。至歲杪，子舒在歸綏舊城糧山街買一新宅，即由總管公署移往居之。並將總管之印信官章全交山人，囑以全權處理旗務，而子舒從此不到公署上班矣。山人除在旗公署、通志館奔波外，猶須經常到子舒私宅，檢點其病體治療情況，是亦無可推卸之職責也。

一九三三年，中華民國二十二年，山人四十虚歲。 癸酉

是年，山人未離歸綏，每日均照常做旗公署、通志館之批閲、編撰工作，無俗事干擾，情緒頗寧靜。惟滿子舒之病，久治無效，逐漸惡化，雖未發狂，然已昏瞀不識熟人。據諸醫斷定爲毒菌入腦，神經全被破壞，縱有扁鵲、華佗，亦無能爲力矣。衹好囑其家屬，在飲食衣服方面妥爲調護，以待盡其天年而已。

先是民國二十年九月十八日，日本帝國主義所謂關東軍，發動瀋陽事變，佔領我遼、吉、黑三省。今年又出兵西向，侵我熱河。時國民政府軍事委員會委員長北平行轅主任何應欽，一面調我省主席傅作義率兵赴熱河抗日，一面與日本所謂華北駐屯軍司令梅津美次郎進行談判。談判結果，簽署所謂《何

①編者按：據《綏遠民國日報》一九三二年六月十一日第三版載，滿泰於六月十日就蒙邊司令職。

其爪牙羽山喜郎爲駐歸綏特務機關長，其門口掛牌曰羽山公館，公開進行間諜活動。②此皆我省今年事變之重大者，回憶紀之，不覺猶有餘憤焉。

黨綏遠省黨部撤銷，去年傅作義主席修建之九一八紀念堂，改名爲公共會堂。日寇華北駐屯軍司令，派

在察綏兩省及所屬盟旗設特務機關，禁止人民作反日宣傳活動，拆除一切仇日之標識建築等等。於是國民

梅協定》。①此一賣國協定，承認日寇佔有熱河，接受日寇撤銷華北六省國民黨省黨部之要求，允許日寇

一九三四年，中華民國二十三年，山人四十一虛歲。甲戌

三月，南京政府批准成立内蒙古各盟旗地方自治政務委員會。以烏蘭察布盟盟長雲端旺楚克爲委員長，副盟長巴竇多爾濟及伊克昭盟盟長沙克都爾扎布、副盟長阿拉坦鄂齊爾，錫林郭勒盟盟長索諾木扎布③、副盟長德穆楚克棟魯普等爲副委員長。德穆楚克棟魯普兼大會秘書長，主持會務。其餘各旗扎薩克王、公、貝勒、貝子、總管等，皆爲當然委員。土默特旗總管滿泰因久病不能任職，國民政府遂簡任山人爲該會委員。會址設於烏蘭察布盟之達爾汗右翼旗屬百靈廟，即雲端旺楚克委員長本管旗境内之一大寺也。該會除各旗掌印首長爲當然委員外，尚吸收若干蒙古高級知識分子，爲諮詢性質之充數委員。如熱河省由於辱國之《何梅協定》，已被日本軍閥所控制，其境内之卓索圖、昭烏達兩盟各旗皆無參加地方自治運動之可能。然該兩盟流寓内地之小政客，往往通過德穆楚克棟魯普之私人關係，亦被推薦爲委員。若吴鶴齡、張文、包悦卿等輩即其例也。此會全銜太長，簡稱爲百靈廟蒙政會。在會之上級，尚設一指導長官公署，國民政府特任北平行轅主任何應欽爲指導長官，山西省長趙戴文爲副長官，任命何競武爲該公署之參贊。四月，蒙政會在百靈廟召開成立大會，各盟旗之當然委員及非當然委員，

①編者按：《何梅協定》簽訂於一九三五年六月，非是年。此處當與是年五月三十一日簽訂的《塘沽協定》混淆。

②編者按：據《傅作義生平大事紀要》載，羽山公館設於一九三五年秋。詳見《傅作義生平》第四四八頁，文史資料出版社，一九八五年。

③編者按：應爲索特那木拉布坦。

皆絡繹而來，乃青海蒙古二十九旗，亦有代表性委員數人參加。地廣人雜，服飾殊歧。或則料呢短裝，絨冠革履。或則馬褂長袍，拖紳垂辮。其甚者仍襲滿清遺規，蟒服朝靴，翎頂輝煌。真可謂五花八門，盡光怪陸離之大觀矣。全會開幕日，首先舉行委員長及各委員就職典禮，指導長官公署派參贊何競武到會監誓。會期半月，作了分設處科機構及人員安排，關於各項章程細則，多由山人與吴鶴齡負責起草。會後，除有兼職之少數委員駐會外，其餘當然委員皆各還本旗，山人亦返綏。七月上旬，土默特旗總管滿泰因病逝世，八月初，葬於其故里鄂爾格遜村之祖塋，終年五十歲。

九月中旬，國民政府發來任命狀，任命山人爲歸化城土默特特別旗總管。特別旗者，不隸於盟之單獨旗，其政治待遇僅次於盟長而高於隸盟之普通旗扎薩克。同月二十六日，舉行就職儀式，中央指派綏遠省政府主席傅作義來署監誓，①此山人正式執行土默特旗總管職權發軔之始也。未幾，國民政府令改土默特旗總管公署爲土默特旗政府，並發來新鑄之土默特旗政府總管銅方大印及小銅官印，(調)(吊)銷舊公署所用之長方形銅關防。從此全旗官民，人心振奮，氣象一新。山人亦在群衆鼓舞下，精神焕發，增强服務毅力。每日上午，準時上班，批閱文件，必使案無留牘。下午到通志館加緊編撰。終日繁忙，心情却甚愉快。暇隙，爲旗政府大禮堂題楹聯一副，自撰自書，頗受識者稱許。其詞曰：

旗開四百年，歷明清以洎共和，宏規重續沙井府；枝分七千里，控灤沈而屯湟鄯，大本同尊勅勒川。

一九三五年，中華民國二十四年，山人四十虚歲。 乙亥

是年經常任務，仍在土默特旗政府與綏遠通志館，分上下午進行工作。批閱公牘，撰改志稿，心有所專，體不覺倦，故生活頗稱安適也。四月中旬，赴百靈廟出席内蒙古各盟旗地方自治政務委員會，僅討論通過許多去年未完成之章程規則。五月初會畢返綏。是時天津《大公報》廣告欄中載有發售小説預約之廣告一則，小説名曰《中秋血》，其説明謂此書以消滅元朝爲主，中秋一夜之間，盡殲醜類云云。山

①據《國民政府公報》第一五五〇號載，九月二十六日令榮祥署理土默特旗總管。據《綏遠社會日報》一九三四年十月二十七日第三版載，就職儀式於十月二十六日舉行。

人閲後，無名怒火勃然爆發，立即拍電報與南京行政院，指出此書是破壞團結，激起民族仇恨之反動作品，當嚴厲制止其出版。前者，《南華文藝》月刊捏造猪八戒笑話，嘲侮回民，引起伊斯蘭教徒之軒然大波，直至正式撰文道歉，始得終了。《南華文藝》僅以笑話作補白，便刺傷民族感情。今發售預約之小説，整本大套，專罵蒙古爲醜類，其情節之嚴重，殆十百倍於南華而不止也。若不禁其出版，後果如何，當有負其責者。隔一日行政院覆電云：覈閲天津《大公報》售書廣告，確有不妥語，已電令天津市政府調該書原稿，詳密審查，如内容荒謬，即禁出版。一週後，行政院又來電云：據天津市政府報云：該小説敘事平庸，雖無刺激民族感情處，然書名不雅，非今日所需，已令停刊矣。①

蒙古民族起源問題的淺探

〔原稿完成于一九六〇年六月七日，載《内蒙古文史叢刊》第五期，一九九七年〕

第一　緒言

從前許多歷史學家所編著的元史或蒙古史，對於蒙古民族起源問題都曾作過研究探討，可見這已經是一老問題了。既是前人已經研究探討過的老問題，我又何必畫蛇添足地把它提出來呢？因爲我覺得前人對這個問題的研討雖多，但迄今還没有得出一個大家一致公認的結論來，『言人人殊』的情況依然存在。這也就是説問題雖老，並未解決，繼續鑽研，仍有必要。

現在我國各少數民族的知識分子和熟悉本民族歷史傳説的老年人，都在中國共産黨的統一領導下及漢族學者們的幫助下，分門别類地致力於各本民族歷史的整理工作。這是一個新鮮而偉大的學術運動。我既幸運地生活在這個運動時期，把我平時對這個老問題所想談的一些意見談出來，似乎也還是適時的。

縱然我在這個老問題上的看法可能有許多不够正確的地方，但借此淺探能引起各方先進學者們

①據《綏遠社會日報》一九三四年五月二十六日第三版載，事在一九三四年四月至五月，行政院復電於五月二十五日到綏。

的深刻批評，指出我的錯誤，那不僅對我來説是一種極大的幫助，就是對蒙古民族起源問題來説，也未嘗不是一種投桃李而得瑤玖的收獲。因此，不揣固陋，不辭孟浪，就把我的意見提出來了。

第二 舊起源説的批判

就我所見過的一些元史或蒙古史（包括稗史雜記），對於蒙古民族起源問題大約可以歸納爲以下幾種説法：

⑴蒙古出於突厥説，以《新元史》爲代表；

⑵蒙古出於東胡説，以《蒙兀兒史記》爲代表；

⑶蒙古出於韃靼説，以《明史》和《多桑蒙古史》爲代表；

⑷蒙古出於吐蕃説，以《蒙古源流》爲代表。

以上四種説法，除《蒙古源流》的吐蕃説是黄教信徒的揑造，不足取信於人，已由前輩學者作過批駁，如洪鈞的《元史譯文證補》即認爲毫無根據。我完全同意這種批駁，不再置議。現衹就前三種説法提出意見。

一、《新元史》蒙古民族起源説的批判

柯紹忞所著《新元史》一開頭就有如下的一段説法：

『蒙古之先出於突厥。本爲忙豁侖，譯音之變爲蒙兀兒，又爲蒙古。金人謂之韃靼，又謂之達達兒。蒙古衣尚灰暗，故稱黑達達。其本非蒙古而歸於蒙古者，爲白達達、野達達。』

我認爲柯氏這種説法是從《元史譯文證補》裏得來的。洪氏在這本書的開頭就把突而屈（即突厥）、蒙兀兒（指蒙古）兩個民族同時並舉地提出來，但他並没有説突而屈就是蒙兀兒的祖先，僅在註釋裏引用了拉施特、耶律鑄等人的一些話，强調了突厥族對於蒙古民族的影響。洪氏這種强調影響的註釋是對的，柯氏因此就肯定『蒙古之先出於突厥』，那就錯了。因爲兩個民族的相互影響是一種生活習染關係，而起源問題則是每個民族的祖先與後裔的血緣關係，這兩種截然不同的關係是絶對不能混爲一談的。

突厥自後魏、周、齊、隋、唐以來，在中國塞外建立了游牧部族聯盟帝國，其中包括了不少的北方民族或部族，蒙古民族的祖先也被統治在這個聯盟裏，這是很自然的事情。又因爲這種統治爲期很長，所以蒙古民族的祖先在風俗、語言、生活習慣各方面都不免要受突厥民族的影響。這種影響，不但突厥帝國存在時發生作用，就是突厥帝國滅亡後很久，蒙古民族以成吉思汗爲代表而建立了蒙古部族聯盟帝國時，它還是起着一定的作用的，甚至到現在，蒙古人民的生活習慣裏也仍然殘留着或多或少的突厥因素。例如以狼爲祖先的傳説，本來是突厥和西部高車民族的口傳荒誕歷史，但《元朝秘史》的作者却把它附會抄襲作爲本民族歷史的開端。又如突厥的祖先曾受柔然族的統治，作過鍛鐵服役，其後突厥攻滅柔然，建立了强大帝國，就以宫廷鍛鐵作爲不忘先人仇耻的紀念。這事本來與蒙古民族無干，可是元朝在西突厥地區建立了汗國的宗主們，却也要在每年元旦舉行宫廷鍛鐵典禮，這不是受了突厥族的影響是什麽呢？洪鈞對於上述事蹟以及化鐵成路等傳説都認爲『語涉不經』，而不知這些不經之談正是從突厥、高車等民族中習染來的。又如『可汗』、『俟斤』這兩個名詞，是突厥曾經使用過的尊貴稱號，但現代蒙古人還仍然把它用在語言文字裏，僅把『俟斤』讀爲『矣斤』，然而這種異讀正是符合古音讀法的（按《詩經·鄘風》：『人而無止，不死何俟。』俟即作於紀切，音矣）。伊克昭盟的成吉思汗陵園，大家都叫它『矣斤霍洛』，就是明證。這類事例甚多，不勝列舉，這裏祇就幾件事情説明蒙古民族受突厥民族影響的一斑就够了。

蒙古民族受突厥民族的影響雖然很大，但决不能説蒙古民族的祖先都已同化在突厥民族裏變爲突厥人。因爲封建時代居於統治地位的民族對於被統治的民族或部族，都有一種不能克服的矛盾，就是既要他們仿效統治民族的禮俗，又怕它們完全變質混入統治民族的尊貴血緣。這種矛盾情况，在突厥强盛時也不例外。《新唐書·突厥傳》裏有關於阿史那思摩的一段話，是這樣説的：

『思摩，頡利（可汗）族人也。……始畢（可汗）、處羅（可汗）皆愛之。然以貌似胡，疑非阿史那種，故但爲夾畢特勒，而不得爲設。』

這裏所説『貌似胡』的『胡』字是一個值得注意的字，因爲它説明了突厥帝國統治下有『胡』的存在。又同書《突利可汗傳》説：

『頡利之立，用次弟爲延陀設，主延陀部，步利設主霫部，統特勒主胡部，斛特勒主斛薛部，以突利可汗主契丹、靺鞨部。』

從這一段話裏就更證明突厥帝國統治下不僅有散胡，而且有『胡部』。這個『胡部』也不能指爲東胡部落，因爲突利可汗所主的契丹、靺鞨等已包括了東胡的全部，不應再在突利可汗所主以外又有一個東『胡部』。因此，我認爲這個『胡部』正是蒙古民族的前身部族。

考《史記》秦、趙世家，李牧、蒙恬、匈奴列傳，常把『胡』與『匈奴』兩個名詞作爲同義語互换使用。自秦、漢以後直到蒙古民族出現於載籍以前，凡匈奴遺族不論它演變成什麽名稱的部族，中國史家都可以稱它們爲『胡』。突厥人也是沿用中國這種慣例把匈奴遺族叫作『胡』的。蒙古民族是『胡』即匈奴族後裔，這在成吉思汗本人就有過承認的證據。看《輟耕録》載他給道士丘處機的勑書裏曾説：

『南連趙宋，北接回紇，東夏西夷，悉稱臣佐，念我單于國千載百世以來未之有也。』

按『單于』一詞是匈奴族特有的稱號，成吉思汗以極親切的語氣稱自己的國爲『我單于國』，這決不是隨便引用而是深知自己民族來源的表現。蒙古既是胡即匈奴的後裔，而胡、匈奴在歷史上的出現比突厥早得多，倘如柯氏所説『蒙古之先出於突厥』，也就等於説胡、匈奴出於突厥，這怎能講得通呢？所以我認爲柯氏的《新元史》一開頭就把蒙古民族的起源問題搞錯了。

二、《蒙兀兒史記》蒙古民族起源説的批判

屠寄所著的《蒙兀兒史記》在開頭處也有一段叙述説：

『蒙兀兒者，室韋之别種也，其先出於東胡。楚漢之際，東胡王爲匈奴冒頓單于所破殺，餘衆迸走，保險以自固。或爲鮮卑，或爲烏桓，或爲室韋、契丹。在南者爲契丹，在北者曰室韋。……至唐，部分愈衆，而蒙兀室韋北傍望建河，望建即完水，今黑龍江也。蒙兀之名，始見於此。蒙兀本呼忙豁侖，異文作蒙瓦、盟古、盟骨、朦古、盲骨子，今通作蒙古，蕃語無正字。』

屠氏列舉了這麽多的所謂異文稱號，來證明它們就是蒙古民族的前身，這真可以算是洋洋大觀了。然而他比王國維在《遼金時蒙古考》一文裏所列舉的稱號還少得多。在我看來，不論屠氏或王氏所舉出的這許多名稱，有些是與蒙古民族關係很少，有些甚至根本没有關係。屠氏列舉出蒙兀室韋之後，雖又開列了若干異文名目，但他們的總住處却離不開女真東北的黑龍江兩岸，把這些黑龍江中下游的部族硬與不兒罕山地區的蒙古民族拉在一起來談，能説不是牽强附會麽？其所以造成這種牽强附會的主要原因，我以爲屠、王二氏大概都是被一個『蒙』字所誤。他們認爲凡帶蒙、朦、萌、盟、忙、盲等字作部族名號的都與蒙古民族有關，從他們最喜歡列舉這類名號的做法上可以看出他們的意思來。其實這不僅是一種危險的做法，而且是直接造成錯誤的根本關鍵。現爲證明他們的錯誤，不妨把南宋人李心傳所著《建炎以來朝野雜記》乙集十九卷的一段話抄在下面：

『時特默津（成吉思汗名鐵木真的異文）實已强大，然但居其故地，而於燕雲置行省，命其大臣薩木哈領之，所謂太師國王者也。其大將曰哈布爾。

『又有蒙國者，在女真之東北，唐謂之蒙兀部，金人謂之蒙兀，亦謂之萌骨。人不火食，夜中能視，以鮫魚皮爲甲，可捍流矢。自紹興初始叛，都元帥宗弼（即兀术）用兵連年，卒不能討，但分兵據守要害，反厚賄之。其王亦僭稱祖元皇帝，至金亮之時，併爲邊患，其來久矣。蒙人既侵金國，乃自號大蒙古國，邊吏因以蒙古稱之。

『然二國居東西兩方，相望凡數千里，不知何以合爲一名也。蓋金國盛時，置東北招討司以捍禦蒙兀、高麗；西南招討司以統隸韃靼、西夏。蒙兀所據，蓋武奇邁創業時二十七團寨；而韃境東接臨潢府，西與夏國爲鄰，南距静州，北抵大人國，無城池屋宇，但爲氈帳，擇便利水草而居焉。無耕織，製皮爲裘，以牛羊爲糧。』

讀上面這一段話，可以很清楚地看出女真東北以蒙國、蒙兀、萌骨等詞爲名號的部族與女真西北以韃靼爲名號的蒙古『相望凡數千里』，同時存在，並無血緣關係。但屠氏却毫不考慮這種事實，一味强調他那種蒙古（達達）就是蒙兀的觀點，甚至把他自己所著的書以《蒙兀兒史記》爲名，這能説不是被『蒙』字所誤麽？王國維在《遼金時蒙古考》裏也曾引證過李心傳這段話，可是祇引到『其來久矣』爲止，對於李氏遠隔同名的叙述却完全棄而不録，這不是疏忽遺漏，正是有意割裂。因爲如果全抄，王氏就很難自圓其説了。

屠、王二氏也都曾引用過『盲骨子』這個名號，並指明它是出於《松漠紀聞》這本書的。現爲證明『盲骨子』也與蒙古民族無關，不妨再把《松漠紀聞》的原文照抄如下：

『盲骨子，《契丹事蹟》謂之朦骨國，即《唐書》所謂蒙兀部。』『盲骨子，其人長七八尺，捕生麋鹿食之。金人嘗獲數輩至燕，其目能視數十里，秋毫皆見，蓋不食煙火，故眼明。與金人隔一江，常渡江之南爲寇，禦之則返，無如之何。』

王氏除摘引這兩小節原文以外，還加具了幾句案語説：『案此所記者，蒙古本部事也。蒙古人不火食，事或有之。胡嶠所記轄劫子殺人生食其肉之説，即由此傳訛。江，蓋謂克魯倫河。』王氏爲了把『盲骨子』説成蒙古人，就不惜把絶對不同的生活情况和地理形勢都給它曲解一下。試問『生食麋鹿』的『盲骨子』與以牛羊爲糧的蒙古牧民有什麽相同之點，什麽書裏或什麽人的傳説裏有『蒙古人不火食』的根據呢？《多桑蒙古史》卷一説：『韃靼民族之容貌，與中國人尚相近，』『其身長大致不逾中人，肩闊腰細。』又《蒙韃備録》也説：『大抵韃人身不甚長，最長不過五尺二三，亦無肥厚者。』這與身長七八尺的『盲骨子』又有什麽相同之處呢？《松漠紀聞》既明白指出『盲骨子即唐所謂蒙兀部』，而唐蒙兀部的根據地在望建河（屠氏謂即黑龍江）流域，那麽『盲骨子』與金人隔一江的這個『江』，不是黑龍江便是混同江，决不能是克魯倫河。因爲克魯倫河不僅不在金人的東北，而且它的南北兩岸都是韃靼民族的游牧之區，其南岸距金國界壕很遠，最遠處將達二千里，怎能説『常渡江之南爲寇』呢？看了上面這些具體情况的比較後，屠、王二氏的説法就不攻自破了。

爲了進一步説明蒙兀與蒙古是兩個風馬牛不相及的民族，我願把中國歷史裏有關室韋（包括蒙兀室韋）的生活情況再摘出一些具體事實來與蒙古民族的生活情況對照一下。從語言、風俗、衣食、居處、生業各方面來看：

『語與庫莫奚、契丹、豆莫婁國同。』（《北史》）

『其語言，靺鞨也。』（《新唐書》）

『無羊，少馬，多猪、牛，與靺鞨同俗。』（《北史》《隋書》）

以上是室韋各族語言風俗的記載。

『皆捕貂爲業，冠以狐貂，衣以魚皮。』（《北史》《隋書》）

『男女悉衣白鹿皮襦褲。』（《北史》）

『饒獐鹿，射獵爲務，食肉衣皮，鑿冰没水中而網取魚鱉。』（《北史》《隋書》）

『畜宜犬豕，豢養而啖之，其皮用以爲韋，男子女人通以爲服。』（《舊唐書》）

『其畜無羊少馬，有牛不用，有巨豕食之，韋其皮爲服若席。』（《新唐書》）

『避蚊則巢居，』『入冬則穴處，』『以蘧蒢爲室。』『用樺皮蓋屋』。（《北史》《隋書》《新唐書》）

以上是室韋各族衣食、居處、生業的記載。

請看它們與食牛羊而不食犬豕的蒙古人，衣羊裘而不衣魚皮、鹿皮、猪皮的蒙古人，住氈帳而不住蘧蒢、樺皮屋，更不巢居穴處的蒙古人，牧養馬、牛、駝、羊而不捕貂、網取魚鱉的蒙古人，哪裏有一星半點相似的氣味呢？肯定蒙古人與蒙兀室韋有血緣關係，究竟有何根據？在屠、王二氏的著作裏，除武斷和曲解以外，是找不出足以服人的證據來的。因此，我認爲《蒙兀兒史記》也是一開頭就把蒙古民族起源問題搞錯了。

三、《明史》《多桑蒙古史》蒙古民族起源説的批判

《明史·韃靼傳》《多桑蒙古史》都肯定韃靼就是蒙古。這種論斷，我基本上不反對。但是，如果僅把

這種論斷作爲蒙古民族起源的『星宿海』，似乎還有些不够。因爲韃靼這個名稱不是秦漢以前就有，而其最早出現的時期是在中唐會昌年間（公元八四一至八四六年），唐武宗宰相李德裕的《會昌一品集》裏把韃靼寫作達怛。現在要問會昌以前韃靼族究竟存在不存在呢？如説不存在，那麼它怎麼能在會昌年間憑空出現？如説早已存在，那麼它前期的民族或部族稱號又是什麼？爲了遠溯起源，這些問題是很值得探討的。

考宋人彭大雅所撰《黑韃事略》開卷第一句就説：『黑韃之國，號大蒙古。』同時人徐霆疏證説：『即北單于。』這和前面已經引證過的成吉思汗敕書自稱『我單于國』的説法是一致的，也就是他們都承認蒙古民族是古匈奴民族的後裔。對於這一點，我不僅不反對，而且是相當同意的。祇是匈奴自後漢初期分爲南北二國，南單于在建武二十六年（公元五〇年）徙居漢西河郡美稷縣後，已幾乎等於亡國。北單于延續到和帝永元五年（公元九三年）爲漢兵所破，其國亦亡。從永元時匈奴亡國到唐會昌時韃靼出現，其間約隔七百五十年，在這個悠久年代裏，匈奴民族怎樣遞衍而成爲韃靼民族，這仿佛是一段空白。這段空白如果填不起來，那麼蒙古民族起源於古匈奴的説法也仍然是一種『想當然』之詞。何况匈奴民族前身的演變，也有值得研究的地方。關於這些問題，我將在下面我的意見裏談到它。

第三 我的意見

爲了少繞彎子，我願開門見山地先把我的意見提出來，就是：蒙古民族起源於春秋時代的白狄。白狄的前身是獫狁，白狄的後裔是匈奴。既然如此，我爲什麼不説起源於獫狁而説起源於白狄呢？因爲成吉思汗所代表的蒙古民族其風俗是尚白的，把這個尚白民族的起源問題溯自白狄，就顯得論點更清楚些。其實説起源於獫狁也未嘗不可。本文後面將談到獫狁、白狄、匈奴的關係。現在我先把蒙古民族尚白的事蹟摘要列舉一些，作爲我的論據的開端。

『元年丙寅（公元一二〇六年），帝大會部衆於斡難河之源，建九游白纛，即皇帝位，群臣共上尊號曰成吉思合罕。』（《新元史·太祖本紀下》）

『成吉思之儀衛，建大純白旗以爲識認。外此並無他旌幢，帷傘亦用紅黄爲之。』（《蒙韃備録》）

『成吉思再對兀孫老人説：兀孫、忽難、闊闊搠思、迭該這四個人，但聽見的，心内想起的事，不曾隱諱，都對我説。如今「達達」體例裏，以「别乞」官爲重，兀孫你是巴阿鄰爲長的子孫，你可做「别乞」。做「别乞」時，騎白馬，著白衣，坐在衆人上面。』（《元朝秘史》何秋濤校本）

『札闌丁以類似蒙古人旗幟之白旗付其軍，加秃丁見之遁走。』（《多桑蒙古史》四卷一章，馮承鈞譯本）

『蒙古主乃厚給其價，並償前商之值。命厚待三商，處以白氈新幕。』（同前一卷六章）

『太宗時，諸國來朝者多以冒禁應死，耶律文正王楚材進奏曰：「願無污白道子。」從之。蓋國俗尚白，以白爲吉故也。』（《輟耕録》《新元史·耶律楚材傳》）

『是日依俗大汗及其一切臣民皆衣白袍，至使男女老少衣皆白色，蓋其似以白衣爲吉服，所以元旦服之，俾此新年全年獲福。……臣民互相饋贈白色之物，互相抱吻，大事慶祝。……應知是日國中數處入貢極富麗之白馬十萬餘匹。是日諸象共有五千頭，身披錦衣甚美，背上各負美匣二，其中滿盛白節宫廷所用之一切金銀器皿甲胄。』（《馬可波羅行記》二卷八十七章，馮承鈞譯本）

除上引各書所記以外，還有成吉思汗叠白氈爲座位，其陵園以八白室爲享殿，祭必殺白馬，其母訶額侖太后以白駱駝駕車，臣民進貢以九白爲上品等等，都證明蒙古民族確實是有尚白之俗的。我認爲這種風俗決不是從成吉思汗時期才開始出現，而是從本民族的祖先白狄那裏繼承下來的。當蒙古人尚未沾染漢俗之前，居喪才以黑布爲衣。我在幼年時就曾親眼見過這種事情。《新元史》説：『蒙古衣尚灰暗，故稱黑達達。』因此近時有人認爲蒙古尚黑，忽必烈可汗定國號爲『元』，也是尚黑的標志。其實這些説法都和蒙古民族的實際情況不相符合，如『衣尚灰暗』之説，有何根據？而『黑達達』一詞則是彼時蒙古人稱契丹人的名號，到後來並波及於漢人。蒙古僅自稱『達達』（見前引成吉思汗語），並不加黑白等字，其稱黑稱白都是指别種民族或部族的。彭大雅的《黑韃事略》不是稱名有誤，便是有意張冠李戴。至於元朝的『元』字，並不代表黑色，代表黑色的是玄字，祗因清朝避帝諱才以『元』代『玄』字，忽必烈定國號時，怎能預料到『元』可代『玄』呢？所以把『元』字當作黑色講，也很值得商榷。

說到這裏，我還應該補充幾句。就是成吉思汗所代表的蒙古民族雖以白色爲傳統風尚，但是他所統率的大軍裏也有個別小部隊用別種顏色做旗幟的。如兀魯兀特隊用花纛，忙古特隊用黑纛（見《新元史·王罕傳》），即是一證。可是這衹能代表其本隊，決不能代表成吉思汗所統轄的全體。

關於蒙古民族尚白不尚黑的風俗情況，上面既簡單地談過了。以下我就接續着回溯到獫狁、白狄、匈奴的演變關係。

一、周、秦、漢時期，獫狁、白狄、匈奴的演變

要談獫狁、白狄、匈奴的演變關係，首先應當從地理形勢上作一番分析。按《多桑蒙古史》開卷就有如下一節敘述：

「亞細亞之中部，北有諸山系與西伯利亞爲界，南界高麗、中國、土番、細渾河、裏海，此種廣大地帶西起窩勒伽河，東抵日本海，自太古以來，屬於三種人種之游牧民族居焉，是即世人可以通稱曰突厥，曰韃靼或蒙古，曰東胡或女真者是已。」

這節敘述，如從中國魏晋以後說起，那基本上是不錯的。但多桑用『太古以來』的說法提出來，那就很值得商量了。按照他所提的幾個民族名稱來看，除『東胡』一詞見於司馬遷的《史記》以外，其餘如突厥、韃靼、蒙古、女真都是南北朝以後興起的民族稱號，怎能說『太古以來』呢？如想在上述這『廣大地帶』裏作民族分類，我主張『自太古以來』是赤狄、白狄、東胡的活動區域。赤狄包括中國西北方的許多民族或部族；白狄包括中國正北方的許多民族或部族；東胡包括中國東北方的許多民族或部族。由於它們所包括的族名太多，不便列舉，所以我把赤狄、白狄、東胡總稱爲中國塞外民族的三大系。

現在先談白狄，並從白狄的前身獫狁談起，而且也要先考查一下它的活動區域究竟在什麼方向。

按王國維的《鬼方昆夷獫狁考》裏說：『獯鬻地理，一無可考。惟獫狁出入之地，則見於書器者較多。其見於《詩》者曰焦獲，曰涇陽，曰鎬，曰方，曰朔方，曰太原。此六者，昔儒考證至多，未有定說也。』經王

氏引證金文考據的結果，認定這六個地名都在今陝西、山西二省境内。而這二省的北邊，恰就是古代華夏的正北面。西周征伐玁狁，是否把這個異族消滅掉了呢？據《史記》引《詩》：『薄伐玁狁，至於太原。』裴駰《集解》説：『案毛詩傳曰，言逐出之而已。』又《史記》引《詩》：『出輿彭彭，城彼朔方。』張守節《正義》説：『言玁狁既去，北方安静，乃築城守之也。』既説『逐出』，又説『既去』，那麽玁狁未被消滅就可不言而喻了。可是玁狁既去之後，能否永遠不再來呢？這恐怕是任何人也保證不了的一個問題。因爲華夏北方的游牧民族經常是：中國强了，能傷害它，它就跑開；中國弱了，難招架它，它就侵入。所以玁狁在西周宣王中興時雖被逐出，到東周列國疲於互戰時它便捲土重來了。祇是春秋時的史家不稱它爲玁狁而稱爲白狄罷了。

白狄是玁狁的嗣續，這從它們前後活動的區域可以得到一些證明。玁狁的主要活動範圍，據王國維考證在今陝西、山西二省，即春秋時秦晋二國界内。那麽試看白狄的活動是否也在這個範圍之内。按東周時代記載狄人事蹟最詳的史籍當首推《春秋左氏傳》，其叙述中標明赤狄或不標赤、白而單言狄的多爲赤狄事，不便混舉。這裏祇就標明白狄的事蹟摘舉如下：

『八月戊子，晋侯敗狄於箕。郤缺獲白狄子。先軫曰：「匹夫逞志於君而無討，敢不自討乎？」免胄入狄師，死焉。狄人歸其元，面如生。』（僖公三十三年）

『春，白狄及晋平。夏，會晋伐秦。』（宣公八年）

『冬，秦人、白狄伐晋，諸侯貳故也。』（成公九年）

『夏，齊侯、陳侯、蔡侯、北燕伯、杞伯、胡子、沈子、白狄朝於晋，宋之盟故也。』（襄公二十八年）

這些簡略的事蹟就是春秋時代白狄的活動地區和外交情況，看它所接觸的主要對象始終不離秦、晋二國，而且與二國是忽敵忽友的。這與玁狁的活動範圍完全相同。這決不是偶然巧合，而是由於它們被地理條件所決定，不能不與這個地區的國家打交道而已。

可是也有人認爲白狄出入地區，同時也是赤狄活動之區，因此估計白狄和赤狄在本源上大概是没有什麼分别的。如王國維就是這種主張的代表。他在《鬼方昆夷玁狁考》裏把獯鬻、玁狁、畎戎、昆夷、赤狄、白狄等古民族都一箍腦兒歸納在鬼方的族類之内。他依據《春秋左氏傳》的記載知道赤狄姓隗，並考定隗和鬼、畏、威等字古代通用，由此斷定春秋時隗姓赤狄就是古鬼方族的後裔。這一判斷是不錯的，但在後面他又作了一番多餘的推論，如説：

『秦漢以後之隗姓，皆出白狄故地。秦始皇時丞相隗狀，雖不知其所出，當爲秦人。漢隗囂一族，則天水成紀人。魏之隗禧，亦京兆人。則赤、白二狄，疑皆隗姓，皆鬼方玁狁後裔或同族。及春秋中葉，赤狄諸國皆滅於晋，河南山北諸戎亦多爲晋役屬，白狄僻在西方，不與中國通。故戎狄之稱泯焉。』

這段推論，十足地證明王氏由於地理概念的錯誤而把赤、白二狄混爲同姓並斷爲同族了。『赤、白二狄疑皆隗姓』的説法，是僅憑一『疑』字來下斷語，這是没有事實根據的武斷。『白狄僻在西方，不與中國通』的説法則是完全違背古經史的謬論。王氏既認爲『赤、白二狄皆鬼方、玁狁後裔或同族』，但《竹書紀年》説：『武乙三十五年周公季歷伐西落鬼戎』，這就等於説鬼戎（即鬼方）的根據地在西方；《詩經》説『薄伐玁狁』，『城彼朔方』，這又等於説玁狁的根據地在北方，玁狁既以北方爲根據地，它的後裔白狄爲什麼會僻在西方呢？這種錯誤是王氏把玁狁、白狄都歸納爲鬼方族類的必然結果。

本來赤、白二狄的嚴格區别，我國歷代史學家很少有人注意，以爲既然都是狄種，分别不分别都無關宏旨。王氏把它們混爲一談，也是這種傳統的籠統觀念對他起了一定的影響，否則他是不會做上面那種歸納的。現爲進一步説明赤、白二狄的區别，不妨從周家的早期歷史談起。

按周家的祖先，自不窋於夏時失去稷官，竄身於戎狄之間，其後經公劉、太王、季歷等若干世凡數百年，始終在豳、歧地區與戎狄雜處。到武王伐紂時，他的軍隊裏有許多小國和部族的人參加，如庸、蜀、羌、髳、微、盧、彭、濮等都見於經史。那麼與周家祖輩以來同居雜處的戎狄，也參加武王的隊伍，便是極合理也是極自然的事情了。據《文選·趙充國頌》註解説：『鬼方於漢，則先零戎是也。』先零在其他書籍裏都稱它爲羌，此云『先零戎』，可見羌戎二名在西方是可以通用的。而赤狄又是鬼方的後裔，則武王隊伍裏的羌，本來就是鬼方、畎戎、赤狄三個族名的總稱，也可以説是簡稱。正因爲它們對周家立過開國之功，所以周家都豐鎬，它們就跟着入秦川。周家遷洛邑，他們又跟着進中原。從春秋時代赤狄的活動情況來看，它的社會發展要比白狄進步些。它不僅有姓氏，如隗姓、潞氏、酆氏、留吁鐸辰等名號，而且與周王室、晉貴族還發生過姻戚關係，如周襄王娶赤狄女隗氏爲王后；晉文公重耳與大夫趙衰也娶赤狄女叔隗、季隗爲妻；赤狄潞子娶晉景公姊爲夫人。這些事實都説明赤狄在當時的發展程度已經和中原各國差不多，起碼也是從牧畜進入農業，從野外進爲城邑定居了。而從北方進入中國的白狄，却還没有這些條件，姓氏、居邑都不見於經傳，其落後於赤狄是顯然可見的。從赤、白二狄這種差異事蹟來衡量一下，也很難説它們是同族了。王氏因《史記》有『晉文公攘戎翟（同狄），居於河西圁、洛之間，號曰赤翟、白翟』這樣一句話，認爲二狄同居一地，遂斷定白狄也是西方族類之一。我却認爲這個論據也是站不住脚的。因爲按情理，按形勢來估計，晉文公所攘的戎狄，衹是侵擾晉國邊境的戎狄，也即是戎狄的一部分，決不是，也不可能把春秋時代的所有戎狄掃地無餘地都驅逐它們居於圁、洛之間。既是一部分的赤狄和白狄，那麽赤狄居於陝西的洛水（在陝西的中西部）流域，白狄居於圁水（在陝西的極東北部，今神木縣）流域，圁、洛二水東西相距五百餘里，南北相距不啻八九百里，在如此廣大的一段地區內，安置赤、白二狄的各一部分是綽綽有餘的，怎麽能因同居圁、洛之間，就得出都是西方族類的結論呢？難道東進的赤狄與南下的白狄就不能相遇於秦晉之郊麽？如果相遇，便説它們都是從西方跑進來的，這種奇異的論斷方法，衹能算作王氏的獨有邏輯。

我在上面分析晉文公所攘戎狄衹是戎狄的一部分，這從春秋時一枝白狄住在中山（今河北省定縣）可以作爲例證。考諸家所輯《世本》對於中山白狄有一條説：『鮮虞，姬姓，白狄也。』有些輯本删去『白狄也』三字，而把它與周家同姓諸侯晉、魯、衛、鄭等國列在一起，這是過分重視了『姬姓』二字的緣故。須知《春秋三傳》、《國語》、《國策》、《史記》諸書所舉周家同姓諸侯的名稱並不算少，但是没有一處把鮮虞列入其中的。這就是證明鮮虞是白狄而不是周家的同宗。姬姓之説，毫不足信。所以王國維引別一《世本》説：『白狄鳌姓，』又引《潛夫論》説：『婚姓白狄』，並以爲都是『後世所謂』，也就等於説，於古無據了。總而言之，白狄的姓氏是不見於大經大史的。這種情形，並不是中國古代史家故意有所遺漏，而是北方游牧民族的姓氏不常告人，中國史家遂根本無法得知而已。博識如司馬遷，也在《史記·匈奴傳》裏説：『其俗有名不諱，而無姓字。』在中國學者認爲無姓的看法，不僅對匈奴是這樣，就是對獫狁、白狄，也是這樣。上面對白狄姓氏的聚訟便是很好的説明。我以爲不知就説不知，也很好，不必給這些北方游牧民族强加一個『後世所謂』的姓。

關於中山白狄號稱鮮虞這一事實，《世本》肯定鮮虞是國名，鄭樵《通志·氏族略》却説鮮虞是姓氏。我在這兩種解釋之外，另有一種解釋，就是認爲鮮虞即西周獫狁一詞的輕音讀法。因爲秦晋人居住黄土高原，土厚水深，語音凝重，故讀鮮虞爲獫狁。中山人緊接燕趙平原，地闊水清，語音輕利，故又讀獫狁爲鮮虞。其實都是音譯北族語，衹因方言不同才有了差異，這正是居寄所謂『番語無正字』的古代例證。鮮虞後轉爲鮮于，到戰國後期匈奴崛起，鮮于又轉爲單于。單于既是匈奴民族首領的尊號，那麽回溯到鮮于、鮮虞、獫狁，也都是白狄民族首領的尊號，既不是國名，也不是名氏。考《集韵》、《韵會》等書，單于的『單』字都音蟬，與鮮字同韵；『虞』和『于』也同韵。同韵相轉和不同韵而旁轉的字，在音譯異族語言時，往往是按譯者的不同方言，各自爲政地混亂使用的。這種例子在各家所寫的蒙古史裏面，真是不勝枚舉。如成吉思汗的名字，有帖木真、特默津、鐵穆真等等寫法，後代如此，古代何嘗不然。由此可知獫狁、鮮虞、鮮于、單于是白狄匈奴語的同名異譯，决不是如舊時史家的傳統説法：獫狁是族名；鮮虞是國名；鮮于是姓氏名（後世才變爲姓氏）；單于是尊號名；作爲四個截然不同的名詞的。

談到這裏，也許有人要問：『以民族首領尊號代替族名或國名，於古有據麽？』我的回答是：有據。考《漢書》有文帝遺單于書，其中有一句話『單于毋言章尼等』，顔師古註云：『背單于降漢者。』此處本應註爲匈奴降漢者，但顔氏却以單于代替了匈奴。又如前引《黑韃事略》説：『黑韃之國，號大蒙古，即北單于。』又如前引成吉思汗敕書説『我單于國』。這些都是中國學者筆下以單于代替匈奴名稱的例證。單于既可以代替匈奴，則以獫狁、鮮虞、鮮于代替白狄也就不足爲奇了。何况歷史記載越古越簡略，這是一方面受了文字和詞匯的限制，另一方面在對外關係上也有『知彼不深』的毛病。尤其城郭定居國家對於馳騁如飄風的游牧民族，縱然瞭解一些情况，也往往是得諸傳聞。西周史家對於獫狁没有一篇較完整的記録，即是明證。既然『知彼』不深，則以尊號代族名，就成爲很可能的事了。

到戰國七雄争强擴地時，秦俘義渠戎王，取二十五城。趙逐林胡、樓煩，攘地至雲中、九原。早期進入中國的戎狄，至此都遠離秦、趙，跑回自己的老家去了。其留在中國的遺民，赤狄之裔仍姓隗，多居秦隴，如王氏所舉隗狀等人的籍貫便是。白狄之裔姓鮮虞轉爲鮮于，多居燕趙，如漢之鮮于文宗，後漢之鮮于輔，北齊之鮮于世榮，元之鮮于樞，都是範陽人，金之鮮于仲叔，樂亭人，他們都生在今河北省北部，都距古白狄住過的中山不遠，其姓出於白狄殆無可疑。

赤、白二狄既於七國强盛時被擠出中國，可是就在這被擠出的同時，西方出現了先零，北方出現了匈奴。我在前面已經認定匈奴是獫狁、白狄的嗣續，因爲它們的主要根據地也都在中國的正北方。按《史記·匈奴傳》説：『當是之時，冠帶戰國七，而三國邊於匈奴。』《索隱》註云：『三國，燕、趙、秦也。』又對於匈奴國的安排形勢説：『諸左方王將居東方，直上谷以東往者，接穢貉、朝鮮；右方王將居西方，直上郡以西，接月氏、氐、羌；而單于之庭直代、雲中。』看了這幾句簡單的叙述，地理概况已可了然，用不着再多作解釋了。

後漢時，南北單于相繼亡國，但匈奴牧民却有一大部分仍留在瀚海地區没有遠去。據《後漢書·鮮卑傳》有一節明白的記載，是這樣説的：

『和帝永元（公元八九至一〇四年）中，大將軍竇憲遣右校尉耿夔擊破匈奴，北單于逃走，鮮卑因此轉徙據其地。匈奴餘種留者尚有十餘萬落，皆自號鮮卑，鮮卑由此漸盛』。

這十餘萬落留在故土的匈奴牧民，從民族存亡絶續的觀點來看，它是一件值得特別注意的重要歷史事實，這一事實説明匈奴民族的統治者——南北單于的亡國，並不等於匈奴民族的滅亡。而且從這一事實證明民族延續的保持者，是民衆而不是貴族。盡管這些遺民在鮮卑族統治之下皆『自號鮮卑』，但這祇能説是一種善於適應環境的做法，而實質上他們却是達到了匈奴民族繁殖傳衍之目的的。鮮卑族在後漢末葉所建立的國家，以檀石槐的部族聯盟帝國爲最有名，祇是它在中國歷史上仍如曇花一現，爲期很短，充其量也不過起了一種導致鮮卑各部族相繼南來的作用，後魏拓跋氏就是在這種形勢下逐漸移入中國的。而匈奴苗裔也從此在東胡系和赤狄系各族的轉換統治下，開始了悠久而艱苦的生存鬥争。

二、後魏、隋、唐時期柔然、鐵勒、胡部的演變

自鮮卑檀石槐帝國瓦解後，大漠南北的匈奴遺民就分部游牧，没有統一的軍政組織了。所以在鮮卑拓跋氏未建立國號而僅爲一部落時，稱這些匈奴遺民爲白部，到拓跋猗盧受晋懷帝封爲代公，建立代國後，便稱他們爲匈奴雜胡。考《魏書·神元皇帝（拓跋力微）紀》：

『三十九年（公元二五八年），遷於定襄之盛樂（今和林縣土城子）。夏四月，祭天，諸部君長皆來助祭，唯白部大人觀望不至，於是征而戮之。』

又穆皇帝（即猗盧）紀：

『白部大人叛入西河，鐵弗劉虎舉衆於雁門以應之，攻琨（晋并州刺史劉琨）新興、雁門二郡。琨來乞師，帝使弟子平文皇帝（名鬱律）將騎二萬，助琨擊之，大破白部。』

猗盧受封代公後，其本紀又説：

『七年（公元三一四年），帝復與劉琨約期，會於平陽。會石勒擒王浚，國有匈奴雜胡萬餘家，多勒種類，聞勒破幽州，乃謀爲亂，欲以應勒，發覺，伏誅。』

按以白部稱匈奴遺種，不始於後魏，在西晋人杜預註《左傳》時，於傳文『晋師敗翟於箕，郤缺獲白翟子』句下就註云：『白翟之別種，故西河郡有白部胡。』從這句註語可以看出，自魏晋以來，西河郡就已經有白部胡的存在了。惟以白部胡爲春秋的白狄，却未免犯了一點時代的錯誤。因爲春秋時居於圁、

洛之間的赤、白二狄，在秦始皇『使蒙恬北擊胡，收河南地（今伊克昭盟），築四十四縣城臨河，通直道自九原（今後套）至雲陽時』，已經把它們逐出秦長城之外，哪有演變爲魏晉時代西河郡白部胡的可能呢？這些白部胡正是後漢建武二十六年（公元五〇年）南單于遷入西河郡的匈奴部衆。到單于名號式微之後，它們就被稱爲白部胡。而遺留在别處的匈奴人，則或同被稱爲白部，或總稱爲匈奴雜胡。這是從後漢末期至後魏初期，匈奴遺族四分五裂、没有統一組織和堅强領導的顯明表現。

但是當拓跋氏建成魏國，國勢漸盛時，却在大漠南北匈奴故地出現了一個游牧部族聯盟的頑强帝國，那就是『柔然』。這個游牧國與拓跋氏忽親忽仇，糾纏不已，計其年代幾乎是與後魏同終始的。後魏稱它爲『蠕蠕』，南朝諸史或稱它爲『芮芮』，或稱它爲『茹茹』。這個多種稱號的柔然，在我看來，就是匈奴遺族自己建立起來的游牧國家。《魏書·蠕蠕傳》説：『蠕蠕，東胡之苗裔也。』這句斷語很不可靠。據李延壽《北史·蠕蠕傳》説：『蠕蠕，姓郁久閭氏。』根本没有提東胡二字，可見李氏對於東胡苗裔的説法，並不同意。柔然既是其民族首領自定的稱號，我就採用『名從主人』的典則，以下衹稱柔然，不再用其它帶侮辱性的名目了。柔然究竟是匈奴苗裔抑或是東胡苗裔，這個問題需要在這裏研究一下，這首先應該從建立柔然帝國的民族首領的祖先談起。按《魏書》是這樣説的：

『始神元之末，掠騎有得一奴，髮始齊眉，忘本姓名，其主字之曰木骨閭。「木骨閭」者，首秃也。木骨閭與郁久閭聲相近，故後子孫因以爲氏。木骨閭既壯，免奴爲騎卒。穆帝時，坐後期當斬，亡匿廣漠谿谷間，收合逋逃得百餘人，依紇突鄰部。木骨閭死，子車鹿會雄健，始有部衆，自號柔然。……冬則徙度漠南，夏則還居漠北。』

在這段叙述裏有必須注意的三點，就是（甲）掠奴的地區；（乙）逃人的去向；（丙）柔然的活動範圍。我現在就按這三點作以下的分析研究。

（甲）掠奴的地區

掠奴的暴力，《魏書》稱它爲掠騎。這就説明它不是個别土豪的私人行動，而是拓跋力微在迫切增加丁壯的要求下，把部屬組織成公開的、分投出掠的騎隊，所以叫作『掠騎』。這種以虜人爲目的的掠騎，它決不能在本部落或本國境内進行擄掠，尤其不能掠本國本民族的人。因此，便可以推斷掠騎所掠的對象，不論是同族異族，都必須到國境以外去尋找。拓跋力微時代，他的國境並不算大，初住長川（今興和縣界），後移盛樂（今和林縣界），而居住它北界以外的人們，正是散漫游牧的匈奴遺民——包括東部高車即鐵勒諸族——他們的組織不統一，防禦不堅强，這是一大塊極好的掠奴園地，掠騎怎能不來這裏一顯身手呢？試看力微的後人什翼犍晚年的狼狽情況，可以證明拓跋氏與匈奴遺民的惡劣關係。《魏書》説：

『三十三年（什翼犍爲代王的年數，公元三七〇年）冬十一月，征高車，大破之。……三十九年（公元三七六年），苻堅遣其大司馬苻洛率衆二十萬及朱彤、張蚝、鄧羌等諸道來寇，侵逼南境。冬十一月，白部、獨孤部禦之，敗績。……帝時不豫，群臣莫可任者，乃率國人避於陰山之北。高車雜種盡叛，四面寇鈔，不得芻牧。復度漠南。堅軍稍退，乃還。十二月，至雲中，旬有二日，帝崩（爲部下所弑，地入於苻秦）。』

爲什麼這些『高車雜種』要『四面寇鈔』，不許什翼犍在他們的牧區避難呢？主要原因就是當拓跋氏初起時，經常派掠騎到他們那裏虜人，及拓跋氏稍稱强盛後，就以『征』的口氣向他們進行軍事侵略了。他們對什翼犍的報復，是多年仇恨造成的結果。所以我認爲掠奴的地區就在拓跋氏的北境以外。

（乙）逃人的去向

木骨閭如果是東胡種人，當他孤身逃出時，縱然不往赤山或鮮卑山等東胡地區跑，也決不敢冒險跑到與拓跋氏有宿怨的匈奴遺民裏去。正因爲他本人是匈奴遺種，所以他逃跑的方向也就以匈奴雜胡牧地爲目標了。《魏書》所説的『廣漠谿谷』，正是指匈奴故地的大漠地帶而言，這從木骨閭裔孫社崙的發展過程可以得到證明。《魏書》述社崙的事蹟説：

『其西北有匈奴餘種，國尤富强，部帥曰拔也稽，舉兵擊社崙，社崙逆戰於頞根河，大破之，後盡爲社崘所併。號爲强盛。隨水草畜牧。其西則焉耆之地，東則朝鮮之地，北則度沙漠，窮瀚海，南則臨大磧。……於是自號丘豆伐可汗。「丘豆伐」猶魏言駕馭開張也，「可汗」猶魏言皇帝也。」

假使木骨閭逃跑的去向，不是匈奴遺民的牧地，他的裔孫就不會在匈奴故地建立起這樣規模的國家來。這是從木骨閭逃跑的去向上可以斷定他決不是『東胡苗裔』。至於社崘吞匈奴餘種拔也稽，始號强盛，這與匈奴冒頓單于攻滅樓煩、白羊王及成吉思汗攻滅扎木合、王罕等同種部族是如出一轍的。這是民族統一戰爭，是自古以來每個新興民族首領所必用的致强手段。不能因這件事否定了柔然是匈奴苗裔的論點。

(丙)柔然的活動範圍

關於柔然的活動範圍，除上兩節已經附帶有所説明以外，現在衹就後魏防禦柔然的建置上也可以清楚地看出一個輪廓來。如拓跋氏所建沿邊六鎮和連接六鎮的壕塹，東起濡源(今多倫界)，西抵沃野(今烏拉特中旗界)，綿亘二千餘里。這與秦漢防匈奴的長城，遼金防蒙古的邊墻，有什麼分别呢？這從柔然活動的地形上證明它是匈奴苗裔而不是『東胡苗裔』。後魏涼州刺史袁翻有一篇分析柔然情况的表文(文長不具録)，開頭就説：『竊惟匈奴爲患，其來久矣，』云云。這是當時人論當時事，就直然把柔然看作匈奴了。《魏書》的『東胡』説，是没有確鑿證據的。

根據以上三點分析研究，我堅信柔然是匈奴後裔。此外我對木骨閭這個名詞另有一種體會。我認爲掠騎所掠的童奴，決不是一個嬰孩，而是一個懂得回答問話的兒童。從忘本姓名的忘字上，可以看出他不是襁褓無知，祇是能記而没有記住，所以叫作『忘』。其實木骨閭這個名字不是其主所給，而是童奴自己説出他的屬籍的。奴主問他姓什麽，叫什麽名字？他衹回答説：『我是木骨閭人』。木字古音讀如莫，後漢馬融的《廣成頌》木字與落字協韵，音莫。把『木骨閭』讀爲『莫骨閭』，就和『蒙古嘍』聲音很相近了。把它作爲蒙古一詞在魏晋時期已有萌芽來看，也未嘗不可。但這僅是聊備一説而已。

後魏時與柔然同時存在於中國北方的還有高車、鐵勒(即敕勒)諸部族，它們時强時弱，也經常與柔然、後魏發生磨擦。這些部族中，有白狄系的匈奴遺種，也有赤狄系的西戎遺種。祇因諸史所叙各有重點，所以常把赤、白二系苗裔摻雜起來，擇其中最强的部族去談，這樣一來就使後世讀歷史的人對於傳文所叙各部族的界限分不清了。如《魏書》有《高車傳》，而無《敕勒（即鐵勒）傳》，是以高車包括敕勒的；《隋書》有《鐵勒傳》而無《高車傳》，又是以鐵勒包括了高車。《舊唐書》與《隋書》同；《新唐書》則根本不爲高車、鐵勒立傳，而把它們都包括在《回鶻傳》裏；祇有《北史》既有《高車傳》又有《鐵勒傳》，比較有分析。

考《魏書·高車傳》説：

「高車，蓋古赤狄之餘種也。初號爲狄歷，北方以爲勑勒，諸夏以爲高車、丁零。其語略與匈奴同而時有小異，或云其先匈奴之甥也。」

《北史·高車傳》所叙大致與此相同。惟另有《鐵勒傳》説：

「鐵勒之先，匈奴之苗裔也。種類最多，自西海之東，依山據谷，往往不絶。」

《隋書》、《舊唐書》也都認爲鐵勒是匈奴種。這從表面來看，高車是『赤狄之餘種』，鐵勒是『匈奴之苗裔』，種族分類問題似乎已經解决了。其實不然。因爲高車、鐵勒都不是具體的民族或部族名稱，而是對乘高輪車的許多部落的總名。中國語稱它們爲高車，北族語則稱爲鐵勒，直到現在蒙古語仍稱車爲『鐵勒格』，就是一個證明。從這樣兩個完全同義的名稱——高車、鐵勒——裏去分别赤、白二狄系的後裔，就等於説：叫中國名字的高車是赤狄系部族，叫北語名字的鐵勒是白狄系部族，這怎能講得通呢？

我對這個問題，有如下的主張，就是：從後魏時代起，東部高車爲白狄系的匈奴遺種；西部高車爲赤狄系西戎遺種。《魏書》所載高車事蹟是以西部爲主而以東部爲輔的。如説：

「彌俄突（高車國主）尋與柔然主伏圖戰於蒲類海北，爲伏圖所敗，西走三百餘里。伏圖次於伊吾北山。先是，高昌王麴嘉表求内徙，世宗遣孟威迎之，至伊吾，柔然見威軍，怖而遁走。彌俄突聞其離駭，追擊大破之，殺伏圖於蒲類海北，割其髮，送於孟威。』

從戰爭地點來看，蒲類海、伊吾山，都在西域，其爲赤狄系的西部高車，很是明顯。割髮報功，也可能是赤狄族的一種傳統風俗。其後彌俄突被柔然主醜奴所擒，『醜奴繫其兩脚於駑馬之上，頓曳殺之，漆其頭爲飲器。』這種漆仇人頭爲飲器的做法，正是匈奴族的傳統風俗，如冒頓單于漆月氏王頭爲飲器，即是前例。以上是赤狄系的西部高車與白狄系的柔然鬥爭的具體事實。

至於白狄系的東部高車，《北史》也有如下一段記載：

『太武征蠕蠕，破之而還。至漠南，聞高車東部在巳尼陂，人畜甚衆，去官軍千餘里，將遣左僕射安原等討之。……至於巳尼陂，高車諸部望軍而降者數十萬落，獲馬牛羊亦百餘萬，皆徙置漠南千里之地。乘高車，逐水草，畜牧蕃息，數年之後，漸知粒食，歲致獻貢，由是國家馬及牛羊遂至於賤，氈皮委積。』

這段敘述裏所説的『巳尼陂』地方，今雖不能確指其處，但從原文『至漠南』，『去官軍千餘里』，『皆徙置漠南』，等語推測，也可以斷定它們是漠北部族而不是西域部族，所以《北史》稱它們爲『高車東部』，是很正確的。這一部分高車正是諸史命名不同（狄歷、敕勒、丁零）的鐵勒，北齊的斛律金，就是這個種族的首領之一，他所作的《敕勒川歌》是描寫本族被『徙置漠南』以來的生活狀況的。他們與西部高車不同祖，不同地，不可混爲一談。

後魏末期，赤狄系的突厥民族勃興，攻滅了白狄系的柔然帝國，鐵勒諸部也都同時淪爲被統治的胡部。關於這一時期的胡部情形，我在前面批判《新元史》蒙古起源於突厥的文章裏已有説明，這裏不再復述。

唐貞觀四年（公元六三〇年），李靖擊滅東突厥，俘頡利可汗後，鐵勒諸部裏的薛延陀還曾建立過一個游牧部族聯盟帝國，它所控製的區域，比前期的突厥帝國和後期的回紇帝國都差不多。據《新唐書·薛延陀傳》説：

『樹牙鬱督軍山，直京師西北六千里，東靺鞨，西葉護突厥，南沙磧，北俱倫水，地大衆附，於是回紇等諸部莫不伏屬。』

祇是它存在的期限很短，貞觀二十年（公元六四七年）就被唐將李勣所擊滅，僅有十七年的歷史，這與鮮卑族檀石槐帝國的倏起倏滅極相類似。唐朝在攻滅薛延陀的明年，就於鐵勒諸部地區建置了六個府、七個州，即以諸部酋長爲都督、刺史，漠北稍定。唐帝頒詔書說：『匈奴者，與開闢而俱生，奄有龍庭。共上皇而並列，僭稱驕子。……』這是唐人也承認鐵勒就是匈奴後裔之一證。

這些匈奴後裔的鐵勒諸部（即東部高車），唐人或稱它們爲『九姓鐵勒』，或稱他們爲『九姓胡』。九姓名號在《新唐書》裏還可以查出來，即⑴薛延陀；⑵拔野古；⑶僕固；⑷同羅；⑸渾部；⑹多覽葛；⑺阿跌；⑻骨利幹；⑼斛薛。此外有葛邏禄、拔悉密、黠戛斯、堅昆、結骨、都播、回紇等則屬於赤狄系諸部族。另有白霫、奚結、契丹、烏羅渾、靺鞨、烏丸等則屬於東胡系諸部族。唐天寶初，葛邏禄與九姓共立回紇葉護爲懷仁可汗。至天寶四載（公元七四五年），懷仁可汗擊殺突厥餘種白眉可汗，遂全有突厥故地，建立了以回紇爲首的游牧部族聯盟帝國。鐵勒諸部便又淪爲被統治的九姓胡了。

回紇本來是西部高車的一族，不是匈奴之裔。但《新唐書·回鶻傳》說：

『回紇，其先匈奴也，俗多乘高輪車，元魏時亦號高車部，或曰敕勒，訛爲鐵勒。』

這又是一位（修《新唐書》的宋祁）把高車、鐵勒不分東西部而混爲一談的歷史學家。關於東西部不同祖的事例，我在前面已經説過，這裏不必再談。但是在回紇帝國裏被統治的九姓胡，比突厥帝國時期被統治的胡部，在待遇地位上要稍優一點。突厥可汗對於貌似胡的本族子弟，還要加以職官上的限制，其對於真正的胡人，施以刻薄防範，就可想而知了。至於九姓胡在回紇統治下，不僅可以做出使大臣的隨員，能做投機買賣，居殖貨財，而且可以在可汗左右參與國家大事的謀議。《新唐書》裏有一段關於九姓胡的記載，現摘抄如下：

『德宗立，使中人告喪，且修好。時九姓胡勸可汗入寇，可汗欲悉師向塞，見使者不爲禮。宰相頓莫賀達干曰：「唐，大國，無負於我。前日入太原，取羊馬數萬，比及國，亡耗略盡。今舉國遠鬥，有如不捷，將安歸？」可汗不聽。頓莫賀怒，因擊殺之，並屠其支黨及九姓胡幾二千人，即自立爲合骨咄禄毗伽可汗。……始回紇至中國，常參以九姓胡，往往留京師，至千人，居貲殖産甚厚。會酋長突董、翳蜜施、大小梅録等還國，裝橐係道，留振武(今呼和浩特市境)三月，供擬珍豐，費不貲。軍使張光晟陰伺之，皆盛女子以橐，光晟使驛吏刺以長錐，然後知之。已而聞頓莫賀新立，多殺九姓胡人，懼不敢歸，往往亡去；突董察視嚴亟。群胡獻計於光晟，請悉斬回紇，光晟許之。……乃使裨校陽不禮，突董果怒，鞭之。光晟因勒兵盡殺回紇群胡。」

這些事實雖然衹是九姓胡人活動的一鱗半爪，但已可以看出他們在回紇帝國裏是能起一定的作用的。

唐武宗會昌三年(公元八四三年)，回紇烏介可汗被唐將劉沔、石雄等擊潰，受傷逃往黑車子國，被殺。餘衆迸散西走。回紇帝國至此結束。計自天寶四載(公元七四五年)到會昌三年(公元八四三年)立國九十九年。從此以後，九姓胡的稱號不再見於中國史，代之而起的便是達怛、韃靼、韃韃等異字同名的稱號了。《新五代史》四夷附録第三，有《達靼傳》。這是達達民族記入中國史籍的開端，對於達達的起源問題，叙述也很模糊。如説：

『達靼，靺鞨之遺種，本在奚、契丹之東北，後爲契丹所攻，而部族分散，或屬契丹，或屬渤海，別部散居陰山者，自號達靼。』

這種把達達民族錯誤地劃入東胡系『靺鞨遺種』之内，是北宋學者在地理懸隔，見聞局限的情況下所必然要得出的結論。他們對契丹、西夏，頗有所知，而對大漠南北就真是『如隔十重雲霧』了。但在叙述達靼活動事蹟時，却提供了一些可喜的珍貴資料。如説：

『咸通中(公元八六〇至八七三年)，從朱邪赤心討龐勛。其後李國昌(即赤心的賜名)、克用父子爲赫連鐸等所敗，嘗亡入達靼。後從克用入關破黃巢，由是居雲、代之間。其俗善騎射，畜多駝、馬。其君長、部族名字，不可究見，惟其嘗通於中國者可見云』。

成吉思汗對兀孫老人說話，也把蒙古叫作達達，更是鐵證。

自達達民族稱號出現於中國文史載籍之後，經遼、金、南宋時期，中國學者已知道達達就是蒙古，

根據以上所引歷代史蹟，從西周的玁狁到東周的白狄，戰國、秦、漢的匈奴，漢末自稱鮮卑的匈奴遺落，後魏的柔然和東部高車，齊、周、隋的胡部，唐初的薛延陀和九姓鐵勒，中唐的九姓胡，中唐後，歷五代、宋、遼、金的達達。這是一脉相延，有蹟可尋的蒙古民族源流，不能把它割斷，衹從突厥和蒙兀室韋說起。我的正面意見，衹說到這裏爲止。

第四　結束語

除前面談了蒙古民族尚白，是古白狄苗裔之外，不妨在最後附帶一談赤狄苗裔尚赤，東胡苗裔尚黑的事實。雖然這是題外之義，但談一下，使三大系的界綫顯得更清楚些，這對於我的論據是有幫助的。

關於赤狄苗裔尚赤的事蹟，有後魏世宗（拓跋恪）賜西部高車國主彌俄突和伊匐赤綢十四，朱畫步挽一乘，赤漆扇五枚。唐玄宗（李隆基）賜拔悉蜜大酋紫文袍。這些事蹟，都載於《魏書》《北史》《新唐書》裏，如果不是順應那些部族尚赤風俗的話，這種朱、紫、赤色賜物何必鄭重其事地寫在國史裏邊呢？也許有人說：《史記》既沒有標明尚赤字樣，這些事實就不能算作尚赤的證據。那麼就請看一看《新唐書·黠戛斯傳》裏的幾句話吧：

『其君曰阿熱，遂姓阿熱氏。建一纛，下皆尚赤。餘以部落爲之號。』

這是正史指出赤狄系苗裔尚赤的明文，也證明魏、唐所賜赤色物是有道理的。其實這種尚赤風俗，直到清朝還遺留於我國西北一些部族中。如祁韵士所輯《西陲要略》在《厄魯特舊俗紀聞》一篇裏有這樣幾句話：

『台吉靴以紅香牛皮爲之，中嵌鹿皮，刺以文綉。宰桑用紅香牛皮，不嵌不綉。民人曳皮履，或黑或黄，無敢用紅者。』

以上是赤狄苗裔尚赤的幾條例證。

其次關於東胡系各族尚黑的事例，在正史或稗史裏也可以找到一些痕蹟。如後魏道武帝（拓跋珪）雖然根據文臣的建議規定本朝『以土德王，服尚黃』。但這僅是皇帝個人穿黃袍而已，其本民族尚黑的舊俗並没有改變。如道武紀説：

『天賜二年（公元四〇五年）夏四月，車駕有事於西郊，車旗盡黑。』

又宋宇文懋昭所撰《金志》（明吴琯校一卷本）在旗幟一條裏説：

『金國以水德王，用師行征，旗皆尚黑。雖五色皆備，必以黑爲主。』

四庫所收元人匯輯的《大金國志》（四十卷本，亦假名宇文懋昭）裏也有這條記録。又南宋人托名張師顔所撰《南遷録》在北國（即李心傳《建炎以來朝野雜記》所説金國東北的蒙國）侵金的叙事裏描寫北國軍容説：

『二十二日攻宋州，（完顔）天驥上城望，黑旗滿野，前後不見其際。舉軍大嘶，地爲之震。』

這當然是南宋人以仇金的立場去張大北國聲勢的説法。但南宋學者對於契丹、女真東北部族情況，比北宋學者所瞭解的要多些。從東胡系各族有尚黑的傳統來看，北國用黑旗是可信的。

以上是東胡苗裔尚黑的幾條例證。

北族三大系諸民族或部族，雖然各有所尚（這與中國五行家五德、五運等妄誕之説無關），界劃分明，但也不能因此就否認它們在歷史發展過程中的互相滲入。這種滲入事實是自古以來就存在着，因其積累年多，舊蹟繁富，倉卒解棼，札梳不易。而且這種問題也不在本文討論範圍之内，所以我就不再作題外漫談了。

我的提綱寫完了。但是，我對於柯紹忞、屠寄、王國維三位前輩學者的學術成就，還應該説幾句話。説真的，我對於他們三位的成就是素極欽佩的。從他們讀書多，取材富，鑽研深，用功苦，文章典雅，著述宏麗，這許多方面來看，我比他們是萬不及一的。可是讀了他們的著作之後，在蒙古民族起源這個問題上，也僅僅在這個問題上，我却有與他們不同的意見，認爲他們都不免爲成見所蔽，各走一偏。尤其屠、王兩先生參考了許多書，繞了許多彎，費了很大的力氣，作出相當浩博的論證和解釋，然而『東西相望數千里』同時存在的蒙兀就是蒙古的主張，到底没有講得通。這比柯先生的蒙古起源於突厥説還要荒謬些。因爲突厥畢竟統治過胡部，雖非一族，却有聯係。至於蒙兀部則始終没有到過圖拉河、不兒罕山一帶，怎能强加在蒙古民族頭上肯定這就是它的祖先呢？因此，我對他們的主張作了不客氣的批判。有些地方下語未免稍重，但這也是無可奈何的事情，正如陳孔璋所説『如箭在弦上，不得不發』而已。

這篇提綱脱稿後，自知其中缺點一定不少。切盼黨的領導和先進史學諸大家不吝賜教，多給批評，使我今後對這個問題能作更進一步的繼續研究，就深感榮幸了。

哈剌兀納叢書之八

榮祥文檔

下編

呼和浩特市塞北文化研究會
土默特左旗人民政府 編

內蒙古大學出版社

《榮祥文檔》編委會

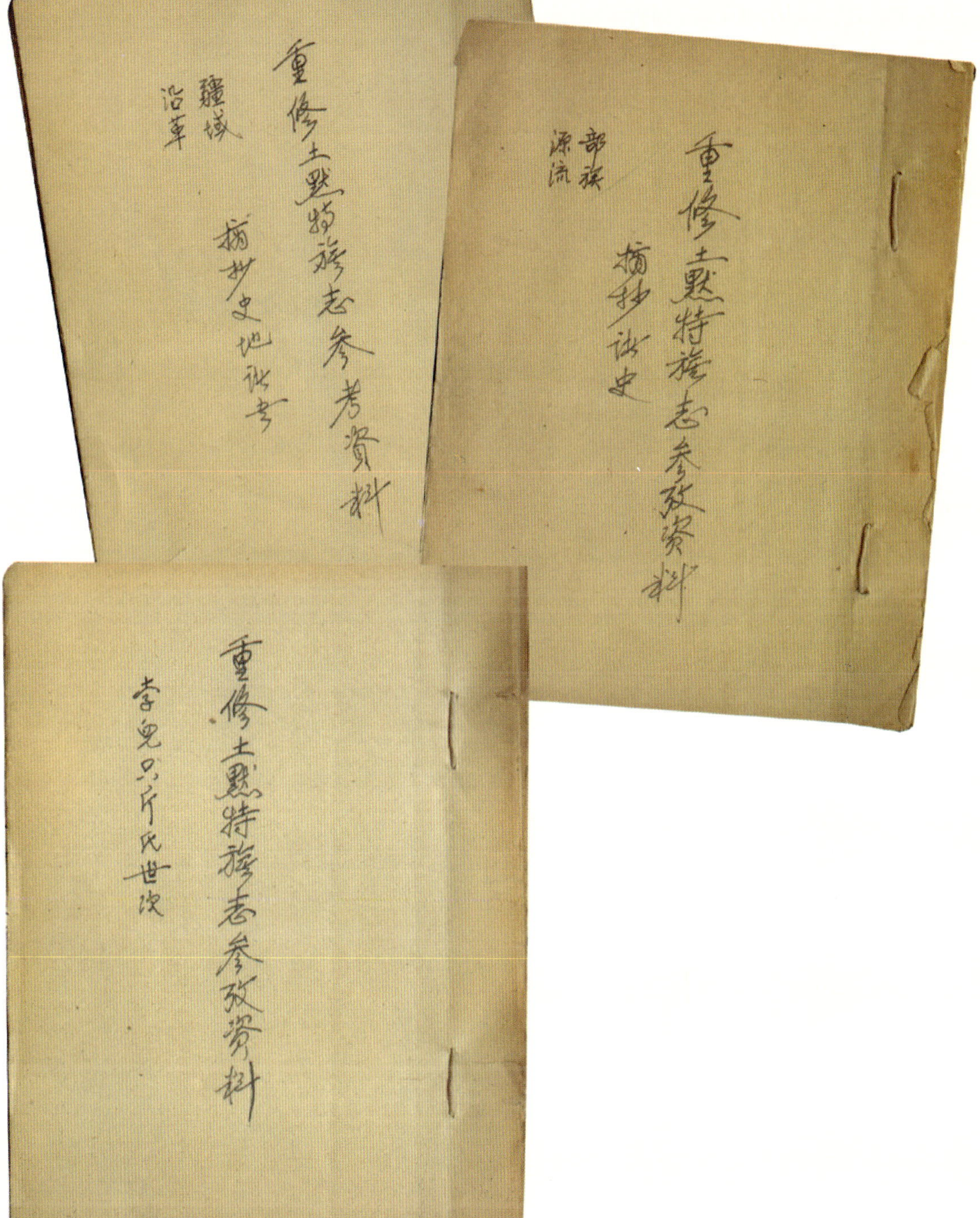

榮祥爲重修《土默特旗志》搜集的部分參考資料書影

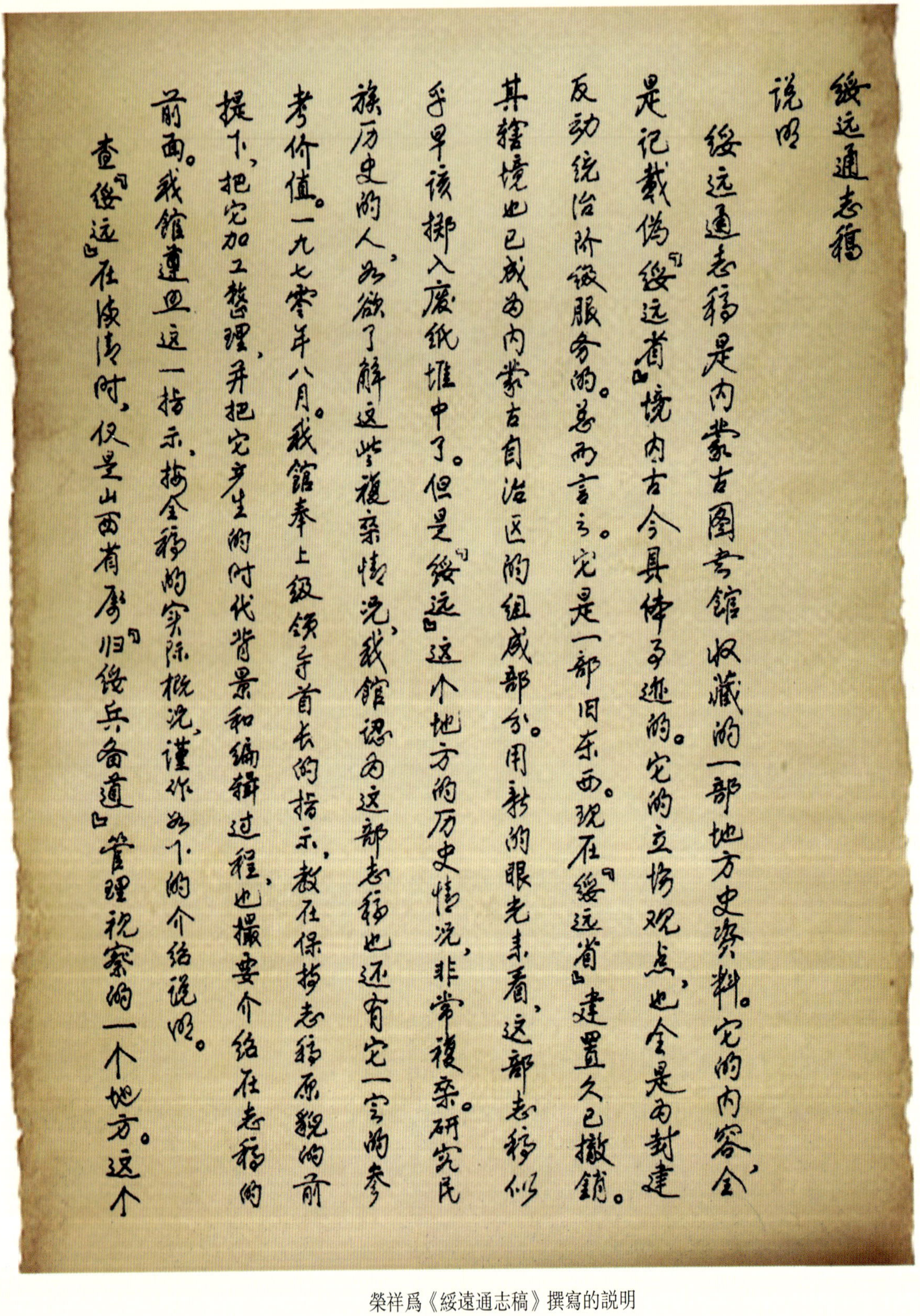

綏远通志稿

说明

绥远通志稿是内蒙古图书館收藏的一部地方史资料。它的内容，全是记载伪「绥远省」境内古今具体事迹的。它的立场观点，也全是为封建反动统治阶级服务的。总而言之。它是一部旧东西。现在「绥远省」建置久已撤销。其辖境也已成为内蒙古自治区的组成部分。用新的眼光来看，这部志稿似乎早该掷入废纸堆中了。但是「绥远」这个地方的历史情况，非常複杂。研究民族历史的人，为欲了解这些複杂情况，我館認为这部志稿也还有它一定的参考价值。一九七零年八月，我館奉上级领导首长的指示，教在保持志稿原貌的前提下，把它加工整理，并把它产生的时代背景和编辑过程，也撮要介绍在志稿的前面。我館遵照这一指示，按全稿的实际概况，谨作如下的介绍说明。

查「绥远」在满清时，仅是山西省「归绥兵备道」管理视察的一个地方。这个

榮祥爲《綏遠通志稿》撰寫的説明

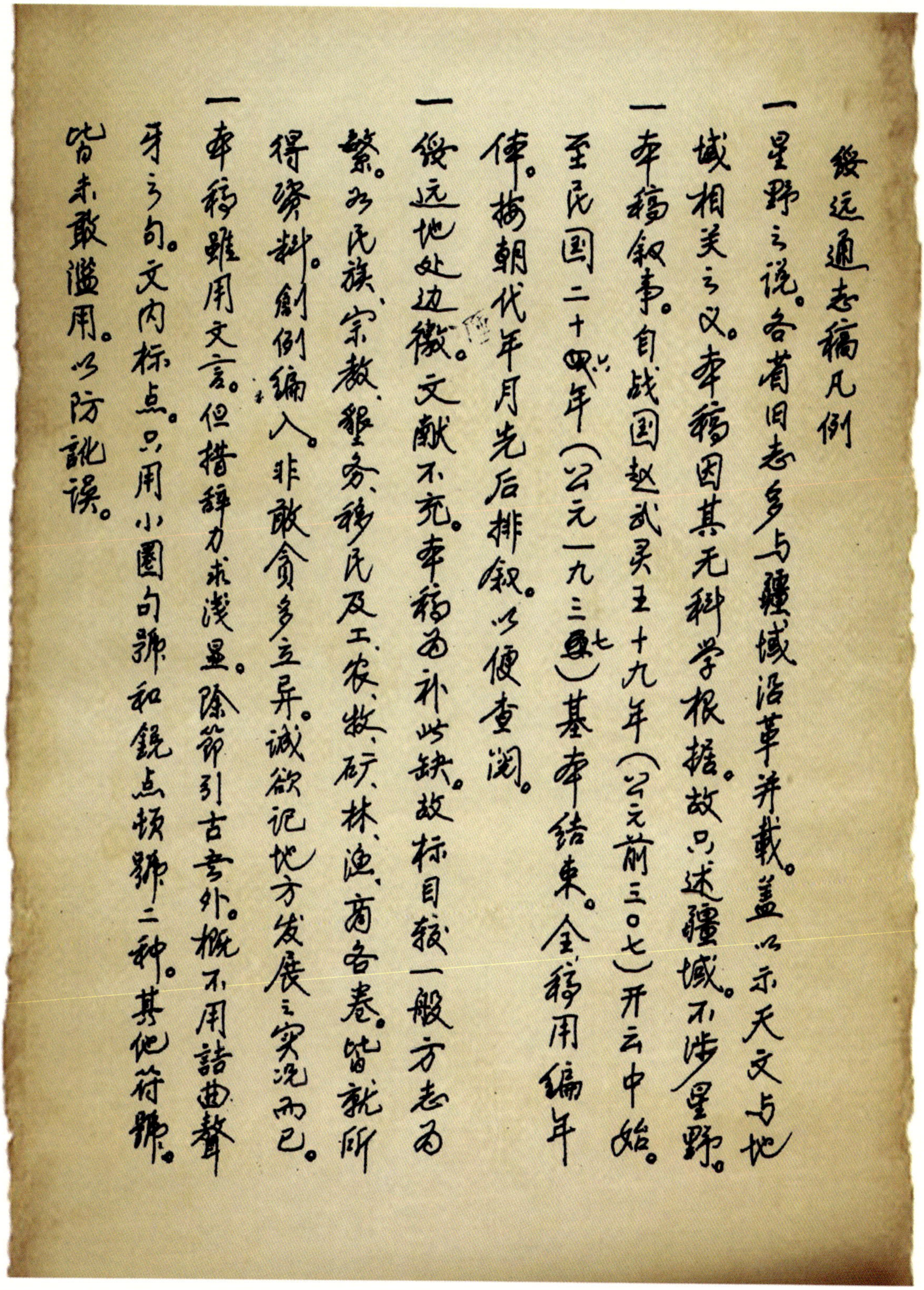

绥远通志稿凡例

一星野之说。各省旧志多与疆域沿革并载。盖以示天文与地域相关之义。本稿因其无科学根据。故只述疆域。不涉星野。

一本稿叙事。自战国赵武灵王十九年（公元前三〇七）开云中始。至民国二十六年（公元一九三七）基本结束。全稿用编年体。按朝代年月先后排叙。以便查阅。

一绥远地处边徼。文献不充。本稿为补此缺。故标目较一般方志为繁。如民族、宗教、垦务、移民及工、农、牧、矿、林、渔、商各卷。皆就所得资料。创例编入。非敢贪多立异。诚欲记地方发展之实况而已。

一本稿虽用文言。但措辞力求浅显。除节引古书外。概不用詰曲聱牙之句。文内标点。只用小圈句号和锐点顿号二种。其他符号。皆未敢滥用。以防讹误。

榮祥爲《綏遠通志稿》撰寫的凡例

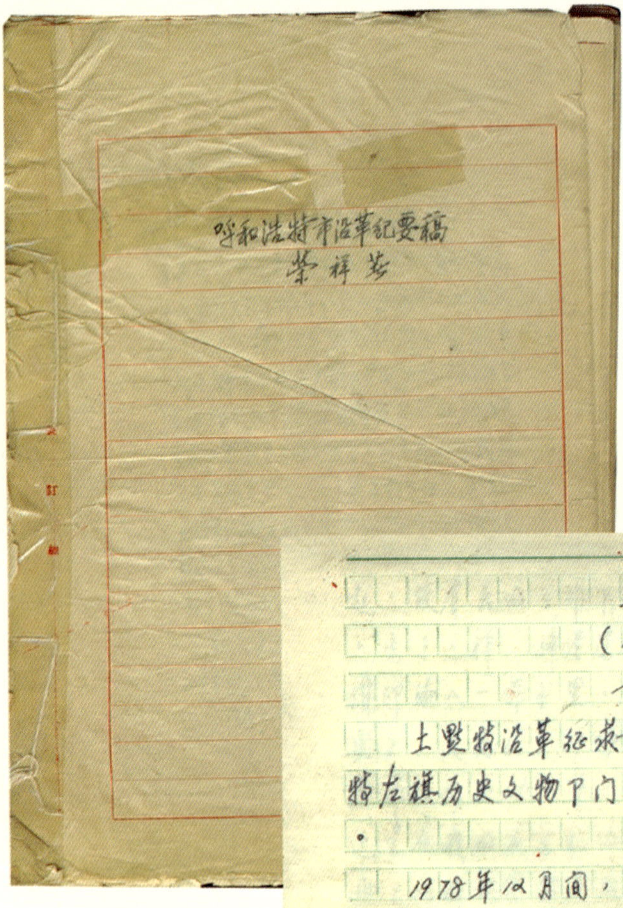

榮祥《呼和浩特市沿革》紀要稿手稿

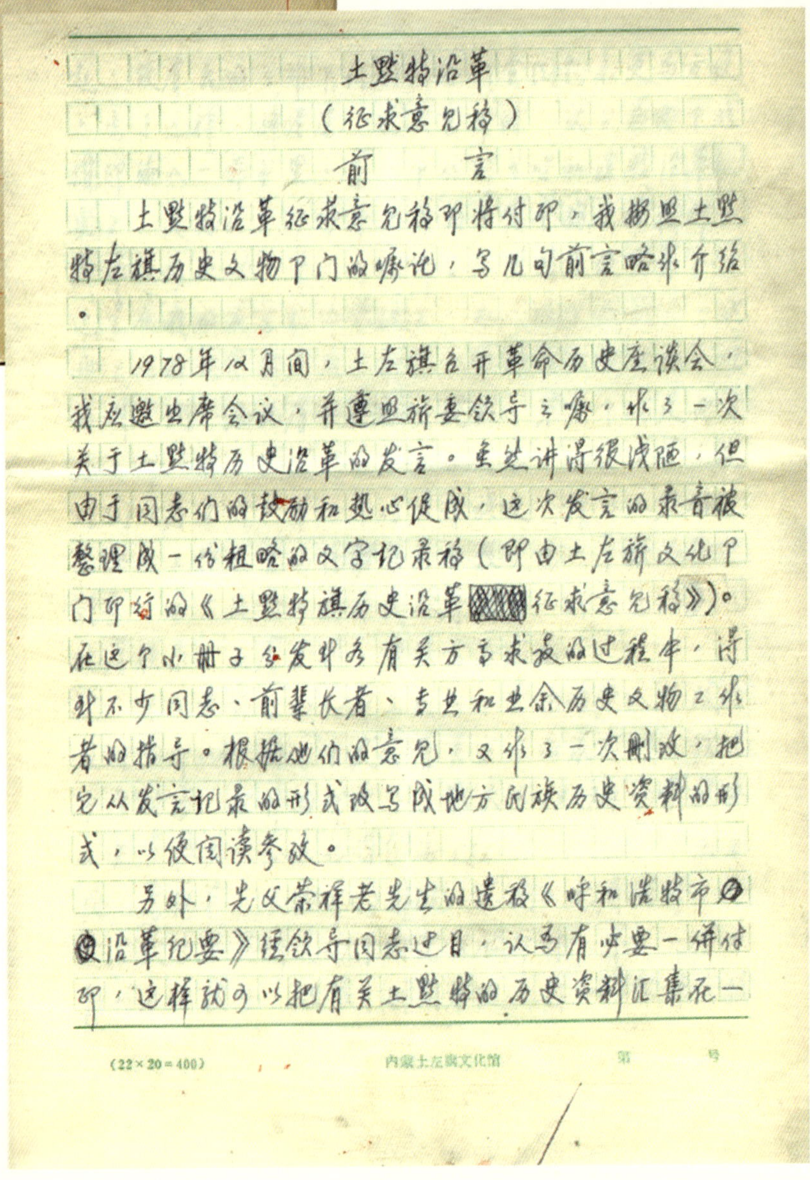

土默特沿革

（征求意见稿）

前言

土默特沿革征求意见稿即将付印，我根据土默特左旗历史文物部门的嘱托，写几句前言略作介绍。

1978年10月间，土左旗召开革命历史座谈会，我应邀出席会议，并遵照旗委领导之嘱，作了一次关于土默特历史沿革的发言。虽然讲得很浅陋，但由于同志们的鼓励和热心促成，这次发言的录音被整理成一份粗略的文字记录稿（即由土左旗文化部门印行的《土默特旗历史沿革征求意见稿》）。在这个小册子分发各有关方面求教的过程中，得到不少同志、前辈长者、专家和业余历史文物工作者的指导。根据他们的意见，又作了一次删改，把它从发言记录的形式改写成地方民族历史资料的形式，以便阅读参考。

另外，先父荣祥老先生的遗稿《呼和浩特市沿革纪要》经领导同志过目，认为有必要一并付印，这样就可以把有关土默特的历史资料汇集在一

（22×20=400）　内蒙土左旗文化馆　第　号

榮賡麟《土默特沿革》徵求意見稿

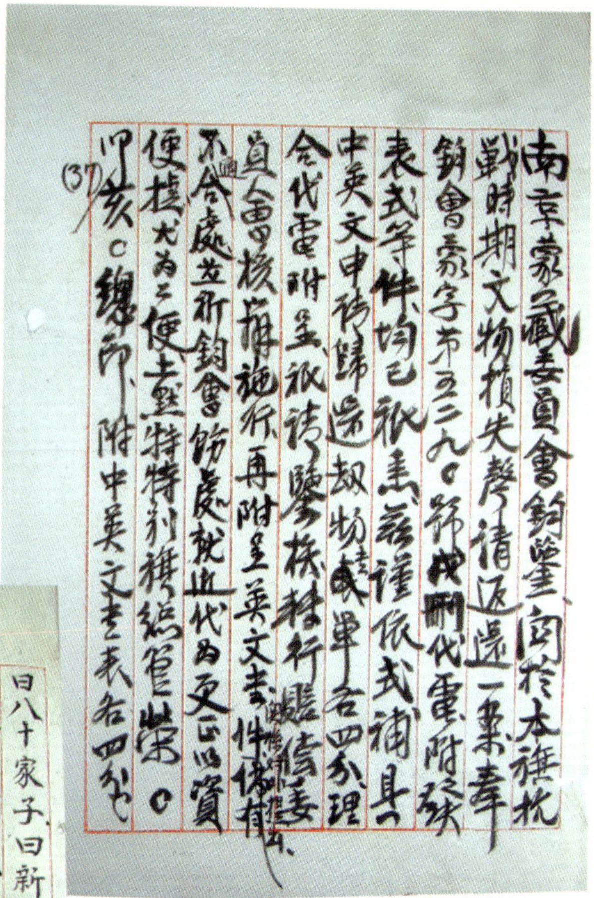

榮祥爲追討文物致蒙藏委員會電稿

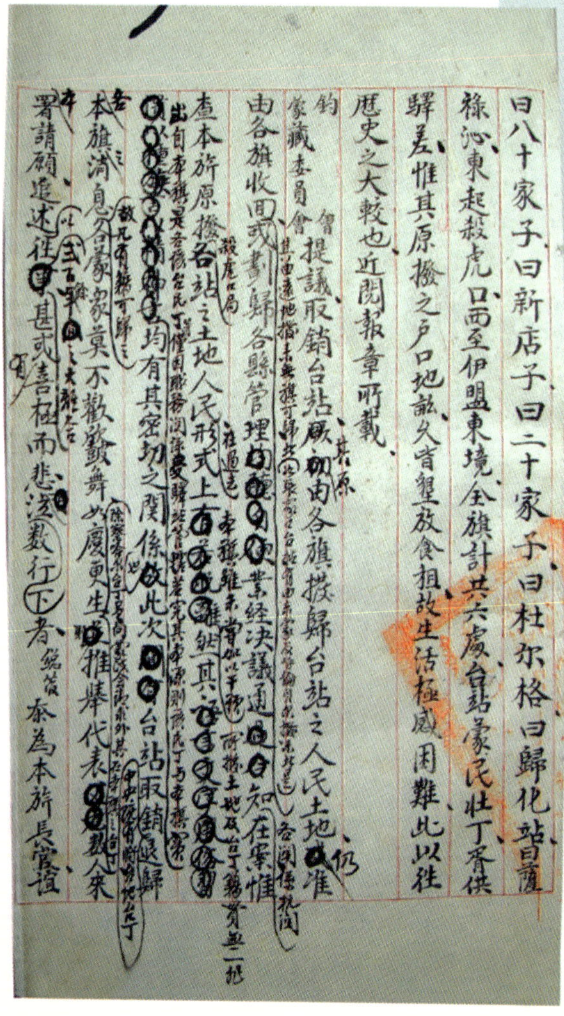

土默特政府爲將臺站土地收歸旗有事呈蒙藏委員會文，經榮祥修改，一九三五年六月

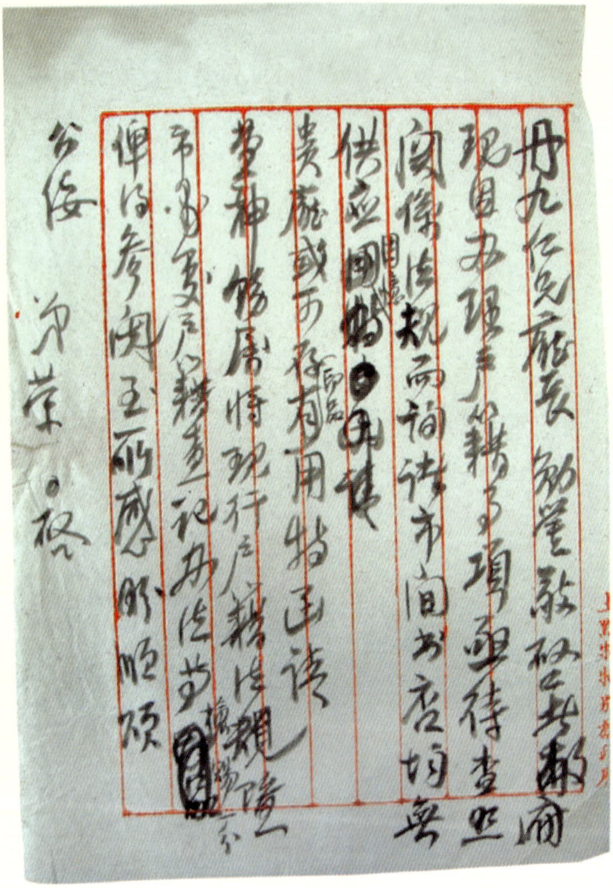

榮祥致民政廳長王則鼎函稿

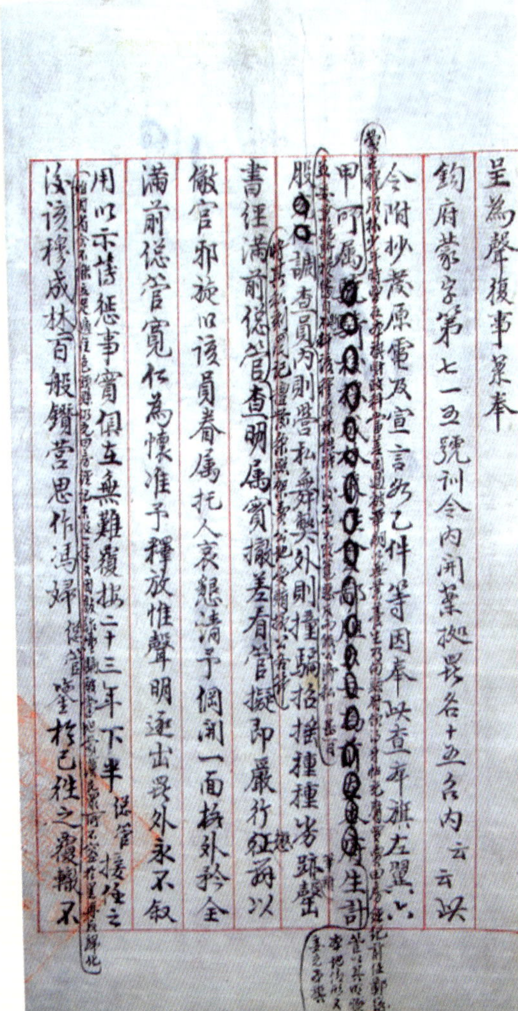

土默特旗爲拆毁召廟事呈蒙藏委員會文，經榮祥修改，一九三六年一月

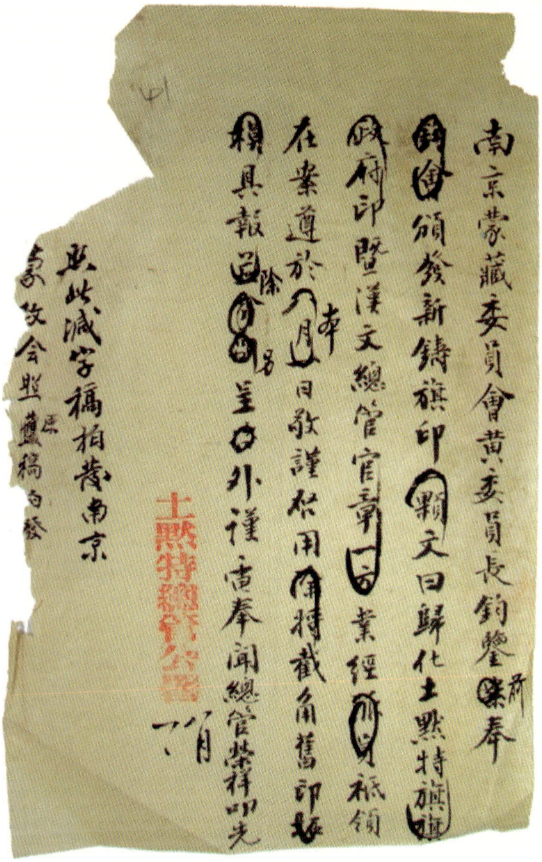

南京蒙藏委員會黃委員長鈞鑒榮奉
鈞會頒發新鑄旗印一顆文曰歸化土默特旗
政府印暨漢文總管官章一顆業經祇領
在案遵於八月　日敬謹啟用原持截角舊印擬
稍具報　除呈外謹電奉聞總管榮祥叩先
土默特總管公署
八月
此此減字稿拍發南京
蒙政會照原稿另發

榮祥爲鑄造旗印致蒙藏委員會電稿

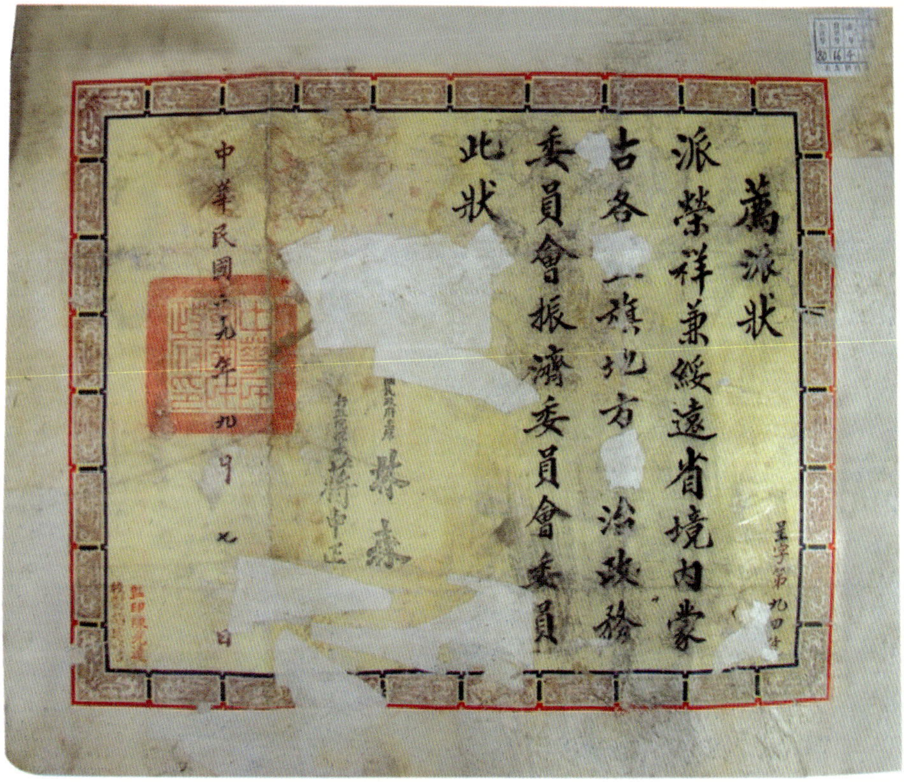

薦派狀
派榮祥兼綏遠省境內蒙
古各[illegible]旗地方[illegible]治政務
委員會振濟委員會委員
此狀
呈字第九四號
國民政府主席　林森
行政院院長　蔣中正
中華民國二十九年九月　日

國民政府給榮祥之薦派狀

和林格爾縣政府咨　　省財字第　　號

為咨解事：案查本府代征蒙租正附各款，業經咨解至二十四年年底奉復在案。茲將自二十五年一月起至七月八日卸任止，征起歷年蒙租正附各款：計二十三年分租洋二角五分二厘，又畝捐洋二分七厘；二十四年分本色租洋二十五元五角五分八厘，又租洋一百一十一元九角五分五厘，又畝捐洋一十一元九角九分五厘；以上共計洋一百四十九元七角八分一厘。內除七厘公費洋一十元零四角八分五厘外，實解洋一百三十九元三角零二厘。現已如數措齊。相應備具文批，派員咨解。即希查照驗收，迅賜批迴。為荷！

此咨

歸化土默特特別旗旗政府總管榮

土默特政府爲蒙租給和林格爾縣咨文，一九三七年一月

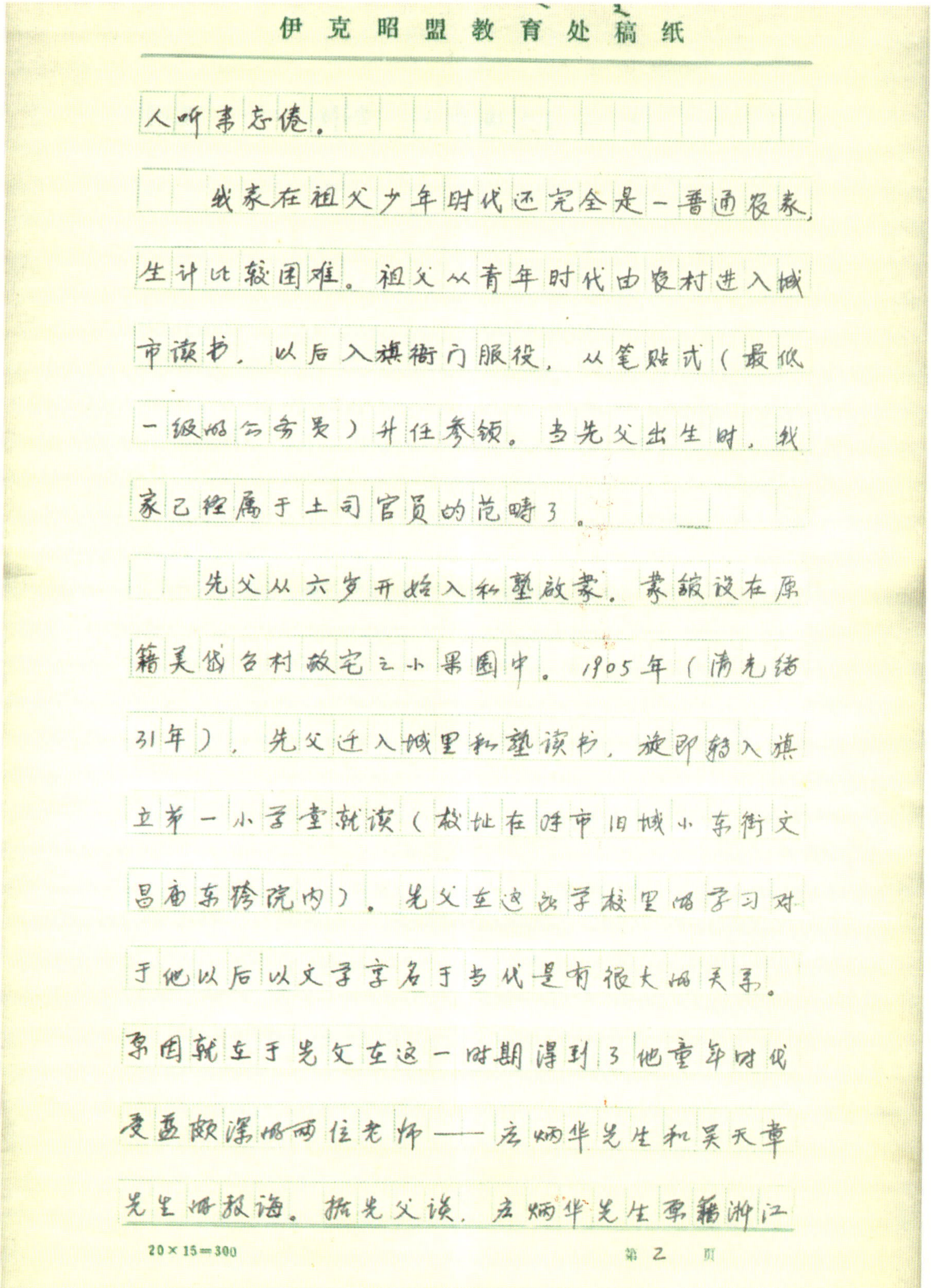
伊克昭盟教育处稿纸

人听来忘倦。

我家在祖父少年时代还完全是一普通农家，生计比较困难。祖父从青年时代由农村进入城市读书，以后入旗衙门服役，从笔贴式（最低一级的公务员）升任参领。当先父出生时，我家已经属于土司官员的范畴了。

先父从六岁开始入私塾启蒙，蒙馆设在原籍美岱召村故宅之小果园中。1905年（清光绪31年），先父迁入城里私塾读书，旋即转入旗立第一小学堂就读（校址在呼市旧城小东街文昌庙东跨院内）。先父在这所学校里的学习对于他以后以文学享名于当代是有很大的关系。原因就在于先父在这一时期得到了他童年时代受益较深的两位老师——应炳华先生和吴天章先生的教诲。据先父谈，应炳华先生原籍浙江

20×15=300　　第2页

榮賡麟所撰《先父榮祥先生生平事畧》手跡

名章，一九四六年使用

榮祥手諭鈐歸化土默特總管印

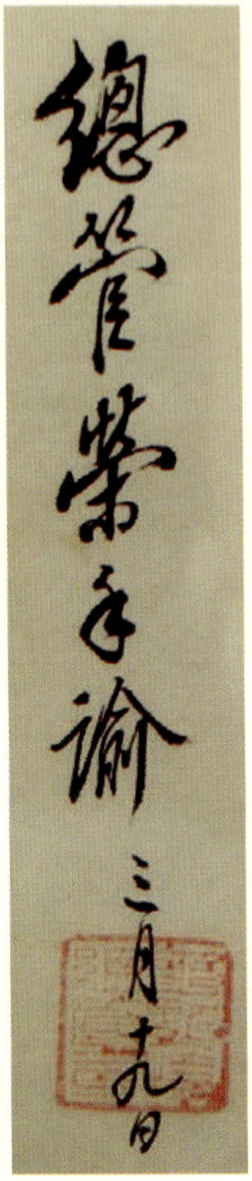

榮祥手諭所具土默特總管章

榮祥任秘書長時所用印鑒

榮祥任參領所用印鑒

蒙旗宣慰使關防，榮祥抗戰時期所用

蒙漢合璧歸化土默特旗旗政府印

檔案資料編目録

土默特旗兵司爲考放筆帖式事呈憲臺文……三
土默特旗財政科為動發法政學校肄業生榮祥本年六個月學費事呈綏遠將軍潘榘楹文（附教育科移函及財政科覆函）……七
土默特旗教育科爲榮祥支領七至十二月學費事移財政科文……一三
土默特旗財政科為動發榮祥七至十二月學費事呈請鑒核備案文……一六
榮祥自太原致諸參領信……一八
土默特旗總管委任榮祥等爲本署秘書的委任狀……二〇
土默特總管委任榮祥等爲本署秘書的手諭……二一
土默特總管署為榮祥等遵照任事訓令……二二
土默特旗總管署委任榮祥等人的委任狀……二三
土默特旗總管公署爲勿再催交軍餉事咨復財政廳長文……二五
滿泰爲陳明困難真相呈晉察綏財政整理處督辦閻錫山文……二七
土旗總管公署爲請賑恤災黎事電國民政府賑灾委員會文……三一
參領榮祥爲呈請准予集股試採石棉礦産發給執照呈土默特總管文附批文……三六
總管滿泰為擬設參領辦公處呈綏遠省政府主席文附簡章……三九
土默特旗政府爲轉呈參佐等稱議決錯誤關係旗産未便懸擱事呈綏遠省政府文附原呈……五一
土默特總管公署滿泰爲總管請假期間委任榮祥秘書長代拆代行本署文件令……五九
土默特總管滿泰爲總管請假期間由榮祥代拆代行本署文件事呈綏遠省政府文……六〇
蒙古各盟旗聯合駐京辦事處爲榮祥安抵首都致土默特總管代電……六一
蒙藏委員會爲據呈推派榮祥爲駐京代表准予備案事給滿泰的指令……六二
駐京代表榮祥致壽彭、茂如、問樵三科長信……六四
駐京代表榮祥致壽彭、茂如、問樵三科長信……六九
土默特旗爲選舉國民代表事致駐京代表榮祥函……七五
榮祥自南京爲選國民代表致壽彭、茂如、問樵

三科長信……七九
土默特旗總管滿泰爲選舉榮祥爲國民會議代表事覆蒙古各盟旗聯合駐京辦事處電……八三
綏遠省政府主席李培基爲榮祥當選國民議會代表事給滿泰的指令……八四
駐京代表榮祥領條……八七
各參領等爲懇請轉呈綏遠省政府核議攤差辦法以恤蒙艱事呈土默特總管文……八八
土默特旗爲轉呈蒙漢攤差辦法解釋錯誤懇請核議糾正事呈綏遠省政府文(節録)……九一
土默特旗議員一覽表……九六
土默特旗爲調查壯丁營村地畝各情形事呈綏遠省政府文附意見書……九七
土默特旗總管敦促總務科擬定清查户口辦法的手諭……一〇八
土默特旗總管公署爲積欠軍餉事覆綏遠省咨財政廳函附榮祥原稿……一一一
土默特旗公署爲收回朝陽洞柏樹坡等産飭兵保管咨薩縣政府文……一三四
榮祥秘書長爲保薦澤潤田爲生計股調查員呈土默特總管滿泰文……一三八
土默特旗爲和林格爾縣屬西區强迫蒙人户口地攤差咨請和林格爾縣政府照定章轉令西區知照文附蒙民原呈……一四〇
土默特旗旗員爲本旗前途聯名致傅作義信(殘件)……一四五
土默特旗十二參領爲本旗旗政呈内政部黄紹竑部長文……一四七
土默特旗爲派遣參領巴雅爾、昌森等代表本旗赴京辦理蒙古自治要務的委任令……一五九
土默特旗爲派遣參領巴雅爾、昌森代表本旗赴京辦理蒙古自治事務呈諸政要文……一六〇
榮祥派錫琨爲租稅總局收支員手諭……一六四
土默特旗爲取消本署派往百靈廟參加自治會議代表名義致烏蘭察布盟盟長蘊端旺楚克的公函……一六五
土默特總管滿泰爲請假赴平就醫並由榮祥代行職責事呈綏遠省政府主席文……一六六
土默特總管滿泰爲赴平就醫由榮祥代行職責事咨各機關文……一六七
巴雅爾、昌森爲蒙古自治方案有變致代總管榮祥等函……一六九

代總管榮祥呈報滿泰總管於本月真日逝世電文……一七三
代總管榮祥爲滿泰總管病故呈綏遠省政府、蒙古地方自治政務委員會文……一七四
土默特旗參領巴雅爾等爲懇請任命榮祥爲總管呈蒙藏委員會文……一七六
百靈廟蒙政會爲滿泰總管病逝榮祥仍暫代理總管指令……一八六
土默特旗總管委任張玉成爲本署秘書的手諭……一九一
蒙古地方自治政務委員會爲土默特旗代總管榮祥照舊代辦旗署公務轉呈蒙藏委員會函……一九二
榮祥任命雲健飛爲生計股主任的手諭……一九三
蒙藏委員會爲薦派榮祥署理土默特旗總管呈行政院文……一九四
代總管榮祥爲蒙邊司令部奉命結束，將官兵名册、馬匹、軍械、服裝等項造具清册移交本署事呈綏遠省政府主席傅作義文……一九七
行政院爲派榮祥署理土默特特别旗總管事給蒙藏委員會的訓令……一九八
蒙藏委員會爲轉發署理土默特特别旗總管榮祥薦派狀事咨綏遠省政府文……二〇〇
綏遠省政府爲檢發總管薦派狀並須將出身履歷及接事日期呈報事給土默特總管榮祥的訓令……二〇二
蒙古地方自治政務委員會爲土默特總管榮祥接印視事准予備案給榮祥的命令……二〇七
土默特旗總管公署爲總管榮祥將宣誓就職請相關機關莅臨指導函……二一〇
土默特旗總管旗榮祥爲奉令就職事所發佈告……二一二
土默特總管公署爲榮祥接印視事咨省縣各機關文……二一三
土默特總管公署爲榮祥接印任事給旗屬各局校的訓令……二一五
榮祥爲奉令造送出身履歷呈綏遠省政府主席傅作義文……二一六
榮祥履歷表……二一九
綏遠省政府爲土默特旗總管榮祥已接印視事並造送出身履歷咨蒙藏委員會文……二二〇
綏遠省政府爲蒙藏委員會收到榮祥呈報接事日期及履歷事給土默特總管公署的

訓令……二二三
綏遠省政府爲呈報履歷事給榮祥的指令……二二五
榮祥派雲健飛等調查弘慶寺廟產遭盜賣事的手諭……二二六
榮祥有關單蒙訟案批示……二二九
榮祥敦促蘇仲山上報民國二十三年水租的批示……二三〇
榮祥爲印領本署馬衛隊擊斃匪首康存良賞格事呈綏遠省政府主席傅作義文……二三三
榮祥關于研究恢復本旗中學校的手諭……二三四
榮祥關於職員考勤手諭……二三五
榮祥飭本府職員振作精神按時上班的手諭……二三六
榮祥再飭本府職員按時上班並懲戒違規者的手諭……二三九
榮祥飭本旗公務員按時上班的手諭……二四〇
總管榮祥委經天祿任旗立第一中學復課籌備主任令、手諭……二四一
榮祥告誡職本旗員的手諭……二四三
總管榮祥爲臺站取消懇將土地人民收歸旗有事呈蒙藏委員會、綏遠省政府文……二四九
土默特旗總管榮祥致南京蒙藏委員會委員長黃慕松電稿……二五二
榮祥爲請規定蒙租辦法飭縣佈告通行呈綏遠省政府主席傅作義文……二五三
榮祥的部分報銷單據、稿費單……二五五
土默特特別旗爲啓用新印事致綏遠省高等法院等機關的公函……二六一
土默特特別旗爲啓用新印事給旗署各單位訓令……二六三
慶緣寺爲請停止拆除常黑賴召事呈土默特總管文……二六四
土默特旗政府爲支發各機關公請王部長本府攤款並蒙古知行社補助費事呈請鑒核備案施行文……二六七
土默特旗政府票傳沙拉穆楞等村糧頭地户來府完租文……二六九
榮祥關於秋節之後辦公時間的手諭……二七一
榮祥關於本旗人員學習蒙文蒙語的手諭……二七二
榮祥關於本署各科股所訂報章多有重複的手諭……二七三

榮祥關於衛隊排長趙根樹手諭……二七四
調查員崇權爲暫理衛隊第三排事呈土默特總管榮祥文……二七五
土默特旗政府爲發給蒙古新聞社十一月津貼事呈請鑒核備案施行文……二七七
榮祥飭煤炭租税總局長應照章辦事不得任性擅爲手諭……二七九
蒙藏委員會爲穆成林控訴拆召事給土默特旗總管榮祥訓令……二八〇
榮祥爲穆成林所控拆毁召廟而闡述經過呈蒙藏委員會文……二八三
無量寺等召廟爲懇請證明以辨真僞而維各召名譽呈土默特總管榮祥文……二九四
總管榮祥爲無量寺等召廟懇請轉呈證明以辨真僞事呈蒙藏委員會文……二九九
蒙藏委員會爲否認穆成林爲代表各寺等情給土默特旗總管榮祥指令……三〇六
綏遠省政府褫革驍騎校穆成林職銜訓令……三〇九
綏境蒙政會爲監察院要求查覆穆成林控訴榮祥拆毁召廟事給土默特政府的訓令……三一二
榮祥爲穆成林電訴總管摧殘佛教案呈綏境蒙政會文……三二六
榮祥考核本府録事的批語……三三九
榮祥派王祥管理書記室的手諭……三四二
榮祥對録事考試卷的批語……三四三
榮祥關于録事薪水的手諭……三五四
土默特特別旗爲准予藥材山租所結束事給所長榮陞閣的指令……三五五
綏遠省政府爲會商制定蒙租銀錢折合現洋辦法給土默特旗總管的訓令……三五六
榮祥爲綏遠國立蒙旗師範學校事致教育部長陳立夫函……三五八
土默特特別旗森額爲組織旗務委員會並啓用圖記事呈蒙藏委員會文……三五九
土默特旗政府旗務委員會爲送達旗務委員會組織大綱事呈蒙藏委員會文……三六一
土默特旗旗務委員會爲總管榮祥出走旗務委員會成立給本旗官民的佈告……三六六
行政院秘書長魏道明爲查復榮祥出走事致蒙藏委員會函……三六七
行政院秘書長魏道明爲轉知榮祥奉令西行緣由復蒙藏委員會函……三六八

蒙藏委員會爲榮祥奉令西行事致土默特旗
　參領克壽卿等的代電……三六九
國民政府派榮祥兼綏境蒙政會振濟委員會
　委員薦派狀……三七〇
榮祥呈蒙古游擊軍第三區編制表……三七一
蒙旗宣慰使署爲填具附屬機關調查簡表及本署
　組織狀況事致銓敘部函……三七五
蒙旗宣慰使署爲填具附屬機關調查簡表及本署
　組織狀况事呈蒙藏委員會文……三七八
蒙古游擊軍第三區司令部歷史概要……三八一
蒙旗宣慰使公署爲呈報綏蒙敵僞動態呈蒙
　藏委員會文附報告……三八四
榮祥所撰察綏僞蒙動態報告稿……三八七
蒙古游擊軍第三區司令榮祥爲本部官兵待
　遇事致傅作義的電稿……四一〇
榮祥爲中央能早頒一合理方案致蔣介石
　代電……四一四
榮祥爲請賜户籍查記辦法致民政廳長函……四一五
土默特政府爲設置自治督導處事呈第十二戰區
　長官傅作義文及建議案……四一六
土默特特別旗政府爲本旗成立各甲自治
　督導處事致各市縣政府及關係機關函……四二〇
殷石麟爲率軍返旗接收並支用款項辦理
　復員事呈榮祥文……四二二
土默特特別旗政府組織暫行規程……四二四
恒英爲迫領漢人户口並攤派軍鞋洋事呈
　土默特旗政府文……四二九
榮祥致綏遠臨時參議會第二屆大會賀電稿……四三〇
土默特旗政府爲呈報旗立各校復員經過並請
　撥給復員費事呈蒙藏委員會文……四三一
榮祥為推薦熟悉蒙語人員馬慶榮事致中央廣播
　電臺綏遠分臺函……四三七
土默特旗政府爲釐清旗縣權限致綏遠省
　臨時參議會的建議案……四三八
上傅主席書……四四三
土默特特別旗右翼五六甲自治督導處爲薩縣
　蒙民出入城門被衛兵撕毁國民身份證事
　呈總管榮祥文……四五一
土默特特別旗左翼五六甲自治督導處爲蒙民
　國民身份證被軍警撕毁及被匪搶奪事
　呈總管榮祥文……四五二

土默特特別旗政府榮祥懇轉請明白決定本旗旗政權限事呈蒙藏委員會文……四五四

土默特特別旗總管榮祥爲懇請轉呈明白決定本旗權限俾資遵守事再呈蒙藏委員會文……四六〇

蒙藏委員會爲擬具土默特旗國民身份證戶口及礦租徵收辦法呈行政院文……四六九

蒙藏委員會爲土默特旗請確定行政權限案復榮祥代電……四七一

熱察綏三省國大代表對解決蒙古自治問題的建議……四七三

行政院秘書處爲榮祥呈請明白確定土旗權限案致蒙藏委員會公函附綏蒙指導長官公署原代電……四七五

土默特總管榮祥爲謝絕立監委提名事致陳果夫信……四八一

熱察綏三省國民大會代表聯誼會留京代表對蒙旗地方自治意見……四八三

土默特特別旗權限問題協商意見書……四八六

榮祥關於春節前加緊工作手諭……四九八

榮祥關於禮拜一舉行周會手諭……四九九

榮祥爲本府職員診治疾病請以公教人員待遇辦法減價治療事致綏遠省醫院院長公函……五〇〇

榮祥為據情轉請令行陶林縣政府轉飭土木爾臺鎮公所務允自衛隊副蒙民雲色代辭職返里事呈綏遠省文政府文附土默特旗左翼首二甲自治督導處原呈……五〇二

榮祥曉諭旗民堅守旗轄立場手諭……五〇四

榮祥爲抗戰期間本旗財産損失申請賠償案致蒙藏委員會代電……五〇九

爲查得抗戰期間本旗被劫去重要文卷呈蒙藏委員文……五一一

榮祥開革王在國、李秀山的手諭……五二二

綏遠省境内蒙古各盟旗地方自治政務委員會爲送大會提案關於蒙旗自治方案之決議致蒙藏委員會代電……五二三

蒙藏委員會調查員對榮祥的印象……五二五

輯《中華民國國民政府公報》有關榮祥之任命令……五二六

總管榮祥爲已制止喬漢魁部强拉種牛喂草事給種牛管理員的指令……五三二

總管榮祥謹向土默特旗蒙胞辭職書鉛印件及手稿……五三三
榮祥請釋放回民哈德清函……五三八
榮祥的選票……五三九
榮祥關於按時上班的手諭……五四〇
榮祥敦促旗員戒毒手諭……五四二
榮祥填寫的履歷表……五四四
内蒙古文史館爲榮祥所撰悼詞……五四八

参考資料编目录

大元帥指令……五五三
蒙古各盟旗聯合駐京代表提案……五五三
土默特總管公署電請查禁《中秋血》……五六〇
榮祥繼任土默特總管……五六一
新任土默特總管榮祥昨拜訪各機關……五六一
蒙藏委員會爲土默特旗呈請補助教育經費事給土默特總管榮祥指令……五六一
榮祥熱心教育……五六二
土默特旗司法 榮總管特令整頓……五六二
包頭蒙民生計處改組 昨呈總管處備案……五六三
榮總管整頓税收裁撤各煤税局稽查……五六三
土默特總管署向綏遠飯店董事會交涉地産權……五六三
麻花板申村學校總管署准加津貼……五六四
榮祥總管積極整頓教育……五六四
蒙區牧馬場不得私行出售……五六四
土默特總管勵行新生活……五六五
土默特總管署實行業餘運動……五六五
土默特學校增建教室……五六五
土默特旗總管署整頓武川火燒地歲租……五六六
土默特旗中學校刻籌備復課……五六六
蒙藏委員會爲土默特旗請奉頒新印事給綏遠省政府訓令……五六六
總管署籌設蒙文學校校址假小東街文昌閣……五六八
土默特衛隊 榮總管特令整頓……五六九
土默特旗政府整頓公産……五六九
榮總管一年來的政績……五六九
榮總管資助留日學生李成炯……五七二
土默特旗政府將整頓騎兵……五七二
包頭土默特小學校長將易人……五七二
土默特旗政府津貼留學生……五七三
榮總管訓詞……五七三

榮祥撤換五當溝煤炭租稅分局局長……五七四
煤炭租稅局　土旗政府整頓……五七四
土默特總管榮祥整頓教育任用督學……五七四
榮祥電賀蔣院長……五七五
榮祥前日訪石華巖　商放雪災賑款辦法……五七五
土默特旗政府改善教育……五七五
蒙藏委員會爲土默特旗請求補助中學經費
事咨教育部文……五七六
榮祥談蒙民堅決抗戰……五七七
行政院就成陵遷移指派致祭官主祭官護送
專員訓令……五七七
蒙古抗日詩人——榮耀宸先生和他的詩……五七八
恭敬奉移……五八一
楚明善唐井然就赴伊金霍洛移成陵情形電……五八二
楚明善唐井然就成吉思汗靈櫬南運情形及
擬請會加委何爲起靈致祭官電……五八三
榮祥今午後可莅札……五八三
榮祥與馬子禧……五八三
土默特旗總管榮祥他是一位杰出的詩人……五八四
黎聖倫記榮祥……五八六
榮祥關於抄呈經天禄原電及請求救濟遭難
職員家眷之簽呈……五八七
榮祥爲處理伊盟善後之管見致蒙藏委員會
呈……五八九
綏境蒙政會中的青年派……五九二
請速派榮祥代理蒙政會委員長的建議……五九二
陳國鈞記榮祥……五九三
黃奮生記榮祥……五九五
沙王悼詞……五九八
傅長官令編兩騎兵旅　榮祥奇子祥分任旅長……五九九
榮祥率團晋謁蔣主席……五九九
榮祥在山後召河建立中正小學……五九九
榮祥建土默特旗立塔布子中心小學……六〇〇
榮祥爲旗立中學申請特別補助費……六〇〇
蒙古詩人榮耀宸……六〇〇
榮祥兼任土默特旗立第一中學校長……六〇三
省協商委員會召開的鎮反座談會記録摘要

……六〇三
榮祥在内蒙古黨委宣傳工作會議上的發言……六〇四
在繼續鳴放座談會上的發言……六〇五
榮祥先生的思想本質是什么？……六〇七
揭露榮祥新的反黨謬論……六〇八
香花掩蓋下的毒草——駁榮祥謬論種種……六〇九
政協呼和浩特委員會舉行座談，嚴厲駁斥右派分子反社會主義謬論，一致要求榮祥深刻檢查自己的錯誤言論……六一一
斥章乃器並揭發榮祥反黨言論……六一二
深刻挖掘右派分子的思想根源……六一五
批駁榮祥所謂共産黨『整人』的謬論……六一六
政協内蒙古委員會擴大會議繼續舉行，曾士先拒絕檢討態度惡劣，榮祥表示接受批判準備重新檢討……六一七
土默特旗旗級機關，大黑河拖拉機站職工集會駁斥榮祥等反社會主義言論……六一七
政協内蒙古委員會擴大會議繼續舉行，榮祥的反動面目開始大暴露，他上次說要檢討是假的，這次仍未交代任何問題……六一九
駁斥我父親榮祥的荒謬言論……六二六
在十八日政協内蒙古委員會擴大會議上繼續揭露和批判榮祥的反動言行，盧健飛的醜惡面目開始被揭穿……六二七
榮祥的思想根源在哪裏？……六三〇
揭穿榮祥的醜惡底細……六三二
『晋謁』『致敬』獻劍獻旗——揭露榮祥醜史的一頁……六三四
榮祥的靈魂深處浸透了反動毒素……六三六
呼和浩特人民委員機關工會開大會，用事實向榮祥開展說理鬥争。大會宣布：他如不徹底交代，一定要鬥争到底……六三九
我的初步檢討——誠懇接受批判揭發，承認錯誤，向人民低頭認罪……六四三
榮祥應該洗心革面老實交代……六五一
榮祥初步認錯開始低頭認罪，態度還不老實必須繼續交代……六五五
駁榮祥誣蔑國家人事制度的讕言……六五六

黨堅持了馬列主義原則和群衆路綫——
駁榮祥的謬論……六五九
榮祥的平分秋色的思想本質是什么……六六二
右派分子榮祥破壞民族團結……六六四
憶榮祥先生……六六六
《土默特沿革》前言……六六八
先父榮祥先生生平事略……六七〇
呼和浩特土默特總管榮祥……六九五
追念可敬佩的榮祥先生……七〇四
後記……七〇七

榮祥文檔·檔案資料編

土默特旗兵司爲考放筆帖式事呈憲臺文

（此件呈於一九一二元年十一月二日，是爲所見榮祥的最早檔案資料。原件藏土默特左旗檔案館）

兵司呈爲呈請補放事查八品筆帖式穆精阿業經陞授

前缺核其所遺之缺應由九品筆帖式內考放所遺九品筆

帖式一缺由委筆帖式繕書內考放以資辦公呈請

憲台鑒核

九品筆帖式

錫林泰　戶司當差　不到

英德春　陸軍當差

克什克圖　戶司當差

克什克泰　兵司當差

委筆帖式

德克吉珂　兵司當差
富森額　兵司當差
吉勒格爾　户司當差
巴音阿　户司當差　不到
武正額　陸軍當差　出差
廣善　陸軍當差　出差
繼書
色克精額　兵司當差
倉哩　兵司當差　出差
瑞善　兵司當差

穆克德珂　兵司當差

崇厚　兵司當差

錫璟　户司當差

蘇噜岱　户司當差　出差

伊勒庚　户司當差　出差

珠爾翰阿　户司當差

福春　户司當差

斐興額　銀庫當差

榮祥　印房當差　請假

珂勝額　蒙文學校

貴香　蒙文學校

烏勒錫蘇　蒙文學校

金瑞　陸軍當差　出差

吉瑞　陸軍當差　告假

榮興　陸軍當差　告假

金陞　二營當差

喜明　印房當差

岳尼　户司當差

特克勝　户司當差

章元　户司當差

土默特旗财政科為動發法政學校肄業生榮祥本年六個月學費事呈綏遠將軍潘榘楹文（附教育科移函及財政科覆函）

〔一九一四年六月。原件藏土默特左旗檔案館〕

財政科呈准教育科移開據本旗赴入京師法政學校肄業生榮祥呈領本年六個月學費大洋三十六元相應呈請鑒核動發備案事

中華民國叁年六月

綏遠將軍兼任副都統潘

土默特財政科案呈為動發備案事茲准教育科移開

云云等因准此查此項應領學費大洋叁拾陸元

應由學款項下動發除將請領大洋函送該科查

收外相應呈請

鑒核動發備案施行

中華民國三年六月　　日

一准教育科核開據本所京
師法政學校專科肄業生榮
祥呈領本年上學期六個月
學費大洋除呈
都帥核准外相應移知發給
由

財政科科長 鄭

科副 蘇

科副 倭

民國三 六 判發

坎字第柒拾陸號

科員
瑞
常
瑚
喜
阿
福
林
額
蘇

教育科為移付動發事項據本旗赴入京師法
政學校專科肄業生榮祥呈稱請領本年上
學期六箇月學費大洋三十六元並具墨領呈請
前來 敝科核與原案相符除將該學生原呈
墨領粘連稿尾呈請
都憲核准在案外相應移付
貴科查照函送 敝科以便轉發此移
財政科公鑒

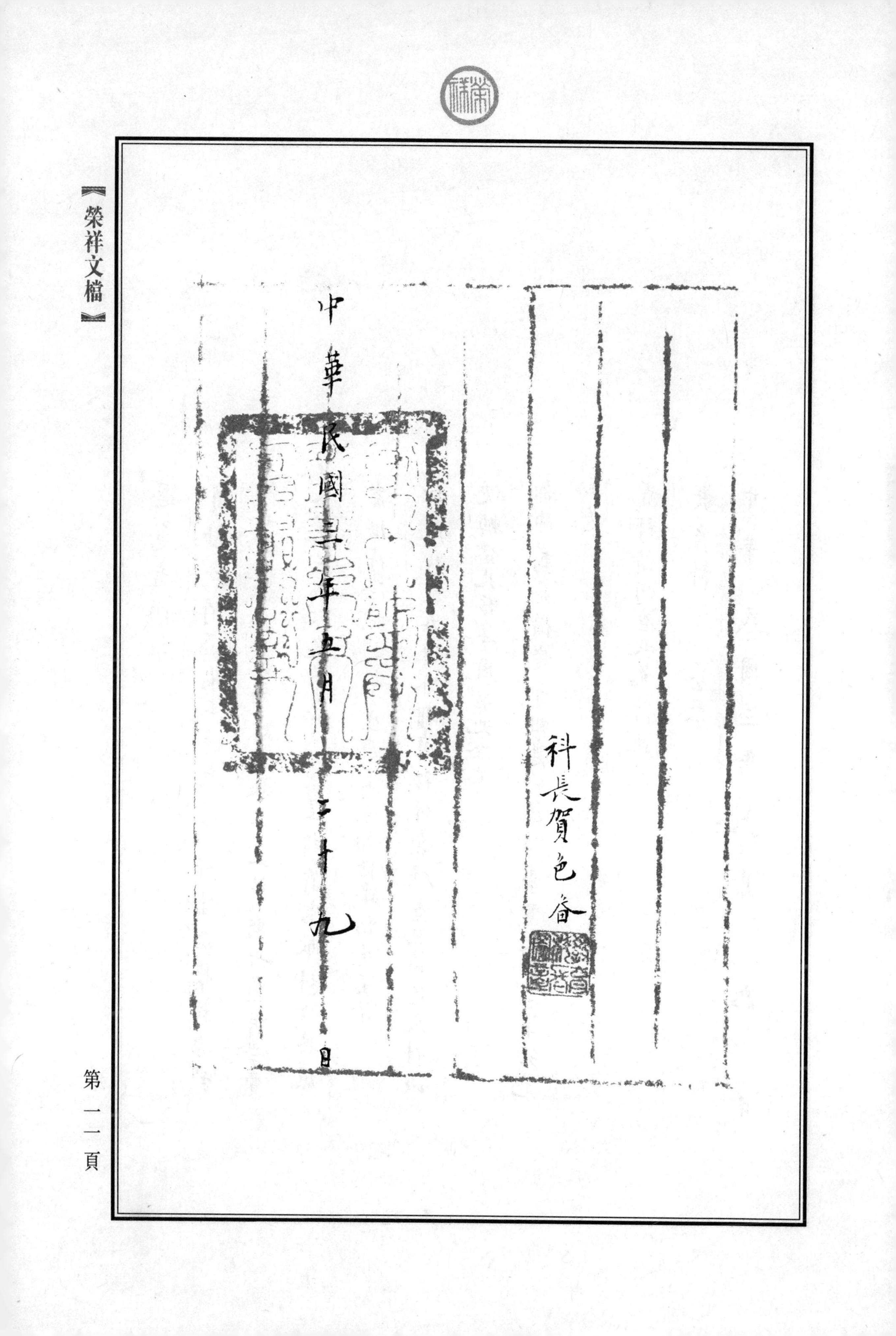

科長賀色奋

中華民國三三年五月二十九日

還覆沓項准

貴科移開項據本旂赴入京師法政學校專科

肄業生榮祥呈稱請領本年上學期六箇月學費

大洋三十六元並具墨領呈請前來敝科核與原

案相符除將該學生原呈墨領粘連稿尾呈請

都憲核准在案外相應移付貴科查照函送敝科以

便轉發此移等因准此除呈

都帥動發備案外相應將請領學費大洋三十六元

函送

貴科請煩查收為荷此致

教育科

公鑒

中華民國三年六月六日

土默特旗教育科爲榮祥支領七至十二月學費事移財政科文

〔一九一四年八月二十九日。原件藏土默特左旗檔案館〕

一教育科支領學生榮祥七月至十二月六箇月學費大洋由

科副蘇

財政科長都

科副倭

民國三年八月三十

教育科 為移請發給事案據本旗赴入京師法政
學校專科肄業生榮祥面稱學生前因求學京師
川資維艱呈請
都憲准由本旗學款項下每月酌給學費大洋六
元業將本年上學期學費至六月底止領訖在案學
生此次暑假歸里現在假期屆滿自應入學往返
川資寔屬不資思維再再惟有呈請科長鑒核俯
念學生求學遠方狀况維艱請將本年下學期
酌給學費由七月起至十二月底止六個月共學費

大洋叁拾陸元先行支領以利遊行而資就學等情
應即照准以示体恤除俟下學期將屆時飭令補
具墨領外相應移請
貴科請煩查核先行發給可也此移
財政科

科長賀邑番

中華民國三年八月二十九日

土默特旗财政科為動發榮祥七至十二月學費事呈请鉴核备案文

〔一九一七年一月十一日。原件藏土默特左旗檔案館〕

為發款備案事案據教育科呈稱、據本旂旅京政法大學學生榮祥、請領民國五年七月一日起、至十二月底止六個月學費、共大洋叁拾陸元等情具領前來、蒙批核發、等因到科、核與原案相符、除如数支發、並將原呈墨領、附卷備查

外、理合呈請

鑒核備案施行、

署政務科科長卜瑞璣校

署政務科科員阿理雅校

蘇魯岱擬

中華民國廿六年一月十二日

榮祥自太原致諸參領信

（寫於一九一八年九月十四日，原件藏土默特左旗檔案館）

諸位老先生均鑒：生於陰曆八月初七日安抵太原，當即隨衆出席參議會。事務甚簡，每禮拜除全體開會兩次外，餘日俱閒居無事，是以生雖名爲議員，其實仍不廢學生事業也。太原地面較於北京甚繁華，程度真有霄壤之別，故奮

〔修〕一層當可因此種天然之限制而免除
之惟生氣質愚頑負性狂謬關後仍須
請佐公老格外垂青嚴詞贈責俾生之
有成皆出於
訓翁之賜也肅此敬肅並候
公安
晚生
榮祥謹肅 八月十日

土默特旗總管委任榮祥等爲本署秘書的委任狀

（一九二七年三月二十八日。原件藏土默特左旗檔案館）

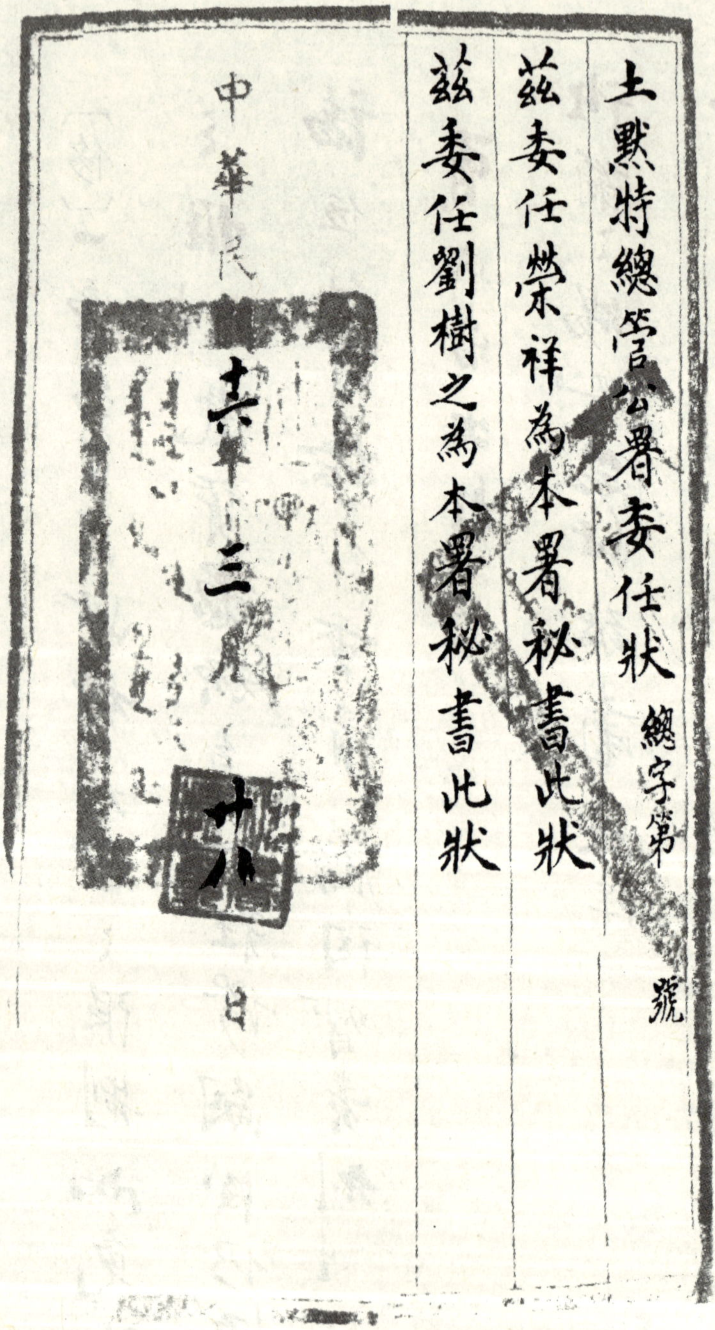

土默特總管公署委任狀　總字第　號

茲委任榮祥為本署秘書此狀

茲委任劉樹之為本署秘書此狀

中華民國十六年三月二十八日

土默特總管委任榮祥等爲本署秘書的手諭

（一九二七年三月二十八日。原件藏土默特左旗檔案館）

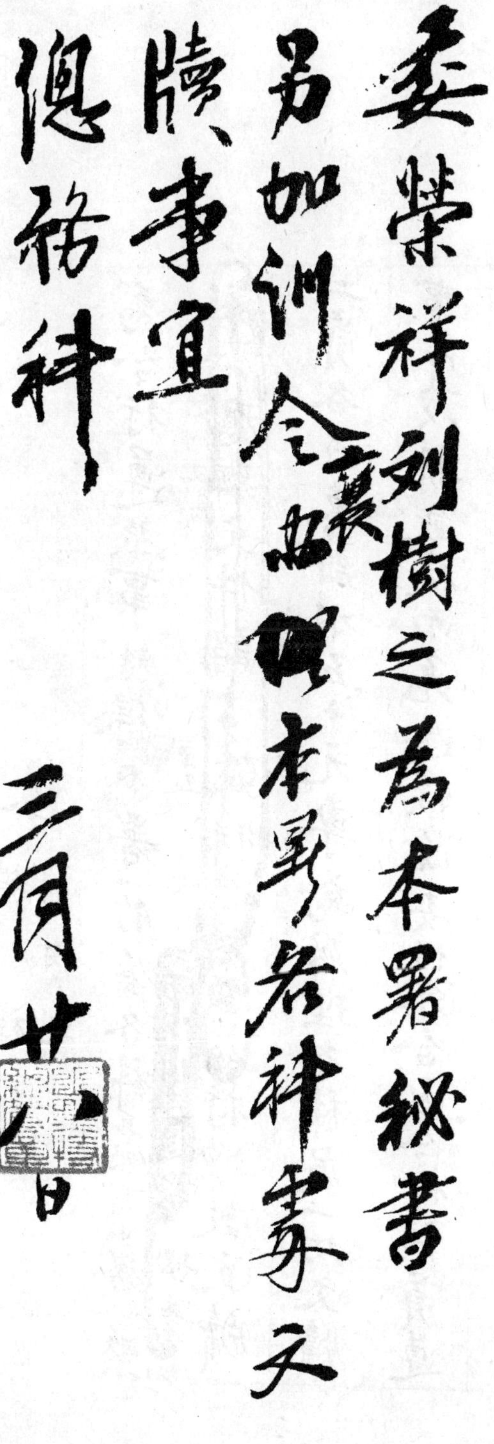

委榮祥、列樹之爲本署秘書，另加訓令襄理本署各科事務文牘事宜。遵照辦。

三月廿八日

土默特總管署為榮祥等遵照任事訓令

（一九二七年三月二十六日。原件藏土默特左旗檔案館）

土默特總管公署訓令　總字第　號

令　榮祥　劉樹之

為令行遵照事照得本署所屬各科處事務紛繁茲特增設文牘秘書二員各月支薪水五十元專為辦理各科處一切文牘事宜以期斂捷而免遲悞除委任外合亟令仰該員遵照任事可也此令

中華民國十六年三月廿六日

土默特旗總管署委任榮祥等人的委任狀

（一九二八年八月。原件藏土默特左旗檔案館）

土默特總管公署委任狀　綏字第　號

茲委任榮祥為本署正秘書此狀

茲委任李志學為本署秘書此狀

茲委任李煥文為本署二等秘兼監印此狀

茲委任趙瑾為本署辦事員此狀

茲委任趙理廬為本署辦事員此狀

茲委任李宅章為本署財政科總稽核此狀

茲委任程永祿為本署衛隊隊長此狀

茲委任陳祥為煤炭祖稅局稽查長此狀

茲委任雲得泉為煤炭祖稅局稽查員此狀

中華民國十七年八月　日

土默特旗總管公署爲勿再催交軍餉事咨復財政廳長文

（一九二八年十二月，當爲榮祥所撰，原件藏土默特左旗檔案館）

土默特總管公署爲咨復事案查迭准
貴廳大咨內開查貴署截至本年十二月底欠解軍
政費洋云云尅日咨解過廳以濟急需爲荷等
因准此查敝署前所負担軍餉純係警備隊餉
糈迨後凡在綏區軍隊陸續正式編制現在既
無警備隊之設置即不應敝署再負担他項軍
餉深知綏區軍費極感困難自應悉力兼籌併
顧共維特艱奈旂款奇窮處於破產抵押殆

盡質當無物告貸無門敝署向以煤炭租稅為大
宗收入比因年歲不佳荒旱成災稅收減成政學各
費需款尤殷年餘之久僅發政學各費數次屢累
已達鉅萬無法籌補困難情形莫此為甚用特函贅所
有軍餉望勿再催茲准前因相應備文咨復即請
查照諒勿催解至深感荷此咨
綏遠財政廳長仇

總管滿○○

滿泰爲陳明困難真相呈晉察綏財政整理處督辦閻錫山文

（一九二九年三月十三日。當爲榮祥所撰，原件藏土默特左旗檔案館）

晉察綏財政整理處督辦閻鈞鑒：接奉微電
催令戢署將每月應解財政廳之一千五百元自
十六年十月起至現在止仍繼續措解等因。伏查
此項解款，當規定之初，戢署財源已成弩末，厥
後經戢署百計羅掘，竭力摒湊，始得勉解數
月。迨前年地方屢遭兵匪旱荒以來，所有戢
收入遂完全陷於水盡山窮之地，伏思戢署
署財政，率以地租及煤炭租稅爲大宗，而比年以來
山後暨河西等地財寸草俱無，十室十空，民既

流離祖遂無着至於煤炭一項則窯戶强半逃亡馱戶牲畜蕩然以致收入總額不及豐年十分之一二即以職署經費及各學校經費而論均係欠工薪至半年以上官員職教無一不以典當為生迨甚節時各員包圍哭泣慘不忍聞職等不獲已乃將職署公有空地其全一段減價拍賣始得稍為分潤更以職署所有山西省銀行股票於前年抵押於官錢局本利一萬餘元至今不能贖回

此外再無可質之產就以上情形視之則我署對於財廳每月應解之款並非飾詞延抗實因窮困達於極点事實上無法撥解之故也若俟年穀稍佳收入漸暢前項解項自當按月補解以裕公帑倘財廳必欲於現在催收則我署租稅既微股票已押即地基亦拍賣無餘所可變價者僅有拉西城墻下之倉庫一座而已又股票係因十五年商總指揮莊俊如善後令

職署借款一萬元时抵押於此今公家既未嘗
还職署無力抽贖僅利息一項已累至三四千
元之鉅倘職署財政果裕寧願長期負此
重息奉電前因不得不將職署困难真相
據实陳明臨電惶悚伏祈
鈞鑒

土默特總管滿泰

中華民國十八年三月　日

土旗總管公署爲請賑恤災黎事電國民政府賑災委員會文

（一九二九年七月，原件存土默特旗檔案館）

竊查所據敬土默特旗六十屬目蒙古民衆代表欽
催披甲等呈稱呈為災情酷烈無法生存懇請轉
呈中央國民政府蒙藏委員會、中國華洋賑災委員會
蒙古代表團、北平歸綏同會、綏遠省政府恩賜賑
卹、以救災黎而全蟻命事竊維華北災情、以綏遠
為最重、綏遠災情、以蒙旗為最重、而蒙旗災情又
以土默特為最重、此中原因本甚複雜、然撮其犖犖大
端言之、不外下列數條而已、一土默特居鄰內地、草萊本闢

二百餘年以來中原人民之遷居於此土者無不田連阡陌

日臻富庶而土默特蒙人之生計遂致江河日下迫至近

歲率多貧無立錐蓋牧則無荒耕則無田水盡山窮於

斯為極一土默特自清初墾地以後蒙人所賴以養生者

僅有極微之地租洎民國成立此項地租已成弩末無論

徵收時有百不納一之難縱使徵收不難而近年生活高於前

清十倍以此極微之租背謀生何異以嬰乳飼壯夫其不餓斃

者幾希而此者連歲灾歉雖有[illegible]地戶亦無[illegible]

一前年兵旱巨災之後，後遂當局發行善後流通券一百萬元，並設抵產局，俾人民得以田產抵押借款，惟鄉人因不能得村社執事人之保證，故雖有薄產，亦被擯不能抵借，祇有束手待斃而已。一去年又因旱災過重，以致設立賑務會以謀救濟，然為數所救之賑糧賑品及今年之春耕籽種，鄉人仍以不得村社執事人之同情，不克稍分其惠。以上四端皆遭災以後經過之實在情形也。伏思就平日之生計論，鄉人早有不支之勢；就年來之災患論，鄉

人所受相同之條禍惟對於救濟之實益蒙人獨不得分
毫之賑卹此豈可以朝夕生存哉竊思各村社之不肯
分惠於蒙人本以僧多粥少（業惟本官之賑款亟亟具）因有自救不遑之苦衷蒙
人對此殊不得被賑為甚憾也惟是現在既處於瀕死
之絕境不得不自謀峪餉以求一線之生機謹派陳蒙八若
狀叩乞轉呈以全蟻命等情據此查該代表領催披甲等
所陳各節均屬實在情形謹代轉電呈懇伏乞鑒核恩
賜賑卹以救奇災不勝屏營待命之至謹此電呈伏維

垂鑒

戴特總管滿泰叩。

中華民國十八年八月　日

參領榮祥爲呈請准予集股試採石棉礦産發給執照呈土默特總管文附批文

（一九二九年十月十一日。批文爲榮祥親筆擬撰，原件藏土默特左旗檔案館）

呈爲呈請

准予試採石棉礦産以資實業而裕旗財事竊查本旗所屬坐落薩縣之大青山一帶素産石棉夾於山崖堅石縫中寬者如箸狹者如綫加以山石太堅挖取非易故歷來土人以土法掘採窮終日之力僅能湊集數兩兼以本省向無銷路價值極廉以致土人半月之獲不足供旬日之飽衆因試驗之結果均苦得不償失遂無過而問津者而本旗之礦産亦終利棄於地而有莫可如何之憾也兹者有 參領 之友人向辦各種礦業略稱此地所産石棉質脆而纖短故不易推銷若能加以化學之炮製尚可出售是以 參領 聯絡同志數人集資叁百元擬先行試採製售以觀成效如將來辦有良好成績再行正式擴充對於國家及本旗應納之山租礦税彼時亦均照章交納以裕公帑惟此刻事屬試辦資本無多且能否成功尚未可知擬懇

准予先行試採發給探試執照並轉飭租税總局照例保護以利進行如蒙

恩准並祈轉咨

建設廳備案實爲德便施行謹呈

土默特總管 滿

土默特總管 滿

土默特右翼四甲參領榮祥謹呈

中華民國十八年十月

土默特總管公署　爲

發給執照事照得本署所屬大青山一帶向產石棉惟因產量不廣銷路未宏土法開採工大利微以致歷年以來未能照式舉辦茲據本旗参領榮祥呈請先集股款試行採辦如將來辦有成效對於公家應收之各項租稅均願照章交納現為試辦起見請先發給開採執照以利進行等情據此除批示准予試辦外特此發給開採執照以資着手而觀後效切切此照

右照給本旗参領榮祥准此

中華民國十八年十月　日

總管 [illegible] 十五日

總管滿泰為擬設參領辦公處呈綏遠省政府主席文附簡章

（一九三〇年六月，原件藏土默特左旗檔案館）

呈為擬設參領辦公處以便統屬而資維
繫恭呈仰祈
鈞鑒事案查民署係前副都統衙
門所改設其舊日組織額定參領
十二員佐領驍騎校各六十員每佐
領一員曾存領催文名博什排四名或
六名不等全旗計分左右兩翼而以兵户
兩司統轄之其兵户兩司掌有關防由

十二參領中遠遼資望最深均足勝任
兵司專管官兵冊籍暨蒙民詞訟戶司
專管戶數土地暨財政教育由來久矣民
國紀元而後國体變更組織亦異其舊
設之兵戶兩司改為總務軍事財政教
育等科又附設一生計處雖名稱不一
而各職員所負之責任大略相同且原有
之参佐等官仍沿舊制每有缺出由職署

引名保荐以期各苏木之蒙众均受统系以便稽核比年以来受时局影响收拨锐减以致经济困难无法补救近蒙钧府饬由委员会审查拟具裁员减薪办法令遵实行原以求经开源先节流未尝不可救济于一时惟军事结束经裁撤而所存名额依非惟无所事事名实不符且日久怠生势同散沙亟须挽救上

不無障礙。茲擬於三科以外另設一參領辦公處，定以獎勵辦法，俾各參佐知於從任前途，有重要關係，自必各負責任，夙夜從公，又所出多事，純係義務，亦於此次規定預算不致背道而馳。如此，亦於外則各參議既有統屬，并可維繫其心。管蠡之見，是否有當，理合擬訂參領辦公處表，呈請

鑒核備案以便紙遵實為公便謹呈

綏遠省政府主席李

附呈參欽辦公處並簡章一紙

中華民國十九年　月　日

土默特旗總管公署組設參領辦公處暨附簡章

左翼參領六員佐領三十員驍騎校三十員每參領一員實管佐領五員每一佐領管一蘇木而以驍騎校為之輔每一蘇木向設有領催四名或六名不等以備差遣之用

右翼參領六員佐領三十員驍騎校三十員右翼參佐暨驍騎校等職所管蘇木暨所設領催與前相同計全旗左右兩翼

共十二參領所管六十蘇木額設六十佐領惟每參領一員向皆兼一佐領除十參領兼職外實設佐領四十八員

附參領補公處組織簡章

第一條 本盟軍事科奉令裁撤故改設參領補公處以全體十二參領組織之仍設於本盟軍事科內

第二條 先參領承總管之命令事以贊勷

所屬調查之家民戶口暨生計教育狀
況並各蘇木之森林實業荒地絕產
隨時呈報以資整頓倘各参領有充
科長局長等職負有專責無暇兼顧
者則由總管酌委佐領代行職務
第三條各佐領承参領之指揮協同驍騎校
督率各該蘇木之領催等切實調查前
開項可宜報由該管参佐彙報於總

管出異其調查細則另行規定之

第四條 各參贊到異辦公均係義務職概不支薪但所管各二蘇木於整頓之後有特別增加收入時得以酌提若干分給出力人員以昭激勵

第五條 各參贊須於辦公時間除星期不計外每日於卯簿上親自畫到以別勤惰如有勞怨不辭成績昭著者准予

分別記功過或提充科長以獎有功儆戒

宴安性成敷衍塞責者亦必分別記過

或降為佐領以懲有過其腐敗不堪

妨害公益者則依例參撤以為玩愒旗

務者戒

第六條各佐領能輔助參領實力進行卓著

勤勞者亦予分別記功或以參領遇缺充

陞或提充各科內一二等科員等職以酬勞力

勸其怠惰自甘放棄責任者分別

記過或降或革以示懲戒其驍騎校

等宜獎懲辦法亦如之

第七條各參領佐領暨驍騎校等如已在

各科局或府卡供職不勉從公者即予撤

差各回原蘇木或到本旗公處効力異日

悔過自新頗知愧奮者仍可予提用

第八條各參佐等暨一所屬蒙眾倒持旗

除如有卓識宏謨能為公家計久長謀利益與民衆造福者其明白條陳然以備採擇如有實効定予不次陞賞藉資鼓勵

第九條　本簡章自呈准之日組織進行如有未盡事宜得隨時會議修改之

中華民國十九年　六　月　日

土默特旗政府爲轉呈參佐等稱議决錯誤關係旗產未便懸擱事呈綏遠省政府文

附原呈

（一九三〇年七月。原件藏土默特左旗檔案館）

呈爲據情轉呈事頃據職旗參佐達恒泰等合詞呈稱
呈爲議决錯誤云云無任悚惶待命之至等情據此查該
參佐等所陳各節均係依據案卷及歷年事實剖明
此案之真相故文中縷述諸點尚能指明癥瘕切中
竅要職以此事關係旗產未便懸擱謹據情轉呈
伏乞
鑒核示遵施行謹呈
綏遠省政府主席李

中華民國十九年七月　日

呈

呈為議決錯誤變更地權謹剖明真相懇請轉呈重付審查以資

糾正而保旗産事案奉

總管交下轉奉

省府内字第一六九六號訓令内開為令行事據建設廳長兼墾務總辦提

議薩縣属壯丁營村有野兎地一段計八十餘頃前以被災荒廢近為民戶私

行墾種正擬收回照章丈放乃准土默特總管咨稱此項地畝係該旗公産

請停止丈放嗣經往返磋商核與薩縣縣長及墾務第一分局局長查復

各節証據殊欠充分事関公産究應如何辦理敍請提交公決等情據此

業交本府第八十三次例會決議既經查明地未報墾自属公産總管署私收

租款殊有不合仍應照章丈放姑念該署財政不足准照墾章撥給該

地押荒全數三成五以資補助等因除令墾務總局遵照辦理外合亟令仰該總管遵照此令等因奉此查壯丁營村之地在前清時代原係開墾之粮地每年所收粮銀專供代買耒耜之用嗣以此地鄰近黃河黑河兩岸被水沖壞不能耕種地遂報退粮銀落空無款買耒當由本旗以五當海吉爾素黑隆貴等山灘之地二百餘頃調補乾隆三十九年經前綏遠城將軍奏請奉旨依議並聲明以後此地涸出永遠作為土默特旗遊牧不准墾放有案可稽是以有用之土地易此無用之水灘專制淫威無如何也歷年既久河道西移水不為災陸續涸出地七八十頃附近居民遂不免私相墾種因之爭奪鬪毆迭起訟端光緒二十二年薩縣民人吳耀等呈請薩廳升科納粮以便安種署薩廳同知姚令莫明原委率行批准並給信諭以資遵守繼經

本旗飭知派員查明村地收回而該處農民聚族而居倚為生活勢不能復行
禁閉絕其命源爰議令由該種戶按年納租以補助本旗教育經費民國紀
元而後國体變更各該租戶因續辦墾務憲生枝節復呈請濤前將軍
特惠本旗副都統核准發給執照以免糾紛案卷炳存歷歷可考當時
租領此地者為王定圻吳耀馬鳳鳴等三人其實分種此地者計共九十
餘戶之多每戶數十畝或數百畝不等人民種地以贍身家本旗收租藉興
學校公私兩益向列本旗預算呈報有案詎有地方奸民見此地膏腴
設計巧奪妄稱該村之地係無主官灘請求墾局照章丈放被等以為
綏西連年荒歉百姓救死不贍焉有餘資認墾領地況佈告止限期
十日甫經貼出而期已屆滿然後以賤價包領此地瘠衆自肥謀亦狡矣抑

知產自有主權豈讓人迫壯丁營村各租戶報知前情經我
總管接據卷宗與墾局交涉該局初以因哭退地之十二村內並無壯丁營村
故仍認該村為未經報退之粮地旋由本旗聲明退地冊內之包頭村即今
之壯丁營村包頭二字係蒙語譯即水灣之義該村名稱複雜不下六七如
西爾合里五豐庄豐喜村太僕里野鬼地等皆是蒙漢殊音遠近異名
地有沿革亦何足怪前已據情咨覆乃墾局輒謂包頭即今之包頭縣
何得假冒試問退地之十二村星羅棊布至今尚在其十一村皆沿河岸
不遠而包頭一村獨僻在百里以外寧有是理且該村報退之地二百餘
頃若其村既無其地焉往墾局不以正當案卷為憑徒以薩縣縣長及
墾務第一分局查復之空言為解決此案之根據其理由豈為充分本

旗以所有之公產收應得之歲租以充教育之經費列入常年預算其何謂不合蓋墾局受人朦蔽誤認此地為公有而委員會議未經詳查又以墾局誤會之詞倉猝表決也此無論該村民戶開渠築堤耕種多年一旦被人侵奪蚩蚩之氓勢必激成禍端而本旗之制官無俸兵無餉向以分撥之戶口地畝資為養贍其統屬官兵之公署一切用人行政等費又以公有財產之收入維持於不敝若以土地之所有權無端喪失則財產不保機關何能永存職等為保護旗下權利起見故敢不揣檮昧據理力爭除逕呈省府核辦外理合呈墾

鑒核俯准轉請依據案卷重付審查以資糾正無任悚惶待命之至

謹呈

土默特總管滿

泰領達旺泰請假　森領

常　齡　榮　祥

德克吉珂　蘇魯岱

巴雅尔　國　安

福克津　科長昌　森

職員巴肇安　錫敏泰

萬　才　堃　孚

慶　春　蘇通阿

富　林　富　祥

雲鶴翔　富汝枚

雲漢章　李春芳

王　祥　恩錫榮

穆成林　德　勝請假

李　炳　雲碩望　雲碩望

福　瑞

中華民國十九年七月二十一日

土默特總管公署滿泰爲總管請假期間委任榮祥秘書長代拆代行本署文件令

〔一九三〇年九月十九日，原件藏土默特左旗檔案館〕

土默特總管公署委任令

令正秘書榮祥

爲委令事，現因本總管呈請給假修理坟墓業經呈准在案，茲杉於本月二十日起，行所有本署日行文件委任該員代拆代行，除呈報並分令外，合亟令仰該員遵照。此令。

中華民國十九年九月 日

土默特總管滿泰爲總管請假期間由榮祥代拆代行本署文件事呈綏遠省政府文

（一九三〇年九月，原件藏土默特左旗檔案館）

呈爲呈报事。竊职擬請給假修理坟墓，業經呈奉

鈞府諭字第二七八八號指令內開：「呈悉」云云等因。

奉此，职擬於本月二十日起程，所有职署日行文件，

暫委署秘書榮祥代拆代行。除委令外，理合具文

呈报，伏乞

鑒核備查施行。謹呈

綏遠省政府主席李

中華民國十九年九月　日

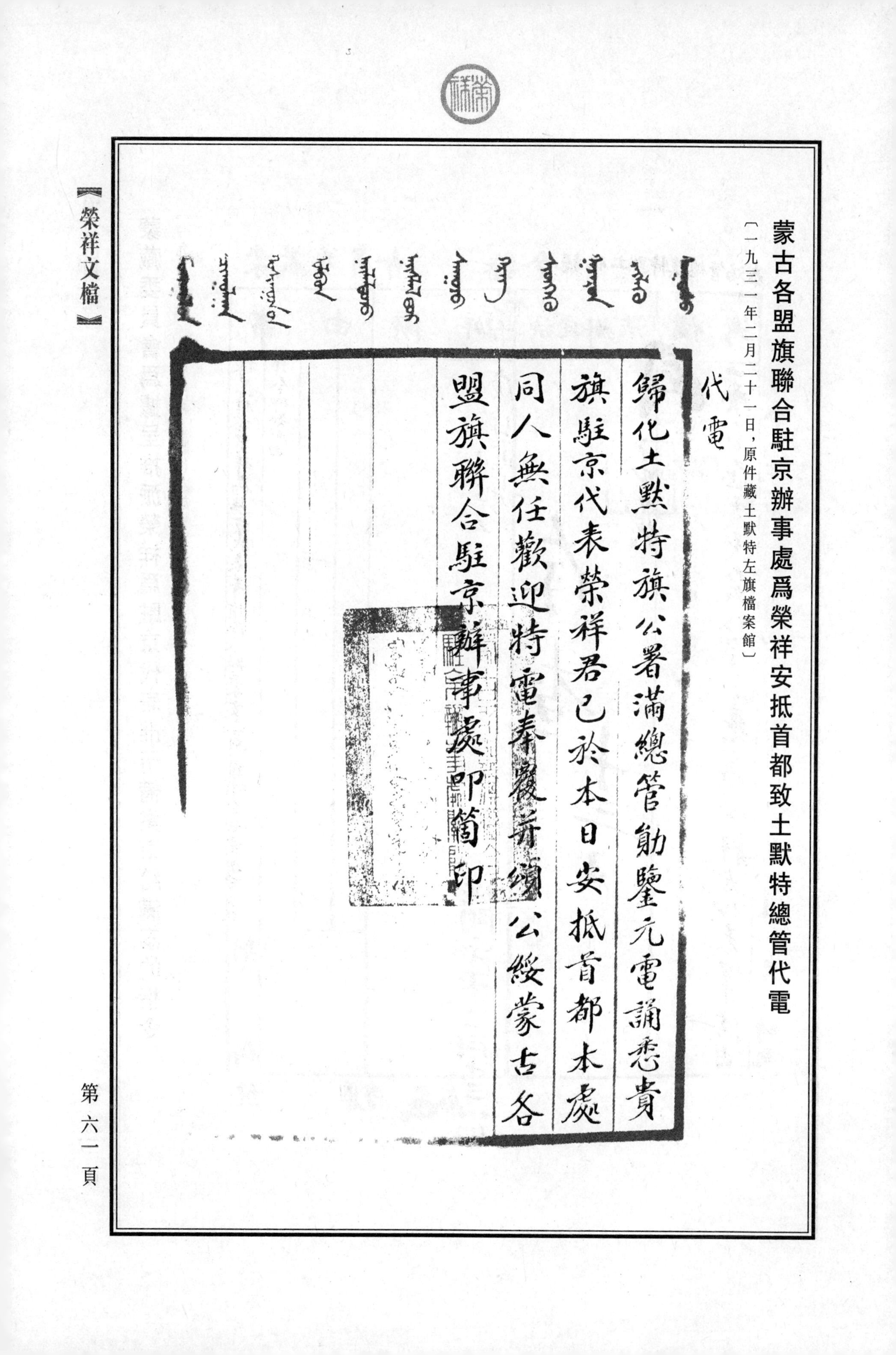

蒙古各盟旗聯合駐京辦事處爲榮祥安抵首都致土默特總管代電

（一九三一年二月二十一日，原件藏土默特左旗檔案館）

代電

歸化土默特旗公署滿總管勛鑒：元電誦悉。貴旗駐京代表榮祥君已於本日安抵首都，本處同人無任歡迎，特電奉復，并頌公綏。

蒙古各盟旗聯合駐京辦事處叩。箇印

蒙藏委員會爲據呈推派榮祥爲駐京代表准予備案事給滿泰的指令

（一九三一年二月，原件藏土默特左旗檔案館）

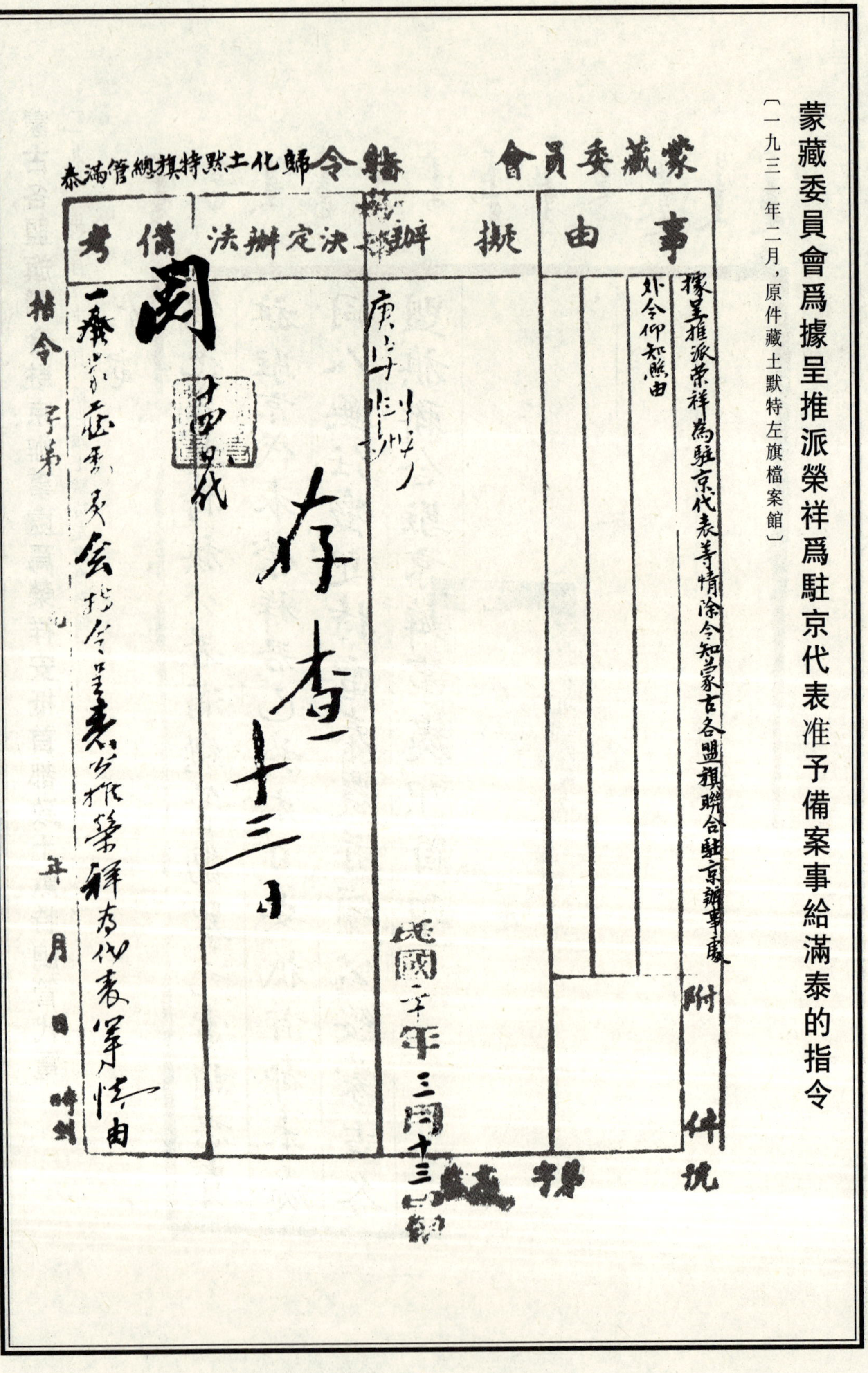

蒙藏委員會 指令 歸化土默特旗總管滿泰

事由	擬辦	決定辦法	備考
據呈推派榮祥爲駐京代表等情除令知蒙古各盟旗聯合駐京辦事處外令仰知照由	庚午	存查 十三日	閱

附件 號 字第 號

指令 字第 號 年 月 日 時 刻

民國二十年三月十三日

蒙藏委員會指令

蒙字第166號

令歸化土默特旗總管滿泰

呈一件為呈報公推榮祥為該旗駐京代表懇祈備案由

呈悉應准備案並已令知蒙古各盟旗聯合駐京辦事處矣仰即知照此令

中華民國二十年二月　日

馬福祥

校對[illegible]

駐京代表榮祥致壽彭、茂如、問樵三科長信

（一九三一年二月二十八日，原件藏土默特左旗檔案館）

綏遠省舊城

土默特旗總管公署交

總務科　公啟

遞

諸位傳觀

南京太平街大華飯店拟號榮祥緘

南京大華飯店公用箋

賬房電話二[illegible]七七〇　後樓電話二[illegible]二九〇　花園電話二三九四〇

壽彭
茂如
問樵　三位科長鑒：諸同仁均鑒：弟自廢曆臘月初九日離總次日抵平，因舊友多久不見，皆挽留小駐，且有願代寫介紹信件，比是以盤桓二週方赴津。在津情形亦頗相同，又住一禮拜，計兩處雖耽延二十日，然所得介紹函頗多，內有王亮疇院長、王儒堂、孔庸之、鈕惕生各部長均有友函介紹。弟於正月初三日與總管在津分手，乘平浦快車南下，初五日上午十鐘到浦口，因日前弟曾致電京友

電報掛號六七五七部部字　長途電話掛號二三七七〇
城內花牌樓太平街

南京大華飯店公用箋

賬房電話二三七七〇 後樓電話二三二九〇 花園電話二三三九四〇

故下車後即有薩成齋小鴻儒並蒙藏招待員在站迎接渡江即乘薩委員及辦公處汽車進城隨即寓於太平街大華飯店安歸行裝甫卸則同鄉詩友先後來訪半日之間均已晤面次日弟往謁馬公雲亭蒙殷勤接見垂問綏遠詩舊人情詞誠懇溢於顏表並將其自己所作詩集自印善本及其夫人所作詩文集取出相贈晚間又招（赴）其私宅便酌可見此公忠厚念舊之誼詢非他人所能及也次日因

電報掛號六七五七郎部字 長途電話掛號二三七七〇

城內花牌樓太平街

南京大華飯店公用箋

賬房電話二二七七〇　後樓電話二二二九〇　花園電話二三九四〇

各盟旗駐京代表請求增加國民会议代表名額，向政府暨各院部請願，弟亦只得隨同前往，共奔走四五日方止，然結果仍屬無效，因中央恐內地各省亦援例請增，勢將無法應付，故僅許改職業團体為盟旗選舉名額，例不能變更矣。計此次全蒙僅十二名，每盟出一名，四特別旗合選二名，以得票最多者為當選，我旗若不即早注意，恐難得手。現在政府要人中似有特許蒙人額外旁聽列席之意，如果實行，亦救濟之一法也。我旗

電報掛號六七五七即部字　長途電話掛號二三七七〇

城內花牌樓太平街

南京大華飯店公用箋

賬房電話二三七七〇　後樓電話二三二九〇　花園電話二三九四〇

有何情形務請
諸兄隨時示知以便与在京諸同鄉商酌辦理蘇
鳳山於本年前臘月廿五日離平抵京亦寓大華飯店
直至弟到京以後方纔見着馬委員長幸其來時
帶有禮物多種分送蒙藏當軸諸要人始得將差事
暫時維持住但此後若有人指控恐終不能久也現正
交涉其欠領之薪水如妥彼即歸矣专此奉聞敬頌
公安
小弟榮祥拜啓　一月廿八日

電報掛號六七五七即帮字　長途電話掛號二三七七〇

城内花牌樓太平街

駐京代表榮祥致壽彭、茂如、問樵三科長信

（一九三一年三月十一日，原件藏土默特左旗檔案館）

南京大華飯店公用箋

賬房電話二三七七〇　後樓電話二三二九〇　花園電話二三九四〇

壽彭
茂如
問樵　三位仁兄暨全署諸同人均鑒：前上一函，諒荷
青覽。弟自到京已踰兼旬，連日走訪各要人，並
面謁馬委員長數次，每提及我旗請求諸乃多
謂北方八省中央已交東北張副司令負責辦理，
所有關於蒙務善後各節，亦應向東北接洽，係
北方負責長官電請或轉呈到來，中央當予以
充分之維持。若此刹竟由中央主持，殊與原交東
北負責辦理之意旨不符等語。弟思此種說法亦

電報掛號六七五七郎都字　長途電話掛號二三七七〇

城內花牌樓太小街

南京大華飯店公用箋

賬房電話二三七七〇 後樓電話二三二九〇 花園電話二三九四〇

甚有理且以我藉請求之各件而論在本藉視之固屬極關重要之大事而在統籌全國之中央視之亦不過等諸尋常瑣務而已 弟現擬竭我棉力再作最後之呼籲如仍不得要領則須趕天熱以前束裝回旗大家另作商議後再定進行之方向總之無論如何必須尋見負責人方能討得結果耳再北中央今年招集之國民會議已確定於五月一日在南京開幕至於蒙古全部代表名額僅定為十

此地氣候極怪寒時太寒熱時太熱且自弟到來陰雨多而晴少擬此邦人言若到三四月黃梅天氣尤潮熱不堪北方人經此者無一不鬧濕氣之病弟自思身量太弱恐不能在此過夏前日馬公問我能久住否又能久住當為設法予一位置弟答以恐不慣過夏請勿費心馬公点頭笑以為善並擄袖令我看臂上濕瘡謂係去年夏天受潮熱所致至今未愈今年夏並論此以必回北方避暑云就此情形言之弟絕对不敢久居倘冒然任事必至自尋苦惱卜文林君亦言不宜在此過夏益[illegible]之[illegible]是以言之[illegible]

電報掛號[illegible] 長途電話掛號二三七七〇

城內花牌樓太平街

南京大華飯店公用箋

二名旅京各盟旗代表因名額過少曾再四請求增加惟中央以法令既已公布無法再增刻由蒙藏委員會就此十二名之數酌為分配茲擬定內蒙八箇盟部每盟部選代表一名青海二十九旗選一名新疆廿三旗選一名阿拉善與土爾扈特兩特別旗合選一名我旗與伊克明安兩特別旗合選一名以得票最多者為當選查伊克明安在黑龍江東北方距我旗幾萬里之遙此次為名額所限令兩旗合選一人事實

南京大華飯店公用箋

之困難自不待言既不能函電相商又不能一處同選
惟以河旗選民得票最多為當選就此言之則我旗
此次選舉投票時必須集中票數大家同選一人或
非可以將代表競爭到手否則恐為伊旗捷足先得
也此為弟近來與巴雅茲庫仲英商議皆謂必須
集中票數於一人倘一分派或分人投票定然失敗
且不但須集中票數並須力求票數之增多愈多愈
好即至少亦不可在萬票以下如能更多則愈穩妥矣

南京大華飯店公用箋

賬房電話二一七七〇　後樓電話二一二九〇　花園電話二三九四〇

此次選舉即以各盟旗長官為選舉監督我旗亦即以
總管為監督而總管在選期以前不能回旗即由代理
人依期趕辦大約正式公文不日亦可到也此次國民會議
開會日期不過一週或十日即閉幕並非長期會議其
來往車費及到京宿膳均由中央招待不必由本旗支
給但中央除招待以外亦不給薪蓋因其與長期之國
會議員不同故也計我旗代表將來往返不過廿日之譜
如有願來者大家不妨合力成全之但人選總以具有作

電報掛號六七五七即都字　長途電話掛號二三七七〇

城內花牌樓人中街

南京大華飯店公用箋

事能力如提案發言交際等項樣〻均取雖不太好亦不落後北方按蓋東蒙所最注意即為我旗備舉一不堪之人（吳處長常言所謂內蒙競爭只容尔沁与土默特而已他旗實談不到也）為彼等所笑則我旗之銳氣挫矣再大家須注意此次之國民代表与各盟旗聯合駐京办事處之代表不同（聯合駐京办事處係奉行政院之命令設立以便蒙古有在京办事之機關耳）弟所担任北即係駐京代表並非國民会議代表蓋國民代表由中央招待而駐京代表則須本旗給旅費大家幸勿誤會（縱然令弟兼办亦須經過選舉如有妥人總以另舉為妙）謂有弟在京即可省却選舉此點之不可也未悉尊閱敬請

公安

愚小弟榮祥拜啓　十日

土默特旗爲選舉國民代表事致駐京代表榮祥函

（一九三一年三月二十一日原件藏土默特左旗檔案館）

雍 代表鈞鑒逕啓者

遙聞於稔撫 京想江陵風味自必勝佳遊人所至

之餘特祝漢蒙各族爽適健康恒若此同人等

所可欣慰者矣至我鎮請求事件均關重要

能在綜籌全局之中央不予重視要不可想

榮材當時瞭畫相機進行以期達到最終之目的而

為僑界團體之競爭實不勝其遠引鈎合長也

至國民代表選舉一事摩擊承殷殷之遠示良深欽

佩但其等以為此次選舉裁辦合適之困難事實顯然

蓋本該僑共同選舉相距既在數千里之外若何以集

合乎各單獨辦理統使我僑集中選票與該僑之

鑒於票多寡似甚堪從張非竟由正相擇取以作競選之果，徒致紛爭，爰補事實如果未能請禄在京有人，不妨預為聯絡，推彼相當之人讓由我禄選充代表。開會時請禄於有疾者自留，讓弟提議，未始非一救濟之法，果能於此說却紛紛，並免傷感情，此亦顧全同人等之表示，亦未嘗請

旗以為若何，我旗辦理鹽茶，務在及刻未奉到正式公文，現已商同旗
條積極籌備矣，俟地方近況，劉仍將前措撤，將恐有誤事，全部實
行整頓，至三月十五日所有各征收關口機，全改征現
洋，我旗稅征額新名遙無改，如矣再總發去來
近我自諸事其恆來，因續閱，書函特密順頌
南安並
台祺並祝
參議並祈轉致我旗在京
諸位同仁均安

三月廿一日付郵第一號

榮祥自南京爲選國民代表致壽彭、茂如、問樵三科長信

（約一九三一年三月二十九日，原件藏土默特左旗檔案館）

壽彭
茂如　三位科長仁兄鑒：全署諸同寅公鑒：前日（廿七）發去一函，本用快信，因
問樵
郵局見封面係蒙旗官署，認爲距省窎遠，堅持不通快信，解說再三，終不肯收，送信人無法，只得按常信付郵。弟恐該函遲延，故再寫此信，以期穩妥。且關於選舉國民代表消息，今日吳處長梅軒由蒙藏委員會回來，招集各盟旗駐京代表談話，略謂東蒙各盟旗及烏蘭察布凡有駐京代表（吳對於內蒙頗有左右之力，故其預言如此，至於烏盟，則該代表已自言兼任）北均即由各該本盟旗以電報或公文派定其駐京代表爲國民會議代表。至伊克昭盟因無駐京代表，不得不另選代表，雖有奇子俊在京，但伊係監察院委員（凡監察院大小官吏均不得兼任他項職務），不能兼充，現奇子俊尚欲覓一在京之伊盟人，以便就近復選

俗……各盟部無論如何總能每盟得一正式代表惟有四特別旗則在得失不定之間蓋伊克昭盟之駐京代表刹亦積極向其本旗以函報告大有躍躍欲試之意云 弟觀其舉動亦覺伊確有與我旗競爭之決心目前接

兄等大札謂與該旗駐京代表接洽不妨請其讓與我旗弟 近日既已知其真相則讓與之言深覺不便出口將來只好在復選上決勝負耳惟願我旗此次舉一漂亮之士勿被該旗所壓倒則增光不尠矣蓋該旗部分雖小而接近东蒙其勢力亦不可輕視況在京各蒙古东蒙占十之八九西蒙不過十之一二而烏盟之拉布色楞又一無所長彼自顧猶恐不暇安能爲我旗幫忙乎至於

内蒙在京各代表及办事处职员不下四五十人大概各有微长多数能通蒙文其不通蒙文者必于汉文有起稿之能弟此次来京所以为各代表职员所重视者则以未到之先即经吴梅轩代为大吹而特吹彼等平日均以吴之意思为依归吴既不敢小觑彼等自不敢忽视也加以弟到京以来每日同室办公遇有重要作品莫不振笔直书如建筑蒙藏会馆之缘起及旬刊各稿或完全由弟起草或必须经弟核定然后付印彼等既亲眼看见更不得不诚心折服矣倘此次能再举一助弟增光者岂非极好之事乎设我旗亦欲採其他各盟旗之办法以驻京代表兼充国民代表则在京复选时吴梅轩必能帮忙因吴与弟既係

〔〕而此次来京相處又極融洽因彼借重弟處甚多故与馬委員長一致
挽留且彼對於此次選举亦曾祕密示意囑弟与我旗去信弟初不願寫此信
後見伊克明安代表如此办理遂不得不依樣画葫蘆姑寫一信以請示於
兄等也蓋伊旗代表甚不願我旗選弟緣吳之感情對弟厚而对彼薄伊去年
丢蒙藏委員会之科長即係吳用手段撤之耳倘我旗来一生人或退讓老實之
人彼即可借东蒙同鄉之関係求吳於後選時加以援助其形容言動確有此種表現務請
弟純係为我旗之勝負计决非为私人计也因此次国民代表並無何權利可言弟亦非絶对願充如有願来者請即举来不必以弟之言而計較
兄等萬勿誤会以为弟作毛遂之自薦也究应如何請酌之为盼专此拜肅敬請
公祺
正式公令不日可到 至於代表初選人
必須趕四月廿五日前抵京以備復選云

愚小弟 榮祥 拜啓 廿九日

土默特旗總管滿泰爲選舉榮祥爲國民會議代表事覆蒙古各盟旗聯合駐京辦事處電

〔約一九三一年三月二十九日，原件藏土默特左旗檔案館〕

南京盟旗聯合辦事處鑒：儉電敬悉。選舉代表，正拟
前赴辦，決不誤限。查敝旗參領榮祥，夙負為眾望所歸，
此次國民代表，以該參領最有希望。前已派赴南京，接
洽一切，現寓大華飯店。希即通事，推愛關照，為感。俟經過
以定手續，速選出，另電奉聞。土默特旗總管滿泰叩。佳。

發 九日

綏遠省政府主席李培基爲榮祥當選國民議會代表事給滿泰的指令

（一九三一年四月二十日，原件藏土默特左旗檔案館）

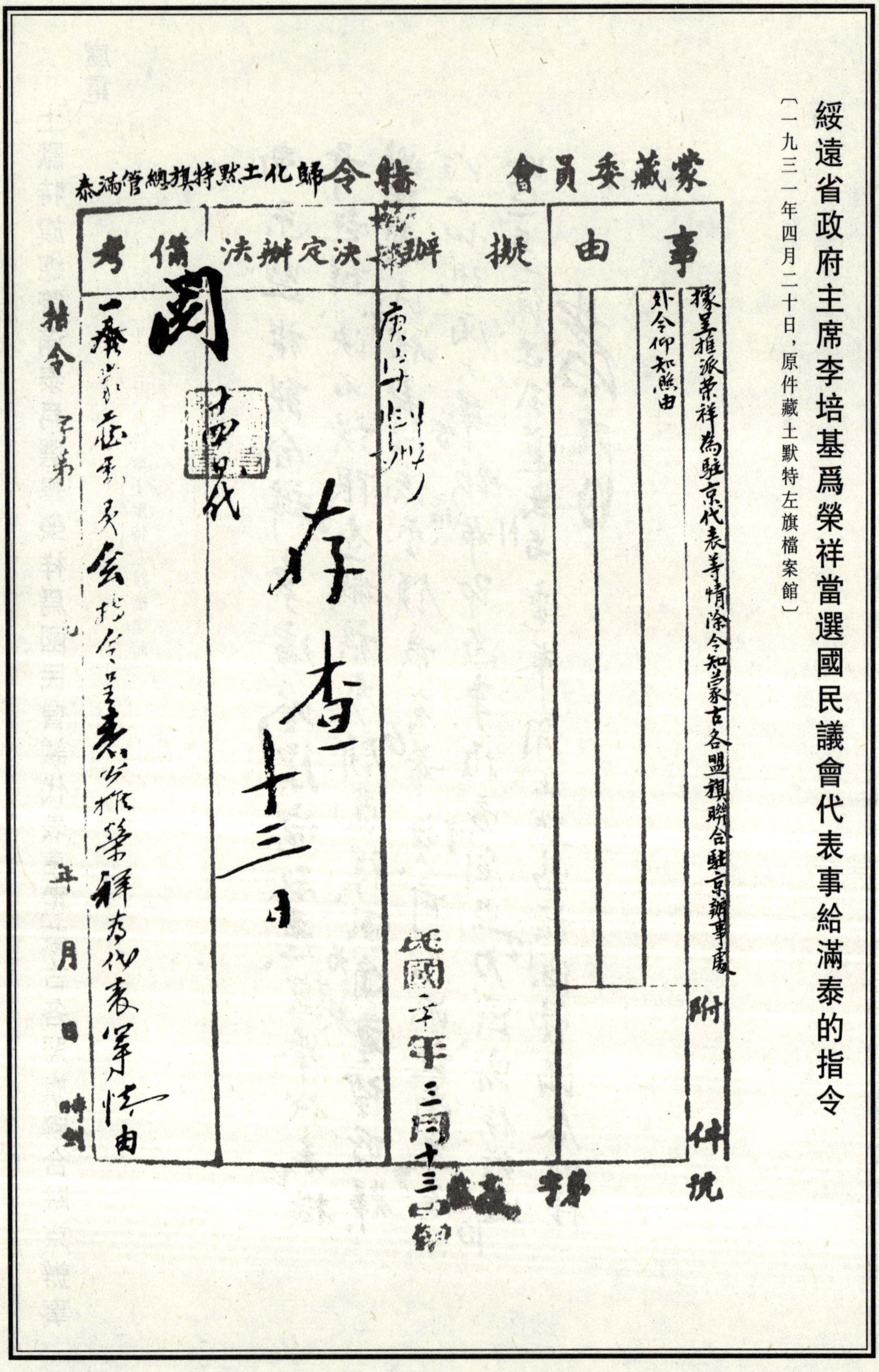
蒙藏委員會[illegible]令 歸化土默特旗總管滿泰

事由：據呈推派榮祥爲駐京代表等情除令知蒙古各盟旗聯合駐京辦事處外令仰知照由

附件

字第 號

擬辦

存查

十三日

決定辦法

備考

民國二十年三月十三日

指令 字第 號

年 月 日 時刻

蒙藏委員會指令

蒙字第166號

令歸化土默特旗總管滿泰

呈一件為呈報公推榮祥為該旗駐京代表懇祈備案由

呈悉應准備案並已令知蒙古各盟旗聯合駐京辦事處矣仰即知照此令

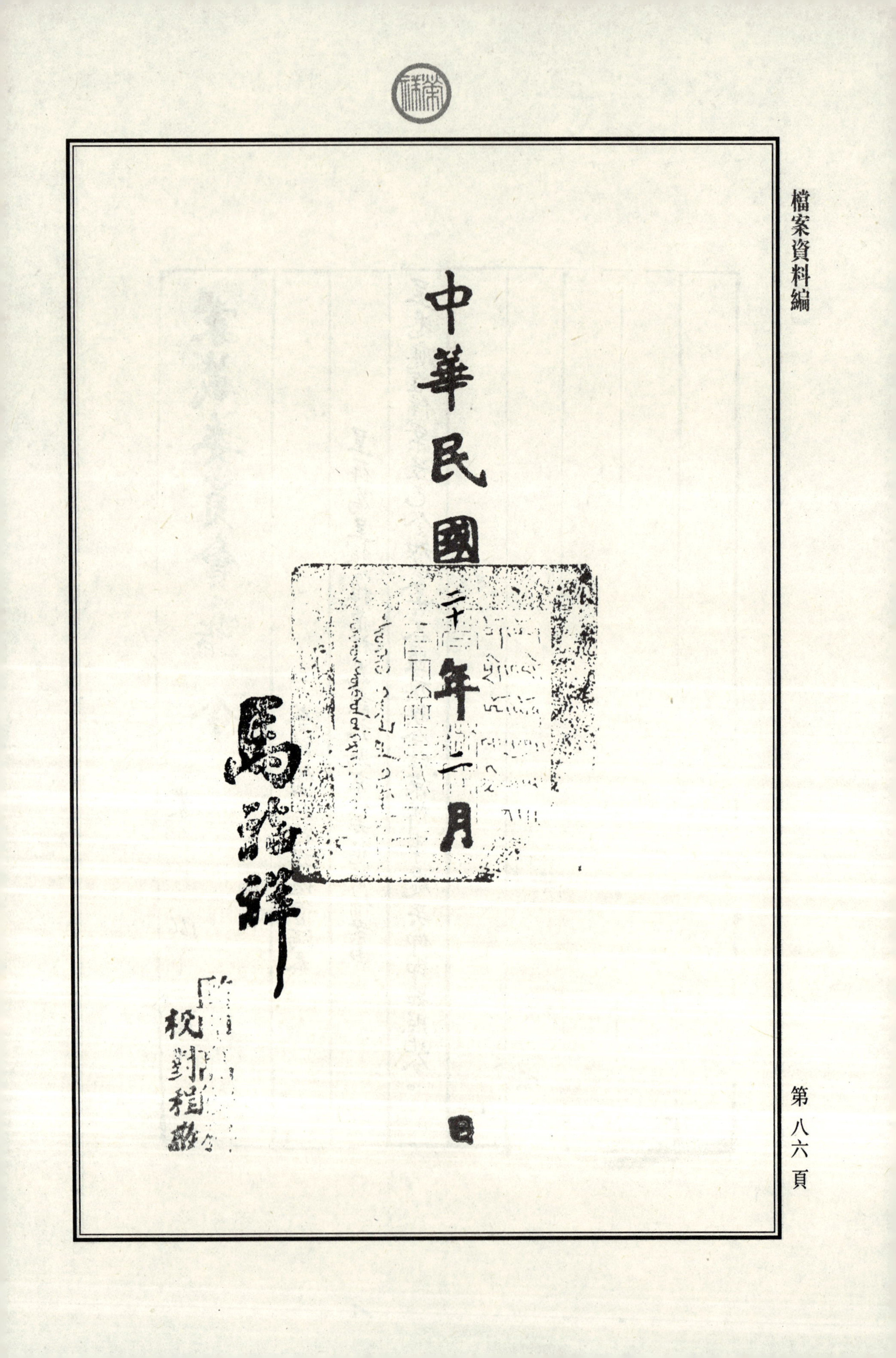

中華民國二十四年十二月　日

馬鴻逵

校對程[illegible]

駐京代表榮祥領條

（一九三一年七月三十一日，原件藏土默特左旗檔案館）

與墨領事依奉領到

總憲發給此次駐京歡晏班禪並立法委員暨各邊省代表三宗代墊款項共現大洋捌拾貳元所具墨領是實

照發

中華民國二十年七月三十一日

駐京代表榮祥

各參領等爲懇請轉呈綏遠省政府核議攤差辦法以恤蒙艱事呈土默特總管文

（一九三一年九月五日，原件藏土默特左旗檔案館。另有草稿一份，有榮祥改動之手迹）

呈

呈爲攤差辦法解釋錯誤公懇轉請核議以資糾正而恤蒙艱事

案查前奉

省府秘字第五零七號令開民政廳擬議蒙漢攤差辦法四條經

第十二次常會決議通過令發到署業經佈告所屬蒙民一體遵照各在案嗣因蒙漢雜處良莠不齊有好事漢民強指蒙民租典各地復經贖田者等於後置舉令一律攤差蒙民否認致起訴爭歸綏縣政府以與原定辦法不合呈請民政廳解釋以便遵辦乃民政廳未查原案率予批准以蒙民之戶口地凡經租典贖田者均按後置地論以免取巧自此縣政府視爲鐵案如山無論佈告手諭以及蒙漢訴爭之堂判皆援此次解釋以爲標準不但蒙民增

加負擔呼籲無門而各縣漢民凡關於蒙民贖回之地不問年代遠近亦紛紛援例辦理獄訟繁興互相仇視胥此解釋錯誤有以階之厲也查蒙漢攤差辦法第二條内載凡蒙人担負差徭以後置地為限又第三條内載如蒙地一經賣斷地權屬在漢民時自應歸漢納經蒙再行買回時應由蒙人按照後置地十成攤納各差等語是蒙漢平攤差徭者惟在於後置地而後置地之解釋惟以賣断地權者為限詞旨本自顯然若祖典各地係暫時變方合意之契約或一年或三五年不等期滿照約抽贖其地權仍屬於原業主自與賣断地權者迥乎不同何得以祖典贖回者牽强附會指為後置逼令攤差此等辦法非特與全旗蒙衆有利害關係而官廳煌煌佈告昭示民衆之威信亦殊不能無損也叅領等忝膺長官未便緘默不言為此聯名呈懇

總管轉呈

省府提交常務委員會重行核議以資糾正而恤蒙艱寔為德便

施行謹呈

土默特總管滿

參領森額

巴雅爾

蘇魯岱

常齡

德克吉珂 出差

國安

福克津

慶春

萬才

榮祥

中華民國二十年九月

土默特旗爲轉呈蒙漢攤差辦法解釋錯誤懇請核議糾正事呈綏遠省政府文（節録）

（一九三一年九月十一日，原件藏土默特左旗檔案館）

呈為據情轉呈事。案據本旂參領森額等聯名呈稱：為攤差辦法解釋錯誤，公懇轉請核議，以資糾正而恤蒙艱事。案查前奉

省府秘字第五零七號令開：民政廳擬議蒙漢攤差辦法四條，經第十二次常會決議通過，令發到署，業經佈告所屬蒙民一體遵照，各在案。嗣因蒙漢雜處，良莠不齊，有好事漢民強指蒙民租典各地，復經贖回者，等於後置，攀令一律攤差，蒙民否認，致起訴爭，歸綏縣政府以與原定辦法不合

呈請民政廳解釋、以便遵辦、乃民政廳未查原案、率予批准、以蒙民之戶口地、凡經租典贖田者、均按後置地論、以免取巧、自此縣政府視為鐵案如山、無論佈告手諭、以及蒙漢訴爭之當判、皆援此次解釋、以為標準、不但蒙民增加負担、呼籲無門、而各縣漢民凡關於蒙民贖田之地、不問年代遠近、亦紛紛援例辦理、訟獄繁興、互相仇視、是有此解釋錯誤、有以階之厲也、查蒙漢攤差辦法第一條內載、凡蒙人担負差徭、以後置地為限、又第三條內載、如蒙地一經賣斷、地權屬在漢民時、自應歸漢民納經蒙、再行買回時、應由蒙人按照後置地十成攤納各差等語、是蒙漢平攤差徭者、惟在於後置地、而後置地之解釋、惟以賣斷地權者為限、詞旨本自顯然、若祖典各地、係暫時漢方合意之契約、或一年、或三五年不等、期滿照約抽贖、其地權仍屬於原業主、自與賣斷地權者、迥乎不同、何得以祖典贖回者、豪強附會指為後置、逼令攤差、此等辦法、非特與全旗蒙衆有利害關係、而官廳煌煌佈告、昭示民衆之威信、亦殊不能無損也、叅領等忝膺長官

查蒙民出租出典之地並未賣斷

地權似不能以後置地辦法相繩所稱如果屬實解釋

惟此項乃係本署未准有(?)通知亦未布告當然(?)碍難實行

未免錯誤可否逕由擬呈前情

鈞府令由民政廳通行更正抑或提交會議以資糾正之

處理合據情轉呈伏乞

鑒核訓示以便飭遵不勝屏營待命之至謹呈

綏遠省政府主席傅

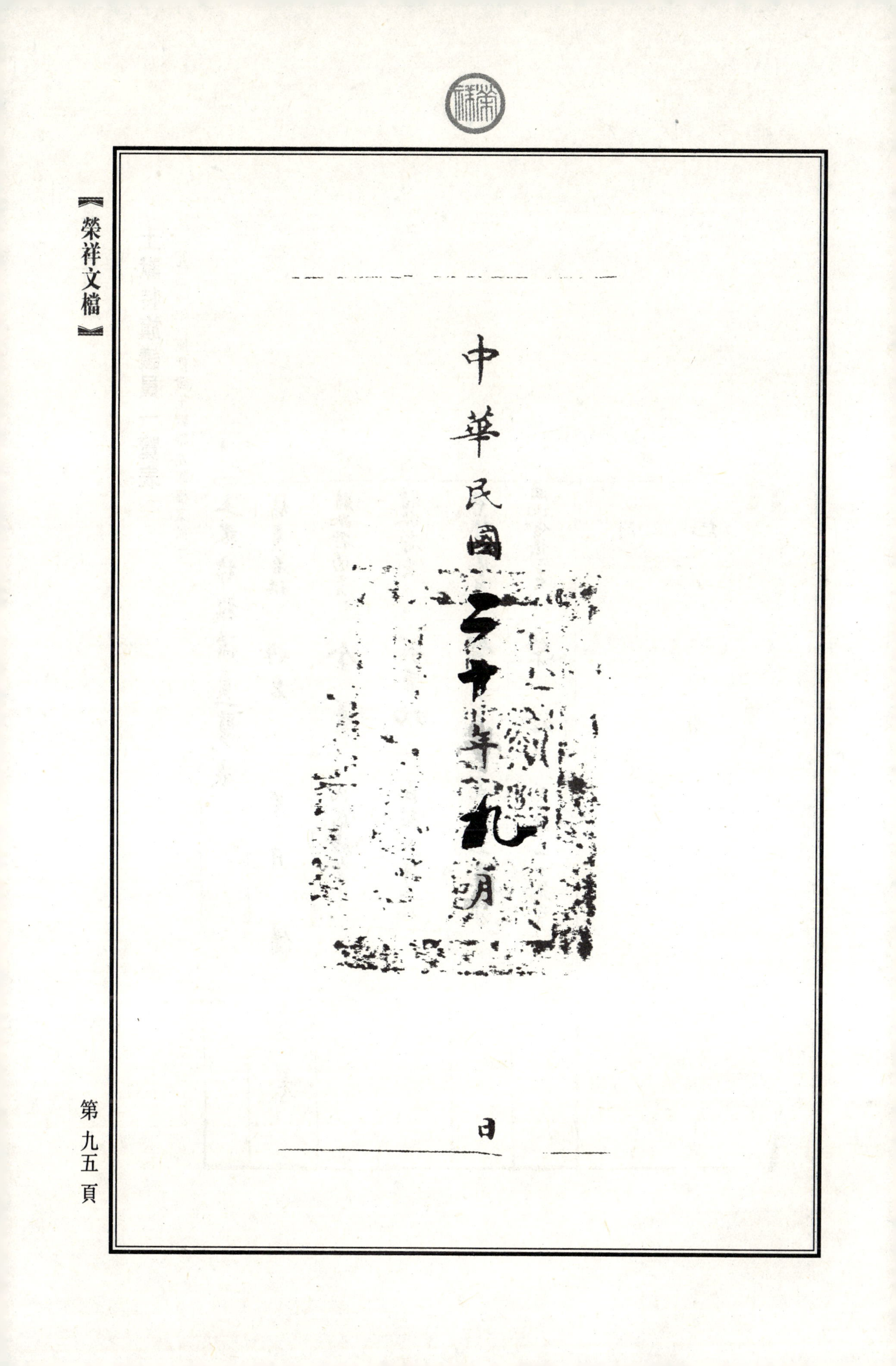

中華民國二十九年九月

日

土默特旗議員一覽表

（一九三一年，原件藏土默特左旗檔案館）

土默特旗議員一覽表

議員名稱	姓名	年月	備考
特派省議員	金善	民國初年	
特派省員	武爾功	民國六年三月	
衆議院議員	賀色畚	民國七年六月	
國民會議議員	榮祥	民國二十年四月	
附記			

土默特旗爲調查壯丁營村地畝各情形事呈綏遠省政府文附意見書

（一九三二年一月，原件藏土默特左旗檔案館）

土默特總管公署稿

總管

行

蓉

來文字第　號	文別
送達機關	
類別	
附件	

事由：呈省府據已派員調查壯丁營村地畝各情形由

秘書長 榮祥

秘書 李正榮

財政科科長 福克津　核

科員 錫畝泰

中華民國二十一年

一月　日　時　文辦

一月　日　時　擬稿

月　日　時　核發

月　日　時　判行

月　日　時　繕寫

月　日　時　校對

月　日　時　蓋印

月　日　時　封發

去文字第　號

檔案字第　號

呈為據情轉呈以備參攷事案奉

鈞府令飭派員會查壯丁營村地畝糾葛等因遵即派參領巴雅爾會同韓委員貴榮王委員尚綱弛赴壯丁營子暨鄰近各村詳為查詢業將調查情形會報在案惟該參領田着後於會報公文外復就調查所得附陳意見對於此案肯綮頗有重要關係蓋此地與周圍四十餘村同係交納官米自乾隆年間已有深長之歷史嗣經被水冲壞米銀無着始由土默特旗以五当溝黑隆貴吉尔素三溝之地調補至今黃河舊漕尚橫貫此地中央形跡昭然其東為大黑河則当时之洪水為害載在奏章案卷炳

存徒以鄉愚無知勿論交未交銀統名之曰粮地即內地各省人民號為開通者亦大率類此於塞北又何責焉茲將調查筆錄詳為核閱各該村長等言人人殊莫衷一是其實皆道聽塗說或憑空設想並無確鑿之証明若以無稽之言認為可信是將由乾隆以迄民國二百餘年之案卷根本推翻寧有是理且此地若視作公有矣則西當溝等三處調補之地能否復退還本旗倘彼既易之於先此又失之於後非惟本旗產權攸關不敢讓人即壯丁營村百十戶之農民一旦失業老稚轉溝壑壯者散四方其心又何能甘竊以為此案懸梱日久非得公平之解決斷不足息

事以寧人理合將已奉領附陳意見並繪具畧圖一併抄
錄轉呈伏乞
鑒核參考以資處理實為公法兩便謹呈
綏遠省政府主席傅
附呈照抄意見書一份畧圖乙紙

中華民國　年　月　日

民國三十年一月九日

丁字第川一號

辛字以川號

財政科

呈悉此案既經三方確實調查完竣將來墾局及省府必另擬繼續辦理之法屆時我方如何應付之處仰由署務會預先商定可也

閱

昔

呈

一據委員巴維爾呈報調查壯丁營村地畝糾葛由

為呈報事案奉

總管令委會查壯丁營子地畝糾葛一案遵即會同省府委員韓貴榮墾局委員王尚綱馳抵壯丁營子暨鄰近各村詳為查詢並赴係爭地內逐加履勘業將調查所得會報省府在案畧陳大概情形未加可否但兹領

意見所及謹繕清摺恭呈

憲鑒以備採擇

計開

一對於該地沿革壯丁營子村週圍四十八村既係大官来地完全徵未是與本旗代買来石之原案相符其村長李正才等謂廢地之粮聽老人傳言由各村分擔下餘地每畝加了二勺果如斯言則水佔報退之地何以由本旗用黑隆貴等三溝之地撥補且閱其上中各地每畝又加若干係於何年實行均茫然不知是其以意揣度難資憑信

一對於該村名稱查壯丁營子村是否即係包頭村之變遷據各村長等供稱壯丁營村由來已久不知係包頭村之變遷等語揆厥情形乾隆年間既被河水淹沒一片汪洋各村庄漂沒無遺以窮

鄉僻壤遥隔二百餘年之久即五六十歲之老人何能知百餘年前之事惟據一間房子村甲會許昇供稱於十六歲上就幫同辦理社事迄今多年從前聽老人們傳言當初地因水佔高阜之處水退的早在該村西北有過抱頭圪旦鳳喜圪旦壽陽圪旦等處後因屢次水退地多合一間房子壯丁營子處爲五豐莊薩縣紅簿上尚有此莊復據吳耀等呈出乾隆二十八年孫祿等四十二人推舉陳玉誠等約內載有豐喜村之名稱此知村庄名稱並非歷久不變又焉知抱頭圪旦非即包頭村之變相耶

一對於放墾手續查墾務局布告原户認領期限已廹迫復展限五日墾務局案卷雖載有此事而該處地户均未見有此項布告則其中

不無朦蔽無從明言至委員丈地一節各村均不承認惟領戶康文

雖供有聽見營子裡僱人拉繩之說又據領戶武德隆云地分四段丈

的而查其執照却係三段則其未經實丈概可想見

一對於領戶方面查丁文藻等請領此地原稱無主荒灘今又稱熟地多生

地少其實該村所種均係熟地其爲朦朧報領可以斷言

一對於原戶方面查壯丁營子按照社賬共有一百餘戶之多自光緒九

年開闢荒築壩煞費苦心以至於今一旦被他人奪去試問能否生

存況領戶丁丕基在民國年間與吳耀等夥種此地明知開墾

多年之熟地今則合夥承領此地將置此百餘戶之人民於何地無

論各村調查情形如何不過徒託空言均無實證不能將本旗案

卷准翻即以該村人民墾種數十年生命攸關亦礙難改歸他人
一對於本案事實查此地於乾隆年間因水報退以致軍米無着故
由本旗黑隆貴五党溝吉爾素等三溝之地撥補此項米地業經
證明無疑今在薩縣政府內查詢十九村之粮頭李正才等同
供內據韓委員持有上年劉委員調查筆錄內康兆瑞裴常在
等五人同供內稱壯丁營子村被河水侵佔至同治年間地廢該
村原户逃亡只剩王李數家原户只納四頃九十二畝錢粮其餘
八十餘頃地錢粮奉縣署令於附近各村分擔名爲撥補升科又
問撥補升科是怎樣講復據該等供稱撥補升科是因壯丁營
子的地被水佔廢了時候未報上峯只報縣裡該地錢粮就未取

消將這地之粮給長、永寧、安太雙三里附近各村分擔名曰撥補
升科等語按康兆瑞等所稱四頃九十二畝想係水冲之餘地至
云未報上峯將錢粮給各村分擔未免荒謬不情請令薩縣詳
查案卷自不難水落石出　職等正在會辦間復據路三圪堆村
公民代表李枝培呈稱謂民等二十餘人前在縣控告吳耀等勒
索攤款一案民等並無其事等情呈請撤銷前來除原文省
府存案外理合照抄原文一併呈請
鈞鑒核辦施行
　計附呈　照抄會呈省政府原文一件
　　　　　照抄薩縣墾局丈地原圖一張

此次會查壯丁營子地畝繪具草圖一張
照抄薩縣墾局取具各村甘結八張
會查筆錄二本
吳耀呈文一件隨照抄約三張薩縣信諭三張
照抄康兆瑞等五人供結二張
照抄丁丕基親供一張
照抄一間房子村長裴昌在呈文一件

委員巴雅爾

照抄丁丕基親供一張
照抄一間房子村長裴昌在呈文一件　此二件未准交到

中華民國二十一年一月　日

土默特旗總管敦促總務科擬定清查户口辦法的手諭

〔約一九三二年二月二十四日，前有缺頁，原件藏土默特左旗檔案館〕

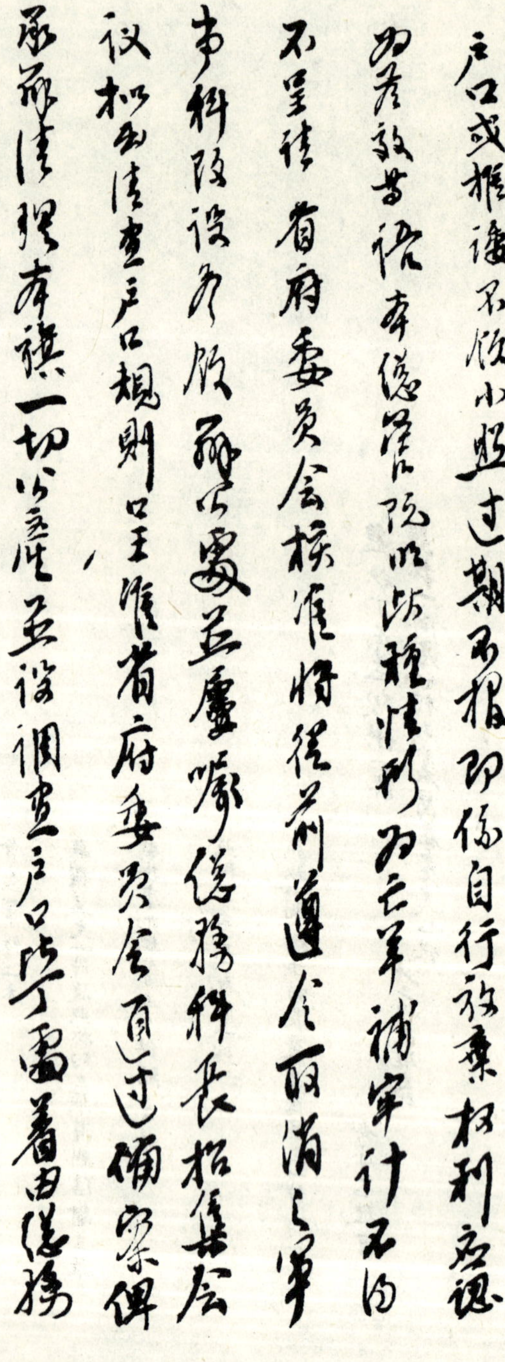

户口或推諉不服小照過期不給印信自行放棄權利應認

如有欺其請本總管既以此種情形為亡羊補牢計不得

不呈請　省府委員會核准將從前通令取消之單

事科限設户服務公要並處嚟總務科長招集會

議擬出清查户口規則以呈准　省府委員會自過獨案俾

承辦清理本旗一切公產並調查户口時予審着由總務

科長兼管依照擬定辦法以一次旅費發給各員佐佑任補
查本室原因之責，惟文書主任因核擬文稿件之故得以
兩月薪水為限且此項辦公經費係由總務科長與財務科長會
同招集全體職員開會表決以公眾舊存之兩郵局存票向（查郵儲計叁萬元）
平官錢局抵押借款三千元作為此屆清查戶口之用凡此
周轉各項情形均經存在案乃去年底本總管對於總務科長

面諭催促令其早日结束何以再三再四着此該科長只有巳
語搪塞並不認真办理預估之經費已盡而此案之结束尚無期
本總管雖在荐病期間对於以上任務均視為極端重要之事
件因此事院在省府及行政院備案若不早结早報則本總
管將候一日即一日不安今該科長森欽阮屢次推諉不顧名
即先予停職處分以示懲戒並限該科長於十日內將該案结
束清楚分別呈報省府備案同时將向支匯費數目呈
請核銷以便早還借款收回股票庶公事畢而本總管之心
亦安矣特此諭知勿得再延切切此諭

總管手諭 十月卅日

土默特旗總管公署爲積欠軍餉事覆綏遠省咨財政廳函附榮祥原稿

（一九三二年五月，原件藏土默特左旗檔案館）

土默特總管公署稿

丁字第壹百九十六號

來文　字第　號

文別

事由：函覆財政廳本署所負臨時軍費請貴廳詳審以定方針即希查照由

類別

附件

總管　滿

卅日

行

秘書長　榮祥

秘書　李正樂

財政科科長　福克俾　核

科員　錫敏泰

中華民國二十一年

文辦	擬稿	核簽	判行	繕寫	校對	蓋印	封發
月　日　時	五月　日　時	月　日　時	月　日　時	月　日　時	月　日　時	月　日　時	月　日　時

去文　字第　號

檔案　字第　號

土默特總管公署公函　財字第九号

逕覆者前准

貴廳財字第五三六號函開略以本署積欠軍餉一萬八千餘元務於三日內撥付過廳以便轉發並希先覆等因查此欵自近數年來曾承歷任財政廳長前後迭次催解總計咨函往復及專員守提何止一二十次終因本署籌措有心撥解無欵遂致陷於長期積欠之窘境即此次准函後亦曾竭力設法百計湊集無如財力所限斷非徒手張皇所能濟誠以此事為有欵無欵之事實問題並非急催緩催之手續問題如果本署有欵雖不見催亦能按期撥解若本署實係無欵

雖日日坐催亦終無可應命現在本署在事實環境各方面已
切確證明毫無再解此欵之力然為根本解決計除由本署據
實分呈行政院蒙藏委員會晉綏綏靖公署及綏遠省政府請
予豁免外茲再將本署年來困難之真相為
貴廳撮要一述之查本署自按照中央核准之預算案自動以
五成支發款公以來計每年所歉員薪猶往往積累至數月
之久縱然此後再予核減亦恐於此項軍費無所補而於本旗
所辦之行政教育諸現狀必致斷斷無法維持也溯此項軍費
之起因始於晉奉合作驅逐西北軍之時當時商都統率兵駐
綏目覩地方重遭兵燹及農民荒旱流離之後百業凋敝十室

九空雖善後諸端急待振興而民力既憊款無可措萬不獲已始招集各廳道暨本署官長共同會議且令首先討論臨時善後維持費之籌措辦法彼時除民教兩廳無可協濟外其他如實業墾務財政塞北各机関皆量籌撥多寡不等並堅請前總管鄭崇贊亦湊借壹萬元以濟眉急鄭總管雖係商都統一手提拔之人然对於此款亦覺大感躊躇商知其為难乃令財政塞北兩机関同具保結共負償還之責又因本署實係無款乃變通以山西省銀行股票數萬元作抵向平市官錢局借款一萬元轉解都署備用此即本署累債之起端也詎意此項維持費按解未久復因

臨時軍費無着仍令各机関再籌短期接濟之餉並由商
都統依前例分配令本旗每月再担臨時軍費一千五百元
鄭雖一再堅決婉辭而無如商亦一再堅請勉為其難並謂
此係臨時办法至多不过數月絕非長期負担等語自此本
署每解餉一次即繼續向平市借款一次嗣因平市所借已
多無可（磬）蓋乃轉向其他銀錢行號作零星貸款綜計前
後數年鄭崇贊兩就總管共代土默特累債達五萬餘元
僅利息一項每年即有六七千元之損失並利不能償則利
又變而為本因此愈積愈多愈覺無力清理此本署負
債如山之經過情形也洎本總管於民國十七年秋初到任

時除全署員薪積欠至八九閏月外即前任葛孫兩總管未領之薪公亦均拖欠不能補發至於平市交通暨各銀錢商號之催逼索債者更有接應不暇之勢試思本署處於此種環境狀況之下尚能向何方借款再解臨時軍費乎是以仇前廳長屢次咨催並派員守提而終以實在無款作罷蓋本署財政向以煤炭租稅及房地糧課為大宗乃自民十五大軍過境繼以連年匪旱以來煤炭窰戶十歇八九種地農民盡室他徙故本省燃料運皆賴大同出產以資維持而本署所管六成等地之糧課計通歲不能收一文此風歷三四年之久所餘者垣街市之房租

從此未廢能得幾何剩房屋賃戶亦均以營業蕭条紛紛請求減租本署經此種種劇烈之打擊外增債累內減來源欲其不窘不可得也故當最困難時全年收入往往不足供全署維持行政教育及各職員最低生活等費如本署前科員遇春伊理布兩人均困歉薪過久典質一空終至窮病凍餒而死此種慘狀全省各机關中豈容復有其偶即本署成立已久之中學校亦因無款而暫告停頓試思凡為長官者孰不憫屬員之呼號孰不願教育之勃興使本署財政而確有餘裕又何忍員餓校輟而不予以補救乎此又本署於已往時期因負債太重財源枯竭以致一切旗務

均不克隨時建設之總病根也嗣念長此撐持終非善策
乃於民國十九年將本省各項收入支出悉數開列呈請
省政府轉呈
前主席予以核示當時
主座兼任蒙藏委員會委員長由會轉呈行政院復由
院轉請國民政府及中央政治會議加以審核最後經中
央核定每年支出額為四萬八千餘元即為本省法定預
算案對於每月負担之臨時軍費一千五百元雖核減為七
百五十元但並未列入預算案總數之內亦並未指定由何
項專款內撥解若就通常公事手續言之必須本省收入

超出四萬八千元之法定預算數方能以餘款撥解此項臨時費無如本署自奉到規定預算明令之後不特毫無盈餘即此四萬八千元之限度亦尚少一萬六千餘元又不得已始由本署自動將全署上下人員應領之薪公一律核減以五成支發要之本署對於內部經費固不惜多方裁減以維久遠若對於國家及地方政府則往年報効之款前後實不能以千百計矣如從前本署向中央軍部直接所領之協餉每月二千七百餘元嗣亦悉數撥歸都統署自行派員請領又如本旗自前清以來由塞北関代徵之牛馬檔課每年實收二十萬餘元僅解本署七

千餘兩嗣併此七千餘兩亦盡數撥充都統署充軍政久費之用此外並將本署在蜈蚣埧口所設歷年已久之稅卡合併於地方政府所設之路捐局是縮減本旗以益公家計每年所損為數亦甚不少又當陸軍部協餉未撥歸都署之前本署駐京領餉員不能按月領到兩都署催解則月月急如星火以致本署不得不將前清二万餘年銖錙積成之十餘萬兩息本陸續提用以墊軍餉迨至民十之際此項息本已完全墊盡嗣後本署雖欲再墊已無此力事出無奈始請都署自行派員直接向軍部支領計此十年間凡陸軍部所欠發之數十萬元即皆本

縣所墊撥之數十萬元也又本縣清理六成餘地後除開支經費外共得地價二萬數千元其中一萬由都縣以借貸手續借作軍餉餘存之一萬數千元亦陸續墊解軍費究其實際本縣僅落得地租一項而已由上述情形觀之除因此項臨時軍費累債數萬不計外即此數端爲數實已不貲倘本縣迄今尚有餘力則以前事揆之對於國家及地方之軍政負担向未稍存慳吝之態云如現在本署情况大非昔比不但多年積蓄早告一空即僅存之財源亦均勢成弩末若必欲責以仍前負担則除全縣一律枵腹及破費殘產外別無他法可想抑猶有進者查綏遠墾務

局本係國家特設之机關乃自清理土默特全旗地畝告
竣後按照定章在此項地畝款內有應撥本署之二成蒙民
生計費綜計不下三十六七萬元往年歷經本署催撥均
以款已借作軍餉俟將來收有成數即予陸續撥付為辭
至今推延分文未給從前在仇廳長任內亦曾積極催索
臨時善後軍費本署以無法籌措請其向墾務局過撥以
省手續而仇則執意不肯獨不思國家机關積欠本署照
章應撥之款何以絲毫不發本署所負不過臨時分配原
謂短期可免之款乃竟不容抵解本署初非取之不盡之
寶藏又值農窮相少之時長此負担何以克勝惟與其催

解两难長負積欠之名曷若和盤托出揭明真相請
貴廳詳審以定方針之為愈乎若对於此項始終認為非
解不可亦唯有請
貴廳轉請各上峯指明破産之途徑以便遵照拍賣而已
為此函覆即希
查照為荷此致
綏遠省政府財政廳

中華民國二十一年五月　日

土默特總管公署公函

逕覆者，前准

貴廳財字第五三六號函開，略以本旗積欠軍餉一萬八千餘元，務於三日內撥

付過廳，以便轉發，並希先覆等因。查此款自近數年來，曾承歷任財政廳長

前後迭次催解，總計咨函往復及專員守提，何止一二十次，總因本旗籌措有心、

撥解無款，遂致陷於長期積欠之窘境。即此次准函後，亦曾竭力設法，百計湊

集，無如財力所限，斷非徒手張皇所能濟。誠以此事為有款無款之事實問題，並

非急催緩催之手續問題。如果本旗有款，則雖不見催，亦能按期撥解；若本

旗實係無款，則雖日日坐催，亦終無可應命。現在本旗在事實環境各方面已

切確證明毫無再解此款之力，然為根本解決計，除由本署據實分呈行政院蒙藏委員會、晉綏綏靖公署及綏遠省政府請予豁免外，茲再將本署年來困難之真相，為貴廳撮要述之：縱此次奉令派定之捐款，實難仍再舊撥解，則惟有請明令本署在破產狀態中何時將全數之七成按月極微而又減發五成之數，再減至何度，庶可稍解燃眉，否則另無良法可想。查本署自按照中央核准之預算案自動以五成支發薪公以來，計每年積欠所欠款項甚鉅，猶往之積累至數月之久，然此後縱予核再減，亦恐於此項軍費費之所補，而於本旗所辦之行政教育以及現狀必致斷斷無法維持也。溯此項軍費之起因，始於晉奉合作驅

逐西北軍之、當时商都統率兵駐綏、目覩地方重遭兵𤀹及農民荒旱流離之後、
百業凋敝、十室九空、雖善後誠端、急待振興、而民力既憊、點費亦無可指、
不獲已、始招集各廳道暨商界共同會議、臨时善後且前屯討論
維持費之籌措辦法、彼时除民教兩廳、無可協濟外、其他如實業、鹽務、財政、塞北各
機關、皆量力籌撥、多寡不等、並堅請前總管鄭崇賢等、借墊若干元、以濟眉急、鄭總
管雖係商都統一手提拔之人、對此越於款覺大感知
其間雖、乃令財政、塞北兩機關、同具保借款、負償還之責、
因商界、又係款、乃變通以山西省銀行

股票數萬元作抵，向平市官錢局借款一萬元，轉解都署備用，此即本署累債之起端也，
詎意此項維持費報解未久，復因臨时軍費無着，仍令各机關再籌
短期接濟之餉，並由商都統依前例分配，令本旗每月再担臨时軍費壹千五百
元，鄭雖一再堅決婉辭，而無如商亦一再請勉為其難，並謂此係臨时办法，至多不過數月，絕非長
期負担等語，自此本署無解
餉一次，即繼續向平市借款一次，嗣因平市所借已多，無可啓齒，乃轉向其他銀錢
行號作零星貸款，綜計前後數年，鄭崇贊丞，就總管，
共代土默特累債五萬餘元，僅利息一項，即每年有六七千元之損失，迨利不能償，則利又變而為本，

以此愈積愈多、愈覺力清理、[illegible]

[illegible]此日本縣負債如山之經過情形也、洎本總管於民國十七年秋初

到任時除全縣負債積欠至八九閱月外、即前任萬孫兩總管之未領薪公費亦均拖欠不能補

發、至於本市交通隆各銀錢商號[illegible]之催逼索債此更有应接不暇之勢、試思處此環境本縣於經狀況之下尚能向何

方備款再解臨時軍費乎、是以仇前廳長屢次咨催、並派員守提、而終以實在無款作罷、

蓋本縣財政、向以煤炭租稅及房地糧課為大宗、乃自民十五大軍過境、繼以連年匪旱以來、[illegible]煤炭窯戶十歇八九、種地農民

[illegible]

而室他徙、故本府燃料、近皆標大同出產以資維持、而以歲收燒等地之糧課、計通歲不能收一文、此凡歷三四年之久、所餘省垣街市之房租、繼並未嘗

[illegible]

經過幾何、料房屋租價戶亦因紛紛請求減租、本縣經此種種之劇烈打擊、外矚債累、內減來源、數其不窘、不可得也、

[illegible]

在此劉主湘未獲全川之收入，亦即因此未能煤炭稅捐一項，開西本縣財政，雖十二源僅
當此軍務方亟之時，士農雖竭全力，仍難復維持，長年負載，猶恐不勝，縣中亦遂整無
（故當）最困難時，全年收入，（往往）不足（供全縣）維持行政教育及各職員最低生活（等費），及本縣前科員遇春伊理布
（故人）等均因欠薪過久，典質一空，終至窮病凍餒而死，此種慘狀，全省各機關中豈容（復）有（其偶），
本縣成立已久之中學校，亦因無款而暫告停辦，試思凡為長官者，孰不憫（之呼號）屬員，孰不顧教
育之勃興，使本縣（財政）確有（餘裕，又）何（忍）員餉校款而不予（以）補救乎，此又
本縣於已往時期，因負債太重，財源枯竭，以致一切撫務均不克隨時建設之總病根也。嗣
縣長此撐持，終非善策，乃於民國十七年，將本縣各項收入支出表分開列，呈請省政府轉
（查之完係付集）

呈　鈞座用以核示。當時　主座兼任黨務委員會委員長，由會轉呈行政院，復由院轉請國民政府及中央政治會議審核，最後經中央核定每年支出額為四萬八千餘元，即為本黨之法定預算案。對於每月負擔之臨時軍費一千五百元，雖核減為七百五十元，但並未列入預算案總額之內，亦並未指定由何項專款內撥解。若就通常公事手續言之，必須本黨收入超出四萬八千元之法定預算數，方能以餘款撥解此項臨時費。無如本黨自奉到規定預算明令之後，不特毫無盈餘，即此四萬八千元之限度，亦尚少壹萬六千餘元，又不得已，始將會[illegible]上下人員應領之薪公一律核減以五成支發，稍餘則償還債務，尚且不敷，無論其他之免教育行政債務，對於臨時軍費，而專濟解此許多項之用，倘謂本黨何者為標準

~~例如糧石有僅如本年本署雖經揭五成減嗇而需用仍不能抵[illegible]~~

~~[illegible]~~

~~[illegible]~~

~~[illegible]~~

要之本署對於內部經費固不惜多方裁減以維久遠若對於國家及地方政府則往年報効之款前後實不能以千百計矣如從前本署向中央軍部直接所領之協餉每月七千餘元（是至此其壹之）嗣亦悉數撥歸都統署自行請領又如本旗自前清以來由塞北關代徵之牛馬檔課每年實收二十萬餘元僅解本署七千餘兩嗣併此七千餘兩亦悉數撥充都統署軍費（充政府之用）此外並將本署在蜈蚣壩口所設歷年已久之稅卡合併於地方政府所設之路捐局

治是縮減本旗以益公家計每年所損兩萬亦已不少又當(陸)軍部協餉未撥歸都署
之前駐京(本署)餉銅費不能按月領到~~[illegible]~~而
都署催解(則月之)為數星大以致本署不得不將前清二百餘年鉄鉛積成之十餘萬兩息
本陸續提用以墊軍餉迨至民十四(之際)該息本已完全墊盡爾後本署無(雖欲再墊已不可得)始請
都署直接(自行)派員向軍部支領計此十年間凡陸軍部所欠撥之數十萬(元)即皆本署所墊撥
之數十萬元也又本署清理旗地除開支經費外共得地價二萬數千元其中一萬由
都署以備貸于續備作軍餉餘存之一萬數千元亦係續墊(解)軍(費)本署(實際)僅落得地租一頃
而已由上述情形觀之除(此項臨時軍費及續備費)不計外此數端所損數實已不貲倘本署迄今尚有餘力則以
前事揆之對於國家及地方之軍政負担向未稍存慳吝之態其(現在)本署境況大絀

昔比、不但多年積蓄罄告一空，即僅存之財源亦因勢成弩末，若必欲责以仍前負担、
則除一律剜腹及破賣殘產外別無他法，可想、折稍有進北查總盤務局以國家特設之机
関，乃自清理土鹽將全旗地畝告竣後，以本署應撥之二成蒙民生計費，综计不下
三十六七萬元，往年歷經催撥，均以款已借國將來收有成效仰予陸續撥付為辭，至今推
延分文未給。從前仇廳長任內，亦因催索臨時善後軍費，本署請其向盤務局通撥以省
手續，而仇不肯，則執意國家机関積欠本署之款，仍絲毫不肯，本署所負不過臨時費，所謂
程期可免之款，乃竟不容抵解，本署所恃之不盡之寶藏，又值農窮祖廿之時，長此負担，何以克勝、
推與其催解兩難，曷若和盤托出，揭明真相，請貴廳審若謂為能解，不可亦唯有轉
請各上峰揭明破產之途徑，以便遵辦而已。為此函覆，即希查照為荷。此致

土默特旗公署爲收回朝陽洞柏樹坡等產飭兵保管咨薩縣政府文

〔一九三一年五月十一日，此文抄繕者不詳，榮祥改定。原件藏土默特左旗檔案館〕

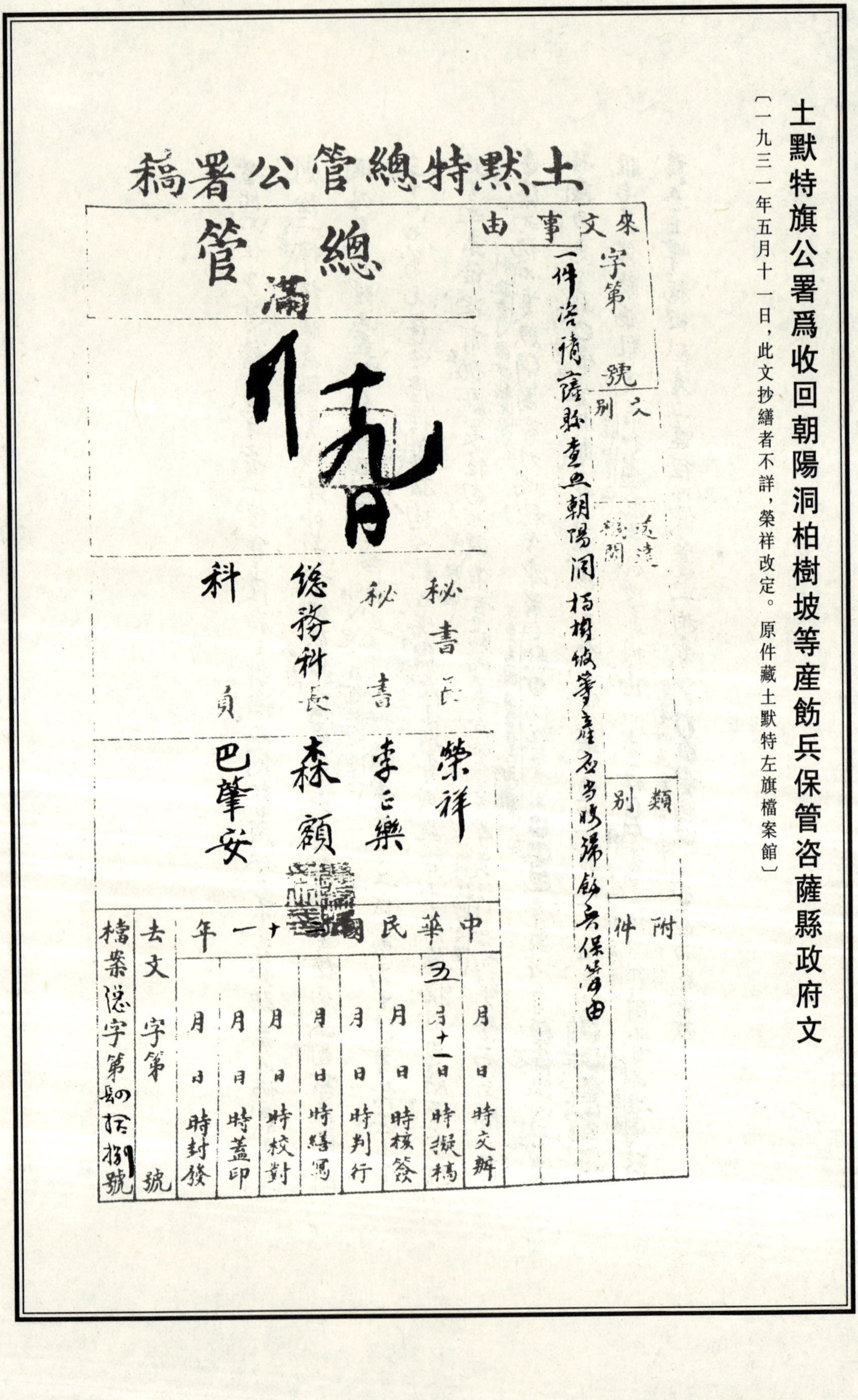

土默特總管公署稿

來文 字第 號

事由：一件咨請薩縣查照朝陽洞柏樹坡等產應當時飭兵保管由

文別：咨

繕校：送達

類別

附件

總管 滿

秘書長 榮祥

秘書 李已樂

總務科長 森額

科員 巴肇安

中華民國二十年五月十一日

月日時文辦

五月十一日時擬稿

月日時核簽

月日時判行

月日時繕寫

月日時校對

月日時蓋印

月日時封發

去文 字第 號

檔案總字第 號

土默特總管公署咨　　總字　　號

為咨覆事項准

貴府咨開云云等因准此查朔陽洞柏樹坡係屬本旗〔地基樹株均〕

〔自前清以來即本〕固有公產由〔本〕署責飭右翼六甲參領屬下忽洞〔並有舊立碑誌為證即去年貴府與本署雙方派員調查一亦均證明該項公產確為本旗所有與村漢社產無相干乃〕

滴門等五村蒙古領催看護〔除盜葬樹株已犯刑律竊盜侵占等罪外復私毀碑文意圖永奪〕該畢什圖村公社

〔見利生心〕藉端侵占　等　詐

前經〔本〕署咨請〔根據五村蒙古領催等報告及煤炭房租稅總局呈覆各情〕

貴府〔秉公辦理良以此案既經〕調查〔明確認定〕該畢什圖

村〔既無絲毫過問之權反確〕社有侵佔該產私伐樹株及〔毀〕湮沒舊有碑文〔更屬無理自應〕

等不法行為　　請

貴府……依法懲辦以儆不法而維產

權……今

貴府對於該畢什圖村公社種種不法行為僅……不予治罪

科以少數罰金並酌賠樹價……外從輕……本署不

姑念其鄉民無知不忍再予深究除令本署駐防黑漢

板申村衛隊第一排就近先行派兵前往朝陽洞看

護該樹以免損失外相應咨請

查照辦理為荷此咨

薩拉齊縣政府

飭屬妥加保護不能再聽該畢什圖村公社妄行參預……

中華民國二十一年五月　日

貴薩爾朝陽洞柏樹坡業經薩爾政府判歸
本旗亟應酌派衛隊數名前往該處妥慎守
護以重公產頃據常局長來函亦請從速辦
理仰總務科迅即辦文飭知王鄉長就近撥
兵遄往朝陽洞保護可也

總管滿手諭

榮祥秘書長爲保薦澤潤田爲生計股調查員呈土默特總管滿泰文

〔一九三二年十二月，原件藏土默特左旗檔案館〕

呈

呈爲保薦本署生計股調查員以重職務而免遺悮要公事竊查本署組織大綱規定生計股設調查員二員去年該股調查員穆成林因過撤差所遺之缺迄今未補茲查有本旗驍騎校澤潤田人品端方秉性忠實自前清以來在本旗服務已歷二三十年揆具經驗能力尚堪担任此職倘蒙

總憲委充生計股調查員必能恪勤職守努力從公事關公署
差缺　秘書長　未敢擅專所有保薦澤潤田補充生計股調查員
緣由是否有當理合具文呈請
鑒核示遵施行謹呈
土默特總管　滿
計開
保薦人員　澤潤田一員
中華民國二十一年十二月　日
秘書長榮祥

土默特旗爲和林格爾縣屬西區强迫蒙人户口地攤差咨請和林格爾縣政府照定章轉令西區知照文附蒙民原呈

（一九三三年二月八日，約爲榮祥所撰，原件藏土默特左旗檔案館）

土默特總管公署咨　總字第二號

爲咨行事案據後猛獨牧村蒙民海全二毛等呈稱呈爲和林縣

云云實爲公便謹呈等情前來查蒙漢攤差辦法早經本署呈請

省府規定蒙人户口地畝免攤一切差徭通令各縣局遵照在案嗣

因蒙漢田贖户口地致起爭端復由本署呈請規定又奉

省府委員會議表決凡蒙人户口地畝未經賣斷地權經蒙人贖

回時仍以户口地論免攤差徭該海全二毛等所種地畝確係户口

地應在免攤之例乃該村村長不遵定案任意所爲實屬非是

除批示外相應咨請

查照轉令西區遵照定案免向户口地攤征差徭以息爭端而安農

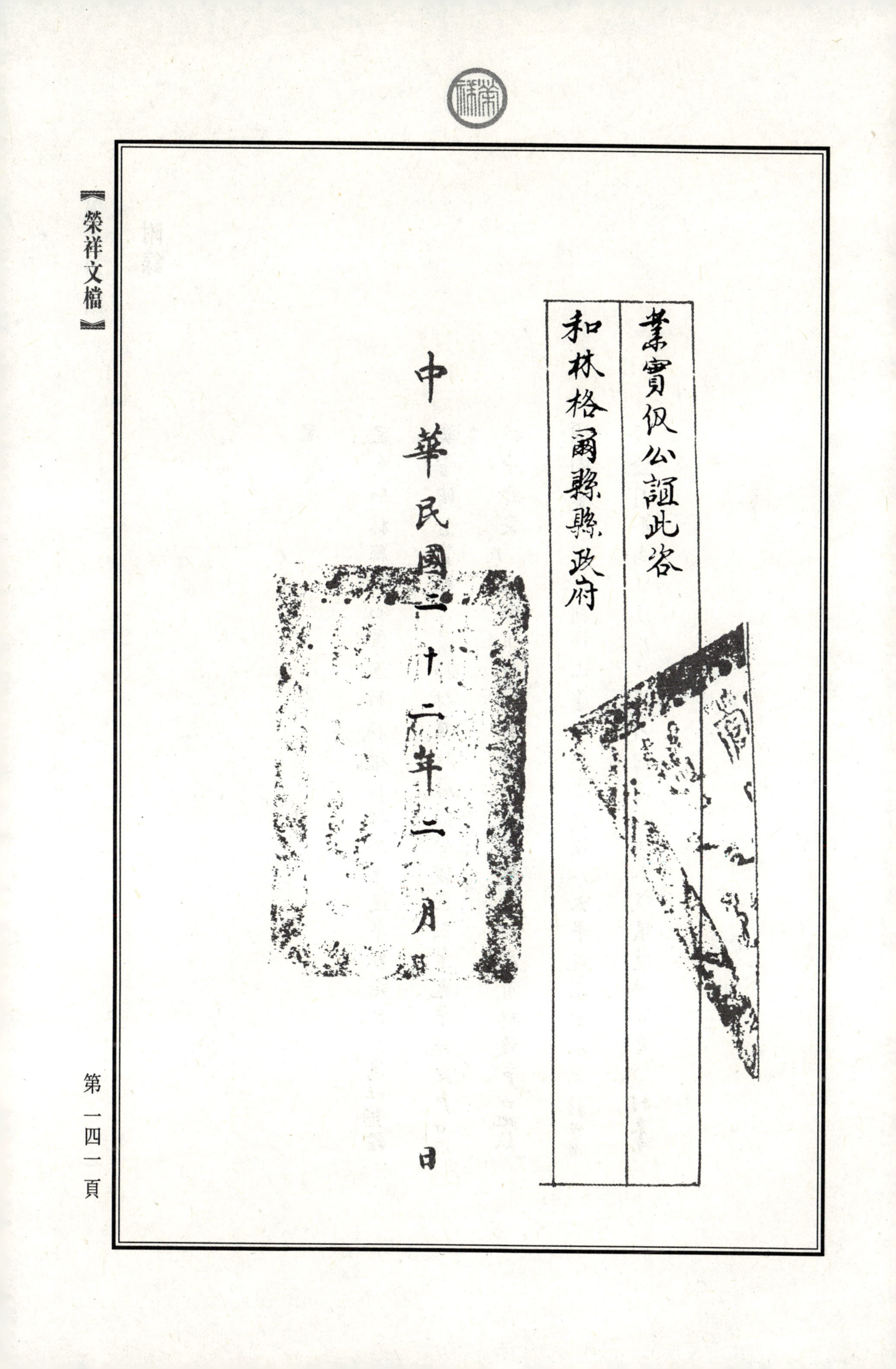

業實仮公誼此咨

和林格爾縣縣政府

中華民國二十二年十二月　日

呈

呈為和林縣屬西區濫行職權覊押無辜違章勒廹戶口應社懇請

總管俯念蒙艱咨請和林縣政府飭令該區照章免予强廹戶口應

社事緣蒙民海全祖居和林縣屬後猛獨牧村原有祖遺戶口地數

頃因蒙人不諳耕作已屢年典賣與漢人太半現在自己所種僅有

頃餘因本為自種戶口故同村漢人概未提議應社不意民村東南

三里許有新營厮村會首名治方厮東性奸猾素號健訟因民在村
東南有户口地三十畝在兩村交界之處該治方厮竟强拉在彼村上社又民
二毛在新營厮村有婿名來才厮於接親之後因婿家寒微故贈與
村東南地十畝以資帮助後該來才厮家道居然小康故將此項贈與
之地於十年前已行璧還至今毫無異說不想該治方厮自恃其能
公所控民等抗社不應之罪該區不察將民等添傳到案並未與原告
一同訊問亦不管户口與否竟偏袒一面强迫上社民等因兹事體大
關係家人全體利害抗不應承卒被拘押於慘無人道之冷房勒迫極

少應承一半 民等在此積威之下若不權為應承必凍斃於冷房出不獲已姑應一半以冀被釋之後再圖補救及回村之時該治方廝以為完全勝利迫索推款急於星火 民等此時實有不得安居之苦伏思蒙人户口免攤差徭為省府決議通案全省有遵行之義務今該區違章病蒙實屬不法為此迫不獲已籲懇

總管俯憫蒙艱迅予咨請和林縣政府飭令西區區公所遵章免攤蒙人户口應社以維定章實為公便謹呈

土默特總管滿

具呈人和林縣蒙古 海全十 二毛十 謹呈

中華民國二十二年一月　日

土默特旗旗員爲本旗前途聯名致傅作義信（殘件）

〔一九三三年四月，殘件，藏土默特左旗檔案館〕

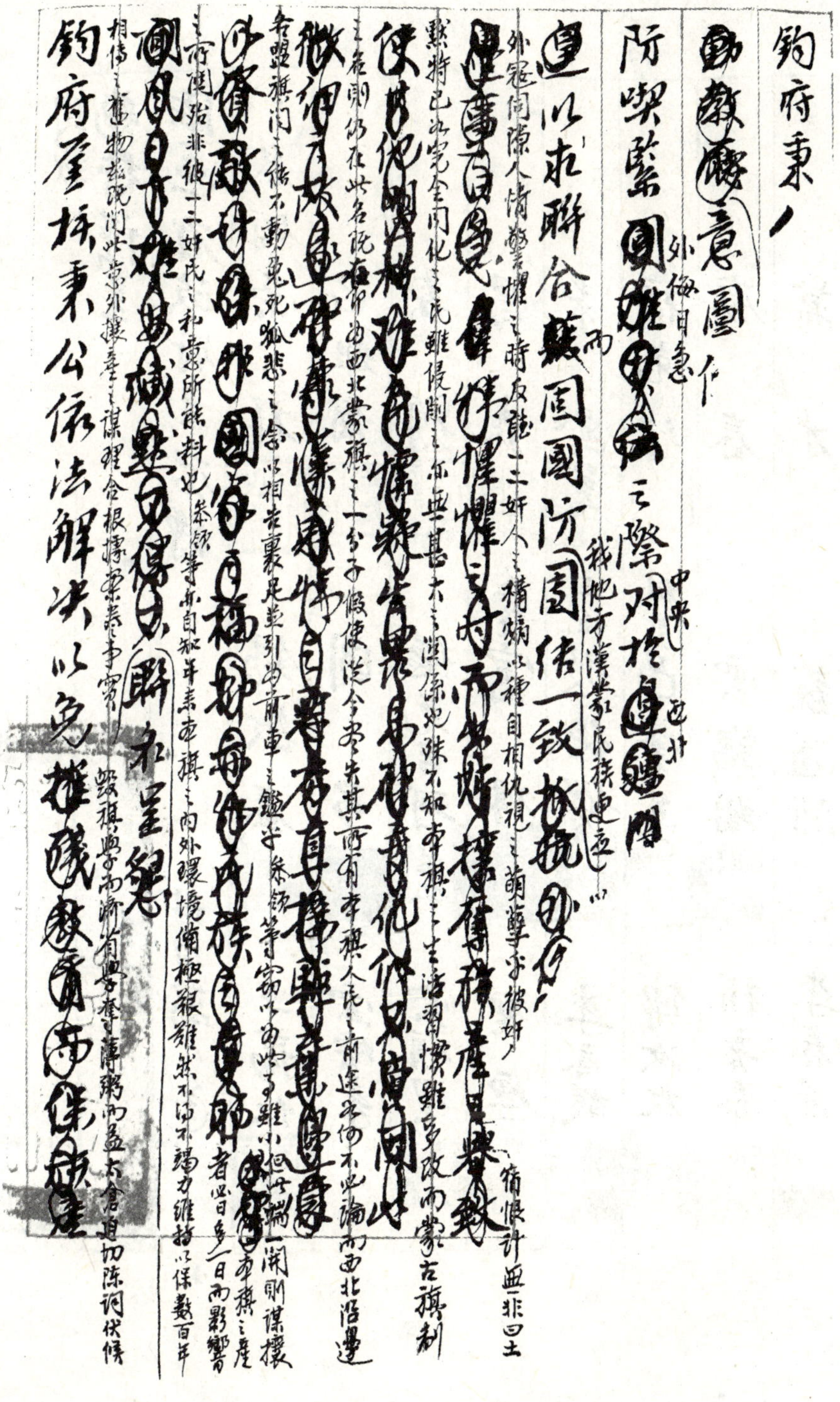

鈞裁

施行謹呈

綏遠省政府主席傅　　科員萬年

恭領榮祥　錫敏泰　王福仁

巴雅爾　圖布　雲煥章

森額　德克吉珂差　雲碩望

昌森　主任富祥　壁學

常齡差　主任殷德賀　李春馥

福克津　科員巴肇安　傅汝枚

慶春　雲鶴翔　補音泰

萬才　蘇圖阿　李春芳

中華民國二十二年四　日

土默特旗十二參領爲本旗旗政呈内政部黄紹竑部長文

（約一九三三年十一月，强半爲榮祥手跡。原件藏土默特左旗檔案館）

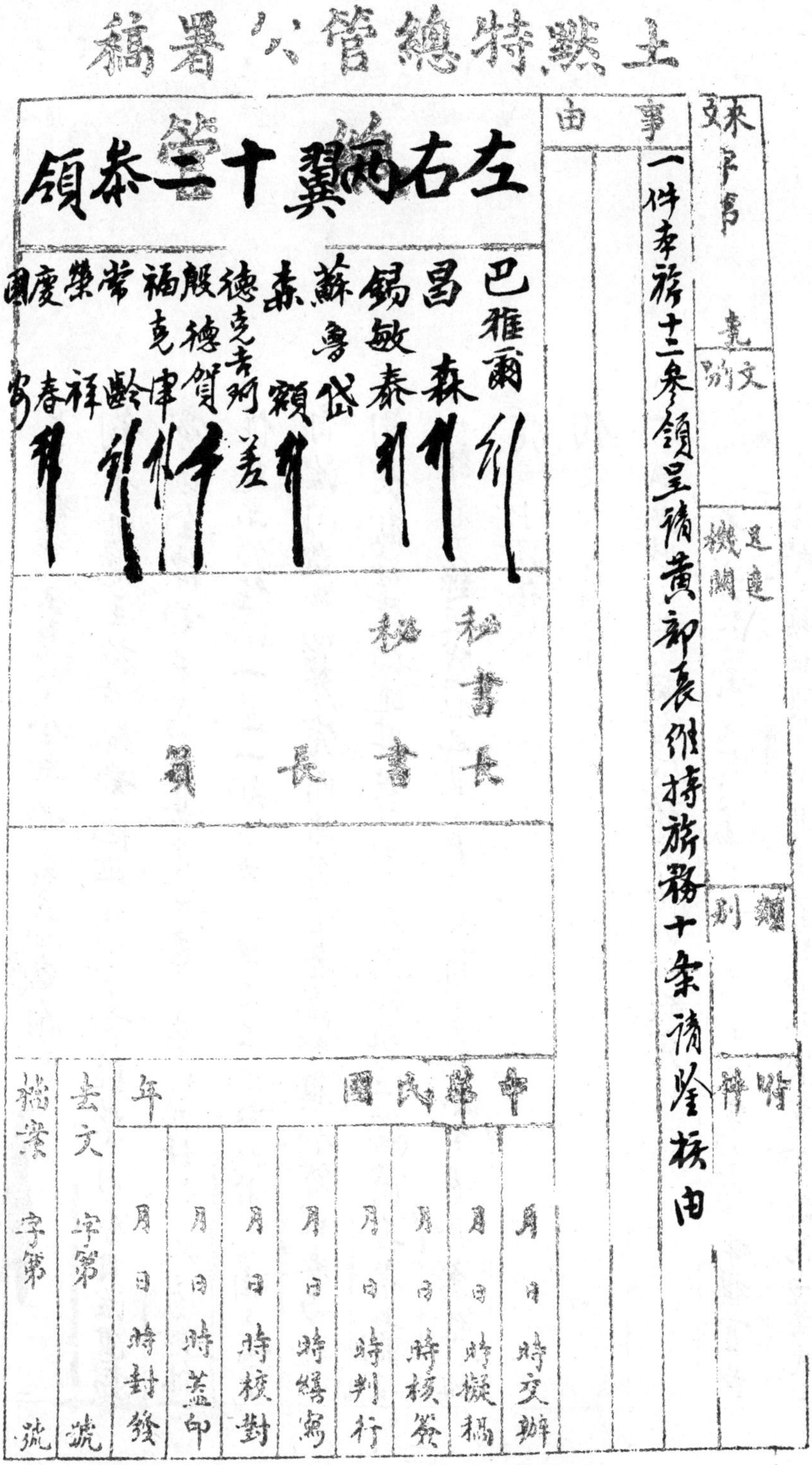
土默特總管公署稿

來文字號

文別

送達機關

類別

時限

事由：一件本旗十二參領呈請黃部長維持旗務十案請鑒核由

左右兩翼十二參領

巴雅爾

昌森

錫敏泰

蘇魯岱

森額

德克吉爾 差

殷德賀

福克津

常齡

榮祥

慶春

秘書長

秘書

中華民國　年

月 日 時 交辦

月 日 時 擬稿

月 日 時 核簽

月 日 時 判行

月 日 時 繕寫

月 日 時 校對

月 日 時 蓋印

月 日 時 封發

去文 字第 號

檔案 字第 號

呈為縷陳土默特全部蒙眾意見敬祈
鈞鑒迅賜主持以慰蒙地輿情事竊維此次內蒙自治運動
實為全體蒙古民眾集中意志之表現非任何一人之力所能
促起亦非任何一盟一部之力所能左右也故關於整個之蒙古
自治問題如何釐定將來自有各盟部旗全體代表與
鈞長斟酌時陳述其整個之志願及辦法此時固無庸土默特
一部先為越俎代庖也然土默特就旗言旗亦自有其急待確
定之事項請為
鈞長分條臚陳之
一 土默特之旗務行政權應請明白確定也
查土默特蒙民自明清數百年以來即完全受本旗官長
之管轄保護以安其生業故蒙官與漢官蒙民與漢民之

綏遠省通志館

間均係各安其分而不相犯惟自民元以還縣權日張旗權日削於是各村社壓迫蒙眾之事亦与年俱增動輒送區送縣無期鎖押縱由本旗出而交涉大率十九無效即或得釋而資盆已罄雖昭雪是土默特蒙眾皆成無主之民而土默特公署亦成無用之物茲所請者求北推顧分民而治自今以後蒙人仍完全由旗署管理保護不受各縣片面之處分庶因行政之劃清而糾紛亦可減少矣

一 土默特之司法審判權應請特別規定也

查前清之世蒙人之訴訟案件均由各該管盟旗公署自行審理如遇漢蒙互控重要爭端則由漢蒙雙方官吏共同會審迨判決以後則酌其情形應歸何方執行即由何方執行之故彼官無偏袒民無屈抑法至善

也近年以來一切民刑大小案件悉由縣府及法院審理以
司法獨立之精神論所審不善無不一遇漢蒙互訟之案
則審理官員不以事之直不直為權衡而專以人之蒙不蒙為
標準以致蒙之對漢不訟則已訟則必敗全旗所有之利幾成一
道同風矣茲所請求者惟願自今以後本旗亦依照國家
司法制度自設一審理蒙人訴訟機関為遇漢蒙互訟則
仍用原有之会審制以昭大公

一 土默特之全境土地應請確實保障以免墾局任意架賣也
查土默特全境土地除原撥蒙戶口地及莊頭驛站代買米地等項外
所餘者皆本旗公有之地牧廠或召廟香火養膳地墾局所知
此皆土默特之地而竟往之不徵求本旗之同意毅然丈賣以
致不時引起本旗与墾局之爭蒙人与新舊地戶之爭每起一爭端

綏遠省通志館

必至相持窮年累月而不能決且此風不戢本旗殘餘之地將永為繼續起爭之媒故不若照向規定土默特之土地完全歸旗署自行處理庶爭端息而彼此均得相安也

一 土默特之山林礦產水利應請確實保障由本旗自行經理也

查土默特境內之山林礦產水利原為本旗所固有此稍悉蒙情者所共知也惟近年以來因本旗行政權之被削減以致此類旗產大有日受剝奪之勢茲請對於上述產權仍予確實規定完全歸本旗自由經理以資保障無論何人不得本旗公署之同意不准擅加處分

一 土默特境內一切收入（各種徵收機關）除國稅外應請以數成撥給本旗或將牲畜捐課仍舊退歸本旗俾得自徵以宏建設也

查土默特境內各種徵收機關對於課稅起捐從來不分蒙漢但

歲入巨款本旗不能沾用分文是蒙人有納捐之責而蒙旗無
分惠之權揆之情理似有（豈得謂）平茲請自今以後凡土默特境內
所課之稅捐（西盟務須確定）以若成撥給旗署俾得自謀建設否謂此法稍
繁則莫若將塞北關代徵之牲畜稽課仍舊退歸土默特
令自行徵收亦可（毋不）蓋此項稽課本起源於明代順義王之馬
市歷明逮清均為土默特之基本收入彼時課稅極輕故清（每年收不過二千餘金）
末塞北關（每年）以八千五百兩庫平銀承包代徵厥後增稅既多遂
為前軍閥都統蔡成勳藉口為蒙古騎兵充餉悉數奪去現
在蒙兵已淘汰無存此種（而種稽課）仍未發還今本旗財政已瀕絕境
對於上述二項辦法必須確有其一方可維持於不敝也
一 土默特蒙人之一切田賦差徭應請規定由本旗自徵以杜糾紛也
查本地漢蒙人民之糾爭以攤派田地差徭為最烈甚至有陵村

允許減免業人逐一戶口地之負擔而鄉村漢社亦賦強迫其
出不得法否則控縣送追使其受害較重於攤差為倍或為
十倍不止也而若詢其相迫之因則無能以對業人享權利
而無義務實則此語適得其反而從前本有所業之救災流通券
及十八九年之賑款賑糧凡貧民均可享其惠而獨無土豎業
人之分此所謂之享權利乎至於義務孰能指出何者未加於業
人之身耶故現在全部業眾本縣所一致請求者即無論如何繁重
之負擔亦惟願由本縣公署自徵不願為縣府作無主之奴也

一　土豎業主出典出租之活契地畝應准隨時備價取贖也

查土豎業人從前有出典出租之活契地其約據載明錢
到回贖者無論依法律依習慣均有隨時贖回之權不意整
個竟以單行章程未經該府核准之限制至乙卯年之底不贖者即准典主領照

永遠管業經此一舉墾局因多收幾許照費而蒙人之因此破產者則所在皆是矣良以活契租典其價甚微一旦由墾局代為賣絕則所損實重譬如蒙人有價值百元之地因臨時有三十元之急需而將未價輕易贖計便以三十元之數結錢到回贖之活契出典於漢民此在法律慣例上本非賣絕乃因墾局一紙地照遂令蒙人得三十元而失百元之產此種畸形辦法僅見於土默特境內無以名之直可稱為官賣民產而已茲所請求者祇自今以後將此種辦法限制澈底取消惟由蒙人備典價及照費將原地贖回其無力取贖者亦應由典主按公平價目補足實價不准抑止庶蒙人產業不致無端喪失矣

一　墾務局提分土默特之三成清理地價及八成歲租應請如數償還也

查墾局清理土默特境內已墾之蒙地實肇始於前清末年

貽穀創辦西蒙墾務之時其原初意見以爲除荒地亟掛賣一
逐漸勸導丈放外所有關於土默特蒙人永租與漢民日多年已
墾之熟地當初蒙人既未收受地價則墾局不能不澈底清理
以確定產權於是設清理土默特地畝局專辦此事其章程
規定清理丈量後就地畝局所收地價中以二成撥給土默特作爲
補助蒙人生計之需其每年所收歲租則以八成歸蒙以作永久之養
贍此事進行未久即因墾務參案而停止迨民國成立墾局繼續仍本原章
辦理數年之間當屬風行總將土默特境內熟地完全丈清計墾局所收地價不下
二百餘萬但對於土默特應得之二成則始終未給綜計此項欠款爲
數不下四十餘萬本旗曾屢經交涉而墾局但承認其有
效而不予以過撥此所謂口惠而實不至不知何年何月始能了結也現
在土默特財政來源已損失重要者若不將此款如數償還則土默特

不但無發展繁榮之望即目前行政教育諸現狀亦將陷
於無法維持之絕境矣我國家對於全部蒙古民族之教育
建設尚擬撥出大量專款以謀積極之扶植何況本旗區區
應得之款又何惜慨予發給以濟其涸轍之困乎

一土默特每月應解財政廳之臨時善後軍費現已無力負擔應請
准予豁免也
查民國十六年商前都統涖綏因辦理軍事善後無法籌款
乃邀綏垣各機關會議最後決定由各机關經費節餘內量
力分擔暫墊數月原議以三箇月為期至多不得逾半年被
時除將土默特由豐業銀行提回之股本二萬元由財政廳

塞北關兩税關出具印文擔保償還盡數借與都署外並令
土默特每月再解一千五百元以維善後當時本旗即因財
政拮据不勝負擔一再請求免解無如商前都統堅稱此係
臨時性質不久即可停止且各機關均有担負務希勉為其
難不料此案定後他機關僅解一二月即止惟土默特所担者
竟成附骨之疽不但原借之二萬元分文未還即此每月之臨
時善後費仍繼續催解不肯放鬆迨十八年冬因土默特實
係無力再解且已積欠甚多恐成將來難清之害乃不得已
呈請省政府蒙藏委員會祈求豁免並將本旗全年收
入繕冊呈送以作確切無力再解之證結果蒙中央規定土

默特全年經費為四萬八千餘元如更有餘則按照原定臨時善後費之半數繼續措解是此案經一度懇切之請求乃得減為七百五十元然即此半數亦早不堪担負緣土默特數年以來之全年收入概未超過四萬八十之數奚來餘欵再解此費但財政廳則仍以未解積欠論本旗以墾局所欠土默特之二成地價既達四十餘萬何妨轉撥以省周折奈財廳堅持不允非令土默特自解不可就此情形觀之是土默特之債權無保障而債務則必須認真也現此費雖已久未能解顧積欠增加仍為土默特不拔之害茲請根本豁免以符臨時原意而釋本旗泰山之負實全旗蒙眾所馨香禱祝者也

土默特旗爲派遣參領巴雅爾、昌森等代表本旗赴京辦理蒙古自治要務的委任令

（一九三三年十二月十一日，原件藏土默特左旗檔案館）

土默特總管公署委任令　總字第壹號

令參領巴雅爾　昌森

爲令委事茲派參領巴雅爾爲本署左翼旗代表參領昌森爲右翼旗代表仰即携帶公文尅日赴京協同各盟部旗代表辦理内蒙自治諸要公除將應帶公文另發外合亟令仰該代表等遵照此令

總管滿〇

秘書長榮〇代

土默特旗爲派遣參領巴雅爾、昌森代表本旗赴京辦理蒙古自治事務呈諸政要文

（一九三三年十二月十一日，原件藏土默特左旗檔案館）

呈為呈報派遣代表赴京恭呈仰祈
鈞鑒事竊維此次內蒙自治問題幸蒙
國民政府特派黃部長趙副委員長躬蒞蒙疆多方指導終得順利解决現因黃部長趙副委員長联袂旋京各盟部旗王公民衆為求古蒙自治早日實現爰各分别推派代表追隨入都一面聲謝
中央扶植指導之至意一面盼候內蒙自治法案之提前頒行本特别旗忝為內蒙之一部自應協同派遣代表到京以備諮詢茲謹派參領巴雅爾為左翼旗代表昌森為右翼旗代表除分令該代表等遵照外理合具文呈報伏祈

鑒察施行謹呈

行政院院長汪

内政部長黄

参謀本部賀

軍事委員會委員長蔣

蒙藏委員會委員長石

土默特總管榮

秘書長榮　代

中華民國二十二年十二月　日

一

土默特總管官階應請改為簡任職以符特別旗之体制也

查土默特長官自由王公制改為職官後即係正都統階級前清中葉始改為副都統階級自是以逮民初相沿未變洎張紹曾任綏遠將軍始將副都統自兼迨潘都統矩楹蒞綏乃將土默特長官改為總管意謂仿照察哈爾八旗之設總管也殊不知本旗與察哈爾情形迥不相同緣察哈爾全部有十二總管本旗全部有十二參領之上為全部惟一之長官者本應設一較高之階級以資統率乃竟仿照察哈爾之舊制設一薦簡兩非之總管甚無謂也茲請將土默特全部長官改定為簡任職由本旗人員推選庶階級明而体制亦與特別旗之名實相符矣

以上各条均係土默特全部目前最急之務伏乞

鈞鑒毅力主持俾得早日實現以救危困則全旗左右兩翼蒙

衆必永感

鴻恩大德於無暨矣謹呈

内政部部長黃

蒙藏委員会副委員長趙

榮祥派錫琨爲租稅總局收支員手諭

〔約一九三三年十二月五日，原件藏土默特左旗檔案館〕

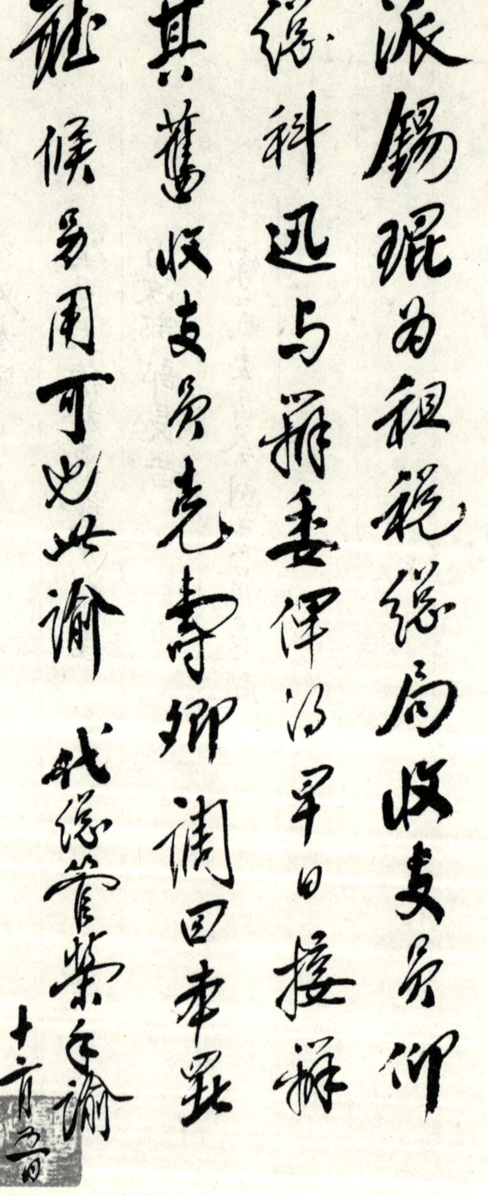

派錫琨爲租稅總局收支員，仰
總科迅與辦妥，俾得早日接辦。
其舊收支員壽卿調回本署
聽候另用可也。此諭。
代總管榮祥諭
十二月五日

土默特旗爲取消本署派往百靈廟參加自治會議代表名義致烏蘭察布盟盟長藴端旺楚克的公函

（一九三三年十二月，原件藏土默特左旗檔案館）

土默特總管公署公函

敬啓者本署此次派往白灵廟出席内蒙自治會議代表巳雅爾蘇魯岱等代表名義職務於十月二十九日即行取消以後有事臨時再行選派除分函黄部長趙副委員長外相應函達即希

查照爲荷此上

藴盟長勛鑒

中華民國二十二年十二月　日

土默特總管滿泰爲請假赴平就醫並由榮祥代行職責事呈綏遠省政府主席文

（一九三三年七月二十一日，原件藏土默特左旗檔案館）

呈爲呈請事竊 總管 前因受風舊疾觸發頭目暈眩
腿部疼痛本思在綏調養即可痊愈不意就醫以來
瞬逾兩月病勢雖稍減輕但因体質虛弱心神反覺
恍惚伏以在綏療養既難奏效擬懇
鈞府賜假一月赴平調治倘蒙
俞允所有職署一切事宜應由秘書長榮祥代拆代行
以專責成而免遺誤爲此備文呈請伏乞
鑒核恩准批示祇遵謹呈
綏遠省政府主席傅

土默特總管滿

中華民國二十二年七月廿一日

土默特總管滿泰爲赴平就醫由榮祥代行職責事咨各機關文

（一九三三年七月二十九日，原件藏土默特左旗檔案館）

土默特總管公署咨 總字第 號

爲咨知事茲因敝總管前因受風舊疾觸發請准短假一月於本月二十日離綏赴平就醫所有敝署日行文件暫委秘書長榮祥代拆代行除呈報暨分咨外相應咨請

查照爲荷此咨

綏遠民政財政廳

綏遠教育廳

綏遠墾務公安局

綏遠塞北關監督公署

歸綏縣政府

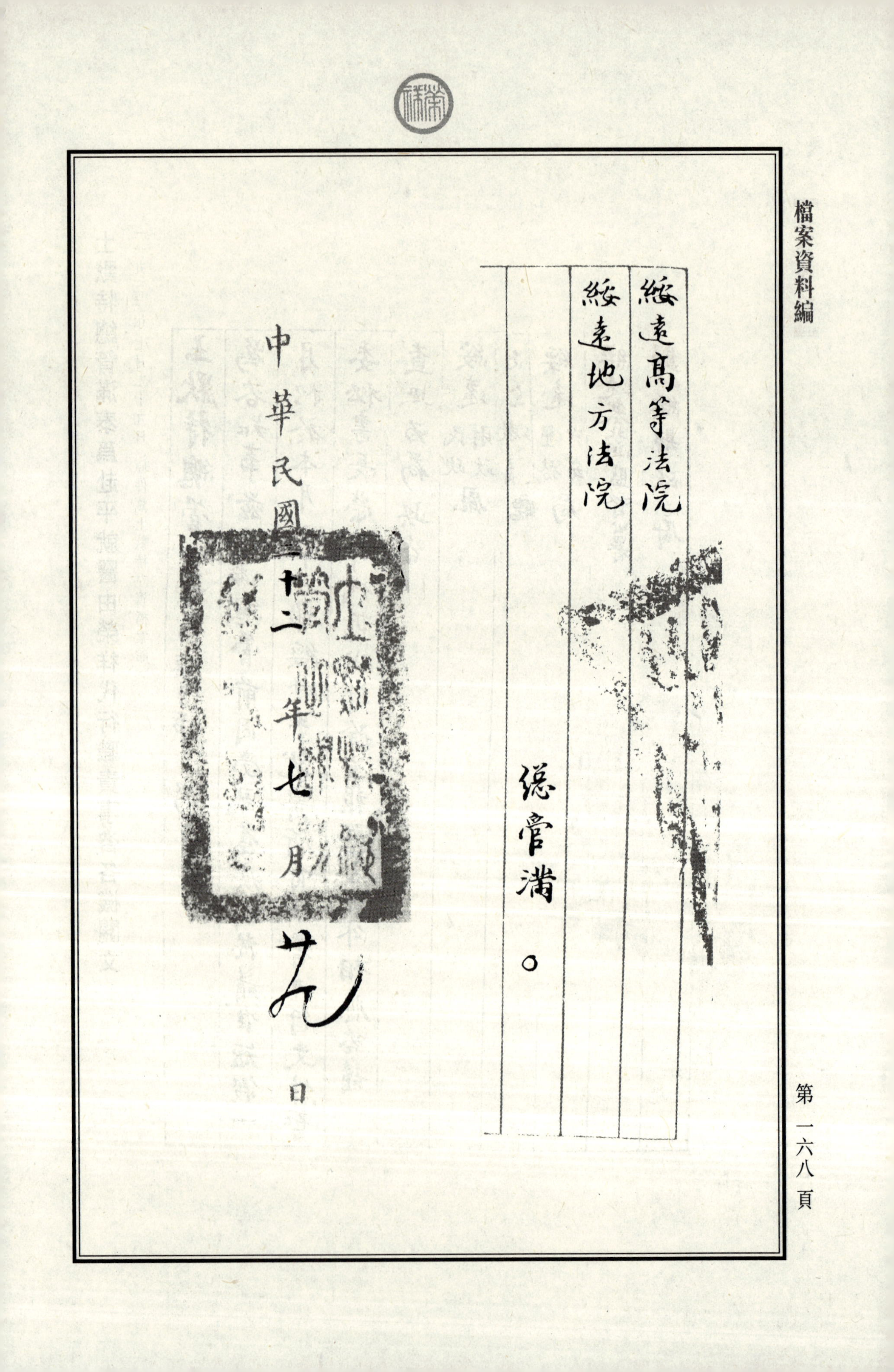

綏遠高等法院

綏遠地方法院

總管潸。

中華民國二十二年七月廿九日

巴雅爾、昌森爲蒙古自治方案有變致代總管榮祥等函

（一九三四年一月十八日，原件藏土默特左旗檔案館）

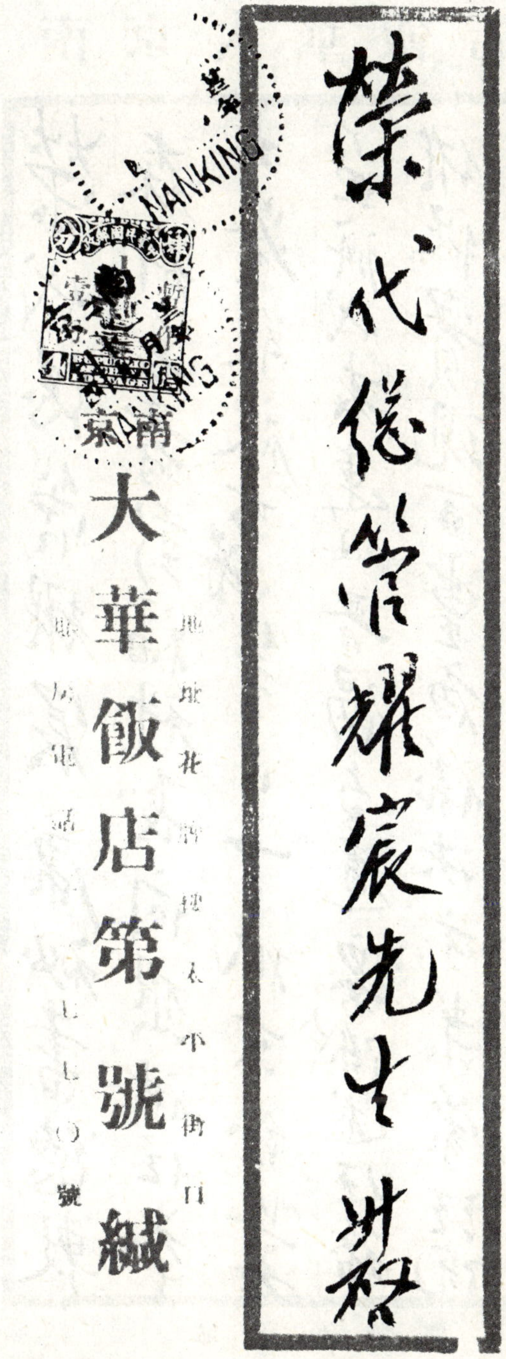

南京大華飯店公用箋

賬房電話二二三七七
後樓電話二三二九〇
花園電話二三九四〇

電報掛號六七五七郎部穿
長途電話掛號二三七七

榮代總管耀宸康秘書德敷
森科長壽彭福科長向樵諸位先生
大鑒敬啟者弟等自一日抵京後業
與旗代表連日晉謁有道要人陳述任務
催促實現百靈廟議決方案蒙經院
長戴院長等均面允補自治方案大綱
一字不通過絕無變更豈知經戴院長等
一再審查之後於十七日中政會議完竣

城內花牌樓太平街

南京大華飯店公用箋

賬房電話二三三七七〇
後樓電話二三三二九〇
花園電話二三三九四〇

原案十一條完全變更另訂自治條文十六條將蒙旗之地域權限種種權利一律更為消低我土默特之地位尤為危險原因據石趙二委員長言稱阿副盟長來文要求伊盟另設一自治區域所以結果將自治政府分而為四條文如何規定想兄等早已在報紙上看見毋須贅述已設縣之區域隸於省府弟等惶恐萬狀誓死力爭現正與各盟旗代表等

電報掛號六七五七鄖都字
長途電話掛號二三三七七〇
城內花牌樓太平街

南京大華飯店公用箋

賬房電話二三三七七〇　後樓電話二三三二九〇　花園電話二三三九四〇

籌商應付方法以資挽救如其或致將
正式發表宣言告別社會速行回歸絕
對不敢領受此喪權辱國之自治規定
除代表團業已電達外理合再行
呈報伏希
亮鑒

巴雅爾
昌森　敬啟

三二十八日

電報掛號六七五七郵都字　長途電話掛號二三三七七〇

城內花牌樓太平街

代總管榮祥呈報滿泰總管於本月真日逝世電文

（一九三四年七月十四日，原件藏土默特左旗檔案館）

太原綏靖公署主任閻
南京蒙藏委員會委員長石　鈞鑒：竊土默特公署滿總管泰於去歲七月間因病請假，在宅療養，突於本月真日辰刻病勢增劇，神昏搐搦，氣促延流，經中西醫黃、成、朱、李諸君救急施治，均未收效，延至申末逝世。除呈報省府、蒙政委會、蒙藏會、綏靖公署外，謹電馳報，伏祈垂察。土默特旗公署代總管榮祥叩。

中華民國二十三年七月十四日

代總管榮祥爲滿泰總管病故呈綏遠省政府、蒙古地方自治政務委員會文

（一九三四年七月十四日，原件藏土默特左旗檔案館）

呈爲呈報事，竊本署滿總管泰，昔因服務戎行，操勞過度，精神體力均感衰疲。自最近二三年以來，尤有不勝繁劇之象。迨至客歲七月間因感覺體力難再支持，當即決意呈請鈞府給假休養，關於總管職務，並請准以公署秘書長榮祥代辦。前後所請續假診療及繼續代辦各緣由，均蒙鈞府恩准在案。迄今亟歲，毫無變異，方期天相吉人，漸占勿藥，俾得仍爲國家地方，勉効馳驅。不料於本月十一日早，病勢陡劇，目直涎流，惛不知人。經其親眷友好及屬員等分請西醫黃、成二君暨中醫朱、李等人共研救急之法，雖經種種施治，終不能挽其危而醒其神。於是在針藥罔效之下，竟延至下午五鐘餘而遽然長逝矣。伏思滿故總管平生待人

以禮約己以嚴、對於職務、時時以謹慎勤勞為先、至其操守廉潔、毫無嗜好、尤為當世人人所共知。宜其多享天年藉為澆漓末俗之勸。乃不圖大星忽隕、賢人不祿、追維往績、悼痛同深。關於旗署公務、暫仍由秘書長照舊代辦、除將該滿故總管病變逝世、情形分別電呈太原綏靖公署蒙藏委員會蒙古地方自治政務委員會徑呈綏遠省政府暨分別電呈太原綏靖公署蒙藏委員會外理合具文呈報、伏乞

鈞鑒。謹呈

綏遠省政府主席傅

蒙古地方自治政務委員會委員長雲

土默特總管公署秘書長代總管職務
蒙古地方自治政委會委員兼代總管 榮〇

中華民國二十三年七月十四日

土默特旗參領巴雅爾等爲懇請任命榮祥爲總管呈蒙藏委員會文

（約一九三四年七月，原件藏中國第二歷史檔案館）

為聯名呈請轉請任
命總管以專責成事。竊查本旗總管滿泰於去年七月間因病請假在宅療養，乃於本月十一日突以病勢轉變溘然逝世，關於當時延醫診治及病故情形業經分別呈報在案。惟該故總管自最初請假以及一年來養病期間，署中一切公務均請准由本旗公署參領兼秘書長榮祥代理，迄今適屆一年，確能不負所託。且此次該故總管突然捐館，事出意外，若非預有代理，從容應付，則當倉猝不決之際，必有暫時停頓之虞。茲幸衆有秉承，事無遺誤，裨益全旗，良非淺鮮。況該代理總管榮祥之人格，久為旗內外人人所推服，以學識論則畢業法校，新舊兼通，以資望論則歷充要職，遐邇咸知，近復蒙
中央任命為蒙古地方自治政務委員會委員，俾得同負蒙疆之重任。就述

種種情形觀之則本旗總管一缺確仍以該原代理人員任之為最宜且當該滿故總管泰因病出缺後本旗叅佐領暨前鋒驍騎校筆帖式等官曾於次日招開全體旗務會議以便決定繼任總管人選當時除該代理未列席外凡在場各員均以仍推原代理人正式繼任為最妥衆口一詞毫無異說此足徵大衆皆能本良心之主張而發為愛旗之正論是以叅領等於決議之後即依此進行以求早日實現今除一致對該榮代總管祥勗以大義使不得推諉卸責外謹後聯名具文懇請

鈞會轉請行政院准予任命該原代理人榮祥為土默特總管以資熟手而便整頓是否有當伏乞

鑒核施行謹呈

蒙藏委員會委員長石

左翼首甲參領巴雅爾

二甲參領昌森

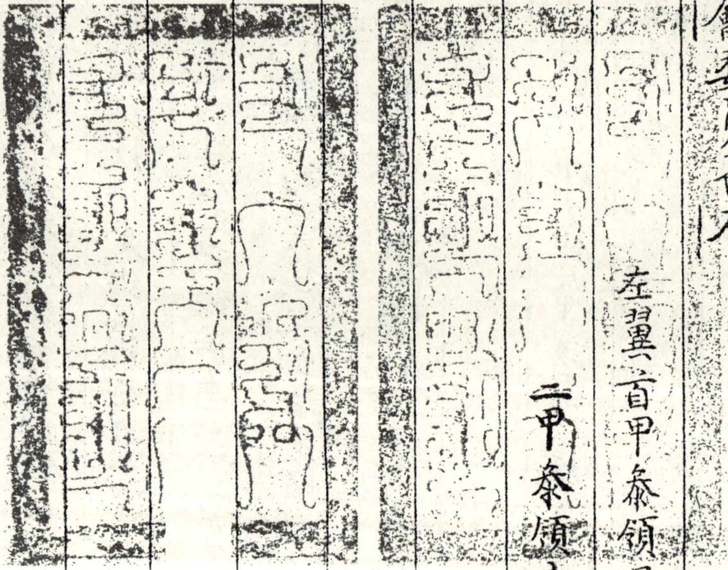

三甲參領錫　敏　泰
五甲參領森　額
六甲參領德克吉珂
右翼二甲參領福　克　津
三甲參領常　齡
五甲參領慶　春
六甲參領國　安

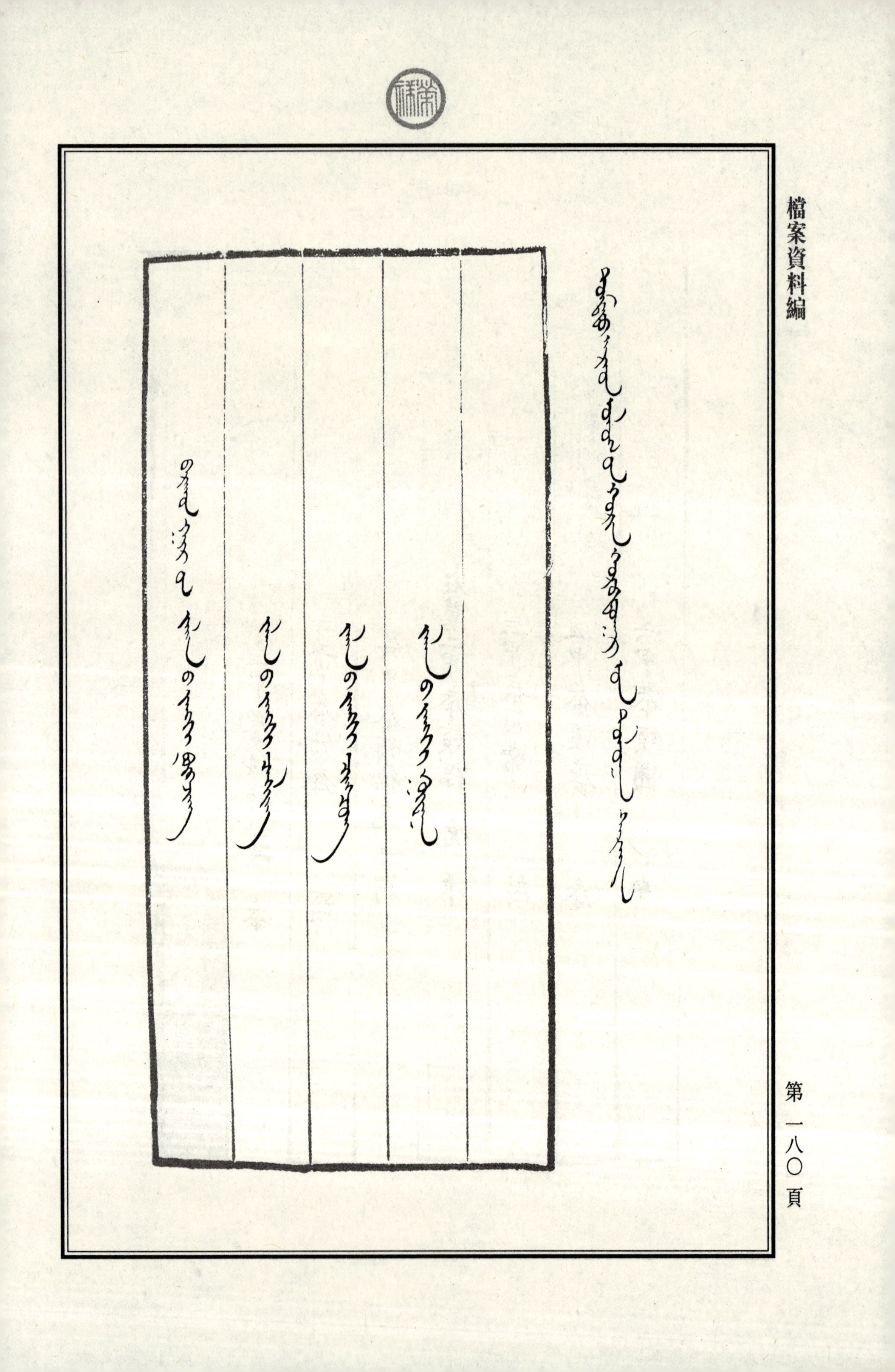

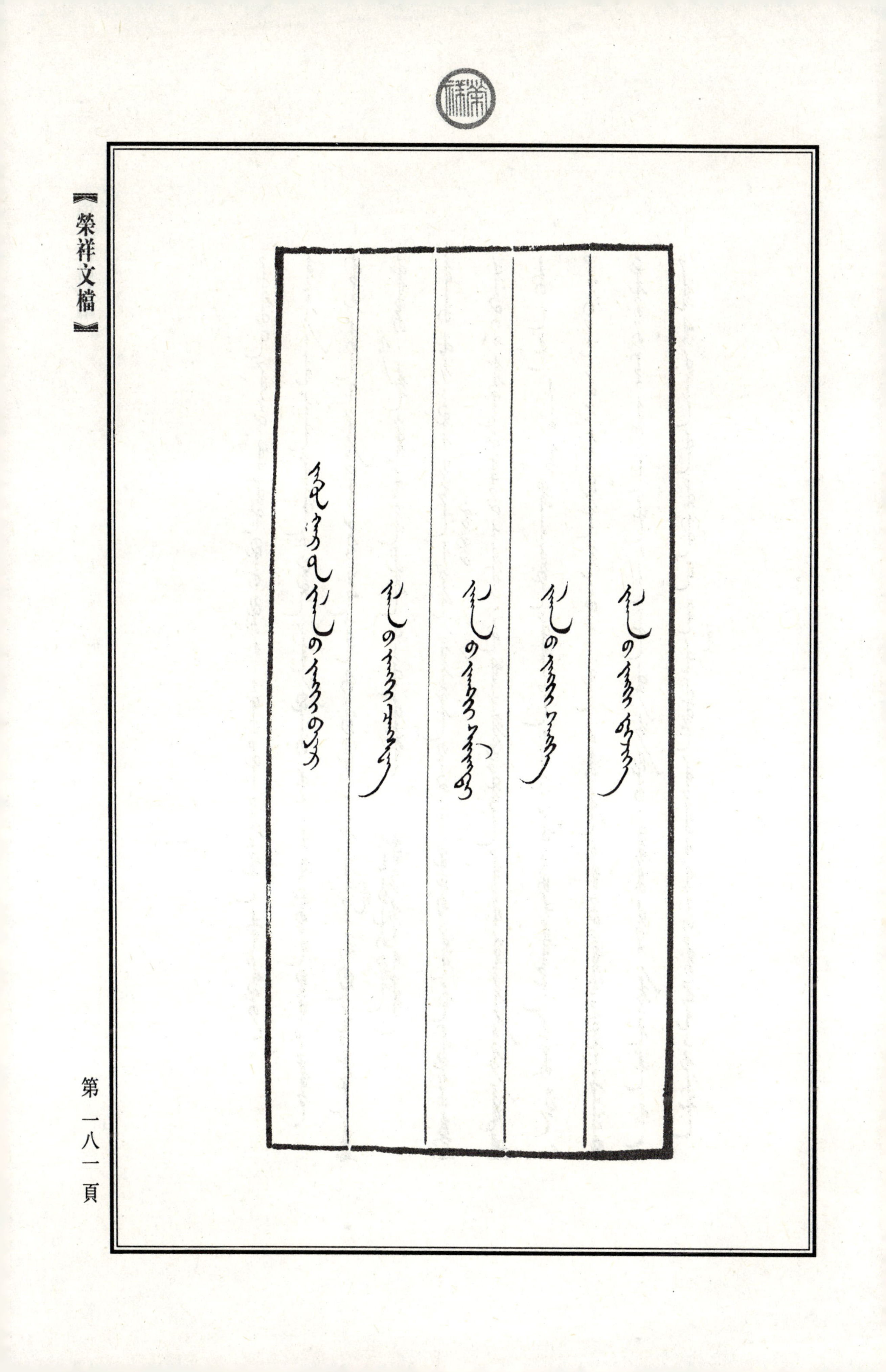

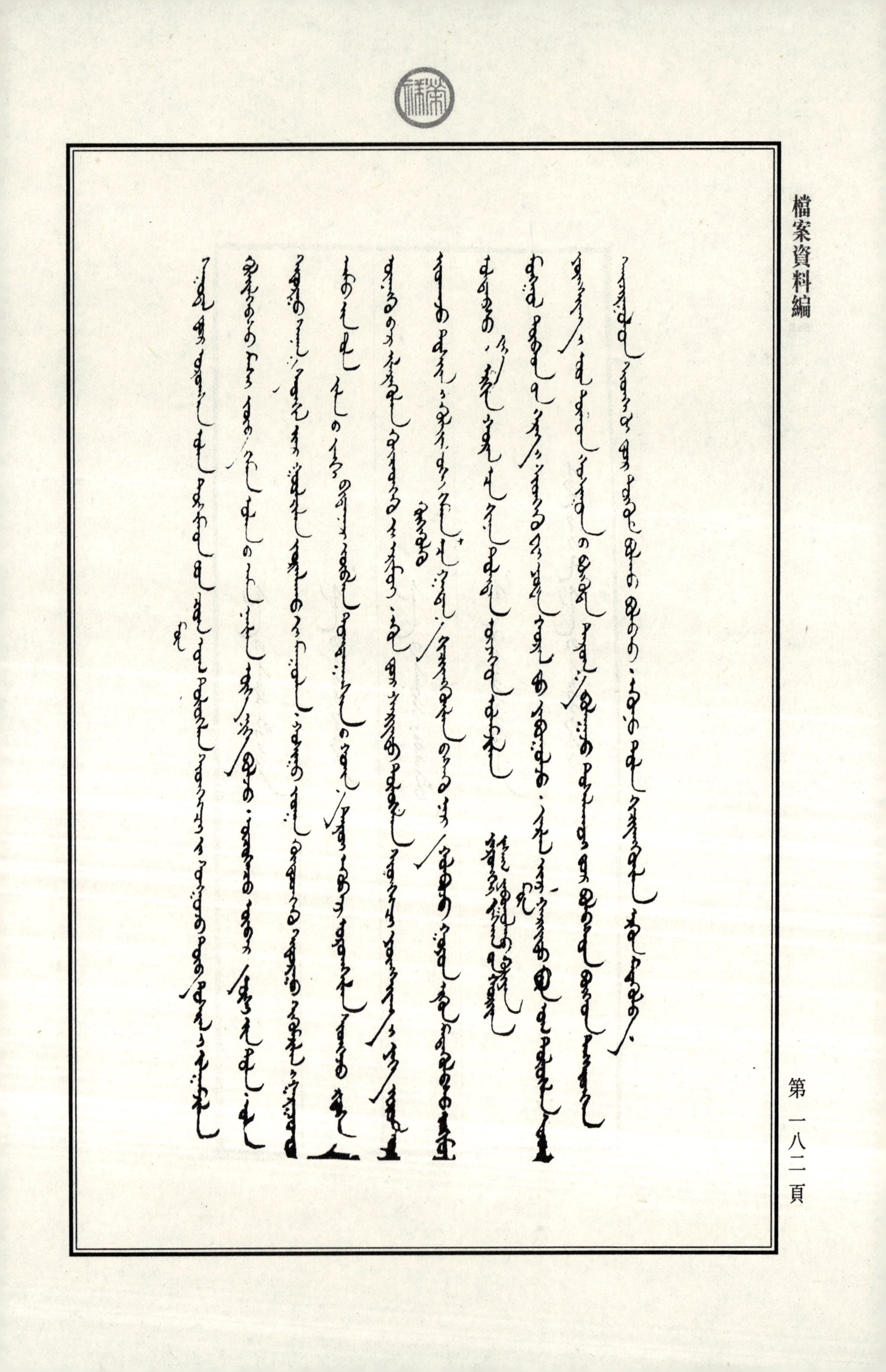

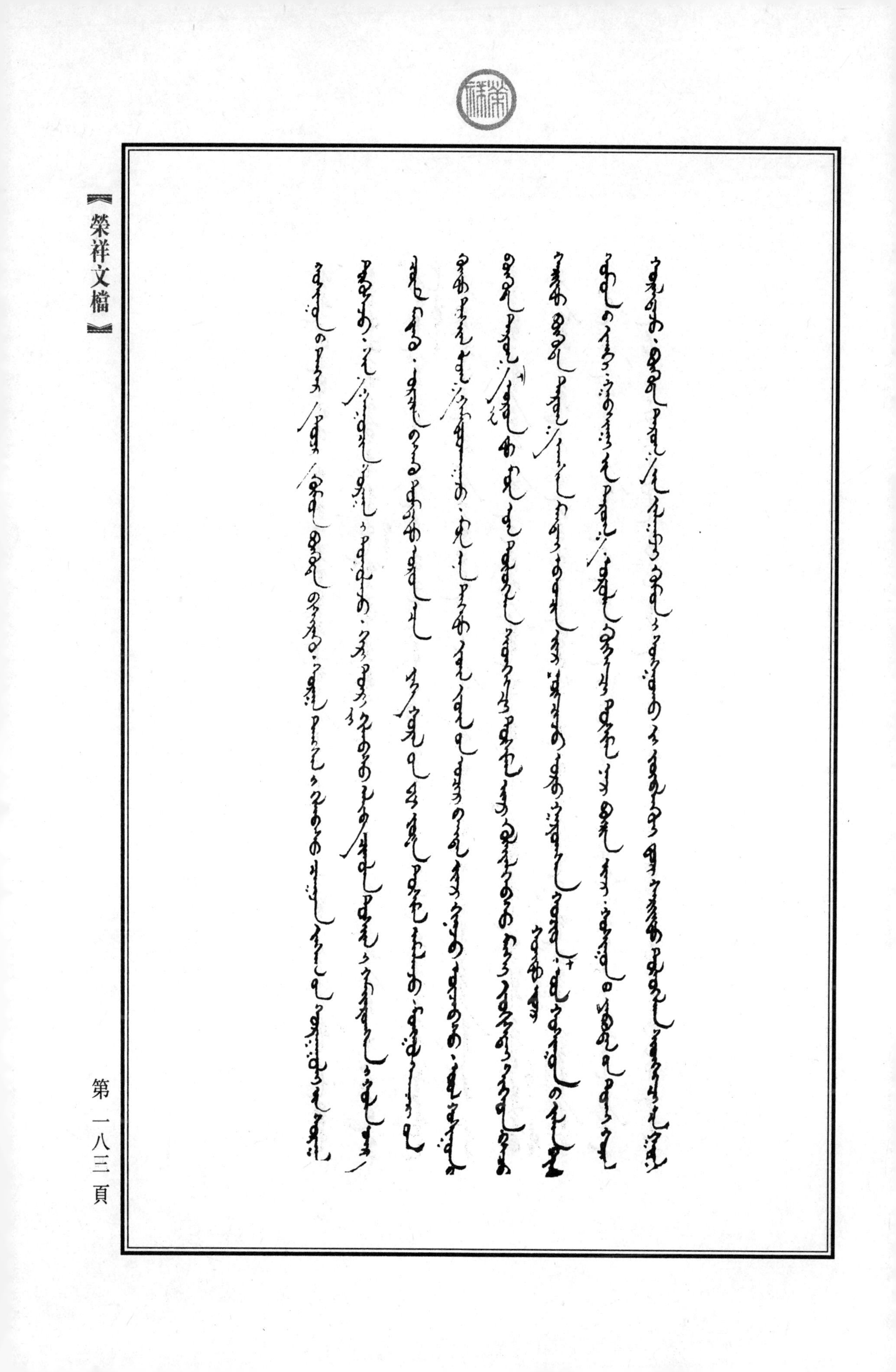

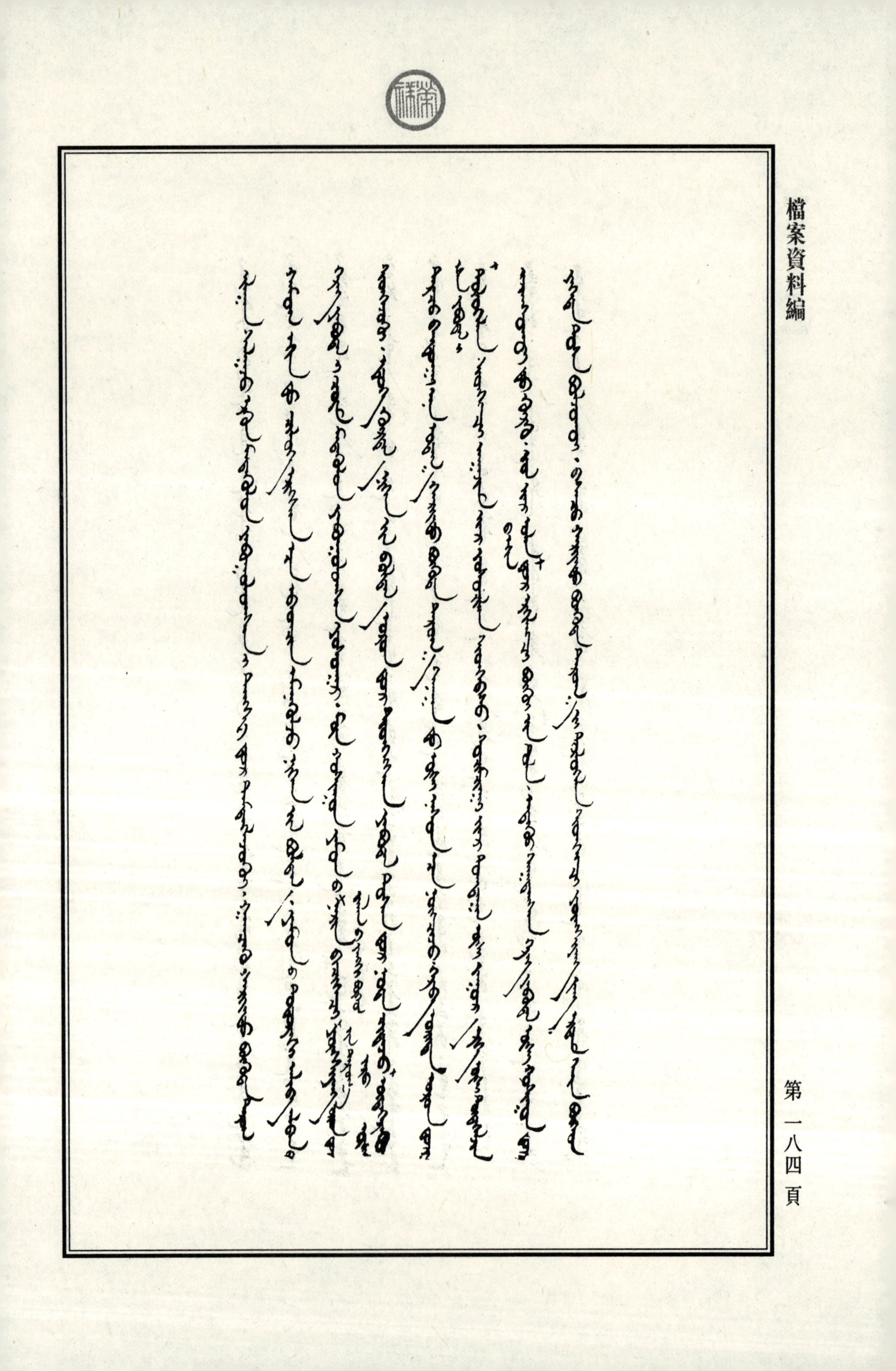

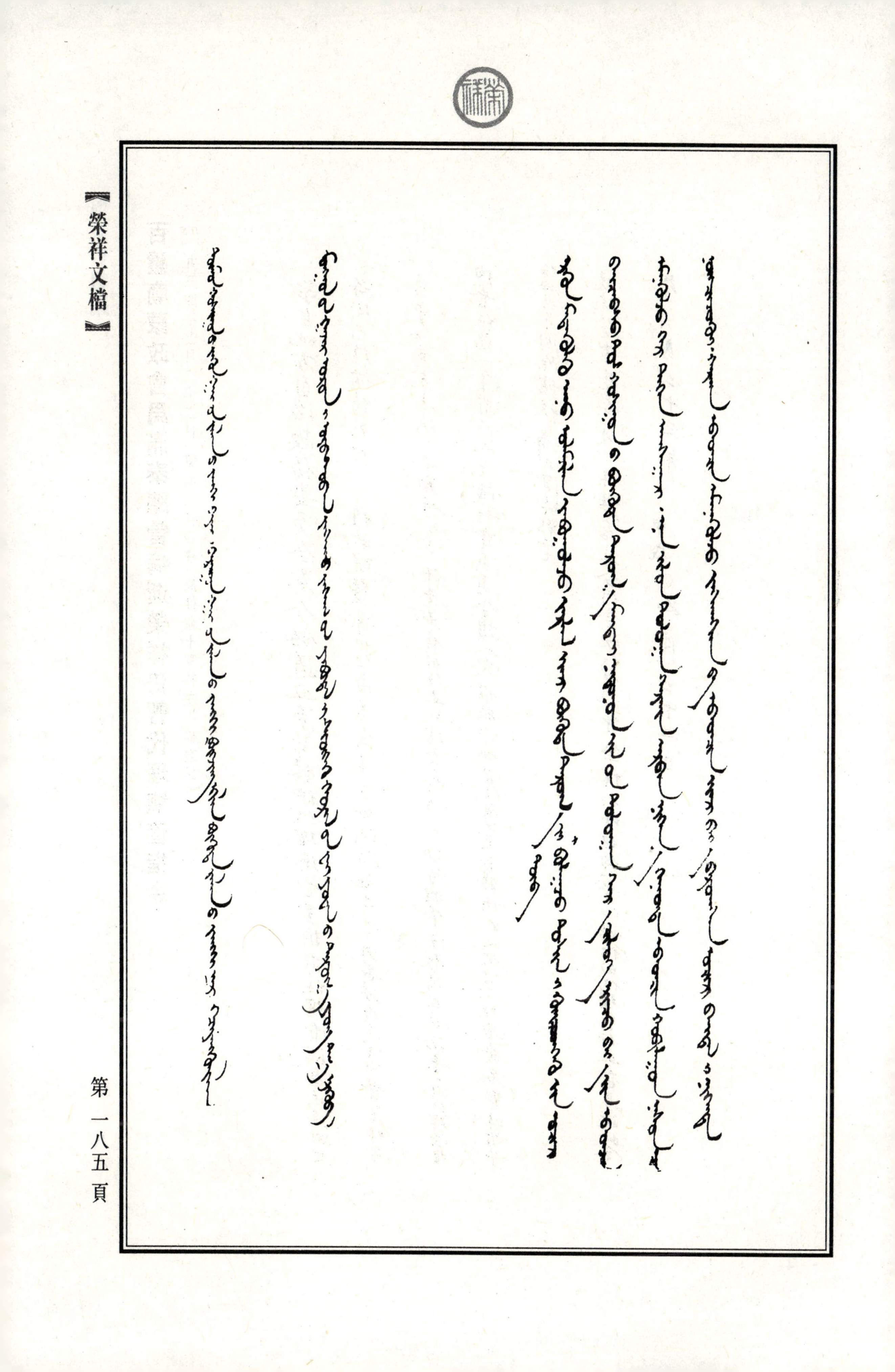

百靈廟蒙政會爲滿泰總管病逝榮祥仍暫代理總管指令

（一九三四年七月二十二日，蒙漢文各一件，原件藏土默特左旗檔案館）

蒙古地方自治政務委員会為令飭遵照事案據該代理總管呈報前任總管滿泰因病逝世等因已經據情轉報　行政院暨蒙藏委員会並令知該旗各在案茲查該旗代理總管榮祥身負重任歷充要職公正勤慎公事練達亟應升任正式總管且該旗參領等推舉該參領等共秘書長代理該旗總管任務一年有餘而學識新舊兼通全旗人衆推服於總管任務已盡厥職特於此次公同推舉聯名懇請准予任命等因除據情備文呈請轉電行政院暨蒙藏委員会請准任命外合行令該代理總管榮祥於該旗總管任務仍由代理暫行照舊遵辦此令

華民國二十三年　甲戌　七月　二十二日

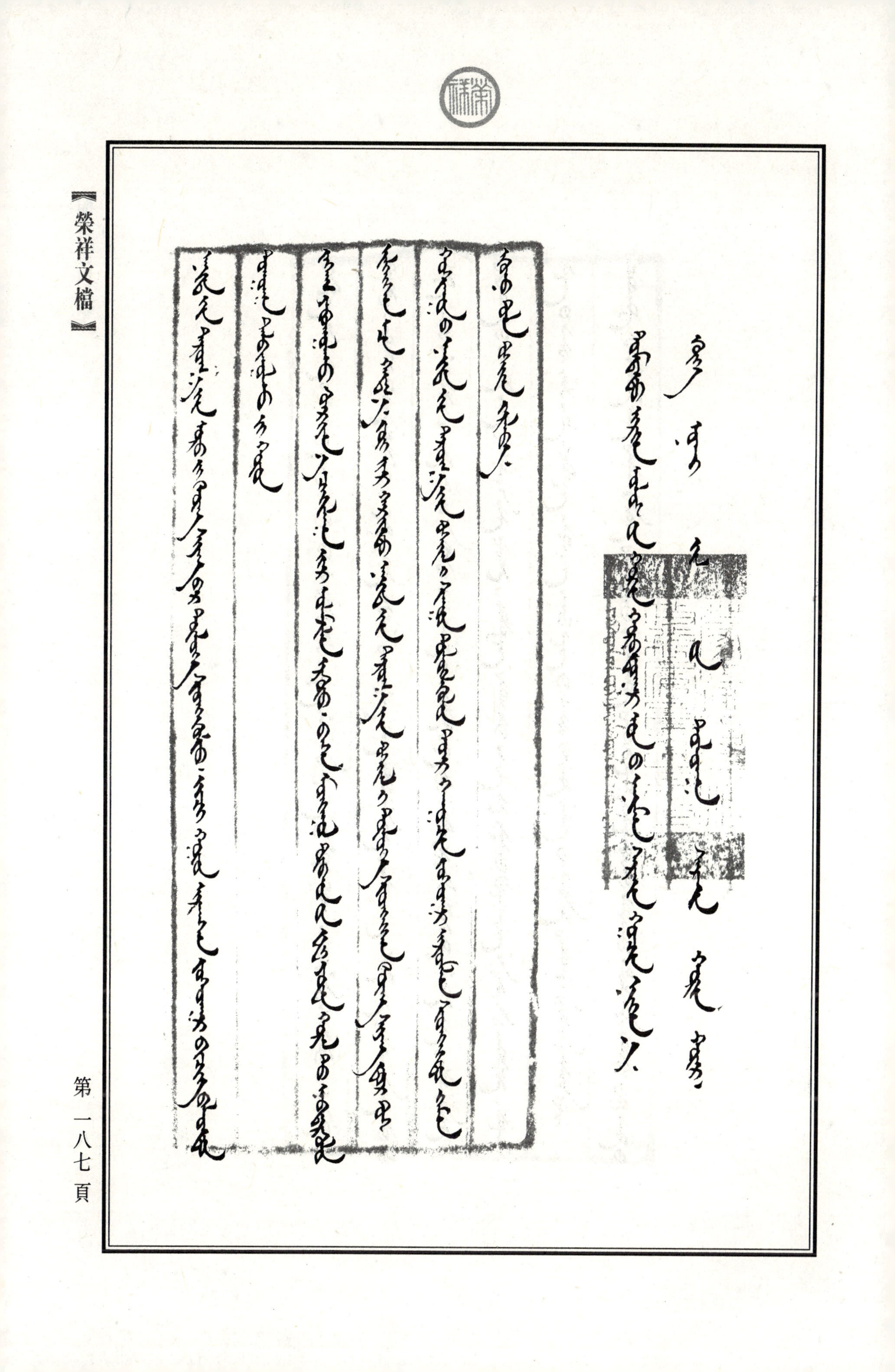

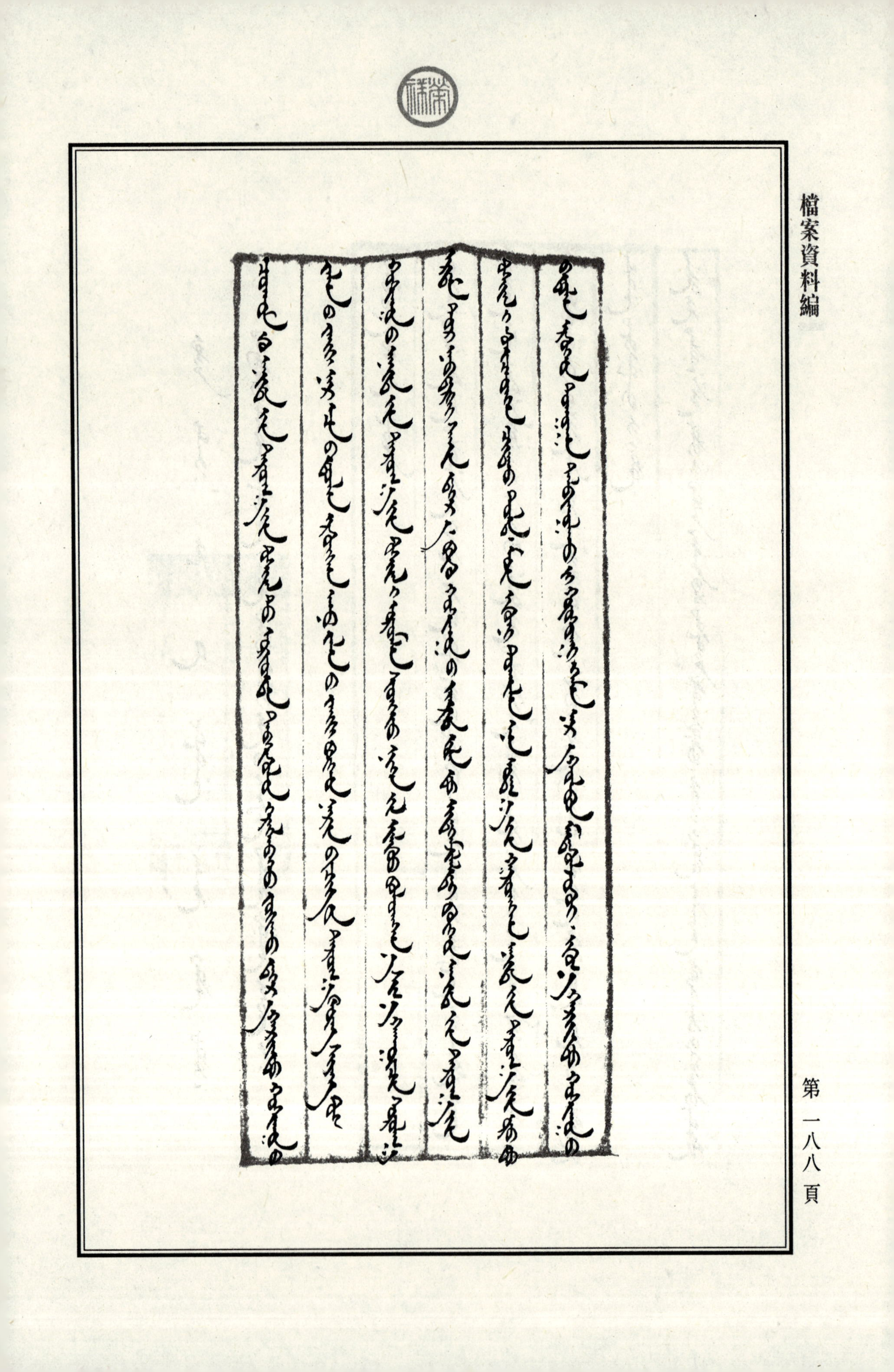

[illegible]

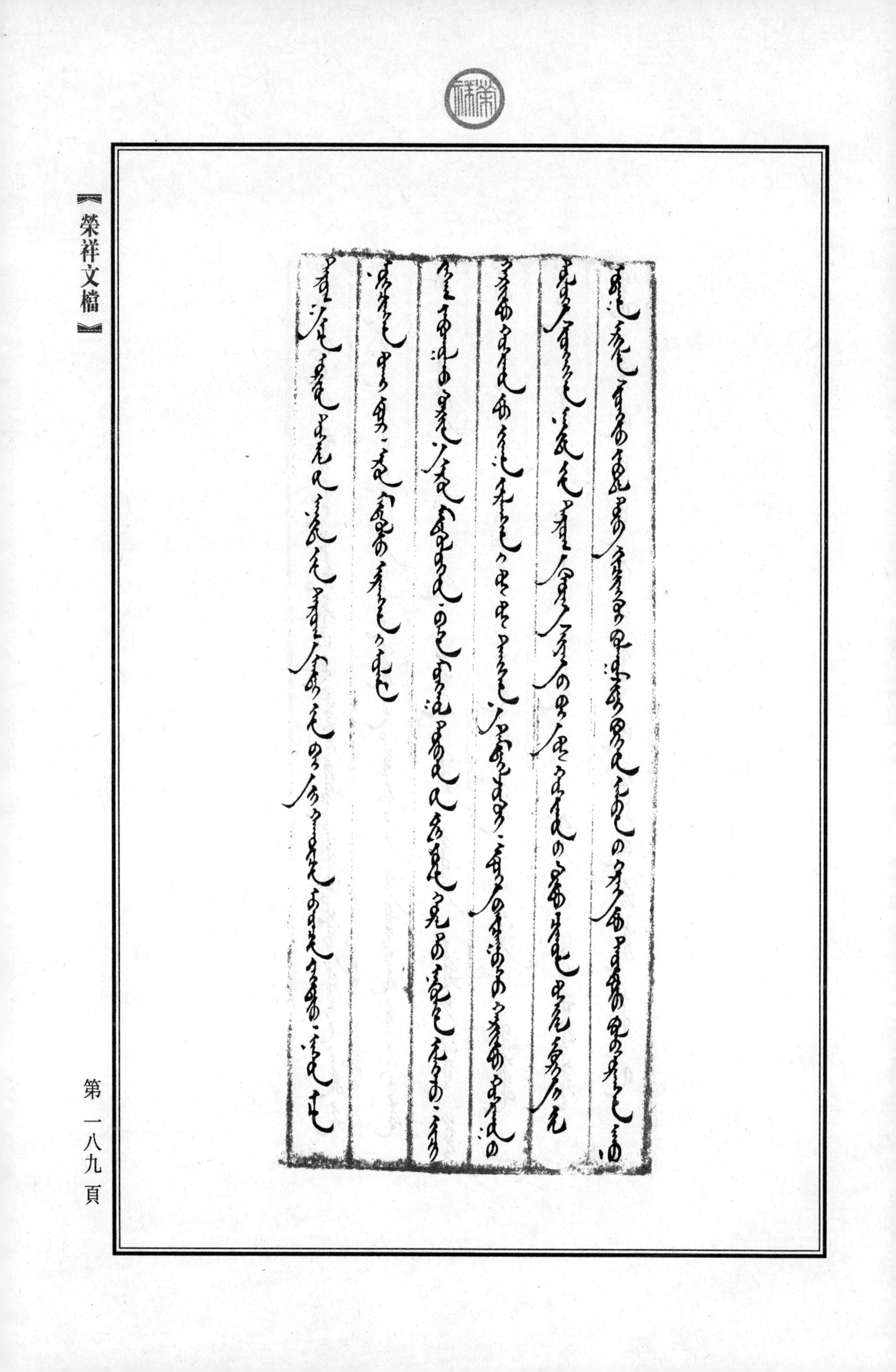

[illegible]

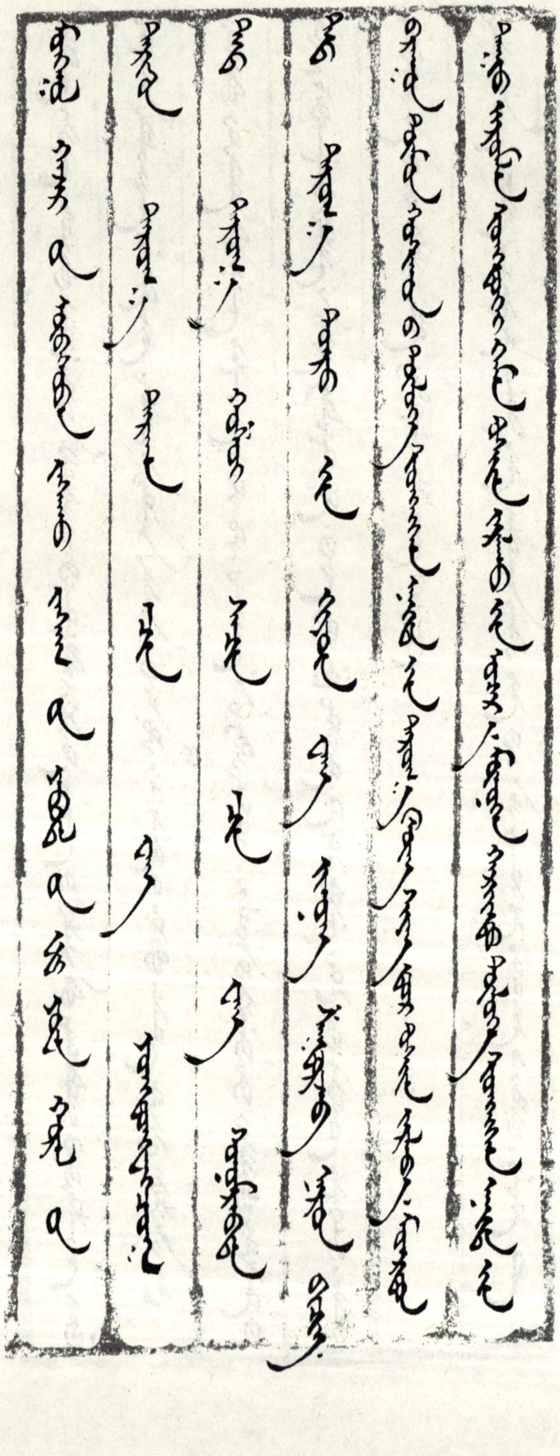

土默特旗總管委任張玉成爲本署秘書的手諭

（一九三四年八月五日，榮祥手跡，原件藏土默特左旗檔案館）

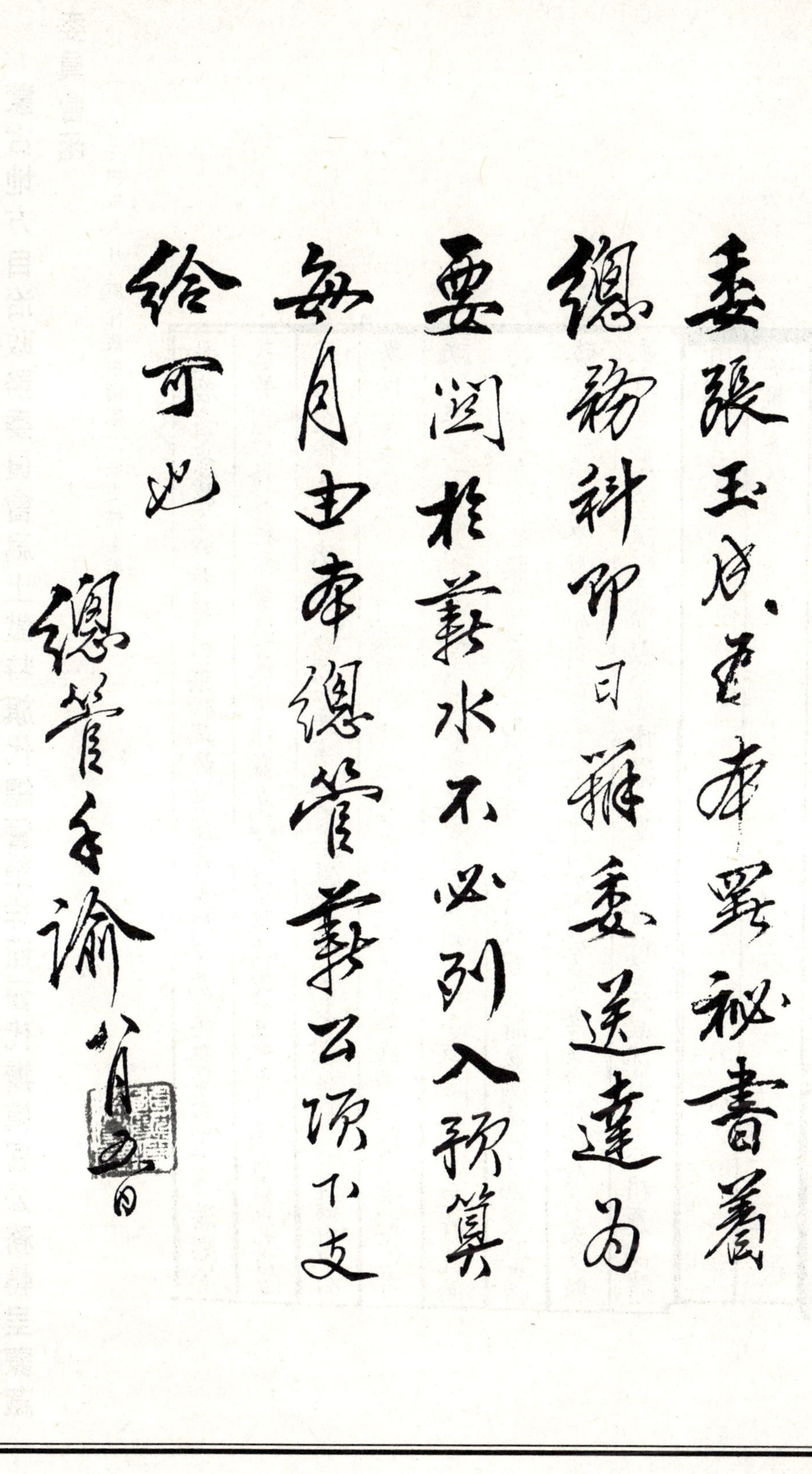
委張玉成、為本署秘書兼
總務科即日辦委送達為
要。關於薪水不必列入預算
每月由本總管薪金項下支
給可也
總管手諭
八月五日

蒙古地方自治政務委員會爲土默特旗代總管榮祥照舊代辦旗署公務轉呈蒙藏委員會函

（一九三四年八月，原件藏中國第二歷史檔案館）

逕啓者案據土默特特別旗代理總管榮祥呈稱：呈爲呈報事竊本署滿總管泰普因服務流行操勞過度，精神體力均感衰疲，故於客歲七月間，因感覺體力再難支持，當即決意呈請綏遠省政府給假休養，關於總管職務並請准以公署秘書長榮祥代辦。前後所請續假診療及繼續代辦各緣由均經呈准綏遠省政府在案。不料於本月十一日早病勢陡劇，針藥罔效之下，竟延至下午五時餘而溘然長逝。矣關於旗署公務暫仍由秘書長照舊代辦，除將該滿總管病變逝世情形逕呈綏遠省政府暨分別電呈太原綏靖公署、蒙藏委員會外，理合具文呈報，並請轉呈行政院鑒核備案等情。據此，除指令暨轉呈行政院備案外，相應函請貴會查照爲荷。此致

蒙藏委員會

中華民國二十三年八月

榮祥任命雲健飛爲生計股主任的手諭

（一九三四年九月十五日。榮祥手跡，原件藏土默特左旗檔案館）

查本署財政科事務較繁，在科職員每有不敷分配任務之感。前曾諭令生計股主任富祥回科專負該科責任，所有生計股主任職務暫派福科長兼代。嗣據該科長面陳，謂該股主任非有專員常川負責不可。茲據所陳，查有本署佐領雲健飛精明勤慎，堪充斯職，着即委為生計股主任，自本月十六日起實行負責，並將交接情形剋日具報。委狀另發。切切此諭。

總管榮手諭

九月十五日

蒙藏委員會爲薦派榮祥署理土默特旗總管呈行政院文

（一九三四年九月，原件藏中國第二歷史檔案館）

354

案查前准

鈞院秘書處牋函第三五三零號、第三八五八號開

奉交核復蒙政會雲委員長電呈各一件，爲土

默特旗總管滿泰病故，戎務暫由該旗公署秘

書長榮祥代理，請予備案一案，函達查照等因；

並准蒙政會函送抄會。

查土默特旗總管缺出，向由綏遠將軍都統

遴員咨請理藩部、蒙藏院轉薦任命，且不限

於蒙人。當時綏遠省政府傅主席，儀來電報告

滿總管病故出缺，繼任人選，以本旗人爲宜。

曾正式提出繼任人員姓名，故本案擱置。
茲准綏遠省政府蒸電開：
「查土默特旗總管滿泰於本年七月
十一日因病出缺，所遺總管一職，現尚
虛懸。茲查有現任該旗參領兼總
管署秘書榮祥，資深望重，諳習蒙
情，堪以繼充斯職，除電報行政院鑒核
外，用特電請貴會查照，轉請任命，
以專責成。」
等因，核與例案相符，理合呈請

鈞院鑒核轉呈

國民政府簡派榮祥署理土默特旗總管。實

為公便。

謹呈

行政院院長汪

蒙藏委員會委員長石〇〇

中華民國廿年九

傳

兩生

代總管榮祥爲蒙邊司令部奉命結束，將官兵名册、馬匹、軍械、服裝等項造具清册移交本署事呈綏遠省政府主席傅作義文

（一九三四年九月十日，原件藏土默特左旗檔案館）

呈爲呈報事茲准蒙邊司令部公函内開敬啟者案奉
太原綏靖主任閻感叅電内開省政府轉蒙边司令部陳叅謀長
覽查蒙邊司令部現無存在之必要着於本月廿日實行結束所屬
騎兵衛隊歸土默特總管公署管轄等因奉此並將該部花
名馬匹暨軍械服裝子彈等册移交即希查照等因准此查該
部既經奉令結束即將官長士兵花名馬匹軍械服裝子彈等
項造具清册移交職署當經派員逐一點收清楚除函復該部備
查外理合具文呈報伏乞
鑒核俯准備案施行謹呈
綏遠省政府主席傅

代理土默特總管榮○

行政院爲派榮祥署理土默特特别旗總管事給蒙藏委員會的訓令

（一九三四年十月五日，原件藏中國第二歷史檔案館）

行政院訓令

字第5459號

令蒙藏委員會

前據該會呈請派榮祥署理土默特特别旗總管一案。到院，經提出本院第一七八次會議通過。當即轉呈

請予令派在案。兹奉

國民政府第二〇一四號指令開：

呈悉。已有明令照派矣。仰即知照。並轉飭

遵照。此令。

等因。奉此，合行令仰該會知照。此令。

中華民國二十二年十一月二日

院長　汪兆銘

監印華鏡洸

校對周岐

蒙藏委員會爲轉發署理土默特特別旗總管榮祥薦派狀事咨綏遠省政府文

（一九三四年十月，原件藏中國第二歷史檔案館）

蒙藏委員會咨　蒙字第66号

案准

貴省政府蒸電以土默特旗總管滿泰病故

遺缺查有榮祥堪以繼充請轉請任命以專

責成等因。當經轉呈並電復在案。茲奉

行政院第五四〇九號訓令内開：

「准國民政府文官處函送來署理土默特

特別旗總管榮祥薦派狀一件。合行檢發

原件，令仰該會即便查收轉發具報查考。

此令。計發薦派狀一件」。

等因，奉此，除呈復外，相應檢同原[illegible]狀咨請

查收辦理見復為荷！

此致

綏遠省政府

計附薦派狀一件

委員長 吳〇〇

中華民國卅三年十月

綏遠省政府爲檢發總管薦派狀並須將出身履歷及接事日期呈報事給土默特總管榮祥的訓令

（一九三四年十月十六日，原件藏土默特左旗檔案館）

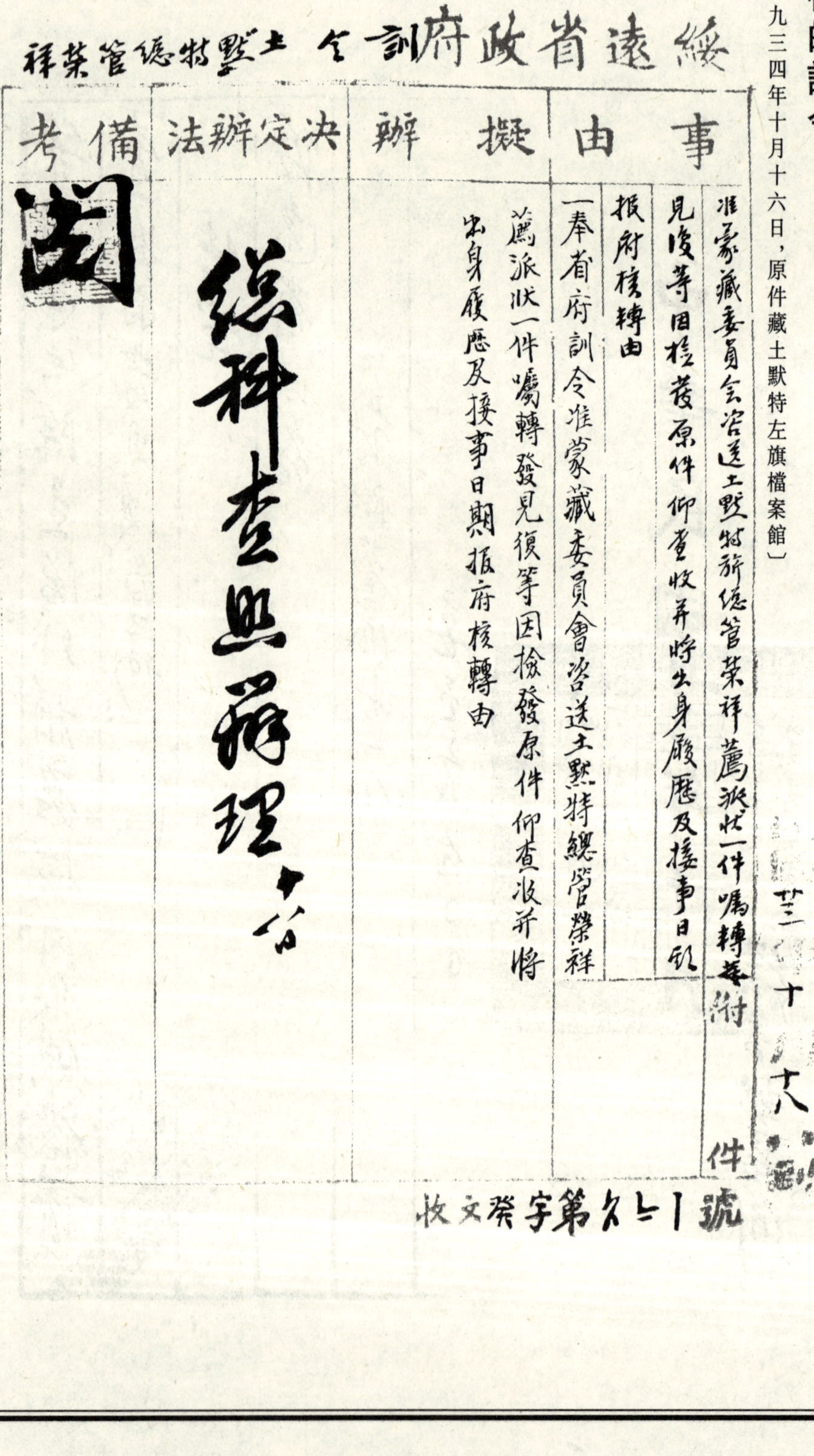

綏遠省政府訓令 土默特總管榮祥

事由	擬辦	決定辦法	備考
准蒙藏委員會咨送土默特總管榮祥薦派狀一件囑轉發附見復等因檢發原件仰查收并將出身履歷及接事日期報府核轉由	一奉省府訓令准蒙藏委員會咨送土默特總管榮祥薦派狀一件囑轉發見復等因檢發原件仰查收并將出身履歷及接事日期報府核轉由	總科查照辦理 十六	閱

廿三 十 十八 件

收文榮字第一七八號

字第一〇二號 年 月 日 時到

綏遠省政府訓令

蒙字第二六五號

令土默特總管榮祥

案准

蒙藏委員會蒙字第六六五號咨開：

「案准貴省政府蒸電，以土默特旗總管滿泰病故，遺缺查有榮祥堪以繼充，請轉薦任命，以專責成。等因；當經轉呈，並電復在案。茲奉行政院第五四〇九號訓令內開：「准國民政府文官處送來，委理土默特特別旗總管榮祥薦派狀一件

。今行檢發原件，令仰該会，即便查收特發，具
報查考。此令。計發薦派狀一件。」等因；奉此，除
呈復外，相應檢同原件，咨請查收特發見復。為荷
計附薦派狀一件
等因；准此，查薦任員缺，必須備具該員出身履歷二份
呈請分別咨存，方與成案相符。准咨前因，合行檢發原件
令仰該總管查收，並將出身履歷及接事日期一併報府
核轉。為要！
此令。
計檢發薦派狀乙件

居

中華民國二十三年十月廿六日

主席 傅作義

監印潘世榮
校對張國治

薦派狀　呈字第四零號

派榮祥署理土默特特別旗總管

此狀

國民政府主席林森

行政院院長汪兆銘

中華民國二十三年九月廿六日

蒙古地方自治政務委員會爲土默特總管榮祥接印視事准予備案給榮祥的命令

（一九三四年十月十七日，蒙漢文各一件，原件藏土默特左旗檔案館）

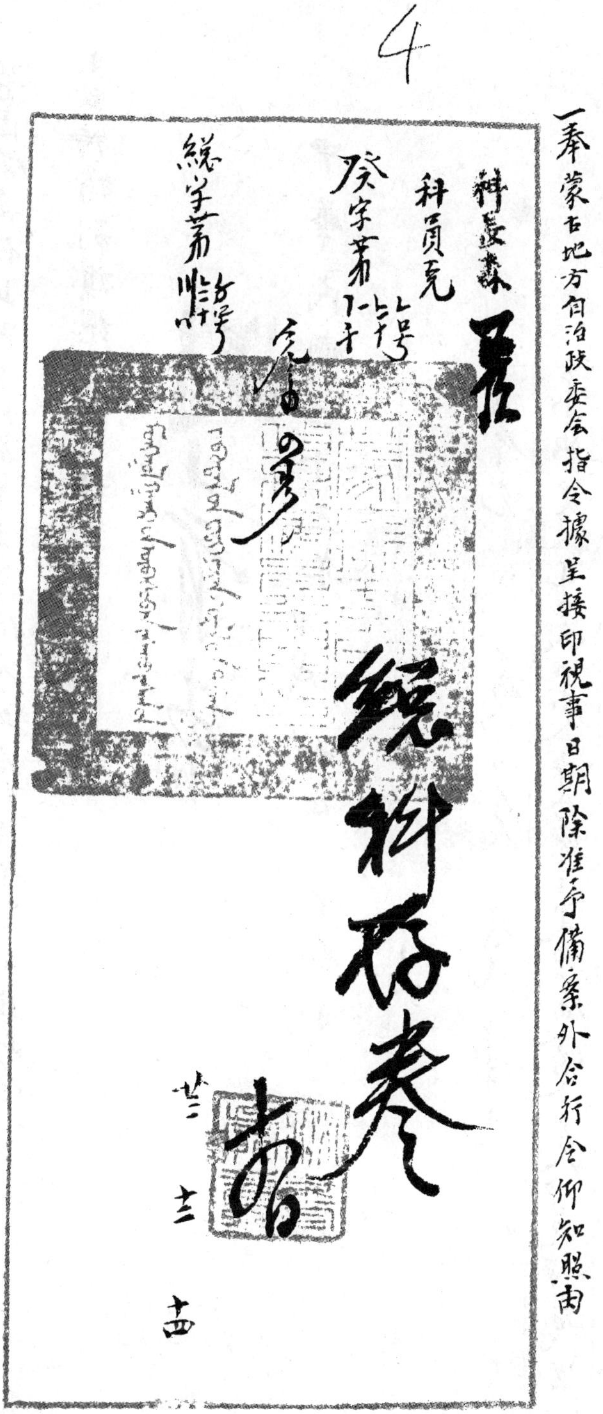

一奉蒙古地方自治政委会指令據呈接印視事日期除准予備案外合行令仰知照由

科長

科員

總字第

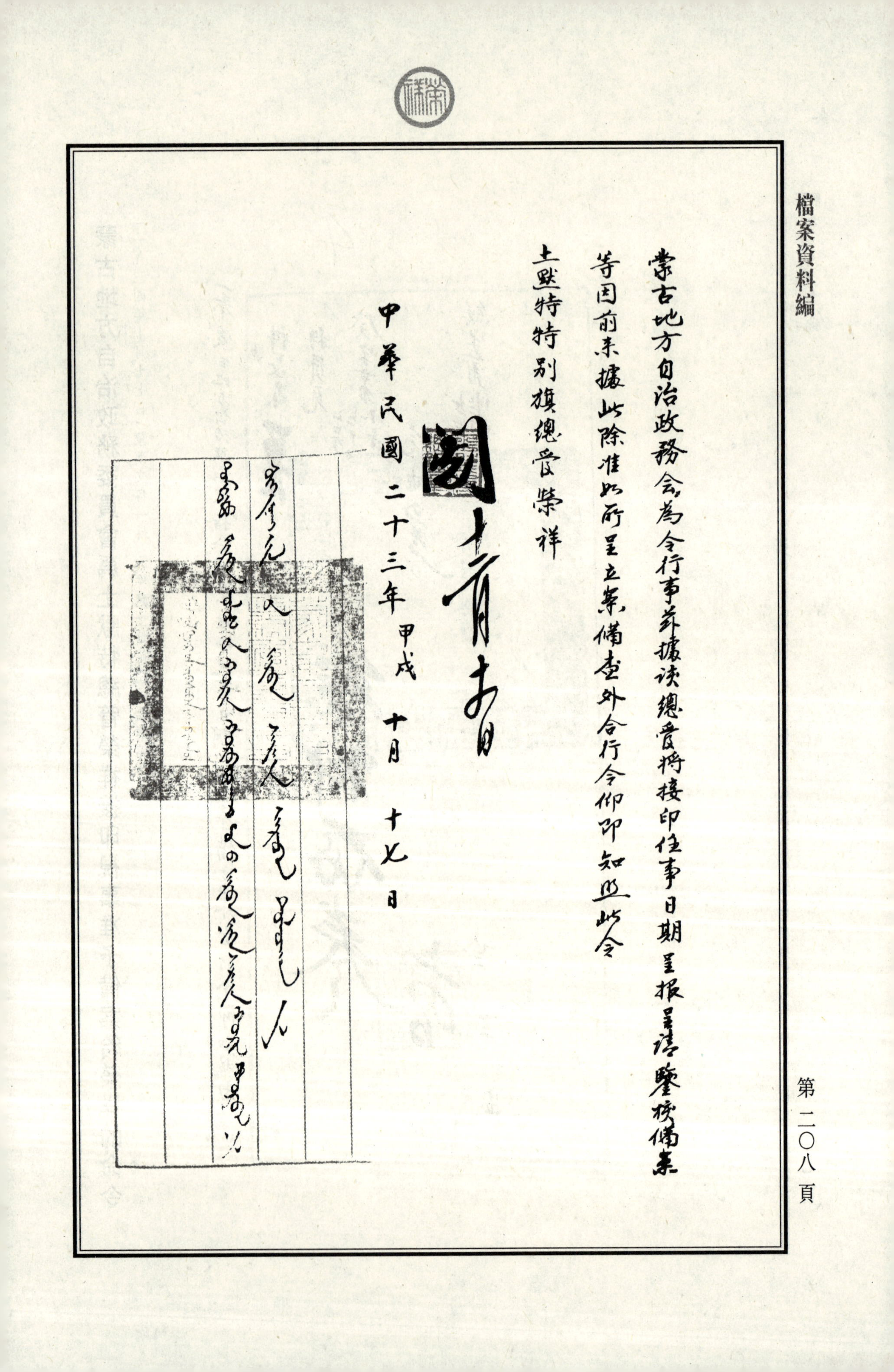

蒙古地方自治政務會為令行事茲據該總管將接印任事日期呈報呈請鑒核備案等因前來據此除准如所呈立案備查外合行令仰即知照此令

土默特特別旗總管榮祥

閱十月十七日

中華民國二十三年甲戌十月十七日

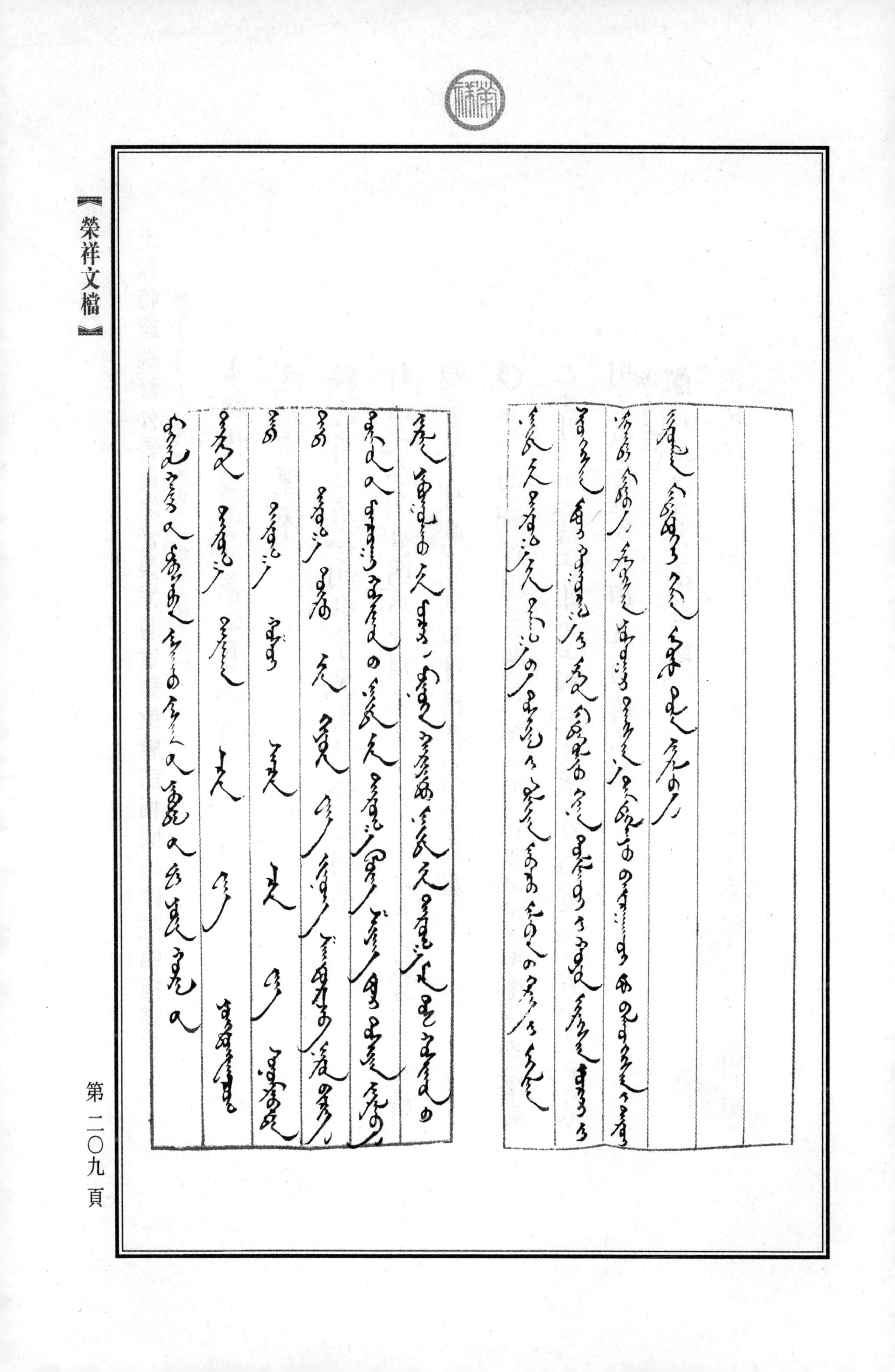

土默特旗總管公署爲總管榮祥將宣誓就職請相關機關莅臨指導函

（一九三四年十月二十二日，原件藏土默特左旗檔案館）

土默特總管公署公函　總字第　號

逕啟者案奉

綏遠省政府令開准蒙藏委員會咨開奉

行政院令開准國民政府文官處送交署理土默特特別旗

總管榮祥附薦派狀乙件轉發到署並奉

傅主席面諭擇期宣誓就職以昭慎重各等因奉此茲擇定

於十月二十六日上午十二時在本署舉行宣誓就職典禮除分

別呈報並通知外相應函請屆期

派員蒞臨指導爲荷此致

民政廳

憲兵副司令部

、財政廳　平市官錢局、禁煙總稽查處

、教育廳　綏遠省農会、高等法院

、建設廳　綏遠省商聯会、地方法院

、省會公安局　歸綏市商会　民國日報

、歸綏縣政府　綏遠日報

、省黨部　綏遠墾務總局

、市黨部　綏遠省通志館

、縣黨部　交通銀行

、推進盟旗黨務委員會　中國銀行

、塞北關監督公署　潘王府

中華民國二十三年十月廿二日

土默特旗總管旗榮祥爲奉令就職事所發佈告

（一九三四年十月二十三日，原件藏土默特左旗檔案館）

土默特總管公署總管榮　爲

佈告事、照得本總管、現奉

綏遠省政府令開、准蒙藏委員會咨開、案奉

行政院訓令內開、准

國民政府文官處函送、交薦派狀乙件、派榮祥署理土默

特特別旗總管、計附薦派狀乙件、等因奉此、遵於本

月二十六日在本署舉行宣誓就職典禮、除呈報並分

別咨行外、爲此佈告、仰軍民人等、一體知悉、特佈、

中華民國二十三年十月　日

土默特總管公署爲榮祥接印視事咨省縣各機關文

（一九三四年十一月二日，原件藏土默特左旗檔案館）

土默特總管公署咨　總字第廿二號

爲咨知事。案奉

綏遠省政府訓令内開：准蒙藏委員會咨開：案奉

行政院訓令内開：准

國民政府文官處送交薦派狀乙件，派榮祥署理土默特特别旗

總管、等因，計附薦派狀乙件，等因，奉此，刷行，除總管遵於十月二十六日接印任并行宣誓就職典禮

事，除呈報暨分咨外，相應咨請

查照爲荷。此咨

綏遠民政廳、財政廳、教育廳、建設廳

臨河縣政府、安北縣政府、沃野縣政府

晉綏憲兵副司令部
綏遠蒙旗務局
綏遠公安局
綏遠地方高等法院
綏遠塞北關監督公署
歸綏縣政府
托克托縣政府
薩拉齊縣政府
包頭縣政府
清水河縣政府
和林縣政府
武川縣政府
固陽縣政府
五原縣政府
東勝縣政府
豐鎮縣政府
陶林縣政府
涼城縣政府
興和縣政府
集寧縣政府

總管榮〔印〕

中華民國二十三年十一月二日

土默特總管公署爲榮祥接印任事給旗屬各局校的訓令

（一九三四年十一月二日，原件藏土默特左旗檔案館）

土默特總管公署訓令 總字第 號

令 相稅總局 中學校 各小學校

為訓令事照得本總管現奉
綏遠省政府令開准蒙藏委員會咨開奉
行政院訓令內開准
國民政府文官處送交薦派狀乙件派榮祥署理土默特特別旗
總管等因計附薦派狀乙件奉此遵於本月二十六日接印任事除
呈報並咨行外合亟令仰該局校遵照並轉所屬一体知照此令

總管榮

中華民國二十三年十一月二日

榮祥爲奉令造送出身履歷呈綏遠省政府主席傅作義文

（一九三四年十一月五日，原件藏土默特左旗檔案館）

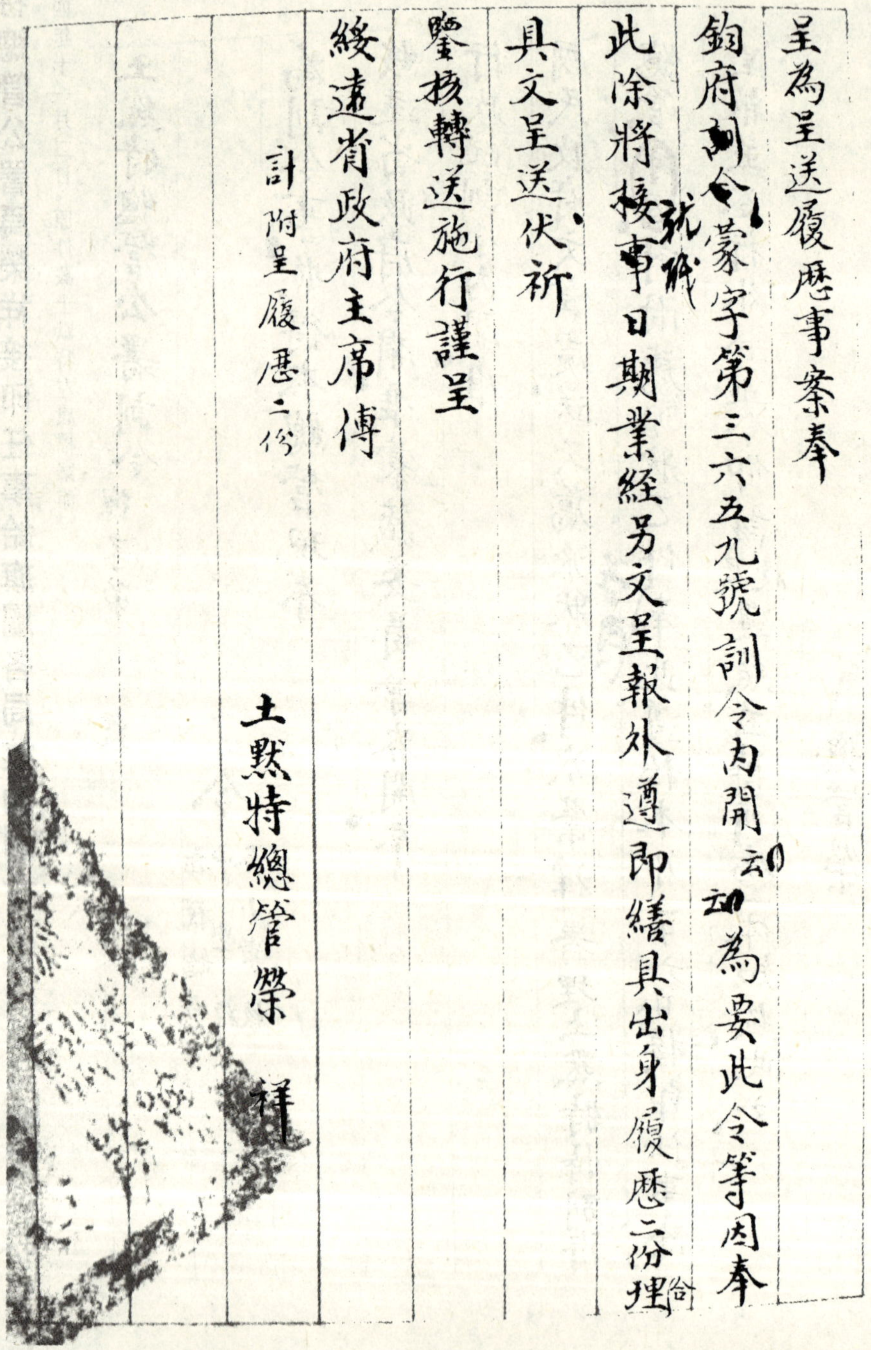
呈為呈送履歷事案奉
鈞府訓令蒙字第三六五九號訓令內開云云為要此令等因奉
此除將接事日期業經另文呈報外遵即繕具出身履歷二份理合
具文呈送伏祈
鑒核轉送施行謹呈
綏遠省政府主席傅
計附呈履歷二份
土默特總管榮祥

榮祥綏遠省土默特特別旗人年四十一歲民國六年由北京中央政法專门学校法律本科畢業七年被選為山西省第二屆議会綏遠議員十一年任綏遠全區学務局第二科科長十二年兼任綏遠都統署秘書十六年任北方國民革命軍騎兵第五師中校參謀處長旋提升為上校參謀長十七年任土默特總管公署秘書長二十年被選為國民代表会議代表蒙中央黨部特許入黨二十一年兼任蒙邊司令部少將參謀長二十三年蒙國民政府簡任為蒙古地方自治政務委員会委員同年九月兼復蒙國民政府薦派署理土默特特別旗總管現供今職須至履歷者

家族

父 郝格尔扎布 殁

母 梅氏 殁 继母華氏 存

本身 榮祥

妻 丁氏

子三人

女二人

卅三 傅隔淵寫

賞

民國二十年蒙中央黨部賞給總理遺像及遺教全部並蒙國民政府主席蔣賞給像片二十二年又蒙林主席蔣委員長汪院長賞給像片各一幀同時蒙國民政府賞給衣料食物金壺金甌及銀時計等物

罰　無

中華民國二十五年十一月　日

榮祥履歷表

（一九三四年十一月，原件藏土默特左旗檔案館）

官職	署理土默特特別旗總管
姓名	榮祥
年齡	四十一歲
籍貫	綏遠省土默特特別旗人
出身	北京中央政法專門學校法律本科畢業 土默特特別旗右翼四甲參領
家族	父都格爾札布歿　本身榮祥　子三人 母梅氏歿 繼母華氏存　妻丁氏　女二人
賞	民國二十年蒙中央黨部賞給總理遺像及遺教全部並蒙國民政府主席蔣賞給像片二十二年又蒙林主席蔣委員長汪院長賞給像片各一幀同時蒙國民政府賞給衣料食物金壺金甌及錶時計等物
罰	無

經歷

於民國六年由北京中央政法專門學校法律本科畢業七年被選為第二屆山西省議會綏遠議員十一年任綏遠全區學務局第二科科長十二年兼任綏遠都統署秘書十五年補本旗驍騎校十六年任北方國民革命軍騎兵第五師中校參謀處長旋提升為上校參謀長十七年補升本旗公中佐領任土默特總管公署秘書長同年升本旗右翼四甲參領二十年被選為國民代表會議代表蒙中央黨部特許入黨二十一年兼任蒙邊司令部少將參謀長二十三年蒙國民政

土默特

中華民國二十三年十一月　日

榮祥具

綏遠省政府爲土默特旗總管榮祥已接印視事並造送出身履歷咨蒙藏委員會文

（一九三四年十一月十日，原件藏中國第二歷史檔案館）

綏遠省政府咨　蒙字第五七六號

案准

貴會蒙字第六六五號咨，以准本府蒸電，爲土默特總管

管滿泰病故，遺缺查有榮祥堪以繼充，請轉荐任命

等因；當經轉呈，並電復在案。茲奉

行政院令發署理土默特特別旗總管榮祥荐派狀一件，

飭即查收轉發具報等因，自應檢同原件，咨請查

收轉發見復等因；計附荐派狀一件准此，當經令發

該總管查收，並飭將出身履歷暨接事日期報府核

轉在案。茲據該總管呈報業於十月二十六日接印任事，並造送出身履歷，呈請核轉前來。除指令外，相應將該總管接事日期及出身履歷一併咨報

貴會查核為荷

此咨

蒙藏委員會

附送履歷一份

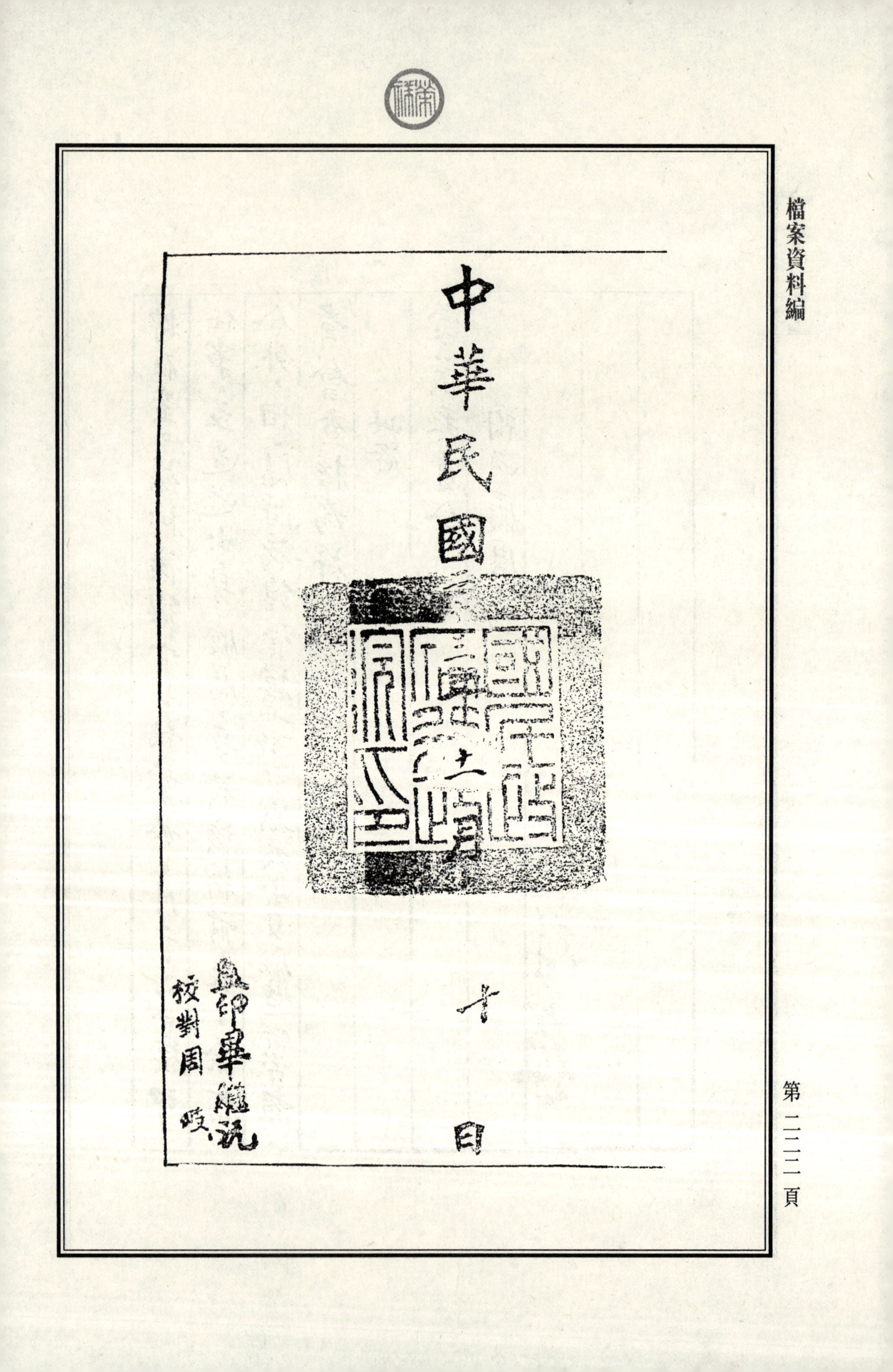

中華民國十年　月　日

監印畢鑑沅

校對周暖

綏遠省政府爲蒙藏委員會收到榮祥呈報接事日期及履歷事給土默特總管公署的訓令

（一九三四年十二月三日，原件藏土默特左旗檔案館）

綏遠省政府訓令

蒙字第四二四五號

令土默特總管署

案准

蒙藏委員會蒙字第六七七號咨開：

「准貴省政府蒙字第五七六號咨，以據土默特總管榮祥呈報接事日期，并造送出身履歷，請核轉等情，咨報查核等由，并附送履歷一份到會。除呈請行政院鑒核備查外，相應咨復查照。」

等因；准此，合行令仰該署知照。

此令。

科長 X森

科員 X克

中華民國廿三年十二月三日

監印 湧駐榮

校對 郭國治

綏遠省政府爲呈報履歷事給榮祥的指令

（一九三四年十一月六日，原件藏土默特左旗檔案館）

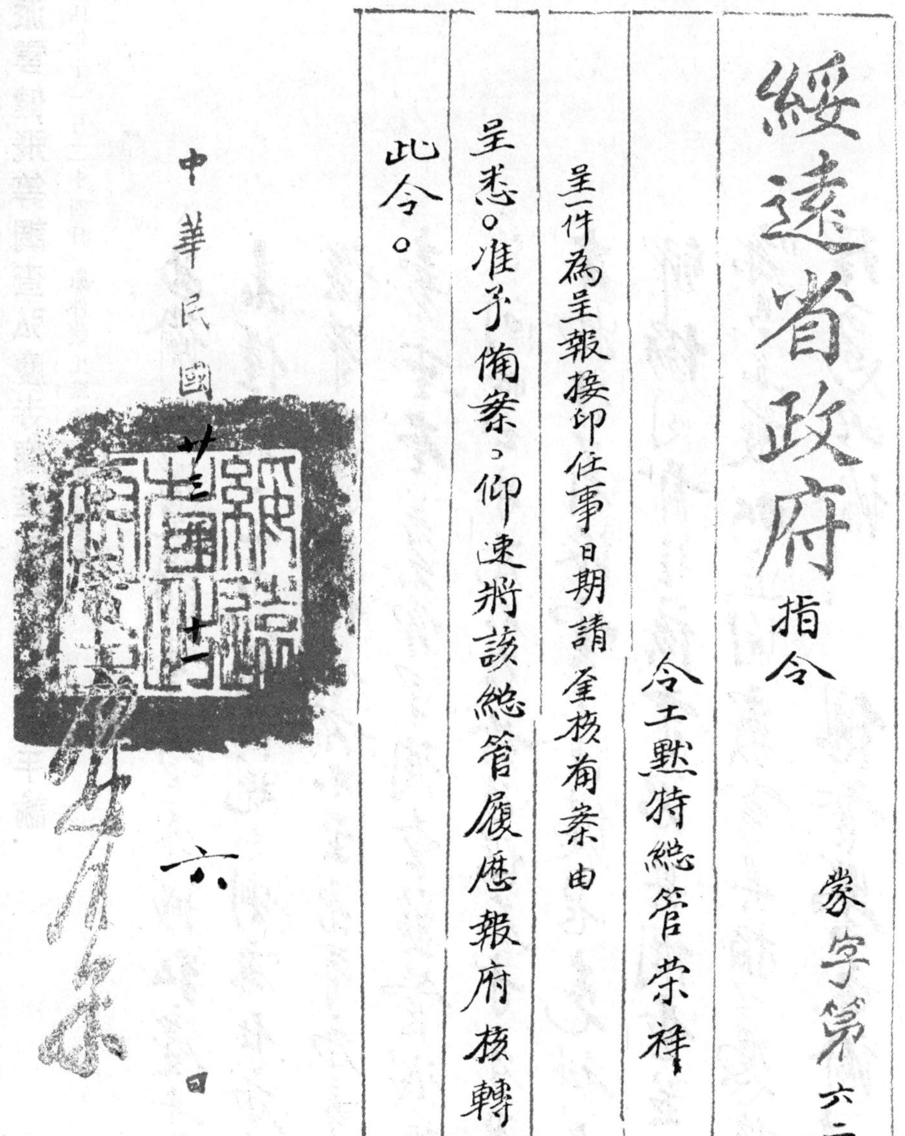

綏遠省政府指令　叅字第六二九。號

令土默特總管榮祥

呈一件爲呈報接印任事日期請鑒核備案由

呈悉。准予備案。仰速將該總管履歷報府核轉。

此令。

中華民國廿三年十一月六日

榮祥派雲健飛等調查弘慶寺廟產遭盜賣事的手諭

（一九三四年十一月二十四日，原件藏土默特左旗檔案館）

為諭飭遵辦事查本城弘慶寺比年以來僅剩一二不守清規之喇嘛在廟住持聞該等酗淫賭博無所不至原有廟產亦將盜賣垂盡若不即早調查監管誠恐轉瞬之間必至片瓦不存茲為保存寺產及稽考古物計着派雲主任健飛亮科多壽卿協同前往該寺認真調查並對該喇嘛等亦嚴加追詢覈實具報以憑核示辦理可也此諭

總管榮手諭 十一月廿四日

閱

呈暨清摺甘結等件均悉著由科

呈報雲主任招集各科長主任等共同

討論整理該寺辦法拟具意見候核

此批 廿日

廿三 十一 廿八

癸字第一三號 一一千

字第一五號

據本計股主任雲建飛等呈報調查弘慶寺各產業現狀情形由

呈為會報事竊職等案奉

總管手諭內開為諭飭遵辦事查本城弘慶寺比年以來僅剩一

二不守清規之喇嘛在廟住持聞該等酗酒賭博無所不至原有

廟產亦將盜賣無盡若不即早調查監管誠恐轉瞬之間必至片

瓦不存茲為保存寺產及稽考古物計着派雲主任健飛克科員壽

卿協同前往該寺認真調查並對該喇嘛等亦嚴加追詢覈實具

報以憑核示辦理可也此諭等因奉此職等遵即前往弘慶寺向

該寺喇嘛高木扎布將該寺所有房產地譜地租並近年出典出

賣房產價目年限均已訊問明白至於該寺現有法器古物據該
喇嘛供稱本年總管署同喇嘛印務處派員已查點登記有案此
外並無其他古物等語　職等令其出具甘結一紙連同喇嘛高木
札布所供該寺現有房產地墒地租及出典出賣年限價目理合
繕具清摺一併備文呈報伏乞
鑒核施行謹呈
土默特總管榮
附呈清摺一扣甘結一紙
生計股主任雲健飛
總務科一等科員克壽卿
中華民國二十三年十一月　日

榮祥有關單蒙訟案批示

（一九三五年一月九日，原件藏土默特左旗檔案館）

本署對於單蒙訴訟原持調和及感化主義，倘該當事人等不遵裁判或存心狡賴者，本署亦不能强制執行，以妨國家司法獨立之權。今該兩造因家務細故屢次反覆聒瀆本總管，實無此暇晷代斷無謂之葛藤也。仰該兩造逕向司法公署起訴，勿得再向本署嘵瀆，切切此批。

總管批 一月九日

榮祥敦促蘇仲山上報民國二十三年水租的批示

（約一九三五年初，殘件，原件藏土默特左旗檔案館）

呈悉。查[illegible]歷年管理非人，積弊太深，業經由本署會同建設廳擬定辦法，委由該管三佐領輪流管理，將每年所收水租分別用途，[illegible]具報，各在案。其二十二年富佐領負責管理，[illegible]於二十三年一月結摺呈報，有案可稽。[illegible]該佐領於本年因公赴京，其事託由蘇仲山代管理一年以來，收支若干，並無

據紙寮〻仔根告到晉敏乃隨同李存善具呈
攻擊他〻欲〻與〻大〻老理老李存善承租之三半渠
水擅托佐里〻該氏租用數年圍既不換字又不交租仍貨既
區有變賣定之等〻行又東署請取更訂辦法制之
不休須知前然〻三佐領管理水利辦法業經
核准布告亡〻寔若其因廿數私人之意朝令

另仲山迅將去年二十三全年份收
具報以憑核銷至李存義
先生下着汎
積欠曾貸款交由水利社核收以
重公款取至所陳該社應行改善之處本公
署自有權衡該民等無庸瞿瞿過慮也仰
即知照此批　卅日

榮祥爲印領本署馬衛隊擊斃匪首康存良賞格事呈綏遠省政府主席傅作義文

（一九三五年二月十二日，原件藏土默特左旗檔案館）

綏遠省政府主席傅

附呈印領一紙

為出具印領事

依奉領得

鈞府案下發給本署馬衛隊擊斃匪首康存良賞格

洋壹千元不致冐領所具印領是寔

土默特總管榮　△

中華民國二十四年二月十二日

榮祥關于研究恢復本旗中學校的手諭

（約一九三五年二月二十日，原件藏土默特左旗檔案館）

教育科科長錫崐可會同

文孫督學孫繼祖孟純等

與經校長天祿擇定日時

共同研究本旗中學校之

所恢復並改為國立各辦法

總管手諭

榮祥關於職員考勤手諭

（約一九三五年三月七日，榮祥手跡，原件藏土默特左旗檔案館）

爲諭飭遵辦事查本府向例原定有職員考勤
簿籍資考核嗣因本總管各處公務繁忙偶疎檢
閱積久遂成具文近察各科股科長主任一等科員等尚
能按時早到不悞要公而二三等科員及錄事等反自由
來去不守紀律甚至總管科長到府之踰時而各下
級職員始姍姍徐來是各該員等無奮發踴躍之精神
却嬾有將蟄以職之姿態若長此放任則是本府紀律
將要爲此種職員破壞無餘矣茲爲力挽此類萎靡惡
習起見着各科股各自訂立考勤簿一冊各職員均須
在科長主任未到以前到府簽到每日由各該科股科長
主任核閱併同府將曠職人員開呈本總管核閱以憑懲
處其原簿保存爲年終給獎標準可也此諭

總管榮手諭 三月七日

榮祥飭本府職員振作精神按時上班的手諭

（約一九三五年五月六日，榮祥手跡，殘件，原件藏土默特左旗檔案館）

飭員爾邇來對於上下班又已成自由放任毫無紀律之現象每日稍早傳見則多稱未到稍晚詢問又云已散倘長此因循懈怠必至又回復幾年以前萎靡不振之故態本旗光明之前途寧尚有幾微之望乎本總管以事務殷繁每日由晨至暮各處奔波長年不敢偷安對於本府職員除不時講話

諄諄告誡並激勵勸勉外且以爲各員均係學成用世各有責任能以管人教人之資格努力自愛並非小學兒童必待有人督責始能免於退落也今則各員行動適與本總管期望相反稍一優容便以爲本積公事有何要緊此等惡劣不自強之心理豈竟根深蒂固牢不可破乎抑豈以本總管不能嚴行撤懲之權故視諭令如兒戲乎茲與諸君再作一次約自

此次諭飭以後無論何員均須於每日早八点上班十二点下班下午一点半上班五点下班其已調往蒙政会各員將另委人接替均不在此限倘今後本府各職員仍前玩忽不肯遵從除以藐視軍令撤革外並實行按照違誤條例呈請省政府加重制裁決不寬宥各員須思本總管為振起公務員精神一節何止三令五申今如再不改則自遺伊戚實各員自取之也此諭

總管榮 切切手諭

榮祥再飭本府職員按時上班並懲戒違規者的手諭

〔約一九三五年某月九日，榮祥手跡，原件藏土默特左旗檔案館〕

爲諭遵事查本府上班時間業經本總管
於日前明白規定並手諭各職員確實遵
照在案乃未及三日各科服公務人員除昌
克二員能按時早到外其餘之科長主任科
員等便已視同具文似此藐忽公令仰係對
本總管有悍不服從之意若再不究將以爲
本總管終不能奈彼等何也着文庶務會同
昌科長克主任將今日未請假未調出而延抗
遲到各員姓名記出一律罰薪半月以示警
懲此後如再無故遲到必撤差必撤差此諭

總管榮手諭　九日

榮祥飭本旗公務員按時上班的手諭

〔約一九三五年某月十五日。榮祥手跡。原件藏土默特左旗檔案館〕

為諭飭遵行事查本府自規定冬
夏各季公務員上班時間後業均遵
諭實行在案惟近因本總管兼辦
蒙會首府志館學校等處事務對於本
府日常辦理事件以為有科長主任等負
責不免疏於查察乃不料各公務員竟有日
午方來上班復蹈已往腐敗之積習此言之
殊令人痛心也今自下礼拜一（十日）起仰仍各
按規定時間到府勿誤為要又首府通令
各機關長官每月至少須對所屬講話弍次
此亦要應准備實行也此諭

總管榮手諭

十五

總管榮祥委經天祿任旗立第一中學復課籌備主任令、手諭

（一九三五年三月十九日，原件藏土默特左旗檔案館）

土默特總管公署委任令　總字第　號

令經天祿

為令委事茲委經天祿為土默特旗立第一中學校復課籌備主任仰該員負責籌劃以期提高本旗教育效率為要切切此令

總管榮祥

中華民國二十四年三月　日

委經天祿為土默特旗立第一中學校復課籌備主任仰該員負責籌劃以期提高本旗教育效率為要

總管榮手諭 三月十九日

榮祥告誡職本旗員的手諭

〔約爲一九三五年六月十四日，榮祥手跡，原件藏土默特左旗檔案館〕

爲嚴諭告遵事查本署各職員自本總管出席蒙政会暨返綏招待各旗王公前後繁忙五十餘日之間均因無暇對各職員予以監察訓誡遂致爾來各職員已完全恢復其從前散漫鬆懈暮氣沉沉之現狀言念及此實不能不令人痛心絶望而致慨於我旗振興之無期也查各

該員等幼學壯行豈不欲各謀有所建樹以須時時刻刻必經長官之督促提撕乃肯勉強上進稍有寬縱即相率以遲到早退閑遊坐談為餘事而對於公家任務則不惜擱置延誤聽其長懸（此或之寵任房已久迄未發回）若長此相沿惡習不改恐本旗前途不但無光明之望即欲苟延殘

尚維持現狀亦斷斷乎不可以行也本總管默察各員頹廢之心理大要不外以下兩端或以為長官督促努力之言無非暫時之告誡豈能長久不懈或以為原無要務何須終日株守或以為偶爾放任長官未必查知或

以為隨眾進退未免貶低身分凡此種種之錯誤觀念均出認理不明之故各職員須知長官既以長期努力相勗自有其正確之目的而以一暴十寒之心理揣測之且各職員既各有其應作之事與應負之責則無論何時斷不能在其職分內無一事可計劃或進行者至於揣測

長官對於勤惰之知與不知及箇人隨眾遵守規章之可與不可則不特公務員不應存此心即文明法治國家之普通人民亦不應存此心也茲因本署各職員不能自動向守紀律之光明大道邁進則本總管惟有重申告誡以

作各該員決心懺悔之棒喝計自諭飭之後
每晨各科處股職員於八鐘前到秘書室
簽到至午十二時散衙下午二時上班五時散
衙其簽到簿於八時一刻與二時一刻即呈送
本總管查閱此後如再有任意遲到者定
予分別嚴懲不貸此諭
總管榮手諭

總管榮祥爲臺站取消懇將土地人民收歸旗有事呈蒙藏委員會、綏遠省政府文

（一九三五年六月二十日，榮祥改定，原件藏土默特左旗檔案館）

呈為台站取銷、懇將土地人民收歸旗有、以便統轄而資治
理、恭呈仰祈
鈞鑒事、案查遜清時代以蒙邊地方遼廓、郵傳不通、故
於各旗境內、均設有台站、以便傳遞公文、綏遠地居衝要、
因設有管理台站一員、名曰驛傳道、其在各有佐領驍騎
校各一、筆帖式一、保什戶、站丁五十、並撥給戶口地畝、以資
養贍、載入理藩則例、有案可稽、民國紀元而後、尚沿舊制、迄
至七年、始改驛傳道為台站管理局、設有局長、雖內
部組織略有變更、而管理台站之權限與手續、一切如前、
本旗為西北屏障、毗連數縣、轄境最廣、故台站亦最多、

曰八十家子、曰新店子、曰二十家子、曰杜尔格、曰歸化、皆隸

綏沁、東起殺虎口、西至伊盟東境、全旗計共六處台站、蒙民壯丁胥供

驛差、惟其原撥之戶口地畝、久皆墾放食租、故生活極感困難、此以往

歷史之大較也、近閱報章所載

鈞會提議取銷台站、其原由各旗撥歸台站之人民土地、仍准

蒙藏委員會 其由該地撥來無旗可歸者（如張家口台站有由察哈爾各旗撥來者是） 各固係机関

由各旗收回、或劃歸各縣管理、業經決議通過、知在案、惟

查本旗原撥（殺虎口局）各站之土地人民、形式上有（往過者）本旗雖未嘗加以干預、所撥土地及台丁籍貫無一非

出自本旗、是否該台民丁僅因服務關係受驛站管轄、若究其本源、則該民丁与本旗蒙

均有其密切之関係、此次台站取銷退歸

本旗、消息之合旗蒙眾、莫不歡欣鼓舞、如慶更生、推舉代表數人來

故凡有籍可歸之

除察哈尔台丁另向蒙政会請求外、其在本旗之台丁

中央既有將台地台丁

署請願、追述往甚、式喜極而悲、泣數行下者、竊為本旗長官謹

以二百年之大離合

同休戚、今幸有此取銷站局整理旗政之机会，則惟有……土地……仰承議案，俯順輿情、使往日支離分列之現象

復歸於一，而總管亦得在鈞会主席指導之下努力整飭其民衆，俾日趨於邁進

完整……原案之通過辦法，此與……之旨不相悖

亦為我

鈞會主席所贊同者也，事……台民善後未敢輙……安緘默，所有取銷台站，擬懇收回台地台民緣由，

除逕分呈

綏遠省政府、蒙藏委員會核示外，理合具文呈請

鑒核施行，無任感激待命之至。謹呈

蒙藏委員會委員長黃

綏遠省政府主席傅

土默特總管榮 ○

中華民國二十四年六月 日

土默特旗總管榮祥致南京蒙藏委員會委員長黃慕松電稿

（一九三五年八月一日，原件藏土默特左旗檔案館）

南京蒙藏委員會黃委員長鈞鑒：前奉

鈞會頒發新鑄旗印，文曰歸化土默特旗

政府印暨漢文總管官章一方，業經祇領

在案，遵於本月一日敬謹啓用，除將特截角舊印

模具報呈外，謹電奉聞。總管榮祥叩。先

土默特總管公署

八月一

此電減字稿拍發南京

蒙政会照原稿自發

榮祥爲請規定蒙租辦法飭縣佈告通行呈綏遠省政府主席傅作義文

〔約一九三五年上半年，原件模糊，改録入形式。原件藏土默特左旗檔案館〕

呈爲呈請規定蒙租辦法，飭縣布告通行，以恤貧蒙而杜紛擾事。案據清水河縣蒙民代表陳陳、沙登等、和林格爾縣蒙民〔代〕表老生子、納生等呈稱呈爲金融演變云云，只得籲請總管俯憫蒙艱，恩准規定辦法，以維貧蒙生計，實爲公德而便。又據左翼全旗代表錫繼纓、右翼全旗代表補音德勒格爾暨公主府代表福瑞、各召廟代表色木騰等聯名具呈，略同前情。據此，查蒙古民族向逐水草而居，以游牧爲生活。本旗地居内蒙，開化最早，故游牧之風一變而爲耕作。當時分撥户口地畝，原爲計口授田，自耕食力。惟蒙民狃於習俗，往往不（按）〔諳〕耕稼，因將所分户口地畝租給漢民墾種，而以所得些許租資爲維持生活之計。廢清中葉而後，物賤錢貴，故八口之家每年得租資數十吊，即可無凍餒之虞。但從前所謂蒙租有以銀計者，有以錢計者，市銀雖有撥兑點個之分，尚無大差，獨市錢則複雜已甚，非爲縣與縣不同，甚至縣與鎮亦異。如歸綏本市，以制錢二十或二十二抵百，而所屬畢、則察兩鎮，則均以六八抵百。他如薩、托、清、和等縣或以九十抵百，或以九八八抵百。民間沿用（以）〔已〕久，相安無事。然其錢數雖參差不齊，而銀價則相去不遠。若以滿錢計算，在乾嘉時代，錢最缺乏，每市銀一兩僅合制錢七八百文。降及清季，銀價稍昂，亦不過制錢一千餘文。民國紀元而後，改用銀洋、改用銅元，又改用銀洋票、銅元票，又改用不兑現之銀洋銅元票，於是幣制日壞，商民交受其（敝）〔弊〕矣。而吃虧最鉅者，厥爲蒙租。如漢民租種蒙地，約載滿錢一千文，昔則合市銀一兩，能抵銀洋一元五角，今則給以銅元百枚，僅合銀洋二角，是已相差七倍有餘。若再給以舊平市票，僅合銅元四十枚，尚不得銀洋一角之用，是相差不啻十數倍矣。以上情事，數見不鮮。貧蒙欲訴諸法庭，則得不（賞）〔償〕失，欲直接理論，則置若罔聞。故相與聯合，來本署告哀，乞爲設法救濟。竊維本市於二十年（一九三一年）整頓金融之際，已有定案，凡舊撥兑市錢，每三吊八百四十文合銀洋一元。是蒙租一項，無難迎刃而解，其漢民租種蒙地者，除約載銀洋若干毫無問題外，如租價以市銀計者，擬請每銀一兩（拆）〔折〕合銀洋一元五角。以市錢計者，無論爲二十爲二十二，均按以三吊八百四十文（拆）〔折〕合銀洋一元，其薩、托、清、和等縣，無論九十抵百，或九八八十抵百，均擬按以制錢千文（拆）〔折〕合銀洋一元。其房基地譜〔錢〕，以此類推。似此辦理，則承租者既非受損，而收租者亦得持平，而蒙漢民族自不致頻起爭執或傷感情。據呈前由，理合具文轉呈，伏乞

鑒核，通令各縣佈告蒙漢人等一體衹遵。出自

鴻施逾格。謹呈

綏遠省政府主席傅

土默特旗總管榮〔祥〕

榮祥的部分報銷單據、稿費單

（一九三五年七至八月，凡十件，原件藏土默特左旗檔案館）

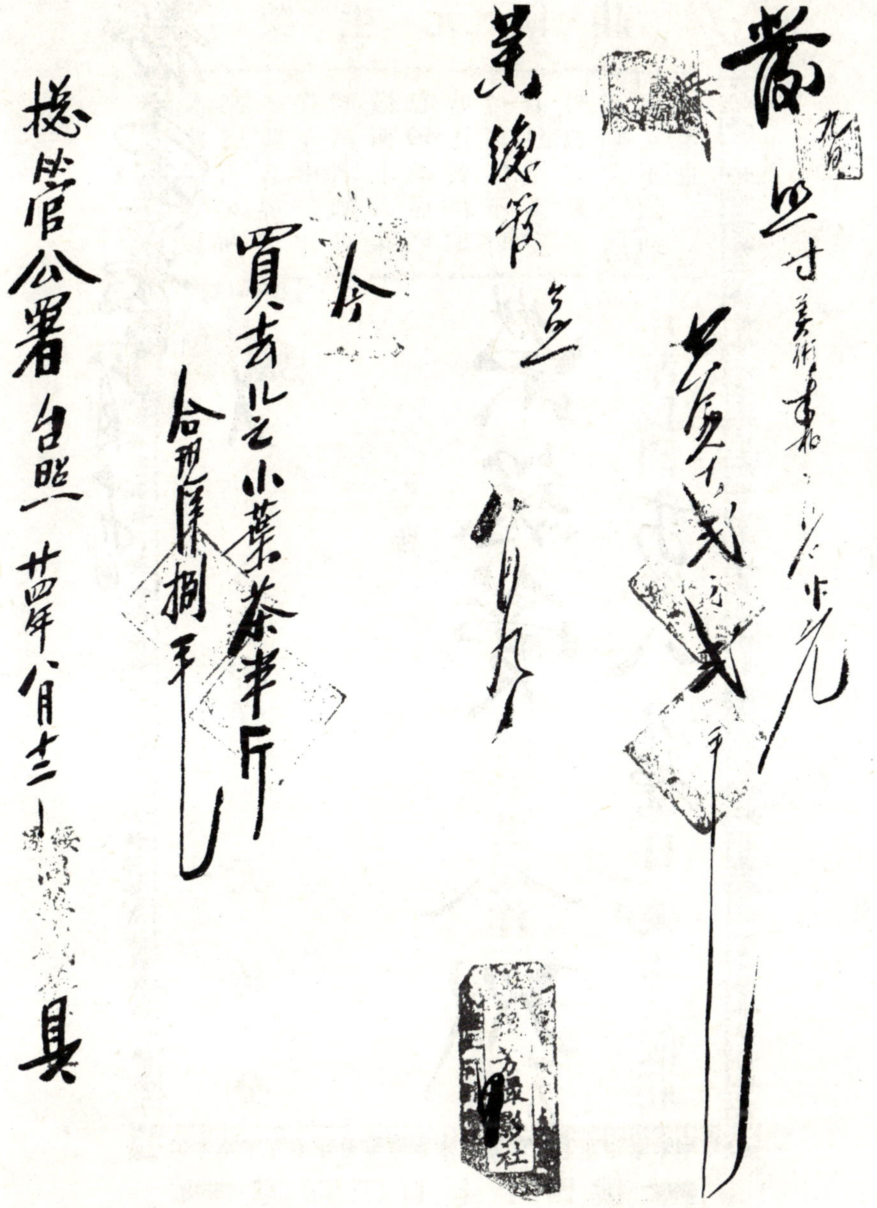

今
買去儿之小葉茶半斤
合現洋捌毛
總管公署 台照
廿四年八月十三日 具

兩道巷口外　大南街

和記

榮生元飯莊

本號開設以來歷有年所多蒙各界讚許今由平津聘請名師專做南北大菜包辦酒席應時小賣吊爐燒烤無不齊備包攬喜慶外會定期不誤如蒙賜顧莫不歡迎之至也

庶務處賞

月 日

現洋　元　角　分

台照

榮總管

共現洋八双元

中華民國廿年八月 日 榮生元飯莊

電話三百七十四號

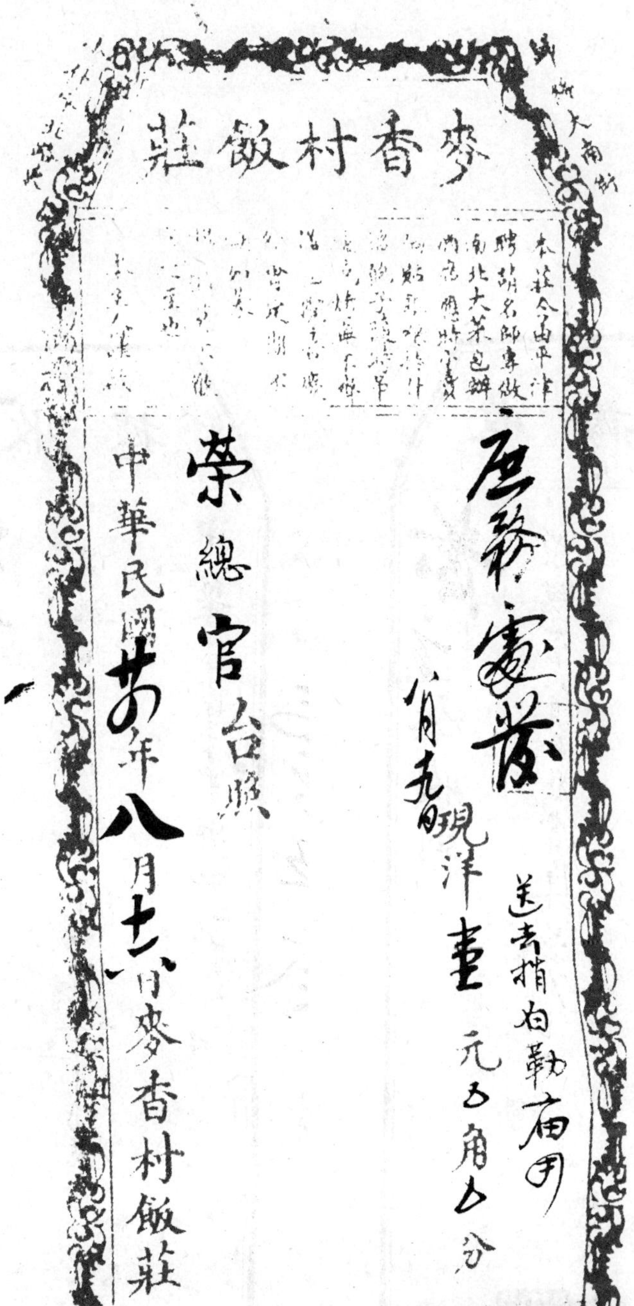

麥香村飯莊

本莊今由平津
聘請名師專做
南北大菜包辦
酒席隨時小賣

庶務處 發

付去現洋壹元五角五分

送去捐右勒廟用

榮總官台照

中華民國廿年八月十六日麥香村飯莊

電話三百八

收據

今收到

榮總管七月份稿費洋六元整

經手人

中華民國十四年七月　日　具

收據

今收到

榮總管八月份稿費洋[illegible]

經手人

中華民國十四年八月　日　遐邇新聞　具

收據

庶務處

茲收到

榮厚成 先生 乙 月份月費 [illegible] 角

此據

會長 監

經收人

民國二十年八月十五日 世業紀 字會綏遠分會

字第 [illegible] 號

電話二百十五號

發單

庶務處 [illegible]

尚東東府合現洋 [illegible] 分

荣公館 台照

廿年八月十六日

綏遠 南山堂參茸藥莊 開設北門內路西

德和香茶葉莊

抄奉

諸品名茶

是衛生的珍品……

贈親送友……

……最爲適宜……

以元茶葉壹斤 合洋壹元

總店北門裏電話二七一

文店北門外電話二零五

廿年八月十九日 綏遠德和香茶莊發票

價目克己歡迎主顧

庶務處 發奉

副三標牌新車壹輛

合洋叁拾伍元

歸綏舊城北門內路東

榮德管理處

廿年八月廿一日

歸綏瑞同輝車行

土默特特別旗爲啓用新印事致綏遠省高等法院等機關的公函

（一九三五年八月，原件藏土默特左旗檔案館）

歸化土默特特別旗旗政府公函

總字第十二號

逕啟者，案奉

蒙藏委員會轉奉

國民政府頒發新鑄旗印一顆，文曰歸化土默特旗旗政府印，暨漢文總管官章一方，業經派員祗領在案，遵於八月一日敬謹啟用，除將截角舊印拓模具報並分別呈咨外，相應函請

查照爲荷，此致

綏遠高等法院　社會日報

歸綏地方法院

綏遠省會公安局
塞北關監督公署
晉綏憲兵副司令部
禁煙總稽查處
民國日報社
綏遠日報
綏遠省通志館
推進盟旗黨務委員會
省黨部
市黨部
縣黨部
歸綏市商會
綏遠省商聯會
綏遠省農會
綏遠平市官錢局
交通銀行
中國銀行
豐業銀行
潘王爺

中華民國二十四年八月　日

土默特特別旗爲啓用新印事給旗屬各單位訓令

（一九三五年八月，原件藏土默特左旗檔案館）

歸化土默特特別旗旗政府訓令　總字第十八號

令租稅總局、中學校、乞頭生計會、各小學校

爲訓令事，案奉蒙藏委員會轉奉國民政府頒發新鑄旗印一顆，文曰「歸化土默特旗旗政府印」，暨漢文總管官章一方，業經派員祗領在案，遵於八月一日敬謹啓用，除將截角舊印拓模具報，並分別呈咨外，合亟令仰該局、校遵照，並轉飭所屬一体知照。此令。

中華民國二十四年八月　日

慶緣寺爲請停止拆除常黑賴召事呈土默特總管文

（一九三五年八月，原件藏土默特左旗檔案館）

呈

事由	為懇請停止拆卸長黑賴召廣德寺以重佛道而維古廟由　附件　一據慶緣寺喇嘛喜加木素為懇請停止拆卸長黑賴召廣德寺以重佛道而維古廟由
擬辦	閱
批示	呈悉。查廣法寺僻在荒村，無僧無佛，房牆坍塌，修理無人，該黑徒等遂乘隙將僧舍寺產拆毀盜賣，盡付東流。該召喇嘛等相距非遙，既有連帶關係，何竟不問不聞？本府依照坐皆寺廟，係例負有管理之責，凡本旗境內所屬各召廟，可保留者則設法修葺，其不可保留者則酌予拆卸，尊奉佛教求實際而不務虛名。今廣法寺僅餘空殿一座，荒涼寂寞，為大[illegible]
備考	有得保留之[illegible]，該喇嘛稱[illegible]毋庸修理出頭阻撓，殊屬無理取鬧，所請不准，仰即知照，此批。

戊字第[illegible]號　[illegible]廿四年八月九日[illegible]時到

收文甲字第一七一四號

呈為懇請停止拆卸長黑賴召或保留佛殿容後修理以重佛道而維
古廟事竊 敝寺所屬長黑賴村廣德寺歷經有年查該寺於清康熙年
間經本寺忽畢勒葛喇嘛募化佈施勤苦建築在前清時寺内按月唪
經祈禱一方之平安迨至民國以還屢因災荒匪患 敝寺無暇顧及遂將該召
事務就便責成本村黑徒等互相經管無如該黑徒辦理不善以致近年以
來殿宇佛堂坍塌不堪今蒙
鈞署整頓各召廟擬將廣德寺完全拆毀 僧等聞知之下慌恐異常竊思該
召與本寺有連帶關係又經前世忽畢勒葛勤苦建築一但拆廢甚為可惜
素仰我
憲愛護佛教慈悲為懷故而冒昧上陳懇乞

總管格外施仁、停止拆卸、或保留佛殿、容本寺綫後設法修理、則僧等均感

功德無量矣、謹呈

歸化土默特特別旗旗政府總管公鑒

五速圖召慶緣寺執事喇嘛嘉參森

中華民國二十四年八月　日

土默特旗政府爲支發各機關公請王部長本府攤款並蒙古知行社補助費事呈請鑒核備案施行文

（一九三五年八月二十六日，原件藏土默特左旗檔案館）

爲發款備案事。查各機關公請王部長本府應攤洋五元三角三分三厘，及蒙古知行社七八月分補助費洋三十元，除如數支發並將領據附卷備查外，理合

呈請

鑒核備案施行。

計墨領二紙、收據乙紙。

中華民國二十四年八月　日

今領到

給七月份出刊補助費大洋壹拾伍元整

蒙古知行月刊社社長殷石麟

中華民國二十四年七月 日

今領到

總管發給八月份出刊補助費大洋壹拾伍元整

蒙古知行月刊社社長殷石麟

中華民國二十四年八月 日

土默特旗政府票傳沙拉穆楞等村糧頭地户來府完租文

（一九三五年九月十四日，原件藏土默特左旗檔案館）

土默特特別旗旗政府

為

票傳事，照得本旗大青山後沙拉穆楞等村地租向章定於八月初一日開征，即在本府照章征收，並將歷年民欠租款一併帶征，業經辦理有案。現屆開征之期，而各該大户糧頭尚未來府完租，為此票仰差兵前往單開各村，迅將該大户糧頭速傳到府，飭令督催各花户將應征本年上忙並上年兩忙新舊地租依照新章按地完納。如有未經報明之逃户絶名，即責由該大户代交，以免諉卸。該去差不得需索分文，致干查究。此票。

計粘單一紙

右仰差兵
准此

沙拉穆楞苏村
色西聚宝座苏村
可镇蜈蚣坝苏村
鳏寡孤独苏村

中華民國二十四年九月　日

榮祥關於秋節之後辦公時間的手諭

（一九三五年九月十六日，榮祥手跡，原件藏土默特左旗檔案館）

為諭飭遵照事查秋節以後日晷漸短所有本府公務人員自本月十六日起均改為一次上班以免往返間隔茲規定每日早九鐘至下午三時為全體辦公時間現在既退遲一小時各員不應再有任意遲到情形簽到簿仍照舊填註以重公令仰總科轉知各科股一律遵辦勿忽為要切切此諭

總管榮祥手諭 九月十六日

榮祥關於本旗人員學習蒙文蒙語的手諭

（約一九三五年十月四日，榮祥手跡，原件藏土默特左旗檔案館）

為諭遵事、查本旗人員自近年以來、因環境關係、對於蒙文蒙語漸就遺忘、良可歎惜、但邇來中央注意蒙疆、屢謀開發、而於蒙古青年人材尤思引用、即蒙政會需要亦不能不借重各旗青年、是以本總管為養成此項有用人材計、特延請教員以教授本旗青年、縱不能驟通蒙文、俾按日學習、亦可以（七天之中只学五天，每天只学一时，何难之有）語言之應用、不料各該員等毫無上進之志、一輟之後、仍不再學、豈甘居自棄乎、自明日起、每晨仍在九鐘上班學習、勿再推延、遲到致悞自身之前途、為要切切、此諭。總管諭

十月四日

榮祥關於本署各科股所訂報章多有重複的手諭

（約一九三五年十月四日，榮祥手跡，原件藏土默特左旗檔案館）

為諭飭遵辦事查本署前因各科股分訂報章每多重複嗣經規定由全處合立閱報室以免重複而資便利其報章雜志既係公物自應逐日積存以備查考以近來屢有缺失足見管理人員知識缺乏不能負責深可歎恨此後務宜按日保存不得遺失違則必懲不貸切切此諭

總管榮諭
十月四日

榮祥關於衛隊排長趙根樹手諭

（一九三五年十月五日，榮祥手跡，原件藏土默特左旗檔案館）

為諭派遣辦事查本署衛隊第三
排排長趙根樹既已棄職潛逃所遺
庄把什村保護祖局之兵士不可無人
管理茲派本署職員榮權攜帶節
費火食前赴該處暫維現狀一俟另
委有員到差即行交替可也此諭

總管諭

十月五日

調查員崇權爲暫理衛隊第三排事呈土默特總管榮祥文

（一九三五年十月十一日，原件藏土默特左旗檔案館）

敬肅者竊職於本月五日奉
令暫理衛隊第三排事務等因奉此遵於七日早乘車抵巴什爾村當於
是日上午十二鐘時傳集分駐沙沁等村之兵士諭以
總管待遇之深意並此後應遵守之紀律該兵等心欲誠服皆願
聽命至該排長繼續人選據兩棚士兵自稱欲推正兵伊相臣繼任但該
伊相臣品行誠篤辦事老練深可勝任若無相當人選就令其負責維
持以資熟手再查前趙隊長去職時將請假士兵巴員外之馬乘隙
騎走該兵即於次日尾追至薩包兩縣毫無踪跡昨日返防竟欲

報告其他軍隊請求清冢賣還是種辦法恐發生重大關係是職於得

悉後親往阻擋暫緩其行總得有清冢之罪究不應向外請求往返數

次無法調處不得已令其持函四署應如何之處請

鑒核辦理施行謹呈

土默特總管 榮

調查員崇

權

十月十一日

土默特旗政府爲發給蒙古新聞社十一月津貼事呈請鑒核備案施行文

（一九三五年十二月五日，原件藏土默特左旗檔案館）

爲發款備案事案接蒙古新聞社請領十一月分津貼洋三十元除如數支發並將墨領附奉備查外理合呈請

鑒核備案施行

計墨領乙紙

中華民國二十四年十二月

今領到

鈞府　發給十一月份津貼大洋叁拾元正

蒙古新聞社社長經天祿

中華民國二十四年十二月一日

榮祥飭煤炭租税總局長應照章辦事不得任性擅爲手諭

（一九三五年十二月九日，榮祥手跡，原件藏土默特左旗檔案館）

爲諭飭遵照事。查本旗財政以煤炭、石灰等收入爲大宗，本府所屬租税總局對於各窯戶及各地戶等，務須公平待遇，以固感情，萬不准假借查窯或任何名義派役四出，以滋紛擾，更不得額外處罰，致生怨言。總之，本府收人民之租税，應竭力爲人民謀便利，斷不可聽局中少數自利者之主張，使本府財政受意外之影響。此後倘該總局任性擅爲，萬一惹出糾紛，其責任應完全由該總局長負之，勿謂本總管言之不預也。再者，現在租税已屆旺月，該總局收支更應確實照章月清月款，仰分局解款不得過五日，總局解款不得過十日，逾限者仰分別呈請加以懲罰不貸。仰財科照諭令知之。此諭。

總管榮手諭

十二月九日

蒙藏委員會爲穆成林控訴拆召事給土默特旗總管榮祥訓令

（一九三五年年十二月三十日，原件藏土默特左旗檔案館）

蒙藏委員會 訓令 土默特旗總管榮祥

事由	擬辦	決定辦法	備考
據署名廣福寺代表木成林電陳該總管侮辱佛教拆毀台廟請派員澈查等情抄發原件令仰聲復由 附：一、奉蒙委會訓令據署名廣福寺代表木成林電陳該總管侮辱佛教拆毀台廟請派員澈查等情抄發原件令仰聲復由 二件 件	着生计股迅速擬理聲復以明真偽也	閲 翁	

訓令 字第 號

廿五年一月四日 時到

收文乙字第 三 號

蒙藏委員會訓令

蒙字第715號

令歸化土默特旗總管榮祥

案據署名綏遠十五名內烏素圖召佛爺府所屬常里賴村廣福寺代表人木成林本年十二月十八日代電略稱：土默特旗總管榮祥，侮辱佛教，拆毀召廟，請派員澈查等情，并附宣言一紙前來，合亟抄發原電及宣言各一件，令仰該總管剋日聲復，以憑核辦為要。此令。

計抄發原電及宣言各一件

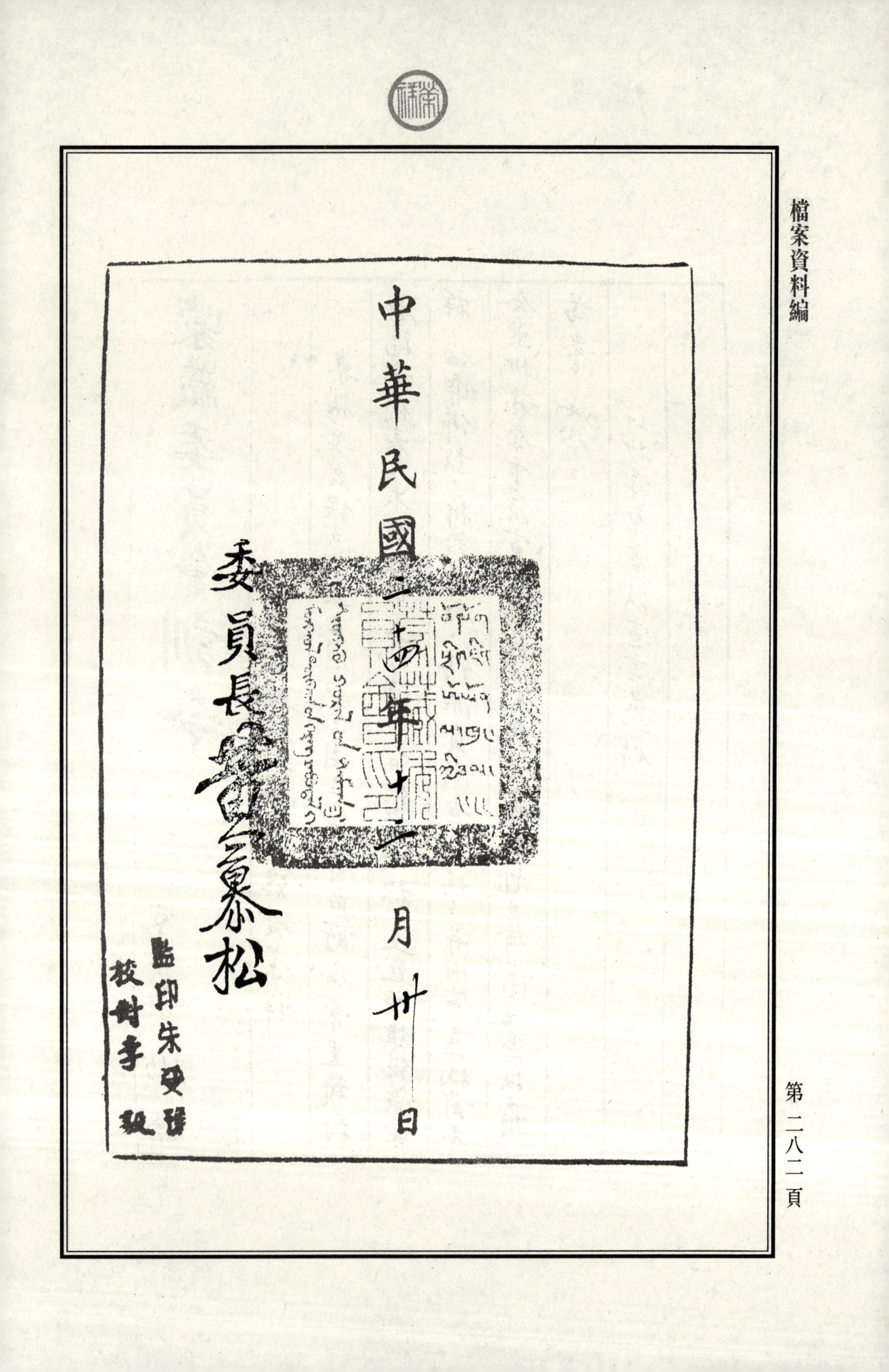

中華民國二十四年十二月廿日

委員長黃慕松

監印朱受璋

校對李毅

榮祥爲穆成林所控拆毁召廟而闡述經過呈蒙藏委員會文

（一九三六年一月十三日，榮祥改定，原件藏土默特左旗檔案館）

呈為聲復事案奉

鈞府蒙字第七一五號訓令內開案據畧各十五名內云云以

令附抄發原電及宣言各乙件等因奉此查本旗左翼六（蒙古穆成林少年時曾在本旗財政科當差因過被革職以無業遊民……前任鄭總管）

甲所屬……生計（……以其明瞭本地情形又……本旗）

股……調查員內則營私舞弊外則撞騙招搖種種劣跡罄（……該穆成林供職以來不但不……）

書經滿前總管查明屬實撤差看管擬即嚴行懲（將其私刻圖記擅發……）究以

儆官邪旋以該員眷屬托人哀懇請予惘開一面格外矜全

滿前總管寬仁為懷准予釋放惟聲明逐出界外永不敘

用以示懲事實俱在無難覆按二十三年下半總管接任之（……）

後該穆成林百般鑽營思作馮婦總管鑒於往之覆轍不

敢以私而廢公由是移成林變羞為怒每思藉端污衊以洩私憤去年夏秋之間即鼓動各名喇嘛人等興波作浪（各名喇嘛藏匿其詳）嗣以詭計未得逞乃自揑稱廣福寺代表用快郵代電及宣言希圖據蔽誣陷掀其命意措詞無非捕風捉影肆口謾罵似此言出無稽直等諸狺狺狂吠毫無辯論之價值惟以事關箇人名譽與佛教前途不得不據情聲復如左

一 彭順名即崇壽寺位於歸綏縣政府之西南隅自廢清時代年久失修敗宇頹垣荆棘滿目所有該名之香燈養贍地畝與古佛遺像早被不守清規之敗類喇嘛盜賣一空甚至將坍塌之殿宇房舍磚瓦木石變價得錢以供浪費玷辱佛門至堪痛恨民

一名討之已將變價之款攜歸原籍置產娶妻與名斷絕關係其一名寬之

國以还破除迷信之説興並復變本加厲（最該僅剩）二住持喇嘛不居（亦要有妻室因並力養贍遂亦拆賣殘餘以資餬口且）
僧舍而住俗家以致乞丐小偷與匿跡（所餘無窗無門之十三破殿更成之藪）雖有喇嘛印務
處為各領袖管理僧徒而積習相沿足成一郎之駱黃教式（近歲以來紀綱廢弛長年）
微於斯為極至二十年滿前總管任內奉
國民政府頒發監督寺廟條例並取銷喇嘛印務處歸
由各旗長官管轄（當時）對於寺廟整理辦法擬定（原則）三項（一）能保存
者飭該（僧徒住持）負責保存以免廢棄（二）可補修者由本府籌款
補修（三）已破爛不堪無法保存者將殘餘各物收回以作全
旗公益（建設等）事業至二十三年春間緣本旗所屬有至聖先師
孔子文廟一處係清初建築坐落本市南文廟（街衙）為後遠

城將軍歸化城副都統春秋祭丁之所規模宏敞殿宇崔巍
為塞北文廟之冠惟以歷年既久修葺無人且於十五年被
西北軍住佔門窗牌匾多遭毀損瓦礫成堆椽豊透日其凋殘頹敝之狀實不足以崇祀典而肅觀
瞻爰由滿前總管招集本旗職員會議將前項破爛不堪之殿
順名僱工拆卸移作補修文廟之需當經一致通過正在派
員勘驗籌畫進行間適有駐兵二十一團李團長擇地建築
營房見該名無佛無僧荒涼寂寞而地空寬廣頗為合
宜於是致函本會請求協助並聲言所建營房以後駐兵
不佔或調往他處此項新舊大小房舍均退歸地主所有復
任開會集議無不樂從即由雙方商洽約定除不堪居住

及不能修理之破敗建築物如正殿暨西配殿等由本府
完全拆除以備移作修理文廟之用外其餘若山門過殿佛爺府及
東北舊房六間等尚可修補應用者完全由該園保留借
作至其空地址計約四十畝亦借與該園為添築廠庫兵棚
馬廄之用既經決議復會呈省府查核備案以昭慎重而
資遵守由是一面清理地基改建營房一面拆除舊物移修
文廟是時對於該僅存兩住於裕家之贖出之典之鋪基一處給喇嘛一名並為養贍俾其就
近看守以免流離所有一切辦理手續均委由總務科科長
森額科員榮昌負責有卷可稽與雲健飛雲存瑞雲
昇無涉至本市之太平倉亦名寶祺寺係前本市旗官民共建之名稱已歷年甚久因經壹澹瑞由參領東紹處呈

俟巴雅爾呈准設法補修（並為喇嘛添建住室十餘間俾得安生是否有當）動工事宜拆毀事云乃該穆□建類

以及庸非砌詞聳聽

（一）廣福寺位於歸綏縣迤西七十里之常里賴村原归烏素圖

名（即慶緣寺）所蓋殿以歷年失修其坍塌荒廢情形殊彰

順名因慶（名尤甚）清末葉有王喇嘛步本係漢人籍隸晉北狡黠善

佞投遂（在烏素圖佛爺廟下）名自稱前世係佛爺豢養之犬佛爺喜甚收為義

兒削髮留寺充當喇嘛大得寵信民國而後即將廣福寺

割歸伊有（觸与當時）時該寺土地（嚴守雖之破損但）未大尚堪維持（與如）該（王）喇嘛本一淺綪云

賴嗜好甚深大权在手隨意揮霍未及數年所有地租法物

蕩然無存旋受經濟壓迫曾於民十赴後山武川縣屬與匪徒

為伍被官軍扣獲執行槍決所謂古物（古）佛爺價值若干萬均直
同藝諸王喇嘛既死該烏素圖召亦无人过问有該村黑徒二
黑子嗜好多端不務正業乃乘机鑽入寺内竊賣殘餘器物
或拆賣倒塌房舍以度逍间之生活十餘年来僅存破敗露
天之経堂與正殿三间泥像二尊风雨摧毁僅餘半身此外（大黑河洪水暴發將該殘存之破殿全部漂去了事）
有石碾椅樹二株而已去年夏间有人報告二里子以後召无
物可賣乃聯絡黑徒（勾結本村劣紳）數人扣將所餘大殿木架磚瓦連同地
基出售於天主教白神父建築教堂現正議價未成事实（遂寢）
派員覆查與所報无異即往召集本旗政官会议答称該
寺距城窎遠現已作廢與其被該黑徒等自由處分何如由

公家拆除将磚瓦木石運回以備補修中学（本府中学原在文
庙衛因校址狭隘拟移於舊蒙古营盘）及改築公署（本府大门）之用（本府
之舊副都统衙门被財廳借佔今之旗政府乃係（前清时衆）参領之議事廳）
当場通過決議派員估工拆卸運回本城除中学公署（旗府）留用者外
计外餘皆估價招主承買以充公用有出入清摺附卷可查此时
二黑子等被逐出寺衛之喇嘛乃慫恿烏素图台执事喇嘛
嘉木素出頭阻攔藉口於保存古蹟呈请本府停止拆卸該喇嘛
年老昏瞶率爾胆從以無佛無僧之破庙有何保存之必要
倘竟被二黑子得價出售改修天主教堂试问該喇嘛能保存乎
必不然矣至所稱（经管）私人北门迤东舖房五间雲健庇大馬路

住院一所尚識有之但係從前原在（舊城）北門內有（祖）遺鋪產兩處房舍（蒙城舊之）

（省政府以城門窄狹有礙交通當即決議由門洞東側另闢一寬潤馬路於是）

四十餘間去年建設廳（於）闢馬路（時將總管私有房產）悉行拆毀僅餘南北斜長地基一條（只於門內但添新翻新手尚係備）

（重建）直到四間小門臉而無後院舊拆木料不可勝用磚瓦用價購買

（李今總管舊房拆下之材料猶堆積巷空地中無法運走與拆房與拆者同是舊物總管雖無狀何至）

負賬甚巨其重建不能之住院原係二十三年春價買亦能拆名該所（捨己物不用而用公有之舊物乎）

修況當時重建不外係（買定時）奉蒙邊司令部軍需官乃穆成林本鎮（其期限早於拆名者一年有餘）

也不朝乱重拉無能惟大其詞以售其誣妄

（滿）（因不能保存始決議拆除）

以上該兩名之經過事實昭著案卷炳存按以蒙古（舊俗）任禮佛

由來已久（從前）亦係蒙族崇拜佛教（當）來後人但以為佛教之高（倘不能洞）

深所以流傳不朽令人崇拜此不在形式而在精神自古既悉（且總必懷之心而敬拜佛堂不完之主偶保存百不留一之寺廟）

義……徒以……自詡為崇拜佛教

非捨本而趨末而況留此破敗不堪之廟貌用昭[illegible]之價

徒殿宇領掛五煙寂寞且足并形式亦不講求崇拜佛教風如是

乎 從嚴監督寺廟責有專司務崇實際不務虛名故敢任勞

如蒙准將寺所有名數之五塔列募款重修之延壽寺西黃寺合第一大名宗寶[illegible]有存款數而整葺之凡有本地黃教喇嘛莫不同聲感激

任怨設法整頓以期宣揚教旨光大佛門惟不肖之黃黑徒眾未

因不能遂其侵佔盜賣之私而

免嘖有煩言耳而貪鄙無恥之穆成林因乘機而起捏造名義橫

加毀謗其目的在 從嚴 一人而以雲健飛雲存瑞雲昇為陪襯

此五名中並無一人與聞其事純係穆之來行人所共知凡稍[illegible]之喇嘛達之在黃寺職惡之孰敢與之親近而自招訛詐之禍

觀其代表名稱則首冠以僧達十五名似屬龐然大物其實

亦係該穆成林自擇之代表純無喇嘛在其中

即烏素圖召佛爺府所屬之廣福寺該寺黑徒二黑子

未以盜賣寺產畏罪遠逃該寺現已無人

[illegible]為有推舉代表之理詢誑穆成林則指為烏素圖

召之執事喇嘛嘉木素口頭所委託及保護喇嘛未有所簽訊

則堅稱僅訊其向二黑子催索地租並無委任控告長官之事取有甘結為証是穆成林之代表已証明係箇人行動無根無據遞用代電與宣言捏詞妄控損人名譽已為法律所不許況穆成林籍隸本旗為左翼六甲之驍騎校身膺公務人員對於直屬長官嬉笑怒罵肆行侮辱亦應受刑事之制裁除函於該驍騎校穆成林誣告各節逕呈省府褫職並咨法院歸案訊辦外奉令前因理合將折呈原委據情聲復

伏乞

鑒核施行謹呈

蒙藏委員會委員長黃

土默特特別旗旗政府總管榮

中華民國二十五年一月　日

無量寺等召廟爲懇請證明以辨真僞而維各召名譽呈土默特總管榮祥文

（一九三六年一月，原件藏土默特左旗檔案館）

民字叁号

總字第廿十号

副長榮閱

呈

乙字第廿十号

朴貢雲

中華民國廿五年一月十四日到

民國廿五年一月十四日

准予轉呈蒙藏委員會可也

十四

一據無量寺等名呈爲懇請轉呈証明以辨真偽而維各名名譽由

呈為懇請轉呈証明以辨真偽而維各召名譽事竊查穆
成林假借十五召之名呈控我旗長官侮辱佛教拆毀召廟
一案業經蒙藏委員會令行具覆在案僧等聞聽之
下不勝驚異如各召倘有此種意思自應由十五召僧衆出
名何必委一在家俗人穆成林為代表其彼毫無利害關

係顯係別有用意況我
總憲崇信佛教深明教義夙思振作以正人心故提倡設立
佛教會以資進行迨自近年來僧徒失學不守清規以致寺
廟財產零落是以中央頒發監督喇嘛寺廟條例以便保
管至於無法修理必須拆毀以免遺失此亦我旗應盡之責
該穆成林假借各召名義揑詞呈控並出宣言侮辱長官
此種行為各召並不知情事關各召名譽難安緘默惟有
懇請轉呈証明以辨真偽實為德便施行謹呈
土默特特別旗旗政府總管榮

無量寺

延壽寺

崇福寺

寧祺寺

慶緣寺

廣福寺

崇壽寺

隆壽寺

延禧寺

弘慶寺

中華民國二十五年一月　日

股員傅

主計股主任雲

調查員榮

調查員榮

調查員榮

總管榮祥爲無量寺等召廟懇請轉呈證明以辨真僞事呈蒙藏委員會文

（一九三六年一月，原件藏土默特左旗檔案館）

呈爲據情轉呈事案據十五名代表無量寺札薩克大喇嘛剛楚克格勒贈等呈爲懇請轉呈証明以辨真僞而維各召名譽事云云實爲德便等情據此查本案前奉鈞會案字第 號訓令業經明白聲復在案據前由理合據情轉呈伏乞鑒核施行謹呈

蒙藏委員會委員長黃

土默特特別旗旗政府總管榮

中華民國二十五年一月 日

呈為職員捏稱代表挾嫌妄控懇予咨請褫職以憑法辦而
肅官常事案查本旗左翼六甲參領所屬驍騎校穆成林貪
鄙性成操守惡劣前於滿總管任內在本署生計股充
當調查員時營私舞弊以飽貪囊如發地基執照不留
存根所收公款數目不列交代以外票與租摺隨意短少大小
戳記式樣不符種種弊端相繼發覺經滿總管撤差拘押
抵所嚴行懲辦以儆效尤奈其眷屬托人乞憐保全蟻命
滿總管惻然心動不忍其妻子無辜牽累故概從寬典
僅予驅逐出署永不錄用有案可稽該員受此處分倘不
知小懲大戒閉門思過以蓋前愆乃猶心懷怨望時出惡

言迭次滿懷嘗出缺謬蒙
主席恩遇擢　祥　依任斯職無思激濁揚清振興旗務以副
鈞座栽培之至意詎該員以小人之心度君子之腹前經百
般設法營謀回職希圖畀以楊枝但思為政之道端在擇人
該員劣跡彰彰殷鑑不遠又誰敢甘冒不韙因私廢公當
被嚴詞拒絕未予通融由是結怨甚深每藉端報復
以洩私憤去年夏間有徵兵二十一團擬在李市西南
經拼塌不堪之彭順名地址（原名業壽寺）改建營房呈經
商同滿前總管會呈
鈞府將該名之殘餘磚瓦木石僱工拆回作為補修

先師孔子文廟之用嘗蒙核准有案又於秋間總督接印
視事後復有歸綏縣屬之常合賴村亦有破舊一處（原名廣福
寺）屬於烏素圖召管轄以荒廢無人過問兼年久失修其坍塌
情形比視彭順召殆有甚焉其中無佛無僧曾於十一年
被該村一嗜好多端之黑徒二黑子乘隙作據拆賣房舍
什物以度生活現僅餘破壞露天之經堂及正殿三間該黑
徒異想天開乃擬連同地基出賣於天主教之白神父建築天
主堂尚未行總督得報即招集本旗職官會議以謀解決
僉稱該召名存實亡與其被佛門罪人之二黑子變賣得價
何如由本旗拆回移作補修中學及旗政務大門之用亦經

當場通過決議實行以上二事係由滿前總管以來遵奉
中央政府監督寺廟條例對於殘廢名廟不堪修葺而又無
人管理者變通整頓之辦法乃該員穆成林以為有隙可乘
遂捏稱後遠十五名內之廣緣寺（即烏素圖召佛爺府所屬
之常合賴村廣福寺代表用快郵代電並附宣言各一張呈控於
蒙藏委員會指總管為侮辱佛教作用私人所有該兩召之金
佛銅佛古燈古佛以及泥佛之臟腹中赤金寶石價值不下萬元
盡歸己有無考及職員雲健飛雲存瑞等如何就乾器物如何私售木
石張大其詞以為陪襯正如項莊舞劍意在沛公架空污衊信口開河
嬉笑怒罵無微不至此可知其蓄憤已久故敢於舞文弄墨不惜淋

滿痛快以嶔旋奉

蒙藏委員會訓令抄發代電宣言到府飭由 總府 明白声復等因於

是先傳穆成林到案問其代表之由來據供係慶緣寺喇嘛嘉木素

口頭所委託復訊據該喇嘛供稱我只託穆成林向二署子催討地租並

又授復述十要點代表西黃寺扎薩克大喇嘛開甘克格勒新聯只具並証明穆成林係借喇嘛名義控告長官並私託審子諸

無委充代表控告長官之事並取具該喇嘛甘結為憑據以 總府 界有不

洽輿情及違法舉動該員儘可臚列事實具呈告發蒙藏由自作百喙

何辭顧乃捕風捉影恣意嫚罵並假代表名義擅發代電與宣言以

售其欺似此胆大妄為洵屬衣冠敗類不堪造就 總府 為其直屬長官以

名分言則為犯上以法律言則為犯刑自非從嚴懲治勢必怙惡不悛

且去歲特來化當敢蒙眾知識均極幼稚倡此亂一開則此風無知官民不問事實但憑愛憎控誣

益將肆無忌憚除另文聲復蒙藏明真相外擬請 激濆之舉必更層出不窮矣幸

鈞座俯賜轉咨

蒙藏委員會先將該員穆成林褫去驍騎校職銜再行依

法究辦以肅官常 鈞座為旗務前途計 不得[illegible]備文呈送

伏乞

鑒核辦理實為公便謹呈

綏遠省政府主席傅

東土默特特別旗旗政府總管榮

中華民國二十五年一月 日

蒙藏委員會爲否認穆成林爲代表各寺等情給土默特旗總管榮祥指令

（一九三六年一月三十一日，原件藏土默特左旗檔案館）

蒙藏委員會指令

蒙字第四七一號

令歸化土默特旗總管榮祥

二十五年一月十六日呈一件爲奉令声復穆成林所控侮辱佛教拆毀名廟詳述經過各情形乞鑒核由

二十五年一月二十二日呈一件爲據情懇請轉呈証明以辨真偽而維各名譽乞鑒核由

兩呈均悉。并據各方查明呈復前來，經本會彙案詳加核閱，除已具實分函行政院秘書處軍委會辦公廳查照轉呈鑒察，并批示該穆成林嚴加申斥，毋再妄瀆，致干究辦外，該總管嗣後對於境內具有歷史地位之較大寺廟，如擬加以修葺或拆除，應先呈報本會核示，再行辦理，以防物議而免糾紛，合行令仰遵照爲要。

此令。

監討股主任雲

股員傅

調查員榮

調查員榮

調查員榮

中華民國二十五年一月三十一日

委員長黃慕松

監印朱受璧

校對李政

綏遠省政府褫革驍騎校穆成林職銜訓令

（一九三六年二月，原件藏土默特左旗檔案館）

閱

綏遠省政府訓令土默特旗總管

事由	擬辦	決定辦法	備考
准蒙藏委員會咨以穆成林驍騎校職銜准予褫革咨復查照等因令行知照由 〔奉省政府訓令內准蒙藏委員會咨以穆成林驍騎校職銜准予褫革咨復查照等因令行知照由 附件		總科備案候遴員另補 十五日	

字第　號

廿五年二月十五日　時到

收文乙字第112號

蒙字第四三七號

綏遠省政府訓令

令土默特旗總管

案准

蒙藏委員會廿五年二月六日蒙字第五四號咨開

「案准貴省政府本年一月廿八日蒙字第二三號咨，以據土默特旗總管呈，請轉咨撤革驍騎校穆成林職銜等情，咨請查核辦理見復等由；准此，應准照辦。所有總管所請，將穆成林驍騎校職銜予以撤革，相應咨復查照轉知為荷」。

等因；准此，合亟令仰該總管知照。

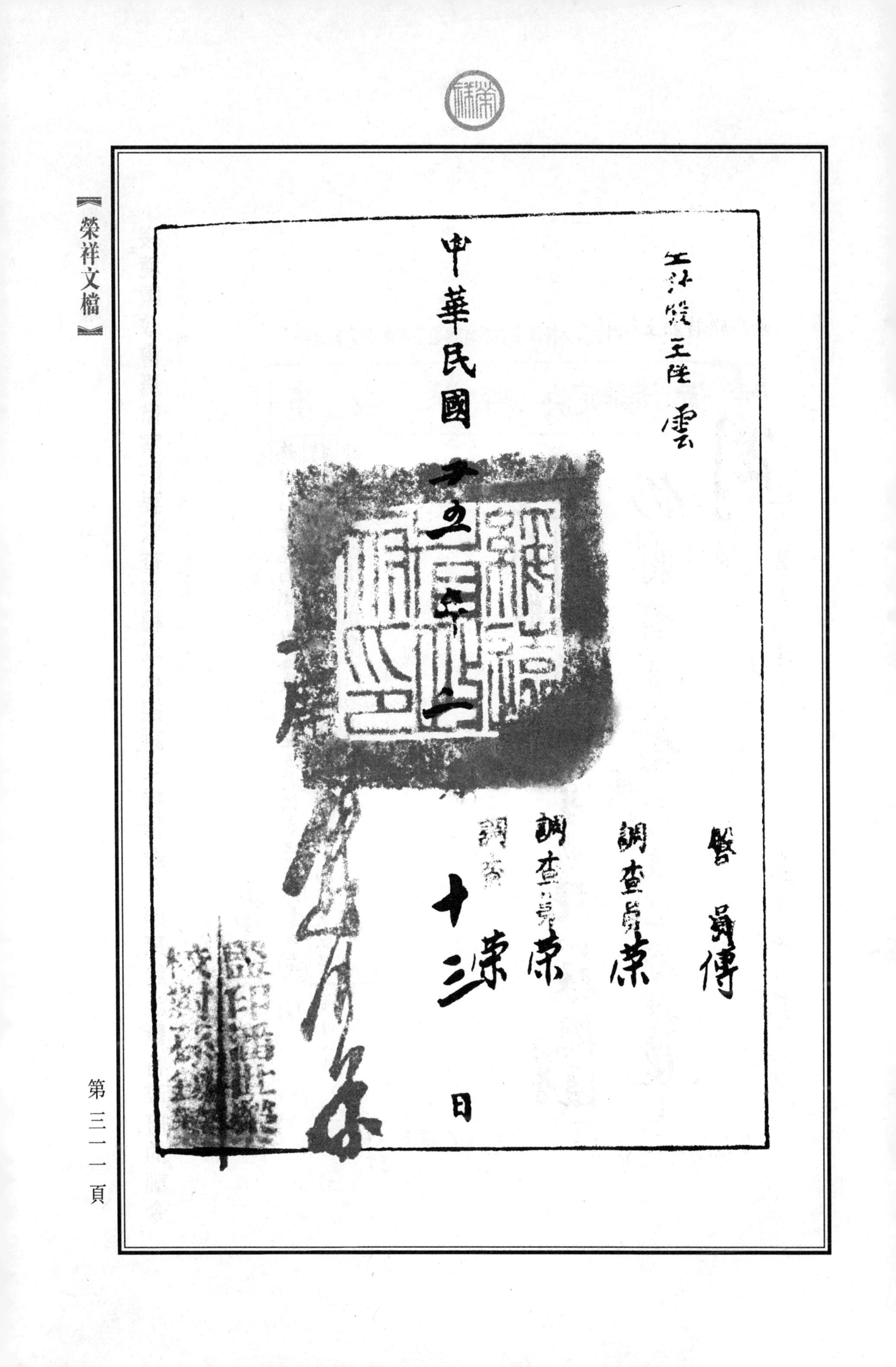

生沐[illegible]王陸雲

警員傅榮

調查員榮

調查員榮

調查榮

中華民國廿五年十二 十三日

綏境蒙政會爲監察院要求查覆穆成林控訴榮祥拆毀召廟事給土默特政府的訓令

（一九三六年四月二十五日，原件藏土默特左旗檔案館）

綏遠省境內蒙古各盟旗地方自治政務委員會訓令土默特旗政府

事由	令綏境蒙政會訓令 為准監察院函開：以據綏遠十五名廟代表穆成林電訴土默特總管榮祥摧殘佛教一案，相應抄檢原件，函行查照等因，仰將辦理情形具覆，以憑核轉由。
附件	抄件二件
擬辦	生計股 飭科擬稿以便核覆
決定辦法	仍將前呈蒙藏會文照原稿覆之
備考	閱 廿八

民國廿五年四月二十七日到

已字第壹拾肆號

廿五年四月廿八日時到

收文乙字第七七二二號

秘字第　三　號

綏遠省境內蒙古各盟旗地方自治政務委員會訓令

令土默特旗政府

案准

監察院第二零一二號公函内開：

「案據監察委員白瑞簽稱：『據綏遠十五名內烏素圖名佛爺府所屬常黑賴村廣福寺代表穆成林代電訴，土默特旗總管榮祥「摧殘佛教拆毀名廟」等情一案，經加審核，應請函綏遠蒙政委員會查覆，以憑核辦』等語，據此，相應抄檢各件，函行貴會查照辦理，並希見復為荷！」等因；計抄附穆成林原代電一件，檢附宣言一紙，准此，查此案實際情形如何，本會無案可稽，合亟照抄原件，令仰該府遵照，將此案辦理前後經過情形，詳細具覆，以憑核轉為要！

此令。

計附抄件二件

中華民國二十五年四月廿五日

委員長沙克都爾扎布

委員康達多爾濟代

印綽克圖

校對烏呢爾巴彥

抄原代電

南京監察院于院長鈞鑒保存古跡中央明令公佈侮辱宗教刑法律有專条乃竟有喪心病狂任意拆毀佛教召廟倚勢壓迫私自没收蒙民財産八牙四布謊夫高張假公濟私暗無天日是即所謂鴻才碩學的土默特旗總管榮祥之獨裁政治專制壓迫近日之實在情形查綏遠土默特旗自總管榮祥主政以來任用私人毫無善政貪囊日充毒癮日深才德者棄而不用羣小乘機倖進以致旗政日非蒙民日苦也邇來更聽信羣小拆毀召廟搜索古物之自肥上計乃委雲存瑞雲昇等為拆召員藉勢詐騙無惡不作遂將唐朝所建之彭順召明朝建築於常黑賴村之廣福寺及太平召等完全拆毀証據確實不能掩飾損失

甚巨難以數計至各召廟之喇嘛黑徒等則驅逐之佛像經卷則侮辱毀壞之其建築物如磚瓦木石等上好者改建總管私有舖房以取利其次則為拆召員均分零售其貴重古物金佛等盡入榮總管之私囊甚至將看守召廟之蒙民私有物如箱櫃鍋碗及農用器俱等物皆為沒收轉賣分肥證據確切澈查自明也查蒙古民族僻處西北文化落後智識單簡崇拜佛教由來已久遜清尊重以羈縻之國民政府亦以信教自由載在約法故加封班禪為護國廣慧大師各召廟之活佛亦封為呼圖克圖以示尊崇並在綏遠省設立喇嘛印務處推選大喇嘛一人掌管全省十五召廟事宜直接省政府並不屬土默特總管轄制該總管雖奉有保管監督之命實無拆毀破壞之權乃該總管利欲薰心竟仗勢摧殘佛教侮辱喇嘛折毀召廟朦蔽

省政府藐視中央保存古蹟之明令違反刑法侮辱宗教之條文代表等處於高壓積威之下反抗無力惟有任其摧殘拆毀一面保留證據一面電陳各方懇乞鈞院遴派專員來綏澈查代表等當指陳拆毀種種實據損失真確情形以為賠償憑據以為彈劾根本依法嚴懲摧殘佛教拆毀召廟之貪污總管榮祥以肅官箴而維宗教實為公德兩便謹呈

監察院于院長鈞鑒綏遠十五召內烏素圖召佛爺府所屬常黑賴村廣福寺代表人穆成林叩 印 十二月十八日

附宣言乙紙

南京國民政府林主席蔣委員長行政院汪院長立法院孫院長監察院于院長司法部王部長蒙藏委員會黃委員長班禪活佛章嘉佛内蒙自治政務委員會雲委員長德秘書長太原綏靖公署閻主任綏遠省政府傅主席及各機關各法團各教會各學校各報館均鑒。綏遠召廟喇嘛何辜。綏遠蒙古民族何罪。竟有鴻才碩學的榮祥。來座土默特總管有鴉片煙聖之雅號。有拆召總管之頭銜。秉政一年毫無建樹。任用私人群小倖進。烟容滿面一望而知。拆召走狗四處搜尋。鋼耙一捧全旗地皮三尺深。鐵鍬到處召廟房垣四壁傾。貴重古物。金佛經卷。咸歸總管所有。零星物品。農用器俱。盡屬走狗分肥因而總管私囊充足。舖房五間（北門東）建築輝煌。走狗腰纏累累。住院一所。（新城馬路南）修蓋整齊。以致唐朝古召。明朝古廟。佛殿毀壞。經樓折倒也。茲將拆召總管所毀壞各召廟之損失概況。略記於後。

（甲）常黑賴村廣福寺被拆毀之原因及損失之略記

民國二十四年間烏素圖召慶緣寺大喇嘛甲木素因其所屬常黑賴村廣福寺。須稍修補。故呈明土默特總管。情愿獨力修建以保古蹟。不料總管榮祥聽信拆召主任雲健飛之言。非將廣福寺拆毀不可。並恐嚇甲木素云。你不可胡亂濆呈。你若不遵。我就管押於你。當即派雲存瑞雲昇等為拆召員。伊二人即假勢詐騙。愚弄蒙民。將看守廣福寺蒙民二黑子令其急速將召內所有房約地契完全交出。我與你們整理修補。竟被騙去沒收。又將二黑子住院一並拆毀。其屋內苗金大櫃代頂櫃一對。紅油大櫃代頂櫃

一對以及家中零星陳設各様物件。農用器具完全沒收（証據確切均能指出賣所）

一大石碾子一盤價洋百餘元已賣於滿全子名下洋二十五元。

一廣福寺之磚瓦木器等項賣於教友陳寶富名下洋六十元。

一廣福寺之大榆樹二株賣於張三娃名下洋三十五元。

一二黒子小套車一輛直洋五十元被拆召員賣於外村杜生茂名下洋三元。

一二黒子所借梁姓油磨一盤值洋四十元被拆召員賣了五元。

一二黒子所借張姓雙馬磨一盤值洋四十餘元被拆召員賣了大洋五元。

一二黒子所有雙馬碌碡一個值洋十五元被拆召員雲昇拉去了。又将大石槽一個值洋十元亦被拉去了。

一二黑子所有單馬碌碡一個值洋十元被拆召員賣了三元。

一廣福寺拆下磚及瓦被拆召員賣去數車。其上木材等被拆召主任放存各處數十車。

一廣福寺之經卷古畫古佛及拆下大小木料箱櫃等項均在別處寄存柏貴。

一二黑子所有田地二十餘畝及收租文約百餘張完全被拆召員沒收了。

并所記損失。不足十分之一。貴重古物古佛。被盜賣者數以萬計。惟看守廣福寺蒙民二黑子全家十數口值此嚴冬。住房被拆器物被沒收。一小康之家。轉瞬成為貧寒。哭訴無門。皆拆召員之所賜。拆召總管之德政也。當始拆廣福寺時有常黑賴村長。天主教白神父均請保存古蹟。情愿協助修建。無如拆召員雲存瑞拆召主任雲健飛。一力不准白神父曾来城求見総管。亦被擋駕。竟實行拆毀且殃及蒙民二黑子受亡家之慘。素聞本旗蒙民穆成林急公好義。熱心慈善公益。只得懇請援助。穆君成林即時函請総管。陳說利害。乞俯准民情。勿拆毀召廟。以保古蹟。総管榮祥被利所蔽。置而不雇。更假拆召員以無上威權。故敢任意横行。形同劫掠。無惡不作。共計損失約十數萬元以上前述不過其概况也。

(乙)彭順召被拆毀損失之概况

彭順召唐朝所建。風景絶佳歷史攸久。清康熙帝之被困。白大将軍賁揚古。殺活佛。即此召歷史之一頁也。今竟被總管榮祥拆毀。上好木材建築總管私人北門迤東鋪房五間以取利。拆名主任雲健能住院一所、在新城大馬路南。亦係名廟建築物所改造。貴重古物。均分入私囊矣。

(一)共拆毀彭順名之九間樓、前後殿。獨供經堂大殿、左右大殿、外院東西廊房、天王殿。大後院東大院、前院樓房東西沙門。統計被拆二百餘間。四面圍墻。共計損失約七萬餘元。

(一)彭順名內之神像五十餘位。均高丈餘。腹內所安之臟皆係赤金寶石等物。連工料計亦數萬元。完全被拆毀及盜藏。

(一)彭順名內之古繡(佛像)古金佛銅佛。以及一切陳設木瓷器古法器五供品等。均分入私囊已歸烏有。

(一)彭順名內之古經卷。經文咸為希世珍品。獨藏秘本。珍貴者已被

鴻才碩學的榮總管收歸己有。或為某如牛之拆召員出賣。所得

無幾，實為可惜。此項損失最巨。

(一)彭順召內喇嘛則驅逐之。

綏遠十五召聯合宣言以証被拆毀之損失以為賠償之根據証據確切

榮祥爲穆成林電訴總管摧殘佛教案呈綏境蒙政會文

（一九三六年五月四日，原件藏土默特左旗檔案館）

呈爲遵令呈復，仰祈

鈞會鑒核轉咨事。案奉二十五年四月二十七日

綏遠省境內蒙古各盟旗地方自治政務委員會秘字第叁號訓令內開：案

准

監察院第二零一三號公函內開：案據監察委員白瑞發稱：據綏遠十五召內烏素圖召佛爺府所屬常黑賴村廣福寺代表穆成林代電訴土默特旗總管榮○摧殘佛教，拆毀召廟等情一案，經加審核，應請函綏遠蒙政委員會查覆，以憑核辦等語。據此，相應抄檢各件，函行貴會查照辦理，並希見復爲荷等因，計抄附穆成林原代電一件，撿附宣言一紙。准此，查此案實際情形如何，本會無案可稽，合亟照抄原件，令仰該府遵照，將此案辦理前後經過情形詳

細具覆以憑核轉為要此令計附抄件二件等因奉此查本旗左翼六甲所屬蒙古穆成林少年時曾在本旗財政科當差因過被革嗣以無業養生乃向縣府領得牙帖充膺買賣田房經紀前任鄭總管以其明瞭本地情形又委充本旗生計股調查員並委兼驍騎校使得自新不料該穆成林供職以後不但不改舊惡反而假公濟私日甚一日內則營私舞弊外則撞騙招搖種種劣跡筆難罄書經滿前總管將其私刻圖記擅發条照架賣公地受賄損公各節查明屬實撤差看管擬即嚴行懲辦以儆宵邪旋以該眷屬托人哀懇請予網開一面格外矜全滿前總管寬仁為懷准予釋放惟聲明逐出署外永不叙用以示薄懲事實俱在無難覆按二十三年下半年總管接任之後該穆成林始因省會不能立足遁往包頭縣仍充田房經紀未及一年

又因敲詐撞騙，被當地蒙漢民衆所不容，於是再反歸化，百般鑽營，思作馮婦。傀笈鑒於已往之覆轍，不敢以私廢公，由是穆成林変羞爲怒，多思藉端污衊，以洩私憤，去年夏秋之間，即鼓動各召喇嘛人等興波作浪，嗣以各召喇嘛識破其奸計，未得逞，乃自捏稱廣福寺代表，用快郵代電及宣言，希圖朦蔽，誣陷，按其命意措詞，無非捕風捉影，肆口謾罵，似此言出無稽，貞等諸狺狺狂吠，毫無辯論之價值，惟以事關箇人名譽與佛教前途，不得不據情聲復如左：

一、彭順召即崇壽寺，位於歸綏縣政府之西南隅，自廢清時代，年久失修，敗宇頽垣，荊棘滿目，所有該召之香燈養贍地畝與古佛遺像，早被不守清規之敗類喇嘛盜賣一空，甚至將坍塌之殿宇房舍磚瓦木石変價得錢以供浪費、玷辱佛門、至堪痛恨、民國以還、破除迷信之說興、益復變本加厲、最後僅剩二住持喇嘛一名計計、已將變價之款、携歸原籍、置産娶妻、與召斷絶關係、其一名寬寬亦要有家室、因無力養贍、遂亦拆賣殘餘、以資餬口（餬）、且僧舍而住俗家、以致所餘無窗無門之二三破殿盡成乞丐小偷長年匿跡之藪、雖舊有喇嘛印務處爲各召領袖管理僧徒、而近歲以來、紀綱廢弛、積習相沿、胥成一邱之貉、黄教式微、於斯爲極、至二十年滿前總管任內奉

國民政府頒發監督寺廟條例、並取銷喇嘛印務處、歸由本旗長官管轄、當時對於寺廟整理辦法、擬定原則三項、(一)能保存者、飭派負責僧徒住持保存、以免廢棄、(二)可補修者、由本府籌款補修、(三)已破爛

不堪無法保存者、將殘餘各物改回以作全旗公益建設等事業、至二十三年
春間、綏本旗所屬有至聖先師孔子文廟一處、係清初建築、坐落本市南文
廟街、向為綏遠城將軍歸化城副都統春秋祭丁之所、規模宏敞、殿宇崔
巍、為塞北文廟之冠、惟以歷年既久、修葺無人、且於十五年間被西北軍住佔、
門窗牌匾多遭毀損、瓦礫成堆、椽甍透日、其凋殘頹敝之狀、實不足以崇
祀典而肅觀瞻、爰由滿蒙總管招集本旗職員會議、將前項破爛
不堪之彭順召、僱工拆卸、移作補修文廟之需、當經一致通過、正在派員勘
驗籌畫進行間、適有綏兵二十一團李團長擇地建築營房、見該召無佛無
僧、荒涼寂寞、而空地寬廣、頗為合宜、於是致函本府請求協助並聲言所
建營房以後、礙兵不佔、或調往他處、此項新舊大小房舍均退歸地主所有

復經開會集議，無不樂從，即由雙方商洽約定，除不堪居住及不能修理之破敗建築物，如正殿、經堂暨兩配殿等由本府完全拆除，以備移作修理文廟之用外，其餘若山門、過殿、佛爺府及東北舊房六間等尚可修補應用者，完全由該園保留借佔，至其空地址計約四十畝，亦借與該園，為添築廠庫、兵棚、馬廄之用。既經定議，復會呈省府查核備案，以昭慎重而資遵守。由是一面清理地基，改建營房，一面拆除舊物，移修文廟。是時對於該僅存而住於俗家之喇嘛一名，並為贖出已典之舖基一處，籌給養贍費每月六元，俾其就近看守，以免流離。所有一切辦理手續，均委由總務科科長森額、科員崇昌負責，有卷可稽。其雲健、飛雲、存瑞、雲昇、與淡至本市之太平召，亦名寧祺寺，此為本旗官民共建之召祗以歷年悠久、經堂滲漏、由前領蔣公處主任巴雅爾呈准設法補修並為喇嘛添建住室十餘間、俾得安生、是此名動工事有、折毀事無、乃該穆成林連類以及庸非砌詞聳聽、

一廣福寺位於歸綏縣迤西七十里之常黑賴村原歸烏素圖召（即慶緣寺）所轄、皆以歷年失修、其坍塌荒廢情形較彭順召為尤甚、廢清末葉有王喇嘛者、本係漢人、籍隸晉北、狡黠善佞、遂投在烏素圖召佛爺座下、自稱前世係佛爺泰愛之大佛爺、喜甚收為義兒、削髮留寺充當喇嘛大得寵任、民國而後、即將廣福寺劃賜與伊、當此時該寺殿宇雖已破損、但土地香火尚堪維持、無如該王喇嘛本一淫賭無賴、嗜好甚深大權在手、隨意揮霍、未及數年、所有地租法物、蕩然無存、旋受經濟

壓迫曾於民十赴後山武川縣屬與匪徒為伍被官軍拘獲執行槍決所謂古物古佛價值若干萬者直同囈語王喇嘛既死該烏素圖召尓無人過問有該村黑誌二黑子嗜好多端不務正業乃乘機鑽入寺內變賣殘餘器物或賣拆倒塌房舍以度消閑之生活十餘年來僅存破敗露天之經堂與正殿三間泥像二尊風雨摧殘毀僅餘半身此外有石碾一盤榆樹二株而已去年夏間大黑河洪水暴發幾將該殘存之破殿全部漂去事後有人發上二黑子以該召無物可賣乃勾結本村鄰古數人擬將所餘大殿木架磚瓦連同地基出售於天主教白神父建築教堂時正議價未成事實一總管派員暗查與所報無異即糾集本旗政府會議僉稱該寺距城窎遠現已作廢與其被該黑徒等自由處分何如由公家拆

除將磚瓦木石運回、以備補修中學、（本府中學原在文廟街，因校址狹隘，擬移
於舊蒙古營盤）及改築本府大門之用、（本府之舊副都統衙門被財廳借佔、
今之旗、政府乃係前清時衆參領之議事廳）當場通過、決議派員估工拆卸運
回本城、除中學旗府留用者不計外、餘皆估價、招主承買、以充公用、有出
入清摺、附卷可查、此時二黑子等、被逐出寺衙之刺骨、乃慫恿烏素圖
召執事喇嘛嘉木素出頭阻攔、藉口於保存古蹟、呈請本府停止拆
卸、該喇嘛年老昏憒、率爾聽從、以無佛無僧之破廟、有何保存之必要、
倘竟被二黑子得價出售、改修天主教堂、試問該喇嘛能保存乎、必不然
矣、至所稱（總管）私入北門迤東鋪房五間、雲健飛大馬路住院一所、事誠有
之、但（總管）原在舊城北門內有祖遺（皆非）墩牆之鋪產兩處、房舍四十餘間、

去年省政府、以城门窄狭有碍交通、當即決議由门洞之東側另闢一寬濶馬路、於是建設廳於開闢馬路時將 總管私有房產悉行拆毀、僅餘南北斜長地基一條、重建小门臉五间、而無後院、舊拆木料磚瓦不可勝用、只以门面需（須）用新磚若干、尚係備價購買、有賬為憑、至今 總管舊房拆下之材料、猶堆積僻巷空地中、無法運走、且拆房與拆台同是舊物、 總管雖無状、何至捨己物不用、而用公有之舊物乎、其雲健飛之住院、原係二十三年春價買、尔非拆台後所修、況當雲健飛買宅時、係充蒙邊司令部軍需官、其期限早於拆台者一年有餘、乃穆成林東鱗西爪、胡乱牽扯、無非張大其詞、以售其誣妄、

以上為該兩台、因不能保存、始決議拆除之經過事實、昭著案卷炳存、揭

以蒙古舊俗誦經禮佛由來已久、總管亦係蒙族、崇拜佛教未嘗後人、但以
佛教之高深、所以流傳不朽、令人崇拜者不在形式而在精神、倘不能洞明教
義具慈悲廣運之心、而徒以膜拜靈驗、坐不完之土偶、保存百不留一二之寺蹟、自
詡為崇拜佛教、豈非捨本而趨末、而況留此破敗不堪之廟貌、用諸淫賭無
賴之僧徒、殿宇頹坍、香煙寂寞、甚并形式而亦不講、求崇拜佛教固如是乎
乎、總管監督寺廟責有專歸、務崇實際、不務虛名、故敢任勞任怨、設
法整頓、以期宣揚教旨、光大佛門、如慈燈寺以有名貴之五塔、則募款重修之、
延壽寺為省會第一大召、宏麗可愛、則請於省府撥款而整葺之、凡屬本地黃
教莫不同聲感激、惟不肖之黃黑徒衆未免因不能遂其侵佔盜賣之私而嘖
有煩言耳、而貪鄙無恥之穆成林因得乘機而起、捏造名義、橫加毀謗、其目

的在　總管一人而以雲健飛雲存瑞雲昇為陪襯覬其代表名称則首冠
以係逺十五名、似屬龐然大物、其實此十五名中、並無一人與聞其事、緣穆
之素行、人所共知、凡端正喇嘛遠之如糞穢愚如蛇蝎、孰敢與之親近、而自
招訛詐之禍、即烏素圖召佛爺府所屬之廣福寺、亦係該穆成林自控之代
表、緣該寺既無喇嘛、只有一黑徒二黑子、又以盜賣寺產畏罪遠逃、該寺既已無
人焉、有推舉代表之理、詢諸穆成林、則指為烏素圖召之執事喇嘛嘉
木素口頭所委託、及傳該喇嘛來府質訊、則堅称僅託其向二黑子催
索地租、並無委任控告長官之事、取有甘結為証、又有無量寺等呈
文一紙、懇請轉呈、並未派穆成林為代表、以白真偽、而誰各召名誉、是穆成林之
代表、已証明純係箇人動行、無根無據、遽用代電與宣言、控詞妄控損人名誉已

為法律所不許、况穆成林籍隸本旗、為左翼六甲之驍騎校、身膺公務人員、對於直屬長官、嬉笑怒駡、肆行侮辱、亦應受刑事之制裁、除關於該驍騎校穆成林誣告各節、除呈省府蒙藏委員會褫職並咨法院歸案訊辦外、奉令前因、理合將拆召原委、遵令呈復、伏乞

鑒核轉咨施行、謹呈

綏遠省境內蒙古各盟旗地方自治政務委員會委員長沙

土默特特別旗旗政府總管榮

中華民國二十五年五月　日

榮祥考核本府録事的批語

（一九三五年三月）

甲等

總理遺囑

余

余致力國民革命凡四十年其目的在求中國之自由平等積四十年之經驗深知欲達到此目的必須喚起民衆及聯合世界上以平等待我之民族共同奮鬥現在革命尚未成功凡我同志務須依照余所著建國方略建國大綱三民主義及第一次全國代表大會宣言繼續努力以求貫澈最近主張開國民會議及廢除不平等條約尤須於最短期間促其實現是所至囑

喚

生計股録事雲徵斛

中華民國二十四年三月　日

筆姿稍佳惟工夫既淺而又有浮躁氣此青年人極可惜之病根也如能刻苦有恆不斷鍊習必能為全縣青年冠汝肯自勉乎余深望之矣

總理遺囑

余致力國民革命凡四十年其目的在求中國之自由平等及四十X 其

年之經驗深知欲達到此目的必須喚起民衆及聯合世界上以 喚 聯 積

平等待我之民族共同奮鬥現在革命尚未成功凡我同志務

須依照余所著建國方略建國大綱三民主義及第一次全國代

表大會宣言繼續努力以求貫徹最近主張開國民會議

及廢除不平等條約尤須於最短期間促其實現是所至囑

乙等

鬥门鬥門
故何字乎

及

無窮而不用心亦自甘暴棄如少吸些

句出之大學生本領吧

中華民國二十四年三月十一日 佟集成

甲等

呈

總理遺囑

余致力國民革命凡四十年其目的在求中國之自由平等積四十年之經驗深知欲達到此目的必須喚起民衆及聯合世界上以平等待我之民族共同奮鬥現在革命尚未成功凡我同志務須依照余所著建國方畧建國大綱三民主義及第一次全國代表大會宣言繼續努力以求貫澈最近主張開國民會議及廢除不平等條約尤須于最短期間促其實現是所至囑

總務科錄事雲徵文謹書

筆姿能甚巧而工夫尤稀如能努力鍊習或可臻乎正地步但看志氣如何耳

榮祥派王祥管理書記室的手諭

〔約一九三五年三月十四日，榮祥手跡，原件藏土默特左旗檔案館〕

派王祥以收發員兼書記長管理書記室各種繕寫事宜並為分配工作而考察其勤惰仰該員自本月十四日起即遵諭辦理可也

總管榮手諭 三月十四日

榮祥對録事考試卷的批語

（一九三六年三至六月）

甲等

呈

總理遺囑

余

余致力國民革命凡四十年其目的在求中國之自由平等積四十年之經驗深知欲達到此目的必須喚起民衆及聯合世界上以平等待我之民族共同奮鬥

現在革命尚未成功凡我同志務須依照余所著建國方略建國大剛〔綱〕三民主義及第一次全國代表大會宣言繼續努力以求貫澈最近主張開國民會議及廢除不平等條約尤須於最短期間促其實現是所至囑

財政科録事李延齡

書法雖然甚佳尚能勻稱若在青年當可進步惟年踰不惑恐無望

總理遺囑

余致力國民革命凡四十年其目的在求中國之自由平等積四十年之經驗深知欲達到此目的必須喚起民眾及聯合世界上以平等待我之民族共同奮鬥

現在革命尚未成功凡我同志務須依照余所著建國方略建國大綱三民主義及第一次全國代表大會宣言繼續努力以求貫徹最近主張開國民會議及廢除不平等條約尤須最短期間促其實現是所至囑

財政科錄事李俊義

乙等

此種字恍如商店中記流水賬者所書如多均不足論

乙等

呈

此位書法曩表頗可觀今則儼乎逆水舟失却帆槳漸漸倒流矣此真所謂老不長進雖一技之長亦不肯自弥也

總理遺囑

余致力國民革命凡四十年其目的在求中國之自由平等積四十年之經驗深知欲達到此目的必須喚起民衆及聯合世界上以平等待我之民族共同奮鬥 奮 喚

現在革命尚未成功凡我同志務須依照余所著建國方畧建國大綱三民主義及第一全國代表大會宣言繼續努力以求貫澈最近主張開國民會議及廢除不平等條約尤須最短期間促其實現是所至囑 方

教育科錄事賡壽

丙等

總理遺囑

余致力國民革命凡四十年其目的在求中國之自由平等

積四十年之經驗深知欲達到此目的必須喚起民衆及聯合（旁改：深、聯）

世界上以平等待我之民族共同奮鬥（旁改：世、民）

現在革命尚未成功凡我同志務須依照余所著建國方略（旁改：成）

建國大綱三民主義及第一次全國代表大會宣言繼續努力（旁改：第）

以求貫澈最近主張開國民會議及廢除不平等條約尤須於

最短期間促其實現是所至囑

教育科錄事榮守義

筆畫之笨莫与比倫繼今

努力亦恐徒勞殆一生止於此

矣

總理遺囑

余致力國民革命凡四十年其目的在求中國之自由平等積四十年之經驗深知欲達到此目的必須喚起民衆及聯合世界上以平等待我之民族共同奮鬥

現在革命尚未成功凡我同志務須依照余所著建國方略建國大綱三民主義及第一次全國代表大會宣言繼續努力以求貫澈最近主張開國民會議及廢除不平等條約尤須於最短期間促其實現是所至囑

司法股録事馬耀文

呈

丙等

寥々數行尚寫成如此樣子

試問爾五尺之軀除吃喝睡眠外還會做甚

雲增 魁 雲瑞 補
馬耀文 雲鶴翔 補
王祥 崇亨 補
步延齡 〡〢十
雲 瑞 〡〢丁
廣 壽 〡〨十
雲宵義 〡〣十
馬耀文 〡〨十
榮亨 〡〨十
榮南屏 恢
康振邦 沅
雲 讓 玩
步俊 義 〡〨十

懇請

總管賞給微小差使以資糊口則感大德無涯矣

驍騎校雲 享

補為本府書記抄錄習寫字 三月 日

所寫字跡太劣何能繕寫公牘
縱令加工練習恐一二年內亦
寫不成樣所請補充錄事一
節暫從緩議可也 三月卅日

總理遺囑

余致力國民革命凡四十年其目的在求中國之自由平等積四十年之經驗深知欲達到此目的必須喚起民衆及聯合世界上以平等待我之民族共同奮鬬

現在革命尚未成功凡我同志務須依照余所著建國方略建國大綱三民主義及第一次全國代表大會宣言繼續努力以求貫澈最近主張開國民會議及廢除不平等條約尤須於最短期間促其實現是所至囑

雲讓年二十四歲係和林縣一年期師範講習所畢業
曾充在和林縣第一區新惠安藏庄當小學教員三年

中華民國二十五年三月二十五日

總理遺囑

余

余致力國民革命凡四十年其目的在求中國之自由平等積四
十年之經驗深知欲達到此目的必須喚起民衆及聯合世界上
以平等待我之民族共同奮鬥
建
見在革命尚未成功凡我同志務須依照余所著建國方略建國
及
大綱三民主義及第一次全國代表大會宣言繼續努力以求貫
徹最近主張開國民會議及廢除不平等條約尤須於最短期間
促其實現是所至囑

財政科錄事蘇晏

不懂用筆故起落均不合法惟
字雖醜尚不潦草是有心學好者
以後如能勤自練習不至於不長進
要看汝有志否耳

總理遺囑

余致力國民革命凡四十年其目的在求中國之自由平等積四十年之經驗深知欲達到此目的必須喚起民衆及聯合世界上以平等待我之民族共同奮鬥現在革命尚未成功凡我同志務須依照余所著建國方略建國大綱三民主義及第一次全國代表大會之宣言繼續努力以求貫徹最近主張開國民會議及廢除不平等條約尤須於最短期間促其實現是所至囑

蘇履泰謹呈

此等字生澀已極不特不能寫好而且不能寫快清稿下行均非所能任上行長篇公牘更無論矣總科為公事較繁之地寫字章已是濫竽若再用一簡易如此段公文尚能趕辦乎

寫稟去吧

令趙東清擇勤

連祥

着將賡壽擢升甲等錄事所
遺乙等錄事即以雲麟詳遞補
仰即轉諭該員等恪慎供職
勿誤要公是爲至囑此

名單

謹將本府書記室甲乙丙等錄事暨額外錄事等開單呈請
鑒核遴補
計開
甲等　李延齡
乙等　李俊義
　　　馬耀文
　　　賡壽
　　　榮享

丙等 雲守義
額外 雲南屏
康振邦
新補 雲麟祥
中華民國二十五年六月　日

丙等
此殆今世所謂還少伴歟吾
呈
不得而知之也總之令人一閱
之後不願再看矣

榮祥關于録事薪水的手諭

（一九三六年，原件藏土默特左旗檔案館）

此次所考各録事自本月十六日
起均歸納於總科北間屋内定
名爲書記室除乙等録事照舊
支薪外其甲等應增爲十七元
丙等應減爲十三元以别優劣而
課勤惰以後各科股公文均交該
室繕寫其工作由書記長分配之

總管榮手諭　十二日

土默特特別旗爲准予藥材山租所結束事給所長榮陞閣的指令

（一九三六年十二月四日，原件藏土默特左旗檔案館）

土默特特別旗旗政府指令　生字第　號

令藥材山租所所長榮陞閣

二十五年十一月廿二日呈一件，爲呈報十月十六日至十一月五日收款數目暨撤局結束由

兩呈均悉。查該所長因天氣嚴寒，工人裹足，請求停辦，自屬實情，准予結束。至月報款項，除開支並鏤子抵款外，尚有該所臨時雇夫榮秀崗欠洋十九元七角七分五厘、田樹欠洋三元五角、胡文林欠洋一元五角，共欠洋二十四元七角七分五厘，仍令該所長自行催收補繳，以清手續，而免拖延。是爲至要。連單木牌戳記存，仰即遵照。此令。

中華民國二十五年十二月　日

綏遠省政府爲會商制定蒙租銀錢折合現洋辦法給土默特旗總管的訓令

（一九三七年一月十七日，原件模糊，改為錄入形式，原件藏土默特左旗檔案館）

令土默特旗總管

訓令

案據托縣四屬目蒙民代表李孝忠等呈爲年關已過，收租誤期，懇請訓令托縣政府迅予規定蒙租銀錢折合現洋公允辦法，俾維貧蒙生計等情。查此案前據該民呈請到府，業經令行托縣政府商同該總管辦理在案。據呈前情，除分令托克托縣政府並批示外，合行抄發原呈，令仰該總管迅即會商辦理為要。此令

計抄發原呈一件。

照抄原呈

呈爲年關已過，收租誤期，籲懇

鈞府恩准训令托克托縣政府迅予規定蒙租銀錢折合洋公允辦法，俾維貧民蒙生計事。竊緣代表等前以收租吃虧，呈請規定蒙民戶口地租銀租錢折合大洋標準等情在案，旋蒙

鈞府蒙字第二百五十號批開：呈悉已令托縣政府商同土默特旗總管查核辦理矣，仰即知照等因；奉此，遵即回縣候命。乃於去年十月二十四日奉托縣政府通知，招集有關各鄉鄉長及各紳士在縣政府開會討論，擬規定蒙租白銀一兩折合現洋一元，制錢一千折合現洋四角。代表等以現洋一元抵銀一兩，雖仍虧銀二錢八分，尚屬有限，至現洋四角抵制錢一吊□□□，因在昔制錢一吊即抵白銀一兩，又蒙人吃租銀一兩折制錢八百者实居多數。今若每吊折合現洋四角，無異租銀一兩變為現銀三錢六分之數，不公孰甚。再以昔日制錢一吊與現在現洋四角購物多寡比較而論，所差更甚。如能按驛站收租辦法，每租銀一兩折合現洋二元一角，則真正公平矣。故會議之下，卒無結果。後代表等以收租之期已過，決難

再為延宕，故復具呈土默特旗政，府懇求咨請托縣政府迅予商酌規定平允辦法等情在案。詎意托縣政府准咨之後，竟批緩辦二字，束之高擱。解決無日，貧苦蒙民曷以堪此。伏思現在年關已過，序屬三九，全村蒙眾向來不諳耕作，好地早皆賣去，十家九貧，苟延殘喘，值此朔風凜冽之際，飢寒交迫，苦不堪言，淒慘之情，實難言喻。為此事關生計，難安緘默，理合懇請

鈞府恩准訓令托克托縣縣政府，迅予規定收租公允辦法，俾維貧蒙生計，深為公德之便。謹呈

綏遠省政府主席傅〔作義〕

具呈人托縣四屬目蒙民總代表李孝忠謹呈

二班頭

根旺

滿滿

廣寧寺代表色進達賴

明遠齋執事人夏馥亭

中华民国廿六年元月十七日

榮祥爲綏遠國立蒙旗師範學校事致教育部長陳立夫函

（一九三七年三月二十日，榮祥手跡，原件藏中國第二歷史檔案館）

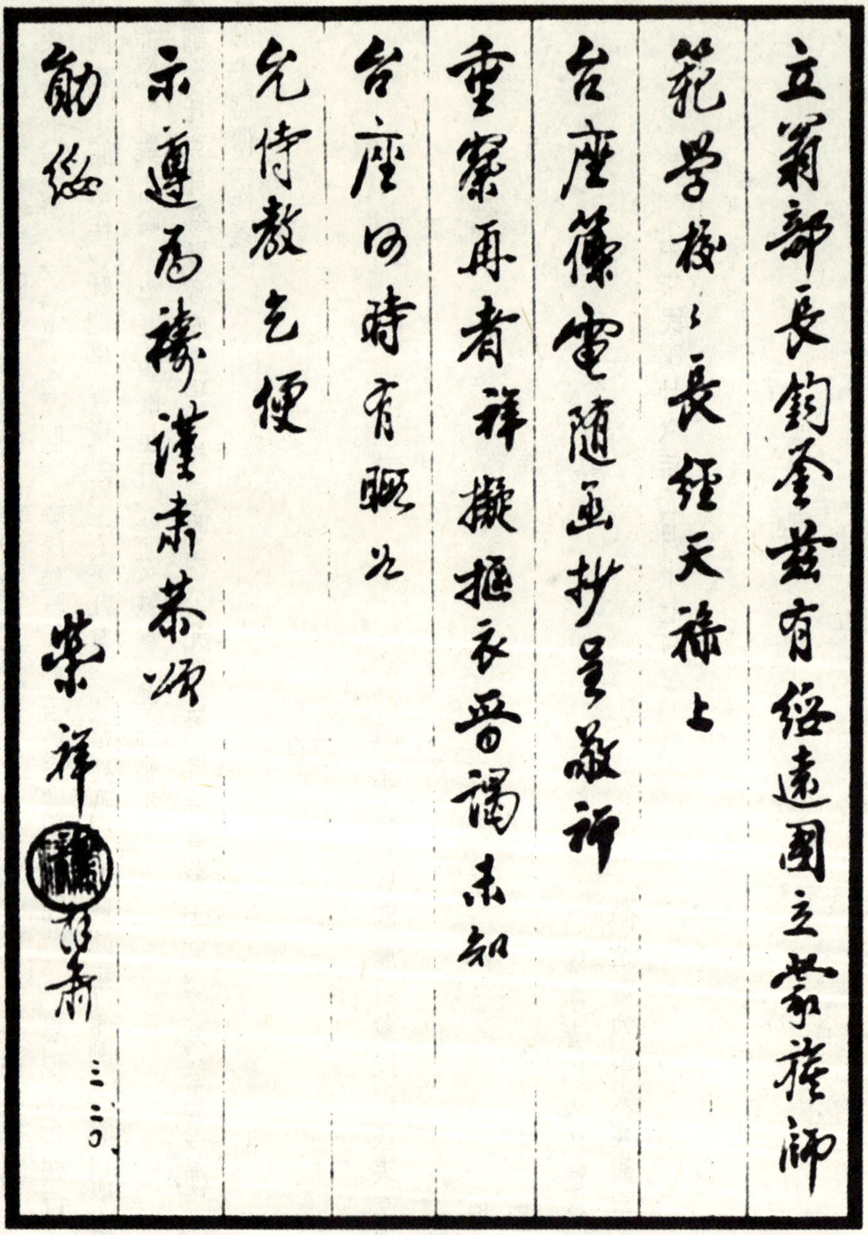
立翁部長鈞鑒：茲有綏遠國立蒙旗師範學校校長經天祿上
台座簽電，隨函抄呈，敬祈
垂察。再者，祥擬擇日晉謁，未知
台座何時有暇，乞
先侍教乞便
示遵爲禱。謹肅，恭頌
勛綏
榮祥頓首
三二〇

土默特特別旗森額爲組織旗務委員會並啓用圖記事呈蒙藏委員會文

（一九三七年十月七日，原件藏中國第二歷史檔案館）

呈為呈請事竊查本旗總管榮祥於九月十七日因平綏綫戰事謠傳緊張即携印出走本旗叅佐領等以旗務負責無人當經全體叅佐領會議決議依據立法院決議案蒙古盟部旗組織法之規定組設旗務委員會推定叅佐領森額等九人為委員執行旗務業於九月二十六日將推定委員姓名及成立日期電呈

鈞會在案茲臨時特刊蒙漢文合璧木質圖記一顆文曰（土默特特別旗旗務委員會）以資信守惟本旗自組設旗務委員會以來一面照常辦理旗務行政同時帮同地方駐軍及各團體從事抗敵救國工作除將本會組織大綱另文呈報外理合具文呈請伏乞

鑒核訓示祇遵施行謹呈

蒙藏委員會委員長吳

歸化土默特特別旗旗務委員會委員森顔

中華民國二十六年十月七日

土默特旗政府旗務委員會爲送達旗務委員會組織大綱事呈蒙藏委員會文

（一九三七年十月八日，原件藏中國第二歷史檔案館）

呈為呈送事案查本旗因前總管榮祥攜印離職出走旗務負責無人以本旗參佐領組設旗務委員會執行旗務一案業將組設情形暨成立日期均經先後電呈在案茲依據立法院決議案蒙古盟部旗組織法之規定謹擬定旗務委員會組織大綱除經呈
行政院備案外理合具文呈送伏乞
鈞鑒准予備案施行謹呈
蒙藏委員會委員長吳
附呈旗務委員會組織大綱一份
土默特旗政府旗務委員會主任委員森　額

土默特特別旗政府旗務委員會組織大綱

第一條　本會定名為「土默特特別旗　政府旗務委員會」以下簡稱本會」

第二條　本會直隸於國民政府行政院

第三條　本會自前任總管出走後旗務負責無人為應事實上之需要特召集全旗參佐及各職員大會決議本旗行政依照立法院議決案蒙古盟部旗組織法令後永久改為委員制由參佐領中推選委員九人組成之並廢棄總管制

第四條　本會委員以參領為主體如佐領中有資格相當者亦得選任為委員但名額不得超過全體委員三分之一

第五條　本會設委員九人互推一人為主任委員但主任委員遇有請假或公出時得由委員中推舉一人為臨時主任委員

第六條　本會為本旗最高行政權力機關

第七條　本會設秘書長一人秘書一人庶務監印一人交際員二人

第八條　本會設各科處股局如左

一、秘領辦公處　二、總務科　三、財政科
四、教育科　五、司法股　六、生計股
七、煤炭租稅總局及各分局

第九條　本會下因事務之必要得設各處所
第十條　本會經費由全旗收入項下支給之
第十一條　本會每週開例會二次由主任委員名集之但遇必要時由委員五人以上之提議得開臨時會議
第十二條　本會開會由全體委員過半數出席為法定人數

第十三條　本會委員之任期定為六年期滿後仍由本會召集全旗參佐及各職員開會選定之

第十四條　本會及所屬各處科股局之辦事細則另定之

第十五條　本大綱經全體委員會通過呈准上級機關備案後施行

第十六條　本大綱如有未盡事宜得由全體委員會開會討論決議後修改之

中華民國二十六年十月八日

土默特旗旗務委員會爲總管榮祥出走旗務委員會成立給本旗官民的佈告

（一九三七年十月，原件藏土默特左旗檔案館）

歸化土默特特別旗政府旗務委員會佈告　總字第　號

爲佈告事：查本旗總管榮祥，於九月十七日因平綏綫謠傳緊張，即攜印離職隻身出走，參領等以旗務負責無人，經全體參佐領開會決議組設旗務委員會，當經推定參領森額常齡昌森慶春雲領望克壽卿德克吉珂佐領賀雲章殷海等九人爲委員執行旗務，並刊用蒙漢文合璧木質關記一顆，文曰「土默特特別旗旗務委員會」，業於九月二十六日正式成立，除呈報中央並通知各機關外，仰本旗官民人等一體遵知此佈

中華民國二十六年十月　日

行政院秘書長魏道明爲查復榮祥出走事致蒙藏委員會函

（一九三七年十月十二日，原件模糊，改録入形式。原件藏中國第二歷史檔案館）

奉

院長諭：

『歸化土默特特別旗參領森額等電，爲該旗總管榮祥離職出走，經全體參佐領會議議決，組織旗務委員會，請察核一案。應交蒙藏委員會查復』

等因。相應抄同原電，函達

查照。此致

蒙藏委員會

附抄送原電一件

行政院秘書長魏道明（印）

中華民國二十六年十月十二日

抄原電

南京行政院院長蔣鈞鑒：本旗總管榮祥於九月十七日因平綏綫戰事謡傳緊張，即携印離職出走。本旗參領等以旗務負責無人，當經全體參佐領及各職員會議決議，組設旗務委員會，遂推定參領森額、常齡、克壽卿、慶春、昌森、（海）〔雲〕碩望、德克吉珂，佐領殷海、賀雲章等九人爲委員，執行旗務，並臨時刊用蒙漢文合璧木質圖記一顆，文曰土默特特別旗旗務委員會，以資信守。於九月二十六日正式成立，業將組設情形暨成立日期俱經電呈蒙藏委員會在案。竊本旗自成立旗務委員會以來，除照常辦理旗務行政外，並幫同地方駐軍各團體從事服務抗敵救國工作。謹此電呈，伏乞勛鑒。歸化土默特特別旗政府旗務委員會主任委員森額、常齡、昌森、克壽卿、雲朔望、慶春、德克吉珂、殷海、賀雲章仝叩

行政院秘書長魏道明爲轉知榮祥奉令西行緣由復蒙藏委員會函

（一九三七年十月，原件模糊，改錄入形式。原件藏中國第二歷史檔案館）

案准

貴會廿六年十月十五日蒙字第四九五六號公函，以查復奉交歸化土默特特別旗參領森額等電報該旗總管榮祥携印出走，及由該旗參領招集會議，組織旗務委員會，請鑒核一案情形，囑即查照轉陳等由；準此，當經轉陳，奉

諭：『應由該會將該總管奉令西行緣由，轉知該參領等，以免誤會。』等因。相應函達

查照。此致

蒙藏委員會

行政院秘書長魏道明（印）

蒙藏委員會爲榮祥奉令西行事致土默特旗參領克壽卿等的代電

（一九三七年十一月三日，原件藏中國第二歷史檔案館）

蒙藏委員會快郵代電

蒙字第八六七號

綏遠歸化土默特特別旗克參領壽卿並轉各參佐領均鑒密九月二十五日來電暨行政院抄交貴參領等原電一件均悉據榮總管十月二日電稱係奉指導長官公署諭令西行並已報告綏蒙會沙阿兩委員長有案尚非擅離職守特電復希查照以免誤會并請對於旗務加意維持為要蒙藏委員會江蒙

印

中華民國廿六年十一月三日 發

國民政府派榮祥兼綏遠境蒙政會振濟委員會委員薦派狀

〔一九四〇年九月七日，原件藏土默特左旗檔案館〕

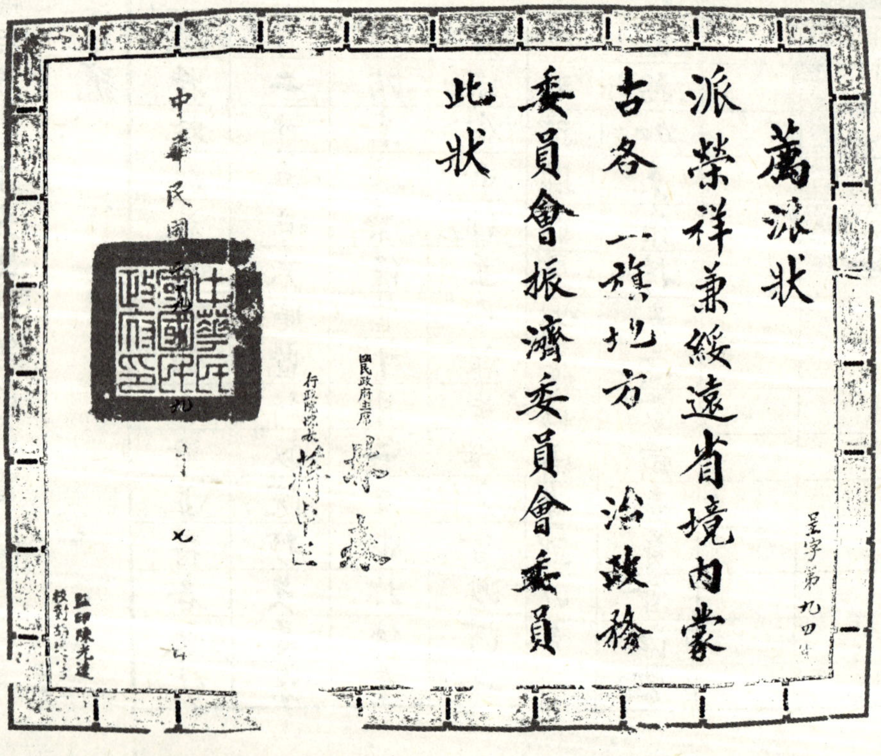

薦派狀

星字第九四號

派榮祥兼綏遠省境內蒙古各旗地方自治政務委員會振濟委員會委員

此狀

國民政府主席 林森

行政院院長 蔣中正

中華民國二十九年九月七日

監印 陳光建

榮祥呈蒙古游擊軍第三區編制表

（一九四二年三月五日，原件藏土默特左旗檔案館）

蒙古游擊軍第三區編制表

區分／隊號	官職員名	
第三區 第三區司	中將司令	一
	少將副司令	一
	上校參謀長	一
	中校主任參謀	一
	少校參謀	
	上尉參謀	一
	中校副官長	一
	少校副官	一
	上尉副官	一
	中尉副官	
	少尉副官	二
	三等軍需正	一
	三等軍需佐	

中華民國三十一年三月五日

司令榮祥呈

司令部及騎兵部	
司令部	
三等軍需佐	
同少校秘書	
上士	二
中士	一
上等兵	四
一等兵	四
炊事兵	二
共計	二四
騎兵部	
少校隊長	一
上尉分隊長	一
中尉分隊長	一
上士	一
中士	六
下士	六
一等兵	六

所屬各		
大隊	一等兵	六
	二等兵	三〇
	號兵	二
	炊事兵	六
	馬夫	六
	共計	六六
步兵	少校隊長	一
	上尉分隊長	一
	中尉分隊長	一
	上士	一
	中士	六
	下士	六

部隊		
大隊	下士	六
	一等兵	六
	二等兵	三〇
	號兵	二
	炊事兵	六
	共計	六〇
合計		一五〇

附記
查 另有詳表該表未具馬匹數合併聲明

蒙旗宣慰使署爲填具附屬機關調查簡表及本署組織狀況事致銓敘部函

（一九三四年七月十五日，原件藏土默特左旗檔案館）

蒙旗宣慰使公署公函　　檢慰字第　號

逕啓者，頃奉蒙藏委員會蒙字第二二一號訓令，以准

貴部公函，檢發附屬機關調查簡表，令即依限填齊，並將組織法規呈送

貴部等由，附發表式下會，行到署。自應遵辦。查本署於二十二年十月間正式

成立，彼時情勢緊急，爲綏境蒙旗機構無暇修擬之際，原以組設本署暫代蒙

政會業務，辦理指揮及監督蒙旗事務，因屢經行政院電令本署將部

分設各組處所，兩度並用蒙政會職員，兼負計劃並籌各項事務，初未

頒發組織法規，以晚而蒙政會既告分離，從後即按職權似嫌重複，故于二十三年五月

間由國府裁撤，另委人員接管蒙政會改組來綏遠區之蒙旗事務，本署則專負

綏境蒙旗之指揮監督事宜，此次綏地區之劃分，仍未呈合法之組織規

程也。總會年以籌措旅費無的，配備人手與業務前將經擬情況，列於下：

（一）秘書設室，總幹事長各一人，下設總務及總務兩股，以總務股設正副股長各一人，事務、特務、會計、收發、繕寫各科股副主任各一人，職員六十二人，設計並策動海陸空

撥之收據及正秘書處之付出旅（三）秘書處設主任一人，下設秘書共管文書

理前秘書各一人，書記長一人，書記二人，辦理日常公文事宜。（四）秘書處設會計

主任一人，下設交通股長各一人，辦理會計及人事，設在名二人，辦理錢計公文及保管出納

庶務等事宜。（五）男役衛隊長一人，管理衛士勤務、伏馬夫等二十名，負責警衛

任達總聯等事宜。（六）設計委員會暫聯天四十二人，除秦政會重聯先十二名外

等任樣十四天生教室總動於十餘天經常在京辦法於十餘天出去大二十名，由

各聯大之資總等職務未經法定未敢擅擬，除並擬共常蕭委員會

飭查外杉班填具調查簡表一併函送即希

查照為荷　此致

銓敘部

中華民國卅一年　七　十五日

蒙旗宣慰使署爲填具附屬機關調查簡表及本署組織狀況事呈蒙藏委員會文

（一九三四年七月二十日，原件藏土默特左旗檔案館）

蒙旗宣慰使公署呈文　　梯慧字第　號

案奉

鈞會支字第二二一號訓令以准銓叙部函檢發附屬機關調查簡表仰遵照辦理等因除原文有案從免備錄外原開

「……除分行外合行檢發原表式令仰遵照依限填報並檢同該署組織法規逕送銓叙部並一面分另繕一份呈送本會備查為要此令」

等因附發附屬機關調查簡表式一份奉此查本署於二十七年三月間奉令成立時當經邀請蒙旗機構無形停頓之際以辦理設本署暫代蒙政會業務當進行收拾後以維穩定當蒙旗等工作因奉行政院寬

令本盟内部分設秘書政務兩處並調用蒙政會職員若干酌量並兼勤
務須旅[illegible]初未能發揮效能[illegible]也此兩處蒙政會職權恢復務於最短期以
蟬至續設立二十八年以前因西防徵召多久會權宜蒙政會失其機構經過
之各分旗旅本盟則分久前隸蒙藏之收復後並分酌宜以示旅地區之劃分
仍未隸會議之組織機構也惟年以來惟按旅旗務[illegible]紀律人多與業務亦
擬組設機構分述於下（一）本盟設宣慰使秘書長一人分管政務秘書兩處[illegible]
原本盟秘書長（二）[illegible]設參議處設正副處長各一人掌理特務交際總務正副各任
各一人政務十二人[illegible]設計並策劃收復（偏僻蒙旗之）白之撤銷其旅（宣傳）（三）[illegible]
[illegible]秘書處設處長一人秘書若干人蒙漢文秘書翻譯秘書各一人書記長一人書記二人掌理
[illegible]日本和公文了宜（四）本盟又設會計處長一人分股會司帳員各一人（開會日期有差遣各二人）掌理會計公文[illegible]保存
民國

查此次呈送西方護衛隊長一人管理衛士勤務伙馬夫共二十名名冊衛隊

清冊共計三份一份計本冊四十二頁除[illegible]未添改食並冊共十二頁外共計[illegible]十餘

頁計本年四月份兵夫二十名至各冊員之資歷共級以來經法定者該管理

條送蒙藏委員會外理合填具調查簡表一份呈請鑒核

實為公便謹呈

蒙藏委員會委員長吳

中華民國　　年　　月　二十　日

呈悉候沙○○○○○○代

檔呈長棠

蒙古游擊軍第三區司令部歷史概要

（一九四四年，原件藏土默特左旗檔案館）

蒙古游擊軍第三區司令部歷史概要

民國三十三年　月　日

(一)成立經過：：自二十六年敵偽進佔察綏後內蒙各旗多被愚化乃利用德王組織偽政府並編練蒙古軍向烏伊兩盟進攻彼特我蒙旗指導長官有見於此故呈請中央在伊烏兩盟及土默特等旗成立蒙古游擊軍以之對抗於二十七年 中央准在伊烏兩盟土默特旗設立三個游擊軍區本部為第三區游擊地域為綏遠土默特旗及綏東正黃等四旗本部乃於翌年（二十八年）九月便收羅蒙旗青年及淪區逃亡群众正式成立於榆林。

(二)工作情形：：本部為深入淪陷區活動計故於當年五月將司令部暨各隊開駐伊盟達旗柴磴召（距敵偽河南根據地大樹灣僅六拾里）一面秘密派員過河活動以策動反正工作前後反正來歸者計有偽綏西聯軍辛團連長馬德勝率隊來歸及托克托縣偽保安大隊任殿邦部之全體反正等皆是一面參加沿河各友軍游擊工作二十八年冬敵偽進

攻伊盟時本部於柴磴戰役陣亡分隊長一名士兵三名於白土坡戰役傷亡士兵六二名柴磴失守後本部即移駐郡王旗王寨並在達旗五福社村設立前方連絡站以給濟河東工作員意謀武裝渡河游擊不料次年沿河村落敵軍盡將焚毀渡口均被佔據不得已乃將工作員全數調回積極整訓曾設立幹部訓練班前後畢業兩期即遭伊盟荒旱軍食大起恐慌三十年冬奉 傅副長官令將本部騎隊調駐陝壩司令部暨步兵隊暫移榆林三十二年度因部隊糧秣均決定於陝壩遂將司令部開駐綏西騎隊馬匹因未准馬乾故於當年四月均改編成步隊此乃工作之大概也。

(三)供給情形：本部成立時每月經費僅二千二百五十元至後因物價飛漲無法維持經再三請求自三十年度增為三千七百五十元於三十一年十月又增為六千元至三十二年五月又增加壹萬元此後每月經費共為壹萬六千元

本部械彈在成立時僅有破槍十數枝二十八年冬第八戰區 傅副長官發給手擲彈壹百枚同年綏蒙指導闔長官發給晉造七九步槍十枝於二十九年冬 中央准予發給本部漢造七九步槍壹百枝七九子彈壹萬粒該械彈於三十年秋始由渝運回分配與騎步兩大隊

以上所述為本部成立以來之大概情形至於給養補充服裝購置等事以篇幅所限不便瑣述也

蒙旗宣慰使公署爲呈報綏蒙敵僞動態呈蒙藏委員會文附報告

（一九四四年四月一日，原件藏土默特左旗檔案館）

簽呈

鈞會甲字第〇〇九五號代電開：「奉行政院令轉奉委員長手令開：於僞南京附近地各種暴行之證據，如南京南附敵人所攝照相（或存政治部）暨以及各種文字，應即從速搜集爲要，並可其損失調查機構內兼辦」等因；奉此，除分電外，合亟電仰遵照，於文到當日內將所集日寇各種暴行之證據資料並仰呈送」等因；奉此，遵即將本署所收集僞寇歷年暴行及近日敵僞動態擬具提要，分類呈報，仰祈

鑒核。謹呈

蒙藏委員會委員長吳

附呈綏蒙敵僞歷年暴行及近日動態報告乙件

宣慰使 〇〇〇

秘書長 〇〇〇 代

〔原件模糊，改爲録入形式。原件藏土默特左旗檔案館〕

報告

（綏遠敵僞近日之動態，於民國卅三年三月卅一日）

1.政治方面

(1)巴彦特勒盟之六旗，由本年度起，加强統制力量，前舉行之總管會議已決定統制之方針，關於治安防空，盡量控制，如在車站、大道要口、十字街頭，對來往行人，在敵僞警憲心目中認爲可疑，則嚴加搜查與盤詰，遇有言語稍不相吻合，則拘之於敵憲兵部。其次，對於食糧之統制，綏蒙麥穀産量頗豐，但絶不許當地民衆私存。秋收後各旗縣公署派員統計確數，白麪悉數繳出於集荷部，穀則按照家中人口多寡分留些許，不足用時，則再向官方購買。

(2)本年一月份，僞政府除加徵地捐外，又設有不動産捐、接待人捐兩種，竭盡壓榨之能事。

(3)僞興亞協進會伊盟分會女子青年部成立，辦公處設包頭。據云蒙旗社會組織、家庭組織皆賴女子主持，一般男子亦受女子挾持，故敵僞由心理上得一工作重心，冀將青年女子訓練後，派入伊盟各旗活動，既可收效宏速，復得行動便利（前哨士兵對女子檢查不甚詳繁）。

(4)僞土默特旗公署進行集穀，在綏包重要區域設立集荷部、督促部推行苛政。

(5)敵人西北總監部各部門極形活躍。

(6)綏遠新城最近將平日所僱地方工人（即擔水掃院做飯人），敵人完全取銷不用，自前數日所增加汽車是白天來晚上仍回包頭，如此三日，想係搬運東西，城裏誰也不讓進去。

(7)僞巴盟調查畜産，擴大鄰保組織。

2.軍事方面

(1)包、薩一帶敵人正式部隊各抽調一部份東遷，故一般人謡傳敵人將退山海關，汪逆精衛接收西北。

(2)敵人將包、薩一帶哥老會改爲水運會，現令該會編組保安隊，人數齊全即發槍枝，企圖與河西哥老會取〔得〕連絡，擾亂我方。

(3)僞蒙政府發言人稱，近擬培養成六百萬防空戰士，張垣獻（機）金達六十九萬四千六百八十一元。可見敵僞對我之空襲特別注意。

3.教育方面

(1)僞蒙古青年學院現設張家口大（静）〔境〕外，内有青年三百餘人。學科分政治、經濟、軍事各部門，但日文日語不及格者絶不許畢業。

(2)僞《蒙古概況》一書已出版，共分十五章，内容極爲荒謬。

(3)僞政權下之學校，現加强自衛防空組織，並曾組織强化教育週。

4.經濟方面

(1)敵僞感於經濟之恐惶，僞東亞經濟懇談會蒙疆本部決〔定〕設立專門委員會，凡輕重工業及生産均由該會管理，由宗像任委員長，小林、大島、賀和厚等任委員。

(2)敵人最近將平綏鐵路各車站之支道抽拆殆盡，並有改换輕便道之模樣，想係國内需鐵孔急之故。

(3)僞蒙疆銀行發行之僞鈔逐漸低落，於是綏、包各貨大漲，僞幣十五六元折合銀洋一元，在過去差不多十數元法幣才折僞幣一元，現在是五元錢即可折僞幣一元。敵僞經濟没落，人心恐惶，於此可見一斑矣。

榮祥所撰察綏僞蒙動態報告稿

（一九四四年，榮祥手跡，原件藏土默特左旗檔案館）

報告　察綏僞蒙動態

(甲) 政治方面

(1) 僞巴彥特勒盟於本年初，奉僞蒙政府令，舉行僞總管會議，其主要目的，仍在加強統制及加緊榨取，除榨取手段另詳下文經濟各條外，其政治作風，完全仿照倭寇國內利用警察為鎮壓人民之工具，其警察資格，悉取當地各縣高小畢業生及初中一二年級肄業生，施以極獰烈殘酷之嚴密訓練，六箇月即能操流利之日語，因小學初中原有日語課，故嚴訓後，極易收效，此輩無知少年，其國家民族觀念，尚未形成，經敵僞嚴格之奴化教育薰染，已成敵寇死心塌地之鷹犬，此輩散布於各城市鄉鎮，以本地人揭本地人民之隱，可謂知之最悉，搜之無遺，人民屢被其害，畏之甚於虎狼，即我方派入敵區工作之志士，凡有犧牲，十九皆遭其毒手，此真我國人民中最不堪救藥之一群無良少年也。今年敵偽既更加强户籍之通防空出產種種統制，將見此後為害之烈，必較往年為更烈。然此等情形亦正反映出敵偽惶恐不安之内心苦痛，緣淪陷區人民對倭寇必敗之傳說，較我大後方所傳者尤為普遍，且不僅我良善之愛國人民，作倭寇必敗之傳說，即倭寇軍政人員現亦常作日軍必敗之論調，在三四年前倭寇士兵為取悦於我國人民，亦往往有說我軍不易敗者，然最甚不過謂日軍侵華無結果而已，不言日軍必敗也，迨至去年，日軍必敗之說確已盛行於反戰倭兵之間，今則此風愈盛矣。

(2) 倭寇初侵入察綏時，為討好於淪陷區衆人，曾派偽憲警携帶物品沿户贈給棉線三斤，洋針三包，餅干一盒，由城市及於鄉鎮，人民不解其意，多不敢受，偽警則强擲於門内，蓋亦猶其宣撫班收買人心之狡計而已。不料未逾二年，凡倭寇所需之物，即强令人民獻出，尤以鐵器一項，迫取最多，計七年以來，大舉搜鐵，已逾五次，最近又限令居民每戶須納鐵五斤，無鐵之家，更須出高價購求交納，在抗戰以前，山西鐵器，仍以張家口綏遠為運往蒙旗銷售之集中地，平時積鐵頗富，迨察綏淪陷，敵寇除將商家存鐵盡數掠取外，屢向民間搜索，茲更普及貧寒小戶矣，

(3) 往年敵寇為毒化我淪陷區人民，強迫農民廣種鴉片，以實行其害人利己之卑鄙政策，不料去年察綏各地，雖雨澤霑足，收穫成數為六七年來所未有，但無奈農民因種煙過多，無力兼植五穀，沿綏包路膏腴之區，荒地過半，非但豐年不豐，且更較常年收量亦大有遜色，故偽盟旗會議決定，今年限數種煙，積極多種穀麥，此蓋因去年偽疆食糧不足，又不能大量掠奪於侵佔區，作法自斃，補救已晚，

(十) 查伊盟北部各旗，因往年駐軍複雜，不能保障人民生業，故每經一次騷動，必有蒙人逃往敵區，數年以來，伊盟逃戶之寄居於黃河北岸者，數達二三百戶，偽與亞協會伊盟分會認為有機可乘，遂於去年札烏事變後，積極創設

女子青年部，並於偽伊盟公署所在地之包頭，設立女子青年部辦事處，專負訓練女青年之責。此係常設之偽機關，其作用較往年偶然訓練一批女間諜者，迥然不同。據云，蒙人之家務管理及產業經營，均以女子為主体，故婦女在蒙旗社會中實居操縱男子之地位。是以偽興亞協進会伊盟分会即利用此種弱點，經常選擇聰明青年女子，嚴格訓練，授以造謠挑撥、偵探破壞及相機策動變亂，隨時煽惑各旗人心等知識技能，一俟成熟，即分期分路派入伊盟，使作長駐坐探。去春札烏之變，敵偽以得訊較遲，比其調兵到包，叛衆已走無隙可乘，敵偽頗以失機為憾，此次重行訓練女子，足見其對於伊盟仍未死心也（訓練喇嘛已成過去）。

（5）敵偽為收買伊盟人心計，對伊盟各旗從前派往偽方之代表，近又增高待遇。去冬病死於包頭之森格林沁等五人，均經偽方優予殮葬，並厚加撫䘏，前年我政府令伊盟各旗自行撤回其駐偽代表，不意該偽代表等反藉此向偽方作提高待遇之要求，自森等病死，後繼人選，偽方固不發表

(6)僑居綏垣之倭民近奉其住屯軍部命令將平時僱用之中國男女僕役、一律遣散、並於綏遠新城四門增加守衛、不准中國人民入內、一切管制、較前更嚴、社会人心恐惶、謠諑盛熾、一般揣測、謂倭奴將全體撤退、雖倭民亦不知其政府究將作何措置也、至於參加偽組織之漢奸、近來確像熱鍋上螞蟻、大有走投無路之勢、其唯一表現、即忙於寄頓財產、觀其隱情、蓋亦自知末日不遠矣、

(7)敵偽對淪陷區知識份子、防範壓迫摧殘、無所不用其極、去冬至今春、借口私通中國及壞了良心、思想不正等罪名、捕押失踪者、僅偽巴盟境內、即有七十餘人之多、雖德逆多年幹部、一經指出、亦難幸免、蓋自敵偽併村築堡政策失敗以後、認為中國游擊部隊之活躍、皆由當地知識份子與有聯絡之故、因此凡從前曾受高中以上教育之青年、居住鄉間、若該鄉被我游擊隊攻襲、則此類青年、在敵偽眼中、即有重大嫌疑、被捕失踪、幾成定例、月前我王澤民部攻入綏垣附近之哈拉沁村、事後敵偽大捕嫌疑犯、迄今未知下落者、凡十餘人、其以我民為遷怒對象、由此可見一斑矣、

(乙)軍事方面

(1)冦軍駐綏包大同張家口一線之正式部隊，近均奉令各抽調一部东去，民間盛傳謂敵冦將退山海関，察綏防務，將由汪逆精衛接收負責，但據接近倭方人士露出消息，則謂敵冦於太平洋戰爭失敗時，仍擬集中兵力，在中國戰場，作大規模猛烈之突擊，此說真偽雖不可知，然據北平来人談，則謂近来平漢路常有停售客貨票之事，其為運兵抑或搶運物資，均難揣測。

(2)最近敵冦增派汽車多輛到包頭，專作運輸之用，此項汽車，均於白晝開赴後遠，迨深夜則仍返包頭，每次裝載，皆於夜間，並以帆布遮蔽，故民間雖見其汽車来往頻繁，然亦無從測知其所運何物，或謂其搬走原存軍火，或謂其搬走掠奪物資，但其究係搬走，抑係運来，頗難斷定，惟觀於敵冦對包頭之防空設備，遠不及綏垣与張家口之緊張，則以搬走之說較為近情。

(3)據敵偽方面發言人公開宣稱，敵偽擬在偽蒙疆境內，養成數百萬防空戰士，以防我空軍之襲擊。現敵偽亦正推行獻機運動，強迫人民捐款，據云張垣獻機金已達六千九萬四千六百八十一元，綏垣刻亦擬仿照張垣，擴大舉行，揆其趨勢，必將推及各縣鄉鎮，此種情形，適足証明敵偽對我空軍之威力，確已感到恐懼，故張惶失措至此也。

（4）敵偽從前本欲利用我國民間秘密会社組織，借彼驅使，故侵佔綏包不久，即將綏境原有之哥老会改組為水運会，數年以來，殊無成績可言，最近敵偽探知我方取締非法之秘密会社，乃又舊事重提，聯絡哥老会首領，招集壯丁，組織水運保安隊，一俟人數足額，訓練成熟，即發給槍械，企圖與河西会眾聯絡，以遂行其擾亂伊盟之野心。

（5）敵寇由淪陷各旗徵拔壯丁之舉，迄今仍繼續進行，未稍停止，據報僅德逆本身錫林果勒一盟十旗，年來拔出之壯丁，已逾五千，其次偽巴音特勒盟五旗，亦不下三千，烏蘭察布盟拔丁較少，而就地編組之各旗保安隊，猶不在內，此項被徵壯丁，除極少數在張垣訓練，大部均運往遠方，其家庭亦不知其下落。查蒙人習慣，自前清二百餘年以來，久已養成不肯遠離家鄉之錮陋風

氣，經此苦痛，各淪陷旗人心，無不切盼國軍能早日反攻，以救彼等於水深
火熱之中也。

（6）當綏包淪陷後，偽土默特旗公署，奉偽巴音特勒盟公署之命，於二十八九
兩年，前後編成偽保安大隊十隊，每隊約三百人，迨三十年夏，各偽大隊長
因多係土默特旗蒙古青年，且多係事變以前曾受我國家培養教育
之知識份子，均欲伺機反正，於是相與密約，使駐近河岸之偽第三大隊長
任殿邦，先行率部反正，另有辦法，彼等均擬陸續歸來，以明其不忘祖國
之意，不料任反正後，窮困而死，其餘各大隊亦漸被敵偽淘汰，現存者計
有卜子嘉、王裕厚、伊仲璉、李春恆、富華亭、等五大隊，皆與我方密有聯
絡，一俟我軍進攻察綏，彼等即可響應，其分隊長計有耿殿章、王富登、雲
五成、雲芝山、經憲章、巴達勝、王秉忠、王安華、王春義、洪永達、黃慶濤、雲文
林、丹珍、等十餘人。

（丙）經濟方面

（1）敵偽因去年感受糧荒之極大困難，遂於今春偽旗務會議時，決定儲屯

糧食辦法，在各重要城市，均設有集荷部、督促部等偽機關，專事推查徵儲糧食，一面搜索農民積藏之舊糧，一面準備於今年秋穫以後，大量搜刮，以防再困。

(2) 敵偽因感於倭國內部及暴力佔領各地經濟恐慌之現象日趨嚴重，遂由偽東亞經濟懇談會蒙疆本部決定在偽蒙境內設立專門委員會，凡工業農林礦牧各生產部門，一律歸該會統籌管理，由倭奴宗象任委員長，由小林大島及漢奸賀秉厚等任委員。

(3) 敵寇近將平綏鐵路之枝道均行拆除，運去鐵軌甚多，其未毀者，亦漸改換四磅輕軌，據傳言敵寇國內鐵荒甚迫，拆軌皆運返倭國供工廠急需，證以敵偽向人民每戶索鐵五斤之事，傳說殆極可信。

(4) 前因偽蒙疆銀行對偽蒙政府墊款太多，無法維持，屢向偽府催討墊款，如不歸還，即聲明停止接濟，偽府不得已，除於原定之苛捐雜稅加重徵收外，又令各鄉鎮增收不動產捐、接待客捐等奇異名目，現因淪陷區人民已明知敵偽敗亡不遠，偽鈔不為人民信賴，價值一落千丈。

(丁) 教育方面

(1) 敵寇在我淪陷各地，本無所謂教育，其對於中小學校之設施，無非欲實行奴化製造鷹犬而已。除汪逆傀儡下尚留三二漢奸大學，以圖遮飾外，其餘若偽滿、偽蒙等地，均以中學為限，蓋深恐青年知識一高，即難欺騙。最近卻於張家口大境門外，創設偽蒙青年學院一處，招生約三百名，以吳逆鶴齡兼院長，學科分政治、軍事、經濟等門，尤以日文日語為主科，此雖號稱學院，實又為一製造奴才之機關耳。

(2) 偽『蒙古概觀』一書已出版，共分十五章，內容備極荒謬，對於反抗敵偽效力於抗戰之各旗蒙人，醜詆不遺餘力。

(3) 偽政權下各中小學校，現均加強自衛防空組織，並舉行強化教育週。

(4) 淪陷各旗青年，凡不願受敵偽奴化教育者，向多避往沿大青山之幽僻鄉村居住，但多被奸黨駐大青山之游擊支隊誘往延安，近來因此類游擊隊實力大減，亦無暇顧及青年矣。

倭寇在蒙旗之暴行

（一）四子王旗扎薩克親王潘德恭扎布之被倭殘害

查潘扎薩克、原為綏境蒙政会之副委員長、並兼烏蘭察布盟副盟長、當蘆變突起、寇氛進至綏東時、潘適在綏垣值班駐会、因該旗東界與德逆之西蘇尼特旗毗連、易被侵擾、遂將会務託本会委員兼土默特旗總管榮祥代理、潘即急急返旗、籌劃自衛、臨行前對榮表示、謂彼与德逆素有芥蒂、此次德恃倭奴之力、必將侵犯我旗、逼我屈服、但我已具決心、若到萬不能守禦时、當率部西行、吾兩人或可見於伊盟、共圖善後也、迨該扎薩克返旗不久、敵寇以四面包圍之勢、進攻該旗、潘已乘汽車暨國旗、率騎兵由府出走、行未十里、卒被敵寇劫回、遂被俘往綏垣、禁閉於延壽寺一小院內、敵寇与德逆屢誘其投降、潘称病不答、敵酋怒、乃令强舁入醫院、借口施治、三日後、諉称病殁醫院內、比舁屍出、則遍体紫黑、頭脚有火灼傷、面目模糊不可辨、鬚髮無存、一睛流出眶外、敵偽嚴令其從人速葬、不許延擱、並將該扎薩克在歸綏

之府邸，沒收入偽，未幾改作妓院，以示辱而洩恨，

（二）茂明安旗札薩克齊默特林沁呼羅爾瓦之被倭殘殺

查齊札薩克之為人，謙和謹慎，確盡一守分居子，自綏包淪陷，對於抗日，雖無積極之功，但六七年來，始終未到綏垣，竭力避免與德逆接近，亦未參加敵偽任何會議，不料前年，該旗事官有不滿於該札薩克者，竟捏報敵偽，稱齊札薩克將發動變亂，敵偽毫不偵查，即派兵劫該札薩克赴百林廟，詭云開會，半月後，由從人運屍返旗，但言病歿，其家啓棺檢視，則見以白布纏身，別無裝殮，解布細看，除偏体重傷外，胸腹有槍彈穿透傷數處，追問從人，據稱自到百林廟，敵偽即不許從人接近，以何被殺，及何時被殺，亦無從查考，其家以處在敵偽殘殺淫威之下，惟有銜恨切齒而已，去年六月，齊之二夫人攜侄慶達賚，始由該旗逃出，現任陝壩，奉命恢復旗政府，効忠於抗戰，

（三）綏包智識份子之被倭屠戮

查二十九年春，傅副長官作義派兵進襲包頭，突入城中，擊斃敵偽甚多，事

後駐包敵首、款諜卸責任、號稱此次之失算、純因綏包智識份子密組抗日同盟作偽內應所致、敵閱東軍部即令一律逮捕、於是數日之間、即捕得無辜居民及參加偽組織之份子七十餘人、三分之二、裝入麻袋、拷死後投入黃河、其餘三分之一、則以汽車運往綏遠張家口刑訊、其刑訊之目的、端在逼使多攀無辜、以為軍事失機洩憤之地、如包頭巨商董五三即因被倭寇用鐵火鉤由左太陽穴打入、將眼珠自眶中打出、遂亂攀平人、皆被屠殺、綏遠巨商段敬齋年近七旬、被捕後、雖得保出、然已被拷不堪、腹漲如鼓、不能言動、不三日即慘死、餘如賀寶帝、裴會鄰相國、均於鞭撻垂盡時用火油辣椒水一再灌而斃命、又如學究鄭化國、則於酷刑用徧以後、即縱獰猛軍犬生啖其體、凡被捕諸人無一得生者、此淪陷蒙旗境內人之熟知之慘事也、

以上數條唯因敵偽防範嚴密不易一取得照片或其他證物、然潘札薩克之慘死、係其本旗代表李文盛於前年秘密到綏西時所述、齊札薩克事則係其二夫人所述、其餘蒙漢紳商之被屠則由淪陷區逃出難民人之能言之與我工作人員所探適問云

呈報　同字第叁号　卅三年十二月一日

敬呈者謹將請示各節臚呈於左希

早日核示以便遵循為禱

(一)前上十月十日泰字五九号呈文不知收閱否請

鈞座逐項指示以便決定為盼

(二)近月來套內蒙旗各部隊頗為活動而收效亦頗

宏著惟本部人力財力俱感不足故不能如頗進展

職近日曾與巴雲英相商今後合作之計擬於新年

後調該旗軍隊(及)本部第二大隊聯合出動後山一帶

以謀偽蒙軍之反正據雲英談偽軍大部份可能

反正現在正是策動反正之良好机会，亦是蒙旗小部隊發展之最好時机，關於兩部聯合事伊早有斯意，伊之觀点亦頗正確，謂「我們在前方活動，請總裁在後方指示並隨时轉請中央」。職已與大致決定以辦法，本部擬派騎步兵約千名，伊派二百名正式工作（於明年正二月開始），其策略着重於政治而以軍隊作掩護，此事是否有当，請早示遵。

(三) 職日前至陝壩謁曾廳長，面稱「關於綏遠復員委員会業經成立（張欽任主任委員，常佩珊任副主任委員），一切戰後工作刻正積極籌劃，土默特旗

復員事亦當早作計劃，希詳細作一計劃，先請總
裁政正送到該會備考，其計劃原則有三點：㈠策
動偽蒙反正先政治後軍事之詳細計劃；㈡調查一
敵偽之罪行；㈢戰後土默特旗軍事政治等機關之
設制計劃。該會不日召開大會，屆時亦請你參加
等因。關於本旗復員計劃，職亦不敢自行擬造，
請司座大致擬訂，寄來，以便轉送為禱。
㈣前謁曾廳長官時曾詢及本旗保安隊之情形，
並述明副長官之意思，據云有參議員限制不
得兼任軍政職務，此項殷石議決定參議員後

總管文建設任保安大隊長之職，此事長官尚未去電說明，恐將另換旁人。關於大隊長一職，擬叫保兼代，不知總管是否願意。此事不久即去電請總管更換，故先徵詢你的意見。關於此事職當時即述明情況，最好另定旁人，不過保安隊由本部合編一節，職前與建設談過，較比合適。至於大隊長人選之事，俟長官去電後的情形另定旁人可也。

(五)本部目前最感人少事繁之苦，所有重要職務之官佐多屬虛設，此事為本部發展大有

障碍、職意擬將加賀、禮賢、雲天、苑等調來去
共負職責，以便遣派工作。此事究應如何辦理，
請
鈞座詳察核示遵辦。
上列說事及希字第三九號呈請各事祈
鈞座早日核示，以便遵循為禱。
謹呈
司令荣 鑒核
職巴〇〇呈

可
吉有

代電 秦字第六五號 卅三年十二月二日 諒 电未用

第八戰區副司令長官傅鈞鑒：前查挺進第
一縱隊前收本部兵馬一案，業經數次呈請鈞座
追飭解送在卷。頃聞劉司令教賢已於近日返抵陝
壩，關於該部所收兵馬實情，職於十月十八日秦字
六二號代電已詳細呈明。查劉教賢之巧辭拖延時
日，企謀消弭本案，亦即該部向來之慣技。此案
之發因為挺進第四縱隊副兵
呂存仁拘引所致，而劉教賢部之所以能收本部兵馬者，
即為郭青雲司令之假手於馮園收馬不良之計

故將收兵馬論情論理均應解送 鈞部判處結案
詎料該部不但抗令不送 竟推言馬死兵逃 謀取
漁人之利 此案若不追飭依法嚴懲 不特職部損失
無由補償 就是不顧有兵威視情之下 將更肆
無忌憚 故職之再四呈請 鈞座飭解逃兵依法
懲處 並儆戒其 以利未來 萬望 鈞座秉令剋敕
賢正在陝市嚴飭該司令速將逃來職部逃兵三
名騎馬三匹全數解送 鈞部依法懲處為荷
為禱 蒙古騎兵第三師司令 榮祥 呈
叩
三

呈 泰字第六五號

民國卅三年十二月四日

呈為呈請嚴飭劉效賢速解本部逃兵馬匹依法

懲處事竊查本部逃兵刘月光等三名拐馬三匹被刘

效賢部收庇一案業經數次呈請 鈞座飭解並

奉 鈞座已於午均代電令本部靜候各在案。

然时經一年劉效賢終未解還（此案仍在懸擱）查本案之起因本為

挺進第四縱隊列兵呂存仁拘引所致 至劉效賢部馮圓

收拆本部逃兵馬匹一節前已呈明以係挺進第四縱

隊司令郭青雲畏罪而利用該部馮圓假收逃兵馬之名

以去拘兵之嫌疑

以致故劉效賢部按情按理均當從速
解送結束本案詎料該劉效賢見利妄為不但收護逃兵違法外
竟擅報馬死兵逃公然違抗鈞命以收漁人之利
（本部兵馬不落詳情已於十一月十六日泰字六二号代電呈明）在
鈞座找舊內軍令嚴明之範圍內該司令尚如此
目無法紀若置且偏僻地區更不知將如何胡為矣
故此案若不呈明鈞座追飭嚴懲本部此次損失固
然無法補償就今後本部士兵或其他游雜部隊之散
兵視情之不更將肆無忌憚效法胡幹故戰之
再四呈請鈞座嚴飭劉效賢速解逃兵依法懲

處北意在儆戒其餘而利前途。頃聞劉效賢已於上月返抵陝市，萬望鈞座乘其在陝，嚴飭該司令速將本部逃兵馬匹照原數解送，並祈鈞座速辦，依法治罪，則不勝感激之至。

判

謹呈

副司令長官傅 鈞鑒

蒙古〻〻司令榮△

判

十六、三、

蒙古游擊軍第三區司令榮祥爲本部官兵待遇事致傅作義的電稿

（一九四五年三月二十二日，原件藏土默特左旗檔案館）

蒙古游擊軍第三區司令榮祥爲本部官兵待遇事致傅作義的電稿

（一九四五年三月二十三日，原件藏土默特左旗檔案館）

代

電　蒙字第六七號

民國卅四年三月廿三日

第八戰區副司令長官傅鈞鑒：查本部所領經費

暨官兵薪餉待遇，係依卅二年度之分配數值，茲物

價飛漲，生活艱難，今日實無法維繫人心，推動

事務。尤其在此有限之經費下，尚不能按期領到。自卅三年

度七月份之經費暨同年九月份至本年六月份之
三次補助費迄今尚未領到因此官兵生活異常
艱困日常工作幾至停頓擬請假告退或潛逃者時
有所聞在此情況下職思維再四縂感進退維谷
之苦故特六月簽請 鈞座向中央轉請經費或
准予解散之兩途惟在此轉請尚未決定前尚祈
鈞座俯念艱困准予暫借出費伍萬圓以救
急需而安軍心是否有當敬祈 鑒核為禱
蒙古游擊軍第三路司令榮祥寅梗參叩

二一、廿三

代電 泰字第七七号 卅四年八月九日

綏蒙指導長官傅鈞鑒：密。查本部經費有限，困難日增之狀，迭經呈報鈞座轉請中央增加經費，開展工作，各在卷。惟延迄今

仰乞鈞座批示不知中央可否准予增加本部
算元月以來大部費用多向外借貸維持現狀
因每月所入經費不足少數之所需故虧空
纍纍視此情形不特工作難繼開展就候
最後方面亦難繼續維持值茲境遇[illegible]唯祈
鈞座准予增經費開拔前方積極活動另謀
辦法如經費礙難增給即請鈞座撤銷本部
番號以便改與另謀工作而利前途實為至禱
蒙古游擊軍第三路司令榮祥未佳叅叩

[illegible]

榮祥爲中央能早頒一合理方案致蔣介石代電

〔約一九四五年九月二十七日，原件模糊，改爲録入形式。原件藏中國第二歷史檔案館〕

五五三六 渝維密譯：呈委座蔣鈞鑒，綏局日緊，政治宣慰暫難開展，中央既提倡和平團結，綏事豈有例外。現彼等高唱解放内蒙，徒令蒙胞負嫌危懟，諱談自治，各旗對此問題均願和平解決。若中央能早頒一合理方案，免借口安人心，實爲急切。當否，乞鈞裁。職榮祥叩。酉沁（九月廿七日）宣印

榮祥爲請賜户籍查記辦法致民政廳長函

〔約一九四五年秋冬，原件藏土默特左旗檔案館。王則鼎字淡九，時任民政廳長〕

淡九仁兄廳長勋鑒：敬啓者，敝府現因辦理户口籍各項，亟待查照國家法規，而詢諸市間書店均無供應，因擬自由請貴廳或存有印記可用，特函請賜寄貴廳將現行户籍法規暨布告户籍查記辦法並各一份，俾得參閲，至所感盼。順頌

公綏

弟榮 啓

土默特政府爲設置自治督導處事呈第十二戰區長官傅作義文及建議案

（一九四五年十月十七日，有榮祥手跡，原件藏土默特左旗檔案館）

爲呈請事案查本旗奉令復原（員）業已就緒（並）呈報在案
惟對推行旗政工作之下層組織（自治）機關尚未（恢復）設置故蒙
民之管理政令之施行殊感不便擬於本旗管內設置
自治督導處六處辦理蒙民自治事宜並協助本旗
推行政務以期民間有一合法之組織旗府有一健全之系
統令後旗政之進展準備實行憲政比皆利賴也否則旗
府無行政之（系統機）對局蒙民無管轄（轉達）之機關（非特下情不能上達其）政令將何以行（濟於民間）
（而）合法之蒙旗行政機關豈不等於虛設復查市縣負此
下層工作使命之鄉鎮公所均已正式成立而本旗對此
同樣性質機關尚然應爭設置俾資維持蒙漢分治各

支各差之成案不但对民族间之感情可以融洽且能實
現中央扶植蒙旗自治之真意理合將設置自治督導
處之緣由檢同各處設置地址一覽表一併呈請
鑒核准予備案並乞令飭各市縣遵照予以協助實
為公便謹呈
第十二戰區長官司令部

附呈自治督導處地址一覽表一紙

為呈報事。查本旗舊制，在旗政府之下，
原設有左右兩翼十二甲、六十餘目。依此系統
管轄本旗人民。自日寇以暴力組織偽蒙政

權，統制本籍土地人民以來，對於本籍舊制權毀殆盡。迨國軍光復縱境，本籍奉令復員，並恢復原建制。茲已初步就緒，開始辦公，並已呈報在案。惟各甲民眾，經敵寇蹂躪之後，對於國家促進黨務自治之意，實多隔膜。刻本籍為喚醒屬民愛國情緒，及加緊準備地方自治起見，爰派左右翼各甲自治督導專員，分往各甲，推行本籍一切地方自治事宜。除分行外，理合具文呈報，伏乞

鑒核備案，並轉令各本鄉飭屬知照，實為

土默特特別旗各甲自治督導處地址一覽表

名稱	地址
左翼首二甲自治督導處	歸綏市屬大廠庫倫村
左翼三四甲自治督導處	歸綏市屬南茇樹村
左翼五六甲自治督導處	和林縣屬新營子村
右翼首二甲自治督導處	歸綏市屬畢克齊村
右翼三四甲自治督導處	托縣屬乃只蓋村
右翼五六甲自治督導處	薩縣屬縣城內

憑便謹呈

第十二戰區司令長官傅

土默特特別旗政府爲本旗成立各甲自治督導處事致各市縣政府及關係機關函

（一九四五年十月十七日，原件藏土默特左旗檔案館）

逕啟者查本旗復原就緒呈報在案茲爲推行旗政便利計於管內設置自治督導處以資辦理蒙民自治事務並協助本旗推行政務除佈告蒙民週知外相應檢同處址一覽表函請

貴　查照並希協助指導爲荷此致

各縣政府及關係機關　公鑒

附自治督導處一覽表

土默特特別旗各甲自治督導處地址一覽表

名稱	設置地址
左翼首二甲自治督導處	歸綏大廠庫倫村
左翼三四甲自治督導處	歸綏南隻樹村
左翼五六甲自治督導處	和林縣新營子村
右翼首二甲自治督導處	綏遠省（歸綏）畢克齊鎮
右翼三四甲自治督導處	托克托縣乃只蓋村
右翼五六甲自治督導處	薩拉齊縣（縣城內）萬恒店庵

殷石麟為率軍返旗接收並支用款項辦理復員事呈榮祥文

（一九四五年十月十九日，有榮祥批文，原件藏土默特旗檔案館）

土默特旗臨時警察隊

呈為呈報懇請核銷事竊職自奉命領軍向淪陷區挺進及至麥達召後聆悉倭奴無條件投降在全軍歡忭之下領軍数十騎直抵綏遠当時在前蒙古軍之我旗官佐兵士素仰鈞座威信極願効力犬馬前一面為安定軍心一面為保全旗有實力遂毅然收留暫候處理

又未幾着手辦理復員工作之政務處咨會我旗迅速恢復原建制度等情乃召集旗參佐領協議結果暫由職負責處理旗務前為進行以上兩種事務需款孔極故將旗政府敵偽殘餘之現金共提備幣二十五萬四仟元支出各項開支計二十五萬九仟九百一十五元內有私自墊款五仟九百一十五元各項開支均取有証憑並彙粘成冊理合附呈恭請

鑒核准予核銷並將私自墊款照数補給實為公便謹呈

土默特旗臨時警察隊

總管榮

職殷石麟呈

中華民國三十四年十月十九日

財科審核簽呈候示

附單據一包

巨六

土默特特别旗政府組織暫行規程

〔約一九四五年十月，當經榮祥審定，原件模糊，改爲録入形式，原件藏土默特左旗檔案館〕

第一章 总则

第一條 本旗政府恢復原建制後，其内部組織暫以本規程行之。

第二條 本旗總管統轄全旗行政，並代表全旗蒙民行使一切交涉事項。

第三條 總管指揮監督所屬職員推行旗政

第四條 總管遇有特别事故時，指示秘書長或科長一人，承命代行其職務。

第五條 本旗政府發生重要事件，涉及各科股時，由總管召開旗政會議解决之。

第二章

第六條 本旗政府組織機構如左：

總管下設秘書處

庶務兼監印處

總務科

財政科

建設科

教育科

司法股

生計股

第七條 秘書處設置秘書長暨漢文、蒙文秘書各一員，輔佐總管，參劃旗務，並承命掌理應辦事務。

第八條 總務、財政、建設、教育四科，各設科長一員，一、二、三等科員及録事若干人。

第九條　庶務處置庶務主任、監印官各一員，辦事員一名，直屬總管，掌管庶務暨監印應辦事項。
第十條　司法股、生計股各設主任一員，辦事員二名，掌理各該股應辦事項。
第十一條　秘書長、秘書科長、主任等，均秉承總管之命，推行各處各科應辦事務。
第十二條　科員、辦事員、録事等，各受其首長之指揮監督，並承上級之命，分別辦理各項事務。

第三章

第十三條　本政府各處、科、股職掌事務如左：

一、秘書處掌管事項

關於審查各科股稿件暨簽呈事項；
關於撰擬重要文件暨章則事項；
關於文書公報之編纂及翻譯事項；
關於呈命會見來賓及連絡事項；
關於總管機密文件交辦及收發事項；
關於總管手諭之轉達事項；
關於會議登録及向外發表事項。

二、庶務兼監印處掌管事項

關於典守印信暨保管公物事項；
關於工役之監督指揮事項；
關於物品之採購登記及整理事項；
關於廳舍營繕暨工事承包事項；
關於其他庶務職權範圍以内各事項。

三、總務科掌管事項

關於地方自治之推進監督事項；
關於文書收發及校對事項；
關於編組保甲暨清查户口事項；
關於繁殖人口及衛生保健事項；
關於積穀備荒事項；
關於勘查旗界及修理鄂博事項；
關於土地制度及甲佐區劃事項；
關於調查暨統計事項；
關於會議及典禮事項；
關於職員之身份進退賞罰事項；
關於社會福利事業事項；
關於屬於他科股主管事項。

四、財政科掌管事項

關於辦理預算暨決算事項；
關於公有財産之調查及管理事項；
關於代徵田賦國課及税契事項；
關於旗租課金事項；
關於户口、房地印照之製發事項；
關於旗有土地、房屋之租賃事項；
關於礦租暨藥材租、鹽碱租等整理事項；
關於旗屬黄河渡口出包暨整頓事項；

關於一般會計暨現金、有價證券之出納保管事項；
關於各甲自治機關之預決算編造事項；
關於其他理財事項。

五、建設科掌管事項

關於牧畜及農工商業之計劃事項；
關於水利暨渠道之整理事項；
關於礦産資源之調查暨開發事項；
關於交通暨土木工程事項；
關於造林暨森林保管事項；
關於墾殖暨糧穀調查統計事項；
關於一般經濟之建設改進事項。

六、教育科掌管事項

關於學校教育事項；
關於社會教育事項；
關於宗教及禮俗事項；
關於寺廟整理暨監督事項；
關於□□□整理保管事項；
關於派遣留學生事項；
關於古蹟古物之調查整理事項；
關於其他一切教育文化事項。

七、司法股掌管事項

關於民事案件事項；
關於刑事案件預審及解送事項；
關於民事調解事項；
關於拘留刑事犯及保管贓品事項；
關於違禁處罰事項；
關於囚糧事項；
關於其他司法審檢事項。

八、生計股掌管事項
關於蒙民過約暨蒙租整理事項；
關於各甲生計處指導監督事項；
關於屬目公產整理事項；
關於官灘牧場調查整理事項；
關於蒙民振恤救濟事項；
關於其他扶植蒙民生計事項。

第四章

第十四條　各科、股主管事務有不明瞭時，得由總管指示之。
第十五條　本旗政府辦事細則另訂之。
第十六條　本規程如有未盡事宜，得由各科股隨時呈請修正之。
第十七條　本規程自呈准公佈之日施行之。

恒英爲迫領漢人户口並攤派軍鞋洋事呈土默特旗政府文

（一九四六年三月六日，原件藏土默特左旗檔案館）

為呈報迫領漢人之户口並派軍鞋洋由

為呈報事竊職現住梁山街門牌十二號昨日下午下班歸去據房東云本市第二分局三保保長武文十甲甲長王璽亭及指導員三人令房東向職傳語云教將蒙人户口交出速領漢人户口並令攤洋二百元等語職今午歸去即有甲長派人向 職催索所攤款項二百元細詢之彼云係購買軍鞋每甲兩雙處此情形之下對於户口究應如何答覆攤款交手否手事關蒙漢如何主持懇請

鑒核明示遵照謹呈

職 恒 英 謹呈

中華民國 三十五年 三月 六 日

榮祥致綏遠臨時參議會第二屆大會賀電稿

（約一九四六年三月二十日。原件藏土默特左旗檔案館）

代電（為祝賀參議會第二屆大會由）

綏遠臨時參議會公鑒頃譜

貴會召開第二屆次會議集碩彥於一堂

發揚民主策建設之大計宏展經綸

民族團結地方幸福實利賴之預祝

嘉猷特此電賀諸維亮詧歸化土默

特特別旗總管榮〇〇印

可

[illegible]月廿

土默特旗政府爲呈報旗立各校復員經過並請撥給復員費事呈蒙藏委員會文

〔一九四六年四月十五日。榮祥一貫重視發展土默特教育，此文措辭懇切，溢於言表。原件藏中國第二歷史檔案館〕

土默特特別旗政府呈　　教　　七　　號

民國三十五年四月十五日

事由：爲呈報土默特特別旗立各校復員經過並請撥給復員費以資修建而利教育由

竊查本旗於七七事變前，原設土默特中學一處，文廟街兩級小學一處，畢克氣初級小學，蘇花板初級小學，大廠庫倫初級小學，腦木氣初級小學，陶思浩初級小學，把什板申初級小學，各一處，以上各校，以文廟街小學之成立，爲最悠久，迄今已有四十餘年之歷史，逐年經營，屢次擴充，校舍寬敞，設置粗備，爾時復有蒙藏委員會之津貼，邊疆教育費之補助，經費充足，規模宏大，學生濟濟一堂，成績彬彬可觀，該校非僅為本旗設施教育之源泉，亦為振興邊疆教育之基幹也。迨至敵人入寇，職 即赴前防抗戰，所遺各校，悉遭摧毀，土默特中學為日本憲兵隊佔據，校舍多被改造，校具遺失一空，寢室變為囚室，操場作為刑場，瘡痍滿目，損失慘重，除另案呈請恢復外，謹將文廟街小學復員經過，略述梗概，當敵偽侵入時，大肆搜索，任意破毀，該校多年經營之兒童圖書館，內藏兒童讀物報章雜誌，標本掛圖，悉被焚燬，其他儀器模型，學生獎狀錦標以及童子軍各種用具，均遭毀滅，致辛苦經營之完善小學之成績，付之一炬，誠可痛惜。去秋敵人投降，職 即返旗坐鎮，接收殘餘，因陋就簡，慘澹經營，着令該校，于九月一日復員，但開學未經匝月之久，復遇中共圍城之役，該校地居歸綏市南口要衝，屢紮營壘，常築工事，校舍校具，又蒙相當損害，今春極力整頓，復于三月二十日開學上課，然校舍極待修建，校具正應添補，而燃料食料，尚付闕如，人材教材，均感棘手，困難重重，企望扶植，至其他鄉鎮，六處小學，均蒙同樣損失，除畢克氣小學，于三月二十五日開學上課外，其餘鄉村各小學亦陸續開辦，每校學生，約計八十名，教職員各三員，工友各三名，曾經開辦，嗣因復員伊始，旗款拮据，雖竭力維持，實屬無法，以善其後，兼之物價高漲，生活艱難之際，事事需款

節節困難，思維再四，只得懇請

鈞會轉咨

教部設法補助發給復員等費，並祈今後，如何分別補助之處

亦請源源撥給，以免向隅之感，則旗務幸甚，邊疆幸甚，除分

呈外，為此謹呈

蒙藏委員會會長羅

附職教員學生額數表二紙

蒙旗宣慰使兼土默特特別旗政府總管榮祥

監印　榮寶麟

職別	員數	學生年級	班數	人數 男生	人數 女生	合計	備考
校長	一員	一年級一學期	一班	五四	一五	六九	
教導主任	〃	一年級二學期	〃	三三	一二	四五	
事務員	〃	二年級	〃	四一	七	四八	
級任教員	六員	三年級	〃	四七	一〇	五七	
科任教員	四員	四年級	〃	三三	五	三八	內有蒙文專任教員一員
工友	四人	五年級	〃	二五	一〇	三五	內校工二人 廚工二人
總計	一七員		六班	二三三	五九	二九二	

說明

本期六年生成績較優者升入伊盟中學其餘合併於五年級一年生人數甚多分編為一學期二學期各一班以符實際而利教學

校名	校長	教員	工友	學生額	備考
[illegible]克氣初級小學	一	二	二	八〇	每校學生兩班分四級每級平均二十名以下同
蔴花板初級小學	一	二	二	八〇	
大廠庫倫初級小學	一	二	二	八〇	
腦木氣初級小學	一	二	二	八〇	
陶思浩初級小學	一	二	二	八〇	
把什板申初級小學	一	二	二	八〇	
合計	六員	一二員	一二名	四八〇名	

以上每校校長一員教員二員工友二名學生平均每校八十名

榮祥為推薦熟悉蒙語人員馬慶榮事致中央廣播電臺綏遠分臺函

〔一九四六年四月二十四日，原件藏土默特左旗檔案館〕

錄囑

逕啟者：前[illegible]代為物色熟習蒙語人員，[illegible]現選得[illegible]旗籍蒙生馬慶[illegible]，年二十歲，性情和平，頗堪任用，事關專託，相應函薦，[illegible]查照為荷。此致

中央廣播電臺綏遠分臺公鑒

計附履歷一紙

蒙旗宣慰使兼土默特旗總管[illegible]

四、二四

土默特旗政府爲釐清旗縣權限致綏遠省臨時參議會的建議案

〔約一九四六年四月。原件藏土默特左旗檔案館〕

歸化土默特旗政府建議案一件 致

綏遠省臨時參議會

案由：凡關蒙旗範圍以内之事應由上級長官逕令該管旗政府遵
辦俾清旗縣權限而免糾紛

理由：查内蒙各旗政府之組設本以執行各該旗一切政務爲職責自
民國二十三年及念五年兩次成立各盟旗地方自治政務委員
會同時設立自治指導長官公署代表中央加以指導於是蒙
旗地方自治之推行不僅爲一般蒙胞之憑空願望而實以成爲我
國民政府絶對允許絶對培植之合法機構在此機構推動之下各
盟旗政府又實爲其真正負責向所屬地方人民施行地方自
治之合法機關基於此理則各蒙旗政府不但礙市縣行政權限

之原則下自行治理其本旗公眾應辦之事實屬極端合法符理之舉而市縣政府亦不應藐視旗政府之行政權限事事包代倘長此相因使旗政府不得盡責親民形同冷署則所謂蒙旗地方自治者究將以何地何民何事為目的乎且即以歸化土默特旗而論向來旗政府所要求者僅在自管其甲佐之民自治其甲佐之事而已凡該旗所要求者在施行方面並無困難要在市縣旗政當局各守權限公平相處遇有疑難會商協辦或呈請上級解釋如此進行有何滯礙倘若上級長官有通令事件令市縣亦即同時令旗府則旗府奉令辦其旗屬蒙民之事必不至較市縣代辦為更劣譬如選拔

壯丁一事當前清洪楊之亂時本旗曾抽拔壯丁三次共七千人每次奉令選拔均由本旗兵司掌印主管通令各甲佐按戶口多寡酌配丁額一經依限抽齊在歸化城訓練移交是三次人馬均極精壯故屢奉滿廷優旨褒獎無一次誤事者良以蒙旗編制原以徵兵為基礎祇依比丁冊籍加以選拔真如案圖索驥毫不困難今雖稍與昔異然以本旗政府辦理本旗人民之選拔事宜仍較市縣政府代庖為易至如編組保甲清查戶口此本內蒙各旗習行事務委其自辦尤有駕輕就熟之妙況市縣與旗同奉

上級政府之令各辦分內之事互不干涉互不妨碍論法論理

均係極公平之鉄則何必市縣可而旗府不可乎尤其因各市縣政府對於蒙旗視若無足輕重對於事務推行上動輒越權包代強制執行例如忽略蒙民歸屬竟令混合編組保甲選拔壯丁並勒派蒙民差徭使受二重担負甚至濫押蒙民妨害自由種種無謂之糾紛摩擦均因市縣旗間之職權混淆有以致之方今我

國民政府擬以合理方案確定內蒙建設大計在此期間蒙旗原有之行政權益似應予以保留俾逐漸邁進於真正平等自治之途嗣後凡關蒙旗範圍以內之事應請上級政府逕令蒙旗遵辦毋煩市縣代謀以期旗縣分權而專責成是否有當提請

公決

辦法：一、凡蒙旗職權範圍以內之事如旗屬蒙民編組保甲選拔壯丁攤派差徭清理田賦以及徵購軍粮枕木等事均應責成旗政府辦理以為旗縣分權之原則

二、凡省府對於縣市飭辦事件同時亦令旗府辦理其旗屬蒙民之事

三、凡遇旗縣在可能範圍內無從劃清之事件責由旗縣雙方會商辦法呈請核議解決之

四、由省府採納旗縣雙方之意見擬具旗縣分權辦法飭遵之

土默特特別旗政府旗長榮祥

上傅主席書

（一九四六年五月二十四日，又作上傅作義長官書，土默特左旗檔案館藏有抄件，其文字混亂，現據抄件錄入）。

中華民國三十五年五月二十四日

兼座鈞鑒：

敬陳者，竊自鈞座主持綏政以來，職即以綏蒙一介下士，猥承領導，回溯駒光，固已十五載於茲矣。在此十五年中，職之名聲地位，與日俱增，然而蹟其所以致此之由，何一非鈞座獎掖提拔之力哉。凡此知遇，職固已喻於意而銘於心也久矣，特以君子之報德當於敦品勵行做人做事中，以期不負所許耳。至於稱贊歌頌之巧，趨蹌應對之工，此不特非知人則哲者所願受，亦豈重己自愛之士所肯爲哉？總之，職於鈞座雖不敢自命爲國士之報，要必自信可躋於不負知遇而已。

惟是職近日所處之境遇，頗有不易爲一般當地賢達所諒察者，其最要而最大者，無非疑職爲一極端之狹義民族主義者，並以爲充以狹義精神可能鶩入分化割裂之歧途。夫一般人困憂時憂國而設想如此，固自有其警敏之特點，然遂以此而即判定一般蒙籍智識份子之別有用心，企圖分裂，則未免捨事實而憑推測，弃理智而抱杞憂矣。試觀今日邊疆情況，凡有糾紛，孰非在國際操縱與內亂支持之下，何曾見一邊氓，不借外魔，不結內蠹，而甘心背棄祖國，以來自絕於全民之人哉！故論今日之邊疆問題，其最要者，在於如何肅清國際之陰霾，掃除內亂之煽動，果能如此，則所謂東蒙張垣之一切名號，均可不打而自倒，況我綏蒙各旗，本已獲得擁護抗戰擁護統一之榮耀頭銜者，又豈肯無端而入分化割裂之歧途乎？此歐陽子所謂必無之事也。

然三人同云，曾母投梭，猜疑之起，豈曰無因。間嘗推求其故，以爲一般當地賢達所以堅指綏蒙各旗人士意存分裂者，無非因縣旗之間，各欲主張其單方之權利而已，其實乃一解析事實之理智問題，非意氣用事之爭辯問題也。使蒙旗一切權益，如自治之政權、人民之管教、產業之經營，必全盤歸屬於市縣，然後爲不背統一，則前清時代已早爲之矣。蓋人類習性，無論其稱民族稱宗族，在其族名未泯之前，絕無自願湮其族而毀其名者。久無祖國如猶太族，人口極少如愛斯基摩族，皆其例也。今若以蒙旗主張其本身權益爲分裂，以放棄其權益爲統一，則統一之真義，未免太狹。然此種風氣，確已造成蒙胞心理上普遍之不安，青年知識份子陸續潛逃，此亦一因。

職半年以來，每獨居深念，竊以爲在今日邊疆側身於蒙漢同胞間，作人最難者，莫過於職。蓋其所居地位，不但不爲同寅所諒，不爲朋友所諒，亦並不爲環視指責之蒙胞所諒。何則？在同寅如省垣之各級首長，在朋友如地方各界士紳，在有意無意中，殆無不視職爲一狹義民族主義者之代表人物，因其愛護土默特權益，每以此而開罪於人故也。在蒙胞則又以職爲一疲軟無骨之官僚，不惜犧牲本旗固有利益，以鞏固其高官厚祿之地位，而一般出走之蒙古青年，乃至宣傳職爲一出賣蒙旗利益者。職邇來確如衣敗絮行荆棘中，可謂處處挂礙，動輒得咎矣。職在抗戰期間，已久患頭風之疾，幸於勝利以前，療養獲愈。近數日來，舊疾復發，痛苦之情，殆不可支。自念人生在世，何業不可謀一飽，而必欲於群疑滿腹之人海中，作無聊之掙扎，以自仇其生命乎！且職之生性，本極迂拙，置於書齋，或有微長，置於宦途，適彰其短。徒以造物不仁，生我於蒙旗，雖欲不爲蒙胞作一度之努力，論情論理，均所不可。故效忠於抗戰，以爲蒙旗争人格；從事於復員，以爲蒙旗謀久安；又孰知勝利後之環境，其難至於此極乎。

今者，職於邊疆較大問題本無成見，兹惟願就本旗當前若干問題，乘職尚未卸却總管一職之前，略陳悃款，以期合理之解决。曩者鈞座在省府舉行蒙旗談話會時，曾揭明今後對於蒙旗一切問題之解决，當用理而不用勢，職當時即首先表明竭誠擁護此一主張之意。蓋此一用理解决問題之主張，實爲我國今日走向真正民主之不二法門。職年來亦嘗向各界作扼要之聲明，大意不外現在蒙旗不但不敢希望稍佔市縣之便宜，亦並不敢希望稍佔鄉鎮之便宜，充其量不過欲自保其殘餘之權益，能維持其岌岌不可終日之制度而已。國家既許蒙旗有地方自治之權，則蒙旗人士，所抱不敢佔便宜、不願失便宜之區區願望，衡以常理，似尚不至爲賢達所不許。然此區區願望，在今日蒙旗人士視之，已不啻是一難如登天之目標。蓋不佔便宜雖可，而不願失便宜則殊不可耳。職嘗推究此一癥結之所在，蓋由客籍公務員與各縣智識青年，多不明蒙旗沿革，直以內地及吾綏近十年情況予以直覺之觀察判斷，而與內地省縣等量齊觀，遂不免以蒙旗權益爲地方行政之贅疣，故其不承認國家所承認之蒙旗地位，殆無足怪。

今吾綏十八旗，凡被共軍佔據，或距省窵遠者，其與市縣之糾紛問題，尚無所聞。惟職所尸位之土默特旗，可謂此類問題薈萃集中之藪。職於此類艱鉅之事實，本已視爲不勝負荷之難題，而蒙胞之環視指責，乃使首當其衝者，更增其進退維谷之苦。蓋土默特之存亡，必爲全蒙旗所注視，而全綏蒙旗之生滅，則又必爲全部內蒙所注視。然則土默特一切問題之能否合理解決，固不僅一總管之去留問題，實亦今後整個內蒙人心之向背問題也。夫以進步如土默特，中堅人士，矢忠內向如土默特，擁護抗戰，反對分裂如土默特，顧其喪失百分之九十七八之殘餘權益，乃不能幸保於抗戰勝利之後，則其他一切落後、坐觀國家成敗之游牧各旗，尚復有何光明前途之可冀乎？假使土默特果以職之不才而一旦陷於瓦解，竊意上述兔死狐悲之推論，必將不崇朝而遍於遠近各旗間也，而職之永遭唾罵，則尤意中事耳。

方今土默特之情況，已陷於存亡呼吸、官民悲憤之域，職如仍緘口不言，則亡旗之罪，真將由職一身負之。查土默特之歷史沿革，肇於元初，而定封於明之中葉。其遠者不必言，自滿清初起，首先征服內蒙，因恨本旗忠於明朝，遂將順義王爵褫革，改爲由本旗首倡投清之兩家擔任世襲都統，並仍將原有土地賞還，作爲全旗官民牧場。在康熙三十五年（一六九六年）以前，嚴禁沿邊蒙漢人民私越邊墻口界，每年僅許在國家指定之邊口，互市數次。迨三十五年後，因親征噶爾丹回師，駐兵於山後之大小温恭，始奏准許內地邊商出口貿易，以供軍儲。此本旗有商務之始，亦即漢胞可以借機出口之始也。當時本旗土地，總轄於旗衙，國家不准開墾，故本旗境內，雖有商而迄無農也。迨乾隆初，本旗衙循蒙民之請，始將土地除留官用馬場外，即分給與全旗九千戶蒙民，作爲代餉戶口牧地，世世相承，不准出賣。其後漢胞來者日多，見如此沃壤，牧而不耕，太覺可惜，遂私向蒙民承租，以期兩利。但因限於不准買賣公令，只得以永租名義訂立契約。蒙人但圖收租，亦不敢受地價而負出賣之罪，漢胞但求種地，更不願枉出價冒買地之慾，於是所定契約均寫永租及許退不許奪字樣，以保漢胞長久耕種之權。惟是蒙人雖不敢受價賣地，但年代既久，漢胞與漢胞之間輾轉典賣，則無一不受價者。於是蒙人又有所謂過約取費，轉户收租之例。往年清理地畝局向農民徵收地價，即以蒙人原來受價爲理由，原章規定清理地畝以地價之三成撥給土默特，但直至清理完竣，亦未見以分文惠及本旗也。且原章本謂清理後，對於本旗人民原收之蒙租，絶無妨礙，今則地價無聞，蒙租受阻。而不明真相之青年李榮蔭，前日在報章發表之言論，反似指責蒙胞零星收租爲太不合理者，然彼豈知本旗公私兩面，僅地畝一項之損失，已不可以尋常數量計乎。

復次，關於本旗山林礦租一項，尤爲邇來各市縣與炭礦管理所，及有關各機關，其視此項旗收礦租，殆顯然是一大逆不道之違法行爲，摧殘打擊，無所不用其極。蓋其對此機構，既已視如眼中之釘，則處心積慮，必欲連根鏟除而後快。此種推測，驟觀之似乎過甚其詞，然苟以最近所發生之事實察之，則演變之結果，非至驅入此一必然之途徑不止也。查土默特旗之山林礦租，其徵收歷史，本已甚久，在抗戰以前，全旗行政教育各費，即賴此爲唯一養命之源，而二十二年（一九三三年）經行政院特准本旗仍爲一自收自支機關者，其財政來源，亦以此爲最主要之一項。凡此種種，均早在鈞座洞鑒之中。迨抗戰勝利之後，本旗收入基礎，經敵僞八九年之搜刮破壞，已陷於水盡山窮之境，幸吾綏奉令復員，本旗亦得恢復一切舊制。不料適於此間，突有共軍攻綏之役，遂致本旗所恃以爲維持全年經費之冬季收入，悉遭破壞。比共軍退走，轉瞬已入春季，雖能開始收租，但旺月既過，所入已極微薄。而學校不能不開，旗務不能不辦，迫不得已，乃於竭端審慎之下，估計旗府與學校一切服務人員工役之最低伙食，及必要辦公費用之最低開支，力求緊縮，以度難關。故自勝利至今，將近十個月，不但旗府及學校諸人，未曾領過一文正式之薪餉，即借支伙食，亦只以工役門警之最窮者爲限。現在工役門警，每月每人爲一萬八千元，且係由四月份起，方自一萬加至此數，旗府職員則並此數而求之不得也。至於學校教職諸員，除半年間每人約借五六千元外，其他再無分文津潤，自四月起由宣慰使公署貼給每人六千元，聊作每日一餐稀粥、兩枚燒餅之助，此亦旗府各員所欣慕而不得者。

鈞座試平静一想，職所領導之機關人員，既已陷於如此地步，職縱有更高之官，更厚之禄，亦何能泰然自足而不慚乎？倘不就本旗範圍之内，另籌挹注之法，則旗府之倒，直可翘足而待耳。於是萬不獲已，乃酌增礦運舊租，以濟燃眉。但包頭市政府炭礦管理所則赫然震怒，必欲一舉而撲滅之，朝則激怒運户，暮則嗾使駐軍，威嚇困辱，愈來愈厲。各局職員，皆驚惶來告，請示進止。職聞之笑曰，此乃必然之現象，非意外事也，何足異乎？蓋此事之關鍵在乎旗制之應否存在，若旗制不存，則一切問題，自可不解而解。若旗制仍存，則國家必不忍令其整個行政系統下之合法機構，在國庫省庫兩無支出之間，任其自動閉門，以示範於邊疆各地也。此一前提，如獲結論，則所餘者，僅一增租數量問題而已。

此次旗府所增之租額約爲原額之五倍，若以戰前物價計之，似覺稍多。然苟以勝利以後之物價爲准，則此五倍之數，實較任何機關所增爲少。今試舉例言之，國營事業如郵政、電報、火車、飛機等，公營事業爲吾綏之電燈、電話，無不因收入不敷開支，而一再加價，其所加倍數，至少爲十倍。譬如電燈一項，原擬增加十倍，乃於十倍之後，再加爲十倍之十倍。凡此各種加價，勢不能不影響每一機關與人民之支出。而本旗政府，自亦不能例外。然則本旗政府之增租，豈得已而不已乎？其尤異者，爲炭礦管理所之無名加款。據前次張、潘兩廳長在省府之聲明，該所因用人關係，不得不略收炭捐，以資彌補。該所原請每斤炭擬徵捐四角，經省政府核准爲二角，但該所一出手即徵三角七分五，旋即附加一元，爲每斤徵捐一元三角七分五，嗣又增爲每斤二元。據電燈公司購炭人員在公積板車站稱，公司購炭，每斤到站合二十元，計窑户炭價五元，運户脚價十三元，其餘二元，則炭礦管理所所收也，則該所之所徵捐額，實較省府核准之二角已私增九倍。且該所徵捐均以斤核計，本旗收租係以車駄核計，其加諸人民之負擔輕重，豈可同年而語哉？况沿山各村居民，對於本旗之礦租，莫不知爲歷久當然之事。至於該所本非戰前原有機關，而所徵捐額反超出本旗數倍或數十倍之多。顧議者只知指責土默特之不當，對於該所之當與不當，迄無人以公平之態度，一究其是非。且本旗礦租，自開徵以來，即未獲一日之順利，包、薩各分局，在守溝軍隊控制之下，本已有名而無實，經最近之勒令停徵，則更有何望乎？總之，土默特之能否維持，全視此項收入爲蓍龜，倘長此僵持，攪擾不止，則職雖顔厚如堵，豈能戀棧不去哉？

復次，關於土默特之渡口問題，查本旗舊制，原有渡口防禦二員，分掌包頭、托縣兩地官渡，事載《理藩院則例》前清末葉，因旗款亟需整頓，乃改爲官監商包。民國以來，仍沿此例，每年由旗政府招商投標出包，仍令防禦監視，以裕公用。往年包頭縣長王朝三，不悉原委，直然攘歸縣府，經本旗陳明省府，始令該縣仍復交回旗府，此在戰前，本府有案可稽。最近航務管理段，對此項渡口，又用前包頭縣之手段，憑空將本旗所有渡口據爲該段所有，招商出包，視爲固然，反而呈報省府，指本旗爲干涉渡務。夫招商出包，乃本旗復員工作之一，至於稽查防務歸何人擔任，本旗原不過問。今該所竟欲將包價利益，亦全置於其管理之下。鈞座觀於上述土默特財政之困難情形，則此項渡口包租權之能否聽其消失，寧不顯而易見乎？

最後，職所欲陳者，即蒙人户口管理之行政問題。竊思我國自辛亥革命，以至北伐成功，始終不肯將蒙旗行政機構予以徹底之廢除者，豈非因客觀事實上，確有蒙古人民之存在，需要此等機關負責管理乎？故不但不肯廢除，且更蒙我國民政府以更進一步之扶植，改旗公署爲旗政府，使共躋於國家正式行政機構之列，顧名思義，則旗政府行施其旗内之政權，管理其旗内之産業，自係完全合法之事。不料自勝利以來，吾綏社會一般表現，已造成否認蒙人存在，否認旗府職權之普遍風氣，蓋市縣以至鄉村，凡對蒙人之一切措施，毫不關照旗政府，甚至蒙人不提蒙古二字，尚稍有可原，若一提蒙古或旗政府，則詬詈凌辱，無所不至，封門拘押，接踵而來。論者每咎蒙民不願受市縣管轄，而甘心願受旗政府之領導，以爲事太離奇，殊不知僅此輕蔑鄙視之普遍作風，已足拒蒙民於千里之外。不然，彼蒙民雖愚，豈不知今日之旗政府，已是一極無出息之窮弱機關乎？顧其所以始終不忘情於旗政府者，一則因人類之自尊心，不願受顯然之歧視待遇，一則望國家之民主政治及對邊疆之歷次宣言，能有少量之兑現希望耳。鈞座覽職所陳，或不免有言過其實之疑，日昨職之勤務因買伙食蔬菜，與一賣芋農民口角，此農民指職之宅門而罵曰：汝等亡國奴，猶以爲德王時代耶？職聞之笑曰：詈我爲亡國奴，尚是創聞，然亦太早矣。此事雖極微末不足道，但一般社會之成見，正可以此賣芊人爲代表。現在旗政府所辦之公務，以及所發之一切文件，在市縣與鄉村農民視之，皆爲廢紙，甚至謂蒙民所領旗府之户口身份證，國家不予承認，亦不保障其權利。果爾，則旗府等於僞組織，蒙民真成亡國奴矣！且此項不承認以及不保障之公令，旗府確未奉到中央或地方任何上級機關之指示，今一旦斥爲不合，蒙民聞之能不寒心？從來蒙民所殷切希望者，只求上級機關之命令下達於旗府，旗府則遵照命令下達於蒙民，如此則縣旗競賽，人民急公，更有沛然争趨之勢矣。無如上級命令，只以市縣爲對象，置旗之立場於弗顧，蒙民因未得旗府之曉諭，又不敢驟從市縣之呼叱，於是由蒙民之頑固，而形成旗縣之摩擦，此本事勢所逼成，並非迂拘如職等輩，好以得罪各方爲專門職業也。案現時情況觀之，旗之所求，只欲奉上級之命令，自辦其境内人民、産業、政務，以躋於盟旗地方自治之域，其勢屬於守，而市縣之所求，則欲以上級之命令，摧毁旗制，囊括其人民、産業、政務，以躋於一元統制之域，其勢屬於攻。在此一攻一守之異態下，强弱既殊，公平絶望，凡負旗府政務之責者，倘不能以旗有權拱手相讓與市縣，則對上必負桀驁之名，對衆必負固執之毁，而不知全内蒙人民所以矚目注意而監視之者，固將借此以辨其品格焉。

我國家對外蒙、西藏、新疆、哈薩克，在無可奈何之情況下，無不力主寬大，許以出人意外之優厚特權；獨於接近中央，擁護統一，除希望保存旗制，完成地方自治外，一切無不唯命是從之内蒙各旗，乃必欲變旗爲縣，化蒙爲漢。職誠不解國家厚遠薄近之旨何在，豈以守門之獒，固不如傷人虎狼之可貴乎？抑又思之，假使國家之繁榮，專繫於内蒙之存廢，省縣之發展，又專繫蒙旗之去留，則爲大而汰小，剥少以富多，就一方利益衡之，亦似未不可。無如今日之内蒙，論人口幾屆垂絶之地，論資産早入赤貧之境，所餘者僅此敝帚自珍之制度，與百分一二之殘渣産業而已，此在天地間，實爲一群最可傷慘最可憐憫之窮民，彼等有何造反獨立之能力，而值得各方猜忌打擊乎？

至於蒙旗殘餘權益之説，他姑不論，且以土默特一旗言之。其土地因清理地畝局之官賣蒙産，而造成一般蒙人生活無依之象，損失慘重，前文已略述之，茲不復贅。在存款方面，當辛亥時，本旗有庫存銀寶銀二十萬兩，發各縣商號生息銀十萬兩，前項爲歷任疆吏借用，後項爲山西革命軍於辛亥冬北上時提用，而清理地畝款百餘萬兩，則根本未予發給。在課税方面，則牲畜牛馬，橋檔課銀，悉被塞北關奪去，蜈蚣壩口之車駄卡捐，亦早被撤除。蒙民原收之永租地租銀，亦因縣增官租，而制其死命。此外如火燒地清理荒價，六成地清理荒價，均於本旗收到之初，即被公家借去。在地産方面，外縣損失者，固不可以僂指數，姑就省會言之：如舊財政廳，現市政府地址，本爲土默特之都統衙門，在戰前每次廳長就職，必過一借用咨文，以明産權而完手續，今則不同矣。舊土默特陸軍校場，即小校場，亦已公用有年，歷任總管未嘗一言。此外如西茶房之前炮兵團營址、現警備司令部址、新生堂，以及其他召廟房産皆是也。竊思土默特於大部土地開墾之後，本已無重大權益可羡，然於其力之所及處，仍不惜以極端忍受之精神報效公家，以示團結之誠。今所存者，即維持現狀，已感萬分竭蹶，謂爲殘餘，寧非名實相符之言乎？伏維鈞座高瞻遠矚，本爲一極重理之偉人，對於上項覶縷陳詞，必能以公平正直之觀點，予以衷情酌理之處斷也。茲僅將應解決事項撮舉如左：

一、於消費激漲情況下，礦租增加問題，如何解決？二、航務管理段强佔本旗渡口問題，如何解決？三、蒙民隸屬，究應歸旗抑歸縣問題，如何解決？四、蒙民身份産業，國家不予保障問題，如何解決？

以上四項，爲本旗與地方有關機關，頻頻發生糾紛之主要問題。若此等問題能得公平合理之解決辦法，則一切行政，均可於和諧順利中完成之。否則，前途結果，仍難想象。至於職個人出處，經勝利後十個月之試驗，確已證明其無能，甚願乘此建國工作尚未激進之際，退職讀書，以安鳩拙。關於總管一職，願令全旗官民投票選舉，以開蒙旗民主之風。省府委員一職，亦應與總管一職連帶辭卸，以重公秩。倘鈞座別有驅使，職願以在野之身，努力效命，以仰答十五載知遇獎拔之隆誼。總之，職若不任旗務，亦似一稍近人情人也。僅此瀆陳，無任迫切惶恐之至。

土默特特別旗右翼五六甲自治督導處爲薩縣蒙民出入城門被衛兵撕毀國民身份證事呈總管榮祥文

（一九四六年八月三日，原件藏土默特左旗檔案館）

土默特特別旗右翼五六甲自治督導處呈文

呈為呈報事竊查 職 處據薩縣城內頓催雲金虎[illegible]衣赴城外田中工作行至各城門不意被守門衛兵將旗[illegible]份証扣留並聲言此証不合法奉上峯命令對蒙人之身[illegible]旦禁止通行民等向該衛兵理論言此証係公家所發亦非人民自有因何為不合法既不合法當局須制止該機關不許頒發人民何由而領如此再三交涉該衛兵等置若罔聞民等迫不得已且現值農忙割麥之時若不能通行民等实無法生活故特具文呈報懇請鑒核施行等情據此 職 即前赴警局向該局長交涉據言係奉縣府命令使蒙民全行領取漢民身份証故特禁止蒙民通行以便督促領取 職 再三與該局長交涉亦無結果事関人民權利理合具文呈報祈請鑒核示遵施行謹呈

土默特特別旗政府總管榮

土默特特別旗右翼五六甲自治督導處主任卜永昌

土默特特別旗左翼五六甲自治督導處爲蒙民國民身份證被軍警撕毀及被匪搶奪事呈總管榮祥文

（一九四六年九月九日，原件藏土默特左旗檔案館）

土默特特別旗左翼五六甲自治督導處呈　自字第二十八號　民國三十五年九月九日

為呈報國民身份證被軍警撕毀及被匪搶奪由

為呈報事案奉

鈞府總字第號訓令內開為令遵事據報本府製發之國民身分證有被軍警撕毀被匪搶奪及遺失等情形茲為澈底明瞭起見除分令外合亟令仰主任於文到五日內（對上畧各情形）分別詳查具報以憑核辦為要此令等因奉此遵即飭屬調查理合將調查事實分別列表備文

呈報

鑒核施行謹呈

總管榮

附表乙紙

主任昌瑞

左翼五六甲自治督導處管內身份證遺失表

甲佐別	村名	姓名	遺失情由	遺失日期
五甲二佐	元山子村	拴元子	在歸化城內被軍警没收	八月五日
六甲二佐	惱木氣村	有換	被匪搶去	七月八日
〃	〃	黑眼子	〃	〃
〃	〃	禿女子	〃	〃

土默特特別旗政府榮祥懇轉請明白決定本旗旗政權限事呈蒙藏委員會文

（一九四六年八月十四日，原件藏中國第二歷史檔案館）

土默特特別旗政府呈文

京字　　號

民國三十

事由　懇轉請明白決定本旗行政權限由

竊查本旗地處綏中，為綏遠全省最精華之區。幅員廣闊，戶口眾多，遠非其他普通蒙旗所能比。自民國以來，在本旗境內凡先後設置二市七縣。關於人民之教養衛向係漢胞屬市縣，蒙胞隸旗府。行之多年，毫無困難。殊自勝利復員開始之後，旗縣糾紛，乃即接踵而起。其中最主要之癥結：一為蒙胞隸屬問題；二為旗產暨業問題。茲謹分別陳明其轇轕情形如次。

查自本旗政府於勝利返旗後，即遵奉復員通令，著手辦理編查戶口，整理甲佐，頒發國民身份證，以取締敵偽時期之良民證。」此時全綏省各市縣，對於此類工作，尚未開展。迨今年四月間，「各市縣政府，奉省令舉辦清查戶口，編組保甲，頒發國民身份證時，竟將本旗蒙胞編入市縣保甲，並勸令繳銷本旗政府所發之身份證、不予承認」。但本旗人民則誓死不肯脫離旗府管轄。亦即不肯繳銷本旗所發之國民身份證。因此各縣鄉村保甲長指導員等、「往往以强迫凌辱之手段、逼令脫離本旗甲佐屬目組織、加入縣屬保甲、換領身份證。如有不從、即不惜妨害蒙胞身體自由、加以逮捕監禁槍擊吊拷諸刑」。此類事實、倘查屬子虛、願負法律上最嚴厲之責任。良以上述糾紛、既不斷發生。則受害之蒙胞或其家屬、奔走赴訴於旗政府者、幾於日有所聞。旗府初尚以為係復員開始、偶爾發生之報復現象。不料壓迫之事、有增無已。雖經職以書面口頭分別懇求予以制止、甚至聲明本旗蒙胞對國家應盡之義務、決不規避、只求上級命令責成旗府、勿令市縣庖代、於願足矣。無如屢次請求、迄無反應。「默察趨勢、殆非逐步摧毀蒙旗制度不止也。惟是蒙旗政府、亦國家行政系統下合法機構之一種。對其本旗之土地人民產業、當然有管轄治理之權。今若一切以市縣代之、將置旗府於何地乎。」

「復次、本旗政府、自明清兩代迄於民國向係一自收自支之機關。國庫既無預算、省庫亦列開支。其內部之行政教育等費、統恃山林礦産房地租金為惟一之來源」。而礦産場運租金、尤為經費來源中最大之一項。去年正在復員之際、突遭共軍擾亂、礦租分文未收。今年甫經著手、又被炭礦管理所百計破壞。」查炭礦管理所係勝利以後增設之機關、並非如本旗征收礦租有數百年歷史之比。今則該所一面為增多其本身收入、一面為摧毀本旗財政來源、不借以種種壓力、求達其困斃本旗之目的」。查此事在職離綏以前、曾由本旗與省府建設廳各派代表、磋商數次、迄無結果。邇來是否解決、不得而知。因郵電方面、實無法獲得本旗詳確報告故耳。

以上兩項、為本旗固有基本權益。如何解決、擬懇轉請蒙公決定為禱。

謹呈

蒙藏委員會委員長羅

總管榮祥 榮祥

土默特特別旗總管榮祥爲懇請轉呈明白決定本旗權限俾資遵守事再呈蒙藏委員會文

（一九四六年八月十六日，原件藏中國第二歷史檔案館）

蒙藏委員會簽由紙

35年9月2日收文

榮祥

請明白確定本旗權限由

一、關於關民身份證及戶口調查應由土旗府管轄之民戶似可由縣府暨特族旗分辦理以免重複繁收

二、關於旗租征收可由省旗雙方協（商）舊例兼辦讓方收入商洽

擬以上兩項意見簽請電請綏遠省政府核辦

本（簽）

呈文 土默特特別旗政府京字第二號

案查本旗政府行政權益，如管轄本旗人民頒發國民身份證、征收屬境山林礦租等項，因與省縣發生糾紛滯碍難行，曾以京字第一號呈文，陳述大略情形，懇轉請明白決定行政權限在案。頃據報告，本旗政府與省府建設廳代表，屢次磋商，迄今未能解決。且省政府提出之條件，對本旗自收自支之財政窘況，毫不代為設想。而「市縣政府」亦抹煞旗政府之行政立場，對所發國民身份證，不予承認。「一面涸其財源，困之使散，一面壓其人民，迫之歸縣。」此種不公平之壓迫作風，實為本旗政府存亡所關、本旗代表、自不敢冒然接受。查本旗辦理編查戶口、遠在省縣之前。所發身份證、均以極端審慎之手續行之。省府如認為式樣不同、亦應將省府所製交旗府轉發於蒙胞。何能以不承認之手段專以縣屬鄉鎮公所為庖代旗府之機構乎。致令本旗居住縣城之蒙胞、不能憑證出城、收割田禾。此等政治不知究屬何名。「至於礦租一項、除限制本旗不得超過百分之二至六外、並限定以一年為期。滿期以後、即此微末之數、亦將收歸國有、不能續征。旗府官膳、非究事實。而省府所設之炭礦管理所、其征捐較本旗加重十倍者，乃絕口不言。減輕人民負担，固如是乎。本旗地處綏中，幅員、戶口、文化、制度，均為內蒙各旗之冠。其存亡利害，不特為各旗所注目，即視為內蒙各旗前途禍福之龜鑑，亦無不可。況今日綏遠局面，猶未達於真正安定之地步。負邊疆重任者，正宜高瞻遠矚，從大處着眼。以寬厚之措施，堅蒙胞之愛戴。何必與區區一旗爭戶口之隸屬，算礦租之小賬。縱能壓倒，詎可謂善盡安邊之職責乎。果能收此宏效，本旗情願自動解散，以作亡旗安邊之倡。「無如消滅一旗，無補時艱。徒令各旗人心，愈感不安。」高明謀國，豈宜如是。

現在本旗行政擱淺。租課斷絕。一年以來。行政教育保安自治各級官兵。迄未能取得極低限度之生活待遇。長此被壓、民豈能堪。爲此懇請

鈞會迅賜轉呈

行政院「明白決定本旗權限、俾資遵守爲禱。」

謹呈

蒙藏委員會委員長羅

「總管榮祥

三十五年八月十八日

附抄由綏寄來報告一份

照抄縣政府由發寄來報告

(一)關於國民身份証暨戶口調查事件。

查此項國民身份証及戶口調查，雖經本縣在各市鄉未办以前办理完竣。但自省府通令此項証需須經鄉保甲証明屬市鄉政府方為有效後，各市鄉政府對於本縣已發之身份証戶口調查，均視為無效。斷然扣留，層出不窮。例此各隣鄉鎮因鄉民不能出縣制來，雖与鄉府交涉，終置不理。雖經本縣政府，据理力爭，終無效果。

(二)關於征收糧組事件

查此事雖經本縣与建設廳屢次會商，終未解

溯至八月十三日本縣代表復至建設廳會商。經
貴府提出本縣礦租收租暫行章程。本縣未
予承認，遂迄今亦未解決。（查此項礦租數百年來即歸本縣征收）

附貴府所擬本縣征收礦租暫行章程

(1)本縣特殊收取礦租以煤炭為限其礦租種類系
照礦業法及廿六年前蒙疆習慣辦理

(2)礦租分左列二種由採礦人分別繳納

(一)礦區費　(二)礦租

(3)礦區費分左列三等每三年換繳一次

(一)一等礦面積方圓三百步　區費八千元

(二)二等礦　壹百五十步　四千元
(三)三等礦　壹百步　五千元
(案上列四費尚不及一馱煤炭費此能有意
抵本礦之旨向何)
(4)礦組准暫按礦產物價格百分之二至百分之六收
但備生產量增加時得准低其組率以減輕人民
負担由建設廳會同有關部門隨時商訂之
(案上列礦產物價格係因公用軍用而由
官訂者)
(5)礦區因名廠已依法設定之礦業權依法保障之

（乙）房屋設施期間以一年為限

軍用公用房屋暫不收租

（按軍公所用已佔全房屋量十分之九卽民用

亦有人以軍用公用庇護之在此情況下本

府已無租可收）

復據建設廳案科長云一年限期係因共軍竄擾

之臨時規定若中央統一劃歸國有並經存錄當

毋需村亦歸國有不能由府征租並不負還亦有還電

[illegible]核示

[illegible] 八月十五日

蒙藏委員會爲擬具土默特旗國民身份證户口及礦租徵收辦法呈行政院文

（一九四六年九月十一日，原件藏中國第二歷史檔案館）

呈 院

案據土默特旗總管榮祥本年八月十八日京字

第二號呈稱：

「案查本旗政府行政權益……鈞部……俾資遵守

爲禱」

等情，附抄由使寄來報告原件到会。查此案前據該

總管以京字第一號呈請前來，當與面洽，俟電詢該

旗與綏省府礦商結果，再行辦理。兹據呈

請擬具辦法如下：一、關於國民身分證及戶口等方

面，原屬土旗府管轄之民，應仍由該旗府監督

該旗辦理，以免重複。至政二閣擬議租收一節，可
由蒙旗雙方稽照舊例，會商旗方收入何者適宜
辦法辦理。以上各節是否有當，理合抄附該旗原
報告原件備文呈請
鑒核，轉飭綏蒙指導長官公署洽商解決，並報
示遵。謹呈
行政院院長宋
抄呈附土默特旗原報告一件
（全銜）羅○○

蒙藏委員會爲土默特旗請確定行政權限案復榮祥代電

（一九四六年十月七日，原件模糊，改録入形式。原件藏中國第二歷史檔案館）

蒙藏委員會稿

送達機關：歸綏總管

事由：電復關於該旗請確定行政權限案由

文別：代電

附件：

承辦單位：

委員長

副委員長

常務委員

秘書

參事

處長

主任

科長

科員 李傑

會章

民國 年 十月二日 時擬稿

十月二日 時核簽

十月七日 時繕寫

中華民國卅五年拾月七日 時封發

收文 字第 號

發文 京蒙 字第 11548 號

檔卷 字第 號

代電

歸化土默特旗榮總管鑒：卅五年八月十八日京字第二號呈暨附抄報告均悉。業經呈奉行政院核示，按照下列兩項電飭綏蒙自治指導長官公署商洽解決具報。（一）關於國民身份證及户口簿方面，原屬土默特旗府管轄之民户，可由綏省府監督該旗辦理，以免重複分歧。（二）關於礦租徵收一節，可由省旗雙方循照舊例，兼顧旗方收入，商定適宜辦法辦理。等因；特電知照。蒙藏委員會。酉陽印

熱察綏三省國大代表對解決蒙古自治問題的建議

〔約一九四六年十二月，原件模糊，改録入形式。原件藏中國第二歷史檔案館〕

（一）在同一行政區内，應實行各民族平等的地方自治，不應有分裂民族的特殊自治。

（二）熱察綏三省是漢滿蒙回四族雜居之地，漢人佔絶大多數，與新疆情形不同，不能以解決新疆之辦法解決三省之蒙古問題。

（三）蒙旗在各邊省情形亦不盡同，所以蒙旗自治應分别規定於有關各省自治法内，不可使其超（超）〔越〕省界聯合而成爲一特殊之組織，以免德王式的僞蒙疆自治之復活，再造成第二外蒙政府。

（四）蒙古各盟原爲會盟而設，並非行政機構，且民國十七年（一九二八年）熱察綏三特别區改設行省後，各盟已分别包括於省境内，其地位原在省下，應規定爲選舉區，不能成爲行政單位。

（五）縣與旗均爲自治單位，但在同一地區内不應有旗縣並存之雙重行政系統。凡已設縣之旗，應廢旗存縣，未設縣之旗，仍行旗制，不再設縣，以維持行政統一，而免旗縣糾紛。

（六）蒙漢雜居之縣或旗，得設副縣長或副旗長。凡漢人佔百分之七十、蒙人佔百分之卅者，以漢人爲縣長或旗長，蒙人爲副縣長或副旗長。反之，蒙人佔百分之五十以上、漢人佔百分之四十以上，以蒙人爲縣長或旗長，漢人爲副縣長或副旗長。如漢人之在旗不及百分之四十，蒙人在縣不及百分之卅者，各依其原有之制度及習慣，不另設副縣長或副旗長。

（七）省級行政機關之首長，不分種族，凡資歷相當者，均得充任。

（八）省縣旗各級民意機關之代表，以人口爲比例選舉之，但少數民族得酌予增加名額，俾同一地區内民族均有平等參政之機會。

（九）邊疆少數民族之知識青年，中央及省縣政府視其才能盡量録用。

（十）邊疆少數民族之文化教育、經濟建設、醫藥衛生等福利，業由中央及各省政府予以扶植並促進其發展。

行政院秘書處爲榮祥呈請明白確定土旗權限案致蒙藏委員會公函附綏蒙指導長官公署原代電

（一九四七年一月，函件正文模糊，改録入形式。原件藏中國第二歷史檔案館）

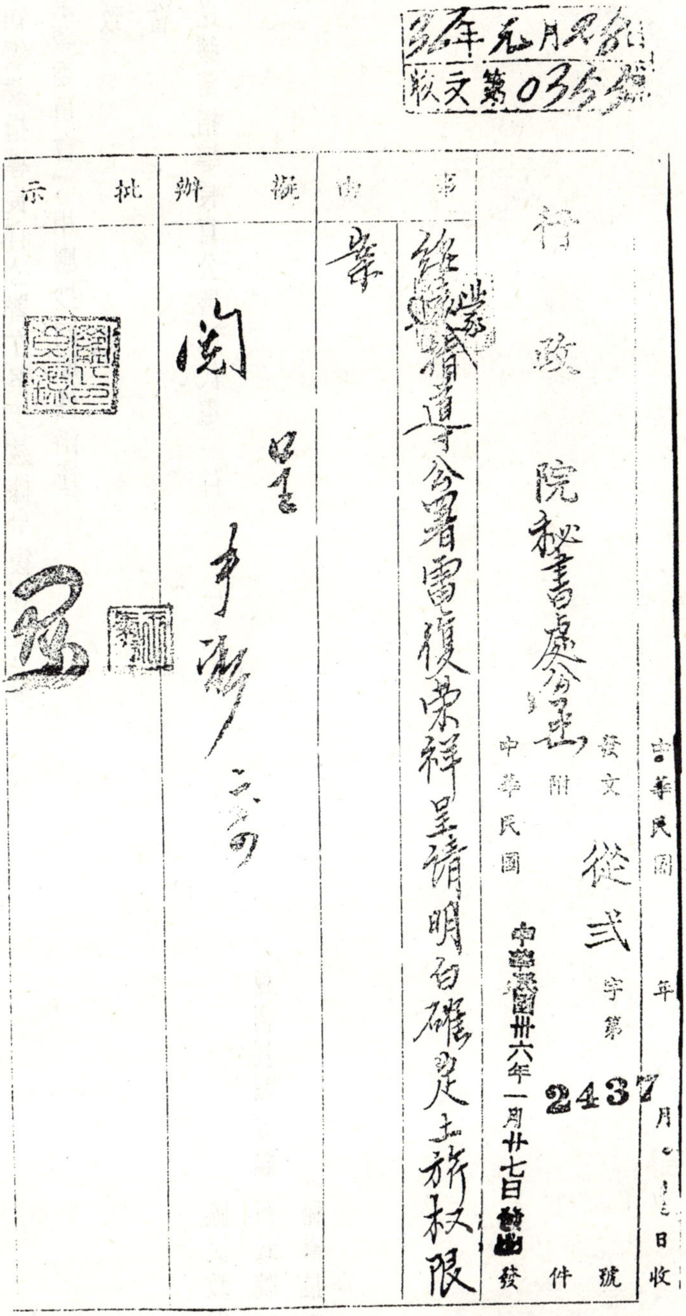

貴會卅五年九月十六日京蒙字第一一六一號呈，以據土默特旗總管榮祥呈請明白確定該旗權限一案到院，經於同年九月廿六日以禮京(二)字第三一〇〇一號通知貴會並行知綏蒙指導長官公署在案。茲據呈復到院，奉諭『抄交蒙藏委員會』，相應抄同原件函達查照。此致

蒙藏委員會

附抄送綏蒙指導長官公署原代電一件

國民政府行政院秘書長

秘書長蔣夢麟

三、

36年元月6日
收文第0041號

綏遠省境內蒙古各盟旗地方自治指導長官公署代電

發文

中華民國三十五年十二月　日

事由	擬辦	批示
	擬存候院令到時再辦	

南京蒙藏委員會公鑒：案奉行政院本年節京字第一三七七五號訓令為土默特旗總管榮祥呈請明白確定該旗權限一案令仰該署商洽解決具報等因查

收文

綏境盟旗土地大多自行放墾綏遠省建省以來烏伊兩盟十三旗及綏東四旗土默特旗以及綏省現轄之二十一縣局均為構成綏省行政區域之一部如已設治之歸綏包頭薩拉齊托克托清水河和林等六縣即為土默特旗已放墾及購置土地而該旗之少數蒙裔則散居於各縣鄉境內其生活方式言語衣著風俗習慣等早已漢化蒙漢難分在此種地區內雖已設治而蒙旗組織名義依然存在遂形成同一地區內而有兩個行政系統漢民鑒於蒙民處處享受政府優待冒充蒙籍者有之此實為造成旗縣糾紛之根本原因且抗戰期間綏境淪陷各盟旗經日人挑撥離間故造蒙漢糾紛而致釀成蒙漢間之種種裂痕勝利後綏遠省政府復員歸來規定凡在二十六年以前舊有成例及蒙胞應享權益均予保障二十六年以後日寇分化遺毒一律剷除而蒙民則破[illegible]在日寇

佔領期間既得利益王公仕官鑒於外蒙獨立則欲擺脫省縣行政[illegible]或藉省
縣政府越權或云省縣政府壓制此實為收復區盟旗之普遍見[illegible]土默特旗
總管榮祥所呈各節該總管亦曾逕呈本署經查上年共軍圍攻綏包為免奸人
潛伏確保地方治安起見收復地區户口保甲係由省縣市政府會同旗政府派
員重行調查編組户口冊旗縣政府各存一份至身份証省府為期劃一而免流弊
起見係由省府統籌製發關於炭稅一項以往綏包各地燃料向係仰給大同口泉
煤礦共軍圍攻綏包後燃料來源斷絕綏中各縣人民全賴土默特旗在綏包兩
縣境內開採之炭礦而該旗增收礦稅名目繁多稅率綦重諸如礦照稅
礦租稅礦區稅爐灶稅等每斤炭價高至一百餘元省府為減輕人民負
担經與該旗政府商議調整按礦業法規定礦照稅稅率並協助該旗政

府大量開採以供民用省府每次召集土默特旗政府開會解決保甲礦税
各種糾紛本署均曾派員列席調解榮總管所稱省縣政府壓該旗
一節經查並非事實除呈復行政院外特電查照並轉達省境內蒙古各盟
旗地方自治指導長官公署亥感 政印

土默特總管榮祥爲謝絶立監委提名事致陳果夫信

（一九四七年二月十四日，榮祥手跡，原件藏中國第二歷史檔案館）

果夫委員閣下敬肅者頃巳代
表文峻來言昨日國大蒙古組代表
會商立監兩院委員提名單巳列賤
名驟聞之下不勝駭憤在組代表一
再推轂情雖可感然不徵本人同意
而率然提出是誠未能深諒鄙衷也
竊祥此次南來本非自動徒以桑梓
蒙胞不堪胥吏之壓迫猥以請願自

德相諸務乃入都已閱月而所謀無耗
今又於無可救命之際而先獵一官以
自娛其將何詞以解於內蒙父老子
弟乎鄙意以為在內蒙地方自治成者
未定之前決不妄冀新職以增咎戾懇
將原提賤名抹去以符私願實為幸甚
謹此瀆陳恭頌
道綏

榮祥謹肅 二月廿四日

熱察綏三省國民大會代表聯誼會留京代表對蒙旗地方自治意見

（一九四七年八月二十日。原件模糊，改録入形式，原件藏中國第二歷史檔案館）

熱察綏三省國民大會代表聯誼會留京代表對蒙旗地方自治意見

頃聞政府刻正依據憲法第一百十九條之規定擬制蒙旗地方自治方案，行將經過立法程序頒佈實施。代表等受三省千餘萬父老付托之重，於制憲之際，爲此問題曾經月餘之折衝，萬分關切其前途之發展。茲特提供意見若干項，敬乞參酌並予採納。

（一）自勝利以來，内亂不息，外患迭乘，國家爲應付萬一之變，不得已下動員戡亂之令，於此時期，似應集中全力，一心一德，從事救亡。關於邊疆政制，即有改變，亦應審慎，因北方國境綿長，民族複雜，處赤色帝國主義虎視眈眈，百計滲入之情勢下，險象環生，時虞有變。處置設有未周，恐將影響大局，或即爲糜爛之開端。代表等以爲此一問題似應留待大局澄清，北邊康寧之後，根據實際情形，從長計議，倘草率定制，流弊滋多。

（二）蒙旗地方自治制度如何制定，關係國家百年大計及千餘萬蒙漢回滿國民直接利害，一字之失，恐將預伏他日流血之禍，似應經關係各方坦率協商，共同擬定，付之實施。鑒於以往中央所頒各項法令，往往昧於邊情，未悉實地狀況，故均屬窒礙難行。益覺博訪周諮，期能盡善，尤爲必要。查國民黨三中全會對於潘秀仁等蒙旗地方自治提案曾有『送國民政府交主管機關召集中央有關機關及地方政府、民意機關、蒙旗負責人會商辦法』之決定，代表等亦以爲應由以上各單位並參加對於邊疆問題有研究之學者，共同集會商酌，本其決議案作爲制定法律之參考，頒佈施行，絶不可以中樞一二大員之意見或由一二屬員司之草案，遽定爲百年不易之大法，而貽國家邊防之患害。

（三）蒙旗地方自治制度之擬制尤須根據過去歷史及現在環境，盟旗應置於省制之下，斷不可於旗之上另有離省獨立之盟政府，因盟旗與省縣同佔有同一之地區，不能强爲劃分也。若不遵守此一原則，行見有無數之『巴基斯坦』出現。於沿邊各地所關者又非僅蒙旗問題已也，恐將肇國家分裂之端而爲外蒙之續。曩日德王主持下之蒙政會，後果如何，不難想象。於此尤有注意者，雙重之行政，今日必須簡化，使歸於單一，以杜(分)〔紛〕争。旗縣應分立而不可並存於同一地區之内。總之，實現地方自治應在謀民族之合作，地方利益之協調，而後可精誠團結，共成統一建國之大業。代表等本此諸端，爰條陳蒙旗地方自治原則八項如左：

一、中華民國各民族一律平等載在憲章，同一行政區域内因各族雜居，只能由全體公民共同實行地方自治而不能由部分公民分别實行民族自治。

二、蒙旗在各邊省情形不盡相同。其自治方案中央應根據各地實際情形制定通則，未可强爲一致之硬性規定，其詳章則應於各省自治法中訂定之，應有伸縮餘地，且可適合實際需要。

三、蒙古各盟旗並非行政機構，其地位原在省下，應規定爲選舉區，不能視爲自治單位。

四、旗縣可爲自治單位，但已設縣之旗，應廢旗存縣，不應有旗縣並存之雙重行政係統。未設縣之旗仍行旗制，不再設縣，以維行政統一，以免旗縣糾紛。

五、省級行政機關首長不分漢、滿、蒙、回，凡資歷相當者均可充任。

六、省縣旗各級民意機關之代表以人口爲比例選舉之，但少數民族得酌量增加名額，俾各民族有平等參政之機會。

七、邊疆少數民族之智識青年，中央及省縣政府視其才能盡量録用。

八、邊疆少數民族文化、教育、經濟建設、醫藥衛生等福利事業，由中央及各該省政府予以扶植並促進其發展。

以上所陳，關係邊政大計與國家前途至重且鉅，敬祈俯察民隱，體會時艱，分别採擇，審慎處理。邊民幸甚，國家幸甚。

謹呈

蒙藏委員會委員長許

熱察綏三省國民大會代表聯誼會留京代表 楊宗培 周大英

王維新 祁志厚

土默特特別旗權限問題協商意見書

（一九四七年，末有殘缺，原件藏土默特左旗檔案館）

土默特特別旗權限問題協商意見書

蒙籍户口案

一、過去概述：查本旗蒙民，遠在明清兩代，因係土著民族，其户籍管理權自操之旗行政機構，迨民國肇造，頒佈優待條件，其推行蒙旗户政一仍之。至民國二十年國民政府公佈盟部旗組織法，明定管轄治理權照舊，依然實行人民分治，即旗管蒙胞，縣管漢胞，歷史相沿，由來已久，所有推行户政之基層組織，旗府下設參領十二員，分掌全旗兩翼十二甲之地方自治，以輔佐旗政之加強，並將各甲地區劃分為六十屬目，為辦理户籍之單位，每屬目設佐領驍騎校各一員，領催六名、承辦户口事宜、對於本管屬目内之人口户數、須確實調查、並對披甲（壯丁）閑散（老弱）各有若干更須分別統計、按年造具户口冊、呈由主管參領經復查後、再彙造總冊轉報旗府、備查、檔案具在、尚可覆按此民國二十六年以前推行户政之梗概也

乙、現實情況：自抗戰勝利、本府根據旗組織法復員、為加強旗行政效能計、將原有之參領管區、一度調整、合併為六個自治區劃（每兩甲一區）、等設自治督導機構六處、每處管轄十屬目、每屬目設大領催一員、小領催五員、受督導處主任之監督指導、專辦各屬

目下層自治工作、如編組保甲、調查戶口、等均正在積極進行、關於戶口簿一項、係由旗製給自治督導處、再由民戶申請、經領催証明、轉發於戶主、並由本管參佐領負責、督同領催、隨時稽查戶口、督導自治、凡民戶遇有來人去人、須當日分別填齊報告表、呈由領催認可後、轉報督導處、按月統計彙報旗府查核、此辦理戶政之實況也、

3、改進意見：、中央扶植蒙旗自治、迭經宣示、把握戶籍、實為推行旗政、促進自治之先決條件、惟本地區蒙漢雜處、情形微妙、在原則上、仍擬旗縣分治、各管各民以重蒙旗之歷史、與中央頒佈蒙旗管轄治理權、照舊

之法令、在辦法上、擬將本旗戶口簿存根、照抄一份、作為副本、致送省府轉飭蒙民所在地各縣、府及有關機關查照、則可對於蒙籍戶口、隨時予以監督抽查、俾收按圖索驥之效、必要時、協同旗屬督導處主任、共同清查蒙胞戶口、責成各該屬目領催、以作嚮導、庶於維持治安之中、仍寓保障蒙旗戶政權限之意、則此戶籍歸屬問題案、似不難迎刃而解

一、礦產租稅案、

1、過去概述：查大青山礦產征租稅權、數百年來均為旗有、其礦產之管理權及使用權、由明清兩代、以洎

共和時期，均操之於蒙旗，因具有歷史性的關係，故於民國二年，北京政府執政者，准許本旗為一自收自支機關，其政教各費，專恃礦租收入為最大之來源，關於煤礦租稅案，曾規定為二成租一成稅，即凡礦產開採營業者，須按售炭價額交納二成租，運户出溝，須由各溝口分卡按價征收一成稅，惟在手續上，礦窯應納之二成租，由運户代繳，備有三聯租單稅票，第一二兩聯票內，註明租稅字樣，分別掣給，以資識別，至民國二十三年二月二十日中政會通過蒙古自治原則八項，第四項載各蒙旗管轄治理權一律照舊，及其第六項載，盟旗原有租稅一律予以保障各等語故本旗根據法令並參酌慣例、擬訂征收礦產租稅章則、派員起征炭礦租稅、以維持旗政之開支。

乙、現實情況：本旗政府自勝利復員、對於煤炭礦征租稅權、在原則上、仍率由舊章、在手續上、鑑於運户為礦窯代交礦租、係間接辦法、諸多不便、乃將礦租一項、改為向窯户直接征收、以資調整、所有租稅率之計算、依據現地物價指數、及公營事業之加價標準、酌予分別訂定、擬具臨時礦產征租章程呈核、故窯户盡納礦區租之義務、運户盡納礦產稅之義務、在現階段旗帑竭蹶，尚能苟維現狀者，端賴此項收入。

3、折衷意見：在原則上，因自收自支情形特殊，並具有多年之歷史暨慣例，希望繼續保持固有之征租權益，而在辦法上不妨調整租稅率，並比照民廿六年前原有二成租一成稅之例，案使窑運兩方平均擔負租稅，以昭公允。並希撤銷窑業公會，以符復員廿六年前之辦法，而合新例不添之原則也。

粮政調整案

1、過去概況：自來蒙古土地歷史相沿情形特殊，有似采邑性質，迨至遜清初葉，因本旗官無俸，兵無項，迺計口授田，撥給戶口地，以資贍養，並私相授受，理藩則例，懸為厲禁，唯蒙民慣過游牧生活，有地不善耕耘，始由客民春來秋歸、伙盤佃種、繼則借地養民、落户者眾、遂啟租佃耕種之端、唯在雙方契約上、立有永遠租佃字樣、每年由承租人與原蒙古地主繳納小租、轉讓時、同蒙人過約、以示地權仍為原蒙人地主所有、其后將出租出佃之地、由蒙民備價返還、在實質上係户口地、復原不能與外買地、等量齊觀、所有活租活典之地、本係短租性質、更未賣斷地權、一經抽贖、更與原户口地無分軒輕、顧前項土地之出典出租、完全如原契約所載、因官差緊急、即（所謂官差）係與本管參佐領盡各種負擔之義務、後經民國二十三年中政會頒佈、蒙古自治辦法、一則曰、蒙旗管理權一律照舊、再則曰土地租稅權、一律予以保障、明文煌煌、當然承認了蒙旗土地所有權、仍屬於蒙古故政府對於蒙旗土地關係上、是照舊和（與）遜清以洎共和無異、是故、蒙民所有之土地、除大部份租佃於漢胞、復因設置縣治的關係、漸行升科外、凡蒙民現有之土地、除戶口地照例向不負擔於民國十八年、並經綏遠省府、委員例會、決議、豁免一切攤派、飭遵外、其餘所謂後置地、均按屬人主義、歸旗府管轄、並由基層屬目、蒙社機構、（等於鄉級制）承辦差徭、無征實之先例、此二十六年以前之成案也

又、現實情況：本旗政府復員以後、蒙民土地之歸屬

問題，仍以屬人主義為原則，凡蒙人所有地畝，除戶口地遵照明令免征田賦外，關於后置地現階段之擔負，計有旗保安隊七百數十名，官兵之給養馬料，與旗公教人員之公教糧以及旗管下自治督導處七處之自治經費，與承辦自治人員之食粮，祇保安隊一部份軍粮即向蒙民每畝起征小麥三斗，如交雜粮者按時價比照折合，計算交納，致使生計能力較弱之蒙古人負担重重，已有筋疲力竭之感

3、折衷意見：3 擬本去年二中全會之決議案，並依據屬人主義之慣例，明確劃分旗縣權限，仍實行人民分

治凡蒙民所有之農耕地、歸旗管轄、漢人所有之農耕地、歸縣管轄各治各民各行各事、權限既清、互不侵越、至於征糧問題既供給旗保安隊之軍糧、暨公教糧已盡相當之義務則蒙民似不堪再有雙重負擔以受一羊二皮之苦、所有征糧手續、在單一負擔方面、由主管旗府責成各甲督導處督同屬目領催辦理以維旗權而重系統

兵役案 2

過去概況、

查本旗實行比丁制度具有悠久之歷史性每至成年之適齡壯丁、須由領催報告參領註冊、並率同本人親

來旗府，展謁旗長官，經將體格嚴加檢驗後，凡合
格者註在冊檔內，聽候輪拔，以服兵役，俗謂之記名字，
故在清咸同年間協勦髮捻諸匪，每被徵調動輒數千。
迨入民國以來，省方每次徵補軍隊，皆事先通知旗府，
再轉令屬目領催徵集，如國民軍主綏，階段徵拔蒙
籍壯丁甚多，手續不紊，其例至顯。至廿七年南京
奠都後，旗民踴躍，當此制不廢，至廿七年事變，階段
由海中部一度徵編綏蒙保安隊，而本旗適齡壯丁
被徵募者不下數千名，嗣西開抗戰，由部均第
卓著勝利，復員後該部猶駐西陲邊省，効力國

榮祥關於春節前加緊工作手諭

（一九四八年二月七日，榮祥手跡，原件藏土默特左旗檔案館）

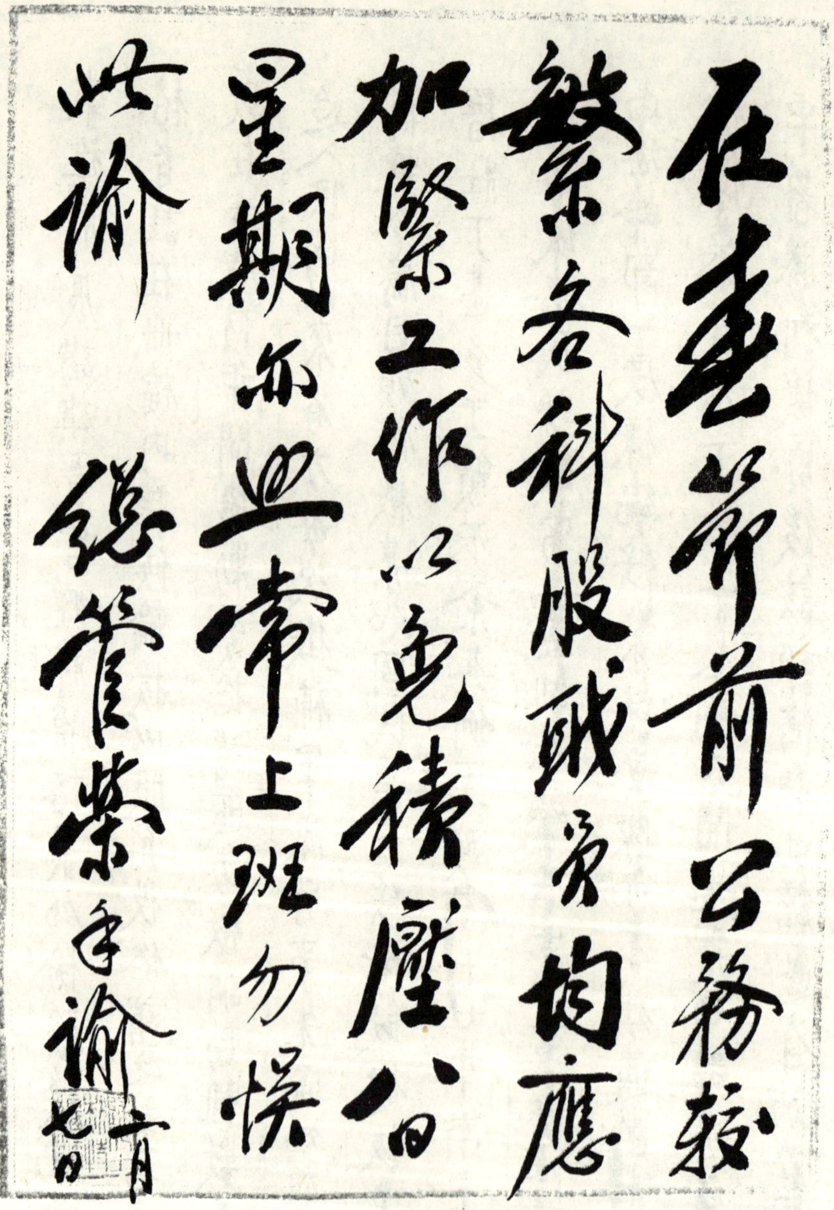

在春節前公務較繁各科股職員均應加緊工作以免積壓令星期亦照常上班勿誤

此諭

總管榮手諭

二月七日

榮祥關於禮拜一舉行周會手諭

（約一九四八年三月十三日，榮祥手跡，原件藏土默特左旗檔案館）

自下週起，每礼拜一早晨七時半至八時半舉行週會一次，以期上下共同策勵。近日以來，本府各員均頗有朝氣，惟恐日久鬆懈，爰特諭行此會。凡我同人當不以為苦也。此諭

總管榮祥諭 十三日

榮祥爲本府職員診治疾病請以公教人員待遇辦法減價治療事致綏遠省醫院院長公函

（一九四八年三月十五日，原件藏土默特左旗檔案館）

土默特特別旗政府稿

來文	字第 號
文別	公函
送達機關	綏遠省立醫院
附件別	
事由	本府職員診治疾病請以公教人員待遇辦法減價治療由

總管 榮

三月十五日

秘書長 孟純

秘書

科長 常齡

科員 恆英

三 月 十五 日 時收文

收文	發文	檔案
字第 號	字第 號	字第 號

逕啟者：茲據本府庶務室厚聲稱，素常患耳聾耳之疾，刻擬前往省立醫院診治，因所得收入微薄，醫藥各費無力支出，請為轉函以公教人員待遇規定減價治療，以示體卹等情。據此，查該員家寒無力診治，係屬實情，為此據情函達，希請

貴院查照，以公教人員待遇辦法，關於醫藥各費准予減價辦理，至為感荷。此致

綏遠省立醫院院長

經 管 ● 日

榮祥為據情轉請令行陶林縣政府轉飭土木爾台鎮公所務允自衛隊副蒙民雲色代辭職返里事呈綏遠省政府文附土默特旗左翼首二甲自治督導處原呈

（一九四八年六月六日，原件修改雜亂，改録入形式。原件藏土默特左旗檔案館）

案據所屬左翼首二甲自治督導處呈報，轉據二甲二佐乃莫板申村蒙民雲福旺呈稱民於云云，實爲公便等情。據此查該蒙民基於全家生活需要，決意辭職返里，其任用機關似未便强予抑留。據呈前情，理合據情轉呈，祇請

鑒核，令行陶林縣政府轉飭該土木爾台鎮公所，務對該蒙民雲色代允准辭職，俾便全家返里謀生。實爲德便。謹呈

綏遠省政府主席董

土默特旗總管榮〇

三十

土默特特別旗左翼首二甲自治督導處呈

為呈報本管乃莫板村蒙民雲色代現充陶林縣……

大字第　拾　號

民國二十七年五月二十六日

請轉函該縣准予給假返籍由

為呈請事頃據本管二甲二佐大領催雲霖呈稱為呈請事茲據本佐乃莫板申村居民雲福狂聲耳稱民於民國十九年由本村徙出現在陶林縣土木耳台寄任、今因生活困難、意欲全家返里緣子雲色代現充土木耳台鎮公所自衛隊附職務請假數次均未照准請予轉函該縣將民子雲色代放還以便全家返里等情據此經職調查尚屬實情理合備文呈請

鑒核准予轉函實為公便謹呈

總管　榮

主任　昌瑞

榮祥曉諭旗民堅守旗轄立場手諭

（一九四八年七月二十一日，榮祥手跡，原件藏土默特左旗檔案館）

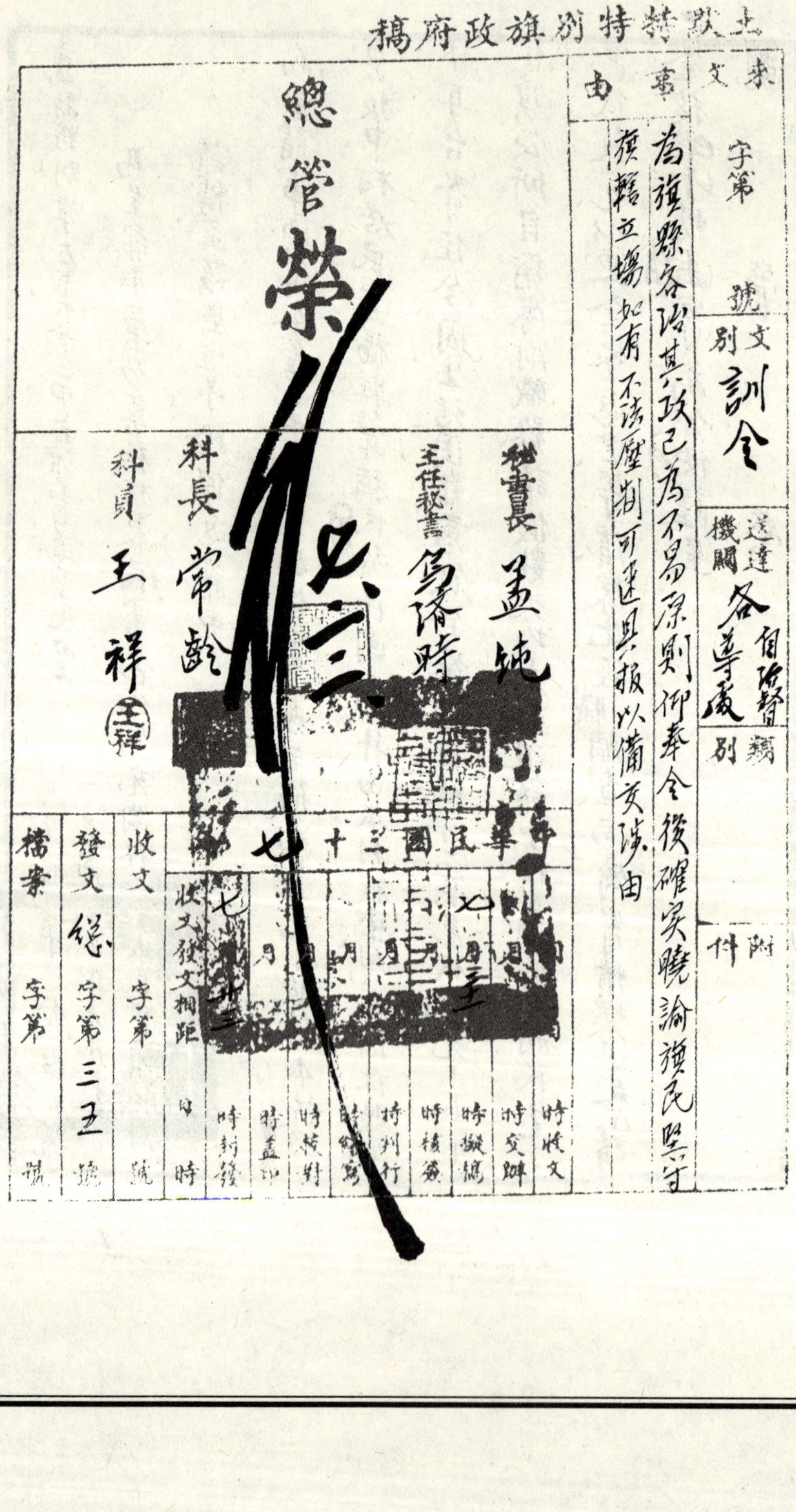

土默特特別旗政府稿

來文　字第　號

事由：為旗縣各治其政已為不易原則仰奉令後確實曉諭旗民堅守旗轄立場如有不法壓制可逕具報以備交涉由

文別：訓令

送達機關：各自治督導處

附件

總管　榮祥

秘書長　孟純

主任秘書　烏陶時

科長　常齡

科員　王祥

中華民國三十七年七月

收文　字第　號

發文　總字第三五號

檔案　字第　號

為令遵事據報詳細以備交涉為要此令

總管 榮 ○

據報最近期間、本旗境內各市縣政府欲將本旗所屬蒙民、悉行編入市縣保甲、並擬將本府所發蒙民戶口證及身份証、強制撤換、以期統歸市縣管轄、查此項措施、既未徵得本旗政府之同意、而本旗政府亦未奉到蒙藏委員會、及綏境蒙政會之命令、對於此種強迫行動、本旗政府絕對不能默認、況旗與市縣各治其政、各管其民、權限劃分、不相干擾、市縣保甲之不能編入蒙民、猶本旗原目之不能編入漢民、事理昭然、不煩多辯、假使互相濫編、勢必糾紛益甚、且以片面行動、強編蒙民、實無

異否認本旗政府之存在、此種侮辱、
尔決非本總管所能忍受、仰尔各督
導處主任幹員及大小欽僚、務宜曉喻
本旗蒙民、堅守旗轄立場、奉公守
法、為國家者其良善公民之義務、
敵設如仍有強迫壓制情事、可速詳
確具報、以備交涉為要、總管榮手諭

榮祥爲抗戰期間本旗財産損失申請賠償案致蒙藏委員會代電

（一九四八年八月二十日，原件藏土默特左旗檔案館）

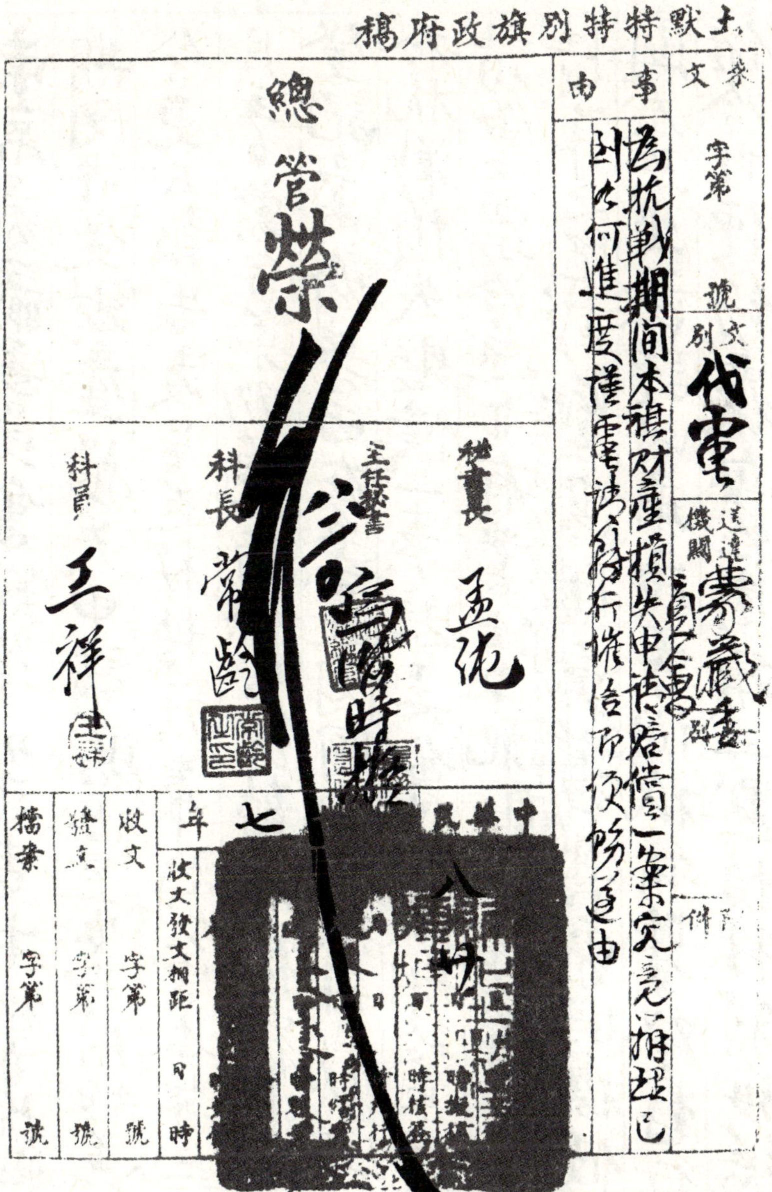

土默特特别旗政府稿

來文：字第　號

文别：代電

送達機關：蒙藏委員會

附件：

事由：爲抗戰期間本旗財産損失申請賠償一案究竟已辦理到如何進度謹電請[illegible]行[illegible]由

總管　榮

秘書長　[illegible]

主任秘書

科長　[illegible]

科員　王祥

中華民國　年　八月　廿日

收文　字第　號

發文　字第　號

檔案　字第　號

南京蒙藏委員會鈞鑒：案查本旗在抗戰
期間所受財產損失申請賠償一案，前經遵
令更正報告表呈送核轉，旋奉鈞會本年三
月五日蒙字第0971號指令：已經轉准核覆，准予
登記彙辦等因在案。近閱國內報紙刊載關
於抗戰損失賠償一事，賠委會已限期終止申
請重彙案洽還，亦有業經分配賠償物資一類
情事之紀載，倘在[illegible]之冥蒼其蒙時機依
與尤以坐誤，謹此電奉詢，祇請鑒察轉行
催洽，即便飭覆，無任感禱。土默特特別旗總
管榮祥叩卯未〇印

爲查得抗戰期間本旗被劫去重要文卷呈蒙藏委員會文

（一九四八年九月二十日。抗戰時期，日軍從土旗借走檔案三十木箱。榮祥極爲重視歷史文獻保存，全力追討。原件藏土默特左旗檔案館）

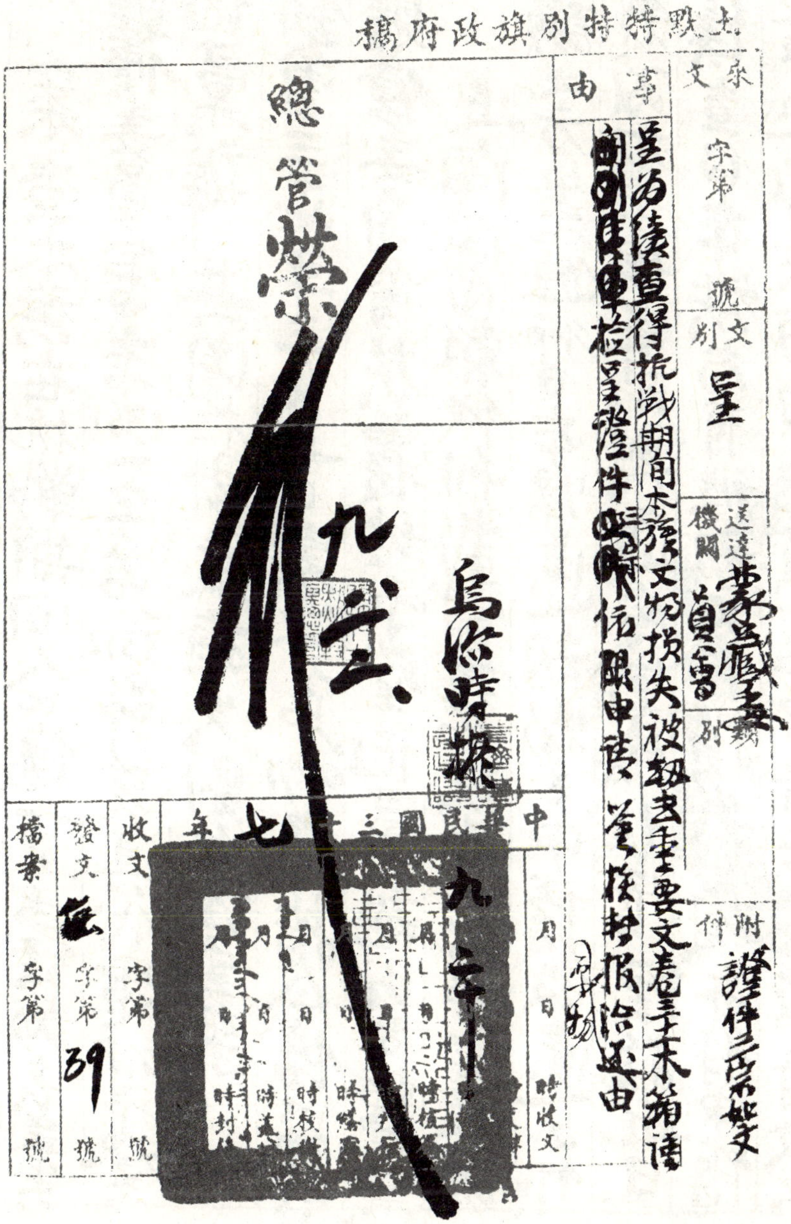

案查本旗在抗戰期間人口傷亡、業經列表呈奉
賠償委員會京(36)一字第3312號亥真代電、准予登
記彙辦、其關於財產損失、則無從呈奉
鈞會三十七年三月五日蒙字第0971號指令、飭以暫從
賠償委員會核覆、姑予登記彙辦、免其情棄、
近閱國內報紙刊載盟總現正依照已獲協
議之方案進行日本歸還劫物之申請發還工作、
我政府亦規定限期通令完成、從管經於近日、
續查得本旗尚有被劫文物損失一項、無待申請
發還、緣於淪陷之年、敵寇曾將本旗政府致移

為孫公署者、使隸屬於僞蒙疆政權所置巴彥塔
拉盟公署統轄之下、派有敵籍顧問人六名之日參
事官寺川縣在主持一切，凡所行為無不出以高壓、
後於三十年十月間、有僞蒙疆學院教授日人江
實自張家口派來，並取得此間僞蒙古之文化館之
聯繫、專為清理本旗舊日庫存文卷檔案以
整理之方式實行文物之劫奪事。奉總管於勝利返旗
後此所經、隨屬蒐集證據、並詢據知其主日
情形之先，彼系籍江實則以僅與僞參事官
橫野之氏連絡，即自行雇人檢搜舊檔卷詳細內容

上略專案另存函片

使人不得而知，大約係分晰滿、清或蒙、漢文字，或
事件、年代、種類，分門別類，分別裝以箱，編標
號碼、年、節，據實言，係為運去影印，或藉以資（專供）
研究之用。當經運去一批，數目不詳，但就迄今據
存本府整數不等之裝成木箱，封面核計，（標記字樣加封）
約係運走三十一箱，並經呈即飭就述陳情況，開
列清單，重經查閱，凡單內未字記載項目，
均係當日被敵劫去之件，計共三十一木箱，次後撤（以上係原封）
比推新內中劫運以去者，多係年號自開創
時代，據此類推，多係順康雍乾，以迄清末民初年
曆

要文獻、其在國家邊疆行政、及本族經濟、文化諸方面均有極重
要之關聯、所有此項檔案之損失、實不能以金錢衡量其價格、蓋其
於我國家民族歷史文化上、洵具有無上價值、倘不力謀珠還、將
無以資彌補、復查敵人自廿年、全面其侵畧機關施行
其所謂圖策之一端、擄去該項、以爲己利用爲資料、編印
成書、名之曰「巴彥塔拉盟史料集成土默特特別旗之
部第一輯」等鉅帙、並經以偽盟公署名義刊發行、惟因
敵軍敗降之際、文物未遭燬滅、經過多方之搜求、終得
該原書第二輯二厚冊、都四百頁、翻閱內容、殊足以徵
知其標竊之一切本旗檔、呈原書、資爲證物、乃以刻下

榮祥手寫原文件

郵寄拒收、祇得照抄原書序文凡例目次等十四頁、
（計八篇）並舊存檔卷内關於被敵殘留兩項目件
數目單二紙、暨將殘留善箱攝出照片二張、併
隨文附呈、藉資提證、依限專案呈報、祇請
鈞會查核、轉報
行政院賠償委員會查核、賜將上述本館文物損失、
被敵劫去拾卷三十一木箱、轉飭原物返還、實為幸便、
謹呈
[illegible]委員會委員長許
計附證件二宗如文

土默特旗政府舊存檔卷被敵劫去及殘留項别數目清單

本單所列案字係被敵劫去之件

箱號	標記年號	標記件數	件别	備考
1				
2				
3				
4				
5				
6				
7				

箱號	標記年號	標記件數	件别	備考
8				
9				
10				
11	乾隆	二四	包	
12	〃	二七	〃	
13	〃	二六	〃	
14	〃	六	〃	

上火喬寺司真文呀

15	16 乾隆 二五 包	17	18	19 〃 二六 〃	20 〃 二三 〃	21 〃 三一 〃	22 嘉慶 一七 〃	23 道光 二七 〃	24 同治 二〇 〃
25 光緒 五 包	26 二六 〃	27	28 四四 〃	29 四一 〃	30	31 民國 二五 〃	32	33	34

[illegible]

35			
36			
37			
38			
39			
40	嘉慶	三五	賬本
41			
42	道光	一百八	〃
43	〃	五六	〃
44	〃	九六	〃
45	咸豐	五六	
46			
47	不詳	不詳	
48	〃	〃	
49			
50	乾隆 嘉慶 光緒	七五 三四 二九	簿冊
51	道光	六一	
52	同治 咸豐	四五 三三	〃
53	光緒	九三	〃
54	民国 宣統	二一 二五	〃

[illegible]

55	中文 洋文 不詳
56	〃 信冊
57	〃
58	〃
59	〃 雜件
60	〃 〃
61	〃 〃
62	〃 〃
63	
64	〃 〃
64	
66	不詳 雜件
67	〃 〃
68	
69	〃 〃
70	〃 〃
71	〃 〃
72	
73	〃 〃
74	〃 〃

[illegible]

75 不詳雜件 77 不詳雜件

76

右單列弗字共三十一項計三十一木箱均係被敵劫運以去之件其所列黑字各項迄今仍殘留本府附此卮即此項殘留檔卷木箱之一部分也合併註明

上次貴寺司具文字

榮祥開革王在國、李秀山的手諭

〔約一九四八年十一月二十八日，原件藏土默特左旗檔案館〕

王在國李秀山販賣毒
品敗壞本府名譽着即
撤革並通知警察局
隨時注意為要此諭
總管榮手諭 十一月廿八日

綏遠省境內蒙古各盟旗地方自治政務委員會爲送大會提案關於蒙旗自治方案之決議致蒙藏委員會代電

〔一九四八年下半年。原件模糊，改録人形式。原件藏中國第二歷史檔案館〕

南京蒙藏委員會轉呈行政院院長翁〔文灝〕鈞鑒。本會召開第十二屆委員會議，業經如期舉行，圓滿閉幕，並已電報備查各在卷。所有決議案件，即將印製制成帙，賫請備案以便執行。頃准大會移來圖佈陞吉爾格勒等委員十三人提議『電請行政院對蒙旗自治方案正式公布前，懇將草案發交本會轉蒙旗地方政府徵求意見以供中央參考』一案，當經決議：照審查意見原案交會，迅速辦理，一致通過等由，自應照辦。查蒙旗環境迥異內地，此次制定自治方案關係事業前途至鉅，其條文若能適合實際，必能進展順利，倘有鑿枘不入之處，必將發生削足適履扞格難行之苦。爲使地方奉如圭臬，政府保持威信計，應請將上項自治方案之草案在未公布前發交本會研究，俾資轉向各地政府徵詢意見，再供中央參考。既有助於立法之精神，且能提高行政之效率。理合抄附提案暨決議全文，一併電請鑒核示遵。綏境蒙政會委員長圖佈陞吉爾格勒叩。午篠公秘印，附抄原提案暨決議全文，一件

（五十二）議題：電請行政院對蒙旗自治方案正式公布前請將草案發交本會轉蒙旗地方政府徵求意見，以供中央參考案

提案人　圖佈陞吉爾格勒

連署人　巴文峻

榮祥

鄂齊爾呼雅克圖

林沁僧格

經天禄

康濟民
奇玉山
貢噶色楞
阿拉坦鄂齊爾
補音達賴
額仁慶達賴
沙拉布多爾濟

理由：蒙旗自治爲蒙胞年來一致之要求，當兹行憲伊始，尤殷切希冀早日實現。頃聞中央對蒙旗自治方案業已擬就，現正與有關機關商定中。查本方案關係蒙旗前途至爲重大，爲期將來推行順利起見，擬電請政府在公布前徵求各蒙旗意見，以利實行。

辦法：(一)請由大會通過電請行政院對本方案正式公佈前，請將草案發交本會轉蒙旗政府徵求意見，以供政府參考。(二)推定蒙政會、烏盟政府、伊盟政府、土默特及綏東四旗爲將來徵集擬具意見，提供行政院參考之單位。如何之處，敬請公決。

審查意見：

原案通過，交會迅速辦理。

決議：照審查意見通過。

蒙藏委員會調查員對榮祥的印象

（約一九四八年，摘自《土默特特別旗調查報告》，原件藏中國第二歷史檔案館）

總管榮祥號耀宸籍隸本旗現年五三歲北京法政大學畢業曾歷任綏省參議員省政府秘書長綏境蒙政會秘書長蒙旗宣慰使蒙古游擊軍第三軍區司令等要職學識淵博才具優長信仰三民主義有塞外文豪之稱總統蔣公及傅作義先生均甚器重將來開展蒙旗邊務實多倚畀。

輯《中華民國國民政府公報》有關榮祥之任命令

（這些任命令均輯自《中華民國國民政府公報》）

一

國民政府令　二十三年三月七日

任命雲端旺楚克，索諾木喇布坦，沙克都爾札布，德穆楚克棟魯普，阿拉坦鄂齊爾，巴寶多爾濟，那彥圖，楊桑，恩克巴圖，白雲梯，克興額，吳鶴齡，卓特巴札普，貢楚克拉什，達理札雅，圖布□巴雅爾，榮祥，尼瑪鄂特索爾，伊德欽，郭爾卓爾札布，托克托胡，潘第恭察布，那木（洛）〔濟〕勒色楞，阿育勒烏貴爲蒙古地方自治政務委員會委員，并指定雲端旺楚克爲委員長，索諾木喇布坦，沙克都爾札布爲副委員長。此令。

主席林森

行政院長汪兆銘

（《中華民國國民政府公報》第七十八册第一八八一號第四至五頁，成文出版社影印本，一九七二年。）

二

國民政府令　二十三年九月二十六日

行政院長汪兆銘呈，據蒙藏委員會委員長石青陽呈，請派榮祥署理土默特特別旗總管，應照準。此令。

主席林森

行政院長汪兆銘

（《中華民國國民政府公報》第八十四册第一五五□號第一

色沁札木巴拉、凌慶僧格、石拉布多爾濟、噶勒藏羅勒瑪旺札勒札木蘇、康達多爾濟、圖布新濟爾噶勒、特固斯阿木固朗、額齊爾呼雅克圖、榮祥、沙拉布多爾濟、達密凌蘇龍、巴拉貢札布、孟克鄂奇爾爲綏遠省境内蒙古各盟旗地方自治政務委員會委員，烏勒濟百雅爾代理綏遠省境内蒙古各盟旗地方自治政務委員會委員，并指定沙克都爾札布爲委員長，巴寶多爾濟、阿拉坦鄂齊爾、潘第恭察布爲副委員長。此令

主席林森

行政院長汪兆銘

〔《中華民國國民政府公報》第一〇三册第一九五五號第三至四頁。〕

四

國民政府令　二十六年二月二日

派阿勒坦鄂齊爾爲綏遠省境内蒙古各盟旗地方自治政務委員會秘書處處長，沙拉布多爾濟爲綏遠省境内蒙古各盟旗地方自治政務委員會參事處處長，凌慶僧格爲綏遠省境内蒙古各盟旗地方自治政務委員會民治處處長，榮祥爲綏遠省境内蒙古各盟旗地方自治政務委員會教育處處長，潘第恭察布爲綏遠省境内蒙古各盟旗地方自治政務委員會保安處處長，孟克鄂齊爾爲綏遠省境内蒙古各盟旗地方自治政務委員會衛生處處長，康達多爾濟爲綏遠省境内蒙古各盟旗地方自治政務委員會防共訓練委員會主席，圖布新濟爾噶勒爲綏遠省境内蒙古各盟旗地方自治政務委員會建設委員會常務委員，鄂齊爾呼雅克圖爲綏遠省境内蒙古各盟旗地方自治政務委員會財務委員會主席。此令。

主席林森

行政院長蔣中正假

副院長孔祥熙代

〔《中華民國國民政府公報》第一二〇册第二二六九號第二頁。〕

五

國民政府令　二十七年二月二十四日

派阿勒坦鄂齊爾、巴寶多爾濟爲蒙旗宣慰副使，榮祥爲蒙旗宣慰使公署秘書長，特固斯阿木固朗爲蒙旗宣慰使公署政務處處長。此令

主席林森
行政院長孔祥熙

〔《中華民國國民政府公報》第一三一册渝字第二十六號第四至五頁。〕

六

國民政府指令　渝字第八四二號　二十七年七月二日

令行政院

二十七年六月二十七日渝字第五一八四號呈一件，爲據蒙藏委員會呈報蒙旗宣（化）〔慰〕使公署秘書長榮祥代理沙宣慰使駐榆處理署務一案，轉呈鑒核備案由。

呈悉。准予備案。此令。

主席林森
行政院長孔祥熙

〔《中華民國國民政府公報》第一三四册渝字第六十三號第二十二頁。〕

七

國民政府令　二十八年九月三十日

派榮祥、鄂齊爾呼雅克圖、圖布陞濟爾噶勒爲綏遠省境内蒙古各盟旗地方自治政務委員會常務委員。此令。

主席林森
行政院長孔祥熙

〔《中華民國國民政府公報》第一四三册渝字第一九三號第二頁。〕

八

國民政府令　二十八年十二月一日

派榮祥兼綏遠省境内蒙古各盟旗地方自治政務委員會秘書處處長，康達多爾濟兼綏遠省境内蒙古各盟旗地方自治政務委員會參事處處長，特固斯阿木固朗兼綏遠省境内蒙古各盟旗地方自治政務委員會民治處處長，圖布陞吉爾噶勒兼綏遠省境内蒙古各盟旗地方自治政務委員會教育處處長，阿凌阿兼綏遠省境内蒙古各盟旗地方自治政務委員會實業處處長，烏勒濟巴雅爾兼綏遠省境内蒙古各盟旗地方自治政務委員會保安處處長，色登多爾濟兼綏遠省境内蒙古各盟旗地方自治政務委員會衛生處處長，奇俊峰兼綏遠省境内蒙古各盟旗地方自治政務委員會建設委員會主任委員，旺慶扎布兼綏遠省境内蒙古各盟旗地方自治政務委員會振濟委員會主任委員，鄂齊爾呼雅克圖兼綏遠省境内蒙古各盟旗地方自治政務委員會財務委員會主任委員。此令。

主席林森

行政院長孔祥熙

〔《中華民國國民政府公報》第一四五册渝字第二一〇號第二頁。〕

九

國民政府令　二十九年九月七日

行政院院長蔣中正呈，據蒙藏委員會委員長吴忠信呈，請派貢噶色楞兼綏遠省境内蒙古各盟旗地方自治政務委員會建設委員會委員，色登多爾濟、任秉鈞爲綏遠省境内蒙古各盟旗地方自治政務委員會建設委員會委員，榮祥、康濟敏、特固斯阿木固朗、圖布陞吉爾噶勒、阿凌阿、烏勒濟巴雅爾、色登多爾濟、奇俊峰、貢噶色楞、鄂齊爾呼雅克圖兼綏遠省境内蒙古各盟旗地方自治政務委員會振濟委員會委員，殷石麟爲綏遠省境内蒙古各盟旗地方自治政務委員會振濟委員會委員，圖布陞吉爾噶勒、阿凌阿兼綏遠省境内蒙古各盟旗地方自治政務委員會財務委員會委員，應照准。此令。

主席林森

行政院長蔣中正

〔《中華民國國民政府公報》第一五四册渝字第二九一號第一頁。〕

十

國民政府令　三十三年五月五日

白雲梯、格桑澤仁、羅桑堅贊、圖布陞(克)〔吉〕爾格勒、榮祥、阿旺堅贊各給予三等景星勛章。此令。

主席林森

行政院長蔣中正

立法院院長孫科

司法院院長居正

考試院院長戴傳賢

監察院院長于右任

〔《中華民國國民政府公報》第一八六册渝字第六七二號第二至三頁。〕

十一

國民政府令

蒙旗宣慰使公署秘書長兼綏遠省境内蒙古各盟旗地方自治政務委員會秘書處處長榮祥另有任用，榮祥應免本兼各職。此令。

派圖布陞吉爾格勒爲伊克昭盟盟長，鄂齊爾呼雅克圖爲伊克昭盟副盟長，康達多爾濟爲伊克昭盟幫辦盟務，榮祥爲蒙旗宣慰使。此令。

〔《中華民國國民政府公報》第一九六册渝字第八二二號第一頁。〕

十二

國民政府令

李居義、陳炳謙、潘秀仁、曾厚載、王國英、張濯清、張遐民、榮祥、王則鼎、張彝鼎、于純齋、俞杰、王文景、周北峰、王映榮、康保安、陳玉甲、王任之、張丕烈、、張傳德、由竹生、常佩三、潘世榮、張鳳來、王印、李榮蔭、杜勤恤、楊耀墀……各給予勝利勛章。此令。

〔《中華民國國民政府公報》第二〇五册渝字第二六五八號第一頁。三十五年十月十日(補登)(續)〕

十三

國民政府令

派……榮祥爲監察院監察委員歸化土默特旗綏東四旗選舉監督……

〔《中華民國國民政府公報》第二〇五册渝字第二九四一號第五頁。〕

總管榮祥爲已制止喬漢魁部强拉種牛喂草事給種牛管理員的指令

（一九四九年四月七日，原件藏土默特左旗檔案館）

於民國三十八年三月　日呈乙件爲呈報駐防大岱什村喬部留守處强拉種牛喂草請文核制止由

呈悉。業經本會據情轉請指揮所嚴加制止去後，茲奉該所指副字第二三二號代電內開：已令知喬旅長漢魁查明嚴加制止矣。等因。合行令仰知照。如有該處或其他駐防部隊士兵到村索要草料，應持此婉辭拒卻，以免影響種牛營養。仰即知照為要。此令。

總管　榮〇

總管榮祥謹向土默特旗蒙胞辭職書鉛印件及手稿

（一九四九年三月十四日，原件藏土默特左旗檔案館）

謹向土默特全旗蒙胞辭職書

親愛的我全旗同胞們：

我現在年近六十，精神腦力，大不如前。若以俗傳古代故事來說，已經快到被子孫活埋的年歲了！對於總管職務，如果仍然繼續若幹下去，我自己感覺勉強，受些勞累，倒於小事，萬一誤了旗務，遺害於你們大衆，那就罪過太重了。現在爲本旗前途打算，同時也是爲我個人打算：最好請你們大家准許我把總管辭掉，另選一位年富力強，品學才幹都勝過我的人，來擔起這個職責來。公事既有賢能領導，我也得到老年的休息，這是再好也沒有的辦法了。

你們大家須要知道，現在是民主時代。民主的意義，就是一切政治原則，都要以多數人民的意思爲主體。我旗以往雖然沒有行過民主，但現在是學習民主時期，我們先學習學習，豈不很好麼？何况現在綏境十八旗，還沒有聽見有自動學習民主的蒙旗。我們先來試辦一下，既然可以自求改進，又可作各旗的借鏡，這在策勵蒙胞的進步上說，也不是毫無意義的。

我現在既向你們大家請求辭職，我應當把我就任以來所作的工作，向你們作一個簡略的報告。我自民國二十三年九月二十六日就職，到如今已經是十五年了。論時期可算是相當的長久，論工作實在沒有給你們做出什麼成績來。這，只有請你們原諒我的低能吧！

在民國二十六年以前，我除了努力於盟旗地方自治以外，對本旗是注意舊弊的改革，和學校教育的發展。對於蒙旗新幹部的培養，更是我最關心的一件大事。可惜時間太短，就被日寇侵略摧毀了。

自二十六年盧溝橋事變之日起，我就決心犧牲一切，自動參加抗戰。因爲這一舉動，關係我全旗甚至於全蒙的存亡榮辱。我既是總管，有領導民衆的大責任。當時認定：將來成功，是大家之光；倘若失敗，是我個人的罪，沒有和大家商量之必要，況且時間倉猝，也實在沒有商量的機會。內心決定了唯一的意念，無非是要替全體蒙胞，爭取在勝利後的發言權立場而已。結果，這個小小目的，總算達到了。大家請想一想，假如那時候我們都走一個路線，在抗戰勝利後，我們全旗該是什麼景象呢？

三十四年秋天，勝利的捷音到來了。我　到本旗，第一步，就先加緊調整本旗各自治督導處的人事。第二步嚴令督催各督導處清查各甲佐，迅速辦理戶籍，增發各蒙胞的身份證，這一切工作，都趕在前頭完成了。其後市縣編組保甲，見到本旗的戶政，已經先期辦竣，也只作了個「相視而笑，莫逆於心」的友誼表示，不再提什麼話了。這種互愛的精神，是新時代的象徵啊！

近三四年來：我經常督率着各部門工作幹部，將本旗各項政務，逐漸的整飭推進。對於保安部隊，量予充實。軍政用度，竭力樽節。社政學校，也儘其可能的辦理。直到目前，因爲事實上的限制，關於經費還沒能達到自給自足的理想境界　因而也不敢侈談成績。但是，我們的政治軍事教育衛生等等，總算是有些頭緒了。今而後，倘若得到能力精力俱強的人，繼續領導前進：你們大家再能一致支持本旗政府，我想那蒸蒸日上的成就，一定比我幹的好得多。至關於我們地方自治問題：我歷來不斷的努力，希望有補於整個民族，這是大家都知道的。今而後，倘能有人循線繼起，我雖辭職退居，仍然可以在野之身，從旁贊助，沒有什麼可慮的。

以上簡短的報告，既經說明。我因爲時代大轉變，特用書面向全旗同胞們　提出辭職的意願。一面已經將任內經手的事務，分別歸結，準備交代。一面吩咐各甲佐，以公開民主的方式，辦理選舉。你們大家那一天將新的總管選舉出來，我那日就將職務移交接管。希望你們容納我誠懇的請求，趕快的選舉，好把本旗改成一個民主的政府，大家須知道，這是時代的要求啊

總管榮祥敬啓

三十八年六月十四日

榮總管向土默特全旗蒙胞辭職書

親愛的土默特全旗蒙胞們！

我現在年近六十，精神體力，大不如前。若以太古時代的俗傳故事說，已經快到被子孫活埋的年歲了。如果再不知進退，勉強幹下去，然自己勞死事小，耽誤了本旗的政治，遺害於你們大衆那就罪過太重了。現在為本旗前途打算，同時也為我自己打算，最好請你們准我把總管辭掉，另選一個年富力強，品學才幹都勝過我的人，來担任本旗總管的職責。公事既有賢能領導，我也得到老年的休息，這是再好也沒有的辦法了。

你們大家須要知道，現在是民主時代。民主的義意，就是一切政治原則都要以多數人民的意思為主體。我旗以往雖然沒有行過民主，但現在是學習民主時期，我們先學習學習，豈不很好麽？何況現在綏境十八旗，還沒有聽見有自動學習民主的蒙旗。我們先來試辦一下，既然可自求改進，又可作各旗的借鏡，這在策勵蒙胞的進步上說，也不是毫無義意的。

我現在既向你們大家請示辭職，我應當把我就任以來所作的工作，向你們作一個簡畧的報告。我自民國二十三年九月二十六日就職到今天已經是十五年了。論时期可算相當的長久；論工作實在沒有給你們做出什麼成績來。這，只有請你們原諒我的低能吧！

在民國二十六年以前，我除了努力於盟旗地方自治以外；我對本旗是注意舊弊的改革、和学校教育的發展。對於蒙旗新幹部的培養，更是我最關心的一件大事。可惜时間太短，就被日寇侵略摧毁了。

自二十六年盧溝橋事變之日起，我就決心犧牲一切，自動参加抗戰。因為這事關係本旗甚至全蒙的存亡，我既是總管，有領導本旗人民就大義、就應內決於心，不必和大家商量。況时間倉猝，實在也沒有商量的機会。至於我的本意，無非欲替全体蒙胞努利以後的發言權而已。現在這箇小小目的總算達到了。假如那时我們都走了親倭路線、我們在勝利後還有什麼話可說呢？

三十四年秋天、我們抗戰勝利的捷音到來了。我回到本旗、第一步、就先加緊調整本旗各自治督導處的人了。第二步嚴令催各督導處清查蒙民甲佐屬目、迅速办理户籍、填發各蒙胞的身份証。這一切工作都赶在前頭完成了。嗣後市府編组保甲、見本旗的户政、只先期办竣、也只作了箇『相視而笑、莫逆於心』的友誼表示、不再提什麼話了。這種互愛的精神、是新时代進步的象徵啊。

以上的簡短報告、實在無成績可言。好在我們的政治軍事教育衛生等等都整理的有些頭緒了。只是自給自足的經費、還窮的厲害。希望你們大家多多支持本旗政府、使牠能蒸蒸日上。

我對於旗政府的交代、早已準備好了。你們那一天選出新的好的總管、我立刻就能移交。請你們赶快的選舉、把本旗改成一箇民主的政府、這是时代的要求、也是我誠懇的表示。

總管榮祥敬啓

榮祥請釋放回民哈德清函

〔年代不詳，原件藏土默特左旗檔案館〕

土默特特別旗政府用箋

伏波仁兄勛鑒：敬啓者，茲有本市商民哈德清係貴佐本旗官房開設達順祥商號，因有毒品嫌疑被貴部拘捕在案。查該商籍隸回教，品端行良，素無不良嗜好，今誤被毒犯攀咬，無辜受累，實屬枉極。素諗仁兄仁慈公正，務請俯念無辜，惠予寬釋放為禱。專此奉託，順頌

勛安

弟榮祥拜啓 九月廿四日

榮祥的選票

（一九四九年六月，原件藏土默特左旗檔案館）

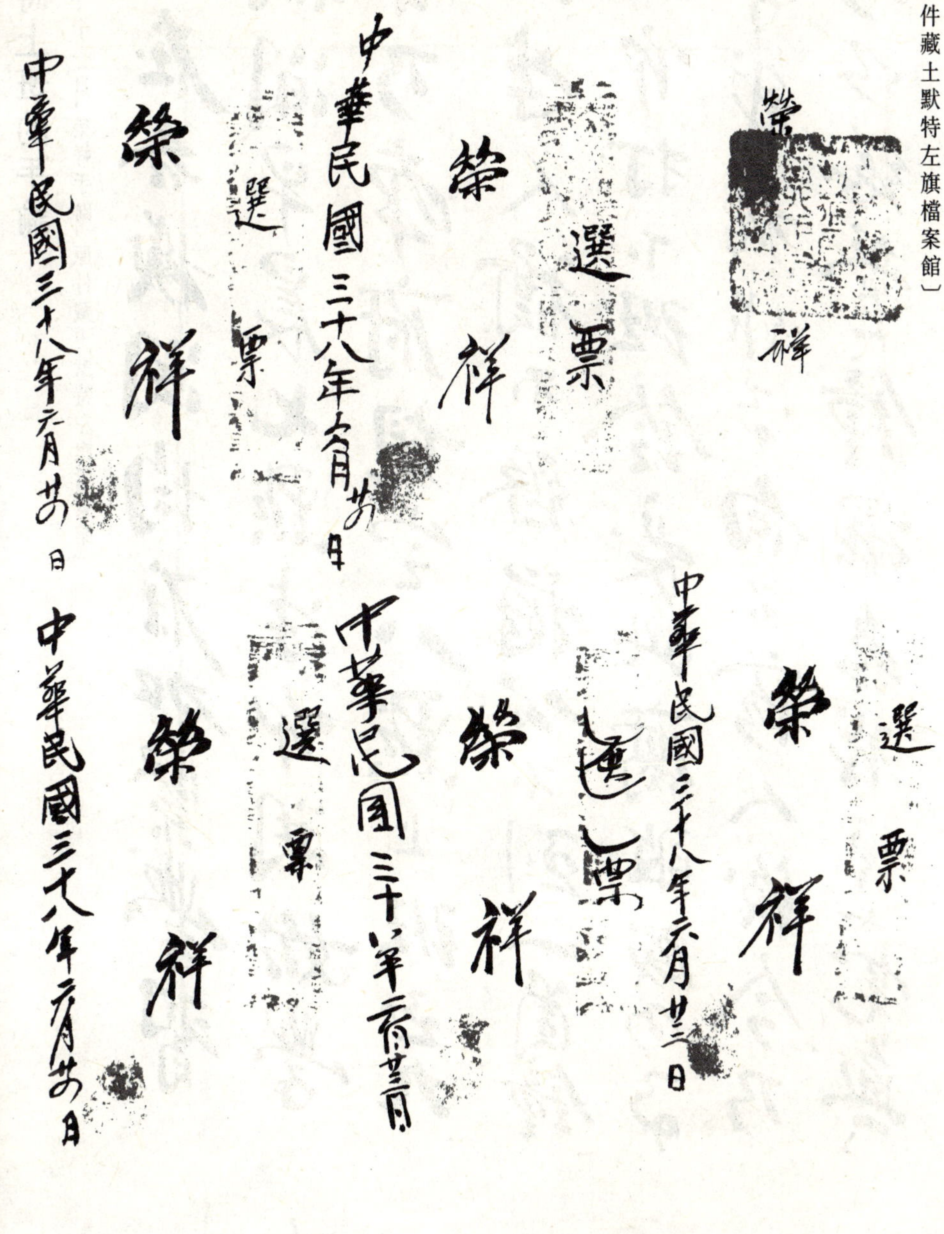
榮祥

選票
榮祥
中華民國三十八年六月廿三日

選票
榮祥
中華民國三十八年六月廿三日

選票
榮祥
中華民國三十八年六月廿三日

選票
榮祥
中華民國三十八年六月廿三日

選票
榮祥
中華民國三十八年六月廿三日

榮祥關於按時上班的手諭

（一九四九年十一月二十一日，榮祥手跡，原件藏土默特左旗檔案館）

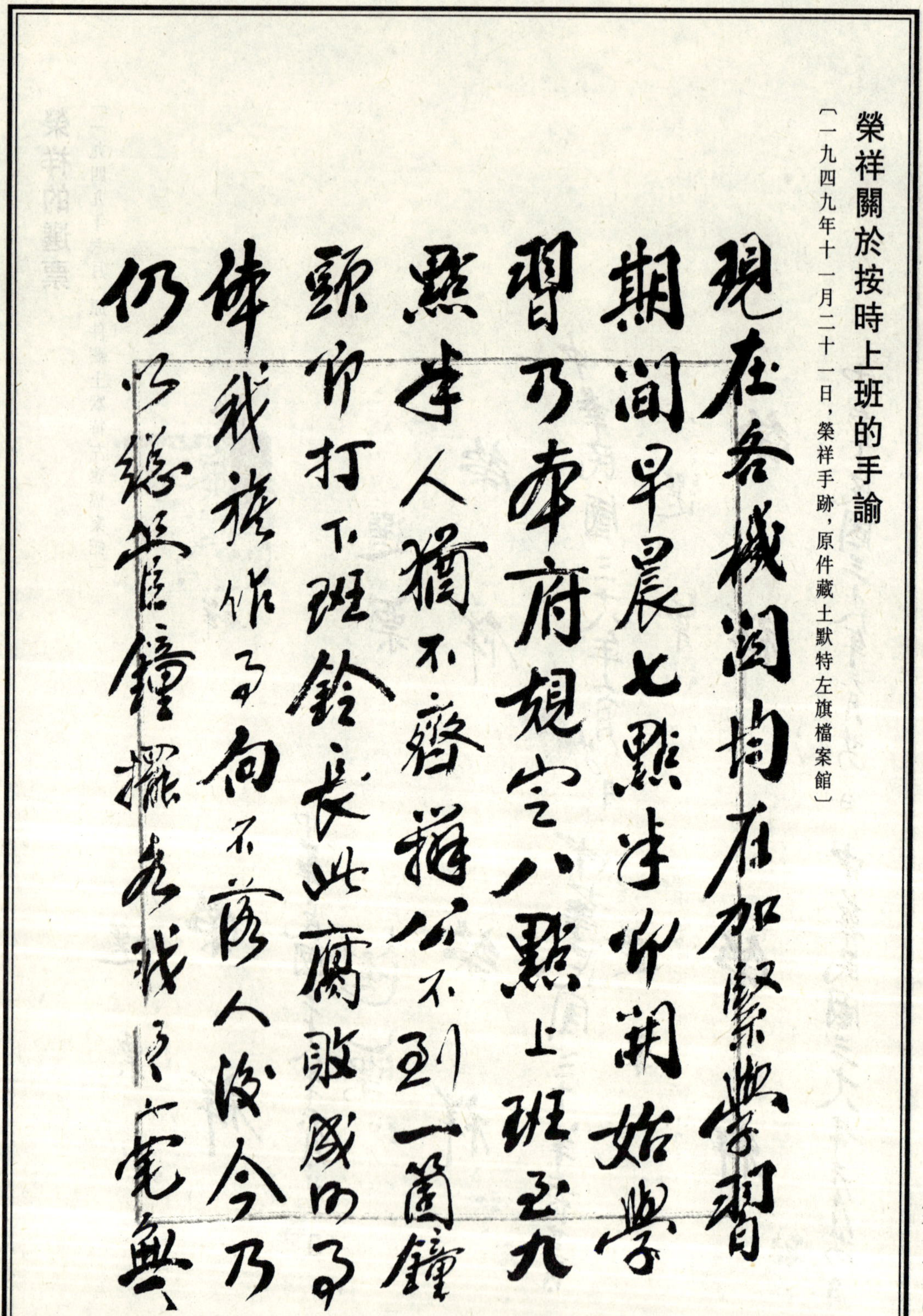

現在各機關均在加緊學習期間早晨七點半鐘開始學習乃本府規定八點上班至九點半人猶不齊辦公不到一箇鐘頭即打下班鈴長此腐敗成何事體我旗作事向不落人後今乃仍以總監鐘擺為我事之寬無

自加警惕努力前進之精神，似與同城各机関相較能耳，自慚形穢。願我同仁認清時代，無不決心自加策勵，萬勿負憑總管篤促也。仰總科將此諭傳各科股知之。此諭

總管榮手諭

十月廿日

榮祥敦促旗員戒毒手諭

（約一九四九年十二月十三日，榮祥手跡，原件藏土默特左旗檔案館）

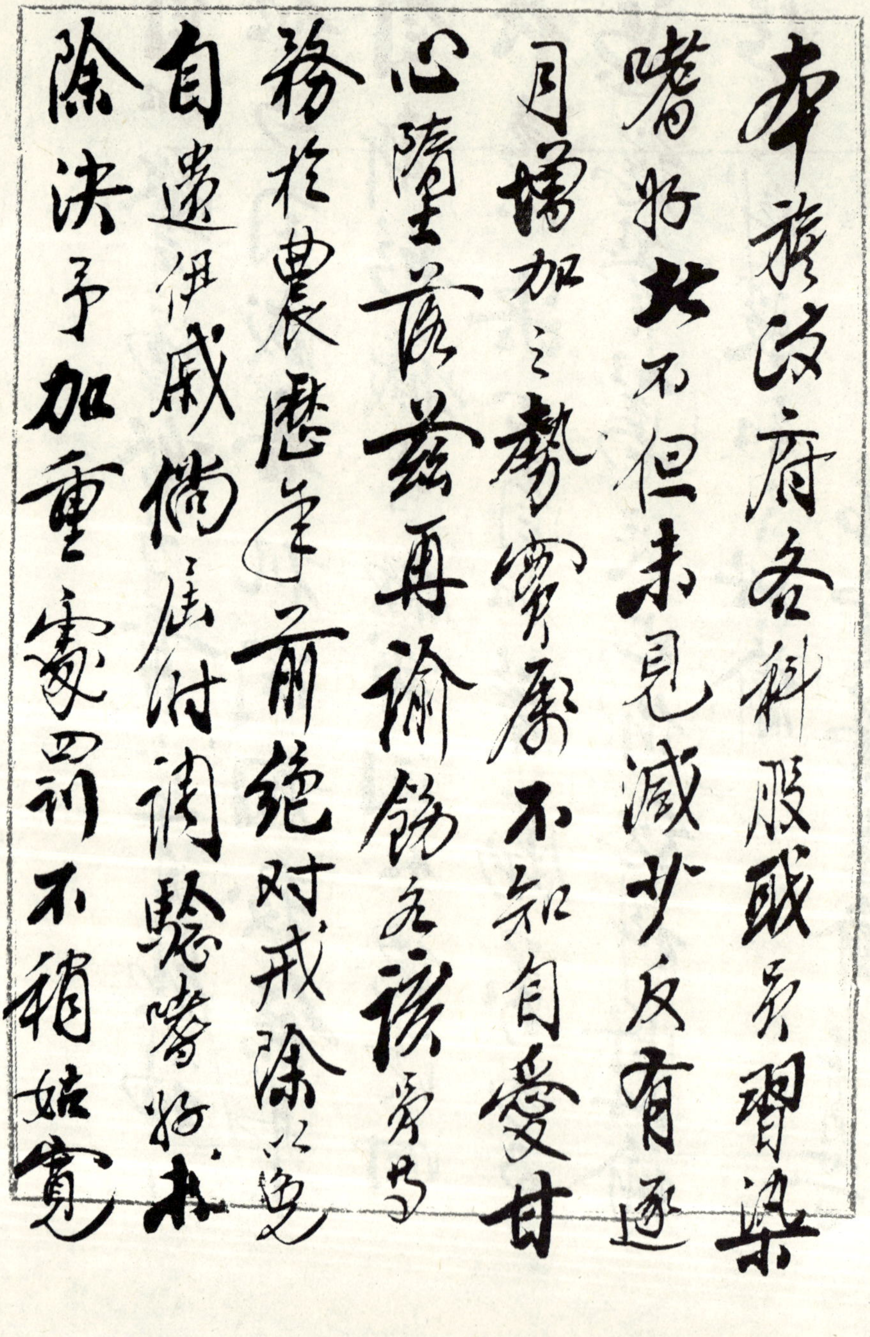

本旗政府各科股職員習染嗜好者不但未見減少反有逐月增加之勢實屬不知自愛甘心墮落茲再諭飭各該員等務於農歷年前絕对戒除以免自遺伊戚倘屆時調驗嗜好未除決予加重處罰不稍姑寬

仰各該員等務須痛下決心依
期自戒本總管昔日婆心之
作十百次之告誡均因各該員等
冥頑自居不肯接受此刻全
國解放百度維新若再觀望
則嚴重禍害決難幸免仰各
凜遵勿再仍前玩忽為要

總管榮祥手諭 十二月十二日

榮祥填寫的履歷表

（時間爲一九七〇年後，原件藏内蒙古自治區檔案館）

姓名	現名	榮祥	性別	男	民族	蒙	照片
	原名	榮祥	出生年月	1894年10月28日	家庭出身	小土地出租者	
	曾用名	塞翁（笔名）	籍貫	土默特旗	本人成分	学生旧知识分子	
身体	健康狀況	发过两次肺病，均治愈，現在身体正常。					
文化程度	學歷	北京中央政法专门学校法律本科畢業。					
	現有文化程度	原有文化程度没增长。					
家庭狀況	現在家庭的經濟狀況	現在靠工资生活，除每月工资外無其他收入。					
	現在家庭主要成員的姓名、職業和政治態度	家庭主要成员有妻齐惠桥、孙女丽娜，由我养活。其余儿媳孙子孙女等由三个儿子各自养活，有不足时我酌情贴补。妻是家庭妇女参加街道工作，颇积極。長子宝麟在昭盟，次子鍾麟在伊盟，小子赓麟在锡盟，工作态度均正常。					
何時何地參加工作		1949年9月19日原绥远省全体人员起义时在省内参加工作。					
是不是共産黨黨員，何時何地何人介紹，轉正年月		不是党员。					
是不是共産主義青年團團員，何時何地何人介紹		不是团员。					

年月至年月	在何地何单位	任何职	证明人现在何处
1910	在归绥中学附高小读书。	无职	赵国鼎在内蒙参事室。
1911——1913,9,	在归绥中学第一班读书。	无职	崔毓珍在内蒙文史館。
1913,10——1914,2,	在北京山西会館候考学校。	无职	张云汉在保同河村务农。
1914,3,——1917,12,	在北京中央政法专门学校读书。	无职	翟翼国同学在山西阳高县。
1918,1,——1918,6,	在家闲住半年。	无职	赵国鼎在内蒙参事室。
1918,7,——1921,7,	在山西省议会。	议员	赵国鼎在内蒙参事室。
1921,8——1923,1,	在绥远垦务督办公署。	任秘书	赵国鼎在内蒙参事室。
1923,2,——1924,3,	在绥远全区学务局。	科长兼师范教员	杨令德在内蒙政协。
1924,3,——1924,12,	在萨拉清源税局。	局長	田端甫在保同河村。
1925,1,——1926,9,	在北京段祺瑞召集的国民代表会议因事变未开成。	任代表	于存灏在内蒙参事室。
1926,10——1926,12,	在家闲住三个月。		
1927,1,——1928,7,	在包头绥西镇守使公署。	任参谋長	荣松亭在包头小文明巷。
1928,8,——1931,2,	在土默特旗总管公署。	任秘书長	王祥在内蒙文史研究館。
1931,3,——1931,7,	在南京各蒙旗代表联合驻京办事处。	任土旗驻京代表。	巴文峻在内蒙林学院。
1931,8,——1934,9,	在土旗总管公署及绥远通志館。	任秘书长及编撰主任。	王庆在内蒙图书館。
1934,9,——1937,10,	在土默特旗政府总管公署改旗政府。	任总管	王祥在内蒙文史研究館。
1937,10,——1945,9,	在伊盟绥境蒙政会。	任委员及以下各兼职。	任秉钧在内蒙教育厅。
	在榆林蒙旗宣慰使公署。	先任秘书長后任宣慰使。	经革陈在内蒙教育厅。
	在伊盟蒙古抗日游击軍。	任第三区司令。	巴靖远在包头市政协。
	在武汉重庆出席过第一届国民参政会。	任参政员	巴文峻在内蒙林学院。

年月至年月	在何地何单位	任何职	证明人现在何处
1945.10.—1946.12.	在土旗政府及宣慰使公署。	任总管宣慰使	王泽山在呼市精神病院。
1947.1.—1949.9.	在绥远省政府。	任委员	董其武在北京。
	在省府下设戡乱委员会 肃奸委员会。	兼任委员	董其武在北京。
	在省府下设蒙旗福利委员会。	兼任委员	董其武在北京。
1949.9.19.—1954.3.	在绥远军政委员会。	任委员	傅作义在北京。
	在土旗人民政府。	任旗長	李文精在乌盟。
1954.4.—1957.6.	在呼市人民委员会。	任付市长	李锡忠在呼市民政局。
	在呼市政治协商委员会。	任付主席	张怀义在呼市政协。
	在内蒙人民委员会。	任委员	李居义在内蒙参事室。
	在内蒙政治协商委员会。	任常委	楊令德在内蒙政协。
1957.7.—1966.8	在内蒙政治协商委员会。	任委员	楊令德在内蒙政协。
	在内蒙文史研究館。	任館長	郭灵墅在内蒙文史館。
1966.9.—1970.7.	在内蒙政协学习班。	学员	喬友善在政协学习班。

是不是民主黨派的成員，何時何地何人介紹	不是民主党派的成员。
曾否參加过反動黨團、道會門及其他反動組織，何時何地任过何種職務	参加过国民党，没有做过党务工作的各种职务。
曾否被捕、被俘，共產黨員曾否脫黨或失去黨的關系，經过情形如何	没有上列这些情形。
何時何地經何部門審查，結果如何	没有经过审查，也没有结论。
參加工作後受过何種訓練（包括政治理論及業務訓練）	参加过内蒙政协组织的学习委员会受过政治理论教育。
有何特長，熟悉何種業務	略懂汉文字学和中国历史。
有何著作和發明	编写过原"绥远省通志稿"，出版自著的"瑞芝堂诗钞"，编写过"呼和浩特市沿革记要初稿"。
懂得我國那一種民族的語文，懂得那一種外國語文，熟練程度如何	懂得汉族语文。

内蒙古文史館爲榮祥所撰悼詞

（原件藏内蒙古自治區檔案館）

荣祥先生的悼词

中国人民政治协商会议内蒙古自治区第四届委员会委员、内蒙古自治区革命委员会文史馆馆长荣祥先生因病医治无效，于一九七八年一月十九日逝世。终年八十四岁。

荣祥先生，内蒙古土默特右旗，蒙古族，一九四九年参加绥远起义。起义后，曾任绥远省军政委员会委员，土默特旗旗长，呼和浩特市人民委员会付市长，中国人民政治协商会议呼和浩特市第二届委员会付主席，内蒙古自治区人民委员会委员，中国人民政治协商会议内蒙古自治区第一届委员会委员、常委，内蒙古自治区人民委员会文史馆馆长，中国人民政治协商会议内蒙古自治区第三、四届委员会委员，内蒙古自治区革命委员会文史馆馆长。

荣祥先生一九四九年绥远起义时，积极参加起义工作，是绥远起义签字人之一。

荣祥先生拥护伟大领袖和导师毛主席，拥护中国共产党，拥护社会主义，拥护以华主席为首的党中央，对粉碎"四人帮"反党集团表示高兴。在中国共产党的正确领导下，努力学习马克思主义、列宁主义、毛泽东思想，注意改造世界观，在患重病前

第　　页

曾积极参加力所能及的工作，尤其重视文史资料蒐集和整理工作。为社会主义革命和社会主义建设事业贡献了自己的力量。

荣祥先生与我们永别了，我们要化悲痛为力量，最紧密地团结在以英明领袖华主席为首的党中央周围，高举毛主席的伟大旗帜，坚持党在社会主义历史阶段的基本路线，贯彻抓纲治国的各项战斗任务。认真贯彻党的十一大路线，坚持无产阶级专政下的继续革命，把揭批"四人帮"的伟大斗争进行到底，团结战斗，共同努力，为把我国建设成为现代化的社会主义强国而奋斗！

荣祥先生安息吧

（内蒙古自治区革命委员会

文史馆

一九七八年一月　日

第　　页

滎祥文檔·參考資料編

樂府文論·參考資料編

大元帥指令

〔《政府公報》第四二三一號『命令』第二頁，一九二八年二月十日。影印本第二三八册第四五六頁〕

大元帥指令第九十三號

令蒙藏院總裁貢桑諾爾布

呈准綏遠都統咨請以國安補土默特旗參領，萬才等補公中佐領，榮祥等補驍騎校等缺，擬請照准由。

呈悉，均准陞補，此令。

陸海軍大元帥之印　　國務總理潘復

中華民國十七年二月九日

蒙古各盟旗聯合駐京代表提案

〔《蒙古各盟旗聯合駐京辦事處特別報告》第一號，民國二十年（一九三一年）五月二十日出刊。〕

第一案

議題

保障蒙古盟旗及蒙民生計案。

理由

查民國元年（一九一一年）公布之蒙古待遇條例，内有『蒙古原有管轄治理權一律照舊』之規定，前年一八一次中央政治會議，復有『蒙藏行政制度暫准照舊』之決議，足證蒙古固有制度，確有繼續存在之必要，而内蒙各盟旗之擁護中央，始終不渝者，亦實基於此。再遼、吉、黑、新各省之設置，遠在前清末葉，而各該省内之蒙古盟旗，並無變更。自前年熱、察、綏、寧、青各處設省以後，各該省内之蒙古盟旗，亦只有相助爲理之益，並無任何妨礙之處。更可見蒙古地方雖經設省，其盟旗仍可以照舊存在。且民國二十年來，外蒙一再獨立，而內蒙仍得保持安全至於今日者，實以各盟旗相互維護之力爲最多。事實顯著，未可湮没。蓋盟旗爲蒙古數百年來之政治團體，一般蒙民，已視同第二生命。若予繼續維持，則蒙地自益鞏固。倘無形廢止，或輕予變更，則影響所及，必致引起蒙疆之騷動，是國家不啻自撤其藩籬，故與帝國主義者以可乘之隙，其爲害於國家地方者，實較內地今日之共禍爲尤烈。危機所在，不容掩飾。今爲蒙疆安全計，爲統一前途計，應予盟旗以明文之保障，藉以安定蒙古之人心。再查蒙古地瘠氣寒，蒙民向以畜牧爲業。近年以來，墾區日廣，牧場日狹，蒙民習於故常，不能改牧爲農。因而生計日蹙，故其詬病墾植，亦日以加劇。究其原因，並非蒙民反對墾植，實因墾植足以奪其生計也。假令對於蒙民生計兼籌並顧，則不獨爲蒙民之幸，併可減少墾植之窒礙。否則，墾植所至之處，即蒙民生計斷絶之地，愈逼愈促，必至鋌而走險，不爲共産主義所煽動，亦必至相率逃赴外蒙。爲淵驅魚，夫豈勵行墾植之本意，況牧畜農業，相互爲用，未可偏廢。今以我國之廣，牲畜肉酪骨角毛革需要之多，又豈可無廣大之牧場，所能濟事。若將蒙古牧畜加以改良，則收益之大，當亦不在農産之下。果有開墾之後，收益實較牧畜爲優之地，則開墾時，亦需先行保障蒙民生計之安全，及蒙古公共事業之基金地，以免蒙民生計發生恐慌，而副民生主義之精神。代表等來自蒙疆，對於保障蒙古盟旗及蒙民生計之需要，知之甚詳，故略陳實情，並擬具辦法兩條如左，敬請

大會公决，送由國民政府明令公布施行之。蒙古幸甚，國家幸甚。是否有當，敬請

公决

辦法

(一)蒙古各盟旗管轄治理權，一律照舊。

(二)蒙古不適於墾植之土地，仍留爲蒙民牧場，由中央獎勵改良牧畜；其適於墾植之土地，如開墾時，須先爲蒙民留給優厚之生計地，及公共學田。

提案人 吴鶴齡 榮祥 戴清廉
奇子俊 春德 陳賡揚
蘇寶麟 尼瑪鄂特索爾 拉希色楞
趙桂林 胡圖力 祺克慎
蕭興阿 色楞多爾濟 那達木德
鄭映珍 樂景濤 羅卜桑車珠爾
補英達賴 沙拉巴多爾濟 吉雅圖
僧格林沁 補林訃克特户 德春
華霖泰 額色勒克們德 圖魯巴達爾胡
密喜恪道爾吉 巴文峻 德欽諾布皆
車林諾爾布 車林端多布 車林鄂齊爾
祺璞森 特木爾 嘉木色楞札布
那彦圖 朱福南 任冠軍
齊丹僧 官寶才仁 齊作巴等
四十二人

連署人 馬福祥 王樹翰 鈕永建
張之江 賀耀祖 魯滌平
陳立夫 彭濟群 趙仲仁等
一百六十八人

決議
查關於蒙古盟旗制度，業經第二百七十一次中央政治會議決定原則，交立法院迅速制定法律在案，本案應送國民政府交立法院，作制定該項法律時之參考，並望國民政府令立法院，將該項法律迅速制定。至關於蒙民生計，應由國民政府參酌本提案妥籌辦法。（全體一致起立通過）

第二案

議題

通告國內外特許外蒙自治，以期早日完成統一案。

理由及辦法

查外蒙爲中國領土之一部，久爲世界所公認，清末因在外蒙添練新兵，引起蒙衆之猜忌，適值武昌起義，外蒙遂乘機宣布獨立。迨民國四年，鑒於中央待遇內蒙之優厚，復取消獨立，而改爲自治，承認中國有宗主權，及外蒙仍爲中國之領土。假使信約不渝，本可以長治久安，無如民國九年（一九二〇年），因徐樹錚擁兵籌邊，强迫外蒙取消自治，以致引起外蒙官民之反動，而宣布二次獨立。慨自一再歸來，一再颺去之後，其民衆眷戀祖國之熱忱，已因缺望而變爲掉頭長往之心理。彼蘇俄帝國主義，遂蹈瑕抵隙，以宣傳其共產邪說，卒造成今日之險惡現象。外蒙有知之士，非不知飲鴆足以殺人，然爲立止窘渴計，亦不得不茹苦如飴耳。蓋蘇俄最終之目的，雖在吞噬外蒙，顧其標榜與設施，則無一不迎合蒙古青年之過激思想，以售其奸。如宣傳指導輔成蒙古獨立共和國，如資送蒙古學生留學歐美各邦，如接濟軍火，充實武備，如供給機械，興辦各項實業，如派遣教員，灌輸共產學說，一方並竭力宣傳中國對於蒙古之苛虐情形，以肆其挑撥。凡此種種，皆蒙古青年所極樂聞，而極願提倡之事。一旦有人出而協助之，安能不認爲厚愛而受其麻醉乎？現在蘇俄在外蒙之勢力，雖未十分鞏固，然近年以來，已大有進窺內蒙之趨勢，如指使軍隊掠奪內蒙牲畜，如派遣黨員到內蒙多方煽動，及招誘青年赴外蒙求學等事，已日急一日。若長此不圖，則數年之後，不特蘇俄與外蒙之關係愈臻密切，即內蒙各盟旗，暨沿邊諸省，亦必因蘇俄暴力之向南發展，而有燎原不可撲滅之禍。況現在外蒙華商財產貨物盡被没收，呼籲之聲，不絶於耳。而外蒙逃來之人民，備述共産之慘酷，及望救於中國者甚殷。惟因不知中國將如何待遇，不敢遽行歸來之景况，令人聞之，尤爲痛心。值兹國民會議共籌統一建設之際，對此隱患所在之重大問題，不能不急謀一妥善解决之辦法。代表等，再四思維，以爲外蒙人民之所以徘徊不决者，一則囿於蘇俄之曲説，一則懷疑於中國之政府，爲今之計，亟應揭櫫本黨扶植弱小民族使能自決自治之主張，特許外蒙自治，由國民政府規定扶植辦法，昭告中外，以示大信。然後本此主旨，從事宣傳，則外蒙眷戀祖國之人民，庶可放心歸來。而彼已受麻醉之青年，亦必因多數人之趨向，而有覺悟者。如此次第經營，則已缺之金甌，庶可復歸完璧。否則養癰待潰，後患無窮。代表等來自蒙疆，見聞較確，特貢芻蕘，敬請公决。

提案人　吴鶴齡　榮祥　戴清廉

奇子俊　春德　陳賡揚

蘇寶麟　尼瑪鄂特索爾　拉希色楞

趙桂林　胡圖力　祺克慎

蕭興阿　色楞多爾濟　那達木德

鄭映珍　樂景濤　羅卜桑車珠爾

補英達賴　沙拉巴多爾濟　吉雅圖

僧格林沁　補林討克特户　德春

華霖泰　額色勒克們德　圖魯巴達爾胡

密喜恪道爾吉　巴文峻　德欽諾布皆

車林諾爾布　車林端多布　車林鄂齊爾

祺璞森　特木爾　嘉木色楞札布

那彦圖　朱福南　任冠軍

齊丹僧　官寶才仁　齊作巴

等四十二人

連署人　馬福祥　王樹翰　鈕永建

張之江　賀耀祖　魯滌平

彭濟群　趙仲仁等

一百六十一人

決議

關於蒙古之地方制度，約法第八十案已經規定，得就地方情形，另以法律定之，本案應交國民政府，作爲制定法律時之參考。（全體一致起立通過）

第三案

議題

由中央指撥專款並獎勵興辦蒙古教育及各項文化事業案。

理由

查蒙古民族，爲構成中華民族之一份子，其文化之進步與否，影響於整個中華民族之發展，至爲重大。國民政府自奠都南京以後，關於振興蒙古教育之決議與方案，已應有盡有。惟以經費未經確定，迄無一案見諸實行。當此共產邪説彌漫漠北，青年學生求學無地，既有蘇俄招致於北，復由日本引誘於東。現在留學日俄之蒙古青年，已較留學首都之學生爲多，帝國主義者之文化侵略，大有一日千里之慨。我國政府倘不速籌實施既定之方案，則蒙古純潔之青年，難免漸爲赤白帝國主義者之教育所熏染，與其事後矯正，費力多而成功少，何如未雨綢繆，早納蒙古青年於正軌。代表等爲求國內各民族之文化平均發展，以及防止帝國主義者之文化侵略起見，特擬辦法數條，敬請公決。

辦法

（一）由中央指撥專款，按照既定方案，積極興辦蒙古教育。

（二）由中央制定獎勵辦法，獎勵蒙人自動興辦教育及各項文化事業。

提案人　吳鶴齡　榮祥　戴清廉

奇子俊　春德　陳賡揚

蘇寶麟　尼瑪鄂特索爾　拉希色楞

趙桂林　胡圖力　祺克慎

蕭興阿　色楞多爾濟　那達木德

鄭映珍　樂景濤　羅卜桑車珠爾

補英達賴　沙拉巴多爾濟　吉雅圖

僧格林沁　補林討克特户　德春

華霖泰　額色勒克們德　圖魯巴達爾胡

密喜恪道爾吉　巴文峻　德欽諾布皆

車林諾爾布　車林端多布　車林鄂齊爾

祺璞森　特木爾　嘉木色楞札布

那彥圖　朱福南　任冠軍

齊丹僧　官寶才仁　齊作巴等

四十二人

連署人　馬福祥　王樹翰　鈕永建

張之江　賀耀祖　魯滌平

陳立夫　彭濟群　趙仲仁等

一百七十人

決議

蒙古西藏地方，情形特殊。語言文字，均與內地不同。應由國民政府，根據約法所定之教育方針，斟酌當地情形，妥定辦法，務期蒙藏之文化，得以迅速發展。（全體一致起立通過）

附録：國民會議開會旬日，經本處暨出席列席國民會議之各盟旗代表共同努力，所得之結果，略如上述。現在大會決議之三案，已送由國民政府分別辦理。本處責任所在，自當加緊請求促其實現，以慰我蒙古官民之厚望，而副國家扶植蒙族之至意。特殿數語，敬希

公鑒。

中華民國二十年（一九三一年）五月二十日

蒙古各盟旗聯合駐京辦事處報告

土默特總管公署電請查禁《中秋血》

（《綏遠社會日報》民國二十三年（一九三四年）五月二十六日第二版）

綏新社訊：土默特旗總管公署，以天津公餘書社出版之《中秋血》小説，内容描寫，對蒙民有如《南華文藝》所登關於回教傳説之侮辱回民，時□□致院及蒙藏委員會請查禁。昨汪院長已有復電到綏，謂已轉令内政部查禁云。　茲將土默特公署電及汪電分誌如下：

電一：南京行政院汪院長、蒙藏委員會石委員長鈞鑒：頃閲天津《大公報》十六日（四月）報載公餘圖書社發售《中秋血》小説預約廣告，察其内容，可謂極盡荒謬□發之能事。倘此書發行，必至引起軒然大波，較諸《南華文藝》僅因補白惹起回族同胞惡感者，更遠過之。茲爲防患於未然計，謹電懇鈞座轉

飭當局嚴加禁止，以息糾紛，實爲幸甚。土默特旗代總管榮祥叩。

電二：土默特旗署榮代總管鑒：電悉，已轉令内政部查禁矣。特復。汪兆銘印

榮祥繼任土默特總管

〔《綏遠社會日報》民國二十三年（一九三四年）九月十七日第二版〕

本省土默特旗向設總管一缺，數年以來，均由蒙邊司令滿泰充任。自前月滿泰因病逝世，此缺即行虛懸，各方逐鹿者，頗不乏人。傅主席以榮祥碩德耆年，爲土默特旗物望所歸，前經電呈中央力保榮氏繼任斯職。頃聞省政府已接到蒙藏委員會復電，土默特總管一缺，已照電呈薦榮祥繼任矣云。

新任土默特總管榮祥昨拜訪各機關

〔《綏遠社會日報》民國二十三年（一九三四年）十月二十八日第三版〕

綏新社訊：新任土默特旗總管榮祥，於前（二十六）日正式宣誓就職後，昨（二十七）日下午即分赴省政府、省黨部，以及各機關團體拜客。綏新社記者晤氏於某處，即以今後整頓旗務之計劃，以及蒙政會近況，承氏發表如下談話：

余（榮自稱，下仿此）蒙上峰之栽培，忝充斯職，今後唯有本諸長官命令，執行旗務。至本公署内部，因過去各職員多萎靡不振，余擬首先將内部人員加以整頓，務使振作精神，一除舊習，增加工作效率。余對此點早已注意及之，決定於短期内促成此項計劃。至興革事宜，俟將内部整頓就緒後，再爲循序改進。

蒙藏委員會爲土默特旗呈請補助教育經費事給土默特總管榮祥指令

〔《蒙藏月報》第二卷第三期第四十六頁，民國二十三年（一九三四年）〕

指令　總字第三七一號　二十三年十二月十一日

令土默特總管榮祥

呈爲呈請補助教育經費，以資恢復中學，擴充小學，造具概算表，請鑒核准予補助由

呈暨概算表均悉。查補助教育經費，係就已辦學校著有成績者，予以補助，如一切經臨各費，概由國家支付，則爲國立學校，由省市支付，則爲省立學校，非補助教育經費也。該旗所辦第一小學，業經本會派科長蒲劍鳴前往視察，據報成績尚佳，已照案補助該校經費每月二百元，以資鼓勵。至恢復中學，擴充小學，應由該旗自籌經費，俟恢復擴充後，再行呈請本會派員視察，酌覈補助可也。概算表發還，此令。

附發還概算表二份（略）

榮祥熱心教育

〔《綏遠社會日報》民國二十四年（一九三五年）三月九日第三版〕

塞北社訊：本市土默特學校，爲盟旗最優之學府。自榮總管長校以來，對於學校之整頓，課程之嚴肅，尤極注意。至該校所用木具，凋零不整，不堪應用，業於節前添備齊就，需款在四百元左右。又以校舍年久失修，油漆侵蝕殆盡，擬於春冰解凍時重行油漆，使煥然一新。……惟所需款項，尚需籌措，一俟籌有成效，即行著手興工云。

土默特旗司法　榮總管特令整頓

〔《綏遠社會日報》民國二十四年（一九三五年）三月二十六日第三版〕

蒙古社訊：土默特總管公署原設有司法科，管理蒙人民刑訴訟，積壓案件，多有經月不得解決者。最近總管榮祥就職，鑒於農村破產，蒙人困苦，特於昨日責令司法科主任，嗣後凡蒙人訴訟事件，務須隨時清理，以便訴訟者早日歸里謀生云。

包頭蒙民生計處改組 昨呈總管署備案

〔《綏遠社會日報》民國二十四年（一九三五年）三月二十七日第三版〕

蒙古社訊：綏遠土默特總管公署，有鑒於包市蒙民生計會頹廢不堪，會務推行遲緩，曾特派該會生計股主任雲健飛於日前奉命到包，開始積極整頓。當即召集包頭十五家蒙民開會，議決整頓該會四項辦法。現已遵照四項辦法依次實行，並重行改組，選出執、監委六人，特於前日呈報總管署加委録用。茲覓得四項辦法及各委員之姓名，一並披露如下：

整頓四項辦法：一、令前任會長巴增華，速將自上年五月間辦理情形，呈報總管公署備查；二、由巴增華自接受之日起，至改組之日止，將經手收入支出之款，具實呈報總管公署查核；三、自本年三月一日起，由選出各委員負責辦理會務，並呈報總管公署加委；四、統計全年收入若干，作爲十成，六成爲辦公經費，四成爲辦理包頭蒙民公益之需，並將每月收款按月呈報總管署備案。

委員姓名：執委巴珍珠，常委巴福元、巴端臨、巴增華，監委巴福成、巴福蟬云。

榮總管整頓稅收裁撤各煤稅局稽查

〔《綏遠社會日報》民國二十四年（一九三五年）三月二十八日第三版〕

蒙古社訊：民元之後，土默特旗各炭煤稅局即設有稽查一二三人，嚴防商民偷稅，以裕旗庫。惟歷年以來，該稽查等舞弊多端，時爲不法。此次榮總管就職，有見於此，特將各局稽查一律取消，另置密查，以除流弊，整頓稅收云。

土默特總管署向綏遠飯店董事會交涉地産權

〔《綏遠社會日報》民國二十四年（一九三五年）三月三十一日第三版〕

蒙古社訊：本市綏遠飯店，原爲民樂社戲園所改造，其地基係土默特旗者，改築戲園之材料，大部分又取於該旗之倉廒。故當時警廳，只負管理之責，並未取得完全之所有權，收入之利益，由雙方均霑。嗣後改設飯店時，該旗總管署曾提出證據，向各關係方面接洽。惟因該店賠累過鉅，無力納租，只得暫從緩議，以俟將來。聞該店近有出讓消息，土默特總管公署一面函請該店董事會依據前案辦理，一面登報聲明，以使外界明瞭真相云。

麻花板申村學校總管署准加津貼

〔《綏遠社會日報》民國二十四年（一九三五年）四月九日第三版〕

蒙古社訊：土默特旗總管公署，前以整頓蒙民教育起見，特派科員堃厚赴麻花板申村蒙民學校視察。旋據報告，謂該校成績殊佳，亟應嘉獎。榮總管據呈後，准予增加津貼，以資鼓勵云。

榮祥總管積極整頓教育

〔《蒙古知行月刊》第一卷第一期第三頁，民國二十四年（一九三五年）四月二十日出版〕

蒙古社訊：土默特總管榮祥，對於學務，累即熱心整頓，不遺餘力。茲舉行包市土默特第五小學之教室，多年失修，已破爛不堪，殊屬有礙觀瞻，當即飭令興工整修。除由總管署官渡口收入項下撥給一百元外，另由生計會補助一百五十元，迅即興工修理。並令該校校長雲蒸積極整頓校務，力加改善云。

蒙區牧馬場不得私行出售

〔《綏遠社會日報》民國二十四年（一九三五年）四月二十三日第三版〕

蒙古社訊：蒙古舊制，任何人民，須盡當兵義務。故凡屬目均設有牧馬場，以備放牧軍馬。沿至明末清初，制度浸假廢弛，馬場無形取締。於是一般不肖之徒，遂乘機盜賣馬場，以圖利益，因而公產日見喪失，糾紛層出不窮。邇來土默特總管榮祥有鑒於此，特〔擬〕具辦法四項，呈請省府通令歸、清等數縣一體遵辦云。

土默特總管署勵行新生活

（《綏遠社會日報》民國二十四年（一九三五年）四月二十七日第三版）

蒙古社訊：土默特旗總管榮祥，自奉省令實行新生活運動以來，於該署各科、處、隊，均飭實踐遵行，以作蒙民之指導。最近省運指導會將再度檢查各機關內務，榮總管特令廣務處整刷一切，煥然生色，先由清潔著手，以作實行新生活運動之初步云。

土默特總管署實行業餘運動

（《綏遠社會日報》民國二十四年（一九三五年）五月一日第三版）

蒙古社訊：土默特旗總管榮祥，自奉省令實行公務員業餘運動後，即飭該署各科準備進行，並擬於署內前院設置排球場，借以運動。刻經籌備齊全，日內即行開始云。

土默特學校增建教室

（《綏遠社會日報》民國二十四年（一九三五年）六月十九日第二版）

塞北社訊：歸綏土默特小學校，自榮校長（祥）任職以來，對校中一切，力加整頓。該校教室不敷分用，以致班次擁集。刻該校長爲整理秩序計，在暑期間，特增建教室數間，現正在計劃中，俟全部計劃完竣後，即可正式開工建築云。

土默特旗總管署整頓武川火燒地歲租

〔《綏遠社會日報》民國二十四年（一九三五年）六月二十六日第二版〕

蒙古社訊：武川縣一帶之火燒地，係舍力圖召及土默特旗各佐領所有，每年歲租積欠甚夥。土默特總管榮祥近爲整頓斯項收入起見，特派生計股職員前往催徵，刻已呈准省府轉飭武川縣府協助辦理云。

塞北社訊：（榮祥）爲求（服裝）現代化，特擬（旗署公務員）一律改著制服，已於日前按各人量妥尺寸，現正在制作中，日内即可換著云。

土小校長榮祥：前對撲滅蒼蠅，提倡甚力。近見時值夏令，對個人與公共衛生尤其注意，以求身體之健康，特擬於今、明日實行全校師生體格大檢查云。

土默特旗中學校刻籌備復課

〔《綏遠社會日報》民國二十四年（一九三五年）六月二十九日第三版〕

蒙古社訊：土默特旗公立第一中學校，前以經費支絀，宣告停課，歷有年所。自榮祥總管就職後，以斯校爲該旗最高學府，亟應復課，造福青年，故於本年三月間，委任經天禄君爲復課主任。刻值經氏由京返旗，連日與榮總管商討進行事宜，夥歲秋初即可招生復課云。

蒙藏委員會爲土默特旗請奉頒新印事給綏遠省政府訓令

〔《蒙藏月報》第三卷第四期「專載」第五九至六二頁，民國二十四年（一九三五年）〕

訓令　蒙字第六六四號　二十四年（一九三五年）七月二日

案准綏遠省政府咨轉該總管呈，爲奉頒本旗新印，未加入特別旗字樣，請改鑄等情，抄同原呈，咨請查核辦理。等因；准此，查《理藩院則例》及《大清會典》中，均無特別旗之稱謂，即就該旗舊關防篆文觀之亦然；其外爲阿拉善、額濟納、依克明安等旗，均係不屬於盟之旗，其旗印印文，亦無特別旗字樣。

當蒙古會議時，提出蒙古盟部旗組織法，曾以不屬於盟之旗份，稱之爲特別旗，其用意在别於屬於盟之旗而言，如單舉某旗之名稱時，仍稱爲某旗，並不加特别字樣。此次本會呈請改頒新印，土默特、阿拉善、額濟納三旗旗印，未便將特别字樣加入，係照舊例辦理，無再改鑄之必要，仰即遵照前令，咨用具報。再該旗組織，與其他各旗略有不同，故清代對之，不發正印，僅發關防。此次本會對於該旗，不欲有所歧視，故將該旗關防，比照其他各旗一律改頒旗政府印。今該旗以旗印未鑄特别字樣，呈請改鑄前來，殊有未合，除咨復外，仰即遵照。

此令。

委員長黄慕松

附抄綏遠省政府來咨

案據土默特總管榮祥呈以此次奉頒新印，未加特别旗字樣，似屬名不符實，請轉咨准以更鑄，以符旗制等情，據此，除指令外，相應抄送原呈，咨請

貴會查核辦理。並希見覆爲荷。

此咨

蒙藏委員會

附抄送原呈一件

呈爲旗印名不副實，懇請轉咨更正，以重旗制，恭呈仰祈

鈞鑒事。案奉

國民政府最近頒發本旗新印一顆，右方篆刻土默特旗旗政府印字樣，左方係蒙文，譯義相同。竊查本旗舊制，原係蒙古之特别旗，廢清時代設副都統，其直隸於中央，與其他旗分之受盟長節制者，迥然不同。

民三以後，本旗雖改副都統而設總管，但其內部一切制度概未變更，較諸察哈爾一部落而有十二總管者，其實際情形固亦有顯著差異之點也。如察哈爾十二旗群及其他隸於盟之普通各旗，或十數屬目爲一旗，或四五屬目爲一旗，而土默特則合六十屬目左右兩翼爲一大旗，且他旗多以七十户編一屬目，而土默特則以百五十户編一屬目，他旗參領僅四品，而土默特則參領皆正三品，凡此官階之高，民户之衆，土地之廣，均特別旗之顯證，決非其他任何一旗所能比，故向例國家待遇蒙古，凡特別旗之地位皆亞於盟而優於旗。此次所發本旗印，未加特別旗字樣，似屬名不副實，與普通各旗無別，旗制攸關，難安緘默，爲此呈懇

鈞府轉咨

蒙藏委員會審核行知印鑄局，將本旗旗印鑄爲土默特特別旗旗政府字樣，重行頒發，以重旗制，實爲公便。至原領旗印一顆，暫由本署封閉保存，一俟領到更鑄新印，再將前印繳銷，合併聲明，謹呈

綏遠省政府主席傅

土默特總管榮祥

訓令　總字三五五號　二十四年七月九日

令土默特旗

該旗新印無改鑄之必要，仰即遵照。

總管署籌設蒙文學校　校址假小東街文昌閣

〔《綏遠社會日報》民國二十四年（一九三五年）七月三十一日第二版〕

蒙古社訊：土默特旗總管榮祥，爲提倡蒙古固有文化，普及蒙文蒙語起見，本年暑期後，擬設立蒙文學校一所，校址假小東街文昌閣。至其組織章程、招生簡章，以及負責人選，均在籌設中云。

土默特衛隊　榮總管特令整頓

（《綏遠社會日報》民國二十四年（一九三五年）八月二十四日第三版）

蒙古社訊：土默特旗旗政府所屬衛隊，自榮祥總管就任後，除委雲兆祥爲隊長，並行編縮兩排外，刻令該隊切實整頓，免生枝節。士兵中之染有嗜好及行爲不端者，已革除六名。日前復派員赴薩縣防地提歸餘槍，（支）〔交〕庫保存。昨又訓令雲氏將全隊槍彈編號具報，勿得疏忽從事云。

土默特旗政府整頓公産

（《綏遠社會日報》民國二十四年（一九三五年）八月二十四日第三版）

蒙古社訊：土默特旗旗政府榮總管，以本旗所屬各召廟暨境内之一切公産爲數甚夥，數年來未經整理，不時有被私人及黄、黑徒等擅自損害盗賣等情，前奉蒙藏委員會頒發監督寺廟條例，已令飭各召遵照進行。兹再努力整頓，並爲增加工作上靈敏效率起見，又派該府前鋒校雲陞閣任生計處調查員，協助辦理，以資整頓公産，藉杜愚徒乘隙盗賣云。

榮總管一年來的政績

（作者雲從龍，摘自《蒙古前途月刊》第二十五期第七至十頁）

光陰荏苒，時不（我）〔待〕（待）〔我〕，倏忽之間，榮氏接任以來，將近一年。在榮氏莅任不久，我曾記得，在《新蒙古月刊》第三卷第一期，有滌新君作《榮總管莅任後之感想》一文，滌新君可以説對榮氏有深刻之認識。他説：『榮氏之文章經濟，久爲綏人所欽佩，當局知人善用，薦派總管，鴻才碩學，運用有機，深爲得人者慶。』當時我們看到此種消息，真是不由得手舞足蹈起來，我旗向來未有得此樣鴻才碩學之總管，今日幸得榮氏來主持旗政，必有一番新的現象，救民衆於水火之中，我們民衆不知道燒了幾輩子好香，方才得到這樣鴻才碩學的總管。而榮氏以本旗人治本旗事，真是責無旁貸的，况且任本旗之秘書，又有數年之歷史，對內部情形，熟悉非常，推行庶政，實收事半功倍之效，一年之內，定在內蒙各旗放一異彩。自榮氏接任到現在，差不多一年的光景，在這一年的過程當中，我們將榮氏之政績檢討一下，政治刷新得如何？財政整理得如何？教育設施得如何？是值得土默特旗人士注意的。

我們舉榮氏接任後的兩件大事，即知土默特旗大概的政績情形。榮氏接任未到一年，即將原有的中學恢復起來，是榮氏接任以來的創舉。在一般人的眼光看來，榮氏對於教育不無努力，恢復中學，提高土默特旗教育程度，在表面看去是對的，其實際我旗民衆子弟毫無受到利益。土默特旗大多數民衆是窮苦到極點，除掉少數小資産階級的子弟到北平蒙藏學校、南京蒙藏學校就學外，其餘到中政校包頭分校，除此以外，大多數學齡兒童爲生活的逼迫，不能得到受教育之機會。我旗雖有一個高級小學校，數個初級小學校，我們（憑）〔平〕心静氣的想想，〔究〕竟（究）有多少蒙古學生。我曾經有個統計，平均十個漢學生當中，有一個蒙古學生，如此看來，土默特旗是没有學生麽？不然，大都爲生活的逼迫，不得求學。我們再舉個例子，即知土默特旗民衆實際的困難情形。前任滿總管曾派人到各屬目要學生，如有家庭經濟困難情形者，得由本旗署按月津貼飯費，如此一來，大批有志青年齊集於土默特旗高級小學校。其後滿總管因神精病復發，麻木不仁，早令暮改，一般學生領不到生活費，以致高興而來，掃興而去。今日榮氏不顧本旗之實際情形，好高騖遠，聽少數人之意見，恢復中學，在我旗經濟上增加負擔，在旗民本身上毫無利益。在過去土默特旗中學，第一屆畢業生數十名，我親眼見到，只有孟績、高萬、謝實樹三個蒙古學生。所以滿總管停辦中學校，不無理由。此次招生，何能例外。況且什麽保證金、制服費、書籍費、體育費、雜費等，種種的苛捐雜税，平均計算，每個學生每學期數十元。我旗民衆遭受天災人禍，農村經濟破産，青年解决生活問題尚不得其暇，何能拿出數十元之現款來求學，如此一來，不啻拒我旗窮苦青年於校門之外。這是事實問題，並不是攻擊私人，吹毛求疵，捏造事實，恢復中學只不過是安插少數私人，培養多數漢族學生。我並不是有封建思想，反對招收漢生，因爲綏遠中學教育已有相當的基礎。我旗經濟有限，將顧己之不暇，何能再來用浩大之經費辦這名不副實的教育，真是『爲他人作嫁衣裳。』〔於〕〔與〕其這樣無聊，用這經費，不如辦個完全官費的高等小學校，招收我旗許多有志求學而因生活問題逼迫、徘徊歧途的青年。內地的教育是貴族式的教育，因而失敗，我旗甘心步內地教育之後塵乎？小學教育因經費困難，尚未有普及，一般勞苦大衆的子弟還不能很普遍的得到享受教育的權利，恢復中學，真是捨本逐末的辦法，只圖表面文章，不顧實際情形，巧立名日，運用私人，在公家損失甚大，在民衆得益極微。小民冥頑不靈，看到這種情形，不覺得痛哭而流涕焉。恢復中學，不知鴻才碩學之總管用意安在。

其次滌新君又説：『榮氏倘能整躬率屬，剔除積弊，刷新政治，造福旗民，爲土默特開一新紀元。』當然了，鴻才碩學之總管，真是鳳毛麟角，不易找到。從榮氏接任到現在，我們在事實上未有見到有任何成績表現出來，只看到有極少的新聞稿件與刊物上吹噓榮氏之德政。説榮氏如何刷新我旗政治。在這一年過程中，於事業上未見刷新到如何程度，只見榮氏接任以來，由總管公署改組爲旗政府，這還是換湯不換藥，僅僅的換個新的招牌就是了。談到改旗政府，殊爲痛心，我旗由特別旗一變而成普通旗。降低我旗的地位，減少我旗的權利，這是鴻才碩學之總管，於土默特旗空前絕後的開了個新的紀元。蒙藏委員會未有注意到，特別旗與普通旗有區別點，所以此次頒發新印，特別旗與普通旗無異。〔我〕旗〔我〕呈請另鑄新印，加特別字樣，業已批駁。其他各旗，因無札薩克字樣，拒絕接收，不實行改組。我旗既認爲新印不妥當，即不應接收，就是接收下，在未有交涉妥當之前，不應當改組，改組〔已〕〔以〕後，再呈請另鑄新印，加特別字樣，當然要受駁斥。這種矛盾之現象，真是滑天下之大稽，雖孩提之童，亦不能出此下策。特別旗與普通旗之别，例如特別市與普通市之別亦然，特別市直屬於行政院，普通市屬於省政府，我們不想則已，一想則差別甚大，犖犖大者，尚且不談，我們再舉幾〔小〕〔個〕小例子，即知道差別之大。特別旗有直接向外保送學生之資格，普通旗則不然，如此一來，豈不是斷送了我旗青年的求學前途麽？特別旗的總管是蒙政會當然委員的資格，普通旗則不然，如此一來，委員的地位亦危險矣！此次新印關係我旗前途甚鉅，倘總管畏難苟安，恐怕自己地位發生問題的話，不肯據理力争，敷衍下去，不但總管自己遺臭萬年，並且遺害我們全體民衆非淺，假若他日與其他各盟旗發生權利上之争執問題，關係總管個人甚小，對於我旗權利上，則損失甚大。最後希望土默特旗的賢達之士們——此次新印關係我旗地位，非同兒戲，假是鴻才碩學之總管，不在根本想辦法，我等寧爲玉碎，不爲瓦全，雖另選賢能，亦再所不計。

二四・八・二四

榮總管資助留日學生李成烔

（《綏遠社會日報》民國二十四年（一九三五年）八月二十六日第三版）

蒙古社訊：土默特旗籍留日學生李成烔，今夏歸來，曾呈請旗政府撥助津貼若干，以資深造。榮總管據呈後，以該旗於國外留學學員向無津貼之陳案，李氏之請，礙難照辦。惟念及一切，特由私人助洋十元。聞李領受之下，殊感榮總管之熱忱云。

土默特旗政府將整頓騎兵

（《綏遠社會日報》民國二十四年（一九三五年）九月七日第三版）

蒙古社訊：土默特旗政府總管榮祥，以駐外馬衛隊大部士兵素少訓練，急應加緊教導，以資整頓，故於該隊排長一缺，現正由旗内積極遴選，日内决委一受過相當軍事教育、學術兩科優良者充任，俾便整頓云。

包頭土默特小學校長將易人

（《綏遠社會日報》民國二十四年（一九三五年）九月七日第三版）

蒙古社訊：土默特旗政府總管榮祥，自任職以來，對所屬各小學大事整頓，不遺餘力。關於教職員等之資格品學，尤爲注意。如有學識淺薄，不克勝任者，或染有嗜好，怠荒厥職者，一經查覺，當即撤職，以免濫竽充數，貽誤學生。前日（五日）包頭第五小學校校長雲耀呈文，内容僅寥寥數語，且別字叠出。榮總管恐其長期掌教，誤人子弟，閲畢，當即批令教科，另由該旗青年中物色程度較好者，前往接充云。

土默特旗政府津貼留學生

（《綏遠社會日報》民國二十四年（一九三五年）九月八日第三版）

蒙古社訊：土默特旗政府總管榮祥，近以該旗待遇留外學生現行章程，内容諸多欠妥，殊不合宜。特令教育科另行擬定，以求適當。聞該科對此項章程，刻已着手草〔擬〕，不日即可脱稿，呈請審核施行云。

榮總管訓詞

（一九三五年九月二十二日上午榮祥在土默特中學開學典禮上的訓詞，見《綏遠社會日報》民國二十四年（一九三五年）九月二十三日第二版）

本校當國民軍時代業經成立，嗣以十七八年間，綏遠百業凋敝，市面蕭條，因而旗内收入減少，學校經費斷絶，遂行停頓。本人自接事以來，即思復課，惟以經費難籌，未能如願。本年曾造具預算書呈請蒙藏委員會補助，但該會預算書已呈中央，無法辦理，遂決定於明年復課。嗣因經天禄在暑假期中，感於各地學生投考落榜，及路途遥遠，耽誤考期者甚多，及與本人商議復課事宜，以救濟一般失學青年。可是本人做事向來脚踏實地，絶不敢毫無經費，冒然從事。雖然，籌劃經費，是本人一人之困難，使衆人失學，乃多數人之困難。況傅主席、閻廳長等本校復課後，經費方面，絶對不無相當之補助。於是著想於此，即不顧一切，積極籌備，迄今總算復課了。但是本人爲大家減除了困難，大家總要努力用功，對起各方面才好。

榮祥撤换五當溝煤炭租税分局局長

〔《蒙古新聞社稿》民國二十四年（一九三五年）十月三日第一九二號。又見《蒙古前途月刊》第二十七期第三十四頁。〕

土默特旗政府總管榮祥，曾以雲徵文在旗效力有年，安分供職，毫無過錯，爰派充五當溝煤炭租税分局局長，俾圖上進。詎雲氏到差以來，非但寸功未建，且放膽舞弊，玆悉榮總管已另派張秉文速往代理，並令該員回府，以備面諭。聞張局長日内即前往視事云。

煤炭租税局　土旗政府整頓

〔《綏遠社會日報》民國二十四年（一九三五年）十月三十日第二版〕

蒙古社訊：土默特旗政府總管榮祥，以所屬煤炭租税各局，每届中秋節後，便收數暢旺，自應特别嚴查，以重公帑而免舞弊，故特曾派榮得全前往密查。惟榮氏奉命後，長期住薩，不赴各口，以致各分局經徵人員又完全恢復其作奸舞弊之態。惟榮總管頃據密報，以該氏損公自便，殊堪切齒痛恨，即行撤職，著總局收支員將其密查證追交送府云。

土默特總管榮祥整頓教育任用督學

〔《綏遠社會日報》民國二十四年（一九三五年）十一月二十日第三版〕

蒙古社訊：土默特旗政府總管榮祥，以學校之振興，固在經費之充足，設備之完善，但與教育方面、指導方面，在在均有莫大之關係。各地教育當局任用之督學，實爲改進教育不可或少之重要人員，故榮氏爲謀該旗教育振興起見，昨日特飭總務科委任滿納生爲督學員，負責視察所屬各小學校。總務科昨已將該員委任狀辦妥，今日即可發給。聞滿學識優良，對教育素有研究，土旗教育前途實深利賴云。

榮祥電賀蔣院長

（《綏遠社會日報》民國二十四年（一九三五年）十二月二十日第二版）

蒙古社訊：行政院院長蔣中正，自就職後，各方紛紛電賀，一致擁戴。土默特旗總管榮祥，昨日亦代表全旗左右兩翼官民，電蔣致賀。茲覓録其原電於次：

南京行政院院長蔣鈞鑒：恭聞鈞座拜中央之寵命，領行政之總樞。嵩高獨鎮，慶四岳之俱安；北極長明，仰衆星之環拱。職旗邊疆僻處，愛戴彌殷。願率衆蒙，聊供驅策。謹電叩賀，伏乞鈞鑒。歸化城土默特特別旗總管榮祥謹率全旗左右兩翼官民等仝叩。

榮祥前日訪石華嚴　商放雪災賑款辦法

（《綏遠社會日報》民國二十五年（一九三六年）五月七日第二版）

綏遠社訊：綏蒙政會自通電乞賑以來，截至現在，已先後受到各方賑款六萬餘元。日來該會對於賑務事項，積極推進，以期貧民早得拯濟。前日該會雪災辦事處處長榮祥特赴指導長官公署訪參贊石華（巖）〔嚴〕，商請各旗賑款發放辦法。聞該會日内擬召集開臨時會議，討論發放賑款事宜云。

土默特旗政府改善教育

（《綏遠社會日報》民國二十五年（一九三六年）六月五日第二版）

蒙古社訊：土默特旗總管榮祥，爲改善全旗教育，嚴密監察起見，昨（四日）特委任大批學董，昨令昨已頒發。……本府對於各校之良窳，仍有不周之虞。於是集議，咸以學董職務有設置之必要，俾資責

蒙藏委員會爲土默特旗請求補助中學經費事咨教育部文

(《蒙藏月報》第七卷第一期『公文』第二十八至二十九頁，蒙藏委員會出版，民國二十六年四月三十日)

咨蒙字第一四零零號 二十六年(一九三七年)三月二十日

案據歸化土默特旗旗政府呈稱：

『爲呈請增加補助中學經費，以資發展而利教育，恭呈仰祈鈞鑒核轉事。案查本旗中學，自復課以來，屢因經費困難，迭經本旗呈電請求輔助辦理在案，嗣經本歲二月二十八日，奉到鈞会蒙字第九七八號指令内開：「以準教育部咨復：查該中學業經本部郭視察員視察，認爲辦理完善，自應予以補助，俾資發展，惟本部前會訂之察綏兩省蒙旗教育實施辦法，僅列該旗小學經費一所，該中學補助費，並未列入，兹爲變通辦理起見，擬將該旗小學暫緩設立，即將原列該小學經費，全部補助該中學，准作該中學經常各費。等由；准此，合行令仰該旗知照。此令。」等因；奉此，當經本旗遵照令飭各節，將指定之小學緩設，即飭該中學按月向綏遠教育廳領發斯項補助費，均各辦理在案。惟查該中學因鑒於年來本旗學子之踴躍，現擬將學額擴充至三班，而經費一項自不得不隨之增加，刻計該校經費概算總額，計每月一千四百元之譜，其來源計由旗府所領者，已每月增至六百元，由學生所納學費，約計每月二百元，由(救)〔教〕育廳所領之補助費每月二百元(即緩設小學移撥之經費)，以此來源之數核計，每月現僅有一千元之款，而其所不敷者，尚有四百元之鉅。此四百元不敷之數，刻下全無著落，是以總管夙夜思維籌措之策，若仍由旗府籌給，則限於收入微薄，且年來政費積欠纍纍，亦有無法維持之勢，是無力再行增撥。若擬將二十五年度邊政經費内，教育部轉撥之年額三千元補助費移用，則前已遵令分配與旗立八小學，作爲小學經費的款，况該款分配除附小學校因範圍較廣，分配稍多外，其餘七校，每月僅十余元耳，其分配各數只經本旗去歲呈報教部在案，各小學有此補助，亦不過差以勉强維持，均非充足者可

成而匡不逮……

比，安能再損此補助，而移補於中學，顧此失彼，甚非良策也。若將該中學班額縮小，裁減教員，又以莘莘學子求學情殷，何忍出此！即在鈞會值此培植蒙教之始，亦豈忍令已入學之學子，有被拒失望之苦耶！況在總管誼切桑梓，只有勉力籌措維持耳。故籌慮至再，該中學縮小既不可，由旗撥款則無力，惟有僅具該中學經費概算書隨文敬懇鈞會俯准轉咨教部將旗立中學經費不敷之數，再予增給補助，藉免受困，而利蒙教發展，不勝迫切待命之至。』等情；據此，查該旗中學，自復課以後，辦理完善，現擬從事擴充班額，更求進步，似應准如所請，俾資發展。除原附概算書暫存本會外，相應據情咨請

貴部查酌辦理，並希

見復，至紉公誼。

此咨

教育部

委員長吴忠信

榮祥談蒙民堅決抗戰

（《邊聲月刊》第一卷第二期第七十一頁，民國二十七年（一九三八年））

榆林六月三日電：綏蒙會委員兼蒙旗宣慰使署秘書長榮祥，三日發表談話，略謂此次約伊盟與沙王等會商，對於團結蒙民，堅決抗日，已有切實决定。成吉思汗東渡未成功，爲千古遺憾，但證明蒙古民族抗日最早。今日我蒙古同胞，如不抗日，即愧對我成吉思汗始祖，今後决以此旨喚醒我蒙古同胞，共同肩負抗日重任。

行政院就成陵遷移指派致祭官主祭官護送專員訓令

（中國第二歷史檔案館藏檔案，轉引自薩·那日松、王龍勝等編《成吉思汗陵西遷與東歸》第五十五頁，内蒙古文化出版社，二

〇一〇年〕

（一九三九年四月二十六日）

（密）

令蒙藏委員會：

准國民政府文官處本年四月二十日渝密字第一一五號公函開：『徑啓者：案查關於成吉思汗及其福晉之靈櫬暫移青海免被敵人竊據利用一案，前准國防最高委員會秘書廳二十八年四月一日國議字第六七一號密函：爲準行政院函，轉送蒙藏委員會呈擬成吉思汗靈櫬遷移辦法。經陳奉國防最高委員會常務會議決議：「如擬辦理」。抄同辦法函達查照轉陳分令飭遵。等由，並附辦法到處。當經陳奉國民政府，於二十八年四月六日以渝密字第三五號訓令，分令貴院及軍事委員會查照辦法，分別轉飭遵照辦理在案。茲據軍事委員會二十八年四月十八日辦四渝字第三六九八號呈復稱：「奉令經遵照檢發成靈遷移辦法第三、四兩項之規定，派沙克都爾札布、圖布（新）〔陞〕吉爾噶勒、傅作義、鄧寶珊、高雙成、榮祥、石華嚴等七人爲起靈致祭官，並以沙克都爾扎布爲起靈主祭官，楚明善、唐井然、貢布扎布爲移靈護送專員，並指定楚明善爲主任專員，正在籌備前往遷移，其餘各項自應遵照分別先後轉飭遵照辦理。所有遵派起靈致祭官及護送專員等情形，理合具文先行呈復，仰乞鑒核俯予備案」等情到府。奉主席諭：「准予備案，轉報國防最高委員會，並函知行政院。」等因；除分函外，相應函達查照。』等由；准此，合行令仰知照。此令

院長　孔祥熙

中華民國廿八年四月廿六日發（印）

蒙古抗日詩人——榮耀宸先生和他的詩

〔原載《活躍的北戰場》（塞風社叢書之一），民國二十九年（一九四〇年）。轉録自楊性愷選編《楊令德選集》第四三四至四三六

頁，自印本，二〇〇五年。）

一

吾師榮耀宸（祥）先生是綏遠土默特旗人，盧變時他正任土默特旗總管，同時任綏境蒙政會委員兼秘書長。綏包淪陷，出走榆林。中央採納鄧寶珊將軍安定伊盟的計劃，組織蒙旗宣慰使署，沙王爲宣慰使，榮先生任秘書長，實際負責。國民參政會成立，榮先生又被選任爲蒙籍參政員。

榮先生是蒙旗王公總管中抗日最堅決的人，他真可以説是蒙古抗日領袖。綏包淪陷之前，在政治上，他是離開綏遠的一位文官。綏包淪陷以後，他對安定伊盟，貢獻最大。

榮先生的道德文章，都是值得人欽佩的，他的爲人，是那麽淡泊、真摯。『冰清玉潔』幾字，可以描繪他的人格。他的面貌，看去好似敷着一層嚴霜；而他的内心却是藴藏着一團烈火。熱腸古道，他的爲人正是如此。他自己別署稱『冷面熱腸人』，的確不虚。

抗戰以來，國人都知道榮先生是蒙旗抗日的領袖，還不知道他是一位抗日的詩人。他的詩正和他的爲人一樣，是那麽嚴整穩練，而又富有熱情。從他和馬占山將軍共守綏遠時起，一直到他這一回赴重慶，他的詩作頗不少，可以説都是富有歷史價值的。于右任先生對榮先生的詩大爲激賞。的確，榮先生詩的造詣，在國内詩壇上實在是不可多得的。《民族詩壇》上已經介紹過一些，現在我再介紹一些出來。

——民族詩人，正和我們的戰士一樣，且聽他獅子般的怒吼罷。

二

綏垣失守之前，綏境蒙政會的委員，各旗王公總管紛紛離開了。唯有榮先生一人，以秘書長代理會務，仍在綏苦心支持。後來，綏遠的軍政當局都退走了，只留下馬占山將軍和榮先生一文一武，最後於敵人炮聲隆隆中才離開綏垣。他的一首《與馬秀芳將軍同守綏遠感賦》的詩，述守城經過，真是傳世之作。

那時傅作義將軍不得回綏，馬占山將軍真是一柱擎天。原詩云：

介子旌旗去不旋（指傅作義將軍不得回綏遠），樓蘭舊蹟蕩飛煙。長官獨欲全三晋，鎮將誰能顧九邊？已拼金甌成墮甑，那堪銅柱久撐天！軍民共決嬰城策，愁誦睢陽傳後篇。

本來榮先生在綏遠省政府離綏後，已和他的夫人到了包頭，準備由綏西出走。後來馬占山將軍守綏垣，他便又重回去和馬將軍共度這一患難。他的夫人從包頭返回綏垣看他，把孩子都送到村中家裏，所以他們後來出走便把男女公子都撇下了。他的一首《內子冒險入圍城視余感賦》的詩，述其經過云：

郊原血戰路難行，底事荊妻更入城？此舉何殊探虎穴，存心只欲踐鴛盟。掛冠早去吾慚汝，投袂重來我累卿。報國得偕無別憾，忍瞞兒女不勝情。

最後，從綏垣出走，雖然馬占山將軍還到車站看他一次，可是一個文人，赤手空拳，當時出走真不容易。他的一篇《綏垣既陷余偕内犯難出走成長句》的詩，叙此事經過，大義凜然，可歌可泣，他的氣節，使德王輩讀了能不愧死！原詩全文如下：

薄暮南城遭敵毀，閭閻遠近哭聲起。紛紛戰士走北郊，奔騰若傾三峽水。愧我文弱天所生，乘騎兩缺難舉趾。留定不可去不能，吾自有術光青史。此心既決轉夷然，內照靈臺清見底。大節不遺國族羞，高名豈種兒孫恥。森森短劍不去身，老妻旁睨喻吾旨。舉室凜然悄無嘩，死生所繫争些仔。忽報猶子從西來，列車部曲同莅止。匆匆納履得成行，相逢如夢雜悲喜。孤城燈火慘無光，別緒黯然愴何已！飈輪深夜過山村，雛兒稚女同匿此。停車亦欲呼與偕，途艱月黑無可使。吁嗟乎！諸兒日夜望爺娘，誰料爺娘今去矣。國難未紓且置家，回顧老妻淚盈眦。

三

綏包失陷，榮先生和他的夫人，由包渡河到伊盟扎薩克旗，將綏境蒙政會印信交與沙王；同時與沙王有所擘劃。當時敵機飛抵扎旗，脅迫沙王赴綏參加僞組織，沙王拒而未往。當他由包頭渡河時，遭敵機掃射，他的一篇《由包渡河爲敵機掃射落水戲成長句》的詩，述其經過，悲憤中寓有幽默之意，末段使人讀了不禁破涕爲笑。他的修養工夫之深，於此可見。原詩云：

寇氛壓城城莫當，軍民雜沓奔西方。五臨道壅寇追急，吾儕別走河南鄉。去城五里即官渡。幸有一葦容吾航。登舟半渡魂方定。忽聞鐵鳥雲際翔。彈雨注河珠濺白，委卵震岸天無光。長年丁壯身手健，紛紛躍入波中央。小艇泛泛成不繫，乘客睹此俱彷徨。婦孺老弱失聲嗷，長號頓足如癲狂。風浪激舟飄淺瀨，相將入水泅南塘。氣寒波溜身莫主，雖未滅頂侵胸膛。猶子從人各奮力，挾余夫婦登沙崗。笑謂老妻『今日浴，毋乃盆闊湯太涼？』

渡河之後，從此他踏入伊盟了。他有『伊盟道中口占』，描寫蒙漢人民之疾苦，一種悲天憫人的心懷，詩人敦厚之情，溢於言表。原詩如次：

官渡通秦塞，行行道阻長。揚鞭驚雀鳥，投石戲羚羊。霧重蒹葭白，風高檉柳黃。日斜何處宿，茅舍倚山岡。久識田家苦，窮邊更可傷。容身須掘洞，果腹賴『登厢』。女孛方添褲，男婚每共裳。辛勤經四季，除夕飫黃粱。

從伊盟來榆林，蒙旗宣慰使署成立，榮先生對於安定伊盟的努力，盡人皆知。在榆林這個期間，他的詩可舉《游雄山寺》爲例。原詩是：

欲向邊城訪勝游，緩行沙岸溯清流。山回路轉溪聲急，知有奇觀在上頭。峭壁融流啓法幢，榆溪勝蹟此無雙。佳名不愧雄山寺，終古濤飛撼石窗。

這一回他南下赴渝，在重慶，在成都，成詩又不少。我擬另文介紹，現在僅録《渝城懷古》一首，以作本文的結束：

壯游不憚歷蠶叢，勝蹟猶遺太古風。字水曲開巴子國，塗山高著禹王功。城環列岫千層碧，燈綴崇樓萬點紅。最是神州鍾秀地，群峰難阻大江東。

廿八年（一九三九）四月二十八日

恭敬奉移

〔《陝北日報》載《奉移成陵之經過》，轉引自陳玉甲《奉移成陵記》，内蒙古圖書館藏鋼筆抄本〕

蒙藏委員會、軍事委員會奉諭後，開會擬計劃，準備奉移。當經請准政府派蒙藏委員會蒙事處處長楚明善、軍事委員會專員唐井然、郡王旗貢〔札〕布爲護送專員，沙王、圖王、傅主席、鄧總司令、高軍長、榮總管、石參贊（閻長官代表）爲起靈致祭官；奉厝地點，定爲青海柴達木一帶，路綫計由伊金霍洛、榆林、西安、蘭州到達；俟抗戰勝利後，即行奉安原址，宏於修建，以示國家崇敬祖先之至意；奉移經費由國庫撥發。沙王、榮總管、楚、唐兩專員於五月二十日抵榆，貢專員亦先期由旗來會，當即舉行會議，商定大典程序。五月二十五日起，護送專員、起靈致祭官及執事人員三百餘名，陸續由榆動身北上，沿途警衛照料各事，由蒙古游擊軍第二區司令陳玉甲負全責。六月九日隆重致祭及恭敬起靈，用駱駝車牽挽。十五日到達榆林，設祭城南飛機場。十六日改乘汽車南下。

楚明善唐井然就赴伊金霍洛移成陵情形電

〔中國第二歷史檔案館藏檔案，轉引自薩·那日松、王龍勝等編《成吉思汗陵西遷與東歸》第五十八頁，内蒙古文化出版社，二〇一〇年〕

（一九三九年六月一日）

主任賀，副主任姚並轉蒙藏委員會委員長吴鈞鑒：密。一、沙盟長東晨偕隨從由榆返扎薩克旗轉伊金霍洛。二、職等决明晨偕高軍長雙成、石參贊華嚴、榮總管祥及指署參事陳玉甲、伊盟公署參謀長緒大光、各旗重要官員並衛隊約二百人，牲口百數十種頭，赴伊金霍洛。在榆因沙王行動遲緩及選移靈日期，以致稍費時日。三、成陵現有兩團以上兵力駐守，由伊至榆由新一軍、新三師、騎二軍、廿二軍各派得力部隊護衛。四、閻錫山派楊愛源赴成陵致祭，傅主席亦派代表前往。上四項謹陳。職楚明善、唐井然叩。東（一日）。印

楚明善唐井然就成吉思汗靈櫬南運情形及擬請會加委何爲起靈致祭官電

〔中國第二歷史檔案館藏檔案，轉引自薩·那日松、王龍勝等編《成吉思汗陵西遷與東歸》第六十三頁，內蒙古文化出版社，二〇一〇年〕

（一九三九年六月十五日）

主任賀、副主任姚並轉蒙藏委員會委員長吴鈞鑒：▷密。一、青、灰、真三日分别至各地將成靈及其第三福晋靈、蘇爾定（矛）致祭後，旋即移動南下，本日午後已抵離榆三十里之中家孢子。二、鄧寶珊、高雙成、石華嚴、榮祥及傅派之民政廳長袁慶曾均到達致祭，由沙王主祭，圖王因病未到，白海風及當地蒙族各機關高級人員參加致祭者約二百餘人，軍隊、民衆參加者三千餘人，一切經過可稱佳順。三、護靈士兵及喇嘛隨靈去甘者，俟到榆齊集後，再報人數。四、何柱國由防地趕往參加致祭，鄧、高諸人意擬請會加委何爲起靈致祭官。訓令任狀請寄高軍長雙成轉交。職楚明善、唐井然叩。删（十五日）。

榮祥今午後可莅札

〔《民衆日報》第一七三號，民國二十八年（一九三九年）十二月二十一日〕

〔中央社榆林十九日電〕新任綏境蒙政會常委榮祥，十八日由榆林入蒙赴任，二十一日可抵札。行前談稱：抗戰建國期間，對省縣盟旗之關係應徹底調整，其中包括之土地問題、行政問題，宜依次解决。榮主張蒙旗宜於牧畜之地帶，應由國家辦理牧場，借以改善蒙民生活。上次蒙政會全體大會通過蒙古平民可任旗政府協理一案，爲蒙旗政體上一大改革，蒙古平民參政當闢一新紀元云。

榮祥與馬子禧

〔鄒焕宇撰《伊盟視察報告第十六號：達拉特旗内幕》，民國二十九年（一九四〇年）六月五日，摘自伊克昭盟檔案館編《伊盟事

件資料匯編》第二輯第二七七頁〕

歸化土默特旗總管兼綏蒙會委員榮祥，自中央發表組織蒙旗宣慰使署後，又兼該署秘書長，並負實際責任。當馬子禧反正時，榮祥派其侄殷石麟從旁協理。反正之後，關於請求名義與經費等，榮亦曾代電中央陳説，故馬於任代理達旗保安司令後，委其侄殷石麟爲司令部參謀長，雙方往來甚密。聞榮自就蒙古游擊軍第三區司令後，頗欲活動指揮馬部，致其後引起康王與榮祥間之摩擦，康頗以此歸咎馬子禧，此爲康馬間摩擦之一因。

土默特旗總管榮祥他是一位杰出的詩人

〔作者許如，原載《塞風》第四至五合期〕

榮祥先生，字耀宸，綏遠土默特旗人。他是土默特旗總管，綏遠淪陷出走。綏境蒙政會成立時，他是委員兼秘書長。綏包淪陷後，他出走到榆林，中央接受了鄧寶珊將軍安定伊盟的計劃，明令組織蒙旗宣慰使署，發表沙王爲宣慰使，榮爲秘書長。國民參政會成立，榮當選爲蒙籍參政員。

榮祥先生是蒙古王公總管當中抗倭最堅決的人。他在綏遠淪陷時，最後偕馬占山將軍離開綏垣。在蒙政方面，他的建樹自不用説，可是誰都知道他是蒙古抗倭領袖，而不知道他還是蒙古一位杰出的詩人。他的漢學造詣至深，作詩極工，這一回他和沙王一同到重慶，于右任先生對他的詩極爲賞識。他的一首《與馬秀芳（占山）將軍同守綏垣感賦》的詩，寫當時傅作義將軍不得已而回晋，綏遠只有馬將軍一柱擎天，可以説是不朽之作。原文是：『介子旌旗去不旋（指傅作義將軍不得回綏遠），樓蘭舊蹟蕩飛煙，長官獨欲全三晋，鎮將誰能顧九邊？已拚金甌成墮甑，哪堪銅柱久撑天！軍民共決嬰城策，愁誦睢陽傳後篇。』

本來傅將軍不能回綏，人心恐慌，綏省政府撤退之後，榮先生也挈眷到了包頭，打算走綏西的。後來馬占山將軍到綏，要守綏遠，榮先生便又從包頭回到綏垣，他的夫人由包回來，把子女留到鄉村，到圍城中看他。他的《内子冒險入圍城視余感賦》一詩，述此事經過云：『郊原血戰路難行，底事荆妻更入城？此舉何殊探虎穴，存心只欲踐鴛盟。掛冠早去吾慚汝，投袂重來我累卿。報國得偕無別憾，忍瞞兒女不勝情。』

一個文人，赤手空拳，在圍城中，馬占山將軍在最後由綏垣出走時，乘馬到車站還看他。他和他的夫人雖然從綏遠乘火車到了包頭，可是這裏面却經過好大的困難，他有《綏垣既陷余偕内犯難出走成長句》一篇，叙述經過，大義凜然，可歌可泣，德王輩讀了能不愧死！原詩如次：

『薄暮南城遭敵毁，閭閻遠近哭聲起，紛紛戰士走北郊，奔騰若傾三峽水。愧我文弱天所生，乘騎兩缺難舉趾。留定不可去不能，吾自有術光青史。此心既决轉夷然，靈臺内照清見底。大節不遺國族羞，高名豈種兒孫耻。森森短劍不去身，老妻旁睨喻吾旨。舉室凜然悄無嘩，死生所繫争些仔。忽報猶子從西來，列車部曲同莅止。匆匆納履得成行，相逢如夢雜悲喜，孤城燈火慘無光，别緒黯然愴何已。飆輪深夜過山村，雛兒稚女同匿此。停車亦欲呼與偕，途艱月黑無可使。吁嗟乎！諸兒日夜望爺娘，誰料爺娘今去矣。國難未紓且置家，回顧老妻淚盈眦。』

那時的包頭當然慌亂得厲害，包頭失陷之前，榮先生渡河踏入伊盟。渡河時寇機掃射，歷盡艱辛。他的一篇《由包渡河爲寇機掃射落水戲成長句》的詩，使人最後讀了破涕爲笑。他修養工夫之深，從這裏我們也可以看出來。原詩是：

『寇氛壓城城莫當，軍民雜沓奔西方。五臨道壅寇追急，吾儕别走河南鄉。去城五里即官渡，幸有一葦容吾航。登舟半渡魂方定，忽聞鐵鳥雲際翔。彈雨注河珠濺白，委卵震岸天無光。長年丁壯身手健，紛紛躍入波中央。小艇泛泛成不繫，乘客睹此俱彷徨。婦孺老弱失聲嗽，長號頓足如顛狂。風浪激舟漂淺瀨，相將入水泅南塘。氣寒波溜身莫主，雖未滅頂侵胸膛。猶子從人各奮力，挾余夫婦登沙岡。笑謂老妻「今日浴，毋乃盆闊湯太凉？」』

渡河之後，他入伊盟，會沙王，交綏境蒙政會印信。當時敵人以飛機迫沙王赴綏，沙王之拒而未往，都是他從中策劃成功的。伊盟道中他也有詩。抗戰期中，他的詩作不少。這一回在重慶、成都，一路成詩又不少。錄一首作本文的結束。

『壯游不憚歷蠶叢，勝蹟猶遺太古風。字水曲開巴子國，塗山高著禹王功。城環列岫千層碧，燈綴崇樓萬點紅。最是神州鍾秀地，群峰難阻大江東。』——《渝城懷古》。

榮耀宸先生的詩，去年經我引述在桂林和榆林先後發表。後者已收入《活躍的北戰場》，前者發表後不久，上海出版的《現實》第二册，那樣一種花花綠綠的什志，便有一位署名『黄鐘』的先生改頭換面以《蒙古詩人榮祥》爲題而刊載出來。如果是照樣轉錄，還是可恕的鈔襲。這種事我從前遇到雖然生過氣，現在却平淡處之；在上海灘上，那算什麽！最妙的是這位『黄鐘』的文鈔公，用了變把戲的手法。——如果没有什麽大的錯誤，也不算什麽。不想雖然『戲法人人會變』，但手段畢竟不高明，所以如『笑謂老妻今日浴，毋乃盆闊湯太凉』的『笑』字，他幾次給弄成『哭』字，還要説有『幽默感』云云，豈不該打手心？

分明是『瓦缶』，還要以『黄鐘』欺人，還是『毁棄』了罷！你這『雷鳴』的東西！因此我將我發表過的這篇東西再轉載在這裏。只要我們上海那些以『黄鐘』爲僞裝的文人不揭發我是在『鈔襲』，那便是『皇恩浩蕩』了。

二十九年七月一日附記

黎聖倫記榮祥

（摘自黎聖倫《今日之内蒙》，獨立出版社，民國三十年（一九四一年））

榮祥，姓榮碩布氏，歸化土默特特別旗人，原任該旗總管。抗戰以後，隻身南行，以反日反德王爲己任，志行高潔，爲各旗所欽仰。嘗謂吾祖成吉思汗是抗日的，今蒙古子孫如不抗日即愧對祖先。榮早歲畢業北京大學，對蒙漢詩文，有極深造詣。民初參加革命，建樹亦多。歷在綏遠從事教育工作，並主編

《綏遠省志》，六年如一日。在北平求學時代，風流儒雅，雖漢人子弟弗能及。一時故都文人，争相過從，騷人墨客間，未有不諗知者。返綏服務時期，爲力争教育經費，抨擊當局，震動中樞，尔後主持教務，造就人才不少，而詩文傳誦一時，早被社會冠上了『塞北文豪』、『蒙古詩人』等徽號。綏包棄守，榮從歸綏退至包頭，從包頭退至黄河南岸，與堅持抗戰之某將軍部隊相隨，一路艱苦備嘗。嗣將護持下之綏蒙政會印信，在札旗交與沙王，己則隻身赴榆林。旋經鄧寶珊將軍向中央建議，設置蒙旗宣慰使署，由沙王任宣慰使，榮任秘書長，實際則由榮主持一切。二十七年秋被任爲國民參議會參政員，翌年春，南下參加會議。不久，又兼任蒙古游擊軍區司令，並被任爲綏蒙政會常委。二十九年元旦，就常委職。現有各王公總管中，名位之高，除沙王外，無出其右。又榮以識學優崇，工作態度認真，極得蒙旗一般青年之信仰，故不啻爲當今蒙旗青年之領導者。

榮祥關於抄呈經天禄原電及請求救濟遭難職員家眷之簽呈

〔摘自伊克昭盟檔案館編《伊盟事件資料匯編》第三輯第一七二至一七四頁〕

簽呈

謹呈者。頃接綏境蒙政會委員兼國立伊盟中學校校長經天禄卯江（四月三日）電（原電抄呈）報告此次扎薩克旗保安隊叛變情形，除對從前屢次列有該員姓名之電報聲明無效外，並懇職就近請求救濟遭難職員家眷等情，兹謹就該員所述分析如下，藉備

鈞座處理此案之參考。

一、最初由沙王領銜，列有多數委員、職員之電報，係事變之當日發出（寅宥），其爲被叛徒挾持毫無疑義。

一、任秉鈞係三月二十九日由扎旗起程，此時叛徒尚未離沙府，任之得出，亦係沙在劫持中所派出，作爲叛徒緩兵之計。任爲保全同寅及諸眷屬，不得不有所顧忌，察具電詞可知。

一、按經天禄電稱三日後脱險到東勝，計其時日，當係與任同時出發。任南下赴榆林，經北上往東勝，其作用恐亦相似，惟經未主張和平耳。

一、四月一日事變已歷六日，推測沙府蒙會食糧當已被群集叛徒吃盡，彼等既不敢散，又不能聚，只有挾沙出走之一策，其中或尚有少數要員及眷屬在内。經電所稱東日（一日）平定，蓋即指此。

一、此事之複雜原因，確爲阿凌阿與白音倉暗鬥之結果。白自被沙王父子所疏遠（白以沙之侍役陞爲委員，與沙子鄂貝子比肩而立，此爲沙王父子所極不快者；加以白比年竊權營私，富過於沙，遭忌益深），即多方拉攏，廣植羽翼，東勝、榆林，頻頻往來。阿即藉此挑撥，謂白出賣扎旗，换取富貴。觀於此次所殺多爲白所引介之職員，即可證明。

一、以意揣之，此次事變，扎旗本旗官兵中殆僅瞞沙王一人而已，其餘自鄂貝子以下，想均在同意之列。因該旗保安司令鄂齊爾巴圖係沙王之侄，鄂貝子之堂弟，其司令職且係鄂貝子所讓與，豈有如此鉅變，事前竟無貝子一近人稍漏其消息者乎？惟能發不能收，乃千古庸人之恒例耳。

一、叛徒入沙漠，必不能多帶食糧，派兵扼其運糧通道，不出十日，脅衆必散。屆時相機運用，較易解決。

一、叛徒所走方向，料必在烏審旗境，彼等危急，必投烏審求庇。密令奇玉山司令乘機零星收槍，不出數日，亦可促其瓦解。以後嚴懲禍首，自非難事。

以上各條所陳，是否有當，敬祈

鈞座鑒核爲禱。謹呈

〔蒙藏委員〈會〉委員長吴（忠信）〕

職榮祥謹呈

〔一九四三年〕四月七日

榮祥爲處理伊盟善後之管見致蒙藏委員會呈

（國民政府蒙藏委員會檔案，時間爲一九四三年五月五日，中國第二歷史檔案館編《中華民國史檔案資料匯編》第五輯第二編政治（四）第一二五至一二九頁，鳳凰出版社，一九九七年）

處理伊盟善後之管見

謹呈者：竊自邇日以來，屢接榆林陝壩各方電訊，藉悉此次伊盟事變業已迅速解決，使此星星之火，未至燎原，而遽予撲滅者，皆我中央明鏡高懸，智珠在握，指授方略，動中機宜之所致也。而協從罔治，罪不及孥，仁德所感彌堅，邊疆内向之誠。凡此善果，固不僅伊盟與事一二旗無知軍民之福，實示我北戰場無數同胞靳求團結之幸也。若更就其影響之大者言，又安得謂非我抗建進程中化戾氣爲祥和之一端哉。然而事變既戢，善後須籌，否則潰瘍難割，遺毒猶或潛；逆首雖誅，伏戎恐將伺隙。今乘騷動之後，就政治則施以懷柔；剿撫之餘，就軍事則求其安息。此古人所謂有初者貴乎有終，善作者貴乎善成也。職生長朔漠，稍悉邊情，久處伊盟，略知梗概。兹謹就管見所及，覼陳如次，獻曝雖愚，亦聊盡其知無不言之微意而已。

甲、軍事善後之管見

一、此次伊盟之變，陳總司令長捷似應負相當責任。其開墾徵糧，由旗地逼至成吉思汗塋地，由農户擴及牧户，并限制各旗保安隊不得在本旗境徵購給養。凡此諸端，皆足爲逼成此變之上因。其濫用職權，任意殺人，乃至不請示中央而即擅殺國民政府簡任之大員，充其怙權之量，寧有可殺之人乎？各旗軍民對之有切齒之恨，戰栗之懼，非無故也。惟在剿叛期間，對其地位，自不便有所調動，以增叛衆之焰。但事變既息，爲長治久安計，似宜有妥慎之布置，以免剛愎者執德不回，而以誤邊者誤國也。

二、此次札烏兩旗保安隊之變，雖因内部有激動，然各該旗保安司令之無力控制，亦爲重要原因之一，而控制無力又因平素之訓練無方。今事變已平，則各旗保安隊之整訓殆不容緩，惟欲整訓保安隊，必先整訓駐伊盟之正規軍。一以示楷模，一以資鎮攝。否則，正規軍之不飭，其如落後之保安隊何哉？《詩》云：睨而視之，其則不遠。《傳》云：有諸已而後求諸人。皆此義也。

三、整訓保安隊擬分三期完成之。第一期，教以簡要之典範令，并以養成正確之軍人觀念爲標準。第二期，教以騎兵戰術，并以各該旗司令能絕對控制爲標準。第三期，以能鄰旗調駐，并與正規軍水乳交融爲標準。在第一期各旗單獨受檢閱，第二期合二三旗受檢閱。至第三期則合伊盟七旗共同檢閱之。如既分三期，各旗未必能同時劃一完成之，于是國家所給補助費亦以達到標準之先後爲增加之次序。如此則國家幣項既不致有優劣平分之弊，而教練人員亦可對工作爲成績之競賽，整訓果成，他日必能爲國家平倭之助。昔武侯出師，南蠻效力；汾陽破賊，回紇論功。今之蒙旗，亦其例也。

四、各旗保安隊就現在之需要論，當以貴精不貴多之原則加以整訓，但求質之良，不求量之宏；而兵額限度，則以能維持其旗境治安爲第一義。如此則既易整理，亦易掌握，彼惡莠浮動分子亦將被汰，而無借事生風之機會，物質消耗之減輕，猶其餘事，此中央與地方兩利之道也。將來國家建制國防軍，編練蒙古騎兵時，當爲别一問題。

五、各旗保安隊因補助費之微薄，其經常維持，自不能不賴旗境人民之供給，如水草、租地、租牲畜、犒圈等，皆其服裝給養所取資也。若一律取締而攘爲縣局之收入，此無异困迫饑餓之，而責以勿生事，豈可得乎？故旗境一切事務，勿任縣局壓迫，亦息事寧人之一術也。

乙、政治善後之管見

一、二十九年春，沙盟長曾擬以旗務托其子鄂齊爾胡雅克圖，而自往興隆山祭成吉思汗，並作久居之静養，嗣因抱病不果行。此次保安隊之變，沙府驟罹兵燹，動産蕩然。沙歸則徒增愴恨，老境難堪。況綏境蒙政會已暫遷榆林辦公，尤無早歸之必要。倘此刻不能在伊盟附近覓得適當住處，似不若將沙護送興隆山，以成其奉祀祖陵之志。

二、此次嫌疑主動人除胡鳳山已在東勝候審外，餘如阿凌阿、鄂齊爾胡雅克圖兩委員均有其應負之責。查阿凌阿老而樂禍，原非安分人，與沙有東笠之誼，而幾陷以覆族之實，稍有天良，何忍出此？鄂齊爾胡雅克圖身爲蒙會常委，復兼省政府委員及札旗札薩克，本有維持地方治安之責，縱有不平，盡可上訴于中央，何至躬預動亂忘其身以及其親，此何説乎？倘國家能貰其罪，則阿宜令其伴沙同住，鄂宜令其歸省府管束。

三、縣政府、旗政府此二者系統雖殊要，其爲國家行政之地方機構則無异也。當此抗戰期間，既不能廢旗以存縣，亦焉能廢縣仍存旗，二者既須並存，自應消其磨擦，而切要之圖，則以寄居旗境之縣府不再幹預旗政爲第一義。蓋縣受限制，他日尚可施政于收復之舊疆，若旗遭剥奪，將來永無汶陽往返之希望。此蒙人所認爲全旗生死關頭，故往往于絶望之餘，不惜以流血争之之故也。此事懸擱已久，今又乘善後之際，予以合理之解决，以安衆心。

四、伊盟之貧瘠，非内地同胞所能想象。故機關部隊非國家予以充分之補助，其本身實無絲毫存在之可能，加以國家年來所發各項經費因匯兑困難，往往須遲至數月方能轉到榆林，而榆林又因無國立銀行，更須遲之又遲方能陸續提款，再轉伊盟，是以緊急之事、亟需之款，每因不能迅赴事機而致束手。此種困難，不特伊盟爲然，即陝北各機關部隊之仰給于榆林者，無不同感此苦。前年伊榆負責當局鄧寶珊、朱綬光、高雙成、馬占山等曾聯名懇請中央令四行在榆設一辦事處，以濟危困。若就今日情况論，此事更有迫切之需要，尚望中央考慮而實現之爲幸。

五、今後邊疆設政，凡有關蒙旗權益之增損與夫蒙胞生計之利害者，中央對于邊疆當局及蒙政負責者之意見，似宜多兼顧，酌取其平。在抗戰期間，落後地方如伊盟者，要以能維持治安，不生枝節爲首務，其他經濟、教育、軍事、政治及一切文化事業，均應在此範圍内逐漸促進之。所謂利不十，不變法；功不十，不易器也。至于伊盟各旗所産之絨毛、皮革、鹽碱、藥材等，倘國家能加以收買利用，皆蒙旗所甚願，然此亦須以榆林能設銀行爲基礎。若貿易委員會前派一二人携少數款，株守榆城，其效可睹已。

職榮祥謹陳

五月十五日

綏境蒙政會中的青年派

〔摘自伊克昭盟保安長官公署政治部職員劉雲：《扎旗事變的前前後後》，民國三十二年（一九四三年）五月十五日，轉引自伊克昭盟檔案館編《伊盟事變資料匯編》第三輯，第一八九頁至一九〇頁〕

青年派：榮祥係一平民，一生頗以讀書明理自豪。歷任蒙政會秘書有年，自蒙政會重組設扎旗後，困於推進工作，久駐榆林，坐政不理。而蒙會青年委經天禄、胡鳳山、賀耆壽等，以白音倉之擅權、把握經濟，乃私結蒙籍青年那森達賴（漢名即郭壽山）等組成青年派，擁護榮祥，反對保皇派，求達把握蒙政會而挫白音倉之專權也。

請速派榮祥代理蒙政會委員長的建議

〔佚名《伊盟事變經過及處理辦法之建議》，摘自伊克昭盟檔案館編《伊盟事件資料匯編》第四輯第六八頁〕

建議

請速派榮祥代理蒙政會委員長，火速返蒙協同傅將軍處理變局，安撫各旗王公仕官。……查榮祥現任蒙政會常務委員兼秘書長，暨土默特旗總管、蒙旗宣慰使公署秘書長等職，其學問淵博，道德高部，久爲傅將軍及其他邊疆大吏、蒙旗王公仕官所推崇。二十六年伊盟之所以保存者，亦賴其一人之力也。伊於一月間因公來渝，現尚駐蒙藏委員會。

陳國鈞記榮祥

〔摘自陳國鈞著《蒙古風土人物》，交通書局，民國三十三年（一九四四年）十月〕

筆者未去蒙古前，適榮總管公幹到渝，我知情特往蒙藏委員會的平莊招待所趨訪。這是我們初次的會談，就覺他的態度冷靜如一學者，不由不令我肅然起敬。那時，我知道他快回蒙古，當面約好跟隨他去，因可得到許多便利和他的指導。後來，我們果然成了事實，同行入蒙很久，因此，我得知他的情形較多了。

他是土默特人，該旗爲今綏遠省歸、薩、托、和、清五縣的轄境，全地都已墾闢，人密物富，爲各蒙旗之冠，所有的蒙民已經漢化，原來的蒙古語文，十人中已有九人遺忘。他就是這旗的總管，主持全旗政務。這總管之稱，就等於別旗叫扎薩克。他原姓榮碩布氏，單名叫祥，字耀宸，現已有五十歲，從小時就到北平去求學，後畢業於北京大學，在校成績優良，對詩文造詣極深，雖一般漢人子弟也不及他。民初曾參加革命工作，很有建樹，又在綏遠主編《綏遠省志》，並辦理學校教育，造就出不少蒙籍優秀人材，現在都供奉要職，如監委巴文峻、蒙政會委員經天禄、賀耆壽、任秉鈞、殷石麟、康濟民、蘇魯岱、朱實夫等即是。後因土旗的老總管滿泰故世，他就繼任爲總管，推動旗事有力，使土旗成爲蒙旗中最進步的一旗。

民二十五年，沙王領導的綏境蒙政會在歸綏成立，是和德王僞蒙政會對抗的，榮總管是會中的要員，沙王回旗，由他就近代理，他向以『反日』、『反德王』爲己任，該會成立之初，他曾向衆致詞：『蒙古民族抗日最早，我們先祖成吉思汗是抗日的，今蒙古子孫，如不抗日，就愧對祖先。』可見他抗日的堅決了。

民廿六年綏遠淪陷之前，一時情勢混亂，原來的綏境蒙政會各王公都紛紛回到本旗去躲避，只留下榮總管一人在綏垣，他要保管該會的印信。後來綏包失陷，烏盟六旗、綏東四旗及土默特旗都淪入敵手。那時德王也趕到綏垣，成立了僞組織的蒙古聯盟自治政府，被淪陷旗的各王公多被挾持參加。土旗中德逆指使的佐領賀漢卿與亢仁等輩，糾衆要挾榮總管附逆，他持正不阿，嚴詞拒絕，並堅決表示反德王起見，當即設法出走，偕經天禄、殷石麟等徒步退入伊盟，一路上備嘗艱辛，携了蒙政會印信到扎薩克旗繳給沙王後，就携眷到榆林居住，像他那樣忠貞的氣節，不可不贊嘆敬佩。

因此中央方面很推重他，先是經坐鎮晋陝邊境的鄧寶珊將軍向中央建議，設置蒙旗宣慰使署，由沙王任宣慰使，榮任秘書長，署設榆林，實際上該署全由他在主持一切。他說：『該署的工作，完全側重在淪陷的蒙地，現配合蒙政會向淪陷蒙地吸收蒙旗知識青年，争取僞軍反正，加入這種新力量，蒙旗的政治機構當然可以更充實起來。』

二十七年秋，他被任爲國民參政會首屆蒙籍參政員，特南下參加會議。不久，他又任蒙古游擊軍區司令，並被任爲綏蒙政會常委兼秘書長。在今日内蒙古各王公總管中，論名位之高，除沙王、圖王之外，就要算他了。

他是個積學之士，讀書和閱歷很多，照他的學識廣博和犀利判斷，筆者覺得蒙人中尚没有人能超越他。他公餘之暇，常作詩文發表，很能傳誦一時，並已被人冠上『塞北的文豪』、『蒙古唯一的詩人』等的徽號，可想而知了。在他作的論文中，特别鼓勵援助蒙旗青年，極得一般蒙旗青年的信仰，故有『蒙古青年導師』之稱。筆者雖未見過他作的詩，只聽人説好而已，但他作的論文，我却讀到幾篇已發表的，都是極有價值的。筆者最喜讀他的兩篇長文，一爲《從漢蒙同源説到精誠團結》，一爲《應該表彰的俺答可汗》，都以客觀態度叙述，將歷史事實和他個人主張發揮盡緻，像這種精心結撰之作，就是求之於内地的學者，也不易做到，真令人可佩！

他是土默特旗的總管，在他任内以辦教育最有表現，因而至今談起這事，就使他興奮，曾向筆者也説過：『我們土默特旗辦教育的歷史最久，前清就設書院，民初改爲學校，有中小學校多所，造成了好幾百青年，他們現在已是各蒙旗的中堅分子。當初我們辦教育曾受許多王公耻笑，但畢竟是成功的，現各旗却照土默特旗的榜樣在努力了！』

他的政治素養實高，工作的態度尤認真，對蒙政的一切別具獨見，看得很淡然，事事都有辦法，認爲很單純，蒙政根本上就没有什麽問題，祇要主政者，具有决心去幹，那就大有可爲！這真是古人云

『爲政不在多言』，衹看我們如何去力行。

他的風度很高雅，富有學者的氣息，現在榆林城郊外他特建造一幽静的寓所安居，公餘專心於讀書寫作，絶不去作無謂酬酢。他兒女很多，而且都受了很高的學校教育。總括一句話，他在内蒙真是一位難得的人物！

黄奮生記榮祥

〔摘自黄奮生《邊疆人物志》，正中書局，民國三十四年（一九四五年）三月〕

『疾風知勁草，板蕩識忠臣。』這兩句名言，從抗戰的大纛舉起後，在歸化土默特旗的榮祥先生身上，得到了一個證驗。

土默特旗同喀喇沁旗一樣早已變成了農耕社會，旗境就是現在綏遠的歸、薩、托、和、清五縣的區域，漢蒙融合的關係，非常密切，已無畛域界限之分。土默特旗在漢爲雲中、五原、雁門、定襄四郡屬地，在唐爲金河縣振武軍，定襄郡、勝州轄境，明初爲豐州東勝衛千户，嘉靖初年爲俺答汗所據，在豐州灘築城名叫歸化，這是歸化土默特旗之由來。俺答汗起初屢屢向内地挑戰，使方逢時、王崇古、張居正幾位當道爲應付他絞了不少的心血。他終於感激朝廷對待他的愛孫名叫巴罕納古爾的德意，矢志安邊護國，擁護中央，因此在隆慶年間被封爲順義王。這是土默特旗的祖先寫下的最光榮的一頁。這光榮的一頁今日又爲他的後人榮祥先生繼續寫下去。

榮祥字耀宸，生於民元前十七年，天資聰穎，幼年從雁門吴曉峰、鄞縣應午亭學詩文法及經史初基。二十歲後，由故城王蔭南、桐城姚叔節傳授經史要義、古文義法。他的國學基礎從這四位感恩師中打定。民國六年在北京中央政法專門學校法律本科畢業。在他的求學時期，牛贊岑對於他的幫助很大。辛亥年，綏遠滿清大吏，擬提教育基金十餘萬兩，作爲添補兵餉抗拒革命之用。榮氏年方十八歲，他很勇敢地號召地方賢士，合力反對，將這位滿清大吏的企圖粉碎。到了民元，綏遠學校能够開學，還是受惠於這一舉動。民七榮氏被選爲晉綏聯合省議會議員,民十至民十三充都統署秘書,民十四被選爲國民代表,民十五充北方國民軍騎五師參謀處長,民十七充土默特旗政府秘書長。該旗是總管制,設於民國三年,總管相當於札薩克。但前者由平民選拔,後者是王公世襲,這是本質上的不同。土默特旗第一任總管是滿泰,榮氏既充任他的幕僚長,他對於榮氏絶對信任,助成他的工作,所以榮氏自認牛贊岑是助成他的學業上的惟一益友,滿子舒(滿泰字)是助成他的工作上的惟一益友。到了民國二十年,他被選爲國民大會代表,會後受綏遠省政府之聘,主編《綏遠省通志》。此外他並著有《瑞芝堂詩鈔》及《瑞芝堂文鈔》兩種問世。他主編通志有六年之久,每日伏案在八小時以上,手不停寫,這是他引爲值得紀念的一樁事情。本來完成一部全省文獻,是文化上很大的成就,當地社會上以他的文史舊詩造詣頗深,視之爲『蒙古詩人』、『塞北文豪』。二十三年他被任爲蒙古地方自治政務委員會委員並兼任土默特旗總管。當二十四年他出席蒙政會二次委員全體會議,在會場上他表現了幹練而豐富的才識,他的言論主張,引起了在座各王公的重視。二十五年改任綏境蒙政會的委員,這時的委員長是沙王。

日本軍閥對於邊疆同胞,一貫的用着挑撥離間威脅利誘分化的陰謀,這個陰謀首先被榮氏無情的擊碎。看榮氏在他所著《應該表彰的俺答可汗》文中,有這樣痛快淋漓的表白:『當「九·一八」事變以後,倭閥自以爲「滿蒙政策」的初步已告成功,於是對於内蒙各旗王公以及失意的蒙古青年,竭力施以金錢的誘惑和分化的煽動,以期遂其挑撥離間同室操戈的鬼蜮之謀。那時内蒙各旗有志節的智識分子,已多數入黨,受了三民主義的薰陶,都能理會三民主義就是救國主義,對於敵人的謬妄宣傳和惡毒的分化,也都能用清晰的頭腦加以分析。尤其民國二十四年三月間,倭閥所派的駐綏遠特務機關長羽山喜郎,因作者强制撤銷德王派駐綏遠作情報的無綫電臺,遂與作者起了一次風聞全國的直接衝突。自此事發生以後,凡與作者接近的蒙古智識青年,更清清楚楚揭穿倭閥的「畫皮」,識破了猙獰的醜惡面目,自然都存了「去之若浼」的心理,不肯冒然上它的賊船了』。

榮氏既抱有這樣的國家民族至上的崇高觀念,和對於倭閥陰謀的透徹認識,所以到了抗戰的火炬燃起之後，站在塞北草原的前綫發出了『蒙古子孫應繼承元世祖征倭未遂遺志參加抗日』的怒吼，降敵的德王譏他爲『枉讀詩書』，他以『這真是歐陽子所説「不知人間有羞恥事」了』還之，其志行高潔，讀之誠不勝令我們景仰！

綏垣吃緊，各機關撤退，馬占山將軍邀榮氏共守，他感賦一首：『介子旌旗去不旋，樓蘭舊蹟蕩飛煙。長官獨欲全三晋，鎮將誰能顧九邊？已拼金甌成墮甑，哪堪銅柱久撐天！軍民共決嬰城策，愁誦睢陽傳後篇』。其爲國忠貞，步武睢陽之志，躍然紙上。當綏垣被圍正急，他的夫人拋棄鄉間的兒女，隻身潛入省垣來看他。他因此感賦：『郊原血戰路難行，底事荊妻更入城？此舉何殊探虎穴，存心真欲踐鴛盟。掛冠早去吾慚汝，投袂重來我累卿。報國得偕無別憾，忍瞞兒女不勝情。』讀之令人不勝英雄兒女萃於一身之感。當綏城既破，他偕他的夫人犯難出走，他們的兒女因在山村避兵，竟未及携帶，他又愴然有作：『薄暮南城遭敵毁，閭閻遠近哭聲起。紛紛戰士走北郊，奔騰若傾三峽水。愧我文弱天所生，乘騎兩缺難舉趾。留定不可去不能，吾自有術光青史。此心既決轉夷然，靈臺内照清見底。大節不遺國族羞，高標豈種兒孫耻。森森短劍不去身，老妻旁睨喻吾旨。舉室凛然悄無嘩，死生所繫争些仔。忽報猶子從西來，列車部曲同莅止。匆匆納履得成行，相看如夢雜悲喜。孤城燈火慘無光，別緒黯淡愴何已。飈輪深宵過山村，雛兒稚女同匿此。停車亦欲呼與偕，途艱月黑無可使。吁嗟乎！諸兒日望爺娘還，誰料爺娘今去矣。國難未紓且置家，回顧老妻淚盈眦。』他的這篇史詩，更表現出他的臨難不苟免，大節凛然的風度，至於眷戀兒女痛懷離散之情，凄惻纏綿，一字一泪，這不啻是我們整個中華兒女在倭寇鐵蹄踐踏刀兵加臨下的一篇血淚史！

榮氏由歸綏退至包頭，復退至黃河南岸，備嘗艱險，到了札薩克旗，將他携帶的綏境蒙政會的印信，奉歸沙王。不久，蒙旗宣慰使署成立，榮氏出任秘書長，並且兼任蒙政會常務委員和蒙古游擊軍第三區中將司令，贊襄沙王運籌擘畫，名實的成立沙王的股肱。他並且被選任爲國民參政會第一屆參政員，曾來武漢參加會議，提供不少的治邊良猷。

榮氏現在是五十歲的人了，平居好靜，無事時浹旬累月不出門，不嫻交際，惟喜歡與一般後進談國學。衣食極簡樸，不好問家務，最愛收集古書，家藏逾十萬卷，爲綏人藏書最多的一位。他的父親已經棄世，老母在堂，同胞兄弟八人，已去世五位，榮氏行四。原配妻丁氏，曾受舊教育，生三男二女，全家和睦。地方上人士對於他的和樂的家庭，都羨慕稱道。他景仰的古代人物是：孔子、釋迦牟尼、管仲、諸葛亮、司馬遷、韓愈、杜甫、蘇軾、成吉思汗。現代人物，他對於蔣委員長復興國家民族的邁古人格最爲景仰，同時他對於張伯苓先生不改其志的辦理教育精神，亦非常欽佩。他自任土默特旗總管，就努力教育，除資助國內外留學生外，積極整頓該旗中小學校，成績極爲優異。他今後的願望是：『能使邊疆子弟人人能受教育，落後的群衆人人有生活技能，』便算滿足。他對於推進邊疆抗建工作，認爲最要之點是：『須國家設法使邊疆曾受教育之群衆有施展所能與所長之機會，假若長令有知識人隨無識者跑，無論如何，是絕不能有成績的。此點不改，餘皆空談』。最後他有三點感想：『一、中國倫理有極可寶貴與應發揚之處，抗戰勝利後，世界各國學者必有驚異而研究之者，我應自加珍惜，勿待人已有得而我反由外稗販也；二、中國古代諸子之學問，均應分別研討，勿以儒家一途爲限，其中必能發現至寶；三、邊疆民族之向心力，應着重群衆，勿單注意貴人！』他的見解警闢，目光遠大，實值得朝野切實的注意。榮氏現在成了西蒙青年的領導者，在此抗戰勝利即到，建國正在發動之時，國人更寄與他無窮的希望和殷切的期待。

沙王悼詞

〔沙王逝世于一九四五年七月十六日，悼詞約爲榮祥所撰。原件存内蒙古自治區檔案館〕

維中華民國三十有四年，七月十六日，駐扎旗黨、政、軍、團、學、商各機關團體同人榮祥等，謹以清酌庶饈之儀，公祭于國民政府沙故委員之靈，曰：嗚呼！緬翁之幼，器宇非常，宗族喜其英發，先達愛其純良，早邀清鑒，獨受知于準旗之老王，迨夫既承世爵，道乃彌光，本仁恕以施政，運聰慧以御强。安民效曹參之清静，折獄勝包拯之剛方。賢聲傳于鄰境，盛德著于珂鄉。及主盟乎壇坫，乃日進而無疆。總十八旗之大政，比廿四考之汾陽。職榮樞府，譽重中央。爲抗戰而竭心力，爲建國而勤贊襄。領袖詩爲砥柱，青年恃爲門墻。鎮邊陬之反側，助國運之隆昌。方期福□大耋，上壽無量，何詎抱恙三日，而竟騎箕尾以翱翔。倉猝如此，人誰不傷？翁雖長息，靈爽在堂。陳香花而薦饌，申敬意于一觴。魂兮昭鑒，來格來嘗。嗚呼哀哉！尚飨。

傅長官令編兩騎兵旅 榮祥奇子祥分任旅長

（《民衆日報》民國三十四年（一九四五年）十月二十七日）

本報歸綏特訊：土默特旗遵奉傅長官命令，〔吸〕收該旗人民及前在淪陷區留綏失學青年，編□爲蒙古暫編騎兵第一旅，旅長由榮祥兼任，副旅長李作棟，……該兩騎兵旅刻均在副□中，並維護地方治安。

榮祥率團晋謁蔣主席

（《中央邊報》第五期第七頁，《國内外大事簡志（七月一日至八月三十一日）》，民國三十五年（一九四六年）十一月一日出版）

蒙旗慶祝代表團團長榮祥、副團長圖布陞吉阿格勒暨團員巴吉音吉爾格勒、巴文峻、雄諾、胡鳳山、康德敷、任秉鈞、卜文瑞等，於七月八日上午十時半到國府晋謁蔣主席，致敬並呈（現）〔獻〕『河山再造』錦旗及康熙親征（噶爾哥）〔噶爾丹〕所用御（劍）〔刀〕一把。又，該團曾於六日晋謁教育部朱部長家驊，據（種）〔稱〕教育部對邊疆教育撥定專款，俟交通恢復，即往興辦。

榮祥在山後召河建立中正小學

（《敵僞卷》四三一三號，第一一七頁，轉引自《土默特志（徵求意見稿）》上卷，教育，第四十五頁）

敬啓者，本年十月三十一日爲總裁蔣公六秩華誕，在全國祝嘏聲中，群起獻校運動，藉資慶祝而表紀念，教育前途，實利賴之。本旗政府爲響應各地各旗獻校起見，兹特召開旗建設委員以及各科、股長會議，決定將在旗屬山後召河純蒙人地帶，籌建旗中正小學一所。先行招收學生一班，其名額計四十人，純係本旗蒙籍兒童。其校舍設備，可能初具規模，並以山後召河附近旗公有地七十頃作爲該校學田，以所得租金撥充常年經費，俾利教育而垂永久。……

土默特旗黨部

總管榮〔祥〕

中華民國三十五年（一九四六年）十一月十六日

榮祥建土默特旗立塔布子中心小學

〔《敵僞卷》三三五九號，轉引自《土默特志（徵求意見稿）》上卷，教育，第四十六頁〕

土旗旗立塔布子小學又名『土默特特別旗立塔布子耀宸小學校』、『土默特旗立塔布子中心小學』，成立於一九四七年三月十一日。

榮祥爲旗立中學申請特別補助費

〔《敵僞卷》三三六五號，第二十九頁，轉引自《土默特志（徵求意見稿）》上卷，教育，第五十三頁〕

一九四八年，教育部雖給中學補助設備費（國幣）一〇〇〇萬元，但當時幣值慘跌，款匯到時，相當於抗戰前的十元上下。爲此，總管榮祥呈文蒙藏委員會，要求爲旗立中學特別補助費，但在八月十四日得到的回答是『……若專恃部款維持，不但爲事實、法令所不許，且失地方設校興學之意義……』

蒙古詩人榮耀宸

〔作者署名原，原連載於《綏聞晚報》，民國三十七年（一九四八年）五月三日、四日、五日〕

耀宸先生於辛亥前一年考入預備中學，翌年入綏遠第一中學正班，與李子韶、祁定遠、閻敬亭、潘箴四諸先生爲先後同學。民國元年，總理派童堯山來綏遠組織國民黨支部，詩人就在那時和先烈王平章及李正樂諸氏，加入本黨，擔任支部文書股股長。昶玉公雖爲共和黨員，但對詩人的革命工作並不干涉。這時，耀宸先生除繼續寫作詩歌小説外，並致力研究駢體文章。王平章所辦的石印《歸綏日報》，常有他的文字發表，小説極受讀者歡迎。其時本省的教育尚稱落後，第一中學完全被民國初年太原派遣的舊官僚人物所把持。他們請來的校長和教員多半程度浮淺，教國文的教員還不如一般學生。有一天，耀宸先生非常氣憤，又因自己擔任班長，爲了營救這兩個被開除的同學，發動全校罷課。其時的綏遠觀察使兼學務督辦潘祖彥，是北洋鉅魁袁世凱的爪牙。他認爲學校罷課，係亂黨鼓動，因先生名在黨籍，遂借題發揮，用觀察使署的長篇佈告，將耀宸先生的學籍開除。詩人被開除的那年，正是民國三年夏天，他因爲不能在綏遠求學，才決定到京（北平）繼續攻讀。離綏那天，全校同學集隊把他送到五里以外，返校後幾乎用石塊把校長打死。

民國三年，詩人入北京法政專門學校，常在課餘和大江南北各省的文人才子，如王瑚公、陳藍田、王片石、張秋柳等數十人交游，這些才子都是民國初年京都知名之士，擅長文藝寫作。詩人和他們常在陶然亭、中南海許多名勝古蹟地方咏詩作賦，因此詩中的才華更加精彩。他們並組織成立一個詩社，稿件投往各報登載。耀宸先生的署名是『塞翁』，不認識的人還以爲是一個老年人，想不到他是一個剛過二十歲的蒙古青年。有一年土默特鎮國公到京，叫耀宸先生給政府擬了一件條呈。當時國務院的官員以爲蒙古人中竟有如此人才，所以在各報把這一條呈登出，當時京中人士爭先恐後誦傳。陳藍田是易碩甫的高足弟子，擅長詩詞。那年剛從湖南代表督軍湯薌銘來京，因在報上讀了耀宸先生的長篇排律，非常欣慕，並説：當今律詩之妙，除我老師外僅見此人。遂托友介紹與先生結爲文字之交。其時土默特都統文潤齋久已退休，正寓到京師，見詩人詩名鵲起，便把他介紹給安徽桐城姚鼐的曾孫古文大家姚叔節先生，叔節先生認爲門生。後來耀宸先生的文章，所以具有（相）〔桐〕城派的風度，就是因爲經過叔節先生的指導。

耀宸先生於民國六年從大學畢業，民國七年返綏，被選爲出席山西省議會的議員，那時他才廿五歲，山西三百多個議員當中，以耀宸先生的年齡最小。當時綏遠都統蔡成勳在各縣種植鴉片，並且橫徵暴斂，耀宸先生和李正樂、閻敬亭諸氏，赴京向政府檢舉，除將蔡成勳調任江西，並將贓款提出一部，建築了現在北平順城王府對門的綏遠會館。事變以前，歸綏舊城恒昌店巷憲兵司令部住的那處大院，也是耀宸先生們用蔡成勳的贓款爲各縣學生建築的公共會館。民國十年耀宸先生没有參加競選，就任綏遠全區學務廳第二科長，並兼任師範學校國文教員。本省名記者楊令德，便是他那時教育出來的學生。馬雲亭都統綏遠時，耀宸先生任都統署及墾務督辦公署秘書。十三年李鳴鐘都統綏遠，耀宸先生因不滿西北軍的過激作風，託病赴京寄居，閉門研究詩文。十四年被選爲國民代表大會綏遠代表，後因總理逝世，大會没有開。十五年滿泰在包頭任綏西鎮守使，耀宸先生任參謀長。十六年滿泰護理綏遠都統，耀宸先生兼任政務廳長。由十年到二十三年這一階段，耀宸先生始終協助滿泰工作。滿泰患重病以後，土默特的旗務，完全由耀宸先生獨力負責。他在這一時期對革命的(供)〔貢〕獻，便是掩護國民黨的同志，尤其是當奉軍和其他反革命勢力高漲時，本省黨人潘箴四、趙(久)〔允〕義、于静漪諸氏，都曾逃往包頭，在綏西鎮守使公署做秘密工作，故生命賴以保全，工作賴以進行。

民國二十三年蒙政會在百靈廟成立，耀宸先生蒙國民政府簡任爲委員，九月滿泰因病逝世，由他接任土默特旗總管。他在百靈廟蒙政會期間，敵寇正策動内蒙叛離中央，因此耀宸先生每次開會必以嚴詞攻擊金永昌、陶(光)〔克〕陶等親日分子罪行，並對德王壓迫潘王的舉動表示嚴厲的譴責，同時領導白海風、朱實夫、經革陳、雲繼先等許多優秀青年，打擊親日分子的各種陰謀。所以事變前歸綏的日本特務機關長羽山少佐，對他非常討厭。二十五年，德王在嘉卜寺另組政府，綏境蒙政會成立，耀宸先生仍任委員，並兼教育處處長。由二十年以迄二十六年盧溝橋事變，耀宸先生是站在蒙古青年的前面，和敵僞進行堅决的鬥爭，因爲他是内外蒙古的唯一智囊，各旗王公都(積)〔極〕尊重他的意見，德王對他也是覺着非常的敬畏。二十五年察綏蒙旗分治，在籌備期間，耀宸先生曾盡下了他最大的力量，他在這一個時期，一連兼着好幾種職務，每天除了辦公，還得編撰《綏遠通志》。二十六年，《綏遠通志》經詩人七年來之努力，終於全部脱稿，共計六十厚本，四百萬言，不幸綏包失陷，耀宸先生倉皇出走，將稿件完全遺失，後來被敵僞拾得，已於前年出版。不過好多地方都經過都添枝減葉，已非原來面目。

歸包淪陷在二十六年十月中旬，耀宸先生擺脱了敵僞的威脅利誘，將所有祖産抛下，隻身帶着會印和旗印，由包頭逃往榆林。那時阿王投敵，各旗參加僞蒙會議者漸多，日僞的力量已展伸入伊盟各旗，當時傅主席轉戰晋省，綏西成了無政府狀態，尤其伊盟人心不安。耀宸先生爲穩定這種危局，特致函各旗王公，以溥儀的被執和呼〔隆〕〔倫〕貝爾凌公爺的遭害〔做〕〔作〕爲例證，説明德王必將失敗，於是伊盟各旗始上軌道。二十七年中央爲安定蒙旗，特令耀宸先生組織蒙旗宣慰使署，二十八年奉移成陵以後，並將蒙政會整飭，工作恢復，由耀宸先生任秘書長。二十七年國民參政會第一届參政會召開，耀宸先生曾被選任爲本省參政員，赴武漢出席。二十八年他兼任蒙古第三軍區司令，從此『塞北文豪』一變而爲『戎馬學生』，詩人常以文弱的身體，在風沙中奔跑，他的部隊雖然不多，但是每遇作戰皆創敵鋒。

耀宸先生今年五十二歲，過去曾出版《瑞芝堂詩〔草〕〔鈔〕》等詩集，他和于院長右任、盧參政員前等黨國元老，共編《民族詩壇》，風行各地。他對人非常謙恭和藹。在北平拜姚叔節先生爲師時，曾行跪拜的古禮。他對青年學生特别愛護，許多蒙漢青年，皆得過他的幫助和鼓勵。

榮祥兼任土默特旗立第一中學校長

〔摘自《土默特志〔徵求意見稿〕》上卷，教育，第五十四頁〕

一九四八年至一九四九年，榮〔祥〕任土默特旗立第一中學校長。

省協商委員會召開的鎮反座談會記録摘要

〔《綏遠日報》一九五一年四月十五日第三版〕

榮祥（省協商委員兼土默特旗人民政府旗長）：

聽了各位首長的報告後，使我今後在鎮反工作上有了個訣竅。有些起義幹部在口頭上説得很響亮，而在實際思想表現上，却是敵我不分，更有的認爲對反革命份子的仁慈觀點是中間思想，這是不對的。我認爲對反革命者的仁慈觀點，是反馬列主義的，是反毛澤東思想的。所以説對反革命者的仁慈觀點，是反動的觀點。爲了今後堅決貫徹鎮反政策，徹底消滅反革命份子，全體幹部必須一齊行動起來，檢舉隱藏在我們内部的匪特，起義幹部也必須以實際行動參加這一偉大的工作。

榮祥在内蒙古黨委宣傳工作會議上的發言

〔摘自《内蒙古日報》一九五七年五月十七日第一版，原標題《暢所欲言，解決人民内部矛盾，内蒙古黨委宣傳工作會議昨日進入大會發言》〕

（本報消息）參加内蒙古黨委宣傳工作會議的十七個組，四百餘人，在經過七天的學習和小組討論後，於昨天上午開始大會發言。在大會上發言的有榮祥、王迅川、王健民、孔慶臻、松布爾巴圖、周達理、冀丕揚、余慶康、郭文通、武踐實、黄惠卿、曾士先、雲照光、常生耀、翟篤森、布和朝魯等十六人。另有六人作書面發言。

榮祥同志説：官僚主義者不關心人民疾苦，個别黨員對於批評態度惡劣。

呼和浩特副市長榮祥同志在發言中，對内蒙古自治區的一些領導機關，只顧本單位蓋樓、蓋禮堂，不顧市裏職工和人民的疾苦，提出了嚴厲批評。他舉市的製鞋廠爲例：這家工廠的廠房又矮又小，屋裏小板凳遍地都是，工人抬頭就要碰頂棚，白天工作也要點電燈。但是這種不利工人身體健康的環境並沒有得到改善。他希望黨委書記親自下廠，體驗一下工人們過的生活。對於這種不顧下級疾苦的脱離群衆的作風，他表示氣憤。他説：我是個舊官僚出身，誰都知道。可是我這個舊官僚還在學習改造；而新的官僚們却在發展，這真是新舊官僚交替了。（笑聲）

接着，他對被邀請參加這次會議表示很高興。但是對在小組會上仍有個别黨員反對尖鋭批評，誣批評爲『要推翻共産黨』的惡劣態度，表示了極大憤慨。他説，個别黨員過去把人整得上天無路，入地無門，今天批評稍稍尖鋭了一些，難道就受不了嗎？如果整風剛一開頭就抱這種態度，那麽允許我們中途退場。

對現在下邊有些黨員幹部以介紹入黨入團作爲講戀愛條件的事例，他批評這是拿人民的光榮達到自己可卑的目的。他希望監察部門很好地檢查糾正。

在繼續鳴放座談會上的發言

（摘自《内蒙古日報》一九五七年六月六日第三版）

榮祥説：把群衆中影響不好的人吸收到黨内團内，對黨對團並没有好處；不要讓外行黨員領導内行非黨員。

榮祥説，前天會上談了十五分鐘，只談了一個意見，感到不過癮，今天多談幾點。

第一，黨團組織在吸收黨團員時，應該多多聽取一些群衆意見，看看準備吸收的人在群衆中影響如何，跟群衆的關係如何，因爲有些被吸收的人在群衆中的影響，跟群衆的關係的確是很不好的。我曾聽過這麽一件事，有人問一個孩子：『你爲什麽還没入團？』這個孩子説：『我入不了團，因爲我不會溜尻子。』這説明有些黨團員，群衆並不尊重他們，把在群衆中影響不好的人吸收到黨内團内，對黨和團並没有好處。

第二，各級人民委員會開會，有些形式主義。如有些問題已經解決了，才召開會議來討論，這能起什麼作用呢？有時候第二天要開會了，下午才把一大堆材料送給委員看，要他一夜讀完，這是不可能的。在會上不提意見吧，受了人民委托問心有愧，提吧，又提不出多少意見。從形式上看，會議在召開日期上符合制度，實際上會議的質量不高。

第三，非黨幹部的職權問題。現在有的非黨領導幹部説，他有職無權，有的説，他有職有權，內蒙古黨委和內蒙古自治區人民委員會，應該很好深入檢查檢查，看看非黨領導幹部是否有職有權，看看給他們分了些什麽工，聽聽他們有意見没有；如果監察機關能參加這個工作，就更好了。因爲把一些非黨幹部安插在領導崗位上，就應該關心他們，不關心是不對的。

第四，民族關係和區域關係問題。榮祥説，我個人感到，現在在個别民族幹部領導的單位，民族主義情緒較重，漢族幹部領導的單位，對民族問題不太重視。個别單位直到現在還有東部西部的界限。有些單位，不但存在民族問題，也存在區域問題。內蒙古黨委應該很好教育各民族黨員幹部，不能在黨與非黨、領導與被領導間摻雜民族主義。不然，就像一鍋好菜加上了腐朽劑。這些事情看來不大，可是在群衆中影響很壞。現在群衆嗅覺很靈，不能把群衆當傻瓜，一有問題他們馬上就會感覺出來。

榮祥説，近半年來，我不敢説我有職無權，但在過去，雖然有些權和作用，但並不很大。

第五，對黨員使用要慎重，具體説來，就是不要讓外行黨員領導內行非黨員。讓外行黨員領導內行非黨員，對社會主義建設一點好處也没有。有些情形真使人啼笑皆非，不用説高深的科學技術了，就拿呼和浩特各中學的黨員校長來説，學生要求他們帶課，他們不能帶，不能多帶少帶點吧，也不行。他們只能掛上黨員的金字招牌依靠政治條件來領導。黨內没有那麽多校長人材，就應該依靠校務委員會呀，聽聽老教師的意見呀，也不。自己没本事，又不聽别人意見，怎能把學校辦好。

榮祥説，我不反對黨員當校長，只反對外行不聽內行話。多聽內行話，還是可以領導的，否則，前途值得考慮。

榮祥先生的思想本質是什麼？

〔作者革成，摘自《内蒙古日報》一九五七年六月二十三日第三版〕

内蒙古首府的鳴、放時間不長也不短了——由初鳴乍放到重點鳴放以至普遍鳴放。這一個歷程還在繼續着。鳴放之中，有批評，有建議，有牢騷，也有謾駡。可以説是香臭齊聞，花草並茂。别者不談，只對榮祥先生的鳴放，聯系到他過去的一些言論，不免有感於衷，願意説些話。

先從榮祥先生今天的鳴放説起。榮祥先生例舉前清封建王朝與新中國相比擬，報紙上已不乏人指出其謬誤之處。筆者覺得還不够，問題應該從思想本質上看看，才會更明白。以事論事，爲什麼榮祥先生學習馬列主義有年，還會教條地以封建王朝的統治制度與今天的社會主義制度相比擬呢？還以反動統治者的封官論爵等級制度來設想今天新中國的人事制度呢？敞開來説，這裏邊應該有個東西——那就是榮祥先生還没有真正認識到今天人民革命的本質，思想深處還存在着一個『改朝换代』的舊觀念。這分明是一種唯心主義的形而上學的觀點。具有這樣的思想觀點，就自然會機械地將古比今，甚至厚古非今。這就難怪榮祥先生，當他以舊尺度衡量今天新事物的時候看到有不合之處，就從内心裏迸發出不滿來。榮祥先生怪怨新中國没有一套像前清封建王朝那樣的法典，言中之意，非常明白：『作爲一個國家没有法典，豈不是亂搞一氣嗎！』可是事實呢，我們不僅在政治上有總的法典——憲法，還有一系列的法令規章，而且隨着人民事業的發展還要更加完善。還不僅如此，我們在經濟上也有法典——國民經濟十二年遠景規劃，第一、第二個五年計劃等等。但必須説明的是這些法典是爲人民辦事的，再也不爲反動統治者服務了。爲什麼榮祥先生偏偏看不見它呢？正如榮祥先生把青年們的追求進步説成是『溜尻子』，同樣是以舊尺度衡量新事物的結果。我們歸結起來看，榮祥先生這種唯心主義的形而上學的思想觀點，能説是憑空而求的嗎？不是的。任何思想都有它的物質基礎。筆者認爲這種思想意識的形成，是與榮祥先生的身受——歷經各個時代，高高在上——分不開的。同時在人民革命的大風暴裏，他又是人民用雙手攙引過來的，革命的激流對其舊思想的堡壘衝擊不大，也就難免其欲隱而又現了。

提到挖苦人、罵人，更是榮祥先生的特長，讀榮祥先生的文章時深有這種感覺。以榮祥先生三月二十一日在內蒙古日報三版所發表的『對中學文學課本的一些意見』爲例，他反對課本在選編方法上没有按由淺入深、從易到難的步驟來安排。按通常道理這只能是作爲個人的意見提出來與大家商量，但榮祥先生竟非常武斷地指責編者是用的『莫測高深的手法』。這樣的提法能説有幫助人的味道嗎？更如他對某些課文分段、注釋等有意見，動輒以盛氣凌人的口吻説什麼『攪成了一鍋粥』，『真是奇特』……等等。這些用語嚴格地講與罵人没有什麼區別。因此説，榮祥先生傲視一切、頤指氣使的作風是一貫的，而今天肆意誣蔑國家的人事制度和共青團員更非偶然，只是更集中地表現了他對社會主義現實的不滿而已。返回來講，隨便侮辱人在思想上總怕有個東西支配着，——那就是『官老爺』思想，真誠地希望榮祥先生在正視改造思想之餘，同時削掉這封建性的小尾巴。

揭露榮祥新的反黨謬論

（作者王述，摘自《內蒙古日報》一九五七年七月五日第三版）

榮祥是政協呼和浩特市委員會的副主席。最近報紙上對他提出了不少的批評，我還想談談另一方面的情況，供榮副主席考慮。

五月二十二日，政協呼和浩特市委員會召開了第二屆第二次全體會議。會議的第二天上午侯東府副主席作了『關於兩年來會務工作報告』後，榮副主席便講話了，我認爲他這一段講話出發點是好的，所謂好就是想啓發委員們以大鳴、大放的精神，把會開好。但是由於思想基礎不好，他的講話就產生了壞的影響和壞的後果。榮副主席的講話，没有底稿，這裏我僅能介紹大意。榮副主席一開始就説，我對共產黨是不折不扣的衷心擁護，因爲過去中國是連半殖民地也不如的國家，現在成了超級大國，對黨如何不愛哩？煙幕之後他接着説：『共產黨有兩套本事：一是馬列主義，二是總結群衆的智慧。毛主席提出整風是整主觀主義、教條主義、宗派主義，這說明共產黨已經把兩套本事丟掉了。而是主觀主義、教條主義代替了馬列主義、宗派主義代替了總結群衆智慧。』緊接着又說：『共產黨是馬列主義者，馬列主義有三個來源，三個組成部份。現在的共產黨員是兩個來源，一個組成部份，即主觀主義、官僚主義兩個來源和宗派主義的組成部份。』這種說法再加上當時聲色俱厲的態度，我覺得簡直是對共產黨的誣蔑和謾駡。我想共產黨是忠實的馬列主義者，這是盡人皆知的。共產黨對於反馬克思主義的主觀主義、官僚主義和宗派主義一貫是反對的，今天毛主席指出以整風精神反對這三個壞主義，不過是有些共產黨員在資產階級的舊的作風影響下滋長了這三個壞主義而已，也正是說共產黨人對於三個壞主義始終是反對的，試問榮祥副主席以什麽心腸對待共產黨哩？

榮祥對黨的誣蔑、謾駡，是有他思想根源的，我就不多談了。

有人說榮祥副主席，終日看書，手不釋卷，這是真的。但是榮祥讀書的出發點，並不是或者不完全是經過學習，提高思想（即自我改造），而是爲了背誦教條，嚇虎別人，或者別有用心。因之常常是從馬列主義文章裏，斷章取義，背誦一些成語，來反對馬列主義。目前六億人民正在齊鳴齊放的方針下，開展反右派鬥争，我把這段情況介紹出來供大家參考。

香花掩蓋下的毒草——駁榮祥謬論種種

（作者政協呼和浩特委員會秘書長王慶凱，摘自《内蒙古日報》一九五七年七月六日第三版）

市政協副主席榮祥在五月二十三日政協全體委員會議上的發言中，說了很多好話，也說了很多壞話，香花下面掩蓋着毒草，不注意就會中毒。

榮祥副主席一開頭說：『我們對中國共產黨衷心地擁護，從我們内心深處對共產黨也没有絲毫懷疑。』他分析了中國國際地位的提高，感動地說：『我們對共產黨怎能不贊成呢？』但是他接着說：『使人們不贊成的是，誰要給共產黨員一提意見，就說你是反黨，反黨就是反革命。這次内蒙古黨委宣傳部會議上才嗅到些氣味，現在毛主席給大家有了指示，黨員也應好好聽大家意見，還用胡拉八扯的？』我不知道榮祥當時説這一段話的用意何在，如果是爲了解除大家的顧慮，鼓勵大家提意見，從動機上説還是可以原諒的；但用歪曲事實的辦法，給大家種下莫解的疑慮，是大大不應該的。榮祥説：『誰要給共産黨員提點意見，就説你是反黨，反黨就是反革命。』不知他是從哪些事實中導出這個邏輯。照這樣説，黨諄諄教育自己的黨員要傾聽群衆意見，接受群衆批評，又該如何解釋呢！我認爲榮祥的説法對黨是誣蔑。

榮祥副主席還説：『我認爲共産黨有兩套本事，第一套本事是馬列主義，第二套本事是總結群衆智慧，反動派做不到。現在整風是要整官僚主義、主觀主義、宗派主義。主觀主義在學習上成了教條主義，生搬硬套，給國家造成很大損失。毛主席説：教條主義就是反馬克思主義。頭一套本事没啦，等於自己解除了自己的武裝。總結群衆智慧，但是不聽群衆意見，第二套本事也掉了，形成了宗派主義。』又説：『共産黨天天看的是脅肩諂笑的人，一看到直脖子的人就看不慣；天天聽的是歌功頌德的話，一聽到説點壞話就聽不慣，耳朵養饞了。再讓外行黨員領導内行非黨員，有些情形真使人啼笑皆非。各中學的黨員校長，自己没有本事，又不聽别人意見，把别人整的上天無路，入地無門。』把這些話聯系起來看，共産黨在榮祥的心目中是一個什麽樣的形象呢？黨員無才無能，剛（復）〔愎〕自用；共産黨應有的兩套本事也丢盡了，那如何還能成爲領導核心！榮祥好像從理論上把共産黨駁倒了，那麽他開始説『衷心地擁護共産黨，内心深處絲毫没有懷疑』，豈不是空話嗎！不能不使人懷疑，他開頭説那兩句話只是敷衍一下，目的在於掩蓋後面放出來的毒草。

榮祥副主席對民族團結還放了一支冷箭。他説：『批判大漢族主義，其實狹隘民族主義作起怪來，更欺負人欺負得厲害。漢族幹部有文化，還講點理；狹隘民族主義是一點道理不講，即使講理也是蠻横得很。』榮祥好像認爲大漢族主義比狹隘民族主義還好些，以他這樣高的負責同志發表這樣的話，只能在人們思想上造成混亂，對於克服大漢族主義和狹隘民族主義，增進民族團結是不利的。更嚴重的是，榮祥說：『漢族與蒙古族領導幹部，互相整的七死八活的。』這種言論已經不是思想認識問題，純粹是惡意挑撥了。在蒙古族幹部內部，他還挑撥東部西部分裂，說：『東來的幹部有意欺負我這老漢。』

榮祥副主席說：『有人說我就會說，我認爲說說對社會主義有利有什麼不好！我就是會說說寫寫，別的本事沒有。』當然，說說寫寫如果真對社會主義有利是很好的，但必須以客觀事實作基礎，以全面觀點出發，特別是從有利於各族人民的團結，有利於社會主義，有利於人民民主專政，有利於黨的領導出發，不能擴大事實，歪曲事實，嘩衆取寵，濫施攻擊。更不能把自己主觀想象的世界，當作真實的客觀世界，不然就會犯政治上的錯誤。

榮祥副主席對黨和某些黨員不滿，是有他的歷史根源的。榮祥過去是土默特旗的首領，等於變相的王爺，又是高級知識分子，是指使人的人，別人都得聽他的，這就形成了只能領導人，不能受人領導，只能叫別人聽自己的話，不能聽別人的話，自高自大，個人英雄主義。解放後，榮祥也是一帆風順，生活在温暖的屋子裏，在各種運動中思想很少從根本上真正觸動過。這樣，舊思想舊意識在腦子裏繼續作祟，對黨的領導一遇不稱自己的心，不如自己的意，就產生抵觸情緒，甚至有意捕風捉影，歪曲事實。

最後，我還是誠懇地從團結的願望出發，希望榮祥副主席對自己的錯誤作深刻的檢查。

政協呼和浩特委員會舉行座談，嚴厲駁斥右派分子反社會主義謬論，一致要求榮祥深刻檢查自己的錯誤言論

〔摘自《內蒙古日報》一九五七年七月六日〕

（本報消息）政協呼和浩特委員會常務委員會於七月二日至三日舉行座談會……

發言的委員以毛主席的報告作武器，以親身經歷和親眼見到的事實作根據，向右派分子進行了有力的反擊。許多人在發言中批判了市政協副主席榮祥的種種錯誤言論，最後大家一致要求榮祥深刻檢

查自己的思想本質，並向市政協委員會作出交代。

榮祥昨天因病没有到會。

座談中，郭健儒對榮祥的錯誤言論進行了駁斥。他指出在上次政協會上，榮祥曾說：『共産黨的好處說三天也說不完，大家不用談那些，有意見直接提就對了。』郭健儒認爲作爲市政協領導人之一的榮祥，這樣說法實際是只許大家談缺點，不許談成績，模糊人們的認識。接着，謝汝珍說：榮副主席對整風用和風細雨的辦法不滿意，他想用對待敵我矛盾的辦法來整共産黨。色音必勒格也說：榮祥副主席曾說：『東部蒙古整西部蒙古整得够嗆！』這種說法不符合事實，只能起分裂作用。郝秉政接着談：榮祥還說：『這些青年（指東部青年）不敢欺侮我老漢，我老漢在毛主席那裏也有名字。』王慶凱說：榮祥說過：『狹隘民族主義作起怪來，比大漢族主義欺負人還厲害。』這是對民族團結放的一支冷箭。榮祥還說：『共産黨天天看的是脅肩諂笑的人，聽的是歌功頌德的話，看到直脖子的人就看不慣，聽到說點壞話就聽不慣，耳朵養饞了』，我認爲這些話不是存心誣蔑，起碼也是極大的歪曲。共産黨諄諄教育自己的黨員，要走群衆路綫，接受群衆的批評，難道不是人所共知的事實嗎！至於反社會主義反無産階級專政的壞話，不僅共産黨聽不慣，人民群衆也聽不慣。……

會議結束時，白世貴建議以市政協常委會的名義，讓榮祥作深刻檢查。他說：『榮祥是市政協副主席，我們有權利要求他對自己的錯誤言論作出交代。』對這個提議大家一致表示贊成。李鋒補充說：『把榮祥在各種會議上的發言連起來，代表了一種思想，並非如有些人說只是偶然說錯了話。』主持會議的梁子材副主席說：『我們把大家的意見轉給榮副主席，希望他對自己前前後後一貫的言論，從思想本質上作深刻檢查，站出來勇敢的承認錯誤。』

（作者内蒙古自治區工商聯秘書長鄭允命，摘自《内蒙古日報》一九五七年七月八日第三版）

斥章乃器並揭發榮祥反黨言論

近兩個月來，我參加了黨的整風運動，也發表了不少意見，同時也聽到了許多同志們的發言，深刻體會到在中國共產黨領導下的民主，充分貫徹了『百花齊放、百家争鳴』的政策，對正確處理人民内部矛盾起了積極作用。對我個人來説，也受到了深刻的教育，思想認識有了提高。因此，我願在這裏提出自己的一些意見。

首先，我想談一下必須與散布反社會主義言論的右派分子劃清界限的問題。在大鳴大放的過程中，絶大部分人從誠懇地幫助黨整風的觀點出發，提出了善意的批抨和建議，我想這些積極性的意見是一定能得到黨的歡迎和支持的。但是，在這時期，也有極少數的右派分子利用鳴放的機會，大放其反黨、反社會主義的謬論。如章乃器説：定息不是剥削，官僚主義比資本主義更危險；榮祥説：國家法典不如清室的法典，等等。這些反動言論，顯然不是爲了幫助黨整風，而是企圖取消黨的領導，不是爲了建設社會主義，而是爲了發展資本主義。我們對這些謬論，絶不能坐視不理，無動於衷，必須給予嚴厲駁斥，狠狠打擊，並從思想上劃清界限。俗話説：『明箭易躲，暗箭難防』，他們的反動言論正合這兩句話。我們工商業者，聽了葛佩琦、儲安平、榮祥等的明日張膽的反動言論後，表示非常憤怒，但對於有大量毒素的章乃器的販賣資產階級貨色的言論，反映就不如對葛佩琦、儲安平、榮祥那樣强烈，甚至有的對章的反動言論還有些表示同情。所以説章乃器的言論含有大量毒素的道理也就在這裏。從這一事實的教訓中，説明了我們工商業者通過幫助黨整風，來提高自己的覺悟，進一步改造思想仍是很重要的。

我們應當看清，章乃器的反動言論是打向工商業者的一顆糖衣炮彈，是披着美麗的外衣，販賣反社會主義的貨色，它企圖煽動工商界與政府對立，不接受改造，走資本主義的老路。從表面上看，章乃器好像是代表工商業者的心情，實質上却是拉工商界的後腿，幫倒忙。這對我們正在接受社會主義改造的工商業者來説是極端有害的。因爲如果我們聽了章乃器的話就會中毒，就會放鬆改造，就會把我們拉下水，拖向後退。因此，我們堅決反對章乃器的反動言論。我們要堅決走社會主義的道路，我們要進一步接受共產黨的領導，堅決擁護人民民主專政，和章乃器劃清界限，站穩社會主義立場。只有站穩社會主義立場，才能明辨是非，劃清界限。

現在我再揭發一些榮祥的反動言論。自從黨整風以來，榮祥曾發表了一系列的反動言論，我認爲這不是偶然的，有它一定的反動歷史根源。解放以來，我和榮祥接觸的很多，平時就感到他談吐中有時帶有反動毒素，但是由於過去政治認識不够，沒有把它提高到原則上加以揭露。在這次反對右派的反動言論中，我願就個人所聞把榮祥的其他一些反動言論揭發出來，供大家批判。

一九五三年在全民普遍討論憲法草案時，他說，憲草文字簡陋，共產黨領導下的人材可憐，並誣蔑解放後的積極分子是共產黨的『香寶寶』。前綏遠省人民代表大會上醞釀候選人名單時，他說：『麻煩，這是畫蛇添足』，不滿意這種真正民主的選舉方式。在呼和浩特市某一次視察工作時，他到一個居民委員會視察，基層幹部向他匯報工作，他竟諷刺說：『講吧！我聽你們上課來啦！』當視察結束，大家談視察感想時，他主持會場，他指着某代表說：『你說吧！過過發言的癮。』言外之意好像黨主持的會議，群衆不能暢所欲言，好像只有他主持會議，才有民主，人們才有說話的機會。有一次他被邀列席中共呼和浩特市委黨代表會議，硬把他和他侄子（黨員）不親近的關係說成是黨群關係，誣蔑說：『群衆一入黨就六親不認，脫離群衆』。在非黨列席人員小組會上，他企圖挑撥黨群的關係說：『爲什麼沒有黨員？咱們得共產黨員管着些呀！』他還阻止別人說共產黨的好處，不讓講成績，專叫批評缺點。他還別有用心的說：『共產黨員是特殊料制成的，咱們這非黨人士不是人。』從他這些言論，再結合前幾天報紙上揭露的材料，就可以看出榮祥是如何一貫的反黨、反人民。

右派分子的態度是極其惡劣而狡猾的，說了反動言論，還拒絕人民的反批評。榮祥在內蒙古黨委宣傳會議上，惡毒地向黨進攻，別人提出反批評，他以要中途退場來威脅。曹蘿麟也是這樣，群衆對他的謬論進行分析批判時，他就說什麼要『把回民二字扣去』『我曹蘿麟可以退出』。試問你們爲什麼要退出，退到哪裏去，你們捫心自問一下：是善意的幫助黨整風，還是有意推翻共產黨的領導？黨和人民對你們這樣重視和照顧，你們却又何故如此？

我們工商業者〔堅〕決以實際行動，積極展開向右派分子的鬥爭。爲了共同協助黨整風，加强黨的領導，改進黨的作風，堅決站在社會主義這一邊，向右派分子鬥爭到底，不獲全勝，決不收兵。

深刻挖掘右派分子的思想根源

（内蒙古體育運動委員會副主任喀薩巴塔爾，摘自《内蒙古日報》一九五七年七月十二日第三版）

目前全國人民正對反黨、反人民、反社會主義的右派分子展開激烈的鬥爭。對右派分子的反黨反社會主義言論我們不能輕易放過，等閑視之，必須深深的挖掘它的根源，不容它滋長。我對榮祥、孔慶臻、盧健飛等人的言論，除了同意已經在内蒙古日報上發表過的駁斥文章而外，我再作一些補充。

榮祥的幾次發言我都在場，在宣傳工作會議上，他説：『舊官僚正在學習改造，新官僚却在發展，真是新舊官僚交替。』我認爲榮祥是在發泄滿腹牢騷。大家知道榮祥是經過清朝、民國北洋軍閥、蔣介石反動政權，幾十年來做官爲吏的舊官僚。現在呢？他心裏頭大有看不慣新社會的思想。所以他發牢騷的説：『舊官僚正在學習改造』，他的意思是説過去舊社會出身的老人只是學習和改造的對象，可是榮祥服不服學習改造才能爲人民做好工作這一道理呢？我想他没有服這個道理，他並不服老也不服氣。對新的幹部怎樣呢？榮祥的看法也不過如此吧！還不是缺點錯誤多。榮祥在最後很氣憤的説：『這次整風不僅是洗臉才能整好，應當用刮臉刀子好好的刮一刮才行。』（原話未記録，大意如此），從他這次的發言看來，對黨和政府的工作顯然是表示不滿的。所以他在統戰部召開的非黨幹部座談會上竟把清朝的統治和我們的人民政府來作對比，並且贊揚清朝法典完備，説我們法制不完備，又提出建議讓我們采用清朝的人事制度。分析他的思想，榮祥不是習慣於新社會的一切制度和法規，而是留戀過去封建統治的制度。榮祥在過去是稱爲塞北文豪的一個知名人士，解放後一直在人民政府擔任要職，又是人民代表，黨和人民對榮祥的待遇不能説不够，究竟封建統治和中國共産黨對蒙古民族來説哪個厚哪個薄他不能不知道。清朝對土默特旗人民怎樣看待的，榮祥會比任何人都知道得多，大召裏的石碑現在還在那裏，難道榮祥没有看過嗎？過去的歸化督統爲誰而設的，歸化城的命名含蓄是什麼，還不是爲了鎮壓土默特人民群衆的嗎？清朝時候那個蒙古人自己當過家作過主，土默特人民怎會忘掉本民族語文的，土默特人民群衆在過去所受的疾苦，做過多年總管的榮祥爲什麼一字不提，爲什麼不把過去蒙古人受到清朝封建統治的壓制剥削和現在的蒙古人民當了家作了主的事來作對比呢？難道榮祥也和孔慶臻一樣把内蒙古十年來的發展和成就一筆抹煞嗎？試問清朝的（那）〔哪〕一件法典制度對蒙古人民是公平的。難道身爲内蒙古文史館長的塞北文豪就應該助長封建制度而削弱社會主義制度的優越性嗎？榮祥就這樣幫助黨整風嗎？榮祥的言論是有利於社會主義建設呢？還是有利於封建統治的復辟呢？榮祥應從思想深處檢查。……

批駁榮祥所謂共産黨『整人』的謬論

〔摘自《内蒙古日報》一九五七年七月十四日第一版〕

卓力克對榮祥的反黨言論進行了批駁。他説榮祥曾説過，共産黨過去在幾次運動中，把人們整的上天無路入地無門。現在給共産黨提點意見就不願意了，就打算收了。

卓力克説，如果説整人，要看看整的是什麼人，過去的幾次運動都是你死我活的階級鬥争，整的是敵人。叫敵人上天無路入地無門，對人民是有好處的。共産黨也並没有光整别人，也整了黨員，劉青山、張子善被槍決了，他們都是黨員。審幹工作中，歷史上有問題的黨員也同樣受了審查。況且黨的方針是對事不對人，主要是批判人們的反動立場和思想。

卓力克説共産黨進行思想改造，是爲了幫助人們改變舊立場、舊觀點，更好的發揮積極性，這樣作有什麼不好呢？在建國前二十多年，共産黨曾流血犧牲，今天我們反倒坐享其成，我們不但没有貢獻在起義前還都是反革命。黨幫助我們改造舊思想，是爲了對幹部負責。在改造中洗個澡，受點痛苦就不滿，這是没有良心。

其實，榮祥在幾次運動中都沒挨着整，他是在黨的保護之下，過了關。但是他却説共產黨整人整的上天無路，入地無門。這是不符合實際情況的。是的，過去幾次運動是急風暴雨似的鬥爭，這是因爲革命不是綉花，在急風暴雨中刮傷了幾朵花也是免不了的。因爲事物的發展不是直綫上陞的，必須經過實踐再實踐才能正確的掌握事物的發展規律。在此以前，有點錯誤是難免的。榮祥難道一輩子沒犯過錯誤嗎？不是吧！共產黨在運動中是注意少犯錯誤，有了錯誤就糾正，三反和肅反中，被鬥錯了的，都糾正道歉了。我是作司法工作的，對這一點了解的更明確。黨這樣作，能説是把人整得上天無路入地無門嗎？國民黨時期對共產黨是寧殺錯一千不放掉一個，官不悔判，榮祥爲什麼不從這方面和現在比一比呢？

會上對打擊積極分子的右派讕言也進行了批判。會議繼續舉行。

政協内蒙古委員會擴大會議繼續舉行，曾士先拒絶檢討態度惡劣，榮祥表示接受批判准備重新檢討

〔摘自《内蒙古日報》一九五七年七月十五日第一版〕

（本報消息）政協内蒙古自治區委員會擴大會議，七月十三日繼續舉行。出席會議的政協常務委員、委員和各界人士，對榮祥在今天會議上的檢討認爲是不誠懇的。榮祥表示接受大家的批判，准備重新檢討。會上很多人繼續揭發，批判曾士先和孔慶臻的聯盟關係。……

土默特旗旗級機關，大黑河拖拉機站職工集會駁斥榮祥等反社會主義言論

〔摘自《内蒙古日報》一九五七年七月十七日第三版〕

（本報消息）七月十三日下午，土默特旗直屬機關和内蒙古自治區大黑河農業機器拖拉機站，聯合

召開聲討右派分子大會。

第一個發言的是土默特旗法院雲麟壽，他代表王連昇、李雲程、雲福太、馬純理等同志，憤怒的駁斥了榮祥說我們建國七八年還沒一套完整的法律和今天的人事制度不如清朝的品級制等謬論。他們質問榮祥：你難道忘記了清朝對我們采取的滅蒙十策嗎？蔣介石的『中國之命運』發表不久，你寫『蒙漢同源論』是什麽用意？你看不到人民的法律逐漸在完備起來的事實嗎？我們的法律是保護人民利益的，而反動統治階級的法律是統治人民的，怎麽能相提並論？他們揭發榮祥倒是個很會溜屁子的人，他曾把一支寶劍獻給蔣介石。

拖拉機駕駛員朱裕貞，以本身在海外二十年華僑生活的不幸遭遇，痛斥羅隆基等人說『新中國不如英美和資本主義國家自由』的濫調。他說在海外我被强迫認英籍與荷蘭籍，不准說是中國人。今天我們的祖國日益富强了，决不允許他們企圖讓僑胞繼續過那種『海島孤兒』的悲慘生活。

公安局王剛說，今年三月十九日孔慶臻坐卧車到昭君墓，阻止當鄉民兵的郝財旺勸說群衆不要迷信討藥。孔慶臻當場批評民兵，命其提出書面檢討。

桃花農業社代表丁寶元說，右派分子說『農民生活沒提高和成績是扯淡』，這真是胡說八道！我們過去是『人起炕光，肚子裏的干糧』。今天社員們有吃有穿住新房，開辟水地種麥子。孔慶臻你上昭君墓說一句話不要緊，我們社少種了一千多畝小麥。你站在昭君墓上，没看着拖拉機站嗎？文化局副局長還不知道通往各鄉的有綫廣播綱嗎？你們再要不老實，農民要拿起鋤頭扁擔打你們！我問你坐的汽車是誰的？

還有跟隨榮祥和他父親二十多年的克壽卿（今年已經七十三歲），他在會上提到：我們土默特旗原有五萬多人，爲什麽現在只剩下一萬五千人，難道榮祥不知其因嗎？過去我們被認爲奴才，有三個兒子就得有兩個當喇嘛；男的到十五歲就得服兵役，每年交納九十、六十文錢；不許蒙古人說自己的話，必須學習滿漢語文。統治階級逼着我們放棄游牧經濟，開荒佔地，我們的生活就長期貧窮落後下來。但榮祥説蒙古民族落後的原因是『自生自滅』，這是什麽意思？

參加這次大會的有三百多名職工，在會上要求發言的有三十四人，會議延長四十五分鐘，僅有半數得到發言機會。最後通過了聲討右派分子的决心書，會議實况由旗的有綫廣播站當時播送全旗收聽。（額爾德尼倉、朱生）

政協内蒙古委員會擴大會議繼續舉行　榮祥的反動面目開始大暴露，他上次説要檢討是假的，這次仍未交代任何問題

〔摘自《内蒙古日報》一九五七年七月十九日第一、第三版〕

（本報消息）十七日舉行的政協内蒙古自治區委員會擴大會議，對榮祥的反黨反社會主義言行進行了揭發和批判。爲了更好的揭發榮祥一貫反黨反社會主義言行，呼和浩特、土默特旗七位同志應邀參加了這天的會議。

榮祥會在十三日的擴大會議上表示重新做檢討。可是他在十七日的會上所做的寥寥數語的檢討中，除了給自己扣了幾個『封建思想』外，没有講出什麽來，仍然表示態度，准備在以後作詳細的檢討，企圖應付過關。榮祥這番空洞的言詞和抗拒的態度，引起到會的人極大憤懣。

好一個『塞上文豪』

會上發言的人一致指出，榮祥爲騙取人民的信任，一直把自己裝扮成『塞上文豪』，到處吹嘘自己的『才學』，並自詡爲土默特旗蒙古人的『遮風避雨』者，而實際是在這種漂亮的幌子下，幹着反黨反人民反社會主義的勾當。榮祥到底是什麽人？『才學』何處用？大家用事實做了回答。

烏力圖指斥榮祥説：正當蔣介石的『中國之命運』出爐的時候，你榮祥在反動刊物上發表了『蒙漢同源論』，其中，把漢語的『天』字和蒙古語『天格利』（天）説成是同一語言，做爲你的『蒙漢同源論』的

根據。你念過幾句書，會寫幾句文章，但你不是書生，是蒙古民族的敗類，是蔣介石的走狗，是騎在人民頭上的大老爺。你說你比康有爲、梁啓超强，戴保皇黨的帽子不合適。假如你是保皇黨的話，也是保皇黨的右派，要不你爲什麼擁護封建王朝的法典，攻擊新中國的法制呢！你胡說什麼東部蒙古幹部把西部蒙古幹部整得够嗆，我老漢毛主席都知道，誰敢整我。你抗戰時期到過延安，你是從重慶開完反動會議回來路過延安的。當時延安還是熱情接待你的，但你跑到民族學院散布反共言論，那時學生就想揍你了。你還把你的兒子從延安拉走，你兒子現在還罵你呢！解放前你是土默特旗的『總管』，欠下人民的血債是無法計算的，没有共產黨的統戰政策、民族政策和對起義人員的政策，你吃飯？連吃飯的家夥也保不住。現在，你又是人民代表、政協副主席，又是副市長……共產黨對你無微不至，你却反起共產黨和社會主義來了，你是一個恩將仇報、忘恩負義的小人！你自以爲了不起，大家對你的批判，你認爲是『這幫小孩子還能怎麽樣』，我今天就要反一下本民族中的右派分子！在雙實指責了榮祥的檢討態度之後，王振東也氣憤地說，榮祥自稱是我們蒙古民族中有才學的人，看看他的才學是什麼？抗戰時期他在伊克昭盟，當時蒙古民族不知被反動派屠殺了多少，牲畜也差不多被搶光了，可是榮祥没有替蒙古民族說過一句好話，反而發表文章歌頌投降的王公；還在文章中將『套竺』和『笤帚』兩個相近的語言拉在一起，來證明蒙古和漢族是同語同源。蒙古人根本不把『笤帚』叫做『套竺』，榮祥的企圖是想消滅蒙古民族，出賣蒙古民族的，他的才學是用到這方面了。

雲志剛說，我是土默特的蒙古人。解放後榮祥吹噓自己過去同情革命，可是他曾給反動統治階級寫過『收復』蒙古人民共和國的奏折，想把蒙古人民共和國的人民拉回來叫蔣介石統治，他還給國民黨反動派寫信獻策，說如果不想點法，改變一下政策和措施，好多蒙古青年要走到解放區的，他妄圖以此來阻礙青年走革命道路。榮祥現在還說他在舊社會是爲蒙古人當『看門老漢』，和僞政府打過官司，到南京爲蒙古人請過願。榮祥到南京幹什麽？拿上土默特旗人民的錢去揮霍、消遣。他又稱道自己是『兩袖清風』的人，看一下，榮祥吃饃糕也在土默特旗的財政賬上報銷。土默特旗蒙古人曾被日本人欺騙而集起來『合作社』的股金，也被榮祥撈走了一把，這算什麼『兩袖清風』！土默特旗的昌瑞也揭露說：日僞統治時期，有好些人賄賂給榮祥大煙土，他也悄悄地收下了。

挑撥蒙漢關係，制造民族分裂

烏力圖、王宗洛、雙寶、昌瑞、李竭忠等，在會上揭露和批判了榮祥挑撥蒙漢民族關係和東西部蒙古族人民團結的惡毒言行。王宗洛回憶起，有一次在我區歡迎廣西省少數民族參觀團的座談會上，大家正在對比新舊社會少數民族人民所處的地位不同時，榮祥却歌頌起清朝封建王朝的民族關係來，他說清朝時代，蒙漢人民還是相安無事的。榮祥還歪曲現在的蒙漢民族關係是『互相整的七死八活』。王宗洛質問榮祥：你爲什麼對清朝分而治之、愚民同化的民族政策避而不談，反而把現在團結友愛的民族關係，說成『七死八活』？

烏力圖、王宗洛、李竭忠等人說，解放之後，共産黨和人民政府作了許多工作，解決了長期存在的，土默特旗旗縣並存蒙漢分治的不合理現象，得到了蒙漢人民一致的擁護，加强了民族團結。榮祥却說，取消旗縣並存後，土默特旗被削弱了，地方劃小了；說國民黨作不出來的事，共産黨作出來了。在這次會議上他向土默特旗的蒙古人說，我們離別了。並煽惑市内的蒙古人，說蒙古人劃到市裏是找了個後娘，有冤無處訴，不得不找我這個老漢訴訴苦。阮市長沒替蒙民說過一句話。李竭忠舉出榮祥去年在市裏召開的一次民族幹部座談會上向到會的各族幹部挑撥說，你們把心裏話說出來吧！過去把你們當作外人，你們是空有主人的名義，就連我副市長也是一樣，你們說出來我給你們做主，這裏不行還有中央。

雲志剛揭露榮祥故意在蒙古人中制造分裂的事實，說東部來的蒙古人有『關門主義』，西部蒙古人就得來個『叫門主義』。說『東部蒙古，把西部蒙古整得够嗆』。昌瑞舉出一九五四年市人民委員會補選人大代表的例子，揭露榮祥在民族間制造分裂的情況。軍屬胡淑貞被群衆選爲代表，榮祥知道後大爲不滿，因爲她是東部來的蒙古人，榮祥認爲她不能作呼和浩特蒙民的代表。榮祥還常煽動別人說什麼『忘我勞動容易，忘我說話難。』

大家一致認爲榮祥挑撥民族關係，是別有用心的。李竭忠分析榮祥所以這樣作，是因爲他以西部蒙古人的領袖自居，利用各種機會反黨，借以擴大他在西部的影響，冒充土默特旗蒙古人的親娘蒙混人們的眼目，騙取人們的擁護，把自己抬得高高的，以便奪取黨的領導權。

誰溜尻子？誰要別人溜尻子？

很多人對榮祥誣蔑共青團員溜尻子才能入團的讕言，進行了批判。雲志剛、經革陳等人用事實駁斥了榮祥，溜尻子的並不是新社會的共青團員，倒是舊社會的榮祥自己。

雲志剛質問榮祥，一九四九年你跑到南京，把康熙征噶爾丹，屠殺過蒙古人民的寶劍獻給了蔣介石，這不是溜尻子嗎？正因爲你會捧蔣介石的臭脚，你兒子榮寶麟才當上了僞國大代表。榮祥不但善於給別人溜尻子，還喜歡別人給他溜尻子。雲志剛説，中統特務麟祥就給他溜過尻子，土默特旗的人都恨他，但他却一直都是土默特旗的紅人，直到共産黨來才把他鎮壓了。雲秀桐説，榮祥喜歡溜他尻子的人，對不溜他尻子的人就要整，甚至想殺，千方百計使他找不到職業。

看榮祥要的是什麼樣的權

烏力圖、雲志剛、昌瑞、成俊、李旭春、李竭忠等人舉出大量的事實來駁斥榮祥所謂有職無權的讕言。他們一致認爲榮祥有職也有實權，但是他尸位素餐，放棄職責，不做工作。反而到處挑剔，制造矛盾。雲志剛指出，榮祥在土默特旗工作六、七年，没有下過一次鄉，屢次檢討，屢次不改。烏力圖説，榮祥把聽幹部匯報情况説成：『我是來聽政治課的，你們上罷！』烏力圖質問榮祥『你爲什麼這樣仇恨幹部呢？這樣説話不是築墻挖溝是做什麼？』榮祥在市裏旗裏一貫不負責任，從不認真考慮工作。例如送給他審閱的指示和計劃，他看都不看就簽個閱字，更少提出他個人的意見。李竭忠指出他在市裏攻擊最厲害的是有職無權，他口口聲聲説副市長是牌位子，不起作用，實際上榮祥對人民的委托是怠工的，根本没有責任心。榮祥很少到市人民委員會去，大家管他的辦公室叫『空城』，他從來没有主動地考慮過他的分工範圍内的工作應如何去領導，參加各項研究工作的會議也很少發言。偶然反映一些道聽途說的情況或發一陣脾氣。也有的時候他會上同意了，過後又推翻，反轉過來說有職無權，說話不被人重視。榮祥在市人民委員會上，也像反對黨一樣，一有空就鬧一下子，大家都指出：榮副市長該看的電報文件看了，該參加的會參加了，該知道的都和他商量、或通過他、或徵求他的意見，最後作出決定，爲什麽他還辜負了人民的信賴，處處挑撥黨政和群衆的關係，破壞黨、人民政府的威信，來抬高自己呢？李竭忠氣憤指出：『你說你有職無權，你說的權跟我們說的權就是兩回事，黨把你應有的權給了你，而你心目中的權，却是要一手遮天、作威作福、隨便任用私人，批條子支錢，獨斷專行，唯我獨尊的權。這樣的權，是和社會主義制度不兼容的。』經革陳也說：『榮祥家天下的權是永遠辦不到的了，任何人也不會允許你再有這樣的權！』

『八大』以後到處放火，成事不足壞事有餘

土默特旗和呼和浩特參加會的同志還指出榮祥和其他右派分子不同的地方，就是他從黨的八次代表大會以後，就到處點火，散布毒素，他對黨不滿的思想逐漸變成對黨猖狂進攻。『八大』以後，榮祥一有機會和群衆接觸，他就點火。閻培昌揭發他藉請他給中學教員講古典文學的機會，他根本没有涉及本題就大罵人民教育出版社、教育部，說葉聖陶『胡鬧』，說『謬種流傳，誰負責任』。還說這課本根本不符合中學教師使用，以此爭取群衆，最令人不解的是在講話結束時對教師們說：『你我都是自由職業者，有空不妨到我的小天地（即他家）來，犯犯自由主義，没關係。』閻培昌質問榮祥，你這企圖是要幹什麽？你以爲你能拉攏人，你就不知道教師們對你的講話很不滿意，你就没有聽到憤怒的聲音？李旭春揭發他在安插復員軍人、更大發揮烈軍屬的積極作用爲主要内容的會上，他說：『我調到呼和浩特市簡直是個樣子，「八大」以後毛主席才給了我說話的權利！』他還造謠說：『雙樹村的農民說入初級社賠了一百多元，入了高級社欠下一筆賬。比單幹差多了。』榮祥這樣破壞黨的威信、黨的合作化政策，他還像個副市長嗎？榮祥在『八大』以後的人代會上說：『現在開人代大會跟過去不一樣了，解放初期，需要歌功頌德，擁護共産黨，舉拳頭喊萬歲，「八大」以後民主生活躍進了一步，代表們可以翻一翻了。』李旭春質問榮祥『解放以來你是從没有真心擁護過共産黨，難道還不許人民熱愛共産黨麼？解放了的人民爲什麼不能歌共産黨之功頌共産黨之德？你讓代表們翻一翻，要翻什麼，翻共産黨的賬嗎？共産黨不欠人民的賬，更不欠你的賬，你既要翻賬，就翻一翻你欠老百姓的賬吧！』李旭春又揭發一九五四年市裏組織冬令救濟，各單位都抽人做這件工作，市公安局和工會説因工作緊迫抽人有些困難，榮祥這時對主持會議的人説：『别要了，再要也要不出咬狼的狗』，工會幹部實難壓抑氣憤就説：『抽幹部困難，要咬狼的狗還有。』榮祥把冬令救濟工作比做狼，把幹部比做狗，還有比這更惡毒的攻擊嗎？榮祥在一次討論郊區工作的會議上大發脾氣，説『社會主義制度還有屈死鬼。』他説：『合作社裏選社幹强調選黨員，但黨組織吸收黨員時又認爲蒙民歷史復雜，不吸收，到底有什麼問題，不過當了幾天兵，舊社會當過官的，現在還能當部長當主席當市長，當過兵的連社幹都當不上！』榮祥就是這樣無孔不入地挑撥民族關係。榮祥的有毒言論，給群衆留下極壞的印象，每逢榮祥講過話後，幹部就需要緊接着做好多工作來給他擦屁股。李竭忠還揭發榮祥，到處點火、到處散布毒素，當别人察覺出來他的發言有毒氣，味道不對時，他就先發制人，以退出整風做要挾，並且散布他是觸怒了内蒙古黨委書記們，傷害了青年的自尊心，於是才發動蒙古人來整他。他在反右派鬥争中還在陰險毒辣的挑撥離間，妄圖卸掉反黨反社會主義的罪責，這是人們再也不能容忍的。

擁護封建王朝的忠實奴才

與會人士以無可辯駁的事實，痛斥了右派分子榮祥歌頌清朝封建制度，誣蔑我國的人事制度的謬論，並分析、批判和揭發了他的這種謬論的來龍去脉。王宗洛質問榮祥：『你只提清朝的「漢不選宫，滿不點元」的制度，你爲什麼不説説統治懷柔蒙古民族的「理藩院則例」和「理藩部的條例」？這點你知道。清朝爲了分而治之把蒙古二十四部給分爲四十九旗，乾隆四年清朝以編匯四庫全書爲名，把蒙古的歷史文獻搜集去給燒掉了，這些你也是知道的。今天共産黨領導下統一了内蒙古，結束了各民族互相仇視、互相屠殺的局面，變成了各民族互助合作共同發展的大家庭，你也知道，那麼你爲什麼非要歌頌封建制度呢？没有别的解釋，你蘿想恢復滿清王朝，想當王爺重新騎在土默特旗人民的頭上。』烏力圖揭發榮祥在討論憲法時，説憲法不像個法樣的胡言亂語。烏力圖指出：『你腦子裏是什麽法呢，是大清法匯典，國民黨的六法全書。我們的法，是對反動分子專政的法，當然不像你的法那樣。』雲志剛進一步揭發了榮祥爲什麽要反對現在的人事制度内幕。榮祥統治土默特旗當總管時是『家天下』，他的大兒子榮寶麟負責旗裏的庶務、監印，他的叔父晋福是旗裏的税務局長，他的侄兒子殷石麟是保安隊副司令，他的外甥滿納生是保安大隊長，他的三兒子榮賡麟是土默特旗小學教務主任，他自己則兼土默特旗小學校長和土默特旗中學校長。這就是榮祥包攬土默特旗財政、軍事、文化的人事制度，而我們現在的人事制度當然不能允許他的這種『家天下』的制度，因而懷恨在心，進行誣蔑。

榮祥的侄兒子經革陳對他也進行批判。他説：『清朝制度可把蒙古害苦了，比如在明朝時土默特旗可以出三十萬兵，經過清朝、國民黨的統治，解放初期土默特旗蒙古人只剩下二萬多人，清朝把蒙古人搞的七零八落，旗與旗都不能來往，這種毒辣制度，有什麽值得你留戀，這種制度，對蒙古人有什麽好處呢？你怎能拿這種制度和現在的人事制度對比呢！就拿參事室的例子來説，老不退休、病不扣薪，保到死，這制度能説不好嗎！工人有勞保制度、退休制度，太合情合理，這是優越的制度。這個制度可以使老人多活十年、二十年，如果没有這種制度恐怕在座的有些人早不在了。因此，根本不能對比。你所以留戀封建王朝制度，是由於你的階級出身決定的。』經革陳説，『記得你在抗戰時逃到榆林後，有人叫你土默特旗王爺，你就沾沾自喜。現在總管當不成了，也不能世襲了，所以你就仇恨現在，想念清朝。』李竭忠説，他歌頌清朝的封建制度的謬論被批判以後，還狡辯，説人家斷章取義，不是原來發言的意思，好像冤枉了他，是這樣嗎？不是的。他的這種謬論絶不是偶然的，在他寫的《呼和浩特市沿革紀要》一書裏充分暴露了這種思想。他在這本書中，竭力推崇康熙屠殺蒙古人的『德政』，稱康熙爲聖祖皇帝、太宗、康熙大帝。書中把吃人的封建制度描繪得非常美好，甚至此社會主義制度都優越，比如，把土默特旗的十二參領制度，描繪成封建時代的政權典型，甚至説，他們對内對外施政都要取得一致意見和以共同負責精神來處理，這就是説封建時代土默特旗早已實行『集體領導』了。但他却避而不談清朝消滅蒙古民族的毒辣手段，這是什麽歷史觀點，站在誰的立場説話，按他的邏輯，我們不應該走社會主義道路，而應該讓封建制度復辟。一向自詡爲『塞上文豪』、『西蒙領袖』，吹噓自己『抗戰有功』，及『熱愛共産黨』的榮祥，『莊嚴』的外衣被人剥下來了。大家揭發出難以數計的事實，來指斥這個給蔣介石溜尻子的民族敗類，歌頌清朝封建制度的忠實奴才，徹頭徹尾的右派分子。從没有放下過臭架子的榮祥，至此真面目已開始暴露，能否過好社會主義這一關，已成爲擺在他面前不可逃避的問題。與會人士揭發批判後，仍給他指出必須真正悔改，重新做人。

駁斥我父親榮祥的荒謬言論

〔摘自《内蒙古日報》一九五七年七月二十日第二版〕

我父親榮祥最近發表一些反社會主義的言論。我作爲一個工會工作者，對於他的這些荒謬絶頂的反動言論堅決表示反對。

按照他的説法，好像只有封建皇朝的法制才是完整的。我認爲封建時代的法制，根本不能和我們國家的法制相比。封建政權是反人民的，它的法制越完備就越對人民壓迫的厲害。社會主義的法制是服務於人民的。解放後，我們有了憲法，有了工會法，婚姻法……，我們的法制不僅僅是十分優越的，也是健全完備的。我父榮祥無視這些鐵的事實，贊揚封建皇朝法制，這完全是從反動統治階級的立場觀點出發的。

青年參加共青團，這是光榮的事情。我父親却誣蔑説什麽人不了團是由於不會溜尻子。這是對廣大青年和共青團的侮辱。我是一個青年人，對於這種誹謗十分憤慨，我完全同意人民群衆對他的嚴正斥責。

我父親錯誤地認爲地方民族主義比大漢族主義更厲害。好像大民族主義還比地方民族主義好一些。我們都十分明白，在偉大的中國共産黨領導下的中國，是各族人民友愛團結的大家庭。我們不但反對大民族主義，同時也反對地方民族主義。這兩個主義都是反動統治時期的産物。絶不能認爲大民族主義比地方民族主義好一些。

我父親的荒謬言論，是站在封建反動立場上講的。對於黨、對於社會主義、對於廣大人民來説，都是一種嚴重罪過。我是他的兒子，我要堅决和他劃清思想界限。忠告我的父親要從思想上檢查這些嚴重的錯誤，向人民悔過。

内蒙古教育工會　榮賡麟

在十八日政協内蒙古委員會擴大會議上繼續揭露和批判榮祥的反動言行，盧健飛的醜惡面目開始被揭穿

〔摘自《内蒙古日報》一九五七年七月二十日第二版〕

（本報消息）十八日舉行的政協内蒙古自治區委員會擴大會議，進一步揭發了榮祥在解放以來的種種反黨陰謀活動。

盧健飛又作了一次虚僞的檢討，把自己打扮成『哲學家』。在與會人士的批判和揭發下，他的原形大現。

裝病耍賴越拖越壞

這兩天的會議上，榮祥是什麽態度呢？他傲慢無理堅持錯誤，説是瀉肚，不做交代。梁子材揭發説：我向他轉達了呼和浩特市政協常委會對他的謬論所提出的意見，他不但不虚心檢查自己，反説什麽『我的理由没有發表的機會』，還用『内蒙没有民主黨派，因此没有右派』等話作擋箭牌，來掩蓋他這個右派分子。土默特旗幹部雲旭昇説：榮祥在向黨進攻時，精神得就像個十八歲的小伙子，一叫他交

代問題就有『病』了。『三反』運動一開始他就『病』了，快結束時才好，最後才交代了自己的貪污問題。這次鬥爭中，他又說瀉肚了，不知『病』的怎麼那樣巧。

會議進行中間，執行主席宣布了一個剛剛接到的電話，他說：呼和浩特市人民委員會全體幹部揭發榮祥在十三日散會後，途中張濯清勸榮祥老實交代問題，榮祥說：『你知道什麼？我就是完全交代，年青的娃娃也要追，慢慢交代吧！』呼和浩特市人民委員會全體幹部對此十分氣憤，他們表示要和右派分子榮祥鬥爭到底。

人民恨的他愛，人民愛的他恨

對共産黨和人民，榮祥爲什麼如此深惡痛絶和負隅頑抗？只要翻一翻他靈魂深處的愛和憎，就會找出這個問題的答案。

雲旭昇説：解放後，在鎮壓反革命時，有一個從伊克昭盟來的女特務，要到香港去，她到榮祥家裏求援，榮祥明知這個人是個特務，可是當時榮祥並没有向公安機關檢舉。相反的在抗戰時期，克力更同志到榆林去找榮祥，想請榮祥在某些工作上幫點忙，你是怎樣把力克更同志攆走的？你趕走了革命的，庇護了反革命的，這就是叫做爲了民族利益嗎？呼和浩特市太官巷有個大毒犯叫毛秏子，過去因販毒被當時政府判處死刑，並已貼了布告。榮祥知道後，只是一個電話就免了這個人的死刑。反過來看，蒙古族人民成批的被國民黨屠殺，榮祥哼過一聲没有？在察素齊有一次五、六個蒙古青年因反抗國民黨反動統治而被殺，你向誰表示過抗議？

海福龍説：一九四七年，國民黨軍隊進攻内蒙古草原，榮祥發了一個文告，到處張貼，勸告蒙古同胞不要抵抗。他這篇文告瓦解了很多軍隊。那時才真是逼得人們上天無路入地無門呢！

卓力克説：榮祥在呼和浩特市政協會上，惡毒地用共産黨有兩個來源（教條主義、主觀主義）、一個組成部分（宗派主義）來誣蔑共産黨，從根本上否定了黨的領導。在共産黨領導下，蒙古民族實現了人畜兩旺，你所贊成的却是清朝和國民黨的自生自滅政策。你還有點民族氣味嗎？卓力克質問説：榮祥爲什麼就不愛看這些？而愛制造誣蔑共産黨的話？

榮祥一貫向黨向人民進攻

由於榮祥骨子裏存在敵視黨和人民的思想，所以在行動上一貫的向黨向人民進攻。會上，雲旭昇揭發説：結束旗縣並存、蒙漢分治政權形式，是土默特旗各族人民的正當要求；而榮祥呢，不但不支持群衆要求，反而進行破壞活動。榮祥在一九五三年土默特旗召開的各界人士代表會上，假惺惺地説『咱們這親親熱熱的一家子，眼看就要分家了。』但蒙古族群衆没有上他的當。王宗洛指出榮祥在結束旗縣並存、蒙漢分治時，提出親娘後娘之分，是想煽動蒙民和政府對立。榮祥爲了拉攏蒙民作爲他向黨進攻的資本，曾不止一次地説土默特旗的存在，是他向大漢族主義『鬥争』的結果，言外之意好像是説土默特旗的老百姓如果離開榮祥，就没有了生存之依靠。事實是土默特旗的各族人民，特别是廣大勞動人民，離開了榮祥的封建統治，在黨和人民政府的關懷下，才得到了今天的幸福生活。

雲旭昇還揭發榮祥支持反革命分子向政府抗糧，並陰險地把一個反革命分子破壞農業税政策的活動，説成是土默特旗蒙古族人民不接受徵糧任務。

榮祥向黨向人民進攻不放過任何一個機會。土默特旗一個幹部説：一九五一年土默特旗舉行宣判反革命分子大會，榮祥也參加了，他在會上説『賊和人一樣，心不一樣，狼和狗一樣，嘴不一樣』。事後榮祥便洋洋得意的對他的知心人説：我今天講了賊和人一樣心不一樣，狼和狗一樣嘴不一樣的話，他們（指當時參加大會的幹部和群衆）還歡迎哩！叫你們自己好好的想想吧！這個幹部問榮祥：賊人狗狼你究竟指的是誰？榮祥辱駡黨和政府是懷的什麼心腸，代表誰説話？榮祥必須老實交代！楊令德揭發説，榮祥自稱是土默特旗的甘地，真不知羞耻！

鄂嫩日圖和鄂其爾呼雅克圖等在發言中，除揭發了榮祥的反動面目，並指出榮祥不要再妄想騎在人民頭上作威作福了，一切陰謀都將破産！

榮祥的思想根源在哪裏？

〔作者郭靈墅。摘自《內蒙古日報》一九五七年七月二十日第三版〕

我們是馬克思主義者，論人論事都應該從馬克思主義的基本原則和原理出發，因此我們對榮祥的反動思想根源進行分析和批判時，也一定要從馬克思主義階級學説和人的階級性出發。

榮祥的尊人都格爾扎布先生，是土默特旗的參領，人們都稱他爲『都老爺』。辛亥革命雖然掃除了封建等級制度，但在某些兄弟民族中還一直維持到解放初期。榮祥就是出生於這樣一個封建等級貴族家庭中，在二十歲以前他是少爺，又是才子，無形之中他享受着特權的養護和教育。

現在看看榮祥一生的歷史和經歷罷。他從北京畢業回來後，就當選了山西省第二屆省議員。接着充任『歸綏道公署』學務局科長，薩縣税務局局長。再後便任了『蒙旗防守司令部』和『包頭警備司令部』的參謀長，土默特旗總管衙門的秘書長。他的生平可説是『飛黄騰達』官運亨通。

榮祥是怎樣爬上土默特旗的總管的位子上呢？滿泰死後，土默特總管一缺，競爭者頗有其人，最後還是他被國民黨和閻錫山等選上了。他爲什麼能獲選呢？據當時綏遠省政府秘書長曾載厚透露的内幕消息説：『榮祥徹底漢化了』。因此他的種種背棄蒙古民族立場，歪曲歷史事實的荒謬言論和著作，是有其一定根源的。

榮祥當了土默特族總管以後，更有了『政治資本』，人們稱他爲『土王』。的確『土王』成了他上爬的『墊脚石』。『百靈廟蒙政會』成立時他是委員，『綏境蒙政會』成立時他並兼任了秘書長。抗戰開始時他流亡到榆林，在重慶『述職』回來後，他當了『蒙旗宣慰使』秘書長。日本投降他回來後，仍然是總管。人們會問榮祥爲什麼坐官坐的竟這樣牢實而且步步高陞呢？這就是因爲他具備了三個不光彩的條件：(1)他是封建貴族出身；(2)他是漢化最徹底的蒙古人；(3)他是充滿了一腦殼子的封建思想的知識分子。因此他能受知於當時的國民黨以及蔣介石、閻錫山等人。

根據榮祥的階級出身和一生經歷來看，他哪一個時期是站在人民的行列之中？他一直是騎在人民頭上與人民對立，因而無論從那個角度看，他是個剥削者、統治者和壓迫者，尤其是對土默特旗蒙古民族來説。

解放以後，黨和政府對榮祥禮遇有加。大家都希望他好好地爲人民服務，那怕是『文章報國』。但他並不因此而知所改悔，而是堅持反動立場，敵視人民的事業。

講到新舊生活對比罷，榮祥不是從勞動人民的立場出發，而是從『土王』的立場出發。説真的，雖然黨和政府對他是禮遇有加，但和他的『土王』享受還是有差别的，因爲今天的社會制度不允許那樣的對待一個蒙族上層分子。榮祥是列名起義的一個蒙族幹部，他進入新社會是經人攙扶過來的，任何革命運動和教育他從未經受過，因而對於新生活、新制度和新社會，他是不習慣的，思想上不只有抵觸情緒，而且還有仇恨情緒。他雖然口頭説他的生活是很好的，他很感謝共産黨，但靈魂深處仍時時懷念着他當『土王』時的剥削人民的自由，奴役人民的自由和胡説八道的言論自由。正因爲這樣，所以他對人民不熱愛，對社會主義事業不熱愛，具體的表現就是他隨時隨地的反黨反人民反社會主義的反動言論。

榮祥是知識分子，解放七八年來，他可能讀了些馬列主義的經典著作，但這對他的思想改造並没有起什麽作用。相反，他記在心裏的馬列主義的個别詞句，剛剛助長了他向黨進攻的氣焰。人們會問：難道榮祥就没有黨和非黨的朋友向他進行幫助過嗎？説到這裏，我是負疚很深的。二十多年來我和他是半師半友的關係，就我説來，一方面由於自己水平不高和原則性不强，對他的思想和言論有時還缺乏正確的分析和一定的説服力。另一方面由於他驕傲態度使朋友們不願意『犯顔觸怒』，惹他不快。就是這樣，他把朋友們對他的尊敬當做他狂妄驕傲的資本；就是這樣，他把黨和政府對他的禮遇有加，當做反黨反人民反社會主義的資本。今天在人民面前暴露出來了他的真面目，現在是榮祥徹底改悔，重新作人的時候了。

揭穿榮祥的醜惡底細

（作者雲旭昇，摘自《內蒙古日報》一九五七年七月二十日第三版）

榮祥究竟是什麼人？究竟代表着誰的利益？應該進一步讓人民知道他的醜惡底細。

歷史上，尤其是在解放後，榮祥不止一次地狂妄地宣揚：他的一生是爲了蒙古民族的『利益』而東奔西跑，他是民族壓迫的積極反對者，爲了這個，甚至會和某某人在蔣介石名下打過『官司』。但從我們機關和各地的揭發材料來看，榮祥原來是個打着維護民族利益招牌而大肆出賣蒙古民族利益的罪人。除了大家已經揭發的，如繼蔣介石的『中國之命運』一書而成的叫做『蒙漢同源論』的『大作』，順從蔣介石否認蒙古民族是一個單一的民族；曾向蔣介石呈遞了親手寫成的『收復外蒙古』的奏折，積極主張把已經實現社會主義制度的蒙古人民共和國，重新交給蔣介石繼續進行血腥統治等罪行以外，這裏再談幾點：

1.抗戰時期，克力更同志在榆林找到榮祥，想請他在某些工作上幫點忙，但是榮祥把克力更同志攆走了（因爲有親戚關係還算沒要腦袋）。相反，解放後鎮壓反革命時期，伊克昭盟有個蒙古女特務要去香港，到榮祥家中求援，榮祥明知道她是去搞特務活動的，當時却並沒向人民公安機關檢舉揭發，而是在人已經走後很長一個時期了，才在一次講話中透露出來。在榮祥看來，趕走了革命的人，庇護了反革命，就是爲了民族利益吧！

2.呼和浩特太官巷有個大毒販叫毛號子，會因故被當時的政府判處死刑，並已貼出了布告，榮祥知道後，只是一個電話，就免除了他的死刑。公喇嘛有個大地主叫王拴拴，也是被榮祥這樣救出來的。反過來看，蒙古族勞動人民成批地被國民黨屠殺，榮祥哼過一聲沒有？察素齊一次槍殺了五、六個蒙古族青年，他們是因爲拿起槍杆反抗國民黨統治被殺掉的，榮祥向誰表示過抗議？

3.一九五一年，在土默特旗的一次宣判反革命分子大會上，榮祥在講話中說：『賊和人一樣，心不一樣；狼和狗一樣，嘴不一樣。』當時同志們並沒感到榮祥是在惡毒地辱罵黨和政府；可是榮祥在背地裏却和知心的人說：『我今天講的話他們還歡迎哩，他們自己好好想吧！』我們不能不提出質問：賊、人、狗、狼，你究竟指的都是誰？難道說鎮壓那些死心踏地的反革命，依法懲治那些騎在人民頭上的惡霸，是對不起人民的事情嗎？榮祥這樣辱罵黨和人民政府究竟是樣；狠和狗一樣，嘴不一樣。』榮祥這樣辱罵黨和人民政府究竟是懷的什麼心腸，代表着誰說話，今天還不應該交代嗎？

4.據呼和浩特市人民委員會李副秘書長揭發：榮祥曾說一九五〇年蒙民不接受徵糧任務，鬧的李文精同志下不了臺，他（榮祥）才說服了群衆。這純粹是造謠，這證明了榮祥對於蒙古族人民和李文精同志是又一次的誣蔑。解放後我一直在土默特旗工作，你去查查土默特旗哪一年的糧食徵收沒有完成，土默特旗各族人民包括蒙民在內向來是積極向國家交納農業税的，試問你有什麼根據說土默特旗蒙民在糧食問題上和國家有過對抗？這個問題有一點需要說明：一九五〇年把什村一個叫雲善善的暗藏的反革命分子，混進了人民代表的隊伍中。一次會上，由於這個反革命分子的煽動，歪曲政策，使另一部分代表思想上產生了一些顧慮，經過我們工作，問題順利地解決了，這個反革命分子事後被查出已經鎮壓。榮祥把這個反革命分子的活動竟說成是『蒙民』不接受徵糧任務，究竟又是爲了什麼？

這裏再說一個事實，結束旗縣並存、蒙漢分治的政權形式，是土默特旗各族人民，特別是蒙古旗人民爲發展生產改善生活的正當要求，是合乎蒙古族人民利益的。可是榮祥却企圖以甜言蜜語煽動部分落後群衆，給結束旗縣並存造成阻力，他在一九五三年十一月二十六日到土默特旗五届三次各界人代會上煽動說：『咱們這親親熱熱的一家子，眼看就要分家啦！』並以什麼所謂『民族感情』來迷惑群衆。可是這次會上代表們對他這些挑撥言論的回答是：『蒙民、漢民、市、縣、旗都是共産黨毛主席領導的，都是各族人民自己的政府，我們相信絕不能偏三向四。』這是蒙古族人民的心裏話，真實地反映了他們對黨的民族政策是衷心擁護和無限信任的，榮祥在這場鬥争中失敗了。

當榮祥在攻擊黨和政府，在內蒙古黨委宣傳會議上發言的時候，真像十八歲的小伙子，精神十足，『勇氣』很大。當人民要他交代罪惡行爲的時候，不是瀉肚就是有病。如果我没有記錯的話，三反開始後榮祥病倒了，没有參加過一次鬥爭，一直到三反基本結束，風浪將要過去的時候，他的病才算好了。最後馬虎交代了一下。今天你還要使老手法，告訴你：收回去吧！

過去的舊賬，人民念你站到革命方面來，念你回心轉意，寬恕了你，給你重要的工作，給你優厚的待遇。但你不反省過去，徹底改造，反而一次又一次地挑撥民族關係，制造民族隔閡，誣蔑黨的政策和社會主義制度，這簡直是背信棄義，恩將仇報。

我們土默特旗全體職工和各族勞動人民，將更加緊密地團結在黨的周圍，和共産黨一條心、一條命，將永遠跟着共産黨走到底。我們再一次忠告榮祥：徹底交代，洗心革面、重新做人，才是你唯一的光明大道。繼續頑抗，拒絶改造，必將自絶於人民，到那個時候，人民是不會寬恕你的。

『晋謁』『致敬』獻劍獻旗——揭露榮祥醜史的一頁

（作者奇子秀，摘自《内蒙古日報》一九五七年七月二十日第三版）

我叫奇子秀。現在爲了使大家進一步認識右派分子榮祥的醜惡面目，特將一九四六年『内蒙古周報』第七期一篇題爲『蔣介石做征服者的夢』的文章（作者烏隆）抄在這裏。下面是這篇文章的全文。

據七月十一日平津等地報載：在殺氣騰騰威風凛凛的南京，忽然出現了一個什麽『抗日蒙旗慶祝還都代表團』，團長榮祥，副團長圖布陞合阿格勒，及團員……等。名列這個名單中的人物，蒙古人都是熟悉的，如榮祥就是那個拚命提倡蒙漢同源而爲蔣介石所賞識的榮祥，其餘那些嘍囉們也就是多年來爲大漢族主義者所豢養的壓迫蒙古民族的爪牙，可惜的是這是否就是全部名單現在也還不知道，無法清楚這一團糟中還有什麽更糟的人物。至於他們忽然又在什麽時候自命爲『抗日』了，姑且罷之不論。現在來看他們很勞苦的跑到南京幹了些什麽呢？電訊説：他們會於八日午前十時半去『晋謁』蔣介石『致敬』，『並呈獻「河山再造」錦旗，及康熙親征噶爾丹所用御劍一把。主席含笑親予接受。』好了，舉世皆知，在抗日戰爭中，蔣介石只有失地辱國之罪，並無『河山再造之功』，内蒙古就因爲蔣介石的不抵抗而送給日寇佔領了八年至十四年之久，榮祥這一拍馬，也實在過於卑鄙，究竟是『河山再造』，還是奪取人民的勝利果實，中國人民是有眼睛的，現在不去說他。只是這位做了好多年『中國墨索里尼』之孫，而終於瞪眼望着其法西斯老祖宗倒臺了的蔣介石，在其對美帝國主義獻媚之餘，今天竟然妙想天開到要做起康熙皇帝來了，倒是一件趣事。這把所謂『御劍』之所以忽然會跑到南京的蔣介石的手裏去，是他親自示意他的徒子徒孫而要去的呢？或者至少是蒙奸敗類久窺其意之所在而欲得其歡心，故出此叛賣祖宗的下策呢？現在還無從判斷，但，你看蔣介石不也就『含笑親予接受』了麽？這一笑實在有些蹊蹺。

噶爾丹是蒙古民族的民族英雄，他曾以其艱苦卓絶的戰鬥範例，在我們民族史上寫下了光榮耀耀可歌可泣的詩篇，他代表了我們一貫不屈不撓反抗民族壓迫的傳統，抵抗了當時的清朝統治者。直到現在，每一個蒙古人民都是用着深刻的哀悼來紀念着我們的民族英雄的。而康熙皇帝是什麽東西呢？蒙古人都知道他是一個獨夫劊子手，『御駕親征』也罷，所用『御劍』也罷，都不過是他親手殺死蒙古人民的一個證據而已。當蒙古人民提到這些歷史事件時，胸中常是充滿着無限的民族義憤的，而蔣介石却對這把屠殺蒙古民族的血劍感到了那麽大的興趣，煞費苦心的從老遠要把這柄劍弄到手；要把這個標志着曾經殺了成千成萬蒙古人民的頭顱的信號舉了起來，那麽，蔣介石究竟打算怎麽樣還不明白嗎？蔣介石不正在宣布他要效法當年的康熙皇帝來屠殺蒙古人民了嗎？

像榮祥這一流人，自然是寡廉鮮耻人格喪盡了的，其實又何嘗不是可憐到了透頂？這一批人自然只爲的是陞官發財，他跟着蔣介石不是已經跟了這麽多年了麽，爲什麽到如今竟還要把自己歷代祖宗一齊賣掉呢？這樣大拍賣的代價是什麽呢？也不過只換得了窮凶極惡的主子一個『含笑接受』而已，可見蒙奸的下場也不過爾爾。話又説回來了，其實蒙古民族的歷史上像這樣出賣祖宗者自然也是有其人在過的，可是這些人又有哪一個逃掉了『留下臭名萬古傳』的結局呢？是否榮祥這一流人現在又可能例外得了呢？蒙奸叛徒們也該仔細的好好想想。

現在已經是二十世紀了，已經是人民的世紀了，已經是蒙古民族自求解放的時代了，現在早已不是康熙的時代了，德意日法西斯尚且已被打得凈光，蔣介石不過是剩下的一點殘餘而已，舉起了噶爾丹反對異族統治的旗幟的人民是一定要勝利的，一切想做康熙皇帝的法西斯子孫，和想出賣蒙古人民於康熙皇帝的民族叛徒，必定逃不了滅亡。

榮祥的靈魂深處浸透了反動毒素

〔作者呼和浩特市人民委員會副秘書長李竭忠，摘自《内蒙古日報》一九五七年七月二十一日〕

榮祥是一個十足的封建官僚，是清朝封建制度的忠實奴才。清朝已被推翻幾十年了，但在榮祥的思想深處，還是戀戀不捨，念念不忘，而且一有機會就要用最好的詞句歌頌一番。在内蒙古黨委統戰部舉行的非黨人士座談會上，他曾用清朝的人事制度和我們的幹部政策來比較，至於在他寫的『呼和浩特市沿革紀要』一書裏，這種思想的暴露就更多了，例如稱呼清朝帝王好幾處是用聖祖皇帝，太宗，康熙大帝，對清朝統治者恭敬備至。

榮祥對土默特旗的封建制度，更是贊美不已。『呼和浩特沿革紀要』第一百一十五頁談到土默特旗的政權制度説：『兩翼十二甲朗的十二位參領，是土默特全部政權的實際掌握人。凡土默特全部的一切事務，都須經過十二參領集體討論決定，才可以有效地執行。否則，副都統的獨裁命令是絶對行不通的。……這是土默特幾百年來與各封建衙署截然不同的一種傳統制度。……還有值得説明的一點，就是十二參領的當權職位並不是從貴族中產生，而是從有能力的辦事人員中逐級提陞的，對於貴族與其説有照顧，毋寧説有限制更爲恰當些，因爲參鎮不能世襲，都是從佐領中提拔。……參領有缺員，就從公中佐領裏按能力表現和衆望所歸的條件，逐級評選上招，所以，基本上是公道的。』在一百一十七頁上又説：『無論對内對外，都以十二參領的一致意見和共同負責的精神來處理，這就是土默特在封建時代的政權形式。』看榮祥把封建制度描繪得多麽『民主』：如果把他誹謗我們國家制度的話『沒有一套完備的人事制度，黨員一年陞三級，非黨人員三年陞不了一級』等等來對比，他不是明明在説土默特的封建制度比我們的社會主義制度還要『民主』和『優越』嗎？

再看看榮祥對土默特封建統治下的所謂教育事業的態度：他説，『啓運書院是土默特旗在清朝時代培養幹部的唯一文化機關，全旗近六十個蘇木的青年子弟，都可以自願到書院讀書，不問家庭成份，也不經過入學考試，只是問他讀過私塾沒有，然後按程度編入相當的班級，在六個班裏，平民子弟要比官員子弟經常多三倍到四倍，每月初一日由班長率領各班學生，到議事廳領紙筆津貼，每人銅錢三百文。』榮祥筆下的封建教育制度，真是『平民化』，不但不問家庭成份還有助學金呢，甚至平民子弟比官員子弟還要多三、四倍。那麼現在蒙民子弟同樣要經過入學考試，有些畢業生還陞不了學，在榮祥看來，我們的教育制度，對蒙民子弟恐怕還不如封建時代優遇呢。

在同書五十二頁上榮祥還提到清朝的税卡，『從來不向蒙古人徵收任何名目的税款』，寫到了這裏，榮祥真要『三呼萬歲，叩頭謝恩』了。榮祥曾對我説過，一九五〇年土默特旗人民政府召集鄉幹部布置徵糧，遭到蒙民反對，還是『老族長』（即榮祥）出面才把蒙民説得接受了徵糧任務。如果對比一下，很自然地會得出這樣荒謬的結論：在蒙民納税這個問題上，解放後還不如過去呢。

我們要質問榮祥，爲什麼要那樣煞費苦心地大肆渲染與粉飾封建王朝的吃人制度呢？你爲什麼避而不談清朝治滅蒙古民族的毒辣手段呢？你自稱是歷史學者，但這是什麼樣的歷史觀點？你是站在誰的立場上説話？按照你的邏輯，我們不應該走社會主義的道路，而應該讓封建統治者復辟，恢復封建社會制度。

榮祥説，蘇聯能把彼得大帝拍成電影在國内外放映，難道就不許我提清朝嗎？據我看過這部影片所得的印象，由於彼得大帝對發展俄國的工業、特別是在造船業上，以及領導俄國人打退瑞典的侵略上，是起過推動歷史前進的作用，所以蘇聯才拍成電影表揚他，盡管這樣，也還是有批判的，有分寸的。但除了籠絡一些蒙古上層王公以外榮祥也曾得過一些『皇恩』餘澤，對蒙古民族、漢族和其他民族來説，清朝的統治是民族的牢獄，除把中國淪爲半殖民地以外，還有什麼值得推崇稱道的地方？我們説榮祥滿腦子封建意識，沒有人民的思想感情。够得上封建制度的忠實奴才，並不過分。

榮祥散布反黨言論是一貫的，而且是逐漸發展的。首先是在（那）〔哪〕個機關就和（那）〔哪〕個機關黨的主要負責人鬧不團結。在呼和浩特市他意見最大的攻擊得最激烈的一點是『有職無權』，他口口聲聲説：『我這個副市長是牌位子，不起作用。』實際情況是怎樣的呢，是他沒負起自己的責任來，是他對人民的委托采取了怠工的態度。把他四年來的工作大致統計一下，不外以下幾項：參加每年兩次的人代會，每月一次的市人民委員會會議，每周一次的行政會議；主持過十次左右的民族座談會（都是半天）；每年春節、『八一』建軍節，開幾次優撫會、評模會，慰問傷病員，視察一個月；去過兩個農業社舉行蒙古族及少數民族社員座談會；到過滿民縫紉小組兩次，檢查工作；參加過區人代會三次左右；單獨聽過幾次匯報（教育和下鄉工作組）；給中學語文教員作過一次報告；參加內蒙古政協和呼和浩特市政協會議；接待客人；寫了一本《呼和浩特沿革紀要》（他費十個月時間——半天計算）。除過開會以外，榮祥很少到市人民委員會，他的辦公室經常鎖着，同志們都説它是一座『空城』。看公文、電報，需要送到他家裏；請示工作，如果不用電話，也需要到他家去取。他從來沒有主動考慮過分給他的工作，看過的公文只簽個閲字，很少表示自己的意見。參加市人民委員會會議、行政會議，討論各項議案時，很少發言。偶然反映一些聽到的情況，或者發一陣牢騷，甚至發一陣脾氣。有些問題，討論的時候，他沒有意見了，過後又不同意。一次討論廟宇的問題，行政會議意見一致了，過幾天他又在內蒙古政協會議上提出自己有職無權，説了話不受人重視。由於這樣，同志們感到跟他很難相處，總是小心翼翼的，唯恐得罪了他，會當面下不得臺。黨所領導下的人民政府負責人員，有職就有權。看文電、參加會議、提意見、檢查工作、決定問題，榮祥都有份。但他把這些權都不當權，那麼他心目中的權是什麼呢？我認爲就是黨的領導權，就是一手遮天作威作福的權，就是舊社會官僚隨便任用私人、批條子支錢、獨斷專行、唯我獨尊、自己説了算數而別人不能過問的權。但是這種權，是社會主義制度不容許的，是非法的。

榮祥說，共產黨員一年陞三級，非黨幹部三年不陞一級，這是毫無根據的。就拿呼和浩特市來看，五百一十七名起義幹部，幾年來有五人提拔爲局長級幹部，八十四人提拔爲科長級幹部（新提拔的有五十九人），怎麽能說非黨幹部三年不陞一級呢？共產黨員有幾個一年陞了三級？黨號召下放幹部深入基層，有的省級幹部下放到縣，有的縣長當了鄉長，榮祥難道不知道嗎？他的這些反動言論，無非是要挑撥黨與非黨關係，取得非黨人士的同情，擴大他的影響。但是榮祥的算盤打錯了，他的別有用心的言論，是欺騙不了人的。

榮祥說：『一個人忘我勞動容易，忘我說話很難。』我們說，我們判斷一個人的言論，並不在於他敢不敢大膽說話，而是看他說的是否正確。正確的話千言萬語也不嫌多，反動的話一句也不能原諒。榮祥到處點火，到處散布毒素，別人察覺出他的話味道不對，他就以退出整風來要挾。這如果不是要把共產黨整垮，到底是爲了什麽？

幾年來的許多運動，並没有觸動榮祥的反動思想，他一直是逃避和抗拒思想改造的。這次反右派鬥争，是他最後一個改造機會，我們一定要克服温情主義，和他的反黨反社會主義思想鬥争到底，不獲全勝，決不收兵。這是對黨對人民負責，也是給他治病，有百利而無一害。榮祥應該老老實實地檢查，徹底交代，洗心革面，重新做人。如果還要抗拒，頑固到底，那就是自絶於人民，會遭到人民的唾棄。何去何從，望榮祥迅速選擇。

呼和浩特人民委員會機關工會開大會，用事實向榮祥開展說理鬥争。大會宣布：他如不徹底交代，一定要鬥争到底

〔摘自《内蒙古日報》一九五七年七月二十二日第一版〕

（本報消息）呼和浩特市人民委員會機關工會全體會員和市直屬機關各工會代表三百餘人，於七月二十日集會聲討右派分子榮祥。榮祥也出席了這次大會。

大會開始後，與會者紛紛要求發言，他們對會員中出現像榮祥這樣的右派分子極爲憤慨。發言的人繼續揭發批判了榮祥在土默特旗及在市裏散布的其他反黨反社會主義言論，並剥開榮祥的歷史，進一步暴露了他的反動本質。

辱罵黨員、青年幹部、少年先鋒隊員是榮祥的一貫手法，他還趁着機會破壞各項工作。回民區工會的邸蘭英揭發：榮祥在一九五六年回民區二屆人民代表大會會議上向代表説，革命幹部做工作偷工減料，平時做不好工作，開代表會時裝好人；共産黨員不懂馬列主義，還自稱馬列主義者，有時還得我這個學五經四書的老頭子給他們講一講。教育局工會楊隆華説，榮祥侮辱青年幹部學馬列主義，説這是不學無術；他還認爲雙樹村的黨員就懂階級立場，不算什麽黨員。在去年召開的少先隊輔導員代表會上，祥榮説舊社會對學生的填鴨式教育，把人填肥了，新社會用啓發教育的辦法，反倒啓發瘦了。李雲發揭發了榮祥假借别人的口氣誣蔑黨團員帶頭吃苦説，人説共産黨員、青年團員帶頭吃苦，那麽給我掏了幾次厠所？保險公司工會的米桂馨還揭發榮祥另一件詆毁幹部的事情。在市人民委員會討論發展保險業務時，榮祥大發雷霆，説保險工作幹部是唯恐天下不亂，庸人自擾。並説每月收他十塊錢，他的老婆有意見，副市長的老婆都有了意見，群衆意見更多。對於這些辱罵，發言人都予以嚴正斥責。邸蘭英等指出共産黨員就是需要懂階級鬥争，階極鬥争學説就是馬列主義，沒有階級鬥争學説，人們就不能分辨誰是右派分子。米桂馨代表全體保險工作人員質問榮祥爲什麽把一年收十元錢，説成一個月收十元錢，爲什麽把你老婆的意見擴大成全市人民的意見，爲什麽説保險工作人員是庸人自擾。米桂馨隨便舉出一項保險工作的成就，例如一九五三年全國保險公司承當了四十一萬件賠案，有力地保障了人民的生産生活。本市居民的幾百萬元財産得到保障，保險費除了補償居民的意外損失，還幫助了國家建設。難道這叫唯恐天下不亂、庸人自擾嗎？楊隆華以他們工會的共青團員爲例，説他們學了馬列主義，能够鑒別什麼是香花什麼是毒草，他對榮祥説，你跟我們毫無共同之處。

民政局工會趙世良揭發，一九五三年局裏派人和榮祥研究土默特旗的一塊公地的處理問題，榮祥當時怒氣衝衝地説：土改時把土默特旗的地都給分了，連這一點也不給留下。通過這件事可以説明榮祥是不滿意土改的。建設局工會孫秀川揭發了榮祥搞的兩件卑鄙的事情。一九五三年建設局修建公主府的橋，要通過土默特旗的一塊地，因爲事前没有和他商量，這就引起他的極大不滿，跟建設局打了很多麻煩；一九五六年要建設北門外的一條馬路，榮祥又假借蒙古族人民的名義，説那是蒙古人的遺產，誰也不能動。榮祥仇恨、攻擊社會主義，連街道工作也没有放過。馬名驊説，一九五六年末，榮祥在市二届人民代表大會一次會議上説，市裏只是專培養幾個居民委員會，爲了應付上級檢查，不管一般居民委員會。馬名驊質問榮祥：我們各個街道的工作有很大成績，你爲什麼抹煞，居心何在？關於這一問題，趙錫平進一步揭發説，榮祥想把自己的老婆選成街道積極分子，群衆不選，他很不滿意，就叫他老婆和居民委員會鬧對立，榮祥還把區婦聯主任叫到他家大加聲斥。群衆對這很不滿，他們説，榮祥把市人民委員會搬到他家啦。民政局工會昌瑞、市房産處小組雲沛林、監察局小組格日勒等人都從蒙古族人民的角度痛斥榮祥挑撥民族關係，分裂蒙古民族、歌頌殘酷鎮壓與分化蒙古民族的清朝封建制度的荒謬言論，他們高呼要加强民族團結，保衛黨的民族政策的口號，來做爲對榮祥的回答。

榮祥攻擊黨的領導的另一種手法，是説非黨幹部有職無權，還説他副市長也不例外。與會的人用事實充分説明榮祥不是有職無權，而是不盡職責。工程局工會小組楊鴻文還對榮祥的怠工提出了抗議。趙錫平説，榮祥從來不認真看公文，看了公文也不批意見，經過幾次請求，勉强寫個『同意』兩字，也不肯寫名字，又經過請求，他才寫一個『榮』字來，只有『榮』字，鑒印的不肯用印，文書不好登記，又過了一個時期，才寫出『榮祥』兩個字，現在還是不肯批示意見。楊鴻文説榮祥參加會議讓別人給他准備講稿，在財糧幹部會議上撰稿人頁數寫顛倒了，他就是驢唇不對馬嘴的往下念，念完了反過來批評撰稿人粗枝大葉。趙世良憤慨的説，你是領導民政工作的，可是你一年也没有到過民政局一趟。有一次，我們拿文件到你家請示，九點多鐘你還没起床，你也没好好看，胡胡塗塗地説『同意』。還有一次評選烈軍屬模範工作時，需要開會研究解決，找你去，你很不耐煩的説，讓你們的杜局長多負些責任吧，大事、小事都抓個副市長。這些本來你應當負責的事，可是你根本没有負責，而你反説有職無權，這是事實嗎？你這不是造謠是什麽？電影經理部工會聶德俊説，廣大群衆對黨給榮祥今天這樣的優厚待遇是有意見的，群衆説榮祥够了五朝元老了，共産黨來了，摇身一變，又高高在上，社會改革時，群衆對他控訴的也不少，如今榮祥不知恩圖報，反與黨與人民爲敵，如果不認真檢討，人民會搬掉這塊社會主義道路上的絆脚石。

人事處工會小組薛鵬里列舉了榮祥眼睛下的呼和浩特人民委員會幹部工作中所取得的成績，來駁斥榮祥對黨和國家人事制度的攻擊。他説：社會主義人事制度中有關人事陞遷不是個人能做主決定的事，黨和國家的幹部政策是用人唯賢，市裏有科長級幹部一百五十二人，其中解放後被提陞的有一百零五人，佔幹部總數百分之七十，在被提陞的一百零五人中，起義幹部又佔四十六人之多，這能説幹部政策本身有毛病嗎？如果説有毛病，就是對你這樣的人太寬厚了。

市人民委員會人事室小組的張耀日用無可辯駁的事實斥資榮祥所謂黨員一年陞三級，非黨幹部三年不陞一級的謬論。張耀日説，去年的工資改革中，（那）〔哪〕一個黨團員一下就提了三級呢？既然没有，那麽榮祥説這句話用意何在呢？這不是蓄意制造黨團員幹部與非黨幹部之間的隔閡嗎？從提級的具體數字看，市裏有正副局、處、院長級幹部共四十一人，其中黨員提級佔該級黨員幹部的百分之五十二，非黨幹部提級佔該非黨幹部的百分之五十七，這個比例説明了非黨幹部提級的比例是大於黨員幹部的，這怎能説，非黨幹部三年不提一級呢？有很多黨員科長幹部在工資改革中，没有提級。有些非黨員科長提了級，其中有些還是越級提陞的。大概非黨幹部三年没提一級指你榮祥自己吧。可是他和阮市長同是九級，阮市長從一九五二年到現在也没提過級，難道榮祥九級還不滿足嗎？

趙錫平還揭發榮祥之所以不滿意社會主義人事制度，是因爲他有自己認爲滿意的人事制度。一九三八年榮祥任蒙旗『宣慰使』時，給他老婆封了官，親自下了委任狀，並派人給她送回家去。他老婆還賞給了送委任狀的人兩塊錢。這件讓人笑掉牙的事，能和共產黨的人事制度相比嗎！

發言人在揭發榮祥起義前壓榨剥削土默特人民的行爲上，又提供了新的事實。榮祥把『忽賽召』拆了變價給他老婆修了墳，而且用召上的木頭給看墳人蓋了三間新房；榮祥用薩拉齊縣朝陽洞的公産柏木，私自砍下給他的親友們做了棺材，他老婆死了用公家的布做孝服，並且還給杠夫們做的新袍子。最可恨的是榮祥從他的部下直到保安隊士兵的工薪内扣了喪禮。榮祥個人吃猪肉都要從土默特旗財政賬上開支。榮祥爲了兒子當選僞國大代表，四出派人監視投票。李雲發説，我就是被派去監視投票人的一個。榮祥當時還殺氣騰騰的説，有紅色分子要反對他兒子當國大代表，讓他們（指進步青年）小心腦袋。榮祥以毒辣的手段想消滅土默特旗進步力量是一貫的。工程隊小組楊鴻文説，在國民黨佔領延安後，榮祥就發表了告蒙古青年書，叫他們棄暗（共産黨）投明（蔣介石）。榮祥這種堅決反共反人民的立場不是由來已久了嗎！

最後，群衆紛紛要求榮祥當場交代自己的罪惡，但是榮祥仍然没有交代具體問題，只是空空洞洞地説接受大家的揭發和批判，並説他過去是個言不顧行、行不顧言的人，表示要在三天之内先寫出書面檢討。最後主席綜合大家的意見，宣布：榮祥如不徹底交代，我們一定要鬥爭到底。到會的職工以無比憤怒的心情，通過了堅決與右派分子鬥爭到底的决心書。

我的初步檢討——誠懇接受批判揭發，承認錯誤，向人民低頭認罪

（作者榮祥，摘自《内蒙古日報》一九五七年八月十一日第三版）

（一）

我在『九·一九』起義以前三十多年的封建反動官僚的醜惡歷史，是一段徹頭徹尾的反人民的腥臭罪惡歷史。尤其是當了土默特旗總管以後，就更變本加厲地成爲這一旗的『土皇帝』，騎在全旗人民頭

上二十多年，始終是用兩面手法欺騙全旗蒙民：一面誇大宣傳，强調自己是替全旗蒙民辦事，借以騙取他們的信任加强我在封建官場中爭權奪利，陞官發財的資本；另一面却要千方百計地剥削他們以充實自己的私囊。至於假公濟私以及公私不分的貪污行爲，更是屈指難數。例如：追交日本顧問遺留下的一部分已被旗員瓜分了的大煙土，據爲己有（三反時交出）；從朝陽洞的柏樹裏竊取了兩副棺材板；從忽寨召的木料裏竊取了三間房的椽檩；和全旗職員集體貪污了一九四九年的煙畝罰款一千七百多元（我分了三百元）。其餘零星佔公家便宜的事情就更數不清了。例如：我院内的洋井是財政科用八十元錢替我打的；每年冬季分炭我比一般職員多分五千斤之類。這就證明我在舊社會不僅不是一個兩袖清風的人，恰恰相反我是一個滿身貪污的封建臟官。

正因爲我是這樣一個難以形容的封建臟官醜惡本質，所以凡是舊社會封建臟官能做得出的卑劣行爲我也都能做出來，如對上拍馬，對下吹牛，驕諂互用，恬不知耻的行爲，可以説是經常慣用的手法。例如：給蔣介石捐書、送刀，到秋林見閻錫山接受他贈送旅費，都是這種拍馬行爲的具體表現。

關於蒙漢同源的説法和應該表彰的俺答可汗那兩篇文章，前一篇的原題是『從蒙漢同源説到精誠團結』，當時的用意是爲了反駁日本帝國主義在伊克昭盟各處宣傳他們是幫助蒙人打漢人的説法的。至於表彰俺答可汗而不表彰林丹汗，則是因爲俺答可汗是土默特定居豐州灘的創始人，而林丹可汗則是屠殺過土默特人民的人。這是我當時寫這兩篇文章的本意，絲毫没有幫助蔣介石消滅蒙人的意思在内。可是發表以後却在伊克昭盟各旗蒙人中引起了完全相反的批評，都説這是替反動國民黨大漢族主義政策作宣傳，我對於這種批評認爲是正確的。我確實出賣蒙古民族利益，替反動統治階級的頭子蔣介石作了應聲蟲。蒙古人民譴責我爲蒙古族敗類，這是一點也不過分的，我願誠懇接受這項譴責，作爲我今後改過自新的指針。

我在起義以前，作了二十多年『土皇帝』式的土默特旗總管，對土默特旗的蒙古勞動人民是没有給他們做過一點有益的事情，只是給他們增加了許多不堪忍受的負擔，例如：每年徵收的旗保安隊公糧，絶大部分是從勞動人民身上剥削來的，而地主富農却往往逃避了這種負擔。就是僞旗保安隊的員兵也都是從勞動人民中間選拔出來給地主富農做保護，這就完全證明我當總管是壓迫勞動人民替反動的地主富農階級作保鏢的。例如：畢克齊、察素齊一帶是地主富農較多的地方，我就把旗保安隊駐在那裏。其他貧苦地區蒙古人民被反動軍隊和土匪蹂躪的鷄犬不寧，我却漠不關心。這就是説蒙古勞動人民出了公糧養了保安隊却得不到保護，是我的封建官僚本質給造成的。

在『七·七』以後，我借抗日的名義，跑到榆林過了八年酒、肉、煙、賭的避難生活。在這一時期裏，由於僞法幣的天天貶值，我也曾用過公款做過屯集棉紗、布匹、染料等假公濟私的勾當。而且在宣慰使署的用人方面，除了沿用在僞旗政府的家天下的辦法，先采用我帶出去的故舊外，甚至親戚、老婆也都佔一部份公職。這也證明當時我負責的僞宣慰使署確實是一個藏垢納污之地，這是無可否認的。

總之，在起義以前，我無論在什麽時期或什麽地方，從來没有做過一件對得起人民、對得起革命的事情。今天檢查起來，實在是愧悔交集，無地自容。經大家在幾次反右派分子大會上的揭發，更使我清楚地認識了自己的反動本質和醜惡嘴臉。我一定要誠懇老實接受大家的正確批判和熱情的挽救，把我自己的思想和右派分子的反黨、反人民、反社會主義的反動思想一刀兩斷地劃分清楚，誠心誠意地跟着共産黨走，堅决擁護社會主義和人民民主專政。

關於趕走烏蘭夫主席和克力更以及陷害杜如薪的事，我願在大家面前附帶説明一下：烏蘭夫主席從白海風那裏到延安，没有經過榆林，我倆没有見面，根本没有趕走的事情，這可由烏蘭夫主席作證明。我催克力更即刻就走是因爲中統特務頭子劉桂已經從高雙成軍長那裏聽到了克力更到榆林的消息，我才催他立刻走的，克力更走後不到四小時劉桂的便衣隊就到南峁莊搜查了一次。第二天白海風的參謀長立即也跟踪追到榆林要攔克力更回去，這就是我催他趕快走的原因。至於杜如薪是拿了楊令德的介紹信到札薩克旗找我的，我把他安置在騎兵大隊劉静軒那裏，他和劉静軒率兵走到准格爾旗，被反動軍隊段寶山偷襲潰散，又被僞東勝專員陳應道逮捕，在往陝壩解送時半路跑脱，再没有和我見面。陳應道和他說了些什麽話，我不知道。

我從延安把兒子接回榆林，這完全是由於我當時對人民革命事業抱着一種懷疑態度，認爲共產黨所領導的革命何年何月才能成功呢？我的兒子留在延安不但沒有前途，而且還很嚴重地影響我在反動陣營中的官僚地位。當時駐在榆林的一批反動國民黨特務們如劉桂、王子潤、湯伯先等人經常用諷刺的口吻問鄧寶珊的女兒和我的兒子在延安學習得怎樣？後來這兩個孩子都被接回榆林，這就是我爲了保持自己的反動官僚地位而出賣了兒子的光明前途的真實情况。現在我的兒子罵我，這是我自己找來的，我並不抱怨他。其實罵我的人何止一個兒子，連所有的兒子、女子、兄弟、姪兒、女婿都正在異口同聲地罵我，我只有把他們的罵聲當作自己的警鐘。我已經是一個完全孤立的人，我如果仍然執迷不悟，不能撤底悔改，就必然要走上自取滅亡的絕路上去，我是絕不走這種毀滅之途的，我決心要把自己從罪惡的深淵中救出來。

我三十多年的封建反動官僚罪惡歷史真是擢發難數，這篇初步檢討，是不能包舉無遺的。我准備今後要經常檢查，經常揭發批判，使自己的舊歷史臭包袱，能完全丢掉，重新作一個一心一意爲社會主義服務的人。這要依靠黨和人民的教育，同時也要我自己下定一個與反動思想作生死搏鬥的决心。以下我就檢討在起義以後的許多錯誤和嚴重罪行。

（二）

我在一九四九年的『九·一九』雖然隨衆起義，但由於我的本質惡劣，把封建反動官僚的壞思想壞習慣原封未動地帶進革命陣營裏來。因此，在七、八年的言行方面，一貫地暴露出我反黨、反人民、反社會主義的本來面目。

例如：內蒙古黨委宣傳部於五月召開的宣傳會議和統戰部後來召開的座談會上，因領導上號召非黨人士幫助黨整風，我就認爲這是向黨進攻向機會到了。跟着就以極其瘋狂的態度，極其辛辣的語言發出一係列抹煞事實的謬論。

爲什麼第一次發言就提出制鞋工廠生產車間環境不好的胡説呢？這是有意挑撥工人和黨的關係，而表面上却想竊取一個替工人説話的名譽。這種居心是萬分惡毒的，因爲它不僅只是點火，而是要在點火後損害黨的威信，提高自己的聲望，這比幸災樂禍的壞分子還要陰險百倍。

跟着又説『個別黨員會經把人整的上天無路，入地無門。今天人家提意見稍微尖鋭了些，你們就喫不下了』。這種説法是完全有意識地混淆階級鬥爭的立場觀點，替那些反黨、反人民、反社會主義的階級異己分子鳴不平，同時也就是號召那些犯過錯誤、罪惡、心懷不滿的人一齊起來向黨進行反攻，甚至以中途退場作要挾。這就是説怎樣能給黨領導以最難堪的侮辱，我就盡量怎樣做，這完全是發泄我對黨的蓄怨情緒，這是反動思想和忘恩負義的充分表現。

在統戰部召開的座談會上我發表的荒謬言論就更多了。首先是替歷代封建皇朝特别是替前清封建皇朝的選官制度作了誇大的吹捧，跟着就誹謗新中國只有幹部政策没有人事制度，從這種説法中很明顯地看出我是把新中國與封建統治時代的反動制度作了對比，並對新中國的幹部政策作了令人不能容忍的誣蔑。

對共青團員的侮辱，不僅是歪曲了團的制度，而且用極下流的言語『不能入團，是因爲不會溜尻子』這種辱罵的口胳去傷害優秀青年團員的自尊心，這就是我對祖國下一代建設社會主義的接班人抱了極其仇視的罪惡態度。這並不是因爲偶爾説得走了嘴造成的錯誤，而是我那一貫仇視新社會的反動思想隨時隨地發泄，想遮掩也遮掩不住的内心反映。

對共産黨員的仇視態度可以説比對共青團員的仇視態度還要惡劣的多，這是因爲與黨員接觸的時侯比團員多。如和我共過事的李文精同志以及現在仍然共事的阮慕韓市長，還有土默特旗、呼和浩特市的其他許多黨員，我都以恬不知耻的驕傲態度對待他們。

如在土默特旗時對幾位有文化的年輕黨員説：『我看你們和文盲差不多』。今年『五·一』前有一位年輕黨員要我給他介紹一下呼和浩特市的歷史，我談到原『歸綏兵備道』這個舊建制時，他不知道『道臺』這個名稱，我當面就給人家提了個『以後多讀些中國歷史吧』這樣一個令人難堪的意見。這都證明我對黨員確實是抱有一種仇視和驕傲的成見的。因此，在統戰座談會上就提出各中學校外行不能領導内行的荒謬論點，這和右派分子陳銘樞等人要從學校中撤出黨領導的説法，在反黨、反社會主義的立場上是一模一樣的。由於我思想裏存在着極嚴重的反動毒素，所以凡遇到可以毁謗黨員、辱罵黨員、譏笑黨員的機會，就絶不輕易放過。在宣傳會議小組和市政協委員會上發表了共産黨員的兩套本事——馬列主義和總結群衆智慧，已經丢掉了，現在只剩下主觀主義和宗派主義組成的官僚主義了。這是多麽惡毒的誣蔑，這是抹過良心，生編硬造的咒駡。反黨仇黨的言論，在我的思想深處確實有它根深蒂固的根源的。

關於有職無權的瘋狂喊叫，也是要在非黨幹部中造成一種對黨不滿的傾向，同時也是企圖和黨争奪領導權的陰謀手法。説得明白些，就是要恢復封建時期反動統治階級騎在人民頭上那種一手遮天，唯我獨尊的『土皇帝』式特權。這種封建特權，我雖然明明知道在革命勝利的新中國已經是被打倒不存在的歷史陳蹟了，可是在我舊思想的意識深處却還隱蔽着極濃厚的回味與留戀。這種思想毒素存在一分，就對社會主義有一分的仇視，存在十分就有十分的仇視，瘋狂喊叫正是這種仇視社會主義思想的盡情暴露。

我對新中國新社會的不滿，不僅表現在對職權問題的瘋狂喊叫上，也經常表現在對一切新情况的情緒抵觸上。例如：我在今年召開的呼和浩特市黨代表大會上，以來賓的身分作了誹謗黨員和新社會的發言。我説：『現在社會上，父子關係、夫妻關係、師生關係都不正常，希望通過黨員的以身作則來達到移風易俗的效果。』這是對婚姻法誹謗，對師傅生徒的挑撥。又説：『黨員對待人是采取了武三思的哲學，對我好的就是好人，對我壞的就是壞人。』這種不分是非脱離實際的誣蔑説法，竟敢衝口而出在會場上散播，如果没有仇黨意識是絶不會狂妄到這種地步的。至於我一九五一年二月在土默特旗鄉村幹部訓練班上，誇稱自己是爲土默特旗看守門户，等到解放，表示自己對土默特旗人民是有功的説法，主要意思就是要麻痹大家使他們相信我是替他們做過一些好事的。也就是要在土默特旗人民的記憶裏造成和共産黨平分秋色的懷念。

這種處處替自己安排，事事替自己吹噓的做法，從九·一九起義到今天是一直没有間斷過。例如：給各中學校語文教師談古典詩歌以及給文學課本提意見的短文裏，都是用詆毁别人提高自己的一貫卑劣手法來耍花招的。從這些事實裏都可以看出我那封建官僚損人利己嘩衆取寵的罪惡本質來。尤其惡劣的是我那借事生風、捕風捉影的挑撥離間的破壞行爲。例如：在蒙綏合並以後，東西部工作人員本來共事相處的關係很好。我却疑神疑鬼地硬説這裏邊還有問題，東西部團結得不够好。在結束旗縣並存時，也給土默特旗的各界代表們預先灌輸了許多妨礙民族團結的毒素，使他們在歸縣領導的安排上情緒低沉。這就是説我對共産黨的偉大民族政策，不僅没有認真貫徹執行，而是處處以破壞民族團結來作反面宣傳的。就是在呼和浩特市幾次民族幹部座談會及郊區兩次少數民族農業合作社員座談會上，也在自覺或不自覺的談話中，給大家添了若干民族情感上的對立因素。這都是經過同志們的揭發批判而使我認識到自己的嚴重錯誤的。

解放以後放走女特務的事情，並不符合事實。我不但没有放過，而是立刻檢舉逮捕法辦了的。這有市公安局的檔案和當時辦案的幹部同志們可作證明。

（三）

我自『九·一九』起義以後，一係列地犯了反黨反社會主受的嚴重錯誤與罪惡，正如各位同志所批判指出不是偶然的而是有其思想根源的。我完全接受這種批判，也完全承認自己有這種封建思想根源。我生長在封建家庭和封建社會，受過極深的封建教育。這種教育的傳統精神就是儒家孔、孟的倫理。其後孫中山先生的舊三民主義講話，對於《大學》一書的政治理論及中華民族的優良傳統『八德』都做了極詳盡的闡述，這就給我增加了對儒家思想更堅定的信仰。

我既是多年信仰封建儒家的人生觀，當然對於馬列主義的革命人生觀就很自然地發生一種抵觸情緒。例如：我常説馬列主義講人對物的認識的道理多，而講人對人的道理少，最主要是講階級鬥争。中國的儒家却是講人對人的道理多而講人對物的道理却較少，如父子、夫婦、長幼、兄弟、朋友，都有他們處關係的一套説法。我由於深深地接受了這種封建倫理觀念，所以對新社會人與人的關係，就經常認爲是不正常的。我在市的黨代表大會上所説的關係（父子、夫婦、師生）不够正常的謬論，就是從這種封建倫理舊觀點出發的。我生活在新社會，遇到説話機會，一開口就以封建時代的東西來作對比或説明自己的看法，也是這種舊意識在支配着我。

我起義本來是表明白己願意跟着中國共産黨走，願意接受社會主義思想改造，願意爲人民服務的。黨和人民不僅允許我投誠起義，而且給予我最優厚的政治待遇和物質待遇。這對我這個封建舊人物來説，真是恕罪獎功仁至義盡了。可是經過黨和人民長時期的培養教育，還没有把封建舊意識的毒素克服掉，還是遇機即發地發表許多損害黨和社會主義事業的謬論。這究竟是一種什麽病癥呢？既然起義跟着共産黨走，又往往發表些不滿社會主義的話，我自己作過幾天的思想檢查，才初步檢查出我在新舊意識裏的矛盾根源。

那就是：想在社會主義的經濟基礎上采取若干封建上層建築。這從今天檢查思想後的認識來説，可以説是極其荒謬的想法了，然而我在新社會所犯的一係列錯誤却正是從這種極其荒謬的想法裏滋生出來的。我對社會主義生産資料公有制的經濟基礎在思想上並没有抵觸情緒，因爲它對我個人的利益没有害處，這也是從自私觀點來看問題的。至於文物制度、科學藝術以及人與人的關係等上層建築，我就想保留一部分封建時代的舊東西，並説這是中華民族的特點，也是祖國文化傳統的精華。這就造成我在思想上的嚴重矛盾——社會主義的經濟基礎上保留若干封建上層建築。

這個思想上的矛盾，一直支配着我犯錯誤，而且是不能不犯錯誤。幾年來我對於各種新制度，新政策，作了許多主觀的誹謗，如大家所揭發出來的那些醜蹟，就是明證。

現在我既初步找到自己的思想矛盾病根，我願誠誠懇懇接受大家的分析批判，承認錯誤，向人民低頭認罪。今後我決心站在人民這邊嚴格地與右派分子劃清界限，在偉大的工人階級和共産黨的領導下，改造思想，建立工人階級的革命觀點，站穩立場，爲偉大祖國的社會主義事業服務。

以上檢查如有不够的地方，希望各位同志繼續揭發批判，使我能經常進行檢查提高認識。

一九五七年七月二十六日

榮祥應該洗心革面老實交代

（作者孟純、雲秀桐、巴文魁、孟紹。摘自摘自《内蒙古日報》一九五七年八月六日）

榮祥打着『塞北文豪』的舊幌子，借着幫助黨整風的機會，並且用了極其惡劣的手段，向黨的領導狂妄進攻，企圖削弱黨在人民群衆中的威信。從揭發出來的材料看，他的靈魂深處的確浸透了反動毒汁，是一個十足的封建制度的維護者，典型的舊官僚，蒙古民族的敗類。對此，我們難安緘默，我們生在土默特旗，歷經四五十年變化活下來的人，對榮祥的事蹟知道的也比較多一些，説出來起碼能使大家知道榮祥究竟爲蒙古人民作了些麽事，好的事有没有？壞的事多不多？這也有助於榮祥痛改前非，重新作人。因此我們提出以下幾個問題，願意榮祥説老實話，做真誠事，偃旗息鼓，正視今天的内蒙古，比一比反動統治時代和聯係到你自己的青壯老三個階段，深刻反省，徹底交代。

『溜尻子』不擇手段

一、溜尻子：榮祥用了極下流的話如『溜尻子』等來詆毁團的組織。但是事實如何呢？廣大青年在黨的培養教育下，在祖國的各個戰綫上正作着我們先人所未作過的偉大事業，並且涌現出無數先進人物，作出光輝的驚人事蹟。我們想榮祥是知道的，顯然這些事實有力的駁倒了榮祥的謬論。我們要問榮祥自己是個什麽樣的人呢？『七·七』事變前蔣介石兼任僞行政院長時，榮祥恭恭敬敬呈獻賀詞一則，詞云『北極長明，仰衆星之環拱；嵩山獨鎮，慶四岳之俱安。』把蔣介石捧稱爲長明的北極星，把僞行政院捧爲五岳中的嵩山；而另一意義是有了蔣介石獨夫坐鎮全國，四海就會出現安（晋）（静）的氣象；在蔣介石、閻錫山擔任僞軍事委員會工作時，又獻詞一則，曰『仰三臺而並耀，博四海以同歡』，把勞動人民却説成『土驢木馬』，對反動統治者可以説極盡阿諛奉承的能事，因此爲蔣介石所賞識。日寇『八·一五』投降後，黨爲了拯救内蒙古兄弟民族早日擺脱灾難的日子，解放軍包圍了綏（呼和浩特）包二市，而榮祥蟄居新城『憂心若狂』，表示要『與新城共存亡』；淶水戰役後，國民黨軍隊潰不成軍，軍長自戕，師長被俘，而榮祥在追悼會上，以『文豪』的筆調，大做文章獻媚蔣邦，詞曰：『逐匪於綏門之外，殺敵於淶水之旁』，這充分説明榮祥愛和憎的問題，愛的是蔣介石魔首，憎惡的是共産黨領導的人民子弟兵。這些事用榮祥的話來説：就是『溜尻子』溜得更妙。

同時他也最樂意别人溜他的尻子，例如被鎮壓的反革命分子麟祥，每年給他過壽，屆時大設酒席，邀人祝賀，所謂他的屬下，要是不去的話，就有打破飯碗的危險！過年時，麟祥給他把旺火衝起後才離開他家，同時麟祥給他和胡宗南的少將特務廉某拉關係，因此他對麟祥特别器重，因而更造成了土默特人民對他的不滿。麟祥被鎮壓時，土默特旗人民都説殺的好，而榮祥獨感不快！這説明了榮祥的反動立場是根深蒂固的。

『任人唯親』的家天下

二、人事制度：榮祥誣蔑黨的幹部政策，反對我們社會主義國家的人事制度，同時歌頌清朝的封建制度。榮祥稱贊清朝時土默特左右兩翼十二參領共同議事，襄贊副都統，統治土默特旗人民，按期比丁（即拔壯丁）。在他所寫的《呼和浩特沿革紀要》裏把這個説成是『集體議事』，意味着這就是集體領導的形式，來絞殺黨的民主集中制。榮祥這麽説，但他在土默特總管任内，前後將近二十多年，究竟在這一點上作的如何呢？『七·七』事變前，他爲了正式當總管，不擇任何手段取信於閻錫山。當時參領蘇某前往南京面控其不才，榮祥立即免去蘇某的參領頭銜，令他交回印鑒。後將十二參領組織爲一個參領辦公處，專管處理地照、蒙租過約等事務，這能説是參領共同議事麽？勝利後他的官運更亨通了，以蒙旗宣慰使的銜兼土默特旗總管。蒙旗宣慰使署設在土默特旗政府内，原編制七十多人，經費七千多元，設政治、秘書二處，實際開支名額十五名，他的老婆也受到委狀，實際是總覽財政大權的掌印夫人。其他人員也不按擔任職務發給工薪，但領經費時，用了各種黑名圖章填表上報，這樣的人事制度自然是他所贊揚的。再如土默特旗政府的人事制度，我們只能説是『唯我獨尊，任人唯親』的家天下，大兒子是總庶務兼理官印要職，榮祥早點、零用、紙煙等均由其子自由開支；大侄子委令爲保安隊大隊長，自稱某司令，大女婿爲三軍區參謀長，裙帶人物均『光耀』一時，都（按）〔安〕置於税卡或給予肥缺。一九四八年春，其大女婿某因家在包頭，爲了使他多弄幾個錢，榮祥即委他爲土默特旗煤炭租税石拐分局局長，大肆進行假公濟私貪污舞弊的活動。後因這個女婿久不到局，力令經徵員繼續交賄贓款，形成分局上繳税款與逐月旗定收支比較表出入太大，經人檢查，貪污屬實，將經徵員扣押回來，而其大女婿竟能逍遥無事。這種人事制度只能出在榮祥掌管土默特旗的時代，也是他所歌頌的封建制度的實際『典範』。再如榮祥爲其大兒子當選僞國民黨政府制憲代表時，迫使當時的七個自治督導處，事先拼好其大兒子名字，讓土默特旗蒙民在某某名字下（即其大兒子名字下）圈一紅圈，大派監選人員，各個督導處的文書、勤雜人員忙了個不亦樂乎，只是爲了畫圈圈，這種制度榮祥怎能不歌頌呢。

榮祥在任土默特旗總管的時期内，身兼保安司令、中將旅長、土默特旗中學校長、土默特旗小學校長等許多職務，綜其官於一身，人稱『土王』，這就是榮祥的人事制度。

拆毁廟宇霸佔廟産的『宗教保護者』

三、宗教方面：榮祥現在以保護宗教爲名，到處點火，歪曲事實，説我們的宗教政策不好。我們不禁要反過來問榮祥，你在反動時代對宗教保護的怎樣呢？比如你將忽寨召拆掉，把木料拉回來給你的老婆墳地上蓋了三間看墳房，將石條和彭順召三間樓房的基石，也給你老婆（旋）〔券〕了葬；這些事實不但各召喇嘛對你意見滿多，同時還罵你不該請了（二）〔兩〕個先生將你的未亡塋地遴選到五素圖召的土地上，所謂『頭枕五素圖（召），足踏公主府』，你的内心深處是什麼意思，是可以想透的。看墳還用了喇嘛，每月生活費都由土默特旗開支，現在不管了，還給五素圖農業合作社添了個五保對象。又如朝陽洞勞動人民爲了美化該地手植的香柏樹數百株，一般均可環抱，在日寇投降後，你回來偏聽麟祥的話全部伐掉，進行拍賣，除你自用(三)(兩)副所謂壽木三千斤外，你的家嫂和你的女婿都各分一份。最可恨的是你到南京去『慶祝勝利還都代表團』到南京去，一次帶走拍賣柏木款四百多萬元，連土默特旗財政科的賬也没有入，作了你的政治活動本錢，這也是你對宗教無微不至的保護嗎？此外舍力圖召大喇嘛某某因到蒙古人民共和國一次，你爲了買好當時的國民黨政權，借口説有政治活動，將達瓦喇嘛拘捕管押，將某某家庭封了門，這是什麼舉動？能不説明你的反動本質是一貫的嗎？

榮祥究竟爲蒙古人幹了些什麼事

四、榮祥究竟爲蒙古人幹了些什麼事：(一)『蒙漢同源論』是他的出賣民族投合蔣介石『中國之命運』的一本投降主義的杰作，主張蒙古人也是黄帝子孫，曲解蒙古語與漢語同音地方很多……(二)『八·一五』後，榮祥以『勝利歸來』的資格進行着反人民的政治活動。一九四六年春組織了以他爲首的『蒙古青年同盟』，政綱是：『不分黨派，不分地域』，搞所謂『民族自決』，在市内某地舉行宣誓儀式。當時宣誓者十人，並宣讀誓言、政綱，决定秘密發展組織，擴大力量，會後指蒙古青年某某人等係共産黨，决不讓其知道。這一勾當與蔣介石所豢養的蒙奸德穆楚克登魯普的『民族自治』一脉相連，目的就是反對共産黨解放内蒙古和扼殺蒙古族勞動人民，實現其所謂『棄暗投明(蔣介石)』的陰謀。但内蒙古廣大青年識破了你的陰謀，没有上了你的當，和你背道而馳了。

又如國民黨統治時代，對蒙旗的政策是：『新例不添，舊例不改』，采用了清朝分而治之的策略，實現蔣幫的逐漸同化政策，用了『外穩内狠』的騙術，在伊克昭盟設置了桃力明組訓處，河套由二縣改爲六縣，烏蘭察布盟烏蘭花鎮設立了綏北專員公署，而榮祥不但緘口不言，並組織了『慶祝勝利還都代表團』，甘心爲蔣介石作一個忠實的販夫走卒，並向上述内蒙古青年聯盟成員，勒索祝賀勝利還都的組織費用，並精裝錦旗一面，上(提)(題)『河山再造』四字，同時將康熙三出塞外鎮壓民族英雄噶爾丹汗的寶劍、沾滿蒙古民族鮮血的凶器，獻給屠夫蔣介石，示意稱臣，再來屠殺蒙古人民。作爲一個蒙古人，特别是蒙古族的勞動人民，對此莫不憤怒填胸，而榮祥却『心安理得』，我們説你是漢化了的蒙古人是毫不奇怪的，説你是民族靈魂的出賣者也不過分。特别是土默特旗人民，在清朝殺人不見血的懷柔政策下，在蒙古民族内部挑起殘殺，全旗人口由十多萬到解放前只留下將近三萬，每個稍有民族良心的人是永遠銜恨在心的，而榮祥偏偏無動於衷。他還歌頌土默特旗帶土皈降明朝的安達可汗，並直言不諱的説『安達可汗是值得表揚獎勵的人，理由是四百多年没有邊患』，我們説投降主義者的思想體係是一致的，就是只顧高官厚禄，不關心民族疾苦。又如榮祥在『八·一五』後，爲了造成個人的勢力，反共反人民，煽動將要整編爲解放軍部隊的僞蒙軍一部分化，從中拉出了兩個團，編爲國民黨的蒙旗保安第一旅，榮祥擔任中將旅長，侄子與外甥某某等分擔一、二兩團團長，進攻人民武裝，進行大小戰鬥不下十餘次。由此可見榮祥的反動立場是如何堅定！

『敗子』要『回頭』

我們還是希望榮祥『敗子回頭』，徹頭徹尾的交代反動事實，洗心革面，做一些與人民有益的事，否則就會後悔莫及了。

（《内蒙古日報》一九五七年八月六日第一版）

榮祥初步認錯開始低頭認罪，態度還不老實必須繼續交代

（本報消息）從七月十九日暫時休會的政協内蒙古自治區委員會擴大會議，已於七月二十七日復會。並分成三個小組，分别對榮祥等右派分子的反黨、反人民、反社會主義言行進行了深入的批駁。右派分子榮祥曾先後在一個小組會上作了四次檢查，表示向人民低頭認罪，初步承認了錯誤。但他對自己所説的許多損害黨和社會主義事業的謬論和挑撥黨群關係、民族關係等反動言行的批判，還没有觸及到問題的本質，交代的態度還不老實，必須繼續交代。

駁榮祥誣蔑國家人事制度的讕言

（作者卓力克，摘自《內蒙古日報》一九五七年八月十六日第三版）

內蒙古自治區的『頭面人物』、右派分子榮祥經過各族各界人士一個月來反復的揭發、分析、批判，在政協內蒙古委員會召開的反右派鬥爭大會上，雖然開始對他反黨、反人民、反社會主義的罪惡從思想上進行了一些檢查，但對於他汚蔑國家人事制度的讕言，却吞吞吐吐，躲躲閃閃地不好好檢查，這裏有他不可告人的難言之隱，他所以要汚蔑國家的人事制度，是企圖達到他的極端個人主義的政治野心。

榮祥在內蒙古黨委統戰部召開的座談會上說：『清朝統治者入關後與漢人相處中，是訂了許多制度的，如漢不選宮，滿不點元。滿人能作什麼官，不能作什麼官，作到什麼品級；漢人能作什麼官，不能作什麼官，作到什麼品級，一一都有規定。中華人民共和國建立七、八年了，還没有一套完整的法典。特別是在人事制度上，没有法，只有幹部政策。而這政策還只由黨員幹部掌握，因此弊病很多。黨團員一年提三級，非黨幹部三年不提一級，誰也没法提意見，也没地方去告。』從而他認爲共產黨『在人事問題上還不是大公無私』。

首先我們看，中華人民共和國建立七、八年來，黨和人民政府在人事制度上只有個幹部政策嗎？不是的。黨和人民政府的人事工作告訴我們，在人事問題上，我們不僅有正確的幹部政策，而且有一套比較成熟的人事制度，而且我們的幹部政策和人事制度並不是建國以來才制訂的，而是我們黨積三十幾年革命鬥爭的經驗逐步制訂，逐漸完備起來的。無論黨和政府的任何部門，從事人事工作的同志都有一本厚達三、四百頁的人事工作手册，在這本人事工作手册中，從幹部的選拔，幹部的管理，幹部的培養教育，幹部的任免，幹部的考績直到幹部的退休都有完備的規定。黨和人民政府的幹部是人民的勤務員，是要全心全意爲人民服務的。從這個大前提出發，我們的革命幹部基本上是在革命鬥爭過程中的歷次群衆動員中，從擁護革命事業，密切聯係人民群衆的優秀人物中選拔和成長起來的；在幹部的使用陞遷上，黨和人民政府堅持了用人唯賢，用人唯能的原則，這就是德、才並重，適當的照顧資歷。强調幹部忠實於革命事業，勤勤懇懇地爲人民服務的『德』，這不是用人唯賢嗎？同時强調幹部爲人民服務的能力，這不是用人唯能嗎？而所謂資歷主要是指從事革命鬥爭的經驗，也正是堅持用人唯賢，用人唯能的原則。爲了更好的了解、使用幹部，我們有分工管理幹部的辦法；爲了使幹部更好地爲人民服務，提高幹部的政治、政策、業務水平，我們有培養、教育幹部的制度；爲了鼓舞幹部作好革命工作和正確的使用幹部，我們規定了幹部考績制度，這一切都能够充分説明黨和國家的人事制度是好的很。我們還不説這樣的人事制度對於保證革命的勝利和社會主義建設曾經發揮了多麽鉅大的作用，就從革命幹部個人利益出發，不正是這樣的人事制度保證了任何一個革命幹部只要他能勤勤懇懇地爲人民服務，他的革命職務就是『終身職務』，他這個革命幹部的『飯碗』就是鉄飯碗，他不必再像舊社會那樣擔心什麽失業的危險，他可以安心地、愉快地去從事人民給予他的光榮的革命職責。共産黨和人民政府的人事制度從根本上粉碎了歷代反動統治階級用人唯親、用人唯私的現象。這樣正確的，完善的人事制度，除了别有用心的野心家和階級異己分子外，誰能够顛倒黑白去加以誣蔑呢？

其次，我們看黨和國家的幹部政策只是由黨員幹部掌握，因此弊病很多嗎？是不是黨團員一年提三級，非黨幹部三年不提一級呢？大家都知道，我們的幹部考績，幹部評級工作都是采取群衆路綫的方法通過群衆進行的，並不是只由少數黨員幹部掌握。例如一九五二年和一九五六年的幹部評級和調級工作，都是先經過部門領導同志們研究提出初步意見，交給群衆討論，最後參考群衆意見由領導最後核定。至於黨團員一年提三級，非黨幹部三年不提一級的説法，是榮祥對國家人事制度徹頭徹尾的污蔑。呼和浩特市副市長張濯清在一次發言中指出：從呼和浩特市人民委員會來説，黨團員一年提三級的事是從未有過的，相反的，據統計，呼和浩特市各機關、各部門、各單位科級以上的幹部共一百五十二人，其中共産黨員只四十七人，非黨幹部爲一百零五人，其中起義幹部佔四十六人。在一九五六年提級評薪時，不少非黨幹部均提了級，如呼和浩特市人民委員會的李竭忠副秘書長，政協呼和浩特市委員會的王慶凱副秘書長等都提了級，而呼和浩特市公安局和中級人民法院的黨員局長、副局長、院長、副院長都没有提級。這些活生生的事實是足以粉碎右派分子的讕言的。

再次，我們看一看共産黨在人事制度上是不是大公無私呢？這要看站在什麽立場去理解。我認爲黨和人民政府在選拔使用幹部上只要對革命事業有利，對人民群衆有利，就是大公無私，所以有私無私，應從人民群衆的利益出發，根據這樣的原則，無論怎樣説，黨和人民政府的人事制度都是真正大公無私的。很明顯，建國七、八年來，如果没有黨和人民政府的人事制度作保證，怎能够在短短的時間裏，無論在軍事、政治、經濟、文化各個戰綫取得現在這樣鉅大的成就呢？如果没有黨和人民政府的人事制度，怎能保證五大運動的順利進行呢？試想如果讓地主階級分子去領導土地改革運動能够取得勝利嗎？讓資産階級分子去領導三反、五反運動能够取得勝利嗎？讓反革命分子甚至政治上不可靠的人去作鎮反、肅反工作，能够取得像今天這樣基本上肅清了反革命分子的偉大勝利嗎？如果不是黨和人民政府的人事制度，又如何能保證社會主義改造事業取得決定性的勝利呢？這是問題的一方面。另一方面，黨的統戰政策、民族政策、起義幹部政策、知識分子政策，不也是黨的幹部政策，人事工作的一部分内容嗎？執行這些政策於人事工作不正是體現了黨的人事制度的真正大公無私嗎？歷史上哪一個政黨曾經有過像中國共産黨這樣宏偉的氣派？如果不是共産黨制訂並貫徹執行了這些政策，起義幹部怎麽能够當上人民代表、人民委員、副市長呢？這些選任的職務，如果不是共産黨事先和各族各界人士進行充分的協商又向人民群衆作一系列的説服解釋工作，人民群衆能選舉曾對人民有過罪惡的人當副市長嗎？榮祥今天能够當上内蒙古自治區的人民代表，内蒙古自治區人民委員會的委員和呼和浩特市的副市長不正是共産黨人事制度大公無私的體現嗎？同時，共産黨和人民政府向來在選舉人民代表或推舉政協委員時，對黨與非黨的比例、民族比例、婦女等應佔的名額，社會各界代表性人物應佔的名額均作了合理的規定。我們質問榮祥和一切誣蔑國家人事制度的右派分子，這不是大公無私是什麽？

我們僅僅列舉上面一些事實已足夠駁倒右派分子榮祥誣蔑國家人事制度的讕言了。那麼榮祥爲什麼要抹殺事實、顛倒黑白對黨進攻呢？原來榮祥推崇的懷念不已的是如何作官的制度，這確實是榮祥思想的老根子。他在七月二十七日小組會上檢討説：『我提出有職無權的説法是由於我一手遮天、作威作福的思想在作怪，這種思想深入骨髓。』七月三十日小組會上檢討説：『我反對的根子是有職無權問題。』榮祥有職有權而硬要叫喊有職無權，在任土默特旗旗長時和李文精副旗長鬧意見，任呼和浩特市副市長後又和阮慕韓市長鬧意見，本來共産黨的人事制度好得很，他偏要抹殺事實進行誣蔑，他所以這樣一貫的反黨、反人民、反社會主義是由於他不認爲參加革命應該勤勤懇懇地爲人民服務，革命幹部是人民的勤務員；相反地他參加革命七、八年了，還是幻想着繼續騎在人民頭上統治人民群衆，從而他對現在的『官位』不滿。他在八月八日小組會上承認土默特旗和歸綏縣合並而結束了旗、縣並存的局面後，把他調到呼和浩特市當副市長，他三年來對副市長的職務一直不滿意。這就明顯的告訴我們，榮祥對他誣蔑國家人事制度的讕言檢查不下去，是由於在這個問題上觸動了他反黨、反人民、反社會主義的思想根子。某些有温情主義的『好心腸』的先生們總覺得榮祥在大鳴大放時發表的一些意見，只是在措詞上疏於檢點，不見得是個右派分子。那麼，就請這些先生們看看右派分子榮祥的真面目吧！榮祥是個什麼人物呢？榮祥是個封建的、反動的、極端個人主義的政治野心家，解放幾年來他一直企圖要『和共産黨平分秋色』。榮祥如果想真誠的認罪悔過向人民低頭，我看還是下定決心，忍痛從你的政治野心上深深地挖掘一下自己反黨、反人民、反社會主義的思想根源吧！（政協小組會上的發言）

黨堅持了馬列主義原則和群衆路綫——駁榮祥的謬論

（作者陳志仁，摘自《內蒙古日報》一九五七年八月十六日第三版）

榮祥在內蒙古黨委統戰部召開的座談會上對黨極盡誣蔑之能事，説什麼共産黨有兩個本事，一是馬列主義，一是總結群衆經驗。現在共産黨的這兩個本事都没有了，代之以兩個來源：一是主觀主義，一是官僚主義；一個組成部分，即宗派主義。在内蒙古黨委宣傳會議上誣蔑黨的領導幹部説：我這個舊官僚還在學習改造，新官僚却在發展，這是新舊官僚交替了。這對黨是如何惡毒的攻擊啊！在他的形容下，共産黨已完全蜕化變質，成爲革命的對象，走入毁滅之途了。如果真是這樣，共産黨還怎能領導革命、建設社會主義呢？榮祥是想從根本問題上否定共産黨的。

我要問榮祥：你説這話，在你思想深處，究竟是真的把黨看成這樣呢？還是有意識地詆毁呢？你反對黨，究竟還是由於黨脱離了馬列主義和群衆路綫呢？還是由於黨堅持了馬列主義和群衆路綫，對於你這徹頭徹尾的資産階級右派分子不利呢？

中國共産黨具有三十多年革命鬥争經驗，最能堅持馬列主義基本原則，最善於把馬列主義與中國具體情況相結合而靈活運用的。它是在政治上非常成熟的一個黨。蘇共第二十歡代表大會之後，中共所發表的『論無産階級專政的歷史經驗』，匈牙利事件後，中共所發表的『再論無産階級專政的歷史經驗』，各兄弟國家，資本主義國家先進人士，都給予很高的評價和贊揚。這難道不是有目共睹的事實嗎？所有馬列主義的基本原則和精神，中共不是徹始徹終地堅守不渝嗎？這些原則和精神不是完全貫串到憲法中去了嗎？究竟有哪些是違背了馬列主義的原則？有哪些離開了群衆路綫了呢？往者且不論，即以中共最近所提出的『百花齊放、百家争鳴』『長期共存、互相監督』的方針來説，不正是體現了群衆路綫和統一戰綫嗎？不正是體現了經過鬥争達到統一和發展嗎？不正是爲了調動一切積極因素加强社會主義的建設嗎？不正是在馬列主義思想指導下所提出的嗎？特别是這次整風，要求黨外人士批評幫助，更表現了工人階級的政黨——共産黨大公無私，不怕批評的偉大精神。這種精神决不是歷史上任何統治階級，任何政黨所能有的。原因是工人階級在資本主義社會中受壓迫、受剥削最深，本身一無所有，而又是集體生産者，所以它能具有集體主義、國際主義的偉大精神，擔負起消滅剥削、消滅私有、消滅階級、解放全人類的歷史任務。也因此，它在取得政權後，不像歷史上其他統治階級一樣，要維持其萬世一尊的統治權，而是要在完全消滅了階級後，還要消滅自己。也因此，它才能大公無私，敢於讓人多方批評，揭露缺點。共產黨這次要求黨外人士大放大鳴，幫助整風，正是從這種精神出發的。

但是，我們必須分清界限，毛主席在『關於正確處理人民內部矛盾的問題』中，指給我們識別香花、毒草的六條標准，特別是社會主義道路和黨的領導兩條。凡有利於鞏固黨的領導的，有利於社會主義建設的，便是幫助黨整風，否則即是右派分子在興風作浪。

我們承認黨的總的領導，黨在各個階段決定的政策、方針，通通都是正確適時的，都是合乎馬列主義基本原則的。正因這樣，才能在解放後短短八年之中，在各方面取得了輝煌成就。但個別黨員在作風上，在執行政策上不免有毛病。在一些人的身上，表現了程度不同的主觀主義、官僚主義和宗派主義。此之謂『三個壞主義』，『三個壞主義』不除，會影響社會主義的建設。因此黨要整風，要根除『三個壞主義』。這當然是很必要的，我們非常擁護。

我認爲個別黨員産生了『三個壞主義』的原因，各有不同情況。除因有階級敵人或階級異己分子混入黨內，和黨內産生了蜕化變質分子等外，有的人雖程度不同地表現了『三個壞主義』，但並未離開工人階級立場，和社會主義道路。其中後一種居多。據我個人體會，他們犯主觀主義的原因，或由於看問題片面，或由於對新事物的産生、新形勢的發展，感覺不到，認識不够；或由於對客觀情況瞭解不够，以致在處理問題上生搬硬套，結果脱離了實際，形成了主觀主義作風。犯官僚主義的原因，有的是爲了急於完成任務，或機械地執行上級的指示，而表現了强迫命令；有的是被許多事務纏在身上，顧此失彼，形成了辛辛苦苦的官僚主義。犯宗派主義的原因，是由於多少年來和敵人殘酷鬥争，養成了時刻對人警惕的習慣，對目前新形勢認不清，一時影響了更好地團結周圍的群衆，這就表現了宗派主義。這種作風是不好的，但這能説這種人是脱離工人階級立場、社會主義的道路嗎？能説是不忠於革命事業嗎？所以，我認爲黨內個別黨員雖有『三個壞主義』存在，但與歷史上的任何統治階級所表現的主觀主義、官僚主義、宗派主義有本質上的不同，絶不能相提並論。不能把這類的主觀主義，看成是單純的唯心主義；不能把這類的官僚主義，比之於歷史上壓迫人、剥削人、窮奢極侈的官僚；不能把這類的宗派主義，比之於歷史上的結黨營私。

榮祥竟然説共產黨已把馬列主義和群衆路綫都丢掉了，只剩下主觀主義、官僚主義、宗派主義了，這和右派分子馬哲民説的：堅持三主義（即『三個壞主義』），熟讀四子書（扣帽子，鑽空子，擺架子，愛面子）如出一口。漢陽的『小匈牙利事件』正是在馬哲民策動下產生的，難道榮祥就作不出這事嗎？

我認爲榮祥並不是真認爲共產黨已丢掉馬列主義和群衆路綫，他所反對的，正是因爲黨堅持了馬列主義原則和走群衆路綫，使他念念不忘的封建主義不能復辟，才加以反對的。榮祥不是愛護黨，幫助黨整風，而是仇恨黨，企圖推翻黨的領導。榮祥反黨、反社會主義的言行，已昭昭在人耳目，毫無疑問的是一個徹頭徹尾的右派分子，如不認真檢查，幡然悔悟，人民是不會放過你的。（政協小組會上的發言）

榮祥的平分秋色的思想本質是什麽

（作者胡克巴特爾。摘自《内蒙古日報》一九五七年八月十六日第三版）

我要談一談榮祥爲什麽產生要和黨平分秋色的思想。平分秋色是指的什麽？目的是什麽？關於這一點榮祥在檢討中没有交代清楚，或者不願意徹底交代，這是榮祥不老實的地方。

榮祥統治土默特旗二十多年，總覺得自已對土默特旗人民有些功勞，辦了些好事，因此他自認爲在土默特旗人民當中有些『聲望』，甚至還認爲土默特旗人民離開他就活不成。他在檢討中説過這麽一句話：共產黨慣於解除人們在群衆中的聲望。這是他的顧慮之一。我們説你所説的聲望是什麽？不過是統治土默特旗人民二十多年的權威就是了。它不是人民真正願意的、愛戴的東西，不是和人民利益一致的東西，而是統治人民、壓迫人民的東西，你對土默特旗人民的所謂功勞，不過是爲了保持你的統治地位，而對人民施小惠取大利，就像地主對貧苦農民使用小恩小惠，從而奪得更多的勞動成果一樣。我説你這樣的聲望是要不得的，保持不得的。再説，共產黨從來没有解除過人們在群衆中的聲望。凡是没有危害過人民的聲望，或多或少對人民事業能起好作用的一些人們，共產黨是盡可能使用和支持他們的。比如宋慶齡、郭沫若，解放後都得過斯大林和平獎金，聲望不是更高了嗎？梅蘭芳過去是有名的，現在在共產黨的領導下，他的聲望不是更高了嗎？還有齊白石等這些人的聲望現在不是更高了嗎？真正的聲望只有在共產黨的領導下才會有的。這些人的聲望和共產黨的領導是分不開的。由此可見共產黨要的是有利於人民的聲望，領導人民解除的是反動的、不利人民的一切東西。那麼榮祥所説的秋色，不外就是指的他二十多年的統治、權威罷了。平分秋色的目的，直接了當地説就是要和黨分庭抗禮，或者是爭奪領導權，沒有別的含意。

榮祥起義以來，八年的過程中，在黨的培養、教育和支持下，政治地位和工作職位可以説相當的提高了，據我來看，黨對榮祥是百分之百的好，那麼榮祥爲什麼要和黨平分秋色，企圖奪取政權呢？這種思想不是偶然的。

榮祥的反黨的思想根源可以從兩方面來説，一方面是由於他的封建家庭的影響，和他在舊社會裏逐漸發展而養成的封建官僚唯利是圖、唯名是圖的思想根深蒂固的緣故，另一方面也和他長期接受國民黨反動統治的反蘇、反共、仇視無產階級革命運動的宣傳毒素是分不開的。因此，不但影響了榮祥的學習和進步，並且使他的惡劣的個人主義思想，始終沒有得到改造，甚至原封未動。因此，從他起義以後，仍然是對他個人有利的事情就不擇手段去追求，對他本人沒有利的事情也就千方百計的來反對，就像他檢討説的一樣，起義後有空子就鑽，向黨進攻。就好比一個舊意識很濃厚的人，對另一個人有成見，往往是看不見對方的優點，甚至想盡辦法打擊他。榮祥對黨就是如此。

再有，榮祥一貫把土默特旗的人民和土地當作了他個人的財產看待，當作他的政治資本看待，過去曾經利用過它，解放當時也利用過它，解放後還想要利用它、佔有它。因此，黨的一切政策法令對他的思想來説，總感覺處處都和他個人利益發生衝突，比如財政制度限制了他不能隨便用錢，人事制度限制了他不能隨便使用私人和處理人員，黨的統一領導分工負責制度，限制了他的獨斷專行、隨便發號施令，合作化摧毀了他的企圖復辟的私有制基礎。他感到處處不順他的眼，因而也要提出平分秋色，瘋狂的向黨進攻，到處點火。爲了達到這個目的，他就不擇手段地無孔不鑽，把個別問題當作整個問題，把局部問題擴大成全面問題，把現象問題當作本質問題。比如誣蔑黨的民族政策説是『高粱葉子燒紙哄鬼』，説評選婦女不公道；説合作化高級社不如初級社，初級社不如單幹；説人事制度不是大公無私；説黨員一年提三級，非黨幹部三年不提一級；非黨幹部有職無權；參加青年團的都是會溜尻子的；説三反運動是共産黨向起義幹部要錢；反對蒙民納農業税；反對廢除旗縣並存等等。挑撥民族關係、黨群關係，降低黨的威信，誣蔑黨的政策、黨的組織，凡是不利於黨、不利於社會主義的言論，榮祥都發出來了。因此説榮祥的反黨思想不是偶然的，而是有根源，有目的的。

榮祥這個人是無孔不鑽的、無惡不作的政治野心家。最後警告榮祥，只有你老老實實的徹底交代，才是你的唯一出路。（政協小組會上的發言）

右派分子榮祥破壞民族團結

（摘自新華社内蒙古分社編《内蒙古新聞集》，一九五七年）

【新華社呼和浩特八月二十七日電】右派分子榮祥（蒙古族）破壞民族團結和反共、反人民的陰謀活動已被揭露。經過蒙古、漢、回、滿等族人民一個多月的説理鬥争，榮祥理屈詞窮，被迫認罪。

榮祥現任呼和濃特市副市長、内蒙自治區人民委員會委員。解放以來，他一直對新社會不滿，四處散布毒言惡語。在這次整風運動開始後，他向人民進攻的重要目標之一是破壞共産黨與蒙古民族之間、蒙古民族與漢民族之間和蒙古民族内部的團結。他誣蔑説：『現在還不如清朝哩』，還顛倒黑白地説『在清朝蒙漢人民還是相安無事的，可是現在呢？却互相整得七死八活。』從前土默特旗存在着旗縣並存的不合理現象，解放後，共産黨和政府爲加强民族團結，按照當地大多數蒙漢人民的願望加以合理解决。但是榮祥却借此大肆攻擊，説什麼：『國民黨作不出來的事情，共産黨作出來了。』他煽惑劃到呼和浩特市的蒙古族人民説：『你們找到了後娘，不會有人替你們説話的。』他還在蒙古民族内部制造分裂，硬把內蒙古自治區分成東、西對立的兩個部分，說：『東部來的蒙古人有「關門主義」』。榮祥還誣蔑共産黨和我國的各項政治制度。他說：『共産黨有兩個來源——主觀主義和官僚主義；一個組成部分——宗派主義』，『舊官僚正在學習改造，新官僚却在發展，真是新舊官僚交替』，『共産黨把人整得上天無路，入地無門。』

據揭露，榮祥反共反人民是一貫的，他在解放前就被人們稱「土王」。他歷任僞蒙旗宣慰使、國民黨蒙藏委員會委員和山西省第二届參政會參政員、土默特旗總管等職務。他曾發表『蒙漢同源論』，說什麽蒙古民族是漢族的一個宗支等謬論，幫助國民黨反動派推行同化、奴役蒙古民族的政策。在人民解放戰爭期間，榮祥又發表了『告蒙古青年書』等反共文告，要蒙古族人民和青年『投明（指國民黨）棄暗（指共産黨）』。

在最近的一個月當中，蒙古族人民與榮祥在政協內蒙古自治區委員會擴大會議上，展開了面對面的說理鬥爭；各機關、各階層的蒙古族幹部和人民也紛紛在報紙上發表文章揭露和批駁榮祥的反共、反人民言行。土默特旗和呼和浩特市的蒙古族人民在自治區政協召開的反右派大會上，用他們在共産黨的領導下、親密團結的幸福生活粉碎了榮祥的讕言。並用土默特旗的變遷來說明在新舊社會裏蒙古民族的不同遭遇。他們指出：在明朝時，土默特旗可以出兵三十萬，經過清朝、國民黨的統治到解放初期土默特旗蒙古人只剩下了兩萬多人。關於以往旗縣並存的情況，許多人在發言中指出這是國民黨對蒙漢人民采取分而治之政策的結果，極端不利於蒙漢人民的解放事業和蒙古人民的發展。取消旗縣並存後，住在呼和浩特市的蒙古族人民佔全市人口的5.27%，而在呼和浩特市人民代表大會中蒙古族代表却佔代表總數16.75%。與會的人對榮祥的反共反人民的讕言逐條進行了駁斥。榮祥破壞民族關係的謊言被全部揭穿後，他才被追認罪，開始交代問題。

憶榮祥先生

〔作者楊令德。摘自《内蒙古文史資料》第三十輯楊令德回憶録〕

一

榮祥先生(一八九四至一九七八),字耀宸,蒙古族,土默特旗人。爲内蒙古自治區具有深厚根底之學者。精於詩律,擅長駢賦。曾專攻古文,爲桐城派姚姬傳再傳弟子。早年人稱『塞北文豪』,即有《瑞芝堂詩鈔》行世。晚歲自號『大青山人』,撰《大青山人序》自撰年譜。内容包括近世地方人物史實,頗爲豐富,惜未半而逝世。先生通經史,有專著。曾修方志,對實地沿革,有精審考證。是有深邃造詣的學者。

二

『九·一八』後。德穆楚克棟魯普(簡稱德王)醞釀百靈廟蒙古地方自治運動。時先生繼滿泰(子舒)任土默特旗總管,一度參與其事。不久,德王勾結日寇,背叛祖國。先生與雲繼先、朱實夫、白海風、孟純、胡鳳山、賀者壽等多人,擁護沙克都爾扎布(簡稱沙王),另組『綏境蒙政會』。先生兼任秘書長,輔弼沙王,主持會務,與德王相對抗。

『七·七事變』,先生於綏包淪陷前一日,搭最後一列火車由呼和浩特至包頭。渡黄河,入伊盟,時僅有夫人相隨,幾於隻身出走。渡河時因敵機轟炸,曾落水,頗危殆。先生有長歌紀事,末句云:『笑謂老妻今日浴,毋乃岔闊湯太凉』。矢志抗日,履險如夷,風度如此。

抗戰八年,居榆林,與鄧寶珊將軍爲友。曾過延安謁見毛主席聆教。當時先生發表之抗日詩篇,曾有傳至已淪爲孤島之上海,爲愛國報刊轉載者。頗膾炙人口,稱先生爲『蒙古詩人』、『愛國詩人』云。

抗戰勝利,先生返呼市,仍任土默特旗總管,反對國民黨反動民族政策甚力。尤反對蔣介石發動反共反人民内戰。因贊助董其武將軍參加綏遠『九·一九』起義,解放後曾發表若干歌頌新中國之詩文,的確是一位擁護中國共産黨、擁護社會主義革命和建設、擁護祖國統一的、誠摯的愛國老人。

三

三十年代初，李培基主綏時，成立了『綏遠省通志館』，郭象伋任館長，先生爲編纂主任，專事《通志稿》之編纂工作，這是內蒙古西部地區一個較完備的修志設施。在此之前，民初以來，只有趙悅禪等編輯之《綏乘》及清末即行之《土默特旗志》少數志書，內容亦甚簡略。此外亦有一、二縣志，則更粗淺。《通志稿》從採訪至編纂歷時數年，至抗戰前夕完成。其間李泰棻雖名義上擔任過總纂，亦未參加實際工作。關於史地沿革部分，披覽古籍，溯源探本，先生以潛心史册多年，力蕆其事。綏省淪陷，《通志稿》經一無耻遺老所謂『藏園老人』傅某佛頭着糞，妄加一阿諛日酋之序文即行，日寇投降時於混亂中全部遺失。解放後僅存有戰前舊稿，即現存《通志稿》。舊稿由內蒙古政協保存多年，現存內蒙古圖書館。一九五七年後，先生以內蒙古文史館館長之職，再專事修訂舊稿。『文化大革命』前，大致完成。其間陳伯達竄到包頭，曾令即出數册，亦由先生領其事。抗戰前，解放後，先生歷時二十餘年，對於編纂修訂《通志稿》，費了不少心血，成績顯著，功不可沒。

由於衆所周知之原因，一九五七年以後，先生已『銷聲匿蹟』，其它著作如《呼和浩特歷史沿革》《蒙古源流初探》，以及先生主編之《包頭市簡志》等，而引用其著作者『却不肯明言一字』。

去年，我國紅學家周汝昌教授到美國參加紅學討論會。因美國教授著《曹寅與康熙帝》一書，稱『此書之完成，曾得力於周著《紅樓新夢證》甚鉅』。周不勝感慨，發出如下議論。

『國際學術交流中，學術道德是要講的。受了人家啓發和教益，汲取了人家的勞動和智慧，都是公開發表的。……數十年來，紅學界有些人從拙著中引用了大量資料和見解，却從不名言一字，好像都是他自己的創獲——這也何必計較。但問題是他同時還要掉一兩筆，以明槍暗箭來對你進行報答，學風之澆灕。大約是和文風的敗壞密切相關吧。』榮的遭遇，不無類似處。周的這些話，榮在地下也會首肯的。

四

去冬有人參觀內蒙古圖書館後在《內蒙古日報》上發表《書林散步》一文，談到榮先生對《通志稿》

的修訂及其它一些著作，從學術方面有所評述，在報端公開嘉許。而且作者用了赫然四字，稱之曰，『榮祥同志』云云，實爲三十年來所僅見，可以説是輿論界對先生的一次平反昭雪。

幾年來我區學術界對歷史上我區蒙古族學者的成就十分重視，從近代直至現代蒙古族學者如李四光、梁漱溟諸人均有所介紹，實在是一件好事。對近在眼前的我區蒙古族漢學者榮（祥）耀宸先生，似亦宜予以應有的評價。希望先生哲嗣榮鐘麟、賡麟昆仲於分別主持伊盟中學、土默特中學校政之餘，盡可能搜集整理先生遺著。在黨的宣傳文化出版部門協助下，能使先生從『塞北文豪』至『大青山人』六七十年間的詩文論著，問世出版，想來對我區學術發揚、四化建設，也會有所貢獻吧。（一九八一年三月三十日）

《土默特沿革》前言

（作者榮賡麟，見《土默特沿革》鉛印本）

《土默特沿革》徵求意見稿即將付印，我按照土默特左旗文化部門的囑託，寫幾句前言略作介紹。

一九七八年十二月間，土左旗召開革命歷史座談會，我應邀出席會議，並遵照旗委領導之囑，作了一次關於土默特歷史沿革的發言。雖然講得很淺陋，但由於同志們的鼓勵和熱心促成，這次發言的録音被整理成一份粗略的文字記録稿（即由土左旗文化部門印行的《土默特旗歷史沿革徵求意見稿》）。在這個小册子分發到各有關方面求教的過程中，得到不少同志、前輩長者、專業和業餘歷史文物工作者的指導。根據他們的意見，又作了一次删改，把它從發言記録的形式改寫成地方民族歷史資料的形式，以便閲讀參考。

另外，先父榮祥老先生的遺稿《呼和浩特市沿革紀要》經領導同志過目，認爲有必要一並付印，這樣就可以把有關土默特的歷史資料匯集在一起，使有關的工作部門的同志查閲起來更爲方便。出於這樣一種考慮，這次重印時，就分爲兩部分排印編入一本書裏。第一部分即《呼和浩特沿革紀要》，是先父於一九五七年寫成的，完全按原稿排印，未作任何改動。第二部分即《土默特沿革》，這是在我的發言稿的基礎上，加以改寫而成的。這兩部分的内容都是屬於研究土默特歷史狀況的，但體例不同，在此有必要加以説明。第一部分是地方志，即以呼和浩特地區爲叙述對象，由古及今，按時間順序來寫。第二部分是部族史，即以土默特（在歷史上稱爲秃馬惕或秃馬敦）這一部族爲叙述對象，由古及今，按時間順序來寫。所以這兩部分既有聯係，又有區别，請讀者留意焉。

先父遺稿於一九五七年寫成後，曾由呼市人民政府及時油印二百册，分發各有關方面徵求意見。經過十年動蕩，此種油印本多已散失。一九七九年内蒙政協文史資料委員會在徵得家屬同意後，又油印了數百册，是按第一次油印稿排版，其間不免有錯謬之處。此次由土左旗文化部門交付鉛印時，作了一些力能所及的校正，但限於時間急迫，再加以繁體字較多，未能一一簡化，在印刷過程中仍難完全避免文字上的差錯，尚望讀者諸君垂察。此外，在古蹟考證方面，有些條目是先父個人研究所得，作爲科研課題提出來討論，一家之言，恐未必盡善，敬希高明賜教。

第二部分即土默特歷史沿革，則係在我的發言稿的基礎上改寫而成。在研究民族史、地方史方面，我只能説是一個愛好者，水平有限，所知甚少。我的材料來源是以下三個方面：（一）先父在世時的口述及劫後餘燼的一點文字素材；（二）先輩們比較可信的傳聞；（三）史籍中的有關記載。充其量我所寫的也只是屬於學習筆記的整理稿，没有什麽獨特的見解。這次斗膽寫出來，也是爲了起到一些保留資料的作用，不能説是什麽著作。

本書所附照片，均由内蒙古博物館劉偉同志、内蒙文物隊欒濤同志、土左旗文物專職幹部伊克堅同志三位供稿，對此深表謝意。

土默特沿革的研究，現在還處於剛剛開始，這本小册子就算是引玉之磚吧。

榮賡麟於呼和浩特　一九八一年五月一日

先父榮祥先生生平事略

（作者榮賡麟。摘自中共呼和浩特市委黨史資料徵集辦公室、呼和浩特市地方志編修辦公室編《呼和浩特史料》，第三集（一九八三年十一月）；第四集（一九八四年四月）；第五集（一九八四年十月））

一、辛亥革命前後

我家世居土默特旗美岱召村（現歸土默特右旗管轄），姓雲碩布氏。祖父名都格爾札布，生有八子二女，皆以祥字排行。先父在昆仲輩排行爲四，名榮祥，字耀宸，生於一八九四年（清光緒二十年），卒於公元一九七八年，享年八十四歲。

先父的童年時代，正當革命風雲日緊，清朝統治處於風雨飄搖的時候。著名的甲午戰爭、戊戌政變、庚子之役、簽訂辛丑條約等重大歷史事件，都發生在這一階段。這些重大事件的梗概，先父幼時都曾從先輩口中直接聽到具體生動的叙述。筆者稍具知識時，常常聽先父談及，由於先父記憶力强，故所談往事多能原原本本，有時間、地點、人名、經過、結尾，使人聽來忘倦。

我家在祖父少年時代還完全是一普通農家，生計比較困難。祖父從青年時代由農村進入城市讀書，以後入旗衙門服務，從筆帖式（最低一級的公務員）陞任參領。當先父出生時，我家已經屬於土司官員的範疇了。

先父從六歲開始入私塾啓蒙。蒙館設在原籍美岱召村故宅之小果園中。一九〇五年（清光緒三十一年），先父遷入城裏私塾讀書，旋即轉入旗立第一小學堂就讀（校址在呼市舊城小東街文昌廟東跨内）。先父在這所學校裏的學習對於他以後以文學享名於當代是有很大的關係。原因就在於先父在這一時期得到了他童年時代受益頗深的兩位老師——應炳華先生和吴天章先生的教誨。據先父談，應炳華先生原籍浙江鄞縣，學識淵博，古典散文、駢體、詩、詞、歌、賦皆所擅長，講課又能深入淺出，因材施教。但是應先生却並不會講『官話』（即現在的普通話），滿口浙江方言，同學們大多聽不明白。先父由於深喜音韵，對方言讀音頗能辨析，故每當應先生講課時，先父常常代爲復述，同學皆以『翻譯』目之。應先生亦以先父爲高足贊許之，常作個別指導，精心傳授，使先父得益匪淺。吴天章先生原籍山西代縣，是晚清拔貢，當時已年過七旬，爲知名的宿儒。吴先生擅長制藝及五、七言近體詩，這位先生對先父的早年啓蒙教育亦頗爲盡力。

基於上述原因，先父在他考入中學堂以前，就在同輩中以詩文見長。一九一〇年（清宣統二年），先父十七歲時，考入歸綏中學堂預備班，學堂是由原古豐書院改設，校址在舊城慶凱橋西，札達海河北岸，也就是現在的呼市第八中學。歸綏中學堂由舊書院改建，正反映了晚清光緒年間的『維新』潮流。當時，全國正掀起一股廢科舉改學堂的高潮，各地皆争先以設學堂爲推行『新政』的一項標志。當先父考入該校時，學堂已初具規模。堂長爲福建名孝廉林朝元；國文教員王國禎，本地名秀才；經學教員冷皓汝；歷史教員張桂丹（以上二位均係湖北人）；博物教員安某（先父已忘其名）；學監張應徵，山西孝義人。當時的學務督辦是由歸綏兵備道道臺胡孚宸兼任。胡爲湖北孝感人，是晚清的名舉人，頗有學識，但由於時代的局限，思想傾向於保守。先父還曾記得當時學堂内掛有胡道臺自撰自寫的一副楹聯，文曰：『重譯共軌文，異學分歧，願多士勿忘國粹』；『十室有忠信，及時淬礪，雖邊地豈乏人材』。從這副對聯的含義亦可看出這位老先生的主張。先父入學后不久，胡道臺即病故，學堂全體師生皆頭戴摘纓春帽往道臺衙門致悼。繼任者爲鮑振鏞，然爲時不久即調往他處。繼鮑者爲滿人咸麟，這位滿族道臺就是被革命黨人徐錫麟刺殺之安徽巡撫恩銘的兒子。

一九一一年（清宣統三年，亦即辛亥革命發生之年），先父十八歲，考入歸綏中學堂的正班。當時學堂的建制是分甲、乙兩班，共有學生約五十名。按照當時鼓勵辦新制學堂的方針，對入學堂學習的青年學子均給予膏火津貼。甲班學生每人每月發給白銀三兩，乙班學生遞減爲二兩五錢。中學堂學生的這種待遇在當時來説是相當優厚的，不僅可供自身的開銷，如果節儉一些，甚至可以勻出來一點接濟家屬。因爲當時的中學生大多已成家，有子女者亦比比皆是。由於這種原因，故考入中學堂者往往不願按期卒業，寧可當七八年之老學生。倘使離開學堂另謀職業，若無特殊人緣關係，亦不過設帳授徒以教書爲業，而其束脩所入未必優於中學堂津貼標准。所以，當先父考入歸綏中學堂的正式班時，甲、乙兩班原有之老學生才倉促畢業離校，依次排列，先父所入之班即命名爲丙班。丙班學生共八十餘名，若以人數計，遠遠超過前甲、乙兩班的總數。此時的堂長爲吴福麟，原籍盛京，爲晚清名拔貢。他是受歸綏兵備道道臺兼學務督辦咸麟的禮聘而就任此職的。學監爲周錫，浙江人，以前曾任過本學堂教員，並奉派往日本爲學生購置過理化儀器。教師陣容頗爲整齊，如國文教師爲常向旭，歷史、經學教師傅佐，英文教師鄧書山，博物教師張璞。以上這些執教諸君，都是當時的中、青年知識分子，其中思想開明者不乏其人，故當時學堂的學習空氣是比較活躍的。是年春季，丙班正式上課，先父被推選爲班長。

就在這一年的秋季，八月下旬，湖北武昌城爆發了震驚中外的革命起義，革命宗旨是推翻帝制，建設共和。消息傳到學堂中，廣大師生心情振奮，除少數守舊者表示異議外，多數中、青年師生認爲革命之爆發乃歷史潮流發展之結果。當時歸綏的政局比較混亂，清廷在此設置的三大憲（即綏遠城將軍、歸化城副都統、歸綏兵備道道臺），均惶惶不可終日。據先父在世時爲筆者口述當時的概況，現就回憶所及尚可緬述一二：當時的綏遠城將軍爲滿人堃岫，這是清朝派任的最後一任將軍。此人雖任軍政要職，但對軍事武備非其所長，終日多與幕僚談詩論賦，自命風雅。歸化城副都統麟壽和歸綏兵備道咸麟更遜一籌。當辛亥革命炮聲傳來，這位道臺驚恐萬端，一籌莫展，急急忙忙改裝易服，脱去頂帽朝衣，換上一件灰土布大褂，小帽便鞋，腰紮藍布腰帶，活像一個推車挑擔的小販。終日在道臺衙門的花園裏亂轉，不是徒唤奈何，就是祈求上蒼。這種情况都是通過道臺衙門裏的佐雜吏屬傳出來的，故而是可信的。

當時的歸化城副都統麟壽，歸綏兵備道咸麟，加上將軍堃岫均係滿族。這三位地方軍政首腦自然是懼怕革命，驚恐之餘，頓生疑慮，懷疑到歸綏中學堂的教師學生當中，一定有同情革命的人士。爲了阻擋革命潮流的進一步高漲，遂下令學堂立即停課，提前放假，學生一律離校回家。

到了當年九月間，各省響應武昌起義的消息陸續傳來，歸綏政局更加動蕩。延至冬季，山西都督閻錫山（閻原爲山西清軍的管帶，辛亥革命爆發，自稱都督，宣布擁護革命而與清廷對抗）在娘子關戰役中被清軍張錫鑾部擊潰。閻率敗軍欲奪取太原，又因太原城爲鉅紳梁善濟所控制，不得入城。在腹背受敵的不利情況下，閻部決定只有從晋西北出塞以暫避鋒芒。他的行軍路綫是經過伊克昭盟直取包頭，繼續東進攻佔薩拉齊廳。閻軍在薩拉齊略作休整，並打開監獄，釋放囚犯，編爲『敢死隊』，意欲東進攻取歸綏。警報傳來，更增加了緊張氣氛。特別是官僚階層，簡直可以説是亂作一團。當時道臺衙門有一幕僚名俞翰青，此人獨出心裁，倡議籌設治安維持會，揚言旨在保境安民。至於真正的目的則是想趁機發財，所以提出要佔用學堂的教育基金白銀五萬兩，以爲維持會的經費。此事由俞主謀並具文申報綏遠城將軍，一俟批准即行實施。本來此事原歸道臺衙門管轄，而當時的道臺、副都統均已聞風喪膽，事實上已不能料理政事，副都統麟壽原來就患輕微的精神病，時人多以麟瘋子呼之，像如此的地方官吏自然也就形成半癱瘓的狀態。將軍堃岫身爲地方最高長官，無可逃避，只好硬着頭皮强爲支撑，故一切公務均直接呈送將軍衙門辦理。

當俞翰青的所作所爲被學堂師生獲悉後，群情激憤，凡留在城裏的師生（因學堂提前放假，故外鄉學生均返原籍）一致表示反對。學堂監督吴福麟乃急召先父與簡師班班長姚玉樞到家，共商對策。吴、姚二人皆主張須在不直接觸犯俞翰青權勢的前提下想辦法。蓋因當時道臺衙門的相當一部份權利，已爲俞所攫取。先父力主不可出此下策，以爲這種考慮實已置自己一方於被動地位，如何能够取得勝利？欲使俞的詭計破産，只有揭破其假面具，聲討其破壞教育事業之罪，此爲名正言順之上策。吴監督乃徵詢先父以何辦法可阻俞翰青之謀。先父謂俞既已具文呈報將軍衙門，何不以學堂師生名義寫一駁斥俞翰青的呈文，也直接送往將軍衙門，給予針鋒相對的反擊，從時效上看也頗爲及時，不致拖延。吴監督及姚玉樞終於欣然接受先父意見，並一致同意由先父起草文稿。文稿寫成後，交吴監督審閲。吴讀完文稿，極爲贊許，認爲説理透徹，義正詞嚴，即使老夫自己動手來寫，也未必能寫出如此文章。據先父一篇回憶辛亥革命的文章中所叙述的梗概，這篇呈文的主要内容是：教育是國家經久之事業，不因政局變動而定存廢。將來我國無論在國體政體方面有何改革，但教育決不會中斷，學堂也不能停辦，這是完全可以斷言的。今俞某等人倡議欲將地方多年籌集之教育基金充作治安維持會經費，不需多時必然被該會提取一空。迨時局穩定，各地學堂均可望恢復正常，唯獨歸綏一地由於經費無著落而不能開學，若追究責任，恐將軍亦不能辭其咎。況且此項基金乃農民地畝附加，集腋成裘，得來不易。若不以此款培養當地民衆子弟，而用之於豢養官紳，於理恐難服衆。再者，所謂治安會雖糾集多人，亦無非徒恣空談，就其自身而言，不過是泥菩薩過河，何能作到保境安民？況此輩之中，既無白起、韓信一流帥才，可當衝鋒陷陣之任，又無蘇秦、張儀之輩辯材，可任游説交涉之責。究其本意，不過借題發揮，多金到手，聊備瓜分。如果歸綏不爲閻軍攻破，則可大吹大擂，自詡有功。設若地方不保，此輩則早已腰纏萬貫，一去不返矣。深盼將軍不可受此輩蠱惑而代彼受過。

這份呈文由先父及同學姚玉樞君親自送往新城將軍衙門。時隔不久，吴福麟監督就告訴先父結果：『老將軍（指堃岫）已答應我們的要求，不准他們挪用學堂基金了。』旋即發來將軍批文，大意是：治安維持會可設，但不許動用學堂基金。這樣一來，實際上等於宣告治安維持之説成爲泡影。而學堂則賴以不廢，到次年（即民國元年）學堂正式改爲歸綏第一中學，繼續開學。

就在這一年的冬季，孫中山先生派童堯山由上海來歸綏組建國民黨。當時的歸綏第一中學校學監爲王定圻。王字屏章，原籍包頭縣，爲山西太原優級師範學校畢業。他來就任學監時，年齡剛剛三十歲，是一個頗有才華的青年知識分子。那時先父所在的丙班已改爲第一中學第一班，是當時在校學生中資格最老的一班。由於先父又是第一班的班長，故而與教師接觸更多一些。王定圻先生特别贊許先父的文章，因此在他們師生之間交誼很深，當中山先生派童堯山來綏時，王定圻先生即首先與之接觸，並共同籌辦建立中國國民黨歸綏支部。成立大會是在北茶坊關帝廟東院舉行的，到會的人有王定圻及先父等二十餘人。公推王定圻爲支部主任，劉兆瑞、李正樂、郭景林、亢錦榮及先父分任各股股長。是即先父參加中國國民黨之始，唯因事屬新創，故未履行頒發黨證等手續。且成立之後，童即返滬，王亦當選爲衆議院議員赴北京出席會議，而其他成員亦多分散，故事實上未曾開展黨務活動而即告涣散。

一九一三年(民國二年),先父二十歲時,發生了一件事,這可以説是先父青年時代的一個轉折點。爲了説清楚這件事的梗概,還必須作一些必要的追述。

當辛亥革命爆發之時,隨着地方政局的變化,教育方面自然也有相應的變遷。如前所述,山西都督閻錫山率部欲攻佔歸綏,結果被歸綏的地方部隊在古力板河岸一仗擊潰,閻軍撤軍改道。次年(一九一二年,民國元年),在上海舉行南北議和,清帝溥儀宣告遜位,承認共和,建立民國。歸綏的三大憲(將軍、副都統、道臺)亦相繼去職。北洋陸軍第二十鎮統制(如現代的師長)張紹曾被北京政府任命爲綏遠將軍,陸軍統領(如現代旅長)賈賓卿被任命爲歸化城副都統,由山西民政長(相當於清代的布政使即藩臺)任命潘禮彥爲歸綏觀察使(即清代的道臺)。

張紹曾於十月間來綏就任將軍,下車伊始即聯絡地方各界知名人士倡議成立綏遠省。然而此舉深爲山西都督閻錫山所惡,力持反對態度,終於未能實現。此舉亦可看作他日綏遠改爲行省之先聲。閻之反對綏遠建省,事涉山西與歸綏之歷史上的雙重隸屬關係,本文不擬多談。

潘禮彥任歸綏觀察使後,即令教育科長龔秉鈞赴太原爲歸綏第一中學聘請新校長。旋經龔秉鈞禮聘史實如來校就任校長,與史同來的有教員二人,一爲李笑天,一爲董偉然,皆任國文課。李、董二人自以爲邊疆地方文化落後,而自己又是史校長所薦,頗有目空一切的派頭。但在教學過程中却完全露出馬脚,多次被學生駁問而無言答對。其中有第一班學生名郭勛者,因每多窘迫董、李,而校長史實如爲了個人的臉面,非但不能主持公道,竟然以『不守校規』爲由,將郭勛開除出校。此事一發生,即在全校引起軒然大波,群情激憤,對史、董、李三人實行鳴鼓而攻,以致形成嚴重對立。潘禮彥、龔秉鈞自然不能坐視,乃一面安撫史等三人,令其暫住旅店以待,一面貼出長達三千餘字的通榜,驅逐支持郭勛的學生。在其中列名者有先父及楊映林、張雲漢。先父及楊、張二同學被驅離校之次日,史、李、董三人亦由武裝警察護送返校。此事發生於當年秋季,由此先父即與母校告别。

先父告别母校後,即馳函北京王定圻先生,商量欲往太原考大學事宜。王復信以爲與其往太原,不若來北京。蓋北京爲首善之區，全國人才匯聚，對於開闊視野，增進新知，頗多益處。先父接信後，與祖父計議，家中諸人均以赴京爲宜，先父乃決定東行。

與先父同行者，即楊映林、張雲漢二君。其時，京包一綫火車方通至陽高，故需乘騾車先往陽高，然後換乘火車，方可抵京。啓程之日，歸綏第一中學全校學生二百餘人均罷課往送。送行諸君從我家故宅一直送到石羊橋畔，始殷勤致意而別。

至此，先父之中學階段即告結束。

二、負笈京師

公元一九一三年，亦即民國二年，深秋季節先父與同學楊映林、張雲漢二君同乘二套騾轎車起程。蓋因當時京包鐵路只通到山西陽高，一般旅客均需先乘轎車到陽高，然後換乘火車赴北京。到達北京後，因錯過招生日期，只能暫住以待來年。當時赴京求學青年爲了經濟上之原因，多在本籍會館寄宿。歸綏在清代原爲山西省屬下一道，山西共轄四道：雁門道、濟寧道、河東道及歸綏兵備道。故綏籍學子均可住入山西會館，館址在京師宣武門外上斜街三忠祠內。據先父講，三忠祠是明代末期所建，紀念遼東抗清殉國之三位忠臣。這三位忠臣都是山西籍貫，他們的名字是張銓、高邦佐、何廷魁。基於這種原因，山西省在京設置會館時就選用這所祠堂作爲館址。先父曾對這所祠堂作過詳細描述，故筆者尚留有印象。解放後，筆者赴京出差，曾往宣武門外訪尋，但時隔久遠，已不可辨識矣。

在北京等待投考階段，先父除與幾位故交往還之外，又結識了幾位新友。在與這些舊友新交的接觸當中，自然是以研討學問互相切磋爲主要內容。在許多相識的師友當中，有幾位應當特別提到。一位是與先父以後共事多年的牛君實璋，字贊岑，河南人。筆者幼時尚親見此翁，居常以牛老伯稱呼，蓋因牛君比先父年長十餘歲。先父在北京求學時，就當時經濟狀況而言，尚可稱爲小康，但欲購置大量書籍供研討之用，頗有力不從心之慮。彼時先父常往琉璃廠一帶瀏覽典籍，牛君時正於該區開設『浣花書局』，由此得以相識。牛君以先父青年好學，深表欽佩，乃謂先父今後不必過多破費用於購書，若有所需書籍，不妨借回閱讀，用畢歸還即可。先父得此贊助，遂能博覽深求。先父從幼年啓蒙至青年時代，在治學方面專攻古文、詩、詞及史學等科，歷來不喜八股制藝。牛君因與先父交往甚熟，亦深知所好，遂提議爲先父介紹一位擅長古文之前輩加以指導，俾可作他山之石。先父對此表示歡迎，遂經牛君引見，得與王蔭南先生訂半師半友之交。王先生原籍河北故城縣，清代保定『蓮池書院』之高才生，師承張裕釗、吴汝綸兩大家。當時受聘於國務卿徐世昌，作家塾教師。此後，先父每周往浣花書局聽王先生講古文一次。王先生爲人謙和，待人誠懇，在學識方面不僅善論古文，而且長於書法，早年我家尚藏有王先生書贈先父之立軸，後幾經戰亂已不知去向。在王先生悉心指導下，先父得益匪淺。王先生亦以先父才思敏捷，詩文清雋，深爲贊許。故謂先父只可以半師半友相待，不必拘泥於俗套，因而往往於談論學問之暇，同至小酒館沽飲。王先生與先父之交，前後約有一年，後因返回原籍始告分袂。

一九一四年春，先父考入中央政法專門學校法律本科。同學楊君映林考入鐵路警察學校，張君雲漢與先父同校而異班。繼先父赴京求學後不久，先叔父桂祥君亦來京入國立蒙藏學校。先父於攻讀之暇，經常撰寫詩文在多種報刊上發表，筆名塞翁，緣此而得與文壇諸名人廣爲結識。在諸名家詩人未曾與先父相識之前，僅由報刊上獲知塞翁筆名，以爲必定是一邊疆宿儒，及至相識之後，多在驚訝之餘轉而大笑，當時先父方值冠年。在交往較熟者中，有青、中年知識分子，亦有老名士，如與先父訂忘年之交，結爲金蘭之好的王翁片石，就是年已花甲之老名士。王翁擅長散文、駢體文、詩、賦，且以楷書爲佳。因與先父談詩論文極爲融洽，乃致意欲行換帖之禮。先父屢以晚輩自居，謙辭再三，未獲應允，遂互換蘭譜結爲知交。筆者曾記得家大姊早年談及此事，據她回憶説，在二十年代，先祖父來到北京，王翁片石具子姪禮往謁，按當時禮節。行跪拜禮。王翁鬚髮皆白，老態龍鍾，較之先祖父頗顯過之，故先祖父甚感不安，立即親手攙扶遜謝，不敢當此大禮。由此亦可見當時文壇風氣之一斑也。

一九一五年秋，土默特旗閑散勳爵輔國公色一峰來北京履行公務。按此項公務乃沿襲清代舊例，各蒙旗地方有爵位者，每年均向朝廷進貢並謁見一次。當時雖已進入民國時代，但此例仍沿襲未改，只不過以大總統取代皇帝而已。既然名爲進貢，故除備有貢品之外，尚需具文申請晋謁，而色一峰本人不善文墨，欲在京中同鄉中覓最爲合適之代筆人。先父受色之委托，遂撰一文稿交其呈遞，此文當即爲報館記者抄録，並於次日報端披露。其時，原任清朝歸化城副都統之文哲琿先生方閑居京師，亦常至牛君之浣花書局。因文先生於辛亥革命前在墾務大參案中，與綏遠城將軍貽穀一併連帶去職，其後遂留居北京。進入民國時代，閑居當中輯成一書，題名善惡驗證集，正委托浣花書局代爲印刷，故常來校稿。在色一峰之申請公文在報上刊出後，偶爲文哲琿先生發現，遂問牛君此文作者爲誰？蓋文先生久居土默特，深知色一峰不善文墨，故而詰問。牛君答謂此文作者與余頗熟，且亦翁之同鄉，名榮祥字耀宸，土默特之青年在京學法律者。文先生聽後更爲驚訝，當即委託牛君約先父一見。文先生之驚訝乃由於以前即有記憶之故，雖已時隔清、民兩代，尚可追思舊事。

此事尚須追溯到一九〇七年，清光緒三十三年。其時先父方在土默特旗第一小學堂就讀，該學堂即前文所述之歸化城小東街文昌廟東跨院内之小學。學堂聘請之國文教員爲李景沆先生，所授課程新、舊兼備，故除教科書外，尚開設經、史、詩、詞、文選等課。一日文哲琿副都統偕同土默特參領四員來校視察，先祖父時任參領兼土旗學務監督，亦爲四位同來參領之一。視察諸人於寒喧套話之後，進入課堂巡視，忽於先父座位旁窗紙上發現水彩畫一幅。文都統趨前仔細觀看，並問李景沆先生，此幅圖畫是誰所作？李先生因倉促之間都統詢問，頗感局促不安。當即指先父答覆都統説，此生名榮祥，妄自塗抹，可見頑皮，是晚生教誨無方所致。文都統聽李先生所答，反而笑問先父，此畫有題目否？先父答復説有題目。都統又問是何題目？先父説此畫題目是羲之愛鵝圖。都統進而又問羲之是何人？何朝何代？答説姓王，晋朝人。都統聽後頗感驚異，乃撫先父背以甚和藹之口氣説，你何以知道這個故事？先父説是往日聽我阿爸講寫經换鵝的典故時記得之。同來之參領遂爲都統介紹説，此生即都參領之四公子（先祖父名都格爾札布）。都統乃謂先祖父説，令公子年幼聰穎，將來必成大器，並轉而又令先父背誦詩經數章，均獲好評。都統乃對李先生説，學生榮祥口齒伶俐，答應敏捷，且有多種才藝，是可造之材，不可目爲頑皮。李先生得此考語，面紅耳赤，頗爲尷尬。都統又對司事員德音泰吩咐説，奬給榮祥一百錢以爲鼓勵。並瀏覽了全班學生的成績册，發現先父爲全班第一名，乃對各位同來之參領説，論功而行奬，諸公以爲今日之奬公允否？衆皆以爲奬勵甚公，都統乃大笑，告辭師長，登車而去。此事雖小，然就當時當地而言，却爲鄰里親友所傳而家喻户曉矣，故先父嘗以文哲琿先生爲童年時代之知己。

由於上述之往事，故而文哲琿先生於若干年後，因在北京偶然問得先父行踪而深感欣慰。牛君受文先生之託，遂約先父與文先生會面於浣花書局。相見之後，文先生頻頻贊許説，光陰荏苒，老夫前於小學堂時即以生爲可造之材，今日觀生手筆，果然精進不已。文先生雖係前清遺老，歷任封疆官吏，然於奬掖後進頗稱熱心。故建議先父致力於文言散文，因代色一峰所寫之申請文，循當時習慣，均以四六駢體體裁行文。文先生以爲此申請文典雅宏麗，可稱佳作，然駢體文終限於對仗聲韵，不宜暢達宏旨，就用途而言，似略嫌狹窄，不若散文之能發揮盡致。文先生説，昨日聽牛君談及生嘗從王蔭南先生習古文，吾以爲得此良師深可喜也。然王先生現已返里，吾欲爲生另尋一古文名家，未知同意否？先父當即拜託文先生代爲尋師。此後，經文哲琿先生轉託其婿關松秀介紹，先父又正式拜姚叔節先生爲師，從而學習古文。姚先生名永概，字叔節，原籍桐城，是清初古文大家桐城派鼻祖姚鼐的裔孫。姚先生以師承有源，造詣頗深，素不輕易接納學生。緣文先生之婿關松秀與姚先生同在一校任教，始得應允。姚先生除爲先父講授古文外，又與先父約定按時自選題目作文，由姚先生審閲批改。經此名師指點，先父在古文方面造詣日深，无先生之力，不易達此境界也。然其間輾轉緣由，追溯根源，尚應歸功於牛君實璋。

另一位應當提及之故交是王君定圻，字屏章，包頭人。與先父之交誼甚厚，亦可稱半師半友。一九一二年，王君即以太原優級師範之高才生返綏就任歸綏中學學監，彼時先父方在該校第一班就讀。王君初到校時，年方而立，聰悟好學，讀先父文章，深表贊許。其時，歸綏地方雖居邊塞，然受時代新思潮之影響，風氣日新，文化事業方興未艾。王君以歸綏乃鄉邦之地，故對發展文化教育頗爲盡力。在辦學同時，又兼任《歸綏日報》社社長。該報在王君悉心經營下，頗受廣大讀者歡迎。故王君約先父爲該報撰稿，先父亦樂於接受。據先父回憶，當時該報内容甚爲豐富，文章、詩詞、雜著、小説可謂應有盡有。先父除常寫一些即興詩文外，曾在相當一段時間内，發表過連載小説《天國革命記》，以孫中山先生領導之辛亥革命爲素材，加以巧妙編排，寫成孫悟空在天國發動革命，推翻玉皇大帝統治之神話故事。這是由於故事中涉及到不少人物，當時還多數活動在政治舞臺上，爲了行文的方便，就以孫行者來影射中山先生。不意此小説一經發表，立即受到讀者歡迎，尤以中、青年知識分子反應熱烈。但却受到一部分前清遺老激烈反對，此輩不便明説，乃婉轉致意先祖父，諷以令公子所寫小説雖甚精采，但以玉皇大帝爲革命對象，恐非獲福之兆。先祖父乃勸先父中止撰寫，以免開罪於前輩。此小説中斷發稿後，報社曾收到不少讀者來信，熱切希望敦促作者繼續寫作。此事雖半途而廢，却在當時發生過一定影響，且係先父生平唯一以小説爲體裁之著作。

以上之追叙蓋爲述明王君與先父友誼之源淵。一九一二年後半年，王君以國民黨歸綏支部主任身份參加競選，被推爲衆議院議員，同年赴北京出席會議，遂留居北京。及至一九一三年先父負笈北京，寄宿於三忠祠山西會館，恰又與王君相遇，且同處一館，異地遇故人，其樂可知矣。

一九一三年冬，袁世凱就任大總統，上臺之後立即宣布解散國會。王君被警察没收議員證件，驅逐出京。王君臨行時，將其在會館之應用什物委託先父代管，遂離京返綏。王君返綏後，繼任歸綏中學校長，並將《歸綏日報》改組爲《一報》，仍自兼社長，並函約先父爲該報撰稿。一九一五年，綏地匪患頻仍，有盧占魁者聚衆四千人，攻城掠地，腐敗官兵竟莫奈其何。都統潘榘楹、道尹張志潭爲推卸責任計，乃誣王君以煽動匪人，蹂躪地方之罪，予以殺害，時王君年三十九歲。先父於北京聞之，曾以長詩代哭，遥致哀悼之意。

一九一六年，北洋政府撤綏遠都統潘榘楹職，任命蔣雁行繼任。蔣接任時，受命收編盧占魁匪衆，且由北京領得收編費二十萬元。而蔣之貪暴較之前任都統潘某，實爲有過之而無不及。二十萬元之大部分均入其私囊，僅以區區之數應付差事。故名義上雖將匪衆收編爲官兵，其實反而爲匪軍披上合法外衣，打起官家旗號，行其草寇故伎，人民依舊受害。綏地父老深感憤怒，乃推派段履莊、卜兆瑞爲代表，赴京控告都統蔣雁行。在這件事上，先父曾出於鄉土之情，幫助段、卜二君奔波達數月之久。其後，蔣某被調離任，訟事遂告結束。

其時，總統黎元洪與總理段祺瑞方有府院之争，政局動蕩。此事先父曾爲筆者叙述經過，故可追憶一二。所謂府院之争，即係黎之總統府與段之國務院爲争奪權力而發生摩擦。黎欲以總統制爲據，實行大權獨攬。而段則强調責任内閣，欲以國務院號令全國。在矛盾激化時，定武軍軍統張勳（即當時稱爲辮帥的張勳）突然率其辮子兵五千由徐州入京，揚言欲爲調人，平息府院之争。張入京之後即通電全國，以共和不合中國國情，倡言恢復清朝帝制，此即所謂張勳復辟之役。據先父回憶，當時之北京突於一夜之間即大改舊觀。滿街遍插龍旗，估衣行之頂帽朝衣驟然變爲熱門貨，而清遜帝溥儀亦重新黄袍加身登上皇帝寶座。此幕歷史醜劇演出之時，先父正旅居北京，故得以耳聞目睹。此後不久，段祺瑞於馬場誓師，率軍攻入北京，辮子兵大敗，張勳逃入荷蘭使館，復辟政變遂成爲泡影。

先父在北京求學期間，除於校内外專心治學外，暇時即以參與詩社活動爲常。詩社成員可謂濟濟多士，南北東西，匯集於首善之區。其中頗不乏知名人物，如張秋柳、景梅九、張石麟、樊雲門、易碩甫皆爲清末民初馳名於學海詩壇者。故先父早年所作詩詞輯入《瑞芝堂詩鈔》者，有相當一部分即爲此一時期之作。

此外，先父於治學之暇，頗喜觀劇。其時北京以京劇爲主，其它地方劇種亦甚繁多，如河北梆子、秦腔、昆曲等，均擁有名演員多人。故筆者年幼時，常聽先父話及當時學術界動態，政局之變遷，亦略爲涉及文藝戲劇方面的情况。如京劇名演員譚鑫培、余叔巖、金秀山、黄潤甫、陳德霖等前輩，以及當時尚屬後起之秀的梅、尚、程、荀等，均常在京師各大劇場演出。在觀劇過程中，又結識不少新聞界、文化界人士。故而此一時期可謂先父青年時代交游極廣的階段。

一九一七年冬，先父畢業於中央政法專門學校法律本科，並於次年春返回歸綏。在北京求學歷四年，筆者可爲記述者如此。

三、初入仕途

一九一八年春，先父返綏省親，暇時則常往母校歸綏中學與故舊歡聚。此時任歸綏道尹者爲福建周登皞先生，先生字熙民，是一擅長詩文之老名士。從政之餘，邀集地方文人，組織『吟邊詩社』，經常於報上賦詩唱和。先父初返鄉里，讀書訪友之外，頗爲閑適。一日忽於報上看到該詩社登出題目，徵約詩稿。共爲三題，懷古咏今兼收並蓄，且限於一定體例，要求嚴格。第一題：『過蘇武祠』，七律一首，限二蕭韵；第二題：『吊明妃墓』，七律一首，限三肴韵；第三題：『九邊第一泉歌』，限用柏梁臺體。其中第三題是歌行體，柏梁臺體是每一句均需押韵。此題刊出後，應徵者廖廖無幾。先父揣其意有輕視邊地人士成份，乃欣然命筆，所作三詩見於當時報端，在應徵諸作中名列第一。此雖屬文筆酬唱之常，然先父青年時代，馳騁文壇不甘人後之個性亦可於中表出。數日後，周道尹派塔林山科長持詩社獎品全份來訪兼表祝賀之忱。獎品甚爲精雅，包括湖筆、徽墨、錦箋及《張江陵全集》一部。塔科長致意先父謂周道尹深表欽佩，以榮君蒙族青年而精吟咏，宏筆麗藻，綴玉聯珠，真可視爲馬祖常、薩都剌一輩人。先父遜謝並託轉達對熙民先生之敬意。此後，先父遂成爲吟邊詩社之主要成員，所作無論古歌行或近體詩均未留有手稿，只有少量收入《瑞芝堂詩鈔》得以保存。

當年綏遠被列爲山西省議會第二屆會議之第十選區，以道尹爲選舉監督，籌辦選舉省議員事宜。其時綏遠雖在行政區劃上是三特別行政區（即熱河、察哈爾、綏遠）之一，但省級議會仍與山西合一。初選階段，當地有老秀才數名，不甘寂寞，糾集多人，欲壟斷選務，與青年一輩爭奪頗烈。時先父之老同學趙君國鼎方在教育界任職，與先父交誼最深，乃極力主張由先父出而競選。在趙君熱心贊助下，先父得到初選勝利，被提名爲正式候選人。七月間，於道尹公署舉行正式選舉，先父當選爲山西省議會第二屆議員。是爲先父由學生而入仕途之始。

在任議員期間，因屢往太原出席例會，故與當地人士頗有來往，尤以詩文見長者爲多。其時，山西督軍閻錫山正以模範省自詡，設洗心社講説新政。在議會期間，先父曾被邀請至該社講學，得與各界知名人士接觸。與先父同屆之綏籍議員共有六人，計有李正樂、趙之讓、任和卿、閻肅、韓儉與先父。

在先父任議員時，吾鄉曾發生控告都統蔡成勳一事。因先父直接參與其事，且筆者亦曾親聞先父談及此事經過，故援筆記之，以供關心當地舊聞軼事者參考。

前文述及蔣雁行被控調離綏遠，北洋政府乃另提陞討伐張勳有功之第一師師長蔡成勳爲綏遠都統。蔡到任後，逞其軍閥之劣根性，搜刮民脂，大發横財。按當時法令，名義上種植鴉片爲非法之舉，而蔡則私自接受伊盟准格爾旗東協理，號稱當地一霸的那森達賴之賄賂，准其種煙以廣財源。此禁一開，各地紛紛效尤，結果出現山前山後煙苗遍地的局面。蔡成勳則以違法爲名，增設機構，多派人員，專司收繳罰款。此事即當地人所共知之所謂『煙畝罰款』。蔡某以有此來源，其貪殘程度更與日俱增。一九二〇年夏，先父由太原參加臨時會議歸來，目睹此情此景，深感憤慨，乃約同綏籍議員李、趙、閻、韓、任五位，聯袂晋京向國務院提出控訴。任國務總理者爲北洋老牌軍閥靳雲鵬，看到指控蔡成勳所列罪狀有：破壞禁令違法種煙，横徵暴斂毒害人民。遂採取軍閥官僚慣用伎倆，一面佯作派員查究之姿態，另一面却暗通消息與蔡成勳，囑其私下和解。因蔡與靳均係北洋軍閥，若蔡被控倒臺，勢必對軍閥當權體制發生不利影響，再者上下均爲一丘之貉，兔死狐悲，故必然要曲爲迴護。蔡成勳原本以文人告狀，無足輕重，况恃北京朝中有人，持不屑一顧的驕横姿態。及至上峰授意其最好私下了結，不宜促使矛盾尖鋭，始不得不託人疏通。經過曲折人事關係，託出先父老友張敬亭先生爲其進言。張先生是綏籍衆議院議員，與先父有通家之好，素善於詞令，先父常戲尊爲當代之蘇秦、張儀。張先生時正在北京，故得以隨時懇談。在勸駕懇談當中，張君表示蔡成勳願納交與六位議員，並欲饋贈每位議員三千元以求息事。先父笑謂張君，軍閥之伎倆不過軟硬兼施，今爲形勢所迫，不得不采取花錢消禍一法。然我等六人之揭控蔡某乃出於爲地方除害，豈能接收其賄賂而出賣人格乎？君可抽身坐觀我等與蔡一决勝負。六位議員經過商議，一致同意窮追不捨，故每隔數日即向國務院遞一催辦呈文，申明此案若不迅予處理，控訴人將在省議會提出彈劾案，並向全國發出通電，呼籲全國聲援。國務院在催迫日緊的情況下，無奈又派人密諭蔡成勳從速設法，否則將釀成不可收拾之局面。蔡成勳此時方感事態嚴重，召其心腹共同計議對策。其手下某人對地方人事情況甚悉，獻計於蔡，建議請出道尹周熙民先生充當説客。蓋因周道尹爲人謙和，又爲老文士出身，與地方知識界相處較深，尤以與先父交誼甚厚。蔡某一伙認爲六議員告狀，周道尹不可能不知，根據是周一直對控蔡表示沉默，一言不發，以理推之，必定知情。今請出周道尹，親赴北京勸説六議員定可奏效。周道尹身居蔡屬下，又係一介文士，在權勢逼迫下，不得不爲蔡奔波。緣周道尹熙民先生素爲六議員所重，故六人認爲若不覓一妥善解決辦法，必致周翁受池魚之災。考慮及此，乃與周道尹商定四項條件：（一）蔡成勳必須於兩月之内自請辭職，離開綏遠；（二）捐款十萬元交地方作公益事業基金；（三）蔡本人歷年所欠地方商農款項及錢糧，必須在離開時一並清算償還，不得拖欠；（四）違法責任由國務院審核處理，控告人可不再追究，以此表示容忍。周道尹得此條件，始如釋重負，返綏復命。以後結局是除捐款十萬元一項，蔡再三狡賴，託人説合，減爲出一筆款，在京、綏兩地各買一所鉅宅作爲綏遠會館外，其餘均照辦。此即蔡成勳貪污煙畝罰款一案之始末也。

以蔡賠款購置之兩所會館，一在北京西城順成王府街，一在歸綏舊城恒昌店巷内。買宅所餘之款分交綏遠旅京同鄉會及歸綏教育會保管，作爲公益事業基金。

另一可記之事，即爲馬福祥繼任綏遠都統。馬在赴綏就任新職之前，原爲寧夏護軍使，蔡成勳被控去職，國務院明令公佈馬福祥陞任綏遠都統。一九二〇年秋，馬福祥由寧夏到京述職，綏籍旅京同鄉在宣武門下斜街畿輔先哲祠内大禮堂集會歡迎。會上公推先父致詞，馬亦謙詞作答。由於馬之態度謙而有禮，待人和氣，故雖首次會晤，給同鄉留下良好印象。再者，此次會晤亦爲馬公與先父結識之始。不久，馬都統即到綏履新。其時，歸綏道尹仍爲周熙民先生。

一九二一年夏，議會任期届滿，應依法改選。先父未參加第三届議員之競選，由馬福祥都統聘任爲墾務督辦公署秘書兼籌餉局籌議員。此項工作任務頗稱輕閑，故先父得有空暇讀書論文，尤以與周熙民道尹唱和賦詩爲常。

二十年代初期，歸綏地區興辦實業之風日盛。一九二二年春，屬中國交通系財團之北京蔚豐興業公司總經理蔣邦彥派交際員胡屏言來綏，拜訪先父洽談欲在歸綏興辦電燈公司企業。該公司提出兩條意見與先父商酌：(一)希望歸綏地方各界人士贊同其投資興辦企業；(二)劃出百分之二十股金作爲地方榮譽股，以此項股金之利潤資助地方公益事業。胡君説公司深盼能由地方有聲望者出面申請備案，因素慕先父之名故來相訪。先父以此事涉及鄉邦權益，需與耆老商量後方可答覆。次日，先父於歸綏教育會約請各界父老共商此事，議論結果衆皆以爲有益於地方建設，且以該公司力量辦此事業尚可信任，故一致推定先父代表本地方署名申請。經過一段籌備，取得工商部批准，以先父爲創辦人之電燈公司籌備處遂告成立，胡屏言具體主持其事。當此之時，前已在歸綏辦起電話公司之天津商人沈文炳，私下與日本財界勾搭，欲争奪興辦電燈企業權益，在未履行任何合法手續的情況下，即搶先下手。先從日本運來舊鍋爐一具，又在歸綏舊城各主要街道竪起電綫桿，企圖以既成之事實爲憑而捷足先登。與此同時，與沈勾結之日本財閥又將全部設計資料通過郵政寄來歸綏，恰又被誤投到胡屏言主持之電燈籌備處，以此沈之真相進一步暴露。胡屏言急與先父會晤告知一切，先父乃召集各界代表，於綏遠會館開會。與會衆人聽得事情原委，均極感憤怒，尤以沈文炳勾結日本財閥，引狼入室，其情近乎賣國漢奸行爲，遂一致議決搗毁沈文炳之電話公司，驅逐沈文炳出綏境，拔去其所立電綫桿等項措施。當場寫成各色紙旗、標語，人手一旗，列隊上街游行。由綏遠會館出發，一出恒昌店巷口，即是沈之電話公司，游行群衆怒不可遏，蜂擁而入，傾刻之間其全部設施均被搗毁，沈文炳本人因聞風逃竄，僅得身免。游行隊伍乃沿大街行進，高呼口號，歷數沈文炳勾結日本軍國主義，出賣民族利益之罪。比至大南街時，游行者已超過千人，各行各業自願參加者甚多。此次行動以青年學生爲中堅，工人、店員均包括其中。在拔除電綫桿時，學生多以鐵鎬刨土，頗爲費力，且進度緩慢。木工見此情景，乃立即奔回店鋪，取來鋼鋸數把，唾手掌鋸，不多時電桿全被鋸倒。在游行過程中，歸綏各界民衆表現出同仇敵愾之精神。

事情發生後，沈文炳雖欲反誣狡辯，奈罪行昭彰，且鐵證如山，雖有死灰復燃之念，亦只有偃旗息鼓溜之乎也作罷。此後，馬福祥都統勸謂先父，以君之才識仍以專治學問以求仕進，若辦實業一途，恐不適合君之個性。先父亦以牽扯精力，不善應付爭端爲慮，遂將電燈公司事務移交商務會接手。商務會議定交由歸綏著名老商號大盛魁經營，該商號遂自行單獨投資，補還前由蔚豐興業公司所投資金，先父亦宣告退出。此即筆者聞之於先父口述之歸綏初建電燈事業之經過。

一九二三年，在馬都統提議下，在都統公署下增設專管教育之機構，定名爲綏遠全區學務局，此即綏遠省教育廳之前身。學務局成立後，先父受任爲第二科科長，彼時正值師範學校創辦伊始，先父復受聘爲該校國文教員。

一九二四年，亦即民國十三年，由於直奉戰爭以奉勝直敗而告終，熱、察、綏三特別區劃歸國民軍勢力範圍，故由馮玉祥派其部屬李鳴鐘爲綏遠都統，馬福祥亦解職離綏。循舊時慣例，新官到任，原任官員交卸後，其屬下各機關主要官吏亦均相隨去職，故先父亦脱離政界而赴京治病。

四、服務桑梓

一九二四年（民國十三年），綏遠都統馬福祥去職。其時，直奉戰爭方告結束，直系由於馮玉祥之倒戈聯奉而告失敗，經張作霖、馮玉祥議定推皖系首腦人物段祺瑞主持局面。段遂組織執政府於北京，自任執政爲國家元首，許世英任國務總理爲政府首腦。馮玉祥之國民軍分得熱、察、綏三特別區之地盤，乃派李鳴鐘爲綏遠都統，此即國民軍來綏駐防之由。

比及李鳴鐘來綏就任時已屆年底，次年春季，先父以肺部不適赴北京就醫。故在李任都統期間，先父寓居京師未嘗親身閱歷家鄉景況，於事無可記述。先父到北京不久，先母亦携大姐、二姐、大哥、二哥到京照料先父起居，遂於前門外打磨廠賃屋暫居。

當此之時，正值孫中山先生應段祺瑞之邀請，由南方來京商討國事，不期議未成而中山先生病逝，舉國上下深致哀悼，葬儀哀榮之景況，先父亦得目睹。此後，先父一家即寓居北京，前後達二十餘月，直至一九二六年秋季始携眷返里。此一階段實可謂多事之秋，戰事頻仍，政局變遷，動蕩波及北方各省。若一九二六年國民軍之反奉系；段棋瑞執政府之倒臺；奉晉聯合驅走國民軍等等，皆其大端也。

國民軍反奉之役歸於失敗，其駐綏部衆退往五原，綏遠絶大部分地盤遂爲晉軍所有。閻錫山乃派晉軍將領商震爲綏遠都統。

當先父携眷返綏時，家鄉秩序已漸恢復。其時，奉系首腦張作霖風聞馮玉祥有五原誓師之舉，意在東向，遂派兵西來進行驅逐，並欲對地方部隊中之附和國民軍者加以討伐。時綏遠地方部隊中有番號爲騎兵第一旅之滿泰部，滿爲土默特蒙族，字子舒，是筆者叔祖之婿，故吾輩以姑丈稱呼。該旅在國民軍進駐綏遠時期，曾歸馮系隸屬，以此有所顧慮。故先父返里不久，滿旅長即來家探望並請先父爲之借箸而籌之。先父以親誼不可推辭，遂再返北京爲之斡旋，通過老友裘君轉請退居之北洋宿將李際春代爲向張作霖説項，結果得到允諾，滿部遂得保留。未幾奉系將領萬福臨率軍來綏，經與閻錫山商酌，改編滿部爲晉軍騎兵第五師，駐防包頭。滿泰師長乃再三邀請先父贊助軍務，先父遂就任該師中校參謀處長之職，是爲先父進入軍界之始。

一九二七年夏，先祖父去世，先父於料理善後畢，即往包頭贊助滿師長治軍。其時，張作霖入關於北京組織大元帥府，以中央政府姿態號令各地。山西閻錫山則打出北方革命軍旗號，表示支持蔣介石，並出兵暗襲北京。至此，晉奉雙方又告決裂，兵戎相見，戰於涿州，結果晉軍大敗。閻錫山急召綏遠都統商震率部返晉，防守雁門關以備奉軍。奉系遂派汲金純爲綏遠都統，下車伊始即對地方部隊加以整編，滿泰之騎五師被擴編爲奉系所屬之第三十一軍，以滿泰爲軍長兼綏西鎮守使，仍駐包頭。滿軍長復請先父就任鎮守使公署少將參謀長，是年冬季，先父陪同滿軍長赴京謁見張作霖。

翌年，吴佩孚組成『討赤軍』與北伐軍相抗，戰於湖北省境内之汀泗橋，吴部被北伐軍擊潰，吴本人隻身逃往四川。吴之失敗雖與奉系無甚直接損失，但在精神方面不能謂之無關。張作霖看到當時國家局勢已非奉軍一系所能駕馭，遂决心放棄關内地盤，收縮其兵力盡撤出關。皇姑屯事件中張作霖被日人炸死，綏遠地盤亦由奉系所有移變爲晉軍重佔。都統一職遂由閻錫山派晉軍將領李培基擔任，閻於其勢力重新控制熱、察、綏三區之際，復對滿泰部深表不滿，因滿泰曾接受奉系之擴編。閻乃下令撤去滿泰之軍長兼鎮守使職務，然又緣滿泰係當地蒙旗頭面人物，不宜過分苛刻，故調滿泰爲土默特旗總管。滿總管於受命之時又邀先父一同回旗工作，先父以效力鄉邦，不失恭敬桑梓之義，遂就任總管公署秘書長。此爲先父在本旗任職之始，從此之後一直擔任土默特旗公職至解放初期，前後近三十年。

翌年爲公元一九二九年（民國十八年），筆者即生於是年之農曆九月。據父輩口述，是年綏地大旱，赤地千里，米珠薪桂，民不聊生。據當時鐵路機關統計，經火車運出爲人販賣之婦女即達五萬餘口。當時省級機關（綏遠特別行政區於一九二九年一月一日正式改爲綏遠省，改都統爲省主席）及紳商各界共同成立賑濟會，專司募集賑災物資、款項與救濟事宜，先父被推爲司事人員，主持文書函電方面之工作。

翌年，先父除處理旗公署政務之外，暇時常與諸友歡聚，談詩論文，以此爲常。經友人之慫恿，先父乃揀出留有手稿之詩詞，輯入《瑞芝堂詩鈔》付梓，共印五百册。由友輩郭象伋、張玉成、安兆麒、孟繼椿諸先生爲之作序。書爲鉛印大字綫裝單册，所收詩詞不足先父前此以來寫作總數十分之一。此乃由於先父平時作詩著文從不起草，往往振筆直書，寫成交付報刊付印，手頭亦不留謄稿，以此所作詩文過時即不易追尋底稿，甚可惜也。

五、編修通志

在先父應滿泰總管之邀，同回本旗任職之初，南京國民政府蒙藏委員會爲便於與各盟旗聯絡，創設各盟旗駐京代表聯合辦事處，通知各盟旗派代表赴南京就職。其時土默特旗務方由滿泰接管（滿爲土旗人出任土旗總管之始作俑者），雜事旁午殊無暇及此，故一直缺額以待。直至一九三一年，旗務基本就緒，滿總管乃徵求先父意見，欲請先父出任駐京代表，蓋因蒙藏委員會委員長馬福祥與先父有舊之故。先父接受滿總管委託赴南京就任代表，爲時不及一年即返旗接受另一任務，此項任務即編修《綏遠省通志》。當先父任駐京代表之初，綏遠省政府即決定撥款十萬元，作爲編修省志經費，設立通志館機構，請郭象伋、先父出任館長。郭先生當即向省主席李培基表示，必須堅邀榮祥先生返綏主持編撰，不然象伋難以獨任此責。李主席乃致電先父邀請返綏，謂有要務相商。郭象伋先生亦有手書郵達先父，詞懇意切，堅約返綏共同負此重任。先父以修志乃有益於鄉邦之盛事，且自己勤學半生，素有志於此，乃欣然應允。唯馬公福祥素重先父學識，意欲推薦在京任職，故力勸先父留京。先父婉言辭謝馬公盛情挽留，於七月初返綏即助郭象伋先生籌備修志事宜。經過緊張准備，於八月間正式建館辦公。此後六年來，先父一直任通志館編撰主任，終於完成通志初稿一百一十卷。比及脱稿時已到一九三七年日本帝國主義發動侵華戰爭之際，故而未能及時刊行。

據先父生前與筆者語及修志情況時，曾指出《綏遠通志稿》是一部頗具特色的地方志，在編修過程中克服資料文獻不足的困難，耗費不少精力心血，歷時六年有零始告完成。從《志稿》內容來看，有不少重要經濟資料被保存下來，對於發展當地各項事業均有參考價值。比如與人民生活關係密切的物價，在《志稿》有關章節中就可查到二百餘年間一尺布、一斗米、一斤麥的逐年售價，此資料在他省地方志中尚屬罕見。這是由於在建館修志當時，正值歸化城著名老商號『大盛魁』歇業不久，該號積二百餘年之營業賬簿均爲志館收購，從此類第一手材料中加以整理摘録編入通志，故極爲可信。僅此一端即可證明《綏遠通志稿》在收集資料方面是比較豐富的。

一九三四年，滿泰總管病故，南京國民政府任命先父爲土默特特別旗總管，並改總管公署爲旗政府。先父除處理旗政府公務而外，以一半時間從事修志，每日分上、下午分赴兩處辦公，故此一階段較以往尤爲繁忙。

筆者幼時常隨先父往通志館，故有緣親見諸先輩工作情況，及今回憶，印象頗深。志館地址即選在大盛魁舊址，工作人員約有數十位，除在館從事編撰校對一類工作外，尚派有專人分赴各地進行採訪、徵集資料、拍攝照片等工作。又緣綏遠地區蒙古各旗幅員遼闊，蒙漢同處一地，故志館工作人員中配備有一定數量之通曉蒙文蒙語者。所收集到之材料中，除漢文典籍文獻外，復有不少蒙文及其他少數民族文字資料，包括拓片、經文、契約、殘卷等等。故而整理篩選資料的工作量是相當大的，並且需仔細覈對方可採用。先父除在編撰方面總其成外，主要負責歷史沿革、稽古考證方面的撰稿任務。《志稿》定稿後，均採用毛邊稿紙，以恭楷謄録，裝訂成册。在蘆溝橋事變爆發前，送往北京請人作最後校閲，恰遇事變發生，津、京淪陷。緊接綏、包一帶亦相繼爲日本帝國主義侵略者佔領，先父遂棄家園，捨子女，西渡黄河前往陝北。由於時局發生如此重大之變化，故無暇措意於《志稿》命運之興衰。

直至解放以後，經組織上派專人赴京，又將此稿尋回。文化大革命前，由先父和幾位助手用了近三年的時間，對初稿作過一次詳細的修改。在文化大革命中間，又對此稿作過一次訂正，並且印出平裝本一册，以後因無人過問，此事又被擱置。最近聽説有關部門已將《綏遠通志稿》的出版列入計劃，此書可望早日與讀者見面。

六、國難當頭

一九三一年（民國二十年）九月十八日，日本帝國主義關東軍武裝侵佔審陽，明火執仗向我國發動了侵略戰争。接着是《何梅協定》簽訂，日寇向華北步步進逼。在綏遠，也成立起了以羽山喜郎爲頭子的駐綏日本特務機關。

一九三六年夏，先父得到旗府工作人員的報告，位於旗政府北面的泰安棧院内設有一架電臺，名義上是一蒙旗機關的公務通訊臺，實際上爲日本特務機關工作。先父在覈實情况後，立即向省主席傅作義作了報告，在得到省政府的同意後，下令取締了這一進行日特活動的非法電臺。在此事發生後不久，當時已進入夏秋之交，於一日午後，突然有人來我家造訪先父。此時筆者己能記事，故對此印象頗深。來人乘小轎車，著西裝，先父是日正公休在家，遂於西厢房會客室接談。來人自稱係日本特務機關工作人員（似乎名山本，因年隔五十載，記憶恐不准確），奉羽山特務機關長之命，來請榮總管閣下到敝機關有公務商洽。語雖客套，而日本人之死板表情却使人頗感厭惡。先父因考慮到日本人歷來善於製造借口，滋事生非，故立即答允其請，遂令侍從人員通知車庫派車，而該日本特務却再三邀請先父同乘日方汽車前往，並聲言以免耽誤總管閣下的休息，公務事畢可原車送回。先父更換衣服後，即乘日方小車同往該特務機關。因行前家中諸人均知去往何處，故對此行頗感不安。彼時家大姐爲諸人中頗具能力者，家母乃命大姐一方面外出通知可靠親友商量對策，一方面以電話報告省政府。當電話接通後，恰遇傅作義主席本人在機關辦公。家大姐當即向傅主席陳述事情的經過，並强調此事應由省府立即採取措施。傅主席在電話中除作懇切之安慰外，表示由他本人立即作具體布置。在通話後約二小時，家父由省政府李英夫君陪同，乘自己車輛返家，來邀之日本人亦乘另一車陪送到家，並表示禮節性致意，遂即辭去。此事突然發生，雖歷時半天，却從一個側面反映出當時綏遠地方風雲日緊的狀況。

事後，家父與家人曾談及當日經過，時間雖已過去半個世紀，但其梗概仍可約略記得。是日先父到達日本羽山公館後，羽山喜郎即於會客室接見，開頭即聲言，今天請榮總管來是有一件公務要詢問，我本人是代表日本關東軍同榮總管對話。先父答以既然商談公務，就請直接了當説明，不須隱約其詞。羽山即以質問口氣提出：閣下爲何取締我大日本帝國特務機關所設電臺？先父回答説：取締電臺一事確係事實，但此電臺係我國某一蒙旗機關所設，因其活動内容超出我國法律允許之範圍，故依法取締，此事與你方並無關係。羽山發覺開頭提出之問題處於被動不利，當即改口説：即使是貴國某機關所設之電臺，亦不屬於貴旗政府管轄，取締與否應由省政府決定，現由閣下處理是一種越權行爲。先父當即明確告知羽山，此事純屬我省内政，且已得到省政府批准。羽山見事情形成僵持局面，乃自尋下臺説：若如閣下所説，請稍候片刻，我當向省政府詢問。遂即退出客廳，約有二十分鐘光景，突然偕同省政府負責外事之李英夫君一同進入客廳。坐定之後，連致寒暄，立即換上另一面孔，表示一番『中日親善』，絶口不提前事，並促其手下治酒款待。先父堅持謝絶，向羽山説明，公務既畢，我有公事急需處理，遂即乘車與李君返回家中。

事後，李英夫君將經過情形告知先父，當傅作義主席接到家大姐電話後，立即召見李英夫，令其親往日本特務機關，務必將榮總管安全接回。爲了防止發生意外，特令三十五軍派遣一加强連，均配備短槍，身着便衣，跑步前往，迅將日本特務機關包圍。如果日方持無理態度扣押我方官員，應即採取果斷行動，以武力解決之。李君奉命立即行動。在部隊實行四面包圍的情况下，李君進入日本特務機關，直接向羽山説明，日本方面有任何要求只能向當地最高行政機關交涉，不能與省政府下屬地方政府接觸。此次日方强邀土默特特別旗總管到日本特務機關詢問公務，省政府認爲不合外事處理原則，故請你迅將榮總管禮送返家。同時李君又直接告知，此事已引起本地民衆之不滿，現在你特務機關四周聚集群衆不下數百人，如果發生衝突，我方政府概不負責。羽山乃典型的日本軍國主義分子，有其驕横狂妄之一面，又有其欺軟怕硬之一面。故一方面强作鎮静，一方面暗中示意手下人出外窺視，手下人在圍墻内窺見四周樹林内隱約人影，不僅數量衆多，且雖係身着便衣，但形式基本一致，故亦心裏明白，已被便衣武裝包圍。當羽山得知這一實况後，立即軟了下來，連稱誤會。以後便如上所述，以頗爲滑稽的形式結束此一事件。

事後，有關心先父者曾對先父説，此事實在太險，而總管又過於迂直，對日本人直説省政府批准，如果傅主席爲了不招麻煩，對日方聲稱並不知道，事情豈不更加糟透。先父説，傅先生來綏主政，與我雖非深交，但我以爲當此國家危難之秋，强敵當前，彼爲一省之長，自當同仇敵愾，且事關國家危亡，匹夫尚且有責，豈能作此等考慮。

七、棄家西行

一九三七年，蘆溝橋事變發生後，綏遠形勢日趨緊張，而閻錫山却急調傅作義率三十五軍赴山西防守太原。傅爲一省之長，離綏之後，省府高級官員相繼各奔前程，形成無人主事局面。

先父曾有詩記當時實况云：介子旌旗去不旋，樓蘭舊蹟蕩飛煙。長官獨欲全三晋，鎮將誰能顧九邊。已拚金甌成墮甑，哪堪銅柱久撑天。軍民共决嬰城策，愁誦睢陽傳後篇。

不久，東北挺進軍在馬占山將軍率領下撤入綏境，駐防歸綏。馬氏在江橋抗日之後，由東北邊戰邊退，沿察綏一綫西來，頗引起國内外重視，故當時報刊咸以愛國抗日將領許之，聲望頗高。馬部到達歸綏後，因倉促西行，沿途又屢屢應戰，故已有疲憊之感，且時屆寒季，戰士防寒衣物均無着落，急待補充。而當時地方政府已無人主持，使馬部處境更加困難。有熱心抗戰人士向馬進言，謂現在綏遠地方高級官員大多星散，能在當地發生影響者只有土默特旗榮祥總管，莫如訪榮君共商振軍安民之策，庶可有所安排，否則動員地方力量支援軍事行動實成一大難題。馬占山將軍接受此一意見，乃親訪先父洽談。馬謂先父：秀芳乃一介武夫，不甘受帝國主義欺侮，起而抵抗，雖然兵微力薄，然軍人天職在於衛國保民，願盡力奮戰到底，唯給養供應非地方支援難於解決，深盼榮先生能出任此責，共圖保境安民。先父立即應允，並商定軍事方面由馬占山將軍統一佈置，地方供應事項由先父出面邀集地方各界予以支援。議既定，馬占山當即指揮所部騎兵沿黑河一帶佈防，同時有蒙旗獨立旅白海風部參與作戰。先父乃與地方商、學、工、農各界代表共洽籌款數萬元及皮衣三萬件供應軍需。馬於佈防同時，並在歸綏市內進行鋤奸防特工作，遂即破獲日本間諜潛伏漢奸黄金山，公佈其罪狀立鍘於鬧市區，此舉震動甚大。當此之時，先父專心於地方供應諸事，已無暇兼顧家屬，事實上亦形成異地相隔，各居一方矣。蓋因一九三七年春，先父曾携全家老少同返故里美岱召村掃墓。事後，先父隻身返回歸綏，家屬均留居故鄉，不久戰事緊迫，更無暇兼顧，遂各處一方。在歸綏淪陷前不及一月之時，先母入城探視，留諸兒女於村中，不意此次分開竟歷時八年之久。

綏遠淪陷前，馬占山率所部雖在城郊進行抵抗，但就當時的情形而言，敗局已非少數軍隊所能扭轉。馬氏在撤離歸綏之際，從前綫派人給先父送信，關照先父可速作轉移，最好直接到包頭會合。馬本人率騎兵部隊，沿大青山一綫西撤，請先父可乘火車直達包頭。

先父在戰事日益緊迫時，已決心協同馬占山支持殘局到底，竭盡個人綿薄，義無反顧。故當先父及先母從歸綏搭乘最後一輛西行機車牽引之臨時列車赴包頭，當日晚間日本侵略軍之先頭僞軍部隊即進入歸綏。先父在包頭與馬占山將軍會面後，馬亦認爲歸綏既已失守，包頭之防守已成爲不可能，故決定西渡黄河。當先父先母乘火車途經美岱召車站時，部屬中有人建議可暫停車，意欲接筆者兄弟姐妹諸人同往包頭，然當時沿途已呈一片混亂，若干地方雜牌小股武裝，抗日無能擾民有術，方借國難而大發洋財，沿途搶掠，竄入難民行列爭財奪物，並企圖搭乘火車，屢屢開槍射擊迫令停車。其時，由筆者堂兄率衛士若干還擊，始得保證全列車旅客安全西行。故先父毅然決定沿途概不停車，徑往包頭。而此時已入深夜，筆者兄弟姊妹亦隨同父老鄉親避入大青山，故雖相距甚近，亦無法互通音訊。

先父偕先母及若干部屬到達包頭後，當地亦呈現混亂狀態，乃決意渡河西行。當時已入深秋，氣候寒冷，諸人均在倉促之間，略無准備。然已來不及作周密安排，遂由包頭二里半官渡過河。渡船離岸不久即遭到日寇飛機空襲，船又擱淺，先父、先母在青年部屬扶持下，蹚水到達彼岸，先在達拉特旗王府略作休息，隨後即南行進入鄂爾多斯沙漠，途中在札薩克旗王府停留數日。在此期間，日寇曾派一小型飛機到札旗王府，目的是以德穆楚克棟魯普（即德王）之名義，邀請伊盟盟長沙克都爾札布參加僞蒙會議，同時追尋先父去向。由於事先作了妥善布置，使日僞企圖落空，而日寇亦不敢久停，當即返回包頭。先父與沙王等伊盟首腦人物會晤後，共同研究了形勢，一致決定伊盟各旗堅決抗日，聲討德王爲首的僞蒙古政府之投敵叛國行爲。

先父及部屬諸人到達榆林後，本欲稍事休整，即動身南下。其時，在榆林之國民黨軍政方面負責人爲鄧寶珊將軍。鄧在會晤先父時，力勸留在榆林共圖良策。蓋榆林地處西北要衝，緊接伊克昭盟廣大蒙古族聚居地區，而日寇方垂涎於此，若不作宣傳鼓動、安定人心、組織力量等項工作，恐難對付當前危急形勢。鄧將軍以爲先父乃蒙旗人士中旗幟鮮明之愛國者，留下來開展此一工作，最爲妥善。鄧將軍此意亦爲榆林各界代表所贊同，一致認爲伊盟若能穩定，則陝北地區即可安然無患，故亦再三執意挽留。先父遂致電國民政府，陳明一切，並提出建議願留在陝北開展抗日工作。經國民政府電覆批准，在榆林設『蒙旗宣慰使公署』，以伊盟盟長沙克都爾札布爲宣慰使，以先父爲秘書長。沙盟長常駐本旗，不到職辦公，一切公務均由先父主持。此機關設立後，即派員長期分駐伊盟各旗進行聯絡，宣傳抗日主張。

先父在榆林一住八年，到一九四五年『八·一五』日本帝國主義無條件投降，始返回歸綏市。在此八年中，榆林之景况頗具特點，特别是前幾年，由於中共中央抗日民族統一戰綫主張之深入人心，加之主持榆林軍政之鄧寳珊將軍傾向團結一致抗日救國，故榆林當局與解放區之間，交往頻繁，關係甚爲融洽。筆者於一九三八年從淪陷區隨親友輾轉來到榆林，時雖年幼，然於長輩之間往還交際情形，已能清楚記得。其時，與進步人士、革命同志屢有交往。通過他們，看到不少進步報刊書籍，雖然不能深刻理解，但已在心目中留下最初之印象。

在榆林的八年，也就是我國人民在中國共産黨抗日民族統一戰綫正確方針指引下，浴血奮戰的八年。事實證明，在此正確方針得到充分貫徹之時，形勢就向有利方面發展。榆林地區在八年當中所以能出現比較安定的局面，就是由於此一原因。後來，在國民黨反動分子的干擾破壞下，才發生了變化，深可痛恨。

以上即爲先父半生經歷之梗概。

呼和浩特土默特總管榮祥

（作者榮賡麟。摘自内蒙古政協文史委員會編《内蒙古近現代總管録》，載《内蒙古文史資料》第五十一輯，二〇〇一年）

要叙述先父榮祥任土默特旗總管時期的經歷，必須先簡要地説明一下土默特旗總管制度的由來，以便於讀者瞭解事實的原委。

根據有關史籍的記載，土默特部自公元一九三六年（清太宗崇德元年）其首領俄木布被廢除之後，該部即由清廷編爲左、右兩翼，分設都統，各領一翼。在此以前當明代隆慶年間，土默特部首領俺達（即阿勒坦汗）雄踞豐州灘，開府建制，雖接受明廷順義王封號的册封，然實際上保持其相對獨立的地位。清廷削去俄木布王爵之後，其後代即不再承襲，改爲由清廷直接派都統統治。在此需要説明的一點是土默特旗的建制有别於當時其他盟旗。例如伊盟原分爲六個旗，後加一鄂爾多斯左翼前末旗（即札薩克旗），共爲七旗。而土默特旗則是一旗之内分爲兩翼，故呼市舊城原有左翼都統府和右翼都統府的衙址。以後又合兩都統爲一都統，乾隆年間又改都統爲副都統，統一由清廷任命的綏遠城將軍節制，但左、右兩翼仍維持不變。此後進入民國階段，在民國三年（一九一四年）十二月十五日經大總統批准，改都統爲總管，由北京政府派員出任此職。南、北合流後，即由南京政府任命。在此階段，歷任總管的人，均爲以當時主政的軍閥派系爲背景的軍人、政客，多屬客籍官吏。民國十七年（一九二八年）秋季，本旗蒙古人滿泰離開軍界調任土默特總管，他是本旗蒙古人第一個擔任此職的人。到一九三四年七月間，滿泰因積勞成疾逝於任内。在滿氏任職期間，先父應滿之邀任土默特總管公署秘書長。在滿氏病篤期間，即由先父代理旗務。滿氏病逝後，於當年九月，南京國民政府委任先父爲土默特旗總管，並正式更名爲土默特特别旗，這一變更是緣於綏遠省境内各盟、旗的劃分，歷來爲四部分，即烏蘭察布盟、伊克昭盟、綏東四旗、土默特旗。這四部分的政治地位相等，故土默特旗是不隸屬於盟的特别旗。

先父生於公元一八九四年，先祖父名都格爾札布，共有子、女十人（八男二女），先父昆仲排行第四。命名均以祥字爲序，先父名榮祥。我家是屬於土默特雲碩布氏一族，若冠以姓氏，應寫作雲榮祥。由於親友交往，習慣皆稱名，故以名代姓，習以爲常，即以榮爲姓，以後子、女皆沿襲此例。

先父生於原籍美岱召村（今屬土右旗），十二歲入城隨先祖父定居於市内。辛亥革命前，先父在本地就讀於本旗小學和歸綏中學。此後入北京政法專門學校，畢業後任職於本地。在求學階段，從本旗小學、歸綏中學到北京政法專門學校。先父除完成學校規定的課程而外，即致力於漢文學，特别是詩、駢體文、散文的深造。先後得到應炳華、吴天章、王蔭南、姚永概諸名師的教誨，由此奠定了堅實的基礎。特别是在北京時期常以詩文投諸報端，從而結識了若干知名詩人和文學界人士，被譽爲『塞北文豪』。正如先父摯友安兆麒先生所述：『民國二年，君（指先父）負笈游燕京，入校研法律科。燕京爲全國人文淵藪，南北名流，肩摩踵接，君以一蒙旗少年出身，掉臂其間，毫端揮玉，頷下得珠。雖老輩如易碩甫、王片石之倫，見君詩文，莫不嘆詫稱奇。』又如先父的同窗至友，共事多年，同修《綏遠通志》的郭象伋並卿先生也説：『吾綏當清光宣之際，曉峰（即吴天章先生）先生雅負詩名，群相推重，君（指先父）晚出其門，款悟敏慧，頗得心傳。比長，游學舊都，所交皆知名之士。嘗共立詩社，雅集唱和，一時稱盛。君年最少，詩翁王片石尤愛重之，與訂爲忘年交，藝林引爲佳話。既而從桐城姚叔節(即姚永概)先生游，致力於古文辭，學業乃益大進。』

從上面叙述的情况，可以看出先父青年時期即以詩文享名於當時。所以先父以後無論是躋身軍界或登上仕途都秉承他作爲文壇一員的氣質。就是與官方人士的交往，亦多半是從詩文開始，如與于右任先生的結識就屬於這種情况。抗日戰爭時期于先生主辦《民族詩壇》刊物，先父曾在此刊物上發表詩作，由此相結識，成爲詩友。又如時任銓叙部長的三晋詩人賈景德也是先父的詩友。

一九三四年九月二十六日，先父繼滿泰總管之後就任土默特旗總管。就任典禮在總管公署舉行，監誓人爲綏遠省政府主席傅作義。除總管公署所屬各級官員外，尚有各單位代表參加。不久，南京國民政府下令改土默特旗總管公署爲土默特特別旗旗政府，(調)(吊)銷土默特旗總管原用之長方形銅質關防(即銅印)，正式啓用新頒之銅質方印。先父每天上午到旗政府視事，下午到綏遠通志館修志。蓋因先父於一九三一年在南京(時任土默特旗駐京代表)接綏遠省主席李培基電邀，由寧返綏擔任綏遠通志館編撰主任，此項工作一直兼任到『七·七事變』。由於兼顧旗務與修志，故十分繁忙，基本上没有閑餘時間。時任通志館館長的是先父至交郭象伋先生。郭先生在接受李培基主席的任職時，曾提出一項要求：『希望李主席能力請榮祥先生出任編撰主任，否則象伋不敢獨當此任。』在李發電報同時，郭先生也親筆致函先父力邀先父返綏共襄修志盛舉。

先父認爲他擔任的這兩項工作都是服務桑梓的事，所以常以此自勉，十分盡力。在旗務方面，首先從整頓入手，因土旗自清季迄民國以來即爲自收自支土司性質的機關，沿襲從來的慣例，官不享國庫之俸，兵不領國撥之餉。就當時情况而言，全旗收入以年計不過五萬元。而此區區之數需負擔全旗的各項開支，故常有捉襟見肘之慮。先父首先從整頓煤炭租税(此項收人爲土旗的主要財源)以及黄河各渡口的收入作爲開源的起點。同時努力改進老式衙門辦事拖沓的習慣，建立必要的規章，鼓勵工作人員認真負責的精神。原來的總管公署即清代所設土默特旗十二參領議事廳的舊址，多年以來習慣於『官不修衙，客不修店』的説法，由於經費拮据，不曾及時修繕。先父於改公署爲政府之時，籌措費用，對旗政府進行力所能及的更新，從大門到禮堂重加補修裝飾，使舊衙得以改觀。並在禮堂大門兩側添置由先父自撰自書木製對聯一副，其辭爲『旗開四百年，歷明清以洎共和，宏規重續沙井府；枝分七千里，控灤瀋而湟鄯，大本同尊敕勒川』。對聯的含義主要是緬述土默特部四百年來的歷史演變。當時旗政府的機構設置，就筆者記憶所及，計有民政、財政、建設、教育四科，另有司法股、庶務、監印等機構和專人司事。協助總管工作的設有秘書長，任此職者爲張玉成先生。土默特旗之轄境包括綏遠西部的七個縣和兩個市，即歸綏、薩拉齊、托克托、和林格爾、清水河、包頭、武川七個縣和歸綏、包頭兩市。按傳統編爲十二個『甲浪』，左翼六甲，右翼六甲。每甲設參領一員，共爲十二參領，蒙語謂扎蘭。每一參領轄五個蘇木，每一蘇木設佐領一員，蒙語謂章京，共六十個蘇木。民國以來分爲七個區，設督導處領之，每區督導處設主任一員。以上即土默特旗概況。

先父任總管伊始，正值日本帝國主義在入侵東北三省之後，又對華北地區垂涎欲滴，綏遠形勢亦趨緊張。日本帝國主義公然在歸綏市設立特務機關『羽山公館』，機關長爲羽山喜郎，公開進行間諜活動。日本帝國主義如此猖狂，引起中國廣大人民群衆的憤怒，抗日救國成爲各族人民的共同意志。當時任綏遠省政府主席的傅作義將軍處境尤爲困難。衆所周知，由於國民政府北平行轅主任何應欽與日酋梅津美治郎達成的所謂《何梅協定》，導致一系列的屈辱妥協，撤銷華北六省國民黨省黨部，禁止宣傳抗日，拆除仇日之一切標識建築。歸綏市内原有之『九·一八紀念堂』也被改名爲公共會堂。

在日本帝國主義侵佔歸綏以前，有這樣幾件事與先父有關，就筆者記憶所及緬述如下：

其一是查封日本間諜電臺一事。如前所述，日本『羽山公館』特務機關指使的間諜活動波及歸綏的各個方面。爲此目的，在距土默特旗政府鄰近的一所客棧内，他們以某盟旗機關駐綏辦事處的名義架設電臺一座。此事爲我官方偵察部門查出，土默特旗政府奉命派員予以取締查封。事出不久，在一個星期日的中午，先父正在家休息，忽然來了一個不速之客求見，該人自稱是『羽山公館』特務機關長羽山派來的。見面之後，該人說羽山機關長有重要事情請榮總管閣下到他們機關面談，並表示爲了不耽誤休息，就不必等候旗府開車來送，現在羽山機關長的車就在門口等待，可以立即前往，談完即可送回，不需很長的時間。待先父乘車走後，家屬諸人均不放心，因爲並不清楚他們要談的是什麽事。其時，筆者的大姐是先父所生子女中最年長，她比筆者大十七歲，當時年齡有二十三、四歲，她主張應立即向傅作義主席通報情況。通過電話聯係，當天雖是公休日，恰巧傅主席正在他辦公室處理公務。接到電話後，傅說：『我就是傅主席，情況我都聽清楚了，請轉告令堂不要擔心，我馬上親自安排專人處理。』約兩個小時後，日本特務機關又派人送先父回家，回來時乘自己的車，陪送的日本人仍是先前來約請的人。這件事發生的很突然，雖然事隔六十多年，尚留有清楚的記憶。

事後，先父曾對家人談及當時的經過。先父說：我到達日本特務機關後，羽山早在客廳等候。他一見我到來就迫不及待地說：我請榮總管來是代表大日本帝國華北派遣軍提出一項質問，土默特旗政府爲什麽查封設在客棧裏的電臺？我當即答覆他說：因爲該電臺未經有關部門批准，故省政府下令取締。羽山以懷疑的眼光望着我說：榮總管說奉省政府命令取締，想必傅作義主席一定知道，這事我要問一下傅主席，請你稍等片刻。說完他就到別的房間去通電話。在我等待的時間裏，他們的人員出出進進，從情緒上看，似乎不大平穩。羽山在通過電話又回到客廳時，完全換了一副嘴臉，絶口不提前事，只是連連道歉，説讓您等候實在對不起，現已時近下午，請榮總管在敝機關共進晚餐，同時可以隨意叙談。我當即告訴他，如公務已了，我的車已來接我回去，就此告辭。正在這時，省政府負責外事的李英夫來到。羽山立即迎上前去，單獨進行了談話，然後先送我回家。

至於當天的詳細經過，是事後李英夫告知先父。據李說：傅作義主席在接到榮小姐的電話後，立即召來李英夫，指示他現在日本特務機關約請土默特旗總管榮祥到他們那裏談話，到底是什麽意圖，我們還不得而知。重要的是必需保證榮總管的安全，你立即選派一個加强連馬上出發，命令部隊全部携帶短槍，着便裝，先把日本特務機關包圍，由你出面找羽山本人交涉，告訴他有什麼需要商洽的公務，必須與省政府接觸，不能越過省府直接與我們的地方長官交涉。况且今天是星期日，不是處理公務的時間。在公休時間，不通過正當途徑，强行邀請我方地方長官交涉公務，這種作法我方不能接受。讓他們禮送榮總管回家，所談公務待上班時間由省府處理。傅並嚴肅地指示李英夫，如果羽山不聽我們安排的辦法，敢於扣留榮總管的話，你可命令便衣部隊以武力保護榮總管脱離險境並安全送回，要適當布置榮宅的保安措施。李在接受命令後，立即行動。由於當時歸綏市的範圍並不遼闊，相距不遠，故便衣部隊很快即到達指定地點，根據指示以日本特務機關爲目標，四面散開，形成包圍態勢。在這種情况下，李英夫進入『羽山公館』。據李英夫説，他與羽山單獨對話時，嚴正告知羽山綏遠省政府的態度，並强調指出日方此種不合常規的無理作法已引起市民群衆的不滿，現在你的住所周圍已聚集多人，如果由此發生事端，我方不能保證你的安全，後果將由你方負責。羽山其人本屬日本華北派遣軍系統的專業特務，當然明白李英夫的意思。在與李周旋的同時，暗示其爪牙爬在墻頭上窺察周圍，發現四周確有不少頭扎白毛巾身着便衣的人。當他得知這種情况後，立即判斷已陷入便衣部隊的包圍之中，馬上軟了下來。以後的事，前面已經叙述，此事就作結束。

這件事了結後，引起各界的議論，多數人都認爲理當如此。也有個别人認爲先父太迂執，不該直言奉省府之令取締電臺，他們擔心萬一傅先生怕惹麻煩，不承認是省府的决定，榮總管豈不直接承擔這一責任。這種意見反映到先父耳中，先父和家裏親屬談及曾説，我和傅先生共事的幾年中，深感他在事關國家尊嚴的問題上還是一位正直的愛國將領，當此國難當頭，他不可能爲一些庸俗之流的想法，只顧個人而逃避責任。退一步説，即使責任落到我肩上，那也只有承擔起來，不能有别的考慮。

其二是與馬占山將軍的結識。

一九三七年，風雲日緊。抗日名將馬占山將軍自東北『江橋戰役』打響抗日戰争的槍聲之後，輾轉數千里率部來到歸綏，其時綏遠局勢已很危急。省政府主席傅作義將軍奉閻錫山之命，率其三十五軍赴山西協同防守太原，各廳、局主官亦多離綏出走。馬部來到歸綏對安定人心，鼓舞士氣，起到一定的積極作用。當時流傳的『馬占山刀鍘漢奸黃金山』的説法頗爲廣泛。這時的情況，有先父所作七律一首可見一斑，現抄録如下；

介子旌旗去不旋，樓蘭舊蹟蕩飛煙。長官獨欲全三晋，鎮將誰能顧九邊。

已拚金甌成墮甑，哪堪銅柱久撑天。軍民共決嬰城策，愁誦睢陽傳後篇。

馬的部隊當時苦於急需禦寒服裝，且軍餉匱乏，希望得到地方上的支援。他通過詢問熟悉當地情況的人，得知當時主要官員大多出走，只有土默特旗的榮祥總管還堅持在綏，就抱着一綫希望到旗政府拜訪先父。馬占山將軍自我介紹之後，非常坦誠地提出他面臨的困難，並説雖然從力量對比來看，很難擋住日軍的西侵，取得戰爭的勝利，但是一定要在大黑河一帶佈防，組織一場戰役，一方面可以達到遲滯日軍推進的目的，另一方面也可爲我方軍政機關的西撤争取時間。先父當即表示，籌措寒衣軍餉一事由地方各界負責解决，同時表達了對馬將軍的敬意。馬在會見後，對其部屬説：『榮總管是一位文人學者，能在此危難之際擔當重任，令人欽佩。』由此奠定了以後與先父成爲至交的基礎。

經過先父的組織發動，綏遠各界紛紛慷慨解囊，及時提供皮衣數萬套及餉銀若干。馬部會同留綏各部與日本侵略軍激戰旬日，决定西渡黄河，他派人通知先父可在包頭會面。其時在故里美岱召避居的包括筆者在内的兄弟姊妹數人，一方面焦急地等待城裏的消息，一方面爲應急隨鄉親長輩避居大青山麓召院内，繼而又遷移到山上。此前，本來我們這幾個子女是和母親一齊在鄉下同住，由於消息隔絶，母親不太放心，隻身入城探視，也就被隔離在圍城之中。所以當父母及隨行人員乘最後一趟火車撤往包頭時，我們無法取得聯係，未能一同西去。因爲火車深夜經過美岱召時，車站一片漆黑，秩序極端混亂，已無法停車。

在先父離開歸綏後，日本侵略軍很快就進入市區，實行佔領。筆者在兄嫂、姐姐的帶領下，於冬初返回淪陷後的歸綏。當時我家已被僞政權宣布爲『逆産』予以没收，只能住到祖母的老宅中。後來我家的房舍被僞巴彦塔拉盟盟長補英達賴佔據。當他看到先父宅中的藏書、什物原封不動地擺列如舊，又發現書房隔扇上自題的詩作《過蘇武祠》：『勒馬陰山眼界遥，子卿祠上雨瀟瀟。持將一節毛皆脱，嚙剩千秋雪未消。豈願高名留朔漠，不甘降志辱中朝。徊徘欲問當年事，落日黄河涌怒潮』時，不得不發出這樣的議論：『榮祥讀書人的脾氣難改，他不屑和我們合作，竟然置家産子女於不顧，隻身西去。他心目中推崇的人是蘇武，這也就難怪了。』補英達賴又曾不止一次向德穆楚克棟魯普(即德王)説過。解放後，德被中央特赦後安排在内蒙文史館，其時，先父任文史館長，談起往事，德把補英達賴的話轉述給先父。

以上記述的是日本人侵佔歸綏以前的事。

先父到達包頭未能逗留，在日軍飛機連續轟炸黄河渡口的情況下，乘木船過河，進入伊克昭盟。到達札薩克旗，會見了沙克都爾扎布盟長，沙盟長留先父在他的王府休息幾天再繼續南行。就在先父於沙王府暫住時，突然一架日本軍用飛機降落在王府前的平灘上。這是一架小型飛機，只能乘坐三四個人。來人聲稱他們是來接沙盟長到綏參加蒙疆政府召集的會議。沙王一方面派人予以接待，一方面急請先父商量對策。先父當即力勸沙王不可前往，沙王同意不去參加僞蒙疆的會議，但苦於無法對付來人。先父建議他托病不出，讓屬員出面接洽。日本人因請不到沙王，賴着不走，最後不得已只好把沙王的長子固山貝子鄂其爾胡雅克圖强行載運到包頭。日僞方面看到沙王未來，認爲鄂貝子代表不了伊盟，故把他閑置一旁，給予冷遇。不期這倒給鄂貝子一個脱身的機會，不久鄂即乘機騎馬走脱，返回扎旗。日僞拉攏伊盟的陰謀未能實現，這件事也算是先父西渡黄河以來的一個插曲。

先父之所以不惜棄家出走，投入抗日陣營，他的初衷在於『替全體蒙胞争取在勝利後的發言權』。故原意打算經陝北先到西安，然後再繼續南下。及至到達陝北榆林，首先出面接待的是國民黨榆林縣黨部負責人徐玉柱。徐在接待的同時，立即向上級報告，並通報榆林軍政首腦。當時榆林的軍方最高長官是二十一軍團軍團長鄧寶珊將軍，他聽到先父以一個蒙古族地方行政主官的身份投身抗戰，感到十分難得，故而專門設宴表示歡迎。席間又結識了八十六師師長(不久改編爲二十二軍)高雙成將軍。鄧將軍在瞭解先父欲南下的意向後，力勸先父留在榆林共同作蒙旗地區的抗戰工作。鄧所指的蒙旗地區包括伊盟全部及烏盟未淪陷地區。先父即電呈國民政府蒙藏委員會報告經過。不久收到覆電，同意先父留在榆林，擔任新組建的蒙旗宣慰使公署秘書長的職務。沙王任宣慰使，但不來榆林視事，由秘書長代拆代行，機關設在榆林。

此後的八年，先父一直住在榆林。筆者是在一九三八年的秋季隨姐夫巴靖遠化裝成駝商，經包頭、伊盟到達榆林。

榆林是陝北重鎮，與伊克昭盟接壤，而伊盟與綏包淪陷區僅是一河之隔，所以從戰略上講，安定伊盟是當務之急。先父即分別致函伊盟各旗王公，表達了精誠團結，一致抗日的意願，得到各旗王公的普遍響應。這封信流傳甚廣，當時在伊盟三段地一帶開展工作的中共代表趙通儒同志看到這封信，認爲很有意義，並向延安作了匯報。榆林這塊地方在抗戰八年當中處於一個特殊地位，政治環境比較寬鬆，這主要是由於主持軍政的鄧寶珊將軍態度鮮明，堅持一致對外，抵抗日本侵略者，反對搞內部摩擦，與中共方面保持友好和諧的關係。在他的影響下，呈現出一派團結禦侮的氣象。日本侵略者對此深爲仇視，故於一九三九年出動飛機三十六架，對榆林狂轟亂炸，在城內的各機關紛紛遷往鄉間辦公。鄧將軍的司令部(其時已由二十一軍團司令部改編爲晉陝綏邊區總司令部，鄧任總司令)也遷往城東金剛寺。先父率蒙旗宣慰使公署工作人員遷往距金剛寺以東一公里多的南峁莊。朱綬光將軍帶領綏境蒙旗自治指導長官公署遷往城北紅石峽。只有高雙成的二十二軍司令部仍留城中。

在榆林的八年當中，先父曾於一九三八年赴漢口出席第一屆國民參政會，一九三九年赴重慶參加第二次國民參政會。在一九三八年這次南行返回途經延安時，曾受到毛澤東主席的接見。一九四二年十二月先父去重慶出席邊疆教育會議，路過延安時蒙西北局負責同志熱情挽留，曾在延安停留數日，其間又謁見毛主席作長時間的談話，主要是關於團結各民族共同抗日的問題。除去上述這些政務活動外，先父還需不定期去札薩克旗出席綏境蒙政會的例會。至於蒙旗宣慰使公署的工作，除承擔宣傳團結抗日而外，還進行對僞蒙疆的策反以及安置從淪陷區出來的青年。如一九四三年，托縣僞保安隊伍任殿邠部反正來歸，參加了抗日行列。

先父以一文學界知名人士的身份，其知交亦多爲學者，在榆林時期亦不例外。與當地能詩擅文者頗多來往，其中也有年輕晚輩傾心於詩文者。筆者曾記得鄧寶珊將軍司令部中一青年秘書名任德修者，酷愛舊體詩。由於先父與鄧先生結爲至交，經常往還，在論政之餘，常常把酒論文，飲茗談詩，任能經常接觸，得益不少。當時榆林社會上傳有鄧總司令麾下有『任詩、黨字、湯文章』三才子之説。現就手頭存下來的舊事記聞中有關詩作，抄録一首以作佐證。先父這首詩是送給任德修新婚作紀念的。題目就是

《賀任德修新婚兼示以詩法》

『落雁容華倚馬才，御溝紅葉是良媒。阿嬌已許藏金屋，温嶠何妨贈玉臺。

眉展春山郎代畫，花開紫陌婦歸來。蕭齋幸得催詩侶，日對美蓉笑舉杯。』

任德修的新娘是榆林女子師範的學生，被譽爲『校花』，故任之同年至友多以郎才女貌許之。任得此詩衷心感激，懸於洞房以增光彩。

在文化活動方面。由於鄧寶珊將軍和先父的倡導，榆林知識界，尤其是一些老學者，如白介誠、冉心吾一輩，均經常參加詩文之會。如舊曆正月十五的燈謎會，春季舉行的青雲山修禊之會等等。這些集會上包括先父的詩文在内的諸多名人的作品都見於報端。這可以説是那個時期榆林地區的一些『花絮』，僅就回憶，略叙一二。

由延安發行的進步報刊，也能經常看到，這都是由中共高層領導直接郵來，以鄧先生和先父處爲多。抗日戰爭勝利後，先父即由陝北返綏。此後的事已爲衆所周知，毋庸贅述。

［作者張萬仁，内蒙古圖書館研究館員。原件存内蒙古圖書館。］

追念可敬佩的榮祥先生

榮祥先生是内蒙土默特旗人，他在内蒙地區大大有名，可以説是婦孺皆知的。在學術界，早在半個世紀之前就有『塞外文豪』之稱。在我中學時代，先生已是學界名流，久爲仰慕的對象，可是我和榮先生相識則開始于一九六〇年。那時因爲内蒙政府要正式出版《綏遠通志稿》，由歷史研究所、内蒙文史研究館和内蒙圖書館在一起開會商討志稿出版的準備工作，歷史所由勇夫同志出席，文史館是榮祥先生出席，内蒙館派我參加，從此我才和榮老相識，接着又因爲在志稿整理過程中不斷有所請教，于是就更加熟悉了。我對于這位老前輩尊爲師長，榮老也對後進獎掖備至，經常給我以訓誨，在學習上不斷給予耐心的指導，使我十分慶幸獲得了一位可敬重的師長。我和他交（接）〔往〕的時間并不長，但在這麽一段短短的時間裏，有許多爲人爲學的啓示都深深印入我的腦中。他使我最爲敬佩的首先是他的學習精神，他雖然年近八旬，依常人來論，已是體力衰敗的時候，但先生的精神却是异常的旺盛，每次看見他時，不是手不釋卷（的）〔地〕在閱讀，便是筆不停揮（的）〔地〕在寫作。在他的枕邊經常放着一部《康熙字典》，即使在稍事休息的間歇，也要拿起來翻閲一二處，不讓一點時間白白地浪費。過去我對榮老識字之多曾表示驚异，以爲這是由于他記憶力强的緣故，以後看到這些情况，才恍然大悟，原來不斷學習才是一個重要的原因。

記得在一九六〇年時，有兩位外貿部門的同志，爲了出口國産的水晶石眼鏡，打算寫一篇宣傳介紹的文字，對于眼鏡是否爲我國所固有，還是由外國傳來的，特來内蒙圖書館參考研究室，想從歷史資料中尋找一點根據，查了若幹種書籍都没有達到目的。由于我讀書不多，也給他們提供不出可用的資料，于是答應下：我另請高明，待查到出處，電話告知。當天下午我就造訪了榮老，請求指示。榮老一聽之下，立即告以在孫承澤所撰的《（燕）〔研〕山齋筆記》和趙翼撰的《陔餘叢考》中都有一條關于眼鏡是由外國傳入的記載。《（燕）〔研〕山齋筆記》收于《四庫全書珍本初集》，這是一部有一九六〇册的大叢書，《（燕）〔研〕山齋筆記》爲其中的一種。據榮老説，這個筆記是他在一九三七年以前從商務印書館初買回時，曾一度涉獵過，腦子裏記得還十分真切。從這件事上，我深服榮老的記憶力之强。就是在平時談到一些歷史問題時，他能成段的將史漢等書的原文背誦如流，對于他本人所經歷過的歷史事件，講起來人地事物歷歷如繪，真不愧爲博聞强記。

先生壯年時期即不斷有詩文發表，曾經正式出版的作品有《瑞芝堂詩鈔》，僅收有一九三〇年以前的篇什，其後陸續在報章雜志上發表的，更十倍于此。可惜在十年浩劫中存稿被完全抄去，不知下落。已經問世、尚未正式出版的東西，有《綏遠通志稿》的第一卷，爲先生親筆所撰寫，這一卷的内容是綏遠省和各盟旗、各縣局的疆域沿革，他詳述了歷史上北方各少數民族在内蒙西部的活動，可以説是一篇中國北部邊疆民族變遷史的提綱；有《呼和浩特沿革紀要》，還有《土默特旗志》《自撰年譜》《隨筆》等，都屬手稿，爲先生的家屬所保存。這些作品，我雖没有能全部讀過，但在先生寫作中間，曾經片斷地看過，覺得那些内容對于内蒙古近現代史是十分有價值的參考資料，由于先生既是一位蒙古族學者，又是曾親身經歷過這一段的政治生活，不僅言之有物，而且更是現身説法，忠實地描述了他的半生的經歷和見聞。《自撰年譜》就是這樣一部作品，先生原來的計劃要寫到一九四九年全國完全解放時爲止，不知是否已經完成，我們希望他的後人能把這些東西整理出版，供給目前内蒙科學研究人員閲讀參考，對于『四化建設』可以説是一項重大貢獻，我們不禁企予望之！

後記

二〇一二年秋，應呼和浩特市原政協主席雲瑞先生的提議，我們呼和浩特市塞北文化研究會開始着手爲內蒙古歷史文化名人、前土默特旗總管榮祥先生編纂一部名爲《榮祥文檔》的史料集。經過兩年多的努力，這部備受衆多土默特人期盼的《榮祥文檔》在二〇一四年深秋榮祥先生誕辰一百二十周年來臨之際定稿并付印。

編印《榮祥文檔》是爲了紀念爲土默川地方及當地各族民衆做出重要貢獻的土默特旗老總管榮祥先生，更是爲了保存真實的歷史，抗拒世人對先輩無知無義的冷漠和遺忘。

爲了盡可能客觀而全面地反映榮祥先生的一生，我們不僅從歷史檔案和各類新舊文獻中搜集相關資料，還參考利用了呼和浩特市民族事務委員會、內蒙古自治區文史研究館編《榮祥詩文選集》（內蒙古教育出版社，一九九九年。該書實由忒莫勒和榮賡麟先生主編）。遺憾的是，由于國內在檔案利用和出版方面尚有某些不盡合理或不够完善之處，一些有關榮祥先生晚年的原始資料，我們或無法獲得，或未能利用。

在搜集資料和編輯的過程中，我們得到了一些有識之士和相關單位的支持和幫助：

原土默特左旗地方志辦公室的于永發先生長期研究土默特地方史，對清代、民國時期的土默特歷史檔案稔熟之至，賴他的指導和建議，我們得以迅捷地從卷帙浩繁的歷史檔案中獲取所需。

內蒙古社會科學院歷史研究所前所長曉克先生爲本書的編輯提供了頗爲完善的構想和建議。

內蒙古圖書館研究館員忒莫勒先生多年從事內蒙古地方文獻工作，一直關注并研究榮祥先生。他不僅貢獻了自己多年搜集的重要資料和《榮祥先生略傳》《榮祥年表》等研究成果，還積極參與編輯、校對工作。

榮祥先生的後人榮松如先生提供了不少相關照片和資料。

內蒙古大學圖書館副研究館員朱敏女士對書稿中榮祥先生著述部分所徵引的史料進行了核對和校正。

土默特左旗檔案局張建國、郝麗華、張貴英、王秀峰，土默特左旗文體廣電局榮宏偉等人都爲本書資料的搜集發揮了重要的作用。

責任編輯理綏先生不辭辛苦，多次前往土默特左旗檔案局拍攝歷史檔案，編輯、校對時一絲不苟，爲保證本書的質量付出大量的勞動。

內蒙古百分筆設計公司除負責文稿的録排外，還對部分圖片進行了必要的剪裁、退底和修飾。

書法家雲生華先生爲本書題寫了書名。

凡此，我們一并表示由衷的感謝！

呼和浩特市塞北文化研究會

二〇一四年十月

圖書在版編目(CIP)數據

荣祥文档：全2册/呼和浩特塞北文化研究会、土默特左旗人民政府—呼和浩特：内蒙古大学出版社，2014.5

ISBN 978-7-5665-0589-7

Ⅰ.①荣… Ⅱ.①呼… Ⅲ.①荣祥…（1894-1978）-文集② 荣祥（1894-1978）-档案资料 Ⅳ①C53②K827=7

中国版本图书馆 CIP 数据核字（2014）第 082805 号

書名　榮祥文檔
編者　呼和浩特市塞北文化研究會
　　　土默特左旗人民政府
封面題字　雲生華
責任編輯　理　綏
封面設計　張燕紅
排版　內蒙古百分筆藝術設計有限公司
出版　內蒙古大學出版社
　　　呼和浩特市昭烏達路88號（010010）
發行　內蒙古新華書店
印刷　內蒙古地礦印刷廠
開本　787mm×1092mm 1/16
印張　89.5
插頁　34
字數　1500千
版期　2014年10月第一版　2014年10月第一次印刷
標準書號　ISBN 978-7-5665-0589-7
定價　全二冊精裝 580.00元